2019年度国家出版基金资助项目"中国农村调查（村庄类）·黄河区域"的成果之一。

教育部人文社会科学重点研究基地华中师范大学中国农村研究院2016年基地重大项目"作为政策和理论依据的深度中国农村调查与研究"（16JJD810004）的成果之一。

华中师范大学中国农村研究院"2015版中国农村调查"的成果之一。

中国农村调查

徐勇 邓大才
主编

江苏人民出版社

• 总第 56 卷

• 村庄类第 25 卷

• 黄河区域第 6 卷

• 富平县·陈仓区

图书在版编目（CIP）数据

中国农村调查.总第56卷，村庄类.第25卷，黄河区域.第6卷/徐勇，邓大才主编.—南京：江苏人民出版社，2023.3

ISBN 978-7-214-16654-8

Ⅰ.①中… Ⅱ.①徐…②邓… Ⅲ.①农村调查—研究报告—中国 Ⅳ.①F32

中国版本图书馆CIP数据核字（2019）第283786号

出 版 人　王保顶
出版统筹　杨建平
策划编辑　杨　健　陈俊阳

书　　　名	中国农村调查（总第56卷·村庄类第25卷·黄河区域第6卷）
主　　　编	徐　勇　邓大才
责 任 编 辑	陈俊阳
装 帧 设 计	姜　嵩
出 版 发 行	江苏人民出版社
出版社地址	南京市湖南路1号A楼，邮编：210009
照　　　排	江苏凤凰制版有限公司
印 刷 者	苏州市越洋印刷有限公司
开　　　本	787毫米×1092毫米　1/16
印　　　张	51.5　插页6
字　　　数	945千字
版　　　次	2023年3月第1版　2023年3月第1次印刷
标 准 书 号	ISBN 978-7-214-16654-8
定　　　价	820.00元（精装）

（江苏人民出版社图书凡印装错误可向承印厂调换）

《中国农村调查》编辑委员会

主　　编　徐　勇　邓大才

编辑委员会成员　（以姓氏笔画为序）

丁　文	马　华	万婷婷	王　勇	王　静
王义保	邓大才	石　挺	卢福营	冯春凤
朱敏杰	任　路	刘义强	刘金海	刘筱红
汤晋苏	李华胤	李海金	肖盼晴	吴晓燕
何包钢	应小丽	张大维	张向东	张利明
张晶晶	陆汉文	陈军亚	郝亚光	胡平江
姚锐敏	徐　剑	徐　勇	徐小青	徐增阳
黄振华	彭正德	董江爱	詹成付	熊彩云

本卷编辑整理　李华胤

总 序

2015年是华中师范大学中国农村研究院历史上的关键一年。在这一年，本院不仅成为完全独立建制的研究机构，更重要的是进一步明确了目标，特别是进行学术整合，构建了一个全新的调查研究计划。这一计划的内容包括多个方面，其中，中国农村调查是基础性工程。从2015年开始出版的《中国农村调查》便是其主要成果。

学术研究是一个代际接力、不断提升的过程。农村调查是本院的立院之本，兴院之基。本院的农村调查经历了三个阶段。

第一阶段主要是基于项目调查基础上的个案调查（1985—2005年）。

20世纪80年代开启的中国改革开放，起始于农村改革。延续20多年的人民公社体制废除后，农村的生产功能由家庭所承担，社会管理功能则成为一个新的问题。这一问题引起我院学者的关注。1928年出生的张厚安先生是中国政治学恢复以后较早从事政治学研究的学者之一。他与当时其他政治学者不同，比较早地关注农村政治问题，并承担了农村基层政权方面的国家研究课题。与此同时，本校其他学者也承担了有关农村政治研究的课题。1988年，这些学者建立起以张厚安先生为主任的农村基层政权研究中心，由此形成了一个自由结合的学术共同体。

作为一个学术共同体，农村基层政权研究中心有其研究宗旨和方法。在学术共同体建立之初，张厚安先生就提出了"三个面向，理论务农"的宗旨。"三个面向"是指面向社会、面向基层、面向农村。"理论务农"是指立足于农村改革实践，服务于农村改革实践。这一宗旨对于政治学者是一个全新的使命。政治学研究政治价值、政治制度与政治行为。传统政治学更多研究的是国家制度和国家统治，以文本研究为主要研究方法。"三个面向"的宗旨，必然要求方法的改变，这就是进行实地调查。自学术共同体形成开始，实地调查便成为我们的主要研究方法。

自20世纪80年代中期，以张厚安先生为领头人的学者就开始进行农村调查。最初是走向农村，进行全国性的广泛调查，主要是面上了解。1995年，在原农村基层政权研究中心的基础上，成立了农村问题研究中心，由张厚安先生担任主任，由1955年出生的中年学者徐勇教授担任常务副主任。新的中心的研究重点仍然是基层政权与村民自治，但领域有所扩大，并将研究方法概括为"实际、实证、实验"，更加强调"实"。这种务实的方法开始引起了学术界的关注，并注入国际学术界的一些研究理念和方法。我们的农村调查由面上的了解走向个案调查。年届七旬的张厚安先生亲自带领和参与个案村庄调查，其代表作是《中国农村村级治理——22个村的调查与比较》。这一项目在全国东、中、西三个地区选择了6个重点村和18个对照村进行个案调查，参与调查人员数十人，并形成了一个由全国相关人员参与的学术调查研究团队。

第二阶段主要是基于机构调查基础上的全面调查（2005—2015年）。

1999年，国家教育部为推动人文社会科学研究，启动了教育部人文社会科学重点研究基地建设。当年，华中师范大学农村问题研究中心更名为"华中师范大学中国农村问题研究中心"，由徐勇教授担任主任。2000年，中心成为首批教育部人文社会科学重点研究基地。在基地成立之前，以张厚安教授为首的研究人员是一个没有体制性资源保障，纯因个人兴趣而结合的学术共同体，有人坚持下来，也有人离开。成为教育部基地以后，中心仍然坚持调查这一基本方法，并试图体制化。其主要进展是在全国选择了20多家机构作为调研基地，以为全国性调查提供相应的保障，并建立相互合作关系。

作为教育部重点基地，中心是一个有一定资源保障的学术共同体，有固定的编制人员，也有固定的项目经费，条件大为改善，但也产生了新的问题。这就是农村调查根据各人承担的研究项目而开展。这不仅会造成研究人员过分关注项目资源分配，更重要的是造成调查研究的"碎片化"和"片断化"，难以形成整体和持续性的调查。同时，研究人员也会因为理念和风格不同而产生分歧，造成体制性的学术共同体动荡。为了改变调查研究项目体制引起的"碎片化"倾向，2005年，徐勇教授重新规划了基地的发展，提出"百村观察计划"，计划在全国选择100多个村进行为期10年、20年、30年以至更长时间的调查和跟踪观察。目标是如建立气象观测点一样，能够及时有效地长期观测农村的基本状况及变化走向。这一计划得到时任华中师范大学社会科学研究处处长的石挺先生的鼎力支持。2006年，计划得以试行，主要由刘金海副教授具体负责。最初的试点调查村只有6个，后有所扩展。2008年，在试点基础上，由邓大才教授主持，全面落实计划，调查团队根据严格的抽样，确定了200多个村和3000多个农户的调查样本。

"百村观察"是一项大规模和持续性的调查工程，需要更多人的参与。同时它又是一项公共性的基础工程，人们对其认识有所不同。因为它要求改变项目体制造成的调查"碎片化"和研究"个体化"的工作模式。为此，学术共同体再次发生了有人退出、有人坚持、有人加入的变化。

2009年正式启动的"百村观察计划"，取得了超出预想的成绩：一是从2009年开始，我们每年都要对样本村和户进行调查，调查内容和形式逐步完善，并形成相对稳定的调查体系。除了暑假定点调查以外，还扩展到寒假专题调查。每年参与调查的人员达500人左右，并出版《中国农村调查》等系列著作。二是因为是大规模的调查，可以进行分析，并在此基础上形成调查报告，提供给决策部门，由此也形成了"顶天立地"的理念。"顶天"就是为决策部门服务，"立地"就是立足于实地调查。这一收获，使中心得以在教育部第二次基地评估中成为优秀基地，并于2010年更名为"华中师范大学中国农村研究院"，由徐勇教授担任院长，邓大才教授担任执行院长。三是形成了一支专门的调查队伍并体制化。起初的调查者有相当部分是没有受到严格专业训练的志愿者。为了提高调查质量，自2012年起，研究院将原来分别归于导师名下指导的研究生进行整合，举办"重点基地班"。基地班以提高学生的调查研究能力为导向，实行开放式教学、阶梯性培养、自主性管理，形成社会大生产培养模式，改变了过往一个老师带三五个学生的小作坊培养方式。至此，农村调查完全由受到专门调查和学术训练的人员承担，走向了专业化道路。四是资料数据库得以建立并大大扩展。过往的调查因为是项目式调查，资料难以统一保管和使用。2006年，我们启动了中国农村数据库建设。随着"百村观察计划"的正式实施，大量数据需要录入，并收集到许多第一手资料，资料数据库得以迅速扩展。

第三阶段主要是基于历史使命基础上的深度调查（2015年至今）。

农村调查的深入和相应工作的扩展，势必与以行政方式组织科研的现行大学体制产生碰撞。但是，已经有一个良好开端的调查不可停止。适逢中国的智库建设时机，2015年，华中师范大学中国农村研究院成为完全独立建制的研究机构，由1970年出生的邓大才教授担任行政负责人。

中国农村研究院独立建制，并不简单是成为一个独立的研究机构，而是克服体制障碍，进一步改变学术"碎片化"倾向，加强整合，提升调查和研究水平，目标是在高等学校中建设适应国家需要的智库。实现这一目标有五大支撑点：一是大学术，以政治学为主，多学科参与，协同研究；二是大服务，继续坚持"顶天立地"的宗旨，全面提高服务决策的能力，争取成为有影响力的决策咨询机构；三是大调查，在原有"百村观察计划"基础上构建内容更加丰富的农村调查体系，争取成为世界农村调查重镇；四是大数据，收集和扩充农村资料和数据，争取成为最为丰富的农村资料数据库；五是大平台，将全校、全省、全国，乃至全球的农村研究学者吸引并参与到农村研究院的工作中来，争取成为世界性的调查研究平台。这显然是一个完全不同于以往的宏大计划，也标志着中国农村研究院的全新起步。

独立建制后的中国农村研究院仍然将农村调查作为自己的基础性工作，且成为体制性保障的工作。除了"百村观察计划"的持续推进以外，我们重新设计了2015版的农村调查体系。这一体系包括"一主三辅"："一主"即以长期延续并重新设计的"中国农村调查"为主体；"三辅"包括"满铁农村调查"翻译、"俄国农村调查"翻译和我们团队到海外农村进行实地调查的"海外农村调查"，目的是完善农村调查体系，并为中国农村调查提供借鉴。

现代化是一个由传统农业社会向现代工业社会转变的过程，这一转变是从农村开始的。农村和农民成为现代化的起点，并规制着现代化的路径。19 世纪后期，处于历史大转变时期的俄国，数千人参与对俄国农村的调查，持续时间长达 40 多年。20 世纪上半叶，日本在对华扩张中，以南满洲铁道株式会社为依托开展对中国农村的大规模调查，持续时间长达 40 多年，形成著名的"满铁调查"。进入 21 世纪，中国作为一个世界农业文明最为发达的大国，正在以超出想象的速度向现代工业文明迈进。中国需要也应有能够超越前人的大规模农村调查。"2015 版中国农村调查"正是基于这一历史背景设计的。

"2015 版中国农村调查"超越过往的项目或者机构调查体制，而具有更为宏大的历史使命：一是政策目的。智库理所当然要出思想，但"思想"除了源自思考以外，更要源自可供分析的实地调查。过往的调查虽然也是实地调查，但难以对调查进行系统化的分析，并根据调查提出有预见性的结论。在这方面，19 世纪的俄国农村调查有其长处。"2015 版中国农村调查"将非常重视实地调查的可分析性和可预测性，以此提高决策服务成效。二是学术目的。调查主要在于知道"是什么"或者"发生了什么"，是事实的描述。但是，这些事实为什么发生？其中存在什么关联？这是过往调查关注比较少的。以致大量的调查难以进行深度的学术开发，学术研究主要依靠的还是规范方法，实地调查难以为学术研究提供必要的基础，由此会大大制约调查的影响力。"2015 版中国农村调查"特别重视实地调查的深度学术开发性，调查包含着学术目的，并可以通过调查提炼学术思想。其作为一种有实地调查支撑的学术思想也可以间接影响决策。为此，"2015 版中国农村调查"在设计时，除了关注"是什么"以外，也特别重视"为什么"，试图对中国农村社会的底色及其变迁进行类似于生物学"基因测序"的调查。三是历史传承目的。在现代化进程中，传统农村正在迅速消逝。"留得住乡愁"需要对"乡愁"的记录和保存。20 世纪以来，中国农村发生了太多的变化，中国农民经历了太多的起伏，农民的历史构成了国家历史不可或缺的部分。"2015 版中国农村调查"因此特别关注历史的传承。

基于以上三个目的，"2015 版中国农村调查"由四个部分构成：

其一，口述史调查。主要是通过当事人的口述，记录 20 世纪上半期以来农村的变化及其对当事人命运的影响。其主体是农民个人。在历史上，他们是微不足道的，尽管是历史的创造者，但没有历史记载他们的状况与命运。进入20世纪以后，这些微不足道的人物成为"政治人物"，尽管是"小人物"，但他们是大历史的折射。通过他们自己的讲述，我们可以更加充分地了解历史的真实和细节，也可以更好地"以史为鉴"。口述史调查关注的是大历史下的个人行为。

其二，家户调查。主要是以家户为单位的调查，了解中国农村家户制度的基本特性及其变迁。中国在历史上创造了世界最为灿烂的农业文明，必然有其基本组织制度支撑。但长期以来，人们只知道世界上有成型的农村庄园制、部落制和村社制，而没有了解研究中国自己的农村基本组织制度。受20世纪以来的革命和现代化思维的影响，人们对传统一味否定，更忽视对中国农村传统制度的科学研究，以致我们在否定自己传统的同时引进和借鉴的体制并不一定更为高明，使得中国农村变迁还得在一定程度上向传统回归。实际上，中国有自己特有的农村基本组织制度，这就是延续上千年的家户制度。家户调查关注的是家户制度的原型及其变迁，目的是了解和寻求影响中国农业社会变迁的基因和特性。

其三，村庄调查。主要是以村庄为单位的调查，了解不同类型的村庄形态及其变迁、实态。农村社会是由一个个村庄构成的。与海洋文明、游牧文明相比，农业文明的社会联系更为丰富，"关系"在中国农村社会形成及演变中居于重要地位。中国在某种意义上说是一个"关系国家"，但是作为一个历史悠久、人口众多、地域辽阔、文明多样的大国，关系格局在不同的地方有不同的表现，由此形成不同类型的村庄。国家政策要"因地制宜"，必须了解各个"地"的属性和差异。村庄调查以"关系"为核心，注重分区域的类型调查。通过不同区域的村庄形态和变迁的调查，了解和回答在国家"无为而治"的传统条件下，一个超大的农业社会是如何通过自我治理实现持续运转的；了解和回答在国家深度介入的现代条件下，农业社会是如何反应和变化的。

其四，专题调查。主要是以特定的专题为单位的调查，了解选定的专题领域的状况及其变化。如果说前三类调查是基本调查的话，专题调查则是专门性调查，针对某一个专题领域，从不同角度进行广泛深入的调查，以期获得对某一个专门领域的全面认识和把握。

"2015版中国农村调查"是一项世纪性的大型工程，它是原有基础的延续，也是当下正在从事，更是未来需要长期接续的事业。这一事业已有数千人参与，特别是有若干人在其中发挥了关键性作用；当下和未来将有更多的人参与。历史将会记录下他们的功绩，他们的名字将与我们的事业同辉！

　　2016年6月，教育部公布了对人文社会科学重点研究基地的评审结果，我院排名全国第一，并再获优秀。这既是对过往的高度肯定，也是对进一步发展的有力鞭策。为此，本院再次明确自己的目标，这就是建设全球顶级农村调查机构、顶级农村资料数据机构，并在此基础上，形成自己的学术领域和学术风格，而达到这一目标，需要一代又一代人克难攻坚，不懈努力！

徐　勇
2015年7月15日初序
2016年7月15日补记

凡　例

作为教育部人文社会科学重点研究基地，华中师范大学中国农村研究院历来重视农村调查与研究，《中国农村调查》（村庄类）是基地新版"中国农村调查"项目的重要成果，在付梓之际，特做以下说明。

1. 根据徐勇教授提出的"中国农村七大区域学说"，即华南区域、长江区域、黄河区域、西南区域、西北区域、东北区域、东南区域，本项目在借鉴日本满铁调查的基础上，按照七大区域的次序，进行村庄形态与实态的调查。这也是整个项目实施所遵循的技术路线。

2. 在村庄调查点的选取上，结合"中国农村七大区域学说"，依据每个区域所辐射的省、市、县，一是按照每个地级市两个县、每个县一个村的标准，二是按照典型点与普遍点结合的原则，三是按照中心与边缘结合的原则，随机抽样选点。每个村庄一位调查员，在调查之前均受过严格的学术培训，每个村的调查时间为60天以上。

3. 每一篇村庄调查报告的写作分为村庄由来与形成、自然、经济、社会、文化、治理六章，以"传统形态—变迁—当下实态"为主线，进行写作。在每篇报告的后面附有调查员的调查小记、调查日记等，以供读者了解整个调查的心路历程。

4. 在报告的写作中，县名、镇名、村名、人名、部门单位等均为实名。但是，报告中所出现的照片、人名、数据等信息，均得到了访谈对象或数据提供对象的口头授权或书面授权。另外，档案材料、政府部门提供的资料、历史材料等，在写作中均做了详细的引用说明。

5. 农村传统形态的调查，主要靠老人口述来获取信息、数据，因而报告中的数据可能不甚精确，仅供参考，也请各位读者、学者在引用、使用的过程中，酌情处理。

6. 农村变迁调查会涉及土地改革、"文化大革命"、"四清"等内容，但是，调查者均怀揣学术研究之心，从农村变迁与发展的历史视角去调查与写作，力求客观、真实地再现中国农村的历史变迁。

7. 在出版方面，项目组组建了审稿与编辑小组，严格审查、校审每一篇村庄调查报告，并从中挑选优秀报告，分七大区域，集结成卷出版。

8.《中国农村调查》（村庄类）的重点在于传统形态的调查，是一项抢救历史的学术工程。由于时间仓促，其中不免有错漏，也希望海内外学术界、读书界提出批评、建议，帮助我们提高这套丛书的质量。

《中国农村调查》编辑组

2016年12月19日

目录

村庄类分序　质性研究视角下农村区域性村庄分类 ·· 1
　　一、"因地"与"分类":质性研究方法 ··· 1
　　二、"分"与"合":维度与条件 ··· 3
　　三、作为农村研究对象的区域 ·· 6
　　四、作为农村研究对象的村庄 ·· 8
　　五、作为农村研究对象的区域性村庄分类 ··· 12

民联官助:干旱区村庄的社会联结与治理
——黄河区域南陵村调查

第一章　南陵村的由来与演变 ·· 23
　第一节　村庄的形成 ··· 23
　　一、村名与村庄 ·· 23
　　二、姓氏与村庄 ·· 27
　　三、村民与村庄 ·· 29
　第二节　村庄的建制 ··· 31
　　一、1949年以前南陵村的建制沿革 ·· 31
　　二、1949年以后南陵村的建制沿革 ·· 33
　第三节　村庄的当下状况 ·· 36
　　一、地理区位 ·· 36
　　二、行政村的基本概况 ·· 37
　　三、自然村、村民小组及其分布 ·· 38

第二章　南陵村的自然形态与实态 ·· 39
　第一节　自然形态 ··· 39

一、地理概况 ··· 39
　　　二、气候特征 ··· 41
　　　三、土壤特征 ··· 44
　　　四、资源禀赋 ··· 45
　　　五、交通概况 ··· 46
　　　六、自然灾异 ··· 47
　第二节　干旱与水利 ··· 50
　　　一、干旱概况 ··· 50
　　　二、水利与生活 ··· 51
　　　三、水利与农业生产 ····································· 56
　第三节　平原与麦作 ··· 57
　　　一、田块 ··· 57
　　　二、田块边界 ··· 61
　　　三、田地耕作 ··· 63
　第四节　集居与空间 ··· 67
　　　一、村庄的整体布局 ····································· 67
　　　二、民居与村庄 ··· 67
　　　三、祖居与村庄 ··· 71
　　　四、神居与村庄 ··· 73
　　　五、集市与村庄 ··· 75
　　　六、公共空间与村庄 ····································· 76
　第五节　南陵村的自然变迁与实态 ··························· 77
　　　一、村居 ··· 77
　　　二、水利 ··· 79
　　　三、农耕 ··· 80

第三章　南陵村的经济形态与实态 ································· 81
　第一节　人与土地及其生产能力 ······························· 81
　　　一、人与土地的关系 ····································· 81
　　　二、人与生产能力的关系 ······························· 86
　第二节　产权与产权关系 ······································· 93
　　　一、土地产权概况 ·· 93

二、土地买卖与买卖关系 ··· 99
　　三、土地租佃与租佃关系 ·· 102
　　四、土地典当与典当关系 ·· 109
第三节　经营与经营关系 ··· 110
　　一、经营单位与经营权 ··· 110
　　二、经营与分工 ··· 112
　　三、经营与合作 ··· 115
　　四、经营与雇佣 ··· 118
第四节　交换与交换关系 ··· 123
　　一、集市概况 ·· 124
　　二、集市活动 ·· 125
　　三、交易市场及其关系 ··· 129
　　四、流动市场及其关系 ··· 132
　　五、家户间私下交易 ·· 133
第五节　分配与分配关系 ··· 137
　　一、分配单位 ·· 137
　　二、分配权 ··· 138
　　三、分配内容 ·· 139
　　四、分配关系 ·· 141
第六节　消费与消费关系 ··· 144
　　一、消费单位与消费决策权 ·· 144
　　二、日常消费及其关系 ··· 146
　　三、养老消费及其关系 ··· 149
　　四、婚丧消费及其关系 ··· 150
　　五、节日消费及其关系 ··· 153
第七节　继承与继承关系 ··· 154
　　一、财产继承权 ··· 154
　　二、继承物 ··· 156
　　三、分家与继承 ··· 158
　　四、一般继承及其关系 ··· 159
　　五、特殊形式的继承及其关系 ·· 159

第八节　南陵村的经济变迁 …………………………………………… 160
　　　　一、1949 年以前的传统经济形态状况 ………………………… 160
　　　　二、1949 年以后的传统经济形态状况 ………………………… 161
　　第九节　南陵村的经济实态 …………………………………………… 163
　　　　一、当下经济概况 ……………………………………………… 163
　　　　二、产权 ………………………………………………………… 164
　　　　三、生产经营 …………………………………………………… 164
　　　　四、家庭分配 …………………………………………………… 165
　　　　五、市场交换 …………………………………………………… 165
　　　　六、家庭财产继承 ……………………………………………… 166

第四章　南陵村的社会形态与实态 ……………………………………… 167
　　第一节　血缘与血缘关系 ……………………………………………… 167
　　　　一、家庭及其关系 ……………………………………………… 167
　　　　二、亲戚及其关系 ……………………………………………… 170
　　　　三、干亲及其关系 ……………………………………………… 178
　　第二节　地缘与地缘关系 ……………………………………………… 179
　　　　一、邻居及其关系 ……………………………………………… 179
　　　　二、熟人及其关系 ……………………………………………… 182
　　　　三、乡亲及其关系 ……………………………………………… 184
　　第三节　业缘与业缘关系 ……………………………………………… 185
　　　　一、宫里会社及其关系 ………………………………………… 185
　　　　二、集市及其关系 ……………………………………………… 189
　　第四节　信缘与信缘关系 ……………………………………………… 190
　　　　一、信缘主体 …………………………………………………… 191
　　　　二、信仰次序 …………………………………………………… 193
　　　　三、信缘关系 …………………………………………………… 194
　　第五节　交往与交往关系 ……………………………………………… 194
　　　　一、亲戚交往及其关系 ………………………………………… 195
　　　　二、邻里交往及其关系 ………………………………………… 197
　　　　三、熟人交往及其关系 ………………………………………… 199
　　　　四、村民与政府的交往及其关系 ……………………………… 199

五、交往边界 ………………………………………………………………… 201
第六节　流动与流动关系 …………………………………………………… 201
　　　一、逃荒与流动关系 ………………………………………………… 202
　　　二、婚配与流动关系 ………………………………………………… 206
　　　三、经商与流动关系 ………………………………………………… 206
　　　四、从军与流动关系 ………………………………………………… 207
　　　五、躲避灾难与流动关系 …………………………………………… 207
第七节　分化与群体关系 …………………………………………………… 208
　　　一、职业分化与群体关系 …………………………………………… 208
　　　二、血缘分化与群体关系 …………………………………………… 227
　　　三、财富分化与群体关系 …………………………………………… 228
第八节　冲突与冲突关系 …………………………………………………… 228
　　　一、地界冲突及其关系 ……………………………………………… 229
　　　二、家庭内部冲突及其关系 ………………………………………… 231
　　　三、亲属冲突及其关系 ……………………………………………… 233
　　　四、村庄内部冲突及其关系 ………………………………………… 234
第九节　保护与保护关系 …………………………………………………… 235
　　　一、家人保护与关系 ………………………………………………… 235
　　　二、亲戚保护与关系 ………………………………………………… 236
　　　三、村落保护与关系 ………………………………………………… 236
　　　四、国家保护与关系 ………………………………………………… 242
第十节　南陵村的社会变迁 ………………………………………………… 243
　　　一、1949 年以前村落社会形态状况 ………………………………… 243
　　　二、1949 年以后村落社会形态状况 ………………………………… 243
第十一节　南陵村的社会实态 ……………………………………………… 244
　　　一、血缘关系 ………………………………………………………… 244
　　　二、地缘关系 ………………………………………………………… 245
　　　三、信缘关系 ………………………………………………………… 245
　　　四、交往关系 ………………………………………………………… 245
　　　五、社会流动 ………………………………………………………… 246

第五章 南陵村的文化形态与实态 ··· 247
第一节 崇拜与崇拜关系 ··· 247
一、祠堂、家庙及其崇拜关系 ··· 247
二、祖先及其崇拜关系 ··· 251
三、祖坟及其崇拜关系 ··· 254
四、孝道及其关系 ··· 255
第二节 信仰与信仰关系 ··· 256
一、拜庙神及其信仰关系 ··· 256
二、拜家神及其信仰关系 ··· 264
三、巫术及其信仰关系 ··· 264
四、算命及其信仰关系 ··· 265
第三节 思维与思维关系 ··· 266
一、经验思维及其关系 ··· 266
二、务实思维及其关系 ··· 268
三、循环思维及其关系 ··· 269
四、中庸思维及其关系 ··· 270
五、平均思维与关系 ··· 271
第四节 态度与态度关系 ··· 273
一、生育态度与态度关系 ··· 273
二、生产态度及其关系 ··· 282
三、生活态度及其关系 ··· 284
四、社会态度及其关系 ··· 285
五、政治态度及其关系 ··· 286
六、人生态度及其关系 ··· 287
第五节 习俗与习俗关系 ··· 287
一、婚姻习俗及其关系 ··· 287
二、丧葬习俗及其关系 ··· 297
三、节庆习俗与关系 ··· 303
四、日常习俗与关系 ··· 308
第六节 规训与规训关系 ··· 310
一、家庭教化及其关系 ··· 311

  二、学校教化及其关系 ·· 312
 第七节 文娱与文娱关系 ·· 316
  一、节庆娱乐及其关系 ·· 316
  二、日常娱乐及其关系 ·· 320
 第八节 南陵村文化变迁 ·· 322
  一、崇拜与信仰的变迁 ·· 322
  二、生育观念的变迁 ·· 323
  三、教育观念的变迁 ·· 324
  四、文娱活动的变迁 ·· 324
  五、村落习俗的变迁 ·· 324
 第九节 南陵村文化实态 ·· 325
  一、祖先崇拜 ·· 325
  二、生育态度 ·· 326
  三、文化信仰 ·· 326
  四、文化习俗 ·· 326
  五、文化娱乐 ·· 327

第六章 南陵村的治理形态与实态 ·································· 328
 第一节 政权治理与治理关系 ······································ 328
  一、政权治理单元及其架构 ···································· 328
  二、政权治理主体 ·· 330
  三、政权治理内容 ·· 334
  四、政权治理方式 ·· 340
  五、政权治理关系 ·· 341
 第二节 村落治理与治理关系 ······································ 342
  一、治理主体 ·· 342
  二、治理内容 ·· 346
  三、治理方式 ·· 347
 第三节 家户治理与家户关系 ······································ 348
  一、家户治理单元 ·· 348
  二、家户治理主体 ·· 349
  三、家户治理内容 ·· 350

四、家户治理规则 ……………………………………………… 352
　　五、家户治理关系 ……………………………………………… 353

第四节　亲族治理与治理关系 ……………………………………… 355
　　一、亲族治理单元 ……………………………………………… 355
　　二、亲族治理主体 ……………………………………………… 356
　　三、亲族治理内容 ……………………………………………… 357
　　四、亲族治理规则 ……………………………………………… 358
　　五、亲族治理关系 ……………………………………………… 358

第五节　信缘治理与治理关系 ……………………………………… 360
　　一、"祈水"及其治理关系 …………………………………… 360
　　二、庙会及其治理关系 ………………………………………… 360

第六节　业缘治理与治理关系 ……………………………………… 361
　　一、官里会社及其治理关系 …………………………………… 361
　　二、集市及其治理关系 ………………………………………… 363

第七节　南陵村治理变迁 …………………………………………… 364
　　一、治理单元与治理主体变迁 ………………………………… 365
　　二、治理方式变迁 ……………………………………………… 365

第八节　南陵村治理实态 …………………………………………… 366
　　一、党支部与村治 ……………………………………………… 366
　　二、村委会与村治 ……………………………………………… 366
　　三、村务监督 …………………………………………………… 366

附录一　南陵村调查小记 ……………………………………………… 368

附录二　南陵村调查日记（节选） …………………………………… 371

大姓共治：多姓农耕村落的延续密码
——黄河区域宁王村调查

第一章　宁王村的由来与演变 ……………………………………… 407
　第一节　宁王村的由来 …………………………………………… 407
　　一、村落缘起 …………………………………………………… 407

二、姓氏与村落 ·· 408
　　三、边界与村落 ·· 409
第二节　宁王村建制沿革 ·· 410
　　一、1949年之前的村落建制 ·· 410
　　二、1949年之后的村落建制 ·· 411
第三节　宁王村当下概况 ·· 413
　　一、地理位置 ··· 413
　　二、宁王村行政村概况 ··· 413

第二章　宁王村的自然形态与实态 ·· 416
第一节　自然形态 ·· 416
　　一、地形地貌 ··· 416
　　二、气候特征 ··· 418
　　三、土壤特征 ··· 422
第二节　干旱与水利 ·· 424
　　一、干旱社会与自然底色 ··· 424
　　二、水井社会及其关系 ··· 432
　　三、渭河水利及其关系 ··· 437
第三节　平原与麦作 ·· 438
　　一、麦地与等级 ··· 439
　　二、麦作及其关系 ·· 440
第四节　集居与空间 ·· 445
　　一、村落空间格局概况 ··· 445
　　二、民居：大姓集聚，小姓散居 ·· 446
　　三、祖居：因姓而别，各据其居 ·· 450
　　四、神居：各奉其主，分别祭拜 ·· 451
　　五、公共空间 ··· 454
　　六、空间关系 ··· 455
第五节　宁王村自然变迁与实态 ·· 456
　　一、交通建设 ··· 456
　　二、水利建设 ··· 457
　　三、自然观念 ··· 458

第三章 宁王村的经济形态与实态 ······ 459
第一节 人与土地及其生产能力 ······ 459
　　一、人与土地的关系 ······ 459
　　二、人与生产能力的关系 ······ 462
第二节 产权与产权关系 ······ 470
　　一、土地性质与土地所有类型 ······ 470
　　二、土地买卖关系 ······ 475
　　三、土地租佃关系 ······ 477
　　四、土地典当关系 ······ 481
　　五、土地置换关系 ······ 486
　　六、土地抵押关系 ······ 490
第三节 经营与经营关系 ······ 493
　　一、经营主体 ······ 493
　　二、经营分工 ······ 494
　　三、合作经营 ······ 495
　　四、市场雇佣与经营 ······ 500
　　五、共有产权的经营关系 ······ 513
第四节 交换与交换关系 ······ 513
　　一、市场概况 ······ 513
　　二、村内商业活动 ······ 514
　　三、村外商业活动 ······ 524
第五节 分配与分配关系 ······ 537
　　一、分配单元 ······ 537
　　二、分配权 ······ 538
　　三、分配内容 ······ 539
　　四、分配关系 ······ 540
第六节 消费与消费关系 ······ 541
　　一、消费主题与决策 ······ 541
　　二、消费内容 ······ 542
　　三、消费关系 ······ 547
第七节 继承与继承关系 ······ 548

一、继承权 …………………………………………………………… 548
　　二、继承物 …………………………………………………………… 549
　　三、分家继承及其关系 ……………………………………………… 550
　　四、遗产继承及其关系 ……………………………………………… 553
　　五、继承关系 ………………………………………………………… 554
第八节　村落经济变迁 …………………………………………………… 555
　　一、1949年前传统经济形态状况 …………………………………… 555
　　二、1949年之后传统经济形态的变迁 ……………………………… 555
第九节　宁王村经济实态 ………………………………………………… 556
　　一、产权 ……………………………………………………………… 556
　　二、经营 ……………………………………………………………… 557
　　三、交换 ……………………………………………………………… 558

第四章　宁王村的社会形态与实态 ………………………………………… 559
第一节　宁王村社会形态概况 …………………………………………… 559
　　一、三大姓氏 ………………………………………………………… 559
　　二、人口概况 ………………………………………………………… 560
第二节　血缘与血缘关系 ………………………………………………… 561
　　一、家庭关系 ………………………………………………………… 561
　　二、嫡亲关系 ………………………………………………………… 566
　　三、姻亲关系 ………………………………………………………… 569
　　四、拟血缘关系 ……………………………………………………… 570
第三节　地缘与地缘关系 ………………………………………………… 572
　　一、地缘主体 ………………………………………………………… 573
　　二、村落地缘关系 …………………………………………………… 574
第四节　业缘与业缘关系 ………………………………………………… 576
　　一、市场业缘及其关系 ……………………………………………… 576
　　二、行帮业缘及其关系 ……………………………………………… 582
　　三、互助业缘及其关系 ……………………………………………… 584
第五节　信缘与信缘关系 ………………………………………………… 586
　　一、庙会组织概况 …………………………………………………… 586
　　二、庙会过程 ………………………………………………………… 587

三、庙会关系 ………………………………………………………… 588
　第六节　交往与交往关系 ………………………………………………… 591
　　　一、家户内部交往及其关系 ………………………………………… 591
　　　二、亲戚交往及其关系 ……………………………………………… 593
　　　三、村落内部交往及其关系 ………………………………………… 601
　　　四、村外交往及其关系 ……………………………………………… 604
　第七节　流动与流动关系 ………………………………………………… 606
　　　一、灾害与流动 ……………………………………………………… 606
　　　二、赋税与流动 ……………………………………………………… 607
　第八节　分化与群体关系 ………………………………………………… 607
　　　一、职业分化及其关系 ……………………………………………… 607
　　　二、财富分化及其关系 ……………………………………………… 617
　　　三、血缘分化及其关系 ……………………………………………… 619
　第九节　冲突与冲突关系 ………………………………………………… 620
　　　一、家庭冲突及其关系 ……………………………………………… 620
　　　二、邻里冲突及其关系 ……………………………………………… 621
　　　三、村落冲突及其关系 ……………………………………………… 625
　第十节　保护与保护关系 ………………………………………………… 627
　　　一、家庭保护及其关系 ……………………………………………… 627
　　　二、村落保护及其关系 ……………………………………………… 628
　　　三、组织保护及其关系 ……………………………………………… 629
　第十一节　宁王村社会变迁及其实态 …………………………………… 631
　　　一、社会构成 ………………………………………………………… 631
　　　二、社会交往 ………………………………………………………… 632
　　　三、社会保障 ………………………………………………………… 632

第五章　宁王村的文化形态与实态 ………………………………………… 634
　第一节　祖先崇拜及其关系 ……………………………………………… 634
　　　一、家谱及其关系 …………………………………………………… 634
　　　二、家庙及其关系 …………………………………………………… 637
　　　三、祖坟及其关系 …………………………………………………… 640
　第二节　信仰及其关系 …………………………………………………… 641

一、神庙信仰及其关系 ································· 641
　　二、鬼怪信仰及其关系 ································· 647
　　三、其他信仰及其关系 ································· 662
第三节　习俗及其关系 ····································· 665
　　一、婚丧习俗及其关系 ································· 665
　　二、节庆习俗及其关系 ································· 688
　　三、日常习俗及其关系 ································· 700
第四节　规训及其关系 ····································· 703
　　一、家庭教育及其关系 ································· 703
　　二、家族教育及其关系 ································· 704
　　三、私塾教育及其关系 ································· 705
　　四、新式学堂及其关系 ································· 709
第五节　文娱及其关系 ····································· 712
　　一、节庆娱乐及其关系 ································· 712
　　二、日常生活娱乐及其关系 ····························· 721
第六节　态度及其关系 ····································· 724
　　一、生育态度 ··· 724
　　二、生产态度 ··· 728
　　三、生活态度 ··· 729
第七节　思维及其关系 ····································· 730
　　一、经验思维及其关系 ································· 730
　　二、务实思维及其关系 ································· 731
　　三、循环思维及其关系 ································· 731
第八节　宁王村的文化变迁及实态 ··························· 732
　　一、搭台唱戏 ··· 732
　　二、闹社火 ··· 733
　　三、打牌 ··· 734

第六章　宁王村治理形态与实态 ····························· 735
第一节　政权治理及其关系 ································· 735
　　一、政权建设概况 ····································· 735
　　二、政权建设主体 ····································· 736

　　　　三、政权治理内容 ··· 737
　　　　四、政权治理方式 ··· 739
　　　　五、政权治理关系 ··· 740
　　第二节　村落治理及其关系 ··· 740
　　　　一、村落治理主体 ··· 741
　　　　二、村落治理内容 ··· 744
　　　　三、村落治理方式 ··· 746
　　　　四、村落治理关系 ··· 746
　　第三节　亲族治理及其关系 ··· 747
　　　　一、亲族治理主体与内容 ··· 747
　　　　三、亲族治理方式 ··· 748
　　　　四、亲族治理关系 ··· 748
　　第四节　家户治理及其关系 ··· 749
　　　　一、家户治理主体及内容 ··· 749
　　　　二、家户治理方式 ··· 750
　　　　三、家户治理关系 ··· 751
　　第五节　信缘治理及其关系 ··· 751
　　　　一、信缘治理主体与组织架构 ··· 751
　　　　二、信缘治理内容 ··· 752
　　　　三、信缘治理方式 ··· 753
　　　　四、信缘治理关系 ··· 753
　　第六节　村庄治理变迁及实态 ·· 754
　　　　一、村委会治理 ·· 754
　　　　二、大姓主导 ··· 756
　　　　三、共同参与 ··· 756

附录一　宁王村调查小记 ··· 757

附录二　宁王村调查日记（节选） ·· 761

本卷后记 ·· 795

村庄类分序

质性研究视角下农村区域性村庄分类

徐 勇

在我国，经历了数十年的艰苦探索，且付出了沉重代价，才得以形成农村基本的经营制度及相应的基本政策和基本方法，即以家庭经营为基础，统分结合，双层经营，宜统则统，宜分则分，因地制宜，分类指导。但在实际进程中，为什么和怎么样才能做到"宜统则统、宜分则分"，"因地制宜"，进行"分类指导"，却还有待继续深入探讨。在实践中往往出现的是"统得过死，分得过多"，或者"一刀切"，很难因地制宜，分类指导做出决策。其重要原因之一就是对"地"的属性和"类"的区分缺乏深入调查和研究，对整个农村实际情况的认识更多的是片断的、零碎的、表层的。这就需要学界对中国农村进行深入调查和深度研究，以为因地制宜，分类指导的国家决策提供依据。而"区域性村庄"，则是农村研究的重要内容。自2015年，华中师范大学中国农村研究院开启大规模的"2015年版中国农村调查"工程，其中包括对中国七大区域的村庄进行调查。为什么要进行区域性村庄调查，为什么要分为七大区域进行村庄调查？以下就此做出说明。

一、"因地"与"分类"：质性研究方法

社会科学是现代社会分工的产物。作为一种社会科学研究，重要的不是发表政策言论，而是为制定政策提供理论与实际依据，供决策者参考和选择。这是现代社会分

工的要求。学者只有寻找到最适合于自己的位置,才能发挥自己独特的优势。长期以来,从事农村研究的学者不少,发表的成果更是浩如烟海,但是能够对决策层产生直接或间接、短期或长期影响的成果却少之又少。作为学人,我们可以对政策发表意见,乃至评头论足,但最重要的是要反思,学者对政策的制定提供了什么有独特价值的贡献?

中国是一个历史悠久、地域辽阔的大国,地区发展不平衡。因此,"因地制宜与分类指导"成为制定农村政策的基本原则,也是农村研究的重要目标。所谓"因地制宜",就是根据各地的实际情况,制定适宜的办法。这就意味着,此"地"与彼"地"不同。所谓"分类指导",就是根据事物的类型状况进行有针对性的指导。这就意味着,此"类"与彼"类"不同。因此,"地"和"类"是在比较中界定的,具有一种区别于其他"地"和"类"的特质或特性。农村研究最重要的是准确把握"地"和"类"的属性和特质,政策制定者才有可能"因地"和"分类"做出决策。

社会科学研究不同一般的言论发表,特别需要方法论的自觉,并选择最为适合的方法达到自己的研究目的。农村研究要准确把握"地"和"类"的属性和特质,需要研究者在学术目标指导下,进行实地调查,收集资料,通过分析来完成,因此特别适合于"质性研究"(又被称为"质化研究""质的研究")方法。这一方法被认为是"以研究者本人作为研究工具,在自然情境下采用多种资料收集方法对社会现象进行整体性探究,使用归纳法分析资料和形成理论,通过与研究对象互动对其行为和意义建构获得解释性理解的一种活动"[1]。质性研究方法为什么是最为适合的方法呢?

首先在于以实际调查为基础的多种资料的收集。农村研究要了解"地"和"类"的属性,需要直接面对"地"和"类"加以认识,而不能凭空想象。即使是文学作品特别强调想象力,也有必要的实体基础。正如鲁迅所说,"燕山雪花大如席"尚属正常的夸张,而说"广州雪花大如席"就太离谱了。正因为如此,做农村研究的,一开始就将实地调查作为首要方法。人类学、民族学、社会学等重视实地调查的学科成为农村研究的重要支撑。实地调查的目的是认识对象,收集资料,但收集资料不仅仅依靠实地调查,还需要其他方法加以补充,如历史文献资料的收集等。

其次在于整体性探究。农村研究要了解"地"和"类"的属性,需要在整体比较中发现。换言之,农村研究不能仅仅只是对某一个"地"和"类"进行了调查便可以得出结论,它需要对构成"地"和"类"的范围进行整体比较才能发现此"地"与彼"地"、此"类"与彼"类"的不同。在农村研究中,我们经常会看到对村庄的分类,

---

[1] 陈向明:《质的研究方法与社会科学研究》,教育科学出版社2000年版,第12页。

但这种分类大多属于研究者对某一个地方和类型进行调查后得出来的结论，而不是整体内相同维度中的差异比较，因此很容易产生一村一类型的轻率结论。所以，为了在普遍性中发现差异性，质化研究并不排斥量化研究。只是量化研究很容易采用他人资料和数据，往往会造成资料来源的同质性而无法发现"地"和"类"的差异性。

再次在于通过归纳产生理论。农村研究要了解"地"和"类"的属性，调查和比较是基础，最后要产生结论和理论，即通过调查和比较，我们能够做出什么判断，并提供给他人。从提供理论的角度看，质性研究与其他研究没有区别，区别在于如何得出理论。质性研究是通过归纳的方法产生理论的，这不同于理论演绎和量化假设。为了得出准确的判断，质性研究要求在自然情境下，而不是人为制造的场景下，通过客观中立的调查，获得完整准确的材料，然后对材料加以归纳，最后得出结论。只有这样，我们对"地"和"类"的界定才是可供参考和验证的。

第四在于与对象的互动。农村研究要了解"地"和"类"的属性，要在与对象互动中发现。因为，农村研究的"地"和"类"与一般自然界的"地"和"类"有所不同，它是自然—社会—历史交互作用的产物。研究者在进行调查时，不仅要把握自然环境，而且要掌握人文社会和历史，调查中要与人交往和互动，才能发现"地"和"类"的属性及其与他"地"和"类"的区别。如在调查中，我们可以通过方言发现某"地"和"类"的属性及其区别，但方言只有在与对象互动中才能意识到。

二、"分"与"合"：维度与条件

农村研究关注"因地"与"分类"，均涉及整体与部分的关系。"因地"通常是指在一个国家整体内，由于条件不同而形成不同地方的特点；"分类"通常是指对一个事物整体内的不同要素区分为不同类型。如何界定农村研究中的整体与部分的关系呢？这就需要寻找统一的维度。这一维度就是"分"与"合"。

"分"是由整体中分化或产生出部分，包括分开、分散、分化、分离等。"合"是指各个部分合为一个整体，包括合作、合成、整合、结合、联合等。"分"在于个别性、部分性，"合"在于一般性、整体性。

"分"与"合"是人类社会一般的表现形态。中国著名小说《三国演义》开篇就表达："话说天下大势，分久必合，合久必分。"现代社会科学通过不同的科学概念对"分"与"合"的状态进行概括，如经济学领域的"分工"与"合作"，社会学领域的"社会分化"与"社会整合"，政治学领域的"分权"与"集权"等。

人类是作为个体的"人"与作为整体的"类"共同构成的。从人类社会的发展看，"分"通常意味着变化，由一个整体向不同部分的变化过程。如在中国，由"天下为公"分裂为"天下为家"，由"天下为家"分裂为"天下为人"，整体社会不断裂变为一个一个独立的个体，先是家庭，后是个人。"合"通常意味着秩序，由不同的部分通过一定方式形成一个有序的整体。整体尽管会裂变为个体，但个体不可能脱离整体而存在，任何个体都是相对整体而言的。将不同的个体结合为整体就会形成一种秩序。有序，整体就会存在；无序，整体就会解体。"天下为公"尽管会裂变为"天下为家"，但是一个个"家"又会结合成为"国"和"天下"。如"齐家治国平天下"，"齐""治""平"就是结合的机制与手段。"分"与"合"是相对而言的，是部分与整体的关系。这一关系是农村研究中的"因地"和"分类"的基本维度。

人类社会的"分"与"合"不是无缘无故发生的，必然受条件的制约。马克思说："人们自己创造自己的历史，但是他们并不是随心所欲地创造，并不是在他们自己选定的条件下创造，而是在直接碰到的、既定的、从过去承继下来的条件下创造。"[1] 构成农村研究中的"地"与"类"的条件并影响农村社会"分"与"合"的条件主要有：

（一）自然条件

自然是指人所面对的宇宙万物，是宇宙生物界和非生物界的总和。对于农村来说，自然具有十分特殊的意义。这在于农村是农业产业为基础的，而农业与工业相比，对自然具有高度的依存度。自然条件为人们的生存设置前提条件，构成人们生存的自然环境。愈是人类早期，受自然条件的制约愈大；愈是农业社会，对自然条件的依赖愈大，甚至赋予其神圣价值，如"风水"。

自然条件是由各种自然因素（包括人化自然）构成的自然环境系统，主要包括：天（气候）、地（地形）、水、土、区位等，形成了所谓的"一方水土"，即"地"，并分为不同的类型。而"一方水土养育一方人"，不同地方会产生不同人的特性和行为。法国启蒙学者孟德斯鸠认为，气候是人的品性和行为的决定因素，"气候的权力强于一切权力"。酷热有害于力量和勇气，寒冷赋予人类头脑和身体以某种力量，使人们能够从事持久、艰巨、伟大而勇敢的行动，因此，"热带民族的懦弱往往使他们陷于奴隶地位，而寒带民族的强悍则使他们保持自由的地位。所有这些都是自然原因造成的"。[2] 孟德斯鸠可能言过其实，但自然条件对人类社会的影响无疑具有重大作用，并制约着"分"与"合"。一般来讲，在自然条件比较适宜的地方，"分"的可能性更大；而为了

---

[1]《马克思恩格斯选集》第1卷，人民出版社1995年版，第585页。
[2] 参见［法］孟德斯鸠《论法的精神》（上卷），许明龙译，商务印书馆2013版，第321页。

应对恶劣的条件,"合"的可能性更大。

(二)社会条件

社会是人们通过交往形成的社会关系的总和,是人类生活的共同体。社会是由各种要素构成的社会环境系统,主要包括:以物质生产为基础的经济要素、以人口生产为基础的社会因素、以观念生产为基础的文化因素和以治理生产为基础的政治因素。不同性质的要素,决定了社会分为不同的形态。而人类社会形态又是在一定的空间里存在的。法国学者列斐伏尔认为:"社会生产关系仅就其在空间中存在而言才具有社会存在;社会生产关系在生产空间的同时将自身投射到空间中,将自身铭刻进空间。否则,社会生产关系就仍然停留在'纯粹的'的抽象中。"[1] 因此,不同的社会条件便造成不同的"地"和"类",对人的行为产生直接的作用,并成为造成人类社会"分"与"合"的直接因素。如在自然经济条件下,"合"的可能性更大,最小的经济单位也是作为共同体的"家";在商品经济条件下,"分"的可能性更大,最小的经济主体可以是作为个体的个人,商品经济伴随着社会分化,当然也意味着更高层次的社会整合。

(三)历史条件

人类社会是一个不断生长、发展、演化的漫长进程。无论是自然,还是社会,都是在历史进程中变化并构成人类存在条件的,由此构成由不同文明断层组合的历史形态。只有将自然和社会条件置于不同的历史形态中才能发现其动态演化的过程,也才能更准确理解"地"与"类"的特性和对人的行为的制约。如人类社会就是共同体裂变为个体,分化为不同个体的过程,同时也是一个由不同个体结合为新的共同体的历史演变过程。"分"与"合"贯穿于整个历史过程之中,但在不同的历史时空里表现形式则不一。德国社会学家滕尼斯在其《共同体与社会》一书中便表达了这一思想。马克思更是从自由的角度论述了个人与共同体("类")结合的演变及其不同类型,指出:"从前各个人联合而成的虚假的共同体,总是相对于各个人而独立的;由于这种共同体是一个阶级反对另一个阶级的联合,因此对于被统治的阶级来说,它不仅是完全虚幻的共同体,而且是新的桎梏。在真正的共同体的条件下,各个人在自己的联合中并通过这种联合获得自己的自由。"[2] 人类社会是一个过程,形成不同的层面,有的进化时间长,层面多,有的反之。因此,对农村研究中的"地"与"类"及其"分"与"合"的考察,要十分注意历史条件。

历史是一个过程。这一过程是由不同阶段与节点构成的。中国农村研究的历史维

---

[1] 转引自〔英〕德雷克·格利高里、〔英〕约翰·厄里编《社会关系与空间结构》,谢礼圣、吕增奎等译,北京师范大学出版社2011年版,第95页。
[2]《马克思恩格斯选集》第1卷,人民出版社1995年版,第119页。

度主要有两个：一是传统与现代。一般来讲，人们将农业社会称为传统社会，将工业社会称为现代社会。由此，现代工业社会之前的社会都可以称之为农业社会。现代化就是由传统农业社会向现代工业社会转变的过程。传统性与现代性是了解作为农村研究对象的区域性的重要历史维度。二是形态与实态（1949年前后）。在传统农业社会，由于各种条件的制约，区域的异质性差别非常突出，并构成不同区域的传统形态。而现代国家则是一个由多样性向一致性、一体性变迁的过程。但是这一过程正在变化之中，尚未完全定型，因此构成当下的研究者着手研究时的实际状态。在中国，形态与实态的分界线可以1949年为界。尽管1949年前，中国的传统形态已有些许变化，但由"改朝换代"的高层变动到"改天换地"的全面变革则在1949年以后，且这一变革尚处于了而未了的过程之中。

只有在充分了解自然、社会和历史条件的基础上，我们才能有效地"因地"和"分类"，了解人为何而"分"，因何而"合"，其内在的机理如何。

三、作为农村研究对象的区域

"因地"着重于整体中不同部分，"分类"也在于对整体中不同类型加以区分。就整体和类型单位而言，国家是整体，"地"和"类"分别是国家整体之下的不同部分。换言之，国家是由不同的部分构成的。农村研究要通过调查和归纳方法，研究一个国家的"地"和"类"的特性，但我们不可能穷尽所有对象，而且也没有必要。如中国有数十万个村庄，数亿农村人口，我们不可能，也没有必要都进行调查，再归纳出"地"和"类"的属性。这就需要寻找合适的研究单位。而区域是重要的研究单位。

区域是一个地域空间概念。一定地域总是由不同的区域所构成的。农村研究要了解的"地"和"类"，总是存在于一定的区域空间内。在农村研究中，引进"区域"单位是非常必要的。

从农村研究传统看，主要有两种研究单位。一是整体国家的视角，即将全国整体作为研究对象，是一种宏大叙事式的宏观研究。这种研究的资料来源主要是档案文献，或者理论建构，其成果甚多。代表性著作有费孝通的《乡土中国》等。这种研究将国家作为一个整体研究，具有高度的概括性，但也存在相当的局限。例如，《乡土中国》一书就主要是基于中国核心区域的研究，而许多次生区域或边缘区域的现象就被忽视。

二是个案社区，即将某一个个案作为研究对象，是一种微小叙事式的微观研究。目前，这种研究日益增多。可以费孝通的《江村经济》为代表。这种研究主要是基于实地调查，其优点是可以进行深入的挖掘。但其也有一定的限度：一是在社会多样化的条件下，一个案例很难解释一类现象；二是因为选取的案例不同，一个地区可以得出完全不同，甚至自相矛盾的结论。

因此，为了弥补现有研究的不足，需要借助于其他学科在研究方法上的进展。近些年来，历史学界开始注意寻找新的研究视角，也就是区域性研究。傅衣凌先生提出："由于生产方式、社会控制体系和思想文化的多元化，由于这种多元化又表现出明显的地域不平衡性和动态的变化趋势，中国传统社会产生了许多西欧社会发展模式所难以理解的现象。"[1] 而杨念群则从方法论的角度提出了"中观"理论。由于区域社会研究进展较快，产生了不少区域性研究成果，它们开始被视为某种"学派"。其中，山西大学和南开大学对华北农村的研究被视为一派，而基于对华南农村的研究也出现了所谓的"华南学派"等。

与中国学界的情况类似，国外对于中国问题的研究视角也经历了一个由整体到部分的变化过程。在早期，比较多的研究是国家整体研究，以美国学者费正清的《美国与中国》一书为代表。后来，随着美国学者柯文《在中国发现历史》一书的问世，区域社会研究开始迅速增多，其代表性著作有美国学者裴宜理（Elizabeth J. Perry）的《华北的叛乱者与革命者：1845—1945》、美国学者黄宗智的《长江三角洲的小农家庭与乡村发展》和《华北的小农经济与社会变迁》、美国学者濮德培（Peter C. Perdue）的《榨干土地：湖南的政府与农民，1500—1800》等。

现有的区域社会研究无疑大大弥补了原有学术传统的不足。但是，对于"地"和"类"的农村研究来说，它们仍然不够理想。其主要在于：相当多数的区域研究，只是对某一个地区的某一现象的研究，更多属于国家整体之下的地方性研究，如华南的宗族研究，华北的水利社会研究，湖南的土地、农民与政府研究，等等。有学者甚至将区域史与地方史加以等同，认为"区域史，又称地方史"[2]。

严格来说，区域研究不能等同于地方研究，区域社会研究的价值不仅仅在于对某一个地方的现象的研究，更重要的是寻求造成区域性特性的构成要素，从而形成区别于其他区域的特质。因此，区域研究至少有两个基本特征：一是同质性，即同一区域具有大体相同的特质，正因为这一特质而导致该区域相类似的现象较多，具有区域普遍性。当然这种同质性并不是区域现象的绝对同一性，主要在于其规定的现象多于其他区域。二是异质性，即不同区域具有比较明显的差异性特征，正因为这一特质促成

---

[1] 傅衣凌：《集前题记》，收于《明清社会经济史论文集》，人民出版社1982年版。
[2] 李玉：《中国近代区域史研究综述》，《贵州师范大学学报（社会科学版）》2002年第6期。

该区域同类现象不同于其他区域的同类现象。无论是同质性，还是异质性，都需要经过比较才能体现。而比较则需要有确定的标准。因此，区域研究与地方研究都属于国家整体的部分研究，但又有不同。地方研究可以不用比较，是某个地方就是某个地方，其研究限定于某个地方。而区域研究一定要发现该区域与其他区域所不同的特质，一定是在比较中才能发现其特质，且这种特质是内生的、内在的，而不只是外部性的现象。

作为农村研究对象的区域性，主要是指某类现象在某个区域内更为集中，并因此与其他区域不同。在中国，最大的区域差异是北方与南方。中国地理分布的分界线之一是秦岭—淮河一线，以北为北方区域，以南为南方区域。费正清曾描述道："凡是飞过大陆中国那一望无际的灰色云天、薄雾和晴空的任何一位旅客，都会显眼地看到两幅典型的画面，一幅是华北的画面，一幅是华南的画面。"[1] 在世界上，很难找到有中国这样南北差异之大，并对经济社会政治产生巨大影响的国家。中国历史上就曾数度出现过南北分化、分裂、分治时期，如南朝、南宋。南北差异也给政治决策和走向带来影响，如开辟大运河，首都东移和北进，政治过程中的南巡和北伐等。这都表明中国北方和南方有着不同的自然—社会—历史土壤，会生长出不同的结果。如我国农村合作化起源于北方，而分田到户则发源于南方。因此，将区域性作为农村研究的对象，有利于根据区域性特质，"因地制宜"和"分类指导"。

四、作为农村研究对象的村庄

国家是由不同区域构成的空间单位。一般来讲，区域的范围比较大。要对区域内的所有对象进行调查研究，不可能也无必要。由此需要进行二次分类。村庄则是农村研究的基本单位，也是发现区域特性的重要基础。只有通过对村庄性的深刻把握才能深入把握区域性。

农村社会由一个个村庄构成。村庄是农村社会成员的地域聚落。农民的生产、生活和社会交往都是在村庄内完成的。对于传统社会的农民来说，村庄就是其世界，人的终生都可能在村庄内度过，因此有所谓"十里不同音，百里不同俗"的说法。愈是进入现代社会，村庄的地位愈是重要。1949年以后，伴随着集体化，村庄成为具有明确和固定边界的单位，集体经济以村庄为单位组织，即"村集体"。同时，村庄也成为国家治理的基本单位，即"行政村"。

---

[1] ［美］费正清：《美国与中国》，张理京译，世界知识出版社1999年版，第4页。

更重要的是，村庄不仅仅是农业空间聚落，而且是人与人的结合，并形成人与人之间的关系及其相应的意识形态。透过村庄这一微观的社会组织，我们有可能发现整个农业社会及其区域性特质的构成要素。法国学者列斐伏尔认为："社会生产关系仅就其在空间中存在而言才具有社会存在；社会生产关系在生产空间的同时将自身投射到空间中，将自身铭刻进空间。否则，社会生产关系就仍然停留在'纯粹的'的抽象中。"[1] 农业社会关系及其区域性特质都将通过一个个村落空间体现出来。换言之，没有村庄载体，农业社会及其区域性就无从充分展示出来。因此，村庄是农村社会一个完备的基本组织单位，亦成为农村研究的基本单位。

将村庄作为农村研究的基本单位，并通过村庄性把握区域性，对于运用质化研究方法把握农村研究中的"地"与"类"具有重要价值。

与量化研究强调普遍性相比，质性研究更强调深度性，即通过深度调查，"将一口井打深"，来获得对对象特性的深入理解。因此，质性研究十分强调"扎根理论"和"深描"。

"扎根理论"是质性研究的一种重要方法。"扎根理论方法包括一些系统而又灵活的准则（guideline），让你搜集和分析质性数据，并扎根在数据中建构理论。"[2] 这一方法要求：第一，进入现场搜集和分析，这是前提；第二，数据是质性数据，得是最能反映对象本质特征的数据；第三，扎根于所搜集的数据之中建构理论，而不是在数据之外推导出来理论。因此，运用扎根理论方法，进入村庄现场调查，是了解村庄特性的有效方法。

"深描"作为质性研究方法，是相对"浅描"而言的，特别强调互动性、过程性、细节性和情境性。[3] "深描"最早用于人类学研究，是基于一种异文化的调查研究方法，用此方法可以更好地发现和比较不同对象的特质，也是发现村庄特性的有效方法。尽管"深描"注重细节，甚至微不足道的小事，但是决不是什么小事都要进行研究，恰恰相反，对对象必须有所取舍，以选择最能达到研究目的的对象。[4] 这种研究显然有助于在比较取舍中把握村庄的特性。

质性研究的"扎根理论"和"深描"都特别强调研究者的亲身调查与经验。但是，要让调查者对调查区域的所有村庄进行调查，然后产生结论，是不可能，也没有必要

---

[1] 转引自［英］德雷克·格利高里、［英］约翰·厄里编《社会关系与空间结构》，谢礼圣、吕增奎等译，北京师范大学出版社 2011 年版，第 95 页。
[2] ［英］凯西·卡麦兹：《建构扎根理论：质性研究实践指南》，边国英译，重庆大学出版社 2009 年版，第 3 页。
[3] 参见陈向明《质的研究方法与社会科学研究》，教育科学出版社 2000 年版，第 347 页。
[4] 参见澜清《深描与人类学田野调查》，《苏州大学学报（哲学社会科学版）》2005 年第 1 期。

的。村庄在英文中为"village"。有一句西方谚语说,"Every village has its idiosyncrasy and its constitution",就是说每一个村庄,都有自己的特性和脾气。但每一个村庄也有其同类型的共同性。我们可以通过寻找其共同性把握某区域的村庄性。这就需要寻找符合区域理想类型的村庄。

理想类型研究是德国社会学家韦伯所创立的研究方法。这种研究将事物的本质特性抽象出来,加以分类,如韦伯将统治合法性的类型分为三类。在农村研究中,可以借用这一研究思路和方法,选择最符合区域性特征的村庄进行深度调查。区域性特征就是研究者的目标和理想类型。只要选择若干最能体现区域性的村庄进行调查研究,就有可能从总体上把握该区域类似村庄的共同特征,而不必要对所在区域的所有村庄都进行调查研究。因此,村庄性与区域性是相联系的。只有从区域性整体特征出发,才能选择最能反映区域特征的村庄;只有深度把握村庄特性,才能充分说明区域特性。

相对区域而言,村庄的范围小得多,更容易做深度调查基础上的质化研究,将区域性具体化、实证化、动态化。"因地制宜"的"地"和"分类指导"的"类"最具体和最终体现在村庄属性上。由此要根据不同的标准对村庄加以分类。在对村庄性研究中,以下标准及其分类非常重要:

1. 以村庄名称为标准的分类。村庄名称是一种符号,通过这一符号,可以发现某类村庄的特质。在中国,村庄的"姓"以人的姓命名的非常多,反映了血缘关系与农耕社会同一体的特质。但在不同区域,村庄的"名"却有区别。如在黄河区域,村庄更多是以庄、寨、营、屯、卫等冠名,村庄的建构性、群体性强;在长江区域,村庄更多是以村、冲、湾、垸、岗、台等冠名,村庄的自然性、个体性强,与水相关。

2. 以居住状态为标准的分类。村庄是农村社会成员的居住聚落。村庄名称是一个村庄的标识和指称。这种标识和指称并不是随心所欲的想象,而有其内在的含义,反映了一种居住状态。根据居住状态,可以分为"集居村"和"散居村"。庄、寨、营、屯、卫、店等,更多的是一个人口居住相对集中的农村聚落,集居、群居,集聚度高,属于集居型村庄,即"由许多乡村住宅集聚在一起而形成的大型村落或乡村集市。其规模相差极大,从数千人的大村到几十人的小村不等,但各农户须密集居住,且以道路交叉点、溪流、池塘或庙宇、祠堂等公共设施作为标志,形成聚落的中心;农家集中于有限的范围,耕地则分布于所有房舍的周围,每一农家的耕地分散在几个地点"[1]。村、冲、湾、垸、岗、台等,更多的是人口居住相对分散的农村聚落,主要是散居,

---

[1] 鲁西奇:《散村与集村:传统中国的乡村聚落形态及其演变》,《华中师范大学学报(人文社会科学版)》2013年第4期。

甚至独居，分散度高，属于散漫型村庄，即"每个农户的住宅零星分布，尽可能地靠近农户生计依赖的田地、山林或河流湖泊；彼此之间的距离因地而异，但并无明显的隶属关系或阶层差别，所以聚落也就没有明显的中心"[1]。鲁西奇认为，传统中国的农村聚落状态，"从总体上看，北方地区的乡村聚落规模普遍较大，较大规模的集居村落占据主导地位"；而在南方地区，"大抵一直是散村状态占据主导地位；南方地区的乡村聚落，虽然也有部分发展成为集村，但集村在全部村落中所占的比例一直比较低，而散村无论是数量，还是居住的人口总数，则一直占据压倒性多数"[2]。

3. 以村庄形成为标准的分类。无论是集村，还是散村，都是历史进程中形成的。根据村庄形成的标准，可以分为自然村和行政村。自然村是由村民经过长时间聚居而自然形成的村落。其语音相对独立统一，风俗习惯约定俗成，以家族为中心。自然村数量大、分布广、规模大小不一，有仅个别住户的孤村（如在山区），也有数百人口的大村（如在人口稠密的平原地区）。自然村是农民日常生活和交往的单位，但不是一个社会管理单位。为便于国家管理，国家建构了农村社会管理单位，即行政村。行政村是为实现国家意志而设立的，是一种体制性组织，又称为"建制村"。在不同的时代，行政建制名称不一样。如秦汉时期的乡里、明清时期的保甲。自然村与行政村有可能相重合，也有可能不一致。在南方散村区域，自然村一般较小，通常是若干个自然村合为一个行政村。在北方集村区域，自然村较大，往往是一个自然村为一个行政村。显然，自然村与行政村的合一，有助于国家意志的贯彻实施，村与户的关系更为紧密。

4. 以血缘关系为标准的分类。无论是自然村，还是行政村，其基本组织单元都是由血缘关系构成的家庭。血缘关系是农村村庄存在的基本关系。在中国，血缘通常以姓氏加以表征。根据血缘关系，村庄可以分为"单姓村"和"多姓村"。单姓村指一个村一个姓氏。如宗族社会的村庄通常都是单姓村，自然村往往是单姓村。多姓村指一个村庄由多个姓氏的人构成，意味着村庄成员来自不同的血缘家庭，村庄的因地缘结合的特征突出。而"多姓村"又可以进一步分类："主姓村"和"杂姓村"。前者意味着以一个，或者若干个姓为主，后者看不出明显的主姓。

根据不同标准，村庄还可以进一步细化，如根据经济水平分为贫困村和富裕村；根据产业类型，可以分为农业村、牧业村、农工商合一村；根据村庄成长历史，可以分为历史名村、移民新村；根据民族归属，可以分为汉族村、少数民族村，等等。但

---

[1] 鲁西奇：《散村与集村：传统中国的乡村聚落形态及其演变》，《华中师范大学学报（人文社会科学版）》2013年第4期。
[2] 鲁西奇：《散村与集村：传统中国的乡村聚落形态及其演变》，《华中师范大学学报（人文社会科学版）》2013年第4期。

就作为农村研究对象的村庄性而言，村庄的分类不是随意和无限的，而要与区域性的理想类型关联起来，寻找村庄分类对于理解区域性和村庄性的价值与意义。比如，集聚和散居不仅仅是一种居住形态的差异，同时也蕴育着人与人之间的结合关系及其意识形态，从而建构起"村庄性"。鲁西奇就认为："采用怎样的居住方式，是集中居住（形成大村）还是分散居住（形成散村或独立农舍），对于乡村居民来说，至关重要，它不仅关系到他们从事农业生产的方式（来往田地、山林或湖泊间的距离，运送肥料、种子与收获物的方式等），还关系到乡村社会的社会关系与组织方式，甚至关系到他们对待官府（国家）、社会的态度与应对方式。"[1] 而在法国学者阿·德芒戎看来：每一居住形式，都为社会生活提供一个不同的背景；村庄就是靠近、接触，使思想感情一致；散居状态下，"一切都谈的是分离，一切都标志着分开住"。因此，也就产生了法国学者维达尔·德·拉·布拉什所精辟指出的村民和散居农民的差异："在聚居的教堂钟楼周围的农村人口中，发展成一种特有的生活，即具有古老法国的力量和组织的村庄生活。虽然村庄的天地很局限，从外面进来的声音很微弱，它却组成一个能接受普遍影响的小小社会。它的人口不是分散成分子，而是结合成一个核心；而且这种初步的组织就足以把握住它。"[2] 所以，村庄分类不是为了分类，更主要的是通过分类，更好地把握村庄性乃至区域性。

五、作为农村研究对象的区域性村庄分类

"分"与"合"是对人类社会的存在状态，也是农村研究的基本标准。由于自然—社会—历史的条件不同，"分"与"合"在一个国家内不同农村区域的表现形式不一样，使得某些村庄在一定区域存在多一些，某些村庄在一定区域存在少一些，由此构成不同的区域性村庄。

根据"分"与"合"的维度与自然—社会—历史条件，执照典型化分类的标准，我们可以将中国农村分为以下七大区域性村庄：

1. "有分化更有整合"的华南宗族村庄

"聚族而居"是华南宗族村庄的存在状态。血缘关系是人类最原始、最基本、最古老的关系。人类最初是以"群"（"类"）的方式生存，早期传统农村实行"聚族而居"，通过一个个由血缘姓氏结合而成的宗族将农村社会成员组织起来，形成"家族同构、

---

[1] 鲁西奇：《散村与集村：传统中国的乡村聚落形态及其演变》，《华中师范大学学报（人文社会科学版）》2013年第4期。
[2] ［法］阿·德芒戎：《人文地理学问题》，葛以德译，商务印书馆1993年版，第192页。

族高于家"的宗族村庄。宗族村庄普遍存在于早期中国农耕区域。在漫长的历史长河里,由于多种原因,"聚族而居"的宗族村庄社会四分五裂为一个个体家庭构成的分散型村庄。但在中国的南方,特别是赣南、闽西南、粤东北、浙南、皖南、湘南、鄂南、四川等区域尚存在比较完整的宗族村庄。这类宗族村庄因集中存在于赣南、闽西南、粤东北等地,所以以"华南宗族村庄"加以概括,其最典型的特征就是保留了完整的传统宗族社会,构成了中国传统农村的历史底色。

需要说明注意的是,华南是一个区域性概念,并不是所有的华南区域的农村都是以宗族村庄的形式加以体现,也不是只有华南才有宗族村庄,而是指宗族村庄在华南区域更为集中,保存得更为完整。我们通过对华南区域的宗族村庄的了解,则基本可以把握宗族村庄的整体状况。

华南宗族村庄的气候环境和水利条件适宜于农耕,属于水稻产区。许多村庄交通便利,有一定的商业,但总体来看,地理位置偏僻,处于国家地域中的边缘地带。与南方区域的散村形态不同,宗族村庄通常为集居形态。这与宗族村庄大多因战乱迁移,特别注重整体安全有关。

"有分化更有整合"是宗族村庄的鲜明特征。宗族与氏族不同,它是以个体家庭为基本单位的。如果说宗族是"大家",那么,个体家庭则是"小家",只是"小家"是由以共同的祖宗为纽带的宗族"大家"分化出来的。"小家"尽管有相对独立性,但是与宗族"大家"有紧密的联系,宗族村庄通过共同的血缘关系、财产关系、社会关系、文化关系和治理关系将各个小家和个人结合或者整合在一起,形成以血缘关系为基础的共同体。这类村庄有"分",但更有"合",或者更强调"合",并有促进"合"的机制。因此,宗族村庄以宗族整体性为最高标准,其内部存在差异性,但更有将差异性抑制在整体性框架内的机制,从而形成宗族村庄秩序。

宗族村庄在"因地"和"分类"的农村研究中具有重要价值。其核心是整体性与差异性、"分"与"合"的并存,特别是在如何"分"与"合"方面有诸多机制。如通过适度的"分"获得宗族竞争活力,通过公共财产形成维系宗族共同体的财产基础。中国农村改革权威杜润生就在论证"分田到户"的合理性时指出:"所有权和使用权的两权分离,过去在中国社会也曾经存在过,但不是很普遍,比如,村庄的祠堂地、村社土地一类。"[1] 当下,许多地方以行政村为基础的村民自治陷入困境,而在广东清远市农村的村民自治却十分活跃,其重要原因是以宗族为基础的自然村作为自治载体,并以自然村的自治推动着土地的整合。

---

[1] 杜润生:《杜润生自述:中国农村体制变革重大决策纪实》,人民出版社2005年版,第153页。

正因为宗族村庄存在久远，至今仍然有很大影响，且内在机理仍然有重要价值，所以成为农村研究中的重要对象，产出的成果也较多。只是对这类村庄为何存在，如何存续还有许多未解之谜，也还存在许多问题需要通过调查进一步探讨。如研究中国宗族村庄的权威专家弗里德曼将水稻种植作为宗族村庄存续的理由之一，但是我们如果进一步追问，同样是水稻区，为什么有的宗族村庄未能存续呢？显然，宗族村庄还有许多问题有在充分调查基础上进行研究的必要。

2．"有分化缺整合"的长江家户村庄

"随水而居"是长江家户村庄的存在形态。气候与水对于农业具有至关重要的影响。以秦岭—淮河为界，中国形成南北两大区域，分别有两大水系，即南方的长江与北方的黄河，由此构成南北两大农村核心区域，并具有各自的特质。在长江流域，特别是长江中上游，即四川、重庆、湖北、湖南、江西、安徽等地，主要为平原与丘陵，主产水稻，属于稻作区，人们随水而居。自然村和散居村多，村名大多与水相关，如冲、湾、垸、岗、台等。一个个家户星罗棋布，散落于平面形态的小块水田旁，形成最为典型的传统小农经济，即一家一户、农业与手工业结合、自给自足的自然经济。在自然经济形态占主导地位的传统社会，小农经济状态决定着国家的兴衰，所谓"湖广熟，天下足"。长江中上游区域最为典型的特征是家户小农经济基础上的家户社会。家户社会以血缘关系为基础，以裂变的个体家庭为中心和本位，不同于宗族社会。

"有分化缺整合"是长江家户村庄的鲜明特征。如果将"聚族而居"的宗族村庄视为大树的话，那么，"随水而居"的家户村庄则是大树的枝丫和树叶。只是与宗族村庄不同，家户村庄的个体家户与远祖缺乏内在的联系，犹如脱离了树干，散落在各地的枝叶。个体家户及其相近的亲族在日常生活中占主导地位，近亲愈近，远亲愈远，缺乏共同祖宗崇拜、共同地域、共同财产、共同社会关系、共同价值、共同治理等机制将一个个个体家户联结起来，形成具有整体性的共同体。家户本位的私人性、差异性、竞争性强，村庄联系和合作的整体性、共同性弱。

家户村庄是最为典型的中国农村底色。毛泽东在 1940 年代就指出："在农民群众方面，几千年来都是个体经济，一家一户就是一个生产单位，这种分散的个体生产，就是封建统治的经济基础，而使农民自己陷于永远的穷苦。克服这种状况的唯一办法，就是逐步地集体化；而达到集体化的唯一道路，依据列宁所说，就是经过合作社。"[1] 由分散的个体家户生产走向农民合作的集体生产，是中国农业社会主义改造的基本前提。只是这种改造带有很强的国家整合的特点，换言之，农村的"合"主要是外部力

---

[1]《毛泽东选集》第 3 卷，人民出版社 1991 年版，第 931 页。

量推动，由此形成的人民公社统一经营体制缺乏必要的农村社会基础。而对公社统一经营最不适应且率先对这一经营体制进行挑战，探索包产到户（民间习称"分田单干"）的则集中于长江中上游区域。民间一度流行"要吃粮，找紫阳；要吃米，找万里"[1]的说法。邓小平就表示：以包产到户为主要内容的农村改革"开始的时候，有两个省带头。一个是赵紫阳同志主持的四川省，那是我的家乡；一个是万里同志主持的安徽省"[2]。

当然，家户村庄也有其限度。一家一户为单位的家户村庄将个体家户的私人性激发出来，分化带来了活力，但由于缺乏必要的横向机制将一家一户联结起来，形成有机的整体，只能依靠政府的纵向整合，而这种整合往往会进一步弱化家户村庄的公共性。在当下的新农村建设中，人们会经常发现，由于一家一户分散的原因，造成道路难修、水管难通等。因此，对于"有分化缺整合"的长江家户村庄而言，在私人性基础上发育和形成公共性，还有大量问题需要研究。而这对于全国也具有普遍性价值。

3."弱分化强整合"的黄河村户村庄

"集村而居"是黄河村户村庄的存在形态。黄河区域主要指黄河中下游区域，包括陕西、山西、河南、河北、山东等地。这一区域本是中华农业文明的主要发源地。农业文明最早就是以人们群居的村庄聚落形态表现出来的。同时，黄河区域紧邻北方游牧区域，长期是国家的政治中心地带，受战乱的影响深远。黄河区域农耕的自然条件与长江区域截然不同，属于干旱区，主产小麦等旱作物，地势平坦。一个个村庄聚集在一大块农田麦田旁边。村庄大多以庄、寨、营、屯、卫等命名，属于人口集居村庄。本来，宗族社会最早起源于黄河区域，后因为战乱、灾害等原因，南移到华南。黄河区域由宗族社会而裂变为个体家户社会。但因为自然—社会—历史原因，黄河区域村庄的存在形态在于其集聚性、集体性，个体家户集聚、集中在一个空间领域，村庄群体与家户个体具有紧密的依赖关系，由此构成村户社会，与长江区域的分散性、个体性的家户村庄形成鲜明的差别。

"弱分化强整合"是黄河村户村庄的鲜明特征。自然条件、社会条件和历史境遇的同一性，使得黄河区域村庄内部的分化程度不高，或者分化比较简单。同时，黄河区域的农村社会成员的集聚度高，人与人之间的联系紧密，村民之间的横向联系较强，特别是由于外部自然条件恶劣（如缺水）和社会条件严酷（如经常性战乱）而产生的强制性整合，导致村庄的集体依赖性和整体性强。如果说，在中国，少数民族进入中

---

[1] 赵紫阳于1975—1979年间担任中共四川省委书记，万里于1977—1979年间担任安徽省主要领导。他们在任职期间都积极支持以家庭为生产经营单位的农村改革。

[2] 中共中央文献研究室：《十二大以来重要文献选编》（下），人民出版社1988年版，第1443页。

原地区后会"汉化",那么,中原地区也会"胡化"。其游牧民族的部落群体对于中原,尤其是黄河区域有很大影响。这也是黄河区域村庄整体性强的重要原因。总体上看,黄河区域的村庄地域整体的地位高于血缘家户个体,集体意识和行动能力强。

黄河区域的村户村庄在中国农村社会变迁中有其特殊地位。在 20 世纪,中国共产党改造传统个体家户社会的依据是一家一户小农经济,通过集体合作的集体化,避免社会分化。但集体化最早起源于黄河区域。例如,山西的张庄早在 1940 年代后期土地改革刚结束时,就开始了集体互助。1950 年代农业集体化进程中的模范典型也大多产生于黄河区域。例如,山东的厉家寨就被视为合作化的典范。人民公社最早发源于河南和河北。在人民公社化的进程中,最早实现人民公社化的 9 个省,有 8 个在黄河区域。[1] 到六七十年代,作为全国集体经营旗帜的大寨则位于山西。直到 1980 年代后,黄河区域还有一些村庄仍然在坚持集体统一经营。

当然,黄河区域的集体化在相当程度上是特定的自然—社会—历史条件造就的,具有强大外部整合的特点,村庄缺乏个体性和差异性,也缺乏竞争和活力。随着社会发展,家户在农村社会的地位愈益突出,社会分化、分离性增强。但是,其集体性、整体性、共同性的历史底色仍然存在,且还会发挥作用。如在黄河区域的山东、河南、山西、河北等地,以行政村为单位的农民股份合作、农村城镇化、农村社区建设、农村村民代表会议等发展较快。因此,对于"弱分化强整合"的黄河区域村庄来说,如何在社会分化日益突出的基础上,推进自愿基础上的社会联合、社会合作,具有重要价值,也具有普遍意义。

4."小分化大整合"的西北部落村庄

"逐草而居"是西北部落村庄的存在形态。中华文明是在农业文明与游牧文明互动中形成的。游牧文明主要发生和存在于西北区域。游牧是一种不同于农耕的生产方式,具有很强的流动性和不可控性。以游牧为生的人通过一个个部落群体组织起来,共同应对外部挑战。一个个部落逐草而居,分布于茫茫草原上。在农业文明与游牧文明互动中,游牧部落会受到农耕家户的影响,农耕家户也会受到游牧部落的影响。如黄河区域的集体性既有古典的宗族社会影响,也有游牧部落的影响。西北区域主要包括新疆、内蒙古、西藏、甘肃、青海、宁夏等牧区,其典型特征是部落村庄。

"小分化大整合"是西北部落村庄的鲜明特征。家庭是部落构成的微小单元,但家户寓于部落之中,部落的地位远高于家户,其内部的分化程度非常小。同时,为了应

---

[1] 参见《当代中国农业合作化》编辑室编《建国以来农业合作化史料汇编》,中共党史出版社 1992 年版,第 501 页。

对恶劣的环境，部落之间还会形成联盟，由此形成大整合。这种整合不同于黄河区域以村庄为单位的整合，而经常会超越一个个部落单位，从而获得更为强大的整体性和集体行动能力。传统游牧部落以"十户长""百户长""千户长"作为组织建制，便反映了大整合的特点。这也是游牧民族得以经常战胜农业民族的重要组织原因。

西北部落村庄在中国农村社会变迁中有其独特地位，并形成鲜明特色。农村村庄本来是固定在一个地域上的农民聚落。而部落村庄的特点是流动性，并在流动中形成整体性和共同性。长江区域家户村庄因"随水而居"产生的是分散性、个体性，西北区域部落村庄则因"逐草而居"产生的是集聚性和整体性。同时，西北部落村庄位于国家边陲的浩瀚草原中，流动性强，其特点突出，治理难度大。如何针对这一特点，"因地制宜"进行"分类指导"，是国家治理的重大问题。如在流动性的西北区域，实行与内地"包产到户"类似的农业政策，其难度就较大。

5."低分化自整合"的西南村寨村庄

"靠山而居"是西南村寨村庄的存在形态。中华文明是在由核心向边缘不断扩展中形成的。除了黄河、长江等核心区域以外，还有广阔的边缘区域。与茫茫草原和沙漠地带的西北边缘区域不同，处于崇山峻岭之中的西南边缘区域与核心区域的互动较少，相对封闭，主要包括广西、贵州、云南，以及四川、重庆、湖北与湖南部分被称为少数民族地区的区域。这些区域远离政治中心，自然条件恶劣、文明发育进程较缓，有自己独特的自然、社会、文化与政治形态。为了应对环境，人们大多"靠山而居"，以山区村寨的小集居、大散居的方式居住、生活，村庄大多以"寨""屯"之类的集居聚落命名。尽管家庭是基本单元，但村寨共同体的地位高于个体家户。因此，西南区域村庄组织形态是村寨社会。

"低分化自整合"是西南村寨村庄的鲜明特征。由于自然、社会和历史条件的同一性，西南村寨的社会分化程度很低，人们世世代代过着相同的生活，与外部交往很少。正是在封闭的生活空间里，形成了独特的习俗，人们根据世代传承的习俗进行自我调节，其自我整合的自治性强。与此同时，由于位置偏远，中央政府对于这些地区实行"因俗而治"的政策，使得村庄自我调节得以长期存续。

与黄河区域村户村庄的集体性主要是外力推动不同，西南村寨的合作与集体性主要源于内在的动力与机制，是人们长期共同生活中获得的一种自我认同。这种基于村民自我认同的集体性比较容易达成一致，进行有效的自我治理。人民公社体制废除以后，中国在村一级实行村民自治，其制度来源于广西壮族自治区的合寨村。在西南区域，实行自治更多带来的是团结，而不像社会分化程度比较高的地方，实行自治往往带来的是进一步的分裂、分散。当然，西南区域村寨的"低分化自整合"与其地理位置和交通条件相关，随着交通和通信条件的改善，其对外开放程度提高，"低分化自整合"的形态也在悄然发生变化。

6. "高分化高整合"的东南农工村庄

"逐市而居"是东南农工村庄的存在形态。文明可以分为原生、次生、再生等不同层次。再生即在原生文明基础上再生出一种新的文明形态。中国的东南区域，包括江苏、浙江、福建、广东等地本属于南方农耕区域，具有农业社会底色，且属于农业文明非常发达的地区，如长江三角洲和珠江三角洲，曾经有"苏常熟，天下足"之说，江苏和浙江更号称"天下粮仓"。但这些地方属于沿海地带。随着文明的进步，人们除了以农业获得生存资料以外，还试图通过工业和商业获取生存和发展，而东南沿海赋予这一地带优越的条件，使得这一区域的人们率先挣脱土地和农业的束缚，形成农业与工业、商业相结合的村庄。工商业与市场和城市相关。人们"逐市而居"，尽管仍然是农村聚落，但与城市和市场联系非常紧密。这与"小村庄小集市"的长江家户村庄形成明显的差异。

"高分化高整合"是东南农工村庄的鲜明特征。农工村庄的商品经济较为发达，开放度高，与市场和城市联系紧密，社会分化程度高。这种分化不再限于农业村庄，而是跨越村庄，与城市和市场相关。如1949年前，东南区域出现许多城居地主和工商业地主，这与其他区域主要是在村的"土地主"有所不同。伴随高分化的是高整合，这种整合也不再只是局限于村庄内部，而是跨城乡，以市场为中心的整合。人们之间的横向联系不仅仅限于乡土人情，更重要的是市场理性网络。村庄只是整个市场社会之中的一个环节。

东南农工村庄在整个中国农村变迁中处于领先地位。除了领先于农业文明以外，也领先于工业文明。在中国由农业社会向工业社会转变中，率先崛起的就是东南农工村庄。费孝通先生在其著名的《江村经济》中提出了通过"草根工业"解决中国农村农民问题的超前思路，得益于他在其家乡——江苏吴江的调查。改革开放以来领先于中国的"苏南模式""温州模式"和"珠三角模式"都位于东南区域。只是随着工业化、城镇化，这一区域的农业底色逐渐消退，但其底色却规制着这一区域的工业化和城镇化道路，如"小城镇大市场"。

7. "强分化弱整合"的东北大农村庄

"因垦而居"是东北大农村庄的存在形态。包括黑龙江、吉林、辽宁及部分内蒙古地方的东北区域，原属于非农耕区，且是满族圈禁的地带。只是在数百年前，这一地方因为地广人稀，土地肥沃，导致大量来自山海关内的农民迁移到那里开荒垦殖，将其变为农耕区，俗称"闯关东"。在金其铭看来，"东北的农村聚落实际上是华北聚落的一个分支"[1]。这一地带是狩猎、游牧、农耕的混合文明区域，又属于边疆地区，具有晚开发、跳跃性、移动性特性，农耕文明的历史短暂，但地域辽阔，人少地多，与核心地带的"人多地少"形成鲜明的区别。广阔的大平原、广袤的大草原、广大的大森林，使这里以"大"为特（当地称"大"为"海"），并为"大农业""大农村""大农民"提供了基础，与长江地带的小农有着明显的区别。农村社会成员"因垦而居"，属于集居村庄，大多以"屯""堡"之类的集聚村落命名。

"强分化弱整合"是东北大农村庄的鲜明特征。开荒垦殖意味着原地荒无人烟，人们依靠强力获得土地而定居，并产生社会分化。这种分化不是经长期历史自然形成的，而具有很显著的突然性、人为性和强力性。同时，国家治理的缺失，也造成了社会的强力占有和争夺，"匪气"和"匪患"严重。正因为如此，尽管东北村庄以集居方式存在，但相互间的横向联系纽带缺失，村庄犹如一个"拼盘"，人虽在一起，但缺乏共同财产和共同心理认同，村庄整合度弱。

由于优越的自然地理条件，东北可以在大农业发展方面发挥重要作用。如中华人民共和国建立以后，东北的"北大荒"成为"北大仓"。改革开放以来，东北成为村民自治"海选"的发源地。但是，"人心不齐"的弱整合也制约着东北大农村庄的发展。人们难以通过村庄提供大农业发展需要的社会服务。一家一户的生产经营方式仍然占主导地位。而东北的"海选"恰恰是因为缺乏村庄共同性而产生的不得已的行为，也正因为缺乏共同的心理基础，"海选"之后的治理仍然困难。

---

[1] 金其铭：《中国农村聚落地理》，江苏科学技术出版社1989年版，第137页。

民联官助：
干旱区村庄的社会联结与治理
——黄河区域南陵村调查

李加斌[*]

[*] 李加斌，傣族，云南省永仁县人，华中师范大学中国农村研究院政治学硕士毕业，现就职于云南报业传媒（集团）有限责任公司。

第一章　南陵村的由来与演变

南陵村属于陕西省富平县宫里镇下辖村，位于富平县中部，县城正北方，地处宫里镇镇政府东北方向约3公里，东邻董村、齐村，西邻涧头村，北接北陵村，南连大樊村。村庄形成的历史较早，经历了上千年的历史变迁，村域范围归属多变，明万历《孙志》初见其名。本章主要从村庄的形成、村庄的建制、村庄的当下状况这三个方面来对南陵村村庄的由来与演变进行考察。

第一节　村庄的形成

南陵村历史悠久，建村时间较早，历经数代王朝变迁，南陵村的村庄名称、村域范围、姓氏结构等均发生了变化。本节主要从村名与村庄、姓氏与村庄、村民与村庄这三个方面来对南陵村村庄的形成进行考察。

一、村名与村庄

南陵村既是一个自然村，也是一个行政村，其地域内共有赵家堡、南刘堡、北刘堡、铁炉堡4个自然聚落。因此，下面将从村名的由来、聚落之名与村庄这两个方面来考察南陵村村名与村庄的关系。

（一）村名的由来

南陵村位于陕西省渭南市富平县北部，宫里镇东北方向，距镇政府所在地约3公里。南陵之名始见于明万历《孙志》，当时只是个村名，清乾隆时期已经成为一个地名。关于"南陵"这一名字的由来，没有确切的记载，但根据现有资料和村中老人的口述可知，其与帝王陵墓有着密切的关系。

宫里镇域内有北周成陵和唐代定陵、章陵三座帝王灵冢。其中定陵最宏大，内埋葬唐中宗李显。李显是唐朝的第四位皇帝，是唐高宗李治的第七子，武则天的第三子，弘道元年（683年）十二月至嗣圣元年（684年）二月、神龙元年（705年）二月至景龙四年（710年）五月两次当政，共在位8年，景龙四年六月被韦后与其女安乐公主毒死于神龙殿，终年55岁，葬于富平县宫里镇龙泉山定陵，今称凤凰山，今南陵村所在区域因位于定陵之南而取名"南陵"。

南陵之名与定陵有关，这毋庸置疑，但对于其位于定陵之南的说法，现也存在不同声音。"南陵，南陵，相传是因为其位于定陵之南，所以取名南陵。南陵村与帝王陵冢和陪葬墓群密切相关，这一点是毫无疑问的，但村子与定陵之间的位置关系，现在看来南陵村并不是位于定陵的南方，而实为定陵东南方向。"[1] "赵家（堡）以前不是在这个地方，以前是在现在村子的西北方向，大概有几百米远。"[2]

现在的南陵村确实更接近东南方向，但根据老人的讲述来看，南陵作为地名出现是在赵家堡[3]未进行迁移之前，如果将南陵作为地名来看，其南陵这一区域则更接近定陵的南部。由此可见，村名的由来与皇帝陵墓有关，根据"标记物（定陵）+地理方位"的方式进行命名。

（二）聚落之名与村庄

南陵村下辖铁炉、赵家、南刘、北刘4个自然聚落，旧时4个聚落虽然相距较近，但独自建城墙，形成独立的单元。随着各单元的扩张，现已经融为一体，形成一个新的单元。

1. 聚落之名的由来

根据刘兴汉、赵俊喜、刘守斌等老人的讲述，南陵村下辖自然聚落的名字自出现起就没有出现过变动，且名字的由来也有所不同。具体来看，4个自然聚落的名称与南陵村的关系如表1-1所示。

---

[1] 来自对刘兴汉老人的访谈。
[2] 来自对赵俊喜老人的访谈。
[3] 赵家堡为南陵村下辖自然聚落（村落）。

表 1-1 南陵村所属 4 个自然聚落名字的由来

聚落名称	别名（曾用名）	聚落之名的由来	命名形式
赵家堡	陵前赵家/重庆堡	因姓氏而取名	姓氏
南刘堡	首阳堡	因地理位置与姓氏而取名	位置＋姓氏
北刘堡	—	因地理位置与姓氏而取名	位置＋姓氏
铁炉堡	—	因历史事件而取名	历史事件

（1）赵家堡

赵家堡原来叫陵前赵家、重庆堡，根据赵俊喜、刘兴汉等老人的讲述，这是由其地理位置和姓氏进行取名的。村堡位于定陵之前，且村中的人以赵姓为主，故而叫作陵前赵家，到了明朝洪武年间，改名为赵家村，到了乾隆初年改名为赵家堡，后一直沿用，到了民国二十三年（1934年）保甲制改编完成后，便称其为赵家。对此，村中老人回忆道："祖上刚建立村子的时候，村里基本上都是姓赵，当时就以姓氏命名村名，叫作赵家，又因为村子的位置就在定陵前面，所以叫作陵前赵家，后来从上面搬到现在住的这个地方，建起了城墙，就改名叫作赵家堡。之所以叫作赵家堡可能是因为当时的村子被城墙围起来了像一个城堡，也可能是因为高高的城墙像堡垒一样，所以叫作赵家堡，当时这周围的村子名字后面都加上了'堡'字。后来城墙毁坏了，慢慢地也不叫堡就直接叫作赵家了。"[1] "赵家原来不是在现在这个位置，而是在现在这个位置的西北角的方向，听说是有一次被土匪抢劫，村子被火烧毁了，才搬到现在这个位置的。在明朝年间，匪患严重，大多村子都建起了城墙用来抵御土匪抢劫，赵家建起城墙之后修了城门，有一个城门上写着的是赵家堡，还有一个城门上则是写着重庆保，叫赵家堡是因为村子里面的人主要是姓赵，其余的姓氏都是后来的，为什么叫作重庆堡这个就说不清楚了。"[2]

（2）南刘堡、北刘堡

南刘堡、北刘堡原为一个村，最先出现在明万历《孙志》中，当时合称为南陵村。当时的南陵村是一个自然聚落，因为位于定陵之南故而叫作南陵村，明洪武三年的时候仍然叫作南陵村，但是到了乾隆初年，则称之为刘家南北二堡，此时的聚落之名则是以姓氏命名，再加之方位予以区分。后随着农户人数的增加，村落范围不断扩大，刘家南北二堡则成为两个单独的聚落，即南刘堡和北刘堡，民国二十三年（1934年）后也称其为南刘、北刘。关于南刘堡、北刘堡聚落之名的由来，村中老人讲道："南刘

---

[1] 来自对赵俊喜老人的访谈。
[2] 来自对刘兴汉老人的访谈。

堡、北刘堡,以前本是一个村子,老祖宗刚来的时候是在北刘这个地方建立村子,叫作南陵村,但是后面人越来越多,部分村民就开始往南边迁移,一些人成婚之后也在南边建起了房子,南北刘二堡的人祖先都是一个,都是姓刘,但是后面慢慢地有了南北之分。在建城墙的时候,虽然两个聚落只是相隔了一条很窄的人行道,但还是独自建立城墙,我们记事的时候城墙已经毁坏,不知道北刘城门上写的是什么,但是南刘城门上写着的是首阳堡,为什么叫首阳堡,这个不知道,但是后来叫南刘堡、北刘堡就是因为村里的人都是姓刘,一个在北边,叫北刘堡,另一个在南边,叫南刘堡。"[1]

(3) 铁炉堡

铁炉最早出现于明万历《孙志》中,当时的铁炉属于怀德里下辖单元,叫铁炉村,为一个独立的聚落单元。建起城墙之后改名为"铁炉堡",民国二十三年(1934年)保甲制改编完成后仍称其为铁炉,现为南陵村下辖自然聚落。据村中老讲述:"我们这个村子最先是王姓搬到此,然后建村,刘姓到这的时间晚于王姓,王姓绝户后刘姓为村中大姓,但是村子没有以姓氏命名,而是以历史事件命名。相传这个地方原是炼铁的地方,当时炼铁的炉子遗址现在还存有一部分,具体是什么朝代在这里炼铁没有具体的记录,但是历史上炼铁一般都是用于战争,根据出土的铁锭子和历史上发生的战争大事来看,这个朝代至少可以推到唐代。'铁炉'这个名字就是根据炼铁这一历史事件而来,当时这里为炼铁的地方,故取名叫作铁炉,印象里还记得当年的城门楼上就写着铁炉堡,'铁炉'这个名字也是一直沿用到现在。"[2]

2. 聚落分布与村落的关系

南陵村属于塬地,地势相对平坦,但北部略高于南部。具体来看,若以旧时的南陵村为参照物,南北刘二堡位于同一纵坐标轴上,两个聚落紧挨着,北刘堡位于南陵村的北部,南刘堡位于南陵村的南部。赵家堡则刚好与南刘堡位于同一横坐标轴上,据刘兴汉、赵俊喜等老人讲述,旧时的赵家堡和南刘堡相距约50米。铁炉堡位于南陵村的东南方向,旧时与南陵村相隔约百米。南陵村的聚落分布与村落的关系如图1-1表示。

---

[1] 来自对刘守斌老人的访谈。
[2] 来自对刘兴汉老人的访谈。

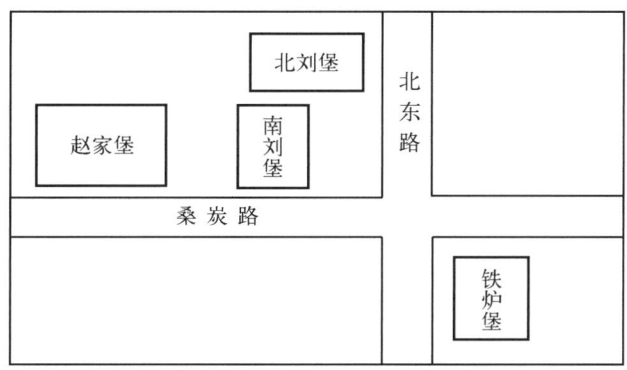

图 1-1 南陵村所属四个自然聚落的地理分布

二、姓氏与村庄

民国时期的南陵村为杂姓村，有刘、赵、王、党、张、姚、田、樊、陈、何、付、孙、候、杨、李等姓氏，其中刘、赵为村中主姓，刘姓分为两个家族，其中南刘和北刘的刘氏为一个家族，铁炉堡刘氏为一个家族，赵姓主要居于赵家堡。

（一）村庄的主姓与来源

赵、刘、王为村庄主姓，来的时间也较早，但是王姓在回民起义中惨遭灭门，因此绝户。南陵村的刘氏并非同一个家族，其中，铁炉刘氏为一个家族，南刘、北刘为一个家族，每一个家族的来源与发展均不相同。各大姓氏本来都有自己的家谱，记录着家族的发源与变迁，但后来因各种原因均被毁，现后人对家族的发源和变迁只能回忆一二。

1. 铁炉刘氏

在铁炉堡，王姓最先到此生活，是一大姓，后刘姓迁入，具体迁入时间不详，渐渐地刘、王两姓成了铁炉堡的大姓，但在回民起义时王姓遭受灭门之灾，一家60余口全被杀死于窨子之内，因此绝户，此后刘姓成了村中大姓。"据老人相传，我们祖上是在明朝时期由山西洪洞县大槐树下迁徙而来，当时山西人口比较多，而陕西这边人少地多，且受黄河的影响不大，所以就一路往陕西这边迁徙，最后才来到富平，然后慢慢地发展起来了。陕西这个地方位于黄河的上游，每一年到了雨季，下游的地方就会遭受洪涝，而处于上游的陕西不会出现这样的情况，粮食的收成也会有一定的保障，所以当时往这边迁徙的人比较多。这个村子也不是我们祖上建的，祖上来到这里的时候，王姓已经在这里生活了，他们到这里的时间要早很多，具体哪一年到这里的这个说不清楚，为什么来这里也说不清楚，也有可能是唐朝的时候在这里炼铁后来留下来的人。王姓原来是一个大姓，比刘氏还要大，也比较有钱，曾经还在甘肃开过金铺。

后来村中修窨子，王氏单独修了一个，其余的村民单独修了一个，回民起义的时候，他们躲在自己修建的窨子中，被回民用烟熏，一家60余口全部被熏死在窨子中，从此就绝户了。王氏绝户之后，铁炉成了独姓村，只有我们刘氏，其余的姓氏都是后来才来的。"[1]

2. 南北刘二堡刘氏

南北刘二堡的刘氏，据老人说是刘氏先来到现北刘堡的地方生活，在此建村，后因人口的增长和家户的裂变，部分刘氏开始迁往现南刘堡村庄所在地生活（两村原被一条人行小道隔开，距离不过几米，现已混为一片），后形成南刘堡和北刘堡两个村落，村中刘氏占了多数。"南刘和北刘的刘氏本来都是一家人，祖上刚开始是在北刘这里建立了村子，但是后来人越来越多，有的结了婚之后就搬出来了，开始在南刘这里建房子、生活，慢慢地就形成了南刘，修建城墙的时候，南刘和北刘也是单独修建，虽然祖上是同一个人，渐渐地也就形成了两个分支。"[2]

3. 赵氏

赵家堡因赵氏迁居于此建村而得名"赵家堡"，刚开始的时候以赵氏为主，后因婚配、逃荒等社会流动，赵家堡逐渐成为杂姓村，但时至今日，赵姓仍为村中最大姓氏。关于赵氏的来源和发展，村中的老人说道："赵家堡也叫赵家，以前村里主要都是姓赵，来这里的时间也比较长了，但是现在这个村子只有几百年的时间，最先村子是建在上面一些的位置，后来才搬到这里来的。我们赵家是一个大姓，人口比较多，在南陵是最大的村子，民国的时候分成了4个甲，大概有五六十户人家。"[3] "有一种说法是宫里原是皇家守灵人的行宫，赵氏也是守灵的仆人，后来赵氏分得了土地就在此生活，人口越来越多之后就慢慢地形成了村子。我觉得这个是较为可信的，因为在民国时期，赵家还有陵地，陵地不需要纳税。"[4]

村子在发展的过程中，因为婚配、战乱和灾荒等，一些外姓迁入南陵村各村堡生活，但均是一两户，未出现大规模迁入和迁出，姓氏构成未发生较大变动，刘、赵仍为村中主姓。

(二) 村庄杂姓与来源

除了刘、赵两大主姓之外，南陵村还存在着王、党、张、姚、田、樊、陈、何、付、孙、侯、杨、李等姓氏，这些杂姓人数较少，来的时间相对较晚，来此原因以婚

---

[1] 来自对刘兴汉老人的访谈。
[2] 来自对刘守斌老人的访谈。
[3] 来自对赵俊喜老人的访谈。
[4] 来自对刘兴汉老人的访谈。

配和逃荒为主。

1. 逃荒迁入

因为逃荒迁入的主要有曹姓、王姓、韩姓、查姓、孙姓、余姓等姓氏。其中，曹振忠本是蓝田县人，民国十一二年（1922—1923年）逃荒到南陵村，逃到南陵村后先是给刘邦斌家做活，住在其车房子里，后哥哥去世把嫂子接过来一起生活，还在后来买了地建了房子。查金友民国三十七年（1938年）逃荒到南陵村，靠拉长工为生，后买了刘邦斌家土地，买了刘振海家空宅子，自此正式迁入南陵村铁炉堡，后来还让其两个外甥也过来。孙文忠家中父亲是恶霸，为了逃避成分逃荒到仇石村，主要给财东家拉长工，其间还去过涧头、大樊、董村等，后来才到了南陵村，三人一起迁入，包括父亲和母亲。王凤岐，民国十多年的时候逃荒到南陵村，在刘均庭家拉长工，后去了仇石村财东仇尚智家做了长工头，有了积蓄后在南陵村买了24亩土地，后迁入南陵村。余明德，民国八年（1919年）逃荒到南陵村，因其父亲有手艺，靠给别人做泥水活，后买了土地便在南陵村生活。韩增财，蓝田县人，民国初年（1911年）逃荒到南陵村，先是在刘玉庭家做短工，后拉长工，刘玉庭给了两间草房让其居住，有了积蓄后买了6亩地，后在南陵村生活。

2. 婚配迁入

因为婚配迁入的姓氏主要有王姓[1]、党姓、张姓、姚姓、田姓、樊姓、陈姓、何姓、付姓、孙姓、侯姓、杨姓、李姓、巫姓等。其中，王文英本是河南人，早年河南洪涝灾害严重，加之战争频发，只能一路逃荒，后逃到富平，因为会皮匠手艺，在富平境内来回流动。铁炉堡的王户本有儿子，但是有一个儿子死了，另外两个儿子不知道去向，后就把王文英招作上门女婿，在南陵村铁炉堡生活。巫学春，民国三十年（1941年）因为婚配迁入南陵村铁炉堡，其早年逃荒仇石村，在财东仇尚智家拉长工，后刘兴汉三姑见其老实能下苦力，将其招作上门女婿，自此进入南陵村。樊姓主要来自离南陵村不远的大樊村，其余的花姓都是因为婚配嫁到南陵村。

三、村民与村庄

传统时期，南陵村有赵、刘两大主姓和王、巫、韩等多个花姓，花姓来村里的时间相对较晚。本部分将从村民概况、本村人的资格这两个方面来对传统时期南陵村村民与村庄的关系进行考查。

（一）村民概况

据村中老人讲述，中华民国时期，南陵村约有村民180户，约1 000人。其中，铁

---

[1] 这里的王姓主要指王文英，和王凤岐并非同一家族。

炉堡有村民 19 户，约 110 人；南刘堡有村民 40 户，约 220 人；北刘堡有村民 55 户，约 300 人；赵家有村民 65 户，约 350 人。

下面以铁炉堡为例来对村民概况进行分析。

铁炉堡的 19 户村民中，有刘姓 12 户、王姓 3 户、曹姓 1 户、余姓 1 户、巫姓 1 户、韩姓 1 户，姓氏以刘姓为主。

从土地面积来看，19 户村民共有土地 687 亩，户均 36.16 亩。其中主姓刘氏有土地 621 亩，占土地总面积的比例超过九成，花姓仅有土地 66 亩，占比不足 10%。

从村民从事的职业来看，以种地为主。务农 9 户，分别为刘玉庭、刘均庭、刘均禄、韩增财、余明德、刘邦积、刘邦斌、刘学成、刘振海；医生 1 户，刘邦富；工匠 3 户，曹振忠为编织户，王文英为皮匠，刘登魁为泥水匠；长工 4 户，分别为王凤岐、巫学春、王凤鸣、刘润；短工 2 户，分别为刘邦有、刘邦成。具体情况如表 1-2 所示。

表 1-2　南陵村铁炉堡村民的职业概况

职　业	户数（户）	土地亩数	占土地总量百分比
务农	9	486	70.74
工匠	3	53	7.71
医生	1	80	11.65
长工	4	55	8.00
短工	2	13	1.90

（二）本村人资格

传统时期，南陵村村民的构成较为复杂，有原住村民、后迁入村民、长工、短工、寄住户等身份差异，其成为"本村人"的资格也有所不同，根据村中老人的讲述，主要有以下几种情况：

第一，村里原住户，其家庭成员和丫鬟均属于本村人；

第二，后迁入住户，只要在本村建了房子或是购买了房子，均属于本村人；

第三，长工，不算本村人，只有在本村长期拉长工后购买了土地和建了房子才能算作本村人；

第四，佃户不算本村人；

第五，逃荒到南陵村的寄住户不算本村人。

对于是否能够成为本村人，刘兴汉老人说："怎么算作本村人没有条件限制，一般只要在本村置下了土地，有了房子，就算作本村人了，有了土地、有了房成了本村人就要交赋税和摊派，没有本村人资格就不用交，所以那些拉长工的就不用交赋税，也不用交各种摊派,拉长工赚了钱可以存下来,慢慢地就可以买土地,建房子。"[1]

第二节　村庄的建制

南陵村在明以前的行政建制和归属暂无史料可考,只能始于明《孙志》记载。南陵之名始见于明《孙志》,历经近千年的社会变迁和政权更替,其建制沿革也经历了多次变化。本节将以1949年为时间节点,从1949年以前和1949年以后两个时间段来对南陵村的村庄建制进行考察。

一、1949年以前南陵村的建制沿革

宫里镇辖域的行政归属与富平县的历代行政归属相一致。虞、夏、商属于雍州,西周属于畿内,秦历公二十一年(前456年)始设频阳县,属之。南陵之名始于明《孙志》,清朝时期和中华民国时期其村域均不同。

(一)明朝时期的村庄建制沿革

南陵村在明以前的行政建制暂无史料考证,只能从明始述。据明万历《孙志》记载,"以乡名者四,永润、招福、平皋、频阳,县领之;以乡名者四十四,乡统之;以村名者三百四十四。"[2] 1994年的《富平县志》记载,"明代推其最富有的十户为里长,每甲一人为甲首。岁役,里长一人,甲首一人,管理一里一甲之事,称'当年'。每年每甲一户服役一年有序,十年一周,谓'排年',循环往复。"[3]"实行里甲制,一百一十户一里,一里十甲,凡甲十户。"[4] 明洪武三年(1370年),实行乡里制,划全县为永润、招福、平皋、频阳4个乡,辖44个里。随后又将太平、金定、仁和、忠厚4里分别并入他里,改编为40个里。并建5堡(即美原、到贤、庄里、张桥、流曲),设集会八大镇16个小镇均由里统管。全县有344个村堡,5 130户,65 235人。其中,齐村里统南陵村、仇村、王古村、小贾村、北社村、南坡村、董村、淡村8个村堡,怀德里统小旧村、西强村、后坡村、东强村、北强村、李东村、由家庄、樊家庄头、鱼家沟、桥头店村、石羊村、屯里村、齐乐坡、铁炉村、疙瘩村、陵前赵家村、北涧头仇家村、上宫里村、下宫里村19个村堡。此时的铁炉村和陵前赵家村与南陵村为3个独立的村落,南陵村属于齐村里,铁炉村和陵前赵家属于怀德里。

---

[1] 来自对刘兴汉老人的访谈。
[2] 明万历《孙志》二卷地理志第9页。
[3] 1994年《富平县志》第172页。
[4] 1994年《富平县志》第588页。

（二）清朝时期的村庄建制沿革

清初（1636年）仍沿袭明朝时期的乡里制，唯村庄有所增加。《樊志》记载，齐村里统齐村、董村、仇村、南北陵、王古村、小贾村、南坡村、上村。此时南陵村属于平皋乡齐村里，但是无法判断铁炉村和赵家村是归属南陵村还是消失，但据铁炉村和赵家村老人回忆，"村庄自建立起就未出现远距离迁移和人口大规模迁入或是迁出，祖上在此居住已有几百年"，由此铁炉村和赵家村归属南陵村的论断更为可信。

到乾隆年间（1711—799年），据《乔志》记载，乾隆初，知县乔履信编阖邑1 087个村堡分属85个联，每堡设乡约、练总各一二人不等，每联领10堡，设立约正、乡长各1人。每村皆举公直服众之人为乡约、练总，专司稽查保甲；每联内公举约正、乡长各1人，保甲之法首在清烟户，烟户既清，又在查丁口。一堡共若干户，每10户编为一甲，甲有长，长名排头。10户为一甲，互相保结，故名保甲……取自十连连环保结，如一家为匪，十家甘罪。乾隆四十三年（1778）增至99个联。光绪年间（1875—1908），扩编为105个联，村堡也增加到1 125个，土著客民共20 143户，90 074人。并将联及村堡按方位分属于城中和东、西、南、北、东北5个乡。乾隆《乔志》载："北乡第十七联领南陵下铁炉堡、赵家堡、铁翁堡、中原堡、集宁堡、刘家南北二堡；北陵下永盛堡、面临堡。共九堡四百二十一户，丁男一千二百七十五名，妇女九百五十一口。"此时南陵村属于北乡十七联，此处若将"下"理解为下属、下辖之意，则铁炉、赵家、南刘、北刘、中原、集宁、铁翁堡均为南陵村下辖堡，南陵村村域扩大。

（三）中华民国时期的村庄建制沿革

1912年元月，孙中山在南京建立中华民国，为民国元年。同年三月，袁世凯篡夺辛亥革命胜利果实，在北京宣誓就任临时大总统。民国三年（1914年），废清代府州厅制，实行"省道县"制，富平县划归陕西省关中道管辖。民国十七年（1928年），撤"道"改制，各县属于省直辖。中华民国二十二年（1932年），仍沿用清朝时候的乡联制，扩105联为108联，改清朝时的5个乡为5个区，区设区公所，此时南陵村属于第五区，区公所设驻地庄里镇。

民国刚建立时，时局动荡，战乱纷起，盗匪频发，人心恐慌。富平境内各联为求自保，遂以联编团，维护治安，逐渐形成"联团并存、以团代联"的新型体制。全县共编108团，并各有专名，如知新团（庄镇）、时新团（到贤惠店修礼村）、维新团（东西仁义坊）、志新团（西城）、崇礼团（流曲东川）、崇信团（流曲村）、崇俭团（梅家庄臧炭村）、崇厚团（大岗昌宁尚义村）、祥丰团（北耕西盖村）、盈丰团（留村中惠小惠村）、果毅、龙骧、凤鸣、安善、文彬、文盛、中和、太和等。亦有数团联合为总团，以壮大声势，相互支援。其时较为著名的总团有：东四团（到贤镇周边）、文字七团、和字三团、北八团、胜字六团等。富平民团建立19年，在保一方平安中发挥了无可替代的重大作用，足以名载史册。其中宫里镇分属一区文字七团文盛、文运、文焕、文蔚联，南陵村属于文字七团文盛联，文盛联领上窑庄、下窑庄、桥上、新堡、东堡、南堡、全庄、金牌、铁炉、赵家、南刘堡、北刘堡、重庆窑。此时的铁炉堡、赵家堡、南刘堡、北刘堡属于一区文字七团文盛联。

民国二十年（1931年），陕西省颁布《乡镇编制法》，改团为乡，同时将户数较少的团予以撤并。民国二十二年（1933年），国民政府为巩固地方政权，开始推行"保甲制"。富平境内编10户为一甲，10甲为一保，10保为一联保。但村有疏密，户有多寡，联保、保、甲均有大小之分，不尽相同。至民国二十三年，全县共编有24联保243保2 883甲。此时的南陵村属于仁里乡第三保，乡公所驻大樊堡。

民国二十九年（1940年），国民政府推行新建制，扩大乡保编组范围，改"联保办公处"为乡公所。全县重新整合编组为13乡98保，计2 158甲，32 682户，167 415人。当时乡有：仁和乡（城关）、仁勇乡（淡村）、仁胜乡（东上官）、仁里乡（宫里）、义成乡（留古）、义济乡（刘集）、礼仁乡（美原）、礼让乡（老庙）、礼治乡（薛镇）、智汇乡（流曲）、智兴乡（曹村）、信正乡（庄里）、信立乡（觅子）。民国三十七年（1948）全县又调整为97保2 119甲。宫里镇属于仁里乡辖下的二保、三保、四保和六保，其中"三保领1甲（铁炉），2、3甲（南刘），4、5、6甲（北刘），7、8、9、10甲（赵家），11、12、13、14甲（北陵南堡子），15甲（新堡），16、17、18甲（东堡），19甲（全庄），20甲（下窑庄），21甲（上窑庄），22、23甲（桥上），24甲（后堡子）"。此时铁炉、南刘、北刘、赵家为独立的4个村堡，共10甲，属于仁里乡第三保。

二、1949年以后南陵村的建制沿革

民国三十八年（1949年）2月初，富平县人民政府在蒲城武家原成立，隶属于陕西省三原分区。同年2月26日，富平县城第一次解放。5月4日，富平县城第二次解放，县委和政府机关进驻老县城，标志着富平县彻底解放。乡村政权在民国旧制的基础上，将原13乡（联保）更名为13个区；将原98保改为96乡及2个市。将仁里乡改为了宫里区，辖区未变动。乡下设行政村，行政村下管自然村。宫里域为宫里区辖下的二、三、四乡和六乡个别村堡。其中，三乡辖4个行政村，13个自然村，三行政村领铁炉、南刘、北刘；四行政村领赵家、重庆窑。此时铁炉、赵家、南刘、北刘分属于宫里区第三乡三行政村和四行政村。

1950年4月,全县重新划分为10个区、97个乡及2个街,区以序数命名,乡以所在地命名,改区政府为区公所,各区辖乡数也有变动。宫里区改为第六区,下辖董村乡、宫里乡、优稼乡、雷村乡,各乡辖域未变。此时的南陵村属于第六区宫里乡。

1956年4月,全县农业合作化高潮兴起,为便于加强领导,县政府对区乡两级行政区划做了大幅度调整,将原10个区99个乡(街)缩编为4个区26个乡及4个县直属乡镇,区乡均以驻地命名。宫里镇域划归曹村区域下的宫里、臧村两个乡。宫里乡辖8个高级社44个生产队。其中南陵高级社领1队(铁炉)、2、3队(南刘)、4、5队(北刘)、6、7、8、9队(赵家)。此时的南陵村属于曹村区宫里乡南陵高级社,下辖铁炉、南刘、北刘、赵家4个自然村10个生产队。

1958年9月,人民公社化开始,继而全国实行政区调整。同年12月,撤富平县并入铜川市,原县属各区、乡也全部裁撤,全县新建5个人民公社,下设36个管理区。公社行政机关名称为"人民公社委员会"。现宫里镇属于铜川市流曲人民公社宫里管理区,下辖11个生产大队73个生产队,实行政社合一,至此宫里镇才形成今日的行政单位。其中南陵大队辖9个小队,4个自然村,1队(铁炉)、2、3队(南刘)、4、5队(北刘)、6、7、8、9队(赵家)。此时的南陵村为南陵大队,属于铜川市流曲人民公社宫里管理区,下辖4个自然村、9个生产队。

1961年8月,恢复富平县建制,复属于渭南专员公署,撤销人民公社、管理区,重新编组区、公社。同年12月,报经省人民政府批准,将原有的5个人民公社及后增设的2个城市公社全部予以裁撤。全县辖区重新整编为5个区、25个公社及1个街道办事处。宫里镇域属于流曲区辖下的宫里公社,下属的大队、小队未变。此时的南陵村为南陵大队,属于流曲区宫里公社,下辖4个自然村、9个生产队。

1962年,富平县人民委员会对全县原有25个公社又做了部分调整,改莲湖公社为城关公社,怀阳公社为华朱公社;同年7月,又增设洪水、南社、赵老峪、小惠、雷古坊5个公社。至此,全县共有30个人民公社及1个街道办事处,此外将南陵大队的4队分为4、10两个队,至此南陵大队下辖4个自然村、10个生产队,仍属于宫里公社。

1968年8月,富平县人民委员会改称"富平县革命委员会",各人民公社(镇)委员会也改称"革命委员会"。全县有14个公社更名,颇具"革命化"色彩。宫里公社改名为"红卫公社革命委员会"(后简称"革委会")。各大队也同时改名,如齐村大队改名为"五星革委会",仇石大队改名为"向阳革委会",北陵大队改名为"红卫革委会",南陵大队改名为"红旗革委会",大樊大队改名为"东方红革委会",桥南大队改名为"东风革委会",桥北大队改名为"红星革委会",洞头大队改名为"耀武革委会",三凤大队改名为"跃进革委会",凤西大队改名为"新寨革委会"。

1971年4月,重新使用原名。1980年,经陕西省人民政府批准,成立庄里镇人民政府。1981年元月,全县设2个镇、30个公社,辖329个生产大队、2 064个生产队,撤销区建制。本镇域仍为宫里公社,所辖地域与大小生产队均无变动。此时的南陵村属于宫里公社,下辖4个自然村、10个生产队。

1984年实行政社分设,撤销原"公社化"体制,开始建乡立镇,根据政社分设精神,改公社为乡、镇。乡镇设人民政府,生产大队改为村民委员会,改生产小队为农业生产合作社,其辖域未变。此时,全县编为5个镇、27个乡,共辖333村(街)、2 101个农业生产合作社。另外窦村、庄里两镇设有4个居民委员会。乡(镇)设人民政府,村(街)设"村(街)民委员会"。此时的南陵生产大队改为南陵村民委员会,属于宫里乡下辖村。

1994年12月,撤渭南地区设地级市,富平县属于渭南市辖。此后,富平县步入镇村制建设时期。1998年5月,宫里乡改为宫里镇,辖村委会11个,农业生产合作社86个,自然村54个。其中,南陵村委会辖4个自然村,10个农业社,1社(铁炉),2、3社(南刘),4、5、10社(北刘),6、7、8、9社(赵家),属于宫里镇。

2001年,富平县进行区划调整,全县编为15个镇、9个乡,共辖337个行政村、2 101个村民小组。此时的南陵村委会辖4个自然村,10个村民小组,1组(铁炉),2、3组(南刘),4、5、10组(北刘),6、7、8、9组(赵家),属于宫里镇。

此后,南陵村的建制未出现过变动,一直沿用南陵村委会至今。南陵村的建制沿革如表1-3所示。

表1-3 南陵村的村庄建制沿革变迁情况

所处历史时段	时 期	建 制	建制情况
明朝	洪武三年 (1370年)	"乡—里"制	平皋乡齐村里统南陵村 平皋乡怀德里统陵前赵家村、铁炉村
清朝	清朝初年 (1636年)	"乡—里"制	平皋乡齐村里统南陵村
清朝	光绪初年 (1875年)	"乡—联"制	北乡第十七联领南陵下铁炉堡、赵家堡、铁翁堡、中原堡、集宁堡、刘家南北二堡

续表

所处历史时段	时期	建制	建制情况
中华民国	民国初年（1911年）	"区—里"制	南陵村属于第五区
	民国十五年（1926年）	"区—团—联"制	南陵村属于一区文字七团文盛联
	民国二十二年（1933年）	保甲制	南陵村属于仁里乡第三保，铁炉为1甲，南刘为2、3甲，北刘为4、5、6甲，赵家为7、8、9、10甲
中华人民共和国	1949年	"区—乡—村"制	铁炉、南刘、北刘属于宫里区第三乡第三行政村，赵家属于宫里区第三乡第四行政村
	1951年	"区—乡—村"制	南陵村属于第六区宫里乡
	1956年	"区—乡—高级社"	南陵村属于曹村区宫里乡南陵高级社，下设生产队，铁炉为1队，南刘为2、3队，北刘为4、5、6队，赵家为7、8、9、10队
	1958年	"公社—管理区—生产大"队	南陵村为南陵大队，属于铜川市流曲人民公社宫里管理区，下辖4个自然村、9个生产队
	1961年	"区—公社—生产大队"	南陵村为南陵大队，属于流曲区宫里公社，下辖4个自然9个生产队
	1984年	"乡（镇）—村（居）委会"	南陵村属宫里乡南陵村委会
	1998年	"乡（镇）—村（居）委会"	南陵村属于宫里镇南陵村委会

第三节 村庄的当下状况

目前，南陵村是渭南市富平县宫里镇下辖行政村，全村辖4个自然村、10个村民小组，602户，2540口人，全村耕地面积4817亩。[1] 本节将从地理区位，行政村的基本概况，自然村、村民小组及其分布这三个方面来考察南陵村的当下状况。

一、地理区位

宫里镇位于陕西省富平县城北约10公里处，南与华朱社区相邻，北与曹村镇相邻，西与庄里镇相邻，东与流曲镇相邻，富雷、旧曹、到庄3条县级公路纵横交错，

---

[1] 数据由南陵村村委会提供，截至2016年10月。

穿境而过，交通方便。

南陵村隶属于陕西省渭南市富平县，为宫里镇下辖行政村，位于陕西省中部，富平县北部，关中平原和陕北高原的过渡地带，距离县城约13公里，距离宫里镇约3公里。就村域范围来看，南陵村位于宫里镇东北方向，北与北陵村接壤，南与大樊村接壤，西与涧头村相邻，东接仇石桥村。从村内来看，现已完成村庄道路硬化，横纵两条主干道在村中交会，将涧头、南陵、北陵、大樊、仇石等村庄连起来，村民出行极为方便，村内水泥小道直通家门口，村民走街串巷方便安全，富平到北陵的公交车从南陵村穿过，每天有多个班次，村民不论是到镇里还是到县里都能随时出发，生活极为方便。此外，南陵村田间道路也在不断改善，道路科学规划，实现硬化和便捷化。交通的不断改善，正在改变着村民的生活方式，影响着南陵村的经济发展，促进着村民增收致富。

二、行政村的基本概况

目前，南陵村仍以种植业为主，主要耕种小麦和玉米，多数村民仍然耕种土地。此外，为了发展村庄经济和增加农户收入，发展了石刻、花椒、奶业等主要产业。

（一）人口、姓氏与村庄

目前，南陵村下辖4个自然村、10个村民小组，有农户602户、2 540口人，全村耕地面积为4 817亩，人均耕地1.9亩，户均耕地8.0亩。

1949年5月4日，富平彻底解放，实行区乡制，后进行土地改革、农业合作化、人民公社化等运动，均对人口的流动产生了一定的影响。改革开放后，人民生活水平不断提高，受教育程度显著增强，一些破旧的观念逐渐被废除，新的观念正在形成，人口基数不断增加，婚配范围不断扩大，更多的非刘、赵姓流入南陵村，南陵村姓氏的构成更为复杂和多样化。此外，随着经济社会的发展，一些人开始外出打工，发展工商业等，促进了人口的流动。进入21世纪，求学、工作等人数不断增多，年轻人更多地到村外工作、经商等，刘、赵二姓人口数量有所减少，其余姓氏人口有所增加，但直至今日，刘姓、赵姓人口仍最多，南陵村形成了以"刘、赵二姓为主，多姓氏共居"的村庄姓氏结构。

（二）经济与村庄

近年来，村两委坚持以经济建设为中心，大力发展石材加工及种养业，目前，全村奶牛存栏280多头，奶山羊存栏1 500余只，并建成机械化挤奶站2个，全村工农业总产值3 000多万元。截至2016年年底，农民人均纯收入达10 500元。

南陵村石刻工艺及石材加工业历史悠久、源远流长，是远近闻名的"石刻专业村",故有"碑林之源、石刻之乡"之称。"石刻技艺"先后被省、市列入非物质文化遗产保护名录,全村现有大、中、小型规模石刻工艺厂25家,个体户445户,从业人员1 600余人,产业人均纯收入2 600元,占全村农民人均纯收入的60%以上,现已辐射到周边8个村。开发的产品有石碑、石桌、石狮、石栏、石牌、石坊、牌楼及园林、殡葬、装饰石材等140多种,设计独特、造型美观、制作精巧、栩栩如生,远销我国台湾和港澳地区,以及韩国、日本、欧洲等地,受到国内外人士的高度赞誉。依靠青石这一资源,发石刻财,念石雕经,做石刻文章已成为南陵村富民增收的主要途径。

2017年以来,村两委克服困难,积极争取上级社区建设项目,按照高标准、高质量投资30余万元建设标准化社区服务中心,并结合实际布局了石刻产品展演宣传墙,突出了当地石雕特色,丰富了社区文化。

三、自然村、村民小组及其分布

南陵村下辖赵家、铁炉、南刘、北刘4个自然村,共10个村民小组,其中铁炉为第1村民小组,南刘自然村分为第2、3村民小组,北刘自然村分为第4、5、6村民小组,赵家自然村分为第7、8、9、10村民小组。村民小组分布情况如表1-4表示。

随着村庄人口的增加,各自然村不断外扩,自然村与自然村之间已经没有了界线,其中南刘、北刘与赵家形成了新的自然聚落,而铁炉则被穿村而过的桑炭路隔开。

表1-4 南陵村村民小组的分布情况

自然村名称	村民小组分布情况
铁炉	第1村民小组
赵家	第2、3村民小组
南刘	第4、5、6村民小组
北刘	第7、8、9、10村民小组

第二章 南陵村的自然形态与实态

南陵村位于富平县城北约 10 公里处的凤凰山南麓，钟灵毓秀，依山傍水，北有乔山山脉筑起的天然屏障，南有顺阳河随着太阳的运行方向而流淌，背靠凤凰山，山中盛产墨玉石。村庄地势由北向南略有倾斜，村后为坡地，村前为塬区，以种植小麦为主，轮作荞麦、豆类、棉花等，地下水位较深，农业生产"靠天吃饭"。特定的地理、气候、土壤、自然资源等特征，共同决定了村庄的自然形态与实态。本章将从自然形态、干旱与水利、平原与麦作、集居与空间、村庄自然变迁与实态等方面来对南陵村的自然形态与实态进行考察。

第一节 自然形态

南陵村位于陕西省中部，关中平原与陕北高原过渡地带，属于渭北黄土高原沟壑区，地势由北向南略有倾斜，村后以坡地为主，村前为塬区，土壤以垆土和黄壤为主，属于大陆性温带半干旱、半湿润气候区，四季干湿冷暖分明，降雨量偏少；其背靠凤凰山，墨玉石资源丰富但交通不便。这些自然形态均对南陵村村民的生产生活产生了影响。本节将从地理概况、气候特征、土壤特征、资源禀赋、交通概况、自然灾异等方面来对南陵村的自然形态进行考察。

一、地理概况

地理概况是一个村庄自然形态的基础，既影响着村民的生活，也对村庄农业生产产生影响。

(一)地理条件与农业生产

据《富平县志》记载,富平县位于渭河盆地中段,渭河盆地发育在祁(连)吕(梁)贺(兰)"山"字形前弧与秦岭东西纬向构造带的复合部位,盆地东部受新华夏系干扰复合,故县境内地表大部分被第四系疏松沉积层所覆盖,而南陵村位于县境北部,属于黄土台塬,塬面平缓,微向东南倾斜,呈明显的阶梯状,土壤以垆土和黄性土壤为主,适于农耕。台塬面积广,连续分布,塬面较平坦,多呈阶状梯形,塬之表面为黄墡土覆盖,土壤肥沃,物产丰富。由此可见,南陵村的土地以垆土、黄壤为主,主要有土质疏松、土壤肥沃、地面平坦等特点。

土质疏松,较适于农耕。传统农耕时期,牛耕是最主要的耕作方式,耕牛和劳动力成了主要的生产资料,加之南陵村户均耕地占有相对较多,只有土地大户才有能力饲养耕牛,一些土地较少的农户如果没有耕牛,可能就只能靠劳动力去耕种土地。疏松的土质,不管是进行单纯的人耕还是进行牛耕,都节省了不少力气,耕作速度也会加快。"我们这里土地比较松软,对于种庄稼还是比较有帮助的,一方面是能够节省不少力气,加快耕种速度;另一方面,疏松的土质不容易造成板结,也有助于庄稼生长。"[1]

土壤肥沃,土壤养分充足,较适于农作物生长。传统时期,肥料极度匮乏,南陵村的大部分农户都只能"白种白吃",仅家中有牲口者,才能施上一点农家肥。但是南陵村土地以垆土、黄壤为主,表面由黄墡土覆盖,该土壤肥力相对较高,在肥料极度匮乏的年代,为农作物的生长提供了一定的肥力。

土地平坦,适合水分保持。虽然传统时期的南陵村水利不发达,只能靠天吃饭,但较为平缓的台塬地也在一定程度上对该村的农业生产起到了积极的作用。遇降水时较适合水分保持,农作物也有相对较长的时间吸收水分以促进其生长。

(二)地理条件与村居

南陵村地处关中平原与陕北高原的过渡地带,地势北略高于南,由北及南成阶梯状分布,而从各自然聚落寨墙内的地势来看,地势较为平坦,但也是北略高于南,这样的地势比较有利于排水,当遇到雨季时,雨水都能由北向南流出,不易在村内形成积水,对村民的房屋起到一定的保护作用。

从整个村庄的布局来看,各自然聚落都在建设城墙的时候就地取土,建好城墙之后,在城墙的外侧也挖出了深沟,这一方面增加了城墙外墙的高度,有助于防御;另一方面也起到了一定的防洪泄洪作用,当雨水汇聚成的洪流由北向南流下的时候,经

---

[1] 来自对刘兴汉老人的访谈。

城墙外的沟渠排到村庄外面,有效地保护了村庄免受洪水的侵蚀。

从村庄内部的民居布局来看,在民国时期,铁炉堡、南刘堡、北刘堡和赵家堡的民居布局均是东西走向,同一水平线上的房屋其地基均是同样的高度,房屋布局比较整齐。刘兴汉老人解释道:"我们这里有一个传统,在建房子的时候,同一个水平面的房子,其地基必须是一样高的,如果你的地基比别人的高,就会被认为是压着别人,很容易起纠纷,这个传统一直保留到了现在,现在建房子还是一样的。"可见,南陵村较为平缓的阶梯状土地为村民建房提供了有利条件,一方面是保证了同一水平线上的房屋能够具有相同的地基高度,不易因地基高度产生纠纷;另一方面,较为平缓的土地为村庄布局提供了方便,在城墙内部,民居能够整齐排列,村内道路较为笔直,同时平缓的土地也能让村民建的房子能够紧挨着,节省不少土地。因此,南陵村的自然聚落民居均呈现"田"字形布局。

二、气候特征

南陵村位于中纬度内陆地带,又受秦岭山脉影响,故属于大陆性温带半干旱、半湿润气候区,四季干湿冷暖分明。冬季气候寒冷,干燥少雨雪;春季温度回升快,气候日差较大,易出现大风、浮尘等寒潮降温天气,常有春旱发生;夏季气温高,雨量集中,但降水时空分布不匀,常有伏旱发生;秋季较凉爽、湿润,多连阴雨,气温下降较快。

(一)光照与作物选择

据《富平县志》记载,"全县太阳总辐射量 123.9 千卡/厘米^2·年,生理辐射 620 千卡/厘米^2·年,年日照总时数为 2 472 小时,年平均日照百分率为 56%"。南陵村光照时间与此相差不大,基本可以满足主要农作物基本生育期光照需求,但日照时数各月差异较大,6 月份日照时数最多,一日最长日照 13.9 小时,有利于小麦成熟和秋禾生长,9 月份日照时数相对较少,对晚秋成熟和棉花开裂吐絮均有影响,秋季因阴雨天气过多,故占全年日照时数最少。冬季因多高云,且雨雪较少,故占全年日照时数为次多。

夏长秋短的光照时间,影响着南陵村村民对农作物的选择。夏季光照时间长,特别是 6 月份光照时间最长,适合小麦生长和收割,而 9 月份光照时间最短,有利于棉花开裂吐絮,故而南陵村重要农作物以小麦为主,轮种棉花等。

(二)气温与农业生产

据《富平县志》记载,县年平均气温为 13.1℃。最热月份为 7 月,平均气温为 26.6℃;最冷月份为元月,平均气温为 -1.4℃。气温年较差[1]为 28℃,年平均最高气

---

1 年较差是指一年中气温最高值与最低值之差。

温为18.8℃，年平均最低气温为8.4℃。累年极端最高气温为40.9℃，极端最低气温为-15.7℃。日平均温度不超过0℃的日数平均为97.6天，最多114天，最少87天。历年各月气温平均日较差[1]为10.4℃。平均无霜期225天，初霜出现在11月3日左右，终霜在3月20日左右。南陵村距离富平县相对较近，气温概况与富平县气温概况相近。

南陵村热量资源呈季节性分布。春季，由于温度回升较快，故降水渐增，天气温和而晴燥，暴雨少见，但春旱较严重，对小麦返青拔节影响很大，此间冷空气活动依然频繁，南北气流互不相让，忽进忽退，常常造成多变的春季天气，影响小麦生长；夏季，温度高，湿度较大，多阵发性降水天气，影响收麦；秋季，特别是立秋过后，气候凉爽，气温降低，多连阴雨天气，11月初出现初霜，11月末有冻土产生；冬季，气压较高，降雪稀少，气温偏低，天气晴朗而干冷，12月末至次年2月初为大地封冻期，冻土深度一般约10厘米左右，最深可达20—30厘米。

在小麦生产方面，温度、水分是主要条件，日照时数与太阳辐射量也在一定程度上影响着小麦的生长发育。此外，高纬度地区越冬期的气候条件影响小麦生长发育，抽穗至成熟期的气候条件对小麦产量形成了较大影响，因此，最冷月平均气温和灌浆期平均气温、水分盈亏量和日照条件均会影响小麦生长，影响南陵村村民农业收成和下一年的生活。

（三）降水与生产、生活

自然降水量的多少对当地人民的生活、生产均会产生较为重要的影响。同时，降雨量的多少也影响着村民对雨水的收集和利用。

1. 降水概况

从具体的月份方面来看，降水强度3月份最大，个别年份9月初也可发生，暴雨期从7月开始，至9月初结束，个别年份，其他月份也有之。降雪期较长，但降雪机会不多，雪量少，积雪浅。此外，每年的5—9月份均随时有冰雹出现，一年平均两三次，但每年降雹强度差异很大，一般春末强度大，危害严重，夏季较轻。

从季节方面来看，春季（3—5月）降水量为122.6毫米，占年总降水量的23%；夏季（6—8月）降水量为216.9毫米，占年总降水量的40.7%；秋季（9—11月）降水量为178.9毫米，占年总降水量的33.4%；冬季（12月至翌年2月）降水量只有15.8毫米，占年总降水量的3%。（如表2-1所示）

---

[1] 日较差是指一天中气温最高值与最低值之差。

表 2-1　富平县四季降水量

季　　节	春季（3—5月）	夏季（6—8月）	秋季（9—11月）	冬季（12—2月）
平均降水量（毫米）	122.6	216.9	178.9	15.8
占全年比例（%）	23.0	40.7	33.3	3.0

资料来源：富平县地方志编纂委员会编：《富平县志》，三秦出版社1994年版，第三编第三章第四节。

此外，南陵村降水量小于蒸发量。从全年情况来看，蒸发量为1012.7毫米，降水量为533.3毫米，差值为477.4毫米，降水量为蒸发量的52.7%；从具体月份来看，全年仅有9月降水量比蒸发量多11.3毫米，其余月份降水量均少于蒸发量，6月份差值最大，为123.4毫米。

总体来看，南陵村有自然降水量少、年际变化大、季节分布不均匀等特点，同时常年降水量少于蒸发量，故而南陵村属于半干旱地区。

2. 降雨与农业生产

南陵村属于半干旱地区，降水相对较少，降水量无法满足作物生长需求，对南陵村的农业生产产生了很大的影响。

首先，南陵村降水相对较少，适于种植耐旱的农作物，故而小麦成为其最主要的粮食作物，种植面积最广；其次，雨热同期，高温和降水均发生在夏季，有利于小麦、棉花等农作物的生长；最后，夏季白昼最长，光照时间长，气温的日较差较大，有利于农作物进行光合作用，为农作物的生长提供了有利的条件。

总体来看，气候特征对南陵村的农作物耕种选择产生了较大的影响，根据其特点，南陵村的村民选择小麦作为主要的夏粮农作物，秋粮以春玉米为主，其次有谷、糜、洋芋等，棉花、油菜、蔬菜、瓜类只有零星种植，产量很低。

3. 降雨、涝池与生活

1949年以前，南陵村的生活用水主要靠村中的水井，并无引流水利和自然水流经过，自然降水成了村民生活用水的重要补充。

降雨对南陵村村民生活最直接的影响主要体现在对雨水的直接使用上。刘兴汉老人说："下雨的时候，大多数的村民都会用平时洗脸洗手的盆接一盆雨水，这个雨水主要是用来洗手，干活回来或是晚上洗脚洗脸的时候会用这个雨水。另外，下雨的时候不方便到水井去打水，做饭等也会用雨水。"可见，雨水不仅影响着南陵村村民的农业生产，在一定程度上也影响着南陵村村民的生活。

降雨对南陵村村民生活的影响还体现在村民在村庄城墙之外修建了涝池，南陵村共有4个涝池，其中南刘堡、北刘堡、赵家堡、铁炉堡各有一个。涝池由村民共同修建，主要目的是收集雨水。涝池的功能主要有：一是为村民提供洗衣服之便，村中水井的水主要用于生活饮水，而村民洗衣服的水一般都是来自涝池；二是作为牲畜的饮用水；三是作为村庄救火的主要取水处。

"基本每个村子都会修建涝池，涝池在下雨的时候能够储存雨水，该水主要用来洗衣服，喂牲口，还有救火。因为涝池离村子的距离都不远，一般在城门外面五六十米，如果村庄里谁家发生了火灾，取水也方便，靠村中水井里的水去灭火是不行的，水太少。平时村中的妇女一般也是端着衣服到涝池边去洗，这个没有人管，谁想去洗就可以去，有的牵着牲口从那里经过，也会直接给牲口喝上一些。涝池里的水都是雨水，也没有干涸过，每年只要下雨就会有水流进去。这个涝池给村民的生活还是带来了很大的方便，如果没有涝池，洗衣、做饭、喂牲口等等所有的水就只能靠水井，这样水井里的水就不够用。"[1]

三、土壤特征

富平县土壤在自然条件和人为因素的影响下，形成了具有不同土体构型内在性质和肥力水平的土壤，类型多种多样。北部山区主要是褐土性土、红土；山前洪积扇区主要是洪淤土和灌淤土；黄土台塬区主要是黄墡土和垆土；一般塬坡多为梯地黄墡土、白墡土；塬面较平缓处多为红垆土和灰垆土；河流阶地和洼地地区土类较多，分布零散，主要是河淤土、淤泥土及少量的潮土、盐土、沼泽土、草甸土。南陵村位于宫里镇东北方向，属于黄土台塬地区，塬面较为平缓，土壤以垆土和黄墡土为主（如图2-1所示）。

垆土因为黏化层颜色不同，又有红垆土、灰垆土两个土属之分。红垆土一般处在较平坦塬面或缓坡地，南陵村垆土以红垆土为主。其特点是土层深厚，上部为疏松多孔的耕作熟化层，利于蓄水，下伏质地较重、土体紧实的黏化层，有利于保水保肥，宜耕期长，适种性广，故南陵村种植的作物多样，有小麦、大麦、玉米、红薯、谷子、糜子、黄豆、豇豆、绿豆、豌豆、荞麦、扁豆等，其中粮食作物以小麦为主。而黄墡土土层深厚，颜色棕黄，土质软绵，质地基本均一，不黏不沙，通气透水，抗旱耐涝，耕作性好，适耕期长，矿质养分含量较高。

小麦成为南陵村的主要粮食，主要受其土壤特征和气候特征的影响。垆土、黄墡土土层深厚，结构良好，熟化程度高，蓄水保肥性强，是小麦生长发育的良好土壤。加之，7、8、9月份降水多，墒情好，有利于小麦出苗和冬灌分蘖；冬季不是很冷，有利于小麦安全越冬；春季光照充足，升温较缓，清明前后常常有10毫米以上的降水，

---

[1] 来自对刘兴汉老人的访谈。

有利于小麦拔节、孕穗和穗粒发育；6月份的干旱，则有利于小麦的收割碾打。

1949年以前，虽然南陵村土壤肥力相对较好，但大部分农户缺乏肥料，为了保证土地每年的产量，村民们不得不采用轮作的方式对土地进行耕种。"民国时期，南陵村的地一亩产的小麦数量一般在120斤左右，要比其他地方的产量稍微高一些，好的情况下能达到140斤，但这样的产量也很低，很大程度上是受限于土壤肥力状况，如果村民连续在一块土地上不间断地种植农作物的话，会导致土地肥力下降，土地变薄，亩产产量也会随之不断降低，但又不得不种，不种就没有收成，所以就采用轮种的方式，甚至还会让土地轮歇。"[1]

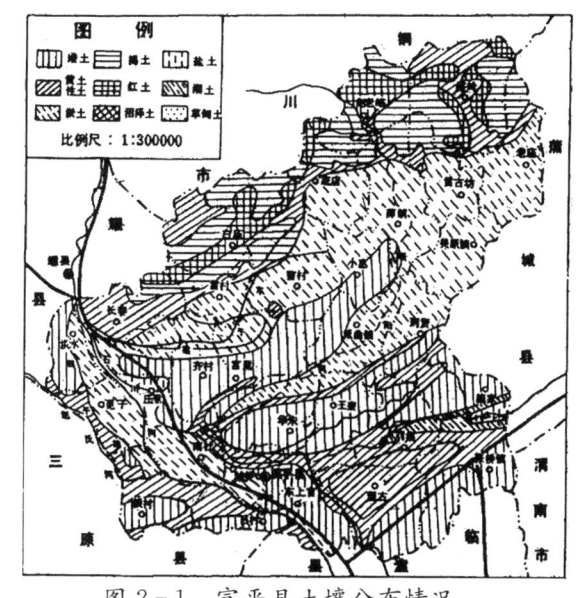

图2-1 富平县土壤分布情况
资料来源：图片来自1994年《富平县志》第三编第五章。

四、资源禀赋

南陵村虽然背靠凤凰山，山中盛产墨玉石，石资源较为丰富，但除了石头资源外，只有土地资源，自然资源类型较为单一。

（一）石资源与副业选择

南陵村背靠凤凰山，亦名龙泉山、屏风山，距县城城北13.7公里，以其主峰隆起，左右两峰稍低，伸展若翅，远望宛如凤凰鼓翼翱翔，故名凤凰山。山中盛产青石（亦名墨玉）闻名。其石色泽墨青，质地坚细，为雕刻与建筑的上等材料，唐中宗（李显）定陵位于其南麓。凤凰山在未埋葬中宗李显之前，就有石头开采的历史，且历史悠久，所产之石是用于飞禽走兽、人物等雕刻的珍贵石料。之所以可贵是因为它的结构精致，没有裂痕，且体积庞大，质坚而韧，可以随意切割。根据其颜色等又将该石分为两种，一种叫墨玉，色黑如墨，经过艺术加工之后，细腻柔和，光泽鉴人；另外一种叫作青石，也称青玉，色略浅于墨玉，质地坚硬，经过艺术加工之后，光泽细腻，做成器物非常精美。以上两种石头做成的作品还是千年不朽、万年不磨的珍品，宜收藏。

---

[1] 来自对刘兴汉老人的访谈。

靠山吃山，因为盛产墨玉石，石刻成了南陵村旧时的主要手工业。先不论雕刻技艺如何，仅从数量来看，接近半数的家庭都有人会石刻手艺，石刻在很长一段时间成了南陵村村民闲时的副业，且有很多人因为石刻技艺闻名遐迩，但因为石刻收入甚微，村民还是以农为本。对此，村中老人回忆道："宫里石刻最早可以追溯到春秋战国时期，南陵是宫里石刻的腹地，出了很多石刻名匠，也有很多石刻世家。在南陵，先不说石刻技艺的精湛程度，光从数量上来看，至少有超过一半的家庭有人会石刻工艺，但是极大部分的石刻匠人还是种地的，石刻只是作为一种副业。为什么呢？因为第一是做石刻收入都不高，民间也只有家庭条件稍微好一些的人家才会请人做石器活，对于中等人家，只会请匠人制作石墓，需求不是很大。第二，不光是南陵村，周围的这些村庄都有很多石匠，近处人多活少，远处又因为交通不便，石料运输困难，所以请的人少。第三，虽然从明清以来就开始走向民间，但是石刻这一副业受收成影响也较大，如果今年收成好了，明年可能石匠活就会多一些，要是收成不好，石匠活就会少很多，吃都吃不饱，哪有多余的粮食去请石匠？"[1]

石匠作为副业，收入低且不稳定，村民没有办法脱离农业发展副业。因此，南陵村的村民农忙时就种庄稼，农闲的时候才会做一些石匠活以增加家庭的收入。

（二）土地资源与农业生产

从类型来看，南陵村位于塬区，土壤以垆土和黄墡土为主，土层深厚，上部为疏松多孔的耕作熟化层，利于蓄水，下伏质地较重、土体紧实的黏化层，有利于保水保肥，且土壤养分含量高，较适合耕种。

从数量来看，南陵村地处关中平原与陕北高原的过渡地带，地势较为平坦，台塬面积较为宽阔，户均占有土地30余亩。刘兴汉老人说："南陵村土地还是比较充足的，民国时期全村大约有180户人家，但是土地面积有五六千亩。1949年以后，南陵的土地分了一些出去，现在仍还有4900多亩。那个时候土地还是比较多的。"[2]

可见，南陵村土地资源比较丰富，且土壤质量好，这为南陵村的农业发展带来了优势，即便是在"靠天吃饭"的水利环境中，也能让村民的收成得到一定的保障。

五、交通概况

旧时宫里桥（今宫里）为交通枢纽，来往客商众多，在未建立集市之前就建起了骡马大店、茶楼等店铺，方便客商往来，南陵村村民只要到达宫里便能通向与宫里相连的各个地方。此外，南陵村内虽未设集市，但是周边有富平、流曲、庄里、王寮、

---

[1] 来自对刘兴汉老人的访谈。
[2] 来自对刘兴汉老人的访谈。

曹村、宫里等集市，长期赶集往来也走出了与各集市相连的小道。故而 1949 年以前，南陵村的交通状况可分为大道和小道，大道能走马过车，小道能行人。

南陵村的大道将南陵村与宫里桥相连，道路为土路，长约 3 公里，路宽能走大车，但是只有南陵村村民运输货物时才会驱车通行，故而来往车辆较少。但南陵村的小道非常发达，不仅将南陵村与富平、流曲、庄里、王寮、曹村、宫里等集市相连，还把南陵村与周围的炭村、仇石、大樊、北陵、涧头等村庄相连。

对于南陵村的交通状况，刘兴汉老人讲述道："宫里集市是 1945 年才建立的，但在这之前宫里桥就是交通枢纽，是一个驿站，到蒲城、耀县都要经过宫里，往南边走的还可以到达富平和西安，从宫里桥还能到达庄里、曹村、流曲、到贤。这些都是很宽的路，至少能让两辆马车并排走，路上来往的行车和车辆都很多，虽然只是一条土路，但是也很光洁，而南陵到宫里桥这一段就没有那么宽，下雨天还会长满草，但是路也能过一辆大车，我们运粮食到富平去卖就走这条道路。除了这条大道，南陵村还有很多小路，这些小路把南陵村和周围的集市和村庄都连接起来，村里人出去一般都是走小路，走小路比较近，也很快。"[1]

1949 年以前，南陵村的交通状况如图 2-2 所示。

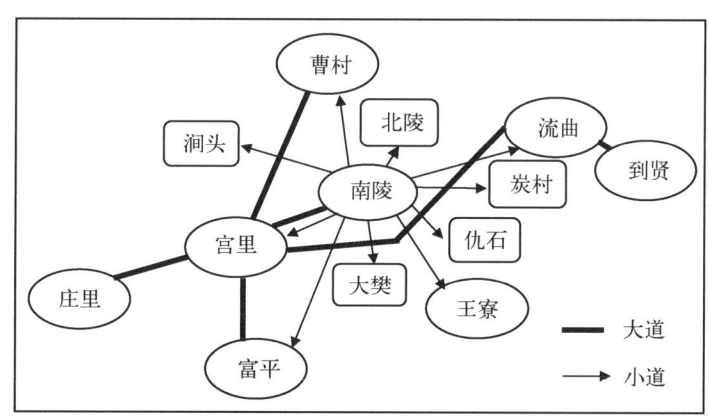

图 2-2 1949 年以前南陵村的交通状况

六、自然灾异

（一）自然灾害概况

1949 年以前，南陵村所面临的自然灾害主要有旱灾、虫灾、雹灾、瘟疫，其中旱灾最为频发。根据《富平县志》记载和村中老人讲述，中华民国期间南陵村共发生特大旱灾 3 次，特大瘟疫 1 次，特大雹灾 1 次（如表 2-2 所示）。

---

[1] 来自刘兴汉老人的讲述。

对于民国时期南陵村的受灾情况，刘兴汉老人讲述道："民国时期，灾难特别多，像旱灾是经常发生的。要说比较大的灾难，民国十八年至二十一年（1929—1932年）的特大年馑算一次，这次年馑给人民的生活带来了极惨的灾难。民国二十一年（1932年），年馑还没有过去，紧接着关中地区发生瘟疫，南陵村也受到了很大的影响，这次年馑和瘟疫夺走了不少人性命。光我们南陵村铁炉堡就死了好几人，韩增财的母亲、刘登魁的哥哥刘佰魁、刘润的嫂子均死于年馑，刘均庭的妻子、刘玉廷的父亲和叔父均死于瘟疫。"[1]

表2-2 南陵村1900—1949年期间的灾害概况

受灾时间	灾害类型	受灾情况
民国九年（1920年）	旱灾	春季大旱，麦子歉收
民国九年（1920年）6月2日	雹灾	麦苗全被打毁，树皮被打光，不少房屋被击塌，群众伤亡很多
民国十八年（1929年）	旱灾	是年夏，久旱不雨，田土龟裂，二麦干旱无法下种，秋禾无收，斗麦涨价至银币6元。乡民哀鸿嗷嗷之声弥漫全境。稍堪充饥者，无不挖剥净尽
民国十九年（1930年）	虫灾	县境蝗虫为害，庄稼多被食尽
民国二十一年（1932年）	旱灾	春、冬荒旱，民不糊口
民国二十一年（1932年）	瘟疫（虎列拉）	夏季，虎疫流行。病初发，其势迅猛，不数日间蔓延县境，入秋后始缓

资源来源：表中信息根据《富平县志》和刘兴汉老人的讲述整理。

（二）灾害应对及其关系

南陵村没有发生过水灾，主要是旱灾、虫灾和瘟疫。在1949年前种地都是靠天吃饭，旱灾特别严重。据赵俊喜、刘兴汉、刘守斌等老人讲述，两三年就要遇到一次大旱，不是秋（玉米）种不上就是麦（玉米收了就接着种小麦）种不上，要是遇到特别严重的旱灾就会颗粒无收，如民国十八年（1929年）年馑，土地大户变卖土地，穷人沿路乞讨，妻离子散，更有甚者搭上性命。在南陵村，当灾害来临，村民面对的方式主要有卖地、逃荒、祈雨等，甚至也会出现卖子女的情况。

1. 卖地续命

民国十八年年馑，旱情严重到颗粒无收，为了保命，村中出现了一些卖地续命的情况，卖地的时候会先将离家较远和土质不是很好的土地卖出，然后才会考虑离家近和土质较好的土地，在遇灾荒的时候卖土地，价格都会低于平时的价格。"民国十八年

---

[1] 来自刘兴汉老人的讲述。

（1929年）年馑铁炉堡共卖出土地100多亩。其中，刘邦斌在年馑时将一块土地40亩以每亩三斗麦的价格卖给仇石村石崇实，一共卖了12石麦才渡过了此次年馑；刘邦富将离家较远的8亩土地卖出；刘玉廷将离村较远的20多亩土地卖给了石家；刘振海将离村较近的30多亩地卖出。"[1]

2. 逃荒保命

遇到灾荒时一般不会选择逃荒，只有家中人口较少，无妻儿老小或"独人"的家庭才会选择逃荒，逃荒的人如果有富人亲戚会考虑投靠亲戚，没有亲戚者则漫无目的，沿路乞讨，只为活命。"在铁炉堡灾荒导致逃荒两户，一是刘黑娃，家中只有一人，年馑时逃出，民国二十六七年（1937—1938年）回村。回村后被姐夫卖了壮丁，家中的土地因离刘玉公近，给了刘玉公种，刘玉公负责纳粮。二是刘八娃，家中也只有他一人，哥哥和母亲都不在家，逃荒出去之后就再也没有回来。"[2]

3. 卖儿女救命

常年一般不会出现卖儿女的情况，但要是遇上灾荒致使家庭生活无法继续，一些家庭就不得不出卖儿女来使儿女和家庭其他成员的生命得以维系。一般家中无后者会考虑买儿女，大户人家的已婚夫妻无儿女或是无儿子时会考虑购买儿子来继承香火，未婚男性娶不到老婆会考虑购买女儿来当自己的老婆。买卖儿女不需要签卖身契，也不需要请"说话人"（中间人）。"在铁炉堡，民国十八年年馑时，刘兴汉的六婆将自己13岁的女儿（葱）卖给50多岁的老头当老婆。"[3]

4. 寄命于神：祈雨

南陵村本无水利设施，农业主要靠天吃饭，遇到大旱灾，他们便组织人到北太白山或宝峰寺祈雨（方言也称"祈水"），在山泉或是湫里用瓶子盛回水后便在村上庙里设坛10天，如巧合天意就认为是神的灵验，那就要盛大庆祝一番，唱3天大戏，以示谢神。"我们南陵没有河，井只能供生活使用，庄稼需要靠天吃饭，天干了没有办法，就只能祈祷神灵的庇护，祈祷老天下雨。祈雨要到宝峰寺，也不是每一次干旱都会去，主要是连续干旱没有办法种庄稼的时候会组织祈雨，没有办法种来年就没有收成，就会挨饿。"[4]

---

[1] 根据刘兴汉老人的讲述整理。
[2] 根据刘兴汉老人的讲述整理。
[3] 来自刘兴汉老人的讲述。
[4] 来自刘兴汉老人的讲述。

第二节 干旱与水利

南陵村属于大陆性温带半干旱、半湿润气候区，年降水量少于蒸发量，且村域内水资源有限，旱灾常发。干旱不仅造成了农作物减产，还对村民的生产生活产生了很大的影响。本节将从干旱概况、水利与生活、水利与农业生产三个方面来考察传统时期南陵村的干旱与水利形态。

一、干旱概况

从干旱时间来看，南陵村从 12 月至翌年 2 月份，降水极不稳定，一般干旱少雨雪；3—5 月份也容易发生干旱，6 月份易夏旱，8 月份易伏旱；只有 7 月份和 9 月份降水相对稳定。其一年干旱情况如表 2-3 所示。

表 2-3 南陵村年干旱情况

类　　型	时　　间
干旱期	1月、2月、3月、4月、5月、6月、8月、12月
半干旱期	8月、10月、11月
湿润期	7月、9月

从雨季时间来看，南陵村的雨季来临时间变化大，雨季平均从 5 月中旬开始，10 月中旬结束，最早于 3 月下旬开始，最晚于 7 月下旬开始；雨季最早结束于 8 月上旬，最晚结束于 11 月下旬。

从降水量与蒸发量来看，年均降水量为 533.3 毫米，年均蒸发量为 1 012.7 毫米，差值 479.4 毫米。具体来看，仅有 9 月份的降水量高于蒸发量，其余月份的降水量均低于蒸发量，常年处于降水量少于蒸发量的状态，对庄稼的生长产生了极大的影响。

可见，南陵村一年 12 个月中大部分时间都处于干旱状态。据《富平县志》记载，1949 以前，南陵村所在的富平县域内干旱次数达到 81 次之多（仅有记载的数据），旱情轻时则减产，旱情重时民不糊口，甚至饿殍载道，人相食（如表 2-4 所示）。据村中老人介绍，仅民国期间，南陵村发生较大旱灾就有 3 次，分别为民国九年（1920 年）、民国十八年（1929 年）和民国二十一年（1932 年），其中民国十八年（1929 年）的旱情最为严重。

表2-4 1949年以前南陵村所在县域的旱灾发生情况（部分）

时　　间	旱灾情况
西汉高祖二年（公元前205年）	关中大饥，斛米万钱，人相食
后汉光武帝建武二年（26年）	关中饥，人相食
西魏大统二年（536年）	关中大旱、饥，人相食，死者什七八
元文宗天历元年（1328年）	陕西大饥，人相食
明宪宗成化二十一年（1485年）	关中连岁旱，百姓流亡殆尽
明庄烈帝（毅宗）崇祯十三年（1640年）	大旱，人相食，草木俱尽
清圣祖康熙三十年至三十一年（1691—1692年）	连岁大旱，大饥疫
清圣祖康熙五十九至六十年（1720—1721年）	连年大旱，饥荒、瘟疫并行
清道光二十七年（1847年）	岁旱，二麦无收，饥荒甚重。卖儿女、丢弃婴儿到处可见
清光绪三年（1877年）五月至四年（1878年）	久旱不雨，六料无收，"人自相食，户绝什七"。树皮、草根俱被食之一空，饿殍日见于途，流寓外地者不计其数
清光绪二十六年（1900年）	岁旱大饥，乡民多以树皮、草根为食，饿殍载道，其状至惨
民国九年（1920年）	春季大旱，麦子歉收
民国十八年（1929年）	二麦干旱无法下种，秋禾无收，斗麦涨价至银币6元。乡民哀鸿嗷嗷之声弥漫全境。稍堪充饥者，无不挖剥净尽。南陵村所在县域每日饿死74人，多则218人。是年因灾荒饿死者4 000余人，背井离乡外出逃生者8 000余人
民国二十一年（1932年）	春、冬荒旱，民不糊口

二、水利与生活

南陵村，北靠凤凰山，往南是塬地，属于旱原地区，村中没有河流、小溪等水源经过，村民生活用水主要取自村中水井。此外，南陵村各村堡均修筑了涝池来收集雨水，以补充生活用水之需。本部分将从水井与生活、涝池与生活两个部分对传统时期南陵村的水利与生活形态进行考察。

（一）水井与生活

水井是南陵村村民生活的源泉，生活用水，甚至建筑用水均取自水井。虽然地处半干旱地区，但井水相对充沛。

1. 水井及其分布

南陵村的水井以私井为主，大户人家一般都会有井，多是祖上所打。根据刘兴汉、刘守斌、赵俊喜、刘学良等老人的回忆统计，1949年以前，南陵村共有水井约40余口，其中铁炉堡有8口私井、1口公井，赵家堡有9口私井，南刘堡有8口私井，北刘堡有井 10 余口。

南陵村铁炉堡共有 9 口水井。其中，8 口井位于村民家中院子里，刘振海（中农，有土地 100 亩，种地为生）、刘学勤（中农，有土地 50 亩，种地为生）、刘邦斌（中农，有土地 50 亩，种地为生）、刘邦富（小土地出租，有土地 70 亩，是一名中医，靠行医为生，雇伙计种地）、刘登魁（中农，有土地 24 亩，是一名泥水匠）、刘均禄（中农，有土地 70 亩，种地为生）、刘均庭（中农，有土地 70 多亩，种地为生）、刘玉廷（中农，有土地 140 亩，种地为生）的院子里各一口，属于私人所有；另外还有一口井位于村中窨子里，为全村人公有，但平日里一般不用。南陵村铁炉堡的水井具体分布情况可见图 2-3。

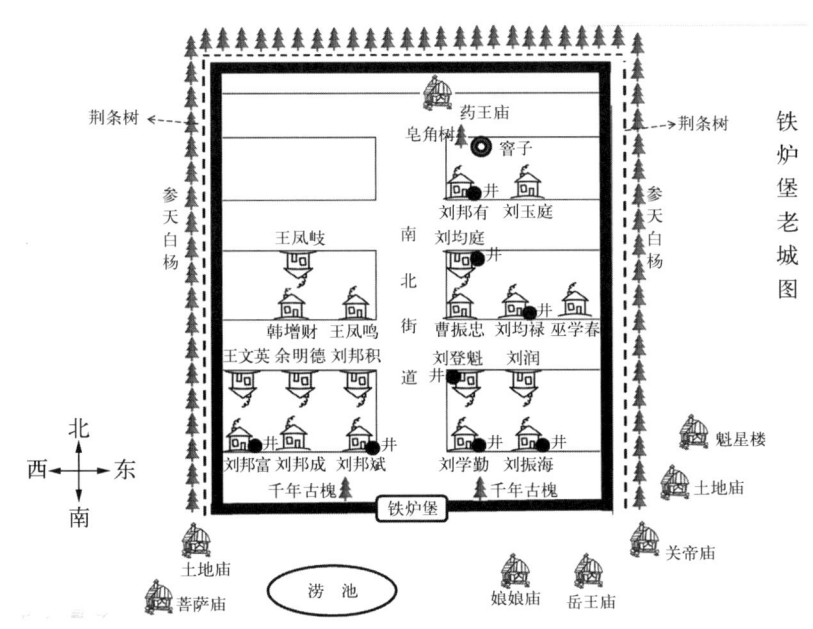

图 2-3 南陵村铁炉堡的水井分布情况

说明： 图中的黑点代表水井的位置，水井分布情况根据刘兴汉老人回忆整理。

在南陵村赵家堡，共有 10 口井，其中，北巷 4 口，中巷 4 口，南巷 2 口，分别位于雷生华、赵德志、田彦林、赵仁杰、赵金玉、杨宗旨、姚振忠、张一鹏、杨吉林、陈守昌、赵忠正家院子里，均为私井。赵家堡的水井分布情况如图 2-4 所示。

在南陵村南刘堡和北刘堡中，水井水量和具体分布已经难以弄清，根据老人的回忆能略知大概。"我们南刘，生活用水主要是靠水井，每一条街道都有水井。靠北的这一条街道有两口井，靠南的这一条街道有一口井，中间的两条街道，一

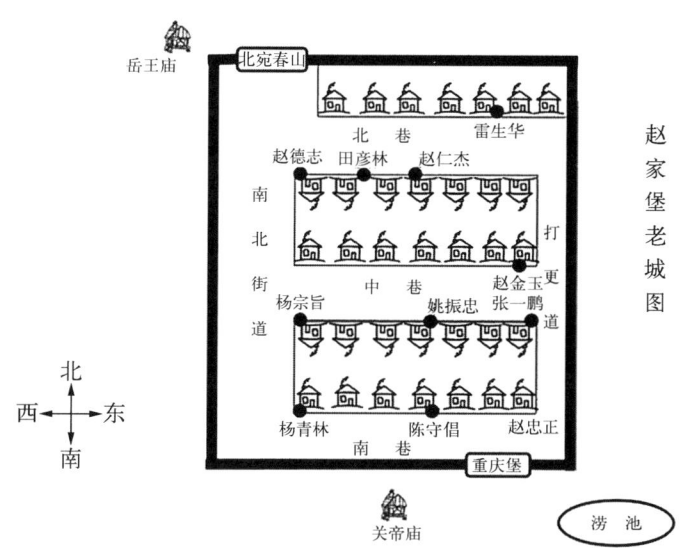

图 2-4 南陵村赵家堡的水井分布情况

说明：图中的黑点代表水井的位置，水井分布情况根据赵俊喜老人回忆整理。

条有两口井，一条有三口井。"[1] "北刘的井还是比较多的，从我记事起，没有出现村民没有水喝的时候，具体的分布情况想不起来了，一共四条街道，每条街道差不多都有三四口井。"[2]

2. 井的产权

南陵村的水井大多是私人自己打的，产权为私人所有，只有在南陵村铁炉堡的窨子内，在修建窨子的时候打了一口井，该井主要在南陵村铁炉堡村民进入窨子避难时使用，产权归南陵村铁炉堡村民公有，全村的村民均可以使用。

3. 水井的使用：私井公用

南陵村的水井产权归私人所有，所有者拥有使用权，没有井的人家可以到村中任意一家的井里取水，井中水源充足，即便天旱不雨三年也不会干涸。取水不收取任何报酬，只需要和主人家打一声招呼，打招呼之人不一定是家长，只要是家中之人就可以，但是取完水后要将井盖盖好（石头井盖），防止孩子落水，如果没有盖好井盖，被主家见到了会提醒你，但没有惩罚，也不会拒绝你再次来取水。即便没有盖好井盖，导致小孩落水身亡，一般也不会追究取水者责任，如刘邦积家 7 岁孩子落井身亡，也未追究取水者责任。

在铁炉堡，8 口私井均位于农户自家院中，井深约 30 米，均是由祖上使用至今。一般情况下，刘邦成到刘邦斌家井里取水，刘润到刘登魁家井里取水，巫学春、曹振

---

1 来自刘学良老人的讲述。
2 来自刘守斌老人的讲述。

忠、王文英、余明德、刘邦积、韩增财、王凤鸣均到刘均禄家井里取水，刘邦有、王凤岐到刘均庭家井里取水。[1]

取水没有时间限制，需要水时就可以去取，取水也没有先后顺序，谁家用水谁家就可以去取。村中井里的水一般为本村人所用，没有出现外村人来村中挑水的情况。有外人经过讨水喝，主人家都不会拒绝，但一般不直接喝井中的凉水。

逃荒之人逃到村中庙宇，需要取水时，也可以来取水，逃荒之人取水需要向主人家打招呼，并借用主人家的打水工具，打水只要主人家家中大人同意即可，不一定非得家长同意。逃荒之人来到村中取水不需要向甲长报告。取水不收取任何报酬。村中水井之水一是用于人畜饮用，二是用于村中建设（村中建设多到刘邦斌家井中取水，其井出水量大），三是可用于洗衣服，但是洗衣服多在涝池中洗，四是用于救灾（火灾）。村中井里的水不能用于浇地，也浇不到。

4. 井的维护："打井靠自己，淘井众人帮"

打井不需要请人，自己家中两个人就可以打井，打井人家中一般都是有劳力或者雇有伙计。民国以来村中没有挖过新井，关于如何打井已无从考证。但是"淘井"现象还存在，即井出水不好时会将井里的泥淘出。淘井自家淘，街坊邻居都会来帮忙，乡情好的人家全村人都会来帮忙，淘井时间一般为2—3天，只有在农闲时才会淘井。如果在本村内有亲戚，本村内的亲戚会帮忙，外村的亲戚一般不会来帮忙（本村人手够，不需要请外村亲戚），邻里帮忙的比较多（平时来此井取水的人家都会来帮忙）。淘井不需要提前通知，不需要请人帮忙，也不需要提前告知原来在此井取水的农户，他们来了看到在淘井自然会到其余的井中去取水。淘井要请青壮年和有经验的年轻人下井，下井人从自家劳力、伙计或来帮忙的人群中选，如果自家伙计能下井就由自家伙计下井，其次是自家劳力，最后才是帮忙的街坊邻里。帮忙淘井的人在主家吃饭，一天吃两餐（当地习俗就是一天吃两餐），一般不会带孩子，谁帮忙淘井就谁吃饭。帮忙淘井不需要给报酬，也不需要还工。在南陵村，"冠婚丧祭，邻里相助"，帮忙者分文不取，也不会刻意记工。淘井不需要报告甲长，也没有什么仪式，淘井时甲长也会帮忙。淘井的事由主家家长指挥，甲长前来帮忙也会听主家家长的话。

5. 公井

在铁炉堡中有一窨子，窨子为村中"地下城堡"，主要用于躲避人祸。窨子中有一口井，为村民共同所有，此井没有人专门管理，平日里很少进窨子，也不会用到此公井，即便天旱不雨多时（如民国十八年年馑），村中的私井也不会干涸，不需要到公井

---

[1] 根据刘兴汉老人讲述整理。

取水，只有躲避人祸藏于窨子中时才会用公井的水。躲避灾难时，谁都能使用，取水也没有先后之分。

（二）涝池与生活

在南陵村，每一个村堡都建有涝池，涝池均是先祖留下的财产，修建的时间比较早，每个涝池面积一亩多大，距离城门四五十米，产权归村民共同所有，村民均有使用权。

1. 涝池与村庄的位置关系

南陵村赵家堡的涝池位于村庄的东南方向，距离城门约40米；铁炉堡的涝池位于村庄的西南角，距离城门四五十米；南刘堡的涝池位于村庄的西南方向，距离村庄约50米；北刘堡的涝池位于村庄东南方向，距离村庄三四十米。

"涝池一般都是建在村庄的南方，但一般都不会是正对的方向。建在南方，一是南方的位置更低；二是如果遇暴雨涝池满了水流不会淹到村庄。另外，这个涝池离村庄的距离都不是很远，都在城门外面四五十米的地方，这样比较方便，不仅村民到涝池洗衣服方便，村中发生火灾救火也近，牵着牛去喂水也不用走很远。"[1]

2. 涝池的功能

涝池是村中储水设施，在下雨天能储存雨水，以便村民生活之用。涝池的功能主要有以下几个：

一是为村民提供洗衣服的水。

二是提供牲口饮用水。

三是储备救火用水。

3. 涝池的使用与管理

涝池常年有水，只是旱期水量相对较少，湿润期水量相对充足，一般不需要清理和维护，也没有专人管理。在民国期间，没有组织过维修。

虽然涝池没有专人进行管理，但是关于涝池的使用存在以下禁忌：

第一，涝池中不能养鱼。一方面是因为涝池是村庄的共有财产，不归任何个人所有，私人不能养鱼；另一方面是因为养鱼的话会水质不好，夏天还会出现馊味。

第二，池中之水不允许用来浇地。

第三，涝池边上不允许种树。

虽然这些都只是口头约定，但也没有见人违反过。周边每个村都有涝池，不存在

---

[1] 来自刘兴汉老人的讲述。

外村人使用本村涝池的情况。路过之人和逃荒之人都能使用涝池,不需要向甲长报告。涝池没有防护措施,出现溺水不需要担责。

三、水利与农业生产

顺阳河从南陵村南方流过,但因河流与村庄土地的落差太大,取水不便;地下水位较高,打井费用高;地处半干旱地区,年降水量少。因此,南陵村农业用水严重不足,农业生产基本处于"靠天吃饭"的境地。

(一)河流与农业生产

在南陵村向南约4公里处有一河流——顺阳河,因河水流向与太阳运行方向相同,故而称顺阳河。古时候顺阳河中有泉水冒出,河水湍流不息,两岸芦苇丛生,流经之地,土地肥沃,庄稼绿茵。到了明代的时候河水干涸,到了清代时又断断续续有些水流,至民国年间已完全干涸。关于顺阳河干涸还有一个传说:魏征一梦斩龙王,斩的就是顺阳河的龙王,龙王被斩,河水干涸。[1]

南陵村北高南低,土地大部分集中在村庄周围,距离顺阳河有一定的距离,即便顺阳河水流充沛之时,也难以灌溉到南陵村的土地。只有南陵村的大户人家在顺阳河边上购买了土地,其土地能被顺阳河之水浇灌。"以前顺阳河水流是很大的,河两岸的土地都能被水浇灌到,当时南陵村一些有钱的大户就会到那里去购买土地。但是到了民国时期,顺阳河已经完全干了,即便是河道两边的土地都浇不到水,以前买的土地也卖了。"[2]

(二)水井与农业生产

南陵村生活用井深约9丈,地下水位较深,打井灌溉庄稼成本较高,故而村中仅有一口生产灌溉井。

关于南陵村水井与农业生产的关系,村中老人回忆道:"民国时期南陵村仅有一口灌溉用井,为财东赵一鹏所打,能灌溉一两亩的土地。能灌溉到的土地主要是用来种一些菜,井中的水也不多,不能灌溉其他的庄稼。整个南陵村就只有他们家打了唯一的一口灌溉用井,其余的土地就只能靠老天下雨。村民们不打井,一个是因为地下水位太深,打井需要的成本太高,绝大部分的农户都负担不起;还有一个是即便打了井,水量比较少,灌溉不了多少土地。五几年的时候,村民也打了一些井用来灌溉,但是效果都不好。"[3]

前面已多次提到,南陵村是一个生产用水极度匮乏的村庄,农业生产基本上靠天

---

[1] 来自刘兴汉老人的讲述。
[2] 来自刘兴汉老人的讲述。
[3] 来自刘兴汉老人的讲述。

吃饭，当遇到干旱的时候，只能将希望寄托于神灵。据村中老人回忆，南陵村经常遭遇干旱，所以基本上过上两三年就会组织一次祈水。

第三节 平原与麦作

南陵村地势北高南低，但坡度较缓，土地以塬地为主，分布于村庄周围，相连耕种。土质较好，适合耕种，适种作物多样，但以小麦为主，形成特定的麦作关系。本节将从田块、田块边界、田地耕作等方面对传统时期南陵村的耕作关系进行考察。

一、田块

本部分将从田块分布、田块形状与大小、田块质量以及田块距离等方面来对传统时期南陵村的田块进行考察。

（一）田块分布

整体来看，南陵村的土地主要分布于村庄周围，大部分还是相连的，但是有一小部分因为家族兴衰、买卖、分家等出现了"插花"现象，致使一个家庭的土地不一定都是紧挨着的。

从各自然村落来看，各村落的土地大部分集中在一起，分布在村落周围。但自然村落与自然村落之间的土地也会有交叉，这些交叉多是因为买卖产生。

从家户土地分布情况来看，一般土地较多的人家，其土地并不是紧挨在一起，而是成多份分布于不同的地方；而对于土地占有量较少，甚至只有两三亩的人家，其土地一般都是一块或紧挨在一个地方。关于家户土地分布情况，刘兴汉老人说："南陵村的土地还是比较集中的，除了那些购买的土地，其余的基本都是在一个地方，而且各个村落的土地都在村子面前，赵家的土地一般不会跑到铁炉，铁炉的土地一般也不会跑到赵家。但是每一个家庭的土地就不是紧挨在一起的，可能是分了几个地方，像我们家的土地就是分成了四份，只有像巫学春、曹振忠，他们是后来才买的土地，土地也比较少，他们的几亩土地就全部挨在一起了。"

1949年以前，南陵村各自然村的土地分布情况如图2-5表示。

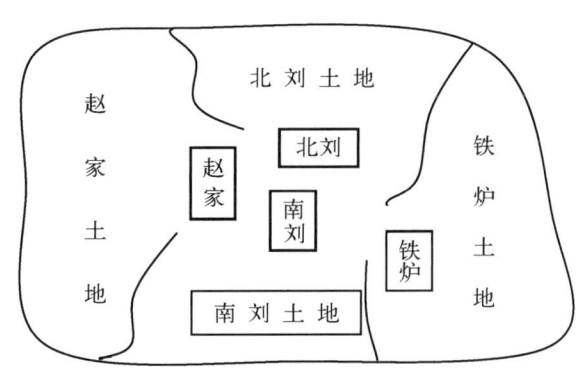

图2-5 1949年以前南陵村各自然村的土地分布情况

（二）田块形状与大小

南陵村属于台塬地带，地势北高南低，具有一定的坡度，地块之间偶有断层，地块多呈不规则形状，整体来看，村庄的麦田形状也是如此。最大的麦田有几十亩，而小的麦田不到一亩，大小不等。在同一层面上的土地均较为平整，位于中间的田块一般是矩形，而位于边缘的土地则呈不同的形状。南陵村田块的形状如图2-6、图2-7、图2-8所示。

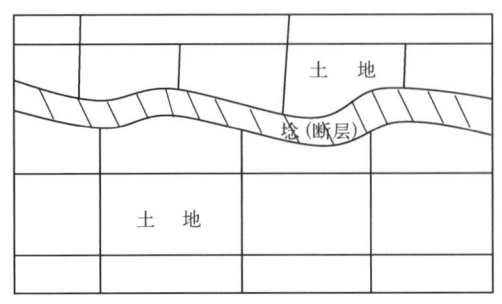

图2-6 南陵村田块形状

图2-7 南陵村位于同一层面边缘的田块

图2-8 南陵村位于同一层面中间的田块

（三）田块质量

南陵村的田块有等级之分，根据其质量将其分为金、银、铜、锡、铁五个等级。本部分将从田块质量的类型及划定、土地质量及其耕作关系、土地质量与税赋以及土地保肥与轮作几个方面来对南陵村的田块质量进行考察。

1. 田块质量的类型及划定

南陵村的土地根据质量将其分为金、银、铜、锡、铁五个等级，并依据土地的等级和面积进行赋税缴纳和安排摊派。关于土地质量等级的划定依据，村中老人讲述道："划定土地等级时主要考虑的是土地的肥瘦程度、保水能力、产量的高低、耕种适宜程度等因素。适宜耕种程度主要是指离村子的远近，如果太远了，去种地来回需要很长的时间，特别是耕种和抢收的时候就浪费了一些劳动时间。另外，要是土地的地块比较小，不适合用牛进行耕种，需要人去挖，这样的土地等级也不会很高。"[1]

---

[1] 来自对刘兴汉老人的访谈。

2. 土地质量及其耕作关系

土地等级在一定程度上反映出了土地的质量，不同质量的土地影响着南陵村村民的耕作行为。如田块大小影响农民是选择用牛进行耕种还是单靠人力进行耕种。另外，土地质量的好坏也影响农民进行耕种的积极性和耕种作物的选择。

"好的土地产量高，种下去了收成好，我们种起来也积极，但是对于一些比较差的土地就没有那么高的耕种积极性了，因为种下去了之后不一定能有收成，即使有收成也不会太好。我们这里又没有水，有的时候下雨了就要去种，都是先种好的地，质量差的地就最后来种或者种一些其余的东西，就抱着种下去能多少收一点的心态。如果家中土地比较多，质量差的土地一般是不会用来种小麦的，小麦是主要粮食，种下去收成不好会影响下一年的吃饭问题。"[1]

3. 土地质量与税赋

在南陵村，1949年以前主要根据土地的等级与面积来进行摊派和税赋征收。其中，金粮地，每亩每年一斗半麦子的地税；银粮地，地税为每亩每年一斗麦子；铜粮地，每亩每年7—8升麦子；锡粮地，每亩每年5—6升麦子；铁粮地，每亩每年3—4升麦子。[2] 土地质量及其税赋关系如表2-5所示。

表2-5　1949年以前南陵村的土地质量及其税赋关系　　　　　　　（亩·年）

土地等级	税赋关系
金粮地	一斗半麦子
银粮地	一斗麦子
铜粮地	7—8升麦子
锡粮地	5—6升麦子
铁粮地	3—4升麦子

4. 土地保肥与轮作："土地轮歇""粮食两半种"

"凭天吃饭，土地轮歇""粮食两半种"，这是南陵村土地耕种的方式。旧时，因为缺乏肥料，如果连年耕种或是种植单一作物，必然会导致土壤肥力急剧下降，粮食减产，故而采用轮歇、轮种等方式来缓解土壤肥力下降。"家中有牲口的人家每年还能给土地装上一些农家肥，要是没有牲口的就没有农家肥，只能靠土壤中的肥力，土地肥一些的收成好一些，要是土壤比较贫瘠，收成自然就会受到影响。我们这里的土地相

---

[1] 来自对赵俊喜老人的访谈。
[2] 根据刘兴汉老人讲述整理。

对富足，会采取轮歇的方式来进行耕种，轮歇主要就是为了让土地肥力得到一定的恢复。另外，我们的土地也不会全部种同一种作物，就像我们家不会把全部的土地拿来种小麦一个道理，一般只有一半的土地是用来种小麦，其余的一半种其他的东西，土地相互之间也会轮换。"[1]

自家的土地不会全部种一种作物，通过轮作的方式让土地轮歇，以三年四熟和四年五熟制为主。当时基本没有化肥投入，靠豆类、苜蓿、油菜作物养田和夏季休耕恢复地力。土地主要种植小麦、玉米、荞麦、小米、黄豆、苜蓿等作物，其中小麦的种植面积最大。土地轮歇，粮食生产以夏粮为主，夏粮则以小麦为主，小麦是一年一获，以豆类、苜蓿轮作肥田，不让同一片土地连续种植同一种农作物。

（四）田块距离

南陵村的土地围绕村庄分布，连片耕种，距离村庄都不太远，最远的20多分钟的路程，近的出了城门就到了田里。田块的距离不仅影响村民的土地买卖行为，同时也影响着村民的耕作关系。

1. 田块距离与土地买卖

田块距离是村民买卖土地时的重要考量因素之一。在南陵村，村民在本村买土地和在外村买土地的情况均有发生，但在本村买土地和在外村买土地情况有所不同。如果在外村买了土地，这样的土地距离就会相对远一些，所以村民在购买土地的时候一般都是考虑邻村，且与本村土地相隔较近的地方，这样距离的路程大概需要半小时左右的时间，如果太远了村民一般也不会考虑购买，只有大财东家为了囤积土地才会在外村置地，然后租给别人耕种；如果在本村买地，则主要考虑土地的质量，一是看土地肥瘦情况和产量；二是看是否方便耕种。

2. 田块距离与耕种关系

南陵村的土地主要都是分布在村庄周围，土地距离的远近影响着村民的耕种行为。

下种的时候，如果距离较近，村民都是到地里干活，然后中午吃饭的时候就回到活主家吃饭，吃完饭再到地里接着干活；如果距离比较远，中午一般就不会回活主家里吃饭，而是由活主家人做好了饭菜送到地里，在地里吃完之后接着干活，到了下午再回家。距离较远，种地的工具也是用车拉到地里，村民在耕种的时候也需要多走一会。

在收割的时候，如果距离较近的话，收了粮食一般直接由人背到晒场，也不用车拉或是马驮。但是如果距离较远，收了粮食往家里运的时候就需要多花费一些力气，

---

[1] 来自对刘守斌老人的访谈。

一般都是收了之后用车拉到晒场。割麦的时候，土地多的人家一般都会请麦客帮忙收麦，为了节省时间，土地较远的农户都是将饭菜做好后送到地里，麦客在地里吃完之后接着干活。

二、田块边界

田块边界是确认产权和使用权的重要标识。本部分将从边界的类型、边界与村庄、边界与分家、边界与买卖几个方面来对传统时期南陵村的田块边界关系进行考察。

（一）边界的类型

1949年以前的南陵村，其土地主要以地畔子、埝和树木等作为边界。

1. 下地畔子为界

"地畔子"是指在两节土地相接壤的地方坐下的标记，先在边界上挖出一条沟，然后在沟里撒上石灰，以此作为土地的边界。

南陵村土地一块挨着一块，相连耕种，中间一般不立界石，也不插界桩，土地边界从祖上沿用下来，地界都是以前下的地畔子。后人在耕种土地的时候，会在麦田和麦田中间弄一田埂，约20—30厘米宽，刚好可以通过一个行人。地上的田埂和地下的地畔子相对应，但是因为地上的田埂是人工垄起来的，常常会因为耕种土地而发生变化，因此造成冲突，所以村民一般都是以地下的地畔子为界，而地上的田埂只是区分庄稼的一个标记。

南陵村当地有这样一种说法，叫"分不清的地畔子"。以前因为土地不够平整，然后土地相邻的农户之间就会商量着一起平整土地，本来一边高一边低的土地下的地畔子已经有三四十厘米之深，经过平整后，以前的地畔子可能会变得更深，如果发生越界纠纷，再去挖地畔子就比较困难，常常挖不到，所以也叫作"分不清的地畔子"。

2. 以"埝"为界

在南陵村，因其独特的自然形态，平坦处田地是以地畔子为界，偶现断层之地以埝为界。埝是指断层与断层的交界处，自然形成的一道坎，将连片的土地分开，埝的一边土地高于另一边，高度从二三十厘米到几米不等。

以埝做界的优点如下：

其一，地界自然形成，在地表面，易区分；

其二，地界将土地分成两层，高低不一，不会产生越界耕种纠纷。

3. 栽树为界

相连成片的土地，因为土地平坦，常常因越界耕种而产生纠纷，纠纷得到处理之后，农户会在交界的土地上种上树以作为土地的边界，如图2-9所示。

图 2-9　栽树为界的南陵村土地

种树可以是相邻土地的两家农户一起种，种于交界的地方，然后耕种土地时需要离树约 50 厘米；如果发生纠纷的两家不愿意一起种树，则愿意种树的一家就会在自家土地接近边界的地方种上树以作为边界。一家农户独自种树的时候一般是种在离土地边界约 50 厘米距离的地方，不能直接种到边界上，种在边界上树长大了会影响树脚的土地的作物生长，仍会产生矛盾。

（二）边界与村庄："土地到哪，村庄的边界就到哪"

南陵村一般以埝、道路、村庄等作为村庄与村庄的边界，其中以土地作为边界较为普遍。关于村庄的边界，村中老人讲述道："我们村子与村子之间没有什么特殊的边界，有埝的地方一般是以埝为界，大部分还是以土地为界，土地到哪，村庄的边界就到哪。"[1]

村庄的边界不是固定不变的，会随着土地的变化而变化。如果在村庄边界的地方买卖土地，买了邻村土地，村庄边界外移，卖给邻村土地，村庄边界内移。买卖土地一般会写地契，地契上会写清楚土地的四至，以此来确认边界。

买卖土地会导致村域范围的变化，但买卖土地的是私人的行为，村庄不会进行干涉。村庄边界发生变化之后也不会做标记以确定村庄新的边界。

土地买卖完成之后需要向所在甲的甲长报告，买卖双方都需要向甲长报告，卖出方报告以减少相应税赋，买入方报告是让甲长知道增加了土地，也是为了在以后发生纠纷时能够得到公正处理。甲长收到村庄土地变化报告之后需要上报给保长，以重新核算各项税赋。

（三）边界与分家

分家的时候，土地一般都是以块为单位进行划分，如果不涉及将一块完整的土地分为两份或是多份就不需要划边界，沿用老的边界，如果要将一块土地分为两份或是多份就要划定新的边界。丈量好土地之后会在欲定边界的地方挖一条沟，然后撒上石灰，以此为界，并在石灰上面用土堆一个田埂，之后就按照这个田埂为界来进行耕种，不能越界。

---

[1] 来自刘兴汉老人的讲述。

田埂不需要进行公证,但是涉及别人家土地的时候,要请土地的四邻过来查看,以免定界之后发生纠纷。

分家之后在分书上也要写清楚土地的位置和面积,东、西、南、北各与谁相邻,甚至是地界的位置。

(四)边界与买卖

如果是土地买卖,需要对土地的边界重新认定,主要是让买方知道土地的边界在什么地方。买卖土地的时候要请土地的四邻过来,要对欲卖土地进行丈量,不能将别人的土地卖出,也不能越界。如果原来的边界还在,买卖的时候没有争议,则是沿用原来的边界;如果卖方和四邻之间有争议就要查界,查界时如果发现土地原地界消失,就容易产生纠纷,就需要请甲长帮忙调解。

三、田地耕作

土地的数量、生产工具的占有情况、劳动力数量等因素均影响南陵村田地的耕作。本部分将从小麦的耕种、收割、碾场三个部分来对传统时期南陵村的田块耕作及其关系进行考察。

(一)耕种

耕种是麦作的第一个环节,主要包括准备种子、犁地、播种、除草、压苗等工序。

1. 种子

1949年以前,南陵村耕种土地的种子一般都是自家准备,从上一年的麦子中挑选、存留。种子一般都会挑选颗粒饱满的麦子。麦种的存留量根据家中的土地数量来确定。如果家中土地较多,存的种子就会多一些;如果家中土地较少,存的麦种就会少一些。在南陵村,一般一亩土地需要13斤左右的麦种,但是村民在存留麦种的时候一般都会多留一些。

麦种是在麦子收了之后存留,一般由"掌柜的"(当家人)决定存留量,并由掌柜的保管。种子关系到第二年的耕种与收成,更关系到全家人第二年的生活,所以即便是家中出现困难或是挨饿的时候,也不能把种子拿出来作为粮食。用村中老人的话说就是"吃了粮食就是断了希望"。

对于一些刚购买土地或是出现变故的家庭,耕种时若是没有种子,可以借,借种子一般是和邻居或是亲戚借,邻居或是亲戚也只是在自家种子有剩余的情况下才会将多余的部分借出。借了种子需要还,在收了麦之后再还,一般不会还利息。

2. 犁地与播种

犁地和播种是土地耕种的重要环节,一般同时进行。南陵村的土地主要是以一家一户为单位进行耕作，家户是农业生产的基本单元，麦田耕种以家户为单位，但是因为土地占有不均、生产资料占有不均、家户劳动力质量差异大、生产力水平落后等，单靠一个家户独自的力量难以满足部分家户的生产需求，致使搭庄稼、换工、帮工、请工等合作方式出现，又因种麦和收麦均是与时间做斗争，较强的时间性催生了麦客等职业。

"土地是各家各户的，有的人家土地多，有的人家土地少，土地少的自己家就能种完，但是土地多的就种不完，像财东家就养长工，长工来种地，种麦的时候要请工帮忙。还有一些人家土地不多不少，就相互换工，但是换工主要是在种麦的时候，收麦的时候一般不会换工，那个时候麦子都熟了，都要收自己家的。还有一种情况就是小户和大户搭庄稼。"[1]

土地资源向部分大户和富户家集中，他们自己家中的劳动力难以完成生产活动，便出现了通过请长工、短工等来完成生产活动。贫富差距悬殊，生产资料占有不均，一些小户只能和大户搭庄稼，小户提供劳动力，大户提供生产资料，相互合作完成农业生产。而在农业生产的其他环节，如平整土地等就会出现"变工"的生产方式。村中老人还回忆道："我们这里天干，耕种都是与时间做斗争，所以耕种就那几天，大家都要种自己的，一般不会出现相互帮忙的情况。"[2]

1949年以前，南陵村土地耕种与家户的关系如表2-6所示。

表2-6　1949年以前南陵村土地耕种与家户的关系

耕种关系	生产资料占有情况
一家一户为单位耕种	土地数量较少，拥有所有或部分生产工具
雇工与请工生产	土地数量大，生产工具齐全 自家不种地，发展副业（如铁炉堡刘邦富）
换工生产	土地数量中等，靠自家劳动力难以完成
搭庄稼	小户土地较少，生产工具缺乏，大户生产工具齐全
变工平地	变工的两户与多户人家变工内容相同，工作量相当

3. 除草与压苗

除草和压苗是小麦耕种过程中的重要环节，也是必不可少的环节。除草一是为了防止杂草影响小麦生长，二是为了避免杂草长大后其种子落到地里，来年疯狂地生长。压苗不是每一家都要进行，根据自家土地中小麦的长势决定是否需要压苗，压苗的目

---

[1] 来自对刘兴汉老人的访谈。
[2] 来自对郑生林老人的访谈。

的是防止麦苗长势过盛，造成倒伏。

在南陵村，除草和压苗主要是以家户为单元进行，自家铲除自己地中的杂草和进行压苗。除草和压苗劳动量不大，时间相对没有那么紧张。但是除草时，亲戚之间会相互帮忙，也借此来维系亲戚关系。"除草和压苗这一段时间不忙，家中的事情也比较少，所以亲戚之间会相互帮忙，相互走动。一些农户自己的土地除完草了，没有事情做，也会去帮助其他的亲戚除草，这样还能加强走动，维系亲戚的关系嘛。"[1]

（二）收麦

收麦受天气的影响较大，农民都要与时间做斗争，土地高度集中就导致了这一片土地上的小麦几乎是在同一时间收割，村内劳动力之间没有办法相互帮忙，只能靠抢收、请工等方式来完成小麦的收割工作。

1. 小户自家抢收

麦子成熟时，需要在几天的时间内收完，否则一旦遇到大风、下雨等恶劣天气，将会造成极大的损失。对于那些土地相对不多的家庭，一般在二三十亩以下，就主要靠自己家里的人抢收。一些土地较少，但又缺乏劳动力的家庭也会请麦客收麦。

"收麦就那么几天的时间，时间比较紧，家家户户都要和时间做斗争，都是早出晚归，甚至一些农户晚上还点着火去收粮食，只有把粮食收回来了这一年才算有了收成。如果粮食不收回来，可能晚上一刮风，一夜之间所有的麦子就落了，这一年也就白种了。所以收麦的时候全家一起去，只要能割麦的都会去帮忙抢收麦子。"[2]

2. 大户请工收麦

民国时期，南陵村收麦时自家劳动力不足，则通过请工的方式帮忙收麦。土地大户、没有劳动力收麦的家庭都会请工收麦，请工主要请忙工和麦客。

一般土地多的大户会请忙工，忙工的工作时间为30—40天，多在夏季收麦的时候请忙工，碾场、种麦的时候不会请忙工，做忙工的人一般家中土地较少。

一般土地大户都会请麦客割麦，一般小家庭如果自家劳力无法割麦也会请麦客割麦。割麦的时间短，叫的麦客多，一般1—3天的时间要把所有的麦割完，土地大户最多也要在3天之内把麦割完，一般都是1天。请麦客的数量与家中土地占有量有关系，多的家庭一日可请上百名麦客，少的家庭就请几名不等。做麦客的大都是外地人，如甘肃、陕北等地，因为不同地方的人因气候等因素，小麦成熟的时间不一样，就利用这个时间差去当麦客。本地人也有当麦客的，主要是自己土地较少，或是已经收完麦，

---

[1] 来自对刘兴汉老人的访谈。
[2] 来自郑生林老人的讲述。

或是自己劳动力较多才会去当麦客。忙工一般都是本地人，而麦客多为外地人。

(三) 碾场

碾场是麦作的最后一个环节，是将收回来的麦子翻晒后脱粒的过程。在南陵村，村民将收回来的麦子晒到晒场上，经过1—2天的翻晒后将麦子散乱堆在晒场上，然后用牲口拉着石碾在上面来回碾压，使麦子脱粒。

1. 碾场与生产资料

碾场需要晒场、碾子、牲口等生产资料。民国时期，南陵村没有公共晒场，晒场都是私人所有，一般建在自家院子里或是村庄周围自家空地上。一般只有大户人家才有晒场，如在南陵村铁炉堡，小户人家多和大户人家借或是搭庄稼。有晒场的人家

图 2-10 碾场使用的石碾

都会有碾子，碾子一般为石碾（如图2-10所示）。如果向他人借晒场，一般会同时借碾子，如果家中没有牲口还会一同借牲口。

借用晒场等生产资料，需要等到主家用完之后才能借，也只有关系好一些的农户之间才会相互借用晒场，借用晒场的农户一般占有二三十亩土地，土地占有处于中等水平。借用晒场一般不用给报酬，但是会欠下人情，在主家碾场或是做别的事情的时候需要去帮忙。

2. 碾场与合作

在南陵村，大户占有晒场、石碾等碾场所需的所有生产资料，小户不占有碾场所需的生产资料或是只占有耕牛等少量生产资料，但是大户麦子较多，碾场需要的劳动力较多。大户和小户之间就通过搭庄稼的方式来协调生产资料占有不均的问题，以使得所有的农户都能顺利地完成麦作的最后一个环节。

3. 麦秆的处理

旧时在南陵村，收回来的麦子经过碾场后，麦秆和麦粒分离，麦粒经过再加工可以食用，麦秆则有以下几种处理方式：

第一，自家留存做牲口的草料。大户人家的麦子，在自家晒场上碾压完毕，会直接将麦秆堆于晒场周围或是放到牲口圈里，用作家中牲口的草料。

第二，焚烧做肥料。大户人家土地较多，碾场后会有较多的麦秆，除了留下喂牲口的部分，过多的部分就会用车运到田地里进行焚烧以做肥料。

第三，留给晒场主家。搭庄稼的小户，一般都是使用晒场主家的牲口，在碾场结

束之后会将麦秆留给主家喂牲口，如果自家有牲口可以将麦秆背回。

第四节 集居与空间

南陵村各姓氏迁至此地，各自择地而居，后因防卫需求共筑城墙，民居高度集中于城内，围城而建庙宇，逝者埋于地中，又因生产生活需求不同，选择不同集市赶集，修建公共场所等，形成不同的空间关系。本节将从村庄的整体布局、民居与村庄、祖居与村庄、神居与村庄、集市与村庄、公共空间与村庄六个方面来考察传统时期南陵村的空间关系。

一、村庄的整体布局

在之前的章节中已经多次提到，南陵村位于关中平原与陕北高原的过渡地带，地势较为平坦，村民集聚建房。村内主姓非同一家族，各家族独立建城堡，故而形成"小聚居，大散居"的村庄格局，即各村堡内高度集聚，各村堡间相对独立的村庄格局。南陵村村庄的整体布局如图 2-11 所示。

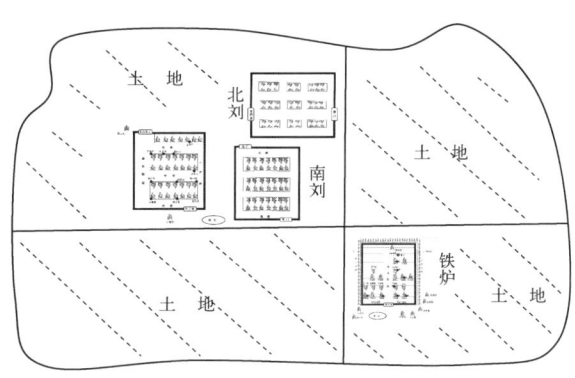

图 2-11 南陵村村落的整体布局

二、民居与村庄

南陵村的平原地形、干旱气候、地理区位等影响着民居的结构和布局。传统时期，南陵村的民居结构呈现"M"形，民居布局则"高度集聚"。本部分将从民居及其结构、民居与村庄的关系两个方面来对传统时期南陵村的社会和空间关系进行考察。

（一）民居及其结构

传统时期，南陵村大部分房屋都是茅草房，只有大户人家才能盖上瓦房，墙壁以土墙为主，通常房屋呈"M"形，习称厦子房，两个半边房子对称修建，中间开门。南陵村的民居主要有以下几个特征：

第一，房子半边盖。陕西有八大怪流行于关中地区，主要体现的是关中人的衣、食、住、行习俗，其中一怪便是"房子半边盖"。据老人回忆，民国时期南陵村所有的民居都是一边盖，且外高内低。一般的房屋都是"人"字形，可是南陵村的房屋却是

"人"字的一撇。关于其中的原因,老人讲述道:"我们这里干旱少雨,房屋一边盖,外面比较高,这样能让雨水都往屋内流,也有人说这样建是为了聚财,肥水不流外人田嘛。房子一边盖还有一个好处,我们这里靠近北山,土匪比较多,这样盖能够起到一定的防卫作用,外墙都很高,他们爬不进来,要进屋只能走门。财东詹家成家,不仅是房屋一边盖,还在房顶用铁丝网网住,连一只麻雀都飞不进去。我认为房子一边盖还有一个原因,不只我们南陵,整个关中地区都相似,大部分的村都修建了城墙,房子是建在城内,城内的土地有限,一边盖,房檐就不会伸出去,这样也能节省土地嘛。"[1]

"乡间房子半边盖,省工省料省木材;遮风挡雨又耐旱,冬暖夏凉时运来。"这是流传于当地的一首歌谣,也在一定程度上反映了南陵村民居与村庄的关系,主要有:其一,地势与村庄的关系。南陵村地势平坦,村域内没有木材源,虽然背靠北山,但木材有限,运输困难,这样能节省木材。其二,气候与村庄的关系。南陵村干旱少雨,这样能遮雨抗旱。其三,经济与村庄的关系。南陵村农业收入有限,副业收入微薄,这样能节省建房支出。

第二,墙高且厚。南陵村房屋外围墙壁高耸,高约5米,厚约五六十厘米。墙厚屋高,有安全防贼、冬暖夏凉的特点。村中老人说:"这种房子结构也区别于官房,古时的衙门或庙宇均为人字形弓脊房,窗户是敞开在外的,这种结构让农村人感觉不安全,我们是一边盖,窗户朝内开,两对檐呈"M"形,四周高墙厚门,夜里睡觉心里也踏实。"[2] "我们这里干旱,太阳光也很强,但是我们的房子外墙都比较厚,这样夏天不热,冬天不冷,所以即便是财东家也是盖这样的房子。"[3]

第三,布局对称。民国时期,南陵村的民居布局较为对称,一般人家左右两边为厦房,后面为大房,前面为门,厦房整齐排列,相互对称;大户人家或是家庭经济稍好的人家,左右两边为厦房,前后均为大房,分为前殿和后殿,左右两边的厦房整齐排列,前后大房相互对称。

民国时期,南陵村的民居结构如图2-12所示。

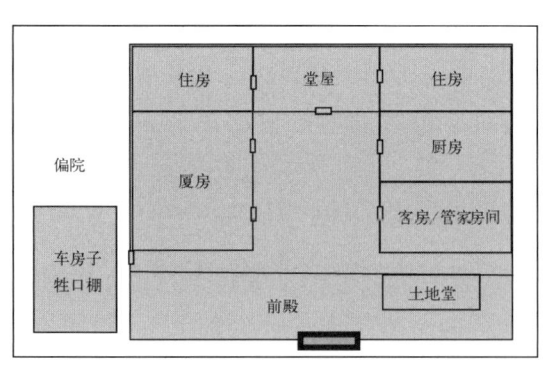

图2-12 传统时期南陵村的民居结构

---

1 来自刘兴汉老人的讲述。
2 来自对刘兴汉老人的访谈。
3 来自对刘守斌老人的访谈。

（二）民居与村庄的关系

从民居的布局来看，各村堡建起城墙之后，村民在城内建房。城中房屋高度集中，一排一排紧挨着建房，房屋排列整齐，街道笔直，一些农户出现了共用院墙的情况，总体呈现高度集聚、同排建房、相邻而居等特征。本部分将从这三个特征切入，对南陵村传统时期的民居与村庄关系进行考察。

1. 高度集聚

据老人讲述，清朝时期匪患严重，各村庄为了防卫匪患，纷纷建起了城墙，村民在城内建房生活。城中土地有限，民居建设也未进行规划，但在长期的发展进程中，村民聚集在一起建房，整体布局高度集聚。"村内的房子都是挨在一起的，一家挨着一家，这样建房子能够节省土地。村子都是围在城墙里面，这个土地是有限的，不能想在哪里建房就在哪里建房，以前这个地基是怎么来的，也不知道，城里的地基都有主人。我们也喜欢挨着建房，这样邻居、街邻之间抬头不见低头见的，也好交流感情嘛。"[1]

在南陵村的4个村堡中，虽然都是集中居住，但是房屋的排列也有所不同，村庄民居分布具体如图2-13、图2-14、图2-15、图2-16所示。

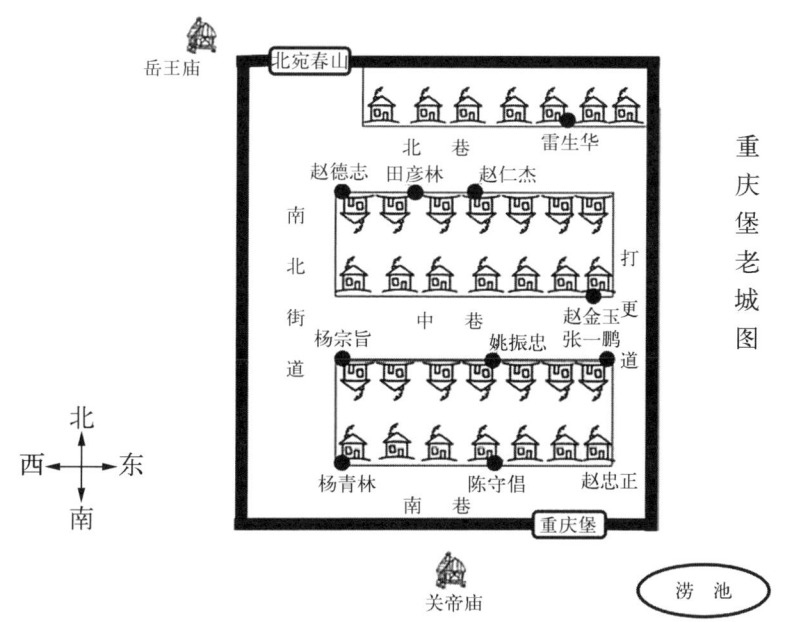

图2-13 南陵村赵家堡（重庆堡）民居分布

---

[1] 来自赵俊喜老人的讲述。

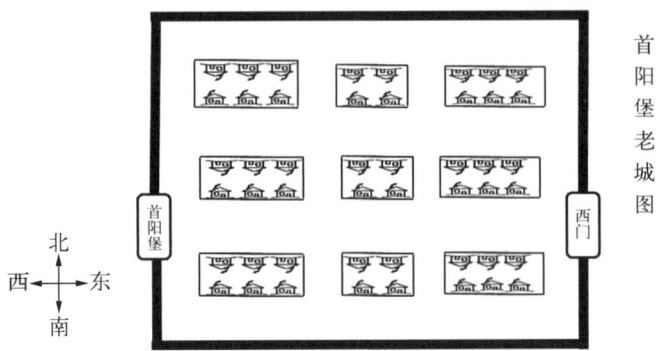

图 2-14 南陵村南刘堡（首阳堡）民居分布

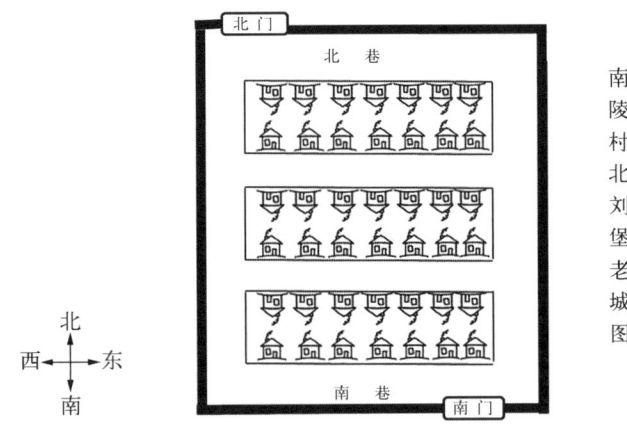

图 2-15 南陵村北刘堡民居分布

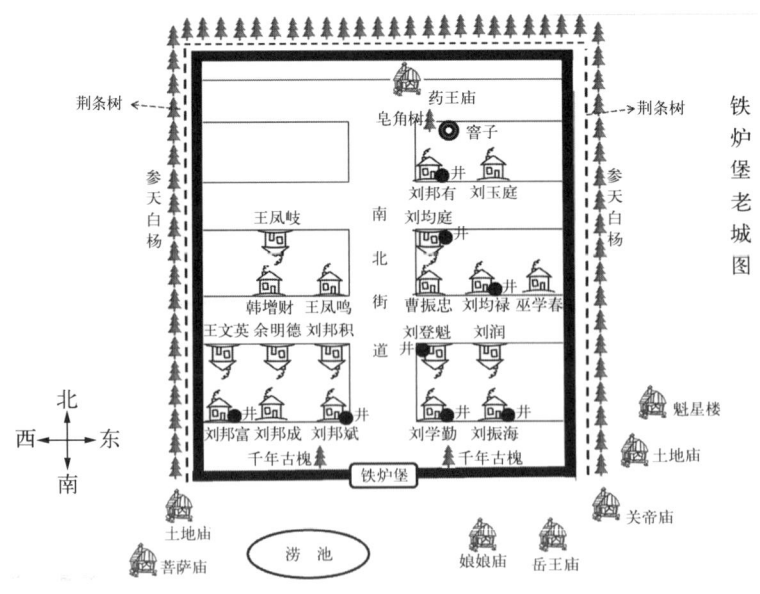

图 2-16 南陵村铁炉堡民居分布

2. 同排建房

从各村堡内部来看，集聚在一起的房屋并不是错落分布，而是每一排都整齐排列，同一排房屋地基均处于同一水平线上，但是房屋高低不同，错落有序。关于为何整齐建房，村中老人说："同排建房的习俗早就有了，是祖先传下来的，城墙建起来，村内人口越来越多，要是到处地建那肯定住不了。当时村里的街道都比较直，村民起房子一排一排的，都很整齐，你不能把自家房子盖到街道上去，街道是大家公有的，这样做别人就会议论你，有的人就会站出来说你，这是不允许的。"[1] "如在起房子的时候，自己的地基不能比别人的起得高，如果起高了就会被认为是压着别人，会起纠纷，如果起低了会觉得不如人，所以一般同一排房子的地基都是在同一水平线上。"[2]

3. 相邻而居

在南陵村，村民相邻而居，前面也多次提到，其主要的原因是村中土地有限。村民根据相应的约定习俗建房和生活，因相邻而居也形成了一定的社会关系。

相邻建房，与邻居房屋之间以界墙为界。如果新户在老户旁建房，沿老户墙往上建，建好后需要把两户墙之间的缝补上，主要是为了防止雨淋。如果只有一堵界墙，在拆除的时候容易引发矛盾，既要拆除自己的，又不能损坏别人的。老人说，一般都是两家共用界墙，产权共有，只有在商量不下来的时候才会建私界墙，或是新建房屋时才会建私界墙，建私界墙会缩小宅基地的面积。[3]

关于相邻建房，老人还讲了一个故事："在南陵村，刘邦富和刘邦成挨着，刘邦富要建房，和刘邦成商量，没有商量到一起，因为刘邦成建不起房，便没有同意。后刘邦富只能自己建房，然后建私墙，私墙产权归刘邦富所有，但是建私墙便缩小了刘邦富家宅基地的面积。"[4]

相邻建房，如果建在谁家的土地或是院子里需要谁家同意，如果该土地或是院子不是邻居家的，则不需要邻居家同意，也不需要和邻居家打招呼，只要不占邻居家的土地就一般不会发生纠纷。如果占了邻居家地界等，则需要邻居家同意才能建，界墙两家人共同修建，产权各占一半。在南陵村，房屋周边都是有主之地，即便绝户也有主，要征得主家同意方可建房。

三、祖居与村庄

南陵村的祖居主要有祠堂、家庙、堂屋和祖坟。其中，一个赵氏祠堂、两个刘氏

---

[1] 来自刘守斌老人的讲述。
[2] 来自刘兴汉老人的讲述。
[3] 来自对刘兴汉老人的访谈。
[4] 根据对刘兴汉老人的访谈整理。

祠堂、一个刘氏家庙。

从南陵村的祠堂来看，南陵村共有三个祠堂，分别为南刘堡刘氏祠堂、赵家堡赵氏祠堂、铁炉堡刘氏祠堂，祠堂修建的时间比较早，均位于村庄城墙之内。回民起义时，南陵村成为重灾区，大部分建筑被毁，祠堂和庙宇无一幸免。至民国时期，南陵村已经没有祠堂。据北刘堡的老人口口相传：北刘堡以前是有祠堂的，祠堂就建在村庄的北方，位置坐北朝南，建得比较气派。祠堂是刘氏族人祭祀先祖和商量家族事情的地方。祠堂还有100多亩祠堂地，祠堂地的收入主要用于祭祀和供北刘堡的刘氏后人上学之用，南刘堡刘氏虽与北刘堡刘氏同出一祖，但南刘堡刘氏不得享受此待遇。

从家庙来看，南陵村南刘堡建有一座家庙，位于村庄正中间的位置，与菩萨庙相对，家庙坐北朝南，建筑风格与庙宇相似，为单层阁楼。据刘文英、刘文京两兄弟讲述，家庙是祖上就修建的，一直到"文化大革命"的时候才被毁坏。家庙中只有一尊雕像，族人都叫"老婆哩"，雕像位于家庙正中偏北的位置，与家庙同为坐北朝南。到了民国时期，家庙主要用于族人祭祀、商量家族事务以及教育家族后人。家庙平日里庙门紧闭，钥匙由刘文英父亲保管。此家庙为南陵村南刘堡刘氏族人共有，共有使用权，与南陵村北刘堡刘氏和铁炉堡刘氏均无关系。

从堂屋来看，传统时期南陵村的堂屋位于大房（后殿）中间，后殿一般分为两层，下一层的正中间一间一般为堂屋，左右两边的房间都由家人居住，如果全家人住不下的时候，当家人先住，楼上一般为藏粮的地方，后殿是藏家财的地方，也是知识分子的书房所在地，具体位置如图2-17所示。穷人家一般就没有前后大房，穷人家的房子都比较少，甚至连堂屋都没有。在南陵村，堂屋不是祭祖和举办婚丧嫁娶仪式的地方，婚丧嫁娶一般在大殿（大房）中进行，堂屋后也成为家中老人居住的地方。堂屋因为不是单独修建，为同一家人私有，平时也存在翻修的问题，如果需要修则是和房子一起修，产生的费用由自己家解决。

根据刘兴汉老人的讲述，在南陵村，来得比较早的村民所建民居一般都有堂屋，堂屋建在自己家中，一般位于后殿正中间的位置，如果家中的房间够家人居住，则堂屋不住人，如果其余的房间不够家人居住，堂屋一般由当家人居住。

堂屋的作用主要有：其一，祭祖的地方。堂屋中虽然没有摆放祖先神像和牌位，但是摆放有神龛，平日里神龛一般收起来放于堂屋的高处，在祭祖的时候才拿出来；其二，住宿的地方。堂屋为一间房间，在住房不够的人家，堂屋常常成为掌柜的住处。

堂屋建在自家的房子内，只会对自家房屋建筑结构产生影响，但不会影响村庄房屋的布局。堂屋是家庭的活动场所，和家庭之外不具有血缘关系的成员不产生联系，各家庭之间或村庄之内不同家庭的村民之间不会因为堂屋形成某种特定的关系。

从祖坟来看，死者埋于自家地中，坟位于地里。南陵村铁炉堡的刘氏家族有自己的祖坟，但是祖坟并不是集中在一个地方，老人去世后一般是埋于自家的地中。祖坟不仅在本村，在外村的也有，现在的老人一般都只能知道五代以内祖先的坟墓位置，时间再久，坟墓可能就找不到了（坟墓在自己家土地中，用土垒起来，容易受损）。

祖坟虽然是位于自家的土地当中，但是祖坟一般也不会离村庄太远，都是在村庄周围的土地中。刘兴汉老人说："虽然没有固定的墓地，但是祖坟也不是想埋在哪里就埋在哪里。祖坟也是要看风水，埋在风水好的土地中，而且一般夫妻是进行合葬，在一块地方风水好了，也不是只埋一个人，有的可能整个家族的大部分人都埋在这里，自然就形成了一小块墓地，但是周围的土地还是和以前一样种庄稼。"[1]

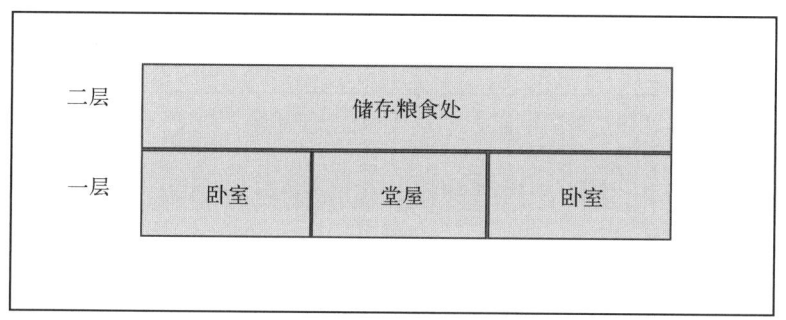

图 2-17　1949 年以前南陵村民居后殿布局

四、神居与村庄

旧时，村民对抗自然和改造自然的能力较弱，面对天灾人祸和苦难生活时无能为力，但又幻想着生活改善、家庭幸福，无奈之下只能将希望和期盼寄托于神灵。在南陵村，传统时期家中神灵众多，但只是为土地爷修了土地堂，"进门土地堂，家有万石粮"，而在家外，村民为众多神灵都修建了庙宇，修建庙宇以村堡为单位，一般庙宇都是修建于村外，只有药王庙修建于南陵村铁炉堡城内。从南陵村铁炉堡来看，主要有关帝庙、土地庙（2座）、魁星楼、马王庙、娘娘庙、菩萨庙、药王庙等庙宇，具体分布如表 2-7 所示。

---

[1] 来自刘兴汉老人的访谈。

表 2-7 南陵村庙宇情况及其分布（部分）

庙宇名称	数　　量	庙宇与村庄的关系	庙宇方位
土地堂	几乎家家都有	城堡内	进门东南角
土地庙	3座	城堡外	1座位于铁炉堡西南角 1座位于铁炉堡东南角 1座位于南刘堡西南角
药王庙	1座	城堡内	位于铁炉城堡内北侧
魁星楼	1座	城堡外	在南陵村铁炉堡城外的东南角
娘娘庙	1座	城堡外	位于南陵村铁炉堡城门外，偏向东南方向
岳王庙	1座	城堡外	位于南陵村铁炉堡城门外的东南角方向，紧挨着娘娘庙
菩萨庙	2座	城堡内外均有	1座位于南铁炉堡的西南角，靠近西南角 1座位于南刘堡中部，与刘氏家庙相对
关帝庙	2座	城堡外	1座位于南铁炉堡的东南角 1座位于赵家堡的正南方

说明：图中列举的神居仅为南陵村部分神居，并非全部神居。

根据村中老人回忆，南陵村神居修建的时间均较早，至民国时期，大部分损毁严重，有的甚至自此消失。土地堂为私人所有，自家修建，供奉土地神，祈求其保佑风调雨顺、粮食丰收。其余神居均为村中共同的财产，产权归神居所在地村民所有，除了本村人拥有使用权外，外村人也能使用。

民国时期，神居与村庄的关系主要体现在以下几个方面：

其一，村民祭拜的场所。在南陵村，大年初一有拜神的习俗，村民会早起前去祭拜，且争上"头炉香"以求吉利。此外，在平日里村民要是遇到不顺需要祈求神灵庇佑时也会到相应的神居中祭拜。

其二，逃荒人员避难的场所。据老人讲述，逃荒人员逃到南陵村的时候，没有地方住，一般就是住在庙宇里。南陵村铁炉堡的菩萨庙比较大，平日里就将门大开着，供逃荒的人居住。

其三，麦客寄宿的地方。麦客一般为外地人，到南陵村割麦的时间不长，一般就几天，麦客晚上没有住宿的地方就住在庙宇里。

其四，村民的储物间。民国时期，南陵村部分庙宇被私人占用，私人平日里用一把锁将门锁上，用于停放车子和放置生产工具，只有在大年初一拜神的时候才会将门打开让村民去祭拜。如在南陵村铁炉堡，娘娘庙是被刘邦富家所占，马王庙是被刘学勤所占,土地庙(王户家所建的土地庙)是被刘振海所占。

五、集市与村庄

南陵村没有集市,但是周围村镇集市林立。本部分主要从集市及其分布、集市与村庄的关系两个方面来考察传统时期南陵村的集市与村庄的社会关系和空间关系。

(一)集市及其分布

南陵村村庄内部没有集市,整个村庄仅有两家杂货铺和一家药铺,但是在南陵村周围的村庄中集市林立,几乎每个方向都有集市,每个集市交易的商品有所侧重,故南陵村村民会根据自家需求选择不同的集市。主要集市有富平集市、流曲集市、王寮集市、曹村集市、庄里集市、宫里集市等(如表2-8所示)。

表2-8 南陵村周边集市的分布情况

地 点	位 置	距离(公里)	集 期	会 期	主要物资
富平	南陵村西南方	10	五、十	—	粮食
流曲	南陵村东方	7	四、八	四月初八	农具、木材
王寮	南陵村东南方	7	三、七	无会	—
曹村	南陵村北方	7	三、九	无会	—
庄里	南陵村西方	7	三、七	三月十五	物资
宫里	南陵村南方	3	一、六	二月十五	牲口

(二)集市与村庄的关系

集市的位置与距离村庄的位置,在一定程度上决定了村民的活动范围。虽然南陵村村内没有建立集市,但是周围村镇建立的众多集市不仅丰富了南陵村村民的出行选择,也扩大了村民的活动范围,对村民的活动产生了较大的影响。

每一个集市覆盖的范围不一定,有大有小,如南陵村周边的这些集市均能覆盖南陵村,离南陵村最近且最方便的集市是宫里桥集市,但宫里桥集市于1945年建立,建立时间较晚。外村村民可以到本村集市进行买卖和交易,不需要经过村庄管理者的同意,本村村民也可以到外村集市进行交易和买卖,每一个集市交易的物资有所侧重,村民会根据自己的需求进行选择。

村民在进行商品交易的过程中,除了会将粮食卖给固定的商号外,其余的商品几乎都是自由交易,没有固定的交易对象。对此,老人说:"在买商品的时候,也不一定是向村里人或是朋友购买,主要还是看质量和价格,如果质量相当,价格一样,村民就会选择向朋友或熟人购买,如果是能够进行讨价还价的商品,一些村民则更愿意向陌生的商贩购买，因为陌生人更好讨价还价，熟悉的人或是朋友有的时候会放不下面子。"[1]

商品交易没有固定的价格，但是在长期的交易过程中形成了一个大家心里默认的价格，买卖过程中，买卖双方可以基于这个价格进行讨价还价。商贩在针对商品询价时的叫价也不一样，如果是熟人，一般价格会稍微低一些，面对陌生人价格会稍微高一些。市场上一般不会出现恶意降价或是叫价的情况。

六、公共空间与村庄

在南陵村，村落公共空间主要有石碾场、庙宇。

（一）石碾场及其关系

在南陵村铁炉堡，石碾场位于村东头的空地上，在城墙之内，紧挨着城墙，石碾属于村中公共财产，产权归全村人共有。据老人回忆，石碾是在明朝时置下的，平时没有人管理。

使用石碾的时候不需要向谁打招呼，只要空闲了，谁都能去用。财东家、大户人家同样也会用到村中的石碾，他们日子过得再好也会吃小米，都会用到石碾。使用石碾所有人都是平等的，没有谁会有特权，穷富平等，官民平等。石碾不需要维修，也不存在维修费用，只是有的人看着哪里需要换了就自己去换了。石碾的使用没有先后顺序，谁先到，谁先将头牲套下了，谁就先碾，一家碾好了另外一家再接着碾，但是一般都是富人或是有牲口的人家先弄，因为穷人得借富人的牲口，所以一般都是等到富人或是有牲口的人家用完之后才借他们的牲口去用。借别人的牲口，碾完之后留下的糠需要给牲口的主人家喂牲口，碾出来的糠要全部给。使用石碾的时候一般是家里的男人去，要是家中没有男的了，女的也可以去。如果是女的去使用石碾，也是男女平等，女性不用等男性碾完了才能碾。

"在石碾的使用上起不了矛盾。碾米、磨面都是自家的劳动力去，一般碾米、磨面的时候，男的在碾，家中的妇女会去帮忙'喂面'，其余的人一般不会帮忙，也不需要帮忙，自己家里就能弄好，都是自己家弄自己家的，所以使用石碾的时候也不会和其他人聊天。"[2]

（二）窖子及其关系

在南陵村铁炉堡修建有窖子，窖子分为公共窖子和私人家的窖子，公共窖子也是南陵村公共空间之一。

---

[1] 来自对刘兴汉老人的访谈。
[2] 来自刘兴汉老人的讲述。

公共窨子由村民共同修建，具体如何修建的已经不清楚，公共窨子中还有水井、牲口圈和人住的地方，能够容纳全村人在里面躲避和生活相当长一段时间，其结构如图2-18所示。

村中公共窨子为南陵村铁炉堡村民共同修建，归铁炉堡村民公有，只有铁炉堡村民有使用权，即便是南陵村的南刘堡、北刘堡和赵家堡村民也不能使用。据村中老人讲述，窨子较为隐蔽，除了铁炉堡村民，其余的村民一般都不知道，如果是躲避匪患，全村人都会躲到窨子里，如果是议话，一般就只有每个家庭掌柜的参加。

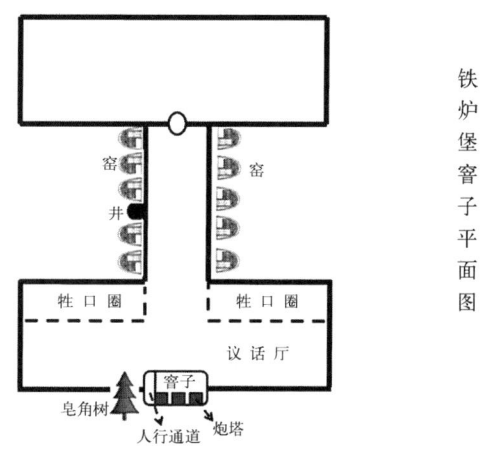

图2-18 南陵村公共窨子的平面结构
资料来源：此图由刘兴汉老人根据回忆做出。

村中的公共窨子主要有以下作用：

其一，村民躲避灾难的地方。南陵村四个自然村独立建城，彼此间具有一定的独立性，在发生匪患等灾难的时候，很难形成合力，主要依靠各自然村的力量与匪患抗争。当村堡实力与匪患实力相差较大的时候，村民会躲到窨子里，以躲避土匪等带来的伤害。

其二，村民议话的场所。在公共窨子里建有议话厅，村中有什么事需要商量的时候就由头面人物或者甲长召集大家到窨子中议话。

第五节 南陵村的自然变迁与实态

1949年5月4日富平县彻底解放，1950年4月开始民主建制，国家政权向农村基层延伸，农村生活发生巨大变化。经过土地改革运动、合作化运动、人民公社化运动、改革开放等，南陵村村民的生产生活发生了巨大的变化，同时村民活动也影响了村庄自然形态的变迁。本节将从村居、水利、农耕三个方面来对南陵村的自然变迁与实态进行考察。

一、村居

1949年以后，南陵村的村居发生了较大变化。从村庄布局来看，4个自然村已经外扩相接，形成一个新的自然聚落；从民居来看，茅草房、土坯房渐渐被"小洋楼"取代。本部分将从村庄整体布局的变迁与实态、民居的变迁两个方面来对南陵村的村居变迁与实态进行考察。

（一）村庄整体布局的变迁与实态

旧时，南陵村村民筑城墙，建起矩形城堡，历经战乱、雨水冲刷等城墙损毁严重，1958年后为响应号召，称"粪搁三年成土，土搁三年成粪"，拆城墙作为肥料，自此南陵村各村堡城墙成为历史，在南陵村村民的视野和记忆中慢慢逝去，现仅存约两米长古城墙于铁炉堡中。

20世纪80年代，随着改革开放和包产到户政策的落实，南陵村村民的生活发生了翻天覆地的变化，收入与日俱增，生活逐步改善，从能吃饱到能吃好，从有房住到住好房，村落形态日新月异，从旧时"小聚居，大散居"的村落布局到现在4个自然村10个村民小组浑然一体，形成了一个全新的自然聚落，在原村庄的基础上不断地向外扩展，人数和户数都已经成倍增长，至今日南陵村有农户602户，人口2540人。

目前的南陵村既是一个行政村，也是一个新形成的自然聚落，4个自然村已经连在一起。

（二）民居的变迁与实态

建起城堡之后，村民在城内建房，相邻而居，房屋呈"M"形，整齐排列，街巷笔直。旧时房屋多为茅草房，有少数瓦房，墙壁以土墙为主，为土木结构。

1949年以后，农民生活发生较大变化，茅草房慢慢地退出历史舞台，取而代之的是瓦房，但是房屋的总体形状并未改变，仍呈"M"形。

进入21世纪，随着南陵村石刻产业的复兴和发展，以及外出务工就业机会的增加，村民可支配收入增长，生活需求和生活观念不断改善，"土房子"变"小洋楼"，人居环境显著改善，村容村貌日益美化。

南陵村的村居情况如图2-19、图2-20、图2-21所示。

图2-19 南陵村20世纪80年代的民居大门

图2-20 南陵村当下民居大门

图2-21 南陵村当下民居结构

二、水利

1949年以后，南陵村水利条件逐步得到改善，现已基本实现农田灌溉全覆盖，自来水家家通。本部分将从生活饮用水、生产用水两个方面来对南陵村水利变迁及实态进行考察。

（一）生活饮用水

在1949年以前，村民的生活饮用水源于村中地下水，村内建有水井多眼，大多为村民自家修建，且历史较为久远，多建在自家的院子中。村中地下水资源丰富，无论风调雨顺之年还是干旱之年，均能保证村民的生活用水。水井虽然是私井，但共同使用，就近取水。1949年后较长一段时间内，村民生活饮用水主要还是依靠村内井水。而现如今，科学技术进步，农村生活条件改善，家家户户都通上了自来水，自来水经过滤、消毒工序之后通过自来水管道输送给村民，生活饮用水更为干净、便捷、安全。

（二）生产用水

南陵村地表水资源匮乏，地下水位较深，传统时期没有水资源灌溉农田，土地均为旱地，如遇风调雨顺之年能有个好收成，若天不下雨或暴雨成灾，村民必受其害，寄命于神，祈求五谷丰登。

1949年以后，国家政权延伸到农村，各类运动致使南陵村村民生产生活出现颠覆性改变。

1954年，由生产队组织社员修水窖，用于储水灌溉，但因降水较少，水窖并没有发挥作用。

1956年，由生产队组织社员打井取水灌溉，在铁炉堡西南方向的田里打了六七口深井，人工手碾取水，因取水费时费力，水流不远，也没有发挥实效。

1958年，用解放式抽水车（浅井抽水车）取水，井深十余米，用牛、马、骡子等牲口拉，一天能浇一两亩土地。在当时的铁炉堡就只有一架解放式水车，主要用于抽水浇菜地，是集体财产，属于生产队所有。

1965年，发展深井灌溉，井深150米左右，用水泵抽水，灌溉面积和井的水源好坏有关系，若是水源好的井一天能浇四五亩土地。铁炉堡共打了两口深水灌溉井，1981年土地下放，对集体财产进行分配和处理，这两口井以11 000元（一口井3 000元，另一口井8 000元）的价格卖给村民刘三禧。

1969年开始修桃曲坡水库，建设东干渠（见图2-22），1972年开始放水，能提供耀县部分工业用水和

图2-22 南陵村农田水利——东干渠（摄于2016年11月）

富平部分农业用水，一天能灌溉约60亩土地。现南陵村土地靠东干渠能实现全灌溉，但是秋天（种玉米）不能保证充足的水源供应（东干渠水源要先保障耀县的工业用水，再解决富平的农业用水）。

为了解决秋种水源不足的问题，村民也独自修建水井用于灌溉。

1995年，村民刘兴汉花了26 000多元自行打了一口井，井深160米，水源较好，一直用到现在。

1997年，村民张钻润（村民组长）自行打了一口井，井深150米，水源一般。

2012年，村民刘三禧花了27 000多元自行打了一口井，加上购买的两口井，刘三禧共有3口井。私井外人能有偿使用，收费以小时计算，价格和利用东干渠灌溉差不多。

目前，南陵村的生产用水已经及其方便，实现了村属土地全覆盖，其使用方式主要为有偿使用，按小时收费。

三、农耕

传统时期，土地资源占有不均，生产技术落后，农业生产以一家一户为单元，靠牛力和人力发展生产，可认为是"牛耕农业"时期。这个时期的土地占有两极化，贫富差距不断拉大，劳役赋税数目繁多，底层农民生活举步维艰，出现"朱门酒肉臭，路有冻死骨"的生活悲剧。

1949年以后，通过土地改革运动，对农村土地资源进行重新配置，实现均分土地和土地私有合法化，南陵村同全国一样正在发生巨变。后经农业合作化运动、人民公社化运动等，土地由私有变为集体所有，由以家户耕种为主变为集体合作经营，农民的生产方式发生了巨大变化，这段时间可以认为是"共耕农业"时期。在这段时间内，农民以工分分粮食，一切生产以挣得更多工分为目的，政策制定者和农民之间展开博弈，出现"上有政策，下有对策"的局面，偷工减料、敷衍了事行为出现于农业生产中，"农民欺骗着土地，土地也欺骗着农民"。

改革开放后，实行包产到户，农民再一次重获土地，生产积极性增加，土地产值增加，随着科学技术的进步和耕作环境的改善，"牛"资源逐渐被"小铁牛"取代，农业生产向现代化过渡。进入21世纪，外出务工人数增多，土地荒废数量呈现增长趋势，年轻人不愿种田，老年人无力种田。党的十八届三中全会提出农业供给侧改革，农业向规模化、集约化发展，南陵村村民也在中国共产党的领导下，以稳健的步伐一步步向农业现代化迈进。

第三章　南陵村的经济形态与实态

南陵村位于黄土台塬之上，凤凰山脚下，地势较为平坦，土地面积广阔，但土地产权以家庭私有土地为主，村民进行生产经营、交换、分配、消费、财产继承均是以一家一户为单位。1949年以前，由于土地资源占有不均及生产能力的限制，在"以农为本"的前提下，不少村民通过经营小生意以及从事市场交换活动以满足自家的生产生活需求。本章将从人与土地及其生产能力、产权与产权关系、经营与经营关系、交换与交换关系、分配与分配关系、消费与消费关系、继承与继承关系、南陵村的经济变迁、南陵村的经济实态等九个方面来考察南陵村的经济形态与实态。

第一节　人与土地及其生产能力

传统时期，土地是农民的命根子，是农民生产生活资料的重要供给来源。而土地占有不均与生产工具的落后使得南陵村呈现出紧张的人地关系状态。本节将从人与土地的关系、人与生产能力的关系两个方面来考察传统时期南陵村的人与土地及生产能力的关系。

一、人与土地的关系

1949年以前，南陵村村民大多以土地为生，人地关系是理解南陵村经济形态的突破口。本部分将从土地概况、人地关系、生产规模三个方面来考察传统时期南陵村人与土地的关系。

（一）土地概况

据县志记载和老人讲述，民国三十六年（1947年），南陵村所在的县域共有土地

1 315 427亩，南陵村共有土地约5 800亩，占全县土地面积的0.44%。

从自然聚落的土地占有情况来看，南陵村铁炉堡有土地687亩，约占全村土地的11.93%；南刘堡有土地1 200亩，约占全村土地的20.85%；北刘堡有土地约1 630亩，约占全村土地的28.31%；赵家堡有土地2 240亩，约占全村土地的38.91%。南陵村土地的具体数据没有详细记录，数据主要为村中老人预估数值，其情况如表3-1所示。关于南陵村的土地占有情况，村中老人说："我们的土地还是比较多的，在民国后期的时候，我们有大概2 000亩的土地，这都是私人的，另外还有240亩陵地，但也是租给农户种"[1]；"这个土地就没有具体的数量了，我们北堡子差不多是有1 500亩，还有130亩左右的祠堂地，我们的土地要比南堡子的多，他们大概就只有1 200亩，他们人也要比我们少一些"[2]。

表3-1　1949年以前南陵村各自然聚落土地的占有情况

聚落名称	土地亩数	占全村土地的百分比
铁炉堡	687	11.93
南刘堡	1 200	20.85
北刘堡	1 630	28.31
赵家堡	2 240	38.91

从土地类型来看，南陵村的土地主要有社地、祠堂地、陵地（官田）、私有土地四种。其中，有社地约200亩，占全村土地的3.41%；有祠堂地约130亩，约占全村土地的2.21%；有陵地240亩，约占全村土地的4.09%；有私有土地约5 300亩，约占全村土地的90.29%。1949年以前南陵村不同类型土地的占有情况如表3-2所示。

表3-2　1949年以前南陵村不同类型土地的占有情况

土地类型	土地亩数	占全村土地的百分比
社地	200	3.41
祠堂地	130	2.21
陵地（官田）	240	4.09
私有土地	5 300	90.29

（二）人地关系

南陵村所在的县域土地主要有灌溉水田、水浇地和旱地三类。而南陵村的土地以

---

[1] 来自赵俊喜老人的讲述。
[2] 来自刘守斌老人的讲述。

旱地为主，从总体上来看，土地相对富足；具体来看，农户间土地占有差异大。

1. 土地相对富足

南陵村位于塬区，从数量上来看，土地资源相对富足。

据县志记载，民国三十六年（1947年），南陵村所在的县域共有土地1 315 427亩，有农户36 188户，198 688人，户均占有土地36.35亩，人均占有土地6.62亩。南陵村共有土地约5 800亩，有农户约180户，约1 000人，户均占有土地32.22亩，人均占有5.80亩。

具体来看，南陵村铁炉堡有农户19户，约110人，有土地687亩，户均占有土地36.16亩，人均占有6.25亩；赵家堡有农户约65户，约350人，有私有土地2 000亩，户均占有30.77亩，人均占有5.71亩，有陵地240亩，户均占有3.69亩，人均占有0.69亩；南刘堡有农户约40户，约220人，有私有土地1 200亩，户均占有30亩，人均占有5.45亩；北刘堡有农户约55户，约300人，有私有土地1 500亩，户均占有27.27亩，人均占有5亩，有祠堂地130亩，户均占有2.36亩，人均占有0.43亩。[1]

1949年以前南陵村人地关系的情况如表3-3所示。

表3-3 1949年以前南陵村的人地关系情况

村（堡）名称		土地亩数	户均土地亩数	人均土地亩数
南陵村		5 800	32.22	5.80
铁炉堡	私有土地	687	36.16	6.25
	共有土地	0	0.00	0.00
赵家堡	私有土地	2 000	30.77	5.71
	共有土地	240	3.69	0.69
南刘堡	私有土地	1 200	30.00	5.45
	共有土地	0	0.00	0.00
北刘堡	私有土地	1 500	27.27	5.00
	共有土地	130	2.37	0.43

说明：表中数据根据村中老人讲述整理，为估计值，非准确值。

2. 农户占有差异大

从农户占有情况来看，农户间占有差异较大。

之前已经提到，1949年以前南陵村有土地约5 800亩，有农户约180户，户均占有土地32.22亩。但从具体农户占有情况来看，农户间土地占有量悬殊较大，土地多的

---

[1] 数据根据村中刘兴汉、赵俊喜、刘守斌、刘学良等老人的讲述整理而来。

农户有上百亩,土地少的农户则只有几亩,甚至没有土地。据村中老人讲述,南陵村各自然聚落情况大体相同,原住户土地相对较多,迁入村较晚的农户土地占有相对较少。下面以南陵村铁炉堡19户农户土地占有情况为例,来对南陵村农户间土地占有情况进行分析。

南陵村铁炉堡共有土地687亩,户均36.16亩。从阶级成分来看,铁炉堡有富农1户,有土地80亩,占土地总量的11.64%;中农7户,占有土地464亩,占土地总量的67.54%,户均占有66.29亩,高出户均占有量30.13亩;有贫农11户,占有耕地143亩,占耕地总量的20.82%,户均占有13亩,约为铁炉堡平均水平的1/3。从个体来看,刘振海、刘玉庭占有耕地最多,均为100亩,有5户耕地面积超过70亩,而有8户耕地面积均不足20亩,有的只有几亩,甚至没有土地。1949年以前南陵村铁炉堡土地的占有情况如表3-4所示。

表3-4　1949年以前南陵村铁炉堡土地的占有情况

土改成分	户数（户）	土地亩数	百分比
地主（财东）	0	0	0.00
富农	1	80	11.65
中农	7	464	67.54
中农	其中： 土地最多：刘玉廷、刘振海,各100亩 土地最少：刘登魁24亩		
贫农	11	143	20.82
贫农	其中： 土地最多：刘邦积40亩 土地最少：王凤岐0亩		

总体来说,南陵村土地相对富足,农户占有土地的差异较大,但阶级分化不严重,以贫农和中农为主,中农土地一般在25亩以上100亩及以下,贫农土地一般在25亩以下(具体情况详见表3-5)。这些土地在正常情况下基本能维持铁炉堡农户的基本生活,刘兴汉老人这样回忆道:"土地是农民的命根子,一般不会将自己的土地卖出,在铁炉堡,除了遇到大灾之年外,基本没有出现卖土地的情况。因为土地的数量比较多,尽管占有之间存在很大的差异,但是总的粮食产量在一般情况下是可以养活南陵村全村村民的。"

表 3-5 1945 年南陵村铁炉堡土地的占有情况

序号	农户	土改成分	土地亩数
1	刘邦有	贫农	8
2	刘玉庭	中农	100
3	刘均庭	中农	70
4	王凤岐	贫农	0
5	曹振忠	贫农	4
6	刘均禄	中农	70
7	巫学春	贫农	7
8	刘 润	贫农	24
9	刘登魁	中农	24
10	王凤鸣	贫农	24
11	韩增财	贫农	6
12	王文英	贫农	13
13	余明德	贫农	12
14	刘邦积	贫农	40
15	刘邦富	富农	80
16	刘邦成	贫农	5
17	刘邦斌	中农	50
18	刘学勤	中农	50
19	刘振海	中农	100

资料来源：数据根据刘兴汉老人的回忆整理。

(三) 生产规模

1. 土地经营规模

从土地经营规模来看，在 1949 年以前，南陵村共有土地约 5 800 亩，农户约 180 户，户均占有土地 32.22 亩。其中，南陵村铁炉堡户均经营面积为 36.16 亩，南陵村南刘堡户均经营面积为 30 亩，南陵村赵家堡户均经营面积为 30.77 亩，北刘堡户均经营面积 27.27 亩。

具体来看，南陵村最大的土地大户为赵家堡的张一鹏，大约有 200 亩土地，刘家南北两个堡子最多的种了 100 多亩，铁炉堡最多的是刘正海和刘玉廷，均种 100 亩土地；但是有的农户就只耕种几亩土地甚至没有土地，大部分村民的土地经营规模都在四五十亩。"南陵土地还是比较多的，很多人家都是有几十亩土地，甚至有上百亩，但是在划分阶级的时候，中农和贫农比较多，富农都很少，一般百十亩土地的都划了中农。南陵这四个堡子，来得早的家户一般都种有几十亩地，只是那些逃荒过来的人土地少一些，来了要给别人拉长工，有了钱慢慢地再去置办几亩土地。"[1]

2. 劳动力规模

1949年以前的南陵村，在进行农业生产时主要以一家一户为生产单位，但之前也对南陵村人地关系进行了考察，南陵村农户之间土地占有量差异较大，单家单户的劳动力规模并不能完全满足所有农户的农业生产，需要进行相互合作。除去单家单户的劳动生产单元外，还出现了两家或多家合作的生产单元。如相互协助的换工，即是两家或是几家人之间相互帮助；以大户带小户的搭庄稼，则由一个大户与2—4家小户构成，大户支援生产工具，小户支援劳动力，实现抱团发展。同时，也出现了请工，请工的规模由雇主家的土地数量决定，包括长工、短工、忙工等。

关于民国时期村庄的生产规模，村中老人还举了一些例子。"如距离南陵村约2公里的桥南，宫里乡最大的地主詹家成，自家有劳动力七八个，请了15个长工，在农忙时（种麦和收麦）还会再请很多短工和部分忙工，所构成的生产规模就较为庞大。再如，南陵村铁炉堡的刘邦富，因为自己有手艺，家中80亩土地主要靠雇来的长工耕种，农忙时再请上一些短工和忙工，其所构成的生产规模就相对较小。又如，南陵村铁炉堡的刘邦斌，家中有土地50亩，平日主要靠和其搭庄稼的农户一起耕作，在收麦的时候再请上十来个日子工，便能完成家中的劳动生产。除此之外，只有几亩土地的农户主要就是以自己家庭为单位开展农业生产，其生产规模最小。"[2]

二、人与生产能力的关系

生产能力直接决定着生产水平，而生产能力又受到了劳动力和生产工具两个因素的影响。本部分将从劳动力与劳动分配、劳动工具两个方面来对传统时期南陵村人与生产能力的关系进行考察。

（一）劳动力与劳动分配

在传统农耕时期，土地是农民的命根子，劳动力是土地产出量的决定性因素之一，劳动力的多少直接影响着家户的生产方式、生产规模，也影响着家庭财富的积累能力，甚至还影响着农民的职业选择。

---

[1] 来自刘兴汉老人的讲述。
[2] 来自刘兴汉老人的讲述。

1. 劳动力观念:"能够完全从事农业生产"

据村中老人讲述,在南陵村,对劳动力没有严格的限定,也没有做出明确的规定,一般认为15岁以上,能够完全从事农业生产的男性都属于劳动力,有的家庭因为父母去世较早,家中男丁早早扛起这个家,十三四岁就能完全从事农业生产,这样的一般也能算作劳动力。[1] 15岁以下只能干一部分活的男性不属于劳动力,这样的一般就是帮家中减轻一些劳动负担或者出去当放牛娃来维持自己的生计,一些贫穷的家庭也会将孩子送去学手艺,但这些都不属于劳动力。"老人是否属于劳动力也没有明确的规定,一般认为,五六十岁仍然能从事农业生产的男性老人都属于劳动力,如果部分丧失劳动能力,则不再属于劳动力,完全丧失劳动能力也不属于劳动力。"[2]

在传统时期,女性被称为"屋里人",无论其是否具有劳动能力都不属于劳动力,女性一般也不下地干活,不参与社会交往活动,只是负责一些家务活,甚至在一些家庭中家务活都需要听从家长的安排。当家里男人去世,且无其他劳动力的时候,女人不得不下地干活,但是一些重活还是干不了。另外,当家中男人去世后,一般与外界的交往都是由家中未成年的男子去进行,或是委托亲戚和邻居家中的男性帮忙,女性一般不能参与社会交往活动。

2. 劳动力与生育:"生了男孩还能加个劳力"

生育是劳动力代际更替的主要途径。在南陵村,生孩子不只是家中添丁,后继有人,生男生女还与劳动力有关,当地认为"生多了劳力就多了"。

关于生育与劳动力,村中老人讲道:"生男孩和生女孩对一个家庭来说也意味着不同的意思,男孩是顶门立户的,生女孩没有生男孩那么开心,生了男孩还能加个劳力,帮助生产。穷人倾向于多生,越穷越生,男孩多了,劳动力就多了。"[3] "都说'一儿一女活神仙',原本是一个家庭能有一个男孩一个女孩应该是最幸福的,但生了男的想生女的,生了女的想生男的,一个家庭总想男孩女孩都有,一般来说,每个家庭都有六七个小孩,或七八个小孩。生孩子没有生到女儿无所谓,但是生不到儿子就不一样了。生不到儿子不能传宗接代,家里也没有一个能下地的劳动力啊。"[4]

3. 劳动力与麦作

根据村中老人讲述,在南陵村,整个麦作过程基本由家中的男性来完成,但是一些环节也离不开女性的参与。具体来看,麦作的各个环节所需要的劳动力有所不同。

---

[1] 来自刘兴汉老人的讲述。
[2] 来自刘兴汉老人的讲述。
[3] 来自郑生林老人的讲述。
[4] 来自刘兴汉老人的讲述。

从性别上来看,"家中壮劳力"为整个麦作过程的主要劳动力。犁地、播种、压苗、割麦、碾场均是由男性劳动力来完成,只有在除草这一环节一些女性会参与进来。"女人都称作屋里人,他们不下地干活,种麦子都是家中男人的事情,他们最多就是在除草的时候可能会帮一下忙,平时都是不让女人出去抛头露面的,他们就在家里做饭,时间紧的时候做好了要送到地里去。"[1]

从劳动力的需求情况来看,麦作各个环节所需要的劳动力均不同。根据老人的描述,具体来看,一是犁地(翻地),如果是采用牛耕,则至少需要一个劳动力,如果是人耕,至少需要两个劳动力。二是播种,民国时期的下种方式一般是犁开沟,人下种,仅下种就需要至少一个劳动力,但是犁地和下种一般是同时完成,二者加起来则需要2—3个劳动力。三是压苗,压苗一般需要两个劳动力,如果采用人加耕牛的方式则至少需要一个劳动力。四是除草,除草一般一个劳动力就能进行,但是为了加快除草进度,一般是家中空闲人员都会到地里除草。五是割麦,割麦是与时间做斗争,从劳作方式来看一个劳动力就能进行割麦,一人一天割麦面积为1.5—4亩,需要的劳动力数量与家庭土地面积有关。六是碾场,碾场一般都需要两个劳动力,一个负责牵着耕牛碾场,一个人负责翻动麦子。下面以一个家庭10亩土地来分析麦作过程需要的劳动力情况,如果需要一天内完成,其各环节劳动力需求情况如表3-6所示。

表3-6 1949年以前南陵村麦作各环节劳动力需求情况

麦作环节	需要投入的最少劳动力(人)	10亩土地一天内完成需要投入的劳动力(人)
耕地/翻地	牛耕:1 人耕:2	牛耕:2—3 人耕:6—8
播种	1	2—4(与耕地速度有关)
压苗	1	2
除草	1	2—3
割麦	1	4—6
碾场	2	2

4. 劳动力与家庭

1949年以前,南陵村家庭人口数量不一,但以6—8人的家庭为主。总体上来看,一个家庭一般都有1—3个劳动力,劳动力极多和没有劳动力的家庭较少,自有劳动力总数难以完成家中全部土地的耕种,在农忙时节需要劳动力外援,如短工、麦客等。根据刘兴汉、赵俊喜、郑生林等老人的讲述,家中的人不一定都是劳动力,但是农业

---

[1] 来自刘兴汉老人的讲述。

生产和家里的人均有关系。

第一，从劳动分工来看，一个家庭中各成员各尽所能。首先，家庭中的壮男性是家中的主要劳动力，承担家中农业生产、牲口喂养和较重的家务。刘兴汉老人说："喂头牯也是家中的男人去喂，头牯对一个家庭来说太重要了，只有忙不过来的时候才会让家里的女人去喂，财东家就是由长工去喂的。"其次，家中的妇女主要承担家务活，"妇女是屋里人，一般不会出去抛头露面"[1]。然后，家中的老人也根据身体状况帮忙做一些农业生产或是家务事，"老人一般不做重活，但是老人也下地"。最后，家中的小孩主要帮忙做一些较轻的活，如帮忙送饭、拿生产工具等。"女娃儿就帮忙做家务，男娃儿就要帮忙干活，要学习怎么种，有的家庭没有劳动力，男娃儿十三四岁也和大人一样下地干活了。"[2]

第二，从家庭劳动时间分配来看，在传统时期，南陵村的土地耕作制度为一年一季制，冬种小麦夏种玉米。从小麦的耕种来看南陵村的劳动时间，种植小麦最忙的时候应该是播种和收麦的时候，夏玉米一收，就要开始耕地播种，种植小麦的时间一般是10月上旬，收获的季节一般在端午节之后，约在5月下旬，这两个时间为种植小麦最忙的时间。从玉米的耕种来看南陵村的劳动时间，收完小麦就要着手准备玉米的耕种事宜，玉米的耕种时间一般为每一年的5月下旬6月上旬，到了9月上旬玉米成熟开始收获，"耕种和收获的时候同样是最忙的时间，但是和小麦种植相比，玉米在收获的时候显得不是那么的急"。每一个家庭的土地是相对固定的，其劳动时间的长短受家庭劳动力状况的影响，相同的耕地面积，劳动力状况较好的家庭，其劳动时间会比劳动力状况相对较差的家庭短。对于同一个家庭来说，农忙的劳动时间要比农闲的劳动时间长一些，劳动生产主要由家长进行安排，家长的作息时间、生活习惯等主观因素也同样影响着一个家庭的劳动时间长短。

第三，从劳动力数量来看，劳动力多少也对一个家庭产生了较大的影响。男性多的家庭，相对于一般的家庭来说，会稍微富裕一些。首先，男孩在长大之后能够成为家中的劳动力，减少请工的支出；其次，家庭劳动力多了，完成自家土地种植多出来的劳动力就可以去拉长工、做短工增加家庭的收入；最后，家庭劳动力多，在农闲的时候就可以去发展副业，如石刻，也能增加家庭的收入。

（二）劳动工具

生产工具在传统农业生产中扮演着重要的角色。在传统时期，南陵村的劳动工具

---

[1] 来自对刘兴汉老人的访谈。
[2] 来自对刘兴汉老人的访谈。

可以分为两类，一类是物理性的劳动工具，另一类是诸如耕牛、骡子等的生物性的劳动工具。

1. 生产工具概况

南陵村农业生产中主要用到大车、拉拉车、地老鼠车、土车、犁、耧、耙、耱、锄、镰、挽子、打土骨耷子、麦钩、杈、推耙、木锨、晒耙、碌碡、间杈、碾子、撒子、场等生产工具，这些也是基础性的生产工具。老人讲述道："基础性的生产工具基本上是种地的人家都会置办一些，财东家或是土地大户家的生产工具齐全一些，基本什么都有，小户人家或是土地比较少的人家一般就只有小的生产工具，比如锄头、镰刀等。"[1]

关于村中生产工具的类型和占有情况，村中老人还讲述道："不同的工具有不同的用途，对家庭的条件也有要求，我们这里主要有这些生产工具。大车，需要用两头或三头牲口拉，只有土地大户家里才有。拉拉车需要用一头牲口拉，只有土地大户家里才有。地老鼠车是木质结构的小推车，比较简单，个头低矮，车身大约不到三米长，方形车头，车身前窄后宽，车头下有一个小木轱辘，车后有两条腿支撑。地老鼠车需要用人推，不需要用到牲口，主要用于运输粮食。在南陵村铁炉堡只有刘兴运（刘润侄子）有一辆。土车，是运输工具，一般只有一个轮子，主要用于出粪，养牲口的人家都会用其出粪，一般养牲口的人家都会有。犁，主要用于翻地，在南陵村，大户人家每家都有。耧，前面需要靠牲口拉，后面需要人扶把，能够同时完成开沟和播种两项工作，但在南陵村主要用于播种，大户人家每家都有。耙，主要用于松土、平地和聚拢谷物，大户人家每家都有。耱是麦刚收时防止土壤水分被晒干用来耱地的，10月耱地是保苗防冻。挽子，用来收棉花的一种工具，在南陵村凡是家里种了棉花的农户家里都有。杈，主要用于晾晒麦子，一般有晒场的人家都会有杈，没有晒场的人家个别也会有该工具。间杈，碾麦时用于打草，在南陵村几乎每家都有。碾子，用于碾压青苗，需要用两头牲口拉。不是每年都需要碾压青苗，只有麦苗长得旺盛的时候才会碾，主要是防止麦苗疯长，在南陵村铁炉堡只有大户人家才有。场，主要用于晾晒麦子，在南陵村铁炉堡只有大户人家才有。撒子是收麦的大工具，一天能收十二三亩麦，该工具一般只有土地多的大户人家才有。打土骨耷子是种麦时使用的工具，在南陵村铁炉堡大户都有，在小户中就不一定，有的人家有，有的人家没有。锄头、镰刀是家家户户都有。"[2]

---

[1] 来自对刘兴汉老人的讲述。
[2] 来自刘兴汉老人的讲述。

根据刘兴汉老人的讲述，可以了解到 1949 年以前南陵村生产工具的占有情况，南陵村其他村堡生产工具在土地大户、一般农户家中的占有情况与铁炉堡类似。南陵村生产工具的占有情况如表 3-7 所示。

表 3-7 南陵村生产工具的占有情况

生产工具名称	铁炉堡农户占有情况	南陵村农户占有情况
大车	刘均禄 1 辆；刘邦富 1 辆；刘振海 1 辆	土地大户，且家中有牲口
拉拉车	刘邦斌 1 辆；刘玉庭 1 辆	土地大户
地老鼠车	刘兴运（刘润侄子）1 辆	数量较少，一般经常需要用到的农户才会有
土车	凡是家里养了牲口的人家都有	养牲口的人家都有
犁、耧、耙、耱	大户人家每家都有	大户人家每家都有
锄、镰、间杈推耙、木锨、晒耙	几乎每家都有	几乎每家都有
挽子	种棉花的农户家里都有	种棉花的农户家里都有
打土骨朵子	大户都有；小户有的有，有的没有	大户都有；小户有的有，有的没有
碌碡、碾子、场	大户人家才有	大户人家才有

2. 生产工具借用

在南陵村，除了锄和镰，其余生产工具均会相互借用。生产工具的借用分为有偿借用和无偿借用，耕牛和长腿子牲口等生物性的劳动工具属于有偿借用，生产工具的借用都属于无偿借用。

借时一般是小户人家向大户人家借，且一般是向邻居和本村关系好的农户借，一般不会向外村人借用生产工具，即便是外村的亲戚也不会向其借。生产工具一般是在工具持有方使用完后或是工具闲置的时候才会借出。一般工具的借期不固定，可以是一天，也可以是好几天。

一般只有犁损坏需要赔偿，赔偿是赔物品，不赔钱。其余物品损坏不需要赔偿，但是谁损坏的一般需要修好后再归还。农户之间也不会因为生产工具借用时发生损坏而破坏双方之间的关系，下次还能继续借，借用工具也不用给钱或粮食。

3. 耕牛及其借用

在传统农耕时代，耕牛是完成农业生产不可或缺的生产资料，有能力的家庭独自购买耕牛，不具购买能力的家庭只能通过借用或雇用的方式来完成农业生产。之前已经提过，耕牛的借用属于有偿借用。

据村中老人讲述，一般只有大户人家才会养耕牛。以南陵村铁炉堡为例，大户人家都有耕牛，小户人家只有刘登魁家买了一头耕牛，其家中有12亩土地，其余的小户人家均没有耕牛。各家的耕牛都是单独购买，没有合买的情况。

耕牛借用一般发生在农忙时节，没有耕牛的农户种地需要耕牛就只能向有耕牛的农户家借。借耕牛一般向村中关系好的人家借，如果村中借不到也会考虑到邻村亲戚家借（但这样的情况较少）。耕牛一般在耕牛拥有者家里用完之后才会借出。

耕牛借用属于有偿借用，借用耕牛和犁来耕地、借用耕牛拉磨都需要给牛料，给多少没有定数，由借方自行决定。耕牛借用一般不需要以人工换牛工，如果请外村非亲戚关系者帮忙耕地，就需要以人工换牛工，但这样的情况较少出现。耕牛的借用期一般为一天，借的时候需要提前至少一天打招呼。

耕牛借出后生病，由借方医治。如果耕牛在借出前就已经生病，耕牛拥有者也不会考虑借出，耕牛对于农民来说和土地一样重要，同属于农民的命根子。耕牛借出后死亡，借方需要承担责任，耕牛用完归还后耕牛再生病或是死亡，借方视情况承担责任。借牛双方关系均较好，一般不会因为耕牛借用的事情打官司。如果因为耕牛借用的事情发生纠纷，一般会请甲长进行调解。

在南陵村有这样一句谚语："有牛不借无牛汉，一晌能抵一晌半。"不喜欢借牛的原因有两个，一个是因为自己也要用牛，有的时候自家的地耕完了还要帮亲戚家耕地；另外一个是因为牛借了生病了不好办，容易产生纠纷。

4. 耕牛及其雇用

自己家没有牛和借不到耕牛的时候就会选择雇耕牛，雇耕牛的农户家里的土地也不会很多，一般都是1—2天能耕完。雇耕牛由家长去请，雇耕牛时一般都会选择关系较好的人家，且先考虑本村，再考虑外村。

雇耕牛，雇主家只需要管两顿饭，如果是家庭经济状况好一些的农户家，会管三顿饭，除了正常的两顿之外，晚上还有一顿，当地叫这一顿饭为"喝汤"。雇主家不需要管牛的草料，中间也不需要管耕牛的吃喝。受雇方需要自己牵牛和带农具（如犁）去耕地，还需要给自家的牛带耕地期间吃的草料。

雇耕牛一天的报酬是两斗麦，一般是在耕完地回家之前给。雇牛耕地，如若耕牛生病，与雇主家没有关系，不需要承担任何责任。

5. "长腿子牲口"租借

"长腿子牲口"是指骡、马、驴，能驮能骑，但是不用干太重的活。一般是在回家探亲时会借长腿子牲口，借用长腿子牲口不需要抵押，也不需要给报酬。借用长腿子牲口需要提前至少一天向主人打招呼，借期一般为一天，如若一天不能往返也能借两天，具体借期由租借双方协商确定。借用长腿子牲口在归还的时候不需要给料，但是借用期间要负责借用牲口的料，不能让其饿着。长腿子牲口借出后生病，由借方医治，借出后死亡，借方需要承担责任，用完归还后再生病或是死亡，借方视情况承担责任。

第二节 产权与产权关系

产权是理解传统时期南陵村经济形态的基础。1949年以前，南陵村土地主要分为集体所有和私人所有两种，其中私人所有占主要部分。本节将从土地产权概况、土地买卖与买卖关系、土地租佃与租佃关系、土地典当与典当关系四个方面来对传统时期南陵村的产权及产权关系进行考察。

一、土地产权概况

1949年以前，南陵村的土地从其类型来看，主要有私地、祠堂地、社地、陵地、养老地和婚姻地等类型；从产权类型来看，它主要分为私有产权土地和集体产权土地。本部分将从产权类型、产权认定与来源、产权边界三方面来考察传统时期南陵村的土地产权概况。

（一）产权类型

1949年以前，南陵村的土地主要有私地、社地、祠堂地和陵地几种，其产权所属单位为私人、集体或国家。

1.产权类型概况

1949年以前，南陵村土地分为私有、集体所有和国有三种产权类型，包括私地、社地、祠堂地、陵地，其中私地还有养老地和婚姻地。每一种类型的土地其产权所属有所不同，大部分为农民个人所有，收益归农民个人，部分为组织所有，收入用于组织活动，部分为家族共有，收入用于家族教育和祭祀，另外还有一部分为国家所有，租给陵户，免其租子。据《富平县志》记载，"清光绪年间（1875—1908）屯卫官军旱豆共地3 102.49亩，各陵（皇帝陵）余地，除给陵户免租外，唐定陵起租地240亩；丰陵起租地563.93亩；章陵起租地588.89亩；简陵起租地653.33亩，共计官田5 467.14亩"，唐定陵陵地由南陵村陵户耕种。

2.产权的分类

1949年以前南陵村土地产权的类型如表3-8所示。

表 3-8　1949 年以前南陵村土地产权的类型

土地类型	土地亩数	产权单位	土地总量的百分比
农户土地	5 300	家户	90.29
社地	200	会社（宫里会社共有）	3.41
祠堂地	130	家族（北刘堡刘氏家族）	2.21
陵地	240	国有	4.09

（1）祠堂地

在南陵村，有祠堂地一顷多（100多亩），该祠堂田属于南陵村北刘堡的刘氏族人共有，与南陵村除北刘堡外的人没有关系。即便是北刘堡的刘氏族人嫁到南陵村南刘堡或是赵家堡，也不能再享受祠堂地带来的收益。

① 祠堂地管理者

祠堂地由家族中比较有威望的人管理，管理者由族人共同选出来，选举的时候一个家庭一个代表，得票最多的当选为祠堂地管理者。祠堂地的管理者对年龄、学历没有要求，但是一般选出来的都是年纪较大的族人，选举的时候只有刘氏的族人能参加，选出来的管理者没有固定的期限。选出来之后不需要报告甲长，也不需要报告保长。管理者没有报酬，其职责主要是管理祠堂地及祠堂地收入。

② 祠堂地的产权

祠堂地的产权单位是自然村落内的家族，如南陵村的北刘堡和南刘堡的刘氏为同一族人，但是南刘堡的刘氏族人就不能享受祠堂地的产权收益。北刘堡的刘氏出嫁之后不再共有祠堂地，搬迁（搬离南陵村北刘堡）后不再共有祠堂地。入赘南陵村北刘堡刘氏族人的人，能共有祠堂地。

③ 祠堂地的租种

祠堂地主要是租给别人种，能租给刘氏族人，也可以租给非刘氏族人。刘氏族人在租种的时候具有优先权，非南陵村北刘堡的刘氏族人和村民同等。但是一般都会租给南陵村北刘堡刘氏中土地较少的人家种，租子是一亩地一年一斗麦。祠堂地收来的租子由管理祠堂地的人管理，租子的收支情况需要向族人公示，公示没有固定的日期。

④ 祠堂地收入的用途

祠堂地收入主要是用在以下几个方面：

其一，家族四季的祭祀；

其二，南陵村北刘堡刘氏族人孩子上学的学费，一个孩子一年的学费约为两斗麦；

其三，购买过年时候放的鞭炮。

⑤ 祠堂地收入的借用

祠堂地收入可以借，非刘姓人和非南陵村北刘堡的刘氏族人都能借，北刘堡的刘氏族人借，不需要给利息，非北刘堡的刘氏族人借，需要给利息，一斗麦一年利息为三升麦，但是一般都只借给本村人。不管是谁借都需要写借据，不需要请中人，借不借由祠堂地的管理者决定，不需要征询族人的意见，一般借也借的不多，主要是为了给家里应急。

⑥ 祠堂地的赋税

祠堂地的赋税由租种土地的人承担，额外增加的费也由租种土地的人承担，即便遇到灾害，颗粒无收，租种土地的人也需要承担土地的赋税以及附加的费。交税的时候是由租种土地的人交给祠堂地的管理者，保里在收税的时候负责收税的人直接找祠堂地的管理者收，去的时候由甲长带着去。租种土地的人一般在收了麦之后交税，各种费是在收的时候再交。

（2）社地

南陵村拥有社地，数量约有 200 亩。社地因为建社庙而产生，产权归宫里会社所有，主要租给别人种，收入用于社庙的祭祀活动，不用于村庄其余公共事务，社田收入一般也不能出借。

（3）陵地

南陵村赵家堡有陵地 240 亩，归国家所有，不需要交租和缴纳赋税，不能进行买卖。陵地的收入归陵户所有。

（4）私有土地

在"人与土地及其生产能力"一节中已经对南陵村的土地情况进行了介绍，南陵村的私有土地产权归属单位是家户，为私有产权。私有土地可以进行自由买卖，但是私有土地中的养老地和婚姻地的买卖有一定的限制。

养老地由老人自己耕种或是给照顾老人的孩子耕种，养老地的收入主要用于老人养老支出，产权归老人所有，所交赋税及其额外附加费由养老田收入支出。如果养老地的收入不抵养老支出，一般由和老人共同居住的儿子负担或是协定负责养老的儿子负担。养老田能卖，只需要老人自己同意就行，但是一般不会卖。

婚姻地的产权归未婚儿子所有，如果儿子较小，则由和儿子共同居住的父母或是兄长代为耕种，如果未婚儿子已经成年则由自己耕种或管理（但这样的情况较少），所交赋税及其额外附加费由婚姻地收入支出。婚姻地主要用于未婚儿子结婚时的花费，如下聘、婚庆等。婚姻地能进行买卖，当未婚儿子订婚或是结婚的时候，能将其卖出，平日里一般不能卖。婚姻地的买卖需要得到未婚儿子以及其所在家庭掌柜的同意，任何一方不同意就不能卖出。

(二) 产权认定与来源

1949年以前，南陵村土地产权的认定方式不尽相同。

1. 家户土地

私有产权的土地均有地契，地契一般由产权所有者家庭掌柜的管理。私有土地一般都是祖上传下来或是通过购买得到，私有土地的产权根据地契来进行认定，地契中均写有土地边界，即产权边界。刘守斌老人也说："家里的土地都是老祖宗留下来的，这个是家业，有的土地是后面购买的，这些土地都是私人的，有地契。"对于因绝户、外出逃荒等情况导致的无人耕种的土地，一般由其关系较近的亲戚接受其土地和财产，缴纳相应税赋，产权归其亲戚所有；如果没有亲戚则由与其关系较近的农民接受其财产，代为耕种其土地，并缴纳相应的税赋，产权归该农户所有。

在私有土地中，还有婚姻地和养老地。养老地是在分家的时候产生的。"分家的时候，如果老人尚在，需要优先分出养老地，养老地具体分多少是由舅舅根据家中土地的数量来进行分配，一般养老地的量能够保证老人的正常生活所需。"养老地没有地契，老人均去世后，养老地归抚养老人的儿子所有（一般为和老人共同居住的儿子所有），如果老人生前单独居住，由几个儿子共同承担养老义务，则在老人去世后，养老地平均分配。婚姻地产生于分家的时候。分家时，家中有未婚男性，则需要在分了养老田之后预留出婚姻地，只有未娶妻的儿子会分到婚姻地，未出嫁的女儿不需要留婚姻地。婚姻地还是这个家的，是和别的土地一起的，没有单独的地契。[1]

2. 陵地

陵地的产权由官府（政府）认定，属于国有，土地没有地契，租给陵户耕种。据村中老人讲述："陵地是国家的土地，当年是分给守陵的陵户耕种。我们南陵的土地是唐定陵的陵地，分给陵户种，不收他们的租金，陵户去世后就由其后代耕种，一直种到了土地改革的时候。这个土地不能买卖，土地改革的时候收归集体，然后分给了个人。"[2]

3. 祠堂地

南陵村有祠堂地约130亩，祠堂地归南陵村北刘堡刘氏所有，由刘氏族人推选出

---

[1] 来自刘兴汉老人的讲述。
[2] 来自赵俊喜老人的讲述。

一个人进行管理，不能进行买卖和分配，一般也不能进行互换，如果确实需要互换，需要得到社员或是北刘堡刘氏族人的同意方可。"祠堂地是族产，不是哪一个人的，是整个北堡子刘氏的共同财产，这个是以前建祠堂的时候就留下来的，是老祖宗给的东西。"[1]

4. 社地

据村中老人讲述，南陵村共有社地 200 亩左右，归会社所有，具体如何管理由会社社长负责，由其亲自管理或是委托他人管理。"听说这个社地是当年建社庙的时候留下来的土地，社地租给别人种，然后收一些租子，这是会社所有成员共同的财产，有没有地契就不知道了。"[2]

（三）产权边界

南陵村的土地有私有产权土地和集体产权土地两种类型，其产权边界也包括私有土地边界和集体土地边界。

1. 私有土地产权边界

在南陵村，田地是以地畔子、埝为界，以地畔子为界，一般会在地畔子之上修筑田埂或是栽种树木进行标记。无论是分家还是田地买卖均会产生边界。

（1）分家与产权边界

"分家的时候会涉及分田地以及田地边界的确定。在南陵村，分家是由舅舅来主持，父亲去寻舅舅，由舅舅来主持外甥分家，分家中舅舅具有最高权威。分家的时候会写分书，分书中需要写清楚土地的分配及边界情况。"[3] 分家后新分的土地不需要重新写地契，分田地以"块"为单位，一般不存在新增边界问题。原产权边界沿用，不存在产权边界变迁问题。土地边界不用向甲长报告，甲长只是将分家后各户的土地情况报给粮赋长，不管边界问题。如果要在土地边界上种树或是高大作物，不需要得到临界土地主人的允许，但有一不成文的规定，即种树或是种植高大作物时，要离田埂至少五尺远，但实际中一般都是相离约一丈远。如果兄弟共分一块田，则需要确定新的边界，会在分界线上重新起田埂，田埂的产权归兄弟俩共有。在南陵村，土地产权边界一般都与土地边界重合，边界内的土地及其土地附着物为私人所有，土地边界的产权一般为两个人共有；上面没有附着物，但是因为纠纷等原因自家土地内修建了土地边界或是在自修边界上种了树，则边界及边界附属物产权归私人所有。

---

[1] 来自刘守斌老人的讲述。
[2] 来自刘兴汉老人的讲述。
[3] 来自刘兴汉老人的讲述。

（2）土地买卖与产权边界

土地买卖时，会涉及土地边界问题，土地买卖时的边界一般是沿用老边界，不需要公示。相邻土地之间不会有间隔，只有界石。界线归相邻俩土地户共有，但是越界的情况时有发生。越界时两家会一起查界，若经常越界会栽界桩，栽界桩一般都是两家人共同完成。如果查界时挖不到原来的界线会起诉讼，若起诉讼，面积以征粮面积为准。共有边界在进行土地买卖的时候不能卖出，但是私有产权边界在土地买卖的时候能够随土地一起卖出。

2. 集体土地产权边界

南陵村的集体土地主要有社地、陵地、祠堂地。据村中老人介绍，南陵村集体所有土地和私有土地是混在一起的，即私有土地和集体土地相邻，如图3-1所示。

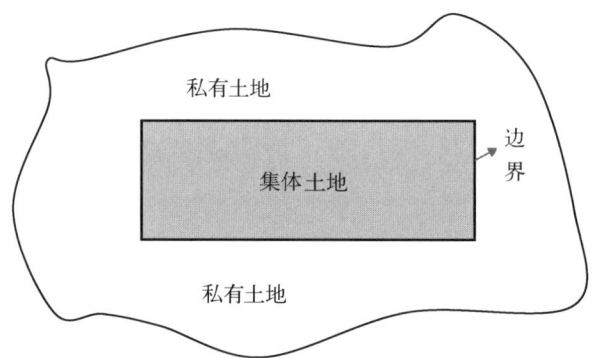

图3-1 南陵村集体所有土地与私有土地的边界情况

第一，陵地与私有土地的产权边界。陵地产权为国家所有，其土地虽然与私有土地相邻，但是并不与私人共同占有边界，相邻边界的产权归国家所有。"陵地是国家的，边界也是国家的，种地的陵户在边界上种植了东西，产权归种地的陵户所有，但是边界上一般都不会种东西。"[1]

第二，社地与私有土地的产权边界。在南陵村，社地为宫里会社所有，与私人土地相邻，即社地的产权边界为土地边界，边界为宫里会社所有，相邻土地农户不共同占有该边界，不具有该边界的产权。

第三，祠堂地与私有土地的产权边界。南陵村有约130亩祠堂地，祠堂地与私人土地相邻，土地边界即产权边界，其产权归北刘堡刘氏族人共有。"祠堂地是集体的，土地四邻都是私人的土地，都是族里的人，边界是族里的，是集体的，私人也不会

---

[1] 来自对刘兴汉老人的访谈。

去争。"[1]

二、土地买卖与买卖关系

1949 年以前，南陵村的土地有集体土地和私有土地两种，私有土地属于私有财产，可以自由买卖，而集体土地不能进行买卖。下面将从土地买卖概况、土地买卖与产权关系、土地买卖的频率、土地买卖的规模这四个方面来对传统时期南陵村的土地买卖与买卖关系进行考察。

（一）土地买卖概况

民国时期，南陵村土地买卖以私有土地买卖为主，集体土地一般不能进行买卖。

1. 私有土地买卖

（1）土地买卖的规则

土地是农民的命根子，一般只有遇到天灾人祸，家中生活无法继续的农民才会考虑卖土地。土地主要卖给三类人，一是有钱的大户人家，二是拉长工的人，三是家中有余粮的农民。买卖土地时，如果兄弟需要购买土地，会先考虑卖给兄弟，然后卖给亲戚，最后才是通过说话人卖给其他人。"只要有钱，谁都可以买土地"，土地可以在村内交易，也可以在村外交易。土地买卖对买家没有选择，谁出钱就卖给谁。

（2）土地买卖的程序

土地买卖是由家长做主，买卖土地的数量也由家长决定，但都是迫于无奈才会卖出土地，卖出土地时家长一般都会征求家人的意见。买卖土地需要通过说话人来完成。买卖的土地一般不存在产权纠纷，若存在产权纠纷，一般寻不到买主。"土地买卖不需要交定金，在南陵村未出现过在交易过程中反悔的情况。"土地买卖之后不需要请客吃饭，也不需要送礼。土地卖了之后，卖方要向粮赋长报告，粮赋长需要变更地赋，不需要向甲长、保长和乡里报告，但是土地买卖是大事，甲长一般都知道。土地买卖完成后，卖出土地的赋税由买方承担。若土地买卖时，地中有未收的作物和果树，地上附作物归买方所有，但是是否需要加钱由买卖双方通过中间人协商。

（3）土地买卖的单位

土地交易的单位是块，每块土地的大小不一。有的土地较大，如果一户人家买不起，可以两户人家合买，同一块土地价格相同。两户人家合买，谁家占多少面积、占哪一部分由买家自行商量。

---

[1] 来自刘守斌老人的讲述。

(4) 土地买卖面积的丈量

买土地的时候需要丈量土地,由买土地的人丈量或者由买土地的人请人丈量,交易面积以丈量面积为准。请人丈量土地不需要给钱,即便是村中的大户人家也不需要给钱。丈量时一般不产生费用,如果产生费用由买家承担。丈量土地的人没有报酬,但是有的大户人家会在交易达成后给丈量人一些烟土或是请其吃饭,吃饭一般在家中。丈量人一般是由村中有文化、能写会算的人担任,丈量人也可以是外村人,由买方去请。如果买家丈量的面积与卖家掌握的面积相差较大,卖家有权向说话人提出异议,并由说话人进行协调。说话人将卖家已经掌握的面积告诉买家,买家可以选择重新丈量,也可以选择放弃购买。

丈量土地发生在买卖双方达成买卖协议(口头)时,丈量土地的时候需要去请买卖地块的四邻到场,由买家去请,去请四邻不需要带礼物,四邻也没有出现过邀请了但不去的情况。当场丈量后需要下灰(石灰)、钉木栓或是放置一块石头作为边界,但是大多都以下灰来确定边界。确定边界时不管以前有没有下过灰定过界都需要挖界,若挖到以前的边界,且边界清晰就不需要重复下灰,沿用以前的边界,若边界不清晰或找不到边界,就需要重新下灰定界。边界也叫作地畔,地畔为相邻两家共用,不管是谁家下的灰,其产权都归两家共有,谁也不能越界耕种。兄弟分家,不需要下灰。

(5) 土地买卖的价格

土地价格与土地的质量以及距离的远近有关系。土地价格由买卖双方通过中间人协商,可在以往的价格基础上进行讨价还价。在常年,一亩麦田一般能卖四五斗麦子,好的土地最高能卖1石麦,较差的土地也能卖到3斗麦。但是在灾年,土地价格普遍较低,一亩地能卖2斗麦左右,如果灾情严重,价格甚至会更低。"1949年以前,刘邦斌家土地占有多,把一块土地卖给查金有(河南人,1944年来到南陵村铁炉堡拉长工,后花了2石麦买了一块空宅基地建房),该地块共有8亩,每亩以七斗半麦的价格卖出。"[1]

(6) 买卖祖业

祖上传下来的土地也能进行买卖,祖业卖出时由家长做主,如果家中有老人,必须征得老人同意才能卖出,如果老人反对,便不能卖。如果在家中老人不知情的情况下将祖业卖出,产生的买卖关系依然有效,对外是由家中做主。祖业更倾向于卖给兄弟和亲戚。

2. 集体土地买卖

据村中老人讲述,在南陵村,陵地是国家的不能进行买卖,社地是宫里会社的集

---

[1] 来自对刘兴汉老人的访谈。

体土地，也不能进行买卖，社地的收入需要用于每一年宫里过会的开销，祠堂地是属于北刘堡刘氏家族的，也不能进行买卖，但是在 1947—1948 年的时候将祠堂地给卖了。"祠堂地不能买卖，但是到了 1949 年以前一两年，将祠堂地卖了。主要是卖给族里原来租种该土地的人，一亩地据老人说是两石麦，但也不全是，是根据卖地时的市场价格定。"[1]

外姓人和非南陵村铁炉堡的刘氏族人也能买祠堂地，价格高于本族人，非南陵村的刘氏族人和非刘姓人购买土地时价格相同。"卖给谁由祠堂地的管理者决定，之所以能卖是因为族人已经同意了，卖的时候没有再进行讨论。卖祠堂地的收入也没有分给族人，而是用于置办村庄的公共物品以及族人的丧葬。"[2]

（二）土地买卖与产权关系

契约是确定土地产权的重要凭证，土地买卖一般都需要立契约，土地买卖之前，如果是祖传的土地，一般没有地契，如果是之前买入的土地，存在地契，新地契签订之前要将旧的地契销毁。土地买卖产权以地契确定，除了兄弟间买卖土地不需要签订地契，其余情况均需要签订地契，即便是邻居也不例外。地契签订两份，买卖双方各执一份，如果有两户买家，则需要签订三份。如果中间人能写地契，地契由中间人写，如果中间人不能写地契，地契由买方去请人写，有的村没有能写地契的人，需要到外村去请，请人写地契一般要给报酬，给多少由买方决定，也有的写约人会主动开口向请其写约的人要。地契中要写明欲买卖土地东南西北与谁家的土地接壤。请人写的契约，需要中间人签字确认后才能生效。

地契一般是在买方家里签订。在买家签订地契的时候买家一般不管饭，即便是大户人家，签契约的时候遇到饭点也不会叫卖家吃饭，但是在一般农户家和长工签订契约，如果遇到吃饭的饭点，会叫其一起吃饭。大户人家只会请说话人吃饭。签约不需要到乡、保进行公证，只需要买卖双方和说话人签字就生效。签字时如果不识字，不能写出自己的名字，就用毛笔画一个"十"字，如后出现纠纷，签订的地契存在差异的时候，官场同样会让画"十"字，然后对字迹进行比较。签约不需要按手印。签订地契的时候不需要请买卖地块的四邻到场或参加契约签订。

（三）土地买卖的频率："迫不得已才卖地"

据老人回忆，土地买卖在 1945—1949 年期间较为频繁，且卖给外村人的情况更为多见，卖给外村人，对买家没有什么要求，"卖土地几乎都是迫不得已，谁能出得了钱

---

[1] 来自刘兴汉老人的讲述。
[2] 来自刘兴汉老人的讲述。

就卖给谁"。一般不存在家庭内买卖土地的情况，但是有一特殊情况，即兄弟分家后，一家因为天灾人祸需要变卖土地，而其余兄弟有购买能力和购买意愿可优先购买。

在南陵村，也没有出现过土地强买强卖、家庭内买卖土地的情况，但是在紧邻的北陵村有类似的情况发生。"保长董相年，想和领村北陵东堡贫苦农民姚志建换地，姚家不同意，董家就串通中间人等写了假契约，让弟弟董成年带领长工强行耕种，姚志建妻子上前阻拦，董成年就对其凶狠毒打，把镰刀把都打烂了，其被打得头破血流，遍体鳞伤，在地里睡了几天，几乎丧命。董相年还给联保主任仇笏山打点行贿，姚志建找仇评理，仇官官相卫，置之不理，地就硬是这样被董相年种了。"[1]

（四）土地买卖的规模

土地买卖的规模有两种情况，一种是以"块"为单位整块进行买卖，另外一种情况就是欲买卖的土地比较好，几家人都想买，那就互相商量，以"亩"来进行购买，一家买几亩，但是一分，地块就会变小，买家也不愿意，所以一般都是以"块"来进行买卖。如果几家愿意分，卖家也能卖个好价钱，如果不愿意分，最后就只能卖给一家人，价格也就是一个价格，至于卖给谁没有一个先后顺序，一般都是由中间人在其中协商。在南陵村通过土地买卖形成的地主仅1家，但是在周围村落，土地买卖形成了多户地主。通过收买土地形成地主的人家，不会选择固定的卖地对象与其产生交易，只要是有土地卖，自己想买，且买卖双方能达成买卖协议就会购买。从表3-9中可以看出南陵村铁炉堡在1949年以前土地卖出的情况。

表3-9 1949年以前南陵村铁炉堡的卖地情况（部分）

序　号	卖地户家长姓名	卖地亩数	卖出土地离村距离
1	刘邦斌	40	离村较远
2	刘振海	30	离村较近
3	刘玉庭	20	离村较远
4	刘邦富	8	离村较远

三、土地租佃与租佃关系

在土地私有制下，土地可以进行自由出租，土地租佃也是土地使用权有偿转让的形式之一，土地所有者凭借土地所有权收取地租。各地条件不同，土地租佃的形式也各异，南陵村的土地租佃情况，从租金的形式来看，可以分为固定比例租佃和分成租佃两类；从租佃关系的行为来看，又可以分为主动租佃、被动租佃和逆租佃三种形式。

---

[1] 来自对刘兴汉老人的访谈及《宫里镇文史资料汇编（第一辑）》。

本部分将从土地租佃概况、租佃关系两个方面来对传统时期南陵村的土地租佃与租佃关系进行考察。

（一）土地租佃概况

南陵村的土地分为私有产权土地和集体产权土地。集体产权土地和私有产权土地租佃各有不同，下面将对其进行分析。

1. 私有产权土地租佃

据村中老人讲述，一般只有家中劳动力充足，有耕牛，且有部分土地但土地不够耕种的人家才会考虑去租种土地，租谁的地没有定数，本村和外村人的土地都能租，租地的时候不是优先考虑亲戚和邻里，而是优先考虑土地质量和距离，看是否方便。"南陵村铁炉堡刘邦富，在土改时被定为小土地出租，其家中土地是祖上留下来的，后因儿子去世家中无劳动力才将土地出租，刘邦富把家中40多亩土地租给侄子耕种，租子为每年每亩一斗二麦子，没有写契约，也没有请中人。"[1]

（1）租种土地的形式

在南陵村，根据租佃双方的行为关系，租地的形式可以分为三类。

第一，主动租佃。即佃户主动去找地主租种土地，一般只有家中没有土地或者土地较少，劳动力较多，耕牛、农具齐全的人家才会主动考虑去租种土地。

第二，被动租佃。即土地出租者主动上门找佃户来租种自己的土地，或者说是土地出租者"求"佃户来租种自己的土地，一般家中无劳力或劳力不足，无法耕种土地的人家会主动去找佃户，把自己的土地租给佃户或是"求"佃户来种，这样的情况一般找亲戚或自家土地的四邻。

第三，逆租佃。即长工将自己的土地租给雇主家种（雇主家种地的时候顺带将长工家的少量土地种上），解放出自己的劳动力去拉长工，只有做长工的家庭才会出现逆租佃的情况。家中劳动力较少，土地数量也不多，且劳动力给雇主拉了长工，在家中已经没有劳动力耕种家中那少量的土地，也没有时间去耕种土地（耕种土地就要和拉长工冲突）的情况下，长工会主动去找雇主，将自家的土地租给雇主家种（雇主家种地的时候顺带将自己家的地也种了），然后雇主支付给长工租种其土地的租金。

（2）租金的形式

在南陵村，土地的租金主要有两种形式，一种是固定租金，但是很少有人愿意选择固定租金的形式来租种土地，因为即便"天旱无收，租金依然得交"，收入没有保障，加之南陵村处于旱原之上，干旱已经成为常态，土地的产值较低，所以农民大多

---

[1] 来自对刘兴汉老人的访谈。

不愿选择固定租金。另外一种就是分成租金，即不管收成如何，租佃双方按照比例分成。分成租金有以下几种分配方式：

第一，五五分成。由佃户提供种子和农家肥，耕牛和农具，并投劳，耕种由佃户自己进行，土地出租者不会干涉，土地出租者负责税，耕种收入由租佃双方平均分配。

第二，四六和反四六分成。四六和反四六分成都是将耕种收入均分为10份，如果是四六分成，土地出租者（土地所有者）得六，佃户得四，佃户只投劳，其余的不用管，地主要提供种子和农家肥，负责纳税；如果是反四六分成，土地所有者得四，佃户得六，地主啥也不管，佃户提供种子、农家肥，提供耕牛、农具，负责纳税。

第三，三七和反三七分成。三七和反三七分成是将耕种收入均分为10份，如果是三七分成，土地所有者得七，佃户得三，佃户只投劳，其余的不用管，地主要提供种子和农家肥，负责纳税；如果是反三七分成，土地所有者得三，佃户得七，地主啥也不管，佃户提供种子、农家肥，提供耕牛、农具，负责纳税。一般土地质量较差、收入不高的土地会选择三七和反三七分成。

第四，二八和反二八分成。将土地耕种收入均分为10份，如果是二八分成，土地所有者得八，佃户得二，佃户只负责种，其余的什么都不用管，均由土地所有者承担；如果是反二八分成，土地所有者得二，佃户得八，土地所有者什么都不用管，只提供土地，其余均由佃户承担。较少出现二八和反二八分成。

（3）定租及交租

无论是分成租金还是固定租金，租金都由租佃双方共同商量，如果是亲戚间及关系好的熟人间产生租佃，则不用请说话人，可以直接商量租子，除此之外的租佃一般都是通过中间人来商定租金，租佃双方不会直接商量（大户人家一般不和穷人打交道），租佃双方都有议价的权利，对租金意见不统一时可以不租。固定租金交租一般都是土地所有者上门收取租子，收租的时间一般都是刚收了麦就上门收租，如果借用土地所有者家碾场碾麦，则是麦碾好后就直接把租子扣下，剩余的才由佃户带回家，借用土地所有者家的碾场用不用给报酬由两家商量决定，土地所有者为了拿到租金，佃户借用碾场的时候一般都会答应，碾麦时土地所有者及其家里长工一般不会来帮忙，如果是亲戚则会互相帮忙。以分成租金交租，一般都是用土地所有者家的碾场进行碾麦，亲戚之间会互相帮忙。如果不是亲戚，土地所有者就会派长工帮忙碾麦，派长工帮忙碾麦主要是为了监督，担心麦被藏起来或是私自带走，麦碾好后当场进行分配。分粮的时候都是进行估算，一般不进行称量，但是不好说话的地主，对粮收成不合（对收到的粮的估量不同意）就要称量，分好后佃户将属于自己的那一份带回家。如果遇到天灾，粮食减产或绝收，对于固定租金的佃户会请求土地所有者减少租金，如果遇到好一些的土地所有者会适当减少租金或者延长收租时间，但是对于不好说话的土地所有者不但不会减少租金，甚至还会想方设法地让佃户交租，更严重一些的还会强行用佃户家中财产抵租子。如果遇到人祸，如在交租的途中租子被抢，土地所有者不管这事，只认租子，这样的情况一般不会减租，好说话的土地所有者会延期，但因为租种的土地都离自己的村子不是太远，其土地一般都是属于本村或是邻村人，交租不需要背太远，几乎不会遇到被抢的情况。如果需要自己背租子去交，一般都是家长去交，如果家长年迈，背不动租子则由家长及家中壮劳力一起去交，女人不会去交租，如果家中男人因故去世，只剩下女人，则请邻里帮忙交租，请邻里不用给报酬，但出于情面，有的会请到家里吃一顿饭。

（4）租地契约

租地会写契约，一般亲戚之间的租地行为不用写契约，也不用请说话人（中间人），非亲戚之间的租地行为都需要写契约，即便是邻里之间的租佃也需要写契约，要请说话人，契约一般是由说话人写，如果说话人不会写就需要请先生写，契约中要写清楚租种土地的面积、租期及租金，也会写出租佃双方和说话人。写契约不一定要给报酬，但也有主动要的情况，请先生写的契约需要租佃双方和说话人都同意，确认没有问题之后才能签字，如果识字就需要写名字，不识字则画"十"字代替，签完字按上手印租佃关系就正式产生了。租佃关系的解除一般是在一年种完之后，解除租佃关系双方都可以提出，租期一到如果不续租自然就解除了租佃关系，契约也不用收回或撕毁，过了日期自动作废。

（5）租期及续租

土地租佃的租期一般都是1年，也有租2年、3年的，但是没有出现过租半年的情况。土地租期到了之后可以续租，一般只有以租种土地为生的家庭在租期满后会考虑续租，续租一般是由佃户提出，亲戚、邻里之间的续租可以由佃户直接找土地所有者说，并征求其意见，但其余人之间的续租都需要通过说话人去和土地所有者说，续租时原佃户没有优先权，但是租佃关系和睦的土地所有者都喜欢把土地租给原佃户。

（6）毁租

租佃关系生成后不能毁约，若毁约一般是发生在土地所有者身上，佃户都是考虑清楚之后才选择租种土地，故一般不会毁约。如果需要毁约需要获得对方的同意，是否需要支付违约金由双方进行协商。如果一方强行毁约，则会发生纠纷，发生纠纷的由说话人进行调解，若调解不成只能打官司，但一般都不会选择打官司。

(7) 土地租佃的纳税原则

赋税的缴纳与租金的形式有关，固定租金，佃户只负责交租，地税一般是由土地所有者进行缴纳，额外增加的税费也由土地所有者缴纳，如果在确定租佃关系时已经商量好了税负负担方式则按照商量好的来缴纳税费。分成租金，如果是五五分成，则地税和额外的税费都由租佃双方平均摊派；非五五分成，一般是谁得多谁负担，即谁占收成的多份，谁负责缴纳地税和额外的税费。

(8) 土地租佃的中人

中人也叫中间人、说话人，亲戚间的土地租佃一般不用请中人，非亲戚一般都会请中人，即便是请说话人，一般请村中做事比较公正、有一定文化的人担任，说话人也充当公证人的角色。请说话人遵循谁主动谁去请的原则，请说话人不一定要给报酬，如果不给报酬，也会请其到家中吃一顿便饭，但也有说话人主动要报酬的情况。只有能和租佃双方都能说上话的人才能担任说话人，穷人也能担任说话人。请说话人优先选择本村的人，如果本村没有合适的人才会到外村去请说话人，请说话人的时候会很少请亲戚，主要是避免发生纠纷时，说话人在调解的过程中被认为是亲戚间相互包庇和串通之嫌。在南陵村没有固定的说话人，也没有专门从事土地租佃或土地买卖的经纪人。

2. 集体产权土地租佃

南陵村的集体产权土地主要有陵地、社地、祠堂地三类。据老人讲述，这三类土地均会租出。陵地的租佃双方为国家与陵户，祠堂地的租佃双方为南陵村北刘堡刘氏族人与佃户，社地的租佃双方为宫里会社与佃户，其租佃关系如表3-10所示。

表3-10 南陵村集体产权土地的租佃关系

集体产权土地类型	土地亩数	租佃关系
陵地	240	国家—陵户
祠堂地	130	北刘堡刘氏族人—佃户
社地	200	宫里会社—佃户

(1) 陵地租佃

陵地产权为国家所有，主要租给南陵村陵户耕种，免其租金。南陵村陵户一般不会将陵地进行转租，均是自己耕种。"这个土地虽然是国家的，但是不收租子，和自己的土地没有什么区别，主要就是陵户自己种，不会再租给其他人。这个土地也能一直种下去，是分给你这个家庭的，但是和家里的土地也有不一样，分家的时候不能把陵地分了。"[1]

据老人讲述，陵地没有租期，能世代耕种，在很早以前就直接由国家分给陵户，其后人租种不存在租期、续租等情况。

（2）祠堂地租佃

"祠堂地主要是租给别人种，能租给刘氏族人，也可以租给非刘氏族人。刘氏族人在租种的时候可以优先考虑，非南陵村北刘堡的刘氏族人和其他村民来租，是一样的。不过土地租给族人的情况比较多。"[2]

首次租种祠堂地需要和族中管理祠堂地的人讲，如果是本族人可以直接租，不需要经过族人同意，如果是非本族人首次租种，则需要经过族人同意。

祠堂地租期一般是一年，租期满了之后可以续租，续租需要和管理祠堂地的人讲，一般不需要再征询族人的意见。

祠堂地的租子是一年一交，一般是在收了麦子之后交租。村中老人讲道，"土地一般都会租给南陵村北刘堡刘氏中土地较少的人家种，租子是一亩地一年一斗麦"[3]。

祠堂地收来的租子由管理祠堂地的人管理，租子的收支情况需要向族人公示，公示没有固定的日期。祠堂地的赋税由租种土地的人承担，额外增加的费也由租种土地的人承担，即便遇到灾害，颗粒无收，租种土地的人也需要承担土地的赋税以及附加的费。交税的时候是由租种土地的人交给祠堂地的管理者，保里在收税的时候负责收税的人直接找祠堂地的管理者收，去的时候由甲长带着去。租种土地的人一般在收了麦之后交税，各种费是在收的时候再交。

（3）社地租佃

南陵村有社地约200亩，社地主要租给他人耕种，宫里会社不会自己耕种。"社地面积比较大，主要是租给别人耕种，那么大的面积一家人也租不完，都是租给好几家人，一家人租种多少亩就看租地人家的情况了，他们也会自己考虑，劳动力少了租太多的地种不完，劳动力多了你要是租少了就会有人闲着嘛。"[4] "土地一般都是租给宫里会社里面的成员，也就是这几个村的农户。租种社地和租种其余的土地是一样的，但是租种社地不需要写契约，都是口头协定，都是社里的成员，谁也不会抵赖。"[5]

社地租期为一年，租地的时候不需要会社所有成员同意，主要是由管理社地的人

---

[1] 来自赵俊喜老人的讲述。
[2] 来自刘守斌老人的讲述。
[3] 来自对刘兴汉老人的访谈。
[4] 来自刘守斌老人的讲述。
[5] 来自赵俊喜老人的讲述。

决定，但是一般都会和宫里会社中几个自然聚落的头人说一声。一年租期满了之后如果还需要租地，可以续租，续租一次只能续一年，但是原租户具有优先权，只有原租户不再租的时候才会租给新的租户。

社地的收入由专人管理，主要用于每年的宫里过会。每一年的收入都需要向社员公示，一般在过会完之后公示，公示内容主要是宫里会社这一年的收支情况，其中收入就包括社地的收入。社地收入如果有结余不会分给社员，会存留起来用于下一年的开支。

社地的税赋主要由租户承担，"谁租地谁交税"，租种社地的租户没有出现过拒缴赋税和拒绝交租的情况。

（二）租佃关系

佃方和租方之间没有固定关系，可以是亲戚，可以是邻里，可以是同村的人，也可以是外村的人；可以是相互了解的人，也可以是陌生人。

佃方一般不会给租方干活，但是有的佃方为了来年能继续租种土地，也会巴结租方，主动给租方干活，属于义务帮忙，不需要支付工钱，这样的义务帮忙没有固定的时间，一般在佃方不忙的时间去帮忙，帮忙会管饭，一般人家同桌吃饭，要是大户人家就和长工同桌吃饭。如果租方农忙时主动提出要佃方帮忙干活，一般会给一定的报酬，如果不给报酬也会请吃饭，租方主动提出，佃方一般都会去帮忙，如果不帮忙，来年再租种土地时对方可能就不愿意。去干活的时候一般都是自己一个人去，家人不用去帮忙。

一般情况下，佃方生活困难，租方不会主动帮忙，但是佃方提出请求的时候，租方一般都会帮忙，租方不会对佃方太过苛刻，因为也担心来年别人不愿意再租种。佃方家里有红白喜事的时候，租方会不会去参加分为两种情况，如果租佃双方为亲戚关系，租方会去参加，但是不帮忙；如果租方为大财东，则不会去参加，也不会去帮忙。如果佃方因为红白喜事开销太大交不上租子，只要佃方提出，并且只能是家长（掌柜的）提出，家庭其他成员不能提出这样的申请，良心好一些的财东会考虑延期，但不会减租。因为天灾人祸交不上租子会减租或延期，但是因为自己经营不善导致交不上租子一般不会减租，确实交不上会延期，延期会收利息，利息由地主定，但一般都比较低。租方对佃方的关系相对平和，不会太好也不会太差，在南陵村及周围村庄，租种土地的情况都比较少，租佃双方也没有发生过纠纷。

过年时，佃方不一定给租方拜年，如果是自己主动找租方租地，过年的时候佃方一般都会给租方拜年，拜年是大年初一的时候去，由家长去，去拜年一般都会带礼物，去拜年的时候不会在租方家里吃饭，但是佃方如果第二年不想再续租了，也可以不去拜年。如果是租方主动找佃方租地，佃方一般不会去拜年，但是如果租佃双方之间有亲戚关系，过年的时候也会拜年，这个拜年不是因为土地租佃去拜年，而是因为亲戚间的相互关系而拜年。

国家或村落给租方的摊派根据租佃关系发生时签订的契约决定，如以分成租金产生的租佃关系，摊派就由双方共同承担，其余比例分成，则遵循谁得多谁负担的原则，在签订契约时已确定由某人负担的情况除外。

租佃关系发生后，租方一般不能提前收回土地，如果确实需要收回需要由租佃双方共同协商，并支付违约金，违约金多少也是双方协商，如果协商不一致发生了纠纷，请说话人（中人）调解，请说话人一般是佃方去请，不用带礼物，如果说话人调解不了，会请佃方所在甲甲长共同协助调解，如果还是调解不下来就会提起诉讼，通过诉讼程序解决，提起诉讼是由佃方提出，但是很少会到提起诉讼的环节。

四、土地典当与典当关系

在南陵村没有出现土地典当的情况，但是在离南陵村不远的地方出现过土地典当情况。"离南陵村50里的耀县，有一山主，自己已经到县城生活，将家中土地典当出去。向其典当土地来种的人一般都是逃荒到此的人。逃荒到此，想典当山主的土地，就和山主说，一般是逃荒到此的人家的当家人去和当地负责帮忙山主看管土地的人说，但是当逃荒至此人中只有女儿或是只有女儿和小孩，一般不会去典当土地。"[1]

典当时土地面积不丈量，以目测定面积，典当也没有具体的时间，想什么时候典当都可以。

向该山主典当土地时不需要签订纸质契约，但是会签订君子协议，以口说了算。典当土地不需要当面找到山主，山主在当地找了管理人，自己已经住到了城里，典当和交粮都只要找管理人就可以。

典当的土地边界以洪水冲刷出来的沟为界，不立界牌，不需要认证，为心理边界，如果因为雨水冲刷边界位置发生移动，则以新形成的沟为界。一般不会因为边界的问题产生纠纷。山主在该地找了一户信任的人家代管典当户，每年将典当收入送入城中给山主。在典当的时候，若地荒着，第一年不算在典当期内。

"典当一般都是用一些贵重的物件作为抵押，但因为山主的山面积比较大，山地的收成也不好，所以一件物品就能抵押到很多土地。有的因为和管理山地的人关系较好，没有抵押物也能典当，山主也不知道自己具体有多少土地。"[2]

典当期一般是长期，但是粮食是按年交，遇到天灾没有收成不需要交，山场的地

---

[1] 来自刘兴汉老人的讲述。
[2] 来自刘兴汉老人的讲述。

赋很少，由山主自己交。

第三节 经营与经营关系

1949年以前，土地是南陵村村民组织农业生产和经营家庭生活的基础。南陵村的土地以家户私有为主，土地经营的基本单位是家庭，家户内实行家长负责制，根据长幼尊卑和性格差异进行劳动分工，通过自主劳动、合作、雇用劳力等经营方式来经营农业生产和家庭生活。本节将主要从经营单位与经营权、经营与分工、经营与合作、经营与雇佣四个方面来考察传统时期南陵村的经营及经营关系。

一、经营单位与经营权

在南陵村，家庭既是进行农业生产的基本单元，也是生活的基本单位。本部分将从经营单位概况与经营权两个方面来对传统时期南陵村的经营单位与经营权进行考察。

（一）经营单位概况

土地的制度、数量及经营方式共同决定了土地的经营单位。传统时期的南陵村，主要以一家一户为单元进行农业生产，在一些环节出现几家合作的情况。下面将从一家一户的经营单位、几家合作的经营单位、经营单位与分家三个方面来对南陵村的经营单位进行考察。

1. 一家一户的经营单位

据村中老人介绍，在南陵村，土地以家户私有为主，土地未出现大规模的集中，家户成为农业生产经营的基本单位，以是否在同一个灶台吃饭来确定家户的范围。

根据村中老人回忆，民国时期，南陵村共有农户约180户，人口约1 000人，户均人口5.56人，约5 800亩土地，户均经营32.22亩。另外，根据南陵村所在县域来看，民国三十六年（1947年），南陵村所在的县域有农户36 188户，198 688人，户均5.49人，共有土地1 315 427亩，户均经营土地36.35亩。具体来看，在本章第一节的人地关系中也提过，南陵村铁炉堡有户数19户，人口约110人，户均5.79人，户均经营土地36.16亩；南陵村赵家堡有户数约65户，人口约350人，户均人口5.38人，户均经营土地30.77亩；北刘堡有农户约55户，人口约300人，户均5.45人，户均经营土地27.27亩；南刘堡有农户40户，人口约220人，户均5.50人，户均经营土地30.00亩。南陵村经营单位概况如表3-11所示。

表 3-11 1949 年以前南陵村生产经营单元概况

村（聚落）名	家庭单元人口（人）	家庭单元经营土地面积（亩）
南陵村	5.56	32.22
铁炉堡	5.79	36.16
赵家堡	5.38	30.77
北刘堡	5.45	27.27
南刘堡	5.50	30.00

2. 几家合作的经营单位

在生产经营过程中，不同的经营环节对劳动力数量的需求不同，同时土地数量的多寡也影响着经营过程中对劳动力的需求量。从生产环节来看，在小麦种植过程中，播种和收割时节对劳动力的需求相对较大，此时土地较多的人家以家户之力就难以完成经营过程，需要通过家户间的合作来弥补劳动力不足的问题，如换工、变工和搭庄稼等。

"南陵村的土地大都是自己耕种，但是村民的土地有的多有的少，家庭的劳动力也不一样，有的时候光自己家里的人就很难完成，但是又不需要请工，那怎么办呢？一是相互帮忙，主要就是街坊邻居中关系好的相互帮忙，你帮了我，等你种的时候我再去帮助你。还有一种是变工，这个主要是做相同事情的人家之间的合作了，像平整土地，你家需要平整土地，他家也需要平整土地，你们需要平整的土地也差不多，这样就可以相互变工。另外，还有一种方式就是搭庄稼，之前也说过，大户有牲口，有生产工具，但是土地多，劳动力不足，而小户土地少，生产资料也少，那怎么办呢？就相互搭庄稼，小户提供劳动力，大户提供生产资料，各取所需嘛。"[1]

3. 经营单位与分家

"树大分权，崽大分家"，家户所具有的裂变性也限制了经营单元的壮大。据村中老人讲述，在南陵村，一是儿子中有人结婚了会分家，没有结婚很少分家；二是兄弟中没有人结婚，但是兄弟之间有矛盾也会分家；三是为了躲避兵役而分家。分家就会把一个"扩大家庭"分为两个或是多个"核心家庭"，此时的经营单位从之前的扩大家庭变成了核心家庭，但是生产、生活的经营单元仍然是家庭。

一个家庭有多少人不好用确切的数据来衡量，一个经过多代发展的家庭一般有三至四代人一起生活，一个因为分家另立门户不久的家庭一般只有一两代人一起生活，其家庭人口的数量就不相同，劳动力数量也存在差异。分家必分灶，分家必分土地，

---

[1] 来自刘兴汉老人的讲述。

分了之后以前的大家庭就会变成小家庭，小家庭自己管自己的生活和生产，小家庭的日子就要自己去经营了。[1]

（二）经营权："掌柜的说了算"

在南陵村，无论是自有土地还是租佃土地，农户都有独立自主的经营权，土地里种什么、该怎么种都是由具有经营权的家庭中的家长来决定和安排，村庄和官府均不会干预农户的生产经营过程。至中华民国时期，南陵村的家族已经名存实亡，家族活动局限在了家族祭祀和拜年上，也没有人会干预家族成员的农业经营情况。

对于经营权，刘兴汉老人说："在我们南陵，掌柜的就是一家之主，土地种什么、怎么种都是掌柜的说了算，他要做决定，家里的其他人可以提一些意见，但是最后决定的还是掌柜的。在一些家庭中，为了锻炼年轻人，父亲到了一定的年纪就会让年轻人当家，年轻人会征求父亲的意见，他们是过来人，有经验，但是最后也是掌柜的做决定。掌柜的不仅是决定土地里要种什么，哪里种什么，也还会安排家里的人，今天谁做什么。"[2]

根据老人的讲述，南陵村的经营权者主要可以分为以下几种情况：

第一，家中父亲为最高辈，父亲为掌柜的，那父亲为经营权者。

第二，家中爷爷健在且为最高辈，如果爷爷为掌柜的，则爷爷是经营权者；如果父亲为掌柜的，则父亲为经营权者，爷爷的意见只做参考，最终由父亲决定。

第三，如果家中无男性，妇女守寡，则妇女为家中的经营权者。

第四，分家之后男性作为家中的经营权者，女性不能单独分为一户。

二、经营与分工

分工是经营方式的一种体现。1949年以前，南陵村的经营分工主要表现在工作内容的分工上。另外不同类型的家庭，其经营与分工也有所不同。

（一）当家人与分工："家有千百口，主事在一人"

在南陵村，家长即一家之长，也叫掌柜的，在家庭中具有最高的权威。对于家庭土地的经营，种什么、什么时候种、如何种等均是由家长说了算，其余的男性家庭成员可以提建议，但是最终的决定权在家长手上，女性一般不参与农业生产的各项活动。

家长一般是由家中年长的男性担任，如果年长者因为身体欠佳或是想锻炼儿子，也会将家长的位置传给儿子。如果一个家庭中男性去世，而其子嗣中又暂时没有人能够担任家长之位，原家长的妻子也可以担任家长，其担任家长之后，一些该由男性完

---

[1] 来自刘兴汉老人的讲述。
[2] 来自对刘兴汉老人的访谈。

成的社交活动还是会安排家中的男性去做。

"一个家庭中,掌柜的也不可能自己就能完成所有的事情,需要整个家庭成员的相互配合和协助,掌柜的负责安排,每一个家庭成员均有明确的分工,具体谁做什么就由掌柜的决定。像我们家,我小的时候父亲就安排我去放牛,他们下地,我那时还小,下地干活也做不了什么。"[1]

在一个家庭里,家长不仅掌握着事务的决定权,还掌握着财政大权,家里的财产均由家长保管和处置,但也有一些家庭的家长将财产的管理权交由其妻子或是家中有能力的妇女管理,但是钱财的最终处置需要得到家长的同意。家庭成员一般不能拥有自己的"小金库",所有的财产收入均需要上交家长,再由家长来进行分配。

(二)男女分工:"男主外,女不一定主内"

在一个家庭内部,性别也是影响劳动分工的重要因素。1949年以前,受封建思想的长期影响,男女社会地位极不平等,在很多事情上对女性加以了限制。民间有一句话常用来形容社会分工,即"男主外,女主内",但在传统时期,南陵村的社会分工是"男主外,女不一定主内"。

在土地经营过程中,成年男性成了主要的劳动力,男性负责从事农业生产各项事宜,而女性则在家做一些诸如洗衣、做饭、带孩子的家务活,在一些家庭中,因为劳动力不足,成年女性也会到地里参加除草、浇水等生产活动。

家中对外的事务一般都是由掌柜的出面完成,如果掌柜的不在家也一般由家中的男性出面参与,女性不能出去"抛头露面",而在家庭中,女性虽然做着一些家务活,但是对于家庭内部事情,很多女性都没有决定权,"主内"也成了一句空话。对此,刘守斌老人说:"一个家庭就是掌柜的说了算,家中大小事务都是由掌柜的决定,掌柜的不在家或是外出,就会委托家中其他的男性来代管,但都只是代管一些小事。如卖牲口、卖土地这样的大事就必须由掌柜的来决定,掌柜的不在,别人也不敢买。再像种地,今年种什么、什么种多少都是掌柜的说了算,掌柜的要是外出,会将这些事情安排好。在我们家,就是父亲说了算,父亲安排我们做什么我们就去做什么,母亲一般也不会安排这些事情,那个时候封建,妇女的地位低,更别说决定权了。"[2]

(三)不同类型家庭的分工

在南陵村,不同类型的家庭,其分工也有所不同。

---

[1] 来自刘兴汉老人的讲述。
[2] 来自对刘兴汉老人的访谈。

1. 自耕户:"自家的地只能自己操心"

对于自家有土地且自己耕种的农户来说,自己的土地耕种的时候自己做主,不需要向任何人请示,由掌柜的决定,如果家中还有老人,也会征询老人的意见,一些家庭还会和妻子商量。

"以前,我们家自己种地,那个时候父亲当家,家里的事情就由父亲安排,主粮肯定都是种小麦,但是拿哪里的土地来种、种多少就由父亲安排,我们不当家,父亲安排我们做什么我们就去做什么,年纪大一些的时候,父亲说要怎么怎么弄,我们不同意还是会和父亲说,但是父亲的决定要是不改变,我们还是只能按照父亲的安排去做。那时候父亲就是最操心的人,生产的事情都要操心,不操心也没有办法,自己的地只能自己操心,别人不会管。"[1]

2. 佃户:"种得不好财东会管"

在南陵村,没有土地或是土地少的人家会选择租种土地,据村中的老人讲述,南陵村因为没有水,干旱是比较常见的,所以租种土地一般都采用分成交租的方法,佃户虽然有独立经营的权利,但其经营的好坏会影响财东家的收成,经营不好财东会干预。

"我们家做了财东家的佃户,每年要给他们上租,租来的土地主要就是种麦子,别的一般也不种,租的土地本来就不多。租来的土地我们想种什么就种什么,想怎么种就怎么种,是家里的大人说了算,但是有的时候你要是租来了土地不好好地种,财东就要管你。种得不好财东会管,种得不好他的租子就少了,他的收成也就少。他会让家中的长工或是管家来和你说要怎么怎么种,如果还是不好好地种下一年可能就不租给你了。"[2]

3. 长工家庭:"让你下地就下地,让你做啥就做啥"

长工一般都没有土地,是为财东家或是其雇主家下苦力,帮其经营土地,一些长工在有了积蓄之后会选择购买一些土地,但是这样购买的土地比较少。据村中老人讲述,在南陵村,刘润兄弟俩,刘润在桥上卖吃的,弟弟去拉长工,后来买了24亩土地,他们是拉长工买下土地最多的;其余的一般只买了几亩,如巫学春买了六七亩,曹振忠买了4亩;有的就一直拉长工,到最后都没有置下土地,如王凤岐。

长工的土地比较少,如果买了地之后还继续在财东家当长工,其土地一般是在给财东家种的时候一起代耕,收的时候也是同样地帮忙代收。对此,刘兴汉老人说:"长

---

[1] 来自对刘兴汉老人的访谈。
[2] 来自郑生林老人的讲述。

工主要就是给财东家干活,有的后来虽然买了一些土地,但是都比较少,就只有几亩,如果不当长工光靠那几亩土地不够生活,所以他们的精力不是在种自己家里的几亩土地上,主要还是给财东当长工,帮财东经营财东家的土地。他们当长工,让你下地就下地,让你做啥就做啥,自己不用操心种什么,要怎么种,这些都是长工头或是管家操心的事情。他们自己的土地,很快就能种完,很多都是种财东家地的时候顺便就给自己家的地也种了。"

三、经营与合作

(一)生产资料合作——搭庄稼

"搭庄稼"是指在农业生产中,因生产工具和劳动力占有不均而产生的抱团发展的农业生产方式。大户家庭土地占有多,劳动力不够,而小户家庭缺乏生产工具,且平日里除了打短工,有空余时间,因此产生了搭庄稼的生产方式。搭庄稼的农户共用生产工具,在农业忙季互相帮忙,小户支援劳动力(苦力),大户支援生产工具和牲口。搭庄稼的农户所有生产工具都是私有,没有共有的情况。

据村中老人讲述,民国时期,南陵村主要的生产资料合作方式是搭庄稼,只有关系好的农户才会搭庄稼,即平时关系紧密,相处较好的人家才会搭庄稼。小户和大户搭庄稼。搭庄稼的农户均是本村人,在南陵村没有出现过本村人和外村人搭庄稼的情况。

搭庄稼需要小户向大户打招呼,征求大户的意见,只需要大户口头答应就好,不需要立文约,也不需要中间人(说话人)。去打招呼的时候只能是小户的家长去向大户的家长打招呼,一般不和大户人家其他人打招呼。如若恰巧遇到大户人家家长不在家,和其家里另外的人打了招呼也必须得到其家长同意方可。搭庄稼有临时搭的,也有长久搭的情况。搭庄稼的农户在 2—5 户不等,2 户、3 户一起搭庄稼的情况较为常见。搭庄稼的农户中只有一户是大户,其余均为小户,南陵村没有出现过两户大户搭庄稼的情况。而且搭庄稼的农户有至少两户为长久搭的,即除了农忙时节,平日里只要大户家里有事,小户正好有时间,也会去帮大户干活。

搭庄稼中耕牛和农具的使用具有一定顺序,据村中老人讲述,大户家先用后小户才能使用。收麦的时候是与时间做斗争,大户一般请麦客收麦,小户就自己收麦,这个时候搭庄稼主要就是搭场里的工具和场子。种的时候也需要赶时间,所以大户种得差不多时便会让小户耕种,不会等自己全部种完才让小户耕种,这样会错过丰产期。让小户耕种时一般是借给小户耕牛和农具,大户很少会帮小户干活,除非关系特别好。

如果搭庄稼的户数超过两户，小户耕牛和农具的使用遵循如下顺序：其一，搭庄稼的农户中有且只有一户为长久搭的农户时，大户用后首先由长久搭的农户使用，再由临时搭的农户使用。如若临时搭庄稼的农户数超过一户，耕牛和农具的使用顺序由大户人家解决。大户人家虽然不会明着去安排谁家先使用，谁家后使用，但是心里都会有考量，主要考虑关系的亲密程度和小户帮大户干活的多少。其二，搭庄稼的农户中出现不止一户为长久搭的情况时，耕牛和工具的使用顺序由大户人家决定，大户人家主要考虑长久搭的农户平日里帮忙干活的多少。长久搭庄稼的小户一般不会超过两户。

收麦要与时间做斗争，所以收麦的时候小户人家一般不会去帮大户人家收麦。这个时候妇女在家割麦，男人就出去"赶场"（帮别人收麦，做短工），这个时候出去赶场能挣一个好价钱。"在南陵村铁炉堡，刘邦友、刘邦成、曹振忠与刘邦斌（大户）搭庄稼，搭了10多年的时间。王凤岐与刘均禄（大户）搭庄稼，王凤岐一年四季都去帮刘均禄家干活。"[1]

（二）劳动力合作：换工与帮工

1949年以前，南陵村劳动力合作的方式主要有换工和帮工。下面将对传统时期南陵村的换工及其关系、帮工及其关系进行考察。

1. 换工

（1）换工概况

换工，在南陵村也称为变工。该村存在变工的现象，但是不太多。据老人讲述，变工之事是一人难以完成的，且只有变工家庭做的事情相同时，变工行为才会发生。变工一般在农闲的时候，农忙的时候不会变工，种庄稼的时候几乎不变工。在南陵村，以下几件事均会变工：

其一，挖窑；

其二，淘井；

其三，平整土地；

其四，修房子。

（2）换工关系

一般是邻居变工，同村人也会变工，但是没出现本村和外村变工的情况，变工的农户关系一般较为缓和。变工一般是男丁去变工，较少有女性去变工的情况，只有在如种红薯等一些较轻的或是只有女性或是女性参与才能完成的活上，女性才会变工。

---

[1] 根据刘兴汉老人的讲述整理。

如果一家男劳力去世或是丧失劳动力，女性一般不去变工，也少有人和这样的家庭变工。变工的时候是男工变男工，女工变女工，一般不存在男工变女工或是女工变男工的情况，即便发生男工变女工或是女工变男工的情况，变工之人也不会相互计较。

变工有两户变工的情况，也有多户变工的情况。变工没有固定的组织，也没有固定的组织者。做谁家的事情，就由谁家的家长指挥，怎么做由家长说了算。

变工也没有固定的顺序，只是在吃饭的时候（一般都端着碗在街上吃）相互商量，先做谁家的，后做谁家的。

变工时的常用工具都是各自带，但是一些特殊工具和不常用工具需要主人家自己准备。带来的工具用坏了，主人家不需要赔偿，变工的过程中，如果主家工具损坏，也不需要赔偿。

一般变工都需要管饭，做谁家的活就是谁管饭，管两顿饭，有的家庭晚上还会"喝汤"。吃饭时吃什么没有讲究，家里有什么就吃什么，很少出现因为家中要做变工之活而特意到市场上去买菜的情况。但是变工时吃的饭菜要比自家平日里吃的稍微好一些。变工的时候都只是参与变工的劳力在做活者家中吃饭，一般不会带孩子。

变工以变工之事做完为止，没有固定的变工周期。变工的时候也不会计算工作量，不会计较帮谁做了几天，做的事情轻重。存在变工的时间差和工作量之差均不需要补偿。变工的一般都为小户人家，大户人家不变工，一般都是请工。保长不需要变工，甲长和村民同等变工。

2. 帮工

帮工是一种互相帮忙，不拿报酬，用工还人情账的一种合作方式。帮工也是南陵村劳动力合作的最主要方式，帮工行为发生的频率较高。

帮工行为发生在亲戚和关系好的街邻之间，帮工都是主动去帮忙，不需要请，也不会计算帮忙的工作量，都是主动去帮忙，一般不存在主动去请的情况。亲戚、关系好的街邻都会去帮工。亲戚和邻里帮忙没有什么区别，做活时分工也没有区别。"帮工多为本村人，如果工作量比较大（如修建房屋），外村的亲戚也会来帮忙，不需要请，主动来，一般大事在平日的走动里就会说，到了时间，亲戚就会主动来。如果帮工的活一天做不完，有远房亲戚来帮忙，主家要管住宿，住宿在前殿或正院。"[1]

帮工不拿工资，互相帮忙，帮工用工还"人情账"，但也不计较帮忙的数量多少和时间长短，即便帮忙的工作量存在差距也不需要补偿。帮工需要管饭，一天三顿饭，晚上需要"喝汤"，帮工时吃的都要比平日里自家吃的要稍好一些，菜品和菜数没有讲

---

[1] 来自刘兴汉老人的讲述。

究，都是同桌吃饭，座位没有讲究。如果一桌坐不下，会分成两桌或多桌，谁和谁坐一桌没有讲究，帮工时也一般不存在喝酒的情况。

(三) 水利合作：私井公用

旧时的南陵村，虽在其南方有一顺阳河，但因其地势北高南低，即便在顺阳河的丰水期也无法引水灌溉庄稼，南陵村的水利合作被局限在了生活用水的合作上。南陵村生活饮用水均取于村内水井，水井为私人所有，并不是所有农户都能打井。以南陵村铁炉堡为例，几乎只有大户人家（土地大户）才有水井，没有水井的农户根据关系生疏和距离远近选择到谁家去担水。生活用水（洗衣）主要取自涝池，涝池产权归村庄公有，为村民共同修建，主要用于收集雨水，供平日里洗衣服和以备火灾之需，涝池平日里不需要人管理，如果需要维护则是全村一起维护。

四、经营与雇佣

在南陵村，市场雇佣的经营关系主要包括请长工、短工、忙工、麦客等。本部分将从长工及其关系、短工及其关系、忙工及其关系三个方面来对传统时期南陵村的经营与雇佣关系进行考察。

(一) 长工及其关系

长工常年在为雇主劳作，算得上是雇主家稳定的劳动力，是参与雇主家庭经营的一分子。据刘兴汉老人讲述："在仇石村（距离南陵村约600米），大财东仇尚智家中有近400亩土地，还有一个油坊，请了11个长工；在桥南村（距离南陵村约2公里），大财东詹家成家中有土地700多亩，有一个油坊，自家劳动力七八个，请了十四五个长工。"[1]

1. 请长工的原因

从土地改革时划分的阶级成分来看，被划为地主、富农的家庭在民国期间均会请长工，部分中农家庭也会请长工。请长工的数量根据雇主家的情况而定，多少不一。每一个家庭请长工的原因不尽相同，但总地来说主要是因为以下几个原因：

第一，土地多，自己家中劳动力不足，需要雇长工帮忙才能完成家中农业生产；

第二，家中除了有土地外，还有油坊、粉坊等副业，需要请长工来帮忙发展副业或是进行农业生产；

第三，家中的劳动力去经商，无剩余劳力种地时会请长工；

第四，自己有手艺，不种地，也会雇长工，如南陵村刘邦富（看病先生）；

第五，家中经济条件好，自己人不想做活，也会请长工来帮忙干活。

---

[1] 来自对刘兴汉老人的访谈。

2. 长工的条件

雇长工对年龄、品行、性别没有具体的要求，因人而异，具体要看雇去的长工做什么事情。做长工的人大多有些手艺，家中土地较少或是没有土地。请长工时一般都是请男性，很少请女性，女性只是会被请去做饭。请长工时既会请本村的长工，也会请外村的长工，一般优先考虑本村的人，再考虑外村的人，本村人只请本族的人和可靠的人，对于本村长工和外村长工各做什么工作没有具体区别，平等对待。

3. 请长工的方式

不同的家庭请长工的方式有所不同，根据村中老人讲述，主要有以下几个方式：

第一，财东主动去请长工。只有"全把式"（什么手艺都会的人）或是有特殊手艺的人才能享受财东主动去请的待遇。有特殊手艺，品行好，财东看得上的长工，财东才会主动去请。同时，一些财东为了留住好的长工，还会用一些旧衣物去收买长工的心。财东去请长工，多是让家里的下人去请，也会有财东自己去请的情况。去请长工的地点不确定，但多为去家中请，如果所请长工不是家中家长，需要获得家长同意方可去当长工。"在南陵村北刘堡，刘绳武请南陵村铁炉堡韩庚当长工，一请就连着请了三四年。韩庚扬场、入草（送草料）、种豆、撒豆、撒粪特别均匀，还能做各种生产工具，算是全能，所以仇尚智家、詹家成家均来请韩庚去做长工，别的长工一年最多能拿到10石麦，刘绳武给韩庚一年12石麦的报酬，在每年腊月二十三下工的时候就把第二年的肉和面（麦）提前支付给韩庚，预定下一年。"[1]

第二，亲戚、朋友介绍长工。财东的亲戚或是和财东关系好的朋友主动给财东推荐长工。推荐后，财东同意了，就由推荐人去叫长工，推荐人不拿报酬。这样做的原因，一方面是和财东的关系比较好，推荐长工也算是帮财东的忙；另一方面是亲戚间的帮忙，亲戚帮忙推荐长工，可以增进关系。

第三，长工自己去找财东。对于没有特殊手艺，又没有人介绍的长工，只能自己去找财东，是去找财东的时候可以带礼物，也可以不带礼物，即欲做长工者亲自到财东家里去找财东。没有具体的讲究。长工自己去找财东，需要财东同意后方可留下来做长工。

第四，"伙计娃"变长工。有的男丁因为家中困难，生活不下去，十四五岁就会出去拉长工，但是因为年龄关系不能直接做长工，只能做财东家的"伙计娃"，等成年后再成为财东家的长工。去当"伙计娃"一般都是家长自己去找，因为自己家生活不下去才会让孩子出去当"伙计娃"。"南陵村铁炉堡韩增财16岁去给大樊村（距离南陵村

---

[1] 来自对刘兴汉老人的访谈。

约 200 米）樊增禄拉长工，但是年纪小，就先当了'伙计娃'。在上工之前先对韩增财进行考察。樊家先拿出一盆馍，看韩增财能吃几个，韩增财吃了 8 个（吃得越多，认为力气越大）；后又让韩增财给牲口圈出粪，两晌出了一圈（一圈 10 多个牲口）。樊家认为韩增财能干，他这才做了樊家的'伙计娃'。"[1]

第五，逃壮丁、逃兵、犯了罪为了掩蔽身份去当长工。这样的长工一般都是自己去找财东，财东不会主动请这样的长工，有的财东会担心，所以此类长工找上门会拒绝，即便是财东同意，大多也会要求使用假名字。

4. 长工的合约

请长工不写合约，有的需要请中间人，有的不需要请中间人，请中间人时财东或是长工均能去请，请中间人不需要带礼物，但是大多情况下都不需要中间人。虽然不写合约，不规定工作时间和工作量，但是会进行口头约定，立下君子协定，主要约定长工的报酬和工作的大致内容，签订君子协定不需要交纳保证金。

若在约定时间内，长工与财东双方发生矛盾，没有做满约定的时间，由中间人进行协调，报酬能不能拿到由中间人说了算，但也分情况，如果是掌柜的（财东）开除长工，需要付给长工报酬，报酬不少于长工工作时间的报酬折算值；如果是长工自己提出不干了，就需要中间人出来说话，是长工去请中间人，不需要带礼物，也不用给报酬，长工在拿到报酬后，中间人也不抽提成。"原事不离旧惯"，请中间人只能请原来的推荐人。如果做长工的时候是自己去找的财东，没有请中间人，发生纠纷的时候去请甲长、当地人给评评理，请甲长、当地人也不需要给报酬，拿到报酬后也不需要请中间人吃饭，这些人之所以帮忙，都是出于义气和正义感。

5. 长工的报酬

长工的报酬因人而异，长工可以和掌柜的（财东）谈价，多则 10 多石麦，少则两三石麦。掌柜的自己去请的长工，报酬就会高一些，一般一年能拿到 7—8 石麦的报酬，有手艺的长工能拿得多一些，如韩庚每年能拿到 12 石麦，为南陵村所有长工中报酬最高的人；通过亲戚、朋友介绍的长工，一年一般能拿到 5—6 石麦的报酬；自己找上门的长工一般一年能拿到 5—6 石麦的报酬，一年拿到 3—4 石麦的情况也有；"伙计娃"一年一般能拿到 2—3 石麦的报酬，成年后成为正式的长工，报酬和其余长工一样；逃兵、逃壮丁、犯了罪为了隐藏身份的人去当长工，一年一般能拿到 3—4 石麦，低于正常的长工。

长工的报酬一般是在收完麦的时候给一半，剩余的一半在腊月二十三下工时一次

---

[1] 来自对刘兴汉老人的访谈。

性给清。如果家中有急事（如丧事等），长工可以提前和掌柜的拿报酬，但是必须得到掌柜的同意。

6. 长工的管理

中户家庭或是长工少的家庭，长工由掌柜的直接管理，长工多的家庭会设立长工头，由长工头管理长工和农业生产。

设立长工头的家庭一般都有10个以上的长工（伙计），长工头由掌柜的（财东）自己去找，相当于掌柜家的半个伙计。长工头一般要满足如下几个条件：一是做长工的时间比较长，了解长工家的情况；二是年纪大，得到了掌柜的信任；三是能管理生产。长工头的职责主要是管理伙计和管理生产，农业生产均由长工头计划和安排，长工头的工作要向掌柜的汇报，生产事宜长工头可自行做主，但是种什么由掌柜的说了算，怎么种由长工头说了算。

长工头一年的报酬一般都在10石麦以上。长工头吃住和长工一起，长工头也不能进入雇主家厨房和正殿（正院，下同）。过年的时候，长工头不需要给掌柜的拜年，也不会去给掌柜的拜年。掌柜家有红白喜事不会请长工头，即便是喜事也不会请，长工头也不会主动去。

长工有事需要请假，不需要长工头的同意，但是需要和长工头说，长工头再向掌柜的说，长工一般不直接与掌柜的请假，通过长工头来完成。

7. 长工的日常生活

"上工一顿面，下工两个圈"，这句谚语体现出了长工的日常生活。长工正月十五一过就要上工，腊月二十三下工，每天干几个小时的活，做多少工作量没有约定。

长工住在财东家的偏院，偏院是伙计住的地方，也是关牲口的地方，家里的水井一般也在偏院，长工进出均走院子的偏门。

长工多的家庭吃饭时，长工自己吃，不和主家人坐一桌，甚至不上桌，长工自己端自己饭菜。中户人家，长工少，吃饭的时候雇主和长工同桌，吃同样的饭菜，中户人家一般是女性做好饭后端着给送过来。长工除了挑水、送面，一般不得进入雇主家的厨房和正殿。

长工生病，雇主家会请医生给长工看病（小病硬扛，大病才会请医生来看病），请医生看病由掌柜的出钱。长工生病能请假，但是像长工这样下苦力的人，一般都年富力强，很少生病，生病若请假，一般请两三天不扣报酬。

长工生日，雇主不会为其放假，也不会有什么特殊表示。长工的生日，雇主一般都不知道，长工也不会告诉雇主。

过年时，长工不需要给雇主家拜年，雇主也不会给长工家拜年。雇主不会请长工和家人吃饭，但是在腊月二十三下工这一天，雇主会请所有的长工吃饭，吃的饭菜会比平日里吃得都好。

雇主家有红白喜事，长工不需要送礼。雇主亲戚家的红白喜事不会请长工，长工也不会主动去。本村的长工家有红白喜事，雇主会搭上一份礼，礼和其余的村民一样，没有特殊之处，且礼物都较为简单。村中大财东家中有红白喜事，村民均会随礼，灾荒的时候要向财东借粮。本村的红白喜事不会请本村里的外村长工，外村长工也不需要参加。如果长工不能操办（如丧事），掌柜的会帮忙，花费从长工的报酬中扣。

雇主家亲戚有事帮忙，雇主一般不会让自家的长工去帮忙。即便去帮忙，也不会给额外的报酬。

长工不是本村人，在本村做工，不需向保长、甲长打招呼，也不需要请他们吃饭。长工不是本村人，也不会被拉去当壮丁。

（二）短工及其关系

以家户进行生产活动，常在农忙时节（如种麦和收麦）出现劳动力不足的情况，短工的出现有效地缓解了这种情况。

1."做日子活的"

短工又叫日工、日子工，当地还有人称其为"做日子活的"。大家庭和财主都会请做日子活的。自家活忙结束或剩余活不多的穷人会去做日子工。请短工一般在本村请，很少请外村人。农忙时节请日子工的情况较为多见，农闲时也会请日子工，但较少。请来的短工中，本家人、亲戚、本村人待遇都一样。但是男性和女性不同工、不同酬，女性的报酬低于男性。男性一天2—3升粮食，女性只有1—2升粮食。短工做活的工具全部由掌柜的提供，用坏了不需要赔偿，也不会扣工钱。短工只管吃不管住，一天两顿饭。如果是大户人家，短工吃饭和伙计一起，不能与雇主家同桌，如果是一般家庭，请工的数量较少，可以和雇主家同桌吃饭，女性吃饭不上桌，吃饭时座位也没有讲究。

2. 麦客

在南陵村，收麦时节存在麦客割麦的现象。一般土地大户都会请麦客割麦，一般小家庭如果自家劳力无法割麦也会请麦客割麦。"南陵村韩增财家，因为韩增财手上有伤，只有4亩地，手不方便也请了麦客，自己在家里给麦客做饭。[1]"

割麦的时间短，叫的麦客多，一般1—3天的时间要把所有的麦割完，土地大户最

---

[1] 来自对刘兴汉老人的访谈。

多也要在3天之内把麦割完,一般都是1天。麦客需要掌柜的到劳务市场上去请(宫里镇[1]在没有成立集市之前就有了劳务市场),一般是早晨五六点就去请,天一亮就要下地干活。请麦客的时候没有先后顺序,掌柜的到了市场上,事先说好需要几个人,工资是多少,然后愿意干的就跟着走,需要的人数满了为止。麦客既有本地人也有外地人,在宫里镇的麦客中,外地人多为甘肃和陕北人。请好麦客之后,掌柜的把麦客带到地里,指自己家的地给麦客看,然后就不管了,让麦客自己去割,麦客割好后自己去丈量面积,丈量面积用步子量,量好后将面积报给掌柜的。掌柜的知道自家土地的面积,然后到地里目测麦客割的面积,只要不相差太多就会直接给工钱。麦客的工资按亩计算,一亩麦多少钱,只要钱不要粮食,一般都是当天割麦,当天给钱,如果家中的麦没有割完,也有被掌柜的留下第二天继续割麦的,这样的情况掌柜的就需要提供住宿,一般住在偏院。

(三)忙工及其关系

一般土地多的大户会请忙工,忙工的工作时间为30—40天,多在夏季收麦的时候请忙工,碾场、种麦的时候也不会请忙工,做忙工的人一般家中土地较少。忙工是由掌柜的去请,一般是掌柜家的亲戚或朋友,多为邻村人,请外村人的原因是因为外村人好使唤。忙工都是男性,没有女性当忙工的现象。请忙工没有限制,只要你有能力,谁家都能请。请本家人、亲戚、本村人和外村人,待遇都一样,没有差别。请忙工由掌柜的管饭,一般是三顿饭,晚上需要"喝汤"。除了管饭之外,掌柜的还需要管忙工的住,忙工和长工住一起,吃也是一起。有的雇忙工的家庭不一定雇长工,忙工住在偏院,吃饭的时候忙工一起吃。土地大户也会请忙工,如果忙工数量少,会同桌吃饭。忙工使用的工具是由掌柜的准备,用坏了不需要赔偿。忙工一般不出现只做了一半就走的情况。请忙工也会有说话人,请的时候就定报酬,报酬相互商议,报酬是在碾场完毕之后给,同一家的忙工,报酬不一样,能力越强报酬越高,但是报酬都是在请工的时候就定下,即便做的过程中表现好,也不会加报酬。请忙工不签合约,君子协定,忙工直接由掌柜的指挥,由掌柜的直接管理。

第四节 交换与交换关系

社会生产力的发展水平决定着交换的方式和方法。在人类历史的长河中,随着生产力水平的发展,交换由产品交换发展到商品交换,同时,生产发展的规模和结构决

---

[1] 1949年以前称之为宫里桥,现为宫里镇镇政府驻地。

定了交换的深度和广度。1949年以前的南陵村，传统的生产方式以一家一户为主要单元的生产规模，均影响着南陵村传统时期的交换与交换关系。

一、集市概况

南陵村周边集市众多，且各集市进行交易的商品有所不同，根据村中老人讲述，主要有富平集市、流曲集市、王寮集市、曹村集市、庄里集市、宫里集市等，分别位于南陵村不同方向，且不同集市的主要交易活动有所侧重，具体情况如表3-12所示。

表3-12 南陵村及周边集市分布情况

序 号	地 点	位 置	距离（公里）	集 期*	会 期	主要物资**
1	富平	南陵村西南方	10	五、十	—	粮食
2	流曲	南陵村东方	7	四、八	四月初八	农具、木材
3	王寮	南陵村东南方	7	三、七	无会	—
4	曹村	南陵村北方	7	三、九	无会	—
5	庄里	南陵村西方	7	三、七	三月十五	物资
6	宫里	南陵村南方	3	一、六	二月十五	牲口

* 集期均是就农历而言，如富平为五、十，则是指农历中逢五、逢十的日子均是集期。
** 主要物资中生活百货是每个集市都有的商品。

（一）富平集市

富平位于南陵村西南方向，相距约20里路。富平集市的集期是农历逢五、十，只有集期，没有会期。南陵村的村民到富平集市的还是比较多的，到富平集市主要是进行粮食交易，富平集市上有好几家粮铺，这里的粮食更多。卖粮食的村民到这里赶集是因为选择更多，价钱也会相对实惠一些；而村民到这里卖粮食，一方面是在这里卖粮食更为方便，另一方面是因为卖粮食的大户人家一般都有和自己家里合作的粮铺或是粮食集，都是卖给固定的人。如果和外界有书信来往，粮食集是带信和收信的地方。

（二）流曲集市

流曲位于南陵村的东方，两地相距约14里。流曲集市的集期是农历四、八逢，除了集期，还有会期，会期的时间为农历四月初八。南陵村到流曲集市赶集的人还是比较多的，一方面是距离较近，来回比较方便；另一方面流曲集市主要的物资是农具和木材，所以农户需要买农具的时候一般是选择到流曲集市去赶集。

（三）王寮集市

王寮位于南陵村的东南方向，距离南陵村约14里路。王寮集市的集期是农历逢三、七，王寮集市只有集期，没有会期。王寮集市主要的物资是生活百货，南陵村的村民一般不会选择到王寮集市去赶集，只有极少数的村民觉得无聊的时候才会到那里去逛逛，还有的村民为了走亲戚，也会选择到王寮集市。

（四）曹村集市

曹村位于南陵村的北方，距离南陵村约为 14 里路。曹村集市的集期是农历逢三、九，曹村集市也只有集期，没有会期。曹村集市主要的物资也是生活百货，南陵村的村民一般也不会选择到曹村集市去赶集，只有极少数的村民觉得无聊的时候才会到那里去逛逛，还有的村民为了走亲戚，也会选择到曹村集市。

（五）庄里集市

庄里位于南陵村的西方，两地相距约 14 里。庄里集市的集期是每逢农历三、七日，集期和王寮集市的集期相同，所以在同一集期内，南陵村村民可以选择到王寮集市，也可以到庄里集市。除了集期，还有会期，会期的时间为农历三月十五。南陵村村民到庄里集市赶集的人在需要购买生产物资的时候就多一些，在平日里就会少一些，庄里集市主要是进行生产物资交易。

（六）宫里集市

宫里，当地人习惯称之为宫里桥，位于南陵村的南方，距离南陵村大约 6 里路。宫里集市建于 1944 年，集期为农历逢一的日子，1947 年改为农历逢一、逢六的日子，除了集期，宫里集市在每年农历二月十五还会过会。宫里集市主要的物资是牲口，特别是过会的时候，其余乡镇、富平，甚至是邻县的人都会带着牲口来这里交易，这里为富平县境内最大的牲口交易市场。除此之外，过会的时候，宫里还会开设赌场，赌场较大，前来赌博的人也较多。宫里集市创建之后，南陵村的村民较喜欢到宫里集市赶集，一方面是比较近，来回较为方便；另外一方面是成了无聊时玩耍的去处。

二、集市活动

（一）赶集

1. 南陵村村民赶集概况

南陵村，因其特殊的地理位置，其所在的乡镇及其周边乡镇均有集市，至少有 6 个集市，几乎天天能赶集。而南陵村的村民一般喜欢选择到县城（富平）赶集。1944 年，宫里乡（今宫里镇）集市建立，因其距离较近，此后富平集市和宫里集市为南陵村村民常去的集市，别的集市也会去，但是去的次数不多，并且南陵村村民去哪一个集市赶集也有一定的选择性。村民去赶集最主要的就是买卖粮食，其次才是牛、羊、猪等。

南陵村的村民虽然有便利的条件几乎可以天天赶集，但是并不会每次都去赶集。去赶集或是上会的人，主要有以下几类：① 买卖东西的人；② 吃东西的人；③ 没事瞎逛的人；④ 想娱乐的人。去赶集一般都是走路，南陵村没有出现骑马或坐车去赶集的情况，即便是买卖粮食，如果粮食不是很多，人能背得动都是人背，如果土地大户卖粮食，粮食比较多，会考虑用车拉粮食，用车一般都是用自己家里的牛和车，也有的农户用小车推粮食到集市上卖的情况。

赶集的时候来卖东西的人多为流动商贩，赶集的时候来，卖了东西，集市一散便离开。而南陵村铁炉堡只有刘润一人在集市上做生意，刘润是一名厨子，在集市上主要就是卖一些熟食和香菜，只有赶集的时候才去卖，不到赶集的时候不会去，在集市上也没有固定的商铺。村里的人到集市上去赶集，也不会优先向刘润买东西，还是会选择价廉物美的商品。

2. 集市选择

对于南陵村村民而言，婚丧嫁娶一定选择到富平赶集，因为富平是县城，商品比较丰富，种类繁多；粮食买卖也走县里，县里的粮食更多，无论是买还是卖都会有更多的选择，更优的价格，但是卖粮食一般喜欢卖给老东家、熟人。上富平赶集，大多是挑着粮食去，所以去得较早，一般是上午8点就出发，下午3点左右返回。对于一些村民，如果自己需要买或卖的东西早早办好了，就会提前回来。

购买生产生活用品，南陵村的村民以前一般会选择上庄里和富平赶集，自宫里集市建立之后，多在宫里集市赶集。在宫里赶集，一般是吃了早饭后才出发（南陵村从传统社会至今一直保留着日食两餐的习俗，早饭一般为9点多到10点，午饭一般为2点多到3点），约11点左右，大概下午4点左右回来。离集市较近的村民，如上高村的村民，都是下会时（4点左右）才去赶集，这个时候的物品比较便宜，特别是蔬菜。

南陵村的村民还会选择到王寮和庄里赶集，如果去王寮赶集，一般是上午八九点去，中午12点散会便回来（王寮的集市散得比较早）；如果是去庄里赶集，一般是上午10点左右去，下午3点左右返回。去赶集的集市选择还与年龄有关系，如南陵村，年轻人喜欢上富平赶集，而老年人则喜欢上宫里赶集。赶集的时候去看亲戚的情况不多，一般赶集的时候就是卖家和买家之间的交往，不会因为在某地有亲戚就优先选择到该地赶集，赶集地的选择是根据赶集的目的和赶集人的情况而定。

3. 赶集的频率

南陵村的村民不是每一个集期都会去赶集，是"有事"的时候才会去赶集，每个月或是每个季度赶集也没有固定的次数。但是一般一个月至少会去一次，家里有需要买的东西的时候会去赶集，有东西需要卖的时候也会去赶集。但是去赶集买东西的时候多，卖东西的时候少。

4. 赶集与买东西

家中有需要购买的东西的时候，一般是家里的家长去赶集，但是家里的其他人也能上街赶集。

家长、男人去赶集主要就是购买农具等生产用品。家长去赶集的时候不需要给家里的人带礼物，如果家中有老人不方便上会，成年人上会会给老人带礼物，带什么没有讲究，主要体现一种孝道。如果家中有小孩，也不用给小孩带礼物，但一些有钱人家的家长、男人去赶集，为了哄家里的孩子开心，也会选择带一些吃的。男性去赶集做什么因人而异，但是男性多是去买农具、生产工具。

家中的妇女也能去赶集，妇女去赶集主要是购买生活用品，但是妇女上会需要和家长说，如果家里内当家是家长的时候，妇女上街还需要家长给钱。妇女上街不需要给家里人带礼物。如果家中有老人，妇女会选择带一些礼物，体现孝道，如果上街买了东西之后还有余钱，也会考虑给孩子带一些小零食，如糖葫芦，主要是为了哄孩子开心，但一般只有有钱人家才会买。

赶集的时候买谁的东西没有先后顺序，谁的东西好，谁的价格便宜，就买谁的东西，如果价格和质量都一样，就会选择向熟人购买。但是卖粮食的时候就不一样了，卖粮食的时候有固定的商行（粮店），习惯性地就去同一家商行卖粮食，如南陵村刘兴汉家，就一直将粮食卖给常胜粮食铺。

(二) 农产品交易

在旧时的南陵村，农产品是进行交易的主要商品之一，南陵村的村民进行交易的农产品主要有粮食和肉类，粮食以小麦为主。进行农产品交易是村民的自主活动，不受村庄、官府等干预。如卖粮食的时候，不会特意通知村里人去卖粮食，也不会故意藏着不让村民知道，这是一个自然而然的过程，有的村民家中可能缺乏运粮的工具，会和村里人借，有的时候甚至会两家或是几家人一起去卖粮食，但一般都是自己去卖自己家里的粮食，出村的时候也不用告诉村里的人。每次卖粮食的数量不一定，这与一个家庭的粮食存量有关，卖粮食主要就是用粮食换钱，然后用钱买自己需要的生产生活物资，一些家庭在遇到突发事件或是急需用钱的时候也会大量地卖出粮食。南陵村的村民去卖粮食主要是去富平集市，这里有固定的粮食集。此外，每一个经常卖粮的人一般都有固定卖粮的粮食集，如刘邦斌家固定地将粮食卖到常胜粮食集，因为经常卖到同一家粮食集，可以建立一个稳定的买卖关系，此外在当时，没有邮局，信件主要通过粮食集来传送，粮食集一般会将自己的粮食卖到很多地方，会去很多的地方，有能力帮忙传送信件。卖粮一般是家中掌柜的去卖，如果掌柜的年纪较大，或是卖的粮食较多，也会让家中的男性跟随，跟随去卖粮的人主要是帮忙搬运粮食。

产品交易过程中，没有任何组织和个人对价格做出规定，但是买卖双方心里都有一个默认的心理价格，这个价格是在长期的产品交易过程中形成的。在交易的过程中，买卖双方会根据这个心理价格进行议价，议价时没有上限和下限，双方都是在为自己的利益争取，通过自由议价的方式形成最终的交易价格。

"口口相传"是旧时村民们获得交易信息的主要方式。"1949年以前交通不便，信息传递速度较为缓慢，交易信息一般都是从与村民、朋友或是亲戚的聊天中得知。有的农户急于购买或是卖出某一产品时，短时间内无法获得交易信息，也会请中间人帮忙。"[1] 中间人负责帮忙联系卖家或是买家，但是这样的情况价格会比正常交易的价格稍低，有中间人帮忙的交易一般发生在非本村之间，可能是本村和邻村、本乡非邻村、外乡村落、外县村落等。在日常生活中，如果没有购买或是卖出某产品的需求时，一般就不会关注交易信息，最多就是在平日闲聊时会听到。

（三）农副产品买卖

家里卖东西一般是女人去赶集，如卖鞋、鸡、鸡蛋等，卖东西的收入一般用来买生活用品，如果卖东西的钱买了所需的生活用品之后还有剩余，回家后要把剩余的钱交给当家的。如果妇女上街卖东西，当家的需不需要给钱因家庭而异，有的家庭会给，有的家庭不会给。妇女上集卖东西，所卖东西的价格不需要甲长来决定，由妇女根据市场价格来卖。家里的牛、羊等牲口需要卖的时候，一般是由家里的男人去卖，且一般是家长去卖，如果家里的男人不在家，女人也可以去卖牲口，但是只能卖牲口幼崽，大牲口不能卖，大牲口只有家里的男人才能卖。"那个时候村民都比较穷，不是想买什么就买什么，也不是有很多粮食去卖，都是家里想买什么东西又没有钱的时候才会考虑拿一些粮食去卖，只有那些土地大户，粮食多，才会卖粮食。买的东西都是家中有需要才会买，那时候比不了现在。买卖的过程中双方可以讨价还价，价格要是能接受了就买，要是不能接受就不买，但是买卖粮食一般都有一个市场价格，市场价格是多少就是多少，也没有必要讨价还价了。"[2]

在卖出产品的时候一般不需要先联系买家，几乎都是拿到市场上公开买卖，也有一部分因为村里其他农户需要，在拿到市场上买卖之前双方已经达成一致意见并进行买卖，这一类买卖活动是在村庄内进行的。农户选择去买东西的时候，没有固定的卖家，一般都会货比三家后才决定购买，如果价格相同、质量一样，则会先向熟人购买，

---

[1] 来自对刘兴汉老人的访谈。
[2] 来自刘炳森老人的讲述。

如果价格不一样，一般就会选择购买价格低的。

三、交易市场及其关系

据老人讲述，1949年以前南陵村的交易市场主要有牛市、猪市、羊市和粮食集，下面将对各交易市场及其关系进行考察。

（一）牛市

1. 牛市概况

在离南陵村约3公里远的宫里镇镇政府所在地，1949年以前属于上高家自然村落，也叫桥上村，这里是离南陵村最近的牛市。

牛市开市时间为宫里庙会期间以及所有赶集的日子，上会期间的牛市较大，除了本地人外，还有外乡人过来买卖牛，但是集期的牛市主要是本地人及周边乡镇的人过来买卖牛。过会期间的牛市开市5天，赶集期间的牛市仅不到一天的时间。牛市开市不需要举行任何仪式。买卖牛也分旺季和淡季，旺季为宫里庙会期间以及收了粮食之后至种麦之前，大概是六七月份。

2. 买牛

牛属于大牲口，买卖大牲口一般是几个人一起去，这些都是村中一起去赶集的人，有的时候去买牲口也会叫上自家兄弟，人多看得准，一起去买卖牲口不用管饭。手里有钱的人家买牲口一般在农历二月十五过会的时候买，一般的人家多在六七月份买，这个时候刚刚收了粮食，另外八九月种麦子需要用牲口。无论是在过会的时候还是赶集的时候买，牲口的价格一般较为稳定。

3. 牲口交易税

买卖牲口需要交税，交税是由卖家交，交税行为发生在牲口买卖行为达成之后，交税时是由经纪人带着卖家去交税。无论是在市场上交易还是市场外交易，牲口买卖都需要交税。但是在市场外买卖的行为就容易产生逃税现象。逃交易税的情况很多，逃税的行为有两种，一种是经过经纪人逃税，即通过经纪人来买卖牲口，在达成买卖协议之后，以不卖牵回家的理由牵走，然后在市场外进行交易，这样的逃税需要给经纪人"好处费"，给多少不一定，但是给的好处费一定低于需要交的税费。另外一种是不通过经纪人，买卖双方自己达成买卖协议，然后把牲口牵回家，买主再到卖家家里牵牲口，但是这样的交易行为只发生在熟人之间，且买家对需要购买的牲口情况有了解。

4. 经纪人

牲口交易有专门的经纪人，经纪人是固定的，活跃在牲口交易市场，和税收部门有联系，帮忙收取牲口交易税。买卖牲口的时候，不通过经纪人达成买卖的行为很少，大多都会选择经纪人。经纪人能看出牲口的年龄，牲口是否患病和牲口的好坏，对牲口比较了解，是行家。

5. 牲口买卖纠纷

牲口买卖过程中发生纠纷的情况大概有以下三种：第一，牲口强买；第二，先后价格有差异；第三，抢占别人的位置。抢占别人的位置时，不仅要给缰绳钱，牲口留下的粪便也不能带走。一般的集市纠纷没有人进行处理，主要是靠乡亲及赶集中"好管事人"来帮忙调解，调解的时候主要是说理，理亏者需要请吃饭。在农历二月十五开始的宫里会期间，如果发生牲口交易纠纷，由巡会的人进行处理。调解的方式一般是巡会的人主动去进行调解，调解后不用给报酬，不需要请吃饭。如果最后纠纷处理不了，矛盾激化，便需要打官司，但是在宫里庙会期间没有因为牲口交易发生纠纷而打官司的情况。

6. 买牛与赊账

进行商品交易的时候没有借贷的情况，但是有赊账的情况。如"买大牲口（牛），是可以赊账的，但是赊账仅限于熟人之间。赊账中间有经纪人（交易员），赊账也只能赊一部分，不能全部赊账，一般给的部分不少于一半。赊账的时候一般需要先给卖家一半的粮食或钱（一般是用粮食），剩余部分可以赊账，但是赊账需要定好时间"[1]。

赊账存在风险，能否赊账主要靠经纪人来说，请经纪人需要给报酬，报酬给多少不一定。给经纪人的报酬是给钱，在交易达成之后给，如果交易没有达成就不需要给报酬。给经纪人报酬是买卖双方都需要给，买卖双方不见面，经纪人也经常会从中拿差价。赊账后，买家在快到期的时候如果还拿不出剩余的粮食或钱，经纪人会去催买家，卖家也会去找经纪人。如果赊账到期后，买家没有还清剩余的账，经纪人一般不需要帮忙赔账。买卖牲口一般会请经纪人，都得巴结经纪人，一般都会请吃一顿饭，不需要送礼。如果不请经纪人，牲口可能三次五次都不能卖出，因为卖家不知道行情，所以一般都会请经纪人。

（二）猪市

在南陵村，牛市、猪市、羊市的位置就在同一个市场上，只是同一市场的不同区域，三个市场紧挨着。

猪市的开市时间不同于牛市，除了在市场上买卖之外，还会在私底下进行交易，在市场上主要是买卖小猪崽。小猪崽一般都是在小猪崽满月后，由家中的妇女背着去

---

[1] 来自刘兴汉老人的讲述。

市场上卖。大猪买卖如果在市场上就需要交税，如果私下交易就不需要交税，但是卖猪肉的时候需要交税，即便买猪的时候交了税，卖猪肉的时候也还需要交税。

买卖小猪崽没有固定的时间，无论是大猪还是小猪，价格都是由买卖双方进行协商，看猪的大小和肥瘦来进行估价。买卖猪没有经纪人，买卖双方能直接接触。

买卖猪都需要家长同意，大猪一般都是家长亲自卖，卖的地点就在自己家中，但是小猪崽就一般由妇女去卖。如果家中男人不在家，妇女也能卖大猪，但一般都是之前家长已经同意，并告知了妇女大概的价格。

（三）羊市

羊市的开市时间不同于牛市，除了在市场上买卖之外，还会在私底下进行交易，在市场上主要是买卖羊肉。很少有卖羊崽的情况。羊一般都是卖大羊，卖大羊多在市场外进行交易，卖羊肉需要交税。

买卖羊没有固定的时间，价格都是由买卖双方进行协商，看羊的大小和胖瘦来进行估价。买卖羊没有经纪人，买卖双方能直接接触。

买卖羊都需要家长同意，大羊一般都是家长亲自卖，卖的地点就在自己家中。如果家中男人不在家，妇女也能卖羊，但一般都是之前家长已经同意，并告知了妇女大概的价格。

（四）粮食集

粮食集有别与其他的集，不是摊位，而是需要一个门面（商铺）。在宫里共有3家粮食集，但是南陵村村民一般是去县里买卖粮食。买粮食的时候没有固定的商行，哪一家的价钱合适、质量好就会选择去哪一家购买，但是卖粮食的时候有固定的商行（粮店），固定的粮店并不是硬性要求要去某一家粮食店卖粮食，而是习惯性地去某一家。例如，南陵村铁炉堡刘邦斌家就习惯性地去一家叫作常盛粮食铺的商行卖粮食。

1. 收粮

粮食集上的粮食也是公开交易，要是能以更高的价格卖出去可以卖，而经常去卖粮的粮食铺不会干涉。到最后，自己卖不出去，粮食铺再以最低的价格收购，粮食铺收购的价格一般都是低于自己卖的价格，但是也不会低太多。粮食铺之所以同意你自己在市场上卖，卖不掉还收你的粮食，是因为收粮的价格低于市场价格，同时粮食铺在称粮食的时候可以做手脚。

2. 卖粮

粮食铺的粮食平日里不会卖，都是存着等天旱或是粮食短缺的时候再卖，一般的集期只有卖粮户担着粮食去卖。买粮的一般是市民，买的量也不会大。粮食集上穷人都是去借粮，借粮可以和粮食铺借，也可以和卖粮户借，但是和卖粮户借需要是熟人。粮食铺主要是通过购剩余的粮食、称粮和扫集获利。粮食集上卖粮不需要上税，也不需要抽提成，粮食集需要农户供粮延续，粮食铺也需要农户供粮生存。

3. 卖粮与吃饭

粮食铺会请去卖粮的大户吃饭，但不是每一次都会请，只是去卖粮的时候遇上吃饭的时间会邀请一起吃饭，如果不是吃饭的时间，不会特意请卖粮大户吃饭。吃饭的时候是在家中吃，和粮食铺掌柜的一起吃饭。去卖粮的时候一般是一家去一个人。有的时候会两三家人一起约着去，有的时候是自己去。去卖粮一般是上午就要出发，晚上不会去卖粮，也不需要晚上就提前去，粮食铺只要没有关门都会收粮食。粮食少的时候就直接挑着去卖，粮食多的人家就会用车推或是拉着去卖。

4. 纠纷

卖粮食的时候一般不会产生纠纷。粮食交易的时候不能直接交易，由交易员（当地称为"把式"，是粮食铺的伙计，他称量粮食的时候不需要给其报酬）负责卖粮和买粮的称量，称量的时候是一边称一边喊号，"某某某，麦多少斗"，然后由账房先生做记录。账房先生做记录的时候没有人进行监督，一般不会乱记，如果卖粮户识字也可以去看账房先生做记录。

5. 粮贩子

有的粮户粮食比较多，粮贩子就会主动去找；也有的粮食大户粮食比较多，自己着急卖粮，会自己去找粮贩子。粮贩子拿着一把麦子就去找平日里有交易往来的人，然后和对方谈价钱，价钱谈好之后，粮户再把粮食卖给买粮人，买粮人也是直接把钱给卖粮户，不需要经过粮贩子的手。对于粮贩子来说，实为空卖空买，他主要是从中拿报酬，报酬的多少没有定数，由粮贩子和卖粮人之间相互商量。

四、流动市场及其关系

旧时，在南陵村内部没有交易市场，但是在村内也会发生一些交换活动，最常见的交换活动是村民之间的产品交换。以家户为单元的小规模生产，自给自足的生活生产方式已经无法满足村民们的物质需求，产品和商品交换应运而生。产品交换主要是村民之间将自己剩余或是富足的产品拿出来以换取自己需要的产品。在南陵村，这样的交换没有固定的场所，没有相关的规定，也不需要中间人，只需要物品交换的双方根据自己的需要进行协商和互换，这样的互换也不一定平等，不是固定的"以一换一"，只要双方达成一致，产品交换活动就会发生。产品交换可以在任何地方完成，但是一般都是在交换双方的某一方家中进行。南陵村庙宇众多，单从南陵村铁炉堡来看，其周围就有8座庙宇，为不同的庙神过寿（过庙会）就催生了商品交换。过会期间，会进行商品交易或是举办物资交流会，会上村民可以自由购买自己需要的商品。此外，一般也都会为神灵唱戏，甚至"放火"，在唱戏和"放火"期间就会有流动商贩进行小商品贩卖，主要是小件商品和小孩子吃的糖葫芦等。

因为在南陵村境内没有集市，所以一般不会有流动商贩到村子里去，流动商贩主要是到宫里集市。在南陵村，也没有农户是挑货郎，集市上买卖的商品都是商贩自己运到集市上去的，不会请挑货郎。1949年以前，南陵村只有在过会的时候才会有流动商贩进来，主要是过会期间进行物资交易的商贩，此外还有一些卖小部件和卖冰糖葫芦的流动商贩，平日里不会有流动商贩进来。流动商贩到南陵村无须向保长、甲长报告，也不需要得到村民的同意，虽然南陵村的每一个村堡都修建了城墙，但是白天城门大开，没有人看守，进出自由。流动商贩只收钱，不能用产品来进行交换，主要原因是产品不方便携带和搬运。

在宫里集市，主要是流动商贩卖麻，没有固定的麻店。卖麻的人一般都是外地人，就是赶集的时候过来卖麻，集期一结束就走，卖麻也只会到集市上卖，不会到村子里去卖。流动商贩都是用钱交易，不能用粮食。平日集市没有人收费，但是过会期间就有人收费，由宫里庙会社收取摊位费。在摊位费上，流动商贩的摊位费也不会优惠，无论是本社的人还是外地人或是流动商贩，收费均没有优惠，但是本社人凭关系收费，收多少是由收费人说了算，口就是政策。但是收费人也不会收得过高。

五、家户间私下交易

1949年以前，南陵村的农产品、农户产品、牲口等都是在市场上进行交易，但是借钱（粮）和借贷是家户间私下进行交易的。下面将从借钱（粮）、借贷（高利贷）两个方面来对传统时期南陵村的家户间私下交易及其关系进行考察。

（一）借钱（粮）

1. 借钱（粮）的情况

借钱或是借粮的主要是因为以下几件事情：第一，为家中儿子问媳妇、订婚、结婚，这个时候需要下聘、宴请等；第二，家中有重大疾病或是重大事情，如埋葬父母；第三，遇上灾荒，灾荒主要是借粮。

2. 借钱（粮）的顺序

借钱（粮）的时候一般先找亲戚借，其次是找好友，接着是找邻居，最后才会去找财东。借钱和借粮的对象也有所区分，一般生意人都是放账，和亲戚、朋友借不到的时候，借钱主要就是找生意人借，需要到城里的放账铺；村内的大财东一般是放粮，借粮的时候和亲戚、朋友借不到就主要是找村中的大财东借。

3. 借粮的种类

所借粮食的种类主要有杂粮、麦子、谷和糜子，借麦子的情况比较多，因为待客都需要用到麦子（吃面），另外麦子种得也相对较多，更容易借到。向亲戚借粮食，如果还的时候没有同样的粮食，可以用另外的粮食来偿还，但很少会出现这样的情况，一般都是借什么还什么。如果用别的粮食来代替，一般是折价代替，即两者折价后的价格相等或是相近，具体还得双方之间进行商量。也不可以用"以工贷补"的方式来偿还。亲戚之间借粮信誉最重要，向亲戚借粮如果最后还不上，即使是去财东家借了来还上也要还，和财东家借粮有利息，还需要抵押。借了粮食一般需要用粮食还，一般不能用钱还，粮食的价格不固定，以粮食还都是按照重量，不会有差异。

4. 借钱（粮）的抵押

和亲戚、朋友借钱（粮）的时候不需要抵押，一般都是立君子协议，不需要立字据。和亲戚、朋友借钱（粮）一般都借得比较少。和邻居、大财东或者商人借钱（粮）的时候需要抵押，一般都是用家里的土地抵押，需要立字据，在字据上要写清楚借多少、什么时间还、还多少，如果到期还不清，土地就要易主。借钱同样是要写借据，借钱的和借粮的借据相似，一般都要写清楚借多少、借期多长、利息多少、担保物是什么，借钱的担保物不一定是土地，也可以是家中值钱的东西，如祖上传下的"宝贝"。

5. 借钱（粮）的担保人

借钱（粮）借多少不一定，财东家也会考虑其偿还能力，主要是看其土地有多少。除兄弟之间借钱（粮）外，借钱、借粮都需要请说话人（中间人）。说话人都是财东的亲戚或是至交，都和财东的关系比较好，需要财东信得过。说话人也就是担保人，找说话人的时候是谁需要借钱或是借粮就由谁去请。一般放账的财东家，在各村都会有一个替他家管事的人，找说话人的时候就是去找他，也找其做担保。找别人作为说话人和担保人也行，但是必须是财东家了解和信任的人，且一般情况下，穷人不能作为担保人。担保人必须一手托两家。如果到城里的放账铺借钱，同样需要担保人，担保人是和商人（城里放账铺）关系好的人，也是商人信得过的人。

6. 借钱（粮）的借期与利息

借钱和借粮的借期及利息是不一样的。借粮一般是借一年，如果时间太多了也还不上，借粮的还粮时间一般是在麦收之后，收了麦子之后就需要还。借粮的利息是以年来计算，一般是一斗麦一年需要还3—5升的利，在南陵村，借粮的利息大多在三四升。借钱的借期多为一年，也有几个月的情况，借钱的利息是以月计算，所以多一个月就会多一个月的利息。即便借钱的利息以月计算，但是借期多为一年，时间太短了也会还不上。

一般情况下，借钱的月息是5%，即"五分利"。如借100元钱，借期为一年，则一年之后的需要偿还本金100元，利息60元。借钱的利息是一年交一次。亲戚、朋友之间借钱一般不需要利息，但是一定得写借据，借据不需要公证，只需要有证明人。[1]

7. 与家人借钱（粮）

向家人借钱或是借粮是否需要还，得看具体情况。如兄长借钱给弟弟娶媳妇，如果借钱给弟弟结婚的时候，兄长是当家人，且没有分家则不需要还，如果已经分家就需要还，另外如果在分家的时候已经商定由兄长负责弟弟娶媳妇的事情，那也不需要还。如果没有分家，兄长不是掌柜的，那借钱的事情就由家中掌柜的去办。如果儿子向父母借钱，或者父母向儿子借钱，那多半是父母与儿子已经分家，如果没有分家一般不存在借钱。分家后无论是父母向儿子借钱还是儿子向父母借钱都需要还，但在现实生活中一般都是十借九不还，不还的时候也不会打官司，但是当自己有了还是需要还上。此外，分家的时候不存在借的情况，家里的钱都是由当家人统筹。

8. 与亲戚借钱（粮）

亲戚之间也会相互借钱或是借粮食，借粮食的情况较多。亲戚之间借钱或是借粮食一般是没有利息的，借粮不立字据，但是借钱需要立字据，也需要证明人。如果超过借期还不上就要主动去找亲戚道歉，并请求延期，一般不需要请人调解。

9. 债务处理

债务一般是在分家的时候就已经分清楚，具体谁承担多少都会分好。如果是父母欠下的债务，父母去世之后由和父母一同居住的儿子来偿还，债务由家中掌柜的承担。如果兄弟之间已经分家，兄弟欠下的债务其余的兄弟没有替其偿还的义务。如果一个家庭欠下多位债权人的债，一般是先还高利贷和商人的账，因为一般放高利贷的人和商人都有后台，惹不起；其次是还财东家的账，因为财东家的账有利息；最后才是还亲戚、朋友的账。但是如果亲戚、朋友的账到期了，一般都会先把亲戚的账还上再借或者是借财东家的账来还亲戚的，亲戚之间注重信誉。

"父借哩，子还哩。"如果父亲欠下债，在父亲去世之后找儿子要；如果还未分家，就找长子要，如果长子没有和父亲居住就找和父亲居住的儿子要。如果没有后人，则是把土地、房屋等折价偿还，由离得最近（关系上离得最近，而非距离上的近）的本

---

[1] 来自刘兴汉老人的讲述。

村亲戚来做主，如果是逃荒户在本村没有亲戚，则是由甲长做主。如果到期还不上，债主可以拿走抵押物。借钱只能还钱，不能用粮食冲抵，粮食的价格有涨有跌，土地才是刮金板。

（二）借贷（高利贷）

1. 借贷概况

高利贷也叫"驴打滚"。在南陵村及周围的村庄中均没有放高利贷的人，村中的财东主要就是放粮，一般不会放高利贷。南陵村的村民借高利贷需要到县城。高利贷一般都是官私合营，放贷的人一般都是商人，也会有自己办高利贷的情况，但是不多。和村中的保长也能借到钱，但是一般都借得比较少，且一般只有亲戚、朋友才能借到，不需要还利息。和村中的大财东也能借到钱，但是和财东借钱就需要还利息，利息会少于高利贷，另外大财东也很少借钱，主要就是借粮，大财东土地比较多，加上收租子，粮食就比较多。"仇石村的仇尚智就住到了县里，然后在县里放高利贷，但是在村中不会放高利贷，其也很少借钱给本村和周边村庄中的人。钱是通过商号来放账，不会让村中和周围的人知道，家里放粮的事就让儿子管。"[1]

2. 借据

借贷需要写借据，借据一般是由商号中的账房先生来写，借据需要借款人签字，签字也一般都是在商号里签。执笔人不需要请，但是需要请中间人，谁借贷就由谁去请，中间人也是担保人。中间人不需要给报酬，但是会请吃饭。到城里借高利贷请吃饭，既会在家中吃也会进馆子，无论是在家还是进馆子，都不会吃得太好，一般都是家常便饭，穷人（借高利贷的人）也没有什么钱。借高利贷时要签订借据，借贷方只需要签字画押就好，借据是两份，借贷方和放贷方各执一份。

3. 借期

借高利贷的时间不等，几个月到一年都有，但是大都是借一年，时间太短了也还不上。到期前可以自己去还，提前还也不会让你少还一些，但是到了还贷日期或是临近还贷日期，放贷方就会上门催账。如果别人上门催账，借贷方还需要管饭。来收账的时候中间人需要到场，一般是中间人带着过来，中间人不需要请，也不需要给报酬。收账的时候是直接来借贷方家里，如果还清了款项，借据当场交给借贷方，并由借贷方销毁。

借了高利贷到期还不上，借贷方可以向放贷方申请续期，大多也只能续半年，不会续太长的时间，续期后是之前的本金加上利息后的总和再重新计息，续期需要重新

---

[1] 来自刘兴汉老人的讲述。

签订字据，也是一式两份，借贷方和放贷方各执一份。如果借贷人到期还不上，中间人不需要替其偿还，但是中间人需要去帮放贷方催账。如果续期后还是还不上，可以用土地、粮食、家禽等去冲抵，但是冲抵之物必须是借贷时的抵押物，一般不能用其他的物品去冲抵，用抵押物抵账的时候不需要折算，当时借据写了多少土地或是多少财务，就直接拿走多少。到期还不上没有办法了，亲戚、朋友也会出手帮忙，但是亲戚、朋友出手帮忙需要去请，由家中掌柜的去请。先请谁帮忙再请谁帮忙没有先后顺序，欠下高利贷也只有家庭经济好的亲戚朋友才能帮得上忙。

第五节 分配与分配关系

农产品及其他收入的分配不仅是家户内部关系的体现，还是家户与家户之间、家户与国家之间关系的体现。旧时的南陵村，副业经济不发达，农民收入最主要来源于农业，总体收入水平较低，可支配的农产品和收入有限。本节将从分配单位、分配权、分配内容、分配关系这四个方面来对传统时期南陵村的分配与分配关系进行考察。

一、分配单位

民国时期，南陵村村民面对祈雨、过会等内容的分配，主要以村庄为分配单位进行。面对国家赋税、摊派等内容的分配，主要以"甲"为单位进行。家庭财产等内容的分配主要是以家户为单位进行。

（一）以村庄为单位的分配

据村中老人讲述，1949年以前，村庄进行祈雨活动或者给神灵过庙会，都是以村庄为单位进行筹钱。"祈雨、过庙会，这都是我们自己村庄里的事，就在村里筹钱筹粮，和外村也没有啥关系，你去筹钱筹粮人家也不会给。"[1]

在南陵村，以村庄为单位进行分配存在两类情况，一类是以整个南陵村为村庄单元进行分配。另外一类是以自然聚落为村庄单元进行分配。"祈雨是整个南陵村的事情，四个堡子都会参加，筹钱筹粮的时候就在整个南陵村里筹，筹够了就不再进行摊派，筹不够，就摊派下去，像一些比较穷的人家，实在交不起了，也不会强制着交。这个和过庙会不一样，像药王会，这就是我们铁炉堡的庙会，和南陵村其余的三个堡子关系不大，他们可以来参加，但是筹钱筹粮的时候主要就是在铁炉堡。"[2]

---

[1] 来自赵俊喜老人的讲述。
[2] 来自刘兴汉老人的讲述。

（二）以甲为单位的分配

在中华民国时期，南陵村和北陵村为仁里乡第三保，其中南陵村分为10个甲，分别是铁炉堡为1甲，南刘堡为2、3甲，北刘堡为4、5、6甲，赵家堡为7、8、9、10甲，国家的赋税和摊派都是以甲进行缴纳。据南陵村村民回忆："民国的时候，国家收啥税，要搞什么摊派，都是让甲长来说，这个甲该收多少，最后都是要由甲长收了交上去。甲长都是轮流着来，上面收什么都找甲长，如果有村民不交，也是保里的人和甲长一起去催，上面的人对村里的情况不熟悉。"[1]

国家的赋税、摊派都是由甲长负责收取，由甲长去各农户家向掌柜的收，保里的人和粮赋长都不会直接和农户接触。赋税和摊派均根据土地情况来征收，当甲长所在甲中有农户土地发生变化的时候，甲长需要向保里报告，以变更相应的摊派和赋税任务。

（三）以家户为单位的分配

中华民国时期，家户是最重要的分配单位，以家户进行经营和分配也是最为普遍的形式。以家户为分配单元进行分配，主要有以下几种情况：

第一，不分家的家户分配。不分家，全部都由掌柜的说了算，家户的收入和支出均由掌柜的负责分配。

第二，进行分家的家户分配。如果进行分家，则是一个大家庭分为几个小家庭，分家之前是由大家庭的掌柜的负责分配，分家之后则是由新的家庭的当家人进行分配，原家庭的掌柜的一般不再进行干预。

二、分配权

（一）"掌柜的说了算"

掌柜的是一个家庭的最高权力人，一个家庭生产的农产品，掌柜的对其具有分配权。自己生产的农产品收回来之后就由掌柜的保管，有的家庭有粮仓或是专门用来堆放粮食的屋子，屋子的钥匙就由掌柜的保管，其余的人不能保管。

产品该如何分配是由掌柜的说了算，家里的人可以给掌柜的提建议，但是最终的决定权在掌柜的手里。如果掌柜的要出远门，会将这些产品的保管权暂时交由家中的某一人代管，待掌柜的回家之后再收回保管权。

掌柜的出远门期间，代管人只具有少量产品的支配权，对家中的产品不能大量支配。代管人可以是掌柜的妻子，也可以是儿子，具体是谁由掌柜的任命。在走亲戚、行门户等事情中，支配权在掌柜的手上，送什么、送多少由掌柜的决定。

---

[1] 来自刘兴汉老人的讲述。

（二）"儿媳安排家务要寻婆婆意见"

在一个家庭里，如果外当家和内当家都是掌柜的，则家里吃什么都需要掌柜的安排，但是一般家庭都会有内当家和外当家，外当家掌管对外的事务和农业生产，内当家负责家务事。如果儿媳不询问婆婆的意见，可能就会造成婆媳关系不和谐。"财东家和我们不同，他们都分内当家和外当家，今天吃饭做什么菜就由内当家的决定，在一些大户人家，内当家的一般为儿媳妇，儿媳妇在安排家务事的时候需要询婆婆意见。"[1]

（三）"长兄如父"

在南陵村，掌柜的一般是父亲，但父亲不在的时候，长兄说了算，当地也有"长兄如父"的说法。"我们家有四个孩子，三个男的一个女的，我最小，我们父亲又走得早，那个时候就大哥成了家，我们还在一起生活，家里的事情就由大哥来安排，大哥说什么我们都听他的。二哥娶媳妇的时候，都是大哥帮忙置办的，我娶媳妇也是大哥给置办的，大哥是一家之主。后来我们分了家，大哥给我们都分了土地，分了房子，之后才是自己过生活。"[2]

三、分配内容

1949年以前，南陵村的分配可以分为产品分配和现金收入分配两类。

（一）产品分配

对于产品的支配，主要体现在税赋、田租、生产支出、生活消费等方面。

从收入来看，1949年以前，南陵村村民主要的收入是靠农业生产，对于一般家庭而言，农业生产收入占了家庭收入的绝大部分，甚至是全部，只有少部分的家庭靠发展副业来获取收益，但是即便发展副业也没有离开农业，如铁炉堡的刘邦富，其靠着一门手艺自己不劳动，但是也请了长工来耕种自己的土地，并未完全离开农业，再如大财东詹家成、仇尚智等，家中有油坊、磨坊多个，但也耕种土地几百亩。"以农业生产收入为主，发展副业为补充"是南陵村村民最为丰富的收入模式，大多农户的收入仅来自农业生产收入。再从收入支配来看，收入有限，但支配项较多，支配不当就会造成家庭生活危机。

一年收入的农产品，主要用于自留种子、维持生活、行门户、缴纳赋税等，有的家庭如果有红白喜事如孩子满月、老人办寿等，也要考虑农产品的支配问题，如果向别人租种土地还得交租，如何支配、每一项支配多少均是由掌柜的来决定。[3]

下面以刘邦斌家和郑生林家一年的产品分配为例来进行分析。

---

[1] 来自刘兴汉老人的讲述。
[2] 来自刘玉杰老人的讲述。
[3] 来自刘兴汉老人的讲述。

刘邦斌家有土地40亩，一年能收入约35石麦子，家中有8口人，一年的各种税赋、摊派大约需要交7石，口粮15石，种子2石，行门户8石，其他3石。其产品分配情况如图3-2表示。

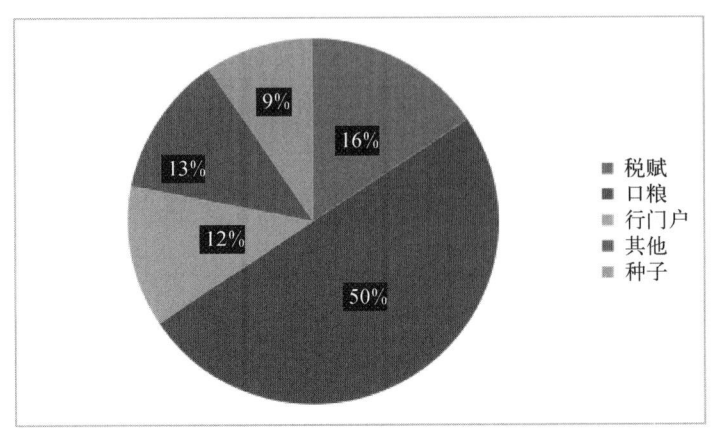

图3-2 刘邦斌家产品分配情况

郑生林家，自家有土地8亩，租种土地20亩，一年小麦收入约24石，其中自留种子约1.5石，交租8石（四六分成），赋税、摊派2.5石，口粮8石，行门户2石，其他2石。该家庭产品分配情况如图3-3所示。

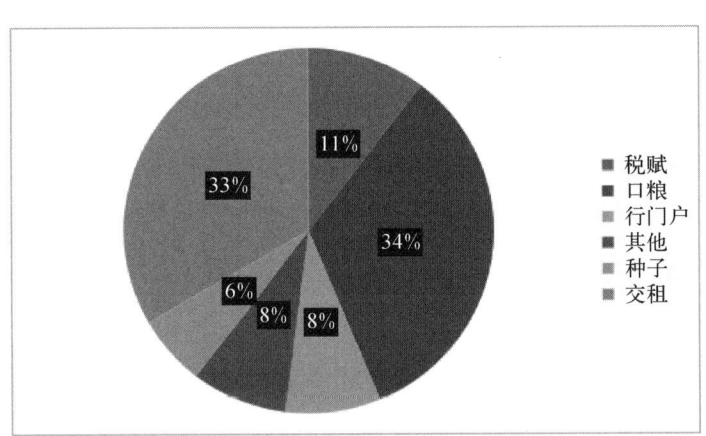

图3-3 郑生林家产品分配情况

在1949年以前，税收是每年必需的支出，具体缴纳额根据自家的土地数量和等级确定，为固定值，一般不会随意增加或是减少，收税的时候根据标准进行征收。租种土地的税收缴纳根据租佃方式和租佃双方协商的结果来确定。每一年交税的压力并不大，但是除了交税还有很多摊派，摊派的多少不一，时间也不固定，占了税赋中的大部分，极大地增加了农民的负担。

（二）现金收入分配

自给自足的生产方式，薄弱的商品经济，以家户为单元的副业模式，决定了南陵村村民不会有太多的现金收入。其现金收入主要来自卖农产品的收入、副业的收入、亲戚朋友给孩子的压岁钱以及做短工或是麦客时得来的报酬。现金收入不管是个人劳动所得还是集体劳动所得，不管是他人赠予还是自营收益，最终都需要集中起来，由掌柜的保管和支配。现金主要用于生产生活用品的购买（如食盐、粮食、衣服、锄头等）、附加费的缴纳、婚丧嫁娶中的开支、人情来往的支出，以及家庭突发事件的处置等方面，各支出项所占的比例因家庭条件的不同而有所差异。

"现金的分配这个不好说，有的时候就多花一些，没有的时候就少花一些，家中有急事或是需要什么东西，没有钱了也会用粮食去换。现金主要就是买一些小商品，就像赶集，外面来的商贩就只能用钱向他买，给了粮食他们带着不方便。"[1]

四、分配关系

（一）分配次序

家庭可支配财物的多少、支出事项的紧急程度等影响着家庭的分配次序。农户在分配自家产品时，赋税是放在第一位的，赋税具有强制性，是国家凭借政治权力参与产品分配的一种特定分配关系。税收具有固定性，农民只需要根据标准按时缴纳税收就行，不可以不缴，如果拒缴会受到国家政治权力的干扰，农户在税收的分配上均会提前做好准备；附加费的摊派具有不确定性，何时收费、该收多少都具有不确定性，农户在附加费的分配上难以准备，但是一般家庭都会预留一部分产品用于缴纳附加费。行门户、走亲戚等的人情支出放在了第二位，行门户、走亲戚是维护关系的一种方式，如果不行门户，不走亲戚，这些关系就会断，虽然行门户和走亲戚的分配可以根据家庭的情况进行，富足的多带一些，贫困的少拿一点，但是不能不去。紧随其后的应该是丧葬支出，如果家中有丧事，丧葬支出不能省，家境好一些的可以隆重安葬，家境贫寒的可以简葬，但是不能不葬，如果家中可支配的产品不足以支付丧葬支出，则会通过借贷的方式来参与家庭支配。地租和生活消费在家庭的分配次序上同样重要，地租不得不交，但是可以缓交，收成不好，可以和地主商量减租或是缓期，家中突遇事故等也可以和地主商量，具有一定的弹性，不是那么紧急；生活消费支出是维系生命的必然支出，可以根据自己剩余产品的量来调节分配的多少，其分配次序虽然不是首位，但也是必需的，且家庭产品的大部分均是分配在了自家的生活消费方面，是家庭自有产品分配的重要组成部分。

---

[1] 来自刘学良老人的讲述。

(二)租佃与税赋分配关系

土地产生的税赋一般是由土地所有者承担,但是在存在租佃关系的土地上,税赋就不一定是由土地所有者承担。在土地租佃关系中,土地税赋由谁承担是由租佃双方共同协商的,如果是分成租金发生的租佃关系,五五分成,则由土地所有者承担税赋,如果非五五分成,遵循"谁得多谁负担"的原则。

据刘兴汉、赵俊喜、刘守斌等老人讲述,在南陵村,收费单位是根据土地面积来确定,土地产生的税是一年收一次,但其余的附加款项就没有固定的次数。税赋是由保队长、粮赋长和甲长一同去收。土地的税收是按照土地的登记来确定,土地分为金、银、铜、锡、铁5个等级,土地等级和税赋如表3-13所示。

表3-13 南陵村土地等级与税赋关系

序 号	土地等级	地 税
1	金粮地	每亩每年一斗半麦子
2	银粮地	每亩每年1斗麦子
3	铜粮地	每亩每年7—8升麦子
4	锡粮地	每亩每年5—6升麦子
5	铁粮地	每亩每年3—4升麦子

资料来源: 数据来自对刘兴汉、赵俊喜、刘守斌老人的访谈。

收税的时候保长、甲长均不能决定哪家收多少,都是根据土地的面积和等级来确定,保长、甲长家也是交同样的税。但是在南陵村存在保长(董相年)胡乱摊派税收的情况,村民也不敢说一个"不"字,只能乖乖地交了。

在南陵村,如果交不起税,家长就会去找亲戚、邻居求助,一般是先找兄弟再找邻居,然后找亲戚(亲戚一般在外村),最后才会去找大户人家。和亲戚、邻居借粮一般不需要利息,但是找大户人家借粮就需要利息。如果最后借不到粮食,家长就会去找收税人说情,然后缓期。交不起税的时候一般不会考虑搬家,今年交不起,来年碰上好年成,收成好了,就能把欠下的粮食还上。交不起税的人家一般都是土地大户,常年拉长工的人一般不存在交不起税的情况。土地大户有的时候交不起税,还会考虑卖出土地。

(三)分家与分配

根据老人讲述,在南陵村,不同类型的家庭存在不同种类的分配关系。

第一,有老人的家庭,要先分出养老地。如果家中有老人,在分家的时候,首先要把养老地分出来。"分养老地的时候一般是按照一个老人一年一石粮食来分,但也不全是这样,有的家庭土地多,分的时候就多分一些,而且在分的时候,一般都会分得比一石粮食的地还要多一些,这一石是老人的口粮,不包括赋税和摊派。"[1] 分出养老地后,如果老人有能力自己种且不和其他儿子一起生活,则是由老人自己种,如果老人归某一个儿子抚养和照料,则养老地由该儿子耕种,老人去世后该地归其所有。

第二,家中有未娶妻的男性,要多分一份婚姻地。"有好几个儿子的家庭,结过婚的压力就小一些,没有结婚的压力大,娶媳妇是一笔不小的支出,所以分家的时候要给没有娶媳妇的儿子留一份婚姻地,留多少就看家中有多少土地了。"[2] 如果未婚男性自己为一家,则其自己耕种婚姻地,若和某一个兄长或是和老人居住,则和他们一起耕种。即便是未婚儿子自己为一个家庭,土地归其所有,其也不能随意出卖土地。

第三,女子不参与分家。分家时,如果家中有未出嫁的女性,不需要分配给其土地,其出嫁的嫁妆一般在分家的时候就准备好了,或者由和其一起居住的兄长或是老人为其准备。

(四)分配与借粮(钱)

从单个家庭来看,每年需要缴纳的税赋大约占家庭总收入的一至两成;如果家中没有土地,通过租种土地的方式来增加家庭可支配产品的数量,则需要交租,交租根据租种土地时约定的租金交纳额度进行交纳,交租支出为二到八成不等,但一般为四到六成,如果没有租种土地,则没有交租的压力。如果家中的产品不够一家人维系生活,则首先会选择借粮或借贷的方式来暂时增加可支配产品数量。借粮时,如果是少量,则一般是先向亲戚借,再次向街坊邻里和朋友借,不需要还利息,或是利息较少,也不需要请中间人,如果都借不到或是需要借的量比较大,就需要找财东借,找财东借一般都需要中间人,需要支付利息,利息约占三成。如果需要借钱,如果只是用于应急的小钱,则是找街坊邻居和朋友借,一般不会和亲戚借,"亲戚不借钱,借钱断往来",如果需要的钱多,则会找放账铺等借高利贷。对于一般的农户,家中自有产品一般不会剩余,够家庭各项支出正常分配就已经很不错了,只有一些土地大户或是家庭副业相对较好的家庭才会有剩余的可支配产品可借给别人,一般家庭主要是借粮,以小麦为主,具体借出的数量由家庭剩余量确定,一般也不会将家中剩余的粮食全部借出。有的家庭还会将剩余粮食的部分卖出,以换取现金用于购买其他产品或是储存。

---

[1] 来自对刘兴汉老人的访谈。
[2] 来自对刘兴汉老人的访谈。

第六节 消费与消费关系

在南陵村,家户既是生产生活的基本单元,也是消费的最基本单元。了解消费与消费关系也是了解南陵村经济形态的重要切入点。本节将从消费单位与消费决策权、日常消费及其关系、养老消费及其关系、婚丧消费及其关系、节日消费及其关系这五个方面来考察传统时期南陵村的消费与消费关系。

一、消费单位与消费决策权

1949年以前,家户为基本的消费单位,南陵村村民以一家一户为单位进行消费,掌柜的、内当家、老人等均具有不同程度的消费权。

(一)以一家一户为消费单位

据老人讲述,传统时期南陵村村民以家庭为单位进行消费,且为核心小家庭,必须是共同生活的家庭成员才属于同一消费单元。"家里的钱财谁都能花,那是你这个家庭的东西,只要你是这个家庭的人你就有权利,但是能不能花,同不同意让你花,就得看掌柜的了。"[1]

在一个基本消费单位中,主要消费在日常生活、生产投入、养老、节日宴请、满月酒、寿辰、人情来往、教育投入、看病等方面。每一个家庭在每一项的支出上都有所不同,具体支出多少根据家庭的情况来确定,但主要的消费还是集中在日常生活、生产投入和人情来往三个方面,如果家中有人去世和儿子娶妻,这也是较大的开销。在日常的消费中,以实物消费为主,实物中以粮食为主,粮食中以小麦为主。小麦均可用于生产、养老、寿诞、人情来往等等方面,但是这些消费并不是光用小麦就可以,有的还是需要现金支出,如在生产投入中够买生产用具,请麦客割麦等,就需要用现金进行支付。总体来说,和流动商贩完成的交易或是和距离较远的人员之间达成的交易一般都是用现金进行消费,实物不方便他们运输。

家庭的财产由家庭成员共同享有,都享有消费权,但并不是所有人都有决策权。家庭财产消费之后一般不需要公示,钱花在了哪些方面家中的人一般都知道,掌柜的也会和家里人说。只有由两对或两对以上夫妻组成的家庭,在年底的时候掌柜的或是内当家会把全家人聚到一起,然后向大家公布这一年的收支情况。

---

[1] 来自刘兴汉老人的讲述。

（二）消费决策权

1."家有千百口，主事在一人"

"家有千百口，主事在一人"，家庭的消费权、决策权主要掌握在掌柜的手上。家中的收入均要上交掌柜的，由掌柜的进行统一的分配，家人需要买什么必须向掌柜的说，掌柜的同意了才会给钱去买。

家里的财产为家庭成员共有，每一个家庭成员都有消费的权利，但是消费权的主要决定权在掌柜的手里。一般的家庭都不会自由支配财产，因为没有过多的钱留给家庭成员进行自由支配。

2."内当家管钱，大开销要和掌柜的商量"

在一些家庭中，内当家和外当家并非同一个人，即掌柜的只管理家外的事情，家里的事情，包括财务都是由内当家的来管理，内当家的一般都是掌柜的妻子，在一些大户人家也有可能是儿媳妇，但是这样的情况不多见。

如果是内当家的管钱，需要买什么要向内当家的说，一般的小钱内当家的具有直接决定的权力，但凡较大的开销，内当家的都需要和掌柜的商量。家中的生产生活用品都可以找掌柜的或是内当家的要钱，这样的一般都会同意，除此之外也很少买东西，衣服等用品都是由掌柜的或是内当家去购买，其余的人不用操心。遇到集市需要去赶集的时候也可以向掌柜的要钱，一般只要不是乱花的钱（如赌博等）都会得到同意，且一般都会给钱。而对于一些较为困难的人家，有时因为经济拮据可能也会被拒绝。[1]

3."老人可支配自己的压岁钱"

一般在过年的时候会给小孩和老人一些压岁钱，在老人寿诞的时候也会给老人一些钱，这些钱就由老人自己支配。给小孩的压岁钱，如果是家里人给的，小孩可以自由支配，但是家人一般都会干预什么能买什么不能买，亲戚、朋友给小孩的压岁钱，如果是一点点，掌柜的不会收回，如果数量多，掌柜的一般都会收回进行管理和统一支配。

"过年过寿都会给老人一些钱，这些钱都是儿女孝敬老人的，一般不会管老人的，就让他自己留着，想买什么吃的了自己买一点。过年拜年的时候也会给小孩子压岁钱，如果钱比较多了，大人就会收回去，小孩子小，怕乱花嘛，但是少的话就会留给小孩自己，过年都图个开心，小孩子有钱了也开心。"[2]

---

[1] 来自刘兴汉老人的讲述。
[2] 来自刘兴汉老人的讲述。

二、日常消费及其关系

民国时期,南陵村的日常消费主要可以分为日常生活消费、生产消费和行门户三个方面。

(一)日常生活消费

传统时期的南陵村,副业经济不发达,村民的生活较为艰苦,生活消费是家中的主要消费。"一般来说,生活消费就是吃穿住行,其中吃是主要的生活消费,占生活消费的80%—90%,吃的消费中以实物消费为主;其次消费以穿为主,但是一般的人家一年最多也就做一两身衣服,花费也不大,主要是大户人家会经常去做衣服,且做的都是一些好的衣服。"[1]

一般人家只有在过年前会到市场上买一些布,然后回家给家人做一些衣服,买布匹都是家中的妇女去买,或是家中的妇女和掌柜的一起去买,去买布需要得到掌柜的同意。在住的方面,如果不修新房,一般不需要花钱。在旧时,走路是主要的出行方式,不需要花钱。

"家庭的收入能否满足支出,这是一个未知的情况,大多家庭还是差不多,但也没有多少剩余,也有一部分家庭的收入是没有办法满足支出的。"当没有办法满足支出的时候,南陵村的村民主要有两种应对的方式,一是缩减支出;二是寻求帮助。缩减支出是最常用的办法,主要是控制每天吃饭的消费,此外还有减少一些人情支出等。如果靠削减消费没有办法解决家庭供给不足的问题,就会向亲戚和朋友寻求帮助,甚至会走上借高利贷维生的道路。

(二)生产消费

生产消费也是南陵村村民消费支出中的一个大项,生产消费的多少由家中的土地数量和自家生产资料的占有量决定。在生产消费中,主要的消费有种子的投入、别人来帮忙时的伙食花费、生产工具的购买、请麦客割麦等,对于租种土地的农户来说,租金也是较大的支出。"旧时的南陵村,没有种子生产公司,也没有种子商店,生产用的种子一般是自家留下,在上一年的小麦收回晒干之后,首先会将下一年的种子留出,种子都是留粮食中最好的那一部分,一般留出的种子量都会比预估的实际需求量稍微多一些,以防不测。"生产工具一般都是到市场上进行购买,购买生产工具都是需要用现金支付。另外一个主要的支出就是请工,在耕种的时候,如果土地较多会请日子工,在收麦的时候一般都会请麦客,支付他们的报酬是一笔较大的开销。一些没有耕牛的家庭,在雇用耕牛方面也有一些消费。

---

[1] 来自刘兴汉老人的讲述。

如果在播种之前因为家庭经济困难无法耕种，这个时候就会想办法，一定要让土地种上，否则来年便会挨饿。种不上一般是先找亲戚和朋友帮忙，如借种子等，如果靠亲戚和朋友帮忙也不能将土地种上的话，就会选择找财东借粮，甚至会找商户和放账铺借贷，即便是要支付高额的利息也要先将土地种上。

（三）行门户

人情来往在南陵村叫作行门户。"门户紧如债，背上锅儿卖"，再穷也不能失礼。行门户在家庭消费中所占的比重比较重，最少也占家庭消费的1/5，多的时候达到1/4。但是行门户讲究礼尚往来，别人有事你行了礼，等你有事的时候别人也会来行礼。

人情消费主要在于结婚、丧葬、寿诞、满月四大事情中。其中"丧事行礼最重，一方面丧葬是大破财的事情，另一方面丧葬是苦难事；其次是婚事，婚事的花费也比较大，大喜金榜题名，小喜洞房花烛，结婚是一大喜事。外甥女婿顶半子，所以在婚丧嫁娶事情上，外甥、女婿行礼最重。女婿要请乐户，请人掘墓，买纸张，且奠仪行礼也比较多。如果只有一个女儿，女儿女婿压力就比较大，如果有多个女儿，一般由女儿均摊。过寿也是女儿行的礼最重。"[1]

在人情来往中，一般不需要请，但是需要通知。婚事是掌柜的亲自去通知，去通知的时候要带上礼物，礼物都比较轻；丧事是村中帮忙的"相逢"去通知，通知的时候不需要带礼物，也不能进被通知人家的家门；给孩子办满月和过二十天是由孩子的父亲去通知，去通知的时候也不需要带礼物；寿诞一般不需要通知。通知的时候一般都是直接通知家中掌柜的，若是掌柜的没有在家也可以让家人转告。邻居和村中的非亲戚不需要通知，家中有什么大事，村中的人都会知道，不需要通知自己就会去。如果和邻居及村中的人发生了矛盾，自己过事情的时候，他一般不会来，他办事情的时候自己也不会去，因为有矛盾，相互之间也互不往来，只有在丧事上会去，即便不到家里也会到坟上去，如果不去会遭到别人的议论和谴责，也会被人认为是"小气"。

在人情消费中，亲戚、邻居、朋友给多少礼金没有定数，行礼大多是根据家庭情况而来，另外行礼也讲究礼尚往来，你给别人行的礼重，别人来行礼的时候也就比较重。去行门户，大多是家中掌柜的去，吃饭的餐数也不一定，办不同的事情吃饭的餐数不一样，大事一般都是吃一顿。另外帮忙的相逢和来祝贺或是参加葬礼的人吃的餐数也不一样，但是不管是婚丧嫁娶还是寿诞、满月，正席只有一顿，其余的都是便饭。

保长、绅士、甲长家中有红白喜事，是否参加要看具体情况。在喜事中，如结婚、

---

[1] 来自刘兴汉老人的讲述。

寿诞、满月，如果和保长、绅士、甲长是亲戚就会去参加，因为是亲戚他们都会来请，如果不是亲戚需要看是否是同村人，如果是同村人，结婚和寿诞一般都会去，如果没有请就一般不去。如果去，结婚的给的礼更重，结婚不仅要给行礼，还要给贺礼，同村人行的是官礼。但是保长、绅士和村中的大财东都是大户人家，一般不会请村中穷人，相互之间也较少来往，所以去参加的情况比较少。在丧事中，如果是亲戚那一定得去，如果是同村人也得去，丧事行的礼也比较重。去保长、绅士、甲长、大财东家参加红白喜事，给礼是根据家庭情况，主要是表达一份心意，给礼量力而行，给少了也没什么事。自己家里过事情的时候，保长、绅士、大财东家如果和自己家是亲戚那就会来参加，如果不是亲戚一般就不会来参加。结婚由掌柜的去通知，满月由孩子的父亲去通知，丧葬由村中相逢去通知，甲长是本村人，也是轮流当，和一般村民一样。如果不是亲戚，而是作为同村人，保长、绅士、大财东也会参加，但是一般不会亲自去，都是让家里其他的人去参加或是让家里的伙计去行礼。

在亲戚中也分为血亲、姻亲和干亲三大类，在同一类中也分为不同等，但是具体如何分没有规定，而是在亲戚间长期来往中形成的亲疏关系。在礼节上随礼多少是根据家庭的经济情况来决定，但是子女和外甥行礼相对较重，在丧事中，儿子共同给老人办丧葬，女儿女婿要打墓、买纸等，外甥要请乐户；在寿诞中，女儿女婿和外甥行的礼也是比较重。其余的亲戚随礼在礼节上相差不大，给多给少主要是根据家庭情况。如果亲戚家中有红白喜事没有请到我，以后就不来往了，通过红白喜事可以加强亲戚之间的走动，能维系亲戚关系，如果没有请，会认为是看不起，甚至是嫌弃这样的亲戚才不会请，所以之后一般就不会再往来了，慢慢地也就断了这一门亲戚关系。如果是好朋友有红白喜事没有被通知到，也会认为是看不起，会影响朋友之间的关系，特别是喜事，若是没有通知好朋友，可能之后就会断了往来。

"门户，从人情道义上来说，是维系亲戚关系的一个渠道，如果亲戚之间不往来了，那也就不叫亲戚了。"[1] 行走亲戚还有一个顺序，如父亲的舅舅家必须先去，人家才能来回礼，你若是不去，他们也就不会来。在行门户上，如果欠着别人的人情，就是想尽办法也一定要还上，有的时候即使去借也要还上，还不上会觉得内疚和不安。对于行门户的看法，首先是一种道德，其次是若不走动就不叫亲戚了，还不如邻里，另外行门户能维系关系。

在人情来往上，一般的家庭都不会记账，但是家中掌柜的都记得清楚，掌柜的妻子或家中的妇女记得更清楚，都是记在心上，大财东家或是大户人家就会记账。在婚

---

[1] 来自对刘兴汉老人的访谈。

事上，穷富人家都会记账，在丧事上大财东家会记账，一般家庭有的会记账有的不会，穷人一般就不记账，都是记在心里。在人情来往中也会根据人情账来回礼，可在别人行礼的数量上加一些，也可以不加，如果遇上年景不好，家庭经济困难等情况也可以比别人来行礼的数量少一些，但是一般都不会少，少了会觉得没有面子，即便是真的少了，主人家也不会有什么意见。另外，贺礼、奠仪、礼物、鞭炮、宴席等开支都可以算作人情消费支出。

三、养老消费及其关系

（一）养老消费

在南陵村，老年人赡养问题一般是靠养老地的收入和子女赡养相结合的方式进行。家庭老人养老的问题，一般是在家庭分家的时候确定。

分家时，首先要分出养老地和养老房。老人和一位儿子单独居住，和小儿子居住的情况比较多，因为其余的儿子一般都会先结婚，分家时小儿子还没有结婚的情况较多，要是儿子都没有结婚，一般不会分家。养老的方式在分家的时候就要定好，怎么养老由舅舅决定。只要分了养老地，其余的儿子就不用给粮食和钱。如果生病，几个儿子共同负担，如果不负担，会遭到群众的议论和谴责，舅舅也会出面管这个事情，一般是由和老人居住的儿子去请舅舅。

如果没有分养老地，老人的养老问题一般是由几个儿子共同负担，如何负担均是在分家的时候就定好，定好养老的方式之后会写入分书中。旧时如果父亲纳了妾，妾的养老问题由其所生的儿子负担，如果妾无儿子，其养老问题一般是由和父亲居住的儿子负担，妾的养老问题一般是和父亲的养老问题连带的。"分家的时候会留养老地、养老房、养老钱和养老粮，先确定养老的问题，然后将剩余的部分分给子女，养老地、养老房、养老钱和养老粮分别留多少由舅舅说了算，但是在分家之前舅舅也会征求父母亲的意见，这都是相互商量好了的。"[1]

分了"养老财"之后，剩余的家业还要留下未婚儿子"娶妻地"，其余的才会平分，女儿的嫁妆不用留出，陪嫁妆由父母出，出嫁的时候有钱就多陪一些，没有钱就少陪一些，女儿终究是别人家的人。分下"养老财"后，父母双方一方去世，养老地不会减少，如果双方去世，养老地归和父母一起居住的儿子，养老房的处理同养老地。如果父母的生活不能自理，主要由一起居住的儿子来照顾，其余的儿子也有尽孝的义务，但是没有强制要求。如果父母去世，其丧葬问题由儿子共同承担，一般是兄弟之间均摊费用，但是有的家庭兄弟之间的生活水平不一，所以会出现富裕家庭多承担一

---

[1] 来自对刘兴汉老人的访谈。

些，穷家庭少承担一些的情况。老人过寿，由和老人一起居住的儿子负责操办，但是其余的儿子也要来帮忙，也会给父母一些礼物，且给的礼物比较重。老人办寿，女儿不需要承担费用，但是也会给老人带礼物，外嫁女儿也同样要给老人准备礼物。礼物具体准备什么没有讲究，都是儿女的一份心意。儿子承担不起养老责任和儿子不承担养老责任应该分开看待。如果儿子不承担养老责任，则为不孝，儿子不孝时老人可以找舅舅来帮忙调解，如果调解不了可以以忤逆罪报官。如果是儿子因为生活破产无力承担养老责任，但未放弃对老人的赡养的情况，其可以找其余的兄弟帮忙，其余的兄弟帮不帮忙没有强制的要求，但是出于孝道一般都会帮忙，如果不帮忙会遭到别人的议论和谴责。

（二）敬老消费

在南陵村，敬老活动有祝寿，在日常事务中，敬老还表现在老人说话的权威性。给老人祝寿既是一种礼节，又是敬老的一种习俗。祝寿一般是从60岁开始办寿宴，男女都一样，但是女人很少办寿宴。穷人只是子女给过寿，不办宴席，但是富人就需要设宴席，请亲戚。

老人的六十大寿会大办，之后逢十会大办，如七十大寿、八十大寿、九十大寿，其余的寿辰就过得一般，一般的祝寿主要是子女过来给老人过寿，但是大财东家，六十大寿之后每一年都会大办，大办主要请以下人：第一，儿子、女儿、女婿、外甥；第二，其余的亲戚；第三，宗族；第四，村中人。

儿子、女儿、女婿、外甥行的礼比较重，其余的亲戚、宗族和村中人来参加寿宴也要行礼，行礼之后财东家会做记录，穷人一般不会记录，但是家里的人心里都会记得谁行了什么礼。办寿辰的时候，不用请甲长，不用请保长，也不用请绅士。老人办寿，晚辈都要去给寿星祝寿，并给贺礼。寿星在寿辰当日还要穿寿服（唐服）。在寿宴上，寿星坐上席，一般都是老人陪寿星坐一桌，子女都要给客人看酒。不同的亲戚可以带一样的礼物，礼物上没有讲究。但是出嫁的女儿和侄女一般都带衣服、鞋和老人爱吃的东西。儿子和其余人的礼物没有讲究。

四、婚丧消费及其关系

在南陵村，民国时期的婚丧消费也是一笔不小的开支，婚育消费主要包括儿子娶媳妇、嫁女儿、男孩办满月、女孩办二十天，丧葬消费主要是掘墓、安葬等。

（一）婚育消费

1. 娶媳妇的消费

"借钱娶妻，余钱买马"，结婚之事的花费也是不可以避免的。在南陵村，结婚的花费各家不一，主要根据结婚人家的经济情况。如果只是结婚，再穷的人家也得三四石麦子，大户人家花掉 10 多石麦子，甚至 20 石麦子的都有。"遇到灾荒年间，穷人家急于嫁女子（灾荒的时候缺粮），如果已经订下婚约，不用给钱就结婚的也有，灾荒年间的结婚一切从简。如果婚姻的花费加上订婚的费用，那一般农民家庭也得 10 石麦子以上，大户人家最少也得二三十石麦子。"[1]

大户订婚的时候彩礼都不多，大户人家结婚讲究门当户对，要的彩礼也少，主要是想让女方有保障，大户人家结婚的花费主要是在婚庆上。

结婚的钱主要是用于聘礼，给女方买衣服、棉花、布匹，待客，装修房屋，租用轿子等方面，各方面的花费根据家里的经济情况来确定，各家不一。结婚花费的压力一般较大，大户人家的压力相对较小。结婚的时候，每个儿子都是平等对待，不平等对待可能会导致兄弟之间不和睦。但是在实际生活中，可能后面办的婚礼要比前面办的婚礼好，因为后面的孩子办婚礼的时候，可能生活条件和经济状况有改善，就办得好一些，也有的家庭因为各种原因导致家庭破产或是衰败，后面结婚的人所办的婚礼就没有前面结婚的人办的婚礼好，但是出现这样的情况儿子一般都会理解。这种不平等虽然是父母决定的，但都是因为家庭生活的变化造成的，儿子不会有怨言。

2. 嫁女儿的消费

嫁女儿的消费主要是陪嫁妆。女儿出嫁需要给陪嫁妆，陪嫁妆也是根据家庭的经济实力和具体情况来定，一般的人家也需要两三石麦子，陪嫁妆多的人家需要花费六七石麦子。

如果自家女儿有残疾或是有病，则陪嫁妆就得多一些，如南陵村铁炉堡余家将女儿嫁给巫家，因为余家女儿有残疾，所以陪嫁妆就给了一头牛加上 15 亩土地。

女儿出嫁和儿子娶媳妇，相差就比较大，儿子娶媳妇较为隆重，也办得比较好，但是女儿就相对简单。因为女儿是要嫁出去的人，最后是别人家里的人，而儿子始终是自己家里的人。如果有多个女儿，每一个女儿出嫁的陪嫁妆大都是差不多，不会偏向谁。但是不一定陪嫁妆都是一模一样的，陪嫁妆会根据家庭生活的变化而有所改变。

3. 男孩满月

生下所有的男孩都会办满月，生下了孩子，女方家的人也会来看孩子，但是只有第一个男孩办满月会办得比较隆重，后面的儿子满月就不走席面，就是娘家的亲戚过来简单地吃一顿饭。已经给老大办了满月了，后面的就不办了，不办也是为了节省，办满月也不收礼，即便是大户人家也只是给第一个儿子隆重地办满月，后面的一般不会隆重地办。

---

[1] 来自刘兴汉老人的讲述。

4. 女儿满二十天

生下女儿一般是过二十天，且一般是第一次结婚后生下的第一个孩子为女孩才会给其过二十天。给女儿过二十天一般都是小过，只通知娘家，娘家会去通知娘家的近亲。生下女儿过二十天的时候，一般不会通知男方家的亲戚，村中的人也一般不会来。

(二) 丧葬消费

1. 丧葬总费用

家中有老人去世，丧葬费用主要包括棺木、乐户、宴席、烟酒、鞭炮、花钱等费用，富人家还要箍墓，穷人家就不会箍墓。在一般情况下，穷人家丧葬花费至少也得七八石麦，但是财东家的花费多的可能达到四五十石麦，大财东家还会请大戏。

"家中有丧事，如果家里穷，丧葬可以俭办，但是一般都不会俭办，俭办会遭人议论，被人看不起都会说'兄弟几个，埋人都埋不下去'。丧葬一般都是五六天，不能少于3天，因为打墓都得三四天的时间，大财东家一般都会在满了7天之后再下葬。丧葬的花费也不能按照天数来计算，因为每天花费的钱是不一样的。"[1]

2. 丧葬费用的来源

丧葬费用一般由几个儿子平摊，和老人居住的儿子可以少出，有钱的儿子可以多出，每人出多少都是相互商量，由老大来决定。丧葬费用也有儿子不愿意出的情况，如果有儿子不愿意出，一般是由舅舅来调解，舅舅是最权威的说话人，如果没有舅舅就请甲长来调解，经过调解一般都能解决，事情不会扩大，扩大了会遭人笑话。无论是请舅舅还是请甲长，谁和老人住就由谁去请，去请的时候不用带礼物，事情解决了也不用给谢礼。儿子不愿意承担丧葬费用的"丑事"不会打官司，要是被别人知道了，会遭人议论、谩骂、谴责，家里人在村中也会抬不起头。女儿不用承担丧葬费用，但是纸张由女儿买，女儿也可以帮忙出丧葬费用，行礼也会多一些。没有出嫁的女儿不用出钱，出了嫁就是另外一个家庭的家庭成员了。

3. 灾年的丧葬：简办

如果没钱办不了丧事，平年会借钱，要是遇上灾年，饭都吃不上，借钱无门的时候，就会用一张席子先将逝者卷着埋入坟中，等年景好了再重新安葬。但重新安葬的时候一般不会再动坟了，只是把坟重新箍起来，箍坟也不再办仪式。

4. 孤寡老人的丧葬：共同埋葬

如果是孤寡老人去世了，由村里人共同埋葬。如果年景好，会给孤寡老人买棺材，但是丧葬的仪式比较简单。如果村中有公共财产，产生的费用由公共财产出，如果没

---

[1] 来自刘兴汉老人的讲述。

有公共财产则是由村民平摊，如果老人有遗产，产生的费用先由遗产中扣除。孤寡老人埋在谁家地中都是商量着来决定的，但是一般都是埋于荒地中。孤寡老人的丧葬之事由甲长来组织。村中孤寡老人多数是村民埋葬，孤寡老人去世，其房子和土地由村中统一处理，处理并扣除丧葬费用后若有剩余则作为村庄的公共财产，公共财产主要用于祭神。

另外，较穷的村没有办法埋葬孤寡老人的可以去报官，报官由甲长去，由官府来负责埋葬，官府会用木板钉一个棺材埋于"乱葬坟"，费用由官府出。乞丐一般是报官，但是村中的人要将尸体运到官府，乞丐一般不会被村里埋葬。

5. 坟墓占地的费用

坟地一般都是在自己家的地里，不会埋在别人家的地里。埋在谁家地里由阴阳先生决定，但是阴阳先生一般不会把位置定在别人家的地里，也不会挨着自己家的老坟。如果死者在去世前留下了遗言，则是按照遗言来，阴阳先生只是定坟的具体方位。阴阳先生指定了坟墓的位置，不管在哪里，不管在谁家的土地里，也不管这块土地是不是自己和老人居住的儿子的土地，其余的儿子均不用给补偿，被占了地的儿子也不会有意见。即便家中有养老田，也不会把养老田拿出一部分来补偿坟墓所占的土地。在传统社会时期，孝道和女性的贞洁被人们看得特别重要，儿子不孝以忤逆罪论处，所以都不会有意见。

6. 借贷办丧

如果办丧事没有钱，首先考虑的是借钱，然后才会考虑借高利贷，最后没有办法了才会考虑卖土地。正常的高利贷，利息按照月收取，借一斗麦一个月就得还一斗四或是一斗半，借高利贷以借粮为主，借钱较少。借钱的时候不和亲戚借，"亲戚不交财，交财断往来"，一般都是向财东家借。借粮不需要立字据，但是需要有人担保，借钱就需要中间人，还要担保，需要写借据。借粮食的时候是向财东借，最多也就借一两石，财东也不愿意借太多。中间人需要看借贷人的偿还能力，如果没有偿还能力也不会借。借贷要是一次性还不清可以先还一部分，剩余的部分当作再借，以此来累加，所以当地也将这样的借高利贷的方式称之为"驴打滚"。借了高利贷到期了不能一点不还，多少也得还一些，剩下的部分就当作重新借。如果还不上，中间人不需要替借贷人偿还，但是中间人需要帮忙催账。

五、节日消费及其关系

旧时的南陵村，一般的节日都没有什么花费，只是过年会有一些，花费的多少和家庭经济状况有关系。"过年是最隆重的节日，但是过年的时候一般都是在自己家里吃饭，大年三十晚上有守夜，大年初一有祭祖等这些习俗，所以一般在大年初一之前都是自己家吃自己家的，也不会宴请，从大年初二开始就开始走亲戚，走亲戚的时候会在亲戚家里吃饭，亲戚来自己家里也可能会在自己家里吃饭，但是这些消费都仅是在吃饭和行礼和回礼上面，除此之外也没有其余的消费。"[1] "一般人家过年花不了多少钱，主要就是买一些吃的，过年嘛，都图个开心和吉利，再穷的人家都会吃顿饺子，有钱的人家可能就花得多一些，他们吃得就比较有讲究。"[2]

主要的宴请是在满月或是寿诞、婚礼上面，孩子满月、子女婚育都是需要宴请的，平日里的节日宴请的比较少。宴请的人主要是亲戚、朋友，街邻不需要请，寿诞也不需要请，知道的人都会来参加，但是不管来不来，这些事情上都要宴请。一般的宴请在吃饭的时候其顺序和座位都没有讲究，但是在婚育方面，因为来的客人比较多，在吃饭的顺序和座位上会有一定的惯习。如在婚庆时，是送亲的队伍先吃饭，然后是远方的亲戚吃饭，接着是近一些的亲戚吃饭，最后才是街邻和村中的人入席；在座位的安排上，一般是由帮忙的相逢中负责迎客的人安排，一般都会把官绅、大财东等安排在一桌，一般的亲戚、朋友在一桌，同一桌人中如有老人则是老人坐在上席。

第七节 继承与继承关系

"树大分枝，崽大分家"，分家限制了家庭的扩大，但也通过分家及继承让家族得以扩大和延续。在传统时期的南陵村，分家主要沿用"诸子均分制"，家庭情况的不同也影响着分家与继承的方式。本节将从财产继承权、继承物、分家与继承、一般继承及其关系、特殊形式的继承及其关系这五个方面来对传统时期南陵村的继承与继承关系进行考察。

一、财产继承权

财产继承权是了解继承与继承关系的基础。1949年以前，南陵村村民财产继承权的情况如下：

（一）亲生儿子：均等继承权

在南陵村，儿子是第一财产继承权，父母都去世后，由儿子顶门立户。如果只有一个儿子，则一个儿子继承全部的财产，如果有多个儿子，一般多个儿子均分所有财产。"家中有儿子，财产继承首选儿子，如果有多个儿子，一般是平均分配，但是具体

---

[1] 来自刘兴汉老人的讲述。
[2] 来自刘守斌老人的讲述。

的分配情况还是根据分家的情况来定。一子哩，一份哩，十子哩，均分哩。分不平均几个儿子之间也容易闹纠纷。"[1]

"继承的时候，钱是可以平均地继承，但是其余的东西就不一定，像牲口不能砍成几块，一间大房子也不可能分成五六份，只能是这里多分了，那里就少分一点，在总量上相等就可以了。"[2]

（二）继子：有继承权

"过继的儿子也有继承权，之所以过继是因为自己家中没有子女，过继过来就是为了让其顶门立户的。"[3]

在南陵村，一般只有家中无后的人才会选择过继，过继后，继子成为家庭成员，具有财产继承权。存在过继的情况下，一般家庭已经没有其他的孩子或是有孩子也带有不可治愈的重病或残疾，已经不能延续香火和顶门立户，在这样的情况下，一般继子具有全部的财产继承权或是大部分的财产继承权。如果还有其他身患重疾或是带有残疾已经不能延续香火和顶门立户的儿子，其也具有财产继承权，但是其继承的财产在其死后由继子继承。例如，南陵村铁炉堡王凤鸣的孩子王树德过继给叔父王凤岐，王凤岐死后其继承了王凤岐所有的财产。再如，南陵村铁炉堡刘均庭过继给刘福喜，刘福喜有好房和几十亩地，其死后均由刘均庭继承。

（三）入赘女婿：有继承权

如果家中没有儿子只有女儿，女儿可以通过招赘的方式来继承财产，如果女儿招赘，入赘的女婿有财产继承权，之所以招赘就是要招其来顶门立户的。"入赘的女婿是有继承权的，家中没有儿子才会招女婿，招进来就是自己家的人，但是女儿嫁出去，这样的女婿就没有继承权，那是别人家的人。"[4]

（四）女儿：没有继承权

"出嫁的女儿没有财产继承权，未出嫁的女儿一般也没有财产继承权，认为女儿始终都是要嫁人，都是别人家的人。"[5]

在南陵村，女儿是不具有财产继承权的，但是其可以获得一部分"陪嫁妆"。其获得陪嫁妆有以下几种情况：

其一，老人临终前交代的，需要留给女儿做嫁妆的财产，女儿具有继承权。

---

[1] 来自刘兴汉老人的讲述。
[2] 来自刘兴汉老人的讲述。
[3] 来自刘兴汉老人的讲述。
[4] 来自刘兴汉老人的讲述。
[5] 来自刘兴汉老人的讲述。

其二，老人未交代，且家中只有一个儿子的，其陪嫁妆主要由该儿子来准备。

其三，老人未交代，且家中有多个儿子的，其陪嫁妆由各儿子出，其中和女儿一起居住的儿子出得更多一些，其余的儿子差不多。但据老人讲述，有的家庭，兄弟几个也会出一样多的陪嫁妆。

（五）兄弟叔伯：顺继

在家庭内部，叔伯兄弟有继承权。如果有兄弟的时候，兄弟有继承权，叔伯没有继承权，如果没有兄弟在的时候，则叔伯才有继承权。"家中无子无女，又没有过继，死了之后就只能由兄弟来继承，如果连兄弟都没有，那就只能由叔伯来继承，有兄弟的话叔伯就不能继承。"[1]

兄弟继承时，如果有不止一个兄弟，则是几个兄弟之间平均继承，如果只有一个兄弟则由其单独继承。叔伯间的继承一般是由关系比较好且在本村的叔伯来继承。

（六）宗族近亲：无继承人时可继承

宗族中的近亲在出现无人继承的时候具有继承权，但只要没有绝后或是还有兄弟叔伯，亲族就不能继承。"如果绝后了，又没有兄弟叔伯，宗族中离得最近的（宗族关系），财产自然而然就变成他们的了。"[2]

二、继承物

"只要是人死后不能带到阴间的财产都能继承。"传统时期的南陵村，村民的继承物一般可以分为动产、不动产、债权债务三类。

（一）动产继承物

在南陵村，动产继承物主要包括底财、牲口、农具、家具、物资、神龛、家谱、牌位、陪嫁妆等。

家庭情况不同，可继承的动产也不同。

第一，财东家。财东家的动产继承物最为丰富，主要有底财、牲口、农具、物资、神龛、家谱、粮食等，且数量较大。一般财东家的底财都比较多。

第二，自耕农家。自耕农家可继承的动产继承物主要有牲口、农具、家具、物资、神龛、粮食等。自耕农家的动产继承物在数量上要远远低于财东家，且大部分的自耕农都没有底财或是底财的数量较少。

第三，佃户家。佃户家可继承的动产继承物主要有牲口、农具、少量家具、神龛和少量物资。

---

[1] 来自刘兴汉老人的讲述。
[2] 来自刘兴汉老人的讲述。

第四，长工家。长工家的动产继承物最少，可能只有少量的家具和物资。

"神龛、家谱、牌位一般是给了长子，但是这也不是一定的，一般是继承给了家中掌柜的，有的家庭有多个兄弟，哪一个兄弟本事大，更为优秀，父亲也会将这些继承给这个儿子，主要是父亲说了算。"[1]

（二）不动产继承物

在南陵村，不动产继承物主要包括房屋、土地、水井、窖子等。不动产继承物在不同类型家庭中的差异主要体现在数量上。

从房屋来看，财东家的房屋一般都建得比较好，都有前殿、后殿、厦房和偏院，且建得比较气派。自耕农的房屋相对较好，一般自耕农都建有大房和厦房，甚至有的人家也有偏院。佃户的房屋相对较差，有的甚至没有大房，有的只有几间房子。长工的房子一般最差，一些逃荒到南陵村当长工的农户，刚开始都没有房子。

从土地来看，财东家的土地数量最多，如南陵村财东张一鹏，有约200亩土地；自耕农的土地一般都在几十亩到上百亩不等，土地数量均大于平均水平；佃户的土地相对较少，一般只有几亩甚至没有土地；长工家一般都没有土地，需要当一段时间长工有了积蓄之后才能购置土地。

从水井、窖子等来看，在本章的村庄布局中已经对南陵村的水井及分布情况进行了介绍。在南陵村，有水井约40余口，其中财东张一鹏家有一口，另外的水井基本上都属于自耕农家庭，长工家没有水井。

（三）债权债务

债权债务主要包括自家欠别人家的和外人欠自家的钱财、粮食、物品等。

据老人讲述，家长去世后遗留下的债务，其处理主要分两种情况。第一种是分家前遗留下的债务，这一类债务一般都是在分家的时候就会分好，具体怎么还会写进分书中。分家的时候分债务，一般只会分给儿子，女儿是不需要承担债务的；在儿子中具体谁还多少根据具体情况来定，如果儿子均结婚，一般是均还，如果儿子中有人结婚有人没有结婚，结了婚的需要多还一些，没有结婚的稍微少一些，没有结婚的儿子在婚姻上也是蛮大的花费，另外，结婚的孩子中也会根据婚后的家庭实际情况分债务；债务分配具体的决定权在舅舅手中，分家由舅舅主持。第二种债务是在分家之后产生的新的债务，这样的债务一般就是由和老人居住或是负责赡养老人的家庭来承担，也有一些家庭在家长去世后，之前留下的债务由兄弟几个共同承担的情况。欠下的债务一般都是有抵押物，如果到期还不上，债主又不愿意延期的时候，就可以直接拿走抵押物。

---

[1] 来自刘兴汉老人的讲述。

三、分家与继承

分家也是财产继承的一种方式，不同的分家方式产生了不同的继承方式和关系。在旧时的南陵村，"一子哩，一份哩，十子哩，均分哩"，分家还是讲究均分的。如果长子结婚，其余儿子未婚，有几个儿子就要将家业分成几份，未婚的儿子还要分上学地、婚姻地。居住在外面的孩子也参与分家。死的儿子不参与分家，如果死者有妻子，妻子能分得一份，但是会分得少一些，主要是保障其生活，即便死者妻子没有子女也能分得一份家业，但前提是其必须一直守寡下去不改嫁。如果死者妻子养有儿子，能够平均分得一份家业，有儿便拴住了人。如果没有子女，分给了她一份，如若改嫁，什么都不能带走，原来分给的是为了其生活所需。改嫁后收回的家业，如果父母还在由父母分配，如果父母不在，由长子去请舅舅来分配，如果父母、舅舅均去世，则由长兄来分。分了财产后，若丈夫去世，可以再招女婿，但是必须父母和其他兄弟都同意，只要有一人不同意都不能招。如果家中只有一个儿子的时候不需要分家，过继儿也不需要分家。

（一）"财产继承不均分"

财产继承不是均分，分家的时候是均分，但是财产继承的时候财产全部都是继承人的。如父母的财产，如果在分家的时候指定了父母的财产在其去世之后归谁所有就归谁所有，如果没有指定就归和老人一起居住的儿子所有，如果老人单独居住，则是采用几个儿子均分的方式来继承老人的遗产。

（二）"财产继承需要见证人"

财产继承的时候需要请见证人，见证人一般是由掌柜的或是长子去请。见证人一般是请两个，一个中间人，一个代笔人，两个人都是作为见证人或是证明人，因为财产继承多和分家在一起，如果只是单独的财产继承就不需要立字据，不需要代笔人，但是也会请两个证明人，多为甲长和舅舅，如果舅舅不在就请甲长和村中有威望的人，甲长虽然是轮流当，但甲长是这个村子的官人，请了甲长就和官方搭上了。

财产继承的过程中，舅舅需要参加作为见证人，舅舅是娘家人。娘家人中主要就是舅舅参加，婆家人中的亲戚一般不参加，其余的亲戚也不参加，亲戚中的长辈也不参加。打官司的时候，法院必然要传唤中间人和代笔人。

财产继承之后不需要请亲戚吃饭，也不用请邻居吃饭，但是会请证明人吃一顿饭，在家中吃便饭，不会下馆子。

（三）继承与陪嫁妆

女儿还没有出嫁的时候，是由父母来解决女儿的陪嫁妆，如果在女儿出嫁的时候，父母已经去世，则是由哥哥和兄弟来解决其陪嫁妆，陪嫁妆需要的钱不会平摊，父亲死后，女儿跟的是哪一个兄弟就由哪一个兄弟出，一般都是由和老人一起居住的儿子出。一般老人在病危的时候，对这样的事情都会有交代，都会把儿子叫到跟前，然后和儿子交代，叫的一般是和老人居住的儿子。儿子没有结婚的时候父母就去世了，到了结婚的时候就靠自己办了，因为儿子在分家的时候就分了婚姻地。

四、一般继承及其关系

民国时期，在南陵村，一般继承是一种主要的继承方式，即家中最后一位老人去世之后，具有继承权的继承人继承其生前财产的过程。如果家中老人（父亲和母亲）有至少一位在世，则不存在"一般继承"的情况，只有两位老人均去世才存在一般继承。如果父母亲有儿子，且健在，父亲的兄弟（之前未婚且未分家，一直和父亲生活在一起的兄弟）不管在不在均会发生一般继承。

当双亲均去世发生一般继承的时候，一般是由舅舅或是长兄来主持分配继承物。首先，将双亲生前的财产进行统计和整理；其次，邀请舅舅或是由长兄来主持分配继承物，多请舅舅。如果是长兄主持分配，一般需要请甲长来作为见证人和协调公平性。

财产继承的结果和财产继承的方式有关系，如果是因为分家而继承财产，那分家之后原来的大家庭就会分为两个或两个以上的小家庭，各个小家庭是独立地进行生产经营和生活。如果财产继承不是以分家的方式进行，而是以过继、招赘、买儿子、宗族中关系较近的人继承等，继承之后，不会分成若干个小家庭，财产没有被分散，生产经营和生活也没有被分开，但是这样的家庭一般人都比较少。

在财产继承中，如果发生了纠纷一般是请甲长和舅舅来调解，只有在舅舅和甲长调解不下来的情况下才会找保里的干部来帮忙调解，保里的人一般是请保队副。请舅舅和甲长来调解的时候一般不会存在不听的情况，既然是请来调解那就会听，在不听舅舅和甲长的情况下，会采取高压态势将问题压下来。如果确实调解不下来就会打官司，打官司就要到县里去，在民国时期，县城已经建立了法院。如果打官司，诉讼费是由原告先垫付，如果原告胜诉，被告就要承担诉讼费。那个时候的诉讼费最少也得四五斗麦，但是一般人打不起官司。"爱打官司好逞能，都是好逞能的穷"，"一日官司十日打，十日官司得半年"，因为以前打官司存在受贿的行为，好人、正直的人打官司就不起作用，有钱的财东打官司就给你慢慢地拖着，真的是"肥的能拖瘦，瘦的能拖死"，所以一般人也不愿意打官司。

五、特殊形式的继承及其关系

家庭财产一般都会有人继承，如果出现了没人继承的情况一般是由宗族中关系比较近的人继承，宗族中关系比较近的人一般平时都和财产的主人关系比较好，所以其去继承别人也不会有太多意见，也很少出现争抢财产的情况，没有人继承的财产一般都是房屋及少量的土地，如果财产比较多的人多会通过过继、买孩子等方式来继承。

如果财产没有人继承，一般就会成为村庄的公共财产，由村里共同进行处理。"如果财产没有人继承，如逃荒的人，其财产就可能变成了公共财产，但是这样的情况几乎没有，就算逃荒的人来了之后有了几间房、几亩地，其都有关系好的人，逃荒的时候就把这些财产给了别人或是让别人帮忙看着，以后也就成了帮忙看财产的这家人的财产了。"[1]

第八节 南陵村的经济变迁

1949年以后，随着国家公权力对农村生产生活方式的引导，以及土地改革、农业合作化、人民公社化、包产到户等运动的开展，南陵村传统的生产生活方式悄然变化，村落经济出现巨大改变。

一、1949年以前的传统经济形态状况

总体来看，南陵村位于黄土台塬之上，地势较为平坦，土地广阔，相对平整，土地资源相对富足，但受大陆性温带半干旱、半湿润气候影响，干旱少雨，地表水资源匮乏，天气变化对农业生产具有较大影响。"靠天吃饭"的气候环境使得农民的生活存在较大变数，又加上繁多的税赋及摊派，土地生产满足不了村民生存的需求，大部分村民生活较为艰辛。

从经济来源来看，村民以农为本，农业仍是主要的经济收入。"忙时农作，闲时发展副业"，生产技术落后，生产资料有限，耕作方式传统，农耕收入不乐观。靠山吃山，石刻成为村民副业主流，此外还有皮匠、泥水匠等匠人，但副业收入微薄，对改善村民生活作用较小。土地被南陵村村民认为是"命根子"，是"刮金板"，也是财富的象征，有钱人购买土地，生活困难者卖地维持生计，致使土地资源和生产资料占有两极化，贫富悬殊较大，村民生活差异明显，土地大户免受饥饿之苦，地主财东锦衣玉食，贫穷百姓生活一年不接一年，吃了上顿没下顿。

从经济单元来看，家户是南陵村主要的经营单元，村民主要以一家一户组织农业生产，一家一户既是最基本的生产单元，又是最基本的生活单元和最基本的消费单元。

---

[1] 来自对刘兴汉老人的访谈。

二、1949年以后的传统经济形态状况

1949年以后，受国家政权的影响，南陵村的经济形态受到了很大的影响。下面将从土地改革、集体化时期和土地包产到户后三个阶段来对南陵村1949年以后的经济形态进行考察。

（一）土地改革运动中的小农经济状况

中华民国三十八年（1949年）2月初，富平县人民政府在蒲城县武家原成立。5月4日，富平县城第二次解放，中共富平县委与县政府机关进驻老县城，建立新政权，结束了国民党在富平的统治，紧接着进行民主建制，南陵村村民经济生活自此开始改变。

第一，实现了"耕者有其田"。从1950年10月10日起，富平县揭开了土地改革的序幕，土地改革运动的开展使得南陵村生产资料占有不均、贫富差距悬殊的局面得到了改善。根据村民经济实力划分阶级后，没收地主财产和土地，征收富农多余土地和财产，分给贫下中农，实现土地人均占有量基本持平，实现家家有地种。但因家庭劳动能力差异和思想差异，农民生活状况参差不齐，勤劳擅种、劳动力富足者，生活基本得以维持，劳动力不足、生产能力低下者，依然难以维系生活。"土地改革，我们所有的农民都分得了土地，家家户户都有，根据人口来分，大家的土地也都差不多，那个时候真是高兴。"

第二，所有土地实现私有化。取消了祠堂、庙宇、寺院、陵园的原土地拥有权，由农民协会无偿地分给无田、少田的贫苦农民，此时所有的土地均成为私人的土地，已经没有了集体土地。

1952年5月17日，富平县第三届各界人民代表会议召开。从本月起开始处理土改运动中的遗留问题，补定地主、没收土地等，同年12月底，全县开展查田定产与颁发土地证、亩产证，农民土地私有合法化，并得到了国家认可。农民以一家一户为单元进行农业生产，但一家一户力量薄弱问题凸显，开始以"农业互助组"的形式发展生产，村民自愿组成农业生产互助组，每组推选一位组长带领该组进行农业生产，农民生产积极性提高，此时南陵村以农业生产为主，村民基本没有其他收入。

（二）集体化时期的小农经济状况

1955年，农业生产方式由互助组进入合作社，以社为单位进行农业生产。农民自苦自吃的生活方式改变，改为集体生产，按工分分粮，并要求"割断资本主义尾巴"。农业收入成为村民唯一的收入，家里劳动力多、劳动力占比大的家庭，一年的辛勤劳动能维持自家生活，但是家中老弱病残多、劳动力缺乏的家庭，则只能分到基本口粮，生活较为困难，吃饱成了农民的生活愿望，不再期盼发家致富。

第一，从经济单元来看，一家一户的生产单元已经变成了以生产队为生产单元，南陵村4个自然聚落分为10个生产队，生产队有队长，队长组织村民进行生产。

第二，从生活单元和消费单元来看，集体化初期家户仍是生活和消费的基本单元，到了"大食堂"期间，以生产大队作为生活和消费的基本单元，"大食堂"解体后，生活单元和消费单元回到了一家一户，以劳动换工分，以工分来分配口粮和钱，村民以一家一户为单元进行生活和消费。

（三）土地承包到户之后的小农经济状况

据《富平县志》记载："1981年元月，通过民主选举，成立县人民政府，全县行政区划编为32个社（镇），329个大队，2 064个生产队。"此时南陵村为南陵大队，下辖10个生产队。随着土地承包到户，土地的经营权回到了农民手中，以家庭为单位进行生产，农民生产积极性再次被点燃，加之可以发展副业，南陵村村民凭借着辛勤的劳动让生活一天天变好。

据《富平县志》记载，1982年10月1日至1984年10月，全县开展有领导、有组织的农业区划工作，根据种植业资源状况，将全县分为三大种植区。南陵村属于北部山地玉米、小麦、杂粮一熟区。

"北部山地玉米、小麦、杂粮一熟区：本区位于县境北部山区地带，系乔山余脉，海拔600—1439米，峰岭重叠，峪道纵横，水土流失严重，土壤脊薄。区内包括峪岭、赵老峪、白庙、雷村4个乡的全部和老庙、雷古坊、薛镇、底店、曹村、宫里、长春、齐村、庄里9个乡的30个村，共涉及13个乡、668个村、366个合作社。总农户为14 949户，农业人口为76 809人，农业劳力为28 957个。全区土地面积为540 827.89亩，农耕地为18.12万亩，每人平均耕地有2.4亩。"[1]

21世纪以来，国家科学技术进步、农业税改革、农耕环境改善，农地产值连续增长，南陵村村民可支配收入逐年增加。随着农田水利的改善，以小麦种植为主逐步向以花椒、小麦、柿子等多元化种植发展，农民收入渠道被拓宽，国家建设步伐加快，就业机会大增，外出务工人数增多，村民收入来源多样，收入水平发生巨大变化，经济生活日趋美好。

---

[1] 参考《富平县志》（1994年版）第六编《农牧业》第二章《农业》。

第九节 南陵村的经济实态

目前,南陵村的经济已经发生了翻天覆地的变化。2006年取消农业税,农业收入可支配部分占比增加,种子、生产工具、肥料等的改良和更新大大地提高了农业收入,加之外出务工等收入的增加,南陵村的经济水平也逐步向小康水平看齐。本节将从当下经济概况、产权、生产经营、家庭分配、市场交换、家庭财产继承等六个方面来对南陵村村落的经济实态进行考察。

一、当下经济概况

南陵村现为富平县宫里镇辖下行政村,全村辖4个自然村,10个村民小组,602户,2540口人,全村耕地面积为4817亩,2016年年底农民人均纯收入为10500元。近年来,村两委会坚持以经济建设为中心,大力发展石材加工及种养业(见图3-4和图3-5)。在追求新的经济增长的同时,加快对传统创业的振兴和发展,南陵村石刻工艺及石材加工业历史悠久、源远流长,是远近闻名的"石刻专业村",故有"碑林之源、石刻之乡"之称。改革开放后,石刻工艺得到复兴,石刻产业逐步壮大,全村现有大、中、小型规模石刻工艺厂25家,个体户445户,从业人员1600余人,产业人均纯收入2600元,占全村农民人均纯收入的60%以上,现已辐射到周边8个村。目前,全村奶牛存栏280多头,奶山羊存栏1500余只,并建成机械化挤奶站2个,全村工农业总产值3000多万元。

图3-4 南陵村石刻加工厂

图3-5 南陵村柿饼加工作坊

此外,随着营商环境的改善,农民财富积累量增加。南陵村村内开办了一家蔬菜超市和多家副食店,基本能满足村民日常生活之需,生活小商品不出村便能买到。随着交通条件、网络环境的改善，乡村公交直达村内，宽带网络入户进家，物流快递点进驻村内，村民不出村便知天下事，村民不出门便能入手天下物，洋楼、汽车日渐成为家庭标配，全面小康指日可待。

二、产权

目前，南陵村的产权类型主要包括私有、集体所有和国有三种类型，不同的财物其产权类型有所不同。

第一，从土地产权来看。目前，南刘、北刘、赵家、铁炉4个自然聚落合成了一个行政村，村委会下辖4个自然村、10个村民小组，土地的所有权为村民小组所有，即其产权类型为集体产权，但是，农民拥有着土地的承包经营权。近年来，随着农村改革的深入推进，农村土地承包经营权分置为土地的承包权和经营权，村民可以将自家承包耕地进行转租，即村民小组拥有土地的所有权，村民拥有土地的承包权，耕种者拥有其经营权。据刘兴汉老人讲述："现在土地的产值还比较低，外出务工的人是越来越多，很多年轻人都到西安甚至外省打工，种地的人在慢慢地减少，年轻一代也不愿意再去种地，一些农户就把土地租给别人种，南陵村租给别人的土地大概占了全村土地的20%左右了。"

第二，从房屋的产权来看。目前，村民的房屋颁发的并不是房产证，而是集体土地建设用地证，建设房屋的土地仍然属于集体，但是房屋归私人所有，即建设房屋的土地产权归集体所有，房屋产权归私人所有。

第三，从基础设施来看。目前，南陵村的基础设施主要有村庄道路、路灯、球场、活动设施及活动场所等，其中道路产权为国有产权，其余的均为集体所有，产权归南陵村村民委员会。

除此之外，由村民购买的所有生活用具、生产工具、牲口、家禽等，其产权均为私人所有。

三、生产经营

2016年，南陵村委会的生产经营方式主要有以下几种：

第一，家户经营。目前，南陵村有农户602户，2 540口人，全村耕地面积为4 817亩，家庭仍为生产经营的最基本单元。据村干部介绍，南陵村村民基本都为农业人口，约有95%的家庭从事农业生产，主要是耕种自家现有土地，一年两种，以种植小麦和玉米为主。

第二，大户经营。目前南陵村约有30户农户流转别人土地进行规模种植或养殖，种植以种植粮食为主，兼种花椒、柿子等经济林果，养殖以养殖奶牛和奶山羊为主。

据村干部介绍，2016年，全村奶牛存栏280多头，奶山羊存栏1500余只，并建成机械化挤奶站2个。

第三，国家帮扶。在生产经营中，国家帮扶的方式主要体现在农业生产基础设施的建设以及农地补贴两个方面。

四、家庭分配

进入21世纪，家庭仍然为南陵村最基本的分配单位。2016年，南陵村共有602户农户，大多数为核心家庭。根据村干部介绍，核心家庭的比例应该占到了七成左右，户均人口4.22人，但是大多数家庭的人口在4—8人之间，"三代同堂"家庭居多。

从家庭的分配来看，根据分配内容，其可以分为生产性分配、生活性分配和其他分配三大类。不同的家庭，其各项分配的占比情况也有所不同，但总体来看，生活性分配占比最高。据村民介绍："一般的家庭主要支出就是生活和生产，生活看家庭条件，条件好支出就多，条件不好就会节省一些，农业生产支出还是压力大，现在浇水、割麦、种麦等都是机械化，都要钱。对于那些家中有大学生的家庭来说，除了这些之外，孩子上学的支出也不小，压力比较大。"[1]

不妨以南陵村刘兴汉家为例来分析当下家庭分配情况。刘兴汉家现有家庭人口6人，主要收入来源为种地、运输及老人的退休金和养老金，2016年总收入约15万元，分配情况主要如下：第一，生产性支出，约1.5万元；第二，生活性支出，约2万元；第三，人情往来，约2万元；第四，看病支出，约2万元（家中有两个老人）；第五，运输支出，3万元；第六，购买一辆小轿车，支出约16万元。

五、市场交换

目前，南陵村的市场交换主要有网上交换、村外的集市交换和村内商店与小超市等的交换。

从村外集市交换来看。第一，1949年以前，南陵村村民经常去的流曲、王寮、曹村、庄里、宫里等乡镇集市现在仍有留存，各集市有各集市的集期，交易的商品也日益丰富，基本能够满足南陵村村民绝大部分的商品购买需求。富平集市现变为县城，是南陵村所在县域的经济、文化、政治等的中心，交通极为方便，商品应有尽有。开通了县城到宫里的公交，每隔半小时发车一次，另有富平到北陵村的公交也穿过南陵村，为南陵村村民的出行带了极大方便。第二，南陵村村民种植出来的农产品及农副产品，只需要到宫里就能够出售，甚至一些商贩直接到村中进行收购。第三，目前基础设施已经大幅改善，很多农户已经购买了摩托车、小轿车等交通工具，为村民进行

---

[1] 来自对刘兴汉老人的访谈。

村外交易带来了便利。

从村内交换来看。截至 2016 年 12 月，南陵村境内有商品超市 1 家、蔬菜超市 1 家、小商店 15 家，超市内主要销售日常生活用品和三餐食用蔬菜、面粉等，小商店商品种类有限，主要销售日用品，且以易耗商品和常用商品为主。

从网上交换来看。南陵村已经实现移动、电信等网络信号全覆盖，超过三成的农户架起了网络宽带，为村民进行网上购物提供了良好的网络环境。另外，申通、邮政等多家快递公司的包裹能够送达农户家中，村民购物更加方便。

六、家庭财产继承

目前，南陵村财产继承与传统时期相比，已经变得更加简单。

首先，从发生财产继承的时间来看，和传统时期一样。只有在家中最后一位老人去世后才会发生财产继承，如果还有老人在世，则不会发生财产继承。

其次，从财产的继承权来看，与传统时期有所不同。当家中最后一位老人去世后，家中的儿子和女儿均有继承权，在有的家庭，外嫁的女儿也享有继承权。

第三，从继承顺序来看，如果老人生前立有遗嘱，则其去世后财产按照遗嘱所写进行分配；如果老人未立下遗嘱，则一般由和老人居住并赡养老人的孩子继承；如果老人单独居住，儿女共同赡养老人，则由儿女均等继承。

第四，从继承的程序来看，与传统时期相比更为简单。目前进行财产继承不需要请中间人、见证人等，只有在财产继承且同时进行分家的时候，才会请见证人，一般请村中较有名望的中老年人，有的家庭还会请村委会的干部帮忙见证，此时还涉及分户。否则，儿女几个相互商量着就把老人生前的财产分了，各继承其所分得的部分。当然，因为财产继承而发生纠纷，甚至兄弟姐妹反目的情况也时有发生，主要都是为了想获得更大的财产继承权。

第四章　南陵村的社会形态与实态

传统时期，以家户为基本单元的血缘关系构成了南陵村的村庄基础。为满足生产生活需求，亲族之间、邻里之间、同业之间的村民互助协作，在不断地交往、流动、分化、冲突和互相保护中形成了传统时期南陵村的社会形态。本节将从血缘、地缘、业缘、信缘、交往、流动、分化、冲突等方面对南陵村村落的社会形态和实态进行考察。

第一节　血缘与血缘关系

传统时期，血缘关系是联结南陵村各种社会关系的基础关系，村民基于血缘关系判断亲疏关系，决定交往范围和深度。本节将从家庭及其关系、亲戚及其关系、干亲及其关系三个方面考察传统时期南陵村的血缘关系形态。

一、家庭及其关系

家庭是传统时期南陵村的基本构成单元，家庭成员之间同居共财、风险共担，共同维系着家庭的发展与延续。

（一）家庭结构

1949 年以前，南陵村内家户结构主要分为三类，一是包含三代及以上的扩大家庭，此外还有因婆媳矛盾、妯娌矛盾等家庭矛盾而分家所形成的主干家庭与核心家庭。其中以三代及以上多代同堂的扩大家庭居多。

在南陵村，村民并非以单一因素来衡量家庭大小，也没有设定明显的大小家庭划分边界，而是以多种因素综合衡量。一是家庭人口数量，尤其是男丁数量，人口越多的家庭越趋于被认定为大家庭，反之则更趋于被认定为小家庭。据村民回忆："家庭人数多了，别人自然就看得起了，能出力干活的人多，独门小户一般在村民中是没什么势力的。"村中通常以10口人作为界定标准，但家庭人口并非衡量家庭大小的唯一标准，单单人口多而经济破败，家庭也会因逃荒等各种求生途径而逐渐没落。二是代际更迭，在南陵村，一般认为三代同堂、四代同堂甚至更多代数的同居共财是家长领导力强的表现，也是家庭团结、发展得好的象征，但如果代数叠加人数较少，也不能被称为"大家庭"。三是财产积累，村民通常把土地多、财产多的家庭称为"大户"，但如果其人丁不旺，则也不能被称为"大家庭"。四是家庭背后的亲族势力，在1949年以前，南陵村四个村堡虽然都是以大姓为主的杂姓村，但各村堡姓氏构成存在较大差异。赵家堡中赵姓为大姓，南北刘二堡和铁炉堡中刘姓为最大姓氏；从铁炉堡来看，1945年时村中共有19户人家，其中以刘姓为主，曹、王、巫、韩、余等姓氏杂居其中。铁炉堡本有刘、王两大姓，据说"王户为大户，咸丰年间官场出过人，后来在兰州还开过金铺，但后来王姓绝户，刘姓成了村中最大的姓"。村中的小姓大多因逃荒到此，且多数是中华民国期间来到这里。据村中老人讲述，大家庭一般都是村中的大姓，小家庭都是"后来者"，人口不多。

大小家庭之分并非一成不变的，小家庭经过经年累月的繁衍、发展也可成为大家庭，大家庭经历家庭矛盾或家庭变故也会裂变成为多个小家庭。

（二）家庭成员资格界定

基于血缘与婚姻关系而形成的家庭，在其家庭成员资格界定方面存在以下标准：

一是同居共食。南陵村村民认为，只有同住一座房、同吃一锅饭的人才算是一家人，如居住在一起共同食宿的父母子女、夫妻、兄弟姐妹等。经正式嫁娶纳的妾及其所生的儿女也算是家庭成员："恶霸保长董相年，五十多岁了还办了一个小妾，结果这个小妾还给他生了两三个儿子，生的孩子都算家庭成员了。在南陵村铁炉堡办小妾的人就只有刘邦富一个人，本想生个儿子顶门立户，但是生了一个女儿，但是也算是家庭成员了。"[1] 但如果仅仅居住在一起而不共食则不能算作一家人，如已分家但仍然同住一处府邸的兄弟、借住房子的人、出嫁的女子、过继给他人的孩子、被人抱养的孩子、卖出去的孩子、已分家出去另立门户的人等均不能算作家庭成员。

---

[1] 来自对刘兴汉老人的访谈。

二是直接人身占有关系。在同居共食的基础上，只有具有直接人身占有关系的成员才能算作是家人。家庭成员必须服从家长的安排，为家庭的生产生活贡献力量，如过继的孩子、抱养的孩子、买来的孩子、上门女婿等均要听从家长安排进行生产劳作、婚配续后，因此均算是家庭成员。此外，家庭中的丫鬟也算是家庭成员，据老人刘兴汉介绍："丫鬟都是买卖关系，属于家庭成员，一般到了十八九、二十岁主人家还要给你找个人家嫁了，结婚之后就不算家庭成员了。丫鬟在家庭中地位是最低的了，都是伺候人的。"家里的长工、佣人、管家虽然也与雇主家同居共食，但这些人并不能算作家庭成员，两者之间只是雇佣关系，他们只有义务为雇主劳动，雇主没有权利干涉他们的婚配、财产分配等问题，他们各自拥有自己的家庭。

三是其他家庭成员的心理认同。家庭成员也要得到其他成员的心理认同，如新出生的婴儿，在未得到政府认同之前，已经被家人认定为正式的家庭成员。而对于与其他家庭成员具有直系血亲、婚姻关系的成员也有不被认可为家庭成员的情况，如被驱逐出族的成员，老人刘兴汉介绍："南陵村的邻村石象仪，曾经是一位旅长，他都六十多岁了，办了一个15岁的姑娘，他儿子夭亡，要了一个孙子，但是孙子和他小妾通奸了，这个家族就把这两个人驱逐了，之后也就不算是这个家族的成员了，出族是一定出家的。"又如未经嫁娶程序的小妾，纳的妾只要没有娶进家门也不算是家庭成员，但是只要进了家门就算是家庭成员，生的孩子也算是家庭成员。

（三）家庭关系

传统时期，南陵村当地的家庭关系从以下几个方面得以体现：

1."家有千百口，主事在一人"

每个家庭都会有当家人，当家人为一家之主，负责家中大小事务的决策，是一个家庭的头，也是对外的"联结点"。在南陵村，当家人也叫"掌柜的"。"家有千百口，主事在一人"，当家人的地位在家中是最高的，扮演着决策者的角色，是家中的核心。家里的生产生活、金钱、对外交往、请工、签字等一切大小事务均是由当家人出面。当家人也是这个家庭与其余家户沟通联系的桥梁，两个家庭有什么事情必须通过当家人来完成或者是必须要得到当家人的同意，家庭其余成员没有决定权。但是家中卖土地和买卖牲口，当家人需要同其余的兄弟商量，征求兄弟的意见，如果已经分家，兄弟之间各自有了自己的小家庭，就不需要和兄弟商量了。

请工、请中间人、请执笔人、请客吃饭、请保长、请甲长（又称"乡约"，是村中领头人）、请绅士、请先生、请公证人、行门户等都必须是由当家人去办，请接生婆等一些必须由妇女去做的事情也是经过掌柜的同意的或是掌柜的安排其去的，否则都是掌柜的自己去办。以请中间人为例,在南陵村请中间人是由家中掌柜的去请,如果是家中的其余人去请,中间人可能就不会来,不是当家人,就不太认可,因为当家人才是一家之主,才是家中最权威的人。

交税、完课、摊派等必须是通知掌柜的,村中公共事务也必须是找掌柜的商议。过年走亲戚、平时行门户、借粮、借钱等一般都是当家人出面。去别人家帮忙要看是什么事,如果只能是妇女做的事情,家中妇女也能去帮忙。借钱和借粮必须和当家人借,还的时候也必须是还给当家人,只有当家人才有决定权。

2."家庭琐事是婆婆说了算"

1949年以前,在南陵村,掌柜的通常是管理家庭的生产生活及对外交往等家庭大事,而对于家庭内部的琐事,则一般是由家中的长辈女性负责协调安排,这些长辈女性被称为"内当家"。在男女有别的传统思想观念影响下,公公一般不直接与儿媳接触或进行奖惩,公公与小叔子不可进入儿媳、哥嫂的卧室,甚至在日常生活中相互之间要少讲话,女性日常的活计安排通常是由婆婆来负责,儿媳必须服从婆婆的安排,如每日谁做饭、谁推磨、谁挑水等。每个分支的零花钱及办年货的钱也是由婆婆负责分配。

旧时,南陵村十分讲究敬老、孝老,儿媳必须听从婆婆的安排,有时还要忍耐婆婆的打骂,在公共场合,儿媳必须随在婆婆身后。若发生婆媳矛盾,丈夫首先责骂的肯定是妻子而不是母亲,在婆媳矛盾严重不可调和时,还可能发生休妻行为。

3."家庭矛盾大了就要分家"

对于同居共财、同甘共苦的一家人来说,在日常生产、生活中不可避免地会发生家庭矛盾,如夫妻矛盾、父子矛盾、兄弟矛盾、婆媳矛盾、妯娌矛盾等。在南陵村村民看来,几代人和睦共居、共同进行生产生活是家庭凝聚力的一种体现,也是对于长辈、当家人的尊重和认可,但在家庭矛盾难以调和的时候,村民也认为"树大分杈,崽大分家"是不可避免的自然行为。如果面临激烈的家庭矛盾而不进行分家,不但会造成家庭内部每天的吵吵闹闹,也会逐步造成家庭生产效率的降低和家庭的逐步破败;相反,在此种情况下进行分家之后,每个小支各成一家,为了各自的生活和家庭发展,会尽自己所能去进行农业生产以及其他获得额外收入的生产行为。分家多发生在儿子较多且均已婚的家庭中,妯娌矛盾是引发分家的重要原因之一。

二、亲戚及其关系

传统时期,南陵村以家庭为核心,根据血缘联系形成了一定的亲戚圈层,亲戚的组成主要包括嫡亲和姻亲(亲戚关系构成如图4-1所示),此外,根据拟血缘关系而形成的干亲也是亲戚的重要组成部分。根据亲戚关系的远近，又可以将亲戚分为近亲和远亲。下面将从亲戚构成与亲戚关系两个方面对南陵村1949年以前的亲戚关系进行考察。

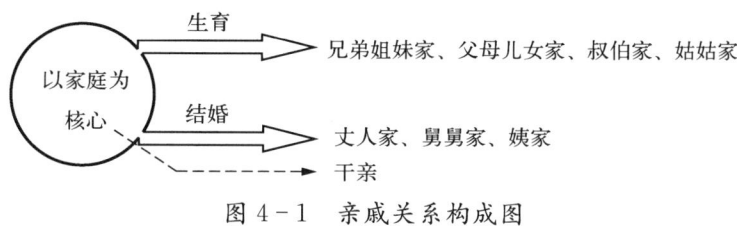

图4-1 亲戚关系构成图

（一）嫡亲与姻亲

传统时期南陵村村民认为亲戚有嫡亲、姻亲、近亲和远亲之分。

1. 嫡亲

嫡亲是指血统关系最接近的亲属，主要包括自己的父母家、叔伯姑姑家、子女家、兄弟姐妹家等。从南陵村来看，每家在村落内的嫡亲数量不等，但从南陵村铁炉堡来看，嫡亲平均为六到七家。在铁炉堡，同姓不婚，但是后来来的杂姓比较多，所以部分人在村内就结婚了，如村内姓余的把女儿嫁给了巫家，由此也带来了村落内嫡亲范围的扩展。

在村民看来，核心家庭的人口从纵向上看，上包括父母、下包括子女，从横向上来看，包括兄弟姐妹及其配偶，其人口数量不一定，有的家庭人口比较多，有的家庭人口相对较少。核心家庭主要通过生育、结婚和过继三种方式形成，其中以生育和结婚为主方式。成为核心家庭成员不需要在村中登记。

在传统社会中，嫡亲是村民日常交往与危险救济最信赖也是最依赖的对象，嫡亲之间联系较为频繁，春节的时候都要来回走动、拜年；另外，家中有婚丧喜事、老人的寿诞，都会走动。亲戚来了，一定要吃饭，但是住宿就不一定，近的亲戚就不会住宿，远的亲戚就可能住宿。住宿的时候，要是大户人家，住的位置和家人在一起，穷人家就不讲究这么多，也没有那么多的房间，能安排一个住的地方就已经不错了。

2. 姻亲

由男女婚配而形成的亲属关系称为"姻亲"。传统时期，在南陵村铁炉堡村落内结婚的就只有余家和巫家，刘家和余家（"姓刘的先天性失明，姓余的是湖北人，刚开始来到这里的时候是帮人做活，过了一些年姓刘的嫁出去，家里给配了一头牛，还有十五亩地，让他们安起了家"），其余的均为村落外结婚。但是南陵村内结婚的还是有很多，具体数量不详。

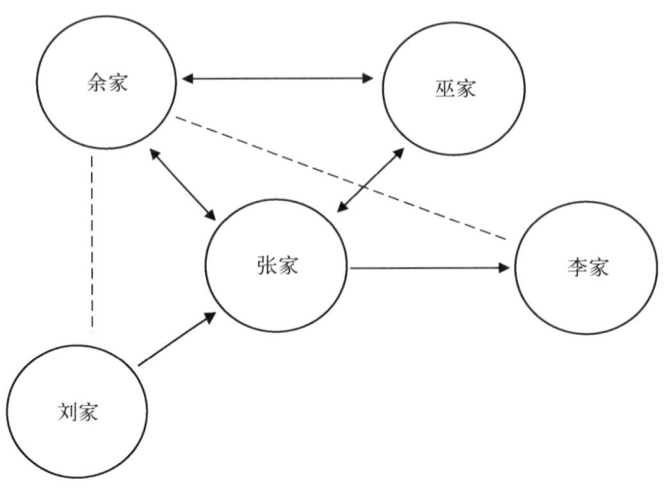

图 4-2 姻亲关系图

如图4-2所示，余家的女儿嫁给巫家，余家和巫家算是姻亲，巫家的兄弟姐妹与余家也算是姻亲，但是相互之间不走动，只是余家和巫家才会走动。如果巫家有丫鬟，巫家的丫鬟和余家不算亲戚，丫鬟的地位太低了，虽然是家庭成员，但毕竟是佣人。

如果余家的女儿嫁给巫家，生了女儿后嫁给张家，巫家和张家算是姻亲关系，张家和余家也属于姻亲关系，余家则是张家的舅家。余家和张家的兄弟姐妹也算是姻亲关系，但是不走动，只是余家和张家是属于要紧亲戚，张家女儿或是儿子结婚，余家都要随礼。如果巫家嫁到张家的女儿非余家女儿所生，则张家和余家算是姻亲关系，但是不走动。

如果巫家嫁到张家的女儿生了女儿，嫁给了李家，巫家和李家属于姻亲关系，且还是要紧亲戚，关系如同余、巫、张三家之间的关系。但是此时，余家和李家则不属于姻亲关系。如果余家嫁到张家的女儿生了儿子，娶了刘家女儿，则巫、张、刘三家的关系同余、巫、张三家的关系。但是刘家和余家则不再是姻亲关系，即便是刘家的儿子到张家上门，也不再是姻亲关系。姻亲主要是指"三角关系核心家庭"，如果是上门女婿，上门女婿家的家庭成员与去上门的一家人都属于姻亲关系。妾的娘家也算姻亲关系，家庭成员的都算。另外，余家的女儿和巫家结婚，如果余家女儿去世，余家和巫家是否是亲戚要分情况而论。如果余家的女儿死了，死之前生下了子女，则余家和巫家算是亲戚，相互之间还是走动，即便巫家的儿子另娶妻，也还会正常来往。如果余家的女儿没有为巫家留下子女，死后巫家儿子要是没有再婚，则还算是亲戚，还会继续来往；要是死后没有留下子女，巫家儿子再娶妻，这样一般就不再来往了，亲戚关系也就断了。

姻亲之间也会相互走动，但是一般只是要紧姻亲才会相互走动，平日里有事会相互走动，没事的时候也会相互走动，走动的频率不定。过年的时候都会相互走动，需要走亲戚。走亲戚的时候一般都会留下来吃饭，如果是远方亲戚，有的也会留下来住宿，留下来住宿的时间不等。农闲时走亲戚多一些，农忙时走得就相对少一些。

结为姻亲需要双方父母同意，不需要兄弟姐妹同意，但若没有父母，则需要家长同意。如果父母在，但父母不是家长，也需要家长同意。如果有族长，结婚需要族长同意。结婚不需要甲长、保长等村落管理者同意，结婚是家庭行为。"家有千百口，主事在一人"，家长的权力比较大，家长说了算。如果父母去世，家中只有兄弟，若没有分家，弟弟结婚就需要哥哥同意，父母不在，长兄为父；如果哥哥已经结婚，则弟弟的婚姻需要哥哥嫂嫂都同意，也需要哥哥嫂嫂来操办。如果父母不在，上面没有哥哥，只有姐姐，弟弟结婚不需要姐姐同意，也不需要舅舅同意，姐姐只有参谋权。

同姓可以结为姻亲，但是同村落同姓就不行。结婚的时候不需要登记注册，解除婚姻关系之后也不需要登记。

(二) 近亲与远亲

亲戚一般都要"走"一百多年，差不多是三四代人。从亲戚关系的亲疏远近来看，亲戚之间也有近亲和远亲之分。

1. 近亲

在南陵村，亲戚有关系远近之分，其中，兄弟姐妹、父辈的兄弟姐妹、因婚姻关系而缔连的两个家庭及其两代以内亲属被村民公认为近亲，如图4-2中的余家和巫家结婚，其子女再与张家缔结婚姻，可以算作近亲，其结婚后若是有子女，下一代依旧与余家属于近亲，若是无子女，巫家嫁到张家的女儿死后，余家与张家则不再属于近亲。

南陵村村民通常以代际间隔来衡量近亲与远亲，父亲系三代以内及母亲系两代以内的亲属被村民认定为近亲。近亲与居住位置的远近无关，距离较远的近亲仍然算是近亲，即使路程再远，近亲之间也要经常来往。"媳妇娘家娃外家，亲当当的丈人家"，这是对近亲关系描述的口头语，近亲关系发展到现在基本属于"一代亲"。家中有红白喜事的时候都需要通知近亲，如果是结婚，通知近亲的时候是由家长去通知，如果是丧事，通知近亲的时候就由村中的"相逢"[1] 帮忙通知，如果是孩子的满月酒则是由孩子的父亲去通知。

---

[1] 相逢，是对来帮忙的邻里的统称，在结婚等事情中，主要就是靠相逢帮忙，看客、端菜、做菜等都是靠相逢帮忙，亲戚是客人，都是来行礼的，不会去帮忙。

2. 远亲

远亲也就是一般亲戚，通常父亲系三代以外、母亲系两代以外的亲属被认为是远亲。远亲和距离无关，并不是所有的远亲都是在村外，同一村落内也会存在远亲。一般只有家中有婚丧嫁娶等大事的时候才会通知远亲，小事则不会通知远亲。遇婚丧嫁娶，远亲不管居住距离的远近都需要通知，一次不通知，可能就造成彼此之间亲属关系的断裂，造成以后的互不往来。如果是结婚，通知远亲的时候是由家长去通知，如果是丧事，通知远亲的时候就由村中的"相逢"帮忙通知。远亲家如果有红白喜事，自己家里也需要去，一般都是家长去。如果远亲住在同一个村子，平日里有什么事情需要帮忙也会去帮忙。自己家里有什么事的时候一般是先找近亲帮忙，一般不会找远亲。

（三）亲戚交往关系

亲戚关系因婚配和血缘联系而形成，其日常交往体现于节日走动、酒席、祭祀、串门、帮忙、纠纷、借钱、借粮等生产生活中的各个环节。

1. 节日互动："过年家家户户都要走亲戚"

逢年过节是走亲戚的重要时机，特别是过年，亲戚之间都会相互走动，走亲戚也是维护亲戚关系的重要方式。春节期间，亲戚走动较为频繁，家家户户都要去走亲戚。走亲戚一般从大年初二开始，但是在大年初一的这一天就要给干亲、拜把子兄弟和老师、师父以及村中的人拜年。大年初一祭祖结束之后，需要给村中的老人拜年，50岁以上的都算作老人，不管男女都要去，不管是不是亲戚、是不是同姓都要去，表示对老人的一种尊敬。大年初二至大年初四主要是走亲戚，走亲戚的时候有的亲戚必须去，且有一定顺序。如从姻亲来看，舅舅和丈人家是必须要走的亲戚。走亲戚需要带礼物，不同的亲戚所带礼物有所不同，如新婚夫妇回去丈人家，需要带酒、肉、馍等八样或十二样礼品。丈人家是夫妻双方去走，其余的亲戚一般是掌柜的去走，只要是亲戚一般都会走，要是不走可能亲戚关系就断了。除了具有血缘联系的亲戚需要走动以外，拟血缘关系的亲戚也需要走动，如大年初五为"破五"，"破五"之后干爸要给干儿子、干女儿送灯，送灯一般要送十三年，送满全灯为止。

2. 酒席："办酒不请到可能这门亲戚就断了"

旧时的南陵村村民，婚丧嫁娶、老人寿诞、孩子满月等都会办酒席，酒席根据家庭经济情况、社会关系情况来决定其规模。但不论因什么事办的酒席，也不论酒席规模的大小，只要办酒席，亲戚之间都会根据关系的亲疏相互走动。办酒席时需要通知亲戚，嫡亲通常不用专门通知就会主动过来帮忙，但稍远的亲戚及远亲就需要主家通知，而且必须要通知到，远亲本身相互走动较少，如果在婚丧嫁娶的大事上不加通知可能就会造成这一门关系的断裂，今后不再相互往来。

婚嫁之时，亲戚之间都要相互祝贺，送上贺礼，主家要回礼，并对所行贺礼数量进行登记；如遇丧事，主家要通知亲戚，亲戚要前来吊唁，并上礼；老人寿诞、男孩满月等都会通知亲戚，亲戚要前来祝贺；女儿满二十天，并不是每一个家庭都会办酒席。亲戚之间的相互走动更多地是为了维护亲戚关系。不论婚丧嫁娶，村民对亲戚的礼金不作规定，由亲戚根据自家心意自由决定，通常是近亲高于远亲、嫡亲高于隔代亲。为避免因礼金问题产生亲戚之间的心理隔阂，同一身份的亲戚通常会提前商量付相同的礼金，而且相互之间礼金讲究"对等往来"，我家办事你付多少钱礼，到你家办事的时候我也"回"多少钱礼，或者在你的礼金的基础上多少加一点。

"婚丧嫁娶，邻里相助"，办酒席的时候主要还是靠街坊邻居帮忙，迎接亲戚和安排亲戚在酒宴上的座位都是由知事客和村中的"相逢"负责，但是亲戚走的时候主家要在门口相送。吃席面子的时候，远亲、近亲一般都是分开坐，如果来的人比较多，需要分几轮吃饭的话，一般是远亲先吃，近亲再吃，最后才是村里的人吃，吃饭时用方桌（桌子都是方桌，不用圆桌，方桌意为"上下分明"，圆桌都是"多元化社会"），一桌八人，上席一般是老人和长辈就座。

3. 祭祀："不同的祭祀不同的人参加"

在1949年以前，南陵村因血缘关系产生的祭祀主要有祭祖、墓祭和家祭，其中家祭是以家庭为单位，亲戚之间不会相互走动，也不需要联系。祭祖是在大年初一的上午进行，是家族统一组织的祭祀，家族五服之内的成员都要参加。南陵村在中华民国时期，"宗族"已经名存实亡，家族活动仅剩下祭祖，祭祖由家族中年纪较大、辈分较高、较有威望之人主持，祭祖结束之后家族之间会拜年，拜年也是统一进行的，按照门支关系依次拜年。墓祭分为大祭和小祭，小祭主要是女儿出嫁和儿子结婚时进行的祭祀，不涉及亲戚之间的往来；大祭则是清明节时进行的墓祭。清明的时候需要大祭，无论是穷人家还是富人家都会进行墓祭，墓祭时扩大家庭中的所有男性都要参加，招来的女婿要去，买来的孩子和过继、抱养的孩子都要参加，女性不能参加。若祖坟受损，则需要修坟，多在清明时节进行。修坟的时候青年人、老年人都要去，与该坟有关系的农户也都要去，一般是一个家庭去一个人；清明的时候则是上坟的人一起修。无论是修坟结束之后还是墓祭结束之后都是各自回各自家吃饭，不会统一聚餐。

4. 串门："闲时就相互走一走"

传统时期，南陵村村民在空闲的时候会去亲戚朋友家串门，相互之间进行走动,亲戚家主要是去距离较近的近亲家或是距离近且关系处得较好的远亲家,串门不需要礼物,去的时间也不固定,有空的时候钻进去看看,闲聊几句就走了,很少留下来吃饭。去距离稍远的亲戚家串门,一般是吃过早饭之后去,需要带上礼物,但是带什么没有讲究,主要是一些吃的东西;去远方的亲戚家串门,大多会留下来吃饭。

5. 帮忙:"谁都有用到谁的时候"

生产生活上,亲戚之间也会相互帮忙,亲戚间的相互帮忙既解决了劳动力不足的问题,又维护了亲戚关系。如在建房子、淘井、耕地等事情上,亲戚之间相互帮忙的情况较多。在亲戚的互相帮忙中,通常近亲,如嫡系叔伯、兄弟、姐妹及其家眷不需要请,会主动来帮忙,村民认为:"叔伯兄弟都是一家人,你家的事就是我家的事,谁都有用到谁的时候。"但关系稍远的亲属则需要主家去请。不论哪一种方式,亲戚间的相互帮忙都不需要支付报酬,但是需要管饭,如果来帮忙的亲戚距离较远则要管其住宿。

6. 纠纷:"亲戚之间也有矛盾"

亲戚之间的纠纷很少,但是亲戚之间的吵架也时有发生,如张三有一个妹子嫁给了李四,但是李四家虐待这个妹子,甚至还会打架,这种情况张三家就要去说理,说理的时候就不是推心置腹地谈话,而是带着气愤去的,所以就容易吵架,甚至打架,这样当地的邻家和官人就介入了,那些三老四少都会来相劝,然后就把这个事情调解了;也有请甲长的情况。旧社会的婚姻都是父母之命、媒妁之言,这样的事情还是经常发生的。

亲戚之间的纠纷一般不会叫亲戚来调解,不出现大的事情,亲戚也不会干预你的事情。但是一些亲戚的事情容易引起族人的反对:"像我们这个族的刘邦杰,把女子给了炭村(嫁到炭村),我们这个家族就去几十人把家都抄了。北陵一个财东把媳妇害了上吊了,那个媳妇是曹村的,曹村的下来了一两百人,下来把家抄了还不算,还把粮食都烧了。"[1]

如果近亲之间因为分家发生冲突,则是舅舅来调解。要是有宗族(家族)、同族之间的人发生纠纷,则是族长来调解。如果亲戚之间的纠纷一直处理不了,如财产纠纷,就会打官司。如南陵村铁炉堡的刘均庭和刘均禄就因为财产纠纷打了很多年的官司。官司的由来是这样的:刘均庭的日子过得好,当时两人的父亲死前和子女交代财产,交代时兄弟俩都在,父亲告知他们在牛拉磨堆粪便的地方埋了一百两银子,由于均禄

---

[1] 来自对刘兴汉老人的访谈。

过继给了别人，父亲就和均庭说"我给过继的人家还了一些账，东人在世的时候给我们交代了，我们去把银子刨一下"，因此后来刘均禄刨开之后没有发现银子，就一直告，但是始终告而不判，因为这个是家庭的私事，也没有人知道这事情的始末，他们的舅舅在其父亲病危的时候也没有参加父亲的交代，亲戚也都不知道，因家庭财产一般都很隐秘。

7. 借钱："亲戚不借钱，借钱断往来"

为家中儿子问媳妇、订婚、结婚的时候，需要下聘、宴请宾客，对于穷人家来说，这个时候可能就需要借钱，家中有重大疾病或是重大事情的时候，如埋葬父母时也会借钱。"亲戚不借钱，借钱断往来"，这句当地的谚语也反映出了村民在借钱时的考量，一般是先和村中关系好的人家借钱，如果借不到才会考虑和亲戚借钱，如果都借不到就会考虑和财东或是当地的生意人借钱，找生意人借钱需要到放账铺。和亲戚朋友借钱不需要抵押物，但是一般都会定协议，亲戚朋友间立君子协议的较多，但是这样的借钱都借得比较少。和邻居、大财东或者商人借钱的时候需要抵押，一般都是用家里的土地抵押，需要立字据，在字据上要写清楚借多少、什么时间还、还多少，如果到期还不清，土地就要易主；借钱的担保物不一定是土地，也可以是家中值钱的东西，如祖上传下的"宝贝"。

亲戚间借钱需要还，但是没有利息，不需要担保，不写借据，不需要请中人，都是口头约定。亲戚之间有金钱来往是很正常的事情。虽然亲戚之间都是经常走动的，但是有的会关系更好一些，走得更近，借钱的时候也是先找关系最近的。亲戚间借钱一般都是家长去借，先和男方的嫡亲借钱，不会先考虑和女方的嫡亲借钱，因为女儿都是嫁出去的人，"嫁出去的人泼出去的水"，只有和男方的嫡亲借不到钱的时候才会考虑和女方的嫡亲借钱。

8. 借粮："借亲戚粮食没有利息"

借粮多发生在灾荒之年和家庭遭遇变故之时，借粮首先是考虑和村中的亲戚借，其次是考虑与村外的亲戚和村中关系好的人家借，如果都不行就会考虑和财东家借粮。和亲戚借粮不需要还利息，和村中关系好的人家借粮，一般都会还一些利息，但是利息不高；如果和财东家借粮则需要还利息，大约为一斗粮食三升利息。和亲戚借粮食不需要写借据，一般也不需要请中间人和担保人，借的也比较少，和村中关系好的人借粮食一般是立君子协议，不需要请中间人。但是和财东家借粮食，一般都需要请中间人，贫穷百姓和财东家很难说上话，请中间人不需要给报酬，但是和财东家借粮食需要立字据，甚至需要用土地作为抵押。

三、干亲及其关系

干亲由彼此之间建立起拟血缘关系而形成,收养义子,认干女儿、干儿子均属于干亲。干儿、干女都属于一种亲戚形式,但是不在同一个家庭生活。结拜的兄弟属于干亲,不属于近亲,且干亲一般就是一代人。

收养义子,一般都是在外村,本村如果村子大也会有。义子在南陵村叫作"干娃"。义子不同于抱养和收养,认作义子的一般都是关系比较好的。收义子,都有报恩的成分在内,在南陵村没有出现收义子的情况。

在旧社会也有收干女儿的情况。想收干女儿的一般都是自己生了几个孩子都是男子,自己又想要一个女儿,要不了就只能收个干女儿。

认干女儿、干儿子、义子、义女,需不需要父母同意是不一定的,有的需要家里同意,有的则不需要家里同意。如在南陵村有一个习俗,一般生了小子娃都要给孩子找干爹,找干爹都是有目的性的,一般都是看谁身体好、有作为,接着看其经常从哪里经过,就去那里等人把人认下,像这个就没有商量的余地。

认干女儿、干儿子、义子、义女,一般不存在父母不同意的情况,且这一般都是父母的事情,认干亲不需要兄弟同意。在南陵村宗族虽然存在,但其宗族活动仅限于过年祭祖,所以认干亲,宗族不会管。认干亲也不需要保长、甲长管,他们也不会管。义子、义女(干儿子、干女儿)都不能入族谱,因为没有血缘关系,祖宗也不是一个。认了干亲,两个核心家庭成员就算是亲戚,干亲也只算两个家庭,其余的都不算亲戚。

建立拟血缘关系最常见的形式就是生了男孩认干爸。认干爸有针对性,一般想认谁当干爸就去找谁,认的时候身上有毛巾就要给一块毛巾,或是腰带等,都是随身携带的东西,作为信物,也是永久的纪念品。但是作为回拜,就如孩子满月的时候需要请干爸,干爸就需要带礼物;即便是穷人家不吃宴席,都要弄几个鸡蛋、弄点面请干爸,即便家里没有面,吃挂面都要请干爸吃一顿。"干爸干爸,娃的干爸,他妈的麻达。"认干爸虽然带有针对性,但是认上了没有不同意的情况,因为这么一碰意味着碰到喜了,是喜事,不会不同意。但是穷人不会为了巴结富人去认富人做干爸。到了过年的时候,还需要给干爸拜年,一般是大年初一拜了祖先之后就可以给干爸拜年。到了初六或是初九,干爸要给孩子送长命灯。拜年需要拜十二年,十二年之后第十三年干爸就给全灯,十二年也相当于十二生肖都轮了一圈,全灯之后就可以不去拜年了,但也可以去,有的人为了感恩,拜了一辈子,一直到干爸去世。

第二节 地缘与地缘关系

传统时期的南陵村，各村堡之间相互独立，村堡之内互相依存，各村堡独立筑起城墙，形成了"小聚居，大散居"的布局。村堡内村民集聚而居，村堡外村民相互走动，地缘的差异造成了不同的地缘关系。本节将从邻居、熟人、乡亲等地缘主体出发，考察传统时期南陵村村民基于地缘关系而发生的不同行为。

一、邻居及其关系

"邻居、邻居，相邻而居"，邻居是重要的地缘关系主体，是南陵村村民日常交往的主要对象。

（一）邻居对象及其范围

在南陵村，邻居也称为"四邻"。同一个自然聚落内的村民不能都叫作邻居，邻居是以房屋的位置来决定的，房屋紧靠或是相邻的人家，则为邻居。邻居之间不一定都是共用一口井，也不是共用一口井的人家都是邻居，邻居之间没有共用物。对于农户来说，距离近的算作是邻居，多近算近没有定数，是一个心里的默认值。土地有四邻，则是和自己土地相邻的东南西北四个方向的土地主，农户的邻居亦如是。

在南陵村，农户集中居住，每一户都会有邻居，但是每一户邻居的数量不确定，在每一排街道两端以及紧邻街道的农户，邻居数量会相对较少一些。邻居一般都是同族人，甚至是同族中的同一门，关系比较近的人。也有一些农户家的邻居是非同族人，主要是外迁农户的进入以及逃荒之人进入之后，购买了原有农户的空宅和土地，建起房屋后导致了邻居非同族人的现象。"外来者"的邻居是随机产生的，没有选择性，因为购买建房宅基地的时候具有限制性。四邻不能通婚，四邻都是同族人，族内不能通婚。

邻居都是紧挨着的，最近的邻居就是左邻右舍，距离之近甚至表现在共建（用）一堵院墙，距离远的也不过一二十米，距离过远则不能称之为邻居。本家的兄弟一般都是相邻，如果因为房屋建设宅基地的占有等情况导致本家兄弟分家之后没有成为邻居，那本家兄弟一般距离都较近，都会在同一个自然聚落内。

邻居中多为本家兄弟是分家导致，分家的时候需要分房，当一个家庭扩建房屋的时候都会以原宅基地为中心进行扩建。平时家里一般都不会上锁，只是在有事出远门的时候才会上锁，即便邻居不是亲戚也不会上锁。另外，只有大家庭的院子才有大门，方便车出进。从建筑风格来看，南陵村的房屋外高内低，雨水都是往内流，这样的设计起到了很好的防御作用，进邻居家也必先进门。男性可以到邻居家里去，但是女性一般不能随便到男性家里去。如果邻居家里只有女性在的时候，男性不能进邻居家的门。

邻居大多是种地的农民，在传统社会时期，农民以土地为生，没有土地的人家靠帮工维生，还有一些手艺人靠做手艺活维生。邻居家所从事的职业是否与自己家一样，取决于两家人的生产资料占有量、受教育程度及是否有手艺等因素。

邻居中与外村村落中都有技术工，如果家里需要请，一般会先请邻居，因为邻居比较近，方便；如果外村的亲戚离本村不远，且亲戚关系近，平日来往较多，也可能会请外村亲戚。如果本村落中和邻居家中都有技术工，一般会先请本村的亲戚，因为距离不远，且关系更近。

邻居中有为官者或者富裕者，如果是本家兄弟，可能还会相互帮衬，如果只是一般的邻居，帮忙则比较少。即便是本家兄弟，分家后，家成了基本生活的单元，凡事多以家庭为单位。

从邻居的家庭情况来看，以南陵村刘邦斌为例，虽然其邻居都与自己同姓，但是家庭情况却不尽相同。邻居刘邦成，土地改革运动中被划为贫农成分，家中只有五亩土地，除了种地，靠打短工帮忙维持生计；邻居刘邦富，家中有七十余亩土地，雇伙计种地，自己不种地，一心做医生；邻居刘学勤，土地改革运动中被划为中农成分，家中有五十亩土地，靠种地为生；邻居刘邦积，土改运动中被划为贫农成分，家中有四十亩土地，靠种地为生。刘邦斌家也是土地大户，父亲早年还在外面经商（当铺），也有文化，是村中的头面人物，在村中威望较高。这些邻居在村落内的地位也不一样。其中，刘邦斌和刘邦积是本家兄弟，刘邦富、刘学勤、刘邦成是同族人。

"进家先进门"，邻居家一般都会建起围墙，先富的人家一般不会带着邻居共同致富。如果邻居家遇到经济困难，一般都会提供帮助，这种帮助大多是在邻居的请求下，主动去帮助的比较少。即便邻居不是亲戚，只要邻居来请求帮助一般都会帮。请求帮助也是两家掌柜的商量，邻居来请求帮助，需要得到掌柜的的同意，家里的其余人没有决定权。

（二）邻居关系

在南陵村，邻居关系表现在邻居的界线、邻居间串门、生产工具借用、邻居间纠纷、生产合作、婚丧互助、邻居间的帮工等各个方面。

1. 邻里界线

自家与邻居家的房屋有明显的界线，一般都是以墙为界。自家的土地与邻居家的土地也不一定都挨着，但是不管是否挨着都会有界线。如果界线遗失，则是根据纳粮的土地面积来重新丈量和确定新的界线。

如果邻居是本家兄弟，房屋一般都有界线，即便是兄弟俩同分一个大房子也会有界线，如以房梁为界。田地在分家的时候是以块为单位进行划分，一般都是有边界的，如果两块土地紧挨着，一般没有界线，以心理上的边界来确定各家土地，如果因为土地面积发生纠纷，就会丈量和立新的边界。

2. 串门

邻居会串门，但是一般不会随意串门，女性一般不串门，串门的都是男性，家里的除掌柜的外的其余男子也能串门，但是男子去邻居家串门的时候，邻居家必须有男子或是掌柜的在家，如果只有女性在家则不能串门。吃饭的时候一般不会串门，如果去串门遇到吃饭，一般都会邀请一起吃饭，但是邻居一般都不会吃。

3. 借用生产工具

借用生产工具是农业生产中较为常见的行为，如果家中缺乏某一生产工具时就会借用。借用生产工具一般是先与邻居和村内的亲戚借用，其次是和村里关系好一些的人借用，只有最后借不到才会和村外的亲戚借用。借用生产工具不需要还利息，需要请中间人，由掌柜的亲自上门去借。借用生产工具也不需要立字据，借用的时候一般都会说借多长时间，如果主家觉得能够借出才会借出。借用工具使用完了一般都会及时归还，借期不固定，可以是一天，也可以是好多天。农户之间也不会因为生产工具借用时发生损坏而破坏双方之间的关系，下次还能继续借。

4. 纠纷

邻居间吵架，一般是靠其余的邻居相劝，如果相劝不行会请甲长、村中的头面人物来帮忙调解，另外村中好管事的人也会帮忙调解。去请甲长、村中头面人物来帮忙调解，是由掌柜的去请，两家掌柜的都能去请，去请时不需要带礼物，也不用给报酬。

5. 合作

基于地缘形成的合作关系主要有两种：一种就是生产资料之间的合作，即搭庄稼；另外一种则是劳动力之间的合作，即换工。

搭庄稼的农户都是一个村里的农户，关系一般都较为和谐；不同村落之间的农户不会搭庄稼。搭庄稼的农户中由大户提供生产工具或生产资料，小户奉献劳动力，以此来形成一种合作关系，实现共赢；农户之间不计较干活的多少和时间的长短，工作量和工作时间之差不需要补偿。

换工也叫变工，一般是邻居变工，同村人也会变工，但是没出现本村和外村变工的情况，变工的农户，关系一般较为缓和。换工时不计较工作量的多少，也不计较工作时间多少，一般是以换工之事结束为止。一般变工都需要管饭，做谁家的活就是谁管饭，管两顿饭，有的家庭晚上还会喝汤。变工的一般都为小户人家，大户人家不变工，一般都是请工。保长不需要变工，甲长和村民同等变工。

6."婚丧嫁娶，邻里相助"

家中无论是喜事还是丧事，主要还是靠街坊邻居的帮忙，当地称来帮忙的街坊邻居为"相逢"。如结婚时，"相逢"会主动来帮忙做一些力所能及的事情，如洗碗、洗菜等。主家一般会让一个"相逢"负责某一事情，但是具体怎么做，"相逢"之间会相互商量，相互帮忙。"相逢"前来帮忙不需要给报酬，但是一般都会宴请他们吃饭，有的人家除了在酒席上请帮忙的"相逢"吃饭外，在酒席结束之后的几天里还会请主要的"相逢"来家中吃饭，以示感谢。亲戚中只有主要的亲戚，如出嫁的女儿、分家的儿子等才会帮忙，其余的亲戚一般都是前来祝贺或是吊唁，不需要帮忙。

7. 帮工

帮工不需要请，都是主动去帮忙，一般不存在主动去请的情况。亲戚、关系好的街邻都会去帮工。亲戚和邻里帮忙没有什么区别，做活时分工也没有区别。帮工多为本村人，如果工作量比较大（如修建房屋），外村的亲戚也会来帮忙，不需要请，主动来。一般大事在平日的走动里就会说，到了时间，亲戚就会主动来。如果帮工的活一天做不完，有远房亲戚来帮忙的，主家要管住宿，住宿在前殿或正院。

帮工不拿工资，属于互相帮忙，帮工用工还"人情账"，但也不计较帮忙的数量多少和时间长短，即便帮忙的工作量存在差距也不需要补偿。帮工需要管饭，一天三顿饭，晚上需要喝汤，帮工时吃的都要比平日里自家吃的稍好一些，菜品和菜数没有讲究，都是同桌吃饭，座位没有讲究。如果一桌坐不下，会分成两桌或多桌，谁和谁坐一桌没有讲究，帮工时也一般不存在喝酒的情况。

二、熟人及其关系

熟人是除邻里之外的另一地缘关系主体，熟人的范围更为广泛，熟人之间也有亲疏远近之分。

（一）熟人界定及其范围

在南陵村当地，村民认为知道对方情况的人都可以称为"熟人"，经常交往的则算作是朋友。熟人不以交往次数来衡量。熟人最近的是居住在本村的，最远的居住在县里、县外，甚至是省外。距离较远的熟人也会相互串门，只是串门的次数相对较少。

家中有红白喜事的时候不一定会请熟人，但是请了一般都会来，有的熟人甚至不请也会来。家中有喜事，掌柜的的熟人会来，但是掌柜的儿子的熟人就需要请了才会来，请是由儿子去请，儿子去请自己的熟人，需要和掌柜的打招呼。儿子的熟人没有请一般不会来，如果来了掌柜的也欢迎。距离较远的熟人来参加红白喜事，随礼和距离较近的熟人一样，没有特别的讲究，主要根据熟人家中的经济情况，经济条件较好的，随礼多一些。

熟人的数量和个人的社会阅历有关系。普通村民在村落范围内熟人较多。受访者刘兴汉，全村人与他都可以算作熟人（除了亲戚之外全部都算作是熟人），其在周围村庄也有很多熟人。于男性而言，在村落外一般都会有熟人，都是在平日的社会交往中成为熟人的。而对于女性而言，熟人基本都在本村落内，且本村落内除亲戚之外的人不一定都是熟人。

每个人的熟人，其职业情况也不一样。如南陵村的刘兴汉，因其参加过工作，担任过干部，加之自己比较喜欢石刻，对石刻颇有研究，所以他的熟人中有从政的，有搞文艺的，有搞石刻和书法的，这些熟人基本上都参加过工作，但是做官的熟人比较多。

熟人中和村落中都有技术工，一般是优先请村落中的技术工；亲戚中和熟人中都有技术工，如果距离相差不大，优先请亲戚中的技术工。熟人中有为官者或是富裕者，有事的时候也会找其帮忙，但是不是每一个人都会找熟人帮忙，与个人有关系，有的人就不愿意麻烦熟人。

自己家与熟人家的土地不一定紧邻，但是紧邻的土地一定有界线，能够区分各家土地的边界及面积。

（二）熟人关系

熟人之间会相互串门，但是在吃饭的时候一般不串门，串门都是在吃过饭后或是吃饭之前，如果吃饭的时候有熟人来了，会邀请，也会欢迎。熟人串门一般不需要带礼物。熟人不能随便进门，一般都需要得到同意才能进去。熟人串门的时候，如果所找的熟人不在，一般不会待太久就走了，一般也不会留宿。朋友之间也会相互串门，特别是关系比较好的朋友，闲时有空了都会互相走动。朋友之间相互串门，距离有近有远，近的就在同乡，远的需要到县里甚至县外，如果一天不能来回，一般都会在其家中留宿。去朋友家串门会带东西，带什么东西不确定，可以是吃的，也可以是朋友喜欢的东西，如刘兴汉老人热爱书法，也结识了一些热爱书法的朋友，他们相互串门的时候就会带上字画等礼物。

熟人之间借钱需要还，是否需要利息不一定，如果是熟人中较好的朋友可能就不需要利息，是否需要利息由双方商量决定。熟人借钱需要担保，一般找双方的熟人作为担保人，担保人不需要承担责任。熟人借钱（粮）需要写借据。

熟人之间吵架，其他熟人会来调解，熟人的邻居也会帮忙调解，另外村中好管事的人也会帮忙调解。调解主要是站在中间说公道话，帮助化解矛盾。矛盾解决之后不需要给调解人报酬，也不需要请其吃饭。

三、乡亲及其关系

传统时期，乡亲是村民对当地人的一种称呼，一般同一个乡镇的人都可以称为"乡亲"。因为社会交往和社会经历不同，所认识的乡亲数量也不同，有的村民只知道自己村堡里的农户和少数外村堡的农户，有的人不仅熟悉村庄内的人，对村外的人也较为熟悉，但总的来说，南陵村村民之间大多算是熟人，即便不住在一个村堡，但也认识，南陵村与外村人之间一般才称作"乡亲"。

旧时，南陵村村民相邻建房，乡亲的距离可近可远，近者同居一村，甚至相邻而居，远者相距数十里。自家的土地一般都与乡亲家的土地相邻，至少每一个农户都知道自家土地的四邻。土地之间有界线，多以田埂为界，如果不因越界产生纠纷，一般不会在界线上立界石、插界牌。

乡亲中大多以种地为生，有手艺者闲时做些手工活补贴家用。靠山吃山，在南陵村，有手艺者半数以上为石匠，其余手艺者人数较少。较少人掌握的手艺可称为"小众手艺"，此类手艺一般是祖传或是世袭，如石匠这样的大众手艺，可以祖传、世袭，也可以拜师学艺。传统社会中，学习手艺者，大多是为了谋生，同一家庭成员从事职业可以不一样，不同代际之间从事的职业也存在差异，乡亲之间的职业选择更是多样，乡亲具有自由选择职业的权利，一般不受村庄、官府干预。

因为职业和家庭经济状况的差异，乡亲在村落范围内的社会地位也有所差异。一些职业决定其在村落中具有较高的地位，如教书先生、看病先生，而另外一些职业在村落中不仅没有地位，甚至是被人看不起，如优人。经济实力也对乡亲在村落中的社会地位造成影响，如财东家在村中的地位一般不会太低，财东家因为有钱，孩子都能上学，多少都会有一些文化，只要其不施恶行、不欺压乡邻，村民都比较尊重。大部分乡亲的收入主要是靠种地，土地资源占有不均和劳动力质量的差异，也影响着乡亲的收入，但是一般的人家都会有几十亩土地，如南陵村铁炉堡在1945年时户均土地占有量超过三十亩。

第三节 业缘与业缘关系

1949年以前,南陵村以农业生产为主,村中没有集市,但凭借其优越的地理位置,村庄周围集市林立,为村民进行生产生活物资的交换和贸易提供了方便。同时,以庙会为载体的物资交易也形成了丰富的业缘关系。本节将从庙会、集市等方面考察传统时期南陵村的业缘与业缘关系。

一、宫里会社及其关系

1949年以前,庙会是富平县物资交易集会的一种重要组织方式,远自唐始,近从明兴,特点各不相同,季节性很强,所奉之神多已不详。庙会多由附近村堡联合筹办,始为祀神朝神,后逐渐演变为以物资交易为主,有大戏、社火等活动,最后形成了庙会,每年定期召开。南陵村村民参与筹办的庙会有宫里桥庙会,为了能够办好庙会,村民自发成立了宫里会社。此外,距离较近的周边村社的庙会,南陵村村民也会参与。

表4-1 南陵村及周边村社过会情况

宫里庙会	农历二月十五至二月二十一,刚开始的时候是为期五天,后发展为十天。宫里庙会主要是进行牲口交易
滩里庙会	碑记自唐开始,主要交易卤泊滩所产的锅巴盐,兼有农具、牲畜、日用物资,规模盛大,纵横二至三华里。农历三月初过会,会期约七天。1956年,卤泊滩庙会迁至今刘集镇。滩里庙会主要是过庙会,进行赌博,特点不是很突出
庄里庙会	农历三月十八,会期五天。庄里庙会主要交易杂货,百货齐全。庄里本来就是集镇,但是庄里过会具有政治色彩,主要是纪念胡锦翼(湖南省的督军,辛亥革命时陕西的元首)
流曲庙会	农历四月八日,会期是五六天。流曲庙会主要交易牲口、木料、木材、农具(大车小车都有)
圪垯庙会	元代始兴,明清渐盛,民国29年(1940年)因苛捐杂税过重遂衰。每年农历三月初六过会,会期五至七天。交易物资以农具、牲畜为主,布匹、杂货次之。过会期间南北占地五里,高峰期日赶会人数达万人之多
老庙会	起于元代,中落后又盛于民国。农历正月二十日左右起会,会期三至四天,以迎神社火等赛事居多,仅有小吃、日杂食品等少量交易

资料来源: 表中信息来自对刘兴汉老人的访谈及《富平县志》记载。

(一)宫里会社组织

宫里会社,成立于清末民初,由桥北桑园、上高,桥南下高,南陵赵家四个堡

（自然村落）组成，主要组织过会，过会的时间是农历二月十五到二月二十一。有庙就有会，修庙由财主倡导，财主所在的村后面就形成了社。刚开始的时候修了庙，需要开光，开光的时候就需要唱戏。如果财东比较有钱就会唱大戏，一般都会唱小戏，不管是唱大戏还是小戏，都会吸引周围的村民来观看，在看戏的时候，会有一些流动商贩，主要卖一些零食。为规范村民的祭祀和交易行为，慢慢地就形成了会。

宫里会社为临时性组织，会始而起，会毕而消失。在过会前夕就会搭起会社的架子。会社的总负责人为社长，社长轮流担任，一年轮换一次，即四个村一个村主要负责一年，轮到哪一个村负责，则该村的负责人担任会社的社长。只有一个社长，但是不是一个社长说了算，过会的事情会请其他村子的人来一起商量。主要是请村中的头面人物，哪一个村组织过会就由这个村的头面人物去请，请来商量的人一般不用管饭。过会的时候主要是由村中的青壮年巡逻，四个村的青壮年都需要参加，需要多少人、什么时候是哪一个村巡逻，由组织过会的村子来安排。会上的交易很大，在传统社会时期，一般都要唱大戏和放火花。

参与宫里会社不需要登记，不需要报名，也不需要交社费。宫里会社的组织单位为自然村落，参与会社的村落中的村民均为宫里会社的社员。

（二）宫里会社关系

南陵村的宫里会社关系主要从以下几个方面得以体现：

1. 定摊位，收占摊子钱

首先是划摊位，二月十五前几天就需要开始平整地方，然后用石灰划线、搭棚子。场地平时都是庙产，最少有五六十亩。为了占到中间的地方，商贩多会早早地来占位置。赌棚和茶棚在一条线上，杂货铺在一条线上，吃饭的摊位在一条线上，牲口交易在一个地方，牲口交易占的地方比较大，一般也不会占在会场的中间。哪一类棚子和哪一类棚子挨着，是由该行业的第一个到的人决定的，第一个到的人有选择位置的权利。

划好摊位之后就要给当年的摊位定价格，价格与位置和大小有关系，位置好的价格就高一些。价格由宫里会社定，在占地之前就已经定好，属于"明码标价"，价格每年定一次，定价格由社长组织，四个村的头面人物一起来定。

在临近会期的时候，有意向到庙会上做物资交易的人就要到庙会划好的摊位上进行占摊子，占摊子是谁先到先得。占了摊子不需要留字据，但是会进行登记。占位置的时候要给占摊子钱，不管卖不卖，只要占了位置就要给钱，给了钱之后要进行登记，登记完成之后就算是占下了位置，后来者即便给再高的价钱也不能重新再卖给后者。

占了位置之后需要自己搭棚子，搭棚子没有规定，但是不能越界，也不能搭出来挤占街道。如茶馆，桌子可以摆到位置外面，没有人管，但是不能把人行道占了。

二月十五这一天开市，所有会都是同时开始，包括牲口会，但是卖牲口的人会先过来，因不仅仅是占摊子，还要找住的地方。桥上（过会的地址就在桥上）有车马大店，大店里有牲口圈，还有住宿的地方，另外在上、下高家民家有住宿，价格均高于城里旅馆价格（平日里没有人住，不存在趁机提价的情况），过会时，只要是有房间的人家一般都会把房间腾出来作为民宿。

2. 收地摊子钱

二月十五这一天开市过会，过会前不用组织开市仪式。会开始后，每天都收地摊子钱，地摊子钱按照营业额估算，营业额是靠眼睛看然后进行估计。地摊子钱由社里决定，由社里收地摊子钱的人目测收钱，没有硬规定，会出现收费时偏向亲戚和朋友的情况。收钱的时候一般是四个人，每个村去一个，互相监督，哪一个村组织过会，就由这村的人去决定收多少钱。每个村派谁参与收钱，由村中村民议话推荐。收钱时"嘴就是价格，嘴就是政策"。

3. 交牲口税

牲口交易除了占摊子钱和地摊子钱外，还需要交税，税由县里的人来收。富平县各地的大会何时开，县里税务局都知道。牲口交易也有逃税的情况，如私下进行交易。如果逃税被抓到，会增加税收，具体增加多少不清楚。牲口交易税是牲口交易成功才交，没有交易就不需要交，税收了之后税务局的工作人员就会在牲口身上印上标记。

4. 以会养会

会期结束后，会里的各种收支大多需要进行公示，各行各业的收支、地摊子钱、额外地摊子钱（没有占上位置，临时搭摊的）都需要进行公示。宫里会社负责组织每一年的庙会，主要是通过"以会养会"的方式，农民不需要出钱（交会费）。

如果收不敷支，不够的钱由会社解决。会社有土地、社产，租地会有收入，另外会里还有公积金，每一年剩余的钱会存入社里的公积金，成为共同财产，不够的钱从这里面出。

> 在南陵村，收不敷支的情况就出现过一年，收不敷支也叫"把会过烂了"。那一年主要是会摊子没有收到钱，最后算下来差 7 000 元，当时的县长是一位老兵，1932 年参加工作的，不识字，他就推脱责任说"这是你赵家起的"。当年是给药王过会，药王孙思邈，是耀州（今耀县）人，他的影响比较

大，那一年重修了药王庙，还在庙里修了一个亭子，布置了里面的景，所以那一年就商量着给药王热闹一下，然后就去给县长报告，县长就说"那就闹嘛"，那个会主要是物资交流会。那个时候在山上搞物资交流，需要背货上山，山上地方小，大戏在山上不能唱，就放到耀县中学的操场上，还放了火花。当时唱了五天戏，两摊子大戏，都是请了省上的剧团，后面经费不够，县长不认账了。后来去找了县委书记，这事也被民主人士知道了，主要是副县长、工商联主任和地方绅士，所以他们都反对，就说"这是给药王过会，你县长还是名誉会长，现在会过了你还不认账，这哪行"，后面书记点了头才将差的钱给报了。会有的时候过得大了，也就收不敷支了，就叫"把会过烂了"。[1]

"会过烂了"县上一般是不会管的，但是这个会是县上出头办的物资交流会，性质不同。民间办的会出现收不抵支就由民间自己解决。

如果收大于支，剩余的钱就会放入社里的公积金，公积金由社里的人专门管理，管理公积金、庙产的人是固定的一个人，由四个村共同选出。公积金主要用于祭祀活动，即便公积金多了也不会发给会员，甚至是遇到灾荒也不能借给社员，只能用于过会和祭祀。

5. 明权分工

首先，社长拥有会社的组织与管理自由权，过会不需要向乡里报告，但是过会前乡长会告知各社长，要加强过会期间保治安工作，过会期间是偷盗和火灾的高发期。治安方面，乡长不会派人协助，发生治安问题，乡里就事论事，一般不会问责社长。宫里会社共有四个社长，每年主事的社长只有一个，但是不管是哪一个村的社长担任主事社长，社员们都比较尊重。社长的权威不是很高，主要就是组织办会，但是其威望很高，都是村民（社员）选出来的，社员也比较拥护。

过会期间，四个村统一抽人进行武装巡逻。如若出现治安问题，巡逻人员有权直接处理。处理时不需要请示社长，巡逻队中有一个头（队长）负责巡逻工作，出现治安问题也是由他处理，这个头不是推选，而是由社里直接指定。巡逻工作中一般没有要请示社长的事情，如果有处理不了的事情会请示当日的驻会人员（四个村轮流驻会），大家相互商量。一般不会出现巡逻人员打人的情况，巡逻人员不能打人，只能对扰乱治安秩序的人员进行训诫。过会、唱戏一般不请乡长，但是乡长会过问过会期间的治安问题。如果乡长和县官过来，由社里和一些头面人物共同接待。乡长、县官过

---

[1] 来自对刘兴汉老人的访谈。

来要请吃饭,吃饭是在过会临时搭起来的食堂中吃。

6. 参与自由

巡会的时候四个村的青壮年都必须参加,过会的时候刚好是农闲时节,参与都较为积极,未见不参与的情况。不参与也没有什么惩罚,参与也只是管饭。但是参与了巡会,就会觉得威风。外地人如果破坏治安,巡逻人员具有处理权,处理的时候一是教育,二是呵斥,只有较为严重的才会呵斥,如果严重会场秩序,甚至危及他们的,巡逻人员也可以打骂。如果在过会期间,发生好人好事,出现见义勇为等行为,也没有奖励。组织过会的相关工作人员均没有报酬,但是驻会轮值的负责人和每天负责巡逻的人员都需要管饭,管饭是一天两顿,过会的时候是一天24小时巡逻,谁巡会谁就能吃饭。

二、集市及其关系

1949年以前,南陵村附近大多集市都是由村民自发形成的,没有专门的管理组织与管理人员,在交易过程中,村民相对入市自由、交易自由。

(一)乡镇集市及其关系

1. 南陵村周边集市概况

富平县集市发展较早,早在明万历年间就有大小集市23个,其中大集市8个,小集市15个。至清同治时(1870年),除8大集镇外,小集市中的8个已逐渐衰落或基本消失。明代后期形成集市的都村镇,不久也毁于回民起义战乱中。至民国时期,宫里桥、老庙市场日趋兴盛,南陵村周围集市林立,主要有富平集市、流曲集市、王寮集市、曹村集市、庄里集市、宫里集市等(具体集市分布如表4-2所示),从市场场所类型来看,主要有粮食集、茶馆、酒馆、麻行等,村民几乎天天能赶集。

表4-2 南陵村及周边集市分布情况

地 点	位 置	距离(公里)	集 期	主要物资
富平	南陵村西南方	10	五、十	粮食
流曲	南陵村东方	7	四、八	农具、木材
王寮	南陵村东南方	7	三、七	—
曹村	南陵村北方	7	三、九	—
庄里	南陵村西方	7	一、三、五、七、九	物资
宫里	南陵村南方	3	一、六	牲口

每一个集市的规模都有所不同,有大有小,集市上除了小商品交易外,不同的集市交易的商品也有侧重。南陵村村民若是想赶集,天天都能赶集。大多集市都是自发形成,没有专门的管理组织,也没有专人管理,商贩可以是集市所在村落及周边村落

中的人,也可以是流动商贩,集市相对开放,无论本村人还是外村人都能来赶集和买卖商品。商品交易的位置不固定,先到先占先得,随时可以走,相对自由,一般也不会存在纠纷,不需要交纳定金。1949年以前,南陵村村民一般喜欢到县城(富平)赶集,1944年,宫里乡(今宫里镇)集市建立,因其距离较近,此后富平集市和宫里集市成为南陵村村民常去的集市,别的集市也会去,但是去的次数不多。村民去赶集,最主要的就是买卖粮食,其次才是牛、羊、猪等。

2. 集市关系

一是入市自由。每一个集市覆盖的范围不一定,有大有小,如南陵村周边的这些集市均能覆盖南陵村,离南陵村最近且最方便的集市是宫里桥集市,但宫里桥集市于1945年建立,建立时间较晚。外村村民可以到本村集市进行买卖和交易,不需要经过村庄管理者的同意,本村村民也可以到外村集市进行交易和买卖,每一个集市交易的物资有所侧重,村民会根据自己的需求进行选择。

二是交易自由。村民在商品交易过程中,除了会将粮食卖给固定的商号外,其余的商品几乎都是自由交易,没有固定的交易对象。"在买商品的时候,也不一定是和村里人或是朋友购买,主要还是看质量和价格,如果质量相当,价格一样,村民就会选择和朋友或熟人购买,如果是能够讨价还价的商品,一些村民则更愿意和陌生的商贩购买,因为陌生人更好讨价还价,熟悉的人或是朋友有的时候会放不下面子。"[1] 商品交易没有固定的价格,但是在长期的交易过程中,形成了一个大家心里默认的价格,买卖过程中,买卖双方可以基于这个价格进行讨价还价。商贩在针对商品询价时的叫价也不一样,如果是熟人,一般价格会稍微低一些,面对陌生人价格会稍微高一些。市场上也一般不会出现恶意降价或是叫价的情况。

第四节　信缘与信缘关系

在传统时期,天灾人祸频发,百姓生活较为艰难,应对自然的无力感使得村民只能将希望寄托于神灵,以求庇护。在漫长的历史过程中,南陵村也建起了众多庙宇,不同的庙宇供奉不同的神灵,村民通过祭拜、向神灵祈愿等方式期盼生产丰收、生活富足幸福。同时,不同的信仰主体又有着不同的信众,由此也形成了不同的信缘关系。本节将从信缘主体与信缘关系两个方面考察传统时期南陵村的信缘与信缘关系。

---

[1] 来自对刘兴汉老人的访谈。

一、信缘主体

在传统时期，南陵村信缘主体主要是家神和庙宇，村内家家户户都悬挂天地全神、灶神、门神等神仙牌位或挂像，每一个村堡都有自己的村落庙宇，平日祭拜一般也只有自己村落的人会去，一般不会到别的村落进行祭拜。此外，村落中虽然没有寺院，但是村民也会到其他地方的寺院中去祭拜和祈愿。

（一）家神

南陵村村内几乎家家户户都敬神，村民多在堂屋中间摆放天地全神的牌位，同时针对不同的生活愿景在家户内不同的地方摆放不同神位的牌位与挂像，如厨房挂灶爷神像以求家户吃穿不愁并为家庭成员祈福避灾，屋内挂财神神像以求家户财源滚滚，此外还有老天爷、钟馗、观音菩萨、关爷、土地爷、圈神等，村民根据自己的需要而敬设不同的神。

对于家神的祭拜，南陵村村民通常是各拜各神，互不干涉，张三家的人不会跑去李四家拜灶神，李四家的人也不会到张三家拜财神。家神的祭拜时间集中体现在各类重大节日期间，如春节、元宵节、中秋节等，其中又以春节期间的祭拜最为普遍。拜家神通常是由家中的男性来拜，尤其是灶神和土地爷。拜家神的祭拜用品由各家自行准备，如香火、锡箔、食品等。祭家神的供品根据神位的不同而有所差别，如拜天地全神所需供品种类齐全、数量较多，包括肉、蔬菜、当地干果、时令水果等，相比之下敬其他神位的供品就较为简单。

（二）庙宇

在南陵村铁炉堡，主要有关帝庙、土地庙（两座）、魁星楼、岳王庙、娘娘庙、菩萨庙、药王庙等庙宇。其中，关帝庙修建于宋朝时期，嘉靖年间进行过重修；菩萨庙修建于明朝天启年间；药王庙于道光年间修建；魁星楼由村中王户所修，一共两层，非王户族人也能进入。村内庙宇的具体情况如表4-3所示：

表4-3 南陵村铁炉堡庙宇情况

庙宇名称	庙宇位置	庙宇概况
土地堂	家中进门东南角位置	土地堂里只供奉着土地神，虽然家家都有，但是建土地堂不是很讲究
土地庙	一座位于城的西南角，一座位于城的东南角	两座土地庙，一座是村民共同修葺，另一座为村中大户王户所修，位于王户所修的魁星楼旁。村民共同修葺的土地庙是在村中的公共土地上，而王户所修的土地庙是在王户的土地上合修的土地庙，全村村民都可以使用，在祭拜土地爷的时候也没有先后顺序，王户所修的土地庙，虽然是私人所有，但是也对村民开放，共同使用，其余的人家也会到土地庙去祭拜

续表

庙宇名称	庙宇位置	庙宇概况
药王庙	位于铁炉城堡内北侧	药王庙由南陵村村民共同修建,大年初一和二月十五药王会的时候,村民都会到药王庙去祭拜,大财东家和甲长、保长家里都会去,谁家都会有人生病,到药王庙祭拜主要就是为了保平安。南陵村其余村堡的村民和外村堡的村民均可以到药王庙中祭拜祈愿
魁星楼	在南陵村铁炉堡城外的东南角	为村中大户王户所修,修建在自家的土地上,魁星楼修建得比较宏伟,里面供奉着多位神仙,虽然是王户家所修建,但是别的村民也可以到魁星楼里祭拜。魁星楼刚开始由王户管理,王户是一个大家庭,在回民起义的时候全家60余口人全部被杀害,从此绝户。王姓绝户之后,魁星楼成为了村中的公共财产,也没有人管理
娘娘庙	位于南陵村铁炉堡城门外,偏向东南方向	娘娘庙由南陵村铁炉堡村民共同出资修建,修建较早,具体修建时间不详。除了大年初一,平日里有人家想求子也会到娘娘庙去祭拜。一般都是家中的妇女到娘娘庙中去祭拜,男人一般不会到娘娘庙中去。回民起义时期,娘娘庙受损严重,此后未重修,直至荒废
岳王庙	位于南陵村铁炉堡城门外的东南角方向,紧挨着娘娘庙	岳王庙修建时间较早,为村中的人共同修建,主要的祭拜时间是大年初一和岳王生日,平日里不会去祭拜岳王庙没有人管理。回民起义之后受损严重,受损之后村里也没有组织人修葺,到了民国时期,被村中人占为己有,用一把锁锁上,作为自己存放东西的地方,到了大年初一的这一天再将门打开让村民们前来祭拜
菩萨庙	位于南陵村铁炉堡的西南角,靠近西南角	菩萨庙里只供奉着一尊菩萨像。菩萨庙为南陵村铁炉堡村民共同修建,平日里没有人管理,至民国时期,庙宇完全损毁后便没有再修葺,至此南陵村铁炉堡的菩萨庙成为了历史
关帝庙	位于南陵村铁炉堡的东南角	在众多庙宇建筑中属于较大的庙宇,全村人一起修建,全村人都能去祭拜,外村人一般不会来。关帝庙没有人管理,平日里都对外开放,回民起义,南陵村成为重灾区,大多庙宇被毁坏。到了民国时期,有的村民就将关帝庙占为己有,平日里就作为自家的车房子,用锁锁上,到了祭拜的时候再打开让村民去祭拜

在南陵村铁炉堡有两个土地庙,一个位于村落的西南角,为村民所修,修建的时间不详,另外一个位于村落的东南角(魁星楼旁),为王户所修,两个土地庙距离城门约有100米。两个土地庙,本村的村民都可以去,即便是王户所修的土地庙,非王户族人也能去,外村的村民也能去,但是外村的村民一般不会来,每个村落都有自己的土地庙。该村有两个土地庙,自己家中还有土地堂,所以村民不会到别村的土地庙里去祭拜。南陵村大的那个土地庙为王户所修,所占的土地是王户的,连同庙周边的土

地一共是八亩，1935年被刘邦斌以每亩8斗麦的价格购买。这些土地离村子近，土质也比较好，属于金粮地。购买土地的时候，没有减去土地庙和王户祖坟占地的面积，1941年修学校的时候才把土地庙给拆了。刘家买地，地是属于刘家私有，庙属于公共财产，为全村人共有，土地庙拆后，庙占地归刘家所有。

庙宇平日里没有人管，主要是春节和各神生日的时候去拜神。但是南陵村铁炉堡的庙宇中有三个庙被村中大户所占，成了他们的场房子，他们经常在那里，农具等都放在里面，还加上了锁，到了过年过会的时候才把门打开，让村民去上香。其中，娘娘庙是被刘邦富家所占，一忙罢，夏收一结束就把农具放进去，然后把门锁上。岳王庙是被刘学勤所占，土地庙（王户家所建的土地庙）被刘振海所占，刘振海和刘学勤还抽大烟，所以他们抽大烟的时候就去庙里抽烟，不在家里抽，但是抽完之后也就回家了。菩萨庙比较大，门也经常打开着，留给逃荒的人和麦客住，主要是夏季，里面比较凉快。

村民通常是在初一的时候去拜神，庙里没有买香、纸等东西的商贩，给神灵过生日的时候也没有人卖香、纸等东西，但是过庙会的时候就有人卖东西，主要是卖糖、糖葫芦等这些吃的小东西。

（三）寺院

在南陵村境内没有寺庙，但其周边有一些寺庙，离村子最近的寺庙是宝峰寺，约有15里路程；其次是位于县城东边的东岳庙（尼姑庵）和位于县城西边的圣佛寺，距南陵村约20里；另外在离南陵村30里远的觅子村，有一铁佛寺，该寺的铁佛像为全国之最。

南陵村人去寺里的比较少，只有信佛的人才会到寺庙里面去，去寺庙里的人多数是算卦、问吉祥。进寺庙不交钱，但是进寺庙的人需要烧香，需要上供，甚至还要募捐，寺庙里都摆着功德箱，但是这些都不是强制的，都是自愿的，愿意给多少就给多少。村民到寺庙里一般就是带香，其余的不需要带。因为南陵村里没有寺庙，该村的村民一般选择到距离较近的宝峰寺去。

二、信仰次序

在南陵村，村民以家神与庙宇为主要信仰主体。其中，家神因距离近、祭拜方便，且与村民日常生产生活息息相关，成为村民最常祭拜的信缘对象。除春节等重大节日外，村民在日常生活中，遇婚丧嫁娶、请客吃饭等家庭大事的时候也会祭拜天地全神、灶神等家神，以期得到神灵的庇护，使得事情可以顺利进行。

从庙宇信仰来看，土地爷和药王是村民最崇拜的神灵，之所以崇拜是因为这两个神灵都与村民的生产生活息息相关，土地爷掌管土地和生产，药王关系身体健康。药王庙建于城内，为单独庙宇；两座土地庙分别建于城的东南角和西南角，另外村民家中还建有土地堂。

庙宇祭拜没有明确的地理边界，外村的人也可以到本村的庙宇进行祭拜，本村人也可以到外村的庙宇进行祭拜，没有人干涉，中间也不产生除正常拜神之外的其他费用，但村民一般不会串村拜神，每个村都有自己的庙宇。

村民平时的祭拜活动没有人组织，只有在给庙宇的神灵过生日的时候才会有人来组织过庙会。如南陵村铁炉堡就给药王过过庙会，但是没有给土地爷过过庙会。每一位神灵"管"着的信众一般都是本村堡的人，也有一些是几个村落共同信仰的神灵，则就"管"着这些信众。

三、信缘关系

在南陵村，村民多以家户内的家神与村落内的庙宇为主要祭拜对象，只是偶尔有人会去其他地方的寺庙祭拜，去寺庙的时间不固定，主要是根据祭拜人的愿景与需求而定，通常到寺庙进行祭拜的都是想要算卦、问吉祥的，去寺庙祭拜一般是单独去，不会结伴而行。

在南陵村，村民拜神的时候多是以"一家一户"为单位，不会一起拜神。拜神之事，不用给保长报告，也不需要给官府报告。拜神的时候需要的物品都是自己准备，拜了之后一般不会带回去。村长、保长、甲长等也会去拜神，他们拜神和村民平等，没有特权，也没有特殊讲究。妇女能去寺庙，但是不能去土地庙，土地庙一般都是男性去。去拜神的时候，儿子能单独去，但是女儿不能单独去，女儿只有在还是一个孩子的时候才能随大人一起去。

信仰同一信缘主体的村民也没有因为信缘主体相同而关系变得更加亲密，也没有因此影响了平时的交往，也不会因为信缘问题发生冲突。

第五节 交往与交往关系

家庭是生活的基本单元，也是村民进行社会交往的基本单元，在日常生产生活中，村民以家户为单位与家户外部发生各种交往关系，针对不同的交往对象，村民会选择不同的交往行为，由此形成了丰富的社会关系。本节将从亲戚交往及其关系、邻里交往及其关系、熟人交往及其关系、农户与政府交往及其关系四个方面考察传统时期南陵村的交往与交往关系。

一、亲戚交往及其关系

亲戚关系因血缘、婚姻或拟血缘关系的联结而形成，亲戚之间的相互交往是南陵村村民社会交往的重要组成部分。所交往的亲戚数量的多少与家族规模的大小、家庭人口的多少以及家庭对外交往的好坏息息相关。亲戚之间的远近不一、职业不一、穷富不一，但这并不影响彼此之间的相互交往关系，与住在外村的直系亲属的交往频率依然高于与住在村内的远亲的交往频率。亲戚之间也会存在明显的贫富差距，穷人家的亲戚中穷人多于富人，而富人家也更可能会有其他富裕的亲戚。

每个家户的亲戚并非完全局限在村落内，父系直系亲属通常以本村为主，如叔伯兄弟、堂叔伯兄弟等，但也会因去做上门女婿、外出经商等原因而居于不同的地方；姻亲亲戚多源于村落外，少有村民在村落范围内进行婚配；拟血缘关系，如干亲，则既可能存在于村落范围内，也可能存在于不同村落之间。

亲戚之间的交往，多发生在节日走动、人情往来、互帮互助等方面：

（一）节日走动

在南陵村，节日期间的走亲访友是亲戚之间交往的重要组成部分，尤其以春节期间亲戚之间的相互拜年最为频繁、涉及面最广。春节之间的走亲戚大多是从大年初二开始，但是大年初一的时候就可以给干亲、拜把子兄弟和老师、师父以及村中的人拜年。除此之外，在大年初一，住在同村的直系亲属之间也会相互拜年，如叔伯家、堂叔伯家，其中主要是晚辈向长辈拜年，如父辈向爷爷辈拜年，子辈向父辈的叔伯以及爷爷辈的长辈拜年，平辈之间一般不需要相互拜年。过年期间到近亲支家拜年不需要带礼物，长辈要提前准备核桃、软枣等小食供拜年的晚辈食用，多数还要给晚辈发一定的压岁钱。有干亲的且居住得较近的村民在大年初一也会到干亲家里拜年，拜年一般都会带上礼物，但是礼物都不会太重，主要是一种情谊。大年初二至大年初四主要是出门走亲戚，从男方来说，姻亲中必须去的亲戚是舅舅家和丈人家，去拜年必须要带礼物，礼物多为花馍、点心和酒，新婚夫妇去丈人家，需要带酒、肉、糕点、大馍等八样或是十二样礼品，丈人家要回赠女婿衣物鞋袜、鸡蛋和杂干果等。走丈人家必须是夫妻双方去，别的亲戚一般主要是掌柜的去走。不论近亲、远亲，亲戚之间在春节期间一般都会相互走动，尤其是关系较远的亲戚，日常往来较少，春节走动便是维持亲戚关系的重要途径，如果春节再不相互走动可能亲戚关系就断了。走亲戚的时候可能一天就要走很多家，不一定都吃饭。

（二）人情往来

在南陵村，亲戚之间遇婚丧嫁娶、添丁办寿等大事相互之间都需要随礼。南陵村中把这种人情往来称为"行门户"。"门户紧如债，背上锅儿卖"，再穷也不能失礼，尤其是亲戚之间，行门户成为双方交往的另一重要组成部分。

人情消费主要在结婚、丧葬、寿诞、满月四大事情中，其中丧事行礼最重，一方面丧葬是大破财的事情，另一方面丧葬是苦难事；其次是婚事行礼，婚事的花费也比较大，"大喜金榜题名，小喜洞房花烛"，结婚是一大喜事。"外甥女婿顶半子"，所以在婚丧嫁娶事情上，外甥、女婿行礼最重。女婿要请乐户、请人掘墓、烧纸，且奠仪行礼也比较多。如果只有一个女儿，女儿女婿压力就比较大；如果有多个女儿，一般是女儿们均摊。过寿则是女儿行的礼最重。

在亲戚之间的人情来往中，近亲一般是不需要请，也不需要通知的，如叔伯等，通常在婚丧嫁娶等家庭大事上，直系亲属在得知后会主动来帮忙并随礼。而姻亲、远亲和干亲则需要主家进行通知。婚事是掌柜的亲自去通知，去通知的时候要带上礼物，礼物都比较轻；丧事是村中帮忙的"相逢"去通知，通知的时候不需要带礼物，也不能进被通知人家的家门；给孩子办满月和过二十天是由孩子的父亲去通知，去通知的时候也不需要带礼物；寿诞一般不需要通知。通知的时候一般都是直接通知家中掌柜的，若是掌柜的没有在家也可以让家人转告。

亲戚之间的行门户讲究礼尚往来，别人有事你行了礼，等你有事的时候别人也会来行礼。亲戚给多少礼金没有定数，一般是关系越近，礼金越重，其余的亲戚随礼在礼节上相差不大，给多给少主要是根据家庭情况；你给别人行的礼重，别人来行礼的时候也就比较重。通过红白喜事可以加强亲戚之间的走动，能维系亲戚关系，如果没有请，会认为是看不起，甚至是嫌弃这样的亲戚才不请，所以之后一般就不会再往来了，慢慢地也就断了这一门亲戚关系。

（三）帮忙

在日常生产生活上，亲戚之间也会相互帮忙，如在建房子、淘井、耕地等事情上亲戚之间相互帮忙的情况较多，亲戚间的相互帮忙既解决了劳动力不足的问题，又维护了亲戚关系。亲戚之间相互帮忙，有主动来帮忙的，也有主家去请，但是不论哪一种方式，亲戚间的相互帮忙都不需要支付报酬，但是需要管饭，如果来帮忙的亲戚距离较远则要管其住宿。

亲戚之间的相互帮忙既不算钱，也不记工，亲戚之间尤其是近亲之间关系较为密切，计算得太清楚则会被认为是生分了，而且各家各户都有需要帮忙的时候，相互之间都是以无偿的方式为对方提供帮助的。但若是亲戚之间发生大的矛盾纠纷，即使是亲兄弟也会发生互不往来的情况，相互之间既不行门户，也不相互帮忙，日常生活中也基本不走动，这种情况在南陵村少有发生。

二、邻里交往及其关系

常言道："远亲不如近邻。"街邻之间的相互来往是南陵村村民最常见的交往行为，街邻成为交往最为频繁的对象。在南陵村，农户集中居住，每一户都会有邻居，邻居一般都是同族人，也有一些农户家的邻居是外迁或逃荒等而来的非同族人。

邻里的职业不一，多数是以农业耕种为主，极少部分做手艺活或是经商，家庭人口一般在5—8人之间，经济状况差异较大：穷者，食不果腹；贫者，为人长工；富者，衣食无忧；贵者，达官显赫。邻里交往是一个双向的过程，自己会去找别人，别人也会来找自己，这些交往活动大多是主动交往产生的，极少部分是因别人介绍而形成。

邻里之间的交往以拜年、串门、人情往来、生产工具借用、合作互助等为主要形式：

（一）拜年

邻里之间过年期间也会相互拜年，但是以向邻里中的老人拜年为主，同辈之间及年轻人之间若不存在直系亲属关系则一般不相互拜年。春节期间，通常在大年初一祭祖结束之后，邻里之间就开始互相拜年，主要是去给村中的老人拜年，没有老人的一般不去，但是有老人的，不管张王李赵，不管是不是同姓都要去，表示对老人的尊敬。50岁以上的都算作老人，即便家中只有50岁以上的女性老人也要去（不分男女），一般家里有老人的家庭到了这一天都有所准备，主要是准备核桃枣、软枣（给小孩），有的还会给小孩一些铜钱，主要都是给小孩，给大人不需要准备礼物，去拜年也不用带礼物。去的时候以家族为单位，同姓的成员一般集体去向老人拜年，如南陵村的刘氏家族的男性即是由刘邦富带着一同去向村中的老人拜年。无论是亲戚还是街邻，如果相互之间不走动了，可能就会断了关系，一般的农户的关系都能维持几代人，如果交往少了或是不来往了，关系就会慢慢变淡。

（二）串门

在南陵村，平时邻居之间会相互串门，但是一般不会随意串门，女性一般不串门，串门的都是男性，家里的除掌柜的外的其余男子也能串门，但是男子去邻居家串门的时候，邻居家必须有男子或是掌柜的在家，如果只有女性在家则不能串门。吃饭的时候一般不会串门，如果去串门遇到吃饭，一般都会邀请一起吃饭，但是邻居一般都不会吃。在南陵村，闲时的串门以打发时间为主，忙时的串门多以互邀农业互助为主。闲时，一个村的村民会聚到一起打牌，忙时关系好的农户相互帮忙。交往的空间多在家中，也可以在茶楼、酒馆等地。

（三）人情往来

在人情往来中，邻居和村中的非亲戚一般不需要通知，家中有什么大事，村中的人都会知道，不需要通知自己就会去。如果和邻居或村中的人发生了矛盾，自己办事情的时候，对方一般不会来，他办事情的时候自己也不会去，因为有矛盾，相互之间也互不往来，只有在丧事上会去，即便不到家里也会到坟上去，如果不去会遭到别人的议论和谴责，也会被人认为是"小气"。

邻里之间也讲究礼尚往来，在行门户方面，虽然村民不记账，但对于每个人随了多少礼钱都会做到大致心中有数，通常是你行了多少礼钱，到时候我再回给你多少，或是在你的基础上稍微增加一点，如果双方的礼钱数量差别较大则会造成双方心理上的隔阂，影响日后的交往关系。

（四）生产生活工具借用

借用生产生活工具是南陵村村民在农业生产中较为常见的行为，如果家中缺乏某一生产工具时就会借用。如在南陵村，村民生活用水均靠井水，但并不是每一农户家中都会有水井，没有水井的农户只能到邻家取水，每日的取水就会有所交往。借用生产工具一般是先与邻居和村内的亲戚借用，其次是和村里关系好一些的人借用，只有最后借不到才会和村外的亲戚借用。借用生产工具不需要还利息，也需要请中间人，由掌柜的亲自上门去借。借用生产工具也不需要立字据，借用的时候一般都会说借多长时间，如果主家觉得能够借出才会借出。工具借出之后，使用完了一般都会及时归还，借期不固定，可以是一天，也可以是好多天。农户之间也不会因为生产工具借用时发生损坏而破坏双方之间的关系，下次还能继续借。

（五）合作互助

在传统时期，因生产力水平不高，劳动力占有不均，土地占有差异较大，以小家户为生产单元的劳动生产难以满足家庭需求，南陵村村民之间不得不进行合作和互助。

合作主要体现为搭庄稼与换工。搭庄稼的农户都是一个村里的农户，不同村落之间的农户不会搭庄稼，搭庄稼的农户关系一般都较为和谐。搭庄稼的农户中由大户提供生产工具或生产资料，小户奉献劳动力，以此来形成一种合作关系，实现共赢。搭庄稼的农户之间不计较干活的多少和时间的长短，工作量和工作时间只差不需要补偿。换工也叫变工，一般是邻居变工，同村人也会变工，但是没出现本村和外村变工的情况，变工的农户，关系一般较为缓和。换工时不计较工作量的多少，也不计较工作时间多少，一般是以换工之事结束为止。一般变工都需要管饭，做谁家的活就是谁管饭，管两顿饭,有的家庭晚上还会"喝汤"。变工的一般都为小户人家,大户人家不变工,一般都是请工。保长不需要变工,甲长和村民同等变工。

除此之外,所谓"婚丧嫁娶,邻里互助",家中无论是喜事还是还是丧事,主要还是靠街坊邻居的帮忙,来帮忙的街坊邻居,当地也称之为"相逢"。如结婚时,"相逢"会主动来帮忙做一些力所能及的事情,如洗碗、洗菜等,"相逢"来帮忙,主家一般会找一个"相逢"负责某一事情,但是具体怎么做,"相逢"之间会相互商量,相互帮忙。"相逢"前来帮忙不需要给报酬,但是一般都会宴请他们吃饭,有的人家除了在酒席上请帮忙的"相逢"吃饭外,在酒席结束之后的几天里还是请这些主要的"相逢"来家中吃饭,以示感谢。亲戚中只有主要的亲戚,如出嫁的女儿,分家的儿子等才会帮忙,其余的亲戚一般都是前来祝贺或是吊唁,不需要帮忙。

帮忙不拿工资,帮工、用工还"人情账",但也不计较帮忙的数量多少和时间长短,即便帮忙的工作量存在差距也不需要补偿。但帮忙需要主家管饭以表达感谢之意,一天三顿饭,晚上需要喝汤,帮工时吃的都要比平日里自家吃的要稍好一些,菜品和菜数没有讲究,都是同桌吃饭,座位没有讲究。如果一桌坐不下,会分成两桌或多桌,谁和谁坐一桌没有讲究。

三、熟人交往及其关系

熟人多因职业、交换或他人介绍而结识,熟人之间不如亲戚、邻里之间交往得频繁而密切,但也是南陵村村民社会交往的重要补充。如买卖土地请中间人、生育子女请接生婆、家人生病看医生、送孩子上学、拜师学艺、赶集、拜神等活动均会产生熟人支间的交往行为。

熟人之间距离不一,有同村、同乡,也有同县甚至县外、省外。因此熟人之间的交往相对较少,在日常生活中少有串门、行门户等情况发生。但对于距离较近、关系较好的熟人来说,熟人会像邻里一样日常走动、行门户或者进行互帮互助。在熟人之间,也会发生借钱、借粮等借贷行为,是否需要利息不一定,如果是熟人中较好的朋友可能就不需要利息,是否需要利息由双方商量决定。熟人借钱需要担保,一般找双方的均熟悉的熟人作为担保人,担保人不需要承担连带责任。

四、村民与政府的交往及其关系

传统时期,南陵村以保长作为村内最高权力代表,同时保长也是村内政府力量的代表,保长之下又设甲长,村民通过与保长、甲长的交往发生与国家权力的关系。

(一)收税与抓丁

1949年以前,富平县里负责征粮、征兵、抓丁等工作的官员下到村中通常主要与村落的保长进行对接。由县里安排到保长的任务主要包括两个方面，一是催粮和收税，二是抓丁。在保甲里，保长一般不直接参与催收赋税和抓壮丁等事务，一般由保队副，保丁和甲长一同去催粮和抓壮丁。收税、催粮，甲长不需要召集村民议话，抓壮丁也不需要找村民议话，但是会去给被抓壮丁的家庭传话，让做好准备，准备的时间一般是3—5天，抓壮丁的时候也只是通知，并不是商量，即便不同意，也会被强行抓走。

甲长在催收赋税时，如果农民交不起也不会垫付。赋税是按照地亩来征收的，通常情况下交不起税的人都是"土地大户"，小户一般不存在交不起税的情况。在南陵村，经常交不起税的两家分别是刘玉廷（约140亩地，每年要交十一二石粮食）和刘振海（中农，100亩土地，每年交十石左右的粮食，还雇了伙计，伙计一年的工钱也是三四石粮食）。交不起税的村民也会想办法逃避，北陵村的"马老三"，因为交不起税而逃到外面，在外面跑了几十年。

抓壮丁时村民就会想办法去逃避，但一般逃避的都是强人和富人，"穷人抓丁，富人买丁，强人抢丁"。面对抓丁，穷人只能被抓丁，一般不会逃跑，跑得了人，跑不了家，自己跑了，家人也遭殃。富人就用钱买丁，但是自己的孩子还是会去报名，拿钱编名，穿上军装，但实际上不是去当兵，也不会上战场，买丁不需要向保甲长报告，甲长不会管，保长也不会干预，只要把人交上去就行了。强人既不买丁，也不逃跑，而是通过压迫、威胁（以家中人为筹码）等方式强迫别人去抵壮丁。被抓了壮丁，钱税一分都不会免，农税照征。

（二）村庄公共事务

村中的公共事务由热心人发动，甲长牵头，甲长会召集本甲的人议话，讨论该公共事务是否建设。村中的公共事务一般由甲长管理，但很少会召集村民议话，一般只有派军粮、草料等大事会召集大家议话，议话的时候每一家的家长参加，每一个人都有发言权。"在南陵村第一甲（铁炉堡），一共有19户人家，其中刘姓占12户，王姓占3户，曹、巫、韩、俞各1户，议话的时候虽然都有发言权，但主要发言的还是刘姓的。"[1] 当时的南陵村不存在跨村性的公共事务，一般的公共事务都在村内完成，本村没有与邻近村落发生械斗，也没有见过邻近村落与外村或官府发生械斗等情况。邻近村落办活动，一般都不会前往参加，但是遇到婚丧嫁娶等，有亲戚关系的还是会去参加或帮忙。在南陵村，最主要的公共事务就是修庙宇和修窖子。

除此之外，村内在组织公共活动的时候，如庙会、祈雨、唱戏等，若是由其他村民组织，也必须要告知保长、甲长，以便提前做好活动期间的治安维护安排。

---

[1] 来自对刘兴汉老人的访谈。

（三）日常交往

不同于收税、抓丁、村庄公共事务等村落大事，村民在日常的生产生活中少有与保甲长发生交往行为的现象。即便有交往发生，也多是出现于与保长、甲长存在亲戚关系的农户中。如村民遇婚丧嫁娶、建房等家庭大事不需要向保长报告，每年的农业耕种安排、子女婚配对象选择、村民职业选择、交往范围等均为村民个体或家户行为，在不涉及村庄公共秩序的时候，均不需要向保长申请或是向保长报告。只有在发生难以调和的纠纷，其他人调解不好的情况下，才会去请甲长，甲长不能处理的时候由甲长去请保长，请保长不需要带礼物。如果保长也处理不了由保长向乡里汇报。

五、交往边界

"近朱者赤，近墨者黑"，村民自小就教育孩子要与道德高尚、人品较好、为人正派，心地善良的人交往，也教育自己的孩子要成为这样的人，这样的人受人尊敬，有一个正确的人生观和价值观，更容易成才。不喜欢和那些道德败坏、势利小人、不务正业的人交往，如和嗜赌如命的人交往过甚，自己最后也可能走上赌博之路，所以和不喜欢的人尽量少交往或是不交往，掌柜的也要求自己的家人不要和这样的人交往。此外，村民也不喜欢和与自己有恩怨的人来往，一般的恩怨只是不来往或是极少来往，如果有一些较大的恩怨，如人命等就会断绝来往，甚至形成世仇。一般的恩怨纠纷，有的会请人帮忙调解，调解过去了便好了，如果调解不过去，可能就会吃上官司。"物以类聚，人以群分"，彼此之间交往虽然没有等级界线限制，但是会根据贫富和社会地位高低来进行交往，如大财东家一般不会贫穷百姓家交往，乡长、保长家一般也不会和长工家交往。彼此之间的交往是一个相互的过程，自己要主动去和别人交往，别人也要主动来和你交往。主动去交往，一部分是为了维护关系，另一部分则是有求于别人。

南陵村村民与不喜欢的人一般不交往，但是一个村中的农户，如果因为矛盾冲突等断了往来或是关系恶化，家中有人去世，一般仍要随礼，不到家中参加丧事也要到坟上参加丧葬，如果不去会遭到村中的人议论，如果参加可能会使双方关系进一步缓和，这是一种礼俗，也是一种道德约束。

第六节 流动与流动关系

传统时期的南陵村相对封闭，村庄整体上趋于稳定，村民的流动性不强。但也会因婚配、经商、逃荒、从军、避难等活动而产生流动，流动多是基于生存需求而进行的行为选择。本节将重点考察1949年以前南陵村村民的流动与流动关系。

一、逃荒与流动关系

迫于生活和生存压力，为了求生和维系血脉，一些村民不得不选择逃荒，逃荒主要分为逃入和逃出。

（一）逃出

以铁炉堡为例，光绪三年（1877年），关中遭遇一次大荒，铁炉堡本来有100多户、500多人，这一次大灾时，几乎都逃走了，就剩下四五户、二三十人，到了光绪六年（1880年）遇大丰收，又逃回来了四五户。民国十八年（1929年）年馑的时候，铁炉堡内还有近二十户人家，这次逃荒的人比较少，没有举家逃荒的情况，逃荒的都是村中的青壮年。青壮年走了，家中人吃糠咽菜，吃草根树皮度日。

村民一般都不会逃荒，只有发生大灾荒的时候，家中一点粮食都没有了才会逃荒。锁门逃荒者家中的情况已经是特别惨了，否则不会逃荒。在南陵村，除了光绪三年和民国十八年年馑的时候村中有人逃荒外，其余时间均没有人逃荒。逃荒都是各自逃，最多以家庭为单位，谁都顾不上谁。逃荒过程中要是遇到抢劫、偷盗等行为没有人管，土匪一般也不愿意抢劫逃荒者。逃荒后村中的治安情况依旧需要管理，由剩下的人一起负责。

> 南陵村铁炉堡村民共逃出了两户，都是逃到了甘肃，他们在甘肃没有亲戚，也没有熟人，五六年之后两户都回来了。刘振海的爷爷死在外面，奶奶在甘肃找了一个姓马的做女婿（回族人，那个人救过她的命），待关中年成好了（五六年之后）带回到铁炉，没有过多久便去世了，死后埋于刘家祖坟地。本来刘均庭和刘振海宗族关系比较近，就因为这个事情，认为是乱了宗族关系，刘均禄和刘振海关系也就不好了，过年的时候也不给烧纸了。
>
> 因为灾荒，刘均庭的爷爷，一套织布车子换了一斗麦子（平年的时候一套织布车子要换三四石麦子），然后自己去逃荒了，妻子和孩子不愿意走，留在家中，他们吃了这一斗麦子之后，妻子先把孩子推入井中，然后自己投井自尽。[1]

1. 灾荒与逃荒

发生灾荒，受到影响最大的是种地的人，种地的人在发生灾荒的时候首先是变卖土地来度过灾荒，卖完土地确实没有办法了才会逃荒。发生灾荒的时候，副业受到的

---

[1] 来自对刘兴汉老人的访谈。

影响不大，有副业的人在发生灾荒的时候，甚至还可以通过副业致富。在南陵村及其周边，主要的副业是油坊，发生灾荒的时候油坊受到的影响不大，油坊的菜籽一般都会有存量，灾荒收不到菜籽的时候就用原来存下的菜籽。小农经济时代，农业是最脆弱的，但是为什么能走那么长时间？（1）从自然条件来看，"天不灭人"，灾荒几年之后便会下雨，农民得以缓一缓；（2）从土地的量来看，灾荒的时候，土地的存量没有改变，只是易主，灾荒使贫富分化，农民受到重创，受伤的也只是贫穷人；（3）从农民的职业选择来看，土地是农民的命根子，是农民的刮金板，对于农民来说是最稳定的保障，即便灾荒的时候变卖土地使得土地变少，但是为了生存，再少也要种；（4）从行业来看，其余的产业，包括农村的手工业和副业，都是为了农业服务的；（5）传统社会时期，国家的税收主要依靠农业，国家也离不开农业。农业的脆弱性主要表现在没有抵抗灾荒的能力，以家户经营的小农经不起灾荒的打击。

平年，大户人家都会请长工，发生大灾荒的时候，大户人家也不雇长工了，雇不起，或者是减少长工的数量。即便雇了长工，长工的工资也会相对减少，具体减多少没有定数，双方协商。原来当长工的人，发生灾荒，寻不到雇主，没有办法了就会去逃荒或是乞讨，去风调雨顺的地方；逃荒过程中，有手艺的人会过得相对好一些。发生小灾荒的时候，兄弟之间一般会相互帮助，家庭经济好的兄弟会帮助相对困难的兄弟，家庭经济条件较差的人会去找条件较好的兄弟帮忙，都是需要去找，一般不会主动帮忙。如果发生较大的灾荒，兄弟之间不会相互帮忙，都是自顾不暇，甚至各自逃命。发生灾荒时，未逃荒的人主要是通过变卖土地和家财来度过。

2. 逃荒的方向选择

逃荒没有固定的消息获取渠道，逃荒的相关消息主要靠逃荒的人在逃荒的过程中打听，一般都是一边逃荒一边打听。举家逃荒，在逃荒的过程中，掌柜的有决定权，做事需要掌柜的点头，如去哪里、回不回等。逃荒在外，一家人的心都比较齐，都会听掌柜的的话。南陵村铁炉堡的人大多是逃去甘肃，因为这边灾荒，那边风调雨顺。逃荒的时候一般都是选择西行，不会东去，往东都很穷，更重要的是隔了一条黄河，过河不容易，不仅需要给钱，给了钱还很危险，说不好会把命搭上。受访者刘兴汉说："往西走主要是去甘肃，甘肃虽然产杂粮，但是甘肃人不排外，较为厚道。"其还说："关中道人一般不逃荒，河南、山东、安徽三地的人易逃荒，一是这三地灾害频发；二是山东人开拓性强，好下苦，所以山东人出山海关，去了东三省，还都住下了；三是河南人稠地少，遇灾便逃，且河南人多有小手艺（靠农业靠不住），逃荒更易活下来。"

3. 逃荒与祭祖

逃荒之前都需要祭祖，祭祖就在家里，不需要到坟上去。祭祖一是和祖先道别，出远门之后就没有人经常给你送钱送纸，二是求祖先保佑，保佑自己及家人逃荒顺利，能够活下去。如果全家一起逃荒，叫作"谢土神"。逃荒之前只需要祭祖，不需要拜神。逃荒的时候，神龛一般不会带走，清明节、寒衣节、春节等原本需要祭祖的节日也不再进行祭祖，逃荒在外，可能自身都难保。逃荒的过程中会到寺庙里拜神，祈求平安。

4. 逃荒的家业处理

逃荒的时候如果有底财会带走，其余的都不会带。逃荒者的家业一般只剩下房屋、土地以及一些生产用具。房屋及生产用具，用锁锁在家里，土地则是放荒，如果有亲戚没有逃荒愿意耕种，则会给亲戚耕种，一般不会收取租金。房屋及生产工具锁起之后一般不会请人照管，村中未逃荒的亲戚会帮忙看管。

5. 逃荒后的赋税处理

逃荒者不需要和保长、甲长报告，也不需要得到其同意。遇到灾荒的时候，该收取的赋税也会上门收取，收不到了会向保长反映，保长再上报官府，对于逃荒者的赋税同样需要收取，如果家中没有人且土地放荒的逃荒者，由甲长上报保长，保长再上报官府。

6. 逃荒过程中的乞讨

逃荒过程中，如果是举家逃荒，一般是妇女带着儿童去乞讨，男人一般不去乞讨，只有男人独自逃荒的时候才会自己去乞讨。如果逃荒家庭中既有妇女和儿童，又有老人，一般是妇女儿童先去乞讨；如果只有老人，则是年轻人去乞讨，一般不会让老人去乞讨。出去乞讨的人，在乞讨到食物的时候一般会先吃一些，带回来的食物先让老人吃，再让小孩吃，最后才是年轻人吃，谁吃多少由掌柜的决定，在让老人吃的时候，男女没有区别。

（二）逃入

在南陵村，逃荒过来的人主要来自陕西、河南、湖北和安徽，河南、湖北居多，河南因为黄河水患、蝗灾，后还因为抗日战争等，逃入南陵村的人比较多。以南陵村铁炉堡为例，铁炉堡本来只有刘、王两姓，其余的人都是逃亡过来的，民国三十七年（1948年）逃入最多，逃入了20多人。

查金友 河南人，1948年逃荒到铁炉，自己先过来，后写信让家人过来，其两个外甥（旁水长、旁水旺）随后也过来。查金友来了之后先是在山里干活，后才到村中干活，1948 年买了刘邦斌家 9 亩土地，买了刘振海家空宅院，在铁炉住下了，自己没有手艺，主要是靠拉长工。

孙文忠 因为父亲是恶霸，为了躲避成分而逃荒到铁炉，因为其有几个乡党在仇石村（离铁炉堡一公里），刚来的时候在仇石吃、在仇石住，给财东家打工，这之间也去过大樊、涧头、董村等，都是流动作业。来的时候是全家一起来的，包括其父母亲，一共是三人，孙文忠和父亲都是挂粉把式，有手艺。一直到了 1956 年入高级社，才来到铁炉，用一头牛入了铁炉的社。别的地方不让其入社，而铁炉较为包容，逃荒过来的人也多，所以入了铁炉。

曹振忠 陕西蓝田人，1931 年逃荒到铁炉。先是自己一个人逃荒来到铁炉堡，后来哥哥去世了，其回蓝田把嫂子接过来一起生活。刚来的时候给刘邦斌家做活，主动去帮忙，没有报酬，只是为了帮忙的时候找一口饭吃，住在刘邦斌家的车房子里。其还有手艺，能够编织荆条。在刘邦斌家做了一年多的活之后，把嫂子接上来就开始以编织维持生计，后买了三四亩土地。

王凤岐、王凤鸣 民国十几年逃荒到铁炉。刚来的时候都是在村中做活，后给刘均庭家拉长工。后王凤鸣去了仇石村仇尚智家的油坊里拉长工，后成了长工头，有些积蓄之后买了 24 亩土地，便在铁炉堡落了户。

余明德 湖北人，民国八年（1919 年）逃荒到南陵村铁炉堡，其父亲有手艺，是泥水匠，自己主要靠种地。

巫学春 陕西蓝田人，民国三十年（1941 年）逃荒到铁炉，刚来的时候是在仇石村给仇尚智家拉长工，刘兴汉三姑家见其老实，好下苦，将其招作上门女婿，把家中一双目失明的女儿给了他，还给了 15 亩土地、一头牛和一个空院子，因此在铁炉安下了家。

韩增财 陕西蓝田人。其父亲民国初年逃荒到铁炉村，刚开始是在刘玉廷家做短工，后在铁炉给人拉长工，买了 6 亩土地。刚来的时候父亲带着母亲，来到铁炉之后在刘玉廷家无偿做活，刘玉廷家给了两间草房，这样就在铁炉把家安下了，一共生了五个孩子，一个送给了桥北杜家，杜家给了三四斗粮食，把一个女儿卖到了炭村，炭村给了七八石粮食。韩增财是民国十二年的时候出生，后去参了军，回来之后就一直在家里种田。

一般来说，逃荒而来的人先是寻一个大户，在大户家里做活，刚开始的时候都是没有报酬的，大户家里管吃管住，一般过了一年半载，有人招长工就会把这些人招走，招长工的时候，可以是逃荒的人托村里的人给找，但是大多是招长工的家庭自己来招。逃荒之人离开大户家去做长工，需要和大户家打招呼，大户家一般都会同意，有的大户家也会过了一段时间之后再将其招为自家的长工。当三四年长工之后，一般能够买一些土地，买个空院子建房，然后开始自己种地，也算是把家安下了。买地一般都是在本村买，也喜欢买本村的地，因和本村人相对熟一些。

二、婚配与流动关系

婚配也会产生流动，但是因为婚配产生的流动范围较小，流动频率较低。在传统时期，有女儿待嫁或是儿子待娶的人家，会请媒人给说媒，通过媒人介绍了解对方的家庭情况，如合适则订下婚约，后喜结连理。喜结连理多为女方流动，女方出嫁则流动到夫家，但也有少部分男性因为上门当女婿而产生流动。从地域来看，婚配双方一般都是同村非同姓或是邻村的人，距离不会太远，一是父母不舍得将自己的女儿嫁到太远的地方，二是嫁到了太远的地方，亲戚之间走动不方便，且旧时结婚习俗较多，如果远嫁必定要打破一些习俗，所以不愿让女儿远嫁，远嫁的情况较少。从流动数量和流动频率来看，一定时间内结婚的人数量有限，且结婚的人不一定都会嫁到外村，结婚对于绝大部分人来说，一辈子就一次，发生的频率也较低。总体而言，婚配是村庄流动性的一种体现，但这种流动范围较小、规模不大，对村庄的稳定性影响不大。

婚姻之事均是父母之命，媒妁之言，父母具有婚配的决定权，子女的婚配问题均有父母做主，如果父母不在，则由长兄做主，子女本人一般没有决定权。结婚讲究门当户对，也看生辰八字，主要是为了防止犯禁忌。如果最后确定结婚，要通知亲戚，要举办婚庆仪式，但是结婚之事属于民事，不需要官府同意，不需要村里同意，掌柜的自行决定就行，但是有宗族，需要获得宗族的同意。结婚后人口流出，在中华民国初年不需要登记，到了实行户籍制度之后，婚配、出生和死亡需要向保里汇报并进行登记。结婚之后，多子家庭一般会分家，但是分家是家庭内部的裂变和流动，即便另起炉灶、经济独立，但多在本村内建房，一般不会向外村流动。

三、经商与流动关系

传统时期的南陵村，因自给自足的生活方式、贫困的生活条件和较为封闭的村落环境，大部分农民以土地为生，但也有少数人有了钱会选择经商，想过上更好的生活，如南陵村铁炉堡的王户，家中曾有人做过官，还到甘肃开过金铺。经商会因经商地点的不同而向不同的地方流动，流动的时候有的是举家一起流动，也有的是个人先到一个地方做些小生意，慢慢地生意做大了才把家人都接过去，进而形成举家流动。经商流动大都是因为经商机遇而自愿流动，多流向城里或是集镇，如果举家流出，家中基业请人代管，土地给人种或是租给他人耕种，种地人代缴赋税、交租，流出时不需要得到官府的同意，不需要得到保里批准，但是请谁代缴赋税需要向甲长说明。流出后一般是在经商的地方租房或是买房，从而流入一个地方。流入一个地方，不需要当地官府、村镇同意，如果没有购买土地也不需要向相应的保甲干部汇报，不需要缴纳土地税赋。流出经商的村民还可以再流回村中，流回不会遭到排挤和反对。因经商而产生的流动规模较小，多以个人流动或是家庭流动为主，在南陵村及周边未出现整族流动或是整村迁徙的情况。

四、从军与流动关系

参军和抓壮丁也是传统时期南陵村村民流动的方式之一。很少会有村民将自己的儿子送上战场，大多是被迫参军打仗。"仁里乡第三保第一甲（铁炉堡）共有服役人员4人，其中自愿参军1人（家庭破产，生活过得比较狼狈，军中有亲戚当营长，故而前去参军），抓壮丁2人（韩志高、刘邦积），拉丁1人（王树德，17岁就被拉去当兵，未满18岁，故而叫'拉丁'）。"[1] 自愿当兵的人，也叫"吃粮的"，一般只有家庭贫困、生活无以为继的人才会自愿去当兵。自愿当兵不需要获得保长、甲长的同意，对于自愿参军的家庭不会给予任何奖励，钱粮赋税也不会得到任何优待。抓丁没有名额限制，也没有固定的抓丁时间，抓丁一般是县里来人通知乡上，乡上再通知保里，或者由县里的人和乡上的人一同到保里通知保长，保长再让甲长去通知出丁家庭，一般会给3—5天的准备时间。通知后一般都不会逃跑，如果逃跑，家中人和保长、甲长都要受牵连。抓丁对于村中的人同等对待，即便是保长、乡绅家中适龄男丁超过1人也会被抓丁，但实际上是"穷人出丁，富人雇丁"。被抓壮丁之后，其从村庄流出，跟随军队征战，生死无法预料，归期更无定数。抓丁是国家行为，村庄不得阻挠。

五、躲避灾难与流动关系

因犯罪、逃兵役等躲避官府制裁，也会发生流动，这样的流动相对隐秘，为私自流出，最多只是让家里人知道，不让官府知晓，不让保甲干部知道，晚上私自逃走，逃出的地方不固定，一般都是离开后再寻去处，多到一个陌生的地方，然后改名换姓，同逃荒之人一样在一个地方开始重新生活。刚开始一般都是在大户人家帮忙干活，然后混口饭吃，有个寄宿的地方，时间长了会成为大户人家的长工或是被人请去做长工，积蓄财富之后才在这个地方安家、购买土地。逃到一个地方不需要向这个地方的保甲干部汇报，也不需要得到当地村民的同意。此外，因为瘟疫等威胁村民生命安全了，

---

[1] 来自对刘兴汉老人的访谈。

村民也会选择流出，这样的流出一般都是举家流出，暂时放弃现有基业，流出后主要以乞讨为生或是投靠亲戚朋友，待瘟疫过了之后再回来，这样的流动时间较短，但规模较大。

第七节 分化与群体关系

在传统时期的南陵村，家庭生产资料占有情况、劳动能力强弱、村庄环境等多因素共同影响着村民的职业选择和财富积累，进而形成了村庄内部的群体分化。此外，家族的发展和外扩，也会形成血缘分化。本节将从职业分化与血缘分化两个方面考察传统时期南陵村的分化与群体关系。

一、职业分化与群体关系

南陵村因为北临凤凰山，盛产墨玉石，墨玉石为石刻的上品石料，故该村石匠最为有名，数量也较为庞大。除此之外，在南陵村还有厨师、阴阳师、木匠、皮匠、编织户、医生、接生婆、把式、担骗等其他职业。

（一）职业分化概况

1949年，为满足生产生活的需求，南陵村村民根据个人特长、资源优势等多种因素在农业生产之余衍生出各种不同的职业，如阴阳先生、看病先生、石匠、泥水匠、编织匠等，村民与各种职业的成员、不同行业的成员、同一行业的成员之间在不同维度上发生着错综复杂的关系。

南陵村村民忙时种地为主，闲时才发展副业，不同职业的村民之间也会接触，且接触得较为频繁，大多是因为生产生活上的互相帮忙。相同职业的村民之间也和一般村民一样正常往来，不会因为职业相同就频繁接触或是减少接触，相同职业的村民都是一个个体，没有相应的组织和个人给大家组织起来，所以不会出现接触更为频繁的情况。

无论职业是否相同，村民之间维护关系的方式主要是互助、串门等，亲戚之间的主要是通过走亲戚的方式维护关系，这些关系均是以家庭为单位，但是朋友之间的关系则是以个人关系为中心，主要是维护朋友之间的关系。

（二）职业分化及其关系

1. 职业地位

职业不同，在村里的地位也不同。据村中老人讲述，各职业人群的地位关系主要如下：

第一,"先生"的地位最高。在南陵村的"先生"主要有教书先生和看病先生。"教书先生有文化,能教孩子读书,村民要写什么也会找他帮忙,很受人尊敬,在村中地位比较高。看病先生能帮人治病,谁都会有个生病的时候,生病了都得找看病先生,他在村中的地位也比较高。"

第二,担骗在赌场中的地位比较高,在村里的地位却很低。"担骗在赌场里是公证人,赌博活动得靠他,地位很高,但是在村里的地位却很低,村民比较反对赌博。"

第三,匠人的地位一般较低。"匠人都是给人下苦的,地位一般较低,但在匠人里面,瓦匠的地位要高一些,建房子的时候都要请瓦匠,虽然是下苦的,但是也不敢得罪瓦匠,怕他做手脚,会影响风水。"

第四,媒人的地位相对较高。"刘振海是我们铁炉的媒人,地位还是比较高的,特别是家里有还没有结婚的孩子的人家,更尊重媒人,都想要媒人给自己娃寻个好对象。"

第五,优人、乐户的地位是最低的。"在传统社会,把优人、乐户、妓女看成是一类人,都被认为是下等人。上坟的时候,都不要优人和乐户参加。"

南陵村各职业的社会地位顺序如图4-3所示。

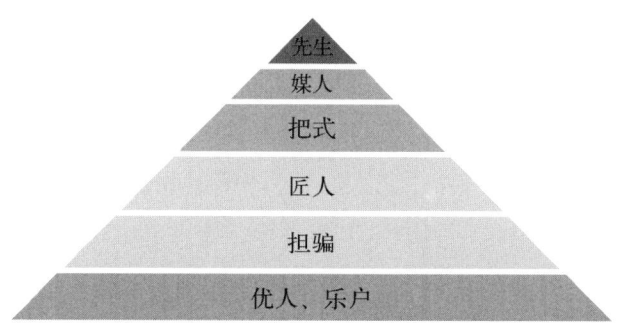

图4-3 南陵村各职业社会地位

2. 阴阳先生与村民关系

阴阳先生也叫风水先生。阴阳先生主要的工作内容是避风敬水、观察地形。"秀才学阴阳,哈哈笑一场"是当地关于阴阳先生的谚语,也就是说阴阳很容易。阴阳先生的理论主要是《易经》,教条的东西就是八卦,八卦主要是用来定方位的。"北陵王二全是我们这周边最有名的阴阳先生,曾经到被底店(乡)大财主聘请去,拿着指南针,转着转着把自己也转糊涂了,但这些人都比较机灵,说了一句'孝子朝南左三移,富人自由吉地'。"这是为了给人指方向的,就说这个是最好的地方,这个故事说明按照《易经》和八卦来说,这些人也不是很懂,也不全是教条的东西。现在的风水越来越浓,比如南方建城市要考虑水的泛滥,北方建城市要考虑干涸情况,还有丧葬等,都会请风水先生。

一般是识一些字的、好风水的人去做阴阳先生。在南陵村有两位阴阳先生,一位是乡绅刘先甲(刘洞春),另外一位是刘明亮(和石象仪是亲戚),但是刘先甲只在南陵村,没有外面的人来请,因为以前是教书出身,自己学习了《易经》,村中丧葬、建房等就会请他帮忙择块地方。刘明亮曾在石象仪的部队效力,主要就是为石象仪选择部队驻扎的地方。

在传统社会,阴阳先生是农村的红人,很多事情都需要请阴阳先生,一是建房,二是挖坟墓,三是婚嫁,此三类事情一定会请阴阳先生。请阴阳先生是家长去请,一般是男性去请,但是如果父亲死了,儿子就不能去请阴阳先生,而是委托人去请,一般委托邻居家的男丁去请。阴阳先生请来之后主要是家长去负责接待。请阴阳先生不需要带礼物,但是要给钱,一般是事情结束走的时候给,给多给少不一定,富人会给得多一些,穷人不会给得太多,一般是别人给多少他就给多少。给的时候是直接给钱,一般不用东西代替。村中不止一个阴阳先生的时候,谁看得好、谁口碑好,一般就先请谁,如果亲戚中有做阴阳的人,会先请亲戚。一般先在本村请,如果本村请不到才会到外村去请,在本村请阴阳先生和去外村请阴阳先生没有什么区别。

阴阳先生的产生主要有以下几种方式:一是自学成才,一般是有文化的人,且喜欢这一方面,就会自己学习《易经》和八卦的相关内容,学成后从事相关工作;二是拜师学艺,但是收徒的情况不多,"艺人心短",很少收徒,都担心收了徒弟之后学会了抢了自己的饭碗;三是家传,阴阳先生的产生,大多是家传。

阴阳先生在家中的地位较高,在村中的地位也较高,受到村民的尊敬,威望也比较高,谁家有事情都会请他。阴阳先生和村民的关系都比较好,和保长、甲长的关系都很好,保长、甲长家中也会有事情。请阴阳先生的时候,一般都是有请必到,不能耽误别人的事情,如果阴阳先生和村民之间有冲突,其家中有事,阴阳先生不会去帮忙。请的阴阳先生不去帮忙只能去请另外的阴阳先生,或者到外村去请阴阳先生。阴阳先生因为冲突不去帮忙,一般不会受到村民的议论和谴责,如果没有冲突,无故不去帮忙,甚至耽误了人家的事情,阴阳先生就会受到村民的议论和谴责。

请阴阳先生,一般不会发生冲突,即便是没有办成事情,如地基没有选好等,一般都不会发生纠纷或是冲突,阴阳先生办了事情之后如发生不如意之事,阴阳先生不需要承担责任。

3. 石匠及其群体关系

南陵村因为北临凤凰山，盛产墨玉石，墨玉石为石刻的上品石料，故该村石匠最为有名，数量也较为庞大。

农民的口头语是"到河边脱鞋，到山上打柴"，这就是顺条件说话。南陵村之所以有石匠就是因为背后的凤凰山。唐朝之前叫作"玉泉山"），唐代的时候因为中宗李显驾崩后葬于此山，墓葬形成的山形像凤凰，后才改名为"凤凰山"。凤凰山在未埋葬中宗李显之前，就有石头开采的历史，且历史悠久，所产之石是用于飞禽走兽、人物等雕刻的珍贵石料。此山盛产青（玉）石，是雕刻的上品石料，也叫"磬石"；因为该石本来是有些黑色，但是经过打磨后平滑如镜，所以又叫"墨玉石"。据史料记载，秦始皇去世之后帝宫所用之石为北山之石，北山也就是凤凰山；唐朝武则天的母亲去世，埋于咸阳，所用之石也是富平凤凰山之石。因为盛产青石，且为雕刻上品原料，"靠山吃山"，沿山一带的村民自然就是在该山取石，所以南岭村的石匠就是因为地理条件而产生的。凤凰山周围的各个村子都有石匠，但是当时没有交通工具，道路也不好，所以石匠的分布仅限于山的周边各村，且数量多少也与交通有关。富平石刻名满天下，但富平石刻实为宫里石刻，宫里石刻实为南陵石刻，南陵村是石刻腹地。到了明清时代，南陵村石匠的名声已经到达了省内外，该时期也是石刻的鼎盛时期。因丰富的山石资源，南陵村出了不少有名的石匠。

赵信　元代，南陵村赵家堡出了一个赵信，原籍是庄里人，后才迁到赵家。赵信带了家乡200多人到大都为皇家修宫寝，后除了赵信一人逃回来，无一人生还。当时授予赵信的头衔是陕西行省札副管领石匠提领。

李信　南陵村铁炉堡人，该村的李姓于清末绝户。据石碑和墓碑上记载，明朝时孙丕扬（官至一品，吏部尚书，太子太保）的书品多为李信所刻。

五虎上将（匠）　墨玉石多用于雕琢碑、华表、翁仲、经幢等，历来又把文字雕琢称为"铁杆工艺"，从事此种工艺的人被称为"铁笔师"。技艺精湛，经验丰富的南陵村匠人赵致棋、刘生荣、刘来福、杨家麟、刘齐连为铁笔界之"五虎上将（匠）"。

赵致棋　字祥甫，南陵村人，为元代陕西行省札副管领石匠提领赵信的后裔，自元迄今，数百年间，师承祖业，累世业石，技艺精湛，源远流长。

刘生荣　南陵村南刘堡人，生于一石刻世家。

刘来福　南陵村北刘堡人，祖辈即从事石刻，幼年开始学习铁笔工艺。

杨家麟 南陵村赵家堡人，幼年读书数载，随村中铁笔名家学习，苦心钻研。其擅刻各种字帖，尤以擅刻白瑜道书法而闻名。

刘齐连 南陵村北刘堡人，其以擅刻宋伯鲁书法而闻名。

仇智林 名气不在"五虎上将"之下，涧头关帝庙、娘娘庙、土地庙的石像均是其所刻。

刘运文父子 父子二人的石刻技艺在当地也有些名声，其父被人称为"小赵云"。

刘英贤 南陵村1949年以前的大匠人。

(1) 南陵村石匠从业者概况

南陵村在解放以前石匠不下百十人，有刘英贤、刘富、刘生亨、赵如玉、赵全新等名匠。南陵村石匠均是以农为本，兼顾副业。南陵村百余名石匠中分为粗匠人和细匠人，粗匠人人数多余细匠人。但是无论是粗匠人还是细匠人，家中都种田，即使做石匠的收入高，石匠也还是要种地，光靠做石器活养活不了家，所谓"七十二行，庄稼为王"。石匠这一行业对农民的生活影响不大。在南陵村北刘堡和南刘堡有超过一半的家庭学石匠，做石器活，但也是以农业为主。石匠一般是农忙时种田，农闲时搞石刻；也有匠人家中劳动力比较多，匠人只搞石刻，家中其余劳动力种田的情况；还有石匠自己不种地，一心去做石刻，然后请人种地的情况，但是这样的情况不多。南陵村的石匠中，有的土地多，有的土地少，等等不一，但一般都是土地不多。

石匠在做活的时候也会在做石器活与种地之间进行衡量，风调雨顺的时候就先顾农业，要是遇到灾荒就先顾石器活。同时，在风调雨顺的时候石器活多一些，很多家庭也会在风调雨顺之年，粮食大丰收之后选择掘墓等。在灾荒之年，粮食主要用来应对灾荒，所以此时石器活就会少一些。

(2) 收徒及其师徒关系

"石匠活不用学，别人咋凿咱咋凿"。石匠一般不收徒，粗匠人一般都是自学或是家里人教的，只有细匠人才会收徒。学徒需要三年的时间才能出头，但是很多学徒都是学一年就出去单干了。收徒的人是因为手上有大活，收徒是为了有人帮个忙（找个帮手）。只有活多手艺高的人才能收徒，收徒一般一次收1—2个。收徒则需要拜师，拜师的时候是由家长带着过去，也有朋友举荐的情况。去拜师都会带一些礼物，但是带什么礼物没有讲究。学徒期间，吃住都在师父家里，徒弟家里有事的时候和没有活的时候都能回家（平时有时间回家，活做完就回去）。学徒期间没有报酬，但是一年之后，要是学得手艺，能在师父手下独立干活，就会给工资，给多少由师父说了算。出师没有什么仪式，也没有说要达到什么要求，一般都是干了一年多之后，觉得自己可以揽活了，便开始单干了。

> 南陵村五组村民刘玉明，拜刘英贤为师，跟其学石刻。学了快两年的时间，有一天刘英贤见其拿刀手势不对，便对其进行教导。但刘玉明说："和你学了两年，你今天才指导我，不学了。"从此之后，刘玉明便开始单干，后成为了粗活大匠人。[1]

过年的时候徒弟需要给师父拜年，拜年的时候是徒弟自己去，需要带礼物，但是对礼物并没有什么讲究，一般是带一些吃的。给师父拜年的日子不确定，但是一般都是在大年初一拜了祖先之后才能给师父拜年，初二的时候需要先拜舅舅，再给其他的亲戚拜年。出去外面拜师学艺，一定要给舅舅拜年，且给师父的礼物要重过给舅舅的礼物。石匠在村里做石器活，不需要给保长、甲长送礼，保长、甲长也不会干涉。

（3）石匠的社会关系

在南陵村，大匠人在村中的地位很高，受人尊敬，一般匠人无区别，当地还有"穷匠人"的说法。吃饭的时候，还是家中的老人坐上席，匠人的座次不讲究。在村子里，不会直接称呼谁为石匠，都是按照宗族关系辈分来定称呼。

通常，村民需要石匠的时候需要派人去请，请石匠的时候一般是家长去请，去请石匠的时候不需要带礼物，但是在请的时候就需要定好价格，价格是双方相互商量着定。在南陵村，石匠比较有名，所以不存在到外村请石匠的情况。在本村请石匠，优先考虑亲戚和熟人，对于不熟的人，大户人家会优先考虑名气，小户人家会优先考虑价格。请好石匠之后，石匠一般在自己家里做活，做好之后石匠会通知"请匠人"（即请石匠的人），然后请匠人自己去拉。去拉的时候一般会叫人帮忙，主要是叫近亲和邻居。请人帮忙不用给报酬，也不需要管饭。去拉的时候，石匠也会帮忙，如果有学徒也会叫学徒一起帮忙。

石匠的工钱是在拉货的时候付，但是在请的时候要交定金，定金主要用于买材料（石料），定金一般不能少于买石料的钱。交了定金不需要写收据，也不立字据，只是约定交货时间。一般在交货时间都能把货交上，很少有延期的情况。如果因为一些事情延期，一般也不需要交纳违约金，但是石匠不管怎么样，不能耽误请匠人家的事情。

---

1 来自对刘兴汉老人的访谈。

如刻墓碑，约定了时间，即便碰上收麦等，也要保证能够按时交货，不能延误别人家的事情。如果因为一些突发情况导致不能按时交货，只要不是很紧急，一般也不会发生纠纷。有的石器，石匠觉得会有冲突，自己也做不完，在一开始的时候就不会答应。在南陵村没有发生因为延期交货而产生纠纷的情况。"因人事小，误人事大"，接石器活的时候先考虑农业生产，如果做石器与农业生产发生冲突，石匠就自己加班加点地做，有的也会请人搞农业生产，自己做石器活。紧急石器活，如墓碑，先保证石器能够按期完成。交了定金之后，剩余的钱在提货的时候一次性给清，一般不存在拖欠的情况。提货之后，要是在运输的过程中，"请匠人"自己将货物弄坏了，与石匠没有关系，石匠也不需要承担责任。

（4）石匠之间的合作关系

匠人一般都是独自作业，很少有合作的情况。只有在一个石器活一个人完不成的时候才会合作，如一些石器活既需要雕刻、又需要刻字，有的人只会雕刻，有的人只会刻字，就需要相互合作。合作主要有两种情况：一种是其中一个匠人接了活，请另外一个匠人一起合作；另外一种是需要打石器的人在请匠人的时候就直接商量好，然后请两个匠人。合作的时候工资是相互商量的，一般情况下是谁请匠人，工资就是由谁给。还有一种合作就是石匠、木匠、画匠、泥水匠等之间的相互合作，此类合作，活主在请匠人的时候就分开请，给钱也是分开给钱，所有匠人都是听活主的指挥，活主让怎么弄就怎么弄，但是活主也会听匠人的意见。各个匠人之间各做各的，一般不会存在不同意见，更不会发生纠纷。

4. 看病先生及其群体关系

医生，在南陵村也称为"郎中""看病先生"，但是习惯性的称呼是"看病先生"。

（1）看病先生概况

在南陵村有一名医生，名叫刘邦富，为南陵村铁炉堡人。刘邦富家有土地约80亩，自己不种地，主要是雇人种地，雇有一长工，忙的时候会请一些短工。

石家有一举人石含辉，一次在山西时发生了一件事后觉得自己不应该在官场混，于是就回到故乡开始济世救人，在县里开了一个药铺。刘邦富拜其为师，起初给石含辉拉药匣子，石含辉开药铺，同时也看病，刘邦富就跟着学，所以刘邦富对病论、把脉、药理等的研究都很深透，即便是那些疑难杂症，也就是几服药就好了，在宫里地区，是首屈一指的看病先生。

刘邦富跟着石含辉学了三四年，石含辉不开药铺了，刘邦富就回到家成了把式，自己开了一个药铺，然后看病。大概是1927年、1928年的时候开药铺，一直开到了

1938年，抗日战争开始以后才把药铺"拾掇"了，但是还是接着看病。之所以把药铺"拾掇"了是因为刘邦富开药铺的时候请了一个把式杨麻子，1938年的下半年，杨麻子去了齐村自立门户（刘福喜死了，杨麻子走的时候还把其妻也一同带走）。把式走了，找不到好的把式，药铺经营不下去，刘邦富就自己一个人给人看病了。1935—1948年，刘邦富都请了长工，长工负责种地，刘邦富本人就负责看病。刘邦富只给财东看病（大财东请看病先生都是派轿子或是马来接），很少给农民看病（刚开始的时候也给看，只是穷人很难接近，说刘邦富是一个医术高超、但是很有架子的一人，医德不是很好），所以人缘也不好，临老时就没有人找他看病了，儿子死了，妻子也死了，家中就自己一个人，还吸大烟，家中牲口农具都是齐全的，土地还是好土地，后面都是靠卖这些东西生活，死的时候家产已经卖得差不多了，当时开药铺的房子都卖了。

（2）看病先生的社会关系

看病先生在村中的地位比较高，比较受村民尊敬。在传统社会时期，南陵村及其周围，两个"先生"是最受人尊敬的，即教书先生和看病先生。看病先生在吃饭的时候是坐在上席，即有靠椅的一方（在南陵村，吃饭的时候一般使用方桌，在上席位置放置两张靠椅，其余三个方向为长凳）。

如果家中有人生病需要请医生，穷人家里都是家长去请；富人都是伙计去请，家中一般不会去请。去请医生的时候不需要带礼物，但是走的时候要给看病先生封礼，封礼一般是给钱，给多少是病人家里定，富人给得多一些，穷人给得少一些，但是最少都要给一斗麦子的钱。

看病先生有请就去，不会主动去医。在请看病先生的时候，首先会请本村的看病先生，本村请不到才会到外村请看病先生。如果看病先生和病人家有过节，来请可能会不去看病，这个由看病先生自己决定。

看病一般都是把看病先生请到病人家中去为病人看病，无论是穷人还是富人，请看病先生去看病一般都是走路，如果路远，看病先生会骑马（或驴），但是需要自己准备。只有有的大户人家请名医看病会给看病医生准备轿子，但是这样的情况较少。

看病先生在给病人看病的时候，官民看病一致，男女看病平等，村内村外看病平等，穷人和富人看病也平等。如果多人同时去请医生，谁先去请就先给谁看病，看病先生也会根据病人的病情选择看病顺序，一般是先看比较急的、病情较重的病人。

医生看病的时候都有一个大方针，都讲究"以和为贵"，即便知道了是什么病，都不敢一下就下针对性的药，所以第一副药是初探，治不了病，但是也没有副作用，因此叫"和"。第二副药是经过第一副药之后认可了病情，才下主药。还有就是拿不准、辨别不了的病一般不会下冷药，拿不动的、治不了的，医生一般就会推手，说"你另请高医，这个病我治不好"，一般是吃了四五服药之后还不见好转就会推手。

看病不管看不看得好，给看病先生封礼还是照封。常打交道的医生，不是每次看病的时候都要给封礼，常年卧病的家庭就会和医生说好，不会每一次都封礼。但是有名的医生，一般过了三四年之后就会请操施。

"请操施"就是定下日子，备上席面子，都是有针对性的；来的人带的都是粮食，类似和尚化缘。

请操施的时间一般都是在忙罢，即粮食刚收的时候（南陵村刘邦富在行医的年间也请过两次"操施"），天旱之年一般不请操施。请操施的时候不仅限于本村，去看过病的村子都会贴通知单。通知单主要的作用是扩大宣传、扩大影响，给自己宣传。通知单用红纸书写，贴于街道醒目的地方，红纸上如下写着：

> 通　知　单
> 择吉日×年×月×日在寒舍敬备寒馔，敬希光临！
> 　　　　　　　　　　　　　　　　　　　　刘邦富

通知单可以自己写，也可以请人写。如果请人写是请村中有文化的人代写，由看病先生自己去请，请的时候不需要带礼物，也不需要给报酬。请谁帮忙写，一般都会写，谁都有生病的时候。

请操施都是在自己的家中，不能在外村，也不能在别人的家里请。

请操施的时候都是亲戚和朋友去帮忙，看病先生不会亲自去摆酒席，酒席吃得也很简单。来的人都需要随礼，随礼有专门的人收礼和记录，记录的人一般都是有文化的人，还需要一个人倒粮食和报数。操施的数量不一，一般都会给，即便是穷人，最少也需要背一斗粮，最多的大概会给五斗麦，主要是大户人家。请操施一年最多也就请一次，大多是好多年才请一次，所以即便是请操施的时候自己家里没有，去借也会借来给。请操施不是一定都要去，但是一般都会去，即便之前没有请看病先生看过病的人家也会去，因为去的人都有记录，每一家人以后都有可能会请到看病先生。看过病封过礼的人家也会去。如果请操施的时候没有去，之后生病了再去请看病先生，看病先生就有可能不会来。

请操施一般只请一天，但是名兽医马玉清请操施的时候请了三天，去到了耀县、富平和蒲城，涉及三四个县，因为各地方到他家距离不一，各地来的人到的时间不一样，所以请了三天。

请操施的时候来的人给了操施之后可以吃饭，也可以不吃饭，但是不吃饭的一般都是穷人（看到达官贵人自动回避），可以自己来，也可以带家人一起来，但是一般都是年轻人去，甲长很少去，大户人家都是叫伙计去，因为去的时候要背麦。吃饭的时候，没有明显的等级区分，保长、乡长等一般不会去，都是家人去（乡长和县官看病一般都不会叫乡医）。吃饭的时候虽然没有等级之分，本村人和外村人平等，但是帮忙的亲戚和朋友在安排吃饭位置的时候会把财东和头面人物安排在一起。吃饭的时候在大房里吃饭，穷人和富人在一个房间，只是不坐在同一桌，本村人和外村人可以坐在同一桌，也会坐在同一桌。穷人和富人吃的菜都是一样的，喝的酒也是一样的。无论是穷人还是富人，吃饭的时候不仅席面子是一样的，吃的过程中不添酒也不加菜。

请操施的席面子有两种类型。一种是丰盛席面，摆八碗菜，菜品分别是双条子肉（双片）、双肘、双鲜肉丸子、双素菜，所有的菜都是双份。另一种是一般席面，有五碗菜，没有那么多讲究。不过一般都是备丰盛席面，在南陵村及周边，没有出现备一般席面的情况。大财东家吃饭不是吃八大碗，而是上菜的形式，似流水席，吃的也不止八大碗，而且每一个菜一桌就上一份。

吃饭的时候都是在八仙桌（方桌）上吃饭，一桌坐八个人。八仙桌的上席是两个靠椅，其余三个方向均为长凳。上席一般是同桌吃饭的长辈坐，如果同桌没有老人，晚辈也能坐上席，晚辈、年轻人之间吃饭没有那么多规矩和讲究。

如果请操施的时候错过了日子或是忘记了日子，事后能补上，也会补上。事后补上，先生不会记恨，效果和当日到的人一样，今后有事请到看病先生，还是和别人一样对待。事后补上，一般不会再吃饭，即便是吃饭也是吃家庭便饭，对菜品什么的都没有讲究。

请操施的时候不用祭祖，也不需要举行敬神活动。看病先生没有固定的拜神节日，只是在南陵村铁炉堡城内有一药王庙，每年农历二月初二，看病先生和百姓都会去上香，同时这一天，看病先生也照常看病，不会因为给药王上香而不看病。

(3) 收徒及其师徒关系

医生一般都会收徒弟，一般一次收 1—2 名（刘邦富就收了一个徒弟，叫作刘玉公，南陵村人）。收徒弟的时候需要拜师，拜师需要由家长带着过去，还需要带上礼物，但是带的礼物一般都比较轻。欲拜师的人一般都需要有文化，学徒没有期限，学成为止。

如果学徒和师父是同村人，住在自己家，吃在师父家，如果非本村人，吃住都在师父家，平时要回家需要和师父请假，需要得到师父的同意。

过年的时候需要给师父拜年，拜年是自己去，需要带礼物，但是对带的礼物没有讲究，多带吃的。给师父拜年是在大年初一，拜了祖先之后就可以去给师父拜年。

5. 皮匠及其群体关系

在南陵村有一皮匠王文英，本是河南南阳人，后来到南陵村铁炉堡做上门女婿，是一位红火匠人，手艺较高，直接为农业服务，能做绳子、鞍子，还能做鞋子（主要是唱戏穿的戏靴和鞍靴）。王文英是来王户家上门，王户家中一个儿子死得早、两个儿子去向不明，王文英在富平流动了几十年，后王户家媳妇将其招作上门女婿，招作上门女婿的时候王文英近六十岁，王户家儿媳近五十岁，来了之后没有生下子女，所以王户现在都绝户了。

王文英到王户家上门之前主要是做皮匠活，走到哪里就在哪里吃、哪里住，也没有土地。来王户家上门之后，家中有七八亩土地，主要都是大财东家来给种上，他主要是给大财东做活。他做活，一张牛皮，一点丢掉的都没有，做得很好。王文英在方圆几十里都是有名的大把式，在曹村有一个皮匠铺，但是皮匠铺里的把式做的皮匠活都不及王文英。

皮匠的报酬一般都是以粮食来计算，价格是以做活的量和做成物品的件数来计算，价格可以相互议价。王文英做皮匠，因为其技术好，做的产品好，所以报酬也还可以，高于一般的匠人。

无论是穷人还是富人都会请皮匠。虽然王文英是一个大匠人，但也只是匠人，财东家有皮匠活，让伙计捎一个话也就去了，不需要财东自己去请，穷人家一般是家长自己去请，也可以让别人帮捎个话。请皮匠的时候是不需要带礼物的。谁家请去做活就在谁家吃，晚上睡觉的时候再回来自己家里面睡。吃饭的时候大财东家就是和伙计一起吃饭，穷人家就是和家里人一起吃饭。

都说"穷匠人"，就是做匠人的这些人都是穷人，富人一般都不会做匠人。匠人都是给人下苦的，地位也不高，就像吃饭的时候是和伙计在一块吃饭，财东家一般都是伙计一起吃饭，伙计一个桌。传统社会，在农村，就是教书先生和看病先生地位最高，在匠作行业，除非是大匠人地位才会高一些，有的大匠人多不做活，只是负责设计和指挥，这样有名的大匠人，如给财东家盖一院落新房子等，就会和财东同一桌吃饭。像这样的大匠人，大多都会吸烟，掌柜的还会管烟。

皮匠不收徒，皮匠的技术一般都是家传，也担心技术传给了徒弟后徒弟抢了自己的饭碗。王文英在河南的时候就是从大皮匠铺里面出来的。

皮匠给大户人家做活，过年的时候不需要给大户人家拜年，在村里做活也不需要给保长、甲长拜年。去给保长、甲长做活，价格也是和其余的人一样，没有特殊。

无论是皮匠还是别的匠人，都不需要敬神，开工做活之前也不需要敬神，也不需要祭祖。

6. 泥水匠及其群体关系

在南陵村有三位泥水匠，其中最有名的泥水匠是刘登魁，他是一位大匠人，泥水活做得比较好，是南陵村铁炉堡人。泥水匠的报酬一般是给麦子，也有的人家会给钱，但是多数都是给麦子，泥水匠的报酬也不是固定的，和工人的技艺和做活的量有关，双方可以相互商量。

（1）泥水匠的社会关系

虽然是"穷匠人"，但是请泥水匠的人家，即便是大户人家都比较尊敬泥水匠，不敢得罪他，因为建房很讲究风水和位置，如果得罪泥水匠，担心其会在房上做手脚，晚上睡觉一刮风就会有响声等。虽然请泥水匠的人不敢得罪泥水匠，但是泥水匠也只是"穷匠人"，吃饭的时候是和家中的伙计一桌吃饭，不会和财东一起吃，睡觉的时候就回自己的家里，即便是去外村做活，也会回来家里睡，要是去的地方比较远，谁家请去做活，谁家就要安排住的地方，一般是和家中的伙计一起住在偏院。

请泥水匠的人家一般都是大财东家，只有大财东家、有钱的人家才会经常翻修房子、建新房，穷人家建房的比较少，所以财东家请泥水匠的情况多一些，穷人就少一些。财东家需要请泥水匠的时候，就让伙计捎一个话去，不需要财东自己去请，穷人家一般是家长自己去请，也可以让别人帮捎个话。请泥水匠的时候不需要带礼物。

泥水匠过年的时候不需要给做活的财东家拜年，也不需要给保长、甲长拜年，但是收了徒弟，徒弟一般要给师父拜年，学徒学满之后，可以给师父拜年，也可以不给师父拜年。

泥水匠无论是在做活之前还是建房竣工之时都不需要敬神，也不需要祭祖，但是新房建成之后，财东家一般都会庆祝，主要方式是放鞭炮和摆上席面子，请亲戚朋友来祝贺。

（2）收徒及其师徒关系

刘登魁是一位大匠人，收了两个徒弟，一个是他的外甥，一个是南陵村铁炉堡刘炳森。泥水匠收徒弟，一般都是三年出师。刚收下的时候，就是跟着师父打杂，跟头工一样，在刚拜师的两年以内，都是以头工的工资来算，但是很多匠人在做一段时间之后学到了手艺，就自己出去单干了。徒弟出去外面干，自己接了活，挣来的钱不用给师父提成，也不用孝敬师父。

7. 铁匠及其群体关系

在南陵村北刘堡有一个铁匠，在南陵村南刘堡有两个铁匠，都是一般的匠人，名声不大，也没有收徒。铁匠的报酬一般是以粮食来给，也可以用钱来买，买的时候可以是买已经做好的，也可以是定做，价格可以相互议价。一般情况不会请铁匠，只有需要什么东西的时候去找铁匠买。但是一些大户人家需要做什么东西的话也可以去请铁匠做，南陵村的铁匠也没有开铁匠铺，就在自己家里做。去请的时候大户人家只要让下人带一个话过去就好，不需要交定金，做好了之后铁匠给大户人家送过来，那时再给报酬，该报酬是去找铁匠做东西的时候就和铁匠说好的价格。

8. 木匠及其群体关系

木匠的报酬一般都是以粮食来计算，价格是以做活的量和手艺来定价，价格可以相互议价。无论是穷人还是富人都会请木匠。请木匠一般都是家中需要建房的时候会请，有的时候做一些家具也会请木匠。财东家请木匠，让伙计捎一个话木匠就去了，不需要财东自己去请，穷人家一般是家长去请，也可以让别人帮捎个话。请木匠的时候是不需要带礼物的。谁家请去做活就在谁家吃，晚上睡觉的时候再回来自己家里面睡。吃饭的时候大财东家就是和伙计一起吃饭，穷人家就是和家里人一起吃饭。南陵村的木匠不是大匠人，没有收徒，木匠的技术一般都是家传。

9. 编织户及其职业关系

编织户，在南陵村也叫"编笼的"。南陵村有一编织户曹振忠，本是蓝田县人，民国十一二年逃荒到南陵村铁炉堡，刚来的时候住在刘邦斌家车房子里，后在此生活。刚来的时候就只有他一个。他有一个已经结婚的哥哥，生有一个儿子，曹振忠在铁炉堡做了几年活之后哥哥死了，曹振忠就去把嫂子接上来，和嫂子一起过生活（当地叫"转房哩"），并生下两个女儿。哥哥的儿子在"扩红"的时候当了红军，后杳无音讯，自己的两个女儿，一个送了人，另外一个招了一个女婿，并生下两个儿子、两个女儿。家中只有两间房，都很小，连坑带厨房就是两小间房子，一直到了1974年才新建了房子，安了个门，有了一个家的样子。买了不到两亩土地，大概是一亩八，家庭比较困难，嫂子还抽鸦片，他主要就是上山去打荆条（野荆条），要走四十多里路。上山就带一小点馍，最少也得两天才能回来。割条子回来之后就是编笼子（放在地老鼠车上的笼子，主要用来推粪和推土），因为在太平庄主要是山东过来的人，也没有什么大车，最多就是地老鼠车，因此编他们地老鼠车上的笼子。他除了上山之外，每年还去割断村里城壕上的荆条，拿回来慢慢地编；割村里城壕上的荆条不用出钱，村里人也不会管。周围其余村都没有荆条，也没有编织户，所以铁炉堡的荆条也是曹振忠负责去割断。到了民国三十多年的时候，兴起了条子蹾（主要是用来装粮食的，一个条子蹾能装三石多的粮食，且老鼠还不咬条子蹾），这个时候他开始编制的工具也多了起来，什么都编织。他就是这样一辈子以编织为生。

他做编织，大多是别人需要什么来他这里预订，预定的时候不需要交定金，订好了之后他再编，有的时候他也会将编好的商品拿到集市上去卖，但比较少，大多编出来就被别人拿走了。拿货的时候可以给钱，也可以给粮食，大多是给粮食。物品编织好后，都是买家自己来拿，一般不会送，他自己没有车，也没有送的工具，无论是穷人还是大户，都是自己来拿；保长、甲长的东西也是自己来拿。大户人家，麦蹾都是自己来运回去，要是小的东西就让家里的伙计来拿。到宫里集市上就是曹振忠自己担着去卖。编织户在村中的地位一般，平时里和村里的穷村民一样，没有什么区别。曹振忠没有收徒弟，周围就他一个编织户。他做的东西不需要交税，保里、甲里也不会到家里去收税。只要是在家里卖的东西都不需要交税，但是到会上卖的东西就需要交地摊子钱，集市上卖的东西也不需要交钱。曹振忠做编织户，没有出现别人订了货，最后到交货的时候不要了的情况，凡是订了的货最后都拿走了。也没有做好的货物出现质量问题的情况，更没有因为编织货与别人发生过冲突。

10. 接生婆及其职业关系

在南陵村有一接生婆，为南陵村铁炉堡人，名字不详，受访者刘兴汉称其为六婆，随女儿住在南陵村赵家堡庙子里。家中没有土地，生活较为艰难，因此才去为别人接生。

家里有人要生孩子了，需要去请接生婆。一般是家中女性去请接生婆，且大多是家中的妻子去请。如果家中女人要生孩子了，没有其余的女人，就请邻家的女人帮忙请接生婆。男人也会去请接生婆，但是这样的情况比较少。大户人家一般都是家里人去请接生婆，不会让伙计去请。去请接生婆的时候不需要带礼物，是接生好了之后才给礼物。无论是南陵村人还是周边村子的人，无论是穷人还是大户人家，都给些米、面、馍。接生好了之后一般都要吃饭，吃得还相对较好，吃饭是答谢的一种形式。吃饭时接生婆能和主家人一起吃饭，在同一个桌，但是一般不会坐上座。去大户人家接生，接生婆一般都是端着饭在旁边吃，一般不会上桌，但是吃的菜和主家人吃的一样，也不会让接生婆和伙计一桌吃饭。

请来接生婆后，相当于是把一条生命寄托在她身上了，所以接生婆请来之后一般都把她看得很重。因为六婆抽大烟，女婿也抽大烟，都住在庙子里，所以请其去接生一般都会管烟、管饭，最后走的时候还要给她送一些礼。接生婆在村中的地位还是相对较高的，在南陵村，无论是南北堡子还是赵家、铁炉，都叫她"婆哩"，她年龄也大，身份高于一般匠人。

接生的过程中会遇到难产等情况，但六婆在接生的时候没有出现过接生失败、大人去世的情况，也没有出现在接生的时候小孩死了的情况。接生后小孩死了的情况有发生，但是已经和接生婆没有关系了，接生婆只是负责把孩子接生下来，接生之后就给报酬。

11. 把式及其职业关系

把式不仅在商业场上有，在农业场上也有。商业场上的把式相当于现在工商业上的白领，能够拿得动活，能指挥人，是业务熟练的骨干。农业上的把式，就是农业上的全面人才，提耧撒子甚至车子方面都懂，如长工头。工业上的把式就是技术骨干、业务骨干，都是能精通操作的。把式是一类人，要成为把式需要一定的时间，必须在某一方面或是某一领域比较精通。成为把式主要是看技术，其地位要比一般的下苦人高一些。

12. "担骗"及其职业关系

1949年以前，在赌场里衍生出了"担骗"这一职业。

(1) 担骗概况

担骗不是保官可以代替的，保官有后台、有资金，但是没有担骗这个人的天才和能力。担骗把你看一眼，你的特征就刻画在他的脑子里了，担骗的记忆力需要特强，请担骗的场子一般都是大赌，一个人都不能记错。担骗算是高级把式，从行业上来说，担骗是赌场上不可多得的人才，其余的人都不能代替。

做担骗的人，眼睛要求特别毒，还需要能随机应变。通过人的衣服、礼帽、墨镜等一些特征来记住客人的特点，不管有多少赌客，只要上了赌桌参赌，就得记住参赌的每一个人，但是报出来的时候不能说那些带有讽刺性的特征词，比如有的赌客是单眼，你就不能报单眼。

担骗家里也种地，种的一般都是自己家的地，但是担骗一般都是江湖派，哪里过会，哪里做什么要开赌场，都会请担骗，担骗也比较忙，这里跑那里跑，自己也一般不去种地，也不是种地的那块料。

> 刘兴汉进过一次赌场，当时父亲让其去买簸箕，他还是一个年轻娃，看着别人玩，开了都是黑，他就想着下一次准是红，就全部押了红，结果输得光光的，回来了也没有办法和父亲交代，那也是一次教训。[1]

---

[1] 来自对刘兴汉老人的访谈。

赌场是一天 24 小时不休息的，做担骗的人也不休息，其工作的时间不确定，只要有人赌博，就要工作。一个赌场就请一个担骗，哪怕一个赌场几十个人甚至上百人参赌，一个担骗就必须要能拿下。一般小赌桌不需要担骗，只有赌得大的赌局才需要担骗。

（2）担骗的社会地位

担骗在赌场中的地位比较高，相当于赌场的中间人，每个游戏都有一个规则，赌博也是，大家都对这个人寄予比较高的希望，担骗也是公证人，所以大家都比较尊重担骗。但是担骗在家中、村中没有地位，耍赌的人别人也没有什么好羡慕的，这个都是反对的行业。旧社会的时候，农村对抽大烟和赌博是非常反对的，赌博是因为把家里的财产都输完了，输得妻离子散，造成了恶果，所以大家都反对；抽大烟，也是把万贯家财败光，但是对于有钱有势的人家，你进家门给你吸大烟就像现在你到单位，首先给你倒一杯水一样，是很礼貌的招待，因为那个时候大烟成为了一种招待品。

（3）担骗的社会关系

南陵村没有担骗，宫里庙会上的赌场会从外面请过来担骗。谁开赌场（谁摆的赌庄）就是谁去请，一般在开赌庄之前就需要请好担骗。担骗虽然从事的不是正规行业，但是是奇才，不会收徒弟。担骗进入赌场有两种方式，一种是自己报名，另外一种是保官主动上门去寻，保官开赌场就需要这一方面的人。在赌博这一个行业，能当担骗的人一般都是出了名的，保官也想寻一个好的担骗，都害怕到时候出了差错，所以好的担骗保官都会主动上门去寻。担骗也不容易，他报数都是透明化的，比如玩四门摊的时候，某某先生、红点、五十等都要报出来，还不能记错，要是记错了开了之后赌客也能开得到。请担骗的时候不需要带礼物，保官和担骗之间属于雇佣关系，担骗有丰厚的报酬，包括管吃管喝，以及这一场赌下来之后给多少钱，这些报酬都是在请担骗的时候当面议好的。

赌场上赌客和担骗一般不会发生纠纷，即便是有纠纷也不大，就拿掷骰子来说，你骰子有多大，赌客也都过目了的，你明明是八点九点，明明没有构成十二点以上，你押的大小别人都看着的，再或者你押的黑，出来的是红，别人都能看见，所以这之间没有多大的纠纷。但是经常的争执发生在花花牌，人家就说你这个出得不对，你这个是出牌失误，我就不认你这个赢家。担骗在赌场中一般不会出现报错的情况，特别是张三、李四各押了多少钱，这样的是不会报错的，因为赌博赌的就是钱，首先看的也是钱，这个出不了差错。另外别的赌客也看着，不会出现报错和抵赖的情况。

无论是保官还是担骗，都属于江湖派，既然都是江湖派，就有共性，且很多保官和担骗都是老搭档，既然是老搭档平日里就有情谊往来。一般摆赌的都是经济实力厚的大财东，过年的时候也会拜年，担骗给财东（保官）拜年的情况比较多。

13. 麦客及其职业关系

南陵村也有麦客，从北山下来的比较多，主要是来自甘肃和陕北的人，因陕北收麦要到六七月，甘肃收麦要到八月，所以关中道收麦的时候就赶过来。穷人下来赶场（割麦），主要就是为了想挣点钱，另外收了麦能吃馍。

宫里镇在没有建立集市以前，就有一个劳务市场，还是交通的枢纽，这些麦客就来这劳务市场。宫里当时就只有一个骡马大店，麦客来了就在那些地方住。当时的劳务市场可不像现在的劳务市场，没有中介所，没有人管理，谁家需要麦客就谁家去请。请麦客是雇主和麦客之间见面，没有中间人。麦客也只是收麦的时候有，平时的时候没有，平时里需要做事情，像大户，主要是叫一些"日子工"，就是各村看哪里有做活的，然后让人帮叫几个人，没有劳务市场，劳务市场也只是收麦的时候才有。劳务市场的麦客既有外地人，也有不少本地人，主要是自家麦没有成熟的和土地比较少的人会选择出去先收几天麦。

请麦客，不管是请外地的麦客还是本地的麦客，都是去劳务市场请。那个时候没有车，交通不方便，天不亮的时候就要去了。请了麦客，一天要管两顿饭，一般不管住。但是有的做得比较好，财东看得上，就会说让其留下来明天接着干，但是这样的比较少。一般麦客晚上都是住在庙子里，因为是夏天，也不冷。还有的麦客，今天来干了，财东觉得行，就说让明儿继续来，明儿就不到桥上（宫里劳务市场）了，麦客可以同意，也可以拒绝。

麦客的报酬比较高，其报酬是根据割麦的面积来计算的，一般是一亩麦四五升麦子，但是给麦客不是直接给粮食，而是给钱，四五升麦子是用钱折算过来的。四五升麦子的报酬已经相当高了，本来一亩地就只有四五斗麦的收入，光收的时候就把10%的麦子给出去了。但是为什么收麦的价钱那么高呢？因为收麦的时间性比较强，麦熟了基本上要三天就收完。有时可能一场大风就把麦摇完了，一场雨就把麦砸完了，所以收麦也叫"龙口夺天"，意为人战胜自然。一年的庄稼，就是靠那几天收，所以价格都比较高，只要收回来，价格高也就不去算那个账了；要是嫌价格高，自己去慢慢地收，可能一场雨一场风今年就白种了。一般的麦客一天割麦都在三亩左右，手长技术高的人也有收四亩、四亩多的。麦客很辛苦，热天的时候一般人都受不了。麦客的报酬都是当天给，即便是要割两三天的也是当天给。

请麦客都比较好请，但是需要去得早一些，要是去晚了，可能就请不到了。在桥南有一个财东家姓詹,家中有七百多亩地,他家每次都需要请七八十人,他家离劳务市场比较近,但是去请麦客还是去得迟了,到了后对还在的麦客说"我都知道价格了,你们都跟我走",然后这些人就跟着走了,这些人的价格和去得早的人请麦客的价格是一样的。请麦客少的人会比请麦客多的人去得早一些。麦客会有供不应求的时候,这时麦客可以涨价,但是价格一般不会上涨太厉害;麦客也有供大于求的时候,这时价格会下降。请麦客的价格是一个市场价格,是长期形成的。请麦客的雇主可以自己提高价格(报酬),但是没有人愿意这样做。

> 刘兴汉连续去赶了三年场,最后那一年一场大风把自己四五亩的麦子全部摇完了,从那之后就再也不去赶场了。刚去赶场的时候是去滚石,看着自己家的还有两天才能收,去收麦还能吃白膜。刘兴汉的收麦技术很厉害,一天能收四亩。[1]

麦客的地位一般都较低,都是穷人去下苦。虽然"五月忙,县官家里连连去赶场",但是那都是做样子的,他们去赶场就是与民同乐。

麦客与主家也有争执的时候,一般是因为亩数,亩数是目测的,争执到最后,你说你这个是二亩地,但是收麦的人心里都有数,要是相差不大,麦客也就算了,都是下苦的人,要是相差大就会起争执。发生争执的时候,总是麦客吃亏,有的不好说话的人,就是靠邻家劝财东,"大忙天,人家下苦人,下了苦一定要拿钱",邻家人相劝,问题一般都能解决。麦客之间不会相互帮忙说理,自己下了苦,一定要拿到钱。即便今天财东家为难了麦客,其余的麦客明天也不会约着不来给财东家割麦了,麦客出来赶场就是为了能挣一些钱,你不割别人也会去割。只要不是每一个麦客的面积都少算了,就不会集体不来,如果每一个麦客的面积都少算了,麦客之间也会相互约着做完今天明儿就不做了。要是麦客不做了,财东只能重新到劳务市场上去请麦客。

14. 优人及其职业关系

优人,也就是戏子,当地也称"唱戏的"。在南陵村铁炉堡有一个唱戏的,但是死得比较早。唱戏的人都需要自己去寻戏班子,然后跟着戏班子一起去唱戏,因为一般请唱戏的人都是请戏班子,不会单独请一个唱戏的。

过去唱戏的地位非常低,都在三教九流之后,三教就是儒、佛、道,九流都是伺候人的。一般正派的人都不会让子女学唱戏,一般都是破产户家的子女才去学唱戏。

---

[1] 来自对刘兴汉老人的访谈。

学戏的人地位不高，无论是在家中、族中还是村中，地位都非常低，清明的时候给祖宗上坟都不要戏子去上坟。所以戏子的婚姻也比较难解决，成婚的大都是这里的戏班子和那里的戏班子的人相互成亲，一般也没有人家愿意把良家妇女嫁给唱戏的人。在传统社会，优人、乐户（又叫"龟子"）、妓女被看作是一类人，都被认为是下等人，死了不能上牌位，不能进祖坟，不能入族谱，就连给祖宗上坟都不能。唱戏的和乐户，最后出了名，成了大名人，能不能上坟入谱就不详，南陵村及周边没有比较有名的乐户和优人。

学唱戏都需要拜师，天不明就需要起来吊嗓子，还需要练脚，人说"好拳脚打不过一个烂戏子"，就是因为戏子是天天都需要练，是最苦的活，师父不进行人道教育，而是严格要求。都说有"两房"是最辛苦的地方，也就是书房和戏房，所以一般人家都不会叫娃去学戏。去学戏的人年龄不一定，有的七八岁就去学戏了，有的十一二岁才去学戏，年龄越小的人去学戏，进步得越快，学得越快，吊嗓子也不变声。拜师的时候一般都是到戏班里面，不会到私人家里。

拜了师之后，就一直跟着师父学，一般学一段时间之后就开始表演，能不能表演是由师父来决定的。去当学徒学戏，都是管吃管住，但是没有报酬。旧社会的时候，学戏都是私有戏班，没有公有戏班，即便学成了，一般也是跟着师父在这个戏班里唱戏。学戏的拜了师之后，一般就没有时间回家了，即便是过年一般也不能回家，过年的时候达官贵人、富商喜欢请戏班子唱戏，那时是创收的好时节，不能回家。要是家中有急事，可以请假回家，一般情况下师父都会准假。拜了师父之后，过年不需要给师父拜年，但是平日里除了训练，要给师父担水、磨面等。

学成之后开始上台表演，就开始有报酬了。戏班子一般都是股份制，报酬一般都是戏班子发。戏班子根据收入定报酬，大把式一个人可能就拿三个人五个人的报酬，比如有的人请这个戏班子就是冲着某人去的，这样这个人的报酬就会高一些，一个戏班子里的人报酬是不一样的，享受的待遇也不一样。

15. 媒人及其职业关系

媒人，在南陵村又被称为"说媒的"，南陵村有一媒人刘振海，南陵村铁炉堡人。刘振海家中有100亩土地，平时以种地为主。

在旧社会，说媒的都是男人，女人不去说媒，因为女人是"屋里人"，男人才是抛头露面、在社会上来往的。

说媒的人，有的是受女方之托，让其帮娃寻个好相，有的是受男方之托，说"这娃都二十多岁了，婚事没定，你帮娃找个媳妇"，无论是受女方之托还是男方之托都是一样的。像刘振海，经常说媒，手里有很多受托的姑娘，所以在中间就能把婚事说成。

刘振海做媒人，也不计报酬，都是热心搭线，曾经还给刘文明他爸说过媒，但是女方后来不愿意了，结婚变卦了，后面没有办法，刘振海就把自己的女儿给了人家。

说媒的人一般都是社会人，不是家里的种庄稼的主手（如果是家里的主要劳力就没有那个时间和精力，"是媒不是媒，都得四五回"），在家都是比较闲的人，就像刘振海，经常跑着给人家说媒。说媒的人，虽然不计报酬，但是男女双方都招待得好，就如秦腔里唱"择媒人把媒说，他在两头讨吃喝"，说媒本来是好事，但是有的妇女还是抱怨，有的人也会骂媒人，就像有的寻下的女婿有缺陷、智力不高等。

请媒人说媒，无论是男方家还是女方家，都是家长去请。媒人说媒一般都需要生辰八字，要看是不是合。"鼠羊相逢一旦休，自古白马怕青牛"，两个八字相冲的娃不能说到一起。

穷人的女娃有说给富人的，这样的就是女娃长得出色，手工活也好，一般的都是门当户对，啥人和啥人当亲，都是相称的，家有万贯的人家也不愿意和穷人家搭亲。

媒人在村里的地位相对较高，特别是有子女的家里，到了时间男人就要娶媳妇，女人就要嫁人，媒人就更受这些人尊敬，和村民的关系也比较好。

说媒的人都是能说会道的人，要把黑的说成红的，要把短的说成长的；但说媒只是说媒，说成了之后的生活不管过得怎么样，都与媒人无关，但是结婚的那一天需要谢媒人，媒人都是坐在上席。谢媒人的时候还需要给媒人拿礼物。

说媒成功之后，如果双方都很满意，婚姻也美满，第一年过年的时候还会再去拜谢媒人，虽然结婚的时候谢过了媒人，但是知礼的人第一年还会再去拜谢媒人。那个时候物质不丰富，去谢媒人都是随便带一些礼，礼物不重要，讲究的是礼轻情意重。

16. 收礼先生及其职业关系

传统时期，南陵村村民通常在婚丧嫁娶等会发生人情往来的情况下，都会邀请收礼先生。如家里有人结婚，来参加婚庆的亲戚都会送上贺礼，贺礼由收礼先生负责收下和记录。收礼先生一般是村上有文化能书写的人，有两个人，一个负责记录，一个负责收东西（钱）。1949年以后，随的礼物上有了被子、毯子等，就增加了一个人，这个人不需要有文化，就负责收放被子、毯子等，要把这些东西放到掌柜的的屋子里，而不是新郎官的屋子里，像样的家庭，就放在堂屋或是大房殿里，一般的家庭就放在厦房里。

二、血缘分化与群体关系

1949年以前，南陵村为杂姓村，但许多姓氏人数较少，刘、赵为大姓（王姓原为大姓,至中国民国时期已绝户)。赵姓主要居住于南陵村赵家堡(重庆堡),刘姓居于南陵村南北刘二堡和铁炉堡,但是铁炉堡的刘姓和南北刘二堡的刘姓非同一家族。南陵村内南刘堡和北刘堡这一刘姓家族最大,人数最多。刘、赵两大姓在村中人数众多,贫富悬殊较大,但从家族经济实力来看,刘姓经济实力最强,刘姓、赵姓在村中的地位均较高,曹、王、韩等其余的姓氏在村中为小姓,经济实力薄弱,地位较低。到中国民国时期,家族已不再选族长,家族活动也仅限于过年的祭祖和拜年,但是家族下面门支辈分仍较为清晰。但是即便如此,南陵村村民相处和谐,并不根据家族和支系来分为不同的群体,村民之间正常往来,但是亲戚或是宗族内的成员交往会更密切或是更频繁一些。

就同一姓氏内部来看,也存在一定的分化特征。南陵村北刘堡和南刘堡的刘姓为同一家族,南刘堡刘姓大多从北刘堡搬出,两个村堡中间仅相隔一条小路,但是南北刘二堡的刘姓以村堡为单位形成了两个群体,如刘氏祠堂的祠堂地收入只能供北刘堡的刘氏后人上学,而不能供南刘堡的刘氏后人上学。

三、财富分化与群体关系

在传统时期,南陵村的婚姻大事讲究门当户对,社会交往也依此习俗。经济状况和社会地位的不同,将村民分化为不同的财富等级和权力等级,这种财富和权力的分化,使得南陵村村民的自我意识也开始分化,并用站队的观点来看待社会,不同等级之间的村民就会站到同一等级梯队,并在同一等级梯度内进行交往。当然,社会分化形成的等级并不像大小凉山彝族的等级那么严格,在南陵村,不同等级之间的村民也可以进行交往,也会进行交往,但这样的交往大多是在亲戚和邻里之间,位高权重的人一般不会和平民百姓往来,贫穷百姓更不能和其说上话,所以贫穷百姓有事求于他们的时候需要通过中间人来帮忙,大财东家一般也不会和穷人之间有过多的往来。这样财富能力和社会地位悬殊较大的群体之间,如无血缘联系便往来较少,处于上层的人看不起下层的人。只有家庭条件和社会地位相差不大的村民之间往来才会频繁一些,也只有社会地位和家庭条件相差不大的家庭才会相互帮忙,这样的家庭之间相处起来更容易、更融洽,也更舒服,不会觉得低人一等和格格不入。

第八节 冲突与冲突关系

旧时的南陵村,房屋相邻而建,土地相邻而耕,村民间相互合作和帮忙,口角之争,土地、财产纠纷虽时有发生,但不同的化解方式和习俗使村民关系趋于稳定。本节将重点考察传统时期南陵村的冲突与冲突关系。

一、地界冲突及其关系

1949年以前，南陵村的地界冲突包括两个方面，一是土地边界问题引起的边界纠纷，二是房屋边界导致的边界纠纷。针对不同的纠纷内容及纠纷规模，村民采取不同的应对和解决方式。

（一）土地边界纠纷

1949年以前的南陵村，村民的私有土地主要以地畔子、埝和树木等作为边界。在南陵村当地有一种说法叫"分不清的地畔子"，具体而言，是因为在传统时期，南陵村的土地不够平整，土地相邻的农户之间就会商量着一起平整土地，本来一边高一边低的土地下的地畔子已经有三四十厘米之深，经过平整后，以前的地畔子可会变得更深，如果发生越界纠纷，再去挖地畔子就比较困难，常常挖不到，所以叫作"分不清的地畔子"。土地边界纠纷又分为因相邻产生的地界冲突、因分家产生的地界纠纷与因土地买卖产生的地界纠纷。

1. 因相邻产生的地界冲突

相邻的土地之间通常会有明确的土地边界，但由于土地边界不够牢固，如村民所言"分不清的地畔子"，地邻之间也常有边界纠纷发生。一是一方越界耕种，占用地邻的土地；二是一方在边界处种树，树荫遮挡影响另一方农作物生长。传统时期，在生产力有限的条件下，地邻之间多友好相处，经常会在农业耕种上进行互帮互助，少有地邻之间的矛盾发生。在发生土地边界纠纷时，若矛盾不深，则是由对两家都熟悉的熟人进行调解，若遇大的地邻边界纠纷，熟人调解不下，则需请甲长来进行调解，一般是由利益受损者去请，若甲长依然调解不下，则可能发生两家之间打官司的情况。但在南陵村，少有因此而打官司的现象发生，在南陵村这样的熟人社会中，大家对于地界都有一个大致的印象，通常谁家占理、谁家不占理都能做到心中有数，如果在纠纷调解中依然依依不饶，就会给人留下霸道、不讲道理的印象，从而影响自家在村中的社会交往关系。另一方面，传统时期，南陵村村民的生产劳动均是以获得生活资料、糊口为目的，而打官司既要花费大量的诉讼费用，也耗费了家中的劳动力，耽误家中的农业耕种。因此，在发生地邻边界纠纷时，在各方调解下，纠纷双方通常会采取各退一步的做法，达到一个均衡状态。除打官司之外，请其他人进行纠纷调解均不需要带礼物，也不需要支付报酬，且纠纷调解以口头约定为主，调解之后不需要签订相关的书面协议。

2. 因分家产生的地界冲突

分家后的土地，只有在边界被破坏或消失而导致一方土地面积减少或耕种越界时才会发生纠纷。发生纠纷后，需要重新丈量面积，划定新的地界，丈量面积时，丈量以之前纳粮交税的土地面积来确定。如果兄弟之间分家之后因田地边界发生纠纷，通常是先找舅舅来处理，调解的过程依据当时分家的情况（分书）来处理。如果是外人侵占了土地，则需要请甲长来进行调解。请甲长是由被侵占家庭的家长去请。请甲长不需要给礼物。甲长根据纳粮交税的面积重新丈量土地，进行调解，如果调解成功，原边界不在，需要重新定界，如果原边界在则可沿用原边界，如果甲长调解不成功，则有可能会打官司。

3. 因买卖产生的地界冲突

土地变卖后发生纠纷，请纠纷者所在甲的甲长帮忙处理，请甲长由被侵犯家庭家中去请，不需要给报酬，如果甲长不是中间人，还会请中间人一起协调。只有矛盾激化，甲长和中间人处理不了的时候才会打官司。如果地契丢失，发生纠纷的时候就去粮赋长处核算土地面积，以纳粮面积为准。如果只有一块土地发生纠纷，则丈量家中没有纠纷的土地面积，用总面积减去未发生纠纷的面积，就等于发生纠纷的土地面积，以此确定纠纷地面积。如果多块土地发生纠纷，则需要查地畔子。

（二）房屋边界纠纷

房屋的边界主要由分家和相邻建房产生。无论是穷人还是富人，都会面临分家。分家时，如果房屋有多处，能保证以处为单位进行分配则不存在边界问题，如果房屋只有一处或存在兄弟之间共分一处房屋的情况，则需要确定房屋的边界。边界是在分家的时候就确定好的，包括房屋产权边界、院落使用边界、门前地占有边界、道路使用边界等，尽可能详细地在分家文书里进行说明。前面已经提到，在南陵村，民国时期厦房为单檐流水，分家时就以东西来分，大房是两檐流水，如果兄弟之间各占一半，则以屋檐为界。如果分家之后产生房屋边界纠纷，一般是请舅舅来进行调解，以分家文书作为凭证。少有兄弟因房屋边界而打官司的，"家丑不可外扬"，通常舅舅和近门叔伯会在中间来回劝说，将矛盾压下去。分家之后房屋边界一般不用标示，也不隔开，只是在分家文书上进行说明，但是在发生纠纷的时候有的就会在边界上砌上墙。砌墙的时候如果双方能一起砌墙，则双方共同砌，如果不能则谁想隔开就谁去砌，如果共同砌墙，界墙砌在边界上，产权归双方共有，如果是单方砌墙，则不能超过边界，产权归砌墙一方所有。

从相邻建房的邻居住房边界来看，与邻居房屋之间通常以界墙为界。如果新户在老户旁建房，沿老户墙往上建，建好后需要把两户墙之间的缝补上，主要是为了防止雨淋。如果只有一堵界墙，在拆除的时候容易引发矛盾，既要拆除自己的，又不能损坏别人的。但是一般都是两家共用界墙，产权共有，只有在商量不下来的时候或是新建房屋的时候才会建私界墙，建私界墙会缩小宅基地的面积。相邻建房时如果侵占别人的宅基地发生矛盾，则利益受损者会请甲长和中间人（说话人）调解。请甲长时，谁家利益被侵犯，谁家去请，请甲长不需要带礼物，纠纷处理好后也不需要给报酬，但是一般都会在纠纷处理好后请甲长在家中吃一顿便饭，请中间人不用给报酬，主要是请村中有威望、做事公道之人。如果请甲长和中间人均不能解决纠纷，则可能会打官司。

二、家庭内部冲突及其关系

1949年以前，南陵村村民在家庭成员之间发生矛盾纠纷的现象较为普遍，每家每户都可能发生家庭矛盾。常见的如婆媳纠纷、妯娌纠纷、夫妻纠纷、养老纠纷、分家纠纷等。

（一）婆媳冲突

传统时期，长辈女性通常享有对家庭内部琐事的安排与支配权，儿媳要听从婆婆的安排进行日常劳作，如做饭、洗衣、挑水、推磨等，若儿媳不服从婆婆的安排即会产生婆媳矛盾。另一方面，若儿媳婚后长期不育，也会造成婆婆对儿媳的不满，而产生婆媳矛盾。此外，财产分配不均、活计分配不均以及夫妻矛盾等都会引发婆媳矛盾。

1949年以前，在南陵村村内，婆婆拥有很大的权威，若发生婆媳纠纷，婆婆会更加有气势，儿子也会帮着母亲，通常都是以儿媳让步解决矛盾，儿媳不敢长期与婆婆怄气。若发生严重的婆媳纠纷，则有可能导致分家，最严重者还会导致休妻现象。婆婆有指使儿子休妻的权力，即便儿子和媳妇的关系多么好，在发生严重的婆媳矛盾时，在婆婆的要求下，丈夫也有可能会休妻。

（二）妯娌冲突

在南陵村，妯娌纷是导致家庭矛盾的重要原因之一。父子、兄弟之间存在直系血缘关系，通常能够相互让步，保持相对和谐的关系。而妯娌之间不存在血缘关系，且来自不同的生活环境，在重新组成的大家庭中往往容易发生生活琐事方面的矛盾，如谁干活多谁干活少、父母偏向谁多偏向谁少、家里的财产谁分得多谁分得少，等等。妯娌之间通常在最初嫁入的时候发生矛盾的较少，随着时间推移、生活中的接触越来越多，慢慢地就会产生矛盾，尤其是在生了孩子之后，就等于在家庭里已经"立住脚"了，在生活琐事上更容易斤斤计较。

不论家庭财产多少与地位高低，只要是由父母与几个结了婚的儿子共同居住的扩大家庭都有可能发生妯娌冲突，但通常家教较严的大户人家中较少发生，因为经常因小事吵吵闹闹会给别人看笑话、失了自家的身份，家长会给予吵架双方以严厉的惩罚，因此大户人家的妯娌们通常不敢吵架，就是心里有怨气也要自己消化。

妯娌纠纷通常是婆婆出面调解，丈夫也要各自对自己的妻子进行劝说，尽力在家户内部解决。若发生严重的妯娌纠纷或频繁发生妯娌纠纷，就可能会导致分家，分家时必须要请舅舅出面，同时也要请叔伯等近亲以及其他中间人。

（三）夫妻冲突

1949年以前，南陵村村内家庭里夫妻矛盾的现象也会发生，发生矛盾通常有几种常见的原因，一是意见不合，二是儿媳不孝，三是女子不育，四是一方出轨。在"男尊女卑"的传统思想的影响下，夫妻之间的矛盾以丈夫责骂、殴打妻子为主。在发生夫妻矛盾时，通常是由婆婆出面调解，根据事情的轻重在双方之间进行调和。但若婆媳关系不睦，婆婆的调解通常是偏向儿子或是帮儿子教训儿媳。

在发生严重的夫妻矛盾时，也有可能出现休妻。"无事不休妻，休妻起是非"，一般写休书都是情况相当恶劣了，或者是因为女方出轨，然后休妻。休妻一般是丈夫提出来的，在清朝时，休妻需要写休书，还需要按手印、脚印，还有人专门代写休书，休书上必须写明充分的理由，如感情不和、不孝敬父母、感情出轨等，丈夫按了手印和脚印之后就算休妻成功。到了民国时期，休妻不一定要写休书，有的就直接把人驱逐出去。但休妻的时候，掌柜的才有解除权，如果欲休妻之人不是掌柜的，也就没有休妻的权利。如婆媳关系不和，即便儿子和媳妇的关系多么好，也有可能休妻。如果家长对儿媳不满，且家长是掌柜的，家长就可以赶走儿媳，不需要儿子同意，把儿媳赶出家门便算是解除了婚姻。不管儿子儿媳的婚姻关系多么和谐，只要儿子不是家长，家长不满意都可以赶走儿媳或是休妻，如南陵村赵仁杰，其和妻子关系很好，但是父母不满意，后只能休妻。如果儿子和儿媳关系不和，欲休妻，但是父母很喜欢儿媳，觉得儿媳很好，这样的情况儿子不能休妻，父母都会让儿子过下去。如果妻子不轨，可以解除婚姻关系，一般也会解除婚姻关系，解除婚姻也是需要掌柜的同意，这种情况，儿子和掌柜的一说，掌柜的一般都会同意。

（四）养老冲突

"养儿防老"是南陵村村民普遍存在的传统思维，父母的晚年主要依靠儿子的赡养。只要参与财产继承的儿子均有为父母养老送终的义务。通常儿子要按照平均的原则共同承担父母的养老费用与照料。若有儿子不愿意承担为父母养老的义务，则有可能产生父子矛盾或是兄弟矛盾。买来的孩子、过继的孩子都负有养老送终的义务，如果买来的孩子出现不孝、不给老人养老送终等行为，宗族里的人和村里的人都不会同意。

在出现养老纠纷的时候，首先会找舅舅来说理教育，一般的家庭问题都会在家中解决，不会闹到村里。舅舅是家中最权威的代表，如果舅舅解决不了闹到了村里，村民也会站出来说良心话，也会议论他、谴责他。如果事情解决不了，最后会以忤逆罪来报官。

在孩子买卖、过继的过程中一般不会发生与原生家庭的养老纠纷，孩子买卖之后就和原来的家庭断绝了所有的关系。孩子买卖不会立据，但是会立下君子协议，约定卖出之后不能再认孩子，也不能来探望，如果出现被卖的孩子长大后知道了，可能会发生纠纷，发生纠纷主要靠中间人来调解，调解不下也不会报官。

（五）分家冲突

所谓"树大分杈，崽大分家"，家庭发展到一定规模或是因不可调和的家庭矛盾必然会分家，而分家过程中的财产分配又极易造成分家冲突。在财产继承中，如果发生了纠纷一般是请甲长和舅舅来调解，只有在舅舅和甲长调解不下来的情况下才会找保里的干部来帮忙调解，保里的人一般是请保队副。请舅舅和甲长来调解的时候一般不会存在不听的情况，既然是请来调解，那就会听，舅舅和甲长在不听的情况，会采取高压态势将问题压下来。如果确实调解不下来就会打官司，打官司就要到县里去，在民国时期，县城已经建立法院。如果打官司，诉讼费是由原告先垫付，如果原告胜诉，被告就要承担诉讼费。那个时候的诉讼费最少也得四五斗麦，一般人打不起官司。以前打官司存在受贿的行为，好人、正直的人打官司多不起作用，有钱的财东打官司就给你慢慢地拖着，"一日官司十日打，十日官司得半年"，真的是"肥的能拖瘦，瘦的能拖死"，所以一般人也不愿意打官司。

三、亲属冲突及其关系

亲属交往是南陵村村民社会交往的重要组成部分，也是村民在遇天灾人祸、家庭大事时最主要的求助与依赖对象，但就像家庭成员之间也会发生矛盾一样，亲戚之间也会偶有冲突发生。亲戚之间的纠纷很少，但是亲戚之间的吵架也时有发生，其中，姻亲矛盾是最常见的亲属冲突表现，如张三有一个妹子给了李四，但是李四家虐待这个妹子，甚至还会打架，遇到这种情况张三家就要去说理，说理的时候就不是推心置腹地谈话，而是带着气愤去的，所以就容易吵架，甚至打架，这样当地的邻家和官人就介入了，那些三老四少都会来相劝，然后就把这个事情调解了；也有请甲长的情况。旧社会的婚姻都是父母之命，媒妁之言，这样的事情还是经常发生的。

亲戚之间的纠纷一般不会叫亲戚来调解，不出现大的事情，亲戚也不会干预你的事情。但是一些亲戚的事情容易引起族人的反对："像我们这个族的刘邦杰，把女子给了炭村（嫁到炭村），我们这个家族就去几十人把家都抄了。北陵一个财东把媳妇害了上吊了，那个媳妇是曹村的，曹村的下来了一两百人，下来把家抄了还不算，还把粮食都烧了。"[1]

如果是兄弟之间发生冲突，则是舅舅来调解。要是有宗族（家族）、同族之间的人发生纠纷，则是族长来调解。如果亲戚之间的纠纷一直处理不了，如财产纠纷，就会打官司。如南陵村铁炉堡的刘均庭和刘均禄就因为财产纠纷打了很多年的官司。官司的由来是这样的：刘均庭的日子过得好，当时两人的父亲死前和子女交代财产，交代时兄弟俩都在，父亲告知他们在牛拉磨堆粪便的地方埋了一百两银子，由于均禄过继给了别人，父亲就和均庭说"我给过继的人家还了一些账，东人在世的时候给我们交代了，我们去把银子刨一下"，因此后来刘均禄刨开之后发现没有银子，就一直告，但是始终告而不判，因为这个是家庭的私事，也没有人知道这事情的始末，他们的舅舅在其父亲病危的时候也没有参加父亲的交代，亲戚也都不知道，因家庭财产一般都很隐秘。

四、村庄内部冲突及其关系

传统时期，南陵村未发生过村庄内部大型的矛盾纠纷，村内冲突以因日常琐事而导致的邻里冲突以及因赌博而产生的冲突为主要表现形式。

（一）邻里冲突

在日常的生产生活中，邻里之间因耕牛等生产资料的借用、人情往来不均、相互帮忙脱节以及日常小事的拌嘴行为均会产生邻里之间的冲突。以耕牛借用为例，所谓"有牛不借无牛汉，一晌能抵一晌半"，村民一般不愿意将耕牛借出，不愿意耕牛在自家用完之后还帮别人种地；另外耕牛借出之后生病了也容易产生纠纷。耕牛借出后生病，由借方医治，耕牛借出后死亡，借方需要承担责任，耕牛用完归还后耕牛再生病或是死亡，借方视情况承担责任。借牛双方关系均较好，一般不会因为耕牛借用的事情打官司。如果因为耕牛借用的事情发生纠纷，一般请甲长进行调解。

若邻居间吵架，一般是靠其余的邻居相劝，如果相劝不行会请甲长、村中的头面人物来帮忙调解，另外村中好管事的人也会帮忙调解。

（二）赌博冲突

赌博作为村民的一种娱乐行为，其中也会产生矛盾纠纷。如打牌会因为输钱太多而心里不舒坦，言语不当就容易起纠纷。另外牌出错也会产生纠纷，严重的会打架。

---

[1] 来自对刘兴汉老人的访谈。

因为打牌发生纠纷，一般是其余参与的人来劝，也不会请甲长、保长、族长等来调解。因为打牌发生的纠纷一般不会打官司。即便是打牌欠下债，放债人最后要不回来也不会打官司，只能用别的东西抵债或是自己认栽。在赌场中发生纠纷主要有以下几种情况，一是合伙骗人被识破；二是出错牌；三是输钱急眼了。发生纠纷的时候一般都是保官进行调解，保官就是搭赌场的人，如果矛盾激化，处理不了也会出现砸场子的情况，砸了场子一般都需要赔偿，不赔偿走不了人，因为搭场子的人一般都是有背景、有后台的人。但是砸场子的人一般是有钱有势的人，后面都跟着"小弟"，也只有有势力的人才敢砸场子。如果出现砸场子的情况就由搭场子的人来进行处理，处理不了就由宫里会社进行调解，赌博的事情一般都闹不到乡里、县里。也有保官和赌客之间发生纠纷的情况，保官和赌客之间发生的纠纷，一般由宫里庙社的人进行调解。

第九节　保护与保护关系

家户是传统时期生产生活的基本单元，也是社会交往的基本单元，家户成员要尽力互相照顾，使家户成员和家庭利益免受可能遇到的伤害、破坏或有害的影响；一个个的家户再聚合成为村落，形成命运共同体，为防御外侵，共同构筑防卫体系，以保村庄安全。本节将从家庭、亲人、村落等主体出发，考察传统时期南陵村的保护与保护关系。

一、家人保护与关系

家户是生产生活的基本单元，家庭成员之间构成一个共同体，荣辱与共。当家庭权益或是家庭成员受到伤害或有害影响时，首先是家庭会给予保护，这种保护主要是以家长为核心，主要的保护方式是口头辩护、口头反击和暴力还击。如自家的小孩和别人家的小孩打架，双方的家长在外面一般都会先维护自家的孩子和自己的利益，等回到家中之后再教育自己的孩子，如果家人和外人发生矛盾和冲突，家长首先也会维护自己的家人，当家人受到欺负的时候，要为家人出气。家庭成员在遇到危险、困难的时候，只要自己没有办法处理都会找家人保护，家人一般都会出面保护，有的时候如果家人受的欺负不大，且是自己家庭成员做得不对的时候，家人也会考虑不出面保护，甚至出面道歉。家人出面保护一般是掌柜的出面，一般不需要全家人出面，如果发生暴力冲突，可能就需要家中的年壮男性一起出面，女性一般不出面，只有在家中没有男性或是家长男性年纪较小或较老，不方便出面的时候女性才会出面保护。

二、亲戚保护与关系

血缘关系将单个的家户凝结在一起形成亲属,亲属之间的保护主要是利益维护和生活救济。遇到危险和困难的时候,一般都是家人主动去找亲戚帮助或是保护,一般是找近亲,大都是掌柜的亲自去找,如果是找舅舅一方的亲戚,女性也可以去。主动去找亲属的保护一般是保护一个家庭。如果看到亲戚正在遭受危险和困难,亲属也会主动去帮忙,这样的帮忙一般是保护个人。一个家庭中,所有成员都会受到保护,无论老幼或男女。如果请求亲属保护但未得到保护或是亲属看到了不去保护,虽然不会进行报复,但是会影响亲戚关系。亲属之间最常见的保护就是生活救济,每一个家庭的经济条件不一样,如遇天灾或是家庭变故,一个家庭必然出现生活困难和危险,当生活难以为继的时候会寻求亲属的帮助,一般是找近亲或是关系较好的亲属,出于面子和亲戚关系,只要是能帮上忙的一般都会帮忙,要是不能帮上忙也有可能会拒绝。对于保护自己或是自己家庭的亲戚,一般都会答谢,答谢方式主要有请到家中吃饭进行答谢,带礼物上门答谢和口头答谢,表示答谢时一般是掌柜的和被保护的人去。

三、村落保护与关系

传统时期,南陵村虽然以家户为农民生产生活的基本单元,其行为选择表现出较强的家户性与个体性。但在面临村庄外部的威胁如战争等时,村落作为一个地缘共同体,又具有较强的村庄整体意识,由村寨为村民提供一定的保护。

(一)修建防卫设施

组织修建防卫设施是村落为村民提供保护的重要组成部分,是村庄防卫的第一道防线。在南陵村,各村堡自行修建防卫设施,建立物理防线。以南陵村铁炉堡为例,村庄的防卫设施主要有城墙、荆条栅栏、窨子和土炮。

1. 修建城墙

南陵村铁炉堡的城墙建于咸丰三年(1853年),毁于1958年(1958政府号召利用一切有关的肥料去上地,当地也有俗语言"粪搁三年成土,土搁三年成粪",所以当时就把城墙当作肥料,拆了拿去上地)。城墙高一丈五六,底端宽五米,顶端宽二米五六,人能在上面来回移动。厚厚的城墙将铁炉堡围成了一个矩形,全程仅有一个城门,位于南方,城门共两道,外面一道是铁门(用铁包着木头),刀枪不入,内侧一道门为木门。城门上建有城门楼子,城门楼子上有三个土炮,但是在民国期间没有使用过。

修城墙的原因主要是受到了回民起义(1862—1867年)的影响。渭南回族人口比较多,回、汉民族之间起了冲突之后,回族沿渭南北上,一直到了富平、蒲城一带,途径之地,大肆烧杀,村庄为了防卫修建起了城墙。与南陵村相邻的仇石村,城墙修建得比较晚，于民国初年建成。

修建城墙一般都是由专业的人员来修，这些专业人员需要去请，由村中的甲长或是乡绅去请。本村村民一般不参加，专业人员来打城，因为活比较熟悉，打城效率高，质量好。需要修城墙的时候先是村中头面人物进行商量，如果觉得有必要修建城墙，就由乡约提出，然后召集村民共同议话来决定。

城墙的主要材料是泥土，泥土就地取材，在建城墙的外围就地挖，正好形成了深深的壕沟。因为南陵村的城墙修建得比较早，已经不清楚当时占用了谁家的土地，是如何进行协调和补偿的情况。

城墙修建好后平日里一般不需要维护，只有在损毁严重的时候才会进行维护。修城墙的时候由各村的乡约牵头，也有村中大户、有钱人家提出来的情况。城墙坏了进行维护的时候不是请人进行维护，而是由各家各户派劳力来进行维修，由乡约主持。一般是一个家庭出一个劳动力参加，不能派老人、小孩和妇女参加，如果家中只有寡妇或是老人的家庭可以不出劳力，大户人家、乡约家都需要派劳动力参加，也可以出钱请人来参加，但是请人一般都是请本村的人。

南陵村铁炉堡的城墙建成之后，终日经受风吹雨淋，出现了裂缝，但是一直没有钱进行维修。在回民起义的时候，南陵村铁炉堡成为了重灾区，当时回民还烧了老爷庙，村中也无力修庙，一直到了民国十一二年（1922—1923年），眼看老爷庙快不行了，才拆了老爷庙，利用拆出来的材料对城墙就行了修复。拆出来的砖直接用来在出现裂缝的城墙内侧重新砌起一堵新的城墙，老的城墙也不拆除。另外老爷庙中拆出来的木材卖了之后用作修城墙的费用。维护城墙的砖一直到了1948年，应村中村民的要求变卖给村民建房子，所得的收入为村中置办了铜器乐器，剩余的钱就留在村中，作为村中的公共财产，作为祭祀活动的开支。

修城墙价格是在去请人的时候就商量好的，具体价格是相互协商的。协商好后，钱主要来自以下几个方面：① 村庄的公共财产；② 村中大户人家的捐款；③ 不够的部分由村民按照地亩银两进行摊派。能修城墙的村庄都是其经济实力能够承担修建费用的，如果一个村庄的经济无法负担时肯定不会修建城墙。本村修建城墙的时候外村的村民不会参与出钱，一般也不会捐钱。

2. 布置荆条栅栏

荆条栅栏位于城墙的外侧，密密麻麻的荆条也起到了一定的防御作用，荆条树是在城墙建好之后由村民种上的，树苗是从山上挖来的，种的时候由村民们共同所种，种时具体怎么派遣劳务已经不清楚了。树种下之后没有人管理，平时也没有人去破坏，一直到了民国年间，村民曹振忠会编织手艺，每年去修剪荆条栅栏，将修剪下来的荆条树枝用于编织。去修剪荆条树枝的时候没有和全村人打招呼，也没有得到村民的同意，修剪之后也没有受到惩罚。荆条栅栏使得匪类来攻城的时候只能从正门（向南方）攻入，其余三面均不能攻入。

3. 搭建窨子

南陵村铁炉堡虽然建起了城墙，但是因为人口原因，不能抵御大规模的进攻，所以当受到攻击时村民就会藏到窨子里。窨子分为公共窨子和私人家的窨子。公共窨子由村民共同修建，具体如何修建已经不清楚了，公共窨子中还有水井、牲口圈和人住的地方，能够容纳全村人在里面躲避和过相当一段时间的生活。私人家的窨子是自己家里挖的，除了村中大户禾子家的窨子没有与其他人家的窨子互通外，其余村民的窨子都是相互连通的。但是大户禾子家的窨子与村庄的公共窨子相通，这也导致了在回民起义时造成的惨重伤亡：因为大户禾子家的窨子与其余人家的窨子不相通，回民在攻入之后用烟攻，全家60多口人全部死光，加之其家里的窨子和公共窨子相通，导致了烟雾进入了公共窨子，造成其余村民60多人死亡，此次共造成全村120多人死亡。

村中的公共窨子，除了在遭受攻击险情的时候用于给村民避险之外，在平日里如果村民需要议事，对村中公共事务进行决策的时候也可以使用里面的议事厅。公共窨子平日里也没有人管理，村民一般也不会使用。

4. 修建土炮

城墙修建好后，在城门楼子上安装了三枚土炮，安置土炮属于修建城墙的一小部分，土炮的安置增加了村庄的防卫能力。

（二）架构防卫团体

南陵村，在实行保甲制之前，防卫主要靠民间武装力量，民间武装力量主要有"文字七团"、哥老会、"硬肚"、刀客等；保甲制实行之后，对地方武装力量进行了"招安"，防卫由政府组织，在县一级有国民兵团、国民兵自卫团、保安大队（后改名保安团），在乡一级还有清乡团。村中青壮除了参与各类防卫组织外，村庄也安排了守夜人进行守夜，以保村庄夜间安全。

1. "文字七团"及其保护关系

民国十五年（1926年）仇济善和地方知名人士刘洞春等倡办了"文字七团"，按照自然条件，把辖区（包括宫里和华朱两个乡）编为"文焕、文在、文彬、文蔚、文春、文盛、文运"七个团，办团宗旨：维护地方秩序，加强治安，清除匪类，保境安民，但是对于民间词讼、官府征发诸事一概不干预。文字七团的建立，使得各村联合起来，一方受袭，八方支援。

总团不设机构，团总在家办公，开会在涧头村太白庙中进行，此处为开会的据点，另总团设团总一人，副团总两人。文字七团成立后，公推仇济善为团总，刘洞春、石象仪为副团总。七个分团设团长一人，也叫团头，主持团务。分团下设排，排有排头，统帅所有团丁。一个团下一般有2—3个排头，有的一个团下有三个堡子，有的一个团下有五六个堡子，并非一个堡子为一个排。辖区内丁壮皆受编为团丁，团丁也不脱离生产，平时在家务农，一旦有事集中行动，农闲集结进行操练，所用武器以刀矛为主，间有少许快枪（步枪、马枪）。团丁不需要报名登记，有参加团丁训练、游行、防卫等义务。团丁训练以团为单位。各团头、排头把该团团丁组织起来，石象仪亲自讲如何进行训练。团总到排头都是由各团推选出来的，一般由村中的头面人物担任。

为了确保治安，文字七团特别加强各团联防，追捕游匪不分畛域。利用村堡、城楼、庙宇、场房及田野作为守夜的据点，每晚派人坐夜巡查，遇有匪情，近者鸣锣示警，远者鸣枪告急（鸣枪信号为连鸣三枪），还利用古庙大钟作为信号，遇事连续不断击钟，声闻全境，便可迅速集结兵力应敌。还用白粉烟墨等，在庙宇、墙壁醒目之处刷写"守望相助""盘查匪类""巡更守夜""除暴安良"等大字标语，用以提高民众警惕。

2. "硬肚"及其保护关系

"硬肚"又叫"义和团"，南陵村的义和团大概在民国初年建立，由村里的负责人请人来教，南陵村的负责人为刘春魁。硬肚的主要活动是烧香、敬神和练武，武器主要是刀和红缨枪。村中不是所有的人都会参加硬肚，一般是土地多的大户会参加，且都是男性，主要是为了维护自己财产的安全。

硬肚能够私设公堂，如发现小偷会开堂审理，地点多在庙中，被抓住的小偷会挨打，打了之后就会放了，没有额外的惩罚，审理的时候会报告甲长，村民都会去参加，不需要派代表参加，想去的都能去。如果抓到的小偷是外村人，也能够私设公堂进行审理，审理的过程中也能打，不需要报告小偷所在村的甲长和保长。如果发现小偷是本村人，一般也不会将其赶出村外，还能住在村中。

3. 守夜人

南陵村各村堡自建起城墙之后便安排人守夜，守夜不是安排专门的人守，而是举全村之力轮流守夜。

每晚安排两个人，由甲长安排，财东家也要安排，保长、甲长家也要参加守夜，寡妇娃和只有老人的家庭不用参加守夜。先安排谁、后安排谁是根据房屋的位置来定的，从进城门的第一排开始按照顺序安排，每次安排两家。财东家、保长家如果不想去守夜，可以出钱请别人去守夜，出多少钱双方共同商量，财东家掌柜的不会亲自去找，而是让下人去办这些事情。去守夜的时候不能安排孩子去，也不能让老人去。

两个人共同守夜，可以轮换着休息，怎么安排休息时间是两个人共同商量，只要不是两个人都睡着了就行。守夜的人还有巡夜的责任，巡夜的人不是一直都要巡夜，一个守夜周期（一晚上）巡夜两三次，巡夜的时候就是绕着城墙看，城墙都比较高，城门是进出的唯一通道。巡夜的时候城门紧闭，加上锁。巡夜是分开巡夜还是一起巡夜也由守夜的两个人商量。巡夜过程中，如果发现匪情，需要向村中人报告。守夜的两个人都可以向村中人报告，报告以敲钟、敲锣等为信号。

守夜的两个人是平等关系，不存在谁领导谁，有问题两个人商量着决定。如果遇到大家庭和穷人家一起守夜，两个人还是平等的，守夜的时候大家庭很少会带夜宵去，如果带去了可以两个人一起吃。

守夜的人只是负责守夜，如果遇到匪情没有告诉村里人或是出现守夜失职等情况，一般也不用承担责任，但是会受到村民的怪罪，需要承受很大的心理压力。

4. 刀客及其保护关系

刀客，此称呼为群众所起，因其成员身上都带着一把关山刀（该刀出自耀州关山镇，刀比较好，也因此有一定名气），故群众称其为"刀客"。想要做刀客的人主要有如下特征：胆子大，讲义气，好打抱不平，喜欢到处游荡，不管家中的事情（刀客家中有土地，但自己一般不管，属于江湖人士）。刀客没有具体的组织，也没有纲领。穷人被压迫，刀客会帮忙，多为刀客挺身而出，不需要去请。如果穷人家受压迫，去请刀客帮忙，刀客也会帮。刀客帮忙之后不收报酬，请不请吃饭是自然情理，答不答谢看个人。刀客在保里帮穷人犯事（出了人命），地方政权（保正）要管，但是地方官员一般也不敢惹刀客。刀客出门在外，生活主要是靠朋友。

（三）组织共同防卫

由村庄进行的防卫管理主要就是守夜。守夜以自然村落（堡）为单位，各村独自守夜，在创办文字七团之前，各村之间没有联系，防卫也没有人组织，各村堡自行防卫，力量比较散，也比较弱，这个时候村中有乡约，保中有保正，村中守夜之事由乡约负责安排，由各家各户轮流进行守夜，每两户一晚，守夜的时间主要冬季，夏季不用守夜（粮食是秋收冬藏），守夜使用的武器为红缨枪和马头刀，守夜的时候一户只用去一个人，一般是青壮年去，不能派妇女、小孩去守夜，家中只有老人的不需要参与守夜，家中只有寡妇娃，也不用参与守夜，乡约在安排的时候就不会安排，守夜的顺序由房屋的位置决定，按顺序轮流。办了文字七团之后，各村之间的守夜才有了联系，但是守夜还是以村堡为单位，只是在发生险情的时候各村堡之间会相互合作，一方受袭，多方支援，能够共同抵御。办起了文字七团之后，各团里的青壮年有人组织和领导，同一团里的青壮年可以被组织起来共同防御外侵。在保甲制度之前，政权比较混乱，各地政权占地为王，匪患较为严重，单独防卫已经不能阻挡匪患侵袭，地方有识之士于是起来组织办团，共同防卫匪患。1934年保甲制度实行之后，国家政权不允许民间武装政权存在，故取消了文字七团，收编为保甲编制。

守夜的时间一般是晚上七八点到第二天天亮。十二点之前，守夜的人要在村中巡逻，如果遇上村中有会，如唱戏、放火等活动，可以去观会，守夜的人也可以参加娱乐（如打花花牌），但是不能不巡逻，参加这些活动都要在巡逻的事情完成之后。十二点之后不能再参加娱乐活动，也不需要到村中进行巡逻，但是需要两个人轮流守夜，谁负责上半夜、谁负责下半夜，一个人守多长时间，都是守夜的两个人互相商量决定的。

守夜的人按户实行轮流制，由南至北，按照房屋的顺序来轮，今天守夜的人要通知明天守夜的人。守夜的人是各家青壮年，家中人年龄均较大，没有青壮年的人家不用参加守夜（如寡妇娃）。家中没有青壮年，但是雇有长工（伙计）的家庭需要安排长工或是伙计去守夜。大户、财东家也需要参与守夜，守夜的时候可以不用自己家里的人去，可以安排家中的长工、伙计，也可以雇人守夜。轮班的时候，无守夜能力的家庭，甲长也不会安排，也不需要出钱，村民都会理解。去参加守夜的人也没有报酬，属于义务守夜。

守夜的人如果遇到险情，需要通知村里的人，大的村子一般是敲锣示警，小的村落也可以是站在城墙上用喊。发生险情的时候，敲锣的居多，但是各村的情况也不一样，都有固定的示警办法（如有的村子敲钟）。到了后来，守夜人不喜欢提锣，因为冬天比较冷。

在文字七团办起之后，如果发生匪情，是由发生匪情的村庄的排头去找人告诉联（团），联（团）头再召集各分联（团）的排头组织青壮年共同防卫。参加防卫的都是骨干青壮年，但是一个村的青壮年不会全部都去，只是去一部分，要留一部分在村中防守，防止土匪声东击西。

保甲制实行之后，在守夜期间，保队副会带着保丁查夜，查夜不是每个村都会去，也不是每天都会去，而是进行随机抽查，如果查到在守夜的过程中失职，会对守夜的人员进行批评教育。

> 农历一月十九，曹村过会，来了80多个土匪，把整个村子都包围了，把财东家都抢了，最后带走了四批骡子、几十石麦子。那时把村子包围起来，守夜的人也出不去报信，也起不了作用，保里也没有办法。
>
> 在南陵村也发生过守夜失职的事情。不知是1944年还是1945年，那一天晚上是刘怀书（家中有100多亩土地，日子过得比较好）守夜，来了四五十个土匪，把城门楼子都围起来，打的旗号是"执行公务，把城门打开"，农民一般都缺乏经验，对这样的情况也不了解，然后守夜的人就乖乖地给人家把城门打开了。城门一开，土匪就进了城，村中遭劫，被抢走了20多石麦。最后，这两个守城的人也没有受到惩罚，保里只是进行了批评教育，但是在村里还是会受到一部分人的议论和谴责。[1]

守夜的武器有公共的，也有私人的，私人的武器主要是红缨枪，各家都有，主要用于防卫。公共的防卫武器主要是马刀和炮塔，买公共武器的钱由村中的公共财产出，村中公共财产主要是拆老爷庙的时候卖庙产所得。村中的公共财产由甲长保管，每年大年三十的时候要给村民交账（召集村民议话，告诉大家今年的公共财产收支情况）。

四、国家保护与关系

传统时期，国家力量虽极少直接介入村庄，但面对复杂的社会环境，尤其是国共拉锯战时期，国家力量也会为村民提供一定的保护。其最直接的表现就是组建各种防卫组织，具体防卫组织情况如下：

一是国民兵团。国民兵团最早出现于抗日战争时期，为国民党的武装组织，设有指挥官，主要是参与作战，下设兵役科，专门负责"拔丁"，不会参与村庄的防卫，但是某个地区遭受攻击时，国民兵团会出兵攻打。

二是国民兵自卫团。国民兵自卫团为国民党的"净化组织"，主要任务就是防匪防盗，净化地方治安，核心任务就是"清共、防共"。

三是保安团。民国十九年（1930年），陕西省主席杨虎城令各县设清乡局，组建保卫团，以缓净地方治安。保安团的任务和国民兵自卫团相似，主要是保卫地方治安，国民党的团长、副团长都是国民党在该地区的核心人物，由国民党任命产生。

国家力量的保护通常不直接对接村庄，而是通过区域划分划定责任片区，在责任范围内发生战争、土匪、偷盗等行为时出面提供保护，在保卫村民的生命财产安全方面发挥了一定的作用。

---

[1] 来自对刘兴汉老人的访谈。

第十节 南陵村的社会变迁

1949年以后，伴随着土地改革、农业合作化、家庭联产承包责任制等政治运动的开展，农村社会形态发生了巨大变化，社会生活日趋改善，受教育水平逐代提高，思想观念、生活方式等已经发生了翻天覆地的变化，影响着村庄社会形态的变化。

一、1949年以前村落社会形态状况

从血缘来看，1949年以前，南陵村有刘、赵、王、党、张、姚、田、樊、陈、何、付、孙、侯、杨、李等姓氏，其中刘、赵、王为村中大姓，来的时间也较早，刘姓分为两个家族，其中南刘和北刘的刘氏为一个家族，铁炉堡刘氏为一个家族；赵姓主要居于赵家堡；铁炉堡本有刘、王两大姓，后王姓绝户，南陵村形成了以刘、赵二姓为主，多姓氏共处的血缘格局。各姓氏依据血缘联系将亲属分为嫡亲、姻亲和干亲，并根据关系的亲疏远近来进行交往，基于血缘关系的不同形成了不同的交往圈，依据社会习俗和惯行约束、指引交往活动，维系着传统时期血缘关系的稳定。

从地缘来看，1949年以前，南陵村各村堡之间相互独立，村堡之内互相依存，各村堡独立筑起城墙，形成了"小聚居，大散居"的布局，村堡内村民相连建房，村堡外村民相互走动，形成了不同的地缘关系。"婚丧嫁娶，邻里相助"，村民在生产生活中的互相帮忙，熟人朋友之间相互往来，同一个村中村民相互认识，交往的方式主要是帮忙、串门等。

从信缘来看，在传统时期，天灾人祸频发，百姓生活较为艰难，面对灾祸，村民显得异常渺小和无助，只能将希望寄托于神灵，以求庇护。在漫长的历史过程中，南陵村也建起了众多庙宇，不同的庙宇供奉不同的神灵，通过祭拜、向神灵祈愿等方式来期盼生产丰收、生活富足幸福。

从社会流动性来看，传统时期的南陵村相对封闭，村庄整体上趋于稳定，流动性较小。婚配、经商、逃荒、从军、避难等活动会产生流动，形成相应的流动关系，但流动性较小，频率较低。

二、1949年以后村落社会形态状况

从血缘来看，1949年以后，首先是经历了土地改革运动，南陵村的姓氏构成基本维持不变，但是血缘关系却发生了变化。土地改革运动对农村社会阶层进行了分类，

并在政治上给予区别对待,"贫下中农是一家",要团结中农,孤立地主富农,如果亲戚中有人被划为地主,其余的亲戚就会与其保持距离,担心关系太近会受牵连;而在贫下中农群体中,血缘关系保持不变。改革开放后,摘掉地主富农的帽子,不同阶级之间血缘关系得以缓和。随着受教育程度提高,村民思想观念转变,姻亲关系范围扩大,通信技术进步,也使得这种"大范围,远距离"的姻亲关系得以维持和发展。

从地缘来看,1949年以后,南陵村的居住格局没有发生改变,村民之间还是相邻建房,只是随着人口不断增长,村庄不断外扩,四个独立的村堡现在已经连为一体,成为一个新的自然聚落,同一个村中的村民不一定认识,邻里之间往来减少了,但是因为交通条件和交往方式的变化,熟人范围不断扩大,熟人的关系也受到了很大影响,维系关系的方式也更加多元和便捷。

从信缘来看,1949年以后,经历"文化大革命"等政治运动,建于传统时期的庙宇全部被毁,成为历史,同时随着受教育程度不断提高,加之科学知识的普及,农民的思想观念悄然变化,逐渐开始生病就医、抛弃传统陋习、摈弃迷信等。此外,随着一代又一代中国共产党人的努力,共产党人已经在农村基层站位脚跟,科学发展观等系列中国特色社会主义思想在基层传播,农村开始尊重科学、崇尚科学。

从社会流动性来看,1949年以后,特别是改革开放以来,外出打工、求学、工作的人数逐年增加,加上道路环境日益改善,代步工具不断升级换代和普及,农民出行方便、来去自由,村庄流动性发生了较大改变,农民从走不出去到不愿回来,产业从做不进来到蓬勃发展,南陵村新的社会形态正在形成。

第十一节 南陵村的社会实态

随着经济水平不断增强,生活环境不断改善,知识素养不断提高,南陵村的社会状况也发生了较大的变化。本节主要从血缘关系、地缘关系、信缘关系、社会流动等方面对南陵村的村落社会实态进行考察。

一、血缘关系

从村庄姓氏来看,目前,南陵村虽然刘姓、赵人口仍最多,但是其余姓氏人数也在不断增加,现已有刘、赵、王、党、张、姚、田、樊、陈、何、付、孙、侯、杨、李等20余个姓氏,但是同姓氏村民之间的关系淡薄了很多,宗族间平日里联系也较少,只有在大年初一的时候会组织祭祖和拜年。

对于村民来说,首先,血缘关系最近的仍然是家人,一个家庭中,无论是在儿子成家分家或是女儿出嫁，家人是关系最近的人。其次，女性的婆家是一门重要的亲戚，关系一般也比较近。再次，一个家庭中男当家的兄弟姐妹关系也比较近。接着就是母亲的兄弟姐妹及其家庭的亲戚关系较近。以上亲戚也是日常中交往最多的。以上近亲，在家中有红白喜事的时候都要帮忙，且要行礼。

二、地缘关系

目前，南陵村民居呈现高度集聚的特点，村民相邻而居，房屋排列仍较为整齐，邻居主要为房屋两边的居民，同一条巷子里的村民称为"街邻"，一般和邻居的关系都较好。"抬头不见低头见的，见面说句话，时间长了关系自然就好了。"

在南陵村，大部分村民仍然耕种土地，目前耕种土地以机械为主，一些小型机械可以相互借用，主要与邻居或关系好的街邻借。在传统时期，农闲时村民吃饭一般端着碗在街道里站着或是蹲着吃，一边吃一边聊天，现在吃饭一般都在家里吃，只有在冬天的时候吃饭，村民喜欢端上一个碗坐在门口一边吃饭一边晒太阳，邻居刚好遇到了可以相互之间聊聊天。"家中红白喜事，邻里相助的习俗一直延续到了现在，现在不只是街邻，就是一个堡子的，谁家有红白喜事，都会去帮忙，你帮了他，你有事的时候也靠他们帮忙，相互之间帮忙也能聊聊天，也能增进感情。"[1]

三、信缘关系

集体化时期，南陵村保留的几座庙宇全部被拆除，也不再组织给各神灵过庙会。旧的民居被新的小洋楼替代，"进门土地堂"的建筑已经很少了，求子、送鬼等活动也越来越少。20世纪80年代，南陵村赵家堡建起了一座清真寺，主要为回民提供活动的场所。

据村干部介绍："那些都被认为是迷信活动，国家也不提倡，要崇尚科学，另外一方面就是教育的普及和村民知识文化的提升，他们开始相信科学，生病了会到医院看病。但是也还是极少数在家运不顺的时候仍会进行迷信活动，主要是一种心理上的安慰。"

四、交往关系

和传统时期相比，南陵村村民的交往范围已经扩大了无数倍，交往关系也更加复杂，主要体现在以下几个方面：

第一，生产交往。南陵村现有土地4 817亩，农户602户，户均土地8亩，但是完全务农的农户并不多。刘兴汉老人说："现在年轻人都往外面跑，不愿意在家里种地，家里就留下一些老人，这几年有的土地也开始荒了，没有办法，现在都是机械化，老

---

[1] 来自刘兴汉老人的讲述。

一辈的又不会,有的农户只能请人帮忙。一般耕地、收割、碾场等都需要请人帮忙,每一年的工钱也不一样,如果只是小工,一天100—200元不等,要是加上机械,那就得另算。"

第二,生活交往。现在生活上往来的人就多了,刘兴汉老人说:"以前出个门很难,但是现在很简单,像我已经90了,但我也经常出去,上会的时候去看看朋友,有时候不想在家里了就去西安和大女子在一段时间,再去二女子那里在一段时间。现在有车了,更方便了。"

第三,人情往来。当下,南陵村村民的人情往来压力仍然较大,村民宁可"勒紧裤子",也不"落下面子",欠下的人情,该还的都得还上。关系好的农户,"不欠人情也得去",关系一般的农户,"欠了人情就得还"。

五、社会流动

随着社会经济的发展,道路等基础设施的改善和交通工具的升级,村民外出务工的人数越来越多。据村干部介绍,2016年,南陵村有农户602户,家中至少有一人外出务工的农户为427户,占比为71%,已经超过了七成。

据村民刘叔[1]讲:"现在,弄什么都得花钱,村民在家里挣不到什么钱,都喜欢往外跑。年轻人就喜欢去大城市,主要是去西安、广东、上海这些地方,这些地方经济发达,挣的钱多。像我们这样年纪的往外跑,年纪上不占优势,很多东西都需要用电脑,我们也不会,主要就是在近一些的地方打打工,也能照顾一下家里的土地,土地挣得再少,那也不能荒着呀。另外,这些年都有条件上学了,读书出去的也多,毕业了就在外面工作,也不愿意回来。"

---

[1] 刘叔,刘兴汉的儿子。

第五章 南陵村的文化形态与实态

传统时期，南陵村村民以"一家一户"为基本单元进行生产生活活动和进行社会交往，加之受地区文化、传统习俗的影响，形成了具有特色的村落文化形态。本章将从崇拜与崇拜关系、信仰与信仰关系、思维与思维关系、态度与态度关系、习俗与习俗关系、规训与规训关系、文娱与文娱关系等方面对南陵村的村落文化形态与实态进行考察。

第一节 崇拜与崇拜关系

崇拜与崇拜关系受到地方文化、家户及宗族利益、经济环境等的影响。在传统时期，南陵村村民的崇拜关系主要表现在对祖先、神灵的崇拜上，建立了庙宇、祠堂等崇拜场所，形成了祭祀、家祭、墓祭、拜神等崇拜活动。本节主要从祠堂、家庙及其崇拜关系，祖先及其崇拜关系、祖坟及其崇拜关系、孝道及其关系四个部分对传统时期南陵村崇拜及崇拜关系进行考察。

一、祠堂、家庙及其崇拜关系

南陵村是以刘、赵姓氏为主的杂姓村，北刘堡刘氏、赵家堡赵氏、铁炉堡刘氏均建有祠堂，南刘堡刘氏建有家庙。本部分主要从姓氏与祠堂、家庙，祠堂、家庙与经营，祠堂、家庙与祭祖三个方面对传统时期南陵村祠堂、家庙及其崇拜关系进行考察。

（一）姓氏与祠堂、家庙

1949年以前的南陵村，有赵、刘等主姓，有王、韩、曹、余等多个杂姓，主姓均建有祠堂或家庙，其中刘姓分为南刘堡刘氏、北刘堡刘氏和铁炉堡刘氏，北刘堡刘氏和铁炉堡刘氏建有祠堂，南刘堡刘氏建有家庙。

1. 铁炉堡刘氏祠堂

据村中老人回忆，南陵村铁炉堡刘家祠堂建于道光年间，毁于同治年间。同治年间回民起义，回民进村后烧杀抢掠，把祠堂也烧了。"这个祠堂就是刘邦富、刘邦有、刘润等这一支刘氏族人的祠堂。祠堂毁了之后就没有进行重修，该祠堂就此殒没。到了民国三十五年（1946年），刘兴汉帮助国民党丈量土地的时候，刘邦富提出将这块土地单独丈量，因为这是祖先的祠堂。该祠堂占地1亩多，是先祖刘克家所修（刘克家本来有兄弟两人，后分家），里面供奉着五代先祖。具体从哪一代到哪一代、先祖从何而来、后人如何已经无从考证，只是听老人一代代相传，说刘氏先祖本来有克修与克家两兄弟，但后来分家，祠堂为克家所修。祠堂修建于城外西南角，先修建了祠堂，后修建了城墙（咸丰三年即1853年的时候修建的城墙）。至于祠堂选址为何在那，刘氏后人已不清楚。"[1]

铁炉堡刘氏祠堂只与南陵村铁炉堡的刘氏族人有关，与北刘堡和赵家堡的刘氏族人没有关系。

刘兴汉老人还说："祠堂里供奉着祖先，是宗族祭祀、教育、惩戒的地方。"可见，铁炉堡刘氏祠堂除了是家族祭祖的地方，还是教育和惩戒族人的场所。

2. 北刘堡刘氏祠堂

在南陵村北刘堡原来有一个刘氏祠堂，此刘氏祠堂与铁炉堡的刘氏祠堂虽然都在同一个村，相隔不过几百米远，但没有任何关系：在南陵村，南刘堡和北刘堡、赵家堡的刘氏都是一个先祖，铁炉堡刘氏和他们不是同一个先祖。关于北刘堡的刘氏祠堂，村中老人讲道："北堡子祠堂修建得比较气派，拆的时间比较晚。我们北堡子建村的时间都要比南堡子早，以前本来都是一家人，后面才分出去的，我们的祠堂要比他们早。祠堂的风格和村里的庙的风格很像，但是比很多庙都还要气派。这个祠堂就是我们北堡子刘氏的，南堡子的刘氏也不能用"。[2]

3. 赵家堡赵氏祠堂

南陵村的赵氏为村中主姓，据老人介绍，赵氏曾建有祠堂，但在回民起义时被毁。

---

[1] 来自刘兴汉老人的讲述。
[2] 来自刘守斌老人的讲述。

"老人和我们讲,赵氏祠堂是村中最气派的房子,是族人一起修建的。祖上是守灵人,有的族人也比较有钱。"[1]

赵家堡赵氏祠堂因为毁坏的时间比较早,老人也是听起父辈讲述有祠堂,但是关于祠堂的情况知之甚少。

4. 南刘堡刘家家庙

在南陵村南刘堡,刘氏族人修建了家庙,家庙的位置和菩萨庙相对,家庙中只有一个祖宗神像,是一位女性,家谱等记载资料毁于"文化大革命"时期,该神像具体名字是谁后人已经不知道了。对此,老人说道:"具体叫什么名字我们也不知道,大家都叫'老婆哩',从山西大槐树下搬过来的,曾经是一位大善人,乐善好施,救助社会上的穷人,在周围影响很大,去世后后人给她修了家庙。"[2]

家庙为刘氏族人所修,归南陵村南刘堡的刘氏族人共有,和赵家堡、北刘堡和铁炉堡的刘氏族人无关,即便南刘堡与北刘堡刘氏为同一族人后裔,也不具有使用权。

(二)祠堂、家庙与经营

前面多次提到,南陵村铁炉堡的刘氏祠堂和赵家堡的赵氏祠堂均毁于回民起义时,只有北刘堡的刘氏祠堂和南刘堡的刘家家庙得以保存。

1. 祠堂及祠堂地的管理

北刘堡的刘氏祠堂主要用于家族祭拜和族人商议族中事情,该祠堂还有 100 多亩祠堂地。民国时期,北刘堡刘氏族人虽有家族之说,但却未推选族长,祠堂和祠堂地由家族中较有威望的人进行管理。管理者由族人共同选出来,选举的时候一个家庭一个代表,得票最多的当选为祠堂地管理者。祠堂地的管理者对年龄、学历没有要求,但是一般选出来的都是年纪较大的族人,选举的时候只有刘氏的族人能参加,选出来的管理者没有固定的期限。选出来之后不需要报告甲长、保长。管理者没有报酬,其职责主要是管理祠堂地及祠堂地收入。

2. 祠堂地的经营

祠堂地主要是租给别人种,能租给刘氏族人,也可以租给非刘氏族人的人。刘氏族人在租种的时候具有优先权,非南陵村北刘堡的刘氏族人和村民同等。但是一般都会租给南陵村北刘堡刘氏中土地较少的人家种,租子是一亩地一年一斗麦。祠堂地收来的租子由管理祠堂地的人管理,租子的收支情况需要向族人公示,公示没有固定的日期。祠堂地收入主要用在以下方面:第一,家族四季的祭祀;第二,南陵村北刘堡

---

[1] 来自赵俊喜老人的讲述。
[2] 来自刘文英老人的讲述。

刘氏族人的孩子上学的学费，一个孩子一年的学费约为2斗麦；第三，购买过年时候放的鞭炮。

3. 家庙的管理

据村中老人讲述，刘家家庙平日里大门紧闭，族人不在其中进行活动，只有在族人商议事情和祭拜的时候才会打开，主要由长子长孙看管。"家庙平时都不打开，用一把锁锁住，钥匙就由家族中的长子长孙保管，平时也不去上香祭拜，只有在大年三十祭家庙的时候会打开，偶尔要商量个什么事也会开一下，不然都是关着的。民国时候，家庙的钥匙就在我父亲手上，由父亲来保管。"[1]

（三）祠堂、家庙与祭祖

祠堂、家庙都是族人祭祖的地方。在南陵村，铁炉堡的刘氏有大型的祭祖活动，一般在大年初一举行，祭祀活动的地点为涧头村的刘氏宗祠（祠堂）。祭祖活动一年只举行一次，参加的人员主要是涧头、桑园、铁炉、刘家城四个自然村落的刘氏族人[2]。此外，南刘堡的刘氏和北刘堡的刘氏也会进行祭祖活动，祭祖活动主要在村内祠堂或家庙中举行，只有村内族人能参加。

1. 祠堂与祭祖

根据刘兴汉老人讲述，大年初一早上十点左右各村的人往涧头村刘家宗祠走，也不一定是十点，可以往前一些，也可以往后一些，一般是家祭结束之后。去的时候以自然村落为单位，由该村年纪较大、辈分较高、有威望的刘氏族人组织一起去，去时需要带炮仗、锣鼓队，香和表由涧头村准备，其余三个村的刘氏后人主要是去参加仪式。仪式主要有念家训和叩头。家训一般是本族中年长的、辈分高的、有文化的人写。在仪式上念家训一般也是由年纪较大、辈分较高的人来念。写家训的人和念家训的人一般不是同一个人，同一个人显得张扬。另外，本姓年纪最长、辈分最高的人不到场，祭祖仪式就不能开始，这也是表示对长者的尊重。念毕家训之后是给祖先三叩首，但是现在已经简化为三鞠躬。叩首结束之后，开始祭祖。祭祖时先上香，再滴酒。这一环节不是所有的人都要去，主要由一位老人代表，这位老人不是大家选出来的，一般是辈分高、年纪大的老人，不会让年轻人代替去上香、滴酒，但这不是威望最高的刘姓老人。祭祖活动才是由刘氏中威望最高、有文化的人主持，但是一般不会请年纪最长者。祭祀活动的主持人一般是祠堂所在村刘氏村民，该主持人不是选出来的，而是由长辈直接安排的。

---

[1] 来自刘文英老人的讲述。
[2] 涧头、桑园、铁炉、刘家城四个村落的刘氏同出一脉，其祖先为同一人。

祭祖活动产生的经费都是自家自愿出，不会向族人摊派。祭祀产生的费用，最大的支出就是炮仗（鞭炮），由参加的各个村自行准备。去祭祖的时候是以自然村落为单位，但不是该村落所有的刘氏族人都要去，只是去一些代表，主要就是该村落年纪较长、威望较高者，另外再带上一些年轻人，一个村最多十多个人，涧头村参加的人多一些。参加的年轻人代表由村中威望带队人（年纪较长、威望较高者）负责叫，被叫到的人如果家中有事也可以不去，不去能提出来，没有被叫到的人想去也可以去，但是大年初一一般家中都比较忙，且这一天会有人来拜年。去祭祖的时候，女子既不能参加祭祖的鼓队，也不能参加祭祖的活动。祭祖的时候，一般是刘氏族人才能进祠堂，非刘氏族人只能在外面观看。祭祖都是集体一起祭祖，且只在大年初一祭祀一次，平日里不会去祭祖，也不会单独一个家庭去祭祖。祭祖活动结束之后没有组织聚餐，各自回各自的村子。祭祀活动都是固定的日子，一般不需要人来通知，只是负责主持祭祀活动的人要提前准备，祭祀仪式上需要谁做什么要提前安排，一般都是主持祭祀活动的人亲去安排。

2. 家庙与祭祖

每年的大年三十要祭家庙。大年三十晚上，天黑开始祭祖，只是南刘堡刘家人祭祖，且只有男性能参加，其余的人不能参加。祭祖的时候由刘氏后人中辈分较大的人主持，祭祀产生的费用自己出，主要是供品。祭祀的时候也可以不去，不去的人不会有什么惩罚。主持人主持，其余的人只用跟着磕头。家庙平时不用祭祀，只在过年的时候进行家祭；家祭就在家庙中举行，祭祀的时候先祭"老婆哩"，再祭其余的祖先。后人娶妻、买卖土地等均不用到家庙中祭祀。家庙只有南刘堡的刘氏族人才会去祭祀，别的人不会去祭祀。

二、祖先及其崇拜关系

1949 年以前，南陵村大户人家和来村较早的村民家中一般都有堂屋，但不设灵台、不摆牌位，以神龛代之。本部分将从祖先与神龛、祭祖活动及其关系两个方面对传统时期南陵村祖先崇拜及其崇拜关系进行考察。

(一) 祖先与神龛

之前的章节已经介绍过了旧时南陵村民居的结构与布局，在大户人家和来村较早的村民家中均设有堂屋，位于后殿最中间的屋子，堂屋不贴祖先神像，不供奉祖先牌位，但是祖屋中一般都放有神龛。

神龛在村民看来类似于祖先的灵魂归处，认为祖先"藏"于神龛之中。村中老人说："先祖对于后人来说，意味着荣耀，若是先祖有当过官的，就是这个村或是这个族人的荣耀，后人提起来都以先人为荣，后人看到神龛上有做过官的祖先也会觉得很荣耀。神龛在村民看来都是很神圣的，平时虽然不挂出，但是也是放于堂屋的高处，如果放在低处就认为是对祖先的不敬。"[1]

神龛，主要是祭祀的时候用，神龛上写着始祖以来的所有谱系。娶来的妻子可以上神龛，女儿不上神龛，男丁若是出去上门或是入赘了之后，也不会写在神龛上。人生前不上神龛，死后才会上神龛，分家的时候也不会上神龛。

神龛平时一般收起来，只有在春节祭祀时才拿出来挂上，等到年十五一过又会收起来，放于安全处，挂神龛和收神龛一般由年轻人去做。婚丧嫁娶的时候一般不需要挂神龛，而是用红纸写着"三代宗祖"代替。逃荒、搬迁户都不带神龛，用红纸写"三代宗祖"代替。

（二）祭祖活动及其关系

在南陵村，"化纸"是对祖先崇拜的另一个表现。"化纸"又叫祭祖，一年中祭祖活动主要有三次，一次是大年初一在家中祭祖，称为"家祭"；一次是大年初一到祠堂去参加家族的祭祀；另外一次则是清明的时候到祖坟上去祭祖。

1. 家祭及其关系

大年三十晚上有关祭祖活动的大概顺序为：挂神龛、摆香兜—响炮—拜祖（主要是上香和点清油灯、蜡烛）—吃饺子—守夜。因为晚上要熬夜，所以下午就要把先人"照顾"上。这一天下午就要把对联贴上，把神龛挂上，门神、灶王爷、土地神等各家神的香兜都要摆上。三十的晚上，在井上、位置、槽前、门上等都要插上蜡烛，一个地方插一根蜡烛，一般是红色的，插在香兜里，在先人前面（神龛前面）点的是清油灯，一直到熬夜睡的时候才吹灭。一般是三十晚上7点多鞭炮一毕，就把蜡烛和清油灯点上，一直要点到12点，到了12点才算是把年接上了。点蜡烛的时间也不等，穷人家点得晚一些，财东家就点得早一些，可能六点多就点上了。点蜡烛的时候一般都是家族的掌柜家的小伙子、小男孩去点，象征着后继有人。先把先人的香烧上，然后点清油灯，先要给先人点了香和灯之后才能给家神上香和点蜡纸。给祖先上香之前还要给祖先鸣炮，响炮之后才祭祖。穷人就响上一串炮，象征吉祥。但是财东家不一样，财东家有的可能彻夜都响炮。三十晚上的时候还要给先人烧过夜纸，一般是十一点多的时候烧，烧了过夜纸之后才吃饺子。吃水饺也就是团圆饭，头一碗水饺是用来敬祖先的，然后给老人盛，再给掌柜的和小孩盛，最后全家人一起吃。吃了饺子之后一家人共同守夜。守夜是全家人最高兴的时候，那个时候没有电视，但是也要举家同乐，

---

[1] 来自对刘兴汉老人的讲述。

一起玩花花牌，玩的时候不分大小和长幼尊卑。也会在这个时候议论新一年的庄稼收成、计划、生产等事情，也议论来年的日子该怎么过。守夜一般是到凌晨一两点就毕了，然后就可以去睡觉，在南陵村守夜一般少有守到天明的。守夜毕，大年三十这一天所有的祭祖活动也就结束了。

2. 祭祖先与祭神灵

大年初一天不明的时候，青壮年就要给先人的神龛前面烧上香和点上清油灯，一天的祭祀活动就此开始了。要端上一个盘去敬神，先敬各庙的神，再敬家里的神。敬神都是在天不明之前就要去，先敬哪个神没有顺序，但这里有一个讲究，大家都想抢烧头炉香，认为头炉香吉利。庙门是甲长早早地就打开了。去庙里拜神的时候，需要带油、香和表，拜神的时候不是烧纸，而是烧表，表是用黄纸做的；去了在神前添油、上香、吊表，敬每一个神的时候嘴里都念念有词，主要是保佑家里的人平安健康、保佑庄稼收获。

祭了庙里的神之后便回来祭家里的神（去庙里敬神之前就只是给先人上了香），要给家里各神都上香。祭完家神之后就准备吃饭，大年初一过大年，这一天吃的饭都不一样，吃的都是煮馍面、水饺和面条，祭祖先也是用煮好的馍面。大年初一的饭一般都是天明不久就吃了，吃得比较早，讲究"春早人更早"，图吉利。以往吃饭一般是在八九点，但是大年初一这一天一般六七点就吃了。吃完饭之后开始真正的祭祖。在祭祖的时候由年龄最大的人负责上香，吊表。在南陵村铁炉堡，刘氏家族中是刘邦富年龄最大，所以由刘邦富来组织家族祭祖。

> 南陵村铁炉堡的刘氏家族分为大门、二门、三门，祭祖的时候先给大门祭祖，也就是刘邦富家这一支（实际上大门这一支已经没有人了，刘邦富是过继给大门这一支的），祭祖的时候就在刘邦富家里，祭祖的形式和家里祭祖是一样的。大门这一支族人祭祖的时候，二门、三门的人也需要去，大门祭了之后再去祭二门，二门祭完之后去祭三门，三门也就是刘邦斌这一支，祭祖就在刘邦斌家。祭祖的时候由组织者负责上香，吊表，其余的人主要跟着叩头（三叩首）。[1]

叩头时辈分较高的人站在前面，其余的随便跪。祭祖的时候女人不能参加，只有男人能参加。行动不变的老人以及重病缠身的人不用去，也不用请人代替，但是只要

---

[1] 来自刘兴汉老人的讲述。

能去的，即便行动艰难都要参加，新的年头都是为了取个吉祥。即便一个家庭中男丁都去世了，只剩下女人，女人也不能参加祭祖。

三、祖坟及其崇拜关系

南陵村的村民均有"祖坟"的概念，但却没有集中的祖坟地，村内、村外均有南陵村村民的祖坟。本部分主要从祖坟概况、祖坟与墓祭两个部分对传统时期南陵村的祖坟及其崇拜关系进行考察。

（一）祖坟概况

南陵村铁炉堡的刘氏家族有自己的祖坟，但是祖坟并不是集中在一个地方，老人去世后一般是埋于自家的地中。祖坟不仅有在本村的，也有在外村的，现在的老人一般都只知道五代以内祖先的坟墓位置，时间再久，坟墓可能就找不到了（坟墓在自己家土地中的，是用土垒起来的，容易受损）。

祖坟是神圣不可侵犯的地方，即便有祖坟的土地卖给了别人，卖的只是土地，祖坟不能动，祖坟还是属于原来的农户所有，买主在种地的时候也不能损坏祖坟，一般在祖坟周围都会稍微留出一点空间，主要是方便清明上坟。

每年清明上坟的时候都会对祖坟进行修葺，主要是清除祖坟上长出来的杂草，以及修补被雨水淋坏的地方。修祖坟的时候是后人一起修，清明上坟时，在家的后人都需要去上坟，修祖坟就是后人中男丁的任务，一般是听后人中年纪和辈分最大的老人指挥。修祖坟一般不会产生费用。

（二）祖坟与墓祭

在南陵村，墓祭分为大祭和小祭，女子出嫁、儿子结婚属于小祭，清明上坟属于大祭。

女子出嫁、儿子结婚，都要先到坟上烧纸，再把祖宗请回来，向祖宗汇报"后代延续之事宜"，属于小祭。小祭的时间随着结婚的时间而定。

清明的时候需要大祭，无论是穷人家还是富人家都会进行墓祭，墓祭的地点则在坟上。墓祭时主要的祭仪及顺序为：插青—押纸钱—谢饭—叩头。墓祭的顺序是先老坟后新坟、按祖先辈分进行，家里所有的坟都要祭。外出死在外面的没有坟的人便不用祭，但是谢饭的时候会在坟的旁边给他们也谢饭。

墓祭的时候家庭成员中所有的男性都要去，女性不能去，男性中行动不便的老人和不能行走的小孩可以不参加。即便是男性老人去世了，家中的女性老人也不能去。招来的女婿要去，买来的孩子和过继、抱养的孩子都要参加。男丁都要去，不能不去，不去家长也不会同意。如果墓祭的时候有人因事不能参加，之后需要补上，补上的时候就自己去。寡妇娃有儿子就让儿子去上坟，如果没有儿子（后继无人）了，这个家庭就不需要参加墓祭了。

在旧社会时期，没有公坟，祖坟都比较分散，一般先人去世就埋于自己家地里面。如果卖地，坟不能卖，量地的时候坟的面积不能量，在地契中也需要写清楚祖坟周围一米内不能种庄稼，要是种了会起纠纷，即使种了庄稼，墓祭的时候也会被踩踏，发生纠纷的时候会有中间人来进行调解，但是种地的人一般都不会种进去。祖坟有在本村的，也有在外村的，主要是土地易主造成的。南陵村的村民，一般只能记住4—5代祖先的坟墓位置，也都是听老人讲的。祖坟是神圣不可侵犯的，要是被侵犯了会起冲突，甚至打官司。

祖坟受损，会修坟，修坟多在清明时节，其余时间只有在发现坟墓损坏严重的时候才会去修，修坟的时候青年人、老年人都要去，与该坟有关系的农户也要去，一般是一个家庭去一个人，清明时就是上坟的人一起修。修坟的时候如果家中没有劳动力，不能参与修坟，可请人修。请人修坟一般是请外甥或者是亲戚，其余的人也不会给你修坟。修坟可由青年人提出来，也可以由老人提出来，但是由老人决定是否修。修坟不能只修近几代祖先的坟，所有的坟都需要修。如果坟在自己地中，找不到位置了，就在大概的位置堆个墓堆。坟要是在别人的地中，或是坟损毁找不到位置了，只要和别人商量，这种事情别人一般都会理解并配合。修坟的时候一般不会产生费用，修坟的工具自己从家中带。无论是修坟结束之后还是墓祭结束之后都是各自回各自家吃饭，不会统一聚餐。

四、孝道及其关系

南陵村村民非常重视孝道，体现在平日的敬老活动和敬老习俗中。具体来看，主要体现在长幼尊卑、话语权威、祝寿活动、座位安排等方面。如在长幼尊卑中，晚辈均要尊重长辈，晚辈要听从长辈的教诲，不能对长辈无礼，对长辈说话要注意语气，早晨要比长辈起得早，要为长辈准备热水，等等。在一些家庭中，儿媳妇还需要向婆婆请安。从话语权威来看，在南陵村，家长是一家之长，是最具权威的人，大家都要听从家长安排和指挥，家里的家长一般都是年长的男性来担任，当家长年长或因为身体原因将家长之位传给儿子时，家里虽然由儿子当家了，但是依然对老人非常尊敬；又或者家中年长的男性去世，其伴侣在家中也很受人尊敬。祝寿活动是孝道的一种直接表现，通过祝寿的方式来表达晚辈的祝福和感激养育之恩。从养老方面来看，分家时首先要确定的就是老人的赡养问题，分房分地时也会先将老人的养老房和养老地分出，剩余部分才按照一定的惯习进行分配。从座位安排来看，旧时的南陵村家中的桌子一般是方桌，在桌子的上席位置放着两把椅子，其余的三个方位为条凳，上席的位置一般由家中的老人坐，如果家中没有老人则是由年长者和家长坐，家中的两位老人坐上席的时候一般是男左女右，当地以左为尊。家中来了客人，如果家中有老人，仍然是家中的老人和客人坐上席，如果老人和客人数超过两位，老人先坐上席，年纪稍小的客人则坐在左侧。到别人家去做客，一般也是把老人安排在上席就座。从节日方面来看，春节的时候除了家族的拜年之外，还会给村中的老人拜年，在大年初一这一天，家族统一的拜年结束之后，就是到老人家里去拜年，只要村中有老人的家里都会去，这也是孝道的一种表现。百善孝为先，南陵村村民重视孝道，践行孝行，形成了优良的敬老习俗。

第二节　信仰与信仰关系

1949 年以前，对大多数南陵村村民来说，求神拜佛、驱鬼避灾、算卦问卜是祈福禳灾、改变家庭运势、保障家庭兴旺的重要途径。在南陵村，神灵信仰与崇拜是当地最普遍的信仰行为，同时，因医疗条件不足以及没钱问医等问题的存在，村民也存在一定的鬼神信仰，如驱鬼、叫魂等。针对不同的信仰对象，村民表现出不同的信仰行为和信仰关系。

一、拜庙神及其信仰关系

拜庙神是传统时期南陵村村民的重要信仰活动，1949 年以前，南陵村有土地庙、菩萨庙、娘娘庙、岳王庙、关帝庙、土地庙、药王庙、魁星楼、社庙等诸多庙宇，各庙宇大小不一、位置不一，所信仰的神灵也因庙而异，村民因需到庙宇进行祭拜。

（一）庙神概况

在南陵村，庙宇众多，以南陵村铁炉堡为例，主要有土地庙、菩萨庙、娘娘庙、岳王庙、关帝庙、土地庙、药王庙、魁星楼、社庙等庙宇，每个庙宇都承载着村民不同的愿景与需求，村民因人、因户所需进行庙神祭拜。

1. 土地庙

在南陵村，每个自然聚落会有自己的土地庙，主要供奉土地爷，铁炉堡有两座土地庙，一座位于城的西南角，一座位于城的东南角。两座土地庙，一座是村民共同修葺，另一座为村中大户王户所修，位于王户所修的魁星楼旁。因为庙宇修建的时间均比较久，现已经不清楚庙宇的修建时间和修建时的具体情况。村民共同修葺的土地庙是在村中的公共土地上，而王户所修的土地庙是在王户的土地上，前者产权为全村村民共有，后者产权归王户所有。分家的时候土地庙不会分，为整个家族共有。

村中共同修土地庙的时候，是全村人一起修，修庙的费用由全村人共同捐，捐多捐少没有关系，但是必须都要捐，如果不捐会受到群众的议论和谴责，再者当时土地是农民的命根子，大家都希望得到土地爷的庇佑，庄稼能够丰收，所以不会不捐，有钱的人家会多捐。修庙一般都是在收成比较好的年份，另外村中的经济能够承受起修庙的花费才会修，否则村民也不会同意修庙。

合修的土地庙，全村村民都可以使用，在祭拜土地爷的时候也没有先后顺序，谁先到谁先祭拜，即便是甲长、保长也不例外，和村民平等。土地大户和大财东家也会到土地庙祭拜，其到土地庙祭拜和村民平等。到土地庙祭拜的一般是男性，女性不会去土地庙祭拜，因种庄稼都是男人的事情。到土地庙祭拜也不会根据修建庙宇的时候出钱的多少来安排祭祀的顺序。王户所修的土地庙，虽然是私人所有，但是也对村民开放，共同使用，其余的人家也会到王户家的土地庙去祭拜，谁先到谁先祭拜，不需要等王户祭拜之后才能祭拜；王姓绝户之后，土地庙便没有人管理。去王户所修的土地庙祭拜的时候不需要和王户打招呼，只要是去祭拜，王户都会同意，但是如果和王户家有矛盾，一般就不会到王户家的土地庙去祭拜，而是到村中的公共土地庙去祭拜。因为每一个村堡都会有自己的土地庙，所以本村的人不会到外村的土地庙去祭拜，外村的人也不会到本村的土地庙来祭拜，逃荒的人一般没有土地，不会祭拜。到土地庙祭拜是以家庭为单位，祭拜的时候一般是家中的男性去，可以是家中掌柜的，也可以是家中的年轻男性。祭拜的时间主要是大年初一以及土地爷的生日。

2. 药王庙

南陵村铁炉堡城内有一座药王庙，主要供奉供大家寻医问诊的药王，是南陵村村民共同修建，具体的修建时间不详，产权归南陵村村民共有。药王庙建在村中公共土地上，修建庙宇的费用主要由村民共同捐钱修建，捐多捐少没有要求。大年初一和二月十五药王会的时候，村民都会到药王庙去祭拜，大财东家和甲长、保长家里都会去，谁家都会有人生病，到药王庙祭拜主要就是为了保平安。祭拜没有先后顺序，谁先到谁先祭拜，官民平等、贫富平等。到药王庙去祭拜，男女都可以去。因为在南陵村，别的聚落没有修建药王庙，所以别的聚落的村民也会到铁炉堡的药王庙来祭拜，来祭拜的时间主要是农历二月十五药王庙会的时候，大年初一的时候一般不会来。外村人来祭拜，和本村人平等，也不需要得到本村人的同意，也不需要向甲长打招呼。除了大年初一和二月十五药王会，其余的时间也会有人去祭拜，但是祭拜的人比较少，主要是那些家中有人重病、想求药王保佑的人会去祭拜。药王庙没有人管理，平日多是对外开放，到药王庙祭拜都是以家庭为单位。

3. 魁星楼

在南陵村铁炉堡的东南角修建有一座魁星楼，为村中大户王户所修，修建在王户家的土地上，产权归王户所有。魁星楼修建得比较宏伟，里面供奉着多位神仙，虽然是王户家修建，但是别的村民也可以到魁星楼里祭拜，到魁星楼里祭拜不需要和王户打招呼，也不需要送礼。祭拜的时候也没有先后顺序，谁先到谁先祭拜；如果王户也去祭拜，一般会让王户先祭拜，其余的人按照到的先后顺序祭拜。到魁星楼祭拜的时间主要是大年初一，且到魁星楼祭拜的人没有到其他庙宇祭拜的人多，因为很多神灵都有自己的庙宇。外村的人不会到魁星楼祭拜。魁星楼刚开始的时候由王户管理，王户是一个大家庭，在回民起义的时候全家60余口人全部被杀害，从此绝户。王姓绝户之后，魁星楼成为了村中的公共财产，也没有人管理。

4. 娘娘庙

娘娘庙位于南陵村铁炉堡城门外，偏向东南方向。娘娘庙由南陵村铁炉堡村民共同出资修建，修建较早，具体修建时间不详。产权归铁炉堡所有村民共同所有，即便是庙宇修建好后才搬入铁炉堡的成为该村村民的人也对该庙享有和原村民同样的权利。娘娘庙平时没有人管理，主要是在大年初一的时候去祭祀，平时一般不会给娘娘过庙会。除了大年初一，平日里有人家想求子也会到娘娘庙去祭拜。一般都是家中的妇女到娘娘庙中去祭拜，男人一般不会到娘娘庙中去。回民起义时期，娘娘庙受损严重，此后未重修，直至荒废。

5. 岳王庙

岳王庙位于南陵村铁炉堡城门外的东南角方向，紧挨着娘娘庙。岳王庙修建时间较早，最初为村中的人共同修建，主要的祭拜时间是大年初一和岳王生日，平日里不会去祭拜。岳王庙没有人管理，回民起义之后受损严重，村里也没有组织人修葺。到了民国时期，被村中人占为己有，用一把锁锁上，作为自己存放东西的地方，到了大年初一这一天再将门打开让村民们前来祭拜。一般都是男人前来祭拜，祭拜没有先后顺序，谁先到谁就能祭拜。本村的村民都能来祭拜，即便是刚搬入南陵村铁炉堡的村民也享有和原村民同等的权利。外村人也可以前来祭拜，但是外村人一般不会来，因为每个村几乎都会修建庙宇。

6. 菩萨庙

菩萨庙位于南陵村铁炉堡的西南角，靠近西南角的土地庙。菩萨庙里只供奉着一尊菩萨像。菩萨庙为南陵村铁炉堡村民共同修建，产权归铁炉堡村民共同所有。菩萨庙平日里没有人管理，发生损毁则是由村中头面人物发起共同修建，产生费用主要靠村民的捐赠。菩萨庙在大年初一和菩萨生日这一天前来祭拜的人比较多，祭拜没有先后顺序，都想争头炉香，为了吉利。除此之外，平日里也会有人前来祭拜，主要是祈求菩萨保佑。来菩萨庙祭拜，男人、女人都能来，在大年初一和菩萨生日的时候前来祭拜的大多是男人，平日里前来祭拜的男女都有。至民国时期，庙宇完全损毁后便没有重新修葺，至此南陵村铁炉堡的菩萨庙成为了历史。

7. 关帝庙

关帝庙位于南陵村铁炉堡的东南角，在众多庙宇建筑中属于较大的庙宇。关帝庙为村民共同出资修建，产权归村民共有。全村人一起修建的庙宇，全村人都能去祭拜，祭拜没有先后顺序，不会因为出钱多少而影响祭拜的先后顺序。祭拜的时候外村的村民一般不会过来，主要是本村的村民，祭拜的时候主要是大年初一以及关帝爷的生日。关帝庙没有人管理，平日里都对外开放，还成为了逃荒之人、麦客等的临时落脚之地。庙宇损坏也会重修，重修庙宇有村中头面人物发起，重修庙宇的开支主要是靠捐赠。回民起义，南陵村成为重灾区，大多庙宇被毁坏。到了民国时期，有的村民就将关帝庙占为己有，平日里就作为自家的车房子，用锁锁上，到了祭拜的时候再打开让村民去祭拜。

在南陵村，围绕各庙宇均没有产生相关的组织。

（二）拜庙神表现

1949年以前，南陵村村民围绕庙神信仰产生了建土地堂、求子、祈雨、过会等诸多拜庙神活动。

1. 建土地堂

"进门土地堂，家有万石粮"，土地堂很重要，虽然家家都有，但是建土地堂不是很讲究。在流曲，因为地方没有石头，一财东建土地堂，叫了四个刻匠刻了两年才刻好，都是用砖刻的。土地堂的位置都是一样的，在进门后的东南角。土地堂里只供奉着土地神。几千年来，土地都是基本资料，是根本源泉，是维系生命的资料，非常重要。在神权时代，土地神是管理土地的，农民又非常渴望得到土地，所以对土地神都非常敬奉，将其当作家神，对其充满了期盼，所以进门就是土地堂。土地堂和堂屋相比，土地堂更为重要。平时土地买卖不需要敬土地神，对土地神的敬奉主要是在过春节的时候，土地在家神的行列，过年祭祀先祭了祖先，之后就先祭土地神；不是土地神在家神中地位最高，而是土地神对于农民来说非常的重要。

2. 求子

1949年以前，在南陵村，如果哪一户家里没有孩子，或是家中连续生下几个女孩而想要男孩的时候都会去求子，如果有了儿子就不会再去求子了。求子是家中的妇女去。刚开始的时候只要村里有娘娘庙，就去娘娘庙里求子，后面多到尼姑庵和和尚寺里面去求子，因为他们能帮求子者超颂和念佛，求子者也觉得寺里的神仙比较灵验。到尼姑庵和和尚寺求子都要上香和给香钱，穷人去的也有，但是富人家去和尚寺和尼姑庵的比较多，因为富人家要是没有儿子或孩子就没有财产继承人了，所以更希望有孩子。去求子都是向神灵许愿，之后要是生下了孩子，需要给神灵还愿。还愿的时候是在哪里求的就去哪里还愿。去娘娘庙还愿和去和尚寺、尼姑庵还愿也有差异。到娘娘庙还愿，一般是烧香、磕头，有的人若是飞黄腾达了，或者是大富人家，可能还会重修庙宇，为神灵重塑金身。到尼姑庵、和尚寺还愿，穷人一般都会带上酒、提上几斤油和拿上一些花馍，这些都是给和尚吃的，富人去还愿就要布施（捐赠）。无论是穷人还是富人，还愿给多少都是自愿的。求子只有没有生下孩子和连续生了几个女儿的人才会去求子。

3. 祈雨

南陵村，农业主要"靠天吃饭"，久旱不雨影响生产的时候，便组织人到北太白山或宝峰寺祈雨（方言也称"祈水"），在山泉或是湫里用瓶子盛回水后便在村上庙里设坛十天，如果求到雨水就认为是神仙显灵，那就要盛大庆祝一番，唱三天大戏，以示谢神。

祈雨没有固定的时间，也不是每一年都会祈雨，"靠天吃饭，土地轮歇"，只有连续干旱，导致麦种不上（麦是主要的粮食）才会祈雨，大概两三年会祈雨一次，一年不可能出现两次祈雨。是否需要祈雨由社长根据村民的意愿来决定。决定是否祈雨时社长会找各村头面人物议话，各村头面人物回村后再找村民议话，祈雨时间确定之后不需要向保长报告。

祈雨多与村落为单位进行，祈雨一般都是由社庙来组织，社庙的主要功能就是组织祈雨。社庙由社长、头面人物、管账人和社员组成，社长一人，由各村头面人物推选产生，一般都是热心公益事业、在村庄内部及周围威望较高、有一定文化的人担任社长，只要身体健康，社长一般是终身制，没有报酬。除了社长，社庙中还有各村的头面人物，一般一个自然村落一人，没有报酬。社员，只要是共同建社庙的包含村中的所有人都是社员，关于社员没有明确的规定和记录。

祈雨时间确定之后由各村的头面人物回村告诉村民，不用挨家挨户地通知，只要回村在街上一说，村民便会奔走相告，进而众所周知。祈雨当日，择吉时由村民（一般是四个人，这四个人都是穷人，自愿报名，没有人强迫，久而久之多次祈雨都是同一班人马；四个人之间没有具体的分工，但有一水头，取来之水由水头背或驮，其余三人护送）前往宝峰寺或是太白山敬神取水。到了之后，先在大殿中敬神，向神说明来意，并请求神灵保佑普降甘霖，然后到大殿偏侧湫（湫中之水由僧人放置，但是湫的位置特别好，月亮升起时刚好和湫相对，又名"灵湫月圆"，现为富平八景之一）前跪地取水，用之前准备好的瓶子装好，由水头背回，其余三人手持桃木棍一路护送。回到村中放鞭炮欢迎，将水倒入坛中（坛一般设在菩萨庙，因为南海菩萨是坐在睡莲上，象征着水神；也会设在关帝庙中，但因为关帝庙一般较大，后多做了学校，设在关帝庙学生上课会影响神灵，上香拜神也会影响学生上课），取水的四人就在庙前轮流跪十天，不离水坛，吃住都在庙中，庙中的香火也不能断。村民可以自愿去上香，上完香之后就可以离开。如果十天之内天下雨，就要组织"游水"，由水头带上十多个手持柳木棍的青壮年到各村游村，后面还有锣鼓队跟随。在富平一些地方在这十天内如遇下雨还会"发马角"，即认为顶水篓之人（水头）是神灵附体，要抬着烧红的犁头游村，最后是还愿谢神，还愿谢神结束之后整个祈雨活动就结束了。

谢神由社长召集各村头面人物商量，确定谢神时间后再通知各村，通知都是口头通知，让各村准备粮食，唱三天大戏。自己村中没有唱戏者，则由社长从外面请，还需要向保长打招呼，告知谢神的日期，各村头面人物回村后也要告知甲长谢神日期，保长、甲长要安排治安防护工作。唱什么戏由社长和各村头面人物议话决定。请来的戏团不仅要给工资，还要负责唱戏期间的吃住，吃饭的粮食由社庙出。戏子的工资由戏曲和戏子的名气决定，唱一场（三天）戏名气大的戏团能得到六七石麦的工资，如省里的戏团。唱戏的时候外村人也能来观看，没有和本村的人发生冲突的情况，但是会出现偷盗，均没有被抓住。谢神期间会组织村中的青壮年轮流巡逻，甲长不需要参加巡逻，但是甲长家中有青壮年一样会被安排巡逻。唱戏结束后会公布此次祈雨的收支情况，公示会张贴到各个村，公示的内容主要为祈雨支出、工资之出、伙食支出等。张榜公布意味着整个祈雨活动结束了。若祈雨不成功就不组织谢神，也不会受到什么惩罚。

社庙的收入主要就是靠筹粮，筹粮的对象主要为大户人家和富人，穷人要是实在交不上可以不交，不交者不会受到任何惩罚。筹粮没有具体的数额限定，但也会出现筹粮不够支出的情况，要是发生这样的情况就需要按照地亩银两分摊到户。对于捐粮者，无论捐粮多少，都会将名字刻于石碑之上。经费由专门的人负责管理，每次活动之后都会公示收支情况，剩余的粮食放入公积金中。

4. 过会

1949年以前，在南陵村，"有庙就有会"，为祈求神灵庇佑，村民会为每个庙宇的神灵举行生日会，即庙会。并非每座庙每年都会办会，而是村中的庙宇轮流过会。以药王会为例，药王会依托于南陵村铁炉堡内药王庙所供奉的药王孙思邈，每年农历二月初二是药王的生日，村民会在这一天集中去祭拜药王，为药王庆生。因为药王庙建在铁炉堡城内，过会的时候主要参加的人是铁炉堡的村民，不论贫富都能参加；外村人也能参加，和本村人享受同等的待遇。在南陵村铁炉堡，给药王过会由甲长组织，在其余村庄，如果有会长，就由会长组织。过会期间都会组织唱戏，根据村庄的经济情况决定唱大戏还是小戏，唱大戏会邀请戏班子来表演，花费较高，唱小戏主要就是灯影戏。唱大戏还是小戏是由甲长和村中的头面人物商量，然后根据村庄公共财产来决定。南陵村铁炉堡给药王过了两次会，都是唱的灯影戏。一般过会费用不会向村民摊派，支出的经费主要靠村庄的公共财产和善人的捐赠，南陵村铁炉堡的公共财产主要由变卖村中的公共物品得来，主要是以前庙宇的庙产，如关公庙。公共财产主要用于买锣鼓等庆祝器材以及祭祀活动的开支。公共财产由甲长保管，每次祭祀活动结束都会进行公示，若没有进行祭祀活动，在每年甲长更替的时候进行公示然后再交给下一位甲长。

（三）拜庙神关系

在南陵村，所有的村民都会拜神，即便是教书先生、保长、乡长，也都会去拜神。拜神的时间主要是大年初一和过庙会，大年初一的时候是拜所有的神灵，过庙会则是拜固定的神灵，如农历二月二给药王过庙会的时候则是拜药王，农历五月十九给菩萨过庙会的时候则是拜菩萨，每一个神灵都有固定的日子，但是每年只给一位神灵过庙会。虽然不会给所有的神灵过，但是依旧会给神灵上香、吊表、叩头，只是不会唱戏。另外，新的庙宇建成的时候需要进行开光，开光仪式上也会拜神。在南陵村，拜神的仪式一般为：上香—吊表—叩头。没有其余的仪式，也没有人主持。拜神的时候没有安排顺序，一般是谁先到谁先拜，官员、财东来了都需要排队，不会优先。

春节期间拜庙神时庙宇里没有专人负责，但是给神灵过庙会的时候（如药王、菩萨、马王、关公、娘娘庙等），就有负责人，在南陵村是由甲长负责，而在与南陵村相邻的北陵村便是由会长负责，各甲甲长配合，经费从庙产中出。负责人需要准备香、油、纸、表等祭祀材料，以及安排锣鼓队，另外还要请戏班子。唱戏的时候一般的村子多为木偶戏和灯影戏，大村子或是有大财东愿意出钱的村子则会唱大戏。过庙会这一天拜神不用赶早，一般是吃过午饭再去，几乎家家人都会去，本村的人多会上香、祈愿等，邻村的人也有过来拜神的情况，但还是本村人为主，外村人来看戏的比较多，看戏不需要拜神。

大年初一村民去拜庙神的情况相对比较集中,家家户户都会派人去,官民平等、贫富平等,而且要讲究看谁抢到头炉香,头炉香意味着吉利。春节去拜庙神的时候通常一户人家只需要去一个代表,一般是家长去,大户人家也是家长去,要是家长年纪过大会让青年男性去;女人只能参加菩萨庙、药王庙、娘娘庙的拜神活动,其余的拜神活动均不能参加。土地庙和岳王庙,主要是关系种地的事情,种地的人一般是男性,所以只有男性能去;娘娘庙关系生儿育女,菩萨庙普渡众生,药王庙是关系病祸,所以这三个庙女性能参加;同时,菩萨庙和药王庙男人也能去拜神,但一般不去娘娘庙拜神,男人去拜神和女人是一样的。此外,虽然土地是农民的命根子,对农民来说格外重要,但是在南陵村,没有给土地庙过过庙会。如前文所述,土地神已经被当作家神了,拜土地神是祈求保佑粮食生产,期盼粮食有个好收成,但作为神灵来说,土地神是官职最小的神灵。修建房屋的时候本应该是敬土地爷,但是现实中都敬姜太公,因为所有的神都是姜太公封的。灾荒的时候不会敬土地神,举家逃荒的时候也不需要敬土地神。拜神的时候不需要带供品,只有善男信女会带供品,供品不能带回来。拜神的时候也有不去的人家,但是很少,主要是因病或是因事,否则一般都会去,拜神主要就是祈求神灵保佑。

在南陵村,村民去庙宇拜神一般都是单独去,不会结伴而行。拜神的时候是以"一家一户"为单位,不会众人一起去拜神,拜神的时候需要的物品都是自己准备,拜了之后一般不会带回去。村长、保长、甲长等也会去拜神,他们拜神和村民平等,没有特权,也没有特殊讲究。妇女能去寺庙,但是不能去土地庙,土地庙一般都是男的去。去拜神的时候,儿子能单独去,女儿不能单独去,女儿只有在还是一个孩子的时候能随大人一起去。各村都有庙,也都会办庙会,一般不会到别的村去拜神。拜神之事,不用给保长报告,也不需要给官府报告。

在南陵村,土地爷和药王是村民最崇拜的神灵,因为这两个神灵都与村民的生产生活息息相关,土地爷掌管土地和生产,药王关系身体健康。药王庙建于城内,为单独朝宇,土地庙分别建于城的东南角和西南角,另外家家户户还建有土地堂。无论是药王庙还是土地庙,一般都是南陵村村民自己祭拜,外村人很少会过来,土地庙每个村都有。平时的祭拜活动没有人组织,外村的人也可以过来祭拜,没有人干涉,只有在给神灵过庙会的时候才会有人来组织过庙会。南陵村有给药王过过庙会,但是没有给土地爷过过庙会。

旧时,在富平县,几乎每一个村落都会建本村的庙宇,拜神的时候主要还是在自己村落范围内进行祭拜,村落之间一般不会有太多的联系,即便是南陵村的四个村落,也都是自己建有自己村落的神庙，在自己村落内的神庙里进行祭拜。但是如寺和一些特殊的庙宇，如南陵村铁炉堡的药王庙，这样的神庙是某一个村落特有的，别的村落的村民如果有需要的话也会到这个庙宇进行祭拜和祈愿。但是即便会跨村拜神，拜神的单位还是家庭，同一神灵的信众之间一般没有联系，更不存在相应的组织。对神灵的信仰是村民的自由，不会受到村庄和官府的干预，信仰不同神灵之间的村民也不会起冲突。

二、拜家神及其信仰关系

在南陵村，村民也会拜家神，拜家神的时间主要是大年初一。主要的家神有门神、灶王爷、井神（井天龙王）、土地爷、磨子神（北虎神）、吕祖爷等。所有家神中只有给土地爷修了专门的供奉位置，其余均没有专门的供奉地方。土地神修有土地堂，其余的各家神均不摆神位，但是在敬奉各神的地方都贴有对联，不过不是所有神的对联都贴出来。在各家神中，主要敬奉的就是土地爷和灶王爷。"五行土得厚，三才地道神"——这是土地爷的对联，"上天言好事，回宫降吉祥"——这是灶王爷的对联，这些是固定的，但是一般村民家中只贴出土地爷的对联，有的土地堂也不贴对联。拜家神的时候一般都是家中的青壮年去祭拜，女性不能去祭拜神灵。家中要是没有男丁，这个家庭一般就不拜神了，寡妇娃之所以守寡，要不就是因为有儿子，要不就是守家财，否则都会改嫁，先嫁由父母，后嫁由本身；家中男人去世后，其要走，家里的人根本挡不住，这个时候也失去了管束权。

在众家神中，门神也是尤其得到村民重视的一位家神。门神要贴神像，一般都是大年三十的下午贴上去，主要贴的是秦叔宝和尉迟恭，秦叔宝负责保卫家宅、保卫平安，尉迟恭负责驱邪避鬼，主要目的是助功利、降吉祥等。拜神的时候主要是给家神上香、吊表、叩头。一般都是先拜了祖先，然后再去拜家神。大年初一拜神的时候需要先拜神灵，然后再拜家神，平日里给神灵过庙会的时候，不需要祭拜家神。在各类信仰中，祖宗最为重要，祖宗一年也要祭拜三四次，如大年初一、清明以及农历十月一日寒衣节。在各类神灵中，村民最信的是药王，药王的庙宇在城内，其余的神灵庙宇都在城外。药王之外，土地爷对于农民来说比较重要，其余的神灵没有信仰顺序。家神没有庙神大，外面的神灵都有庙宇以及庙会，家神没有。

三、巫术及其信仰关系

巫术是南陵村当地的另一种信仰形式。1949年以前南陵村当地虽然没有巫婆、神汉等与鬼神相关的职业，但村民也会举行或参与送鬼、叫魂等与鬼怪有关的活动。

（一）送鬼

1949年以前，在南陵村，若村民家中的孩子高烧不退或者是昏迷不醒，则会被认为是鬼神把孩子的灵魂拿去了，为帮孩子招魂祛病，就会选择进行送鬼活动。送鬼不分身份、不论穷富，只要家里有重病的人，几乎家家户户都会进行送鬼。在南陵村，没有固定的、专门进行送鬼的人，各家送鬼主要由家中的老人来负责。在村民看来，家人高烧不退或是昏迷不醒多是因为关系最近或是距离最近的老人去世的时候将病者的魂魄一并带走了，因此在送鬼的时候，如果去世的是自家老人，则在自家门前烧纸钱和黄表；如果去世的是亲戚家或邻里家的老人，为避免产生矛盾，通常是到老人生前居所的路口烧纸钱和黄表。送鬼烧纸通常是在晚上进行，烧的纸钱，不管是什么钱，中间都是空的，主要就是想把鬼送走。如果家里没有老人，就请邻居家的老人来帮忙送鬼，送鬼的一般都是老婆子，男性一般都不送鬼。

（二）叫魂

传统时期，在南陵村，孩子受了惊吓之后若哭啼不已或突然发高烧，家人会认为是失魂所致，就会选择为孩子叫魂，穷人家和富人家都会给孩子叫魂，且流程是一样的。保长、甲长家的孩子若是受了惊吓也会为孩子叫魂，和普通人家一样。叫魂的时候需要孩子的生辰八字、姓名、在何处受惊吓等信息，根将这些信息告诉神灵，然后让神灵赶快还娃的魂。叫魂由巫婆、神汉来完成，在南陵村没有巫婆、神汉，需要给娃叫魂的时候要到周边的村庄去请巫婆、神汉，谁家的娃受了惊吓就由谁家的掌柜的去请。请巫婆、神汉不需要带礼物，但是需要给报酬，报酬给的不多，大约等于四五升粮食。平年和灾年给的报酬一样多。叫魂的时候，娃在哪里受的惊吓就在哪里为娃叫魂。巫婆和神汉家中也种地，还是以种地为主，当巫婆、神汉就是为了农闲时增加一些收入，如果巫婆、神汉的活动与农忙冲突，他们会根据情况而定，如果农业生产能延迟就会稍作延迟，如果不能，如家中收麦等，就会拒绝别人的请求或是建议别人改期，还是以农作为主。当巫婆、神汉的人一般都是能说会道的人，且一般都是穷人家的人，财东家的人不会当巫婆、神汉。在旧社会，有钱人几乎都不会参加这些歪门邪道的事情，这些也就是骗吃骗喝的，财东家有钱，也不需要这样去骗。叫魂的时候不需要祭拜祖先，叫魂的时候要烧香，嘴里要念念有词。

四、算命及其信仰关系

算命的人大都是流动的，不会固定在一个地方算命。在南陵村流动算命的人大多是河南和安徽的灾民。算命的人一般都有说词，都能"说出一些道道来"，所以算命的人一般都是有一些文化的人。但是也不一定每位算命先生都有文化，如传统时期的盲人算命先生,在没有盲人教育的背景下,盲人算命先生多是没有文化的。流动的人算命是直接到家中来,由掌柜的去请,算了命要给报酬,有的还需要管饭。算命的人除了流动的,还有一些是固定的,如和尚寺、尼姑庵、道观等也有人算命,固定场所算命的人的报酬更高,到固定场所算命需要自己去,一般不会请到家里来。之所以去算命,第一是因为好奇,村里来了算命的人,就会比较好奇,加上给的钱也少,换算为当下货币约合三五块钱,所以参与的人多,青年人参与得比较多,主要是问婚姻、前途;第二是家运不昌的时候也会去算命。富人多去固定场所算命,也偶尔会请流动的算命先生。穷人多请流动的算命先生,也会到固定场所算命,但是到固定场所算命的情况比较少,且大多是问婚姻、问诉讼和问前程,穷人到固定场所算命但没有钱的时候会筹钱去算命,把希望都寄托在算命先生身上。算命的人挣的钱也很少,相当于是"文明要饭"。流动算命的人,报酬大约就是一碗饭的钱,不到一升粮食。如果算的结果让算命的人家高兴了也会管饭,会多给一些钱。固定算命的人,一般是不直接要报酬,而是给你算命了之后你自己将钱捐入功德箱,捐多捐少不会影响算命的结果,但是大家一般都会都捐一些,多捐会显得心诚。

第三节 思维与思维关系

传统时期,南陵村村民基于"安土重迁"的相对稳定的生活状态,形成了相对稳定的经验思维、务实思维、循环思维、中庸思维、平均思维等思维关系体系,它们深刻影响着村民在日常生产生活中的行为导向与选择。本节将重点考察 1949 年以前南陵村的思维与思维关系。

一、经验思维及其关系

传统社会时期的南陵村,村民普遍认为"不听老人言,吃亏在眼前",老年人因经历较多,对于日常生产生活更具有经验;长辈的言传身教是村民的重要行为指南,体现了较强的经验思维。

(一)生活及生产经验

1949 年以前,在南陵村,虽没有明确的用于指导村民生产、生活的文本资料,但村民在日常生活中经由世代的积累也形成了一些口口相传的生活经验,为后人的生活带来一定的指导。如"大灾之后必有瘟疫""久旱必降甘霖""蚂蚁搬家,必要大雨",这些谚语指引着人们进行次生灾害的防范;"一九二九,怀中抱手;三九四九,冻死猪狗;五九半,冰消散;六九七九,河边看柳;八九燕子来;九九加一九,耕牛遍地走"

"七月枣，八月梨，九月柿子红了皮"，不同的时间性谚语暗藏着不同的气候特征和自然变化，旧时的农民可以根据这些特征来进行生活安排；"家和万事兴"，家庭和睦，不仅人丁兴旺，万事皆如意，但也有"树大分权，崽大分家"的说法，意为孩子一旦长大成家一定要分家，村民认为如果不分家就容易产生矛盾，且矛盾大多源于女人。

旧时的南陵村，村民以二十四节气记录农时，过着"日出而作，日入而息"的农耕生活，一切都根据自然的变化和经验来安排农业生产，形成了丰富的农业生产经验。在长期的生产活动中，南陵村村民根据气候、节气变化等特征，总结出了一些农业生产的基本规则，如"一九一阳生，五九努出羊角葱""地冻冰凌响，萝卜白菜长""惊蛰过，百虫醒""清明前后，种瓜点豆""清明时节一场雨，胜似秀才中了举""谷雨前，不种棉""枣儿塞鼻子，种谷种糜子""三月二十八，小麦碗豆乱扬花""立夏十日连枷响""中伏萝卜末伏芥，秋后再种蔓青菜""秋分糜子寒露谷""秋分种山，寒露种川"等。这些经验都是来自日常生活的积累和祖辈代代相传，对传统时期农民的生产生活有着重要的指导价值。

在南陵村，村民流传着"不听老人言，吃亏在眼前"的说法，村民认为年纪越大的人经历越丰富，其所掌握的生产、生活经验也随之更加丰富。因此，村民遇事，尤其是摇摆不定的事情，都要找家中或村中的老人请教，在农业生产上也多是父传子的祖辈相传的方法。

（二）经验思维关系

经验思维表现于生产生活的各个方面。1949年以前，在南陵村，家庭是基本的生产单元和生活单元，家庭中掌柜的就是经验思维的重要体现。掌柜的一般都是由家中年纪较大的男性担任，究其原因主要是因为其完全有能力组织家户生产与生活，能管理好这个家，且当地人认为年纪大生活阅历就丰富、经验就比较多。家长在教育孩子的时候也经常会说"我吃过的盐比你吃过的饭还多"，这些都是经验思维在生产生活中的重要体现，同时这些经过长期生产生活积累起来的经验也指导着一代又一代人的生产生活活动。

在日常生活中，村民还是会接受别人的观点或想法，特别是在生活中，年轻人比较容易接受老人的观点和想法，会听从他们的意见和建议，在他们看来这些老年人都生活了大半辈子，走的路也多，经历的事情也比较多，比较有经验，但是老年人很难接受年轻人的想法和观点，老年人还是比较相信自己多年的经验。但是总的来说，当时的村民还是比较保守的，新的观点一般在熟人之间才有可能被接纳。

在生产中，村民以种植粮食作物为主，不会轻易改变耕作方式和耕作作物，这是多年积累下来的一个经验,当时的粮食也非常紧张,对于大部分人来说土地还是不富足,主要种植粮食作物来糊口;去尝试新的作物,如果种植失败,接下来的生活就会比较困难。当然,一些土地大户的土地较多,为了获得更高的收益他们会去种植一些新的作物,如"仇石村的仇尚智,将自己家里的一部分土地种上了大烟,恰巧那一年大烟丰产,挣了不少钱,后面又将这些钱用来买了更多的土地"[1]。市场上棉花的价格相对较高,南陵村的村民也会种植棉花,但是种植棉花已经有了一段时间,村民也积累了一定的经验,并不能算是新的作物;但是即便这样,村民也不会将自家的土地全部用来种植棉花,始终需要留出一部分土地来种植粮食以保证全家人的生存。

在村中,村民都比较敬重老人,特别是村中能力较强、有文化的老人,他们在村中说话具有一定的权威性,家长的权威局限在一个家庭中。1949年以前,南陵村的宗族虽然已经名存实亡,族长已经不存在,但是宗族的门支关系及长幼辈分依旧十分清晰,宗族中的老人在自己种族内仍具有较高的权威。保长和乡绅在村中也具有较高的权威,保长是因为其手上有权,而乡绅有文化,还能和官府联系上;但是保长和乡绅是否受村民尊重得看其言行,如保长董相年,村民就不喜欢。在南陵村,甲长轮流当,每户当一年,但是一些大户人家都不愿意当甲长,就请穷人当,甲长在村中权威不高。这些人有的权威高一些,有的权威相对较小,但是权威的高低只能说明其在村中说话具有的分量不同,不会被村民奉为权威,如果说出一些不符实际、违反常理的话,村民也会质疑,质疑的结果就是不相信其说的话,但一般也不会当面质疑。

二、务实思维及其关系

旧时的南陵村,"忙时种庄稼,闲时搞副业",村民以种地为主,但农闲时也不愿意让自己闲下来。村民认为,"勤能维生,勤能致富",劳动是他们绝大多数人维持生计的方式。首先,南陵村的村民认为勤奋能填饱肚子,再穷的家,只要勤劳都不会挨饿,家里穷了可以去拉长工,可以去帮别人做活,至少能保证活下去,如果家里又穷人又懒,自然就要挨饿。其次,"好吃懒做遭人笑话",村民都看不起好吃懒做的人,媒人在说媳妇的时候,一般都不会把人家的女儿介绍给好吃懒做的人,这样是害了人家。再次,"赌博的钱留不住",村民认为赌博是不务正业,赌博的人今天赢了明天输,赢钱的时候能吃上一点,输钱了狼狈不堪,更是想把钱赢回来,这就是一个无底洞,参加赌博的人都想着能够不劳而获,想着一夜暴富,这些都是不务实的表现。

在传统社会时期,村民既重视眼前的利益,也看中长远的利益,最明显的表现就在土地上。"土地是农民的命根子,土地也是农民的刮金板",村民认为土地能够给农

---

[1] 来自对刘兴汉老人的访谈。

民带来长久的收益。如家中遭遇变故，致使生活陷入贫困，农民想到的不是通过卖地的方式来渡过难关，首先会想到的就是和亲戚朋友求助，因为这样的方式可以还相对较少的本息，如果这个办法行不通则会想到借高利贷的方式，最后没有办法了才会考虑出卖土地来续命。当农民有了钱之后首先想到的就是买土地，从南陵村及周边的情况来看，无论是拉长工的农户，还是当地大户，当有了一定积蓄的时候想着的都是买土地，长工买了土地就可以自己种自己吃，过上自己的生活；大户买土地是资本的积累。这些务实的思维，让农民想过上一种心安的生活，也正是这种务实的思维，影响着农民的行为方式。

三、循环思维及其关系

季节变化影响着南陵村村民的日常生产生活，村民也根据季节等的变化来进行农业生产和生活活动。1949 年以前，在南陵村，无论是耕地、播种还是收割，完全依靠人力和牛力，时间对于南陵村村民来说非常的重要，什么时候做什么，都得把握好，错过了时间就会影响收成，村民依据季节的轮换过着"周而复始"的生活。"清明前后，种瓜点豆""谷雨前，不种棉""中伏萝卜末伏芥，秋后再种蔓青菜"，不同的时间能种什么、不能种什么，经过祖祖辈辈积累形成了固定的思维，后代在生产生活中自然就在这种思维的影响下开展农业生产。

在传统时期，人类适应自然和改造自然的能力有限，为应对天灾人祸，南陵村的村民通过采取一些特有的方法和措施来降低天灾人祸带来的损失。南陵村因为靠近南岳山麓，其北面为山区，山匪纵横，南陵村村民的先辈们就通过修筑城墙来抵御山匪的抢劫和战乱。但另一方面，南陵村的村民并未完全集中居住，"小聚居，大散居"的居住格局，也决定了南陵村的村民很难集中起来抵御外侵，一方有难时很难做到八方支援，所以就如铁炉堡的村民一般，因为人口数量等原因，在村中修建了窨子，主要用于躲避灾祸，当遇到大势力的土匪来抢劫或是无法抵御的战争时，村民们就会躲进窨子中避免被屠杀，而并不是一味地拼死抵抗；"靠天吃饭"的水利条件，也激发了村民的智慧，在城墙外修筑起了涝池，天降甘霖时将多余的雨水收集在涝池中，主要用于村庄火灾救急和村民日常的洗衣及喂牲口，涝池的修建使得村民有能力在天不降雨时能够维持一段时间的正常生活和灾情防备。从生活上看，南陵村村民的生活用水主要来自井水，井水一般充足，取来的水一般不需要循环利用，只是有的家庭会将早晨洗脸的水留在盆中用来洗手。

"门户紧如债，背上锅儿卖"，循环思维还表现在农户的日常交往中，"礼尚往来"就是最好的例子，再艰难的生活，也都会参与行门户，不愿欠人情。首先是村中的红白喜事，村民一般都需要参加，亲戚外其余的人都要上官礼，官礼是固定的，不管谁家有红白喜事，其余的人家都要交官礼，官礼由保长收齐之后统一于红白喜事当日交于主家。其次是结婚、办寿等的贺礼，家中有喜事，亲朋好友来道贺会给贺礼，贺礼多少不一定，但是在别人家有喜事时，你去回礼就要讲究礼尚往来，回礼不能少于贺礼，一般都会稍微多一些。在南陵村，循环思维还表现在平时的生产劳作中，在一些生产活动上，仅靠一家人的力量很难完成，所以催生了换工和帮工的合作方式，无论是换工还是帮工，都是一种相互帮忙的方式，不会斤斤计较帮忙的时间和工作量，只要你帮了我，等你有事的时候我也会去帮你，是一种"工换工""工帮工"的方式。无论是生产生活，还是日常的交往等，村民均表现出循环的思维特征，也正是这样的循环思维影响着村民过着循环往复的生活。

四、中庸思维及其关系

所谓"中庸"，就是要在现有的外在环境与条件下，得到最适宜的、最恰当的、无过与不及的表达与实现。在南陵村，这种中庸思维较为突出，主要表现在生产生活、日常交往中，甚至是在权力中也有表现。

（一）"家家房子半边盖"

所谓陕西有八大怪，其中一怪就是"家家房子半边盖"，这就是中庸思维在生活中的突出表现。所谓"半边盖"，实质是一边盖，是指一般的房子房顶为人字形，可是陕西的房子却是人字的一撇。因为南陵村所在的地区干旱少雨，一边盖的房子能让珍贵的雨水全部流到自家的田地里，正所谓"肥水不流外人田"。造成房子一边盖的还有一个重要的原因，就是由于南陵村耕地数量长期以来并无增加，农作物产量也没有明显提升，但是人口却迅猛增加，村中原来聚居生活的家庭，因土地面积有限而人口众多，住宅紧张，于是便形成了房子"半边盖"的历史。正如刘兴汉老人所讲："在我们这一带，好多村子都修建了城墙，修起城墙之后，里面的土地就是有限的，人是越来越多，但是土地没有变，为了都能有地方住，就只能节约土地，房子一边盖，两家挨着的地方就可以少占地，甚至是共用一堵界墙。"再从房屋的排列来看，城墙内的房屋都是一排排地整齐排列着，这和南方村落错落式民居分布方式形成巨大的反差。南陵村在房屋的排列上还有一个讲究，"同一排房屋，你的地基不能起得比别人高"，在村民看来，你的地基要是比我的高，那你就是压着我，这样就会产生矛盾；自己建房的时候也不会让自己的地基比别人矮，比别人的地基矮就觉得被压着，所以同一排房子的地基一般都是一样高的，即便是大户人家也是如此。

(二)"不出头、不炫富"

1949年以前,从南陵村村民日常的交往来看,村民讲究"不出头、不炫富",聊天的时候一般不会聊到自己的家财情况,有的人甚至会"哭穷",目的就是不想让别人知道自己的家底情况,讲求"富而不露"。据村中的老人讲述,以前虽然家家户户都是高墙大门,但是财东家和一般的平民百姓家还是有差距,平民百姓家的孩子可以四处玩耍,大人一般都身强力壮,但是大户人家为了不暴露自己的家财,在房屋的顶上还要盖上网,主要目的是防止麻雀进家偷吃粮食。财东家人丁兴旺的并不多,主要原因是经常藏在家里,晒太阳少,时间长了身体自然也不好。这些表现自然也是一种中庸思维的体现,讲究平平常常。无论是农户的言行举止还是农户的生产生活,南陵村的村民都不愿意"太过招摇、太过冒尖、太过炫耀",如果你太过炫耀会遭人嫉妒,也会给人不好的感觉,让人心里不舒服,甚至会影响家户在村庄中的人际交往关系。

(三)"甲长轮流当"

从权力角度来看,传统时期,在南陵村,甲长采取轮流当的产生方式,一年一轮换,甲长要帮忙收取税赋及完成一些上级安排的任务,当甲长的时候在村中具有一定的权威,但是大财东家和大户家庭都不愿意去做这些事情,不想去沾惹这些"麻烦事",就想自己的生活安定、富足足矣,就会花钱请人当甲长。村庄中虽然也有人担任过保长等职务,但是并没有人争着去做这些差事,"三十亩地一头牛,老婆孩子热炕头"是绝大多数人期待的幸福生活。

五、平均思维与关系

1949年以前,在南陵村村民日常的生产生活中,体现出了较强的平均思维,主要表现在日常交往、生产生活互助、分家、养老、税赋征收等方面。

(一)家庭内部的平均思维及其关系

分家时按儿子数量平均分配财产,子辈各得一份,即是平均思维在生活中最突出的表现。传统时期的南陵村,"树大分杈,崽大分家"是一种必然的趋势,当家庭中儿子成家后,基本上就会面临分家,分家的时候诸多方面都体现着平均思维。首先是分配要求,为了做到均分,父母亲一般不直接主持分家仪式,而是由舅舅来主持,舅舅成为了最有权威的分家主持人。其次是分家时的债务处理,在分家的时候先要进行债务的分配,原则上是儿子均担。再次,就是在养老问题上,会先处理养老的问题,养老采用诸子共养和一子主养的方式:如果是诸子共养,则会平均承担养老义务;如果是一子主养,则会给予该子一定的补偿,如分给养老田和养老房,老人去世后其具有继承权。第四是面对各儿子间情况差异的平均,如要给未婚儿子留出婚姻地,用于补偿结婚支出。第五是家财的处理，上述问题处理之后，剩余的部分就会均分，分家的时候虽然不是平均得到某一物或是相同钱财，但是总获得物价值相当，如给这个儿子分了一头耕牛，其余儿子没有分到就会在其余的地方进行补偿，土地一般是均分，但也会根据土地的质量多分或是少分。以上这些事情的处理，均体现着南陵村村民的平均思维，要求平均，平则家安。

同时，在家庭内部，除了分家、养老等事情外，财产的消费上也体现着平均思维，家庭成员共同拥有家庭财产和物品的消费权，家庭成员均可以平均消费或是对其消费权享有平等的权利，如家庭购买回来的粮食可以共同食用，家里购买回来的生活用品，除特殊物品外，均享有同等使用权。

（二）家庭外部的平均思维及其关系

在日常的生产生活互助中，村民讲求平均。为应对劳力不足、生产工具不全、抢种抢收等农业生产的难题，一定阶段的农业劳动需要邻里、亲戚之间通力协作才能按期完成，所以出现了帮工和换工的互助形式，虽然是互助，但也讲究平均。从换工来看，其平均思维主要体现在换工之事是相同的事情，如需要淘井、修房子、平地等做同一类事情的人家之间才会产生换工，换工的时候不是以工作量来要求平均，而是以数量来要求平均，即双方换工之事均完成之后换工才结束。从帮工来看，帮工是农户之间的相互帮忙，其讲究的是形式上的平均，虽不要求帮忙之事是同一类事情，但是讲究"礼尚往来"的平均，即在你有事的时候我帮了你，当我有事的时候你也得来帮忙我。

在日常交往的行门户中也体现着平均思想。首先是礼金上的平均，同一个村的村民家中有事会行官礼，官礼则是家家户户平等，无论其贫富，无论其社会地位的高低，也不管是谁家有红白喜事，都是行一样的官礼。其次是贺礼上的平均，虽然在结婚、过寿等事宜上会给贺礼，但是农户在行贺礼的时候也会有所考量，如同一类型的亲戚和朋友行相同的贺礼，体现的是社会等级内的平均；再次是主家的回礼，回礼不管来者贫富和社会地位高低，也不管其行门户和给贺礼的多少，均给相同的回礼，这既是数量上的平均，也是身份地位上的公平。

（三）村庄公共事务的平均思维及其关系

在传统时期，南陵村征收税赋以地亩为单位，兼顾土地的质量，根据土地的等级和面积来进行征收赋税，不会胡乱征收，从制度上做到了平均和公平。在村庄公共事务的管理上，同样体现着平均思维。如南陵村在建起了城墙之后，晚上会安排农户守夜，以铁炉堡为例，按照房屋的坐落位置依次安排，每天晚上两家农户共同守夜，村庄不管贫富都需要参与守夜，一家出一个人。再如城墙、涝池等需要修补的时候则是全村人共同参与，每家派一个壮劳力参与。

第四节　态度与态度关系

态度是人们对特定事务所持有的稳定的心理倾向，是人们文化心理的重要表现形式。态度形成于人们长期的生产生活过程中，又反过来影响村民对生产生活的根本看法和行为选择。本节将从生育观念、生产观念、生活观念、社会观念、政治观念、人生态度出发，对传统时期南陵村村民的态度与态度关系进行考察。

一、生育态度与态度关系

生育是人口繁衍和家庭延续的必要路径，在南陵村，村民普遍存在着"多子多福"的观念，家户内部普遍较为重视生育行为。然而，对生育男孩与生育女孩又表现出较大的态度与行为差异。

（一）生育观念

传统时期，在南陵村，村民普遍认为生了男孩意味着后继有人，生的男孩越多也意味着人丁兴旺、家庭运势好。如果没有男孩，则意味着绝户，家庭后继无人。如果无儿无女，村民本人也会觉得低人一等，没有面子。在以农耕为主的生产条件下，对村民来说，生了孩子意味着劳动力的增加，是家庭的喜事。生男孩和生女孩对一个家庭来说也意味着不同的意思，男孩是顶门立户的，生了男孩还能增加家庭的劳动力，帮助生产，生女孩则不如生男孩子时喜悦。

1. 生育倾向

在南陵村，穷人倾向于多生孩子，越穷越生，穷人家多生孩子，劳动力就多。生了男孩想生女孩，生了女孩想生男孩，一个家庭总想男孩女孩都有，所以总的孩子数量就多，一般来说每个家庭都有六七个、七八个小孩。在当地有这样一句关于家庭生育的谚语："一儿一女活神仙。"原本是一个家庭能有上一个男孩一个女孩应该是最幸福的状态，都说生一儿一女就不再生了，但是在当时没有节育措施，生一儿一女也成为了假话，大多家庭都生了多个。生孩子没有生到女儿无所谓，家里只是想要有女儿，但是生不到儿子就不一样了。农户在村中的地位不会因为家中男孩子数量的增多而改变，但是会因为没有男孩而地位低，被其他人嘲笑、看不起。生孩子也不是越多越好，生得太多了也会遭到村里人的议论。儿子多的家庭，既有家境好的，也有家境差的人家。

2. 生男生女的差异

(1) 生男倾向

在子女生育上，村民倾向于生男孩，如果可以，一般都是男孩女孩都想要，如果只能选择其一的话，都会选择生男孩，没有女孩无所谓，但是没有男孩就不行，没有男孩就没有人传宗接代，就意味着这个家庭、甚至家族可能绝户。儿子多的人家在村中也会更受人尊重，别人都会说他们家是命好。特别是结婚初没有生下孩子，两三年以后生了一个男孩，在村里一下子就会轰动起来。

有的家庭连续生下几个男孩，即便是家中再穷也会想尽办法将娃养大成人，当地流传着这样一句话："不怕贫，只要有人。"即便是穷，生了几个儿子，几年以后儿子长大了，即便是给别人拉长工也能过上好日子。如刘兴汉的舅舅，本来家庭生活比较困难，后来他给文字七团的团总背枪，该团总在民国十八年（1929年）年馑的时候帮助刘兴汉舅舅成了家，成家后生了七个男孩一个女孩，这些男孩长大之后，家里的生活就慢慢得到了改善。

(2) 生育者身份差异

妻子被娶进门之后，生了男孩和生了女孩在家中的地位也会有所不同。如果娶进门之后连续生了几个女儿，一个男孩都没有生下，儿媳的第一关就是婆媳关，儿媳在婆婆面前就过不去，经常受到婆婆的冷言冷语。如果生下的都是女孩，没有生下男孩，在家族中就没有地位，在村中的地位也要低一些。如果没有生下儿子，要延续家族就只有两个途径，一个是招赘，招一个女婿过来，另外一种就是让近族来继承家产。所以一个家庭要是没有生下一个男孩，对这个家庭在精神上是极大的打击，其他村民也会觉得这个家庭无望了。

(3) 溺死女婴

溺婴也是生育差异的另一种体现。在南村没有出现过溺婴的情况，但是在周围的村庄中就有这样的事情发生，连续生了几个女儿之后，又生了女儿，家里的人就会让接生婆直接将女儿扔到尿盆里淹死。如果只生了一个女儿，第一个女儿不会送人或溺婴，能生下一个女孩，就证明女人的生育能力是正常的，想着第二个、第三个就可能生下男孩，对生儿子也有盼头。如果第二个之后生下女孩，就会出现送人的情况，有的人家生下的全部都是男孩，总想要一个女孩，所以也会抱养，这样就男孩女孩都有了，于是就有人送人、有人抱养了。如果出现溺婴或是将女婴送人的情况，都是需要掌柜的的同意，但是掌柜的不会传达命令，一般都是让婆婆去传达命令，且一般是让接生婆弄死；不需要媳妇同意，媳妇也做不了主；虽然做决定的是掌柜的，但是也会征求丈夫的意见，一般丈夫也是想要一个男孩，因为没有男孩就没有传宗接代的人，如果家庭条件不好，连续生了几个女孩家里也养不起。村里人普遍认为：溺婴或是将女婴送人都是无奈之举。

（4）仪式差异

生了男孩一定会办满月仪式，要是生了女孩，初婚生下的第一个女孩也会办，男孩就过"满月"，女孩就过二十天，男女有别，在规模方面，男孩办满月规模更大，而生了女孩过二十天，只有娘家及连带的亲戚会来。在结婚方面，男子会办喜酒，女子就不会。在上学方面，男子能上学，女子就不能上学，当时都是私塾，即便是财东家的女子也不会去上学；男孩就要上学，就算是穷人家的男孩也会想尽办法让其去上几年学，识几个字少受人欺负。在祝寿方面，男性到了年龄都会办寿，但是女性只有在丈夫去世之后、年纪比较大了，或者女性自己在外面做成事了或者是做了官了，有了名声了才会办寿，在农村，女性办寿的情况很少见。在丧葬方面，男性去世了会办葬礼，女性去世之后也会办葬礼，男女没有区别。

> 在南陵村铁炉堡未生育孩子的人家有三户，分别是刘邦富、王凤鸣和刘邦杰。刘邦富是一名医生，医术较高，生活也好，在村中的地位还可以，只是人缘不是很好。王凤鸣，没有生下孩子，过继了其哥哥的儿子，地位高，主要原因是在村中无是无非，是农业生产上的一把手，从不说人长短，尽管是给财东家拉长工的，但是后面也得到了财东的赏识，做了长工头，人缘也比较好。刘邦杰，现在已经绝户，过去主要是种地，但是好吃懒做，抽鸦片烟，把家产也败光了，在村中的地位比较低。没有生下孩子，村民中有的瞧不起他们，骂他们为"绝死鬼"，在精神上也承受着巨大的压力。[1]

"三十亩土地一头牛，老婆娃娃热炕头""一男一女活神仙"均是当地对于幸福生活的谚语，首先是得有孩子，要是有一男一女就更好了，这样就会觉得比较幸福，但是必须要有男孩；没有男孩，第一是后继无人，第二是身份地位降低，第三是生产生活受到影响，还需承受巨大的压力。其次，"不怕贫，只要有人"，所以穷人生的男孩多就是最大的资本，生的女孩多了，认为是一种负担。从物质方面来看，觉得有土地二三十亩，房子两三间，耕牛一头，外加一些农具，是比较幸福的生活状态。在传统社会时期，村民最大的渴望是有土地，种的粮食够吃，不欠别人的债。如南陵村赵家

---

[1] 来自对刘兴汉老人的访谈。

堡杨明虎的父亲杨天才,当时家里穷,给詹家村财东家拉长工,后面买了空院子,盖了几间房,还有了自己的土地,所以即便是拉长工的人都有自己的梦想:有吃有住有土地,有妻有娃就是最好的生活。另外,在当时,无论贫富都希望太平。农民过去有想过要改变生活,但是又无能为力。在农村,农民都是一盘散沙,所以只想满足"三十亩土地一头牛,老婆孩子热炕头"的生活。

3. 生育观念的其他表现

旧时的南陵村,生育观念的表现还有以下几点。第一,不生孩子的休妻。结婚三年之后,不管是男孩还是女孩,要是一个都没有生,家里就会比较焦急,婆婆等着抱孙子,公公唉声叹气,媳妇受到讽刺、被恶语相待,都是常见的表现,严重的还会出现休妻行为。第二,求神拜佛,庙里要娃娃等。第三,因为没有生育,男方在精神上受到了来自父母的高压,对过日子、搞农业生产都丧失了信心。

(二)生育关系

1. 生育与生产

在传统社会时期,南陵村的妇女在怀孕之后仍要做家务,直到生前一两个月才不用做家务,如果是大财东家,家中有丫鬟,就不需要做家务活。生孩子都是在家里生,由婆婆去请接生婆。一般每一个村都会有一个接生婆,如果在本村请不到接生婆才会到外村去请,请接生婆的时候不需要带礼物,但是要给报酬,报酬是在接生婆接生好后走的时候给,报酬没有定数,多少不一,根据家庭情况给。接生好后一般都会留接生婆在家中吃一顿饭,要是接生失败,出现死婴或是大人去世,一般就不会给报酬,出现这样的情况接生婆也不会要报酬。

2. 生育仪式

生了孩子,无论是男孩还是女孩,都要给孩子过满月或是二十天,生了男孩是办满月,生了女孩是过二十天,这是在南陵村最为重要的生育习俗。

(1)儿子满月

所有生下的男孩都会办满月。生下了孩子,女方家的人也会来看孩子,但是只有第一个男孩办满月会办得比较隆重,后面的儿子满月就不走席面了,只是娘家的亲戚过来简单地吃一个饭;后面的儿子不办满月也是为了节省,办满月也不收礼,即便是大户人家也只是给第一个儿子隆重地办满月,后面的一般不会隆重地办。办满月的时候通知亲戚主要是通知娘家的亲戚、男方这边的亲戚。通知一般是男方家去通知,多为妻子的丈夫(办满月孩子的父亲)去通知,去通知的时候不需要带礼物,一般是通知对方家中掌柜的。通知女方家的亲戚时是去通知女方的娘家,然后女方的娘家会通知娘家那边的亲戚。村中人不用请，但是自己会来。不用请乡约、甲长、村长，也不需要请族长、门长，但是大多数会通知到近门的族人，也会邀请族长、门长来坐上席。办满月的时候一般是家中的女性去参加，男性也可以去参加。去参加满月仪式（喝满月酒）不需要随贺礼，但是需要带小孩穿的衣裳，女方的娘家还要给男方的母亲（亲家母）带鞋，叫作"叫狗鞋"，给外孙要带长命锁。参加满月酒不用回礼，宴席也没有结婚的时候丰盛，但满月酒和家里的经济情况有关，财东家的满月酒要比穷人家的满月酒隆重得多。在孩子满月这一天还会给孩子拜干爸（认干亲），由公公抱着孩子出去，将在村中碰到的第一个人拜为干爸。认干亲一般都是带有目的性的。拜下干爸之后会邀请干爸来参加宴席，一般是孩子的父亲去邀请。在满月当日，干爸过来需要带着一条红绳和一个长命锁。"穷人命大"，所以在拜干爸的时候喜欢去找长工头。

(2) 女儿二十天

生下女儿一般是过二十天，且一般是第一次结婚生下的第一个孩子为女孩才会给其过二十天。给女儿过二十天一般都是小过，只用通知娘家，娘家会去通知娘家的近亲。娘家及其亲戚来的时候都会带衣服和褥子，娘家还需要给亲家母带叫狗鞋，但是不需要带长命锁。生下女儿过二十天的时候，一般不会通知男方家的亲戚，村中的人也一般不会来。

3. 过继

(1) 过继原因

南陵村存在过继的现象。首先是南陵村铁炉堡王凤鸣将自己的儿子王树德过继给王凤岐，王凤岐和王凤鸣是兄弟，王树德也是兄弟两人，所以能过继。之所以选择过继，是因为王凤岐既没有儿子、也没有女儿，如果有女儿就可以招赘。另外选择兄弟的孩子过继是因为都是同一血缘。其次是南陵村铁炉堡刘均庭的兄弟刘均禄过继给刘福喜，刘福喜家中无儿无女，但是有好房子，有几十亩土地。

(2) 过继对象与次序

过继有一些条件限制，满足这些条件过继行为才能发生。首先是既没有儿子、也没有女儿的才能选择过继，如果有女儿都会招女婿，不会选择过继；其次是必须有两个或两个以上的男孩的家庭才会将孩子过继给他人。过继不像招女婿，过继子姓名不换，所以只能过继兄弟家的儿子或是宗族中的儿子，一般都是弟弟的娃给了哥哥或者是哥哥的娃给了弟弟，过继就意味着将来要为这家人顶门立户。先过继谁家的孩子、再过继谁家的孩子没有顺序，但是习惯性地先选择穷人家的孩子，但是过继谁家的孩子首先要家庭内部商量，必须要全家人都同意，包括媳妇、老人，家庭内部同意了才和兄弟家商量，双方商量的时候一般是双方的家长商量，必须要双方的家长都同意才能过继，只要有一方不同意便不能过继。过继不需要征询宗族的意见，但是家族中大富人家没有子女，过继子不是亲戚的孩子或是宗族里的孩子，而是过继了没有血缘关系的孩子，或是收了义子、义女来继承财产，就会遭到亲戚的反对；过继的时候没有选择儿子辈，而是选择了孙子辈，也会遭到反对，因为不能隔代过继。

过继对年龄没有要求，小孩可以过继，大人也可以过继，结了婚的人也能过继；小孩和没有结婚的大人过继是单独过继，而结了婚的大人过继是全家过继。小孩过继的情况比较多，未结婚大人过继的情况也存在，全家过继的情况也有发生，如南陵村铁炉堡刘均禄过继的时候自己已经有了几个孩子了，其过继给刘福喜就是为了给刘福喜家顶门立户。一般是濒临绝户的人家会选择过继成年人，成年人过继过去之后就能直接顶门立户，一能当作劳力，二能立家室，小孩过去暂时还不能顶门立户。家中没有子女，但是掌柜的身体还好的情况下就会过继小孩。在过继成年人的时候，更倾向于过继已经结婚的成年人，已经婚配的，过去之后妻子就能做饭，还可以省去婚事烦恼；成年男性，除非已经定下婚约的，结婚也是难事。

（3）过继仪式

过继没有仪式，不需要磕头拜祖，但是需要摆宴席，在酒席中宣布过继的事情，主要目的是告知亲戚和相邻，要让事情明朗化。宴席只是吃一顿，参加者主要是乡约、村中老人、亲戚、宗族中五服之内没有外出的人。由想要过继孩子的一方去请，一般的村民不用请，发生过继的事情，村里都会知道。在宴席中，欲过继的人就会向来参加宴席的人宣布。一般承认过继过去之后直接当掌柜的，在宴席上就如下宣布："我张三今过继李四，今后家事由李四做主。"

过继的时候不用请保长，但是需要请乡约。来参加宴席的人不用行礼，主人家也不用谢礼，乡约也不需要给谢礼，请乡约主要是告诉他们这个家庭换了主人或是人口有增加，过继小孩也是为了将来能顶门立户。

（4）过继的责任与义务

过继之后需要改口，称呼父母亲，如果过继的是本家人或是宗族中的人，过继之后不改姓也不改名，原有的称呼不变；如果过继的是非本家人或非宗族的人，则要改名改姓改称呼，但是一般不会过继非本家或非宗族的人。如果过继了非本家或是非宗族的人，则要和原来的家庭断绝所有的关系，不能再回到原来的家里去。如果过继的是本家人或是宗族中的人，能回去，如重阳节的时候就能回去，遇到亲生父母生病了也能回去看望，平日里也能回去，但是过继之后平日里一般就不会再回去了，再回去别人有看法，会遭人议论。如果回去原来的家庭探望，过继子不是掌柜的要得到掌柜的的同意，如果过继子是掌柜的则不需要征询家人的意见，但是一般都会和家人打一声招呼。

过继之后，对于以前的父母没有养老的义务，但是有送终的义务，过继之后亲情（血缘联系）没有割断。过继之后，原来的父母生病，不需要再承担医药费，只承担丧葬的费用，丧葬费用也不是过继子全部承担，而是和原来家庭的兄弟共同承担。

过继之后不能再参与原来家庭的分家、财产继承等事宜，即便以前的父母留了一份家财给他，他也拿不到，这份财产由其余的兄弟进行分配；剩余兄弟分配时，如果父母健在，由父母分，如果父母不在，由舅舅分。

4. 买卖孩子

1949年以前，在南陵村还存在买卖孩子的现象，以南陵村铁炉堡为例，就发生过三起孩子买卖的事件。

案例一

南陵村铁炉堡刘增财的弟弟于1925年被卖到南陵村西边的杜家村，杜家村离南陵村有四里路。他是因为家中养不起而被卖掉的，如果不卖，可能就会饿死。卖掉的时候孩子有三四岁，当时的价格是给了二斗麦子和三斗糜子，给老婆弄了一身衣裳。

案例二

南陵村铁炉堡刘邦富，因为自己没有儿子，1926年的时候在县城买了一个男孩，县城距离南陵村约20里路。小孩买回来的时候还没有断奶，大约有一岁，但是当时为了掩人耳目，还给这个孩子办了满月酒。买这个小孩的具体价格不详，但是听说用了七八石麦子。小孩买回来之后取名刘金满，21岁去世。

案例三

1930年，南陵村铁炉堡刘邦有的妹妹被卖给了本村刘四季做老婆，当年刘四季接近40岁，而刘邦有的妹妹约为12岁。刘四季家属于中等家庭，年纪大了娶不到媳妇，于是考虑花钱买媳妇，而刘邦有娶了一个媳妇，但是媳妇和母亲不和，加之家里穷，所以就把妹妹卖了，卖了多少钱不知道，妹妹卖过去的时候是带着母亲一起过去的，此时父亲已经去世了。[1]

---

[1] 来自对刘兴汉老人的访谈。

第一，买卖孩子的方式。买卖孩子的双方家庭中的夫妻必须都同意，如果家中还有老人，还得老人同意；不需要舅舅同意，如果买的孩子较小，也一般不会告诉舅舅；不需要报告甲长、保长、族长、绅士，也不需要得到他们的同意。买卖孩子属于机密行为，都是私底下进行买卖。买孩子的家庭一般是因为家里没有孩子，家庭经济较好；而卖孩子的家庭一般是家庭经济比较差，孩子没有办法养活，卖孩子也主要是为了能让孩子活命。买卖孩子的时候会找中间人，谁家想买孩子，则是这一家掌柜的去请中间人，中间人一般是和想买孩子这家人"相好的"或是亲戚。

男孩买卖之后要改名改姓，买卖的时候也不举办任何仪式。若买了年纪较小的小孩，买回来之后会给孩子办满月酒，也是为了营造一种假象，便于掩人耳目，给孩子正名，名正言顺地让亲戚和村邻以为这是自己生下的孩子。

第二，孩子买卖的距离。买卖孩子的距离不一定，如果村子比较大，会考虑在本村买孩子，也会到外村去买孩子，在本村买的孩子年龄都比较小。如果村子不大，也会在本村买孩子，但是更喜欢到外村去买孩子，如果在本村买了孩子，全村人都会知道。卖孩子的人家更愿意将孩子卖到近一些的地方，而买孩子的人家则是希望越远越好，但是孩子被卖到哪里、买哪里的孩子，主要是看中间人。买孩子一般都不愿意让中间人知道自己的详细情况，因为第一，被别人知道以后，可能相互之间就传开了，怕孩子长大以后知道了回到原来的家庭；第二，被宗族中的人知道之后，会被骂"杂种子"，有亲侄子不要，而去买外人，因为买孩子的家庭经济状况一般都较好。

第三，买卖孩子的价格。买卖孩子时一般倾向于买年纪小的孩子，一是年纪小的孩子不记事；二是年纪小的小孩买回来之后也便于掩人耳目；三是年纪小的孩子价格更为便宜，父母付出的心血也少。孩子买卖的价格和买孩子家庭的经济状况有关，年纪较大的，价格会贵一些，因为养了孩子花了钱。灾荒年间的价格贱一些，平年的价格就比较高。买卖孩子主要是买卖男孩，买卖女孩的情况较少，女孩一般是被买去做老婆。但是买卖孩子没有一个固定的价格，主要是通过中间人来进行议价，如果对价格不能达成一致，也可以不买或是不卖。

第四，买孩子的纠纷及处理方式。如果买来的孩子出现不孝、不给老人养老送终等行为，宗族里的人和村里的人都不会同意。如果出现，首先会找舅舅来说理教育，一般的家庭问题都会在家中解决，不会闹到村里。舅舅是家中最权威的代表，如果舅舅解决不了闹到村里，村民也会站出来说良心话，也会议论他、谴责他。如果事情解决不了，最后会以忤逆罪来报官。在孩子买卖的过程中一般不会发生纠纷，孩子买卖之后就和原来的家庭断绝了所有的关系。孩子买卖不会立据，但是会立下君子协议，约定还在卖出之后不能再认孩子，也不能来探望，如果出现被卖的孩子长大后知道了，可能会发生纠纷，发生纠纷主要靠中间人来调解，调解不下也不会报官。但是孩子知道之后一般也不会回去，会想着当初都狠心把自己卖了，都不认这个儿子了，现在长大了也没有什么好认的。

第五，买卖孩子的家族认同。买来的孩子，会给取官名，还要供他上学，买到屋里就是家中的娃，能进祠堂，也能参加祭祖，如果被家族中的人知道这个孩子是买来的，也会让其进祠堂，也允许其参加祭祖，买到家中就是家中的娃，是买来顶门立户的，别人这个时候就不能干涉。买来的孩子在死了之后也能进入族谱、祖坟。

5. 抱养

在南陵村也有抱养的现象发生，如"南陵村北堡子就有两户，一是刘增德被同村刘姓抱养，二是刘二强的妹妹被刘树杰抱养"[1]。

（1）抱养与买卖

抱养和买卖孩子看似是两回事，但其实是一回事，只是叫法不同，表现形式也不同。孩子买卖属于机密行为，都在私下进行，而抱养则可以公开进行。如家里都是男孩，想要一个女孩，和家里商量都同意了，看谁家女孩多，和其商量同意之后就把女孩抱养过来，看起来形式不一样，但是性质还是一样的：都是看娃几岁了，拿出一些报酬，然后把娃带走。

（2）抱养原因

之所以会发生抱养行为，主要有两个原因，一是男女失衡，只有男孩的家庭想要女孩，而只有女孩的家庭想要男孩，所以发生抱养行为；二是家庭经济困难，家中孩子比较多，也会发生抱养行为。

（3）抱养对象

抱养的时候既有抱养大一些的孩子的情况，也有抱养小一些的孩子的情况，但是更倾向于抱养大一些的孩子，这样也少花一些心血。发生抱养行为的两个家庭，关系一般都比较好，抱养的时候可以不请中间人，也可以请中间人。抱养的时候可以抱养男孩，也可以抱养女孩。

（4）抱养次序

可以抱养亲戚家的孩子，也可以抱养宗族中的孩子，也可以抱养外人的孩子。抱养女孩，倾向于娘家的亲戚；抱养男孩则倾向于抱养亲戚中有血缘关系的孩子，这样血缘不会乱。

---

[1] 来自对刘兴汉老人的访谈。

（5）抱养关系

被抱养的孩子需要改名改姓，对原来的父母还是称为"父母"，对抱养过来的父母也称为"父母"。抱养孩子的时候不需要请证明人，也不需要签订字据。抱养几岁的孩子没有要求，孩子抱养之后，就不会再归还原来的家庭。但是抱养是公开的，所以两边的家庭都可以认，但是买卖的就只能认买的家庭。

抱养行为是公开的，和原来的家庭也保留关系，所以被抱养的孩子如果是女孩，在出嫁的时候原来的家庭需要给孩子准备陪嫁妆。下举例说明：

"如果李家的女儿被杨家抱养，成年后嫁给刘家的儿子，刘家在下聘的时候是去杨家下聘，在出嫁的时候，陪嫁妆就由李家和杨家共同出，但杨家要出大头。"

被抱养的孩子能不能经常回原来的家庭去探望，取决于抱养的家庭，抱养的家庭愿意让你回去探望你就能回去探望，抱养的家庭不愿意你回去探望，你就不能回去探望。回原来的家庭探望，需要得到抱养家庭掌柜的的同意之后方可回去。也有孩子被抱养之后，被教育得连原来的父母亲都不认的情况，如南陵村北堡子的韩增德和刘二强的妹妹被抱养后，和原来的家庭都互不相认。

被抱养的孩子对原来的父母没有养老的义务，能抱养就说明原来的家里还有其余的兄弟姐妹，养老主要是靠原来的兄弟，另外在抱养的时候就已经给了原来的家庭一些钱，所以被抱养的孩子没有对其养老的义务，但有送终的义务，原父母去世之后，送终以原家庭的兄弟姐妹为主，被抱养的孩子只是多少给一些，表示自己的心意。孩子被抱养后，原父母生病了，不需要承担医药费；不能参加原来的家庭的分家和财产继承事宜，即便是在被抱养之前父母给留了一份或是父母立下遗嘱给留了一份，只要被抱养之后就不能拿到。被抱养后，经济分离，只是还保留着和原家庭的关系。

二、生产态度及其关系

传统时期，农业耕种是南陵村村民获得生产生活资料的主要来源。在农业生产过程中，村民以家户为基本生产单位，在生产方面表现出了较强的自主性与自给自足的态度。

（一）生产态度

1. 家户生产为主，群体作业为辅

"面朝黄土背朝天"，反映出了传统时期南陵村村民农业生产以人工为主的基本方式。传统时期，南陵村的村民在进行生产时，主要以家户为单位，采取个体或是家庭小团体作业的方式开展小规模农业劳动生产。家庭占有土地和其他生产资料有限，很多生产活动需要的劳动力也有限，一般家庭劳力便能满足，所以村民一般是以个体或是家庭小团体进行作业，这样便于劳动生产，也较为自由；自己或是一个家庭的人，在一定时间期限内，想什么时候做就什么时候做，同时当家庭劳动力能够满足完成某一项生产活动的劳动力需求时，以个体和家庭小团体进行作业能节约劳力，剩余劳力可以安排做其余的事情，有助于提高生产效率。但由于生产资料占有不均，衍生出了换工、帮忙、请工、搭庄稼等群体作业方式。

2. 遵照农时，自主生产

在农业生产中，村民具有较高的自主性，主要体现在想种什么就可以种什么，想什么时候种就什么时候种，不会受到别人的干扰，更不会受到村庄和官府的干扰，农户具有决定权。当然这种自主性也受到季节、气候等因素的影响，留给农户的时间是有限的，为了保证最后的收益，农户往往出现抢种抢收现象，这又限制了农户的自主性，把这种自主性限定在了一定的范围内。如"清明前后，种瓜种豆"，这样的生产观念就指引着村民在清明前后就需要种瓜种豆；再如为了让成熟的小麦减少损失，在小麦成熟时村民都会抢收，必须在两三天的时间内收完，否则一场大风大雨就会将成熟的小麦打（吹）落在地，造成损失。

3. 自给自足

在生产中，农民从土地上获得的收益除了交租和税赋之外，其余的部分都是属于家户自有的。这些剩下的粮食由家户自由支配，但支配以家庭为单位，并非每个家庭成员都具有自由的支配权，只有家中掌柜的才具有支配权，其他家庭成员要根据掌柜的的安排进行生产、消费，如果需要用钱，则需要向掌柜的申请，得到同意即可支配，被掌柜的否定也不能反抗。而掌柜的也不能随意进行剩余粮食的支配，必须要根据自家的人口情况、日常消费情况以及距离下一年收获时间等因素综合平衡具体的支配方式，要能够保证家庭成员在下次收获之前有饭吃，如果遇到家庭青黄不接、家人饿肚子的情况，则会认为是掌柜的的无能。

这种家户内部自给自足的生产背景，使得农户勤奋地劳作，多劳就能多得，家庭收益就会增加，生活也能得到改善。但从家庭内部来看，农业收益由全家人共享，多劳不一定多得，如老人、小孩不下地也可以与家庭内的主要农业劳动力共同吃饭、吃同样的饭。但即使是这样，村民还是会尽可能地多出力进行农业生产，以便提高农业产量，提高自家的生活质量。

（二）生产态度关系

南陵村的村民在农业生产中大多比较勤奋，土地被视为农民的"命根子"和"刮金板"，必须勤奋耕耘才能在土地中刮到"金子"。当地有句谚语："人哄地哄一时，地哄人哄一年。"只要人一时不踏实和不勤奋，就会对这一整年的收成造成影响。本来生活就比较艰难，一般的家庭也少有余粮，所以为了下一年能够不挨饿或是少挨饿，就必须得勤奋地种地。甚至为了增加土地肥力、增加粮食的产量，农民养成了收集粪便的习惯。农忙时无论炎热和寒冷，农民都会早出晚归地劳作，这也是勤劳的一种表现。在南陵村，踏实耕种、不让土地荒弃，则会被认为是勤劳的人；反之，不务正业、整天游手好闲之人则被认为是不勤劳，甚至懒惰之人，如好赌之人，不好好参加农业生产，整日沉浸在赌博中，总希望不劳而获。在南陵村，不管家庭多么贫穷，只要勤奋踏实，即便是给别人拉长工，也值得被村民尊敬，如孩子在认干爸的时候就会选择身体强壮且勤劳踏实的长工，甚至是长工头；如果不勤劳，在村中自然会被人看不起，成为村民平日闲聊时的谈资，甚至不被人尊敬，一些家长教育孩子的时候也会用这些人来作为反面教材。懒人在村中不仅没有地位，在其需要帮助的时候，村民一般也不愿意帮忙，更不愿意用自己勤劳获得的收入去救济游手好闲之人。

三、生活态度及其关系

(一) 量入为出

1949年以前，南陵村村民的生活并不富足，基本上是通过自给自足的生产生活方式达到勉强糊口的程度，大多数家庭都过着量入为出的生活，家中没有过多的余粮，没有底财，必须要根据家庭的收入来计算家庭的支出，有的家庭过着精打细算的日子。当家人为了管理好这个家庭，甚至会将家庭的收支情况进行记录，以便更好地支配家庭财产和安排家庭生活。即便是不用账本记录或是不识字没有办法用账本记录的家庭，也会将家庭的收支情况记在心里，年终时还会和家人汇报这一年的收支情况，特别是几兄弟结了婚但还没有分家时，年终公布这一年的收支情况显得尤为重要。

(二) 谨慎购买

村民对生活的态度还表现在生活开销的谨慎性上，一般的家庭很少会轻易购买东西，只有在生产生活必需的时候才会进行购买。如在农具的更新和购买中，农户不会轻易地更新和购买农具，当原有农具损坏的时候，首先是对其进行修理，修理不好才会考虑更新或是购买；如果该农具是农户自己能够制造出来的，则一般会选择自己动手，只有大户人家才选择购买；如果自己不能制造、只能购买时，村民也会考虑再三才购买。更新和购买农具、牲口等还和年成有关系，如果遇到丰年，粮食大丰收，除了自己吃之外还有剩余，村民就会在这一年考虑购买土地、牲口或是更新农具；如果遇到灾年，则农户一般不会购买土地、牲口，不到迫不得已也不会更新农具。这种谨慎性还表现在婚丧嫁娶上，婚丧嫁娶都是村民家中的重大事情，如果遇到丰年，则会大办；如果遇到灾年，婚事则会延期或是俭办，丧事则是一切从简，这些都是消费上谨慎性的表现。

（三）省吃俭用

在传统时期，大多农户的生活并不富足，生活都较为勤俭，一般不会出现浪费的情况，即便发生浪费的情况也只是发生在大户人家，所以才有了"朱门酒肉臭，路有冻死骨"的凄惨画面。在一般农户家中，大人从小就会教育孩子需要勤俭，吃饭不能让粮食掉到地上，更不能将粮食倒掉，即便是在一些生活相对富裕的人家中，也不会出现浪费粮食的情况，当时一般也就财东家才会养狗，甚至大部分的财东家都不养狗。村民在赶人情、婚丧、寿诞等宴请时都是量力而行，赶人情时家庭富裕的人家会多给一些，但也不会多太多，宴请时也会根据情况安排，不会出现浪费情况。勤俭在当时是一种习惯，更是一种美德，为村民所推崇，反之则被村民所反感，甚至憎恨。对于"败家子"类型的人，亲戚朋友一般都不愿意帮忙，最不喜欢这样的人来借东西，有时候处于亲情和道德方面的考虑还是会借出，但是"再一再二没有再三"。

四、社会态度及其关系

1949年以前，在南陵村，掌柜的除了组织自家的生产生活之外，还会参加或是组织家人参加村庄的公共活动。村民参加村庄公共活动更多是基于自身利益的考量。村庄组织的公共活动，村民一般都会积极地参与，如祈雨、办庙会等。久旱不雨，眼看庄稼就要绝收或是损失惨重的时候，村民可能就会祈雨，因这个关系到每一位庄稼人的生计，所以在开展祈雨的时候村民都会积极参加。祈雨还会产生费用，费用靠村中筹集，主要是大户人家和富人家里出大头，都是自愿，穷人只要有能力都会出。再如过庙会的时候，村民都会积极参加，过庙会是给神灵庆生，村民都希望得到神灵的庇护，这一天还要拜神，几乎家家都会去上香、拜神等。另外，在村庄的防卫上，村民也会积极参加，虽然建起了城墙，但是为了村民的安全，晚上会安排村民守夜，家家户户都要参加。

参加家族的公共事务和参加村庄公共活动有所不同，参加宗族活动除了基于个人利益的考量外还存在血缘联系。宗族在过年等时节会组织祭祖、拜年等活动，族人都会参加，一是每一个家族成员都需要得到家族的认同，如果不参加，会遭到族人议论，甚至影响其在家族中的地位和关系；二是基于血缘关系的考量，参与宗族活动，也是维系宗族关系的一种方式。

参加扩大家庭事务，更多是基于小家庭的利益考量。如清明上坟，这是对祖先的一种尊敬之意、感恩之情的表达，也是向祖先祈愿、寻求庇护的一种方式，每一个小家庭的成员都会积极参与。如果不参与，一是会受到议论，二是自己心里存在担忧。

总的来说，村民参与各项公共事务都较为积极，这些事务均是和自身利益息息相关，也只有存在利益关联、血缘关系等的事务，村民才会积极参与，如果与自己无关的事情村民可能就不愿参与、不会参与。另外，在一些兴趣性的活动上，一些村民也会根据自己的兴趣积极参与，如铁炉的高跷队，一些队员是因为热爱所以加入，并会到外村进行表演。

五、政治态度及其关系

对于不同政治权力，村民表现出不同的认知和态度。中华民国时期，由于局势动荡，政权不稳，战争频发，山匪横行，人民生活较为困苦与不稳定，多数村民不敢当官，也不想当官。

中华民国初年，富平县沿用清代"联"的编制作为基层政权组织，沿用明代里制，将乡改为区，村民对区里干部还是比较敬畏的，当时要是能当上区里的干部是一件非常值得庆贺的事情，但是这个时候村民想当干部的欲望没有之前那么强，对这些干部敬而远之，自己想接近也接近不了。辛亥革命爆发后，地主豪绅办团自保，故以联编团，形成联、团并存局面，此时局面更为复杂，社会较为不安，农民想着的是自保，这个时候更不会想着去当官。中华民国二十二年（1933年），国民党政府为了加强其统治，巩固地方政权，开始编组保甲，当年完成，此后实行保甲制，村民一般不会再想着去当乡里的干部，保里的干部也不愿意再当，甲长轮流当，富人不愿意当就花钱请人当，这个时候绝大部分村民对于这些干部不再有渴求，更多的是想着该怎么保身。保里的干部职务，大多被大户人家里的人当上，穷人更多的是想安定。大户人家的生活还算可以，有钱，也渴望有一些权，大户人家当了干部；如果为人处世较为公正，还是会受到村民的爱戴，如果唯利是图，压迫村民，自然受到村民的憎恨。

除此之外，实行保甲制以后，保长与甲长主要负责执行县乡政府派下来的任务，如征收土地税、派工、派饭等，如果保长、甲长完不成或做不好相应的任务，则随时面临被打的威胁。据受访老人回忆："那个时候的保长可不是好当的，遇见给你保上派饭，保上派给保里的人做好了保长要去送，谁家的饭做得不好吃，叫人家不满意，那保长还要挨打哩！"[1] 为求自保，多数村民，尤其是有钱的村民，多不愿当保长、甲长，以求安稳为主。

---

[1] 来自对刘兴汉老人的访谈。

六、人生态度及其关系

中华民国时期,南陵村所在地区的地方政权频繁更替,山匪猖獗,村民生活极度不安。此时的南陵村村民不再幻想权势,大多村民只想有一个安定祥和的生活。"三十亩土地一头牛,老婆娃娃热炕头",对于他们来说,有土地二三十亩,房子三两间,耕牛一头,外加一些农具,是比较幸福的生活状态。而在孩子的数量和性别上,村民也有所期盼,如谚语所说,"一男一女活神仙",如果一个家庭有一个男孩一个女孩就足够了,但是限于当时的绝育技术,大部分家庭都有五六个孩子。生了男孩想要女孩,生了女孩想要男孩,即便有的家庭已经男孩女孩都有了,但是也没有办法;一些穷人家庭总希望多生几个孩子,因为多生孩子就有劳动力,等孩子长大之后即便是去拉长工,也能给家庭生活的改善带来机会。但是如果一个家庭孩子较多,也会遭村里人议论,孩子过多养不了,出现送人、卖孩子、溺婴等情况也会遭村民议论和看不起。

传统时期,南陵村的村民大多较穷,能让孩子上学的人家也不多,很多村民的一生就扎在了家户所有的几亩土地里,除去地租和税赋,每一年能让家人少饿肚子就算是"烧高香"了,吃饱穿暖已经成为了大多数人想过上的生活。赋税过重、战乱频发,村民整体生活较为困苦,村民也想着改变这样的状况,但限于社会环境与生产能力的影响,也仅限于是空想,并无相应的实力去改变现状。

第五节 习俗与习俗关系

1949年以前,南陵村村民在长期的生产生活过程中形成了相对稳定的习俗与习俗关系,体现了南陵村村民传统时期独特的文化习惯,也影响着村民相应的行为选择。本节将通过婚丧嫁娶、节庆等活动入手,对婚丧、节日等习俗进行考察。

一、婚姻习俗及其关系

婚姻习俗是1949年以前南陵村习俗关系的重要表现形式,体现出村民共同的文化行为倾向。

(一)婚姻概况

1949年以前,南陵村村民的结婚年龄一般在十五六岁,超过十八岁不结婚即会被认为是"不孝",尤其是男孩子。正常情况下,婚配双方的年龄差距不会太大,男性略大于女性比较普遍。但村民中也存在着"女大三,抱金砖"的说法。在南陵村,同样也存在结婚双方年龄相差一二十岁甚至更大的情况,一是男大女小,通常是因为男方家庭贫困,不能通过正常程序娶媳妇儿,就找同样贫困的家庭买一个年纪稍小的女孩儿做老婆；另一方面，对于家庭较为富裕的人来说，也可能娶一个或买来一个年纪很小的姑娘续弦或是做妾。二是男小女大，多发生在男方富女方穷的家庭中，在男孩子很小，甚至五六岁的时候，就为其迎娶达到正常婚配年龄的妻子，娶进门之后一方面可以帮助做家务，另一方面可以帮忙照顾小男孩长大；而女孩子则多为穷人家的女孩，早日将女孩嫁出门可以节约自家的口粮，并获得一定数量的彩礼。

传统社会时期的南陵村，从婚配的地域范围来看，村民的婚配对象距离最近的是本村，在村内通婚都是异姓同婚，同姓不能结婚；婚姻距离最远的是把女儿嫁到了炭村，也不过十多里路；一般都是与邻村的人结婚。多与邻村人结婚的主要原因是：第一，邻村人彼此了解，不仅是了解生活状况，还了解人品；第二是邻村人相互来往比较方便。

（二）结婚的条件

结婚的时候要先看生辰八字（"鼠羊相逢一旦休，自古白马怕青牛""龙虎相斗必有一伤"），然后了解家庭情况、人格性情，同时也还要看父母的德行。结婚，讲究门当户对，若是门不当、户不对，结了婚也会很可怜，走亲戚的时候，穷人拿着最好的礼去，富人还会看不起。另外，门不当、户不对，走亲戚的时候也没有共同话题，说也说不到一块儿。所以一般穷富不当亲家。大户人家会和穷人家结亲，如果穷人家的女子长得好，女红[1]好，也可能和大户人家结亲，但是结亲一般都是被纳为妾，正房一般都是要门当户对的。"父母之命，媒妁之言"，结婚是父母做主，不用给舅舅说，也不用经舅舅同意，只有父亲去世的情况下才是由舅舅做主。结婚的时候"同姓不婚"，这也是一种礼节，西周的时候就讲这个礼节："同姓不婚，周礼则然。"那个时候虽然不知道近亲结婚的危害，但是已经知道近亲结婚容易生怪胎。通婚的两个村庄关系会好一些，主要是两个村的人了解增多了，来往走亲戚多了，时间久了，就会更加熟悉。

（三）婚庆

1. 婚庆通知

在确定结婚日子之后，家长需要通知结婚消息，一般都由家长亲自去，如果家长去不了会让家中的成年男性去通知，先通知谁、后通知谁没有讲究。通知的时候需要通知到所有的亲戚，包括嫡亲和姻亲，但是本村的亲戚不需要通知，本村的人都知道，主要是通知外村的亲戚。通知不需要发请柬，都是口头通知，但是去的时候需要带上一些礼物，带的礼物都比较简单，主要是为了告诉亲戚：娃儿的日子定了，给你报个喜。不管是穷人还是富人，在通知亲戚的时候都需要带上礼物，穷人没有钱去借也会

---

[1] 女红，意为女子做纺织、缝纫、刺绣等手工的能力。

带,一般的家庭就是带上一斤油麻花,但是大财东家会带一斤点心。通知的时候,需要通知掌柜的,如果掌柜的不在家,可以通知家中其余的大人,让其转告。结婚的时候也不需要给村长、甲长、保长报告,这是私人行为,保里和甲里都不会干涉,也不需要去登记。

2. 亲迎

亲迎也叫迎亲,通常是男方家将婚期通知女方后,到了结婚当日,新婿亲往女家迎娶新娘。新婿去迎亲,到了女方家,首先要给女方的祖先上香,拜祖先。拜祖先的时候需要上供品,供品一般为一吊子肉和莲菜,莲菜上用棉花做一对小人,象征生死连理。拜祖先的时候是新婿和"迎女的"(迎亲队伍)一起给女方的先人行礼。女方的父母要给"迎女的"和新婿做上几个鸡蛋,表示一顿饭,一般是四个鸡蛋,吃过鸡蛋之后才能吃饭。拜过祖先、吃过饭,新婿就可以请新娘上轿,迎走新娘。

3. 陪嫁妆

女儿出嫁,娘家需要给陪嫁妆。陪嫁妆由两部分组成,一部分是由娘家出,另外一部分由舅舅出。这一习俗延续了下来,如新中国成立后,有段时间,娘家主要给脸盆架子、衣服架子、水烟袋(招待客人用)和镜子,大家庭还会给自行车、缝纫机等;舅舅必须给的陪嫁妆有脸盆和照明灯,其余的没有要求。陪嫁妆中不需要给钱。从不同的家庭来看,富人家给的就多一点、好一点,穷人家给的就少一点、质量稍次一点。娘家给的陪嫁妆也是女子嫁到婆家之后,在婆家身份地位的一个重要影响因素,一般娘家势力大、财产多、给的陪嫁妆充足,女孩子嫁到婆家之后体己就多一点,在婆家的地位也会略高一点,婆家考虑其娘家的背景也不敢给她太多气受,休妻、打骂等现象发生的可能性也会大大降低。

4. 参加婚庆人员

参加婚庆的人员主要是亲戚和村里人。亲戚,只要通知到了,一般都会来参加,一般没有不来的情况。到了那一天亲戚都是来喝喜酒的。结婚一个是喜事,另外一个是给人面子,要能够看得起人,尤其是亲戚、邻居都会来。在农村,婚姻嫁娶和丧事埋人是两个大事,不能马虎。有一个口头语就说"大喜金榜题名,小喜洞房花烛",这是人生的两大喜事,都得参与。结婚之日,要是亲戚中有来不了的人,一般都会请人代礼,请人主要就是请同村的亲戚中去参加婚庆的人。但参加婚庆的人员,除近门亲支的直系亲属外,都需要主家去通知,通常都是掌柜的去通知。如果主家通知不到,不管是亲戚还是邻居,都有可能造成两家人之间的隔阂,会被认为是因为看不起对方而不邀请,从而影响两家日后的交往关系。

5. 行礼

南陵村的婚庆行礼，程序较为复杂，婚姻关系较为丰富，主要分为随礼、贺礼、代礼、回礼等。

（1）随礼。来参加婚庆的人都要随礼，随礼必选拿"一条红"，其余的看心意，一般是"一条红"和四个花馍（喜饼）。结婚之日，再穷的人家，也想让娃坐轿，显示礼节上的高贵，坐不起轿的，如在灾害年间结婚的人，都会借财东家的马，骑马去。之所以拿红就是要用，因为六礼告成之后还有一个亲迎，都用得上。另外，红在中国象征着红红火火之意。送礼的时候是以户为单位，一家人只要随一份礼就好。哥哥结婚的时候，若是兄弟之间还没有分家，弟弟不需要送礼，若是分家，弟弟则需要送礼。送礼均需要登记。本族、本家、姻亲、百家客和朋友来参加婚礼，送喜饼和"红"是一样的，但是贺礼就可以根据家庭贫富情况和心意自愿。

（2）贺礼。除了随礼之外，在礼桌上还要上礼，上礼有收礼先生负责，不但接了红、花红大馍，还有贺礼。来参加婚庆的时候，送客（女方送亲的人）是送女儿出嫁，不需要给贺礼，但是贺客都需要给贺礼。贺客送贺礼，必须给钱，是亲戚给主人家的钱，因为主人家娶媳妇、设宴等开支都很大。给多少没有要求，都是一份心意；有的亲戚确实困难，给不起了可以不给贺礼，但是随礼是不能少的。人家结婚，你去祝贺，你连礼都不上就是太扫面子了。当地有一句谚语，"门户紧如债，背上锅儿卖"，说明了亲戚对这个礼节特别讲究，虽然是非强制性的，但是一般都会给。村中帮忙的"相逢"也需要给贺礼。结婚时收得的礼给家长，再由家长支配，不是直接给新郎新娘。收礼的时候有一个桌子，夏天一般都是在门外，冬天就是在刚进门的地方，客人一来，先把礼登记好，然后就让"相逢"招呼客人。主人家都是在门口迎客人。

（3）代礼。如果又不能亲自去参加婚庆，也不能亲自去送礼，可以让人帮忙代礼。代礼的人家不需要给"红"和馍，只需要给贺礼。即便是代礼，走的时候主家也需要给回礼；谁代礼就需要给收礼的先生说，然后给回礼（喜饼），代礼没有回帖。

（4）回礼。客人来了做了客之后，主人都会回礼，回礼一般就是回几个喜馍、喜饼，这个喜馍、喜饼就比较小，一般都是回双数，大多是回 20 个。只要是来的客人，只要随了礼就要回礼，即便只是随了礼，没有给贺礼，也需要回礼，象征着礼尚往来。无论是穷人家还是富人家结婚，都需要回喜馍（小花馍），村中"相逢"给回礼。都是走的时候给，送客和贺客的回礼是一样的，也不是每个人给一份，是一个家庭给一份。送礼的人走的时候，梳头的人还需要给新郎的父母交代，说"这是惯下的娃，你要好好招待"，主要是为了叮嘱新郎的父母，以后要是有什么做的不对的地方要多包容，另外对儿媳妇要好一些。

6. 看客

看客指在婚庆当天迎接客人，由看客人负责，也是由村中的"相逢"担任。看客人必须既能和穷人说上话，也能和富人说上话，是"社会人"。看客人不用提前去请，而是在结婚当天从来帮忙的邻里中选一个人，直接由掌柜的去找，就让其帮忙看客。

7. 结婚仪式

结婚仪式由"喝礼的"[1]组织，喝礼的是比较重要的人物，由村中专门喝礼的人来担任，一般每个村中都有一个喝礼的，他要对结婚的仪式和礼节比较懂，能随机应变、口才好。在结婚仪式以前还有一些仪式，喝礼的都要懂。请喝礼的是家长去请，不需要给报酬。喝礼的在村中的地位一般较高。

结婚当日，花轿到了家门口，要鸣炮奏乐，然后喝礼的走出去，手里拿着熨斗，一边敲着熨斗，一边还有很多说辞，如"铛铛运来了，花花媳妇进来了"，说了之后新郎要亲迎，喝礼的拿上干谷草，一边撒，一边嘴里说"一撒两撒，新郎下马"，"一摆两摆，新人下轿"。轿里面还搁着一只鸡，这鸡是用来叫魂的，担心有邪气。这个时候主人家要出去了，梳头妇女也出来了，在媳妇进门之前，要一个梳头妇女把这只鸡先抱进家里去，取一个吉祥如意之寓。鸡由女方家里准备，必须是大红公鸡，梳头妇女是由男方家里安排的，不是亲戚，都是村中的"相逢"。鸡抱下来之后还要"啪啪啪"打鸡三下，要让鸡叫出声音，鸡鸣寓意吉利。把鸡抱进家之后，新娘才从轿子里出来，出来之后新郎拿着一条红绸子拉着新娘，带新娘到堂前。有的时候，也不会把新娘直接带到堂前，而是带到屋子里（新洞房），因为新娘走得远了，先给新娘弄一些吃的，这个时候由梳头妇女伺候，其余送亲的人就由喝礼的请进家，烟茶招待。

到了举行结婚仪式的时候，喝礼的就会喊："举行仪式了，新郎新媳妇往出请。"这个时候新郎、新媳妇才能出来。举行仪式，最先是拜天地，然后向祖先三叩首，然后才是拜父母，拜父母的时候父亲、母亲都在一块儿坐着，都需要拜。在拜双方父母时，拜到了男方父母的时候，男方父母要给礼物，礼物多为镯子、耳环等，男方父亲和母亲是分开给礼物的，只给儿媳，不给儿子。这之后就是入洞房，儿子将儿媳引进洞房，洞房中要在被子里放一些核桃枣，寓意早生贵子。

舅家在参加婚礼的时候，需要戴礼帽、穿袍子，礼帽上还需要插上金银花，即便是一字不识的农民结婚，也需要如此。送客到了新郎家，要给"开席哩"（厨师）随礼，给的时候给一份，可以总的给一份，也可以每个厨师给一份，给多给少不一定，

---

[1] 喝礼的，又称为"老总管"，主要负责管理婚礼中的各类事情。

是一种心意，不给不开席，给礼是向厨师表示感谢。

8. 席面子

席面子根据家庭经济情况来设，一般有四种席面子。第一是穷人家，席面子为五大碗加喜酒，即两碗肉加上三碗素菜；第二种是一般的家庭，席面子为八大碗加喜酒，即六碗荤菜加上两碗素菜，荤菜一般为双片、双肘、双鲜肉丸子，两个素菜一般为黄花菜和豆腐；第三种是像样的家庭，如土地大户，席面子则为八大碗加上六凉菜再加上喜酒；第四种是大财东家，席面子为八大碗加九个凉菜或是十三个凉菜，再加上喜酒。

送客只吃两顿饭，都是在婚庆当日。送客送女来到之后，一般都会先吃一个便饭，也叫"先饭"，席面子一般为四个茄子加上馍；另外一顿则是在婚庆仪式之后的酒席。村中的"相逢"则是吃两天，每天两顿，即结婚前一天和结婚当天，只有婚庆仪式之后吃酒席，其余的三顿均是便饭，便饭没有讲究，有什么吃什么。贺客一般只是吃一顿，即结婚当日来吃酒席。

9. 婚宴

到了吃饭的时候，男方要先把席摆好，然后先请送客入席，之后宴席开始，新郎和新媳妇要给送客看酒，女方的亲戚也是第一次到男方家里，和新郎也不认识，所以一起看酒的时候新媳妇要给新郎介绍。吃饭的时候是在大殿下面，每次摆上多少桌不一定，根据家庭大殿的大小来决定，送客入席的时候贺客不能入席。吃饭的时候用的是八仙桌，面朝南为上席，上席摆的是椅子，一般是老人（长辈）坐上席，其余的位置没有什么讲究。送客吃完饭了之后，才是到贺客吃饭，贺客一般是男方家的亲戚。贺客入席吃饭的时候，新郎和新媳妇去也要去看酒，看酒的时候贺客要给新媳妇礼当，礼当是给钱，但男女有别，男性必须给钱，女性可以给钱，也可以给手绢，给多少没有规定，根据自己的家庭情况和客人的心意。只要是入席的大人，不管男女都要给，一家参加宴席的人超过一个人的时候，不是一家人给一份，是入席的每个人都需要给。

结婚的时候不用请甲长、保长、乡长参加，如果甲长、乡长、保长和结婚的人家有亲戚关系，来了也没有特别的招待，无论是吃的还是礼数上都是一样的。但是要是官人和大财东来了，村中帮忙的"相逢"自然就把他们排在一桌吃饭或者是安排坐在上席。但是如果有长辈在，必须让长辈坐在上席，不过"相逢"一般也不会把财东、官员和长辈安排在同一个桌吃饭。

喝酒的时候，不管是穷人家还是富人家，新郎新媳妇都需要出来看酒，在看酒的中间上菜，上菜顺序是先送客，再贺客，贺客吃必才是村中帮忙的"相逢"吃饭。送客和贺客一般也是分开坐，不会坐在一起。吃饭的时候，主家人不需要去陪同。来参加婚宴的，一般都是家长带上小孩来，也有自己一个人来的，也有带上家中其余的人一起来的，一般是一个家庭来1—2人，"相逢"及同村的人则是全家一起来。不管来多少人，随礼没有差别，本村人和外村人随礼也没有差别，和距离也没有关系，和亲戚的亲疏远近也没有关系，主要是根据家庭的经济情况。行了礼可以不用吃饭，但是一般都会吃了饭再走。婚宴主要由"相逢"帮忙，不需要给"相逢"报酬，知事客一般由家长担当，婚礼由家长筹办，外人也不能插手。

举行结婚仪式的时候，大户人家一般是在大房殿（前殿），穷人没有大房殿，则是在院子中搭一个棚子，在棚子下进行。村中婚丧嫁娶、生子办寿等随礼都没有标准，随礼主要就是一份心意，主要是根据家庭情况和随礼人的意愿。

（四）婚后

1. 回身转

婚庆过后第二天，讲究"回身转"。这一天需要起得比较早，女方父亲的哥哥或者是兄弟一早就要去把女儿接回家，天黑之前再送回去。女方父亲的哥哥或是兄弟一早过来的时候不需要带礼物，来到男方家，男方家要准备一顿早饭，主要是家长或是老婆子来准备，吃过早饭就可以把新媳妇接走，接的时候也只是接新娘一个人，新郎不用去，也不用陪同。天黑之前必须把新媳妇送回婆家，送的时候也还是女方父亲的哥哥或是兄弟送。如果女方父亲没有哥哥或是兄弟则是父亲亲自去接，要是父亲已经离世，则是家中重要的亲戚去接，但是必须男性去接。

2. 入厨

"三日入厨房，洗手做羹汤，未知公婆意，先敬小姑尝。"到了第三天，新媳妇要一早起床，起床之后不用给公婆请安，但是需要送饭，主要是给公公婆婆端上一碗面，面是自己做的。如果家中有哥哥嫂嫂，不需要给哥哥嫂嫂请安，也不需要给他们端面；也不需要给小姑子、小叔子打招呼，但是做好的面一定要先让小姑子尝，因为新媳妇不知道公婆的口味。小姑子尝了之后会给新媳妇指教，如盐多了少了。

3. 闹洞房

在南陵村，结婚闹洞房闹三天晚上，从婚庆当日晚上开始闹，但是第三天晚上才是大闹。"七里胡同八里调，绕过弯弯娘娘庙。娘娘庙，修得高，两口进庙把香烧。童男女，豆哥哥，或男或女给一个。"在第三天晚上闹洞房的时候还需要向娘娘求子，需要用方桌搭一个高台，高台前面搭上梯子，主要借助梯子跑上高台，高台上放着娘娘的神像，娘娘两边坐着两个小孩，一般是一男一女，都是村中的小孩，小孩手中抱着枕头,当新郎新娘在娘娘神像前许下求子愿望之后给娘娘神像叩头之时,小孩负责用枕头打新郎新娘。

4. 祭祖

结婚之后不需要祭祖,也不需要去上坟,祭祖是在结婚之前,结婚之前男女双方都需要去祭拜祖先,但是女方嫁过来之后就不需要去祭祖了。新人进了家门就算是一家人,结婚的时候迎进了家门,即便没有拜堂也算是一家人了。

5. 拜门子

三天过后,新娘需要去给宗族"拜门子",拜门子的时候新郎需要陪同新娘一起去,除此之外还需要喝礼的带着新郎新娘,在拜的时候,新郎还需要给新娘介绍家族中的亲戚,也叫"认宗族""认亲戚"。拜门子是先拜大门,再拜二门、三门。拜门子的时候不需要带礼物,同一门宗族中哪家有老人就先走哪一家,多家有老人的时候就按照年龄和辈分来,其余的人家也是按照辈分来。拜门子之后,就可以算是本家族的人了。

6. 添星

女儿出嫁,村中关系相对和睦的邻里都要"添星",即给即将出嫁的女儿一个手绢或是镜子、香皂、袜子等,都是一些小礼物,给的时候是村中关系相对和睦的邻里家中的妇女去给,该妇女一般为老婆子,即家长的妻子,如果家长的妻子不在了,则可以叫家中其余的女子去给。关系不好、家中没有子女的人家也很少来往。给的礼物都很轻,讲究的是礼尚往来,一般是给出嫁女儿的母亲,给的礼物不登记,但是主家人都会记着。"添星"不用去请,都是自己来的。

7. 官礼

村中儿子娶媳妇,不一定村中每一家人都会去,但是每一家人都会行官礼。行官礼的时候,不论贫富,不论贵贱,行的官礼都是一样多,由甲长在收礼时登记好。官礼收齐之后也是由甲长在婚庆当日连同收官礼登记的名单一同交给负责记录礼的"相逢"。行了官礼之后不用再给贺礼。村中的亲戚不用参加行官礼,亲戚在婚庆当日都会参加,都会自己随礼、行贺礼。官礼都很轻,都能交上,即便家中实在没有了,借也会借来交上。即便是家中没有子女的人家,甚至是结下仇怨的人家,都要行官礼(两家有仇,虽行官礼,但是见面不说话),甲长收的时候都会去收。官礼虽然不是强制每个人都需要行,但是一般都会行,不会不行,行了官礼都有登记,如果不行官礼,会受到村民的议论,村民会认为其小气、小肚鸡肠。另外,行官礼也是一个矛盾和解的机会。

（五）婚姻花费

"大喜金榜题名，小喜洞房花烛"，结婚在村中是一件大事、喜事，无论贫富人家都会遇到。村中还有一句谚语，"借钱娶妻，余钱买马"，结婚之事的花费也是不可以避免的。在南陵村，结婚的花费不一，主要根据结婚人家的经济情况。如果只是结婚，再穷的人家也得花三四石麦子，大富人家能花掉十多石麦子、甚至二十石麦子。灾荒年间，穷人家急于嫁女子（灾荒的时候缺粮），如果已经订下婚约，不用给钱就结婚的也有。灾荒年间的结婚一切从简。如果婚姻的花费加上订婚的费用，那一般农民家庭也得十石麦子以上，大户人家最少也得二十石麦子。大户人家订婚的时候彩礼都不大，因为结婚讲究门当户对，要的彩礼也少，主要是想让女方嫁过去后有保障，花费主要是在婚庆上。男方结婚的钱，主要是给女方买衣服、棉花、布匹，以及待客、装修房屋、租用轿子等方面，各方面的花费根据家里的经济情况来确定，各家不一。结婚花费的压力一般较大，大户人家的压力相对较小。结婚的时候，父母对每个儿子都是平等对待，不平等对待可能会导致兄弟之间不和睦。但是在实际生活中，可能后面办的婚礼要比前面办的婚礼好，因为后面的孩子办婚礼的时候，往往生活条件和经济状况有所改善，就办得好一些。也有的家庭因为各种原因导致家庭破产或是衰败，后面结婚的人办的婚礼就没有前面结婚的人办的婚礼好，但是出现这样的情况儿子一般都会理解。这种不平等虽然是父母决定的，但是都是因为家庭生活的变化造成的，儿子不会有怨言。但是女儿出嫁和儿子娶媳妇，相差就比较大，儿子娶媳妇较为隆重，也办得比较好，而女儿就相对简单。因为村民认为女儿是要嫁出去的人，最后都是别人家里的人，而儿子始终是自己家里的人。

如果是嫁女儿，则娘家要给出嫁的女儿陪嫁妆，陪嫁妆也是根据家庭的经济实力和具体情况来定，一般的人家也需要两三石麦子，陪嫁妆多的人家需要花费六七石麦子。如果自家女儿有残疾或是有病，陪嫁妆就得多一些，如南陵村铁炉堡余家将女儿嫁给巫家，因为余家女儿有残疾，所以陪嫁妆就给了一头牛加上15亩土地。

在双方商定好结婚的日子之后，就需要给出嫁礼，出嫁礼是男方给女方，主要包括头上戴的、手上戴的、婚礼衣服（红色的）、长头布、棉花，除此之外，就不需要给其余的东西了；数量上没有讲究，给多给少是根据女方提出的要求来，男方给不起的时候可以议价，议价是通过媒人。

（六）通奸与强奸

如果订婚了之后，女方出现不守妇道的行为，与人通奸，男方有权利提出悔婚，发生这样的情况男方一般也都会提出悔婚。男方提出悔婚，女方需要退回全部的聘礼，但是不需要给男方额外的补偿。出现这样的情况，只要男方提出，女方家里必然会同意，因为这是伤风败俗之事。

如果女方发生意外，被人强奸，男方也有权提出悔婚，男方一般也都会提出悔婚。男方提出后，女方需要退回全部聘礼。

（七）悔婚

下了聘礼之后就算订婚了，订了婚之后，一般不允许悔婚。如果女方生病了，就要派人通知男方，男方需要负担医药费；如果病情加重，死亡了，或是得了恶病，女方需要给男方退一半的彩礼，男方不能人财两空。如果是男方死了，男方家庭与女方就不见面了，不能耽误女方寻下家，聘礼也不用退，所谓"女死赔一半，男死不见面"。如果是男女双方其中一方有身体上的缺陷或是残疾，都会找一个好媒人把媒说成，媒人在说的时候会把这些不足给隐藏起来。如果是初嫁，身体有残疾也不能见面；但若是后嫁（"办寡妇"），媒人就可以安排见面，但是见面不是让男女双方面对面地见面，而是让一方躲起来，悄悄地偷看。无论双方情况如何，全靠媒人在中间说合，所以当地也有这么一句话："订婚前，夸不尽的富贵；结婚后，搞不尽的艰难。"在传统社会时期，"办寡妇"和拆房子是最麻烦的两件事情，所以"办寡妇"的时间都是在晚上。

订婚后一般不允许悔婚，如果真的悔婚了，一般是因为疾病、生育等问题。男方、女方都能提出来悔婚，提出后由媒人来进行调解，聘礼退回情况双方经过媒人商量。如果是男方提出来的无故悔婚，则女方不会退回彩礼；如果是女方提出来的，则需要退回全部彩礼。悔婚是需要家长同意的，只有家长同意了才能悔婚。

在南陵村，也存在逃婚的现象，逃婚不需要父母同意，一般都是自己跑了，跑到外面不回来。如果出现逃婚的情况，男方逃婚不退聘礼，要是女方逃婚需要退回全部聘礼。退聘礼的时候需要媒人在中间说话。

（八）二婚

男性第二次结婚、纳妾等都是在白天进行，仪式同头婚，同样会摆酒席，女性第二次结婚（头婚由父母，再嫁由本人），不办喜事，也不摆酒席、不进行仪式，"过人"一般都是在晚上，因为女性第二次结婚时一般都是寡妇或者被休妻。如果是大财东家纳寡妇为妾，同样会办酒席，只是礼节上没有头婚那么隆重。但是"办寡妇"的一般都是穷人，不办酒席，在晚上把寡妇迎进家门，然后到祖先前（神龛或者是写着"三代宗祖"的牌位）祭祖、叩头，就可以了。男子结婚的时候，不管是头婚还是二婚、纳妾，不管是长子结婚还是次子结婚，办酒席都是一样的，去参加婚庆的人随礼也都是一样的，没有区别。

（九）休妻

娶了妻子之后，不能因为妻子不能生育而休妻，但是能纳妾。休妻主要发生在大家庭中，主要有以下几种情况会休妻：（1）妻子出轨，很多大家庭都会有伙计，在传统社会时期，妇女一般不会抛头露面，也不到田间地头去，所以妻子容易和伙计出轨；（2）对父母不孝敬；（3）妻子手艺太差，如做饭、针线活等很差；（4）妻子被强奸，但是这样的事情很少发生；（5）下聘之后、成婚之前，女方和别人有奸情或是被强奸。

休妻是丈夫负责休，一般都是丈夫提出来的，也有父母提出来的情况，需要经过掌柜的同意，掌柜的才有婚姻解除权、才可以允许休妻，不需要征求女方父母的意见。在清朝时，休妻需要写休书，还有人专门代写休书；休书上必须写明充分的休妻理由，如感情不和、不孝敬父母、感情出轨等，丈夫按了手印和脚印之后就算休妻成功。

到了民国时期，休妻不一定要写休书，有的就直接把人驱逐出去。休妻如果不写休书（一般是粗人、没有文化的人不写休书），一般是由丈夫带着妻子去找丈人，然后告诉丈人人给你带回来了，今后断绝夫妻关系。如果写了休书，就不需要通知女方家里，写休书的时候也不需要通知女方家里。休书可以请人写，如果丈夫识字也可以是丈夫自己写，不会请父亲写，休妻也不需要请中人。男方按了手印、脚印，休书即生效，不需要女方按手印和脚印，也不需要女方签字同意。如果家长对儿媳不满，且家长是掌柜的，家长就可以赶走儿媳，不需要儿子同意，把儿媳赶出家门便算是解除了婚姻。

有了孩子之后再休妻，如果是女儿，讲究"一门清"，即孩子由妻子带走；要是生了男孩，妻子不能带走，自己一人离开。"无事不休妻，休妻惹是非"，休妻首先会导致社会上的议论，其次会导致女方上吊、跳井等自杀行为。

二、丧葬习俗及其关系

所谓"生死无常""生死事大"，生死是每个人必经的过程，丧葬礼俗也是人生礼仪中的最后一个环节。在丧葬礼仪中，既要让死去的人安宁，也要让活着的人满意。整个丧葬过程，是生者和死者的对话，两者之间存在着一个坚忍的结，即念祖怀亲。这个结表现在生者和死者之间的实体联系中，也表现在两者之间的精神联系之中。丧葬仪式也是一个人最终脱离社会、人生终结的标志。

（一）去世

1949年以前，对南陵村村民来讲，家里老人去世意味着一个家庭的天塌下来了，是最悲痛的事，也是最大的事。人死后，无论是男人、女人，无论是年龄大小，第一件事就是要送去世的人走阴间的那一条路,需要烧纸马和烧纸,由家中的儿子负责烧;儿子不在家或是没有儿子,则由侄子或家族里的男性去烧。烧了纸马和纸之后就要给逝者剃头、洗脚和穿老衣,这些都是由村上年纪比较大的人来完成,村中一般也有这样的人。请整理逝者妆容的人一般是由逝者的儿子去请;被请到时,即便家中再忙也需要去帮忙。去请人的时候不用带礼物,后面也不需要给报酬。男性去世由男性剃头、洗脚、穿老衣,女性去世则由女性剃头、洗脚、穿老衣。给逝者整理妆容结束之后,需要将逝者由炕上移到地上的板子上,等到逝者胸口凉了才能入殓。棺木一般是摆到北边(面朝北,脚朝南),出殡的时候必须是脚先出门。入殓之后需要盖盒,但是盖不能合严,这个时候开始烧纸,子女亲戚才可以放声大哭,在这之前子女绝不能动声。在烧纸之前还需要给逝者下一碗面片,意为让逝者吃饱了再上路,一般是由逝者的儿媳去做。在报丧之前还有几件大事需要做。第一,拿着生辰去找阴阳先生看下葬的日子,一般是把阴阳先生直接请到家中来,阴阳先生负责各种阴礼。第二,前三天都需要吊丧,第三天所有的亲戚来了之后还要请乐户"支门鼓"(只有财东家才会请乐户"支门鼓",一般的家庭就叫上四个乐人送葬)。

(二)报丧

如果有人去世了,是村中的"相逢"去报丧,报丧一般需要四五个人,东、南、西、北方向各一个"相逢"负责,由"相逢头"来管理和安排。村中的"相逢"不需要请,都是在听到哭声之后自己过来帮忙的,但是打墓的人和报丧的人需要请,由逝者的儿子去请,还会找其中一个"相逢"作为"相逢头",让其帮忙安排。能当"相逢头"的人不一定要识字,但是在村中一般都较有威望,说话别人会听,对逝者家的情况相对了解,但不是亲戚。去报丧的人不能进人家的屋里,即便得到了那一家人家掌柜的的同意也不能进家门,必须烟茶不扰。

人刚死的时候是儿子去请村里人,先请亲戚,主要是逝者的子女,然后再请族人,还需要请打墓的人、报丧的人,去请的时候都不需要带礼物。报丧的人都是村中没有亲戚关系的青壮年,有亲戚关系(血亲)的青壮年不能报丧,族人可以报丧。报丧没有先后顺序,这个时候都比较忙,一般是根据距离来请,以节省时间为原则。村中的人不需要报丧,会主动前来悼念,也不需要向村长、甲长、保长报告。抬丧之人都不需要请,去世的第二天晚上请"相逢"来吃饭,大家都知道,发丧之前都会主动来帮忙,不需要请也不需要备礼物。

(三)吊丧

在南陵村,吊丧又叫"吊孝",也称为"守灵"。前来吊丧的人都是在中午 12 点之前来，到了 12 点之后就不会再有客人来吊丧了。孝子是在棺材的两边，一般是男性在左边，女性在右边，客人前来吊丧，子女要跟着哭，但是不需要行跪拜谢礼。吊丧期间，包括去世者去世之后的七日之内，子女都不能洗漱。长子和其余的儿子行丧礼都是一样的；儿子和儿媳妇都是长头孝，行的礼也都是一样的；即便儿子和老人已经分家，仍需要戴长头孝；亲儿子和侄子行的礼也是一样的。"女婿、外甥顶半子"，戴半孝，除此之外，女婿和外甥一般都需要请乐户，给打墓的人一套衣服，另外还要给一些烟。村中其他人和家里的人来吊丧时候行的礼不一样，但是村中人不管是否和逝者同姓，行的礼都是一样的。娘家的亲戚来吊丧和婆家的亲戚来吊丧行的礼是不一样的。女儿嫁过去的这一家行的礼较重，外甥行的礼也较重。外甥要给舅舅点戏；舅母去世，外甥需要行同样的礼。长辈行的礼不同，长辈来吊丧时行礼不需要磕头。

（四）葬礼

1. 葬礼概况

"婚丧喜事，邻里相助"，在举办葬礼的时候，本村的亲戚，族里离得近的，村里同姓、外姓的人都会参加。即便是两家人之前有什么恩怨，在举行葬礼的时候也会参加，即便是不到家里来也会到墓上去，如果不去会遭到村中人的谴责和漫骂。所有的亲戚都会来参加，重要的亲戚不论男女都会一起去参加，村中那些非亲戚的人家一般就是男性去参加。甲长、村长、保长等，只要是这个村里的人，也会来参加，如果不是这个村里的人，也没有亲戚关系，就不会来参加。来参加葬礼的人都是平等的。长工或是伙计家里举办葬礼，关系好的雇主也会行礼，但是雇主一般不会亲自去参加，地主一把也不会去参加别人家的葬礼。晚辈一定要参加葬礼，同辈也是需要参加的，行礼的时候还需要磕头；长辈也要参加葬礼，但是长辈就不需要磕头。

丧事不需要村长、长辈或是娘家同意。葬礼也不需要固定（特定）的人到了才能开始。丧事的规模、天数、花钱多少没有讲究，也不需要娘家人同意。丧事由长子做主，即便逝者不与长子住，也需要尊重长子的意见。如果是"白发人送黑发人"，丧事就由父亲或是掌柜的负责。

葬礼的时候来帮忙的主要是"相逢"，亲戚主要是来吊丧的，娘家人也一般不会帮忙。除厨师、乐户、唱戏的等是雇佣关系，其余的都是来帮忙的。属于雇佣关系的就要给报酬。厨师一天的报酬要比匠工高一倍，无论是灾年还是丰年，给厨师的报酬几乎是一样的。如果本村有厨师，就会在本村请，在本村请厨师需要给报酬，报酬和外村的差不多，如果本村没有厨师就需要到外村去请厨师。葬礼不用请道士，但是需要请阴阳先生，阴阳先生由村中来帮忙的"相逢"去请，请阴阳先生要给报酬，报酬是给钱，可以给多，但是不能低于一般工匠的价钱。葬礼一般需要吊孝三天，老年人去世一定要过了"头七"才能下葬，年轻人便不用过头七也可以下葬。

2. 知事客

举行葬礼的时候，知事客由村中有威望、有地位的人担任，在南陵村，知事客也叫"胜事的"。知事客不能是亲戚，但可以是本族人、本门人。知事客需要去请，一般由和逝者居住在一起的儿子去请，如果逝者和多个儿子居住在一起，就由长子去请，如果没有儿子，则由本族中关系最近的、离得近的人去请，必须是男性。去请知事客不用带礼物，也不用给报酬，来帮忙的人也需要回礼，但是等葬礼过后会请帮忙的"相逢"来吃一顿饭，表示感谢。请的时候只请主要的"相逢"、知事客、收礼的、帮礼的（看奠的，男女各一个），还有帮忙较多的人，不用回谢礼，不用给报酬，但是别人有事的时候需要去帮忙；帮忙不会计较多少，也不需要还同等的量。

3. 抬棺材

抬棺材主要由来帮忙的青壮年负责。要给抬棺材的人吃两顿饭，首先是在抬棺材之前要吃一顿"先饭"，"先饭"相对简单一些；抬了棺材下了葬，回来之后再吃一顿，这个时候是坐席。在南陵村，抬棺材都是在白天，没有夜晚埋人的习俗。对于抬棺材的人，除了吃饭，不用给谢礼。

4. 戴孝

逝者的本家人、宗族中五服之内且没有出门的人都要戴孝，娘家亲戚和婆家亲戚也都要戴孝，但是戴的孝各有不同。具体区别如下：

（1）外甥、女婿戴十字孝，也称为"长头孝"，儿子、女儿也是戴长头孝，长子和其余的儿子之间没有差别；

（2）除了子女、外甥、女婿，其余的亲戚戴单孝，娘家的亲戚和婆家的亲戚没有区别；

（3）逝者如果有妻子，其妻子不需要戴孝；

（4）长辈和老人不需要戴孝；

（5）辈分高于逝者的人不需要戴孝，辈分不以年龄论，即便辈分高的年轻人去世，辈分低的老人也要戴孝；

（6）男女之间，戴孝平等；

（7）孩子去世，辈分低于孩子的大人需要戴孝，和成年人去世戴孝是一样的；

（8）还在怀里待着的孩子和婴儿夭折了，不需要戴孝；

（9）同辈人不需要戴孝，只有晚辈才需要戴孝。

孝布的准备。孝布包括孝和孝衫，由主人家来准备，在第三天吊孝的时候由看奠人负责发，来参加吊孝且需要戴孝的人都有，发了之后就要一直戴着。

掀孝。在第三天吊孝的时候就会给需要戴孝的所有人发孝，一般亲戚的孝要戴到逝者下葬为止，子女、女婿和外甥要等到所有的客人都走了才能掀孝。

守孝。家里有人去世以后，三年之内，子女、孙子孙女、儿媳、孙媳妇、入赘的女婿均不能走亲戚，但是女婿和外甥能走亲戚。三年内不能贴红对联，但是三年守孝期间能办婚礼，孩子过满月或是过二十天、寿辰也能举办，能喝酒、能理发，但是在"头七"里，什么都不能做。

如果婚事期间有人去世或者在婚事前三天之内有人去世，会把丧事先压着暂停一下，以婚事为主。

（五）出殡

出殡时各个儿子具体做什么没有明确的分工，在丧葬队伍中站的顺序也没有讲究。丧葬队伍中有一个顶纸盆的人，跟在灵后，其余的兄弟在灵的两侧，谁在左、谁在右没有讲究。顶纸盆的人不一定是老大，也不一定是和老人居住的儿子，要看属相，谁的属相和老人的属相合，就由谁去顶纸盆，如果有多个儿子的属相和老人的属相合，一般就由老大或是和老人居住的儿子去顶纸盆。各个孙子在丧葬队伍中做什么也没有具体的安排。

出殡时，由村中帮忙的"相逢"封棺、压棺材，一般不会让逝者的子女去封棺和压棺。出殡的时候没有灵牌，但是所有参加丧葬的亲戚都需要拿孝棍，男女平等，帮忙的"相逢"和村中的人不用拿。抬棺材的人都是"相逢"，亲戚不抬棺材。所有的亲戚都要参加出殡，"相逢"也要参加出殡，但是"相逢"不会全部都去，会留下几个在家里帮忙，家里也需要人帮忙。村民也可以参加出殡，在南陵村铁炉堡，有人去世，在出殡之时几乎所有的村民都会参加出殡，村民参加出殡不是全家人都去，一般是一家人去一个，多为当家的。"住在一个村，便是一家人"，所以都会参加，要是不参加，会受到村民的议论和谴责。即便是两家人有矛盾，平日里都不说话，家中有丧事，虽然可能不会到家里面去，但是都会参加出殡，这也是一个缓解矛盾的机会。同辈、晚辈都可以参加出殡，长辈不用参加出殡，同辈老人要参加出殡。

出殡时顶纸盆的人在下葬后回去的席面上要谢礼，谢礼是给帮忙的人表示感谢，需要叩头，一席跪叩头三个。儿媳妇和女儿在丧葬队伍下葬后回来的路上是走在队伍后方，走一段路就要给大家跪叩头，也叫"谢相逢"。孙媳妇不需要行谢礼，儿子回家后在席上行谢礼,每一个儿子都需要行谢礼,如果逝者没有儿子,由外甥代行谢礼。

(六)丧后与祭祖

1."守七"

丧后不摆死者的灵牌,只摆写着"三代宗祖"的灵牌,如刘氏族人去世之后,会摆上写着"刘氏三代宗祖之灵位"的灵牌,在民国三十五年(1946年)以前没有相片,就只是摆上灵牌;民国三十五年(1946年)以后,除了摆上灵牌,还会摆上死者的遗像。灵牌和遗像摆在之前放棺材的位置,一般是摆在放棺材前的方桌上,遗像是放于"三代宗祖"的灵牌前,可以高一些,但是不能高于灵牌的位置。

丧后不需要每天都上香,但是"头七""二七""三七""四七""五七""六七""尽七""百日""一年""两年"都要上香,清明的时候不需要上香,过年的时候需要祭祀。

"三七"当日,亲戚都需要回到坟上烧香吊表,这一天子女、外甥和女婿要戴孝、穿孝衫,其余的亲戚只用戴孝,不用穿孝衫,孝为吊孝第三日所发的孝,只有离开逝者家之后才能把孝拿下。"五七""百日"的时候同"三七"。逝者留下的遗物,不需要的在"头七"的时候烧一部分,剩下的要在"百日"这一天全部烧光。"一年""两年"的时候都要戴孝、穿孝衫。

这些日子里的各种活动,参加的人为主要亲戚,包括本家,外甥家一方的亲戚,以及出嫁的女儿家一方的亲戚。近族五服之内没有外出的也要参加,男女都要参加,如果有事不能参加可以不用参加,只需要和主家人说一声就好,一般是告诉逝者的儿子或是掌柜的,不参加没有什么惩罚。

2. 祭祀

家中有人去世之后,不会单独进行祭祀,祭祀主要是和老坟或者其他先祖一起,时间为清明和过年。清明的时候祭祀需要到坟上进行祭祀,较为隆重,所有的祖先都要祭祀,而且是一个坟头、一个坟头地去祭,先祭老坟,再祭新坟,老坟根据辈分来安排顺序,礼节上是一样的。过年的时候举行家祭,统一祭祀三代宗祖。两次祭祀的供品不一样,用来谢饭的饭菜也不一样;清明上坟祭祖的时候烧的香和纸要比过年祭祀烧的多一些。;寒衣节祭祀的时候,老坟和新坟的礼节也是一样的;当天,村民一般都会在家门口或是十字路口祭祀祖先和送寒衣。清明和寒衣节的祭祀是以家庭为单位,由家长组织。过年的祭祀是统一祭祀,有家族的以家族为单位,如果没有家族就以家庭为单位,分家之后便不用统一祭祀,如果需要统一祭祀也可以统一祭祀,由老大组织,供品由老大出。祭祀的时候,外嫁的女儿不用回来参加祭祀。所有的祭祀结束之后不会统一聚餐。另外，清明的时候祭祀，在外村或是外乡的坟，只要能到的坟都要去祭，如果在外县或是外省（逃荒、迁居而来），回去不了的就在十字路口祭祀，祭礼和在坟前祭祀是一样的，也需要摆供品，祭祀结束之后，供品不可以带走，但是谢饭的饭菜可以带走吃。

（七）丧葬费用

家中有老人去世，丧葬费用主要包括棺木、乐户、宴席、烟酒、鞭炮、花圈等费用，富人家还要箍墓，穷人家就不会箍墓。在一般情况下，穷人家丧葬花费至少也得七八石麦子，但是财东家的花费多的可能达到四五十石麦，大财东家还会请大戏。家中有丧事，如果家里穷，丧葬可以俭办，但是一般都不会俭办，俭办会遭人议论，都会说"兄弟几个，埋人都埋不下去"，丧事办得太简单也会遭人看不起。丧葬一般都是五六天，不能少于三天，因为打墓都得三四天，大财东家一般会在满了七天之后再下葬。丧葬的花费也不能按照天数来计算，因为每天花费的钱是不一样的。

三、节庆习俗与关系

在南陵村，文化节日主要有春节、清明节、端午节、中秋节、重阳节、寒衣节、社日等，不同的节日体现着不同的习俗和关系。

（一）春节及其关系

在南陵村，春节的时间是从大年初一到大年十五；但是大年三十这一天也算过上年了，需要贴对联、进行家祭。

1. 春节概况

过年需要提前准备，一般进入腊月之后，村民就会陆陆续续地准备年货。

腊月初五，这一天要吃五豆粥，也就是用五种豆类熬成的稀饭，由家中的妇女做。

腊月初八，家家户户都要吃腊八面，即便是穷人家，在这一天也会做上一碗腊八面，由家中妇女做，吃的时候和平时吃饭一样，没有特别讲究。腊八一过就开始置办年货，年货主要包括吃的东西、礼物（馍）、小孩的衣服，一般的家庭一般都是自己做衣服，大户人家一般都是请人做衣服，大人、小孩都会做新衣服。但是舅舅给外甥送的灯不能办，灯需要到正月初四、初五的时候才能办。

腊月二十三，村民要送灶王爷上天宫开会，要用馍来祭拜，象征着给其准备馍路上吃，期盼灶王爷上天后能言好事，回来之后为家里带来吉祥（"上天言好事，回宫降吉祥"）。在外的人也要陆陆续续地回家；财东家的长工也是这一天下工，财东家要给结清所有报酬。另外，村民还要扫舍、割肉买菜，请土地爷、财神爷、灶君爷（灶火爷）；也是这一天开始磨面蒸馍，赶做新衣服，开始置办年货。扫舍、祭拜家神等由家中的年轻男性做，一般不会让老人去做，也不会让妇女去做。置办年货一般是家中的掌柜的去，家里的其余人也能去，但是需要掌柜的同意，若掌柜的不同意则不会给钱，也就不能去置办年货。

腊月三十（逢小月是二十九），也叫"大年三十""除夕"。大年三十，妇女剪纸贴窗花，打扫庭院，准备全家过年的新衣服，即便是穷人家没有新衣服也要准备干净的衣服；男性则要贴门神、贴对联、挂神龛，主要由家中年轻男性去完成。大户人家会贴春联，穷人家很少贴春联，家里穷贴不起，于是贴对联，贴的对联都是用红纸所写，守孝期的家庭不贴对联。大年三十这一天该剃头的都要把头发剃了，大年初一就不能剃头了，一直要到农历二月二这一天才能剃头；小孩的头都是爸妈剃的，大人之间会相互剃。大年三十这一天还需要洗脚，俗语说"剃头洗脚，强于吃药"，如果大年三十这一天不洗脚就叫作"过母年"，"过母年"的人都是最穷的人。另外过年期间有什么需要借的东西需要在大年三十这一天借好，年初一至十五都不能借东西。

2. 祭祖

南陵村没有过小年的习俗，祭祖主要是在过大年的时候进行，大年三十的后响就要开始祭祖。过年祭祖都是在家里祭，祭祖的时候需要烧纸，纸由家里的年轻男性在大年三十晚上之前打好。大年三十要"守岁"，守岁之前，大约 7 点多钟就要给祖宗上香，到了晚上 12 点全家人就坐在一起吃饺子，第一碗饺子敬祖先，由家中妇女做（如果有儿媳，一般是儿媳做，儿媳做的时候，掌柜的的妻子要是还年轻，也会帮忙；如果没有儿媳，就由掌柜的的妻子做），由年轻人端去祭祖，接着先给家中的老人盛饺子，然后给家里的小孩盛饺子，接下才是家里的大人。大年三十吃饺子都是自己家里的人吃，不会请其他人。即便是住在一个院落里的两家人也不会来往，都是各家吃各家的。

在南陵村，过大年的时候村民会放鞭炮，穷人、富人都会放鞭炮，只是穷人放的数量比较少，富人放的数量比较多，鞭炮的大小没有讲究，放鞭炮一般也是掌柜的安排家里的年轻人去放，放鞭炮象征着辞旧迎新，也是为了营造欢乐的气氛。过大年的这一天也没有什么大祭。

大年初一，天没有亮就要起床，起床第一件事是洗漱，接着是祭祖，但是现在祭祖只是先给祖先烧香，然后去拜神（先拜外面的神，再回来拜家神，拜外面的神没有顺序），只讲究谁烧头炉香，图个吉利。到庙里拜神是家中的年轻男性去。拜了外面的神之后回家祭拜祖先和家神。之后是族里按照"门"统一烧香、祭祖，然后给村里的人拜年。大年初一过大年，这一天吃的饭都是不一样了，吃的都是煮馍面，煮的是水饺和面条，祭祖先也是用煮馍面。

3. 走亲戚

春节的时候会走亲戚，走亲戚是从大年初二开始，但是大年初一的时候就可以给干亲、拜把子兄弟以及老师、师父和村中的人拜年。祭祖结束之后就开始拜年，拜年的时候先去给村中的老人拜年，没有老人的一般不去，但是有老人的，不管张王李赵，不管是不是同姓都要去，表示对老人的尊敬。50岁以上的都算作老人，即便家中只有50岁以上的女性老人也要去（不分男女），一般家里有老人的家庭到了这一天都有所准备，主要是准备核桃枣、软枣（给小孩），有的还会给小孩一些铜钱，主要都是给小孩，给大人不需要准备礼物，去拜年也不用带礼物，去的时候都是整个刘氏家族的男性一同去，由刘邦富带着。祭祖的时候不能单独去，也不能单独去拜年，都是整个家族集体行动。在南陵村铁炉堡没有出现不参与祭祖、拜年的活动的情况，过大年都是图吉利。统一拜年之后就可以单独拜年，拜年一般都会带上礼物，但是礼物都不会太重，主要是一种情谊。其中，给师父拜年的礼物会重一些，虽然学成后可以不去拜年，但跟着师父是拜师学艺的，如果不去拜年就意味着情谊断了，一般的徒弟学成之后仍会一直给师父拜年。学生给老师拜年，不是所有的学生都会去给老师拜年，主要是一些被老师器重的学生会去，一是为了感谢，二也是求老师关照。

大年初二至大年初四主要是出门走亲戚，从男方来说，姻亲中必须去的亲戚是舅舅家和丈人家，去拜年必须要带礼物，礼物多为花馍、点心和酒，新婚夫妇回去丈人家，需要带酒、肉、糕点、大馍等八样或是十二样礼品，丈人家要回赠女婿衣物鞋袜、鸡蛋和杂干果等。走丈人家必须是夫妻双方去，别的亲戚主要是掌柜的去走。亲戚之间一般都会走，如果不走可能亲戚关系就断了。走亲戚的时候可能一天就要走很多家，不一定都吃饭。

4. 送灯

大年初六开始送灯，初七到初九是送灯最为旺盛的时间，干爸要给干儿子送灯，舅舅要给外甥送灯。送灯的时候是来到晚辈家，也是回拜。回拜一般在吃了早饭以后，可能会留下来吃午饭，吃饭的时间为下午两点左右。吃饭的时候如果家中有老人则是老人坐在上席，舅舅、干爸坐在左侧；若是没有老人，则是舅舅、干爸坐在上席。如果初六这一天遇上女儿新婚，娘家必须送两个大红宫灯、两个火罐灯、两把大红蜡烛，并送八个鱼形茧娃馍和四个混沌馍及粽子糕点等。

5. 其他仪式

正月初七，俗称"人七"。当地有一种说法，说"初一以后人魂外游，是夜归身"，故要早睡，不外出。正月初十之后，基本上亲朋相互拜年、送灯的活动接近了尾声，开始准备社火，而南陵村的社火一般从正月十五开始。"正月二十三，老驴老马歇一天"，正月二十三，忌男女干农活和做针线活，称为"坐不当"。二月二，"龙抬头"，这一天之后便开始从事田间劳动。

6. 禁忌

大年初一这一天，"水火不出门"，不能浇水，也不能到井里打水；也不能动剪刀等利器，家里的水和垃圾均不能往外倒，村里人认为过年是完整的家，不能被破坏。"水火不出门"是大忌，一般不会去违反，如果违反了也不会遭到惩罚，只是会认为是不吉利。大年初一的时候，女性可以第一个进别人的家里，但是很少会这样。大年初五，称为"破五"，俗谓"不吉利"，这一天忌出门。

（二）元宵节及其关系

正月十五为元宵节，有吃元宵的习俗，但是在南陵村，富裕家庭吃元宵，穷人家里只能以饺子代替元宵，无论是做元宵还是饺子都是由家中的妇女做，大户人家如果请有厨子也可以叫厨子做。"大十五，小初一"，正月十五是最后一次年了，穷人家也要吃面、吃水饺，小孩子还要去"碰头"（长命灯），各家各户都讲究一通明，象征前景光明，这是一种风俗，一种信仰，即便再穷的人家也不会不点灯；点灯由家中的年轻人去点。虽是灯火通明，但是都是在家中，家家户户都会很注意，一般不会发生火灾，这一天虽然在十二点以前能睡觉，但是村民一般都是过了十二点才去睡。元宵节的这一天也要祭祖、拜祖，礼节同大年初一，但是这一天的祭祖都是家祭，家族之间也不会相互来往。

（三）清明节及其关系

清明节在南陵村也是一个重要的祭祖节日，主要是进行墓祭。清明节当日，南陵村的村民都会去上坟、祭祖。穷人家庭一般在坟上挂长钱，墓顶压纸钱，烧纸钱；富人家庭除了穷人做的事情以外，还会抬着饭菜去坟上摆饭祭祖。穷人家、富人家都要扫墓，以祭坟为主。如果没有祠堂，清明这一天就不会组织整个宗族祭祀，而以家庭为单位，各家自行到坟上祭祀；如果有祠堂，宗族在祠堂里祭祀，然后各家再到坟上去祭祀。在祠堂里祭祀是由族长或是宗族中年纪较大、辈分较高的人主持，到坟上去祭祀由掌柜的主持，家里的人都要去，男女都可以去。

如果摆饭祭祖，饭菜由其中一家人准备，具体是哪一家人准备，由兄弟几家共同商量，但是家家都需要带馍，主要是带去自己吃，一般都是谁家的日子更好一些就谁家准备祭祖的饭菜，如果各家的经济情况差不多，就多由长子来准备祭祖的饭菜。祭祀的其余物品是自己家里准备,祭祀产生的费用主要是准备祭祀用品,各家产生的费用各家负责,不需要摊派。祭祖的饭菜在祭祖结束之后可以吃,祭祖结束之后一般不会聚餐。如果是大富人家到坟上摆饭祭祖,结束之后会一起吃饭,吃饭就是在坟地上,不烧菜,主要是吃各家带去的馍。

清明节当日,除了祭祖、扫墓,还会进行修坟、栽松柏(松柏长青)。修坟和栽松柏主要是家中成年男性的事情,老人、妇女不需要参加。修坟一般不会产生费用,后人一同修,也不是所有的人都要参加,如果后人中有的家庭不能参加,也不需要请人代替,也不用出钱,修坟的活不是很大。

(四)端午节及其关系

端午节,又叫作"端阳节"。在端午节当日,小孩要穿新衣、戴香包,在鼻子和耳朵上点上雄黄酒;成年男性还会饮雄黄酒,是为了驱疫防虫。端午节还要吃蒸糕和粽子。当日,至亲之间会以杏子、粽子、糕点等互送,舅舅要拿艾、杏子、粽子给外甥"送节",家庭条件好的人家还会给外甥送新衣服。"送节"的时候是舅舅和舅母一同去,去了之后一般都会吃饭,舅舅和舅母坐上席。如果家中只有一位老人,则是舅舅和老人坐在上席;如果家中有两位老人,则是老人坐上席,舅舅和舅母坐在左侧。端午节当日不用祭祖。

(五)中秋节及其关系

中秋节为农历的八月十五,南陵村也有过中秋节的习俗。中秋节当日不需要祭祖,主要是晚辈向长辈尽孝,其余的没有太多讲究。分家的兄弟在中秋节这一天也不会一起吃饭,子女和父母分家之后都是另灶之后、各管各的了。

中秋节当日,嫁出去的女儿都要回家陪老人过节,一家人要团团圆圆。女儿回家会带上礼物,但是带什么礼物没有讲究,主要就是女儿的一份心意。女儿回家看父母,女婿也要跟着回来,除了看父母,也算是走亲戚,维系亲戚关系。如果出嫁的女儿在中秋节这一天没有回来看望父母,也没有什么惩罚。有的家庭过于贫穷或是有疾病,可以不回去。如果无故不回,虽然没有什么惩罚,但是会遭到群众的议论。女儿回娘家之后不用给爸妈做饭,回来之后算作客人,做饭由和爸妈一起居住的儿子、儿媳妇或者和父母一起居住的女儿做。吃饭的时候老人坐上席,其余的位置没有讲究。

(六)寒衣节及其关系

农历十月一日为寒衣节,这一天主要是给死去的先人送钱、送寒衣。送寒衣以家庭为单位,出嫁的女儿不用回来。送寒衣的时候主要是在家门口统一烧纸钱和寒衣,由晚辈来烧,不用上香,也不用谢饭。即便再穷的人家也要送寒衣。

农历十月初一，又谓"十月朝"，自古以来就有新收时祭奠祖宗的习俗，以示孝敬、不忘本。在这一天用黍醒祭祀祖先。农历十月初一祭祀祖先，有家祭、也有墓祭，在南陵村主要是家祭，此家祭和过年时候的家祭也不一样，此家祭主要是在家门口或是家外的岔路口。农历十月初一，也是冬天的第一天，此后天气渐渐寒冷，人们怕在冥间的祖先灵魂缺衣少穿，因此，祭祀时除了食物、香烛、纸钱等一般供物外，还有一种不可缺少的供物——冥衣。在祭祀时，人们把冥衣焚化给祖先，叫作"送寒衣"。后来，"烧寒衣"的习俗有了一些变迁，不再烧寒衣，而是"烧包袱"，人们把许多冥纸封在一个纸袋之中，写上收者和送者的名字以及相应称呼，这就叫"包袱"。寒衣节这一天，家里不会宴请。

（七）冬至节及其关系

"冬至黄昏年半夜"，冬至节这一天需要给祖宗烧纸，就在家门口烧，烧纸是家中的晚辈（儿子）去烧，主要是为了祭祖，礼节和寒衣节的一样，是"孝道"的一种体现。去烧纸不用烧香、不用谢饭，为所有的祖宗统一烧一堆。已经出嫁的女儿不用回来烧纸。在冬至节这一天，财东家要请先生吃饭。其余的人家一般都不会宴请。财东家也只是请先生吃饭，不会请其余的亲戚，也不会请绅士、甲长、保长等。

四、日常习俗与关系

1949年以前，南陵村的村民在长期的生产生活中形成了具有地方特色的习俗，并通过口口相传的方式代代延续和精进，对村民的行为起到指引作用。这些习俗可分为禁忌类习俗、生活类习俗、愿望类习俗、敬老习俗等。

（一）禁忌类习俗及其关系

在传统时期，南陵村村民在生产生活中有很多禁忌类习俗。

首先是关于二十四节气的禁忌类习俗。如夏至最忌有雷雨。夏至是农事很重要的节气，村民认为夏至的时候天气变坏会对农作物造成很大的影响。因此农家在夏至的忌讳很多。《清嘉录》云："夏至日为交时……居人慎起居、禁诅咒、戒剃头，多所忌讳。"据说这些禁事都是害怕会引起老天爷下雨。俗谚云："夏至有雷，六月旱，夏至逢雨，三伏热。"俗忌末时下雨，以为会影响收成；又忌时中雨和时末雷，认为会带来水灾。所以，最好是夏至里别下雨、别打雷。冬至为一年间最冷的日子，民间有冬至日吃饺子的习俗，俗称"安耳朵"，忌冬至不吃饺子，认为不吃则会冻掉耳朵，且对农事收获不利。俗谚云："冬至不过冬（指不吃饺子），扬场没正风。"立秋也是农家的大节气，民间十分重视。旧时禁忌立秋在田间行走，否则，以为对秋收不利。识字人多用红纸书"今日立秋，百病俱休"字样贴壁上。立秋日还忌雷、雨、风。俗谚云，立秋日"一雷波万顷""雷打秋，晚禾折半收""秋甲子忌雨，雨则多涝""秋前北风秋后雨，秋后北风干透底"，等等。这些谚语，虽然说法不尽相同，但都表示农家对立秋日的重视，以及祈愿风调雨顺的心境。

其次是婚丧禁忌。婚嫁是人生大事，南陵村村民以八字合婚，属相不合忌讳订婚，如"蛇见猛虎如刀断，兔子见龙不长久"等。选定婚期，不能在属相中的"败月"，败月即"正蛇二鼠三月牛，四猴五兔六月狗，七猪八马九羊头，十月饿虎满山游，冬月秀鸡架上愁，腊月老龙不抬头"。在丧葬上，父母和先辈去世，孝子不出七，不得到亲邻家里去。长辈去世第一年为重孝年，春节过节不走亲戚、不贴红对联等。

第三是节日祭俗。正月初一忌迟起，迟起不吉利；正月初一不干活，有"老牛老马都歇三天"之说；初一还不担水、扫地，不骂人，不穿旧衣等。正月初五"破五"，忌兴土木、向邻家借东西，特别是水火，忌向地下泼脏水，因为各神将回归，如果脏水污染了神灵，得罪不起。正月十五舅舅要给外甥送灯，从一岁开始一直送到十三岁全灯，祭俗很大，认为不送灯命不长。新婚女子过了正月十五才能去娘家，在娘家不得过二十三。正月二十三、二十四是"不干当"，这两天不能炒、不能蒸，炒了油葱花对小孩不好。正月二十七、二十八是"大不干当"，妇女忌做针线活，众人忌穿上新衣走亲戚等。

第四是生育祭俗。怀孕妇女忌吃兔肉，吃了生豁豁娃，忌去当梳头扶女的。生了孩子当父亲的，若是生的男孩，则三天忌串门，若生的女孩，则七天忌串门。坐月子的月婆忌串门。

此外，建房等也有禁忌，如建房要选黄道吉日破土，每月的初五、十五、二十五忌动土。安灶也有忌讳，俗语说"有钱没钱，灶火口朝南"，忌向北。安门也有忌讳，安门在左边，忌门对门等。

（二）生活类习俗及其关系

人的生活主要就是衣食住行，故与衣食住行相关的习俗便也构成了生活的习俗。在传统时期，自然灾害、匪患以及高额的地租等多重因素的作用，使得多数南陵村村民处于贫困的状态，因而在日常生活中也逐渐形成了节俭与循环使用的习惯。村民所穿衣料均为打弓弹（棉）絮、摇轮纺线、穿梭织成的土布，自浆、自染、自裁、自缝，一身粗布衣，大襟改对襟，长袍改短衫，大人穿了小娃穿，所谓"新三年、旧三年、缝缝补补再三年"。饮食方面，南陵村村民历来简朴，旧时民间多为一日两餐，农忙时，半早晨打点，晚上喝汤，则为四餐。男人多端饭碗聚街道，边吃边闲谈，号称"老碗会"；妇女不出灶房，给大人小孩舀饭，侍候公婆。来客时，宾主同坐前厅桌上，妇女、孩子端饭,彼此谦让,启筷就餐,主人让客人吃饱、吃好,客人表示客气。土改后,穷富不分,男女平等,做饭时,互相协助;吃饭时,全家同桌,彼此照应。在住房方面,南陵村毗邻群居,周围城墙称为"堡"。建房立木时,脊檩挂红,放鞭炮,款待匠工。旧时的出行极不方便,平民走亲访友、赶集赴会,都靠步行,婚嫁、求医骑牲口,官家乘轿,豪绅坐轿车。要远游时,人们都要找历书(历图)查个黄道吉日,普遍以三、六、九为出门的"好日子"——"三六九,往外走"。

村民在日常生活中所形成的各类习俗虽无明确的规则规定,但能够为村民所认可和自觉遵守,如果有村民在行事过程中不遵守相应的习俗,可能就会受到村民的议论,甚至不愿与其来往。习俗将村民联系起来,没有特定的人作为代表,也没有组织,靠舆论、道德、敬畏来维持。不同的习俗有不同的效用范围,既可以是一个村堡,也可以是几个村堡或是一片区域。

(三)愿望类习俗及其关系

1949年以前,南陵村村民受封建礼教的影响较大,加上当时交通环境相对闭塞,生活方式落后,村民改造自然和适应自然的能力较弱,为了逢凶化吉、求福避祸,村民常常会将希望寄托于神灵,朝拜祭祀神灵以求帮助自己实现愿望或是保佑平安。村民家中有灶君、土地、门神、财神等神灵,以灶君为重,腊月二十三,打糖瓜、烙饦饦,全家跪拜,焚香吊表,送灶神"上天言好事",希望"下界降吉祥"。在村中还建有药王庙、娘娘庙、关帝庙等,村民在神前祈子、求雨、消灾、还愿。

(四)敬老习俗及其关系

南陵村村民尊老爱幼,对老人较为尊敬,也形成了一些敬老习俗,如祝寿。在1949年以前,一般年满五十即为老人,接受晚辈祝寿,晚辈向老人行祝贺礼。一般是从六十岁开始办寿宴,男女都一样,但是女人很少办寿宴。穷人只是子女给过寿,不办宴席;富人就需要设宴席,请亲戚。老人的六十大寿会大办,之后逢十会大办,如七十大寿、八十大寿、九十大寿,其余的寿辰就过得一般,但是财东和大户人家年年都会大办。给老人祝寿要行贺礼,不同的亲戚可以带一样的礼物,但是出嫁的女儿和侄女一般都带衣服、鞋和老人爱吃的东西。寿礼当日,寿星要吃寿面和寿桃等。

第六节 规训与规训关系

家庭教育和学校教育是传统时期南陵村村民接受教育的主要方式,学校教育的类型主要有私塾、义学和学校,家庭教育主要是通过言传身教的方式进行,并形成了一些家规、家训。本节将从规训主体出发，考察传统时期南陵村村民的规训与规训关系。

一、家庭教化及其关系

1949年以前，家庭教育是南陵村村民最常使用的一种教化方式，家长通过言传身教以及适度奖惩对家庭成员进行规约，实现对子女及后辈的人生教育和生产教育。

（一）人生教育

1949年以前，南陵村村民对于家庭成员的人生教育主要以家规家训的形式体现，通过家规家训约束家庭成员的行为，为其提供正确的行为导向。

1. 家规家训概况

在传统时期，南陵村各大姓氏均有家谱、家规、家训，家谱主要是记录一个家族的世系繁衍以及主要人物和事迹，通过家谱，我们能够比较真实地了解家族的发展和延续情况。此外，家谱中一般都有家规、族训，对于规范人生和教育族人具有重要的意义。家谱里的内容主要是进行道德教育，教育族人、家人怎样为人处世。家谱中所保存的家规、家训以及治家格言等，从一开始就以积极、进取的人生价值和社会价值态度来教育后人。在家规、家训中，封建伦理纲常礼教作为其理论基础占有中心地位，三纲五常、孝悌忠信的内容占全部内容的大半；除上述内容外，还有"睦族人""和亲友""恤孤贫"以及"戒赌博""戒奢侈""戒懒惰""戒淫逸"等，对家族成员的行为、举止作出规范和约束。有一些家族将家规家训单独成册，在里面规定了约束内容和惩戒办法等。家教主要是家中长辈对晚辈的口头教育，也是家户内部的主要规训方式；在家户范围外的主要亲戚中的长辈也能对晚辈进行教育，如舅舅教育外甥。家规、家训、家教，只是在本家族内部起作用，对家族成员具有约束力，对于同村的外姓不具有约束力。不同家族之间的家规、家训和家教一般不会发生冲突，如果发生冲突则由族长、家长或是家族长辈出面调解。

2. 教化方式

家规、家训、家教是从小孩小的时候就开始教，对于男孩的教育要比女孩稍多，女孩主要是教其做事、做人，如要守妇道、要孝敬父母和公婆等。这些家训都是通过言传身教的方式进行，随时随地进行教育。教育主要是长辈对晚辈进行教育，如果对于长辈的教育，晚辈不服从或是不认真学习，会受到长辈的责骂，严重的甚至会挨打。在一个家庭中，主要由掌柜的对晚辈进行教育，母亲也可对子女进行教育；在一个家族中，主要是由家族中的族长对家族成员进行教育，如果没有族长，则是由家族中年纪较大、有文化、有威望、辈分较高的人对族人进行教育，其可以直接责骂或是打家族成员。

3. 教化结果

在南陵村，无论是家规、家训、家教还是学校教育，都形成了一种强烈的等级关系，这种等级关系主要是老幼、尊卑、辈分等。家中要孝敬老人，掌柜的具有权威，在学校学生要听从老师的话等。这种等级关系也体现在了日常的生活中，如晚辈对于长辈不能直呼其名，要称为"××爷爷"等，如果直呼其名或是乱了辈分，就会被认为是不懂礼数、缺乏教养。家规、家训、家教，对家族、家庭成员进行了教育，规范和约束其行为，以一种积极的人生观和社会观来营造一种良好的家庭氛围，也有助于高尚道德的培养和形成。

（二）生产教育

1949年以前，在南陵村，村民的家庭教育除人生教育外，还有很重要的一个方面就是生产教育。在农业生产方面，不论是耕作方法还是农时把握，抑或是作物安排、劳作时间安排，均是通过"父传子"的方式代代相传，男孩子从七八岁时起，就跟着父亲下地劳动，先从简单的薅草、看水、放牲口干起，随着年纪慢慢提升，逐渐开始接触犁地、播种、上肥等农活，直至完全掌握耕种技术方可自行下地劳动。而女孩子虽很少下地干活，但也要从小学习做饭、洗衣、织布等家务与手工劳动技术。所谓"子不教，父之过"，通常村民都认为如果孩子一无所长、什么都不会干，主要是因为父母没有教好，而孩子的农业技术以及做家务的能力也是父母生产能力的体现。如果教不好子女生产生活的技术，不但会被外人笑话，也会影响子女日后的生存。

二、学校教化及其关系

学校教育是传统时期南陵村村内又一种重要的教育形式。据富平县志记载，西周至晋代，本县学校是称为"庠序"的乡学。乡学由各乡、里居民自延师资、自筹经费、自行管理。唐初，设县学，食宿由官府供给，为行政管理之始。进入中华民国时期，南陵村学校教化和规训主体主要包括私塾、义学和学校。

（一）私塾及其规训关系

1949年以前，在南陵村，私塾的产生都是以富裕家庭为核心，富裕家庭的孩子都要识字，否则难以管理家财和与社会人交往。上私塾的通常也都是有钱人家的孩子，穷人家的孩子上不起私塾。通常情况下，一个私塾里会有10多个学生，如刘兴汉老人所读的私塾即有学生14人。

1. 私塾的教师

每个私塾就只有一个教师，一般都是利用祠堂作为教室，或者在老师自己家中教学；也有搁到庙里上课的情况，但是比较少。还有些借财东的空闲房子开设私塾，借用财东家里的房子不用给租金,也不用承担其他费用,因为"办私塾是一件公益事业,对财东家里来讲,房子闲着也是闲着,借给他人开办私塾还能获得村民的尊敬,脸上有面子"[1]。开私塾的人都是有文化的人,且年纪较大,都是中年以上,当地称之为"教书先生",地位比较高。开办私塾不需要和保长报告,也不需要得到保长的同意。教书先生的工资叫作"束脩",一年大约能得到5—7石麦的报酬,除此之外,如果教书先生是在财东家住,财东家还要给教书先生准备一间住的房间以及生活用品。教书先生的束脩由私塾的学生均摊,通常学生入学前就会确定具体数量。财东及保上都不会给予教书先生补贴,而财东家的孩子即使是在自家所办的私塾里上学,也要承担和其他人一样的学费,以充当先生的束脩。

传统时期,村民上私塾的目的之一是能够识字,能够打算盘,这样就能管家了。另外,在更早年间,上私塾还有一个目的就是考取功名,为仕途读书的时间相对较长一些。而教书先生则是村民这些愿望的主要承载者,因此,教书先生在农村中的地位比较高,很受人尊敬:与乡绅、保长相比,乡绅、保长的地位更高,乡绅和保长有权;和财东相比,也是财东地位更高,其家庭经济比较好;但是教书先生更受人尊敬,具有权威性,属于特殊阶层。逢年过节,家长都不需要请教书先生吃饭,也不需要送礼,但是对于单独请教书先生的财东家,冬至节这一天要请教书先生吃法。另外,教书先生比较器重的学生以及想得到教书先生关照的孩子,过年的时候会给教书先生拜年。教书先生一般不会参与村里的事务,也一般不会参加纠纷调解等。教书先生不会给保长、乡绅和大财东家的孩子开小灶,都是一视同仁。但是如果是财东家请的教书先生,每逢三、六、九需要给教书先生改善生活。

2. 上私塾的形式

上私塾有两种形式。一种是大财东家将教书先生请到家中或者是请到村中教学,只有同一家族中关系近的孩子才能去上,宗族中其余关系比较近的孩子也能去上。教书先生的报酬一般是上学的孩子家里分摊,但是不一定是平摊,多以财东家为主。此类方式,请教书先生是由财东家去请。另外一种上私塾的情况是教书先生自己办私塾,此方式开办的私塾,想上学的孩子都能来,学费也相对较低。上私塾的孩子一般都是男孩,女孩很少会上私塾,要是财东先生家的女子,会请教书先生到家里教学。

3. 私塾的课程

私塾课程分高、初两班。高班读四书五经,初班读《三字经》《弟子规》《朱子家训》《百家姓》《千字文》《幼学琼林》《孝经》等。先生要求学生"入则诵诗读书,出

---

[1] 来源于对刘兴汉老人的访谈。

则亲师会友"，以期成才。教学活动则有念书、背书、写仿、判仿、讲书、回书、对对子等多种形式。对不能完成学习任务或不听训导的学童，常施以掌责、笞臀等体罚。私塾的课程也比较紧张，早上读课文，中午要进行背诵，下午学习新的内容，晚上教珠算。

4. 上私塾的时间

1949年以前，在南陵村，上私塾的人不太多，但是上私塾的学生上学时间通常会比较长，一般都会上五六年。在私塾的最后阶段，学习的内容为"社交学"，如打官司，写分书、地契、借据、楹联、诗词等。如南陵村的刘邦斌，上私塾上了九年。如果是财东家请教书先生，上几年是财东说了算，教书先生是一年一年地请，束脩也是一年一年地给。私塾学校一年是两个学期，一年中放两次假，第一次放假是在收麦的时候，此次放假放约两个月，另外一次放假是冬至的时候，冬至放假，正月十五之后开学。教书先生的束脩是在忙罢的时候给一半，剩余的一半在年底结清。对于交不起学费的孩子，教书先生不会让其上学，所以穷人家的孩子很少能上学。教书先生家里碾米、菜地不需要学生或家长负责，家事之间没有往来。

5. 私塾的公平性

大财东、乡绅、保长的孩子会在一个私塾上学，在南陵村，甲长是轮流担任，穷人也会当上甲长，所以当穷人担任甲长的时候，其孩子一般不会和大财东、乡绅、保长的孩子在一个私塾上学。另外，大财东家一般会自己请教书先生，自己的孩子就在自家上私塾。如果大财东、保长、乡绅的孩子在一起上私塾，教书先生是同等对待，谁也没有特权，即便他们的孩子和一般人家的孩子一起上同一个私塾，教书先生也还是会平等对待。为了让上私塾的孩子都能好好学习，教书先生会体罚学生，如果大财东、乡绅、保长的孩子犯了错误，也会受到教书先生的体罚，体罚的力度和方法均和普通家庭的孩子一样。"误人子弟如杀人父兄"，犯了错误就要受到体罚，对每个学生都需要从严看待；即便是对学生进行了体罚，家长也不会找教书先生的麻烦。

（二）义学及其规训关系

南陵村乡绅刘洞春，于1934年开始办义学，其是旧知识分子，但是思想比较超前，其利用山神庙的庙宇作为教室开办义学，属于私人办义学，不收分文；学生都在同一个课堂里，主要是讲《百家姓》和《三字经》。刘洞春开办义学，学生主要是南陵村南刘堡和北刘堡的孩子，除此之外还有南陵村铁炉堡的刘兴汉，刘兴汉的父亲刘邦斌因自己上过私塾，故送儿子去上学，其余的人没有这样的观念。

刘洞春开办义学的第一年，一共有12个学生，其中11个男生、1个女生，女生为刘洞春的女儿，大约有四五岁，之所以来上学，是因为自己的父亲当老师。其余的学生当中，年龄几乎都是八九岁，最大的是十岁。

刘洞春所办义学，在当时是宫里地区唯一的一家义学，穷人、富人家的孩子都能去上义学，只要是把孩子送过去都会教，但是中间有一个疏通关系的环节，要得到刘洞春的许可才能把孩子送过去。但是一般只要和刘洞春一说，他都会答应，所有的孩子都是在一个课堂上课，一个孩子是教，十个孩子还是教。保长、甲长的孩子也会一起上义学，但是不管是谁家的孩子，只要送到义学里都是同等对待。大财东家很少会让自己家的孩子去上义学，多为自家孩子请教书先生，让孩子上私塾。

（三）学校及其规训关系

刘洞春的义学办了两年的时间，到了1936年左右，国民党在南陵村开始办小学，1940年办完全小学（高小），也叫"中心小学"，南陵村是在1942办起了中心小学。

1936年初办小学，基本上是一个保有一个小学、一个教师、一个教员，都是利用庙宇、祠堂等做教室，一至四年级都是进行复式教学，所有的学生都在一个教室里上课学习。到了1938年，才以年级为单位，分开教学。

开办小学之后，穷人、富人的孩子都能上学。穷人家的孩子一般只上到四年级，主要课程就是学习语文和数学；学校正规以后，早上还会组织出早操，下午教师还会带领学生做游戏。富人家的孩子，读完小学之后到县城里接着上高小，从小学到高小不需要考试。一直到了1940年以后各村开始办中心小学之后才不需要到县城上高小。

小学由各村自行建设，各村几乎都是利用庙宇、祠堂等做教室，然后聘请教员，教员的工资由学生共同负担。聘请教员由管理学校的人去请，管理学校的人也被称为"管理"，大一些的村子会成立管理委员会。

创办了小学之后，过年需要给老师拜年，拜年的学生都是富裕家庭的学生，给老师拜年一是对老师的教导表示感谢，二是想让老师对学生多多关照。穷人家的孩子也会给老师拜年，但是很少，主要是老师器重的孩子才会去给老师拜年。给老师拜年的时候需要带上礼物，礼物没有什么讲究，但是都会比给亲戚拜年带的礼物重一些。学生去给老师拜年，可以学生自己去，但多是由孩子的父亲或是家中掌柜的带着去。去给老师拜年，不会在老师家吃饭。

创办小学之后，穷人家的孩子和富人家的孩子，普通人家的孩子和保长、绅士家的孩子都是一起上学，老师也是同等对待，不会给财东家、保长、乡绅家的孩子开小灶，如果犯了错误也是一样会受到惩罚。

上小学的学生一般都是男生，没有女生，当时家里很少会送女生到学校去上学，一些大财东家想让自己的女儿识字，便会给女儿请教书先生到家里教学。在南陵村，刘洞春的女儿上学是开了先河。

乡上设一所中心学校，属于公办，老师的工资由县里负责；保里设小学，属于民办，老师的工资靠自己"爬钱"，钱一般由有娃上学的家庭支付，以实物（麦）的形式支付。南陵村只有一所小学叫南陵小学，属于民办，利用旧的关羽庙（因为关羽庙最大）做的教室。刚开始的时候只有一名教师，叫纪云峰，县城里的人，由管理人去邀请来此教书。解放后老师的数量增加到两位，每位老师的工资是一年六至七石麦，刚开始的时候是由上学的学生家里出，按照学生数量平摊，1947年后来变为保里统筹，按地亩银两（公粮基础）来收。1947年县里派人下来丈量土地，并颁发土地证。土地证由保里负责制作，保里抽调有文化的人来写，写好之后由县里按印统一颁发。保里抽调的人没有报酬，都是自己保中的人。

相比家庭教育，学校教育更多的是教育孩子读书识字，通过教授四书五经等，让孩子识字的同时懂得为人处世的道理。学校的教育以说教为主，对于不听话或是不好好学习的学生，老师有责罚的权利。

学校规训的结果，则是教会了学生识字以及一些做人的道理。面对上述规训，学生中有反抗的情况，主要表现为不听教导和敷衍了事，不认真对待，出现这样的情况主要是通过责骂、打等方式来进行修正。这种反抗的行为是被村民所不看好的，村民持反对态度。即使是自家的孩子受到了老师的打骂、体罚，家长也不会说什么，即使是财东、保长家的孩子也同样会受罚，学生到学校是为了学习，而老师的责罚一定是学生违背了老师的要求、不认真学习，家长只会帮着老师指教学生，而不会因为孩子遭受责罚而责难老师。

第七节　文娱与文娱关系

传统时期，南陵村村内的文娱活动相对丰富，文娱活动主要发生在农闲时节，丰富了村民的日常生活。但文娱活动也受到参与主体、主体态度等因素的影响，使得不同的文娱活动也体现出了不同的圈层关系。本节将重点从节庆娱乐与日常娱乐两个方面来考察传统时期南陵村的文娱与文娱关系。

一、节庆娱乐及其关系

在南陵村，村民的节庆娱乐活动主要是过会，在过会期间会举办放社火、踩高跷表演、唱戏等活动。随着社火的发展，南陵村铁炉堡还产生了专门组织办社火的组织——同乐会。

（一）同乐会与"过会"

1947年以前，南陵村铁炉堡的村民自筹钱组织成立了社会组织同乐会，同乐会的成立是为了在过年期间组织村民的文娱活动，主要活动是举办社火、高跷表演等。该组织由社火头和几个骨干构成，一般是3—5人，其中一人专门负责管理钱，一人专门负责采购物资。同乐会的头（社火头）一般是负责管理开支，应该买什么、不应该买什么都是由社火头决定。下面管辖一个高跷队和一个鼓队，每个队都是10多人，每队设一名队长，表演的时候队员听队长指挥，队长由大家推荐产生。同乐会单独负责民间娱乐，不用管其余的事情。

同乐会，只要是热心这一方面的人都能加入，穷人、富人都能加入，但是女性不能加入。社火头由参加的人共同推荐产生，不需要村民参加选举，也不需要村民同意，也不用向甲长、保长汇报。

同乐会举办社火的经费开支主要是通过在村民中筹款得来，筹钱的时候都是在本村筹钱，不会到外村去筹钱，筹钱是由社火头组织。出于热心的人才会捐钱，穷人、富人都会捐钱，捐钱就是为了图欢乐，捐钱者多为热爱社火的人。筹下的钱用不完，留到下一年，筹的钱怎么花不用村民同意，由社火头决定，但也会和同乐会的其他成员商量。筹钱总数在筹钱结束之后不会进行公示，但是在社火表演结束之后会进行公示，公示的主要内容是筹了多少钱、社火活动花了多少钱、剩余多少。捐钱都是村民自愿，捐多少没有规定，捐钱的多少也不会影响其参加社火活动。同乐会在村民中自愿筹钱办娱乐活动，不会向村民强行摊派。

同乐会举办活动的地点一般在南陵村铁炉堡，以村为单位，但是也会到外村、外乡进行表演。观看表演的时候，全村人都可以看，外村的人也可以来观看，不需要甲长同意。观看同乐会的活动表演，遵循官民平等、男女平等、老少平等、本村人和外村人平等的原则。举办的各活动均由社火头主持。同乐会的成员在每一次活动结束之后都不会统一吃饭，去外村表演的时候也不会统一吃饭，一年结束也不会统一吃饭。

同乐会只是负责民间娱乐活动，不用参与村庄的其余公共事务。同乐会的活动也不需要向甲长、保长汇报。同乐会的人参加表演没有报酬，主要是因为热爱这方面的活动所以参加。

（二）踩高跷及其关系

踩高跷是南陵村具有地方特色的主要活动之一，更是南陵村铁炉堡特有的活动，故而以村名命名，称为"铁炉高跷"。

铁炉高跷当地又叫"六木腿",兴起于1947年。因为周围村子都没有高跷,所以南陵村铁炉堡的高跷在周围的村子都比较有名气,其余的村子想要看高跷表演只能到铁炉堡来请高跷队去表演,请高跷队直接找同乐会的社火头,只有其同意了才能去,如果是找到高跷队的队长,队长也必须向社火头报告,得到其同意才能去。

先有了同乐会才有了高跷队,高跷队由同乐会管理,共有十余人,但是每一位高跷队员都会配上一位防护员,防护员都是40—60岁的健壮老汉,高跷队员刚开始的时候都会进行训练,由社火头安排人来教,一般是请以前的老队员来教,训练时间一般是10—20天,直到学会为止。走高跷的都是村中的青壮年,穷人、富人家的青壮年都能参加,但是穷人参加得比较多,富人相对较少,因为踩高跷有危险,富人更不愿意让自己的孩子去参加。

高跷队在村中表演不会收报酬,外村人请去表演也不会给报酬,但是一些村子会给一些礼物,主要是请其吃饭,哪一个村请去表演,就由哪一个村请吃饭,吃饭一般都是在村里,吃的是家常便饭。

到外村表演产生的费用都是由同乐会出,一般花费都比较少,本村捐了钱的人也不会有什么意见,主要是图热闹,花不了多少钱。衣服都是本村借的,去外村表演的主要花费就是化妆涂料和胡须等道具。

(三)耍社火及其关系

1949年以前,在南陵村,正月十五这一天开始耍社火,耍几天不一定。有社火的村不多,一般都设有组织,由热爱社火的人负责。社火头来主持耍社火的相关事宜,负责社火策划。如在南陵村,社火组织的负责人是刘邦斌和刘振海,其中刘振豪是总的主事人,也就是社火头。因为不是每一个村都有社火组织,所以村中的社火组织也会到别的村去耍社火。别的村需要提前找社火头邀请去表演。去哪一个村、表演什么节目由社火头决定。表演社火,如果在本村表演,产生的费用主要靠捐赠,不会向村民摊派,因为表演社火花费比较少,表演的服装都是和村民借的,主要花费在社火工具和木头上。如果去外村表演,产生的费用一般是由同乐会出;外村表演也不会给报酬,但是会给礼物,主要是吃一顿饭,饭食都很简单,一般是家常便饭,哪一个村请去表演就由哪一个村负责。

(四)唱戏及其关系

1949年以前,在南陵村,唱戏是较为大型、花费较高的文化活动,一般只有在庙会上会唱戏,大财东家在丧葬时可能也会唱戏。南陵村没有戏班子,只有一些学戏的人,学戏之后都跟着乐班子,不会单独接活。南陵村的赵家曲子曾名噪一时,其兴起于清同治年间，到了高级社以后，农业生产"一条龙"，村民都忙于生产，没有时间听戏，戏班子就逐渐消逝了。

村中有大事，需要请戏班子，如果是私人家的事，一般是由掌柜的去请，大财东家就安排家中下人去请；如果是村中过庙会，有会长则是会长去请，没有会长就是甲长去请。不管是何种情况下的唱戏，所有村民，包括外村村民，均可去看，不需要支付报酬。如果是私人家里请，则由私人家里负担戏班子的费用；如果是过会时请的戏班子，则由会社负责戏班子的费用，通常是在村民中进行摊派，富者多交，贫者也可不交，会社的经费也可作为唱戏经费的补充。

不管是私人家里请戏班子还是过庙会请戏班子，通常都要提前告知保长、甲长，因为唱戏属于大型的文娱活动，通常去观看的人比较多，也会有相应的商贩到戏台附近进行交易，因此，必须要提前告知保长、甲长，以及时安排唱戏期间的治安维护。

（五）"放火哩"（放火花）及其关系

1. 定火花

定火花，又叫"放火哩"。火花是将硫磺弄在杆子上面，放火的时候将其点燃，一杆离一杆之间有两三丈距离，每一杆长度都在一丈五以上。火花分为全火、半火和角火。一个全火为24杆，一个半火为12杆，一个角火为4杆。定全火的人比较少，因为代价太大，一般都是定半火。在南陵村没有出现过定角火的情况。放火不是每年都会进行，也不轻易地放火，一般只有大丰年会放火。当年要不要放火，是四个村的人一起商量决定的。如果有大财主出钱，也会放火。如赵仁山当乡长的时候，虽然正处抗日战争时期，农民很穷，但也在过会期间举行"放火哩"。1944年，赵仁山被罢免仁里乡乡长之职，雷志阳来接任，赵仁山就说："今天我已经不是乡长了，但是还是社长，会要过，戏要看。"当年有两场大戏，还有"放火哩"。

2. 放火时间

放火花比较危险，但还是要放火，放火是为了烘托气氛。放火是晚上放，大都在八点以后，没有固定具体的时间。如果放火和唱戏冲突，要先停戏放火，放火之前由社长宣布放火的纪律。

3. 放火治安

"放火哩"的治安是四个村共同负责，各村青壮的负责治安人员听定火之村社长指挥。如果放火，要给乡里打报告，由社长去报告，报告后乡长还会派国民兵协助负责治安，也会通知各保长，让他们加强治安。相互之间的合作是以社为主，政府协助。乡政府出国民兵，社里负责维护放火期间的治安。国民兵由乡上协调，社里叫不动。

乡上通知各保保长，然后各保保长再提调国民兵。国民兵带有枪，其余的治安人员均没有，而以长矛和棍棒为主。

4. 参与人员

放火的时候比较热闹，因为不是每年都会放火，所以放火时，十里八乡的人都会知道，甚至外乡的人都会过来观看，但是主要还是本乡的人参加，本乡中社员村落以及周边的村落人数占主要部分，放火的时候也不需要请乡长、保长参加。放火时不会布置看台，也不会安排座位，但是会划安全线，观看的时候不能越过安全线。本村人和外村人来了之后自己找观看的位置，在观看位置上没有什么讲究，即便乡长、保长也参加，也不会安排特殊的观看位置，和村民享有平等的权利，只是一般乡长、保长来了之后，会站在人群的正前方。

5. 放火关系

传统时期，在南陵村，不同的村民参与放火的方式不同，极少数的几个人为组织者，少部分人为表演者，大部分人还是观赏者，各自参与的方式不同，其在放火中做的事情也就不同。举行放火花活动的时候，根据需要会请或是通知乡长、保长官员，这些主要由放火的组织者来办理，一般村民不用参与。组织放火的单位可以是自然村落，也可以是一个村或是几个村联合。总的来说放火活动是为了丰富村民的生活，一般不会起冲突，但是在举办放火的时候需要加强治安防范，主要是加强巡逻和给村民提醒，在"放火哩"活动中，保里或是乡里会通知辖区内的村民注意安全防范，必要的时候会派民兵帮助维持秩序。

二、日常娱乐及其关系

在南陵村，村民的日常娱乐活动主要有打牌和聊天。

（一）打牌及其关系

在南陵村，村民只有农闲的时候才会打牌。宫里过会期间，打牌成为了公开赌博，一天24小时不停歇。一般爱打牌的人都有牌友，牌友不一定是本村的人，也可能会是外村的人。财东、保长一般不会参加打牌，富人不参加打牌，也不让子女参加打牌，对子女的教育都比较严格。村民打牌，虽然是娱乐，但是平时的打牌大多都会赌钱。

打牌没有固定的地方，都是在农户家里，去哪一家打牌都是随机的，一般不会去外面玩。打牌的人数由所打的牌的类型决定，打牌的频率也不一定，想打牌的时候就相互邀约。打牌什么人都能参与，但是一般不会和小孩一起玩，如果在家里打牌，妇女可以和男人一起打牌，官不与民打牌，穷人主要和穷人打牌。打牌是以娱乐为主，不是以赌博为主。打牌的人会因为输钱太多而心里不舒坦，当言语不当的时候就容易起纠纷，另外牌出错也会产生纠纷，严重的会打架。因为打牌发生纠纷，一般是其余参与的人来劝，也不会请甲长、保长、族长等来调解。因为打牌发生的纠纷，一般不会打官司。即便是打牌欠下债，放债人最后要不回来也不会打官司，只能用别的东西抵债或是自己认栽。因为赌博，夫妻会闹架，一般不会请人处理，都是靠左邻右舍来相劝，一般也不会因为这类事情闹离婚。弟兄班子因为赌博会闹矛盾，这样常常导致分家，闹起来了就请舅舅来处理，也会请甲长来处理。请舅舅的时候一般是掌柜的去请。

平日里不务正业、以打牌为生的人，打牌的时候都是将赌博隐秘化，其打牌的时间多在晚上；但是一般的农户，打牌以娱乐为主，打牌的时间多在白天，其打牌的时候会有人在旁边看，冬天就在太阳坡里打牌，夏天就在大树下面打牌，打牌的时候就会相互议论，大多数时间议论庄稼和各村发生的事情。财东和大户人家一般不与穷人聊天，女性一般也不和男性聊天，女性主要和女性聊天。闲聊的时候也没有人提供茶水，闲聊的对象也不确定，可以是本村的人，也可以是外村的人，可以是同姓的人，也可以是非同姓的人。如果在聊天的时候有外姓人参与，则不会聊到本家隐私，如果有外村人参与，一般不会聊本村的事，本村的事都不外扬。闲聊的时候会聊到官府或者国家的事情，只要是不涉及隐私，其余的事情基本都会聊。聊天的时候女性能否参与需要看聊天的地点在什么地方，女性聊天的对象一般是女性，聊天的地点多在家里，女性和男性聊天的情况较少，女性只有在社会、庙会、看戏等时候才能进入公共场合，平时就连茶馆和酒馆都不能去，如果去了也不会有什么惩罚，只是在旧社会的时候女性一般不会抛头露面。巫婆和媒婆可以抛头露面，可以进入公共场合。

外村人来本村打牌，一般在本村都会有亲戚，到了吃饭的时候亲戚便叫回去了，本村的人就回家吃饭，不管在谁家打牌，吃饭的时候一般都不会留，打牌的人中有人家要吃饭了便结束了。打牌结束之后也不会一起喝酒、吃饭，妇女也不喝酒。

在打牌这样的文娱活动中，以自己参与为主，不同于高跷表演、耍社火等活动，这些活动需要彼此间的相互合作。举办文娱活动主要是为了庆祝或是给村民寻开心，部分村民农闲时打牌只是为了打发时间。

（二）闲聊及其关系

聊天是村民休闲娱乐活动之一，具有参与性广、限制性小等特点，也是传统时期南陵村村民获取信息的一种途径，还是村民之间维护关系的一种方式。

聊天一般都是在农闲的时候，农闲时村民没有事情做，或者事情很少，一般吃过午饭之后就会出去走走转转，遇到村民就一起坐在太阳坡上聊聊天。当然，在农忙的时候也可能会聊天，但是这样的聊天与闲聊不同，农忙的聊天一般是在多人一起劳作的时候，且聊天的时候是一边聊天一边做活，主要目的是为劳累的做活找一些乐趣。无论是闲聊还是农忙时的聊天，其聊天的内容主要涉及村中事务、农业生产、外界信息，甚至还会聊到私人家的事情。不同的人聊天内容会不一样，"男人聊生产，女人嚼舌根"。男女在聊天的内容上有一定的差异。男人聚到一起，喜欢聊生产，如种麦前会聊种麦的情况，收麦之后会聊生产的情况，甚至会相互交流生产技巧。而南陵村的女性很少管理生产事宜，聊天的时候也不会聊生产的事情，更多的是聊生活中的一些事情，特别是在听说某人做了什么不好的事情的时候，女人相互之间会对此进行议论。刘兴汉老人说："旧社会里，女人的地位很低，一般都不会到外面去抛头露面，所以农闲的时候在太阳坡里聊天的一般都是男人，女人主要就是在家里或是去亲戚、邻里家里和妇女聊天，她们一般不会和男人聊天。男人聊天的时候主要都是聊生产，聊村中的事情，而女人就喜欢嚼舌根。"[1]

聊天没有固定的对象，一般一起坐在太阳坡里的人都是你一言我一语，大家相互有说有笑，但是如果结了仇怨的人一般不会在一起聊天，当看到与自己有仇怨的人在的时候，另外一个就不会凑过去，或者一个过去另外一个就会走开，即便不走开相互之间也不会说话。

虽说是闲聊，但还是有禁忌。闲聊的时候一般都喜欢说别人的好，一般不会去揭别人的短或者过度地去聊别人不好的事情，在南陵村的村民看来，在背后议论别人的短处是一件不好的事情，这样还会影响彼此之间的关系。

第八节 南陵村文化变迁

1949年以后，经历了土地改革运动、集体化时期以及土地承包到户之后，南陵村的传统文化形态发生了较大的变化，并在不同时期呈现出不同的特点。本节将重点考察1949前后南陵村的文化变迁情况。

一、崇拜与信仰的变迁

1949年以前，南陵村村民的崇拜关系主要表现在对祖先、神灵的崇拜上，建立了庙宇、祠堂等崇拜场所，形成了祭祀、家祭、墓祭、拜神等崇拜活动，崇拜活动多以家庭为单位。经过土地改革运动，祠堂地、庙产等均收起进行统一分配，变成了私人财产。支撑家族信仰与祖先崇拜、村庄信仰的物质基础被分解，祭祖、庙会等传统时

---

[1] 来源于对刘兴汉老人的访谈。

期的祖先崇拜与信仰活动被停止。农业合作化、"破四旧""文化大革命"等政治运动使庄内的庙阁、墓田、家庙等被破坏殆尽，一些文化产物（如书籍、家谱等）被烧毁，破除封建迷信、禁止搞迷信活动、崇尚科学的观念在南陵村内传播。但现如今，村民的生活大幅改善，寻根问祖等观念复燃，重修祠堂、复修家谱等事宜均已被南陵村村民提上日程。在丧葬方面，虽然提倡俭办，推行火葬等生态环保的丧葬方式，但是村民接纳度不高，仍采用传统的土葬方式，并且丧葬花费仍为较大的家庭支出项。

截至目前，南陵村村内已经没有祠堂，以刘氏家族为例，本家最近的祠堂在涧头村，距离约有六七里路。该祠堂是解放后修建的，是涧头、桥北、桑园等同一刘氏后人共同的祠堂，平日里一般不开放，只在过年的时候举行祭祖活动。平日里就由一个人专门看管，属于义务看管。祠堂里供奉着祖宗牌位，但是关于刘氏宗族的来源与发展已不得而知。祠堂是新建的，所以没有家训，也未出现修缮的情况。

二、生育观念的变迁

（一）生育数量

传统时期，在南陵村如果没有孩子，可能就意味着绝户、家庭后继无人，也会低人一等；生了孩子意味着劳动力的增加，是喜事。穷人倾向于多生，越穷越生，穷人多生，劳动力就多。生了男孩想生女孩，生了女孩想生男孩，一个家庭总想男孩女孩都有，所以总的孩子数量就多，一般来说每个家庭都有六七个、七八个小孩。但是1949年以后，随着《中华人民共和国婚姻法》的实施，旧时婚姻制度受到一定程度的影响，社会开始倡导自由恋爱和男女平等；随后的"鼓励多生"的政策让新生儿数量呈现井喷式增长，致使六七十年代出生的一代人一般都兄弟姐妹众多，少则三四个，多则八九个。后随着计划生育制度和"独生子女政策"的实行，南陵村的新生人口数量得到了有效的控制，一对夫妻一般生育两个孩子，"80后""90后"和"00后"这三代人一般都只有兄弟姐妹两人，甚至出现了独生子女。

（二）男女差异

传统时期，生男孩和生女孩对一个家庭来说意味着不同的意思，男孩是顶门立户的，生女孩没有生男孩那么开心。女子被娶进家之后，在家中生了男孩和生了女孩的地位也不一样。如果娶进门之后连续生了几个女儿，一个男孩都没有生下，就会经常受到婆婆的冷言冷语，在家族中也没有地位，在村中的地位也要低一些。但1949年以后这种重男轻女的观念有所改变，国家号召优生优育，宣传生男生女一样好，男女平等观念慢慢地被村民接受。进入21世纪，人民生活显著改善，经济能力明显增强，农村开始兴起彩礼之风,巨额的彩礼让农民心生畏惧,甚至村民中还会开起这样的玩笑:"生了女儿好福气,养女就像存银行,生个儿子管吃穿,长大还得帮忙娶媳妇盖房。""生个男儿比女强"的观念正在转变。

三、教育观念的变迁

家庭教育和学校教育是旧时南陵村村民教育孩子的主要方式,学校教育的类型主要有私塾、义学和学校,家庭教育主要是通过言传身教的方式进行,并形成了一些家规、家训。1949年以后,由国家来创办学校并对孩子进行教育,学校由小学、中学、高等教育变为现在的公办、私办相结合,涵盖启蒙教育、幼儿教育、学前教育、义务教育、高等教育、兴趣教育等各个阶段的教育体系。在1949年以前,村民生活较为艰苦,穷人家的孩子没有机会上学或少有机会上学,上学的多为富人家的孩子,且受传统思想的影响,女孩不上学,但是1949年以后,国家在农村开展扫盲教育,创办学校,受教育面和受教育群体不断扩大,农民的教育观念也在发生改变,相信"读书能改变命运""读书才能出人头地",农民拼尽全力送自己的孩子到学校去学习文化知识,学习为人处世之道;如果谁家的孩子考上重点大学、研究生等,都会被村民认为很了不起,家人在村中也比较有面子。

四、文娱活动的变迁

1949年以前,南陵村文娱活动主要有打牌、庙会、社火、踩高跷等。因为社火的发展,南陵村铁炉堡还产生了专门组织办社火的组织——同乐会。1949年以后,国家通过唱歌、跳舞等方式丰富农村的文娱活动,赌博、封建迷信等活动被禁止,倡导开展积极健康的文娱活动。随着生活水平的逐渐提高,村民对文化的需求日趋增长,读书看报,听广播、收音机等城市"小资生活"也在农村盛行,对营造良好文娱环境和传播科学思想起到了积极的作用。现如今,随着科技进步,电视机、网络等娱乐方式从城市向农村蔓延,通信工具升级换代改变了人们参与文娱活动的方式,"手机控"也成为农村家长对孩子的担忧。另外,集体活动也发生了较大的变化,从"送文化下乡",图书、电影等走进农村,到现在在村里建立文娱基地,如农村书屋、篮球场、老年人活动中心、党员活动室等,开展各类文娱活动,如过年期间组织篮球比赛、重阳节举办敬老活动等。南陵村村民的文娱活动正在不断丰富,文娱设施配备逐步完善,文化娱乐正在向积极健康的方向发展。

五、村落习俗的变迁

封建社会实行的是"父母之命,媒妁之言"、男尊女卑的婚姻制度,男女婚姻不能自主,婚姻双方讲究门当户对,重金聘娶,男可重婚、纳妾,女则必须严守"三从四德"，在这种封建礼教制度影响下，形成了娃娃亲、童养媳、纳妾等婚姻形式。1949 年以后，这些观念逐步改变，婚姻法的实施从法律层面指引和保证的人民的婚姻行为，倡导自由恋爱，门不当、户不对也可结婚，结婚习俗得以简化，"不嫁不娶"现象越来越多，真正实现了婚姻的自由和平等。

旧时，丧葬是大事，丧葬意味着一个家庭的天塌下来了，是最悲痛的事，也是最大的事。丧葬礼节众多，封建思想影响较为严重。1949 年以后，国家倡导简葬俭葬，一些传统的封建思维被摒弃，但是传统的丧葬习俗基本得以保存，并延续至今，国家倡导的火葬、生态葬等方式还难以被村民接受。

此外，在南陵村，文化节日主要有春节、清明节、端午节、中秋节、重阳节、寒衣节、社日等，不同的节日有着不同的习俗，如过春节时要拜年、舅舅要给外甥送灯，重阳登高等。即便 1949 年以后农村生活发生了翻天覆地的变化，经过六七十年的发展，这些优秀的传统习俗得以保留和发扬，现在节庆也是家人团聚、朋友聚会的好时机，但是过年拜年、走亲戚等一些较为繁琐的习俗也得以简化或被新的方式所代替。另外，西方的一些节庆文化也在农村青年中开始盛行，如圣诞节、情人节等。农村节庆习俗正在丰富和发展，将会以另一种新的面貌呈现给后人。

第九节 南陵村文化实态

进入 21 世纪，南陵村的社会文化有了很大的改变，当下社会文化既有对传统社会文化的传承，也有对外来文化的吸收。本节将从祖先崇拜、生育态度、文化信仰、文化习俗、文化娱乐等几部分对南陵村当下社会文化进行考察。

一、祖先崇拜

从祠堂来看，现在南陵村内已经没有祠堂，离村内最近的祠堂在涧头村，为南陵村铁炉堡刘氏宗祠，距离约有六七里路。该祠堂修建于 2013 年，是涧头、桥北、桑园等同一刘氏后人共同的祠堂，平日里一般不开放，只在过年的时候举行祭祖活动。平日里就由一个人专门看管，属于义务看管。祠堂里供奉着祖宗牌位，但是关于刘氏宗族的来源与发展已不得而知。祠堂是新建的，所以没有家训，也未出现修缮的情况。

从家谱来看，南陵村各家族原有家谱均被毁，现已无存本，在笔者调研期间，南陵村北刘堡的刘氏族人已经开始编修新的家谱。

从祭祖来看，当下南陵村的祭祖主要分为清明的墓祭和大年初一的宗族祭祀，该传统从民国时期传承到现在，并没有发生大的改变。大年初一的宗族祭祀，以铁炉堡的刘氏规模最大、气势最为恢宏。该祭祀在涧头村的刘氏宗祠中进行,主要由铁炉、涧头、桑园、刘家城四个自然村的刘氏后人参加。但根据刘兴汉老人讲述,现在也不是四个堡子的后人都去,而是一个村去一些代表,铁炉近些年都是由刘兴汉老人组织和带队过去参加。

二、生育态度

从数量上来看,当下南陵村家庭孩子数量一般都是一个或是两个,有三个或三个以上孩子的家庭极少。"现在一般都是两个孩子,有的参加工作的人家就一个,以前生一个是国家规定,想多生也不能,现在放开二胎了,两个孩子的家庭应该多一些。生一个,孩子小的时候太孤单,没有伴,另外只生一个,要是出了意外,这个家庭就没有人了。"

从性别上来看,"重男轻女"的观念越来越淡,甚至出现了"养女就是办银行"的说法。村民刘叔说:"以前每家都想生一个男孩,有了男孩才能传宗接代,香火才不会断,但是现在生男生女都差不多,甚至还觉得生女儿好,生儿子要给买房买车,还要帮忙娶媳妇,这些花费压力都太大了,生个女儿就不一样了,没有那么大的压力,谁家要是生了个女子,村民也喜欢说'又办了个银行'。"

三、文化信仰

当下南陵村村民的文化信仰主要表现在算命、送鬼、开财门等活动上。

据刘兴汉老人介绍,村里现在基本上也不拜神了,没有了庙,大年初一也不用去庙里上香,现在主要就是算命、送鬼、开财门等。算命要不就到宝峰寺,要不就到外面去,主要是算卦、问吉祥,问问一些事情的吉凶,这种现象也不多了。另一个就是送鬼,送鬼一直延续到现在,一些村民,特别是老人,无论是自己生病还是家人生病,要是去医院很久了还没有好,会认为是有鬼附身,会请人来送鬼,认为"送走了鬼身体就能好"。还有一些农户家里财运不顺,特别是一些做生意的人家,多年挣不到钱,就会认为是自家的财门被堵上了,会请先生来开财门,主要就是为了能够财源广进。

四、文化习俗

第一,在南陵村,春节、清明节、端午节、中秋节、重阳节、寒衣节等节日均得以保留,在这些传统节日中,村民轻则吃一顿好的,重则访亲会友、宴请亲朋。但这些传统节日的礼俗也在悄悄地消逝,刘兴汉老人就感叹:"现在过节都成了吃吃喝喝,特别是年轻人,更不知道传统节日的意义和礼俗了。"在这些传统节日中,要数春节最为热闹,家家户户都会张灯结彩,提前好几天就开始准备年货,外出打工的人也开始回家,"过年了,家人聚一起,吃吃饭、聊聊天也开心,有的一年也就见这么一次"。

第二，劳动节、国庆节等节日也成为村民庆祝的日子，在劳动节、清明节之间，上班的人喜欢借此机会带上家人出去旅游。

第三，圣诞节、情人节等节日也走进了南陵村，特别在年轻一代村民中，这些外来节日深受欢迎。刘叔说："现在的年轻人，还过情人节、圣诞节等，过节要送个礼物，有的还要等到这个时候才去领结婚证。"

五、文化娱乐

当下，南陵村村民的文化娱乐活动变得更加丰富和多彩。

从娱乐内容来看，娱乐项目更加多样。传统时期的打牌等娱乐活动得以保存，并出现了很多新的玩法；村中建起了老年人活动室、党员活动室等娱乐场所，另外还建起了篮球场，在村委会还摆放了一些健身器材供村民健身使用。"妇女闲来没事就喜欢在一起聊天，男的闲来没事就一起打打牌，斗斗地主。"一些农户还可以下馆子吃个饭、朋友间喝点酒、喝个茶，现在的娱乐多了，但是在村里，闲聊和打牌还是主要的娱乐活动。

从娱乐方式来看，单一的线下娱乐方式逐步向线下、线上相结合的多元娱乐方式转变。随着网络时代的到来和科技产品的进步，以前简单的娱乐活动已经不能满足村民的娱乐需求，年轻人"喜欢打游戏"，只要有一台手机或是电脑，一个人也能开展娱乐活动。村民间的娱乐活动也会从线下转移到线上，如几个年轻人聚一起，在手机上组个局就能斗地主、打麻将。甚至一些年轻人认为，"逛淘宝"等网络购买也成为了一种娱乐，可以打发时间。

从娱乐的范围来看，娱乐范围逐渐扩大。以前的娱乐活动主要在村里或是邻村，但是现在已经扩大到县里甚至渭南、西安等地方。"几个朋友一起去KTV唱个歌，到县里吃个饭，这也是娱乐嘛。"

第六章　南陵村的治理形态与实态

1949年以前，南陵村基本处于"皇权不下县"的自治状态，国家权力很少直接介入村庄，村庄内部的政权、绅权、族权、家长权等多种权力综合作用，逐渐衍生出保长、甲长、绅士、族长、门长、掌柜等多种治理主体，维护着村民生产生活的正常秩序以及村庄公共事务的有序进行。本章将从政权治理与治理关系、村落治理与治理关系、家户治理与家户关系、亲族治理与治理关系、信缘治理与治理关系、业缘治理与治理关系等六个方面来考察传统时期南陵村的治理形态及其关系。

第一节　政权治理与治理关系

南陵村属于今富平县，虞、夏、商时属雍州，西周属畿内。县级建制始于秦代频阳，迄今已有2400余年。在此期间，县名屡更，县制数迁，归属多变，但山川未改，南陵村所处位置基本相同。1949年以前，"保甲"是南陵村政权治理的基本单元。本节将从政权治理单元及其架构、政权治理主体、政权治理内容、政权治理方式、政权治理关系这五个方面来综合考察传统时期南陵村的政权治理及其治理关系。

一、政权治理单元及其架构

（一）"保甲"单元及其架构

明朝时期，南陵村实行乡—里—甲制，110户为一里，一里有10甲，每甲10户，里成为此时南陵村治理的基本单元。

清初仍沿袭明朝时期的乡—里—甲制，里仍为村落治理的基本单元。

到了乾隆年间，实行联—堡制，每堡设乡约、练总各一二人不等，每联领10堡，设立约正、乡长各1人。每村皆举公直服众之人为乡约、练总，专司稽查保甲。每联内公举约正、乡长各1人，保甲之法，首在清烟户，烟户既清，又在查丁口。一堡共若干户，每10户编为一甲，甲有长，长名排头。

光绪年间（1875—1908年），实行乡—联—堡制。民国二十二年（1933年），开始推行"保甲制"，编10户为一甲，10甲为保，10保为一联保，南陵村属于仁里乡第三保。但村有疏密，户有多寡，联保、保、甲均有大小之分，不尽相同。

民国二十九年（1940年），国民政府推行新建制，扩大乡保编组范围，改"联保办公处"为乡公所，全县重新整合编组为13乡98保，计2158甲，此时铁炉、南刘、北刘、赵家为独立的4个村堡，共10甲，属于仁里乡第三保。保设保长，甲设甲长，保成为此时村落治理的基本单元。

在保甲单元内有保长、副保长、保队副、保丁、甲长等治理主体，各治理主体构成的保甲单元的治理架构，具体如图6-1所示。

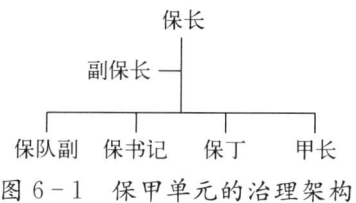

图6-1　保甲单元的治理架构

（二）乡公所及其架构

乡公所设乡长、副乡长、乡队副、大队长、户籍员、文书、乡丁等职务，其治理架构如图6-2所示。

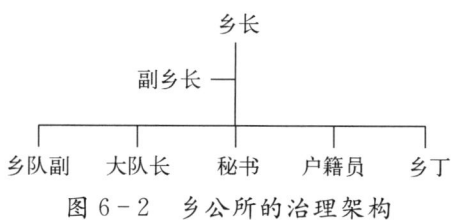

图6-2　乡公所的治理架构

（三）基层政权单元及其架构

民国二十九年（1940年），改联保办公室为乡公所，实行"县—乡—保"制度，此时南陵村的治理架构主要由县、乡、保、甲4个等级构成。具体如表6-1所示。

表6-1 1940年南陵村的基层政权架构

治理架构等级	名　称	具体职务设置	具体位置
第一级	富平县政府	县长	县政府所在地是富平城莲湖村
第二级	乡公所（仁里乡）	乡长、副乡长、乡队副、大队长、户籍员、乡丁	乡设乡公所，乡公所驻地宫里桥
第三级	保公所	保长、副保长、保书记、保队副、保丁	保设保公所，保公所驻地大樊堡（距离南陵村约1公里）
第四级	甲	甲长	没有具体的办公地点

二、政权治理主体

传统时期，南陵村实行保甲制，保有保长、副保长、保书记、保队副、保丁，保下编若干甲，甲有甲长，共同构成了南陵村的政权治理主体。此外，在南陵村所属的保中还有派驻保公所职务官粮赋长、分队长、户籍员等乡政权主体。本部分将主要从治理主体概况和政权治理主体之间的关系这两个方面来对传统时期南陵村的政权治理主体进行考察。

（一）治理主体概况

1. 保长

保长是村中最高权力代表，其产生由甲长推选、上级（乡公所）任命产生（虽然是甲长推选，但实际上是乡公所任命）。一般来说，保长都是由有文化、有威望、有关系的大户担任，没有固定的任期。保长一个月的工资为8斗麦[1]，麦由村民共同摊派。

村中的婚丧嫁娶、建房均不需要向保长报告，只有在发生纠纷，甲长不能处理的时候由甲长去请保长，请保长不需要带礼物。如果保长也处理不了由保长向乡里汇报。保长有事情可以直接找乡长，但一般都不会去找乡长，仁里乡第二保和第三保的保长曾因为军粮不公问题找过乡长，但是并没有效果。保长有事不能直接找县长。县里的官员会下到村中来，但主要是负责征粮、征兵、抓壮丁等工作的官员。有两件事县里的官员会下村，一是催粮和收税，二是抓丁。县里官员随乡里负责干部来到村里之后首先是找保长，保长再派保队副、保丁跟着一同前去，保长一般不会陪同。保长不在的时候保里陪同的人员都听县里官员的命令，如果保长在，则听保长的，但是保长也不敢不执行县里官员的命令。保长不需要定期向政府官员汇报，平日里的交往也不频繁。上级找保长比较多，保长没有事情一般不会主动去找政府官员。村中的公共事务

---

[1] 一斗麦子29斤，一斤等于16两。

一般不会找保长,也不邀请,但是一些公共事情需要告知保长,如唱戏。在保甲制时期,村民有违反行为的,保甲长有连坐罪,具有连带责任,但是普通村民不负连坐罪。对于南陵村村民来说,印象比较深刻的是刘英贤与董相年两位保长:

刘英贤 南陵村最后一任保长,任期自1947年至1949年5月。刘英贤既是文化人,又会石刻手艺,家中有六口人,土地八九十亩,属于村中的大户人家。

董相年 小名六一,宫里镇北陵村下姚庄人,1910年生,上过四五年私塾,1936年曾任国民党政权仁里乡三保粮赋长,后又先后两次当保长(伪保长)。1949年秋,反霸斗争开始,富平县委确定宫里三乡为反霸点,董相年为重点斗争对象,花了两个多月的时间,发动、组织群众揭发其罪恶事实,并在下姚庄他家的门前召开了富平县第一个万人说理斗争大会。土地改革的时候其家庭被定为地主成分,本人被定为恶霸地主分子,在镇压反革命运动中被捕,判处有期徒刑7年,1957年刑满释放,交贫下中农监督改造,1988年病逝,终年78岁[1]。1945年至1946年担任仁里乡第三保保长。董相年靠巧取豪夺,"打马车"发国难财发家,家中有两套马车,盖了四落院子,有土地200多亩,雇了10多个伙计,家中还有一个油坊,也通过放高利贷获取暴利。董相年是一恶霸,在反霸运动中被当作典型率先清反。他有一哥哥,在家中管理家事,相对善良,还有一弟弟。董家的情况还可以用三个例子说明。第一,利用假契约强行占了村北一寡妇家中的地,寡妇在种地的时候就使劲用他家的牛,后被他打了瘫痪两个月。第二,董家有四兄弟,想建四座院子,就想把周边的房子买过来,但是其中的一家就不愿意卖,董家就强行抓他家的壮丁,逼得他们家只好逃命,然后强行霸占了房子。第三,强行霸占村中妇女。

2. 分队长

分队长由上级(乡公所)直接任命,一般由国民党退役军人担任,专管征兵和国民兵的训练,配有武器。分队长受保长领导、没有固定任期,工资为一月8斗麦,麦由村民共同摊派,一个保中只有一名分队长。分队长在保中的地位相对较高。一个保的分队长和另外一个保的分队长一般不会联系,如果有事情都是上级联系他们。分队

---

[1] 董相年简介参考《宫里文史资料》第79页。

长只负责征兵和国民兵训练,一般不会管到保里的其余人。

3. 副保长

副保长由上级(乡公所)直接任命产生。一般由有文化、有反共心理和反共行为的年轻人担任。名为保卫地方治安,实为反共爪牙。南陵村的副保长出现于1948年初,只有一名。副保长在保中的地位一般,在村民中的地位也一般,但是村民一般都不敢得罪。如果保长有事外出的时候,保中的事情由副保长代管。副保长一般只负责本保的事情,较少和其他保的副保长联系。

4. 保书记

保书记就是村中专门负责写字和进行文书处理的人,由保长直接任命。一般任命有文化的人担任,如果亲戚中有符合条件的人会优先考虑,先考虑近亲,再考虑远亲。但也不是非得从亲戚中任命,也会看能不能和保长一起合作。保书记没有固定的任期,一个月的工资为8斗麦,麦由村民共同摊派。一个保中设一名保书记。保书记在保中的地位一般,听从保长的安排,在村民中的地位也一般。

5. 保队副

保队副在村中负责催粮、征兵和管理物品工作,还负责地方治安和管理保丁。保队副由保长指定,没有固定的任期,受保长领导,听从保长的指挥。其一个月的工资是8斗麦,麦由村民共同摊派。一个保中设一名保队副。保队副在保中的地位一般,在村民中的地位也一般。保队副管理不到保中的其余职员,和其余保的保队副联系也比较少,一般不联系。

6. 保丁

保丁俗称"跑腿的",执行保长吩咐的各项任务。保丁由保长直接指定,一般是保中的青壮年,同一保下一个村有几个保丁没有定数,有的村可以有多个,有的村可以一个都没有,保丁没有固定任期,一个月的工资是8斗麦,麦由村民共同摊派。一个保一般有8个保丁,若村中建有炮楼,需要保丁把守,就会相应地增加保丁的数量,炮楼由保丁轮班把守,一般为12人,多的一个保也有二三十个保丁。南陵村在1947年以前有8个保丁,到了1947年增加到12个。保丁在保中的地位较低,在村民中的地位一般。保丁管不到保长,保丁之间相互管不到。

7. 甲长

在抗日战争之前,甲长是聘任的,主要聘任村中的大户人家担任,去聘请之前一般都是和对方私下商量好了,获得了对方的同意,下聘的时间一般为过年的时候,去下聘要放鞭炮,下聘书,但是不需要带聘礼。抗日战争开始后,抓丁等任务加重,没人愿意当甲长，甲长便轮流当，一年轮换一次。一个甲中设两个甲长，一个叫"红命子"，一个叫"黑命子"，甲里由"红命子"主事，平日里主要是由"红命子"抛头露面，"黑命子"不露面，只有在"红命子"不在甲中的时候才由"黑命子"出来主事。甲长一要负责本甲内的安全和反共问题，要对保长负责；二是要负责钱粮、地税和抓丁；三是要进行文化教育，但限于各种庙的会事。甲长具有连环责任，即甲里的村民犯罪，甲长同罪。甲长也可以买卖，一个甲长一年约10石粮食，粮食由进行买卖的"红命子"和"黑命子"平摊，但是一般只有怕担责任的人才会卖甲长职位。买卖甲长自由，买卖的时候不需要向保长报告，但是谁当了甲长要向保长报告。甲长没有工资。

8. 粮赋长

粮赋长也叫钱赋长，专管收粮，属于乡里的编制，一个月的工资是8斗麦，其工资来源于乡公所，乡公所向县里领取。粮赋长由上级（乡公所）直接任命，主要负责收粮事宜，不参与保中其余事务的管理与决策，不干预村庄的管理与建设。粮赋长管不到保里的职员，但是粮赋长能管到甲长，粮赋长下去收粮的时候一般都是让甲长跟着去。

政府分配下来的田赋摊派款一般分配到保里，保里再分配到各甲，然后各甲按照地亩银两数进行分摊。催粮的时候一般都是由粮赋长、保队副、保丁和甲长一同去催，田赋摊派款晚交的不会都罚，但是会杀鸡给猴看，会把不交的人关押起来，等交了再放人。一般大户人家不存在交不起粮的情况，交不起粮的一般是土地大户。在南陵村，交不起粮的为刘玉廷，中农成分，有土地140多亩（和叔伯一起生活，自己有土地100亩，刘扩红家有土地40亩）；刘振海，中农，有土地100亩。交不起粮的时候保甲长不会帮忙垫付。

9. 户籍员

1947年有了身份证之后，增加了户籍员一职。户籍员专门负责清查户口和造册，是乡公所派下来的，不在村里常住，也不算保里的编制，受县监保局领导。户籍员类似于特务组织，一个乡一般有一名户籍员。其工资是一月8斗麦，工资来源于乡公所，乡公所向县里领取。户籍员不参与保里的事务管理，也不能管到保里的事情，不干预村民的事情。

（二）政权治理主体之间的关系

南陵村的治理架构主要分为县、乡、保、甲四个治理层级，每一个层级都设置相应的职务。其中，乡长负责管理下辖各保，并对县长负责，在乡一级设置副乡长、乡队副、大队长、户籍员等职务，协助保长开展工作。保管理下辖甲，并对乡长负责，保设副保长、保队副、保书记、保丁等职务，协助保长开展工作。南陵村基层政权主体之间的关系如图 6-3 表示。

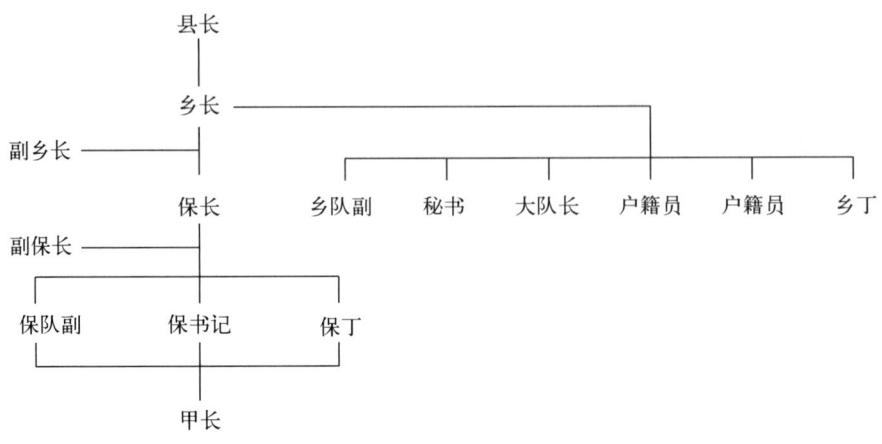

图 6-3 1948 年南陵村基层政权的主体关系

说明： 1948 年增加了户籍科，增设户籍员一职。

三、政权治理内容

在不同的政权主体之间，保长向上为乡公所服务，向下负责村庄的文化、催粮、管理学校、国民兵训练、解决民间纠纷等事务；分队长专管征兵和国民兵的训练，配有武器；副保长名为保卫地方治安，实为反共爪牙；保书记专门负责写字和进行文书处理；保队副在村中负责催粮、征兵和管理物品工作，还负责地方治安和管理保丁；保丁俗称"跑腿的"，执行保长吩咐的各项任务；粮赋长主要负责收粮事宜，不参与保中其余事务的管理与决策，不干预村庄的管理与建设；户籍员专门负责清查户口和造册，是乡公所派下来的，不在村里常住；甲长一要负责本甲内的安全和反共问题，要对保长负责，二是要负责钱粮、地税和抓丁，三是要进行文化教育，但限于各种庙的会事。各个政权主体各司其职，并相互约束，共同保证传统时期南陵村的有序运行。

（一）税赋、劳役

在南陵村，传统时期国家政权治理的主要内容是赋税、劳役，其中又有地赋、摊派和兵役等不同分类，进入国共拉锯时期，兵役主要是抽壮丁。在保甲里，保长一般不直接参与催收赋税和抓壮丁等事务，一般由保队副、保丁和甲长一同去催粮和抓壮丁。收税、催粮，甲长不需要召集村民议话，抓壮丁也不需要找村民议话，但是会去给被抓壮丁的家庭传话，让做好准备，准备的时间一般是 3—5 天，抓壮丁的时候也只是通知，并不是商量，即便不同意也会被强行抓走。

1. 催税

政府分配下来的田赋摊派款一般分配到保里，保里再分配到各甲，然后各甲按照地亩银两数进行分摊。催粮的时候一般都是由粮赋长、保队副、保丁和甲长一同去催，田赋摊款晚交的不会都罚，但是会杀鸡给猴看，会把不交的人关押起来，等交了再放人。一般大户人家不存在交不起粮的情况，交不起粮的一般都是土地大户，因为土地大户土地数量多，税赋重，在遇灾荒的年份税赋就难以承担，甚至欠下大量税款。在南陵村，交不起粮的为刘玉廷，中农成分，有土地140多亩，每年要交十一二石粮食（和叔伯一起生活，自己有土地100亩，刘扩红家土地40亩）；刘振海，中农，有土地100亩，每年交10石左右的粮食，还雇了伙计，伙计一年的工钱也是三四石粮食。甲长在催收赋税时，如果农民交不起也不会垫付。催收赋税是按照地亩来征收，交不起税村民也会想办法逃避，北陵村的马老三因为交不起税而逃到外面，在外面跑了几十年。

2. 抓壮丁

仁里乡第三保第一甲（铁炉堡）共有服役人员4人，其中自愿参军1人（家庭破产，生活过得比较狼狈，军中有亲戚当营长，故而前去参军），抓壮丁2人（韩志高、刘邦积），拉丁1人（王树德，17岁就被拉去当兵，未满18岁，固而叫拉丁）。

自愿当兵的人也叫"吃粮的"，一般只有家庭贫困，生活无以为继的人才会自愿去当兵，自愿去当兵不需要获得保长、甲长同意。自愿参军的家庭不会获得任何奖励，钱粮赋税上也不会得到任何优待。

抓壮丁也叫"爬丁"。壮丁名义上是派，但实际上是抓，抓丁按照两丁抽一、三丁抽二、四丁抽三、五丁抽四的原则进行，只保证家里留一个男丁。即便家中有人自愿参军，剩余适龄男丁也要按同样的原则进行抽丁，参军和抓丁没有任何不同待遇。有一特殊情况是，家中适龄男丁数量可以超过一人，即家里的适龄男丁中，有行动不便、不能传宗接代等的残疾者（但单纯性功能障碍者除外，这种糗事一般也不会说出来），残疾者就不算在男丁数量中，需要甲长向保长报告，保长再向乡里报告。抓丁对于身高没有做出要求，年龄要求是18至30周岁，但在抗日战争期间扩大到18至40周岁。抓丁没有名额限制，也没有固定的抓丁时间，抓丁一般是县里来人通知乡上，乡上再通知保里，或者由县里的人和乡上的人一同到保里通知保长，然后保长让甲长去通知出丁家庭，一般给3—5天的准备时间。通知后一般都不会逃跑，如果逃跑，家中人和保甲长都要受牵连。抓丁对于村中的人同等对待，即便是保长、乡绅家中适龄男丁超过1人也会被抓丁，但实际上是"穷人出丁，富人雇丁"。一般只有家庭破产难以糊口的人才会去卖壮丁，破产不仅是指农业上的破产，还有抽大烟破产，年龄偏大，去交丁的时候一般都能看出来是雇来的壮丁。所以买丁者还需要到县里去疏通关系，需要打点接收壮丁的单位，打点数量多少没有定数。买卖壮丁不需要向保长报告，也不需要向保长送礼，保长不会干涉，同样也不需要向甲长报告。买卖壮丁时中间有一说话人，买卖双方一般不会直接进行谈价，说话人不固定。说话人一般在村中关系较好，能和穷人联系上，也可以和富人联系上是村中处于中等的人家。说话人一般都是由富人家（买家）去请，受买家委托。买家去请说话人的时候一般会带上一点礼物，礼物多为烟土（说话人一般有烟瘾），有的还会请其吃顿饭，一般在家中吃，事情办好之后会再请其到家中吃饭，并送点礼，礼物也多为烟土，且礼物不重。买卖壮丁不签契约，谈好价钱之后由卖丁方把壮丁交给买丁方，买丁方带着壮丁去交给接收单位，等拿到收条回来后再给卖丁方麦子。卖丁和年龄无关，一般都是三四十岁者去卖壮丁，卖壮丁的价格是卖家开价，买家可以还价，具体的价格通过说话人进行议价，一个壮丁的价格由 10 石麦到 15 石麦不等，但都是在 10 石麦以上，说话人不拿提成。给麦有两种形式，一种是一次性给清；另一种是给一部分但不能少于一半，另外一部分缓多长时间互相商量（一般都是一次性给清，分两次的很少），分两次给清也不会加利息。买的壮丁送兵不需要捆绑，卖丁者一般都是自愿卖丁，不用担心在交丁之前逃跑。如果壮丁交了之后逃跑不会追究买丁方的责任，只会追究看管人的责任，但是为了掩人耳目，买丁方在交丁之前也会把自己的人安排出去躲一段时间。看到壮丁跑回来之后，村民不会检举揭发，保甲长也不会将其抓起来，甚至看到抓丁者来了，保甲长还会通风报信（有连带责任）。卖丁每次卖到的地方都不一样，买卖主要由说话人来接头和谈价，说话人也是担保人，壮丁逃跑，说话人不需要承担任何责任，壮丁死亡与买家和说话人均没有关系，"卖丁就是卖命"，说话人关于买卖壮丁所做的事情不需要向保甲长汇报。在离南陵村 2 里路的仇石村，村民石都田因为抽大烟，卖壮丁七八次，最后一次卖壮丁都 48 岁了，但是每次都不超过一个月就跑了。壮丁被抓了之后不能用其他人替换，只能在抓之前去买（雇）壮丁。壮丁是由花名册记录，抓谁家的壮丁、什么时候抓不是由保长做主，也不是由甲长做主，是上级定名。接受新兵（壮丁）一般不体检，在通知抓丁之前就了解了情况，接收兵源的时候以目测为主。交上去的壮丁一般不会被退回。在南陵村，没有壮丁被退回来的情况，也没有逃兵役的情况。被抽壮丁之后，家里在政治上没有优待，在经济上也没有优待，钱粮地赋更不会减少，即便壮丁去部队建功立业，家中也没有奖励和优待，保甲长也没有奖励，壮丁在战场上死亡，家中也不会得到优抚。

3. 附加费

在 1949 年以前，国民党的苛捐杂税很多，也叫附加费，如枪支费、户籍费、田赋不敷费、车辆费、卫生费、运输费、修理费等，1947 年之后修反共楼，还有建筑费。各种费由县分摊给乡，乡分摊给保，保分摊给甲，甲再分摊到户，分摊不是平摊，按照地亩银两数来分摊。收费以户为单位，主要是找家长收。收费的时候保长不参与，一般都是由保队副、粮赋长、保丁、甲长一起去，他们之间没有具体的"长官"，但一般由保队副说了算，保丁和甲长都会听保队副和粮赋长的话，保长只是在解决不交费还道理比较多的钉子户时才会出马。所有的费都是交麦子，没有交钱的情况，每年收几次也没有定数。各种费交不起的时候，保长就会慢慢地磨，村民最后都会把费给交了。交不起的时候村民就去借，如果亲戚有粮，会先和亲戚借，但一般是和大户借，普通百姓也没有多余的粮食，大户在借贷的时候会考虑其是否有偿还能力，不过大户也一般都会借，借粮需要还利息，一般为一斗麦 3—5 升的利息。借的时候需要写借据，如果自己有书写能力就自己写，然后双方签字，可以不需要中间人或证明人。如果没有书写能力，会找说话人（中间人，也是担保人），说话人是由借粮人去找，说话人没有报酬，但是借粮人会请其到自家屋里烟茶招待。借粮不需要抵押物，但是说话人会说明借粮人的土地等情况。说话人在借贷过程中不承担风险，借贷人还不起与说话人无关。来年要是还不起可以续贷，但是必须先把上一年的利息还了，续贷有一年的，也有两年、三年的，但一般不会超过三年。如果三年还还不清，大户人家就会以霸占土地的形式去清偿债务。村中大户一般为当地的财主，不是商人。除了大户人家能放账外，长工也会放账，二者放账，一般利息都是一样的。借贷人更愿意找长工借贷，但是能放账的长工并不多，只有家中无地无须交地税、无妻儿老小的长工才有多余的粮食来放账，所以多找大户借贷。和长工借贷更好说话，但是和长工借贷也需要写借据。长工放账主要是为了建房和娶妻。

家中无土地，靠拉长工糊口的人家不用交费。很少有村民因为交不起费而搬家，只有彻底生活不下去才会搬家或卖壮丁，大户人家一般不存在交不起费的情况，拖欠的人在土地改革时期几乎都被定为中农成分。保长、甲长均要交粮，也不能少交，甲长交不起的时候会想尽办法把粮交上，保长一般不存在交不起粮的情况。

4. 修理费

修理费是指枪支修理费。栾茂勋任仁里乡乡长时，在南陵村设修枪点，抽了 3 个人做修枪管账员，其中北陵村抽了 2 人，南陵村抽了 1 人（刘兴汉）。管账员由保长抽，主要抽有文化的人，管账员没有报酬，工作量较小。修理枪支主要是修理手枪、小枪、长枪（洋枪），一共修理了100支左右。"蒋介石巧制洋枪，张学良好娶二房，冯玉祥提兵调将，阎锡山顺说中央"，这里的洋枪指的就是在武汉汉阳生产的汉阳造。南陵村的修枪匠人王六柱（60余岁，仁里乡人，离南陵村2里路，时属仁里乡第二保人）就是汉阳造的第一期修枪匠人。修枪匠人没有聘书，是乡里和保里说，保里一通知就过来了。通知的时候乡长既要通知二保保长，也要通知三保保长，修枪匠人由二保保长派人带到三保交给三保保长。修枪匠人有工资，工资由乡里直接发，工资从修理费里出，具体数额不清楚，报酬按照修理工序记，具体怎么记暂无考证，管账员只是记录每天送来了多少支枪，枪的修理量和修理工序量由修枪匠人自己记录。修理费由乡里分摊到各保，各保再分摊到各甲，然后各甲按户分摊，分摊多少按地亩银两数计算。修枪匠人的工资一般也是在枪支修理结束之后再支付，收费时收的是麦子，支付工资也是用麦子支付。

（二）社会治安

保中的社会治安主要由保队副负责，分队长负责训练国民兵，副保长也负责地方治安。地方也组建了国民兵自卫团和保安团，其中国民兵自卫团为国民党的"净化组织"，主要任务就是防匪防盗，净化地方治安，核心任务就是清共、防共。保安团的任务和国民兵自卫团相似，主要是保卫地方治安，国民党的团长、副团长都是国民党在该地区的核心人物，由国民党任命产生。但是国民兵自卫团和保安团均不是由保长和甲长组织。

（三）村庄公共事务

村中的公共事务由热心人发动，甲长牵头，甲长会召集本甲的人议话。村中的公共事务一般由甲长管理，但很少会召集村民议话，一般只有遇上派军粮、草料等大事才会召集大家议话，议话的时候由每一家的家长参加，每一个人都有发言权。"在南陵村第一甲（铁炉堡），一共有19户人家，其中刘姓占12户，王姓占3户，曹、巫、韩、俞各1户，议话的时候虽然都有发言权，但主要发言的还是刘姓。"[1] 当时的南陵村不存在跨村性的公共事务，一般的公共事务都是在村内完成，本村没有与邻近村落发生械斗，也没有见过邻近村落与外村或官府发生械斗等情况。邻近村落办活动一般都不会前往参加，但是遇到婚丧嫁娶等，有亲戚关系的还是会去参加或帮忙。在南陵村，主要由政权负责的公共事务就是组织村庄防卫，如搭建防卫设施、架构防卫团体、组织防卫活动等等。以搭建防卫设施中的修窖子为例，各个村都有窖子，南陵村也不例外，修窖子是为了防止匪患，窖子大多修在井下，且各个窖子之间是相互连通的，窖

---

[1] 来自对刘兴汉老人的访谈。

子有大有小，小的只能藏人，大的能藏牲口。修窨子不收取一分钱，但是需要村民投劳。修窨子由甲长负责，甲长说了算，不需要向保长报告，但修建之前会召集村民议话。

（四）纠纷调解

"清官难断家务事"，"公说公有理，婆说婆有理"，最难处理的事情就是家庭纠纷，是非面前谁也难说清。家庭纠纷处理，在南陵村也叫作"请说话人哩"。产生矛盾大都是因为利益受损，在南陵村，分家、土地边界、房屋边界、说媒等均会产生纠纷，不同纠纷处理的方式也不同。但是每一个纠纷一般都会请说话人来帮忙调解，只是每一类纠纷的说话人都不固定。说话的人一般都是头面人物、社会人物，是在群众的是非问题上能让人口服心服的人。

在民国时期，在乡上没有设专门的纠纷调解员，在保里也没有专门的调解员，一般的家务事保长也调解不了，但是保队副和乡队副会管理民间纠纷问题，会帮忙调解。处理民间纠纷，请人来调解，一般是掌柜的去请，请一个人就够了。如果双方发生矛盾，两家都可能去请说话人，但一般都是请的同一个人。实行保甲制以后，甲长就需要处理纠纷，所以一些民间纠纷都会请甲长，处理不了就报到保里，保里就会处理这个问题，一般都不会让矛盾升级闹到县里去。如果闹到县里去，保长和乡长就会受到批评。还有一些纠纷是因为一些事情产生，当时在做这些事情的时候有中间人，发生纠纷的时候就会先去请中间人，请中间人一般是纠纷中较为被动的家庭去请，当中间人处理不了的时候才会去请甲长帮忙处理。发生纠纷的时候，去请这些人来调解，出于人情和职责一般都会来，不会拒绝，像甲长就不能推脱。如果是请甲长，甚至是保里的人，一般都是打官腔，等矛盾升级以后，搁上一段时间，大家气消了再上手处理就比较好处理一些，都是选择冷处理。

处理矛盾的地点不一定，一般都是在家里处理，谁家发生了矛盾就在谁家里处理，但是如果是两家人发生矛盾或者是一些矛盾闹到了乡里，乡里的人下来就把闹矛盾的双方都叫到保公所，保里有办公的地方。去通知两家人的时候可以让保里的保丁去通知，也可以让保队副去通知，还可以让甲长去通知，具体要看保里的安排。如果两家人闹矛盾，请的是村中有威望的人进行处理，处理的地点就是在家中，在甲方家中还是在乙方家中也不一定，去其中一家就行，主要是给评理。

请来调解矛盾的人不需要给报酬，但是一般调解之后都会请其吃一顿饭，吃饭就在家里吃，吃的也是便饭，对饭菜没有讲究，只是会比自己家里平常吃的好一些。矛盾调解之后，不会立字据，也不会签保证书，只是当面把这个事情处理好。如果当面调解的时候双方都没有意见了，但是调解过后私下又反悔，就容易让矛盾升级，这种时候会选择走诉讼渠道，打官司。处理不了的矛盾也会选择打官司，调解过后，对调解的结果不满意也可以打官司。即使矛盾化解了，关系也不能融洽到原来的样子，因为矛盾还是会有一些影响。一般矛盾化解之后，两家之间不会选择相互换工，也不会互相帮忙，更不会相互走动串门。

（五）国民教育

乡上设一所中心学校，属于公办，老师的工资由县里负责，保里设小学，属于民办，老师的工资靠自己"爬钱"，钱一般由有娃上学的家庭支付，以实物（麦）的形式支付。南陵村只有一所小学叫南陵小学，属于民办，利用旧的关羽庙（因为关羽庙最大）做教室。刚开始的时候只有一名教师，叫纪云峰，县城里的人，由管理人去邀请来此教书，解放后老师的数量增加到两位。一位老师的工资是一年6—7石麦，刚开始的时候是由上学的学生家里出，按照学生数量平摊，1947年后变为保里统筹，按地亩银两数（公粮基础）来收（1947年由县里派人下来丈量过土地，并颁发了土地证。土地证由县里的人丈量好后由保里负责制，保里抽调有文化的人来写，写好之后由县里按印统一颁发。保里抽调的人没有报酬，都是自己保中的人）。

四、政权治理方式

在1949年以前，国家有法律，乡有乡规民约，族有族规，家有家法，几者共同指引和约束着南陵村村民的行为活动。村民知道有国家法律，但是不知道到法律的具体内容，村民对法律的认识仅来自官府、保公所的宣传，村民必须守法，违法要受到制裁。乡规民约、祖训、家法不能大于国法，但是对村民更有约束力，村民不管是违反国法还是乡规民约都要受到处罚，如果违反了国法要交给官府处理，如果违反了乡规民约则是交给保里处理，如果违反了祖训、家法，也会受到家族和家庭的惩罚。但是在传统时期，村民都不愿意打官司，打官司就得花钱，很多人花不起那个钱，另外官府并不是都能公平公正地处理每一件官司。官府的官员违反了相应的法律和乡规民约也会受到制裁，但是一般都是官官相护。

村规民约在保甲制实行之前就已经有了，各村没有各自单独的内容，是由联保统一制定，有成文的规定。到了保甲制之后，各村的村规民约由各村自行制定，但并不是每个村都会制定村规民约。村规民约主要涉及两方面的内容，一是治安，二是孝道。其既有教育功能，又有惩戒功能，但以教育为主。与族规、祖训、家法相比，村规民约的约束范围更大，但是族规、祖训、家法的约束力更强。村规民约是在国法前提下制定的，在南陵村没有出现二者相违背的情况，与族规、家法也没有互相违背的情况。

如果违背了先祖遗训与国法保里不会干预。在村规民约面前人人平等，乡绅、官员（保长、甲长、保书记、保队副、副保长等）、富人、长辈、老人违法同等受罚，没有特殊豁免权。保甲制之后不同村落有不同村落的村规民约。在南陵村及其周边，不同村落间没有发生过纠纷。

在南陵村，在村规民约中没有涉及惩罚内容，村民违反了乡规民约，多以教育为主，严重者会受到打骂和关押，不会进行罚款。村中有违反村规民约的行为发生，情节较轻的就由甲长去惩罚。甲长会召集村民议话，关于如何惩罚由大家共同商量，但惩罚大多以教育为主，商定处罚结果之后不需要向保长报告。如果情节较为严重，甲里处理不了就需要向保里报告，由保里进行处理，保里就会对违规者进行打骂和关押。外村人在本村内违反村规民约，被发现后要报告保长，由保里进行处理，如果涉及其他保，会将违规者送回其所在的保进行处理。在南陵村，村规民约以教育为主，有警示作用，但是没有涉及任何奖励内容。

五、政权治理关系

（一）保甲长与县乡官员关系

传统时期，国家权力止于县，县下多为自治。保甲制度实行以后，保甲干部开始根据官府指令管理村落之事，县里的行政工作一般都是直接安排到乡公所，由乡公所负责执行。乡公所一般设乡长（统筹乡里的全部事情）、副乡长（协助乡长）、乡队副（负责征兵和催粮）、大队长（受国民兵团领导，负责国民兵训练）、户籍员（清查户口和造册）、秘书（负责文案工作，如缮写等）、乡丁（一个乡一般为2至4名，在一些"称王称霸"的地方也有七八个乡丁的）等。但也有一些事情是县里派专员和乡上具体负责人直接到保里执行，由保里相关权力者协助完成，如征兵、催粮。征兵和催粮由县里派专员到乡里同乡队副直接来到村里，来到村里之后会找保长，保长安排保队副和保丁一起去，保长一般不会陪同。保长不在的时候保队副和保丁都听县里专员的指挥，要是保长一同前往，保队副和保丁听保长的指挥。

（二）保甲干部与村民关系

保甲干部对于村落事务的管理多为赋税、劳役、摊派等，南陵村村内的其他事务主要还是依靠常年形成的惯行进行自我治理。国家政权对赋税、劳役、摊派等事宜的管理主要是通过强制力的方式进行，村民必须按照规定缴纳，如果不交上面就会来催，甚至会被打和抓进牢房，村民也不敢不交。对于国家政权的管控，南陵村的村民不敢直接反抗，但是会通过一些方式去逃避。以抓壮丁而言，无论家庭财富多少和社会地位高低，只要家中男性数量等于或是超过两名就需要派丁，但是在现实生活中，为了逃避抓丁，出现了"富人雇丁，穷人卖丁"和"假分家"等情况。对于政府的摊派、兵役等，村民只能接受，摊派类目繁多，村民苦不堪言，但是也不能不交，即便是税收和摊派不合理，村民也只能交。实行保甲制之后，国民兵自卫团、保安团等也需要负责地方治安，但后来匪患严重，地方治安多靠村民联合自保。保长在村民看来是官，村民还是害怕的，如保长董相年，运用自己的权力胡乱摊派和强取豪夺，村民敢怒不敢言。甲长轮流当，因为还要负责催税、帮忙抓丁等事情，所以村民都不愿意当，南陵村的村民也不认为甲长是官。

（三）村民的服从与反抗

南陵村内部的事情主要还是靠村民依照多年来形成的惯行实行自我治理。在生产生活中，村民依照惯行做事和交往，维系村庄内部关系的稳定和谐，如虽无相应的法律和规章制定来进行约定，但是村民会根据惯行来进行土地买卖活动，如地界确定、契约确定、土地纠纷处理、土地税赋转移汇报等均是按照惯行进行。再如，村庄的红白喜事，没有相应的规定，村民互相帮忙，依照惯行办事，使得乡村生活有序进行。村民间发生纠纷，多为村民自行调解，官府多不干涉，只有在矛盾激化，没有办法的时候才会选择打官司。村民也不愿意打官司，打官司要花费大量的钱财，且不一定得到满意的处理结果。虽然村庄内有保甲干部，但是保甲干部多是完成官府交办的事情，如摊派、税赋、兵役等，村民生产生活等活动均靠自治。

第二节 村落治理与治理关系

1949年以前，在国家政权并不过多干涉的南陵村，除赋税、征兵等事务外，村内其他公共事务主要由村民自发组织和运行。针对不同的事务，由不同的村落治理主体牵头。本节将从治理主体、治理内容、治理方式这三个方面来考察传统时期南陵村的村落治理及其治理关系。

一、治理主体

据村民讲述，民国时期南陵村的村落治理主体主要有头面人物、中人、保人、好管事的等。下面将分别对各村落治理主体进行考察。

（一）头面人物

1. 概况

绅士，在南陵村被称为"头面人物"。绅士一般都是有文化、有影响力的人，大多曾经在外面做过官，现在回到家乡，在当地声望比较高。绅士一般都有政治身份，关系网发达,"上面有人"。绅士也一般为乡民代表。绅士由乡上推荐,县上聘请,没有工资。绅士没有任期,一般都是终身制,不能世袭。

头面人物通常是村庄中较有威望的人或者在当地有影响力的人。头面人物是人们心里默认的,甲长不能算头面人物,保长不一定是头面人物。解决村民纠纷或者决策村庄公共事务的时候会请头面人物,如果是村民纠纷,则是由掌柜的或是甲长去请(如果两家掌柜的都不愿意去请,甲长主动来调解,调解不下的,甲长就会去请头面人物),如果是两家掌柜的发生纠纷,家里的其他男性(如长子)也能去请头面人物来帮忙调解。去请头面人物不需要带礼物,也不需要给报酬,如果是掌柜的去请,结束之后一般都会请其吃顿便饭,如果是甲长去请,一般不会吃饭。村庄的公共事务一般都是由甲长去请,去请也不需要带礼物,也不用给报酬,事情结束之后也不用请吃饭。财东家能请头面人物,保长、甲长能请头面人物,穷人也能请头面人物,只要去请,一般都会来帮忙,如果有事请了却不来帮忙,则会被村民议论,在村中的威望也会下降。头面人物无论是帮助村民解决纠纷,还是参与村庄公共事务的讨论和决策,即便因决策失误而导致严重后果,都不需要承担责任,没有连带责任。

2. 头面人物与保长、财东

绅士的职责就是"参政议政",即县里的重大举措要请绅士来商量,如新建学校。绅士具有弹劾权,但一般的绅士都偏向官场。绅士因为在县里说得上话,地位也高于保长。绅士和保长的来往不多,接触也不多。

绅士与村中的权力者联系不多,但是保长和商贾都要去巴结绅士,特别是商贾,对绅士巴结得更紧,他们都想得到绅士的庇护。村中的其他权力者都愿意和绅士接近,但都只是面上的亲近。

3. 头面人物与普通农户

村中的农民很难和绅士接触,一般搭不上话,绅士属于"上层人物",老百姓敬而远之。村中保甲长更换,名单不需要给绅士过目,绅士不太接触,也不参与保中的事情,除非有什么事情做得比较过分他会向乡上反映。村民的事情一般不会找绅士,但是若有纠纷连保长都处理不了,需要到县里打官司,会去巴结绅士,让绅士去县里帮忙疏通关系。去巴结绅士都要送礼,给多少钱也没有定数,有的多有的少。去绅士家巴结绅士一般不会在绅士家吃饭,只能是自己设宴招待绅士,大户人家一般在家里设宴。巴结绅士后对事情处理的结果不满意与绅士没有关系,绅士只是负责疏通关系,处理事情是官场和法院的事情。土地买卖是正常的事情,甲长、保长和绅士都不管这个事,不需要邀请他们,也不需要向他们报告,但是土地买卖需有一"管事人"。

(二) 中人

1. 概况

中人，在南陵村也被称为中间人或是说话人。中人不固定，不同的事情所请的中人也不同。中人是大家心里默认的，没有专门的人担任。穷人可以当中人，富人也可以当中人，甲长能当中人，保长也能当中人，但是保长一般不愿意当中人。

一般是利益双方因为身份地位等原因不能直接对话而导致了中人的产生，所以中人要能和身份地位悬殊的利益双方都说得上话。

在土地买卖中，帮助达成交易的中间人，作为买卖双方说话的中介人，也叫"管事人"。买卖双方凭文字说事，"管事人"负责写约，"管事人"也是证明人，达成交易的契约需要"管事人"签字才能生效。"管事人"没有报酬，都是义务服务不收取分文，但出于人情，买地人会请"管事人"吃饭，吃饭一般请到家中吃，卖地人不用请"管事人"吃饭。一个村一般有1—2个"管事人"，一个的居多，南陵村只有一个"管事人"。"管事人"一般都是能说会道之人，具有一定文化，必须在买卖双方之间都能说得上话，在村中具有一定的威望。

2. 中人与保长、财东

"管事人"和保长、甲长没有什么关系，土地买卖时"管事人"不需要向保长、甲长汇报，"管事的只是在中间帮忙撮合，两头说话，主要是让事情能够办好"。

大财东家想买土地、好的牲口以及需要买孩子的时候会请中人。大财东家一般是让下人去请，掌柜的不会亲自去。大财家请中人，除了吃饭之外可能还会给一些其他的报酬，但是报酬都较少。

3. 中人与普通农户

一般买卖土地、牲口，买卖孩子，借钱、借粮等事情都会请中人。请中人的时候是由家长去请，不需要带礼物。请中人办事，在办事的过程中多不会管饭，但是事情办好之后一般都会请吃一顿饭作为报酬，吃饭都是在家中吃，饭菜没有讲究。穷苦之人也能请到中人，中人都是一手能托起两家，对于穷人主要是出于面子、人情和好心帮忙，不收取报酬。中人一般去请都会来，不会出现不来的情况。不同的农户，请的中人可能会不一样，保长、大财东请中人，主要是请自己的亲戚或是和自己相好的，都是靠得住的人。普通农户一般会请村中的头面人物或是交际广的社会人作为中间人。中人作为说话人，处于利益双方中间，为利益双方传达话语和协调利益关系，如果出了问题，中人不需要承担责任。但是如果利益双方在与中间人相关的利益事件上发生矛盾或纠纷，中间人要帮忙调解。一般需要去请，由在纠纷事件中较为被动的一方去请，去请的时候不需要带礼物，也有的纠纷不需要请。如果矛盾升级，闹到县里打上了官司，此时的中间人就是证明人，官府（政府）也会传唤中间人去做证。如果是借贷或是借粮事件的中间人，出现逾期不还的情况，中间人有帮忙催债的义务，但是不需要帮助借贷（粮）人还账。

（三）保人

"在与南陵村相邻的仇石村，大财东仇尚智放账，南陵村刘邦斌就曾当过他的保人。"保人在当地又叫担保人。一般能当担保人的都是社会人，都是财东家（放贷方）的亲戚或是相好的，要能得到财东家的信任，又能和穷人（借贷方）打交道，要一手能托起两家。一般在借粮借钱的时候需要请担保人，请担保人是借贷方去请，去请担保人的时候不需要带礼物，也不需要给报酬。交易达成之后，如果是穷人借粮不一定会请担保人吃饭，担保人也不会去吃，穷人是因为没有才去借；如果借钱是为了应急，担保人还是不会去吃。交易达成后，放贷方会请担保人吃饭，吃饭也是简单地吃一些家常便饭。借粮都是在村里，不会下馆子，借钱的时候会下馆子，但是也不是每一次放贷成功都会请吃饭。不同的农户如果和同一财东或是商行借粮借钱，请的担保人会一样，因为专门放粮放账的财东、商行在村里都会有一个为其管事的人，大都是找这个人作为担保人。如果借钱借粮过程中出现借贷方逾期不还的情况，担保人没有为其偿还的责任，但是担保人要帮忙催账。

（四）好管事的

1. 概况

几乎在每个村都会有那么一两个好管事的人，好管事的人中大都是穷人或者普通家庭的人，财东家的人一般不好管事。好管事的人是大家心里默认的，在南陵村，甲长是轮流担任，所以不能简单地说甲长就能当好管事的，如"南陵村铁炉堡的刘振海，其就是村落中好管事的人，其当甲长的时候甲长就是好管事的人"。保长一般不会当好管事的人。

好管事的人在村中的威望较高，特别是纠纷事件，就喜欢请好管事的人来调解。去请好管事的人不需要带礼物，也不用给报酬。请好管事的人一般是由掌柜的去请，家里的其他男性也可以去请，但是女性一般就不会去请。

2. 好管事的与保长、财东

保长家与其他家发生矛盾的时候一般不会去请好管事的，财东家一般也不会去请好管事的，保长和财东家里都是"财大气粗"，他们发生纠纷时一般都是好管事的主动来调解。如果好管事的人主动来调解，则没有报酬，调解结束之后也不一定会请吃饭。

3. 好管事的与普通农户

去请好管事的，一般都会来帮忙，即便不是掌柜的去请，是家里其他的男性去请都会来帮忙。虽然不给报酬，但是一般在纠纷解决之后都会请其吃一顿饭，吃饭都是在家里吃一顿家常便饭，饭菜没有讲究。即便是穷人家都会给下一碗面，煎上两个鸡蛋。好管事的也有不请主动来的情况，有时候听到村里哪里闹矛盾了，比较严重，自己也会去看看，然后帮忙调解。家庭内部的矛盾也会请好管事的。不同的农户请的好管事的人都是一样的，一个村中好管事的人都是大家默认的，有事都是去请大家默认的人。好管事的调解纠纷矛盾，不需要承担任何责任。好管事的主要就是管纠纷和矛盾，其余的事情很少管。

二、治理内容

村落公共事务是村落治理的主要内容。1949 年以前，村落最主要的公共事务就是修庙宇和祈雨。

（一）修庙宇

修庙宇是村中最大的公共事务，通常是由村内的热心人发起，组织成立一个管理委员会，在南陵村叫"主事人"。主事人由群众选举，但没有严格的票数要求，就是村民坐在一起议话，然后把能做事的人提出来，村民一起通过之后就算把主事人的架子搭起来了。主事人的名单不需要给保长过目，也不需要保长同意。主事人一般由 3 至 5 人组成，各岗位没有具体名称，主要是一个能写能算的人负责管理钱，一个人负责请工匠，一个人负责修庙宇的材料，一个人负责监工。他们各自负责一块工作，在他们之间会选出一个头儿，叫"会长"，由会长进行统筹，他们所做的工作不需要向会长请示，只是有困难或需求的时候可以找会长协调。会长不需要向保长汇报，主事人成员也不需要向保长汇报，在各自职责范围内的事情上可以自行决定，也不需要获得村民的同意，但是钱财的支出情况要向村民公示。主事人都是村内的村民，均没有工资，属于义务工，但是请过来的修庙的匠人需要给报酬。匠人分为大匠人（负责塑神像和敬神）、一般匠人（主要负责画像）和头工（主要负责修建），报酬按照等级给，大匠人一月 1 石麦，一般匠人六七斗麦，头工 4—6 斗麦。主事人因事而成立，事情做完之后也就不存在了，其成立和解散都不需要举办仪式。修庙的钱首先由村中的善男信女捐，对于捐款者没有奖励，只是庙修好后会将其名字刻于石碑之上。善男信女捐款不足部分由村民按户分摊。

修庙之前需要组织敬神，即放鞭炮、插香、磕头。组织由庙会长负责，庙会长是专管村中各种庙会的人，一般一个村只有一个，没有庙会长就由甲长负责，磕头没有严格的先后顺序。庙宇修好之后需要开光,即敬神仪式。开光一般都要唱戏,唱戏会根据村中的经济情况决定唱大戏或是唱小戏,大戏由真人化妆出演,一般唱三天,小戏即灯影或木偶戏,时间不定,有唱一个晚上的,也有唱两个晚上的,还有唱三个晚上的。唱戏由庙会长组织,如果没有庙会长,唱戏就由甲长组织。但是即便是庙会长组织也需要甲长的参与,庙会长组织过会,甲长牵头,特别是防护治安,甲长需要组织人巡逻。庙会长没有报酬,一般由村中的热心于公共事业、有威望的人担任,庙会长组织庙会或唱戏不需要向保长报告,但是需要向甲长报告。庙会长管不到主事人,主事人负责搞建设,庙会长负责庙会,但是庙会长和主事人的会长之间会相互联系。

(二)祈雨

传统时期,在"靠天吃饭"的背景下,南陵村村民为祈求神灵赐福降水,通常两三年就会组织一次祈雨活动。当年是否组织祈雨由社庙的社长根据村民的意愿来决定。决定是否祈雨时社长会找各村头面人物议话,各村头面人物回村后再找村民议话,祈雨时间确定之后不需要向保长汇报。祈雨的费用除村民均摊之外,主要的筹集对象是村落里的富人及乡绅。

三、治理方式

1949年以前,南陵村的乡绅、中人、好管事的、头面人物等村落治理主体主要以主动担责与受邀解困为参与村落治理的方式。

(一)主动担责

1949年以前,对于村庄公共事务的发起与组织,热心人、好管事的人等村落治理主体往往是"不请自入"、主动担责,主要表现在组织公共活动与维护村落公共设施两个方面。一方面,南陵村的公共活动主要是由村落中的热心人、好管事的人等在当地有影响力的人物来发起和组织,如修庙宇、组织祈雨等。一是头面人物在当地比较具有影响力、有威望,能为村民所信服;二是热心人所组织的公共活动通常与村民的生产生活直接相关,在村民看来是有利于所有人的公益事业,因此村民也愿意参与。另一方面,村落公共设施的维护也是由村落中的热心人、好管事的人来组织进行,如道路维护、公共水井的维护等。每一片居住区域都会有好管事的人,在传统时期以泥土路为主的道路交通条件下,当遇大雨等极端天气或随着时间的推移而出现道路损坏时,通常都是由好管事的人组织就近的村民进行维护、修理。再如,村落的公共水井在出现井绳损坏、需要淘井的情况下,也是由好管事的人组织就近受益的群体共同进行集资、出工修缮。热心人、好管事的人组织村落公共活动与公共设施维护均没有物质报酬,完全是出于公益精神与对村庄的奉献精神,也正是由于其长期的无偿奉献,在其进行组织活动与集资维护公共设施的时候更能获得大家的信任，在任何村民那里都能"说得响"。

（二）受邀解困

除了主动担责组织公共事务外，南陵村的乡绅、中人、保人等村落治理主体也存在受邀去帮人解困的情况，集中表现于纠纷调解与经费赞助两个方面。一方面是帮助村民解决日常矛盾纠纷，如家庭矛盾、邻里矛盾、地邻矛盾等。调解纠纷的时候，矛盾以外的人一般不会主动去参与调解，所谓"多一事不如少一事"，家庭矛盾更不会主动去调解，所谓"家丑不可外扬"，主动去调解可能会导致彼此之间的尴尬气氛，造成"好心办坏事"。在发生矛盾需要人调解的时候，一般是由家户内部的家长去请调解人，如果是与家户外部的人发生矛盾，则一般是利益受损的一方去请调解人。能被请去做调解人的一般都具有一定的办事能力和村落威望，既然被邀请肯定也是被信任的。请村落有威望者参与矛盾调解不需要带礼物，也不需要支付报酬，其调解不好也不需要承担责任。

另一方面，头面人物也是村落公共事务经费赞助的主要来源之一。头面人物通常都是有头有脸、有一定财富积累的人，在村庄组织公共活动、修建公共设施需要集资时，除按户进行摊派外，不足部分往往是由村落的乡绅、大户进行补齐的。对于为村落公共活动进行集资这样的事情，通常是要由好管事的人或保长、甲长向他们提出邀请，而乡绅与大户往往也会应邀出钱。一是他们在村内是有头有脸的人物，每次集资的金额数量对他们来说都是不痛不痒、完全有能力承担，如果不为村落提供支持则会认为自己失了面子、失了身份；二来为村落公共事务集资也是其积累权威、威望的一个重要途径。

第三节 家户治理与家户关系

家户是村落治理的基础，是政治责任的基本单元。在1949年以前，在南陵村村内，家户内部主要由家长依照惯行和家规进行治理，家长是家庭的权力中心，对家庭生产、经济、婚配、外事等事务具有决定权。本节将从家户治理单元、家户治理主体、家户治理内容和家户治理规则这四个方面来考察传统时期南陵村村内的家户治理与治理关系。

一、家户治理单元

传统时期，家户是村落的基本构成单元，南陵村也不例外。中华民国二十二年

(1933年),国民党政府为了加强其统治,巩固地方政权,开始编组保甲,至次年完成。编组10户为一甲,10甲为一保,10保为一联保,以户为行政管理单位,户就是平日里所说的家,不存在一户多家的情况。家户单元以是否同吃一锅饭、是否一同居住、是否共同生产和消费来确定,但是个别家庭为了逃避抓壮丁,出现了"假分家",存在一家多户的情况,只是将户籍分开,但是不分灶,生活照旧。户没有门牌号,早些时候户籍信息也不进行登记,至中华民国末期,县里设置户籍科,向各保派驻户籍员,此后才开始对户籍进行登记和造册。户具有裂变性,大多家庭在孩子长大成婚之后就会分家,分家会将土地、财产、债务等进行分配,分家后形成新的户,独自行使生产生活中各项事务的决定权。

二、家户治理主体

传统时期,当家人是家户的治理主体,享有家庭事务的决定权及家庭财产的分配权,是家户内部的权威,同时也是家户对外的代表。

(一)当家人及其资格

当家人是家户治理的主体,每个家庭都会有当家人,当家人为一家之主,负责家中大小事务的决策,是一个家庭的头,也是对外的"联结点"。在南陵村,当家人也叫掌柜的。

如果一个家庭中,爷爷、父亲和长子在一起过生活,在一个灶上吃饭,理应爷爷是掌柜的,但是当爷爷感觉身体不好的时候或是年事高的时候,就会把这个掌柜的位置让给父亲,如果父亲同样身体状况不好,儿子有能力当家了,就会把掌柜的位置传给儿子。但是有的家庭,原掌柜的身体健康状况还好,为了锻炼儿子当家的能力,在儿子学习得差不多的时候就会将掌柜的位置传给儿子。对于家庭来说,爷爷是最权威的,所以当家人都是由爷爷来定,不需要选举,到了父亲将当家人的位置传给儿子的时候也是由父亲来定,但是父亲需要征询爷爷的意见。掌柜的主要是考虑才智、能力等因素。掌柜的位置不一定由长子来接替,如果长子智力等不行,还是会由其他的儿子来当家。另外,其他的儿子比长子优秀的时候,也可能会让优秀的儿子当家,不一定是长子当家,但正常情况下一般是由长子当家。掌柜的由谁当是由父亲决定的,也是由父亲宣布,宣布了之后一般没有不同意的情况,那个时候父命不可违,即便有不同意的也没办法,只能服从。在分家之前,如果爷爷还健在,一般是爷爷当家,如果爷爷身体不好,是父亲当家,如果爷爷不在世了是父亲当家。分家之后,一般是儿子当家,和老人居住的儿子如果年纪还小就由父亲当家,如果和老人居住的儿子能当家了便由儿子当家,分家后父亲当家,一般是儿子年纪较小,还不具备当家的能力

（父亲和儿子同住，可以是儿子的当家人，父亲和儿子不同住，则不可以是儿子的当家人）。

在南陵村没出现过媳妇或是婆婆当家的情况，但是在南陵村周围的村庄中出现过妇女是当家人的情况，这出现在大财东的家庭中。大财东家有好几个儿子，但是老汉在临终的时候看几个儿子都不行，不能当好家，就会托付给妻子，让其把这个家事管起来。这样的情况不太多。妇女当家，邻居或是亲戚也没有什么看法，因为丈夫已经去世了。在南陵村及周围没有出现过丈夫还健在就由妻子当家的情况。

（二）"家有千百口，主事在一人"

"家有千百口，主事在一人"，当家人的地位在家中是最高的，扮演着决策者的角色，是家中的核心。家里的生产生活、金钱、对外交往、请工、签字等一切大小事务均是由当家人出面。当家人也是与其他家户沟通联系的桥梁，两个家庭有什么事情必须通过当家人来完成或者是必须得到当家人的同意，家庭其他成员没有决定权。但是当家中买卖土地和买卖大牲口时，当家人需要同其他的兄弟商量，征求兄弟的意见。如果已经分家，兄弟之间各自有了自己的小家庭就不需要和兄弟商量了。

请工、请中间人、请执笔人、请客吃饭、请保长、请甲长、请绅士、请先生、请公证人、行门户等都必须是由当家人去办，而请接生婆等一些必须由妇女去做的事情也是经过掌柜的同意或是掌柜的安排其去的，否则都是掌柜的自己去办（丧事通知亲戚是由村中"相逢"帮忙通知）。以请中间人为例，在南陵村请中间人是由家中掌柜的去请，但如果是家中的其他人去请，中间人可能就不会来，不是当家人就不太被认可，因为当家人才是一家之主，才是家中最权威的人。

交税、完课、摊派等必须通知掌柜的，村中公共事务也必须是找掌柜的商议。过年走亲戚、平时行门户、借粮、借钱等一般都是当家人出面，去别人家帮忙要看是什么事，如果只能是妇女做的事情，家中妇女也能去帮忙。借钱和借粮必须和当家人借，还的时候也必须是还给当家人，只有当家人才有决定权。但是借生产生活用具等要和当家人借，还的时候可以不用还给当家人，还给家庭其他成员也行。

三、家户治理内容

"家有千百口，主事在一人"，家长拥有家户内部的经营决策权、财产处理权、家庭公务决断权、婚育决策权以及对外交往权等各种权力，管理和计划着家户内部生产生活的各项活动，使家庭生活、生产得以有序进行。

（一）经营决策权

在南陵村，无论是自有土地还是租佃土地，农户都有独立自主的经营权，而在家户内部，家长又具有最高的经营决策权，土地里种什么、该怎么种都是由具有独立经营权的家庭中的家长来决定和安排，其他家庭成员必须服从家长的安排，村庄和官府均不会干预农户的生产经营过程。其他家庭成员只可建议而不能直接做决定。至中华民国时期，南陵村的家族已经名存实亡，家族活动局限在了家族祭祀和拜年上，也没有人会干预家族成员的农业经营情况。

此外，除农业耕种外，家庭是否要经营其他生意、经营什么生意、如何经营、其他家庭成员是否要从事其他职业、家里的牲畜以及剩余的农业产品是否可以拿到市场上去做交易等，都需要经过家长的同意和支持，其他家庭成员只可建议，不可直接做决定。如孩子外出打工必须得到父母的同意才能出去，即便是平日里远行也要得到掌柜的同意，只有同意之后才会给一些路费等。孩子要去当学徒学手艺，也必须得到掌柜的同意，掌柜的要是不同意就不能去。家中的孩子能不能去读书，先安排谁去读书都是由掌柜的来决定，孩子在家的时候父母均可以对其进行教育，家中的长辈也能对晚辈进行教育，但是只有掌柜的才有惩罚权。

（二）财产处理权

家庭的土地、底财等财产为家庭成员共有，同等享有使用权，但是只有家长才有财产的管理权和支配权，由其安排和决定家庭的一切支出。家庭土地虽为家庭成员共有，但是村民说谁家的土地时一般都是说家长的名字，如张三是其家中的家长，村名在说其土地时就会说张三家的土地，一般不会说家庭其他人的名字。家庭的土地家长拥有处置权，但是土地是农民的命根子，大多也是祖传而来，所以在处置土地的时候需要征询兄弟的意见。但是最终的决定权在家长手中，家里的其他成员没有处置权，即便其想出售土地，只要家长不同意也不能出售，别人也不敢买，买了之后容易起纠纷。官府到家中收地赋和摊派，一般都是找家长收，家长不在一般收不到，因为钱一般在家长手里，如果家中的财产是由内当家（一般为家长的妻子）管理，税赋和摊派就由内当家来交，但是也会先和当家的说。到家里抓丁，一般不是直接去了就抓着走，都是先通知家长，然后让其准备3—5天，另外该派谁出丁都是由家长来决定。一家不可能没有当家人，如果家长去世，则会产生新的当家人，如果家长出远门也会让儿子或是妻子代管家务，如果家中需要用钱，家长可以和别人借钱，借钱的时候一般都会和家里人商量，但是也可以不和家人商量。

（三）婚育决策权

1949年以前，在南陵村，"婚姻大事，父母之命，媒妁之言"，子女没有自由婚配权，必须由当家人决定，即便是自由恋爱，只要当家人不同意也不能结婚。儿子在外工作或是远行需要结婚也是得要当家人知道并同意,如果没有得到父母的同意,即便结了婚,当家人要是不认可,结婚的新媳妇也不能进家门。娶妾、续弦、再婚等婚配行为同样也需要得到当家人的认可才可进行。未被同意的婚姻,得不到家人的认可和祝福,未被认可的人也不能进家谱,甚至在一些家庭中,未被认可的人死后还不让其进祖坟。除婚姻对象选择外,何时结婚、彩礼多少、嫁妆多少、婚宴安排、宴请对象等都须经当家人的允许和安排,否则不但会导致婚姻举办过程的混乱和无序,而且子女忤逆家长的意思也会被认为是不孝,婚后得不到家长的祝福和支持。

从生育方面来看,家庭有新生人口时,一般也是由掌柜的负责办酒、请客、请仪式安排,如果掌柜的年纪大,也可以由其他人经办,但必须经过掌柜的授权。此外,若家庭没有男丁或人地匹配不协调,关于过继、抱养、买卖孩子等添人减人的大事必须经过当家人允许,并由当家人与族人进行简单的商议。

(四)对外交往权

掌柜的是家庭对外事务的代理人,也是家户间的联结点。一切对外的事务基本上都是由家长参加和去操办。在传统时期,女人一般不会和外面的人过多地打交道,也不需要下地干活,主要是忙家里的事情。村邻家中有什么事需要帮忙都是掌柜的去帮忙,如村中有人去世,都是掌柜的去帮忙,有的家庭中掌柜的年纪较大,家中有成年男性也会带上一起去帮忙。村庄中如果要召开会议,则是由掌柜的去参加会议,有的会议需要投票和表决,只有掌柜的才能代表一家人的意见。若家庭有牲口、剩余农产品要拿到集市上去卖或是要到集市上去买农具、农产品等,一般也是由当家人出面去买卖。若家庭成员与外人发生矛盾,则需要各自的当家人出面去进行调解和处理。

四、家户治理规则

传统时期,南陵村家户内部主要实行家长当家,但在家长治家的过程中,也同时遵循着一定的决策规则、治理规则与治理方式,以保证家庭和睦、有序运行。

(一)适当分权

在一个家庭中,事务纷繁复杂,虽然掌柜的掌管家中一切大小事务,但是掌柜的也会将一些事情交给家里的成员去管理,如家务活一般就交给妻子去管理,妻子自行安排和决定如何去完成家务活,如做饭、洗衣服等等。在一些大户家庭中,做饭吃什么菜,儿媳妇需要征询婆婆的意见,自己不能做主。家中生产性事务必须是由掌柜的来做主,即便家中有成年男性也不能做主,土地里种什么、什么作物种多少、什么时候种等都是由掌柜的来决定,但是家庭成员也能提意见,只要意见合理,也会被采纳,生产性事务家人可以商量,但是最终的决定权在掌柜的手上。婚丧嫁娶是由父母说了算，但是父母中主要还是父亲说了算，父亲也一般是一个家庭的当家人。在家中，长辈都有发言权，成年的孩子也有发言权，但是未出嫁的女儿一般没有发言权。分家之后成为新的家户，独立出去的子女如果成为当家人就有自主决策权。

（二）定规定则

"国有国法，家有家规"，大多家庭都会有家规和祖训，家规主要是记录在家谱上，为先祖教育后人所写下的规约，家规的主要内容包括道德、风俗等方面的内容，是长期积累下来的社会习惯规范，主要用于教育后人为人处世，主要通过说教的方式进行传播和传承。家规偏重教育，如果家庭成员违背了家规祖训，需要受到惩罚，惩罚由掌柜的来实施。

除明确的由家谱记载的家规之外，在家庭成员之间往往有一套全家人心里默认的行为规则，如男人耕种、女人做家务、农活要听家长安排、家务要听婆婆安排等等。此外，默认的行为规则还有孝老敬亲、尊重兄长、男女授受不亲等伦理道德方面的内容。默认的行为规则虽没有明文规定，但是家人也必须遵守，如有违背也会根据情节轻重受到当家人不同程度的惩罚。

（三）说教为主，辅之打骂

1949 年以前，南陵村村内的家庭治理方式有口头教育、批评教导、打骂罚跪、赶出家门和送衙门等几种，但主要是口头教育、批评教导和打骂罚跪三种，其中又以说教为最常使用的方式。家中的长辈能对晚辈进行教育，父母能对孩子进行教育，如果不是很大的错误，母亲也介入教导和批评，但是如果问题较为严重，一般都是由当家人亲自批评和教育，也只有当家人会根据家规祖训对孩子进行惩罚。如果子辈、孙辈知错不改，掌柜的会进行打骂教育，所谓"棍棒底下出孝子"，在说教不能发挥作用的时候，掌柜的只能通过打骂让其"长记性"。一般情况下，掌柜的不会将犯了错的家庭成员赶出家门或是送衙门，"人丁兴旺"也是家庭兴旺的一种表现；但如果有家庭成员犯了很严重的错误且一直知错不改，当家人也会采取将其赶出家门或是送衙门这样的处理方式，如发生乱伦、打骂父母、嗜赌成性败光家产等等。

五、家户治理关系

（一）家内成员相互之间的关系

家长在家中具有绝对的权威，是家庭一切事务的决策者，在家中具有较高的威望。家长和妻子之间虽然是夫妻，但一般情况下家中的事情还是由家长说了算，家外的生产、外事等都是由当家的说了算，一些"男主外，女主内"的家庭，家务事就由妻子说了算，但是家务事中的一些大事还得和家长商量，如柴米油盐的更新等。旧时丈夫纳妾时需要和妻子进行商量，但即便妻子不同意，丈夫也可以纳妾，妻子可以抱怨和反对，但是并不能起到太大的作用，丈夫和妻子商量主要就是告诉妻子有这个事情；如果当家人的父母还健在，纳妾会和父母商量或是听从父母的建议。妻子在家中的地位一般不会高于丈夫，在男方入赘女方家且女方家有权有势的时候，妻子在家中的地位有可能高于丈夫。家长对子女的行为进行监督，安排其日常事务，负责进行教育等，子女要尊重家长，服从教育和安排；如果儿子当家，父亲还在世时，家庭的事情主要是儿子说了算，但是也会考虑父亲的意见，如果一些事情父亲极力反对，儿子也不能一意孤行。家里的佣人和长工主要是听从家长的安排，家长会安排其去做具体的事情，但是在一些大户家庭，长工人数较多，就会有长工头，由长工头来管理长工，安排长工的生产生活，但是长工头需要向家长汇报情况，在家长的指挥下进行生产生活活动。兄弟姐妹之间可以正常往来，但是涉及一些家庭事务需要做决策的时候，需要和家长商量或是得到家长的同意，如兄弟姐妹之间借用东西、粮食等。长子可以管教次子和所有姐妹，但主要还是由当家人来管教；如果弟弟当家，哥哥需要听从弟弟的安排。

（二）家与成员之间关系

家庭成员脱离一个家庭主要是因为分家或是被赶出家门，再或者就是因为婚配，一般不会自行脱离原来的家庭。分家的时候要分给土地、房子、牲口、生产工具和生活用品等，这样让其自立门户才能生活下去，如果自行脱离出来就什么都没有，家人也不会同意，在南陵村没有出现过这样的情况。家长不仅要处理好家里的一切事情，家人在外面遇到了困难，家长也必须帮忙，如家中的兄弟在外面被人欺负，家长要去帮忙讨回公道，严重的时候会以武力帮忙。如果当家人不保护家庭成员，会影响其当家人的地位，也会遭到别人的议论和谩骂，甚至自此在村中抬不起头来。

（三）当家人权威

当家人在家中具有较高的权威，主要表现在对一切事务的决定权、对财产的管理权等方面。从生活中具体的事情来看，如家长能够惩罚家庭中犯了错误的家庭成员；再如，南陵村平日里吃饭用的八仙桌，其上席的两个位置放的是靠椅，其余的三面则是放的长凳，上席一般只有掌柜的才能坐，如果掌柜的是老人，必须是掌柜的坐，如果掌柜的父亲还在，则是掌柜的和父辈一起坐在上席。在发生灾荒导致家里粮食不够吃的时候，食物由掌柜的来进行分配。家庭成员之间可以一起商量事情，但是最终的决定权在掌柜的手上，当决定做出之后，家庭成员还可以提意见和反对，但是一般没有用，除非掌柜的改口，否则按照原来的决定执行。家长的权威还体现在家户之间的交往上，家户之间的往来多是家长之间的直接往来。家户之间借用生产工具、粮食、钱财等必须通过家长，家庭买卖土地必须得到家长同意等都体现着家长在家中具有最高的权威。

（四）家户治理与国家治理的关系

家规祖训在国法和乡约的框架之下，家规祖训主要是对后人的为人处世方式进行教育，更多的是德道层面的教导，国法一般是对公民的行为进行规范，乡约主要是对乡民的行为进行约束，家规祖训一般不会和国法、乡约冲突。如果家庭成员同时犯了国法、乡约和违背了家规祖训，首先是要按照家规祖训进行惩罚，如果需要送官府还要送官府。家庭惩罚主要是说教、批评和打骂，如果犯了较为严重的错误，可能就会被赶出家门，甚至是断绝家庭关系，针对所犯错误在家规祖训中做出了具体的处罚规定的则按照家规祖训进行惩罚。被赶出家门的一般都是违背道德，或是犯了不能饶恕的错误，被赶出家门之后一般不能再回来，不能进家谱，其死后也不能入祖坟。在家庭惩罚中，家长一般不能将自己的家庭成员处死，进行调查之后一般都会送衙门，如果将家庭成员处死则官府会管。

村庄（或保甲）需要开会的时候一般都是通知家长或是通知家人让其转告家长。一般都是家长去参加，只有家长才能决定一个家庭的事情，如村庄需要修建城墙，召开会议商量捐款的事情，如果不是家长参加，而是家里其他成员参加，即便在商量的时候说自己家里捐多少，家长也可以不认账。如果家长没有同意，就可能会出现不服从或是反抗，如果通知了家长但是家长不愿意参加，或是不同意某一些事情，家长在商量的时候就可以进行反对。

第四节　亲族治理与治理关系

在传统时期的南陵村，存在着刘姓、赵姓等主姓，同时也有王、韩、曹、余等多个花姓，各个姓氏以血缘关系联结成为一个家族，并产生相应的亲族治理。本节将从亲族治理单元、亲族治理主体、亲族治理内容、亲族治理规则、亲族治理关系这五个方面来考察传统时期南陵村的亲族治理与治理关系。

一、亲族治理单元

（一）亲族关系单元

1. 宗族关系单元

南陵村由赵家堡、南刘堡、北刘堡、铁炉堡组成，大姓为刘、赵、王，王姓绝户后刘、赵成为村中的大姓，其中刘姓分为两个家族，南北刘二堡的刘姓为同一个家族，铁炉堡的刘姓为一个家族，赵姓主要居住于赵家堡，每个村堡有一主要姓氏。村堡之间距离比较近，村民之间来往较为频繁，村堡之间可以互相通婚，亲戚和朋友之间来往相对较多。婚丧嫁娶等事情基本上都会往来。四个村堡的人数也有差异，赵家堡约有 50 余户，南北刘二堡分别有 40 余户，铁炉堡有 19 户。以铁炉堡为例，19 户中刘姓居多，占了 12 户，另有 3 户王姓，曹、余、韩、巫姓各 1 户，村民相邻而居，修建城墙防卫匪患和战乱。

2. 亲戚关系单元

"同村同姓不能婚"，同村同姓一般为亲戚或是家族中的人，结婚一般是寻邻村或是距离不太远的村落中的对象。南陵村的村民除了自己村中不同村堡、姓氏之间相互通婚之外，还会在相邻的村落之间进行通婚，姻亲之间住得不是很远，平日里也方便走动，一些关系较好的亲戚平日里会走动，家中红白喜事等也会走动，过年的时候需要走亲戚。因血缘关系形成的亲戚既有居住在本村落的，也有居住在外村落的，几个兄弟之间，如果都是娶媳妇而不是入赘，一般都是居住在同一个村落，每一个家庭的亲戚数量也不尽相同。

（二）亲族政治责任单元

税收一般是以户为单位，户就是平时所说的家庭，收税的时候直接找家长，收税的时候甲长要跟着去，直至收完本甲所有农户的税赋。甲长跟着去收税的时候一般只找当家人，如果一个农户家没有人会询问其亲戚，如果一个农户家交不上税赋一般不会找其亲戚，但是会询问能否亲戚之间帮忙先垫上，有的甲长收不上来税赋的时候还会自己将税赋先垫上，等交不上税的农户缓上一段时间。村中有公共事务需要筹资的时候，还是以户为单位进行筹资，村落中有人去世需要行官礼，行官礼也是以户为单位，不论家庭人口多少，只要是一户人家就需要行一份官礼。如果农户交不起一些赋税和摊派，会找亲戚帮忙，亲戚代交之后，等农户自己有了需要归还，一般不算利息。

如果亲族中有人犯了大罪，如杀害官员、烧毁政府公物等，亲族之间不负连带责任，但是家庭成员具有连带责任，"杀人偿命，欠债还钱"；如果犯罪之人逃跑，家人要负连带责任，负连带责任的时候一般是找当家人。在保甲制时期，村民违法，保甲长有连坐罪，具有连带责任，但是普通村民不负连坐罪。

二、亲族治理主体

在南陵村，刘、赵、王为主要的三大姓氏，但王姓绝户之后，刘姓和赵姓成了村中的大姓。随着历史的变迁，至 1949 年以前，宗族已是名存实亡。以南陵村铁炉堡刘氏为例，该刘氏分为大门、二门、三门，族长、门长早已消失，后人现在只能分清自己属于哪一门。宗族内的公共事务仅剩过年时的祭祖以及拜年，族中年纪较大、辈分较高的老人成了这些活动的组织者。活动的组织者不需要选举，是宗族中的人员默认的族中德高望重的、会办事的人。只有男性能成为组织者，女性不能成为组织者。组织者只能组织本村落内的活动，本族对于在外村居住和嫁出去的人已经不具备组织的权威性。

从亲戚层面来看，在遇婚丧嫁娶等家庭大事时，在同一个村落内的亲戚会主动来帮忙，尤其是近门亲支的、具有血缘关系的叔伯、兄弟等，因为具有血缘关系的叔伯、兄弟都是一家人，自己家门的事必须参与，否则会被外人笑话。在遇分家的情况时，必须请舅舅出面，"娘舅大于天"，舅舅拥有无上的权威，也最能震慑外甥。亲戚之间如果发生矛盾，一般都是靠邻里相劝，如果是同一个村落内的亲戚还会请甲长来帮忙调解或者甲长知道了主动来帮忙调解，另外村中好管事的人也会帮忙调解，调解好了之后不用请吃饭，也不用给报酬。如果是自家兄弟之间发生矛盾，请舅舅来帮忙调解。

三、亲族治理内容

（一）内部事务

在南陵村，随着宗族的消逝，宗族事务也慢慢退出了人们的视野。对于南陵村北刘堡的刘氏族人来说，还存在共同的财产，即祠堂地，共计100余亩。民国时期，北刘堡刘氏族人虽有家族之说，但未推选族长，祠堂和祠堂地由家族中较有威望的人进行管理。管理者由族人共同选出来，选举的时候一个家庭一个代表，得票最多的当选为祠堂地管理者。祠堂地的管理者对年龄、学历没有要求，但是一般选出来的都是年纪较大的族人，选举的时候只有刘氏的族人能参加，选出来的管理者没有固定的期限。选出来之后不需要报告甲长，也不需要报告保长。管理者没有报酬，其职责主要是管理祠堂地及祠堂地的收入。祠堂地的收入主要用于祭祀、族内孩子上学以及过年购买鞭炮等，祠堂地的管理者对祠堂地收入的使用有处置权。而对于南陵村内其他宗族而言，宗族的事务只剩下了大年初一的祭祖以及宗族拜年，因为没有族长，这些活动由宗族中年纪较大、辈分较高的老人来组织。

分家、婚姻、土地买卖、抱养外子等均不需要得到宗族中的同意，但是对于丧葬在宗族五服之内的人都会通知，亲戚也都会通知，通知之后都会来参加。买卖牲口是家中的大事，掌柜的一般不会自己做决定，都会和弟兄班子一起商量。

（二）对外事务

农户与外族人发生矛盾纠纷时，宗族里的人一般不会帮忙调解，亲戚也很少会帮忙调解，主要是靠邻里帮忙调解，邻里帮忙调解不需要请，一般都是看到之后自己主动来帮忙调解，调解大都是帮忙说几句公道话。如果惹上官司或是需要与官府打交道，一般都是农户自己去处理，亲族内很少会派人帮忙处理，但是农户自己去请亲族中有能力的人帮忙时一般都会帮忙。

四、亲族治理规则

家族之中一般都有族规、祖训和族谱，但大多家族的祖训和族规都是记录于族谱之上，用于教育后人和约束族人行为。在南陵村，赵、刘等大姓都有族规和祖训，也有自己的族谱，但是在历史的变迁中，族谱均被毁，未得到保存，随着宗族观念的淡化，祖训和族规只是部分存在于老人印象中。据老人回忆，族规祖训都是老祖宗留下来的东西，已经有很多年了，主要是对后人的教育，内容就是教我们平日里的生活该怎么过，如要节俭，不能浪费，要公私分明，要尊老爱幼等，同时也规定了一些不能做的事情，如不能抢劫，不能不赡养老人等。如果违背族规和祖训需要受到惩罚，在以前，有族长的时候主要是由族长来进行惩罚，惩罚的时候会"请家法"，是一根棍，专门用来打宗族里违反了族规祖训的人。惩罚的地点一般都是在祠堂里面，会通知族人到场，宗族中人人平等，不管是谁违反了都要受到惩罚，族长要做得公平，否则就会失去威信。

五、亲族治理关系

（一）亲族成员之间的关系

亲戚之间发生口角之争一般都是邻里出来帮忙调解，亲戚也不好调解，调解不好还容易影响亲戚之间的关系，邻里出来主要是说公道话，另外村里好管事的人也会帮忙调解。如果不是特别大的冲突一般都能调解好，调解不需要请吃饭，也不用给报酬。如果是自家兄弟之间发生矛盾，请舅舅来帮忙调解。如果兄弟之间因土地变卖发生纠纷，请当事人所在甲的甲长和土地交易时的中间人帮忙处理，请甲长和中间人由被侵犯家庭的当家人去请，不需要给报酬。只有矛盾激化，甲长和中间人处理不了的时候才会打官司。如果地契丢失，发生纠纷的时候在粮赋长那里有土地面积，以纳粮面积为准。如果只有一块土地发生纠纷，则丈量家中没有纠纷的土地面积，用总面积减去未发生纠纷的面积，就等于发生纠纷的土地面积，以此确定纠纷地的面积。如果多块土地发生纠纷，则需要查地畔子。纠纷调解之后，有的亲戚的关系会变淡，但是有的亲戚之间的关系还是没有受到多大的影响。不同村落之间的族人发生纠纷，主要还是靠邻里帮忙说理，如果调解不了，会请两人所在甲的甲长帮忙调解，一般不会找到保里的干部。到了中华民国时期，虽然宗族内没有了族长，但是不同村落内同一宗族的纠纷也会请宗族中较有威望的人帮忙处理。

（二）亲族与成员的关系

据村民回忆及家谱记载，在很早以前，各大家族中都会产生族长、门长等宗族代表，且族长、门长在宗族中威望较高，受人尊敬，平时见到的时候不会直呼其名，也一般不会叫族长，还是按照宗族关系和辈分来称呼，如爷爷等。在宗族活动中，如大年初一的祭祖活动中，站的顺序都是按照宗族中的辈分来站的，辈分高的就站在前面，辈分低就站在后面，有族长的时候这些宗族的活动一般都是由族长来主持，没有族长的时候一般就由宗族中年纪较大、辈分较高、威望较好的人来主持。在座位的安排上也体现着宗族关系，一般会把宗族中威望较高、辈分较高的人安排在同一桌就座，在同一桌里，一般是族长坐在上席。但至 1949 年以前，南陵村各家族已没有族长、门长这样的职位，在宗族活动中就由辈分较高的老人坐上席，在宗族内崇尚敬老爱老，老人的地位也比较高。过年的时候统一祭祖活动后要进行宗族拜年，宗族拜年也是按照辈分和门支顺序依次进行，等级关系在传统社会中维系着宗族内部的稳定和有序。

在宗族中，除了过继和宗族惩罚的情况外，没有人自己改姓，如果有人改姓就会被赶出这个宗族。宗族做出的决定一般不会违背国家的政策法律，都是在国家的政策法律框架下，宗族中做什么决定都是族人一起商量做出来的，族人一般不会向官府告密。宗族和亲戚之间发生了纠纷，一般都会尽力去让这些纠纷平息，如果纠纷激化，村民需要站队的时候，多会选择站在亲戚这一边，亲戚的关系要比宗族的关系更近一些。

（三）亲族与国家的关系

政府人员、保甲干部对宗族中威望较高的人一般都会客气一些，也会更为尊重，虽然不会故意去和他们拉近关系或是搞好关系，但是一般也不会去惹他们，如果出现关系僵化可能会影响和所有族人的关系。官府官员、保甲干部如果不是宗族成员，没有亲戚关系，不是熟人朋友，平日里基本就没有什么往来。实行保甲制度之后，因为南陵村没有族长，有什么事都是直接找当家人，也不会去找宗族中威望较高的人。族里举办活动的时候也不会邀请政府官员和保甲干部来参加，只是自己的宗族成员参与。政府官员也不会找宗族中较有威望的人做事，如果不损坏族人利益，宗族也不会干预政府事务。

宗族能够自己建设祠堂，政府不会阻挠，这是宗族自己的事情，宗族建好祠堂之后政府也不会故意去毁坏和拆除。宗族或亲戚购买公田，政府也不会干涉，对于公田和私田，政府所收的税赋都是一样的。

第五节 信缘治理与治理关系

1949年以前,南陵村存在着丰富的信仰体系,对村民的生产生活产生了深刻的影响。其中,以祈雨与庙会为最主要的公共信缘活动,围绕着公共信缘活动的参与主体、组织过程、经费获取等环节,衍生出了丰富的信缘治理关系。

一、"祈水"[1] 及其治理关系[2]

在南陵村,祈雨没有固定的时间,也不是每一年都会祈雨,只有连续干旱导致麦种不上的时候才会祈雨,通常大概两三年会祈雨一次,一年不可能出现两次祈雨。是否需要祈雨由社长根据村民的意愿来决定。决定是否祈雨时社长会找各村头面人物议话,各村头面人物回村后再找村民议话,祈雨时间确定之后不需要向保长报告。

在南陵村,祈雨通常是由社庙来负责,并由村内的德高望重者、热心人共同协助社庙来进行组织,保甲长很少直接参与祈雨活动的组织。但在组织祈雨活动的时候,保甲长也会参与其中,因为保甲长家中也有耕地,也希望能够得到神灵的庇佑以增加粮食产量,避免遭旱灾。

社庙及村庄热心人在组织祈雨活动时具有较高的自主性,关于祈雨的时间选定、人员安排、流程商定、资费筹集等均不需要向保甲长申请,不需要获得其同意,关于祈雨的细节,组织者也不需要专门告知保长、甲长。但在祈雨成功,进行还愿谢神的时候,组织者通常要提前告知保长、甲长,因为谢神期间一般要组织唱三天大戏,以便于保长、甲长提前安排活动当日的治安维护工作。谢神期间保长、甲长会组织村中的青壮年轮流巡逻,甲长不需要参加巡逻,但是甲长家中有青壮年一样会被安排巡逻。

二、庙会及其治理关系

在南陵村,村民有给庙宇的神灵"过会"的传统。在过会的过程中,表现出了社庙、村民、保长、甲长之间不同的治理关系。

(一)药王会及其治理关系

在南陵村铁炉堡城内建有一座药王庙,里面供奉着药王孙思邈,每年农历二月初二是药王的生日,这一天需要去拜祭药王,主要是为了保护村民的平安。有的时候在这一天还会给药王过会,主要是"为药王庆生"。在受访者刘兴汉的记忆中,铁炉村一共给药王过过两次会,具体时间不详。因为药王庙建在铁炉堡城内,过会的时候主要

---

[1] 祈水,方言,也叫作祈雨、求雨。
[2] 相关情况亦可参见第五章第二节,重复之处,兹不赘述。——编者注

参加的人是铁炉堡的村民,不论贫富都能参加,外村人也能参加,外村人来参加和本村人享受同等的待遇。在南陵村铁炉堡,给药王过会是由甲长组织的,在其他村庄,如果有会长,就由会长组织。过会期间都会组织唱戏,唱戏根据村庄的经济情况决定唱大戏还是小戏,唱大戏会邀请戏班子来表演,花费较高,唱小戏主要就是灯影戏。唱大戏还是唱小戏是由甲长和村中的头面人物先商量,然后根据村庄的公共财产来决定。南陵村铁炉堡给药王过了两次会,都是唱的灯影戏。一般过会不会向村民摊派,支出的经费主要靠村庄的公共财产和善人的捐赠,南陵村铁炉堡的公共财产主要由变卖村中的公共物品得来,主要是以前庙宇的庙产,如关公庙。公共财产主要用于买锣鼓等庆祝器材以及祭祀活动的开支。公共财产由甲长保管,每次祭祀活动结束都会进行公示,若没有进行祭祀活动,在每年甲长更替的时候进行公示然后交给下一位甲长。

(二)菩萨会及其治理关系

菩萨庙位于南陵村铁炉堡城外,由南陵村铁炉堡村民公有。每年农历正月十五是菩萨的生日,这一天需要到庙里祭拜菩萨,也会在这一天给菩萨过会,但不是每一年都会庆祝,另外每个村落每年给菩萨过会只会选择一位菩萨,也就是一年里不会为两位菩萨过会,且一般不会给某一位菩萨连续过两次会,中间都会隔开。虽然菩萨庙位于铁炉堡城外,但是参加的人主要还是铁炉堡的人,外村的人也能参加,和铁炉堡的村民平等,外村人过来参加主要就是来看戏。过会由甲长组织、在与南陵村相邻的北陵村,过会就由会长组织。过会不需要得到保长的同意,也不需要告诉保长,但是保长一般都会知道。过会期间需要安排人员巡逻,负责村中的治安,巡逻人员由甲长安排,主要是村中的青壮年。巡逻人员没有报酬,轮流参加。支出的经费主要靠村庄的公共财产和善人的捐赠。

第六节 业缘治理与治理关系

传统时期,南陵村参与了为办好庙会的联合社"宫里会社"这一社会组织,为村民参与过会期间的商品贸易提供了很强的规则约束与秩序规范。同时,相关集市虽未形成相应的业缘组织,但参与者也在长期的互动过程中形成了一种默认的心理规则,由此衍生出了南陵村丰富的业缘治理与治理关系。

一、宫里会社及其治理关系

1949年以前,有庙就有会。庙会多由附近村堡联合筹办,始为祀神朝神,后逐渐演变为以物资交易为主,有大戏、社火等活动,最后形成了庙会,每年定期召开。南陵村村民参与筹办的庙会有宫里桥庙会，为了能够办好庙会，村民自发成立了宫里会社。

（一）宫里会社的参与主体

宫里会社成立于清末民初，由桥北桑园、上高、桥南下高、南陵赵家四个堡（自然村落）组成，主要组织过会，过会的时间是农历二月十五到二月二十一。宫里会社为临时性组织，会始而起，会毕而消失。在过会前夕就会搭起会社的架子。会社的总负责人为社长，社长轮流担任，一年轮换一次，即四个村的每一个村主要负责一年，轮到哪一个村负责，则该村的负责人担任会社的社长。只有一个社长，但不是一个社长说了算，过会的事情会请其他村子的人来一起商量，主要是请村中的头面人物，哪一个村组织过会就由这个村的头面人物去请，请来商量的人一般不用管饭。过会的时候主要是由村中的青壮年巡逻，四个村的青壮年都需要参加，需要多少人、什么时候是由哪一个村巡逻等，由组织过会的村子来安排。参与宫里会社不需要登记，不需要报名，也不需要交社费。宫里会社的组织单位为自然村落，参与会社的村落中的村民均为宫里会社的社员。

（二）收占摊子钱与地摊子钱

会社成员通常会在会期前几天就在会场进行摊位划定并定好摊位价格，同一类的产品交易划在一条线上。摊位的价格与位置和大小有关系，地段较好的价格高一些，价格由宫里会社定。价格是在占地之前就已经定好，属于"明码标价"，价格每年定一次，定价格由社长组织，并由四个村的头面人物一起来定。在临近会期的时候，有意向到庙会上做物资交易的人就要到庙会划好的摊位上进行占摊子并交占摊子钱，占摊子的时候是谁先到就是谁先得，不管卖不卖，只要占了摊子就要给钱，给了钱之后要进行登记，登记完成之后就算是摊子占下了。摊子占了之后，后来者给再高的价钱也不能重新卖给后者。

在过会期间，会社的人每天都要收地摊子钱，地摊子钱按照经营额估算。地摊子钱收取数量的多少由社里决定，会出现收费时偏向亲戚和朋友的情况。收钱的时候一般是四个人，每个村去一个，互相监督，哪一个村组织过会，就由这个村的人去决定收多少钱。每个村派谁参与收钱，由村中村民议话推荐。收钱时"嘴就是价格，嘴就是政策"。

（三）县、乡政权与会社治理

社长拥有会社的组织与管理自由权，过会不需要向乡里报告，但是过会前乡长会告知各社长，要加强过会期间的治安维护，过会期间是偷盗和火灾的高发期。治安方面，乡长不会派人协助，发生治安问题，乡里就事论事，一般不会问责社长。宫里会社共有四个社长，但是每年主事的社长就只有一个，不管是哪一个村的社长担任主事社长，社员们都比较尊重。社长的权力不是很大，主要就是组织办会，但是其威望很高，都是村民（社员）选出来的，社员也比较拥护。

过会期间，四个村统一抽人进行武装巡逻。如若出现治安问题，巡逻人员有权处理。处理时不需要请示社长，巡逻队中有一个头（队长）负责巡逻工作，出现治安问题也是由他处理，这个头不是推选的，而是由社里直接指定。巡逻工作中一般没有要请示社长的事情，如果有处理不了的事情会请示当日的驻会人员（四个村轮流驻会），大家相互商量。一般不会出现巡逻人员打人的情况，巡逻人员不能打人，只能对扰乱治安秩序的人员进行训诫。过会、唱戏一般不请乡长，但是乡长会过问过会期间的治安情况。如果乡长和县官过来，由社里和一些头面人物共同接待。

二、集市及其治理关系

1949年以前，南陵村附近的大多集市都是由村民自发形成的，没有专门的管理组织与管理人员，在交易过程中，村民相对入市自由、交易自由。但在长期的交往、交易过程中，村民心中也形成了一套固定的治理规则与规范。

（一）同行扎堆

在南陵村及其周边村庄，虽然没有明确的关于集市的组织架构来进行集市的具体安排，但在赶集时，通常出售同类商品的买卖人会集中在一个区域，如集市上有专门的粮食集、牛市、羊市、猪市等，小商品经营者则集中在另外的地方。一方面是方便消费者的选购，避免消费者入市即购而丧失出卖自家商品的机会；另一方面，在牛羊买卖等大型商品交易中，往往需要经纪等第三方作为介绍人或进行收税活动，集中排列有助于交易与收税活动的进行。同一行业的销售者集中在一起也不会存在价格恶性竞争等矛盾，一方面有经纪人等中人从中说合，另一方面，在传统时期的市场上，不兴"喊价格"，而多采取"摸手指"的方式，交易双方私下进行价格商定。

（二）中人作保

传统时期，在集市上进行大牲口、大农具的买卖通常都需要经纪人等第三方代表，以保证交易的顺利进行或避免交易后产生矛盾纠纷。以耕牛的买卖为例，耕牛交易有专门的经纪人，经纪人是固定的，活跃在耕牛交易市场，经纪人和税收部门有联系，帮忙收取牲口交易税。买卖牲口的时候，不通过经纪人达成买卖的很少，大都会选择经纪人。经纪人能看出牲口的年龄、牲口是否患病和牲口的好坏，对牲口比较了解，是行家。同时，请经纪人还可以避免买卖过程中矛盾纠纷的发生，如高价出售生病的耕牛、耕牛买卖之后发生反悔而导致交易矛盾发生。此外，请经纪人还可以进行赊买赊卖，提高交易效率。如农户在需要买耕牛而又没有足够的钱款，在经纪人的见证和说合下，可在集市上进行赊买，在和卖者商量好还款日期及地点的情况下可先将耕牛拉回家使用。若到期还不上，经纪人需要出面去催账但是没有承担连带责任的义务。

（三）"种瓜得瓜，种豆得豆"

传统时期，南陵村村民相信"种瓜得瓜，种豆得豆"，在集市交易上也是一样的。做买卖要讲究诚信、童叟无欺，不能对什么人定什么价，去集市上买东西、卖东西的人都是本村及周边村庄的人，大家基本都相互熟识或是彼此认识，即使是不认识的人经由你来我往、熟人介绍也会变成熟人，如果在集市上进行骗买骗卖、缺斤少两或是蓄意提高价格，即使对方没有及时发现，事后也可能返回集市上进行理论，这样就会影响卖者的生意。此外，如果做生意不诚信，大家在私下也会议论，经由口口相传很快这一片的人都会有所耳闻，不但会影响他家此后的生意，而且会对其其他方面的社会交往产生影响，给大家留下不诚信、爱贪便宜的不好印象。

（四）保甲长与集市治理

1949年以前，在南陵村，到集市做买卖是村民独立的家户行为，保长、甲长不干涉村民的集市交易行为，村民可自由到集市上进行买卖，买卖也不需要向村里交税。保长、甲长本人及其家人也不能实现完全的自给自足，也需要到市场上进行赶集、交易，保长、甲长到市场上做交易和其他村民一样，不享有特权，同样地付钱、同样地找经纪、同样地支付牲口交易税，只是有的时候村民会因其地位而在商品价格上给予适当减少，但与正常交易价格不会相差太多。

村民在集市上发生矛盾一般也是先请熟人、中人或是有威望的人进行调解，只有在矛盾难以调和的时候才会请甲长来调解，甲长调解不了则请保长出面。请保长、甲长进行矛盾调解均不需要支付报酬，其调解不好也不需要承担相应的责任。若仍调解不好，则可能引起矛盾双方的打官司行为。

第七节　南陵村治理变迁

1949年以后，伴随着新的国家政权的建立和社会的深刻变革，南陵村在历经土地改革、集体化运动以及包产到户等重要社会变迁的过程中，村庄的治理主体、治理方式等方面都发生了较大的变化。本节将重点考察1949年以后南陵村村落治理的变迁过程。

一、治理单元与治理主体变迁

明朝时期，南陵村实行乡—里—甲制，110户一里，一里10甲，凡甲10户，里成为此时南陵村治理的基本单元；清初仍沿袭明朝时期的乡—里—甲制，里仍为村落治理的基本单元；到了乾隆年间，实行联—堡制，每堡设乡约、练总各一二人不等，每联领10堡，设立约正、乡长各1人。每村皆举公直服众之人为乡约、练总，专司稽查保甲；每联内公举约正、乡长各1人，保甲之法，首在清烟户，烟户既清，又在查丁口。一堡共若干户，每10户编为一甲，甲有长，长名排头；光绪年间（1875—1908年），实行乡—联—堡制。民国二十二年（1933年），开始推行"保甲制"，编10户为一甲，10甲为一保，10保为一联保。但村有疏密，户有多寡，联保、保、甲均有大小之分，不尽相同。保设保长，甲设甲长，保成为此时村落治理的基本单元。1949年5月4日，富平县彻底解放，乡村政权在民国旧制上改乡（联保）为区，改保为乡，实行区乡制，乡下设行政村，行政村下管自然村，后又改为生产大队等，在较长一段时间内行政村和生产大队成为村庄管理的基本单元。随着村民委员会的成立，村民自治有了新的发展，进入新世纪，村民更是在自治上进行了探索，如成立村民理事会、监事会，成立农民协会等，村落治理单元和治理主体逐步向多元化和多中心化发展。

二、治理方式变迁

1949年以前，国家有法律，乡有乡规民约，族有族规，家有家法，几者共同指引和约束着南陵村村民的行为。村民知道有国家法律，但是不知道法律的具体内容，村民对法律的认识仅来自官府、保公所的宣传，村民必须守法，违法要受到制裁。南陵村内部的事情主要还是靠村民依照多年来形成的惯行实行自我治理。家族之中一般都有族规、祖训和族谱，但大多家族的祖训和族规都是记录于族谱之上，用于教育后人和约束族人行为。家庭的治理方式有口头教育、批评教导、打骂罚跪、赶出家门和送衙门等几种，但是主要是口头教育、批评教导和打骂罚跪三种。1949年以后，国家政权进入农村，经过土地改革、农业合作化进入人民公社，建立了人民公社体制，由上至下分别为人民公社、生产大队、生产队，这时候主要是国家权力进行治理，虽然生产队、生产大队具有直接民主或是间接民主的治理功能，但是自治较弱，这个时候的南陵村主要由国家政权进行治理。进入改革开放之后，农村基层的治理架构发生了改变，由"三级治理"框架变成"二级治理"框架，实行乡—村体制，乡成为国家政权的基本单位，村成为村落自治的基本单位，但是由于行政村承担了很多行政性事务，自治功能未得到体现，村落自治陷入困境。随着农民经济生活的改善和物质、精神需求的增加，出现了监事会、村民理事会、农民协会等基层自治组织，一些乡村的能人也活跃于乡村自治活动之中，村落自治水平正在悄然改变。

第八节 南陵村治理实态

目前，南陵村共有4个自然村，10个村民小组，602户村民，建立起了村民委员会、党支部、村务监督委员会等组织，形成了以党支部为领导，村委会、村务监督委员会共同献力的村庄治理架构。本节将从党支部与村治、村委会与村治、村务监督这三个方面来对南陵村当下的治理概况进行考察。

一、党支部与村治

南陵村现已成立了中国共产党南陵村总支部，有党员57人。村党支部选举实行"党员选举、两推一选"的方式，具体采用"党员选候选人"的方式进行"党内选举"。南陵村党总支主要负责向村民宣传党的政策方针，领导村民委员会开展村民自治活动，是南陵村村治中的领导力量。村干部说："党支部的作用很大，他们主要是领导作用，我们南陵怎么发展，他们有权参与决策。再者，他们要把党的方针政策向村民进行宣传，村民才会知道这些政策，才能享受到带给人民的实惠嘛。"

二、村委会与村治

1984年实行政社分设，撤销原"公社化"体制，开始建乡立镇，根据政社分设精神，改公社为乡、镇。南陵村所在公社更名为"宫里乡"，南陵村成立南陵村民委员会。现村委会有村主任、副主任、文书、会计各1名。村委会实行全体村民海选的方式进行选举，原则上具有选举权的任何村民都有权参与村委会的选举。据村民讲述，现在村委会选举都很少直接开大会了，主要是由村民小组长发放选票，村委会及村民小组长等分组到村民家中收选票，然后公开唱票。要是不一家一家地去收选票，人来一般都来不齐，都有自己的事情要忙。

村委会主要负责处理村庄的各项事务，"我们做的事情很杂，村中大事小事都要管，就连村民吵架我们都要去协调，现在的工作是越来越难做了"。

从南陵村2015年的数据来看，2015年南陵村召开村两委联席会议16次，村民代表大会4次，村民大会1次，民主评议会2次，村务公开会4次。

三、村务监督

进入21世纪，南陵村开始实行村务公开制度，定期向村民公示村庄集体财产、事务决策结果、村民享受低保等情况，主要公示在村务公开公示栏上，村务监督委员会负责具体监督事务的落实，村务监督委员会独立行使监督权，对村民会议、村民代表会议负责并报告工作，不从事具体的村务工作。

南陵村村务监督委员会的工作职责制度显示，其监督内容主要有以下几个方面：

(1) 监督村两委贯彻执行党的方针、政策以及村民会议、村民代表会议决议情况，但不得干预村级组织依法决定事项的执行。

(2) 监督村务、党务公开情况。

(3) 监督村级财务管理。

(4) 监督村级公共资产经营与管理。

(5) 监督村庄的重大事项。

(6) 监督村干部作风。

除了村务监督委员会对南陵村的村级事务进行监督外，村民也可以行使监督权。在全村设立了两个意见箱，村民可以向村两委反映村庄管理的意见和建议以及村干部作风问题等。村民也可以通过信访等途径反映、检举村庄事务中的违规行为和村干部的不良作风。

附录一

南陵村调查小记

这是我第一次参加村庄调查,也是人生中最难忘的一段经历。

参加此次村庄调查的原因很复杂,直到黄河区域村庄调查开始的时候,我才决定参加,并报了名。刚开始选择河南焦作,后被分配到陕西渭南,或许这是我和陕西的缘分。

出发时恰逢国庆假期,借此机会游玩了西安,赶在国庆收假后到达渭南。10月8日,这是开始调研的日子,来到渭南老龄办与工作人员接洽后打算选择潼关县。潼关位于关中平原东端,黄河穿境而过,历史悠久,心想会有合适的村庄。在渭南准备好后带着介绍信,独自前往潼关,并提前与潼关老龄办工作人员联系,虽然有些不顺,但最终还是约好了时间,一切看起来还算顺利。

查看地图、县志,初步筛选了一些村庄,并做了相应的准备。选村的过程只有自己,心中难免会羡慕那些有陪伴的同学。一个人第一次来到北方,还好能听懂当地的方言,能和当地人正常交流。一个村一个村地跑,一个村一个村地看,终还是没有找到合适的村庄。选村的这段日子里,吃了上顿顾不了下顿,自己也不知道晚上会住在哪,我自嘲"随遇而安"。村民的摩的成了我选村的工具,有很大的安全隐患,但也是没办法。跑完了最初筛选出来的有可能的所有村庄,西姚村最符合调研条件,但是老人的数量和质量都很担心,在向老师请示之后换了县前往富平。

富平的选村也没有那么顺利,看了所有村,还是没有比较理想的村庄。别的同学已经做了差不多半个月的调研了，可自己还没有选到点，心里难免会有些着急。要么再换县，要么在走过的村庄中选择一个相对合适的，在把各个村的情况做了比对后，选择了南陵村。村庄的形态不是很好，整个地区情况差不多，但是相对来说，老人的数量和质量还不错，和老师请示后同意在此调研，这才不用再每日奔波了。

调研点是定了，可接下来也面临了不少问题。

首先，住宿问题。希望住到村里，这样能够和村民拉近关系，也方便调研，但是最终还是没能如愿，只能住到宫里镇政府的值班室。两床救灾被，一张床，一对桌椅，住宿条件非常简单，里面安装有空调，但也成了摆设，根本派不上用场，也是这一次，我知道了北方的冬天能有多冷。镇政府的值班室有暖气，采用锅炉蒸汽供暖，供暖时间为周一至周五的上班时间，巧妙地和自己待在屋子里的时间错开了，一整个冬天我就靠着电热毯撑过来了。

其次，吃饭问题。住在镇政府，本来吃饭不是个问题，周一到周五可以在食堂吃，价钱也是非常的便宜，每餐两块钱；但是调研后才发现，因为到村里有一定的距离，所以和他们一起吃饭，便要缩减访谈时间，只能在镇上吃碗面，偶尔还能吃上一些米饭。吃惯了大米的南方人，天天吃面食有些受不了，但也不是矫情之人，自己慢慢克服，远方的她很担心，还从网上给我买了很多吃的和自热米饭。到了调研后期，对当地的饮食也已经习惯。

第三，交通问题。调研的村庄离镇政府大约四五公里，每天两个来回，大约就是20公里的路程，村里到镇里没有公交，不是很方便，如果走路至少也得一两个小时。在镇政府工作人员的帮助下，和镇政府旁边一位大姐借了自行车，这辆自行车在接下来的日子里，一直陪伴我在宫里镇镇政府和南陵村来回穿梭。那段时间最害怕的就是下雨和下雪，出行特别不方便。但遇到下雨和下雪，也不能歇着，本来选村就花了很长的时间，只能在调研中多加把劲，所以下雨、下雪天还是照旧下村，淋成落汤鸡，摔得一屁股泥，都是很正常的事情。记得下雪的那段日子，爷爷担心我路上滑不安全，还让我先暂停几天，但还是拒绝了，没有间断。

第四，洗澡问题。虽然住在镇里，洗澡却非常不方便，和镇上的一些商铺商量，和一些农户商量，给他们钱，到他们家里洗澡，嘴上是答应了，可每次约好时间去的时候却房门紧闭。没有办法，只能在调研之余，抽空到县里的澡堂洗一下，或是到县里的酒店开个钟点房洗个澡。

调研中还遇到了很多很多的困难，吃闭门羹、聊到一半被受访者家人赶出门都是常事。但庆幸的是自己没有放弃，还是一次一次地尝试，慢慢地也有了几位固定的访谈对象，调研算是进入了正轨。

整个调研很不顺利，但也遇到了很多好心人，老龄办的红姐、镇里的葛主任，给了我不少帮助，对调研工作很支持，看到一个人独自跑那么远，要待那么久，调研期间也会经常过问我的情况。这次调研，我特别感谢刘兴汉爷爷一家子，对于我每天准时的打扰没有厌烦，对我的调研十分支持。爷爷今年90岁，是村中的"明白老人"，社会阅历丰富，有文化，调研的大部分内容也是来自每天和爷爷的访谈，上午两个小时左右，下午一个多小时，只要爷爷有空，每天都是如此。调研下来，我成了爷爷家里的熟人，结束之际还参加了爷爷的90大寿。如果说之前的所有不顺都是为了积攒运气，遇到爷爷他们一家子，就是这次调研最大的幸事。

10月初到12月底，调研的时间很长，收获也很大。此次调研也只是结束了阶段性的任务，后面能否将调研转化成文字成果，还有很长的路要走。

习总书记的青春有"七年知青岁月"，我的青春有仨月南陵村调，感谢所有的帮忙，感恩所有的遇见，愿远方的你们一切安好！

附录二

南陵村调查日记（节选）

（一）联系

2016年10月8日　星期六　晴

太阳，照走了北方秋天的寒意，满怀期待地开始了自己的村调之旅。

自己住的地方离民政局大约7公里，便打车来到了民政局，门口吃了一碗刀削面，准备好公函和介绍，心里想了一遍等会儿见到了老龄办领导该怎么介绍。两点，看到有人已经开始来上班了，上前询问了市老龄委是不是在这里，结果被告知民政局也是刚搬过来，老龄委还在市政府便民服务中心。只好又打个车到了便民服务中心，饶了两圈才找到了老龄办的窗口，在拐角处，很不起眼。说明来意之后，询问到了老龄办领导的办公场所，顾不上休息，提着笨重的行李箱直接去了领导办公室。不巧的是主任出去了，并不在，是办公室的一位科长小哥接待了我，查看了公函和介绍信之后和副主任汇报了这个事情，便给我开了去潼关县老龄办的介绍信。但一切总是那么不尽人意，电话联系了那边的老龄办主任，对方告诉我说明天是重阳节，他们要出去开展慰问活动，让我后天再过去。觉得无奈，但是也没有办法，毕竟是之前没有做好功课，挑了在重阳节过来，重阳节在这边很受重视。

离开老龄办，犹豫了一会儿儿还是打车到了车站，买了票便奔向了潼关。到了潼关，先在美团上看了酒店，都不是很合适，就直接在附近找了一家快捷酒店，价格不便宜（在一般的小县城，标间一晚上大概就是50—80元，可这里却要100多），条件还不是很好，开了快半个小时才有热水，没有电视，空调只能当作通风工具，没有办法也只能将就住下。稍作整理之后，便开始准备剑客小组每周六的例会了。

2016年10月9日　星期天　雨

计划好的今天自己去周边看看当地的村庄，可一起床发现下了很大的雨，只能待在宾馆里查看资料和看地图，把尽可能平、尽可能大、尽可能符合条件的村庄一个一个在地图上找出来，然后去搜索关于它过去的介绍，最后初步定下来寺角营村、西姚村、南歇马村三个村庄，还有一个代字营村，但是乡镇府所在地，就先不考虑了。快下班的时候联系了县老龄办的冯主任，问他明天上午是否方便，如果方便我过去拜访他，但他回复说等他联系我，又是一个等待。

饭后自己跟着地图走到了老龄办，又在周边转了转，和当地的群众聊了聊潼关的情况，算是对潼关的一个印象。溜达一会儿之后又回到了宾馆，准备好好休息一晚，过去的一个多月很累。

（二）选村

2016年10月10日　星期一　阴

7：45的闹铃响了，起床洗漱等待冯主任的电话，心里做好了9：30还不联系我就直接到单位去拜访的准备。在快到9点的时候收到了冯主任的短信，"如果方便来我办"。虽然才有几个字，但是也还是有些激动，有些期许，盼望着自己能早点定下村。

到了地图上的老龄办，一打听同样是搬走了，还好只是西移了100米，辗转到了主任办公室。出示证件和函件，经过简单交流，对方也明白了自己此次的目的，便叫了综合股股长接待我。经过交流，他们给我介绍了桐峪社区，一听是社区，我心里就开始质疑。对方告诉我说桐峪社区是三个村合并而来的，人口还是比较多的，那边也很配合他们的工作，说是我下来之后在那边有什么问题他们都能更方便地为我解决，还帮我安排好了吃住，就觉得我能在这里定下点。让我住在养老院，和社区同一个灶吃饭。

在郭股长用他的摩托车送我去车站的时候，得知他家是寺角营村的，今天刚好要回家种小麦，我就向他提出了一起去寺角营村的要求，对方也是欣然答应了。在他家吃过午饭后我们就来到了寺角营村，他去种小麦，我自己在村里转悠，主动和村民聊天，后得知以下情况：

寺角营村

简介：寺角营村位于秦东镇南台塬上，距潼关县城15公里，古秦驰道横穿而过，汉唐古城遗址坐落村北。全村面积 9.1 平方公里，农业用地 10 900 余亩，其中平地 7 800 余亩，其余为沟坡地，下辖杨家庄、寺角营、荒移三个自然村，18 个村民小组，三个党支部，1 266 户 5 180 人。主要种植小麦、玉米等作物。近年来，积极发展畜牧、花椒、核桃、油料牡丹、软籽石榴等产业。

老人情况： 全村 80 岁以上的老人并不多，"明白人"更少，村民口中得知的"明白人"就只有一位，党中全，党员，1935 年生，参加过抗美援朝，荣立战功。另外，90 岁以上没有一位男性，仅有三位女性上了寺角营村的"寿星榜"，但这三位一位搬到了潼关县城居住，一位到了西安居住，另一位虽还在村里，身体已经不太好，正常交流都有些困难。

经济状况： 寺角营村被列为贫困村，有贫苦户 104 户 287 人。在解放以前村中的经济也不太好，没有集镇，村民主要就是靠种植为生，当时要赶集要不就是到太要镇，要不就是渡过黄河去山西，或者是到西安等远地方。

经过简单的了解，心里已经否定了这个村。郭股长种完小麦之后，开车载我到了公路边，我又等了公交车去了桐峪社区。越接近桐峪镇，越感到担忧，因为已经不再是平原，连塬都不是了，已经属于山地了。但还是自己到了这边，经过询问找到养老院，电话联系了养老院的王院长，之后安排我住进了养老院里，并和王院长进行了一个小时左右的交流。王院长今年 62 岁，没上过学，1976 年参军，现在是桐峪社区的老年人协会会长、养老院院长、音乐协会会长等，是一位能说会道，还有才艺的老人，组织申报了该村的世界非物质文化遗产"魔女舞"。王院长是一位艺人，自然也认识了一些老龄艺人，如果我有需要可以介绍给我认识。经过了解，桐峪社区有 11 个自然村，最大的村人口也不过两三百人，但是各个自然村住得相对集中，整个社区 80 岁以上的老人 18 位，身体都相对较好，正常交流没有问题，85—88 岁之间的老人有四五位，没有 90 岁以上的老人。关于明白人，王院长给我说了一位，是一位文化人，今年 80 多，身体还好，改革开放以前还到北京参加过人民代表大会。王院长也坦言，村中没有保长，但是王院长人际关系比较好，表示可以带我到镇里甚至县里找老人，他还是认识一些"明白人"的。

明天刚好村里的大学生村官要离开桐峪社区，之前的六年这个大学生村官都住在养老院，所以王院长今晚安排了晚餐，一是为她送别，二是为我接风。感到很荣幸，算是选点不乐观的情况下的一点安慰吧。

经过今天的选点，自己感觉还是有一些困难。

一是潼关本是渭南市人口最少的县，人口大约17万，想找到特别大的村很难，想找到符合条件的大村更是难上加难。

二是潼关处于关中平原的最东端，地势不是很平坦，还是有很大一部分属于山地或丘陵。

三是潼关虽然文化底蕴丰厚，但是三门峡水库让古城迁址，古建筑受影响很大，黄河边上文化底蕴丰厚的村庄几乎都搬迁了。

四是解放前潼关集镇较少，以前的集镇现在一般都为乡镇政府所在地，要想找一个离集镇近的符合条件的村庄很难。

五是高龄老人不多，"明白老人"更少，还有不少都是随子女搬走了，并不在村里居住，想找到老人不容易。

虽然选点没有那么理想，计划明天上午再深入了解一下桐峪社区的情况，然后打算去太要镇看看。太要镇位于县城东南13公里处，属潼关重镇之一，地势南高北低，呈阶梯状，由南向北分山地、残塬沟壑和河道三种地貌类型，东与河南省灵宝市豫灵镇接壤，南与本省商洛市洛南县为邻。镇区原为湖泽之地，名曰太湖，太要之名取自太湖畔要地之意，自古沿用至今，为潼关老集镇之最，是县城东片的政治、经济、文化、物资交流中心，素有"秦东不夜城"的美称，希望在那里会有满意的收获。

今晚落宿养老院，又是一个不一样的夜晚。

2016年10月11日　星期二　霾

山上的小镇，一大早就被笼罩在霾下，也不知道是晴天还是阴天。

7点的闹铃，不敢多睡一会儿，赶快起来简单洗漱后去吃早餐，不然就没有吃的了。早餐过后，便开始将今天的计划付诸实践。但是计划赶不上变化，该去的上善村没去成，该找的老人没有找到，让县里帮忙联系了太要镇，给的回复是这两天比较忙，让我后天再过去。无奈过后调研还是得继续。上午继续在桐峪社区了解情况，下午自己叫了一个摩的去了南歇马村、欧家城村、西姚村。本来是去西太渡村，但是摩的师傅是南歇马村的人，就直接去了南歇马村，5块的车费也随之变成了10元。但是2015年小村并大村之后南歇马村、南巡村、欧家城村三个村合并为欧家城村，所以后面还去了欧家城村（村委会驻地），和村委会干部说明了来意，给他们看了文件之后，大概地了解了村里老人的情况。随后师傅问我还要不要去西姚村。心中有些焦急的我就想着好不容易出来了就去看看吧。然后他说加10元钱，我想着30就30吧，只要能有收获，值了，就说"好"，然后就去了。再回来之后我给他钱的时候，给了他50，他说正好,然后收下钱骑上车就走了。感觉自己被坑了,默默站在冷风中凌乱。下面就将今天了解的村庄进行梳理。

桐峪社区(续)

桐峪社区所在地是马口村,也是一个很大的自然村,村庄历史文化底蕴不是很丰厚。大约是洪武三年的时候为了逃荒,从河南逃到这定居,然后才有马口村,解放前村里大概有十八九户人家,没有地主富农,有三家上中农,分别是乔家、党家、姚家,每家有五六十亩土地,其余的人家只有七八亩。解放前这一带有两个人当过保长,叫郭金龙和罗何李,但是现在都已经不在了。村庄现在文化广场处以前本是一个沟壑,解放前一边为党家,一边为乔家,上面搭了一个桥,当时对这个桥很感兴趣,很想围绕这个桥来问一些东西。县里给我推介了这个地方主要是因为这里现在发展得好,这里的干部比较配合县里的工作,因为有养老院,还能安排我的吃住,但是经过了解真的不符合调研的条件。村庄下面有金矿,八几年开始开采,所以这里有很多河南人,从县志47年和87年的人口统计来看,这里人口增长比较大,初步访谈也了解到多为移民。村长在山脚,前面的土地也不是很平坦,离集镇较远,历史文化底蕴也不丰厚,所以基本上算是排除了。

南歇马村

南歇马村有2 000多人,据村民介绍80岁以上的老人并不多,明白老人更是不清楚。但是从平原、种小麦、集中居住来看还是蛮符合的,也有一定的历史文化底蕴,在县志里也看到有关于该村的记载,所以可以等到后天去镇里查看一下80岁以上老人的名单,如果老人数量和质量有保障可以做初步了解。但是该村离集镇不是很近。

欧家城村

欧家城村离南歇马村很近,从直觉上来说大概1—2公里,该村的地理条件和南歇马村很相似,有3 400多人口,80岁以上的老人有20多位,但是明白老人就只有一位,曾经当过村支书。老人的具体情况还有待进一步了解。

西姚村

概况:西姚村是潼关县最大的村庄,地处潼关县东塬(古称黄天塬),与河南省灵宝市豫灵镇宋村、古东村为邻,西与本镇川城子村相连,南有南沟,与本镇坡头寨、代字营村相连,北与本镇南头、下北头、西马、下东里、东马等村隔沟相望,总面积7 000多亩,耕地面积4 545亩,是典型的旱塬农业地区。全村有人口3 080人,650户,12个村民小组,分为两个自然村,其中1—11村民小组为一个自然村,12村民小组为一个自然村。

地形：人说西姚"北是沟，南是沟，往东下塬坡路陡，只有朝西是平路"。

历史：自明代大量移民迁入后，人口散布全境。据西姚老人口口相传，西姚是明朝洪武年间（公元1368—1398年）从山西洪洞县大槐树下迁来的，距今已经600多年了。大凡村庄的名称有姓氏含义，一般都与该村多数人口的姓氏有关，但是西姚村赵姓人口占大多数，村民却与赵姓无关。究其根源，有两个传说，根据两个传说，西姚村的村名与姚子头村有关，按字义西姚村位于姚子头村之西的说法较为符合史实。（两个传说待后续整理）

老人：该村80岁以上的老人也不下20位，以前这里有地主、富农、乡卫保长，但是不知还在不在，需要进一步了解。巧的是今天遇到了保长的后人，他的父亲毕业于黄埔军校，当时还是潼关县的大人物，他虽然是1948年生的，但是对于过去的历史记得特别清楚。据了解村里还有一位"明白人"，是村里负责写家谱的人，由于时间原因，今天没有去拜访。

经过今天自己走马观花的了解，西姚村目前是比较接近调研条件的村庄，唯一遗憾的是西姚村在解放前没有集镇，也离集镇很远。

今天虽然坐车被坑、天黑坐过站等等，但是也算有些收获，期待越来越多的惊喜。

2016年10月12日　星期三　晴

"咚咚咚"，闹铃没响，敲门声倒是先响了。开门一看，是王院长，我还没有反应过来，他就告诉我，今天省上的人要来检查，让我等会儿要把行李收好，不能再放在这了，计划去的上山村也不能去了，然后我就顺势说了没事，正好我今天打算去西姚村。随后立刻起床洗漱，收拾好东西，吃过早餐在院长办公室等他，和他道别。但是等了一个小时还是没有等到，只能让他们代为转告，短信向社区干部道别并表示了谢意。自己拖着行李又开始了一天的奔波。不知道该怎么走，只能一边走一边看地图，等到了车问了路便上了车，随车到了去代字营乡的路口，路上还让县里给乡里打了电话。到了路口还有大约一公里才到政府，没车只能拖着行李一直走，到了政府门口电话联系了镇里的负责人，他和我对接上之后就把我交给了另外一位工作人员，让我有什么事和他说，对方就拿着钥匙想带我去村里。我看情况不妙，便厚着脸皮让他们给了我一份该镇老年人的名单。负责带我进村的工作人员脸上没有任何笑容，一副要不是上级安排决不会有此行的样子。开着车带着我去了西埝村，到了之后我很诧异，一问才知道是他们上面沟通出了问题。当我提出要去的是西姚村的时候，对方说这个他得向上面请示一下，便等他请示了之后就去了西姚村。到了村里，村干部都是川城子村的人，不熟悉西姚村的情况（2015年川城子村与西姚村合并为一个村）。看对方想回去，我就提出了去找村里有文化的老人看看的要求，对方难为情地答应了。带着我走了两家，都没有人在家，便告诉我其余的人都不会懂的，然后就要带着我回去，我看没有办法就只能回去了。到了镇政府，把我丢在那里，然后什么话都不说，很尴尬。过了一两分钟我又去问那下午能否去万家岭村。对方回答说那村有人去世了，不方便去，我哪天再过来再带我去，今天就先这样，我的行李在隔壁，门没锁，我直接去拿就好。很无奈，但是还是道了谢，之后自己离开。又是拖着行李走了一公里路才到了国道上，代字营镇上没有看到吃的，也没有看到旅社，就只能坐车回到太要镇落脚。可能是因为太要镇自古就是重镇，经济较为发达，所以该镇镇上的经济繁荣度要比去过的几个乡镇都要好。找到了住的地方，一天100元，觉得好贵，但也只能住下。吃过午饭后觉得不甘心，又自己坐车、打摩的，再一次单枪匹马入了西姚村。经过路上的交流，摩的司机给我指了去找人的道。沿着道遇到了好心的阿姨，她带我去找村中的文化人，先是去找一位老校长，但是关着门，没寻到，又带我找到了一位村干部。做了简单的自我介绍，说明了来意之后，老人帮我确认了80岁以上老人中的相对明白老人。情况不乐观，只有6位明白老人，一人住县城，两人是解放之后搬迁过来的，所以就只剩下了3位80岁以上的明白老人，都是曾经的大队干部，还有一位是当过兵的。另外老人给我介绍了一位村中的明白人赵雪明，虽然没到80岁，但是对于村庄的过去知道得特别清楚，他还负责村中40个姓氏的家谱修订工作，与刚才寻得的那位老人一起负责村庄文化广场上文化墙的文字板块。经过试调查，老人对村庄的历史和过去的事情都知道得很清楚，但是因为年纪不到80岁，所以有的细节还是会有些担心，即便他是村中的"百事通"。通过一个小时的交流，对西姚村有了更详细的了解。

西姚村（续）

历史（据老人口述）：西姚村原来住着姚姓，在洪武末年，赵姓到此，双方互换了村庄，赵姓居住于西姚村，姚姓去了河南赵姓的村庄。咸丰年间村里有340户1430口人。同治初年，主要为四大家八小家，当时村庄的土地为5000多亩，但是四大家就占了2000多亩，那个时候贫富差距是最大的。同治年间的时候还建了城墙，把村子围了起来，城墙起土3米，墙高6米，共9米，有3道大门，毁于1938年日本人的飞机轰炸（那个时候西姚村驻扎着一个炮兵营）。1945年前西姚村属于河南省卫乡县，1945

年5月1日卫潼划界，才划归潼关县，属于潼关县金陵乡，整个村分为东保和西保，东保下有4个甲，西保下有3个甲。这时村子共260户约900人。现在有40个姓3 080人，其中赵姓就占了约1 600人。

社会形态：西姚村解放前有12个祠堂，孙、王两个牌坊，还有孔庙、关帝庙、龙王庙、魁星庙、吕祖庙、菩萨庙、西岳庙、三星菩萨（庙）、韦陀寺、海潮庵。所以解放前庙会很多。但是问到村庄解放前的组织时，老人说没有什么组织。为此我也从侧面去问了一下，比如当时建了城墙修了城门，有人守城门吗？谁来守？有无报酬？谁来组织？通过这些问题，我觉得还是能挖掘出一些组织来。

经济形态：解放前村庄里没有集镇，赶集要到太要镇或是河南的卫乡县，大约都是一个多两个小时的路程，村中仅有两家杂货铺，没有茶馆等场所。此时大户人家也开始衰落，没有特别有钱的人家。

老人情况：村中有两户地主，但是地主、保长都已经去世，其子女也都去世，只有孙子辈健在，年龄都是60多岁。90岁以上老人3位，但是并不在明白人之列，80岁以上老人26位，经过筛选，适合进行访谈的明白老人3位。另外有一位75岁的修谱人、大队干部、村庄历史"百事通"，记忆力很好，也记得很清楚，懂得很多，无论是村中的历史还是过去的事情，所以一些专题也可以作为访谈对象。

独特文化：西姚芯子是西姚村独特的文化，一直保留到现在，只是以前经常发芯，现在几年才发一次。

经过今天的了解，把西姚村作为调查村庄还是很不理想，明天去古潼关重镇，过去的政治、经济、文化、物资中心的太要镇，期待这里能找到理想的村庄。

2016年10月13日　星期四　晴转阴

这是满怀期待的一天，因为之前已经联系好了太要镇民政办主任。另外这也是最有希望的一个镇，在解放以前经济相对发达，老潼关的唯一集镇就在这里。所以一早就起来了，为了安心还给民政办主任发了信息，收到他的回复后更加期待了。一切都准备好了之后退了宾馆提着行李跟着百度导航去镇政府，但是到了政府之后一问说是已经搬走了，我也记不清这是第几次跟着导航没有找到地方了。到了之后主任还是很热情地询问了我需要什么帮助，简单交流之后，他开着车带我去了我提出的老虎城村。去了之后见到了村主任，我提出要找老人了解情况的时候，主任说他今天就先带我来认识一下人，以后有什么事我们就可以自己联系了。随后又带我去了欧家城村，这个村之前自己去过，所以也算是有些熟悉，也认识里面的两位村干部。很不巧的是今天副县长去欧家城村检查工作，村委会也很忙，所以只能返回镇里。到了镇里之后，他带我去拜访了一位老人，是现在太要镇老年人协会的会长，还是镇政协委员。老人家今年77岁，据主任介绍他知道整个镇的大体情况，也了解老人的情况，但是由于时间关系，没有很好地交流，只是说明了来意和目的之后互留了号码就离开了。回到镇里因为需要打印材料，他把我放在办公室，然后让我自己打印，说是墙上有各个村委会的联系方式，下午就不陪我去了，我要去哪里到了给他打电话，他和村干部打招呼，等会儿打印好了把门关上就好了。最后一个镇，更坚定了选村只能靠自己的信念。

  吃过午饭，稍作休息，到街上叫了一辆摩的，打算去西堡障村看看情况。但是在去的路上和摩的师傅聊起了周围村庄的情况，原来西堡障村也是由很多个自然村组成的村，幸运的是摩的师傅是隔壁李家村的，家中老父亲今年92岁，在我的请求下，热心的摩的师傅把我带到了家中。到了家门口，老父亲和一大帮人都坐在门口聊天，我便迎上前去打招呼，并将准备好的烟拿出来传给大家。随后和老爷爷聊了半个小时左右。首先聊了李家村的情况，了解到周边的这些村子都不是很大，老人的数量也很有限，不具备调研的条件，便通过询问太要周边最大的地主等来了解周围的村庄，最后得知了两个村庄值得去看一看。首先是万仓，这是一个自然村，属于太要村，解放前有60多户人家，当时太要周围最富裕的村庄，有三四位地主，还比较有名，村中出了一两位名人，至于名字也说了我没有听懂。第二个就是上善村，上善村在解放前比较有名，当时周围最大的地主就在上善村，解放战争的时候在这里还有一场战争，另外听说这个村长寿的老人多一些。这一听心中又燃起了希望，明天就去探访这两个村，希望能把村定下来，要不然真的就是要考虑换县了，这一天天的好折腾。

2016年10月14日　星期五　霾

  今天是周五，时间有些紧迫，计划中今天要走三个村。

  这几天的生活方式几乎都是一样的，起床—洗漱—吃早餐—坐车—看村—交谈—坐车看村—再坐车，每天都觉得很疲倦。今早最先去的上善村，上善村是当时以太要这一集镇为中心，周围最大的地主所在的村庄。我还是先到村部，和村里的干部说明来意，打一声招呼后再自己下村，但今早来的上善村只有一位村委委员在，并没有拿到整个村的老年人名单，也没有问到自己想要的信息。我到村部的时候大概是9：15，很多办公室的门都是关着的，这种"不按时"上班的现象在这几天的找村过程中经常遇到，不只是村委会，就连乡镇也是这样的。在村部没有收获，我就直接去了上善村的老年人协会，因为之前有和对方打过电话，所以对方在看了我的公函和证件之后还是热心地帮助了我。不仅给了我一份80岁以上老人的名单，还帮我选出了里面有文化或是担任过干部的人，随后还带我去走访了两个爷爷，对这个村的情况做了一个初步的了解。结束之后已经是11点，在村里是吃饭的时间了，便和会长道了别，然后自己又独自在村里转了转，想找一些有价值的信息，结果并没有太大的收获，便又走到李家村坐车回镇里吃饭。

回来之后稍微查了一下地图，接着去吃饭，饭后没有回来休息就直接叫了摩的去了万仓村。据老人说万仓在解放前是富人最多的村庄，但是经过了解，这里的情况依旧很糟糕，80岁以上的老人大概有10位，但是没有一位男性。也跟几个女性老人进行了交流，也死了在这个离集镇最近，据说最富有的村庄进行调研的心。和帮助了我的村民道谢之后，急忙电话叫了一位摩的师傅来村里接我，并把我直接送到欧家城村。到了村委会，我让摩的师傅先走，自己便进去寻刘主任（村民监事会主任，之前来过该村两次，和他也算是半个熟人）。可一切都是那么的不巧，刘主任不在。自己本打算在村里走走看看，但是出来之后看了看村民住得不是很集中，虽然是一个自然村，但是并不像西姚村那样集中，想找个老人问问情况，走了很久，却觉得像个鬼城，没有遇到一个人。走了大概一公里多，感觉今天也特别累，就没打算去接着找人，一直走到国道上等车回镇里了。

善车口村

上善村由善车口、李家村、杨家村三个自然村组成，李家村和善车口村挨得很近。今早去的是善车口村，善车口村解放前属于李家乡第三保，下面有5个甲，分6个队，约100户，500余人，现有约300户，1 750人。这个村有80岁以上老人46人，男性19人。其中有文化或担任干部的有4人，为刘兴汉（84岁，退休干部，初步访谈后觉得老人身体受不了长时间的访谈，说话也不是很能听清楚，嗓子像是在战争中受伤一般）、张成连（80岁，参过军，退伍回来后担任民兵连长）、井彦林（85岁，公社共青团干事）、黄瑞龙（81岁，曾任民政局副局长、组织部副部长、太灵初中校长），还有一位93岁老人，虽然没有文化，但是身体还好，记忆力也还清晰，可以进行访谈。另外，村中还有一位76岁的教书先生，还有一位村史修订者刘忠，也是70多岁，但是居住在县城。村长在明代时为了防匪患修了4道城墙，现在还保留3座城门。村子背靠大山，前面为塬，但也不像西姚村那么平坦。村中现在主要种植核桃和花椒等经济作物，种植面积占了耕地的一半。

善车口村土改的时候划了9个地主，没有富农，他们家几乎占了村中一半的土地。但是村中的租佃关系不是很丰富，因为土地多石头，很多农户都是自己种自己吃。当时最大的地主叫作刘继贤，但是解放之前办了上善口小学，还为村里修了路，属于开明人士，并未受到批斗，其有六子，现在第五个儿子还在，今年75岁。该村离古集镇太要2公里，每逢二、五、八到这里赶集，离河南"董社"（音近词）集镇也不远，一、四、七到董社赶集。1947年在善车口村有一场大的战役，打了十多天，关于战役村中都有介绍，还修了英雄纪念碑和广场。

善车口村现在正开始开发乡村旅游，道路建设正在进行，在村口建起了景观池。

现在几乎把村子都走了一遍，觉得西姚村最符合调研的条件，但是老人的数量很让人担心，特别是高龄老人，虽然村中有一位"百事通"，但是在治理和经济部分还是很让人担心的。善车口村，老人的条件也不是很理想，上面的五位老人中，有三位还没有进行访谈，试访谈的两位有一位身体不太适合，另外一位的儿媳妇不是很赞同，另外这边的地形不是很平坦。所以现在很纠结，不换县吧，又怕挖不深，换县也很麻烦，又得把所有的程序都走一遍，联系就是一件麻烦的事情。看着大家都陆陆续续定下了村，看到大家选村都很简单，一选就中，再想到明天又是周末了，心中难免有些惆怅。加油吧，少年，自己选择的路，首先得让自己看得起自己。

2016年10月15日　星期六　霾

向老师请示选村状况之后，老师回复"两个村庄各有特色"。这让我犯了难，我并不知道是可以调查还是要换县。

过去一周的奔波感觉好疲倦，趁着周末赖了一会儿床，起床后看了看资料，同时把两个村的老人重新梳理了一遍，争取不放过任何一位可以访谈的老人。饭后给西姚村之前联系过的爷爷打电话，打了两个还是没有打通，但是为了了解清楚村庄老人能否进行访谈，只好贸然前往。依旧是老办法，打村中人的摩的，并请其带路，哪怕是多几块钱。经过了解，西姚村的概况如下：

西姚村

简介：西姚村是潼关县最大的村庄，地处潼关县东塬（古称黄天塬），距今有600多年的历史，"北是沟，南是沟，往东下塬坡路陡，只有朝西是平路"，总面积7 000多亩，耕地面积4 545亩，是典型的旱塬农业地区。国民党时期该村为金陡乡下的两个保

（老人说是东保和西保，东保下有四个甲，西保下有三个甲），后合为一个保，为金陡乡第四保。自明代大量移民迁入后，人口散布全境。康乾盛世时村中有"七大家八小家二十四个匀和家"，1 300余人，到解放前减少到900多人，现全村有3 080人，650户。

公共性：一街两门三十巷，一台九庙十二堂，一潭九碾十八井，砖雕石刻两牌坊，东有韦陀寺，西有海潮庵。

市场：村中无集镇，每逢二、五、八可到太要（今太要镇，距离7公里）赶集，一、四、七到河南董社赶集，也约为7公里。村中仅有两个杂货铺。

职业：村中几乎什么职业都有，且一泥土匠技艺超群，很有名气。

"赛会"：村庄会很多，全村分成五大社，五大社会一起"赛会"（如"赛关公""赛龙王"），也会单独"赛会"（如"赛西姚"），还会一两个社联合"赛会"（如"赛岳王"）。

独特文化：西姚芯子，距今三四百年的历史。

老人：该村80岁以上的老人29位，有文化和担任过干部可进行访谈的明白人3位（赵改印80岁，生产队长；赵随劳81岁，生产队长；姚乾州86岁，退休干部，住县城），可协助访谈老人3位（81岁，86岁，92岁女）。另有较年轻的老人两位（赵雪明，76岁，曾任支书，村中"百事通"，负责村史及全村40个姓的家谱修订工作；赵仲启，75岁，教书先生，曾是西姚完小的校长，对村中的事情较为了解）。

缺点：一是老人较少，且年纪不大，特别是明白人的年纪不大。二是租佃关系不是很丰富，土改的时候仅划了2家地主（一户上门女婿，一户手艺人），均为小地主，4家富农。地主、乡卫保长的后人均去世，只有孙子辈，现在都是60多岁。

通过这些天的实地调查，也对潼关的村庄有了一些了解，综合来看西姚村的状况最贴近调研的条件，但是也存在一些困难，和老师汇报后老师回复可以考虑换县。下周又得走一遍程序，接着继续奔波了。祝福自己，也祝福远方的她！

（三）选村不顺再换县

2016年10月16日　星期天　晴

今天决定换县，心中对西姚村还是有些不舍，不知道还会不会回来，没有一一道别，只是和县老龄办的郭大哥道了别。

坐车，换车，再坐车。潼关到渭南坐大巴需要两个多小时，火车只需要一个小时，所以选择了后者。破旧的车站，拥挤的人群，在渭南市人口最少的小县城为何如此大的人流量，难道因为是"金城"？

回到市里，洗了最近穿的脏衣服，洗好之后已经是下午6点半，出门找了一家能吃米饭的地方，来犒劳初来北方的南方人。

2016年10月17日　　星期一　晴

阳光，蓝天，难得的好天气，一大早起来就赶去市老龄办，就想着早点弄好早点过去，能争取一天的时间是一天。来到市老龄办，把在潼关的情况和对方说清楚，并提出了换县选点的要求。但是今天是第三个全国精准扶贫日，领导在开会，没有办法请示，叫我下午再过去。一天的计划就这样被打乱了，但是又不能急，只能回去收拾行李，等到中午退了房拿着行李直接去市老龄办。也正是这样，把洗漱用品都落在了酒店。

在市里开了介绍信，向对方要了富平县老龄办的联系方式，和市里负责领导打了招呼道了别就前往富平县了。想着要是能早一点到，今天下午还能去县老龄办对接，那就好了。但是到了车站发现离发车最近的车次已经是下午4点，到了估计是5点多了。感觉今天下午是不能对接了，便电话和对方联系，约好了下班之前不能赶到就明天上午前往拜访。

到了县里已经是5点半，来到民政局附近，找了个地方落脚，稍作休息出门吃了点东西，晚上浏览了富平县的相关资料，期待新地方能够顺利。

2016年10月18日　　星期二　晴

睁开眼，一片漆黑，就像宿舍断电的感觉。没有管太多，用手机的电筒照亮了屋子，担心迟到，怕又浪费一上午时间。定不下下村的日子，每天都在烧钱。

来到民政局，整个区域都停电，拿不到县里80岁以上老年人的名单。但是红姐（因为领导马上退休，市里联系的是红姐，因为名字中有红字，别人叫她红姐）还是很热情地接待了我，和领导汇报了情况，之后便开始帮忙选村，又是给乡镇打电话，又是问自己的朋友，很热情，很负责，很令人感动。上午是红姐叫了局里的车，带我去了习仲勋的家乡淡村镇。下午因为局里领导要下去慰问，没有车，红姐给村里打了电话之后我就自己下村了。下去一共走了三个村子，有些急，但也很累。今天算是了解了四个村子，但都不理想。

盘龙村

盘龙村是淡村镇最大的村庄，听说有 5 000 人左右，当时觉得很兴奋，在潼关最大的村子就数西姚村了，也只有 3 080 人，再一看地图，有石川河经过，不远的地方还有著名的红旗渠，总感觉就要能定村了。但是来到村里发现，这里的农户住得并不是很集中，沿着 222 国道两侧分布，且两侧也住得不集中，所以见到的时候在心里已经排除了它。但是有幸见到了习仲勋的"老表"兰文友，生于 1940 年的他虽然对解放前的事情知道得不是很多，但是很热心，帮我介绍了村里的地主爷爷，还带我去找他。刘地主，82 岁，大伯是县长，二伯是县委组织委员，完小毕业后本来是让他回来当校长，但是大伯不同意，因为那个时候的世道乱，所以就回家种田。刚开始的时候只是买了三四十亩土地，一年之后就增加到了 200 亩，所以土改的时候就被划为了地主。对于解放前的生活，老人家也记得不是很清楚了。盘龙村解放前属于仁礼乡第十三保，以刘地主住的自然村来说解放前只有 40 口人。所以果断放弃了这个村。

顺阳村

从下午从民政局拿到的名单来看，顺阳村 80 岁以上男性老人有 19 位，年龄偏大，比较有希望。但是了解后知道，顺阳村解放前有 400 多人，现在有 588 户 2 400 人，但是住得并不是那么集中，又因为是从山东移民过来的，到现在才有 100 多年的历史。经确认，19 人中有 9 人能进行访谈。也走访了 82 岁的老支书了解情况，但是不理想，便立刻转移至怀阳村。

怀阳村

怀阳村占地 24 平方公里，耕地 3 300 亩，居住人口 2 300 人。公元前 180 年这里就被划为怀德郡（县），顺阳河西畔更是嫔妃游玩的去处，拥有悠久的历史，甚至古城墙现在都还能看到一些残骸。但该村 11 位 80 岁以上的男性老人中仅两位可以访谈，所以也只能放弃。

双义村

初到双义村，听村主任和书记介绍村庄，得知村庄和顺阳村情况类似，他们都是"山东庄子"，都是山东的移民，来到这里历史也不长，且能访谈的老人较少，便在心里放弃了。和村干部聊了一会儿天，顺便打听了周围乡镇的情况，但是因为都是移民，所以不是很清楚。

今天的情况不是很乐观，富平虽然是人口大县，但是也有很多移民村，这也为选村增加了难度。今晚也根据县里给的老人名单初步筛选了一些 80 岁以上男性老人较多的村庄，准备进行进一步筛选。

2016年10月19日　星期三　晴转霾

时间一天一天地过去，情况一天比一天糟。毫无疑问，自己已经成为"黄河区域"村调选点困难户，选村也进入了瓶颈期。

上午，起床，重复昨日的事情，后在红姐的带领下去了薛镇宏化村和韩村。宏化村，下辖9个村民小组，人口4 800余人，耕地8 300亩，种植果树1 300余亩，80岁以上男性老人24位。从了解的情况来看，能进行访谈的老人有11位，明白老人有3位，这些老人中也有地主，老人的情况还是比较理想的。但是实地查看后发现宏化村住得不是那么集中，虽然挨着，但是解放前是五个自然村，五个自然村沿公路两旁建，公路的存在对传统文化的冲击还是比较大的。该村有地主9户，解放前最大的自然村要数前任村，大约有1 000人，现在有1 400余人，但是村庄被公路分成两半，从村庄的自然形态上来看还是不太理想。接着又去了韩村，韩村虽然离镇政府比较近，但是据说是因为书记和主任不和，村庄的面貌还是"脏乱差"，给人的感觉特别穷。去到村部，村干部的行为举止也让我有所感触。走了20多个村委会了吧，发现村庄的发展程度和村干部有很大的关系，村庄建设得越好的村，村干部越让人舒服。经过简单的了解，否定了韩村，剩下的时间不够前往底店村，便驱车回局里。

这段时间的低效率，使我不得不停下来思考和寻找。下午没有急着下村，去了县志办，但是工作人员说县志是20年修一次，修志的时候有专门的修志团队，乡镇的情况也是乡镇报上来，他们并不清楚。一无所获，回到老龄办，想到了文化馆的老馆长（别人随口说的一句话，让我记住了他），决定前去拜访，希望得到一些帮助，多方努力后遂如愿。李问圃，副研究馆员，原文化馆馆长，70岁，《频阳吟草》副主编，《老富平·村镇》作者（已完稿），富平诗联协会副主席，2010年被评为"联坛十杰"，楹联高手，退休前是语文老师，一生爱文学，和蔼可亲，特别慈祥。我们聊得很投缘，他不仅给我推荐了几个有历史的村落，还留我在家吃便饭（我去得晚，所以只吃了便饭），临走时还特地给了我"特产"——老伴做的馍，让我路上吃，别饿着。把我带去的水果分成两份，我们一人一半，他说吃不完，最后留了我的联系方式，让我来富平就到家里。他夫人也说让我把那当自己家，来了就到家里，不要在外面吃饭了，学生也不容易，下次要给我做米饭，要给我做鱼。一个人来到这，一个人都不认识，却也有这样的感动，愿好人一生平安！

简单查询了李老师推荐的村庄，大牛村（当地人说法，正式村名为"牛村"）、卧龙村和石桥村80岁以上男性老人都在10人左右，决定明天去查看。选村真的是有些累了，愿成功。

2016 年 10 月 20 日　星期四　晴转霾

最近一直在奔波，早上感觉有些起不来，好累，但又不得不继续努力，明天一过又是周末了。选村的情况远比自己想象的要糟多了。

今早依旧没有车，自己去到了牛村，了解牛村的情况，因为昨天听李老师介绍了牛村，今天的重点是在考察老人的状况。牛村 80 岁以上的老人一共是 12 位，经过了解，现在还能进行交流的有 6 位，走访了 3 位，情况不是很理想，大家都能说一些，但是关于细节很多都已经记不清楚了；再从村庄的形态上看，总体觉得没有西姚村理想。了解过了牛村，又前往卧龙村，因为没有车，只能走路，从牛村村委会走到卧龙村村委会大概是两里路。走到村委会，联系好的村主任不在，从这些细节就可以看出一个村的村干部素养。给主任打了电话之后，向在村里值班的村干部说明了来意，并向其了解情况，对方的态度也不是很让人满意。当我要了解情况的时候，对方把我带到一个老人家里，然后自己就走了。结束了访谈，走出来我并不知道是哪里，一看地图离县城 5.3 公里，又打不到车，就一直走一直打车，走了一半的时候终于约上了滴滴，真的不容易。

吃过饭很累，但是也顾不上休息，稍微查了一下资料，便开始前往下午要去的村庄。本来计划是去荷兰村，但是坐车的时候被看出是外地人而受欺负，又迟迟等不到去荷兰村的车子，不想一下午就这样浪费，果断决定前往大樊村。在去宫里镇的出租车上又被司机冷嘲热讽，司机自己走错了路却怪我说得不清楚，要是换作以前的暴脾气，必定立马下车摔门而去。到了宫里镇镇政府，给民政办主任打电话，但是因为不是本地号码，被挂断，幸好短信联系过后和对方成功接洽，随即带我去大樊村了解情况。大樊村建起了村史馆，村领导班子也给人不一样的感觉，新农村建设也成了示范点。经过了解，大樊村的老人状况也不理想。和几位老人进行了交流，对租佃关系比较了解，如果在这周围调研，可以向其了解租佃关系专题。

牛村

牛村的历史也比较悠久，据传这里以前是宰相牛僧儒的"公寓"，后面才是慢慢地发展为村庄。村中现在有 2100 余人，从村庄的概况看基本符合调研的条件，但是从老人的情况来看就不是很理想了。能访谈的老人有五位，大家都能说出来一些，但却没有很健谈的老人，聊到一些细节的时候，就会出现脱节现象，不是很理想。

卧龙村

卧龙村挨着牛村，当时的牛龙古县，牛就是指牛村，龙就是指卧龙村，古就是指卧龙村六队，县就是指的古县城（现存唯一的斩城[1]）。卧龙村的历史也比较悠久，关于村庄的来历也是有一个传说，和当年大禹铸鼎有关。经过了解，卧龙村的老人情况与牛村不相上下，也不是很理想，觉得在这样的村庄调研，凭现在的老人状况挖掘不了太多东西。

大樊村

大樊村建起了村史馆，刚到村委会的时候见到村史馆几个字还是让我有些惊喜，但是参观了村史馆，了解了老人状况之后也排除了大樊村。

从这段时间的选村状况来看走过的两个县的老年人状况，第一是80岁以上的老年人不多，可能是自然条件对人的寿命有些影响。第二是高龄老人中女性数量显著高于男性。第三，走过的村庄大多是大村内的小分散，即便老人不多，但同村老人中也会有一部分是不认识的。这次选村确实不容易，明天又是周五，再选不上村就到周末了，明天去的两个村庄，希望能给我带来惊喜。

2016年10月21日　星期五　雨

今天是正常上班的最后一天，今天再不能定村又将迎来艰难周末。如约8点来到民政局，局里开会，等了半个小时，打了招呼自己去坐车到镇里，等车又等了半个小时。到了镇里，镇里在开会，又等了半个小时。开完会到了镇里吃饭的时间，又等他们吃完饭，半个小时又过去了。一上午都在等，时间就是这样浪费了。终于等到他们都忙完了，这时帮我打电话联系村上，南陵村的干部说很忙，今天不宜接待，无奈先去了北陵村。通过了解，北陵村虽然老人比较多，但是能访谈的老人不多，且这个村庄住得较为分散，只有8个村小组住得相对集中，所以访谈了几位老人之后就没有继续下去，而是转战南陵村。两村相隔4公里，到了南陵村之后寻得一人带我到了村委会，看到村干部都在打牌，他们所谓的忙竟是这样。说明来意后支书让会计协助我，可是会计过来一分钟之后又回去打牌了，顿时觉得这个村的干部会给调研带来阻力，没有办法只能自己下村，自己一家一家地问，去打听名单上的老人住所。天空中的雨也越下越大，很快就淋湿了衣服。经过努力，功夫不负有心人，最后一个村也算是给了自己小小的惊喜，情况不是很理想，但是已相对较好了。

---

[1] 斩城：人们对那种建在表面平整，四壁却似刀斩一样陡直的台塬（或土山）上的城寨的一种形象说法。——编者注

南陵村

南陵村，因地处唐中宗定陵之南而得名。共有647户，2589人，杂姓村，以刘姓为主，赵姓次之，共有耕地4911亩。解放前属于仁礼乡第三保，下分两个甲。

市场：在村庄的东南西北方向均有集市（富平，距离20里，五、十上会，二、四赶集；庄里，距离20里，三、七上会，无集；流曲，距离20里，四、八上会，无集；曹村，15里，三、九上会，无集；宫里，距离5里，1944年建会，无集），上会人多，集主要是交易粮食。

公共性：一城两门楼，一门能出能入有人守，一门常年门紧闭，一校多庙一祠堂（南边，老爷庙；东边，东庙，里面供奉多神像；西边，岳王庙；北边，菩萨庙；赵家一庙一祠堂，私人还有庙两座），井多，但公共性不强，一般三五家一口井（有"穷井富磨坊"之说）。

职业：石匠、木匠、泥水匠（2人）、风水先生（1人）、弹棉花人（1人）。

租佃关系：地主2家、富农4家，地主的土地约为1顷（走过的潼关、富平，地主土地并不是很多，均在100—300亩之间）。在解放前，地广人稀，无地者少，租佃关系不是很丰富，现了解到的租佃关系有五五开、四六开、三七开和二八开几种。

老人情况：有80岁以上男性老人20位，能访谈者14位，最长者99岁，其中有明白老人赵俊喜（84岁，老支书）、刘兴汉（88岁，老公安局长）、张学明（90岁，退休干部）、刘学良（82岁，老教师）、刘建安（82岁，老教师）、刘来义（84岁，生产队长）、刘守斌（85岁）、刘春汐（75岁，镇政协委员，喜欢历史，对村庄历史较为了解）。

综合所有走过的村庄看，潼关县西姚村形态最佳，资料最全，但是老人较少；富平县南陵村，老人的情况最好，但是村庄形态不及西姚村。经过请示，老师让以老人多的村庄为主，其余的村庄为补充。暂且定下这个村。进村也是一个困难事，周一协商好后进行试调。

2016年10月22日　星期六　雨

今天下雨，没有继续下村，本来打算去图书馆查查资料，但是去了之后发现图书馆的史料馆只有在工作日的时候才会开门。回来后查看县志，发现了两个不错的村子，老人数量也还行，打算明天去看个究竟。

2016年10月23日　星期天　雨

为了不妨找一个更为理想的村庄，为了让自己后面的调研顺利一些，今天决定前去了解昨天在县志里看到的炭村和臧村。

因为经过炭村的车很少，所以等车都等了一个多小时，一到村子里看到村子很大，还是很抱希望的。几经打听才找到了躲在学校背后的村委会办公室，办公场所很简单，里面连一台电脑都没有。经过了解，村庄在解放之前很穷，土改的时候仅划了一户地主，村庄的形态不是很符合调研的条件，另外这个村的老人中缺乏文化人，成分都是贫下中农，记忆力也不好，所以转战第二个村——臧村。臧村也是很大，联系的是村主任，但是对方是让生产队长带我去找的老人，先找的两个，一个耳朵不行，一个记忆已经不清晰了。虽然村庄地主富农很多，也有小土地出租者，但是找了7位老人后不理想，剩下的14位老人分别在五个生产队，也就是需要再找五个队长带我去。在这样的情况下，我综合考虑了南陵村的情况，然后果断放弃去公路上等车了，因为最晚的车是5：20，要是错过了就没有车回去了。

今天总的情况不是很好，现在剩下的还有一个大岗村，明早要是局里的车能送我去就去看一下，不能送我去就去把南陵村的老人情况再做一个了解，争取明天能把村定下来，把食宿问题解决了。祝福自己，同样祝福远方的她！

2016年10月24日　星期一　大雨转晴

南方急性子遇上北方慢节拍，能把你拖到没脾气。

本来打算今天进村，明天一早就开始调研，但是计划始终是计划。早早来到民政局，等他们开完会，上午已经过去了一半。这时进村已经不可能了，再三考虑之下，在11点的时候去了流曲镇的大岗村，因为从名单上看这个村有23个80岁以上的男性老人，不想放过任何一丝希望。来到大岗村，雨越下越大，镇里帮忙联系好的村干部，又是一副"傲娇"相。北方的层级关系很严重，但是到了村干部这一级就出现了断层，为什么乡镇干部或者县里干部叫不动一个村干部呢？为什么层级观念到了这里就不灵了呢？但是为什么福利院、养老院这些单位又没有出现断层呢？因为下雨，村干部也不太愿意带着入户，我只能自己行动。恰好在路边遇到了两个80岁以上的老人在屋檐下聊天，便上前去了解情况，半个多小时里了解了村里老人的情况，也了解了村庄解放前的大概情况。因为经过比较，这个村整体形态还不及南陵村，便没有继续走访，在路边等车回县里吃午餐，回到县里已经1点多了，整个人也被冻得有些僵了。下午去了图书馆、去了档案局，结果也是一无所获，并不是说这里没有东西，只是对方都以"我们这里没有，你要到 XX 地方去才能找得到"为理由推脱。也许是怕麻烦吧，毕竟安安逸逸地坐在办公室里聊天玩手机，和这大雨天气更配。经历此番，自己也不想再折腾，初定南陵村，准备明天入村再深入调研几天，不出意外就定点此村，因为差不多走遍了整个县里觉得还合适的村庄，但是大都因为老人情况而放弃了。在之前的拜访中，南陵村的村干部极度地不配合，这也给自己的调研带来了一些困难，本想和局里的领导汇报寻村情况，让帮忙协调食宿和给村干部打一声招呼，但是之前一直联系的老龄办主任上市里开会，找到分管领导，领导也是给镇上民政办主任打了一个电话，事情就都推到镇上了。到了这里，我已经想到了接下来的路不再有坦途，来到这的 20 天，大多是靠自己走过来的，接下来也没有什么可怕的，我定能做完这次调研。

想想我也是最先出来调研的同学，但差不多成了最晚定村的孩子，这一路确实不容易。想到别人都已经完成了两三个专题的调研，再想想自己，难免有些忧愁。北方的天气已经开始让我感到吃不消了，一个又一个站在寒风中等车的背影，也该安定了。她今天也找到了一个理想的村庄，还有满意的老人，她很高兴，祝福她，也希望她调研顺利。

（四）开始调研

2016 年 10 月 25 日　　星期二　　阴

入村之行，也没有那么顺利，这在意料之中。

如约来到民政局，局里的车带我到了镇里，交给了民政办主任。主任带我到为我安排的房间，简陋，脏乱，什么都没有。不过自己还是想住在村里，因为这样方便。

在镇里的灶吃过像早餐一样的午餐（这边的习惯是一天两餐，上午 9 点半吃饭，下午 2 点半吃饭。很不习惯，难道要从 3 点就开始饿到第二天上午吗？），在乡镇干部的带领下来到了南陵村村委会。村干部依旧是不配合，依旧是怕麻烦，依旧是怕造成经济损失，从之前的见面之后就觉得指望村干部帮忙是没有希望的。从村委会出来之后去了刘兴汉爷爷的家里，老爷爷今年 89 岁，曾是耀县公安局局长，退休后担任过宫里镇的政协组组长，调研从这里开始了。

刚开始不知道从哪里开始，也不知道如何切入，在和爷爷交谈的时候他提到他曾当过甲长，就打算从这里切入。经过访谈，收获还不错，想在接下来的几天里把这个专题都做完，加油！

2016年10月26日　星期三　阴

今天和爷爷约好了以后每天访谈的时间，只要有空，每天上午下午差不多都能保证一个小时的聊天，虽然为了这两个小时要耗去很多附加时间，但是值了。感恩！

2016年10月29日　星期六　晴

今天下午特别累，身心俱疲的感觉，给自己放半天假。

2016年10月30日　星期日　小雨

经过这几天的努力，村落权利及事务专题已经完成了。经过一个专题的调研，虽然不能很好地把握行为与关系之间的联系，但调研也已经进入轨道了。

调研也怕遇到下雨，下雨天短短五公里的路程也是一个煎熬。

2016年10月31日　星期一　小雨

潼关县太要镇张培安爷爷又一次打来电话，问我什么时候过去太要，要和我讲讲调研提纲里的内容，另外还给我准备了一些资料，这些都是生活中感人的惊喜。一面之缘，一上午的交流，感恩这些记得我的人，感恩你们的关心与帮助。

2016年11月6日　星期日　阴转中雨

从定村到现在，真正有效的调研时间为11天，调研也算进入了正轨，现在开始一个专题一个专题有计划地访谈。调研越深入，一些问题越突出，也越让人焦急。看了别人的村庄，形态丰富，各方面都很好，再看看自己的村庄，也就是一个普通的小村落，这无疑也给调研带来了一些困难，需要自己去挖掘更多有特色的东西。

从各方面受阻到现在慢慢地融入村中，从不适应到现在的慢慢习惯，一步一个脚印，走得艰难却也踏实。今天淋着雨回来，挨家挨户寻找洗澡的地方，为了调研，都只能厚着脸皮。

调研这东西不能急，慢慢来，细细问，在平凡的村中挖掘传统的农耕底色，在心酸的风雨路上历练成长，每天收获一点点，就会离成功更近一些。

2016年11月7日　星期一　晴

修路最怕遇上下雨天，调研回来一身泥，入村的那一段道路也没办法骑车，只能抬着车走在翘起的水泥块上。

2016年11月9日　星期三　小雨转晴

这两天不知道是倦了还是这个专题有难度，总是不在状态，整个调研没有那么好的逻辑性。明天爷爷和朋友聚会，给自己放半天假吧。

2016年11月10日　星期四　晴

上午去了大樊村，离铁炉堡不到二里地，了解土地租佃关系，明显感受到了南北租佃差距。在靠天吃饭、土地轮歇的旱原上，农民不喜欢租佃而喜欢去拉长工，最主要的原因就是拉长工能获得稳定的收入，至少不会欠账，而租佃却让生活充满了未知。

2016年11月11号　星期五　晴

在大家还沉浸在"双11"购物狂欢节的激动、喜悦和悲痛中时，我们黄河小农村调团队却不为之所动，一如既往地深爱着能陪我们回忆历史的老人。村调虽累，但也快乐。

今晚李问圃老师再一次打电话来询问我调研的情况。在这样一个陌生的环境中还有人记得自己，关心自己，心里很暖。

2016年11月12日　星期六　晴

今天爷爷有事，不是很想去调研，但是还是去了，真的是谈了一个明白老人就不想再谈别的老人了。上午的爷爷问到细节就不太清楚，下午的爷爷约好了去的时候却没了踪影，拜访了99岁的农会主任，但因为不识字找不到感觉。整天的访谈处于没效率的状态，故决定去唐中宗定陵看看，爬得好累，但高处的空气确实更好些。

2016年11月13日　星期天　晴

是不是和爷爷太熟了？现在访谈总是喜欢聊一些调研之外的东西，效率很差。另外最近几天总感觉很多方言词听不懂。

2016年11月14日　星期一　晴

今天和爷爷聊的是石匠这一职业，宫里镇是石刻之乡，而南陵又是宫里石刻的腹地。有一个想法，看能不能在石刻这一主线上挖透，形成特色。但是访谈下来，村中过半的人都做石匠，但都是忙则农，闲则石。石匠的收入要高于种庄稼，但是农民为什么还愿意种庄稼呢？因为石刻收入即便高，但也不能养活家，"七十二行，庄稼为王",所以形成了农为正,石为副的农业底色。感觉自己还是没有挖透。

2016 年 11 月 15 日　星期二　晴

今天接着医生这一职业调查"操施",收获很大,终于找到了调研的感觉,感觉挖到了真正底色的内容。另外还对其余的匠人进行了调查,都称穷匠人,但是有两种匠人在村中的威望很高,即教书先生和看病先生,也只有这两种职业被叫作先生。下午爷爷带我在村子里看了看,将古城原来的坐落位置和各标志物位置都给我指出来了,还亲自带我去看了铁炉遗址。

在别人都为找老人发愁,每天都奔向不同老人家里的时候,我每天都只去爷爷家听他讲述历史,还原历史,我感到特别的幸运。同时爷爷对历史负责的态度也很让人敬佩,知道则知道,不知道就是不知道,不以讹传讹,对历史负责,对自己负责,我们不也应该具有这样的精神吗?

2016 年 11 月 16 日　星期三　霾

上午,对职业这一专题进行了收尾,收尾的过程中又一次打破了"我认为的常态"。我们都是习惯性地认为媒人就是女的,因为总叫媒婆媒婆,但是今天才发现,在当地,旧社会里的媒人都是男的,女的被称为"屋里的",是不能出去抛头露面的。在旧社会,身份地位高的职业都被叫作先生,如教书先生、看病先生,贫穷百姓做匠人,妓女、优人(唱戏的)、乐户(龟子)极其卑贱,入不了祖坟也进不了族谱。

下午,徐老师亲临指导,对明白老人还比较满意。他和老人交谈的一个小时四十分钟里,我也学习到了很多,特别是关于调研的方法。我们之前的调研总是钻进关系里出不来,徐老师一指导之后恍然大悟。我们探究底色,不仅是要把握关系,也要抓变量,这样才能找到农业文明变迁的核心。就像今天探讨卖地,卖地是因为抽大烟,是因为灾荒,灾荒天注定,但抽大烟是因为在缺医少药的社会背景下为了治病(止痛)。还有社会阶层的变迁,穷人如何往上爬,富人因何回到底层,阶层循环变迁,而不是单向变迁等等,真的是受益匪浅。感恩徐老师、感恩爷爷,也感谢自己的努力与坚持。

2016 年 11 月 17 日　星期四　阴

今天刚到爷爷家,第一件事就是问我徐院长有没有什么指示,看得出来爷爷对我的调研真的是很上心。

今天开始聊家庭这一专题,刚开始聊的时候自己都差点没有绕清楚,后面经过画图举例才算是把嫡亲、姻亲搞清楚了。在聊到干亲的时候,自己把爷爷讲述的和自己家里的情况进行了对比,还是存在一些差异,比如拜年就很不一样:所调查的村庄拜年都是要拜满12年,把十二生肖年都轮一遍,在我的家乡则只用拜满三年就可以了。

2016年11月18日　星期五　晴

生活中总是有很多不如意的事情,开心,或是不开心,都是我们的经历,感恩生活带给我们的任何一种磨炼。今天因事没有能入村调研,空余之时整理了调研资料,调研和整理的进度已经相差很远很远了。

2016年11月19日　星期六　晴

今天天气有些回暖,但是很快又会降温,祈祷不要下雨下雪,只要天晴不影响路况,冷还是可以克服的。感觉自己的调研还得一个月左右的时间才能完成,有那么一刹那有些着急了,想快点做完然后回去,虽然已经来陕西40多天了,但是对这边的气候真的很不适应,空气质量真的很差。

2016年11月20日　星期天　霾

又是一天过会时。早早的街上已经人流熙攘,只是如今的会和解放前的会相比,已经变了样了。虽说是会,但实际是集。

今天和往常一样的时间来到爷爷家,爷爷一个人用车在推泥,一个八十九岁的老人,一个退休老干部,不得不为了生活做重活,不禁鼻子有点酸。无论是北方还是南方,我们都喜欢把农村的厕所叫作旱厕,但是今早看到爷爷推积肥土之后才真正理解了什么是旱厕。

2016年11月21日　星期一　阴转小雨

天气预报说今天多地气温已经降到历史同期最低值,确实感受到了北方的寒意。

今天在和爷爷聊天的时候,爷爷说"小农经济时代,农业是最脆弱的",对此我有一个疑问:既然农业是最脆弱的,那为什么还能存在这么久?就此问题也请教了爷爷,觉得很有意思。

其一,天不灭人。"干旱几年便会下雨,农民得以缓一缓"。

其二,土地资源未变。土地存量没有增减,只是易主,灾荒致使穷人贱卖土地,贫富悬殊加剧,但受创伤的只是穷人,富人获得土地后靠耕种实现财富积累。

其三，农民观念未变。"土地是农民的命根子，再少也是刮金板。"灾荒使部分人土地变少，但为了生存，再少也得种，因为土地能获得最稳定的收入。

其四，社会价值导向。"七十二行，庄稼为王"，"农业是基础，那个时候结婚、在社会上做事，都是看土地多少，土地是最大的资本。开油坊、粉坊，做手工业，甚至是拉长工，挣了钱都会用来买土地"。

其五，国家政权允许。国家的税赋主要依靠农业。

2016年11月22日　星期二　大雪

北方的大雪说下就下。一早起来看着丝毫没有要下雪的样子，便下村调研，没过多久，出去上厕所的爷爷回来叫我到外面看看，已经是满地白雪，让我早些回去，路远担心积雪厚了我回去更不安全。从中午到现在，大雪没有丝毫要停的感觉，积雪已经能没过脚背，能堆雪人、打雪仗，像电视里那样在雪地里幸福嬉戏，此情此景只缺一位能与你赏景的人。

今天的调研时间虽然不长，但是也很有收获，今天继续探讨逃荒专题。爷爷和我讲到逃荒都是西行，不会东去。一是东边（河南、山东、安徽）都很穷；二是东去需要渡黄河，渡河需要钱，逃荒成本高；三是东去风险大，逃荒本来就是为了保命，渡黄河很危险；四是西行（甘肃人）不排外，虽然产杂粮，但人大都较为厚道。关中人不到生死关头不逃荒，河南、山西、安徽多逃荒。一是河南、山西、安徽三地灾害频发；二是山东人开拓性强，好下苦；三是河南人稠地少，靠农业靠不住，所以大多会小手艺；四是关中有史以来都是富庶之乡，八百里米粮川，虽靠天吃饭，但受灾少，农业很好。

觉得这两天的调研很有意思，希望明天能顺利下村。

2016年11月23日　星期三　晴

下雪不冷化雪冷，这样的道理我们很早就懂，可未曾那么深刻体会过。骑着自行车，整个人已经麻木到了失去知觉，大脑停止了思考，同样的画面反复在脑子里循环，平日半小时的车程硬是骑了一个小时。

雪景很美，但是没有住在村里，下雪天出行真的很不方便。路面结冰、满是泥水等等，会让你整个人看起来就充满了乡土气息。车来车往，无奈失控也是常事，安全不容小觑。今天，远方的她就因为路滑遇上了人生的第一次车祸，庆幸的是没有受伤。在此，也祝愿所有在外调研的中农学子都平安！

2016年11月24日　星期四　阴

今天是感恩节,今天的一切都很不容易,谢谢爸妈无条件的爱,谢谢亲戚朋友真诚的关心,谢谢老师的教导,谢谢同学的帮助,谢谢给予我伤痛的人的磨砺,谢谢你的爱,也谢谢自己的坚强。今天还要特别感谢这一年多来在调研实践中给我帮助和支持的人,见面不长、相识不深,恩情却永记于心。就如此次黄河村调,无论是寻村还是现在定点后的调研,虽然多处碰壁,虽然受尽委屈,但是也有很多好人让我感动。这里要特别提三个人,一个是现在访谈的爷爷刘兴汉,对我的支持与对历史负责的态度让人敬仰;一个是李文圃爷爷,热情、和蔼,虽仅一面之交,却把我的事一直记于心中,多次询问我的近况;还有一位是潼关县太要镇的张培安爷爷,选点过程拜访过,后多次打电话给我问我情况,要给我一些调研相关的资料。当然,这次调研还得到了其他很多人的帮助,要感谢的人也还很多,对于所有的你们,我只想真诚地说一声:谢谢!

2016年11月25日　星期五　阴

今天,门口照相馆的大姐把自己的电动车主动借给我入村调研用,虽然没说就借我一天还是借我一段时间,但是这份情谊真的很让人感动。和大姐夫妇,还有旁边的小吃店一家子,都已经算是最熟悉的陌生人了,我们叫不出对方的名字,但是每天见到都会嘘寒问暖,他们都会向我了解云南的风俗习惯,都会问我调研怎么样,都会关心冷不冷、还能不能适应。这也是在调研的地方除了爷爷外还能说话聊天的人了吧,谢谢你们。

今天下午第一次在这么冷的天气里骑电动车,虽然比骑自行车轻松,不会累,也不会弄得满衣服都是泥,但是静静地坐在车上真的要比骑自行车冷很多。车速不快,但是感觉寒风渗到骨头里,骨髓已经开始结冰。煎熬着回到住的地方,整个人已经麻木,手脚完全失去知觉,打开夜晚和周末唯一的取暖设备电热毯,钻到被窝里蜷缩了好一阵才慢慢地恢复正常。怀念家乡如春的冬天,如果可以,我不愿再离开。

2016年11月26日　星期六　晴

过得已经不知道今天是几号,也不知道是星期几,看了看手机,才意识到11月已经快结束了。如果调研顺利,按照计划现在已经快结束了,可现实是现在还没有完成调研任务的一半,心中不免有些焦急。或许该改变一下策略,加快调研进度了,如此这般,返校遥遥无期。

2016年11月27日　星期天　霾

今天也算是调研极不顺利的一天，收获甚微。

一早来到大樊村，本想了解公共土地，怀着满满的期待找到了86岁的老支书，无奈的是老人家听力已经不行了，我们交流实在是困难，直接用文字交流也没有办法，无奈之下只好放弃。随后来到南陵村，寻找刘文英兄弟俩，了解家庙的情况。南陵南堡子刘家是方圆十里唯一一个修了家庙的家族，但遗憾的是哥哥刘文英只是简单地告诉我他知道的情况，三言两语便结束了。弟弟刘文京对于家庙也只是知道平时的祭祀活动，其余知道的也很少，其老伴一直不配合，从进门就一直赶我走，但是在这样的情况下还是坚持聊了十来分钟，爷爷也把自己知道的情况告诉了我，调研不易，谢谢爷爷。下午来到兴汉爷爷家，刚好今天他孙子买的新车开回来了，亲戚都来祝贺，访谈也只能早早结束。

明天又是新的一周了，希望下周能完成家庭专题里所有的项目，加油！

2016年11月28日　星期一　阴

今天结束了婚配这一小专题，突然很向往旧社会的婚姻。不是向往男人可以三妻四妾，而是向往那种纯洁的爱情。结发夫妻，一缕头发，一条红绸就可以约定一生，那时的一生很短，只够爱一个人。时间来到21世纪，有几个人能出淤泥而不染，又能有多少爱情算得上纯洁？网上也有这么一句话，"爷爷娶奶奶用了半斗米，爸爸娶妈妈用了半头猪，而我娶媳妇却要了半条命"，这或许就是生活最真实的反映。中国式"奢婚"，用斤计的彩礼，最"重"的嫁妆，最贵的婚车队，最丰盛的宴席，呈现的都是一种有钱就能幸福的样子，即便平常百姓家，也以背景谈婚论嫁，车子、房子、存款，似乎成了能否谈婚论嫁的底线，不知该为这样的婚姻观感到庆幸还是悲哀。在旧社会，也不用担心出轨，不用担心背叛，这一切发生的概率极低极低，而如今，出轨成了常事，并不新鲜，比如马蓉，比如林丹。感情里的道德缺失，又该如何去守住底线？在利益横飞的今天，走着走着，大都已模糊了双眼。

2016年11月29日　星期二　霾

今天把徐老师来巡调时合影的照片给了爷爷，爷爷说这可能是此生最后一张照片了，听到这话有些心酸。

胸口气不顺，鼻子气不出，脑袋晕乎乎，也没有了心情，这是在外调研第三次生病了。在这样恶劣的环境下，休息不好，免疫力下降，很容易生病。但只要没有倒下，调研就得继续，对于一个第一次来北方的南方孩子来说，越往后难度就会越大，天气已经慢慢地冷了，往后只会比这还要冷，所以加油吧，坚持坚持就好了。不管生活中有多少因素影响自己的心情，但是自己选择的路，一定要走完。

2016年11月30 星期三 晴

11月的尾巴尖儿，回暖的冬日好天气。

今天和爷爷谈到了旧社会的风俗，有两点最被人看重，一是孝道，二是女子的贞洁，关于这我也很有感触。先说孝道，我生于农村，长于农村，掌握了农民会的绝大部分技能，看惯了农村的日常，加之之前近40位老人的口述史访谈，对农村算得上了解，看着很多老人的晚年生活，心痛，也愤怒，直到现在，我仍然看不惯那一幕幕的不孝之举。父母含辛茹苦把我们拉扯大，即便不念血亲，就没有一点感恩？年老遭子女嫌弃，无能抱怨父母，打骂成为常事，换位思考异想天开，传统文化传承断层，传统文化教育缺席，感恩之心缺失，孝道被利益代替。当然我们也不能全盘否定，很多孝义正能量也在祖国大地传递。生活水平上来了，质量却没跟上，为农村生活提质的"美丽乡村"在祖国各地孕育，要"看得见山，望得见水，留得住乡愁"，环境美了，生活好了，却找不到乡愁在哪。名人史事，历史残痕，这是看得见的乡愁，可其背后的优良传统，才能塑造人们的惯行，从内而外找回乡愁，重塑乡愁。再谈贞洁，在旧社会里，女子十年如一日，能守得住贞洁，心中有着坚定的信念，贞洁不保带来的也是毁灭性的人生灾难，固能坚守。而如今，社会进步，经济发展，男女理论上实现了平等，更有了节育措施，贞洁不再被人提及，欲望和利益淹没了心理界墙，底线一次次地突破，三观也一次次地刷新，有的人厌恶，有的人享受，有的人无动于衷。我们无法去评判对与错或好与坏，但优良传统道德的回归，或许会让生活更加圣洁与美丽。

2016年12月1日 星期四 晴

2016年的最后一个月。新月份的开始，朋友圈被"12月，你好"刷了屏，似乎每个人的12月都将不平凡。

今天还是一如既往地去调研，只是今天爷爷的孙子探亲假结束要返回部队，访谈时间缩短了一半，为此爷爷还老和我今天影响访谈了，其实这样我已经很满足了，爷爷的好，毕生不忘，感恩。

2016年12月2日　星期五　阴转小雨

"人都爱吃小锅饭，大锅饭吃不下去"，这是今天爷爷和我说的一句话，这似乎和中国的分家有关系。爷爷讲，在旧社会，妇女地位较低，多不能出去抛头露面，且一个家庭一般有多个孩子，当长子或是年纪较大的孩子结了婚，娶妻后已婚夫妻和未婚子女在一起生活，同吃一锅饭，很容易引发家庭矛盾，故而通过分家来避免此类矛盾的出现。分家必分灶，自家吃着自己的小锅饭。所以我们可不可以认为分家是造成"人都爱吃小锅饭"的原因呢？

2016年12月3日　星期六　晴

今天爷爷和我说他今年89岁了，明显感觉到身体比去年差了很多，记忆力也衰退了，之前一直想写一个材料，关于自己的生平材料。所以我决定在做完调研后花上一些时间，帮助爷爷完成这个心愿，此前本就有打算为爷爷写一个自传。

2016年12月4日　星期天　晴

一早来到爷爷家，爷爷没有在家，给我留了字条，让奶奶交给我。看到字条的时候，觉得爷爷是最可爱的人，谢谢爷爷。奶奶把字条交给我后，和我聊起了爷爷被打为右派的那段时间的故事，让我体会到了爱情的坚贞。同时奶奶也和我诉说了现在的生活处境，有些心酸，但又无能为力，只愿爷爷奶奶都能平安健康！

2016年12月5日　星期一　晴

之前本以为节日是最简单的专题，但是今早向爷爷了解了春节，才发现同样是春节，却真的是十里乡俗不同，一个传统节日，延传至今已经变了味。当听到爷爷回忆过往的时候，从中体现出来的乡村秩序，没有行文规定，没有硬性要求，但是每个人都能从心中去遵守，这或许就是传统的农业底色吧。

2016年12月6日　星期二　晴

为什么一到了年底就比较忙，且每年都是如此？今天因为要弄一些材料，没有下村调研，在屋里一待就是一天，明天或许还是这样的生活。生活会一天一天地好起来的，要对未来充满希望，加油！

2016年12月7日　星期三　晴

到今天，整个村调算是满两个月了。刚开始的时候想着40天，最多50天就能完成调研了，大家是这样说的，我也就相信了。可现在看来，还有好几个专题的内容还没有开始调研，接下来的这段时间可能就得抓紧了，真的是一个学期就这样在外面调研了，没有上一节课。加油，争取早日完成调研，好回去静心整理资料。

2016年12月8日　星期四　晴

两天没见，今天到了爷爷家又一次被感动。

进了家门，看样子是已经吃过早饭了，走到屋里，看到炉子上还放着锅，像是在煮什么东西，还以为爷爷在煮肉。爷爷进来后和往常一样问我中午吃了什么，然后端下锅，从里面拿出红薯和肉，有鱼、虾、牛肉、猪肉，然后递给我筷子，让我吃，说是特意为我留的，爷爷还说我可能来这么久都没有好好地吃过肉。当时真的是说不出来的感动，爷爷什么礼物都不让我给他带，还对我那么好，又特别支持我的调研。

谢谢爷爷，感恩！

2016年12月9日　星期五　阴

今天按计划是到档案馆查询资料，一大早就来到了民政局，本想让民政局的领导给打声招呼或者带着我去，可不巧的是民政局的领导均去参加烈士纪念活动了，去档案馆的事情只能到下周再议了。这一上午就待在了老龄办，和他们聊聊天，午饭期间赶回到了镇里，因为爷爷说今天过会，要来住的地方看我。也没敢耽搁，但最终还是错过了，我回来的时候爷爷已经回去了。

2016年12月10日　星期六　晴

上午访谈不到20分钟，爷爷约了朋友来家议事，商量自己过寿的事情，之所以这样是因为爷爷想过了今年就不办了，如果有幸活到100岁，那等100岁的时候再办。爷爷喜欢清静，怕麻烦家人和亲戚，也能理解爷爷的那种想法。下午继续访谈，聊了不到一小时。爷爷下午也正式邀请我他生日那天去家里，还担心我会不会在这之前就回去了。我乐意，也很荣幸能参加爷爷的寿宴，但爷爷什么都不让我带，我也不知道如何是好。

2016年12月11日　星期天　阴

今天很冷，有了北方冬天的味道。

想多做一会儿访谈，哪怕只是十分钟，所以比平时都去得早。但是到了爷爷家，爷爷说这两天都不能访谈了，家中有事。回想最近一周，访谈的时间都很少，越是到了最后越困难，剩余的部分别的爷爷都已经讲不清楚，希望只能寄托在爷爷身上。从爷爷家出来，在村子里转了一圈，可能是天气冷的缘故，村子里显得很冷清，平日去的爷爷们家，每一家都是房门紧闭，看来天气过冷真的不适合调研。

2016 年 12 月 12 日　星期一　霾

在民政局领导的帮助下，今天终于进了档案局，也查阅了相关档案资料。从目录上看资料还是相当的丰富，但是在档案库里查找的时候，就发现有部分资料找不到。另外，有一个乡的资料非常的丰富，偏偏就是自己的调研的地方资料特别少，往后的调研就只能靠爷爷了。

2016 年 12 月 13 日　星期二　霾

今天开始调查家户制度专题，受访的爷爷只能算作一个中等或中小家庭，虽然土地多，但是人口不是很多，算不上大家庭，幸运的是爷爷懂得农村的礼仪，知道大家庭和小家庭的区别。穷家生活自顾不暇，且不识字，对于礼节没有太多讲究，而大家庭则不然。希望接下来的家户调查能够有更多的收获，挖掘出更多的细节。

2016 年 12 月 14 日　星期三　霾

今天又是宫里过会，也是家乡说的赶街，可能是我在这里过的最后一个会了。虽然自己没有什么买的，但是也到会上转了一圈，带着门口打印店姐姐家的孩子去买糖葫芦。这小孩今年三岁多，刚来的时候见到我还害怕，现在则每天都会过来黏着我，都能和我讲很多很多的话，建立了信任。在一个地方待久了，多少会有一些感情，有很多不如意，但也有很多感动，接下来几天和那些帮助过我的人道别，此一别或许就是永远，包括爷爷！

2016 年 12 月 15 日　星期四　晴

风和日丽，难得的好天气。

今天在讨论吃的问题上让我很不解，在关中，大冷天也要吃凉菜，而且待客必须要有凉菜，在问到为什么的时候对方也说不清楚，就知道这是一习俗。这可能是因为凉菜制作简单，而且在寒冷的冬天不用担心菜变冷而被油腻住，因而适合朋友聊天喝酒。这里的人还不吃鱼，都说不会吃鱼，鱼有刺。而在南方，鱼是餐桌常菜，这也可能是因为这里缺水，渔业不发达，产鱼较少，平日里也很难吃到鱼。另外导致饮食差异巨大的原因还有一个，北方性格粗犷，吃喜欢大而简，而南方是喜欢小而精，在北方喜欢一锅炖，而在南方一个土豆也能做出八种菜。导致这一切差异的根源可能是南北资源分配的严重不均衡。

2016年12月16日　星期五　晴

虽是晴天，但白昼温差极大。

今天一天的时间算是各种寒暄，在查缺补漏的同时一一道别，虽然都说着以后再来富平，记得回来看看，我也回有机会会回来的，但下一次相见又会是何时？这一再见谁又能保证不是永不再见？

2016年12月17日　星期六　晴

今天是爷爷九十大寿，人很多，很热闹，之前有对过寿的风俗进行了了解，今天亲自参加，全程拍摄，了解得更为透彻了，由口头讲述到画面呈现，生动直观。今天爷爷也写了一首郑板桥的诗送我，与我共勉，特别高兴。和爷爷一同送走所有的朋友、亲戚，甚至是自己的儿女，我才最后离开，也可能是因为要走了，有些不舍。这天还认识了一些新朋友，虽然年纪相差很大，但是很高兴，能认识各个领域的朋友，这些幸运都是爷爷赐予的，感恩。

2016年12月18日　星期天　霾

今天再次探寻墓葬，在爷爷的带领下到了墓地实地查看墓的情况，也有幸看到了一户村民在给自家老人掘墓。通过查看，对墓葬的位置、合葬墓、顺序都做了补充，也可能是因为受皇帝陵的影响，这边的墓很独特。

爷爷留我在家中吃了饭，爷爷说粗茶淡饭，为我饯行。只愿接下来的生活里，爷爷能够开心，身体健康，犹如寿宴上大家的期待一般——得米望茶。从爷爷家出来，去和帮助过我调研的爷爷——道别，但遗憾的是有位爷爷家房门紧闭，未能实现最后的心愿。在守斌爷爷家，爷爷还在午休，就没有打扰爷爷，和爷爷的老伴道别，让其老伴转达，但是奶奶对我要走了也还是很不舍，一个劲地夸赞我，还给我拿了很多水果。谢谢大家，用心去做就会得到回报，愿好人一生平安！

2016年12月19日　星期一　霾

做最后的告别，准备离开。在这里待的时间不长，但也有人会留恋，真诚相待，必有感动。

下午到了西安，超级大的霾，临走前会一会老友。时间仓促，来回均打车，城北到城南，车费超出了预期，但幸运的是赶上了车。

2016年12月20日　星期二　雨

黄河小农村调，实地调查部分算是结束了。但是整个调研还有很长的路要走，整理任务繁重，写作的任务不可预期。接下来的日子，加油吧，有始有终，给自己一个交代，也是对爷爷这两个月来的帮助负责。

大姓共治：
多姓农耕村落的延续密码
——黄河区域宁王村调查

张旭亮[*]

---

[*] 张旭亮，甘肃天水人，新疆医科大学马克思主义学院讲师，华中师范大学中国农村研究院政治学硕士毕业。

第一章 宁王村的由来与演变

宁王村位于关中平原西端，北临渭北高原，南临秦岭，渭河自西向东蜿蜒流淌。在行政关系上，1957年之前宁王村隶属于凤翔县，1957年划归宝鸡县（现陈仓区）管辖。名曰宁王村，村中确以王姓村民居多，此外梁姓、沈姓也是村中的大姓，共同构成了"大姓主导"的村庄格局。本章将从村落的由来、村落的建制以及宁王村当下概况三个方面展开，考察宁王村的演变历程。

第一节 宁王村的由来

宁王村是一个因姓氏而得名的村庄。认识村名是进一步深入了解村落的前提。关于宁王村的由来，"四王保太子"的故事是广泛认可的说法，当然关于宁王村的来历还有其他一些说法。虽名为"宁王村"，但宁王村并非单姓村落，在村庄历史演进过程中，陆续有梁姓、沈姓以及其他一些小姓先后定居宁王村一带，最终形成了宁王、梁家门前、沈家堡三大姓氏主导、小姓分布其中的村落格局，共同构成了相对集聚的平原村落形态。

一、村落缘起

关于宁王村的来源，村里有几种不同的说法。其中一种认为：相传先秦时期，秦献公将太子天赐交予平阳公主教育，为了保证太子安全，遂将身边虢王、宁王、大王、天王四大将军分别派驻阳平镇周围，即现陈仓区虢王村、陈仓区宁王村、杨家沟乡大王村、天王镇天王村，日夜巡视护卫。这就是当地广为流传的"四王保太子"。当时宁王所镇守地区距太子最近，宁王也是最忠诚的一个，所以后来将宁王的封地称为宁王村。

此外，关于宁王村的由来还有其他一些说法：一些村民讲村名源于唐代太子李成器封地在该处，后封宁王，这便是宁王村的来源。还有一种说法认为：明朝万历年间，迫于战乱、瘟疫，政府下令从山西省移民，部分户族带领族人举族西迁，一路向西，后定居于现宁王村一带，所以当地流传"来自山西洪洞县大槐树村"一说。据传，当时渭河还未改道，渭水从现宁王村一带东流，当时村民为了躲避水患，只能穴居于北塬高地，后渭水一夜间向南改道，流经现东风村一带。但这后几种说法还有待考证。

二、姓氏与村落

宁王村有三大姓氏，依次是王、梁、沈。而根据村中各大姓氏老人的回忆，各个姓氏具有各自的来历。

（一）宁王大姓，各有宗祠

王姓是宁王村的第一大姓氏，也是最早定居于现宁王村一带的居民，据说与"四王保太子"的故事有关。

梁姓大约于明朝时期迁至宁王村。根据村中梁姓老人讲述，梁姓族人的迁徙与官员的任命有关，当时梁姓族人中有赐予寿官之职者，之后受朝廷委派，来到宁王村一带，教化乡民，和睦一方。

沈姓大约于清朝时期迁至宁王村，为了抵御盗贼、保护族人，迁来不久便筑堡而御，沈家堡由此得名。根据老人的讲述，沈姓族人迁徙的原因与躲避战乱有很大的关系。沈姓老人讲道："平原地方不好防卫，只能筑起城堡，一般是用土筑的，好一些的会用到青砖，那是只有大户人家才能修筑得起的。"

据老人的讲述，1949年以前，宁王村三大姓氏分别有自家的祖祠，大姓的祖祠一般单独修建，内悬挂"先人案"，在每年春节、清明等特殊的节日接受族人的祭拜。祖祠的管理由族人轮流担任，一般是一家负责一年，循环往复；在一年当中，主要负责祖祠日常的维护、特殊节日的祭祀、供品的制作摆放、族田的耕作等。值得一提的是，传统时期大姓人家祖祠附近还有族田，一般2—3亩不等，具体视家族的实力、大小而定。

（二）大姓主导，筑堡而居

传统时期，宁王村主要由三大块构成，自西向东依次是梁家门前、宁王、沈家堡，相对应地，村落形成了王、梁、沈三大姓氏主导宁王村的格局。除此之外，村内还有其他一些小的姓氏，但由于人口较少，对村庄事务的影响力也自然较小。村落税收、摊派、唱戏、教育等基本由三大姓氏主导。

根据村中老人的讲述，传统时期宁王村三大姓氏分别筑有堡子，堡子自西向东依次依北塬高地之地势而建，北靠北坡、南侧筑堡，形成一个相对封闭的空间。堡子主要为抵御盗贼、维护族人的安全而筑。传统时期，村中大户、大姓大多居于堡内，一些小户、小姓村民只能依附于大姓，争取能够在堡内居住，未能进入堡内居住的，只能在堡外安家。

堡子均设有堡门，在特殊的时期，安排专人看守，按时开启、关闭堡门。根据老人回忆，王家的堡子最大，其次是梁家，最小的是沈家堡；其中修得最好的当属梁家堡，根据族人回忆，其家族在明朝时出过寿官，因此，梁家堡修得最为气派。一般的堡子用土筑墙而建，而梁家的堡子在土墙之外包裹有青砖，如此，其强度远超其他土质堡子。

表1-1 传统时期宁王村各姓氏统计表

姓 氏	户数（户）	百分比	居住地
王	120	42.86	宁王堡
梁	80	28.57	梁家堡
沈	50	17.86	沈家堡
其他	30	10.71	散居于宁王村
合计	280	100%	

说明：数据根据村中多位老人回忆而得，或略有出入。

从姓氏上看，传统时期王姓约有120户，占42.86%；梁姓约有80户，占28.57%；沈姓约有50户，占17.86%；其他姓氏约有30户，占整个村子的10%。王姓大多居住在宁王堡内，梁姓居住于梁家堡内，沈姓居住在沈家堡，而其他姓氏散居于宁王村，大多依附于大姓，如此便可得到进堡落户的机会，其他一些小姓小户只能在堡外居住。

三、边界与村落

传统时期，宁王村一带村落之间的边界划分主要有三种方式，即以路为界、以山为界、以沟渠为界，现分别做一说明：

在宁王村，限于平原的地形，村与村之间的边界多以路为界，以路为界，既方便又明确，引发纠纷的可能性大为降低。由于宁王村北靠北塬，因此一些山地往往成为分割村与村的天然边界。除了上述道路、山岭等之外，宁王村与其他村落的边界还有以沟渠为界线的情况。一方面，以沟渠为界，简便易行；另一方面，以沟渠为界，一般不易跨越，可以有效减少冲突。

具体而言，宁王村北部为北塬高地，其与邻村以山为界，部分地带以田块之间的道路为界；村子南侧以平原为主，与邻村之间以道路、沟渠为界；村子的西侧与联合村相连，以田界道路为界；村子的东部与晁阳村相接，二者间以道路为界。

第二节　宁王村建制沿革

追寻宁王村的建制沿革，绕不开凤翔、宝鸡二县的建制及其沿革。宁王村的建制最早可追溯至春秋时期，在数千年的发展历程中，历经变革。此节主要以 1949 年为时间节点，考察这一时间节点前后宁王村建制的演变。

一、1949 年之前的村落建制

清雍正年间（1723—1735 年），凤翔县设 5 乡 39 里 402 甲，5 乡分别是末乡、南乡、西乡、北乡、城关乡。其中南乡辖 8 里 82 甲，包括宁王里，宁王里又下辖宁王村、野寺村、秦家梁、姚堤、侯家堡等 10 甲。

民国二十三年（1934 年）前，政区仍沿清时旧制。民国二十四年（1935 年），为调整粮赋，改置区划，以"金、木、水、火、土"五行字样代表西、东、北、南、中五区，除中区编为 4 乡 1 镇外，其余各区均编为 8 乡。区辖乡、乡辖保、保辖甲，甲统花户。全县分为 5 区 36 乡 120 保。

民国时期，宁王村隶属于熙焕乡，乡政府驻紫禁城（现联合村），辖 7 保。宁王村隶属于第五保，包括宁王村、沈家堡、曲家梁、梁家门前。

表 1-2　1949 年之前宁王村的建制沿革

时　间	隶属情况
春秋时期	虢县
战国时期	雍县
秦	属内史地
西汉	中地郡雍县
东汉	汉安郡雍县
三国时期	扶风郡雍县

续表

时　间	隶属情况
隋	扶风郡雍县
唐	岐州雍县
北宋	凤翔府
明	凤翔府
清	凤邠道凤翔府
民国	关中道凤翔县熙焕乡

二、1949年之后的村落建制

1949年7月23日，凤翔县人民政府成立，全县规划13区1市，辖121乡，宁王村隶属于紫荆区，驻紫荆村，共辖7乡。

1956年3月7日实施撤区并乡，设宁王乡，乡镇府驻宁王村。

1957年7月27日，政府将宁王乡的宁王村、港头村、晁阳村、六里村等21个自然村，包括2 426户11 247人23 508亩耕地划归宝鸡县（现陈仓区），全县共3区40乡（镇）。[1]

1961年9月10日，恢复宝鸡县制。全县设1区31社。县直辖20个社：虢镇、周原、慕仪、阳平、宁王、杨家沟、清溪、磻溪、钓渭、天王、蜀仓、蟠龙、贾村、桥镇、县功、双白杨、新街、上王、龟川、碛石。

1984年4月，按照中共中央指示，对农村人民公社管理体制进行改革，取消政社合一的管理体制，设立政企分开的乡、镇人民政府，生产大队改为村民委员会，生产队改为村民小组。27日，撤销城关公社，其地并入虢镇镇。体制改革后，县辖2区（坪头、县功）、5镇（虢镇、马营、贾村、县功、坪头）、33乡、547村（居）委会、3 200村（居）民小组。

1987年2月28日，政府决定撤销阳平、宁王两乡，合并设立阳平镇，镇政府驻窑底村，靠近阳平火车站。

1990年，全县有1委、7镇、29乡、491村民委员会和28居民委员会、2 929村民小组和137居民小组，计128 934户。

---

[1] 陕西省凤翔县志编纂委员会：《凤翔县志》，陕西人民出版社1991年版，第120页。

表1-3 宝鸡县1970年公社、大队、生产队统计表

社 名	大队数	生产队数	社 名	大队数	生产队数	社 名	大队数	生产队数
虢镇	—	—	城关	13	86	杨家沟	11	70
慕仪	16	119	阳平	10	67	周原	20	158
宁王	12	94	贾村	16	102	千河	11	74
蟠龙	25	137	石羊庙	12	66	桥镇	18	146
清溪	17	114	县功	19	83	磻溪	15	109
双白杨	10	58	天王	23	125	上王	10	57
钓渭	14	78	新街	12	96	蜀仓	12	68
龟川	15	78	八鱼	16	91	合计	327	2 076

资料来源：陕西省宝鸡县志编纂委员会：《宝鸡县志》，陕西人民出版社1996年版，第55页。

根据《宝鸡县志》中关于1987年宝鸡县所辖乡、镇、村（居）委会情况记载，宁王村隶属于阳平镇，包括22个村民委员会（163个村民小组、40个自然村）：宝丰、同心、东风、野寺、水庄、大帐寺、西枸村、东枸村、姜马、第六寨、窑底、新秦、联合、宁王、晁阳、龙家湾、五星、居村、三联、东港、西港、报李。

表1-4 1949年之后宁王村的建制沿革

年 份	隶属情况	乡镇府驻地	备 注
1949	凤翔县紫荆区	紫荆村	
1956	凤翔县宁王乡	宁王村	
1957	宝鸡县宁王乡	宁王村	
1961	宝鸡县宁王社	宁王村	
1984	宝鸡县宁王乡	宁王村	
1987	宝鸡县阳平镇	窑底村	
2003	陈仓区阳平镇	窑底村	

图1-2 原宁王乡乡政府

图1-3 现宁王村村委会

第三节 宁王村当下概况

当下,宁王村隶属于陕西省宝鸡市陈仓区阳平镇,属于行政村。本节主要从村庄地理位置和宁王村基本情况两个方面来考察村庄当下的状况。

一、地理位置

陈仓区位于陕西关中八百里秦川西端,南依秦岭与太白县、凤县毗邻,北靠陇山余脉与陇县、千阳县、凤翔县接壤,西沿渭水与甘肃省天水市北道区、清水县隔河相望,东与岐山县相连,三面环围宝鸡市金台区、渭滨区二区,东西长约119.49公里,南北宽约67.78公里,总面积2 057平方公里。西距宝鸡市中心区22公里,东距省城西安147公里。宁王村所在的阳平镇东与岐山县蔡家坡镇相连,西与虢镇毗邻,南临渭河与钓渭镇、天王镇相望,北靠凤翔县虢王镇。镇域东西长约10公里,南北宽约5公里,总面积44平方公里。总人口42 728人,其中非农人口21 364人。辖1个社区、21个行政村。镇政府驻阳平街,距虢镇10公里。陇海铁路、西(安)宝(鸡)高速公路和西(安)宝(鸡)中线公路东西过境。

宁王村位于阳平镇中部,北隔渭北高原与赵家庄相望,南接报李村,西与联合村毗邻,东与晁阳村相连。宁王村距镇政府驻地窑底村4.6公里,西宝中线穿村而过,其交通相对较为便利。

二、宁王村行政村概况

宁王村隶属关系历经变革,当下隶属于陈仓区阳平镇。改革开放以来,伴随着国家惠农政策的实施,宁王村人口、经济、社会以及治理结构等均发生了较大的变化。

根据2016年的统计,宁王村共957户,全村人口为4 221人,其中男性2 140人,占50.67%,女性2 081人,占49.33%。全村分为14个村民小组,自西向东依次排列。在劳动力方面,宁王村有2 900人,其中男性约1 500人,占51.72%,女性约1 400人,占48.18%。

表1-5 2016年宁王村人口统计表

性　别	数量(人)	百分比	备　注
男	2 140	50.67	
女	2 081	49.33	
总计	4 221	100	

表 1-6　2016 年宁王村劳动力统计表

性　别	数量（人）	百分比	备　注
男	1 500	51.72	
女	1 400	48.18	
总计	2 900	100	

根据 2016 年的统计，宁王村耕地面积约 2 900 亩，其中川地 1 500 亩，坡地 1 400 亩，人均耕地仅 0.69 亩。川地位于村庄南侧的平原地带，灌溉条件较好，土地产量较高；坡地主要位于村庄北侧的北塬高地上，由于位于山坡地带，因此灌溉条件较差，土地产量相对较低。宁王村村子有林地 500 亩，人均占有仅 0.12 亩。在作物种植方面，宁王村以小麦种植为主，此外还有玉米、油菜等作物。近年来，伴随着城镇化的推进，部分青壮年外出务工，以增加家庭收入。

表 1-7　2016 年宁王村土地面积统计

类　型	亩　数	百分比	备　注
川地	1 500	44.12	
坡地	1 400	41.18	
林地	500	14.70	
总计	3 400	100	

宁王村共分为 14 个村民小组，14 个村民小组自东向西依次排列分布。其中，第 1 至第 10 村民小组属于传统时期的宁王地区；第 11、12 村民小组属于传统时期梁家门前的范围；而第 13、14 村民小组属于传统时期沈家堡的范围。具体而言，第 1 村民小组有 69 户 311 人；第 2 村民小组有 62 户 289 人；第 3 村民小组有 84 户 362 人；第 4 村民小组有 85 户 358 人；第 5 村民小组有 71 户 279 人；第 6 村民小组有 72 户 298 人；第 7 村民小组有 65 户 295 人；第 8 村民小组有 78 户 346 人；第 9 村民小组有 83 户 388 人；第 10 村民小组有 80 户 367 人；第 11 村民小组有 51 户 229 人；第 12 村民小组有 54 户 240 人；第 13 村民小组有 51 户 227 人；第 14 村民小组有 52 户 232 人。

在姓氏分布上，第 1 至第 3 村民小组以王姓、张姓为主；第 4 村民小组以王姓、赵姓为主；第 5 村民小组以王姓、梁姓为主；第 6、第 8 村民小组均以王姓、李姓、杨姓为主；第 7 村民小组以梁姓、李姓为主；第 9 村民小组以梁姓、王姓、张姓为主；第 10 村民小组以梁姓、王姓为主；第 11、12 村民小组以梁姓为主；第 13、14 村民小组以沈姓为主，兼有董、彭、赵、杨等一些小的姓氏。

表 1-8 2016年宁王村各村民小组信息统计表

村民小组	户数（户）	人口数（人）	主要姓氏	分布地区	备 注
第1村民小组	9	311	王、张	宁王	
第2村民小组	2	289	王、张	宁王	
第3村民小组	4	362	王、张	宁王	
第4村民小组	5	358	王、赵	宁王	
第5村民小组	1	279	王、梁	宁王	
第6村民小组	2	298	王、李、杨	宁王	
第7村民小组	5	295	梁、李	宁王	
第8村民小组	8	346	王、李、杨	宁王	
第9村民小组	3	388	梁、王、张	宁王	
第10村民小组	10	367	梁、王	宁王	
第11村民小组	1	229	梁	梁家门前	
第12村民小组	4	240	梁	梁家门前	
第13村民小组	1	227	沈、董、彭、赵	沈家堡	
第14村民小组	2	232	沈、董、杨	沈家堡	
总计	57	4 221			

第二章 宁王村的自然形态与实态

农耕社会的村落，与自然环境之间表现为一种相互影响的关系。一方面，对于以传统农耕为底色的村落，自然环境影响着村庄的发展，规制着人们生产与生活方式的选择；另一方面，伴随着生产力的发展，生活于其中的农民又不断地改变着自然环境。宁王村地处关中平原，其特定的气候、地形、水源以及土壤等共同缔造了关中平原特有的生产、生活方式。本章主要从村庄的自然形态、干旱与水利、平原与麦作、集居与空间以及宁王村自然变迁与实态五个方面展开，以此考察宁王村自然形态与实态的特点。

第一节 自然形态

自然形态是村落的本源性形态，其对村庄最初的形成、中期的演变以及未来的发展均起到了相当的规制、影响作用。本节主要从地形地貌、气候特征、土壤特征等多个方面考察传统时期宁王村的自然形态。

一、地形地貌

宁王村位于关中平原西端，地形地貌十分典型：地势平坦，极为开阔。平坦的地形不仅影响村庄的格局，还影响着宁王村传统时期农业生产的发展。

（一）地形特征

宝鸡县土地资源分布，就其地貌、高程、自然特点，可概为6个区域：千渭川道区、渭河南北台塬区、丘陵区、西部浅山区、西部深山区和秦岭北麓高山区。其中千渭川道区包括虢镇、杨家沟、阳平、宁王4乡镇全部,千河、石羊庙及渭河南7乡镇的川道地区,共105个村、708个村民小组,1982年面积241.4平方公里,人口密度平均每平方公里673人。该地区土壤耕层有机质含量在1‰以上,海拔507.8—600米,为全县自然、社会经济条件最好和农村经济最发达的地区,一级地占97%。[1]

《宝鸡县志》载:"本县地处我国大陆槽——秦岭北麓、陇山支脉、黄土高原和渭河地堑交吻区。南、北、西三面环山,中部低凹,向东敞开。渭河自西向东穿中而过,全境呈西高东低的不规则箕状盆地。东西最长处119.49公里,南北最宽处67.78公里,总面积3 081.48平方公里,有起伏的群峰,坦荡的平原,低凹的河谷和千沟万壑的丘陵。可谓是'秦陇两相对,群峰垂谷悬,若观大地貌,二八分川山'。"宝鸡县北侧为渭北高原,南临渭河,北高南低,渭水自西向东流。地貌山、川、原皆有,可分为南部秦岭北麓山地和西部(西北部)陇山山地、东部渭河和千河河谷平原、黄土台塬,丘陵沟壑区四种类型。境内秦岭北麓山地海拔最高为2 706米、最低为1 200米;渭河、千河两岸川道地区海拔最高为600米、最低为507米。

宁王村地势总体呈北高南低之势,村庄北侧为渭北高原黄土台区,向南是平原地带,再往南是渭水。宁王村主要的耕作区域便是渭北高原与渭河之间的平原地带,当地称之为"川地";除此之外,在渭北黄土台区,也有一些可供耕作的土地,由于在山坡上,地形崎岖不平,因此当地称之为"坡地"。川地与坡地差别较大,最大的区别在于川地便于人工灌溉,而坡地只能靠雨水灌溉。

(二)地形地貌与生产、生活的关系

宁王村的地形规制了村落的生产、生活乃至发展的格局。

1. 地形与生产

生产方面,受地形的影响,川地便于人工浇灌、开展大规模的生产,因此,多种植小麦;而在渭北黄土台区的坡地上,农民多种植较为耐旱的玉米、谷物、土豆等。

2. 地形与生活

特殊的地形规制着生活于这片田土之上的农民的生活。在不同的季节,农民根据物候变化,劳作于坡地、川地之上,奔波于土地、院落之间。一般人家的场[2]建在院落的周围,因此,收获作物之后需要将其运到场里,然后进行进一步的加工处理。在农闲时节,为了增加土地的肥力,农民将人畜的粪便、草木灰等运送到地里,以便耕种

---

[1] 陕西省宝鸡县志编纂委员会:《宝鸡县志》,陕西人民出版社1996年版,第171—172页。
[2] 场,指经过硬化的一块平地,主要用于农作物收获之后的脱粒、晾晒等。

时使用，或挑或驮，长此往返。

宁王村特殊的地形，也规制着宁王人的居住方式。传统时期，宁王村的住宅主要分三种：最为常见的是普通的土木结构的房屋；其次是砖木结构的房屋，这种房屋只有财主等大户人家才修建得起；还有一种特殊的居住方式，便是在渭北黄土台与平原交接地带挖筑窑洞，此种居住窑洞的方式在传统时期的宁王村一带还是较为常见的，这一点可能与普遍认为的关中平原居住方式有所差异。

二、气候特征

气候对于农耕村落而言具有非同寻常的意义，光照、温度、降水等气候因素对农作物的生长至关重要，甚至深刻影响着一地的作物类型、作物分布、耕作方式以及人类生活习性。

（一）日照与气温

1. 日照、气温概况

宁王村地处中国西北内陆地区，属中纬度大陆季风区域的暖温带半湿润、半干旱气候。因境内地表结构复杂、海拔高度差异较大，各地气候差异亦很明显，东北部为川原气候，西南部及秦岭北麓为山地气候。又因位于青藏高原东侧偏北，受东亚季风环流控制，冬季受极地大陆气团影响，盛行偏北风，空气干燥，气温较低，常有霜冻、寒潮侵袭；夏季受热带海洋气团影响，盛行偏南风，空气中水汽含量增大，降水较多，气温很高，天气炎热；春、秋为过渡季节，3—5月气温回升较快，降水量不足，易形成春旱。秋季降雨较多，常出现秋霖雨。[1]

多年平均气温12.6 ℃，1月平均气温0.5 ℃，极端最低气温零下17.0 ℃；7月平均气温24.9 ℃，极端最高气温40.2 ℃。7月地温平均最高为摄氏28.9度。1—7月，地温稳定上升，平均月上升5 ℃；夏季（6—8月）平均地温比较稳定，相差仅1 ℃左右；8—12月，地温大幅度下降，月下降7 ℃左右。

冻土初日，累年平均出现在12月6日，最早在11月18日；解冻日平均在2月17日，最迟在3月9日。冻土日数平均为37天，最多为68天（1967—1968年），最少为11天（1974—1975年）。冻土间隔日为59天。冻土深度大于或等于10厘米的初日，平均在12月28日，终日平均在1月10日，相隔14天。

宁王村一带平均气温14.6 ℃，较常年偏高1.5 ℃。年极端最低气温－13.2 ℃，年极端最高气温38.2 ℃。

---

[1] 陕西省宝鸡县志编纂委员会：《宝鸡县志》，陕西人民出版社1996年版，第75页。

表 2-1　宝鸡县年、月平均气温和最高、最低气温一览表　　　　（单位：℃）

月　份	1	2	3	4	5	6	7	8	9	10	11	12	全年
平均气温	0.5	2.3	7.2	13.5	7.6	23.5	24.9	23.9	18.3	13.6	6.4	0.8	12.6
最高气温	21.9	25.6	26.8	33.1	34.6	40.4	40.2	38.1	32.8	32.5	23.9	17.4	40.4
最低气温	-17.0	-11.1	-4.6	-3.7	4.1	9.5	14.8	12.9	7.6	-1.4	-6.2	-14.0	-17.0

资料来源：陕西省宝鸡县志编纂委员会：《宝鸡县志》，陕西人民出版社1996年版，第77页。

2. 日照、气温与生产生活的关系

传统时期，村民对于气温没有确切的概念，大多根据自身对于天气、气温的把握以及老一辈传下来的经验劳作、生产。"日出而作，日落而息"是最为准确的描述。根据老人的讲述，种地没有轻松的时候，尤其是夏季麦子灌浆的时候，需要头顶烈日，拔草锄地，细心浇灌，这样庄稼才能有好的收获。"人勤地不懒"在当地广为流传，告诫人们要辛勤劳动，切勿贪图享乐。

在老人的印象中，传统时期冬季要比现在冷，但夏季没有当下这么热。传统时期从事农耕、生产，没有准确的天气预报，耕作具有较大的盲目性，村民均只能"靠天吃饭"，温度一旦有较大的变化，往往对农业生产造成较大的生产损失，但村民又无力应对。

（二）降水

1. 降水概况

根据《宝鸡县志》记载，宝鸡县年降水总量不少，但时空分布不均。全县年平均降水量为679.1毫米，最多年降水量为948.6毫米，最少年降水量为431.5毫米。四季降水差异明显：冬季平均降水量为19.4毫米，占年降水量的3%；春季平均降水量为150.5毫米，占年降水量的22%；夏季平均降水量为289.5毫米，占年降水量的47%；秋季平均降水量为219.8毫米，占年降水量的32%。四季降水年际变化大，冬季最大降水偏差为47.4毫米，春季为205.4毫米，夏季为534.1毫米，秋季为430.1毫米。各月降水量以9月最大，为123.1毫米；其次为7月的121.3毫米；12月最小为4.4毫米。11月至次年3月，多为干旱，总降水量为72.5毫米，占年降水量10.67%；4—10月为雨季，总降水量606.6毫米，占年降水量89.32%，其中7月中旬到8月上旬降水量达369毫米，占年降水量的54.3%。[1]

宁王村全年总降水量431.2毫米，总日照时数为2164.7小时。年平均湿润指数为0.77，属于半湿润气候。但历年各月湿润程度差别很大：9月为过湿润月，4、7、8、

1　陕西省宝鸡县志编纂委员会：《宝鸡县志》，陕西人民出版社1996年版，第79页。

10月为湿润月，5、10月为半湿润月，2、3、6月为半干旱月，1月为干旱月，12月为严重干旱月。从年湿润指数看，境内半干旱年占15%，半湿润年占50%，湿润年占35%。[1]

表2-2 宝鸡县降水量及日数分布表

月 份	降水量（毫米）	降水天数	月 份	降水量（毫米）	降水天数
1	6.0	6	7	121.3	12
2	9.0	8	8	100.8	10
3	26.5	5	9	123.1	13
4	59.1	9	10	70.1	10
5	64.9	10	11	26.6	4
6	67.4	11	12	4.4	6

资料来源：陕西省宝鸡县志编纂委员会：《宝鸡县志》，陕西人民出版社1996年版，第80—83页。

2. 降水与农业生产关系

历来，农业生产离不开适度的降水。多日不雨或短时多雨的情况，均会对农业生产造成较大的影响。根据记载，历史上宝鸡县一带干旱、水灾均有发生。根据老人的回忆，以前发生水旱灾害，村民大多依靠自身积蓄、亲友帮衬度日，官府极少介入，甚至在极端情况下，村民只能求助于神灵，求雨、祭祀的事件常有发生。

传统时期凤翔县水灾统计：

民国19年（1930年），陈村一带水灾。

民国22年（1933年）7月24日晚，约两小时暴雨，境内西北、西南部陡起山洪，淹没秋禾四五千亩，损坏民房、食粮无算，淹毙数十人。

民国29年（1940年），6月6日降大雨，连续40余日。

民国32年（1943年）6月9日黎明，陈村地区暴雨，平地水深尺余，冲毁街房两院，淹死男女10余人。

民国33年（1944年）8月18日，陈村镇暴雨，淹没田禾、房屋，淹毙10人。[2]

（三）气候与生产

传统时期，气候对农作物的生长具有深刻的影响，加之人为干预气候的能力较弱，村民只能"靠天吃饭"。即便如此，根据多年的经验，农民巧妙地利用当地的气候条

---

[1] 陕西省宝鸡县志编纂委员会：《宝鸡县志》，陕西人民出版社1996年版，第84页。
[2] 陕西省凤翔县地方志编纂委员会：《凤翔县志》，陕西人民出版社1991年版，第94页。

件，因时制宜、因地制宜，顺势而为，尽量与气候保持一致，相应地安排农时生产活动，以便获取最大的收益。

表 2-3 宁王村一带节气物候一览

节 气	平均日期	物候现象	农事安排
立春	2月初	腊梅花始开	准备农忙
雨水	2月中旬	玉兰花现蕾	萝卜下种
惊蛰	2月底3月初	山桃芽生发；蝶始飞；垂柳发芽	春灌小麦
春分	3月中旬	山桃、玉兰始花	辣椒育苗；马铃薯下种；早熟甘蓝移栽；小麦除草
清明	3月底4月初	燕子南来；青蛙始鸣	小麦拔节；油菜始花
谷雨	4月中下旬	牡丹始花；榆树始花	油菜开花盛期；番茄、黄瓜移栽定苗；早玉米下种
立夏	5月初	黄鹂始鸣；垂柳始花	小麦普遍抽穗；栽植红薯
小满	5月中下旬	芍药始花；柿树盛花	收割油菜
芒种	6月初	枣树现花蕾；臭椿始花	萝卜、甘蓝可收获；收割大麦
夏至	6月中下旬	蚊蝇始猖；女贞始花	收割小麦
小暑	7月初	蟋蟀始鸣	麦茬地抢种晚秋
大暑	7月中下旬	知了始鸣	白萝卜、胡萝卜下种
立秋	8月上旬	芍药种子成熟	种白菜
处暑	8月下旬	牡丹种子成熟	冬菠菜下种；收获早玉米
白露	9月上旬	雷终鸣	山地播种小麦
秋分	9月下旬	石榴成熟，燕子南飞	原区播种小麦
寒露	10月上旬	泡桐种子成熟	
霜降	10月下旬	杨树、桐树始落叶；初霜	
立冬	11月上旬	核桃、杏树始落叶	
小雪	11月下旬	桃树、柿树、杨树叶全落；初雪	陆续收储冬菜
大雪	12月上旬	垂柳叶全落	
冬至	12月下旬	法桐叶全枯	
小寒	元月上旬	土始冻	
大寒	元月下旬	土冻结实	

农业气象谚语：春打六九头，遍地走耕牛。九尽桃花开，蜜蜂出巢来。惊蛰刮黄土，倒冷四十五。槐知来年麦，杏知当年秋。有钱难买五月旱，六月连阴吃饱饭。要

吃缸里米，每伏三场雨。盐罐反潮，天雨难逃。人发迷，天气炎，疮疤发痒把雨见。榆钱饱，麦必好。黑云把日接，明日把工歇。今冬雪不断，明年吃饱饭。麦怕胎里旱，谷怕老来淋。早上立了秋，后晌凉嗖嗖。人黄有病，天黄有雨。夜晴没好天，等不到鸡叫唤。[1]

耕作播种谚语：麦浇小，谷浇老。枣发芽，种棉花。谷雨前后，点瓜种豆。头伏萝卜，二伏菜，三伏种出大白菜。七月不收场，八月心发慌。三红（辣角、枣、柿子）皂角黑，雁来就种麦。秋种五月土，白露高山麦。麦深谷浅，糜子苦脸。冬耕深一寸，顶上一层粪。庄稼一枝花，全靠粪当家。人是铁，饭是钢，地里没肥庄稼荒。[2]

表 2-4 宁王一带不同季节农谚一览

季 节	农 谚
春	春雨贵如油；惊蛰响雷，谷米如泥；二月二，龙抬头；春分响雷防冰雹，夏至响雷无雨暴；清明小燕南来，大雁北去；清明七十（天）吃白面，清明三十（天）抽蒜苔；清明断雪；清明要明，谷雨要淋（下雨）；雪打菜子花，麦收石七八；早秋要迟，迟秋要早；谷雨前后，点瓜种豆；椿树抱"娃娃"，收拾种棉花……
夏	立夏三日，遍地生火；小麦开花结籽整一月；油菜不过小满，大麦不过芒种，小麦不过夏至；有钱难买五月旱，六月连阴吃饱饭；晚秋争晌晌，早种多打粮；中伏萝卜末伏菜（油菜）……
秋	早晨立了秋，下午凉飕飕；七月半，栽大蒜；白露高山麦；麦子不离八月土（指原区）；白露早，寒露迟，秋分过后最适时（原区小麦下种时间）；麦子豌豆泥里滚（雨多地湿下种无妨）；六天早，八天迟，七天出来最适时（指麦苗出土的时间）；雁过十日霜来到；夏秋雨透，霜期推后……
冬	数九数暖，入伏入冷；一九一阳生，五九露出羊角葱；冬至长，夏至短（冬至后天渐长，夏至后天则渐短）……

上述谚语、俗语既是一种经验的总结，又是一种文化、经验的传承。农民祖祖辈辈口口相传，体悟气候变化，感知四季轮回。

三、土壤特征

土壤是农业生产的物质基础，它有着复杂的历史发展过程，受生物、地形、气候、母质等多种自然因素的综合作用。同时，它也是人类生产活动的产物。宝鸡县土壤肥沃，形成复杂，土种多样。[3]

（一）土壤基本情况

娄土，属于典型的耕种土壤类型，主要分布于渭河南北海拔 525—1046 米之间的

---

[1] 陕西省宝鸡县志编纂委员会：《宝鸡县志》，陕西人民出版社1996年版，第765页。
[2] 陕西省宝鸡县志编纂委员会：《宝鸡县志》，陕西人民出版社1996年版，第765—766页。
[3] 陕西省宝鸡县志编纂委员会：《宝鸡县志》，陕西人民出版社1996年版，第92页。

台塬地带。是理想的农耕土壤，土体构型适宜，结构良好，上虚下实，肥力平稳，口松易耕。黄土，广泛分布于渭北高原，尤以丘陵区分布面积较大。从高度上看，该土位于同地区的褐土之下、潮土之上；从地形上看，该土主要占据黄土质的梁、峁、沟坡及塬平地的壕底、台塬的边坡。黄土质岩性土壤，母质层深厚优良，熟土层浅薄，透水抗旱，保肥性差，肥力低。快发小苗，口松易耕。淤土，主要分布于河流沿岸新滩或山麓口处。尤以渭河沿岸及夹心滩分布面积较大。是发育在河流新近沉积物和洪积物上的幼年土壤，土体中常有巨石，生产性能很差，养分贫缺，肥力很低，不怕旱，只怕涝。[1]

表 2-5 宁王村土壤类型统计

土壤类型	特点	耕作难度	分布	百分比
娄土	上虚下实，肥力平稳	口松易耕	平原地带	60
黄土	透水抗旱，保肥性差，肥力低	口松易耕	渭北高地	35
淤土	养分贫缺，肥力很低	极难耕作	渭河沿岸	5

（二）土壤与生产、生活关系

1. 土壤与生产的关系

川地、坡地的土壤肥效有所差异：川地主要由渭河冲积形成，所以其肥效相对要高出很多；而位于渭北黄土台区的坡地，肥效就要差很多，而且由于浇灌不便，作物产量较低。

传统时期，无论是贫瘠的坡地还是相对肥沃的川地，农民每年都要对土地进行增肥，主要是将人畜的粪便、草木灰、炕土等运送到地里，在耕种时施在田间，以增加土地肥力。如此，对于没有大牲口的家户而言，粪肥就要少很多，因此在农闲时节或者在赶往田间的路途中，随处可见拾粪的老汉。

土壤保墒对于作物的生长无疑是至关重要的，传统时期主要的保墒方法有：选择合适的时机翻整土地，并将翻起的大块土块碾碎；挖掘灌溉沟渠；等等。

坡地主要位于渭北黄土台区，崎岖不平、田块较小，灌溉不便，不适合于大规模生产，主要种植耐旱作物，如玉米、谷物、土豆等。相对于坡地，川地的肥力相对较高，加之土地低平平整，田块较大，便于灌溉，适用于大牲口、大农具的施展，因此大多用来种植小麦，而且在小麦收割之后还可续种一茬秋收的玉米，因此，其产量相对较高。

---

[1] 陕西省宝鸡县志编纂委员会：《宝鸡县志》，陕西人民出版社1996年版，第104页。

图 2-1 宁王村现存的窑洞

2. 土壤与生活的关系

传统时期,宁王村一带居住窑洞还是较为常见的,村民一般是在渭北黄土台区选择合适的山坡,挖掘窑洞,依山而居。

传统时期,除了窑洞,房屋主要分砖木结构和土木结构两种,而以后者居多,较少有家户盖得起砖木结构的房屋。

第二节 干旱与水利

前文述及宁王村一带水灾情况,值得说明的是,传统时期,相对于水灾,旱灾对麦作社会的宁王村影响更为重大。由于缺乏有效的灌溉设施,农民种田更多地依赖天气。本节主要从村庄干旱社会与自然底色、水井社会及其关系、渭河水利及其关系三部分考察宁王村传统时期的水利状况。

一、干旱社会与自然底色

1949年以前,地理位置、地形地貌等综合因素造就了宁王村缺水的环境。渭河,这条黄河母亲河的支流虽流经宁王村南部,但其相隔数公里,并未均沾宁王村。即便如此,在长期的生产、生活中,宁王人积累了足够的智慧,能够应对不同程度的春旱、伏旱等自然灾害。但在重大的旱灾面前,人们又往往陷入束手无策的境地。

(一)旱灾频发

传统时期,宁王村一带干旱时有发生,严重的时候几乎年年发生。冬季受蒙古高压控制,气候干冷。10月后高压渐强,直至次年1月为甚,此后渐弱,3月消退。冬季连续无降水日多持续一月以上。随着高压减退,继之是北太平洋副热带所控制的夏季风,每年7月前后最盛。此间,天气晴朗,蒸发量大,易形成夏季干旱,秋田作物往往减产。近年气候异变,冬、春、夏、秋均有旱象出现,其中夏、秋及初冬干旱多,危害较大。[1]

---

[1] 陕西省凤翔县地方志编纂委员会:《凤翔县志》,陕西人民出版社1991年版,第90页。

表 2-6 凤翔县清代至 1949 年之前干旱情况统计表

旱灾时间	旱灾详情
顺治五年（1648 年）	旱
顺治十二年（1655 年）	旱
顺治十四年（1657 年）	旱
康熙二年（1663 年）	秋旱
康熙三十年（1691 年）	大旱，渭水仅尺许。民饥，取草根、木屑食。继以疫，死大半
康熙三十一年（1692 年）	旱
康熙三十三年（1694 年）	旱
康熙五十九年（1720 年）	旱
康熙六十年（1721 年）	旱
乾隆十七年（1752 年）	秋，大旱，无禾
嘉庆七年（1802 年）	春旱，麦歉收
嘉庆十年（1805 年）	旱
嘉庆十五年（1810 年）	旱
嘉庆十八年（1813 年）	旱
道光二十六年（1846 年）	夏、秋皆旱，收成屡减，粮价昂贵，百姓纷纷逃荒
光绪三年（1877 年）	大旱
光绪十五年（1889 年）	大旱
光绪二十六年（1900 年）	冬至次年夏连续大旱，遂大饥，百姓流离死亡，厥状甚惨。凤翔 18.3 万人，死亡 2.2 万人
民国十四年（1925 年）	自冬至次年春，雨雪稀少，禾苗枯萎
民国十七年（1928 年）至民国二十二年（1933 年）	连续 6 年大旱，饿殍载道。民国 18 年（1929 年）秋收不足二三成。8、9 月仍不雨，秋播失时，死民近半
民国二十九年（1940 年）	大旱
民国三十二年（1943 年）	入夏后久阴不雨 40 余天
民国三十三年（1944 年）	清明前后，遇旱、大风

资料来源：陕西省凤翔县志编纂委员会：《凤翔县志》，陕西人民出版社 1991 年版，第 91—92 页。

结合上表可以看出，传统时期的宁王村旱灾之严重。结合村中老人的讲述，旱灾确属宁王村之常态。对于农耕社会而言，"靠天吃饭"的处境不得已一直延续着。

宁王村的旱灾主要包括两个时间段：春旱和秋旱。春旱使得作物迟迟不能下种，由此收获便无从谈起；而秋旱一旦发生，就影响作物颗粒的成型，从而引发减产以至于绝收。秋旱的后续影响力也是显而易见的，土地难以得到充足的水分，当年秋季作物便难以下种，这将直接影响下一年作物的收成，如此，饥荒便无法避免了。

(二) 水利匮乏

气候因素是造成干旱的直接原因，而水利设施的匮乏是导致干旱的又一重要原因。渭河，作为黄河的第一大支流，的确流经宝鸡县境内，从宝鸡县县西陲凤阁岭乡建河村入境，横贯县东西，流经22个乡镇，东至阳平镇姜马村出境。县境河段长157.6公里，占总长的19.3%。以林家村为界，呈现不同的河相。[1] 其南距宁王村也不过10公里，但正是因为灌溉设施的缺失，母亲河未能哺育近在数里的宁王村。气候加之水利设施的匮乏，共同造就了宁王村干旱的底色。

(三) 旱灾的应对

旱灾一旦发生，村民需要竭力去应对，以便维持基本的温饱所需或求得心理的慰藉。宁王村主要的应对措施包括求雨、借粮、乞讨、卖地等，村民通过上述方式求得生存所需，以便度过危机时期。

1. 求雨

求雨，即遇到干旱之年，久旱不雨，此时一村或者几村的农民联合起来，祭祀龙王，祈求下雨，其中包含四个因素。其一，求雨的范围。传统时期求雨多以村为单位，各村分别设坛求雨；亦有几村联合求雨的事例，但唯有在旱情特别严重的情况下，数村才会联合求雨，以示旱情之重、受灾之广、求雨之诚。其二，求雨仪式。求雨仪式主要包括摆放供品、上香、朗读祈雨文书、跪拜、唱戏、鸣放鞭炮等诸多环节；值得一提的是，祈雨文书多由当地私塾先生书写，且并非每次都会朗读祈雨文书。其三，求雨结果。求雨之后，如果降下甘霖，那么便认为是求雨成功了，当年在粮食收获之后就需要还愿，一般是邀请戏班搭台唱戏，至少需要连唱三天三夜，以显示隆重与虔诚之意。如果求雨后没有下雨，那么一般会不了了之，亦没有还愿之说。其四，求雨中的关系。求雨当中形成了一系列的关系，如地缘关系、信缘关系、长幼关系、尊卑关系、贫富关系、官民关系、性别关系等。下面重点论述祈雨仪式和祈雨中的关系。

(1) 祈雨仪式

传统时期，宁王村求雨主要是拜龙王，具体的祈雨仪式可分为八个步骤。第一，选定吉时。求雨时间的大背景是干旱之年；具体的求雨时间是需要请阴阳先生选定的吉时，非任意而为之的。第二，召集众人。选定时间之后，需要于求雨之前告知同村之人求雨事宜，以便及时赶到；通知事宜一般由龙王庙里的会首负责。第三，供奉香案。求雨仪式之前，需要在龙王神像前摆放较大的方桌，以便在仪式上摆放香炉、供

---

[1] 陕西省宝鸡县志编纂委员会：《宝鸡县志》，陕西人民出版社1996年版，第88页。

品等。第四，求雨仪式。求雨当日，根据阴阳先生推定的吉时开始仪式，一般由会首或者大族之家的族长主持主祭仪式，其余民众则根据主祭人的引导施礼，如摆放祭品等。第五，焚香烧纸。焚香烧纸是求雨仪式的重头戏，一般龙王面内设有专门的化纸炉，在主祭人的引导下，众人纷纷上前焚纸祈祷，虔心祷告。第六，鸣放鞭炮。焚纸毕，以家户为单位开始鸣放鞭炮，以示礼成；同时意在提醒同村人求雨的仪式，以免遗忘。第七，施布施。仪式既成，村民们纷纷来到施布施处，出钱出物，以表虔诚；布施不在多少，主要在于心意，讲求"心诚则灵"。一般家户多则10—20元，少则1—2元，还有一些人家施以被面等物品。而这些收上来的布施主要用于祭祀的各项费用以及维护庙内的日常运转，如购买纸张蜡烛、庙宇维修等。第八，搭台唱戏。如果求雨仪式之后天降雨露，人们便认为求雨成功了，此时需要再次隆重祭拜，以示感谢。有时还要根据求雨仪式上的约定搭台唱戏，以此"谢神"。唱戏的时间一般是在当年秋收之后，一方面人们忙完了农活，有充分的时间；另一方面，庄稼收入之后，每家都能出一份唱戏的钱。唱戏的规模有大有小，小规模的戏一般指皮影戏，其成本较低，且以本村自乐班成员为主，至少唱三日；大戏指的是秦腔，大多需要邀请专门的戏班，其花费远远高于皮影戏，一般为10—15石麦子，否则，根本请不起戏。

（2）祈雨中的关系

其一，祈雨中的信仰关系。祈雨成员主要由以信仰道教为主的村民组成，信仰佛教及其他宗教的村民不会参与祈雨仪式，相应地，这些人也不会出份子钱、不会施布施，后期唱戏一般也不会出钱。由此可以看出，祈雨仪式是基于共同的道教信仰而存在和发展的一项特殊活动。

其二，祈雨中的地缘关系。传统时期求雨，大多以村落为单位，各村分别组织求雨活动；如果干旱确实严重，一村的力量不足以举办祈雨仪式时，各村便会联合起来，基于共同的地域因素而共同举办祈雨仪式。一旦"灵验"，即祈雨仪式后不久下雨了，此时，共同祈雨的几个村落将再次组织起来，举几村人之力，邀请戏班，搭台唱戏，以表达对龙王的谢意。

其三，祈雨中的尊卑关系。祈雨仪式体现出了较为严格的尊卑关系。首先，主祭人一般由该村大族族长或者庙里的会首担任，普通民众则不具备此资格。其次，祈雨仪式期间，跪拜的顺序、位置等具有较为严格的次序，如果父子一同参与祈雨仪式，那么父辈需跪在儿子前方，而不是相反。再次，上香顺序有先后，如一家两代人甚至三代人一同参与祈雨上香仪式，那么需按照尊卑次序上香，不得失序。

其四，祈雨中的长幼关系。传统时期祈雨，一般以中老年人为主，小孩子基本不参与。一方面，有家长代表家户前往参与仪式；另一方面，祈雨仪式是非常隆重的场合，一般不允许小孩子参与，以免破坏祈雨仪式。

其五，祈雨中的贫富关系。祈雨仪式也表现出了较为明显的贫富关系。其一，祈雨仪式多由大户、富户牵头，主要是因为大户、富户一般具有更多的土地，一旦干旱，这些大户才是最大的受害者，所以，一般由其牵头组织祈雨事宜。其二，贫者与富者携带的祭品有所差异。一般家庭携带点心、水果前去祭拜；而大户多会携带猪头、羊头、牛头（俗称"三牲"）前去祭祀，相比而言，大户的祭品更为丰厚，祭拜仪式也更为隆重。其三，仪式之后施布施的多少存在差异。对于普通家户，一般施1—2元、3—5元不等；而大户一般较多，多以50、100元居多。

其六，祈雨中的官民关系。传统时期村内的祈雨仅限于群众自发的层面，保长、家长等基本不会牵头组织祈雨事宜，但保长、家长可以以个人名义前去上香。祈雨也不必经过保长同意。"天干大家都看着呢，保长他能干啥？"保长前去上香，礼节与普通百姓无异。

其七，祈雨中的性别关系。传统时期，祈雨仅有男人参与，女人不得参与其中；但后期如果有唱戏还愿环节，那么女人孩子均可参与其中，前去戏场看戏娱乐、庆祝。另外，祈雨仪式上所用祭品均由各家户妇女制作，然后由家中男丁或者家长带到龙王庙去。

2. 借粮

在传统时期，借粮食于普通农民而言是日常生活中较为常见的一种现象，而在借粮与还粮的过程中形成了一套做法。

第一，向谁借粮食？借粮食是农民的无可奈何之举，其借粮有一定的次序性：其一，向亲友借粮食；其二，向左邻右舍借粮食；其三，向财主借粮食。

第二，借粮食是否需要利息？传统时期，亲朋好友之间互相借粮食不需要支付利息；但如果是向财主借粮，那么可能需要支付利息。

第三，借粮食时是否需要书写借条？传统时期，借粮一般无须书写借条；向财主借粮食时，财主会记账，以免遗忘。

第四，借粮食时是否需要请中间人？借粮一般无须邀请中间人，只要双方同意便可借粮。

第五，一般可以借多长时间？传统时期借粮食，多以一年为期，等到新粮食下来便归还。

第六，到期不能偿还如何处理？于亲友来说，如果一年还不上，那么要向其说明原因，并致以歉意，争取下年偿还。于财主来说，如果当年不换，那么下年一般会收取利息。曾经，在宁王村就发生过借财主一斗玉米，而在第二年还了一斗麦子的事件。

第七，有了粮食先交国家的税赋，还是先还借粮？于农民来说，一年收下的新粮食，首先需要交国家的税赋，之后再偿还其他债务。

3. 乞讨

传统时期，农民在遇到特别重大的灾害而互助失败时，只能通过乞讨的方式获取生存的机会。"讨口的"，关中一带也称之为"要饭的"，主要指以流浪、乞讨为生的群体。传统时期，由于社会较为动荡，加之天灾人祸，所以在一段时间内，以乞讨为生者还是较多的。下面主要围绕讨口的来源、流动、生活、关系、纠纷及纠纷的处理展开论述。

（1）讨口的来源

传统时期，宁王村一带的讨口的主要来源有二：第一，附近地区的讨口的。一般而言，如果遇到歉收之年，一些土地较少的人便不能依靠自己的力量维持生计，此种情况下，这一群体便不得不走出家门，向外界寻求帮助，以求活路。第二，外来讨口的。传统时期，除了本地的讨口的，往往还有其他一些外来的讨口的，以周边河南、山西、甘肃等地为主。

传统时期，讨口的分为两种，一种是自家没有土地、完全依靠乞讨谋生的"职业乞讨者"；另一种则是自家有一些土地，只是在天灾之年或者战乱之年等沦为乞讨者。"职业乞讨者"一年四季游走于各个村落，白天外出寻找食物，夜晚露宿窑洞、破庙等地；遇到好心的家户，则能拿到一些干馍馍、接点开水等；如果百姓自家也比较困难，那么也是爱莫能助的。而对于在特殊原因下暂时沦为讨口的乞讨者，主要分两个时间段来阐释。第一，丰年自足。如果是丰收之年，且无战事，那么这部分潜在的讨口的便能幸免沦为乞讨者的命运，通过自力更生、经营自家土地来养活自己及家人。第二，灾年讨饭。如果上述潜在人群遇到灾年，甚至战乱、沉重的赋税、摊派等多重因素叠加，则这一群体极其容易沦为乞讨者。

（2）讨口的流动

论述讨口的流动，主要从空间流动以及时间流动两个维度展开。

第一，空间流动。讨口的空间流动可以大致概括为五个方向，以下分别阐述。其一，受灾区域向非受灾区域流动。纵观历史，无论天灾还是战乱，多以区域性的灾难为主，很少有大面积、大规模、全面的天灾发生，这一前提为农民通过流动的方式避灾提供了可能。其二，战乱区域向非战乱区域流动。与天灾类似，战乱也多为局部性战乱，当一处发生战乱时，农民可以通过流动的方式到非战乱区域乞讨、避灾。其三，核心区域向边缘区域流动。战乱多发生在核心区域，或者说战乱对核心区域的冲击更为剧烈，这样，农民就从核心区域向边缘地带流动来避灾减灾。其四，平原地区向山地地区流动。宁王村处于关中平原地区，是主要的粮食产区，受干旱等灾害天气的影响较大，一旦遇到灾害，宁王人便向周边山区，甚至西去甘肃、宁夏等地避灾。其五，山地地区向平原地区流动。关中周边以山区为主，限于土地面积、人口数量，加之天灾人祸，山区的人们也会来关中宁王村一带讨饭；宁王村一带作为麦作主产区，虽然可能遇到年馑，但一般农民家中会有一定的粮食。

第二，时间流动。在时间维度上，讨口的流动也有其特点：其一，灾年流动较多；其二，战乱之年流动较多。灾年与战乱之年讨口的流动得更为频繁，这个很容易理解。其三，冬、春季节流动较多。讨口的之所以在冬、春二季流动，主要是因为秋收之后，农民往往有一定的粮食可以维持一段时间；夏季是麦收之季，也有较为丰富的野菜、野果等充饥，因此，讨口的流动较少；而在冬季，农民家中只能依靠存粮度日，关中的冬季气温往往低于零下，人们需要摄入比平时更大量的食物，粮食消耗增大，加之关中的冬季没有其他的食物作为补充，种种因素下，讨口的便比平日多了起来，其流动也更为频繁；而在春季，经过一个冬季的消耗，家中的存量消耗殆尽，新的粮食又没有下来，在此"青黄不接"的季节，容易"产出"大量讨口的。

(3) 讨口的生活

传统时期，讨口的以少地甚至无地的农民为主，其生活较为凄苦，自家种的粮食不足以养活家人，同时又缺乏亲友、邻里之间的接济，此种情况下，容易沦为讨口的。其日常生活中的大多时间基本在外流浪，边流浪边寻找能够接济自己的好心肠人家。流浪期间，讨口的白天外出讨饭，夜晚大多留宿窑洞、破庙等处；一天如果能够遇到好心人，那么基本能够解决吃饭问题，如果赶上年馑，普通人家也难自保，此种情况下，讨口的往往只能利用前期储备的干馍度日。

(4) 讨口的关系

传统时期，讨口的作为一个极为特殊的群体，其在与人交往、交流之中形成了丰富的关系，如地缘关系、管理关系、交往关系等，下面分别展开论述。

第一，讨口的地缘关系。传统时期几乎各地均有以乞讨为生者，但在一定时期内，讨口的具有一定的地缘属性。其一，来自周边邻近地区的讨口的，如北塬南下的、渭河以南北上的等。其二，来自本省其他地区的讨口的。其三，来自外省的讨口的，如河南、山西、甘肃等省。

第二，讨口的管理关系。传统时期官府很少对讨口的进行管理，也缺乏行之有效的救济，多数讨口的只能"自食其力"，通过不断地游走、行乞来求得生存。

第三，讨口的交往关系。讨口的交往关系也是较为丰富的，如与家人、同村人、亲友、"讨口家"等的交往。其一，讨口的与家人的交往。讨口的与家人的关系更多地表现为一种接济与被接济的关系，具体而言，家中尚能行动者以外出行乞为主，经过一段时间的乞讨积攒下一些食物之后，便择期返回家中，将食物交予家中其他成员，以此度日。其二，讨口的与亲友的交往。讨口的在沦为讨口的之前，多数与自家亲友有所联系，希望得到其帮助，但亲友之间的帮助毕竟有限，不可能一年四季时时帮助；在行乞之后，讨口的与亲友的联系日渐减少，关系逐渐淡化，甚至不再往来。其三，讨口的与同村人的交往。讨口的与同村人之间有一定的互动，在讨口特别困难的时候，同村与其关系较好的人家会给予其一定的帮助，但这种帮助并非常态，最终过日子还得靠自己的努力。其四，讨口的与讨口家的交往。"讨口家"即讨口行乞的对象，是讨口的交往最多的，行乞期间，讨口的每天都要与不同的人家打交道，以便得到施舍。其五，讨口的与讨口的交往。讨口的与讨口的有一定的交往，如在窑洞避寒、彼此之间的接济等，但一般仅限于关系好且熟识的讨口的之间，否则也不会有太多的往来。

第四，讨口的年龄关系。传统时期，讨口的基本是不分年龄大小的，小到5—6岁，长者可达50—60岁；有的讨口的甚至携带孩童一起乞讨，凡此种种，不一而足。

第五，讨口的官民关系。传统时期，讨口的一般很少有土地，因此，保长、甲长等政府人员在税赋、摊派等方面对讨口的约束较小；此外，传统时期，官府对讨口的救济能力有限，如此，进一步弱化了讨口的与官府之间的关系。

第六，讨口的性别关系。传统时期，宁王村一带的讨口的以男性为主，也有少数的女性从事乞讨。一方面，乞讨非常辛苦，饥饱不定，且有一定的体力条件，否则很难生存；另一方面，传统时期女性多缠小脚，出行不便。基于上述因素，传统时期讨口的多以男性为主。

（5）讨口的纠纷

讨口的在外出行乞谋生的过程中，难免与他人发生一些纠纷，如与家人、管理者、"讨口家"等。其一，讨口的与家人的纠纷，主要是讨口的不能讨回食物，从而引发纠纷。其二，讨口的与管理者的纠纷。如果大量讨口的涌入某村或者某保，那么保长便不得不出面，以免讨口的对当地的生产、生活造成冲击。其三，讨口的与"讨口家"的纠纷。"讨口家"如果有一定的食物，那么多数情况下会给予施舍；但如果其家中贫困，则无力施舍；或者讨口的太多，施舍不过来时便会引发一定的冲突，主要表现为

"讨口家"不愿施舍，而讨口的又一再纠缠。

(6) 讨口的纠纷处理

讨口的在多数情况下会避免与他人发生纠纷，一旦发生纠纷，多数以讨口的妥协退让而告终，但也有少数不同情况。其一，驱赶解决。如讨口的与"讨口家"之间发生纠纷，多数"讨口家"不愿与之纠缠，实在不想施舍或者实在无力施舍时便会用驱赶的方式解决，以免为自己带来更多的麻烦。其二，管事人解决。如果讨口的一再纠缠，与"讨口家"发生较为激烈的冲突，此时便需要请村里的管事人出面解决，多数情况下，会给予讨口的一些饭食，打发其离开，以免生乱。

二、水井社会及其关系

宁王一带没有大面积的湖泊，传统时期无论是村民饮水还是灌溉用水，多以井水为主。严格意义上来说，水井没有一定的边界；但在打井时得照顾到周边地区，如果周边地区水井的数量较为集中，那么在挖掘新井时就要考虑到这一因素，水井之间不宜过于接近，否则可能引发一些纠纷。宁王村一带的井分为两种，一种是饮用水井，即用来饮用的；还有一种灌溉水井，是专门供浇地的。前者一般打在自家院落附近，后者则直接打在田地里，方便浇地。以下主要从饮用水井及其关系、灌溉水井及其关系两个方面展开，以此考察传统时期宁王村的水井社会。

(一) 饮用水井及其关系

传统时期，村民的主要生活用水便是井水，但并非每家都有水井，由于打井需要花费相当的劳力、财力，因此，一些穷家小户便没有足够的实力打得起井，在用水方面只能依附于一些大户：如在打井、洗井时提供帮助，或者在水井主人农忙时主动提供帮助，如此，便可以获得井水的使用权。

1. 饮用水井概况

传统时期，水井对于宁王村人来说是至关重要的，一方面，水井是村民日常生活中饮水及生活用水的重要来源；另一方面，水井为宁王村川地的灌溉提供源源不断的水，尤其是大旱之年。

第一，水井的占有。传统时期，宁王村一带的水井以大户人家占有为主，主要有三个原因。其一，大户人家对水的需求量更大，如果自家没有水井，那么生活用水、生产用水均无法保障。其二，大户人家拥有打井的人力，传统时期打井较为不易，没有充足的劳动力很难打得起井。其三，大户人家拥有足够的财力打井，由于打井具有一定的风险性，一些大户人家不愿自己家人亲自打井，更倾向于请人打井，请人打井的费用5—10石麦子不等，具体视打井的难易程度、耗费功力等决定；小户人家很难支付这部分打井费用。

第二，水井的使用。传统时期，井水的使用一般遵循"主家优先"的原则，旱季缺水时期尤其如此。饮用井一般分布在院落附近，方便取水，而一些无力打井者只能就近在有井的家户取水，原则上这种取水是免费的，但主人家有什么需要帮忙的，吃水人应该及时施以援手；等到自家有足够的能力，便自行打井，以方便使用。一些打不起井的小户人家可以依附于一些大的家族，比如在大户人家打井、洗井的时候提供帮助，在平日生产中帮助大户播种、收割等，以此获取井水的使用权。在平日丰水期，小户人家可以自由取水而不用每次都"请示"；如果遇到枯水期或者天旱之年，那么，小户人家用水需要优先满足主人家的使用，之后如有剩余，小户人家在经得主人家同意之后才可使用。饮用取水以家户为单位，一般无须其他家户的帮助，基本可以自助完成取水，除非一些老人、小孩单独居住的，无法完成打水的过程，需要其他家户的成年人的介入。

第三，水井的买卖。传统时期，宁王一带存在买卖水井的情况，但多数情况下是伴随着院落的买卖、田地的买卖而交易的，单纯的水井交易较为少见。其一，如果是院落中的饮用水井，那么只要不涉及院落的整体买卖，水井便不会买卖，一旦卖出，家人的吃水问题将难以解决。其二，如果是田地中的灌溉水井，那么多数情况下是不会单独买卖的，一方面，水井是保证川地收入的重要保证，没有水井作为保障，一旦遇到干旱天气，川地产量将无法保证；另一方面，一口水井的灌溉范围相对有限，如果不涉及土地买卖而仅仅购买一口位于田间的水井是没有意义的，除非两家田地相邻或者相近，处于水井的灌溉范围之内，才有可能涉及单纯的灌溉水井买卖。

2. 打井

传统时期，宁王村村民打井，一般遵循"富人打井，穷人帮忙，一起吃水"的原则。具体而言，打井时由富人牵头，邻近几家自己没有能力打井的农户便会前来帮忙，等井打好后便可一起用水，其他没有参与打井的人一般也可以用水，但用水之前需要向主人"说一声"；为了邻里和睦，村民一般都会参与淘井、更换新的井绳等。一般自家有劳力的人家都会自家打井，方便使用。传统时期，宁王村打井中还包含一系列的关系。第一，合作关系。传统时期，在打井的过程中存在较为普遍的合作关系，一般而言，单门独户是无法打井的，无论是人力还是财力，均不足以支撑打井，因此，需要村民之间的合作。第二，雇佣关系。传统时期，在打井中还存在一种雇佣关系，主要是一些大户，自己不愿打井，于是出钱雇佣专门的打井人员打井，雇佣期间为打井人员提供食宿。第三，先后关系。在井水的使用当中，存在先后关系，一般是主家先用，帮忙打井者后用，且需要经得主家同意。第四，丰水与枯水的关系。在丰水期，一般不存在矛盾；但在枯水期，一般是主家先用，主家用过之后如果有剩余才轮到其他人家使用。

3. 洗井

洗井由井所有者负责牵头清洗，但各相关利益方也会参与洗井，此外没有参与打井、中途想加入进来的农户也会出力洗井，之后便可享受吃水的权利。据老人讲，传统时期这边地下水较多，井打得浅也可出水，井打好后基本常年有水，基本没有因为吃水而发生纠纷。

洗井中的关系主要有二。第一，帮忙关系。洗井时，一般家户内部很难完成，因此需要邻居等的帮助，此种帮忙关系并非纯粹的帮忙，帮忙之后，帮忙人便有井水的使用权，但需要遵循先后顺序。第二，雇佣关系。由于洗井存在一定的风险，一些人家不愿自家人下井洗井，因此会雇人洗井。

4. 护井

水井的管理之权为主家所有，日常生活中，未经主家允许，陌生人不得擅自使用井水；如果是有长期合作关系的人家，那么无须每次用水时都请求同意，一般在保证不弄脏井水的前提下可以自由取用井水。

(二) 灌溉水井及其关系

传统时期，宁王村也有专门供灌溉用的水井，使用规则与饮用水井相差无多，一般是首先满足水井主人的灌溉需求，之后其他邻近家户才能经得允许使用井水灌溉；如果旱灾严重，那么只能"听天由命"，甚至寄希望于神灵，进行许愿、祈雨等仪式。以下围绕灌溉水井概况、水渠修建及其关系、过水及其关系、车水及其关系、雨水及其关系五个方面考察传统时期宁王村灌溉水井的形态。

1. 灌溉水井概况

灌溉水井直接打在田间，方便灌溉。但值得注意的是，并非每块田地都有井。一般而言，只有一些大户人家才有力量、钱财打井，无井家户便只能依附这些大户，在大户人家打井、洗井等时出力帮忙，以获取取水浇地的权利。灌溉用水遵循就近原则，一般主人家先浇，之后他人经得主人同意便可取水浇灌。浇灌取水一般使用水车，但水车造价较高，只有大户才有，贫穷人家用时只能借用，虽无须给钱，但当水车主人有需要帮忙的地方，需及时提供帮助。实在没有水车时，则只能通过人力使用井绳打水，水打上来之后再挑到地里进行灌溉，但此种灌溉方法费人费力，效率较低。

取水中的关系主要包含两层。第一，先后关系。取水遵从严格的先后关系，水井所有者优先取水浇地，浇地时其他邻近农户会前来帮忙，浇完地之后如有剩余，其余邻近农户便可浇地，一般需事先向井所有者说明。如果井水较少，不够邻近区域所有农户浇地，那么也不会发生纠纷，"都干着，没啥说的"。第二，帮忙关系。在井水的取用过程当中，还存在帮忙关系，主要涉及年长者无法自行取水，此时，便需要其他人帮忙取水。

2. 水渠修建及其关系

传统时期，水渠的修建多以家户为单位，自家负责修筑自家的水渠；一些大户人家由于土地较多，加之水井距离土地有远有近，需要修建的沟渠较多，就需要雇人修渠；除此之外，较少有国家层面修筑水渠等水利设施的情况。

传统时期，宁王村一带的公共沟渠多为大户人家占有。一方面，大户人家占有更多的土地，挖掘公共沟渠，既方便灌溉，又有利可图；而小户人家的土地极为有限，挖掘沟渠是不经济的。另一方面，大户人家拥有一定的人力与财力来挖掘沟渠，小户人家则无人力、财力优势。传统时期，关于宁王村的公共沟渠应该注意：

第一，公共沟渠的占有。传统时期，公共沟渠以大户占有为主，一般是大户出钱、小户出力，以此种合作方式挖掘公共沟渠，这样在大户用过之后，小户人家亦可使用，但须经过大户人家的同意，否则容易引发一些纠纷。

第二，公共沟渠的使用。公共沟渠的使用遵循"大户优先，小户申请"的原则。一方面，在公共沟渠的挖掘过程中大户人家出资，所以，沟渠的优先使用权自然归大户人家；另一方面，小户人家一般没有属于自家的灌溉水井，在水井的使用上依附于大户人家，如此就导致了即便小户人家想提前灌溉但仍缺乏水源，只能等大户人家灌溉完之后再行申请使用井水以及公共沟渠。

第三，公共沟渠的管理。公共沟渠的管理权主要在于主人一方，但依附于大户吃水的小户亦有保持水井干净、不定期洗井的义务。而对于陌生人或者未经许可的用水都是不被允许的。

第四，公共沟渠的买卖。严格意义上讲，公共沟渠不涉及买卖的问题，一般是伴随着土地的买卖进行的。一般而言，在土地买卖过程当中，如果附带有公共沟渠、灌溉便利，那么此块土地的价格相应要高一些，以此补偿卖方挖渠的损耗。

3. 过水及其关系

宁王村一带的过水比较简单，不像南方稻作社会需要从田面过水。平原麦作区域一般播种后会在地的两头留好水渠，以方便灌溉。由于小麦灌溉无须经过其他人家的田面，过水时只是用到其他家户麦田的沟渠，用时打声招呼即可。如果要经过的田地事先没有挖好沟渠，则需告诉该田块主人要过一下水，经得同意后在田地的边上、在不伤害麦苗的前提下自行挖渠过水，过水完成后自行掩埋即可。分水遵循"主家先用，然后借用"的原则，主家没有用够，原则上其他人家不能够使用，除非经得主人同意。

传统时期，过水需要注意三点。第一，及早准备。一般而言，在作物耕种之后，各家农田内部便已挖好沟渠，以便浇水时使用。第二，事先声明。如果过水中需要经过其他人家的土地，那么需要找到当事人的家长说明情况，经同意之后方可过水，过水之后需要将沟渠处恢复原状。第三，协商为先。过水过程当中以协商为主，多数家户不愿将事态扩大。

4. 车水及其关系

平原地区的车水分两种情况，一种是人力车水，另一种是畜力车水，相同的是均需用到水车。畜力车水浇地效率高于人力车水，但有的小户人家没有牲畜，只能通过人力进行车水浇地；如果与大户关系较好，便可借用大户人家的水车及牲口来车水灌溉。此种借用，主要以帮忙的形式偿还，但也不讲究严格的等价，只需在大户人家需要帮忙时帮忙即可。

车水中的关系主要包括帮忙关系、借用关系。第一，帮忙关系。传统时期，在车水过程当中，存在较为普遍的帮忙关系，如邻居想要使用主家的井水灌溉，那么需要主动帮助主家车水浇地，浇完之后，便可车水浇自家的土地。第二，借用关系。车水时的借用关系主要包括水车的借用、牲畜的借用等；此种借用不要求严格的对等，需要的时候借用一方帮助主家干一些其他农活便可。

5. 雨水及其关系

雨水根据其降落的地点不同而导致其产权关系有所不同。现主要从雨水的占有、使用、管理、分配四个层面展开阐释。

第一，雨水的占有。如雨水落在房屋、院落、私人土地、山岭之上，那么这些雨水的产权就有私人属性，主人可以对其进行存储、截留、输导等多种方式的处理；相应的，雨水如果落在道路、荒山、无主山等处，那么这些雨水便带有公共属性，村民均可对其加以利用，如截留、输导、储藏等。

第二，雨水的使用。对于落入私人领域的雨水，主人可以任意加以利用、处理；而对于落入公共领域的雨水，村民们在不妨碍他人使用的前提下可以自由的使用，如灌溉、截留、输导等。

第三，雨水的管理。对于私人领域的雨水，主人在排水的过程中不得妨碍他人的生命、财产安全，如需要及时疏通水道，避免冲坏他人房屋、庄稼等；而对于公共领域的雨水，如果雨量较大，形成山洪等灾害时，同村人需要合力疏通水道，避免房屋、庄稼受损。

第四，雨水的分配。对于公共区域内雨水的利用，主要遵循"就近得利"的原则，对于川地而言，有些距离北塬高地较近，有些则相对较远，那么一旦久旱逢雨，北塬高地上会形成一定的径流，而在这些雨水的利用方面距离北塬较近的川地便占据天然的优势，可以优先得到灌溉；而对于距离北塬较远的川地，如果水量充沛，那么亦可得到灌溉，一旦水量较小，这部分川地便无法得到灌溉。

三、渭河水利及其关系

宁王村一带的河水，主要指渭河。渭河在为宁王人带来肥沃土壤、提供便捷交通的同时，也带来洪水等灾害，宁王村人对于这条河流的情感较为复杂。

（一）渭河概况

渭河，古称"禹河"，是黄河中游一较大支流，发源于甘肃省渭源县鸟鼠山，于本省潼关入黄河，全长818公里，流域面积134934平方公里。渭河从宝鸡县西陲凤阁岭乡建河村入境，横贯本县东西，流经22个乡镇，东至阳平镇姜马村出境。县境河段长157.6公里，占总长的19.3%。以林家村为界，呈现不同的河相。林家村（宝鸡峡起水闸）以上，穿流在变质岩及沙岩组成的山地中，形成长105.1公里的深切谷河段，河宽50—200米，河床比降15‰—20‰。水流湍急，除凤阁岭、颜家河、坪头、固川等一些较大的曲流宽谷段，成为峡区内主要的居住点及农耕地外，其余地段的自然村点极为分散，由于峡内谷窄流急，水力资源较丰富；林家村以下，渭河进入关中平原，地势平坦，河床渐宽，福临堡附近河宽500多米，虢镇河宽800多米，阳平、天王河宽达1000米以上，如果加上滩地，河宽达三四公里。河床比降1.5‰—1.2‰。河岸可动性南小北大，岸坎南高北低。林家村至千河口段，河道具有微曲性特点；千河口至出境处，属微曲性周期展宽河型。渭河多年平均径流量25.3亿立方米（林家村水文站1931—1980年资料）。1954年汛期，林家村站实测洪峰流量5030立方米每秒。[1]

据黄河水利委员会调查，1933年汛期林家村站最大洪峰高达6990立方米每秒。汛期径流量占年径流总量的57.5%。常流量30—50立方米每秒，多年平均流量81.4立方米每秒。1972年枯水流量仅3.7立方米每秒。渭河含沙量较大，每立方米83.1公斤，1966年6月14日林家村站实测断面，最大含沙量每立方米84.5公斤。1985年8月4日实测断面，年平均含沙量每立方米65.2公斤，年平均输沙量1.7亿吨。汛期输沙量占全年的95%。据史料载，渭河自公元200—1981年，共发生大的水灾22次，平

---

[1] 陕西省宝鸡县志编纂委员会：《宝鸡县志》，陕西人民出版社1996年版，第87—88页。

图 2-2 渭河一隅

均 35.5 年一次；近百年发生 5 次较大洪水，各次相隔 21—35 年。[1]

（二）河水预防及其关系

传统时期，在水患预防方面，以家户的小规模预防为主，国家层面的介入较少。家户的水患预防主要体现在提前疏通沟渠、修好水路、加固地基等；此种预防一般只能抵御小规模的水患，对于较大规模的水患一般于事无补，如涉及渭河改道等，普通的家户是无能为力的。

1. 修筑堤坝

传统时期，渭河多有泛滥，每次洪水过后，基本是由邻近河畔的村民自发组织修筑河堤，多以家户为单位，力量较为分散，修筑效果自然不佳，一遇到大水，再次泛滥的可能性极高。值得一提的是盛极一时的阳平街市场，可谓兴于渭河便捷的水运条件，同时也是毁于渭河的泛滥，最后不得不迁往阳平镇（现窑底村）。

2. 水后赈灾

传统时期，在水患发生之后，多以民间的家户自救为主，除非灾害较重，官府才会救济。家户自救的方式主要有以下几种。第一，借宿。借宿一般是投靠族人、亲友等关系亲近之人。第二，借粮。水患发生之后，如果家中存粮较少，那么就需要向亲友借粮，以便度过困难时期；如果亲友亦较为窘迫，那么，便需要向同村人寻求帮助，甚至在不得已的情况下借下高利息的粮食。第三，搬迁。如果水患十分严重以至于冲毁房屋，那么村民便不得不通过搬迁的方式躲避水灾，搬迁的方向多以从南边的川地到北塬高地为主；一方面那里地势较高，可以有效避开水灾；另一方面，北塬高地的黄土适于挖掘窑洞，相对于修建新屋，其成本更低，便于灾民暂时渡过难关。

第三节 平原与麦作

关中平原小麦的种植历史可追溯上千年，其也是宁王村主要的粮食作物之一。传统时期，小麦对于普通农民家庭而言极为珍贵，一些农户只能在年节时期吃到一些白面。本节主要从麦地与等级、麦作及其关系展开论述。

---

[1] 陕西省宝鸡县志编纂委员会：《宝鸡县志》，陕西人民出版社 1996 年版，第 88 页。

一、麦地与等级

传统时期,宁王村麦地地形主要分为川地和坡地两种。以下主要从麦地概况、麦地边界与纠纷两个方面加以考察。

(一)麦地概况

1. 麦地等级

川地、坡地的土壤肥效有所差异,川地主要由渭河冲积形成,所以肥效相对要高出很多;而位于渭北黄土台区的坡地,肥效就要差很多,而且由于浇灌不便,其产量较低。而川地、坡地根据其灌溉条件、产量等因素又可分为不同的等级。

根据介绍,传统时期,宁王村的土地可分为上、中、下三等,其中又可细化为九级。上等土地的产量大约在200斤以上,甚至到300斤,其显著特征是位于平原地带,且有井水灌溉。中等土地的产量在200斤上下,其中有川地也有坡地,遇上风调雨顺的年份,坡地亩产也能够达到180斤左右。下等地亩产量在90斤左右,主要依靠雨水灌溉,大多位于北塬高地的山坡地带。(详见表2-7)

表2-7 麦地等级与产量统计

麦地等级		亩产(斤)	备注
上等	一级	250—280	水井灌溉、川地
	二级	200—250	水井灌溉、川地
	三级	180—200	水井灌溉、川地
中等	一级	150—180	水井灌溉、川地
	二级	130—150	雨水灌溉、坡地
	三级	110—130	雨水灌溉、坡地
下等	一级	100—110	雨水灌溉、坡地
	二级	90—100	雨水灌溉、坡地
	三级	80—90	雨水灌溉、坡地

资料来源:根据村中多位老人口述整理而得。

(二)边界与纠纷

传统时期,宁王村一带的土地边界多为三种形式,即以路为界、以沟渠为界、立石为界,以下分别进行说明。

由于宁王村处于关中平原,其土地较为平坦齐整,面积相对较大,纵横分布于田地之间的道路往往构成土地之间的边界。还有一些土地则是以遍布于田地之间的公共沟渠作为土地边界，一方面以沟渠为界较为简便、易行；另一方面，以沟渠为界无须占用其他的田地，有利于土地的利用。宁王村除了平坦的川地之外，在北塬高地上还有一定数量的山地，山地之间界线的划定主要采用"立石为界"的方法。常见的做法是在山地靠近山脚的一侧立一块石头，以此作为两块土地之间的界线，部分川地之间如果既没有道路亦没有沟渠，也会采用"立石为界"的办法划定两块田土之间的界线。

传统时期，农民土地边界纠纷较为常见，主要表现在三个方面。第一，擅自越过边界。一方面，一方在耕种时有意侵占另一方的土地，尤其是一些大户人家，由于其粪土较多，因此其田面往往高出相邻的土地，在耕作的过程中，稍高处的田土等很容易侵入较低的田地；另一方面，大户人家占有大牲口、大农具，其在耕作的过程中也会有意无意地侵占一些相邻的土地。小户人家的土地遭到逐步蚕食，到了一定程度，大户便向小户提出买卖土地的想法，小户迫于压力，加之土地遭到蚕食，不得已只能将土地卖给大户。传统时期，大户通过此种方式收购土地还是较为常见的，基于此，多数小户不愿与大户的土地相邻，主要是迫于被蚕食的压力。第二，私自挪动界石。传统时期，私自挪动界石的情况较少，但亦有，多由大户所为，小户基本不敢通过此种方式获取土地。第三，种植高大作物。种植高大作物无疑会影响邻家作物的生长，因此，一方如果执意种植高大作物，那么将引发双方的土地边界纠纷。

土地边界纠纷的处理多以小户人家的妥协而告终。第一，面对大户的不断蚕食，小户人家的土地逐步减少，而向官府缴纳的税款依然按照原来的田亩数缴纳，此种情况下，多数小户只能迫于压力将土地卖给大户，然后用所得的钱重新购买土地。第二，对于私自挪动界石的情况，小户可以找保长出面，帮助其主持公道。第三，对于种植高大作物的情况双方可以通过协商的方式加以解决，或者改种其他小型作物，或者另一方亦跟随种植高大作物，以此达到一种平衡的状态。

二、麦作及其关系

传统时期，宁王村属于典型的麦作社会，主要的生产活动多围绕小麦等作物的种植而展开。以下从麦作中的农事活动、麦作与场上活动两个方面展开，着重考察传统时期宁王村的麦作社会形态及其丰富的关系。

（一）麦作中的农事活动

农耕社会一年四季当中，农民的农时活动较多，包括送肥、耕地、碎土、浇灌、除草，等等，现分别做一简单梳理。

1. 送肥

小麦播种以前，地里先要施农家肥，包括炕土、草木灰、圈粪、焦土等。送肥不是一次性完成的，而且一次的送肥量也不可能满足整块土地，因此送肥到地里之后需倒成堆，后用土遮盖，以保肥效。传统时期，宁王一带平原地区送肥主要用木车、手推车、人挑等，而北塬的坡地一般需要用毛驴驮，即在毛驴背上放置架子、鞍子，架子上再放竹制或荆条编制的驮篓，两侧各一只，分别挂于驴背两侧，装粪时用铁锨，两侧分别一锨，以保持驮篓的平衡，运送到地里之后，将驮篓底部打开，粪土倒出，如此往复，直至完成送肥。

2. 耕地

传统时期，宁王村一带小麦耕种方式以犁耕、耦耕、刨耕为主。犁耕，即以牛马等牲畜为牵引、一人在后扶犁的耕地方式。犁耕时，农民一手扶犁，一手挥动鞭子，口中发出指令，引导牲口完成一系列动作。犁耕的用具主要是犁，由木制的犁身和铁制的犁头镶嵌制作而成，此外还有牲口的套绳、木板等。耦耕，即一种由人力牵引、拉犁耕作的耕作方式，是一种较为古老的耕作方式。用具称为"抬杆"，或"豁子"。耕作时由两人完成，前面一人牵拉，后面一人一边助推抬杆，一边扶犁耕地，非常辛苦，耕的地也相对较浅。刨耕，即用镢（又称"镢头"）刨地，以达到翻地的目的的耕作方式。在这三种耕作方式中，刨耕算得上是最古老的一种耕作方式。一般来说，刨耕简单易行，便于操作，适用范围较广，如一些坡地、边角地、小块地等均可用刨耕的方式，但其缺点也是显而易见的：翻地较浅，无法深耕，效率较低，无法满足大面积土地的耕作等。

3. 碎土

田地经过犁耕之后，地面存在较多的土块，为了便于后期播种以及土地保墒，一般需要将凝结的土块碾碎。碎土的工具主要是耙，根据样式的不同大致可分为长耙、方耙、人字耙等。耙地时一般由畜力作为牵引，耙地人站立于耙上，一手牵缰绳，以控制牲畜前进的方向，一手执鞭，驱赶牲畜前进，同时扭动身子，调整重心，以期达到碎土、平整田土之目的。耙地一般是在秋季，一场适宜的秋雨过后，田土变得松软而不泥泞，此时田野里到处回荡着耙地人驾驭牲口平田整土的号声。

4. 播种

传统时期，宁王村一带小麦播种的方式较为多样，主要有耧播、筒播、撒播及点播等。

耧播，即使用耧车播种的方式。耧车由耧脚、耧斗、耧杆、扶手、拖板等构成。播种时，先将种子倒入耧斗，耧斗分为大、小两格，随后种子通过大耧斗进入小耧斗，大小耧斗之间有调节播种量的阀门，称为"耧门"，天旱需要稠种时便将耧门开大一些，墒好时，则耧门开得较小，合适即可。之后种子出耧门进入排种管（称作"耧眼"），最后，种子出耧眼到达耧脚，如此种子便可均匀地播种在耧脚所开的沟槽里，紧接着，安装在耧脚后的拖板将沟槽填平。耧播时，一人在前，牵引牲口前进，控制前进速度，另一人扶耧，边走边摇，均匀播种。耧播适用于平坦的川地，播种效率高，下种均匀，省时省力。

筒播，即用竹筒装种子，边走边敲，均匀下种的一种播种方式。竹筒一般较粗，以便装种子，另一端开孔，使种子在前进的过程中徐徐漏出。筒播过程中，将装满种子的竹筒夹在腋下，一边行走，一边用木棍有节奏地敲打竹筒，以便种子均匀地漏出在已翻耕过的土地中，随后用脚覆土，掩埋种子，相当于耧播中拖板的作用。筒播一般适用于北塬坡地，方便灵活，简便易行，但其不适用于大面积的播种，播种效率也不及耧播。

撒播，顾名思义，即利用手臂的挥动，均匀地将种子抛撒在已耕作好的土地上的播种方式。撒播时，播种人一手持盛放种子的篮，一手抓种子，边走边撒，撒种后还需耙地，以便覆土保墒。撒播的速度较快，但此种播种方式是一种技术活，对撒种人的要求相对较高。撒种是否均匀主要取决于播种者的技术、经验，如果技术不到家，撒得要么太稠、要么太稀，不利于来年收成。

点播，即由一人用锄头挖窝，另一人下种的播种方式。点播时，由二人合作完成，一人负责挖窝，另一人负责下种，下种后再由执锄人将窝掩埋。与上述几种播种方式相比，点播算得上是一种精细化的播种方式，一般要求窝距相当，播种均匀，土层适宜。但其播种效率极低，不适合于大面积播种，一般在山间坡地、边角地带才会使用此种播种方式。

5. 浇灌

传统时期，麦田的浇灌主要有两次，即冬灌和春灌。冬灌，以草木灰、炕土等为主，炕土需用石碌碾细，施于田间。春灌，一般在初春，冬去春来，气温回暖，小麦开始成长，急需养料，此时就需要春灌一次，助苗生长。当地有句谚语"冬灌金，春灌银"，足见冬灌和春灌对于小麦生长的重要性。解放前灌溉基础设施较为落后，一般用辘轳、水车取水浇地。辘轳，一种从深井取水的工具，依靠人力转动摇把，伴随着辘轳芯子的转动，将井绳缠绕在芯子上，一圈一圈缠绕，以此取水。水车，与南方的水车较为相似，亦称"龙骨车"，适用于沟、池汲水灌田。水车一般靠人力踩踏，也有靠畜力拉动的。一般一台水车一天可浇 2 亩地。解放前，宁王村一带浇地主要靠井水，一般田里打有井，专供浇地之用。

6. 除草

与冬灌、春灌相对应的，有冬锄、春锄，一般冬季杂草长得较慢，一季1次便可；但春季伴随着气温的回升，杂草生长也相应较快，春锄就需要2—3次。无论冬锄、春锄，一则锄去杂草，二则疏松田间土壤，助力麦苗生长。

7. 收割

农历四五月，关中一带小麦自东向西相继成熟，开镰收割之前，一般需要置办农具，做好开镰收割的准备，于是形成了一些别具特色的会，如"权把会""农忙会""骡马会""羊头会""人集"等，一些地方还会举行"开场饭""看忙口"等别具一格的民间交流形式。麦收一旦开始，时间较为紧张，农村可谓人尽其用、物尽其力。一日三餐，只有晚饭在家吃，早饭、午饭都在田间地头吃，因此需要儿童、妇女送饭到田间，以便节省时间，抓紧抢收。

传统时期，割麦一般用镰刀，部分坡地麦子较矮，不便收割的便会连根拔下。麦子割下之后一般会捆成小捆，来不及及时运回场里的，会就近码在一起，形成一个个的麦墩子，经过几日风吹日晒，麦捆稍干之后便用手推车、骡马等运回，没有骡马、推车的人家便使用尖担挑回。

运回的麦子一般来不及做进一步的处理，需要待到所有麦子运回、晒干后才可碾场，这就需要将运回的麦子摞起来，防止雨水的浸淋。等所有麦子全部运回到场里，便可择日碾场。

8. 拾麦穗

在收割、运输的过程中，一些麦穗难免遗落，于穷困百姓来说，这些麦穗也是来之不易的，浪费掉落实属可惜，于是便形成了一个拾麦穗的群体。这一群体一般由妇女、儿童构成。拾麦穗一则可以增加部分粮食，但更为关键的是能够培养儿童爱惜粮食、节约粮食、勤俭持家的意识，因此得到广大农民的认同和支持，得以广泛流传。

9. 掐麦秆

掐麦秆是农民尤其是农村妇女的一项副业，主要是将生长较好的麦秆变成带状的长条，长条经过进一步的加工、处理便可形成各种式样的草编，如草帽、草帘、草席、花篮、椅垫等。掐麦秆一般在冬季农闲时节进行。

(二) 麦作与场上活动

场，对于传统麦作区域而言，具有极为重要的作用。场内的相关农时活动较为繁多，现主要从春季紧场开始，一直到麦收结束，做一简单的梳理。

1. 紧场

每年3月初，柳树已发新枝，几场春雨过后，冻裂的场面趋于湿润，正是紧场的好时候。紧场，即通过畜力拉动碌碡，以使场面紧致；随后再绑一捆柳条，一般在柳条上放置重物，拉动柳条，以使场面平整。值得一提的是，在传统时期，并非每家都有牲口，没有牲口之家紧场一般需靠人力拉动柳条，效果当然不及前者。柳条拉过几遍之后，再用扫把扫去杂物，这样场就紧好了，为一年的农事活动做好了准备。

2. 摊场

摊场，即将收回来的麦捆摊开，以备脱粒。摊场时一般从场中心摊起，一圈一圈渐次围绕展开，将麦穗铺开在最外层，以便脱粒。摊场一般选在晴天的早上，晒到中午或下午开始碾打。摊场相对于其他农活较为轻松，一般由妇女完成，当地称为"摊场"或"摊麦"。

3. 碾场

碾场，即用畜力拉动碌碡碾麦子使之脱粒。碌碡都是一头大，另一头略小，便于碾场时回转。碌碡两侧各凿有一小洞，称为"滚眼"，滚眼上安装木制或者铁制的框架，叫作"碾子拨架"，牲畜上套、蒙眼后与之相连，由一人站在场中间，一手牵绳，一手持鞭，驱动牲口拉动碌碡。经过一个上午的暴晒，碌碡碾过几遍，麦子基本脱粒，然后翻场，再碾数遍，此时麦子完全脱粒，碾场也宣告结束。

4. 翻场

翻场，即在碾场过程中，与碌碡接触的一面的麦子脱粒后将其翻过来，以便另一面麦子脱粒的农事活动。翻场一般是一面碾过数遍，然后执鞭人、牲口休息，其他帮忙人员齐上阵翻场，以妇女为主。翻场后需要麦子暴晒一段时间，因此翻场后的时间也是农民的午餐时间，条件好的农户会为碾场人提供肉菜果蔬，但一般以面食为主，几碗臊子面下肚，麦子也晒得正好，继续碾场，直至麦子完全脱粒。

5. 起场

碾场毕，麦粒与秸秆脱离，碌碡、牲口下场，主人与帮忙人再次齐上阵，用杈将秸秆轻轻挑起，堆在角落，届时有积垛能人积麦垛。秸秆收拾妥当，紧接着将麦粒连带麦壳一起用木锨、扫帚等堆在场下风头的边上，等待顺风的到来，以便扬场。

6. 扬场

扬场，即借助自然风力，将麦糠与麦粒分离的过程。扬场是讲究技术的一项农活，需同时掌握好风向、风力、扬起麦粒的量、扬起的力量、扬起的方向等众多因素，一般很难拿捏。扬场时，执锨人迎风而立，铲起适量的麦粒，根据风的大小，掌握好手上的力量,轻轻将麦粒连带麦糠扬起;借助风力,麦粒与麦糠等杂质分开,前边是麦粒,后边是杂质。扬过几锨后,另一执扫把人在麦粒上轻轻一掠,将混杂在麦粒堆上的少量杂质掠去。如果风顺,一人扬,一人掠,不久金黄的麦粒便被分离出来了。

7. 打场

打场的作用与碾场一样,目的在于将麦子脱粒,只是打场需用人力,一般没有牲口的农户选择打场。打场需用到梿枷,梿枷由手柄和敲杆构成,操作时手持手柄,利用敲杆360度的旋转敲打在麦穗上使之脱粒。打场一般是在午后,此时阳光强烈,麦子晒得很干,正是脱粒的最好时机。传统时期,打场算得上是最为重要的农事活动,农户之间会相互帮助,打场时人们分成两排,面对面而立,梿枷一上一下,动作齐整,节奏分明。伴随着连续的敲打,晒得焦脆的麦粒很快脱粒,打过数遍之后翻一次,再打数遍,直至麦子全部脱粒。值得一提的是,由于打场使用的是人力,麦草不像碌碡碾过的那样柔软,如果要用麦草喂牲口,最好的选择还是碾场。因为碌碡一般较大、较重,碾过之后不但达到了脱粒的目的,而且碾场的过程中使得麦秆柔软,是冬季喂牲口的首选。

第四节 集居与空间

传统时期,宁王村的居住格局受到地形的严格规制,大致呈东西走向,房屋大多坐北朝南,一则便于采光,二则冬季可以阻挡凛冽的西北风侵袭。窑洞也是沿着渭北高地依山而建,窑洞开口朝向南边,自西向东。本节主要围绕村落空间格局概况、民居、祖居、神居、公共空间以及空间关系六个方面考察宁王村的村落空间形态。

一、村落空间格局概况

传统时期,宁王村北靠北塬高地,南临渭水,地势北高南低。村落布局受此规制,呈现"一横多纵"、北高南低、坐北朝南等特点。无论是私人宅院,还是公共神庙,无不受其影响。

(一) 走向:北高南低

传统时期,宁王村地势北高南低,这一大的地势走向规制了村庄的整体布局,也影响着村民的生产、生活。

1. 依山而建

传统时期,宁王村居住方式主要有两种,一种是修建房屋,另一种则是穴居窑洞。

无论采取哪一种居住方式，最终选择都是因地制宜——依山而建。根据村中老人介绍，传统时期，在渭河没有改道之前，宁王村离渭水较近，一旦河道决口，就会危及宁王村，在此种情境下，宁王人选择依山而建，无论是私人院落还是公共建筑；一旦发生特大洪水，村民便可以安全退守，这无疑是一种理性的选择。

2. 筑堡而御

传统时期，对于处在平原地带的宁王村而言，防守是不容易做到的。宁王村人的解决方案是"筑堡而御"，具体做法是北靠北塬高地，另外几侧根据地势走向，修建土墙，筑起堡垒，以此建成防御工事；一旦有盗贼侵扰，村民便可以进入堡内，关闭堡门，躲避侵扰。

（二）布局：一横多纵

传统时期，宁王村村落布局受地形、地势等多重因素影响，最终呈现"一横多纵"的格局。"一横"主要是指贯通东西的村庄主干道路，"多纵"指多条南北走向、直通北塬高地的小路，如此，纵横交织的道路将村落三大子块——宁王、梁家门前、沈家堡——连在一起，共同构成了错综交织的村庄形态。东西走向的道路穿村而过，村民院落大多位于道路以北，道路以南以平原川地为主。

（三）方位：坐北朝南

传统时期，在院落、房屋朝向上一般遵循"坐北朝南"的原则，院落内的正屋尤其如此，一则与风水有关，二则与当地气候、风向等有较大的关系。每到冬季，宁王村一带盛行西北风，坐北朝南的朝向一方面可以借助北塬高地的地势阻挡西北风的长驱直入；另一方面朝南可以最大限度地采光，增加房屋温度。在主屋的西侧一般是偏房，用来居住或者设置灶房；院落的大门大多坐西朝东，但每一家的具体朝向又略有不同。

二、民居：大姓集聚，小姓散居

传统时期，宁王村民居总体呈现"大姓集聚，小姓散居"的格局。具体来说，三大家族——王、梁、沈——分别以宁王堡、梁家堡以及沈家堡三个堡子为中心居住。

（一）村内民居布局与建房惯习

传统时期，宁王村主要由三大居住单元构成。在地理位置上，自西向东依次是沈家堡、梁家门前、宁王；从姓氏上看，主要由沈、梁、王三大姓氏为主；从集聚形态看，总体呈现"大姓集聚，小姓散居"的特点。

总的来说，集中居住是传统时期宁王村主要的居住形态，究其原因，主要是基于安全上相互保护的需求以及生产上互助的需要；此外，无论是居民饮水还是灌溉用水，均以井水为主，这就限制了传统民居的分布形态不至于过于分散。

（二）院落结构与房间安排

传统时期，宁王村院落总体呈现"高墙大院，集中布局"的特点。"高墙"，主要是基于安全、防卫的考量；"大院"，主要由宁王村的平原地形决定，院落的面积相对较大，有0.4—1亩不等；而"集中布局"，一方面基于相互照应的考虑，另一方面可以有效利用院落空间。

在院落结构方面，整体多为方形结构，四周封闭；大门多位于院落的东侧，房屋则主要位于院落内部北、西、南三个方位。院落的面积大小不一，具体根据家户人口、家户经济状况等综合因素。小的院落面积约为0.3—0.4亩，大的院落可以达到1亩，甚至更大。

在院落内部房屋的布局上，正屋多位于院落的北部，坐北朝南；厨房多位于院落的西方，南侧主要是一些杂物间等。在房屋间数方面，多数正屋为3—5间，正中间一般悬挂先人案；两侧多为卧室，有些家户也用来存储粮食。厨房位于院落的西部，亦即与院落大门相对，但并非严格意义上的相对，这里边还有风水层面上的讲究。而厕所、猪栏、马厩等大多位于后院，一般在院落内部设置小门相通，方便出入。此外，对于人口较多的家户，一般在院落的南侧建有房屋，一般是3—5间不等，大多用作卧室。

在居住形态上，传统时期的宁王村除了上述院落的居住形态，还有窑洞居住的方式。窑洞大多依北塬高地而建，窑门朝向南侧，便于采光。窑内大多还设有侧窑，以便布局厨房、卧室等。此外，有些窑洞还配有高窑，即在窑洞（侧）顶部3—5米的位置续挖窑洞，主窑与高窑之间通过秘密的暗道相连通，在危机时刻，居民可以舍弃主窑，将重要财产、人员等转移至高窑，绕后封闭中间的通道，以此起到安全防卫的作用，这也是传统时期宁王村一些小家、小户的防卫之道、生存之道。

尽管窑洞具有冬暖夏凉的特点，但是宁王村人还是希望拥有自家的院落。总体而言，具有一定人口、经济实力的大户大多选择院落的居住方式；而一些人口较少同时经济能力有限的家户只能暂时选择居住在窑洞之中。一个有意思的现象是，伴随着家户的发展、经济实力的增强，一些人家选择就近在窑洞前部空地筑墙为院，在建起院落的同时将原先的窑洞纳入院落的范围，这就形成了"前屋后窑"的特殊居住形态。伴随着家户进一步的发展，院落内房屋不断建造，窑洞渐渐被空出，其逐渐从居住之地演变为杂物放置、果蔬贮藏之地。

（三）宅基地、房屋产权关系

传统时期，宁王村宅基地、房屋的产权主要以家户私有的形式占有。家户占有房屋的数量如表 2-8 所示。

表 2-8 1949 年之前宁王村各姓氏房屋、窑洞占有情况统计表

姓　氏	户数（户）	人口（人）	房屋间数及占比	窑洞口数及占比
王	120	690	550/36.79%	75/41.67%
梁	80	510	480/32.11%	32/17.78%
沈	50	350	295/19.73%	21/11.67%
其他	30	200	170/11.37%	52/28.89%
总计	280	1750	1495/100%	180/100%
户均房间	5.3 间			
户均窑洞数	0.6 口			

从上表可见，在 1949 年之前，宁王村户均占有房屋 5.3 间；户均占有窑洞 0.6 口。在房屋姓氏占有上，王姓占有房屋 550 间，占宁王村房屋总数的 36.79%；梁姓拥有房屋 480 间，占总数的 32.11%；沈姓占有 295 间房屋，占宁王村房屋总数的 19.73%；其他姓氏拥有房屋 170 间，占总数的 11.37%。在窑洞占有方面，王姓拥有 75 口窑洞，占总数的 41.67%；梁姓占有窑洞 32 口，占总数的 17.78%；沈姓占有 21 口窑洞，占全村窑洞总数的 11.67%；而其他姓氏占有窑洞 52 口，占全村总数的 28.89%。结合各姓氏的人口可以发现，宁王村王、梁、沈三大姓氏人口占全村总数的 88.57%，其占有村中 88.63% 的房屋；其他姓氏占总人口的 11.43%，而这部分人占有村中近 30% 的窑洞。

（四）房屋、院落产权边界及纠纷

传统时期，宁王村宅基地边界的划分方式较为多样，如以墙为界、滴水为界、以路为界等，产生的纠纷及其解决也有所不同，以下分别做说明。

1. 房屋边界及其纠纷

（1）房屋边界

传统时期，宁王村一带房屋之间的边界主要以墙壁为界，或者以中线为界。第一，以墙壁为界。房屋之间的边界多因分家而产生，多以墙壁为界，墙壁双方各占一半，一方不得擅自拆除、移动或者破坏墙壁。第二，以中线为界。以中线为界，大多数情况下是对于公共使用的房屋划分的一种方式。在所有权方面遵循"以中线为界"的方式，但在日常生产、生活的使用中遵循"共同使用"的原则。一间空屋，一方暂时不用，那么另一方在经得同意的前提下可以暂时占用，如紧急时刻可以暂时存放粮食、

麦草等物，而不会严格遵循"中线为界"的原则。

（2）房屋产权边界的产生

第一，因分家而产生的边界纠纷。因分家产生的房屋边界纠纷主要围绕"官墙"而展开：两间房，分家时两兄弟每人一间，中间的一堵墙便叫作"官墙"。官墙属于两家共有，因此，一方在使用的过程中不得损害另一方的利益，比如要新开门洞、打桩钉钉时需经得另一方的同意，从而避免不必要的纠纷。

第二，因买卖而产生的边界纠纷。房屋或者院落的买卖，均有可能引发房屋的边界纠纷，主要分两种情况。第一，房屋买卖中只买地面建筑，不涉及宅基地。传统时期，宁王村的房屋买卖大多以购买房屋为主，大多在购买之后选择拆除院落当中的房屋，以此获取木材等建筑材料。此种情况下，边界纠纷主要存在于拆除房屋的过程中，涉及官墙以及共同使用的门楼、通道、走廊等。哪些能拆、哪些不能拆、哪些可以自主拆除、哪些需要双方协商后拆除等诸多情况均需要考虑。第二，房屋买卖中不但涉及建筑，还夹带宅基地。房屋买卖如果连同宅基地一并购买，那么此种情况下的边界纠纷便不涉及两家公共区域的拆除问题，而主要存在于房屋易主之后双方利益的重新分配、磨合、协调等，如脏水的处理，公共区域的利用、重新分配，等等。

（3）房屋边界纠纷

传统时期，宁王村房屋的边界纠纷相对较小，且主要因分家而产生，如涉及分家不均、公共地带的占用等。这些纠纷的调解主要在家户内自行调解，如老父亲健在的，亦可请其出面加以解决。

2. 院落边界及其纠纷

（1）院落边界

若宅基地之间位置有限，两家距离较近，那么，两家的宅基地边界多以墙为界。如果是同时修建边墙，那么费用两家均摊，且以墙的中线为界；如果两家不同时修建边墙，那么以较早修筑的一方的边墙为界，墙体归较早居住一方所有。如果一方或者双方在交界处有滴水，此种情况下遵循"以滴水为界"的原则，亦即任何一方房屋的滴水不得滴入另一方的范围之内，否则将由此引发纠纷。如果甲乙双方的宅基地之间的位置较为充足，中间形成了一定的道路，那么甲乙双方的宅基地边界遵循"以路为界"的原则，此时双方分别筑有院墙，滴水一般也相距较远，以路为界，明确、固定。

（2）院落边界纠纷

院落的边界纠纷较为多样，但主要源于分家、宅基地的买卖、修建新屋。第一，分家。分家之后，面临宅基地的重新分配问题，而在分配的过程中，一旦发生分配不公的问题，那么宅基地的边界纠纷便日益凸显。第二，宅基地的买卖。宅基地买卖之后，新的邻里关系便面临边界纠纷的危机，如果买卖契约上未注明或者没有写清楚，那么因宅基地的买卖而引发的矛盾纠纷将显现。第三，修建新屋。修建新屋时需要严格遵守宅基地边界，滴水不得落入对方区域、不得私自拆除共同使用的墙壁等，否则将引发纠纷。以滴水为例：根据房屋的位置、朝向等，纠纷可大致分为三种情况。第一种，两家房屋交界处均无滴水。此种情况的边界较为固定，纠纷较少，但如果涉及一方拆屋或重建，则会影响另一方的正常使用或危及另一方的安全，此种情况下便会产生一些纠纷，需要双方协商解决。第二种，两家房屋相邻处均有滴水。此时房屋边界较为清晰，"滴水为界"，但问题在于滴水有可能滴入另一方房屋，由此存在一些潜在的矛盾，所以一般建房时需留出一定的过渡地带。第三种，一方有滴水而另一方无滴水。此种情况下，唯一的问题是有滴水的一方可能危及另一方房屋的"后背"，此时就需要有滴水的一方主动作为，采取措施防止滴水损毁另一方房屋墙壁，以此避免纠纷。

（3）院落边界纠纷的处理

院落边界纠纷的处理主要遵循契约的约定，尽量在不违背契约的前提之下调解纠纷。第一，严格按照分家契约、宅基地买卖契约等办事。第二，没有书写契约的，及时补充契约；契约未写清楚的，需要再次明确。此时就需要将当时的中人、见证人等重新到场，经多方协调、商议，最终制定双方均能接受的调解方案。

三、祖居：因姓而别，各据其居

传统时期，宁王村除了上述民居，还有专门供奉祖先的祖居。宁王村的祖居主要有两种存在形式：对于大姓而言，祖居以修建家庙为主，在专门修筑的家庙内供奉自家的先祖；而对于小姓而言，其没有足够的人力、物力、财力修建专门的家庙，只能在同姓家族内选择一家，专门开辟出一间房屋作为祖居之所，供奉先祖遗像等。

（一）祖居的基本概况及分布

1949年之前，宁王村的三大家族——王、梁、沈三姓——均建有自家宗祠，当地称之为"家庙"。伴随着各姓氏人口的繁衍与壮大，大姓的祖居逐渐由家庙向更小范围的"家支"演变，即由一个太爷传下来的，当地称之为"五服"（向前推算五代人）；出了五服，其关系也逐渐不再像以往那样亲密。

此外，小姓家族的祖居历来设在某一家户的正屋之内，一般而言，这家需有年龄段较长的长辈，并且极为热心家族事务。祖居一般选用正屋中间的一间房屋，正堂悬挂先人案，平日没有特别的仪式，但每逢年节抑或家中有新亡人，需要焚香、祭拜。

（二）祖居的产权及管理

传统时期，根据祖居相异的设置形式，祖居的产权及其管理亦有所不同。对于第一种形式——家庙，其产权在全体族人，内供奉先人案、族谱等。家庙的管理实行"会长制"，具体做法是家族内家户轮流担任会长，如此循环往复。会长的主要职责在于当年家庙的维护、平日的管护以及重要节庆的祭祀活动。对于祖居设在某一家户之内的，其祖居产权归该家户所有，如房屋本身由该家户修建，不能将其划归他处；祖居的管理亦由相应的家户负责，如日常的祭拜、年节的祭祀等。

四、神居：各奉其主，分别祭拜

传统时期，宁王村主要的庙宇有老爷庙、净水庙、福善寺和罐罐沟道观。其分布地多位于渭北高原的山坡地带，一则是基于风水因素的考量；二则可以避免占用平原耕地。

（一）老爷庙

老爷庙，位于宁王村中部北塬山坡上，东部沈家堡以及西部梁家门前的人亦可前来祭拜，较为便捷。

第一，老爷庙的产权。老爷庙的产权为宁王村人所有，修建时以宁王村人为主，捐钱捐物。庙宇所在地原为一家农户，后经会首协调将其搬迁，在会首的帮助下选了新的院址，并给予其一定的安家费用。

第二，老爷庙的管理。老爷庙的管理之权主要在于会首，包括修建、维护、组织唱戏、举办庙会、年节的祭拜等。会首一般有3—5人，每年由1位会首主持当年的活动，轮流进行；如果遇到唱戏、庙会等重要事项，其他会首亦会前来帮忙。会首以每个村庄"爱管事"的人担任；会首并非选举产生，而是由老一辈的会首逐步培养起来的；伴随着老一代的会首老去，新一代的会首也逐步培养起来。

第三，老爷庙的收益。老爷庙的收益多源于村民的捐助，主要以布施的形式捐赠，如年节祭拜、九月二十三老爷庙庙会之日等时间节点，村民多会从四处赶来祭拜，祭拜完毕之后多会捐赠布施，以表其心意；捐赠的多少主要取决于自家的经济情况，可多可少，可以捐钱亦可捐物，如被面等。布施由会首统一管理、协调使用。

第四，老爷庙的祭拜。其一，祭拜时间。老爷庙的祭拜主要集中在每年的正月，从大年初一到正月十五，每天可以前去祭拜；每月的初一、十五也可以前去祭拜；每年农历九月二十三是老爷庙的庙会之日，因此，需要隆重祭拜，风调雨顺之年多会邀请戏班、搭台唱戏，以感谢神灵庇佑。其二，祭拜人群。祭拜人群除了本村人之外，周边一些村庄的人有时也会前来祭拜；在祭拜人群的性别方面，不分男性或者女性，只要愿意,均可前往祭拜;祭拜人群的年龄方面,老幼皆可参与祭拜,没有规定性的限制。其三,祭拜供品。传统时期,祭拜神灵主要携带香、黄裱纸、纸钱、鞭炮、菜肴、果蔬等。其四,祭拜事由。传统时期,村民祭拜神灵大多是在"有事的时候才拜",如家中多事、家人不安时多会祭拜神灵,祈求神灵庇佑、风调雨顺、家人康健、早生贵子等,祭拜的缘由大体在上述情况当中。

第五,老爷庙的庙会。其一,庙会时间。老爷庙的庙会时间是每年农历九月二十三,庙会选择大办还是小办,主要取决于当年的年景及战乱情况,如果当年风调雨顺且无战乱,那么一般需要大办。所谓大办,即邀请戏班、搭台唱戏,一般连唱三天三夜,以示隆重。其二,邀请戏班。戏班的邀请有两种方式,一种是请本村的自乐班出面,这种场面相对较小,花费也较少,简便易行;另一种则是邀请外地的专业戏班前来,这种场面更为宏大、花费更多、参与人群更广、吸引看席人也相应越多。其三,"戏钱"的筹集。庙会请戏,其花费不在小数,仅仅凭借庙里的布施收入一般很难支付整场戏的花费,因此每年唱戏都需要向同村人筹集"戏钱",这种筹集不具有强制性,多数情况下是"有(钱)的就多出一些,没(钱)的就少出一些"。看戏时大家都是平等的,不会因为出钱的多少而差别对待。其四,搭建戏台。传统时期,戏台的搭建主要由会首负责协调,在其他村民的协助之下完成,搭台所用木料多从农家筹集,庙里也有少量木材及其他搭建戏台的材料。其五,看戏人的构成。看戏人以本村人为主,还有一些邻近地区村落的村民也会赶来看戏,演员的名气越大,看戏的人也就越多。看戏人不分男女,男子与女子均可前往戏场看戏,但男子一般在戏场中间,女子在戏场的两侧。看戏亦不分老幼,长者和少年均可前往看戏,看戏遵循"谁先到谁在前面"的原则。大户人家一般乘坐马车或者轿子前来,可以将车轿停在戏场的两边,然后坐在车轿内部观看;如果有重要官员前来看戏,那么需要为之搭建专门的看台,以示尊重;对于普通百姓而言,一般自己携带板凳或者直接站立观看。富户人家一般不会坐在看台上,主要担心被匪盗盯上,以免造成麻烦;看台可以说是官员的"专享"。

(二)净水庙

静水古洞位于宁王村的最东边,位于北塬山脚位置,庙宇依山而建,内部为窑洞,外部修建有房屋,建筑风格较为奇特。

第一,静水古洞的产权。原则上来讲,静水庙的产权应归属于全体宁王村人所有,但宁王村主要由梁家门前、宁王、沈家堡三部分组成,而静水古洞位于最东端的沈家堡,其修建的主力为沈家堡,因此,严格意义上说,静水古洞的产权应归属于沈家堡人,但是西边的梁家门前人、宁王人均可前往祭拜,没有任何的限制。

第二,静水古洞的管理。其一,会首负责制。静水古洞的管理与老爷庙的管理模式相同,亦属于会首管理制,会首的选择方式也是以自愿参与、逐步代替的方式为主,并非以开会的方式选择。其二,会首的选择。会首的职责主要包括庙宇的扩建维修、日常的祭拜与管理,重大节庆的布置协调、邀请戏班、搭建戏台、管理财务、采购物资、公示费用,等等。现就个别几点加以说明。其一,戏班的邀请。静水古洞的场地相对有限,所收布施亦相对有限,因此请戏多以本村或者邻近地区的自乐班为主,花费较少,简便易行。其二,财务的管理。静水古洞的财务来源主要有两大类,一是前来祭拜者的布施;二是唱戏时专门筹集的资金,这两项收入有专门的账目,以便其他会首监督。每次活动结束,均需要在当天对此次活动的花费进行公示,大多贴在庙宇门口位置,以便村民、会首监督。其三,会首的人数、分工。传统时期,静水古洞的会首较多,有5—8人,每年有1位主要负责人,轮流进行;如遇唱戏、庙会等重大事项,其他有闲的会首也会主动前来提供帮助。

第三,静水古洞的收益。传统时期,静水古洞的主要收入源于村民的布施,其收入相对有限,尤其是天灾人祸之年,农民手中没有多余的闲钱,因此布施收入也相应减少;遇到这样的年份,一般庙会较为简单,甚至取消当年的庙会,仅以简单的祭拜为主,向神灵祷告,告知不请戏的缘由,并许愿在收成好的年份大办庙会以作为补偿,其中亦有祈求神灵庇护之意。

第四,静水古洞的祭拜。其一,正月里的祭拜。正月春节期间,静水古洞的祭拜相对较为隆重,一方面农民有较多的闲暇前来祭拜;另一方面,一年初始,多数村民前来祈祷神灵庇佑,在新的一年风调雨顺、家人康健等。春节期间的祭拜较为隆重,主要表现在供品的丰盛程度之上,少则携带馍馍、馒头;多则携带菜品、果蔬。其二,每月初一、十五的小型祭拜。每月初一、十五大多为小型的祭拜,主要是焚香烧纸,较少携带祭品,或者祭品相对简单。其三,农历六月十五的隆重祭拜。六月十五是静水古洞的庙会日期,由于正处于农忙时节,因此静水古洞的庙会与老爷庙相比要简单得多,以焚香烧纸为主,亦会携带一些供品,与春节期间的祭拜仪式较为相似。

(三) 福善寺

福善寺是宁王村唯一的一处佛教之寺。其位置处于宁王村西端的梁家门前一带。第一,福善寺的产权。传统时期,福善寺的产权归寺内的主持所有,包括寺内的建筑、佛像等均有其主持修建、打造。第二,福善寺的管理。福善寺的日常管理主要依靠主持负责,如日常的诵经、焚香、迎接香客的祭拜等。第三,福善寺的收益。福善寺的收益主要包括两个方面：其一，信男善女的捐助；其二，寺内和尚的化缘所得，尤其是灾害之年或者战乱之年，寺内的捐助减少，和尚只能通过化缘的方式维持生计。第四，福善寺的祭拜。福善寺的祭拜活动主要有主持、和尚的日常诵经、祭拜以及信男善女的祷告、祭拜等。

（四）罐罐沟道观

罐罐沟道观，位于宁王与梁家门前交界地带，亦处于北塬高地山脚位置。与上述其他几所寺庙不同的是，罐罐沟道观仅有一座建筑，外围没有围墙；此外，罐罐沟道观也是宁王村唯一的一座道观。现主要结合罐罐沟道观的产权、管理三个方面展开阐释。第一，罐罐沟道观的产权。罐罐沟道观的产权归梁家门前人所有，其建筑、设施等均为梁家门前人修筑。第二，罐罐沟道观的管理。罐罐沟道观的管理者为该观的道长，负责平日事项的维护、祭拜、做法事等。第三，罐罐沟道观的祭拜。除了道长的祭拜，信仰道教的民众亦可以前去祭拜，以表虔诚之意。

五、公共空间

传统时期，场，于关中农民而言，无疑是至关重要的。一般几家或者一家人，或门前或院后，总有一块踩实、平整、干净的平地，当地称之为"场"。

（一）场的概况

场的产权，如果是家户单独占有，则归家户；还有一种情况是几家共同使用，那么场的产权属于土地产权所有方，其他家户只拥有使用权而无所有权。共同使用场的农户一般遵循属地原则，即院落就近的几家共用一块场，其他家户不必向场主人缴纳使用费用，但从事农业活动时要互相帮助、搞好关系。

场的作用较大，可以说伴随着农民一年的生产劳动过程：晒麦草、存放麦草、打粮食、晒粮食、晒柴草等。

（二）场内的附属物及其关系

场内的附属物主要包括碌碡、麦垛，对于麦作社会而言场及其附属物对于农业生产的正常推进具有极其重要的影响。

1. 碌碡及其关系

传统时期，场的附属物主要是碌碡，每个场上必有一个碌碡。碌碡一般用石头打磨而成，呈圆柱状，大小不一，一头稍大，一头稍小，便于转弯。碌碡的主要作用在于小麦的脱粒，一般将晒干的麦子摊在场内，再用骡马拉动碌碡在麦穗上绕圈滚动，经过反复碾压，小麦得以从麦壳中脱落，然后经过翻场、扬场[1]等一系列流程，麦子最

---

[1] 翻场、扬场等均属于传统时期场内的农事活动，在前文已有详述。

终得以脱粒并净化。传统时期，并非每家都有碌碡，多数情况下，场一般由几家人家共同使用，而碌碡也是一个场一个，其产权属于大户所有，其他周边的小户在经过大户同意的基础上可以借用。

2. 麦垛及其关系

传统时期，小麦收获后，小麦秸秆经碌碡碾压，一般比较柔软，适合喂牲口、盖房、铺炕等，尤其是冬季青草匮乏时期，一度成为牲口的主要饲料。为了便于保存柴草，一般碾场结束后会将柴草搭在一起，形成一座座麦垛，搭麦垛是一个技术活，一般有能力者才能胜任。积麦垛时，一般由站在下面的人用杈把将一束束的麦草丢上麦垛，再由一名经验丰富的老农将麦草分拨各处，移动、踩实。麦垛一般呈圆形，底部小，中间突出，上部慢慢收顶。底小，则麦草与地面接触面积小，因此腐烂的柴草大大减少；中间部分突出，可以最大限度地容纳麦草，使之保持干燥；顶部收小，减小与雨水接触的面积，最大限度地减少腐烂。每当夏季，伴随着小麦的收获，场上一座座金黄的麦垛拔地而起，尤为壮观。一般而言，麦垛的大小基本可以判断一家人的收成情况；此外，积麦垛时下面往麦垛上丢麦草的人越多，说明主人与邻里的关系越好。麦垛积完以后，主人要用丰盛的饭食招待帮忙者，以示谢意，家庭条件较好的主人家还会提供一些酒水、肉食等。

六、空间关系

传统时期，宁王村的空间较大，布局也相对较为复杂，既有大姓、小姓之别，又有集居、散居之分；既有神居、民居之别，又有公域、私域之分。以下主要围绕集居与散居、神居与民居、公域与私域三个方面考察宁王村传统时期的空间关系。

（一）集居与散居

1949 年之前，宁王村大姓主要包括王、梁、沈三大姓氏，在居住空间上，三大姓氏分别呈现集居状态，主要围绕宁王、梁家门前、沈家堡三个中心依次居住；其他小姓如杨、李、张等则散居于宁王村各处，没有一定的规律可循，但总体表现为一种"大姓集聚，小姓散居，小姓依附大姓"的格局。

（二）神居与民居

传统时期，除了上述集聚与散居的区分外，另一较为明显的空间关系便是神居与民居的分离关系。具体而言，无论是哪一座庙宇或寺院，其多于民居相分离，大多建于北塬坡地之上，与民居保持一定的距离。

（三）公域与私域

传统时期，宁王村对于公与私的界定停留在村落中建筑的设置上。如戏楼、家庙、道路、场等，宁王人将其视为"公域"；相应的，房屋、窑洞、院落、水井、耕地等则属于"私域"的范畴。"公家的,就是大家都能使用,并不需要经过谁的同意;私有的就不一样,你用人家的(井)水,肯定是需要人家的同意的。"

第五节 宁王村自然变迁与实态

1949年中华人民共和国成立以来,国家政权逐渐深入乡村,伴随着合作化运动、土地承包到户以及改革开放的发展,宁王村自然环境发生了极大的变化。本节主要从交通建设、水利建设以及自然观念三个方面考察宁王村自然变迁及其实态。

一、交通建设

1949年以来,宁王村的交通建设实现了从"自修自建、小修小补"到"国家主建,村民参与"的巨大跨越。

(一)自修自建

在第一阶段的修路过程中,以村民的小范围自修、自建为主,具体而言,主要由王、梁、沈三大姓氏主导,共同筹资筹劳,平整道路,为村民出行提供便利。尽管如此,也应看到这一阶段道路的修筑成效相对有限,所修筑的道路依然以土路为主,一旦下雨,道路变得极为泥泞,村民出行依然不便;同时,一旦发生暴雨,极易造成道路的损毁,维修频率相对更高。

图2-3 宁王村道路(土路)

(二)政府修建

在第二阶段的修路过程中,最大的变化在于国家的介入,主要包括人民公社时期以及20世纪90年代以来这两个历史节点。在人民公社时期,为响应国家"广修路"的政策号召,宁王村村民被广泛地组织起来,平整道路,改善家乡环境。问及老人,这一时期你追我赶的共同劳作场景给他们留下了极为深刻的印象。这一阶段中,砂石路开始出现,相对于之前的土路,即便下雨,出行条件也得到了一定的改善。

20世纪90年代以来,伴随着国家经济、社会各方面的发展,道路修筑的进程不断加快,国家出资、村民参与成了普遍的方式。这一阶段筑路主要表现在道路的硬化上,伴随着道路硬化的完工,村民出行条件得到进一步改善,即便雨天出行,也不再是"一脚水、一脚泥"。1992年开始,西宝中线的建设逐步提上日程,该路由西安经咸阳至宝鸡，该公路分期修建：西兴段于1992年4月开工建设，1993年12月建成通车；宝蔡段于1993年4月开工建设，1994年12月建成通车；兴蔡段于1994年4月开工，1995年底建成通车。1995年12月25日西宝全线建成。由此，加上东西向穿村而过的硬化道路，宁王村"两横多纵"的道路格局初步形成。伴随着西宝中线的贯通，村民出行更加便捷，无论是西向宝鸡还是东向西安，所需时间大大缩短。另外，根据笔者实地走访发现，通往川地的机耕道路已经得到硬化处理，大型设备可以直接进入田间地头，而这也极大地改善了耕作效率；同时，通往北坡山地的道路依然以土路为主，而且道路相对较为狭窄，大型设备依然无法进场作业，好在相对于川地，宁王村山地面积相对较小，这也在客观上限制了山地道路硬化的进程。

图2-4 宁王村道路（硬化路）

二、水利建设

1949年以来，宁王村水利建设进程不断加快，主要表现在三个方面：引水工程建设、饮水工程建设以及灌溉沟渠建设。

（一）引水工程建设

根据介绍，宝鸡峡引渭灌溉工程是陕西省西部大型低坝引水工程，灌溉咸阳、宝鸡两市13个县（区）170万亩土地。1958年开始设计，1971年建成通水。根据村中老人回忆，在修筑这一工程初期，沿线村民被广泛地动员起来，共同修筑这一惠民灌溉工程，较远的村民甚至住在工地，就地搭建帐篷居住，妇女孩童做饭、送饭，以此支持工程建设。

该工程建成后，广泛惠及沿线地区农业的灌溉，尤其是在旱季，较好地解决了川地农业灌溉的问题，保证了农作物灌溉用水的需求。在引水工程修建的过程中，沿线不同村庄男女老少村民团结互助，共同劳动，在修筑工程的同时还加强了村民之间的交流与合作。

（二）饮水工程建设

1949年以来，宁王村生活用水沿袭传统时期的惯例，主要采用凿井取水的方式解决人畜用水问题。一直到21世纪初，伴随着国家经济的发展，基础设施不断完善，自来水随之修通，村民生活用水问题得以彻底解决。自来水工程建设是在政府主导下完成的，村民需要交纳部分费用，主要用于支付管道、水表等基础材料的费用，同时还

图 2-5 宁王村水塔

需要协助施工队伍参与管道的铺设、沟渠的开挖等基本工作。由于村内首次接通自来水，因此村民的积极性较高，饮水工程得以顺利推进。由于宁王村一带地处平原，为了增加水压，宁王村在村委会西侧修建了水塔，顶部设有"宁王"字样的标识，目前为止，这也是宁王村最高的建筑。基于特殊的地形，当地也形成了"一村一塔"的基本格局，远远望去，有塔的地方便有一处村庄，并以行政村居多。

（三）灌溉沟渠建设

1949年以来，宁王村灌溉沟渠大致经历了两个阶段，第一阶段以村民自发自建为主；第二阶段以政府的介入为主。沟渠在形式上，也经历了由土质到水泥质沟渠的转变。在第一阶段，沟渠的修建以大姓为主导，村民共同参与修建。在农业生产合作社时期，沟渠的修建进入一个国家全面介入的新时期，在政府部门的组织下，全体村民共同参与沟渠的修建。伴随着时间的推移，历史进入21世纪，国家经济有了较大的发展，宁王村的灌溉水渠得以重新修葺，此次维修是在村委会的统一指挥、协调下进行的，具体推进的过程当中，推进到谁家承包的土地，该土地承包者需在场协助。之前土质的沟渠存在容易

图 2-6 宁王村川地

损毁、渗水等诸多问题，经过此次维修，土质沟渠由水泥质沟渠取代，使用时间更长，同时还不易造成水的浪费。

三、自然观念

1949年以来，宁王村人的自然观念发生了较大的变化。在人民政府建立初期，村民的自然观念沿袭了较多传统时期的观念，基于农耕传统，注重保墒养地；与此同时风水广泛流传于农村地区。人民公社时期，风水被视为封建迷信而遭到打压。改革开放以来，传统的风水观念略有复苏的迹象，村民在宅基地的选取、房屋方位等方面极为讲究；同时也应看到传统时期农民保墒养地的传统观念逐渐淡化，更多地使用化肥、农药等提高肥效、防虫避害等。

第三章 宁王村的经济形态与实态

经济基础决定上层建筑,同样,经济形态是把握宁王村传统形态的基础环节。本章从人与土地及其生产能力、产权关系、经营关系、分配关系、消费关系、交换关系、继承关系等七个方面去考察宁王村的传统经济形态;同时,本章还进一步考察宁王村的经济变迁与实态。

第一节 人与土地及其生产能力

农民对于"生于斯,长于斯"的土地具有难以割舍的情谊,土地也是其赖以生存的基础;同时劳动力也是重要的条件之一,如对土地的管理维护、精耕细作,对于提高产量具有极为重要的影响。本节从人与土地的关系、人与生产能力的关系两方面展开,考察宁王村传统经济形态。

一、人与土地的关系

理解人与土地的关系是考察宁王村传统经济形态的关键一环。这一部分主要围绕土地类型、人地关系两个方面展开。

(一)土地类型

1. 川地与坡地

传统时期,宁王村的土地类型主要分为川地和坡地,川地大约有 1 400 亩,坡地大约800亩（见表3-1）。川地主要位于村庄南部的平原地带，灌溉条件相对较好、土壤肥沃、产量较高；坡地主要位于村庄北部的北塬高地，灌溉条件差、土壤相对贫瘠、产量较低。

表3-1 传统时期宁王村土地类型及其面积统计

土地类型	面　积	备　注
川地	约1 400亩	位于平原地带
坡地	约800亩	位于渭北高地

2. 作物产量

从村庄内土地的生产能力来看，最适宜作物生长的是位于平原地带的川地，由于灌溉条件较好、耕作方便，其肥力往往较高；相对而言，位于北塬高地上的坡地就要贫瘠一些，加之灌溉不便，其产量往往是较低的。根据老人的回忆，川地小麦亩产在200斤左右，玉米亩产350斤上下；坡地小麦亩产不足160斤，玉米亩产约200斤。加之自然灾害等因素，有些年份亩产更低。

表3-2 1949年以前宁王村土地产量　　　　　　　　　　（单位：斤）

种　类	作　物	产　量	备　注
川地	小麦	200	
	玉米	350	
坡地	小麦	160	
	玉米	200	

宁王村农耕历史悠久，在具体的生产实践过程中，当地农民根据不同的地理、气候以及环境，探索出了不同的耕作方法和耕作制度。传统时期，宁王村耕作制度主要包括作物熟制、作物套种以及土地保墒三个方面。

3. 作物熟制

宁王村一带作物熟制均是一年一熟居多，兼有一年两熟。坡地的轮作方式为"小麦—玉米—小麦—棉花（或小麦）—谷子（或糜子）—大豆—小麦（或油菜）—玉米—小麦"，川地的轮作方式为"小麦—玉米—小麦—玉米—棉花（或大豆）—豌豆—玉米—小麦—玉米"。

4. 作物套种

作物套种最主要的目的是增加产量，此外还能起到一定倒茬、优化土壤等作用，如在玉米地套种低矮的黄豆、豌豆、萝卜或其他蔬菜等。

5. 土地保墒

土壤保墒主要作用在于减少蒸发，留住更多水分，从而保证农作物产量。传统时期，宁王村土地保墒的方法包括深耕、细耕、压实等，在作物种植的不同阶段，保墒的方法也不尽相同。

（二）人地关系

1949年之前，宁王村以农业为主，并兼营一些副业，如小商店、货郎担、唱戏、做工等，以此补贴家用，但总的来说农业依然是主业，依土而生依然是农民的主要出路。

1. 大姓占有

1949年以前，宁王村内的产业以农业为主。相对周边村落而言，宁王村属于较大的村庄，土地面积相对较大。根据村中老人的回忆，宁王村有川地1 400余亩，坡地800余亩。1 400亩川地属于较好的土地，其中王姓占有将近600亩，梁姓大约占有300亩，沈姓占有200余亩，其余的300余亩由其他小姓占有——可以看出，王、梁、沈三姓占有宁王村将近80%的川地，其他小姓占比不足20%。相对于川地而言，坡地产量较低，传统时期宁王村800亩坡地的占有情况大致如下：王姓占有300亩左右，梁姓占有200余亩，沈姓占有150余亩，其余的150多亩由村中其他小姓占有。可见三大姓氏占有逾70%的坡地，其他姓氏坡地占有量不足三成。

表3-3 1949年之前宁王村土地占有统计表

种类	占有者	亩数	合计	百分比	合计	备注
川地	王	600	1 400	42.86	100	
	梁	300		21.43		
	沈	200		14.29		
	其他	300		21.43		
坡地	王	300	800	37.50	100	
	梁	200		25.00		
	沈	150		18.75		
	其他	150		18.75		

2. 相对均衡

从上述土地占有情况来看，宁王村土地占有似乎是集中于大姓之手的，但如果加入各个姓氏人口这一变量，就会发现宁王村土地占有是较为均衡的：各个大姓人口较多，相应地占有较多的土地；几个小姓人口较少，其土地也相对较少。另一方面，从川地与坡地的占有情况来看，大姓与小姓之间也达到了相对的均衡状态，没有出现大姓大量占有产量较高的川地的情况。因此，宁王村实现了各个姓氏土地数量与质量占有方面的双重均衡。

二、人与生产能力的关系

生产能力直接影响生产水平的提高。劳动力与劳动工具直接关系到生产效率。这一部分主要从劳动力、劳动工具以及劳动分配三个方面考察传统时期宁王村的生产能力及其关系。

（一）劳动力

1. 劳动力标准

传统时期，农业生产水平普遍较低，关中宁王村也不例外，主要依靠人力完成。一些大户人家拥有一定数量的牲口，以此缓解劳动强度的压力；但对于普通农户而言，依然停留在肩挑背扛，使用人力的状态。

在劳动力性别方面，传统时期劳动力以男性为主：田间管理都是力气活，主力以男性为主，如犁地、撒种、灌溉、收割等，大多由男性完成；女性主要负责家务，如做饭、缝补、纺织、推磨、照看小孩等，在田间管理方面则主要负责一些轻便的农活，如除草、送饭、喂牲口等。之所以有此种安排，除了女性力气的原因，还有一个非常重要的因素——裹脚，这为女性干农活带来诸多不便，同时也将女性排除在诸多农活之外。

在劳动力年龄方面，传统时期是否够得上一个劳力，在宁王村没有统一的标准。一般而言，伴随着男孩子的成长，父母会根据孩子的能力安排一些力所能及的家务、农活，如放羊、放牛、喂鸡、喂猪、拔草等。一般在15—16岁以后，孩子便需要下地干活，如学习犁地、驾驭牲口、割麦等，在18岁以后才算得上一个完全的劳动力。对于女孩子而言，小时候主要由母亲照看，并学习一些纺织、缝补、做饭等基本本领，不用从事过多繁重的农活。在宁王村，劳动力的年龄没有上限，一位老人说道："什么时候干不动了，才算退出劳动力的队伍。"

总的来说，传统时期，农民终其一生，均在参与劳动。在不同的年龄阶段被安排不同强度的体力劳动，由生疏到熟练，由小事到大事，由跟做到领做，代代相传，延续不断。

2. 劳动力概况

劳动力数量与家庭人口、家庭结构、人口年龄、人口性别等因素息息相关。1949年以前，宁王村以小家户为主，大致在6—8人之间。

表 3-4 传统时期宁王村劳动力统计表

姓 氏	人 口	劳动力	劳动力占比（%）	备 注
王	750	410	54.67	
梁	430	220	51.16	
沈	270	140	51.85	
其他	420	260	61.90	
总计	1850	1030	55.68	

说明：数据根据村中多位老人回忆而得，或略有出入。

结合表 3-4，可以看出宁王村传统时期人口方面，王、梁、沈三大姓氏占据主导的地位，王姓约有 750 口人，梁姓约 430 口人，沈姓 270 口人，其他姓氏大约有 420 口人。其劳动力人口相对比较均衡，约占总人口的一半：王姓有劳动力 410 人，占其总人口的 54.67%；梁姓有劳动力约 220 人，占其总人口的 51.16%；沈姓有劳动力 140 人，占总人口的 51.85%；其他姓氏拥有劳动力约 260 人，占其总人口的 61.90%。

（二）劳动工具

1. 生产工具

（1）生产工具概况

传统时期，宁王村一带农具较为丰富多样；不同的农户，根据其需求以及经济状况，占有不同种类、不同数量的农具。具体而言，根据用途的不同，可以将之划分为耕播整地农具、收获脱粒农具、灌溉农具、农副产品加工工具以及运输农具五大类。耕播整地农具主要包括犁、耙、耢、石磙、三脚耧等，收获脱粒农具包括钐镰、连枷、碌碡，灌溉农具包括人力吊斗、辘轳、木斗水车等，农副产品加工工具有石磨、石碾、榨油梁、人力风车等，运输工具则包括独轮手推车、木轮推车、铁轮大车、胶轮大车等，其主要用途、使用方式以及形制详见表 3-5。

表 3-5 传统时期宁王村主要生产工具一览

农具类别	工具名称	主要用途	使用方式	形 制
耕播整地农具	犁	耕地	畜力牵引	曲辕
	耙	整地、碎土、破除板结	畜力牵引	矩形
	耢	平整地表、合口保墒	畜力牵引	木条做架，荆条编就
	石磙	镇压、提墒、碎土	畜力牵引	石柱形
	三脚耧	可一次完成开沟、下籽、复土三道工序	畜力牵引	类犁

续表

农具类别	工具名称	主要用途	使用方式	形制
收获脱粒农具	钐镰	收割	人力使用	竹木编织，镶铁刃
	连枷	脱粒	人力使用	荆条为经，皮革为纬，编织成片状，配以握柄，举而转之
	碌碡	碾打脱粒	畜力牵引	石质，鼓形
灌溉农具	人力吊斗	提水灌溉工具	人力	杆杆
	辘轳	深井汲水	人力、畜力	筒状，带柄
	木斗水车	汲水灌溉	畜力牵引	龙骨状
农副产品加工工具	石磨	加工面粉、粉浆	人力、畜力	石质，圆盘状
	石碾	粮食加工	人力、畜力	石质
	榨油梁	加工油籽	人力	杠杆
	人力风车	扇风	人力	齿轮、页扇
运输农具	独轮手推车	运输	人力	独轮，木制
	木轮推车	运送粪土	人力	独轮，木制
	铁轮大车	运输	畜力	木轮镶以铁瓦
	胶轮大车	运输	畜力	胶轮

（2）生产工具的来源

农具于农民无疑是至关重要的，传统时期农户农具主要有三种来源：

① 自家制作

传统时期，农村主要以家户为单位进行生产、生活，依然处于自给自足的自然经济状态，因此大多农民都可以充当"多面手"，"上房可架椽，下地可扶犁"，一些日常使用的农具便由自家制作，典型的如牛轭、木耙、木把、扫把、杈等。自家制作农具没有固定的时间，一般是"平时留心，用时不急"，在平日劳作过程中一般会留意哪块木头适合做何种农具等，这样在关键时刻，如维修农具时，便可方便替换，而不致无农具可用。如牛轭，这种在牛身上使用的农具由于其特殊的构造，可谓"可遇不可求"，如果在需要时再去寻找，显然是来不及的，除非到集市上购买，而购买是不经济的，于是，农民一般会将工作做在平时。"闲时收拾，紧时用"，这是农民们的法则。

② 请人制作

对于一些构造较为复杂的农具，如犁、耙等，一般人是无法自己制作的，此时就需要请人制作。其一，请谁。传统时期，制作农具需要请专门的木匠，如果本村有木匠，优先请本村的木匠，但前提条件是手艺相差无多，否则，即便自己村庄有木匠，一般也不会去邀请。其二，如何请。传统时期，邀请木匠无特定的形式，也不一定要亲自登门拜访，一般是在赶集、庙会、劳动时遇到了，顺便说一声，如果抽烟的话为其发一支烟，并约定大概的日期。其三，是否要帮助拿工具。如果是打造大件的农具，且所需工具较多，那么邀请方需要按照约定的时间上门拿回所需的工具；如果所需工具较少，则无须上门取工具，由木匠自行携带便可。其四，木匠待遇。请木匠打具，就需要招待木匠，一般是在自己家里招待，传统时期，无非多炒几个菜、下一顿白面条等，条件好一些的人家也会提供酒肉。此外，如果是方桌，那么需要将木匠安顿在上席的位置，以示尊敬。如果要喝酒，则需要男主人为木匠敬酒。除了吃喝、礼仪上的优待，最重要的是物质报酬，传统时期，木匠一天的收入大约为3斗麦，如果手艺好且雇主家经济条件较好，那么也有给4—5斗麦的情况。

碌碡制作。传统时期，于麦作区的关中农民而言，碌碡是至关重要的生产工具，一般由石头打造而成，呈柱状，使用时由畜力拉动，碾过摊好晒干的麦草，周转往复，以达到脱粒的目的。关于碌碡的打造，现做一阐述。第一，选石材。宁王村人选石材一般去渭河边，日常生产、生活中也会留意是否有可用的石材，如遇到，会事先运回家，如果没有，就需要到阳平街上出钱购买石材。传统时期，好一些的碌碡石材相当于半石麦子的价格。挑选石材时，如果自己懂，则自行前往购买，如果不懂石材，那么需要邀请村里的把式一同前往，便于把关、砍价、协商等。邀请把式无须支付报酬，只需在集市吃碗面或者回家"下碗面"就可以。传统时期，村里有人邀请帮忙看石也是一件有面子的事情，"觉得有人看得起自己"，所以只要有闲，一般把式不会推辞。第二，请石匠。传统时期，打造碌碡一般是在农闲的冬季，关中的冬季相对较为寒冷，地里的农活也暂时告一段落，却是石匠生意的高峰期。请石匠时无须携带礼品，只需家里掌柜的登门拜访，说明事由，约定大致时间便可。约定好时间之后，石匠会按照约定上门打造碌碡，由于石匠的工具较为简单，所以主人无须去接。石匠做工期间的招待视雇主家的经济情况而定，关中以面食为主，一日三餐，但在首日为石匠接风之日，一般会炒菜，好一点的人家还会提供酒，并招呼石匠坐在正席的位置，由家里掌柜的敬酒，家里的女人则在厨房忙碌。石匠的报酬与木匠相近，一般一天2—3斗麦，打造一个碌碡一般1—2日便可完成。石匠的报酬一次性给清，一般不会拖欠。收工之日亦需做一些好的饭食来招待石匠，如果石匠家较远，家里掌柜的需要送石匠一程，如果距离较近，则饭后石匠携带东西自行回家，无须相送。第三，禁忌。在宁王村农民眼中，碌碡是洁净而些许神圣的，因此在打造过程中不能沾血，否则被视为"不吉""要出事"；在日常生活中，不能在碌碡上或者在其周围倾倒、泼洒不洁净的东西，不能坐在碌碡上休息，小孩亦不能骑在碌碡上玩耍；有些人家在过年时会在碌碡前焚香烧纸，祈求来年有好的收成。

石磨制作。传统时期，关中宁王村一带几乎家家都有一个小磨坊，里面安放石磨，平日男人们下地劳动，女人们则在家推磨、洗衣做饭，典型的"男主外，女主内"。石磨似乎是麦作区农家生活的必需品，因此打造一对好的石磨便至关重要。现将石磨的打造做一梳理：第一，选材。由于石磨较大，且由上下两片构成，所以石磨所需石材只能在市场上购买，一般自己很难找到合适的石材。石磨的选材必须请石匠，协助选择质地好、价格公道的石材。传统时期购买打造一副石磨的石材大约需要 3—4 石麦，选好石材后，一般会请石匠就近在集市上吃顿饭，然后共同返回，由于石材较大，所以需要手推车或者牲畜运送，一般除了家里掌柜的，还需要其他 1—2 名男丁跟随帮忙运送。第二，打造。石磨相对于碌碡，其设计要精巧很多，因此，打造石磨花费时间也较长，一般需要 10—15 天才能完成。第三，待遇。打造石磨期间一日三餐，依然以面食为主，主要在接风及完工后有炒菜、酒肉款待，当然，经济条件好一些的家庭每天能保证一顿炒菜。坐席时石匠会被安排在上席以示尊敬，平时吃饭则讲究较少，甚至蹲在门口就开吃了。石匠的报酬与打造碌碡相近，每天约为 2—3 斗谷。石磨打造完成后，报酬需一次性付清，一般很少拖欠，即便拖欠，一般需在当年粮食收获后尽快偿还；此外，掌柜的需要送石匠回家，一方面帮忙拿工具，另一方面帮其将麦子挑回。第四，禁忌。打造石磨时，与碌碡较为类似，石磨上不能沾血，此外，月经期间的妇女不能登门串门，家里的妇女如在特殊时期亦需回避等。

③ 市场购买

传统时期，关中宁王村一带农具的购买方式比较多样，主要有两种：

其一，集市购买。传统时期，宁王村人买农具主要前往距离 5 里左右的阳平街购买，那里农具数量较多，种类也较为齐全，可供选择的余地较大，而且由于充分的竞争，价格也较为公道。传统时期农民购买农具主要分两种情况，一是特殊时间节点的购买，二是平时的购买。特殊时间节点的购买主要是在农忙时节到来之前，如播种、收割等忙口，播种时主要购买犁铧、耙等，收割时主要购买镰刀、杈、扫把、簸箕、草帽等，不同的时节集中购买的农具不尽相同。平日购买农具主要是某一农具坏了，随时购买，以便替换，如簸箕、草帽、扫把等。

其二，庙会购买。宁王村一带，每年的庙会较多，每场庙会已不是单纯的娱乐，而是加入了各种商业的元素，除了吃喝、杂耍、鞋帽衣物，其中很大一部分便是农具，甚至形成了当地特有的"骡马会""杈把会"等。庙会上的客商来自东西南北，可以说无所不包，由于充分的竞争及供过于求的市场关系，庙会期间的物价大大降低。因此，许多农户都喜欢在逛庙会的同时置办家里所需的农具，做到了娱乐、购买农具两不误。

（3）生产工具的借用

如果租地农民牲口、农具等有限，不足以满足土地耕种的条件，那么可以向主家借用牲口、农具等来耕种，但亦有前提条件：其一，主家已经使用完毕；其二，在主家耕种之时租地农民提供了力所能及的帮助。如果没有上述前提条件，种地农民一般是借不到农具的，更不用说借用牲口。值得一提的是种地农民在借用牲口期间，牲口的草料需由自己解决；如果借用期超过一日，那么可以不用当天归还；牲口借用完毕，最后归还时需要携带一定的草料，以示感谢。

2. 耕牛

传统时期，由于一家人的经济实力有限或者一家草料有限，独家独户不能独自喂养耕牛，于是存在伙养耕牛的情况。伙养的过程中，在耕牛购买、喂养、使用、借出、小牛的处理、老牛的处理等方面产生了丰富的惯行。

（1）耕牛的购买

伙养耕牛的购买主要以地缘为主、以血缘为辅达成伙养共识，主要是考虑到日后合作耕作的便捷性以及合作的可持续性。时间。购买牲口在当地称作"看牲口"，"看牲口"一般是在秋冬季，因为在农闲时节，可以充分喂养、熟悉、调教牲口，待到来年开春，便可直接投入使用，节约时间。传统时期，成年耕牛的价格大约10石麦，小牛则需3石麦左右，具体视牛的情况而定。

耕牛属于较大额的交易，一般都需有牙人从中说合，以便达成交易。牙人讨论价格一般不会直接说出，而是通过"摸手指"的方式交流——此举一则容易形成信息的不对称，以便牙人从中周转、说合；二则交易双方都不愿轻易暴露自己的底线，以便己方掌握主动权。

传统时期，在买耕牛之时大多需要请一位"看牛人"，看牛人一般就近在本村邀请，且以本村熟悉牲口的老者为主。看牛人的主要职责在于替买者把关，看牛龄、牛性以及是否长得大等。耕牛购买成功后需要答谢牙人、看牛人等。牙人一般可以得到2—3斗麦，此外买牛人需要请其吃饭，当时吃饭比较简单，一般以吃面为主，经济情况好一些的家庭会有炒菜、酒等，但大多以面食招待。由于看牛人以自己村庄人为主，所以无须支付报酬，只需请其吃饭便可，可以同牙人一起招待，也可以回家后在自家招待。一般无须请卖方吃饭。值得一提的是，买牛三五日后看牛人需要前来探看，看牛是否健康，而且如果遇牛不吃草等情况时需要请看牛人前来查看，以提出解决方案，及时医治。买牛所花费的费用由两家平均承担,如果一方比较紧张,另一方可先行代付,日后另一方必须还清。传统时期,关中一带买卖耕牛无须书写契约,只要买卖双方、牙人、看牛人在场便可达成交易,即时生效。

(2) 耕牛的喂养

伙养耕牛的喂养由两家共同承担。刚买进耕牛时,一般谁家的草料多,便由谁家喂养,以便于耕牛更好地成长。之后一般一家喂养半年,交替进行。如果伙养双方的土地占有相差较大,那么耕牛的伙养天数会根据土地面积的大小而相应调整,土地占有多的一方多养一段时间,土地少的一方少养一段时间,但无具体的规定,双方都会较为自觉地履行义务;如果一方地多而不愿多喂养牲口,那么伙养将会走向破裂。伙养破裂后一般有如下几种处理方法:第一,由有能力且愿意单独喂养的一方喂养,同时向另一方提供当前牛价一般的价钱作为补偿;第二,如果两家均无能力独自喂养耕牛,那么,一般是将牛赶到集市上卖掉,双方均分所得,如果有小牛,亦作价处理;第三,由伙养耕牛的一方引荐买牛的人,将耕牛以低于市场的价格卖给他,但在农忙时伙养耕牛双方可以使用耕牛,使用期间耕牛的草料需要自家提供,使用权年限可以协商决定,一般是3—5年不等。

(3) 耕牛的使用

农忙时节,伙养耕牛的使用顺序不定。具体而言,第一,一般是"谁家准备好了谁家先用",如耕种前田地里需要送肥,这样,哪一家的肥料运送及时,便优先耕种哪家的土地。第二,耕牛伙养双方哪家的土地较多,首先耕种哪家的土地,因为土地多的一方所需时间较长,首先解决较大的田块,中间夹带耕种土地较少一方的土地。耕种时期耕牛的喂养遵循"谁家用,谁家喂"的原则。值得一提的是,农忙时节除了正常的饲料,为了保证畜力,还需"加料",一般以玉米为主此外还会喂一些"青料",即青草,要知道,在北方尤其是冬季,牲口只能吃干草,而其营养远不及青草。

(4) 耕牛的借出

关于伙养耕牛的借用,第一,伙养耕牛借出的前提条件是伙养双方均暂时不用耕牛。第二,需要经过伙养双方的一致同意。第三,借牛人是否送礼取决于与伙养耕牛双方的关系,关系好的不用送礼,关系不好的则需要送礼,送礼主要送点心、鸡蛋等。第四,借用耕牛期间,耕牛的草料需要借牛一方自己承担,晚上不必送回,在自家喂养即可。第五,借牛以短期为主,一般是3—5天。第六,伙养耕牛在归还时需要带一些草料,以示对耕牛的照料,草料以青草、玉米或者其他谷物为主。第七,如果是伙养耕牛一方的亲戚借用耕牛,那么需要告知伙养耕牛的另一方,并经得其同意方可借出，借用天数一般可以适当延长，但借用期间的草料依然由借牛一方自己承担。

(5) 耕牛的医治

伙养耕牛如果生病，第一，首先判断是否属于人为失误导致耕牛生病，如果是，则导致失误方承担主要责任，负责看病所需费用。第二，如果是非人为因素导致疾病，那么由伙养双方共同承担医药费用。第三，如果耕牛受外伤导致跛脚等而无法使用，那么需要将耕牛卖掉，所得按照买牛时的支付比例折算。第四，如果耕牛借出后生病，一般而言，小病由借牛人负责医治，但需要告知其主人病情；大病时则需要告知伙养双方，共同协商医治事宜。

(6) 牛犊的处理

第一，如有小牛出生，一般是在谁家喂养便在谁家出生，这样便于小牛哺乳。第二，小牛长大一些之后分两种情况，一种是由伙养双方的某一家"领养"，此种情况下，"领养"小牛一方需要支付另一方一些报酬，但往往低于市场价格；另一种情况是将断奶后的小牛赶到集市卖掉，所得两家均分，值得一提的是，如果购买伙养耕牛时两家出钱不一样，那么多出钱的一方便可多分得一部分。

(7) 耕牛粪肥

传统时期，肥料较为匮乏，因此牲畜的粪便于农田至关重要，伙养耕牛的粪便是很好的肥料，其分配遵循"谁喂养，谁受益"的原则。细细考究之下，这是公平的：土地占有多的一方使用耕牛时间更长，因此，其喂养时间也相对长，而喂养时一般使用自家饲料，这样，土地多、买牛出资多、喂养时间长、花费饲料多，相应地收获肥料也就多；相反，土地少、买牛出资少、喂养时间断、花费饲料少，相应地收获肥料也就少。这样，伙养双方在耕牛的伙养中均达到了自身利益的最大化，直到一方有能力独自喂养耕牛，则合作终止。

(8) 老牛的处理

耕牛在5—10年之后，畜力不再，渐渐不再适宜耕种，此时，经过伙养双方协商，需要将耕牛卖掉——基于多年的喂养，耕牛与主人之间建立起了感情，农民一般不忍心将其杀死，大多选择将年老耕牛卖掉，买卖一般在集市上完成。第一，买卖。传统时期集市上有专门的牙人，故无须请牙人，只需要将耕牛赶到牛市便可，促成一场交易牙人一般能得到2—3斗麦子。如果关系好，只需请其吃饭便可，吃饭也较为单一，以面食为主，很少有酒肉。第二，分配。卖牛所得按照买进时各自支付的比例分配，买牛时出资多的一方分得多，反之亦然。第三，牛具的分配。老牛卖出之后，牛具一般遵循"谁购买，谁占有"的原则，如果是合作双方共同购买，那么需要折价处理，在分配卖牛钱时予以考虑，适当倾斜。第四，重新组合。伴随着耕牛的卖出，伙养耕牛的关系也随之断开。但也有较为特殊的情况，如果两家人之间合作愉快，很快便会重新购买新的耕牛，继续合作。但此种情况较为少见，一般合作一茬便不再合作，要么另谋新的合作伙伴，要么自家独自购买牲口，以便自家使用。第五，传统时期，买进来新牛被认为是一件可喜的事情，卖牛则被认为是"不好"的，所以，卖牛后一般不会有其他特别的仪式。

第二节 产权与产权关系

产权与产权关系是理解村庄经济形态的关键。本章从土地性质与土地所有类型、土地买卖关系、土地租佃关系、土地典当关系、土地置换关系、土地抵押关系以及产权边界纠纷七个方面展开，考察传统时期宁王村产权形态及其关系。

一、土地性质与土地所有类型

1949年以前，宁王村土地按照其性质可以分为家户私有和共同占有两种类型，村落内的土地、房屋、水井、沟渠等均有明晰的产权归属。

（一）土地产权所属

1. 家户私有土地

传统时期，宁王村土地产权在于个人，问及土地来源，老人一般的回答是"祖上传下来的"，或者"个人置办下的"。可以看出，传统社会土地产权属于家户私有产权。

传统时期，土地的占有规则较为多样，那么可以通过多种方式获取土地的所有权、使用权或暂时的使用权等，如分家继承、土地买卖、土地抵押、土地租佃等。

第一，分家继承获取土地所有权或受益权。传统时期，农民通过分家继承的方式获取土地所有权是最为常见的占有土地的方式。其一，诸子均分。多数情况下，分家时土地的继承遵循"诸子均分制"，即将一家的土地平均地分配给儿子，即便没有成年的儿子，在分家时也需要为其留一份出来；女儿则没有继承土地的权利。其二，长子田。对于一些土地占有相对较多的家户而言，一般会为长子多留出一份土地，以示长子对家庭贡献的回报；对于分得长子田的长子而言，其拥有该块田地的所有权。其三，养老田。养老田是在分家时为老人分得的土地，老人对土地具有所有权。在老人健在时，老人依靠养老田维持生计。老人去世之后，如果无以为葬，便可将土地卖出，以此获取安葬的费用；或者养老田可以根据老人生前的遗嘱进行处理，或由儿子继承或者变卖等。其四，嫁妆田。嫁妆田，也是在一些大户人家，为未出嫁的女儿分一份土地，此份土地的收益归女儿置办嫁妆所用，一般由母亲代为保管。女儿出嫁之后，土地依然归娘家人所有，女儿只在一定的时间段内享有土地的受益权，并不享有嫁妆田的所有权。

第二，买卖土地获得土地所有权。农民除了上述分家继承的方式从祖辈那里获得土地的所有权之外，还可以通过土地买卖的方式获取土地的所有权。土地的买卖程序后文将有详细的叙述，此处不再赘述。

第三，土地抵押获得土地所有权。土地抵押，主要指在较大金额的借贷关系中以土地作为抵押，如果借贷一方不能按时还本付息，那么其将失去土地的所有权，所抵押土地的所有权将归对方所有。通过此种抵押贷款的方式，农民可以获取土地的所有权。

第四，土地租佃获取土地使用权。传统时期，土地租佃中租地一方只是暂时性地获取了土地的使用权，而并非所有权。

第五，土地典当失去土地部分所有权。土地的典当关系中，土地所有者在典当期间失去了土地的部分所有权，一旦出典人在规定的时间之内不能将土地赎回，那么土地将按照典当契约的规定归承典人所有；如果出典人能够按时赎回土地，那么其依然拥有典当土地的所有权。

第六，强行占有他人土地。特别地，在传统时期，一些大户人家依仗自身的势力，可以通过一些方式或者手段向一些小户农民施加压力，然后占有其土地。如小户农民的土地与大户人家的土地相邻，一般由于大户人家拥有较多的肥料，时间长了其土地要高于小户农民的土地，加之在平日耕种的过程之中使用大牲口、大农具，可以不断蚕食小户人家的土地；小户农民的土地逐渐减少，而赋税依然按照原来的面积征收，这样于小户农民无疑是不利的，大多情况下，大户会提出收购其土地的想法，迫于上述种种压力，小户农民只能将土地卖与大户，其价格往往是较低的。

私人沟渠属于一种临时性质的沟渠，风调雨顺之年不用挖渠，干旱之年需要取水灌溉时临时挖就，在过水之后便用土掩埋，一方面可以节约土地，不致影响作物的种植，另一方面简便易行，花费较少。私人沟渠的使用仅限于家户内部，如果沿线其他人家想要使用，那么必须经过挖渠人的同意或者是合作一起挖掘临时沟渠，一起使用。由于私人沟渠具有临时性、一次性的特点，所以，对其管理仅限于使用期间，使用结束之后即行掩埋，因此不涉及平日的维修与管理。

2. 家族共有土地

（1）族田

传统时期，一些大姓大族一般都有族田，当地称之为"庙地"。族田面积大小不一，视各家族的大小及实力而定，少的1—2亩，多则3—5亩不等。其一，族田的占有。庙地的所有权属于一族共有，为家族内全体成年男丁所有。传统时期，一般男子18岁便视为成年。其二，族田的使用。族田的使用权在全体族人，一般由族人耕种，亦可出租给他人获取收益。其三，族田的收益。族田所获得的收益原则上归全族人共同使用，如修建祠堂、维修祠堂、续修家谱、清明祭祖、正月祭祖等等。其四，族田的分配。一般而言，族田的分配之权在于族长，如决定让谁耕种、耕种年限等等。再如族田的租佃，亦由族长决定：租给何人、收租多少、出租年限等。其五，族田的买卖。族田的买卖极为严肃，一般需要召集族人共同协商决定，族长一人不得将族田变卖。其六，族田的管理。族田的主要管理权在于族长，如上述出租、买卖、收租、收益等权力的落实，最终在于族长。其七，租族田的税收。传统时期，租田亦需要收税，一般遵循"谁耕种，谁交税"的原则。族田在出租之后，田税需由租种一方缴纳。

（2）族山

族山，即一族人占有的山岭，主要可供族人放牧、收割柴草等。

其一，族山的占有。族山的所有权归一族人共同所有，族山对内具有共享性，对外则具有排他性。传统时期，一旦有人砍伐树木或者收割柴草，那么本族人便会团结一致，一致对外，维护本族人的权益。

其二，族山的收益。族山的收益主要表现在以下几个方面：一则，砍伐林木。林木往往是族人修建新屋、祠堂等的木材来源；在自己族人使用不完时还可以将林木售卖，以此获得族内的公共财产。二则，收割柴草。传统时期，农民日常生活中煮饭、取暖等主要依靠木柴以及农作物的秸秆，很少有烧煤炭的家户，而仅仅依靠农作物秸秆很难满足一年当中生火取暖、做饭所需，因此，族山上收割柴草对于族人是极为重要的。三则，放马牧羊。除了冬季，宁王村人多数时间将牛羊赶上北塬高地，以便节省家中草料；冬季山中亦无青草，牲口等只能在家中喂养，多以干草为主，辅之以玉米等饲料。

其三，族山的处置。一般而言，族山仅在族内一代代传承接续，较少有变卖族山的情况，除非族内面临重大变故，否则不会轻易卖掉。族山没有租佃一说，多由族人自行经营。管理族山是每一个族人应尽的义务，一旦发现有外人盗用木材、盗采柴草，族人有权利上前制止，甚至报告族长，统一应对。

表 3-6 宁王村资产统计表

序 号	产权归属	资产内容	数量（个）	备 注
1	村集体	店铺 庙宇	2 5	
2	村民小组	店铺 祠堂	1 5	
3	个人	店铺 庙宇	10 0	
总计			23	

3. 村庄公有土地

传统时期，宁王村村庄公有土地主要有两类，一类是村公所用地，一类是无主山。

村公所地由村里的财粮来管理，一般由无主地演变而来。这些土地本归农户私有，但由于逃荒等一系列因素，逐渐变为无主地，村公所对之加以整合，便形成了村公所地。村公所地的支配权在于保长、甲长，大多租给少地农户使用。

无主山，顾名思义，指那些无人占有，每个村民均可以放牧、收割柴草等的山岭。由于无主山没有固定的产权归属，因此在共同使用的过程中容易发生一些矛盾、纠纷。传统时期，宁王村一带的无主山较少，大多山头被家族所占有。族山的大小往往是家族势力大小的侧面反映，家族越大，人口越多，其力量越大，因此大家族一般占有更大的族山，相应地一些小族小姓便没有人口优势，很少占有族山或者坟山。

（二）产权认定

1. 土地占有程序

传统时期，宁王村一带的土地的占有程序主要包括土地的获取、土地的经营以及土地的确权等三个方面。

第一，获得土地。获得土地的方式较为多样，如分家继承、买卖获取、赠送获取等。

第二，耕种经营。在获得土地之后，农民享有耕作、出租、典当、抵押等权利。

第三，获得确权。传统时期，农民获得土地确权的方式主要有三种：其一，继承获权。通过分家继承，农民可以获得土地的所有权，一旦遇到土地所有权的纠纷，分家契约便可以作为土地占有的依据；如果没有书写分家契约，那么如果其常年耕种，根据惯例、传统等，其依然拥有土地的所有权。其二，契约获权。契约获权主要包括土地买卖契约、土地出租契约、土地典当契约、土地抵押契约等诸多契约的方式获取土地的所有权；如果遇到土地所有权的纠纷，便可以以上述契约为依据，证明其对土地的所有权关系。其三，官府确权。除了上述继承获权、契约获权之外，官府的确权是最为权威的获取土地所有权的方式，受到官府的保护，其他人不能侵犯。

2. 产权认定

传统时期，土地占有纠纷较为复杂，矛盾形式多样，其解决更为困难，需要一定的智慧，宁王村的做法主要包括如下三个方面：

第一，农民协商认定。遇到土地占有纠纷，大多由农民自行协商解决，主要包括如下四个层级：其一，涉事双方的协商调解。其二，请村中"管闲事人"出面协调解决。其三，请当事的中间人、见证人、执笔人、代笔人等出面做证协调解决。其四，请当地保长出面协调解决等。按照矛盾纠纷的大小，可以选择相应的农民协商解决途径。

第二，民间契约认定。传统时期，在遇到土地占有纠纷时，通过民间契约的途径，可以协调较多的纠纷，如涉及土地买卖的纠纷、土地抵押纠纷、土地租佃纠纷、土地典当纠纷以及土地置换纠纷等等。值得说明的是，契约调解的大多是陌生人、外村人之间的纠纷，对于族人、亲友、同村人等较少使用契约调解的方式。

第三，官府认定。面对土地占有纠纷，如果上述农民协商解决、民间契约解决等方式均不能解决，以致事态恶化，出现打架、械斗甚至人命案件，那么便只能通过官府兜底解决的方式加以解决，维护公平、公正。

(三) 产权边界

传统时期，宁王村一带的土地边界多为三种形式，即以路为界、以沟渠为界、立石为界，以下分别进行阐释。

1. 以路为界

由于宁王村处于关中平原，其土地相对较为平坦，而通往田地需要一条条的道路，对于许多田地而言，纵横分布其间的道路往往构成田地之间的边界。以路为界的土地一般较为齐整，面积相对较大。

2. 以沟为界

还有一些土地则是以遍布于田地之间的公共沟渠作为土地边界。一方面以沟渠为界较为简便、易行；另一方面，以沟渠为界无须占用其他的田地，有利于土地的利用。

3. 立石为界

宁王村除了平坦的山地之外，在北塬高地上还有一定数量的山地，山地之间界线的划定主要采用"立石为界"的方法。一般较为常见的做法是在山地靠近山脚的一侧立一块石头，以此作为两块土地之间的界线。部分川地之间如果既没有道路亦没有沟渠，一般也会采用立石为界的办法划定两块田土之间的界线。

二、土地买卖关系

（一）土地买卖之前

传统时期，相对于土地的卖方，土地的买方人群较少，买地的原因一般包括如下三个方面：

第一，大户的收购。传统时期，大户对土地的收购、兼并还是较为普遍的，由于大户拥有较为丰厚的家产，买地是较为容易的。

第二，修建新屋者买地建屋。传统时期，修建新屋的选址是极为重要的，一般需要看风水，基于此，并非所有的土地均可用来修建房屋。此种情况下，修建新屋者就需要请风水先生四处查勘，在找到合适的可修建院落的土地之后便需要与土地拥有方接触，协商土地购买事宜，如此，便是因修建新屋而引发的土地购买。

第三，因相邻而产生的购买关系。卖方放出的卖地消息，其四至相关农户是较为感兴趣的：一方面，基于土地相连的地缘因素，购买土地之后便于大牲口、大农具的使用，无疑是有利可图的；另一方面，四至各相关农户可以利用现有的沟渠、水井等为之提供便利的灌溉条件而无须重新打井或者挖掘沟渠，节省人力。基于上述两个因素，四至各相关农户更加倾向于买进土地，以此扩大生产。

买方买进土地，有其优先考量的因素，主要包括如下几个方面：

第一，土地的地缘因素。地缘因素，主要包括土地的可达性、是否与已有土地相连接、处于村内还是村外等诸多情况，均需要优先考虑。

第二，土地的质量问题。所谓土地的质量问题，主要指土地的盐碱化程度、土地的肥力、土地的类型（山地还是川地）、土地的朝向（向阴还是向阳）等，上述问题亦需要提前得知。

第三，土地灌溉条件。如水井、沟渠等条件是否便捷，土地离自家最近的水井距离及中途是否有梗阻等。

第四，土地风水问题。如果买方购买土地是为了修建新屋，那么需要着重考虑的便是土地的风水问题，如果风水好，那么即便价格高一些，也会有人出钱购买。

（二）土地买卖之中

对于土地买卖的买方而言，在土地买卖的过程当中一般更为关注如下信息：

第一，留意土地买卖信息。传统时期，由于信息通达度相对有限，因此，有意购买土地者一般需要亲友等帮其留意、打探消息，以便在第一时间掌握土地买卖的信息，在土地购买中赢得主动。

第二，邀请中人打探消息。除了亲友的消息来源，一旦获得一定的消息，便可以请与卖方关系较好之人作为中间人，进一步了解情况，如土地位置、面积大小、大致出售价格等等。

第三，协商土地买卖细节。买方在掌握一定的信息之后便可以亲自与卖方接洽，商谈土地买卖的细节问题，主要围绕土地价格问题展开。协商过程中需要请中人在场，以便帮其说话。

第四，实地查看土地情况。传统时期，基于熟人社会的关系，如果是本村内部的土地买卖，双方对土地情况较为了解，一般无须实地查看；如果是外地人购买土地，那么一般需要在卖方、中间人的陪同下实地查看土地，以免后期造成不必要的纠纷。

第五，签订土地买卖契约。经过上述诸多环节之后，最重要的便是土地买卖契约的签订。签订过程需要买卖双方、甲长或者保长、中间人、执笔人（执笔人可以由中间人代替）等在场。签订之后，双方按了手印方能生效。

第六，土地买卖中的"过册"。买卖双方签订买卖契约仅属于一种民事行为，土地买卖要得到国家的认可还需要到乡里"过册"，即说明土地的买卖关系、土地产权的变更，以便官方登记在册，此后收税便找买方，卖方不再有交粮纳税的义务。

（三）土地买卖之后

土地买卖交易达成之后，买方需要酬谢中人、经管土地、调解一些新的土地纠纷等等。

第一，酬谢中人。酬谢中人一般需要设宴款待，要请中间人坐上席，并由买方家长作陪；多数情况下，买方需要为中间人、执笔人等敬酒，以示感谢。如果土地买卖后期发生一些纠纷，那么还需要请中间人、执笔人出面为其证明，因此，买方不敢怠慢中间人、执笔人等。

第二，土地经管。土地买卖达成之后，买方便需要对土地进行经管，主要包括三个方面：其一，自我经营。对于新买得的土地，多数家户选择自我经营，尤其是土地与自家原有土地连接、相近等情况下，耕作便利、灌溉通畅、收获快捷，如此，对于买方而言，自我经营无疑是有利可图的。其二，土地出租。除了自我经营，一些家户会选择将新购买的土地出租出去，从中收取地租获利。一方面，可以节省自家的劳动力；另一方面，新购得的土地往往较为贫瘠，肥力较低，因此，买方更加倾向于将新购买的土地出租出去，待到肥力有所提高时再收回自行耕种，这也是一种理性的选择。其三，修建新屋。如果购买土地的目的是修建新屋，那么，在土地买卖交易达成之后，买方便可以请风水师上门，为其筹划院落走向、房屋朝向、适合动土的日期等诸多事项，以便择期动工，开始修建。传统时期，有能力修建新屋者相对较少，且以大户人家居多——大户在分家之后，便面临着财产、房产、田产等的重新分配，一些被分出来的子嗣便需要另辟新宅，安家落户。

第三，买地纠纷及其调解。土地买卖当中，买方的纠纷主要表现在如下几个方面：其一，与其他买者的纠纷。如果卖方的土地条件较好，那么便会发生几家大户均想得到土地购买权的问题，此时，往往面临几大家族之间力量的博弈，容易引发一些纠纷。其二，与卖主的价格纠纷。土地买卖当中，土地价格纠纷是较为常见的，具体由买卖双方、中间人协商定价。其三，契约损毁的纠纷。土地交易达成之后，如果买方不慎将买契丢失，那么就需要重新补签买契，如果中间协商出现问题，那么可能引发一些契约纠纷。买地纠纷的问题多样，其对应的调解方式亦有所不同。买方之间的纠纷可以通过多方协商、价高者得之的方式加以解决，出价低的一方自然主动退出。土地买卖双方的价格纠纷主要通过中间人从中说合、斡旋，找到买卖双方均能够接受的价格，从而促成交易的达成。契约损毁的纠纷可以找中间人、代笔人、甲长等出面，向卖方施加压力，从而补签土地买卖契约。

三、土地租佃关系

传统时期，宁王村一带的雇工多于租佃，但这并不意味着没有租佃的情况，现主要按照土地租佃的先后顺序，分租佃之前、租佃当中以及租佃之后三个时间段分别阐释关中宁王村土地租佃的惯行。

（一）土地租佃之前

对于租地农民一方，决定租地而种是一种理性选择的结果，农民租地，需要经过一系列的流程，以下进行逐一梳理。

第一，寻找中人。农民在租地之前首先需要考虑寻找中间人，以帮助其物色土地，留意租地信息。当然，如果是本村或者较为熟悉的周边村落，则无须邀请中间人，租地农民可以自行前往协商，土地出租方基于共同的地缘关系考量，大多不会要求必须有中间人。

第二，优先考量。农民租佃，首先考量的是地缘因素，如果土地离家太远，那么播种、施肥、收割以及其他的田间管理均是极为不便的。其次，租地农民考虑的是灌溉条件因素，如果出租的是川地，那么必须考虑灌溉条件，因为在宁王村一带，一旦遇上干旱之年，川地如果不能进行人工灌溉，那么产量将无法保证。最后，租地农民考虑的是土地出租人的个人情况，如是否好说话、是否苛刻、人品与口碑好坏等等。如果上述因素不提前考虑，那么后期一旦达成租佃契约，或将面临多重困难，甚至责难。

第三，登门求租。租地农民在有了初步的意向之后，便需要亲自登门拜访土地出租一方。如果是本村人，那么无须请中间人；如果是外村人，那么需请熟悉情况的中间人一同前往。如果农民预期达成协议的可能性较大，那么会携带一些礼品，以表诚意；如果对达成协议的预期较低，那么一般不会携带礼品。礼品的轻重主要取决于租地农民自家的经济状况以及与土地出租方的旧交情况。

第四，约定细则。上门之后，租地农民、土地出租方在中间人的说合下共同讨论土地租佃的细节，如租哪一块土地、租期长短、租金多少、何时交租等。

第五，签订契约。三方协商过后，如果没有异议，那么便需要在中间人的见证下书写租佃契约。租佃契约多由中间人代笔；如果中间人不能书写，那么就需要邀请专门的代笔人书写。书写完成之后，代笔人当众宣读契约内容，双方无异议之后按手印生效。租佃契约一般是一式两份，租地双方各执一份，分别保存，以此为证。契约的内容无非包括租佃双方的姓名和出租土地的位置、面积、租金、租佃期限等，但也有一些契约上不注明租佃期限。

第六，酬谢中人（执笔人）。如果租地农民邀请了中间人以及执笔人，那么在租佃契约签订以后需要另行酬谢中间人以及执笔人。传统时期，租地农民一般经济条件有限，酬谢方式以请到家中吃饭为主，有些有炒菜款待，有些则下面条招待，虽不及坐席吃酒隆重，但非常实在，管饱。

对于出租土地一方，在正常情况下，多数农家是不愿将自家的土地出租的，更多的是招雇工耕种。但在一些特殊情况下，如公粮太高、摊派太重、家中劳动力匮乏、外出经商等等，农民更加倾向于将土地出租给他人耕种，从中收取利息。

第一，何时出租。拉长时间的跨度，可以发现土地拥有者之所以愿意将土地出租，无非税收过重、天旱等造成种地无利可图，或者收益减少。另外，在一年当中，土地出租的高峰在秋收之后，伴随着庄稼的收获，土地租佃等面临重新的分配，一般在庄稼生长期间很少有土地租佃的情况。

第二，优先出租。土地出租方出租土地，理所当然地，也是一种理性选择的结果，其出租土地不是任意的。其首先考虑的是租地农民的血缘、亲缘以及地缘的关系，一般首先考虑出租给族人、亲友、同村人等。其次，土地出租方考虑的是租地农民家中的劳动力状况，没有充足的劳动力作为保障，即便出租，收到足额租子的可能性还是较小的。最后，考虑租地农民的生产工具占有情况，如耕牛、驴子以及其他生产工具等。

第三，中人担保。如果是外村人或者相对不熟悉的人前来租地，一般都需要中间人引荐、介绍、担保，否则土地出租方很难有准确的判断而不会出租。中间人一般与土地出租方关系较为亲近，彼此较为了解，甚至有长期的合作关系，有人租地，都需要经过其引荐，如此租地成功的概率将大为增加。

(二) 土地租佃之中

在土地租佃的过程当中，出租方与承租方之间有一系列的互动，其中也形成了丰富的关系，或围绕生产或围绕生活，现逐一进行阐述。

第一，租金缴纳。传统时期，在租佃关系当中，租金的缴纳主要遵循如下几个原则：其一，秋后交租。所谓秋后交租，一般是照顾农民，在租种一年之后，待到粮食收获之后再行缴纳。其二，当年交清。一般来说，租佃关系中的土地租金需要在当年交清，如果不能在秋后交清，那么也需要保证在年底交清，"一年说一年，一码归一码"。其三，可以适当延缓。对于实在无法交清的，可以适当延缓交租。延缓的期限主要取决于租佃双方的关系，如果关系较好，那么可以延缓的时间相对要长一些；如果租佃关系较为紧张，那么，延缓的时间也是相对较短的，甚至可能增收新的利息。

第二，租金减免。传统时期，关中一带粮食作物收成很大程度上取决于天气状况，风调雨顺之年收获较多，如果遇到干旱之年，那么粮食的产量将大幅减少。灾害之年，租金可以适当减免，最多可以减少一半；如果颗粒无收，那么土地出租者也没有办法，只能免除当年的土地租金。

第三，年节的走访。传统时期，租地农民对于土地出租方是较为感激的，一般逢年过节佃户会携带礼品登门拜访、看望主家，以示关系友好之意。

第四，重要时间节点的往来。除了上述年节的走访，如果遇到婚庆、寿辰、丧葬等重大事项，租地农民亦会主动上门，提供一些帮助；甚至在自家有重大活动时邀请主家前来，以示尊重。

第五，生活中的帮忙。同村的租佃双方如果关系维持得较好，那么在日常生活中也有一定的往来，如帮忙、走访等。如果是非本村人租地，那么基本没有生活中帮忙这层关系，此层关系之所以存在，主要还是共同的地缘关系以及由此形成的熟人社会使然。

第六，水井的借用。水井的借用主要包含两个层面。其一，生活水井的使用。传统时期，宁王村一带的租佃关系更多地表现为一种租地农民对于主家的依附关系，除了土地上的依附之外，很大程度上就是对水的依赖。生活用水的使用需要经过主家的同意，然后自行取用，不必每次使用都上前询问，但在使用的过程中不能浪费井水，也不能弄脏水井。其二，灌溉水井的使用。传统时期，租地农民基本上都没有自家的灌溉水井，一旦租种川地，那么川地的灌溉主要依附于主家的水井灌溉。灌溉水井的使用必须经过主家的同意，但前提条件是主家已经灌溉完毕且有一定的剩余。多数情况下，一旦遇到干旱之年，在主家浇灌时，租地农民需要及时上前提供帮助，如此，在主家灌溉完成之后才"张得开嘴"，否则，即便主家同意，租地农民也不好意思开口借水灌溉。

（三）土地租佃之后

第一，土地续租。传统时期，租佃双方在签订租佃合同时一般不会约定租佃期限，默认的是以一年为期，如果租地农民还想继续租种，那么需要提前向主家说明情况，这种说明多为口头说明，租金等具体事宜如果没有特殊说明，那么便意味着延续原来的合同。土地续租有其前提条件，即租地农民已经交清上一年的租金费用，而且租佃双方合作愉快，没有发生纠纷等。

第二，土地退租。传统时期，租地农民在一年的租佃时间到期之后如果不想继续租种，那么需要在当年作物收获之后提前告知主家不再租种的情况，以便主家提前做好打算，自家耕种或者另租他人。租佃土地退租一般有如下几种原因：其一，租金太高，农民租种一年收效甚微，不赚反赔。其二，租种土地过于贫瘠，收成有限。其三，遇到战乱之年，朝不保夕。其四，公粮负担过重，交过公粮、租金之后剩余较少。其五，租佃关系紧张，合作过程中发生纠纷甚至冲突等。上述几种原因，满足一条或者几条叠加之后，农民往往不堪重负，只能退出土地的租佃，另谋出路。

第三，土地收回。上述土地的退租，主要指租地农民主动提出解除租佃关系，而租佃土地的收回指主家主动收回田地，不再外租的情况。传统时期，土地收回的情况在土地租佃领域还是较为常见的，原因较为多样，具体而言：其一，主家雇到新的雇工，家中劳动力充足，可以自行耕种。其二，一定时期内，国家征收公粮的标准降低，种地变得有利可图。其三，在租地农民多年的细心耕种下，土地的肥力有所增加，土地的产量随之提高。其四，租佃双方在租佃合作的过程当中发生纠纷冲突。其五，种地农民不能按时上缴租金，甚至连年拖欠等。上述种种情况，均有可能导致主家做出解除租佃关系收回租佃土地的决定。值得一提的是，主家在收回土地时必须注意到时间节点的问题，一般不能在作物正在生长的时间突然地收回租佃土地，否则会被认为是"没天理"的，这样的主家也将从此失去村民们的信任，平日生产、生活当中与其发生联系、合作的可能性将大为降低。

第四，土地租佃纠纷。土地在租佃的过程当中，存在诸多纠纷、矛盾，现做一梳理：其一，租金不能按时缴纳的纠纷。由于种种原因，如租地农民未能尽力经营，或者田税过重等，租地农民不能按时上缴租金，此种情况下，容易引发租佃双方的租金纠纷。其二，灾害战乱之年租金减免的纠纷。租地农民在耕种的过程当中难免遇到天旱、冰雹、战乱等诸多情况，如果在这样的年景下，租地农民收获较少而主家依旧按照旧例收租，则将导致租佃双方的租金减免纠纷。其三，租佃契约损毁、丢失的纠纷。租佃契约如果丢失，那么原则上需要重新补写一份，此时就需要请当事双方和当时的中间人、执笔人等到场，而多数情况下，一旦主家不愿补写，那么将引发租佃双方的契约纠纷。其四，租佃土地提前收回的纠纷。一般情况下，主家不会轻易将租佃土地收回，一旦要求在作物生长期间收回土地，那么将遭到种地农民的强烈反对，从而引发纠纷。

第五，土地租佃纠纷的解决。解决之策总是伴随着问题而产生的，租佃关系纠纷中形成了特殊的调解机制：其一，对于种地农民不能按时缴纳田租的问题，可以经过协商，通过减租、限期付清或者结束租佃关系等多种方式加以解决。其二，对于天灾或者战乱之年的租佃纠纷，可以按照契约的约定减租甚至于免租；如果主家不遵守契约，那么可以中断租佃关系，如此，种地农民失去了土地，主家则失去了信誉，各有代价。其三，原则上，如果发生地契损毁的情况，双方应及时补契，如果主家不肯，那么租地农民也可以做出妥协，只要主家不增加租金，那么契约便可以不用补签。其四，对于主家提前收回土地的纠纷，租地农民可以请村中管事人出面协调，帮助其主持公道，维护公平。

四、土地典当关系

传统时期，宁王村一带的典地情况较少，但亦有少量存在。现主要结合典当关系中的出典方以及承典方分别展开阐释。

（一）对于出典方

1. 土地典当之前

传统时期，宁王村人之所以将土地典当出去，原因是多方面的：

第一，因搬迁而引发的土地典出。传统时期，因搬迁而产生的土地典当在土地典当中占有较大比重，一些村民举家搬迁，但搬迁距离相对不远，此种情况下，既不想失去土地，但又限于距离因素而无法自行耕种，此时便可将土地出典，在日后搬回之后重新赎回。

第二，因疾病而引发的土地典出。在传统社会，因疾病而引发的土地出典较为特殊，一般是家中主要劳动力因病而不能照顾家中农业生产，此种情况下，在主要劳动力未能痊愈之前，将土地典与他人，待家中劳动力身体恢复之后再赎回。

第三，因获利而引发的土地典出。除了上述因搬迁、疾病因素的土地出典之外，还有一种是纯粹为了获取利益，甚至是为了占取他人土地而做出的一种"过渡形式"。如甲欠乙债务不能按时偿还，此时乙要求将甲的土地典给己方，待到甲偿还清债务之后再行赎回；但实际的情况是，甲在典地之后更加不具备偿还债务的能力，多数情况下，甲不能在约定的期限之内赎回自己的土地，此时，乙便"得偿所愿"，占取甲之土地。

出典方典地，多有其先后次序性，如优先考虑同族人、亲友、同村人等，但有时也会遵循"价高者得之"的原则，以此获取最大的经济利益。

第一，同族人优先。同族之人，具有无法割裂的血脉联系，出典方如果是因为搬迁而将自家所占有的土地典当，那么首先考虑同族之人。一方面，"肥水不流外人田"；另一方面，同族人耕种具有天然的地缘优势，如就近的灌溉水井、灌溉水渠、牲口的使用等等，无须多余的支出。

第二，亲友优先。如果同族之人不愿承典，那么可以考虑亲友，亲友基于共同的亲缘关系，日常生活、生产中联系较为紧密，将土地典与亲友，一方面可以更好地维持亲友之间的关系，另一方面亲友能够更加用心地施肥、浇水等，以免土地贫瘠甚至于荒废。

第三，同村人优先。同村人承典有如下优势：其一，基于共同的地缘关系，典当双方知根知底，遇事容易沟通、协商；其二，同村人承典可以便利地使用已有的水井、水渠等灌溉设施；其三，同村人之间有一定的心理认同，在土地的照料方面更加用心，可以防止土地的贫瘠、荒废。

第四，价高者优先。而对于上述提及的完全以盈利为目的土地出典者而言，其优先考虑的是土地出典的收益状况，一般较少考虑族人、亲友、同村人等血缘、亲缘、地缘等方面的因素，而是遵循"价高者得之"的原则，以最高的经济收益为唯一的衡量标准。

传统时期，在多数情况下，土地的典当发生在秋冬二季，此时一般作物均已收获，可以进行典当，其纠纷也相对较少。如果是在作物生长期间典当土地，那么需要将作物折合成一定的钱币，作为对出典方的补偿，但作物生长期间土地典当的情况极为少见，多数出典人都会等到作物收获之后再行出典。

2. 土地典当之中

第一，放出信息。传统时期，限于信息传递较为闭塞，出典方的信息渠道相对有限，因此，出典方需要将出典信息告知族人、亲友等，以便帮其留意愿意承典之人。

第二，选定承典人。如果有多个承典人，那么出典一方便有所选择：其一，要考虑与承典人的关系情况；其二，要了解承典人信誉情况，如果平日口碑较差、信誉度较低，那么是要慎重考虑的；其三，要考虑承典人的生产条件，即是否有能力耕好自己的土地，如劳动力的占有、牲口的数量、农具的占有等多种情况；其四，考虑承典人是否有熟人的推荐，如有熟人的推荐，那么土地典当的成功率还是较高的。综合考虑上述多种条件，出典人才能够做出理性的选择。

第三，约定细则。土地典当关系中，出典人主要考虑的细则包括典地的价格、典地期限、赎回原则等。

第四，典地价格的影响因素。影响典地价格的因素较多：其一，典当双方的关系情况。关系越近，如族人、同村人等，典当的价格相对较低。其二，典当土地的质量情况。所典当的土地质量越好，典当的价格越高，如土地的类型、灌溉条件、光照条件、土地肥力等。其三，典当土地的时间长短状况。传统时期，典当期限多以一年为期，一年之后按照约定赎回，如果按期不能赎回，那么土地归承典方所有。

第五，签订契约。传统时期，土地典当均需要签订典当契约：其一，中人在场。传统时期，签订典当契约必须请中间人在场，然后典当双方的家长或者管事人必须在场。其二，执笔人书写。一般需要请执笔人书写典当契约，执笔人也可以由中人代为书写。其三，一年为期。传统时期，宁王村一带的土地的典当多以一年为期，一年到期，出典方赎回。

3. 土地出典之后

第一，典地契约的损毁。土地典当关系达成之后，如果出现一方的土地典当契约受到损毁或者丢失的情况，那么需要邀请当时的中人、执笔人等到场，进行补签土地典当契约，以免发生不必要的纠纷。

第二，典地纠纷。对于出典一方，土地典当中的纠纷主要表现在如下几个方面：其一，承典方未能很好地务农，导致土地贫瘠甚至荒废。其二，典当到期，而承典方不愿按时归还土地。其三，承典人与典当土地四至相关农民发生纠纷。如边界纠纷、过水纠纷等。其四，因土地典当契约未能注明细节情况而引发的纠纷。

第三，典地纠纷的解决。发生纠纷多通过协商的方式解决，如可以请当时的中人、执笔人等出面协调。如果承典一方态度强硬，土地典当到期后不能归还土地，那么可以请保长出面，协调纠纷。其四，如果是上述因典当契约中未能注明而引发的矛盾纠纷，那么出典一方只能"自认倒霉"，做出妥协让步。

（二）对于承典方

1. 土地典当之前

（1）典地原因

承典人典地，其原因较为多样，具体而言，大致可分为三种情况：典地获利、土地占有以及"典地再典"。下面逐一进行说明。第一，典地获利。典地获利，即在典地价格较低的情况下将土地典入，然后自行耕种，以此从中获利。第二，土地占有。土地占有，即承典人典地，其最终目的并非自家耕种，而是将典地占为己有，一般是看中了出典人不能按照约定时间将土地赎回，于是将土地典入，经过若干年的耕种之后，出典人如不能按照契约赎回，那么所典当的土地便归承典人所有。第三，"典地再典"。"典地再典"，即将土地典入之后并非自行耕种，而是通过二次出典的形式将土地再次典当出去，原先的承典人成为新的出典人，以此从中获利。值得一提的是，这种情况极为少见，原来的出典人大多不同意将自己的土地二次典当，一旦发生纠纷，往往是较为复杂的。

（2）优先考量

在典当关系当中，对于承典一方而言，其主要考虑典当土地以及出典人两方面的信息，下面逐一进行说明。

第一，土地的地缘因素。与土地的买卖关系类似，在土地典当关系中，土地的地缘因素也是至关重要的：一方面，如果土地较近，那么承典后便于耕种、灌溉等；另一方面，良好的地缘关系免去了生产期间田间管理等一系列麻烦。

第二，土地的质量问题。土地的质量问题主要包括：其一，土地类型问题。在宁王村，土地的类型主要包括川地和山地两种，川地产量较高，其典当价格相对也较高；山地大多位于北塬高地，灌溉条件较差，土地更为贫瘠，产量较低，其典当的价格相应也较低。其二，土地灌溉条件问题。宁王村土地的灌溉主要依靠水井，水井多，则灌溉水源有保障，离水井近，则灌溉便捷，其典当价格相对较高。第三，土地的光照条件。光照条件主要指土地的阴阳向背问题，相对而言向阳的土地产量较高，土地质量更高。值得说明的是，土地光照条件的考量仅在山地中存在，川地基本不涉及阴阳向背问题。第四，土地的可达性。土地的可达性亦即土地交通情况，对于大多数的川地而言，其可达程度往往是较高的，相对而言，山地的可达性就要差一些。另外，可达性还涉及土地与家中距离的远近问题，这也是需要加以考虑的现实问题。

第三，出典人的个人情况。出典人的个人情况对于承典人是至关重要的，尤其对于以最终占有典当土地为目的承典人而言，更为重要。其一，出典人的个人信誉问题。

如平日生活中出典人是否讲信誉、守信用、口碑好坏等等。其二，出典人的赎回能力。主要指出典人的家庭经济条件，在承典之前要有一个相对准确的判断。其三，出典人的家庭背景。出典人的家庭背景，即出典人是否有"靠山"，其社会关系情况如何等。

2. 土地典当之中

在典当土地过程之中，承典人还需要做一些工作，以便更好地进行土地的典当。

第一，留意土地典当信息。信息闭塞的时代，保持信息的通达性是极为重要的，因此，承典人如果想要典得土地，必须保持信息的通畅。具体而言，除了自身的留意，还可以安排族人、亲友等为其留意信息。

第二，邀请中人打探消息。陌生的典当双方要达成土地典当关系，中间人的作用是不可忽视的，在得到土地典当信息之后，承典人需要找一位合适的中间人与出典人交涉，以便帮助其达成交易。

第三，协商土地典当细节。土地典当过程当中，在典当契约签订之前，承典人主要与出典人协商的细节包括如下方面：其一，典当的价格。其二，典当的利息。其三，典当的期限。其四，典当土地的赎回等。

第四，实地查看土地情况。一般而言，典当双方除了上述细节的讨论之外，在典当契约签订以前还需要去实地查看土地的情况，如土地位置、土地面积、土地类型、土地肥力、土地灌溉条件、土地沟渠状况等等。

第五，签订土地典当契约。经过上述一系列程序之后，如果双方均无异议，那么便可以签订土地典当契约。土地典当契约签订的过程与土地买卖契约签订较为类似，如需要典当双方的家长或者管事人在场、中人在场、请执笔人等等；签订之后，需要当众朗读；无异议之后按手印生效。典当契约上的内容主要包括：典当双方的姓名、典当土地的位置、面积大小、四至，典当期限，典当期间的利息，赎回办法，中间人姓名等。

3. 土地典当之后

土地典当契约签订便意味着典当关系的最终达成，之后承典人需要酬谢中人、经营典当所得土地、应对一些典当纠纷等，现分别加以说明。

第一，酬谢中人。多数情况下，酬谢中人还是较为隆重的，因为没有中人，陌生人之间的典当关系很难达成。一般承典人会设宴款待中人，以示感谢；对于经济条件有限的承典人，则主要以面食款待中人，不设宴、不炒菜、不喝酒。

第二，土地典当经管。对于多数承典人而言，其典地的主要目的依然是自家耕种，以此获取粮食收益。而对于一小部分承典人而言，往往是"醉翁之意不在酒"，要么是将土地二次出典,即"典地再典",要么是以谋取典当土地的所有权为目的。

第三,土地典当纠纷。土地典当中的纠纷较为常见,概括而言,主要包括:其一,利息纠纷。土地典当,一般根据当时的实际情况,约定了一定的利息,如果一方不遵守,或者拖欠,那么容易导致典当双方的利息纠纷。其二,税收纠纷。传统时期,土地典当之后,土地的税收由承典一方负责缴纳,如果未能界定清楚,将导致典当双方的税收纠纷。其三,赎回纠纷。土地典当关系当中,约定有一定的期限,到期之后,出典人在还本付息之后便可收归土地所有权,如果承典一方不肯归还土地,那么将引发典当双方的赎回纠纷。

第四,土地典当纠纷的调解。土地典当中的纠纷调解方式如下:其一,多数纠纷可以通过严格遵守典当契约的方式加以解决,如上述利息纠纷、税收纠纷等;但问题往往出在一方不遵守契约的情况下,此时就需要邀请中间人等出面协调,督促双方履行契约;如果是因为契约未能注明而引发的纠纷,那么只能通过中人、"管闲事人"等的协调加以解决。其二,对于赎回纠纷,如果承典一方在典当到期之后拒不归还土地,那么可以请保长出面,并出示典当契约,督促承典一方按期归还土地。其三,如果保长协调失败,那么就需要通过打官司的方式加以解决,寻求公平公正的待遇。

五、土地置换关系

(一)土地置换原因

传统时期宁王村一带的土地置换情况较为普遍,而土地置换的原因也较为多样,如修建房屋、灌溉条件、距离远近、坟址的选择等,现主要围绕上述四点展开逐一阐释。

第一,因修建房屋的置换。传统时期,新院落的选址不是任意的,讲求较为严苛的风水条件,一些打算置办院落、修建新屋的家户其自家占有土地并不一定能够满足新建院落、修建新屋的风水条件,此时就需要与其他家户之间协商,以便达成土地置换。

第二,因灌溉因素的置换。因灌溉因素的置换也是相对普遍的,如甲在一处拥有土地但附近无自家水井进行灌溉,此时可以考虑与有类似情况的家户进行土地置换,以此达到共同获利、方便彼此生产的目的。但其前提条件是置换双方土地的同质性,否则很难达成交换。

第三,因距离因素的置换。因距离因素而引发的土地置换主要存在于不同的村落之间,如由于购买、抵押、搬迁等多种因素,甲之土地可能不在本村而在邻村或者周边村落;如果甲所在村落有家户亦是同样的情况,那么两家可以通过协商,达成土地置换，缩短彼此赶往田间的距离，方便彼此生产。值得注意的是，土地需大体同质，否则便无法进行等亩数的置换。

第四，因坟地勘测的置换。传统时期，多数家族均有属于自家的祖坟，家人去世之后便可埋葬于祖坟当中；但亦有一部分人家限于祖坟面积或者其他特殊的原因而不能进入祖坟，此种情况下，就需要家人请阴阳先生出面，优先于自家土地中勘测，以便寻找风水较好的地方作为坟地；如果自家土地中未能找到理想的"风水宝地"，此时就不得不在族人、同村人以至于周边邻近村落寻找、勘测，一旦选定，便需要当事家长出面与土地主人协商，商讨土地置换事宜。值得注意的是，此种情况下的土地置换大多不是等亩数的交换，具体视双方的关系、交情等诸多因素而定。

（二）土地置换规则

传统时期，土地置换并非简单的等亩数置换或者等量置换，而是与土地类型、土地质量、置换人之间的关系、土地风水等诸多因素密切相关，现择其要者重点进行阐释。

第一，不同类型土地的置换。如果置换时为了便于双方耕种，那么多数情况下，置换的土地类型应该一致，即川地置换川地、山地置换山地，一般很少有川地置换山地的情况，除非并非以耕种为目的。

第二，不同质量土地的置换。土地的质量主要包括如下几个方面：其一，土地的肥沃程度。如果土地肥沃程度差异较大，那么很难达成等亩数置换；只能通过垫补的方式进行。其二，土地的灌溉条件。土地的灌溉条件主要指是否有水井、水井距离田间的距离、沟渠的通达性等。其三，土地的可达性程度。这主要指土地距离村落的距离远近；距离越远，置换成功的可能性相应越低。其四，土地的阴阳向背情况等。土地的阴阳向背情况主要指土地的光照条件，此处主要指山地的置换，对于川地的置换，则不涉及土地的阴阳向背问题，因为其光照条件基本是一致的。

第三，不同关系人之间的土地置换。不同关系人之间的土地置换主要从以下几个方面展开：其一，族人之间的土地置换。族人之间的土地置换基本不讲求严格意义上的等量或者等价性，尤其涉及坟地的选址、院落的选址等问题，有时几乎是一种近乎无偿的方式给予。其二，亲友之间的土地置换。传统时期，亲友之间的土地置换是较为少见的，主要限于地域的因素，亲友之间的土地大多不具备置换的条件。其三，同村人之间的土地置换。基于共同的地缘因素，同村人之间的土地置换还是较为常见的，如为了修建院落、选择坟址、方便耕种等，同村人之间在土地置换方面具有天然的优势与诸多的可能。其四，异村人之间的土地置换。异村人之间的土地置换有之，但不及同村人之间土地置换那般频繁，主要涉及土地买卖、搬迁等因素，造成土地不在村的情况，这样，在适当的条件下，双方便可以经过协商，达成土地交换，方便彼此耕种。

第四，不同缘由引发的土地置换规则。不同缘由引发的土地置换，其置换规则有所不同。如坟地、宅地等的置换中，由于主动提出置换一方更为看重的是土地的其他潜在属性，并非单一的耕作属性，而这一点土地所有者一方也是心知肚明的，因此在协商土地置换事宜时，土地占有方掌握充分的主动权。多数情况下，坟地、宅地能够置换更大面积的土地，其间存在一种不等量关系，这一点是值得说明的。

（三）土地置换契约

传统时期，并非所有的土地置换都要签订土地置换契约，但为了避免事后发生一些不必要的纠纷，多数家户依然愿意签订，"白纸黑字，有凭有据"。现主要就土地置换契约的内容、签订以及契约损毁的情况做一说明。

第一，土地置换契约的内容。土地置换契约的内容主要包括：土地置换双方家长或者管事人的姓名，置换土地的位置、四至，置换面积，置换缘由等。

第二，土地置换契约的草拟与签订。土地置换契约多由中间人或者专门的代笔人草拟书写，双方经过多回合的讨论、修改无异议之后按手印生效，达成土地置换。值得说明的是，土地置换契约多在异村人或者关系一般的村民之间签订，同族人、亲友之间的土地置换大多无须签订置换契约。"写那个东西（指土地置换契约）是给外人的，自己人（置换土地）不写（契约）。"

第三，土地置换契约的损毁。原则上来说，如果存在土地置换契约损毁或者丢失的情况，那么需要请当时的中间人、代笔人等在场，重新补写契约，但如果双方置换土地年头已久，各自相安无事，则无须补签土地置换契约。

（四）土地置换中的其他事项

土地置换过程中，还存在一些其他的事宜，现补充说明，如实地查看土地、中人的聘请与酬谢、土地置换之后的产权与税收关系等。

第一，互相实地查看所置换土地情况。在土地置换契约签订以前，土地置换双方均要实地查看将要置换的土地情况，如距离的远近、土地的质量、土地灌溉情况等等，以便做到心中有数；而同村人或者族人之间的土地置换则无须实地查看土地情况，因为基于共同的地缘关系，大家对彼此的情况极为了解，故可以省去此步骤。

第二，中人的聘请与酬谢。异村人之间的土地置换需请专门的中间人，作为联络土地置换双方的桥梁，传统时期的中间人可谓"一身兼数职"，一般既是中间人又是见证人、执笔人等，一旦后期土地置换双方发生纠纷，便可请其出面澄清、说明，以此化解矛盾。

第三，置换土地的产权。土地置换之后，土地的产权关系也随之发生变化，因此，很重要的一方面，在双方达成土地置换关系之后，需要携带土地置换契约到乡里去"过册"，即说明土地置换情况，以便在收税册子上做出相应的修改。

第四，置换土地的税收。伴随着土地置换，土地产权发生转换，同时土地的税收纳粮义务也随着发生转移。

（五）土地置换纠纷

土地置换涉及土地产权的变更、土地税收关系的更替以及土地边界纠纷、过水纠纷、风水纠纷等，现逐一说明。

第一，土地置换的契约纠纷。土地置换的契约纠纷主要包括契约签订过程中的纠纷以及契约签订之后的纠纷。契约签订过程中，双方的纠纷主要表现为置换土地的面积、土地质量等问题；契约签订之后，置换双方的纠纷主要表现在契约中未能提前涉及的一些问题上，此种情况下的纠纷还是较为常见的。

第二，土地置换的边界纠纷。土地置换之后，面临新的边界纠纷，如原有的土地被开辟为坟地，那么大多需要种植一些松柏等植被，有可能影响相邻农户作物的生长从而引发纠纷；再如面对新的边界主体，彼此之间需要相互的磨合，在磨合期间难免发生一些边界纠纷。

第三，土地置换的过水纠纷。土地置换的过水纠纷主要表现在：双方置换土地均为了耕种，此种情况下，土地灌溉过水便需要与邻近地块的相关农户重新协商，一旦协商失败，那么过水纠纷便不可避免。

第四，土地置换的排水纠纷。土地置换的排水纠纷主要包括坟地排水及院落排水。一般而言，土地置换之前，土地以耕种为主，其天然的雨水可以下渗被作物吸收，而在耕地被开辟为坟地之后，便需要将多余的水排出，以免影响坟地的风水，此时便涉及坟地排水的纠纷。土地置换之后，在原有的耕地上修建房屋，由此该地的雨水下渗减少，无疑，这些雨水需要向外排出；在天旱或者少雨的年份，矛盾被掩盖，一旦遇到丰水或者多雨之年份，那么院落排水的矛盾纠纷便凸显出来。

第五，土地置换的风水纠纷。土地置换的风水纠纷主要表现在坟地的置换上：一方面，主动置换一方可能为了能以相对等价的条件置换到坟地，会事先隐瞒土地的用途；事后另一方在得知该地的风水条件之后，便觉得己方吃亏，由此，矛盾在所难免。另一方面，传统时期人们认为一地的风水存在一定的限度，并非"取之不尽，用之不竭",一旦其他家户开辟新的坟址,便担心影响己方老坟的风水受到影响,此时,土地主动置换一方与邻近地区坟地后代之间的矛盾便日益凸显。

(六)土地置换纠纷的解决

土地置换中的纠纷较为多样,其解决的方式也相应较多:

第一,对于土地置换中的契约纠纷,可以通过邀请中人协调,在草拟契约时将可能发生的纠纷尽量提前说明,白纸黑字落实,以免事后发生纠纷;当然,这在一定程度上考验着中间人及土地置换双方的智慧。

第二,对于土地置换中的边界纠纷,可以在达成置换契约之后,邀请相邻或者四至的家户到场吃饭,借此说明土地置换事项,将问题在桌面上加以解决。

第三,对于土地置换中的过水纠纷,可以一并在上述饭桌上加以说明,双方均做出一些让步,最终达成和解。

第四,对于土地置换中的排水纠纷,排水一方可以通过修建新的排水沟渠,绕开相邻的耕地,以免对周边田地造成破坏或者损毁农作物等。

第五,对于土地置换中的风水纠纷,一般较难处理,大多可以通过种植松柏、变更坟茔的方位、走向等方式加以解决。

六、土地抵押关系

传统时期,宁王村一带存在土地抵押的情况,一般主要涉及一些数额较大的借款等事项时需要抵押,抵押物多以土地、房屋等为主。下面主要围绕土地抵押当中抵押双方的细节分别进行阐释。

(一)土地抵押原因

传统时期,土地的抵押分多种情况,具体而言主要包括赌博抵押、借款抵押、贷款抵押等几种。

第一,贷款抵押。传统时期,陌生人之间的贷款即便有中间人介绍,但如果贷款数额较大,那么需要贷款一方提供一定数量的土地作为抵押,抵押田亩的数量主要取决于贷款的数量,一旦到期之后无法还本付息,那么根据约定,贷款方的土地将归放款方所有。

第二,借款抵押。传统时期,借款时抵押土地的情况亦是存在的,但较为少见。一方面,如果是借款,那么借贷款双方的关系一般较好;另一方面,借款的数额一般较小,否则将变为贷款而非借款。但如果涉及借款但又数额较大,为了借款有所保障,一般会以土地作为抵押,以防万一。

第三,赌博抵押。传统时期,因赌博而抵押土地的情况较少,仅限于一些大户、有钱人家,因此败坏家产、妻离子散的情况有之,如此子孙,多会背负"不肖子孙"的骂名,为人所不齿。

第四,抽大烟的赊欠抵押。除了上述赌博时以土地作为抵押,一些情况下,个别家中有人染上抽大烟的恶习,一旦成习,很难戒掉,只能越陷越深,此种情况下,伴随着家中财物的耗尽,逐渐无力购买大烟,因此以家中田产作为抵押,以此够得大烟。此种家户大多无力耕作土地,很难通过务农的方式弥补亏空,最终多将田产败掉。

(二)土地抵押规则

传统时期,在土地抵押的过程当中,形成了一系列丰富的惯例、细节,现就不同类型土地的抵押、不同质量土地的抵押、不同抵押人群之间的抵押等几个方面分别进行阐释。

第一,不同类型土地的抵押。一般而言,川地的可抵押金额大于山地的可抵押金额,这主要是因为川地的产量更高,其价值量相应更大。传统时期的宁王村如涉及土地的抵押,多以川地为主,很少有人愿意用山地作为抵押。

第二,不同质量土地的抵押。不同质量土地的抵押主要包括如下三个方面:其一,灌溉条件便利的土地可抵押金额较大。灌溉条件越好,便意味着土地的产出相对越大。其二,可达性程度越高的土地可抵押的金额越大。其三,土地肥力越高,其可抵押的金额越大。

第三,不同抵押人群之间的抵押。其一,关系越亲,抵押土地越少。基于亲缘关系,亲友之间的抵押较少甚至不用抵押。其二,外村人的抵押多于本村人的抵押。基于共同的地缘关系,在借贷土地抵押方面,外村人与本村人存在区别对待的情况。其三,信誉越好,其抵押土地越少。信誉主要由借贷人的口碑、评价等综合因素而定。

第四,土地抵押的期限。传统时期,土地的抵押期限多以一年为期,但具体的抵押年限可以视具体情况而定,一般不超过5年。

(三)土地抵押契约

土地抵押契约主要从土地抵押契约的内容、土地抵押契约的签订、土地抵押契约的损毁三个方面阐释。

第一,土地抵押契约的内容。土地抵押契约的内容与土地买卖、土地典当契约有所同而亦有所不同。主要包括:抵押双方的姓名、抵押土地的位置、抵押土地的四至、抵押土地的面积、土地抵押的事由、土地抵押的期限、按期不能偿还的处理办法等。

第二,土地抵押契约的签订。土地抵押契约签订需要注意:其一,需由抵押双方的家长或者家中管事人亲自出面;其二,如有中间人,那么中间人也需要在场;其三,执笔人多由中间人代替，但若中间人无法书写，那么需要请专门的执笔人书写土地抵押契约；其四，土地抵押契约草拟完毕，双方确认无误之后分别按手印，如此，抵押契约即可生效。值得一提的是，如果是外村人与本村人之间签订土地抵押契约，那么在此之前，双方需要到所抵押土地处实地查看，以便确定真伪；如果是本村人之间签订土地抵押契约，则无须前往实地查看，因为基于共同的地缘关系，双方对彼此的土地占有较为清楚。

第三，土地抵押契约的损毁。土地抵押契约签订之后，如果在抵押期限之内一方的土地抵押契约遭到损毁或者丢失，那么需要主动召集契约另一方、中间人、执笔人等重写一份契约，称之为"补契"。

（四）土地抵押纠纷及其解决

土地抵押纠纷主要包括契约纠纷、到期还款纠纷、抵押土地的回收纠纷等几个方面。第一，土地抵押的契约纠纷。土地抵押的契约纠纷，一方面表现在契约的签订过程当中，双方围绕某些细则，如抵押何种土地、抵押土地多少、抵押期限等方面发生的纠纷；另一方面，如果土地抵押契约未能解决一些细节性的问题，一旦后期发生，那么将面临新的超出已有契约调控的纠纷。第二，到期还款纠纷。到期还款的纠纷主要是借贷方不能按期还本付息，同时亦不愿将所抵押的土地交予对方而引发的纠纷。第三，抵押土地的回收纠纷。抵押土地的回收纠纷指借贷方按期还本付息，但另一方却以种种理由占有借贷方的土地，此种情况下，土地回收纠纷不可避免。

土地抵押纠纷的解决方式是多样的：第一，以契约为中心，双方按照签订的契约行事，约束自己的行为。第二，如果借贷双方的纠纷超出了契约的调控范围，那么可以请签订契约时的中间人、执笔人等出面协调。第三，在上述方式之外，还可以请保长出面，主持公道。第四，最后一点也是至关重要的一点，便是打官司兜底，主要涉及一些恶性占有土地、无故拖欠借款等极端行为。

（五）土地抵押中的其他事项

传统时期，土地抵押中还包括其他一些事项：第一，中人的聘请。与外地人签订土地抵押契约均要请中间人，其一，中间人担当介绍人的角色，沟通抵押双方，多为抵押双方均熟识之人；其二，中间人还担当担保人的角色，一旦后期发生土地抵押纠纷，便可请其出面协调。其三，中间人担当见证人的角色，尤其是在土地抵押契约签订之时，其见证人的角色凸显。其四，一些情况下，中间人还担当执笔人的角色，代为草拟土地抵押契约，以便促成土地抵押契约的签订。第二，中人的酬谢。在抵押契约签订之后，邀请中间人一方需要酬谢中间人，一般以请其吃饭为主，以示感谢。第三，抵押土地的税收。抵押土地依然由借款方耕种，田税依然由借款方缴纳。第四，抵押土地的易主。到了借贷期限之后，如果借贷人不能还本付息，那么就需要按照土地抵押契约的约定将土地交予债主一方，以抵借贷人所借的本金以及随之产生的利息。

第三节 经营与经营关系

传统时期，家户经营是宁王村经营土地的主要方式，在这一基础之上，还存在合作经营、市场经营等其他经营方式，有力地补充了家户经营的缺陷，共同构成了农村特有的耕作、经营关系。

一、经营主体

1949年以前，根据土地产权占有方式的不同，其经营主体也随之各异，主要有家户私有土地的经营、共有及公有土地的经营两个方面。

（一）家户经营情况

传统时期，家户既是基本的生存单位，同时又是基本的生产单位。家户又有"大家户"和"小家户"之分。结合下表可以看出，宁王村小于5口人的小家户宁王约有85户，梁家门前约72户，沈家堡约56户；而人口在5—7人之间的家户宁王村约有81户，梁家门前约有53户，沈家堡约有23户；人口大于7人的家户宁王村约有24户，梁家门前15户，沈家堡11户。可见，传统时期，宁王村以小于5口人的小家户居多，占比超过50%，人口在5—7口人之间的家户占比约为37%，人口大于7人的家户占比较少，约为12%。小家户的劳动力以2名居多，大家户的劳动力相对较多，甚至可以达到4—5人。

表3-7 传统时期宁王村家庭规模情况表

地 区	户 数	人口数	人口小于5（户）	人口5—7（户）	人口大于7（户）
宁王	190	840	85	81	24
梁家门前	140	610	72	53	15
沈家堡	90	400	56	23	11
总计	420	1850	213	157	50

（二）共有及公有土地经营

传统时期，宁王村家庙均有数量不等的土地，这些土地的产权属于族人共有，其经营权有两种方式，一种方式是由家庙当年的会长经营，经营所得用于当年家庙开支、祭祀等，其结余自动划入下一年使用。另一种方式是出租经营，由会长收取利息，用于当年的家庙开支用度；在出租土地时，族人拥有优先租种的权利，如果是族内人租种，那么其租金相对要低一些。

结合表3-6可以看出，传统时期宁王村王家约有7亩庙地[1]，在三大姓氏中居首位；梁家有3亩庙地，沈家仅有0.6亩庙地。在庙地经营方式上，由于王家庙地相对较多，所以采取出租经营与会长经营结合的方式，不同的年份其经营方式有所不同；梁家与沈家的庙地相对较少，其采用会长经营的方式进行经营。

表3-8 传统时期宁王村庙地统计

姓　氏	亩　数	经营方式	备　注
王家	7	出租经营、会长经营	不同时期庙地数量有所不同
梁家	3	会长经营	同上
沈家	0.6	会长经营	同上
总计	10.6	—	—

二、经营分工

传统时期，宁王村家庭经营权主要由掌柜的负责。如农事活动的安排、农活任务的分配等，均有掌柜的决定，这一点在大户人家体现得更为明显。同时也应看到，掌柜的在做出决策时需要听取长辈们的意见、建议。

（一）当家人经营

1949年以前，在宁王村土地经营方面，家户经营是最普遍的经营方式。而在家户内部，掌柜的在生产经营方面具有相当的决定权、支配权，涉及何时播种、播种何种作物、优先播种哪块土地、劳动力如何分配、是否合作经营等。下面就掌柜的资格加以说明。

1. 爷爷辈当家

传统时期，宁王村人在分家前，如果老父亲健在且身体硬朗，那么家中掌柜的之职由老父亲担任。家中土地的经营亦由其负责具体安排、协调。其儿子可以提出相应的意见，如果说得有道理，老父亲也会采纳其意见。

2. 父亲辈当家

传统时期，家中爷爷辈去世后，掌柜的便由父亲辈担任，以长子当家为主，但也存在能力导向的情况，具体由父亲指认。掌柜的一旦认定，其他家庭成员便需要遵从其决定，包括土地的经营、农活的分配等。

---

[1] 庙地，传统时期宁王村一带大姓均有自家的家庙，有些家庙还拥有数量不等的土地，称之为庙地。庙地的产权在于全体族人。

3. 丈夫当家

在分为小家户之后，通常情况下由丈夫当家，主持一家人的生产、生活。在特殊情况下，如丈夫早逝而孩子还未长大，则由妻子主持家务，担任掌柜的之职，待其儿子长大之后，掌柜的之职便由其儿子担任。

(二) 劳动分工

1. 性别分工

传统时期，宁王村在劳动分工方面，依然遵循"男外女内"的传统，亦即男性主要负责地里的农业生产，女性主要负责家务劳动。但应看到，这里的"内外"只是一个相对的概念，并非绝对的分割：在日常的生产、生活中，男性也要负责一些家里的劳动，如照看牲口、挑水、修房建屋、制作（维修）农具等等；同样，女性也需要从事一些相对轻便的田间劳动，如除草、运肥、收割庄稼等。

2. 年龄分工

除了上述性别分工，年龄分工也是重要的一个方面。家中的小孩根据其年龄大小、能力大小安排不同强度的劳动，如放羊、放牛、喂鸡、喂猪、除草、抬水等。对于强壮年而言，其主要负责家中主要的劳动，如运肥、耕地、播种、浇灌、收割，还有家中修建房屋等一系列的劳动。对于老人而言，一般不用从事特别繁重的体力劳动，具体根据老人身体条件，从事一些较为轻便的劳动，如照看孩童、喂牲口、晾晒谷物等。

上述两种分工表面上看属于性别或者年龄的分工，其实质是劳动力资源合理配置，以此达到生产效率最大化的过程。在这一分工实践中，家户内掌柜的统一协调，分配任务；各家庭成员根据自身能力，如力气、手艺等，被委以不同的工作，在发挥各自优势的同时实现了家户经营的利益最大化。

三、合作经营

传统时期，宁王村的合作经营方式包括帮工、换工、还工、伙种等多种形式，下面逐一进行考察。

(一) 帮工及其关系

帮工，即家户之间自愿基础之上的单项帮助或互相帮助。帮工必须是不请自来的，如果涉及邀请，那么将变成请工而非帮工。典型者，如修建新屋时的帮工、过红白事时的帮工、各农忙时节的帮工等。

1. 谁帮工

帮工并非人人来帮，而有其顺序性：第一，亲朋好友。拿红白事为例，如果一个家庭要操办红白事，那么姑舅两方必然是不请自来的；此外，其他一些关系较好的朋友也是没必要去请的,一般他们会主动前来,提供帮助。第二,同村人。同村人,如邻居、未出五服的同之人,一旦有需要,便会及时施以援手。第三,外村人。外村人帮工的也有,但比较少,主要取决于双方关系。关系好,即便是外村人,也会前来帮工;关系不好,即便是邻居,也不会前来探看。

2. 帮工时间

第一,修建新屋。传统时期农户修建新屋,由于机械化程度较低,因此,除了木匠,还需要许多的劳力,这时便需要帮工。传统时期的宁王村很少在修建新屋时请工,大多以帮工为主,只有木匠、瓦匠需要支付报酬。第二,红白事。举办一场红白事,需要许多帮忙的人,如锅灶一项,就需要许多妇女,招待客人、端盘子以至于抬棺材等便需要男士加入。此时,大多以亲朋好友、街坊邻居为主力。第三,重要农忙关口。庄稼地里人,要想有个好的收成,就必须做到不违农时,因此,"抢墒""抢种""抢收"就变得至关重要。

3. 帮工原则

第一,帮工可还,可不还。"帮工,帮工,那就是帮助嘛。"传统时期,帮工之工可还可不还,但一般家户,只要有时间,别人家需要人手,都会去"帮一把","谁还没有个难处?"第二,帮工不分男女。帮工不像换工,亦不像请工,不用区分男工、女工。"我帮你时男工,你帮我时女工也行,只要心意在就行。"第三,帮工不分长幼。帮工不分年长、年幼。晚辈可以为长辈帮工,同样长辈也可以为晚辈帮工。第四,帮工不分贵贱。帮工不分高贵或者低贱。贫苦农民可以为大户人家帮工,有些大户人家也会为穷人帮工。第五,帮工不分官民。无论是有职务者,还是平头老百姓,都可以帮工。如保长、甲长也会参与普通百姓的葬礼。

4. 帮工特性

帮工有诸多特性,做一梳理:第一,自愿性。帮工是熟人社会中建立在自愿基础之上的行为,愿意帮工则帮,不愿意则可以不帮,不会因为不帮而受到责难。第二,无偿性。原则上帮工可以不用偿还,这是无可厚非的,但基于熟人社会,抬头不见低头见,只要有闲,人们便惯于伸出援手。第三,平等性。帮工双方建立在平等基础之上,而无高低、贵贱之区分。职位高者可以到职位低者处帮工,反之亦然。

(二)换工及其关系

换工,指农户基于自愿的互助合作,但这种合作不同于农户之间的帮忙,帮忙是无须归还的,而换工则需要偿还,还工是否等量具体视换工双方的关系而定,关系好的话换工无须等量,关系不好的话,则双方算得比较清楚,需大致等量。具体梳理如下：

1. 与谁换工

传统时期，农户之间的换工不是任意的，而是有所选择的。第一，与同族人换工。同族人之间的换工较少，一般以互相帮助为主。同族人之间换工不讲究完全的等量，"我的农活比较紧张，你帮我先干几天，之后我再帮你干活，作为回报"。第二，与同村人换工。同村人之间换工不同于同族人之间的换工，它更追求一种相对的等量关系，同村人之间的换工最为普遍。"我帮你干了几天活，那你得干相应天数的活作为补偿。"第三，与外村人换工。传统时期，一村人与外村人换工的情况有，但比较少，且以邻近村庄村民为主，基于相近的地缘关系，换工比较方便、还工比较便捷、农活比较相似。总之，传统时期村民之间的换工以同村人之间的换工为主；换工不讲究严格的等量关系，彼此心里过得去便可；换工不同于村民之间的帮忙，换工必然要还工。

2. 换工时间

村民之间的换工较为普遍，主要有以下时间节点：第一，农忙时节。农忙时节的换工最为常见，虽说由于作物的生物学属性，农民耕作、收获的时间较为一致，但毕竟地跨南北、土分阴阳，因此各家作物耕种、收获时间总有一个时间差，这也为农户之间的换工提供了前提条件。农忙时节，需要农民有序组织生产劳动，换工无疑是最为经济的选择。第二，修建新屋。传统时期家户修建新屋，除了木匠需要支付报酬，其他打下手的活基本由同村换工、亲友帮忙解决，而无须支付额外的报酬。不过，传统时期，能盖起新屋的人家并不多，这样修建新屋的换工就需要用其他农活来偿还。第三，打井。除了上述农忙、修建新屋，于普通农户来说，打井是又一项需要互助才能完成的工作。打井的工不一定要以同样的方式归还，大多以做其他农活的方式来还工。

3. 换工原则

传统时期换工，有其原则，现做一阐释：第一，男女不同工。传统时期，在宁王村一带，男工与女工是有差别的，2天的男工大约需要3天的女工作为偿还，但换工双方如果关系较好，也不会过于计较，但如果关系不够好或者是与外村人换工，那么在换工时就需要严格区分男工与女工的差别。第二，区分人工与牛工。传统时期，在宁王村一带换工中，牛工可用人工来偿还，且人工与牛工等价，如一方使用另一方耕牛一日，偿还时便可用1日之人工作为偿还，但用牛期间的草料需由用牛一方自行解决。第三，"童工不算工"。传统时期换工，一般指成年人的换工，儿童及老人一般不参与换工，当地就有"童工不算工"的说法，当然老年人的工也不能算不得换工之工。第四,换工无贫富。换工不分贫富,只要双方达成一致,换工便可达成,贫者之工等价于富者之工,二者之间没有差别。当然,富者换工者较少,其有农活时一般会雇人来做工,而不会亲自参与换工。

(三)伙种及其关系

传统时期,由于家户内劳动力、生产工具等的限制,一家一户组织生产较为困难,或者无法高效地从事农业生产,此时就会出现基于双方共同利益之上的合作,即伙种,亦称"搭伙""骈"等。下面就伙种的问题做一阐释。

1. 与谁搭伙

搭伙不是任意的,传统时期,搭伙人之间主要有如下关系,才有可能结成搭伙关系:第一,血缘关系。经过调查,在传统时期,农民在选择自己的搭伙伙伴时首先考虑的是血缘关系。基于共同的血缘关系,平日搭伙干活时"计较少,你多做一点,我少做一点,都可以,再说,还有自家人这一层(关系),也不好撕破脸皮,对大家都不好。"但如果剥离出血缘这一层关系,而与其他人家搭伙,那么就会"算得清,你干的活少了,我干的多了"等,搭伙双方只剩下利益合作关系,矛盾相应较多。第二,地缘关系。农户搭伙,除了第一层血缘关系,其次考虑的是地缘关系。两户人家搭伙种地,由于农作物的自然生长属性,除了冬季,几乎每个季节都需要下地劳动,如果搭伙对象在地缘上相距较远,那么后期生产将有诸多不便。一方面,信息交流不畅。如果距离较近,搭伙双方可以随时保持联系,甚至在吃饭时端着碗就能去找对方商量生产事宜,如明日耕谁家的地、耕哪一块地、出几个劳力、需要带什么农具、带多少农具等;相反,如果搭伙双方相距较远,那么上述生产信息的交流将受到阻碍。另一方面,不便共用一些生产工具、场所等。一个简单的例子,如小麦收回来,放在场里,如果两家较近,就可以共同使用一个场,这样碾场将非常便捷,一方的麦子碾完收拾之后,另一方的可以随即开始,省去了人员、牲畜、生产工具的转场,节约时间。第三,对等关系。仅有上述血缘、地缘关系,不一定形成农户间的搭伙关系,农户之间搭伙还会考虑"对等关系"。对等关系,主要指搭伙双方基于彼此土地占有、劳动力占有、牲畜占有、生产工具占有等方面因素的综合考量。明显地,如果搭伙一方占有较多的土地,而劳动力较少,那么另一方必然不愿意与之搭伙;再如,一方土地占有较多,劳动力也较多时,往往不愿意与土地占有较多而劳力少的一方搭伙。综上,搭伙,是一种农户自愿基础之上,基于双方综合因素理性思考、博弈权衡之后的一种双向选择的结果,基于此,大多农户会选择与自己土地相当、牲畜相等、劳力相近的农户搭伙,以此实现自身利益的最大化。第四,人缘因素。人缘因素,主要指一户人家的口碑，亦即人们对一户人家的综合评价，如是否勤劳、友善、好说话、容易合作等等。如果一户人家在村里的口碑不好，亦即人缘不好，那么其他家户大多是不会与之结成搭伙关系的。"那不是自己找罪受吗？遇上那样的主，还不如自己单干，起码心里痛快。"老人如是说。

2. 搭伙时间

传统时期，两户人家搭伙的时间长短不定，至少"搭完一料"，即一年，多则10年的也有，具体视搭伙双方的情况而定。"如果两户人家合得来，谁都不计较，那䭾的时间就长；如果有一方不好说话、爱计较，那（合作）一料就完了。""以前村里有两户，那合作了十几年，都没有分开。"

3. 搭伙解散

传统时期，搭伙解散的情况较为普遍，搭伙本是建立在自愿基础之上的，解散时，任何一方都不能约束对方。经调查，传统时期搭伙解散主要原因如下：第一，双方不和。其一，思维想法方面。如在耕种、收割先后顺序上存在不同看法而不能疏通；再如双方劳动质量不等，一方要做到最好，而另一方存在得过且过的心理等。其二，行动方面。具体如劳动力的勤懒差异，经过合作之后，发现一方劳动力干活不积极，偷懒耍滑、拈轻怕重等。第二，一方出现变故。搭伙一方劳动力的意外伤残、病故或牲畜的死亡等造成合作基础的差等，由此而引发的搭伙解散事例并不少见。第三，土地重新分配。土地的重新分配为非常态的事件，但并非完全无可能发生，如搭伙一方因故失地，抑或添地，均将打破原有合作的对等基础，从而导致搭伙的解散。

4. 搭伙重组

旧的搭伙关系解散之后，农民要么另找下家搭伙重组，要么自行耕种不再搭伙。而在传统时期，于普通老百姓而言，仅仅通过土地，向上流动的机会比较小，亦即社会底层相对稳定，旧的搭伙关系解除，新的搭伙关系必须尽快重组，这才是理性的选择。而要搭伙重组，又需重新权衡血缘、地缘等诸多因素，吸取之前搭伙破裂的教训，审慎选择新的"务农合伙人"。

传统时期，伴随着旧搭伙关系的解除，新的搭伙关系不断建立，在一次次的"搭伙—解散—重组"这一过程之中，家户之间逐步找到最优"务农合伙人"，有限的土地资源得以最大程度地开发，劳动力效益得以充分发挥，农村生产要素与生产力实现了最优组合：规模适度的土地匹配相当的劳力，不适当的匹配关系在层层反复试验中自行瓦解。一定程度上，可以说农村自由的搭伙关系缔造了中华农耕文明的奇观。

四、市场雇佣与经营

传统时期，宁王村雇工市场较为发达，主要包括请工、长工、短工等多种形式。以下结合各自关系分别加以考察。

（一）请工及其关系

请工，不同于帮工，帮工是用等量的工去偿还，而请工需花费钱币作为代价。现根据宁王村的调研，将传统时期请工的惯习做一梳理。

1. 请谁做工

第一，同族人。在同等做工质量下，农户优先请同族人做工，所谓"肥水不流外人田"，此举与之相契合。如同族人中有人是木匠，那么在需要木工时会优先考虑同族木工；如果同族木工手艺较差，那么将不会请他。第二，亲戚朋友。除了在同族人中间请工之外，其次考虑的便是亲朋好友，或者是来自亲朋好友的推荐。第三，同村人。再次之，便是在同村人中间请工，"一个村的，都知根知底，没麻烦（纠纷少的意思）"。第四，外村人。外村人，作为请工的最后来源，并非不重要，而是相反，经老人回忆，传统时期逾半数的请工源于外村。

2. 请工时间

第一，农忙关口。农忙关口，往往是抢种抢收的关键时期，一旦错过时间，无疑会对家庭经济造成损失，在此关头，换工的希望是较小的，因此只能请工，以做到不违农时。第二，修建新屋。传统时期，修建新屋主要是需要请木匠，做木活。第三，打造农具。关于打造农具的请工，前文有所涉及，因此不再赘述，主要请工做一些大的农具，如碌碡、石磨、耕犁等。第四，打井。传统时期，打井是一项技术活，并非人人都能掌握，同时打井具有一定的风险，因此，农户一般会请工打井，打一口井请工大约需要5—10石麦，具体视打井的难度、井的深度决定。第五，做棺木。传统时期，做棺木是必须请木匠上门来做的。一般会在老人年迈但依然健在时就将棺木做好，人们并不认为这是有违常理的，反而会因为有后人为老人打造棺木而觉得是一件有面子的事。在当时看来，有人养老送终，老人得以善终，终究是重要的。

3. 请工原则

第一，优先请熟人。传统时期，邻里街坊间作为熟人社会，在请工时依然会优先考虑熟人。一方面，熟人知根知底，做工质量有保障；另一方面，自古有"肥水不流外人田"的传统，"能照顾的，还是要照顾"。第二，做工质量优于人情关系。请工时纵然要首先考虑熟人，但不一定必须邀请熟人做工，在此事上，农民更加看重做工质量，而非人情关系。尤其在打造一些常用且精巧的物件时更是如此，如石磨，如果做工粗糙，将影响整个家庭未来几年的吃饭问题，所以农民还是会慎重选择请工对象。第三，做工质量优于地缘关系。有时为了请到优良的工匠，农民们会走出村庄，到阳平街、虢镇、蔡家坡，甚至是凤翔县去请工，请工范围已大大超出了村的范围。当然，是就近请工，还是不辞辛劳去外地请工，主要取决于做何种工以及其对当下和未来生产、生活的重要性。第四，特殊的请工。传统时期，宁王村一带有一些特殊的请工：

（1）请木匠（造棺）

此处的请木匠并非请木匠盖新房，而是请木匠打造棺木。之所以特殊，主要是因为：第一，打造棺木必须选择在有闰月的年份。在传统时期，有闰月的年份打造棺木被认为是吉利的，但这并不意味着没有闰月的年份就不能打造棺木，只是在坊间流传，有闰月更好。如遇突然亡故者，就不得不尽快择期打造棺木，而超出此限制。第二，木匠与老人的属相不能冲突。如马冲牛、羊冲鼠、蛇冲兔、鸡冲狗等等。第三，当年木匠家未有人亡故。如果打造棺木当年木匠家里有人亡故，那么是要避开的，否则被认为是不吉利的。

（2）请阴阳先生

传统时期，对于一个家户或者村落，阴阳先生是至关重要的存在，农民日常生产、生活中许多地方均需要阴阳先生出面方可完成，现做一梳理。

第一，选择坟址。传统时期，坟址是至关重要的，在人们的传统观念中，好的坟址会庇佑子孙，多福多财，而不好的坟址将会为家庭甚至家族带来不好的影响甚至厄运。因此，传统时期，宁王村一带选择坟址一般都需要邀请阴阳先生多次亲临查勘，以便选择风水好的坟址，庇佑子孙。

第二，死者下葬。传统时期，亡人下葬是至关重要的事情，也需要请阴阳先生到场。首先，经过一番观测，阴阳先生需要根据死者的生辰等信息，规制坟的位置、朝向等；其次，与家户内管事人协商丧葬事宜、注意事项、禁忌等；再次，至关重要的，便是盖棺，传统时期，讲究"盖棺定论"，人之一生，唯有在此刻，一切的功过是非才有定论；最后，阴阳先生在下葬时需要反复测量，以便拨正棺木的方位，称之为"拨向"，在方位拨正之后，方可填土掩埋。

第三，选址建房。传统时期，宁王村一带，选址建房不是随意的，也有许多讲究。首先，在主人大概确定院址之后便要请阴阳先生前来，选择院址、房址、大门位置、大门朝向[1]等等；其次，根据家里掌柜的生辰等信息择定动土日期；再次，破土动工之

---

[1] 大致观之，宁王村一带老屋大门、房门的朝向较为一致，但细心考究就会发现，其方向略有差异，并非整齐划一地坐北朝南那么简单。

前需要邀请阴阳先生"谢神",即通过烧纸、祭拜等方式告知院内诸神破土动工之事,以免惊扰神灵;最后,在房屋建好之后,需要再次请阴阳先生将诸神请回,各归其位,以便庇佑院落及家人。

第四,"安顿屋子"。传统时期,家户之内如经常有人生病、厄运不断或者诸事不顺等情况发生,人们便会认为是屋里沾了不洁的东西或者惊扰了某方神灵,因此,需要"安顿屋子",即邀请阴阳先生前来,找出问题所在,通过做法事的方式祛除污秽、请诸神各归其位。

第五,祭庄。祭庄,实为"安顿屋子"的扩大版,即一段时间内整个村落内多发疾病、接二连三有村民去世等等,此时便认为"村里不好",需要祭庄。祭庄时邀请不止一个阴阳先生,前来做法、敲锣打鼓、抬菩萨等在村里巡视等等。

第六,其他。还有其他一些需要请阴阳先生的情况,如新生儿不断哭闹,此时便需要邀请阴阳先生前来诊视,以便得知问题出在哪里,提出解决方案,其费用一般为半石麦子左右。

值得一提的是,传统时期阴阳先生的收费没有统一的标准,主要是因为:首先,看关系。即阴阳先生与当事人家庭关系好,有交情,则适当收费。其次,看家境。阴阳先生一般会根据当事人家庭经济情况适当收费,家境好的要多一些,家境不好的就少要一些。再次,看事由。如果事情比较重大,如祭庄、选择坟址等,收费就要高一些;其他小一些的事情,如小孩哭闹等就会收的少一些。最后,看面子。传统时期请阴阳先生,如有熟人推荐,那么收费相应要低很多,"阴阳先生也要面子嘛"。

(3)请接生婆

传统时期,农村医疗卫生条件较差,基本没有专业的接生医护人员,婴儿出生,一般是邀请接生婆前来接生。所谓的接生婆,其实没有专业的知识,只是"胆子大、经见得多,经验丰富",仅此而已。

传统时期,一个村至少有一个接生婆,像宁王村就有3个,因为村子比较大的缘故。一般而言,由于事发突然,请接生婆都是就近请本村的,很少有人家跑到外村去请接生婆。请接生婆,一般是家里其他腿脚利索的妇女去请,一则平日就熟悉,二则便于信息交流。邀请接生婆时无须携带礼品,只需将信息传达到,一同赶来便可。

接生收费。传统时期,接生婆接生没有固定的收费标准:一方面,看关系。同村人"能叫得动的关系都可以",如果母子平安,过几日家人便需要携带礼品前去登门酬谢,有的还携带钱财。其次,看家境。家境好的,会多给接生婆一些钱币或者粮食;家境不好的,"要得多也给不起",所以,也不会多要,一般2—3斗麦子就差不多了。

接生酬谢。一则，上述已经提及，携带钱币、礼品登门酬谢，礼金、礼品数量取决于家里经济情况；二则，在孩子满月酒时邀请接生婆前来"吃酒"，并要将之安排在上席，并由孩子母亲代孩子为接生婆敬酒，以示感谢。

意外情况的处理。据老人讲，传统时期，由于村里医疗卫生条件差、接生婆大多不具备专业的接生知识、不注意消毒等等原因，婴儿的死亡率还是较高的，接生失败，甚至导致母子双亡的情况也是有的。一旦发生类似情况，大都是不了了之，很少有告官府的情况，"多的是娘家人没法接受，闹一段时间，草草了事，对接生婆基本没啥影响"。

(4) 请医生

传统时期，宁王村人请医生大多去虢镇，再远一些就要去凤翔县或者宝鸡。请医生相对于请接生婆要正式得多：首先，家长或家里管事人亲自登门邀请；其次，邀请时需携带礼品，如点心等；再次，有些"架子大"的医生还需抬轿子去请，才有可能"请得动"。医生的收费亦没有统一的标准，少则半石麦子，多则5—6担。一些"有操守"的医生会考虑患者的支付能力，不漫天要价；但也有一些"只认钱"，没钱便不给看病。

医治后如果有效，一般需要额外酬谢医生。首先，初愈时需要携礼登门拜访，表达谢意，主要携带点心等，也有一些大户人家会书写匾额予以馈赠，如上书"妙手回春""悬壶济世"等等。其次，年节的拜访，如正月里携礼登门拜访、拜年等。再次，在农忙时节为医生提供帮助，出工出力，抢种抢收等，以此表达谢意。最后，其他方式。如帮助医生进药、运输、搬运等。

医治不好或发生意外如何处理？分两种情况，一种是久治无效，另一种是导致患者死亡。传统时期，第一种情况较为常见，久治无效，患者家属也无他法，只能听天由命。而对于后一种情况，问题就比较严重了，一般处理方式有二：其一，医患之间协商解决，医生给予适当赔偿了事；其二，诉诸官府，打官司解决。传统时期，选择用第一种方式解决的情况较多，而较少有人选择用打官司的方式。究其原因，一则打官司成本较高，一般家庭很难支付得起；二则，即便打官司，最后也不一定能够胜诉。综合权衡，多数患者选择协商解决。

(二) 长工及其关系

长工，即长期（一般至少满一年）受雇于雇主，吃住均在雇主家里，以此获取报酬的雇工。

1. 长工来源

传统时期，招揽长工的方式较为多样。第一，雇主寻找。传统时期信息传播途径较为单一，雇主如要雇用长工，可以通过直接寻找的方式，也可将招揽长工的信息散布出去，让亲朋们留意物色、寻找。第二，熟人介绍。解放以前，雇主通过熟人介绍的方式找到合适长工的情况较为常见，而且，经过熟人推荐而达成的长工雇佣关系一般比较稳定。究其原因，其一，长工感念推荐人的恩德，不想辜负推荐之恩；其二，熟人推荐之前，便有一些考察，不会轻易推荐。第三，自我推荐。自我推荐的情况较少，主要是有意做长工者在得到哪家在招长工时便主动登门拜访，"毛遂自荐"。这种情况以本村人或者邻村人居多，因为他们具有信息通达的天然优势。

2. 长工协议

在签订雇佣契约之前，雇佣双方还有一番讨价还价，显然优势并不在长工一方。第一，约定报酬。解放以前，长工一年的报酬大约为10—15石麦，具体视劳动力状况、雇佣双方的协商而定。第二，洽谈待遇。传统时期，长工的待遇主要有：其一，工资报酬。解放以前，宁王村一带长工的工资报酬多以小麦支付。其二，精神支持。精神支持主要指在长工家里有红白事、遭遇一些变故时，雇主登门前去探看，甚至送一些礼品等，以示对长工的关怀。其三，额外补偿。传统时期，如果雇主与长工关系处理得好，长工可以请假，雇主会为长工看病甚至安排人为长工洗衣服等。第三，签署契约。在约定报酬、洽谈待遇之后，如果双方都同意，那么就签署契约。契约一式两份，分别由雇主和长工保存，内容主要包括姓名、雇佣时间、雇佣价格等。契约签订时需有第三方见证，一般为雇主管家。另外，契约上需要雇佣方、长工本人、见证人同时签字方能生效，如果长工不能写字，则以手印代之。

3. 长工交往

雇佣关系一旦确定，雇主与长工的交往便密切起来。第一，日常交往。长工与雇主的日常交往主要是雇主安排农活，长工负责保质保量完成，如果没能按时完成，或者完成质量不好，那么将受到雇主的训斥。第二，年节走访。逢年过节，长工大多会携带礼品，登门拜年，以示对雇主的尊敬。如果雇佣关系较为和谐，那么雇主也会在年节走访长工，礼尚往来；如果雇佣关系较为紧张，那么雇主一般不会走访长工。第三，红白事走访。一方面，雇主家遇到红白事，一般长工具有义不容辞的责任，听从雇主调动，长工家人也许携礼前来探看。另一方面，长工家遇到红白事，长工需要告知雇主，并邀请雇主，雇主在得知消息后，一般会携礼前去，这也是关怀长工的一种体现。第四，雇主生日走访。每年雇主生日，长工需前去庆贺、祝福，一般可以不带礼品，但心意要到。

4. 长工纠纷

长工在雇佣过程中，难免与各方发生一些纠纷，下面做一梳理。

第一，劳务纠纷。劳务纠纷主要指雇主与长工之间的劳务纠纷，主要表现为雇主克扣长工工资、不按时发放、无故缩减等。

第二，债务纠纷。债务纠纷主要有两方面：其一，雇主一方因赌博或者其他原因欠债而影响长工工资的发放；其二，长工一方不学好，欠下外债而债主上门讨债。一般而言，在前一种情况下，在长工的要求下，雇主会尽快补发劳务报酬，从而留住长工；后一种情况下，多数长工将被雇主辞退，甚至当年的报酬也拿不到。

第三，管理纠纷。在日常生产生活中雇主安排生产活动，长工根据安排完成任务，此时会存在两种情况：一是长工生产任务落实不好，导致雇佣关系的紧张；二是雇主农艺不精，"瞎指挥"，而长工比较耿直，想把活做好，结果导致纠纷。对于第一种纠纷，雇主首先批评，令其抓好农业生产，其次警告；如果还不奏效，长工便面临被解雇的危险，在传统时期，长工被辞退的情况还是较多的。对于第二种纠纷，一般以长工的妥协而告终，"是给你家做活呢，你个人都不想做好，长工有啥办法？"

第四，其他纠纷。如男女关系上的纠纷，一旦发生，大多以长工的辞退而告终，而且长工当年的报酬也不能拿到，同时若想要继续做长工，"方圆20—30里的路上是找不到（雇主）了"。

5. 长工关系

传统时期，作为一个较为特殊的群体，基于雇主生产、生活方方面面的安排，长工要与许多人打交道，因此其关系网络较为复杂，现就传统时期长工关系做一梳理。

长工与雇主关系。长工作为被雇佣方，契约一旦签订，其直接面对的便是雇主，长工与雇主的关系也较为微妙。第一，管理关系。传统时期，雇主负责安排生产，长工负责落实，因此，雇主与长工之间的第一层关系便是管理与被管理的关系。第二，互利关系。雇主与长工之间管理关系是表象，其实质则是雇主出钱购买劳动、长工出卖自身劳动获取报酬的互惠互利关系，双方各取所需。第三，庇护关系。除了上述管理关系、互利关系，雇主与长工之间还有一层容易被遮蔽的关系，即庇护关系。典型地，在拉壮丁时，如果一个适龄壮丁本该去充当壮丁，但其找到了一个势力较大的雇主，那么该壮丁便能以此为依靠，躲过一劫。还有在平日摊派中，由于保长、甲长多有"便利之权"，即可以相机摊派钱款，一旦有较大势力的地主作为靠山，便可免去过分的摊派。基于这层潜在的庇护关系，在传统时期，一些少地农民还是较为愿意做长工的。第四，来往关系。雇佣契约签订之后，一般长工至少需要在雇主家里做工一年，因此，在日复一日、年复一年的生产、生活中，雇主与长工之间增加了一份人情、情感上的牵绊，而非初期简单的雇佣与被雇佣的利益关系。比如在逢年过节、红白事等时节，长工与雇主之间也有来往，以增进情谊。

长工与保长关系。传统时期，宁王村一带保长与长工的关系主要表现为：第一，管理与被管理的关系。国家税收、平日摊派、壮丁分配之权均在保长，在上述事项中，长工不得不与保长产生联系。传统时期，长工如能按时上缴各项摊派、粮食税，该出劳力时出劳力，那么保长一般不会找长工，一旦拖欠，且数量较大时，那么就需要保长出面解决。第二，纠纷调解。长工与他人发生纠纷而无法自行调解时，便需要请保长出面协调。第三，来往关系。一些长工为了维持好与保长的关系，逢年过节时会携礼登门走访，此外与保长关系好一些的长工在红白事时会邀请保长前来参与，以示尊敬。

长工与甲长关系。相对于长工与保长的关系，甲长与长工联系得更加紧密，因为传统时期所有税收、摊派、劳役、壮丁最后都是由甲长负责落实的，一段时间内，国家政权与农民之间的"最后一公里"便由甲长负责联结。第一，村民关系。传统时期，保长是由乡长任命的，而甲长一般是由一保内村民轮流担任的，如果某人当得好，可持续任职。但农民心里明白，"那是惹人的活，不好干"。许多村民都是不愿当甲长的，因为对上收不上粮食、款项便要挨训、挨打，对下又是共同生活的乡里乡亲，往往是两头受气还不讨好。因此，说到底，长工与甲长还是村民关系，"大家都是一村人，抬头不见低头见的"。因此，村民关系，是长工与甲长之间最为根本的关系。第二，管理关系。伴随着国家权力的下沉，甲长被赋予了某些职能，此时长工与甲长之间的村民关系变得微妙起来，呈现出管理与被管理的关系。第三，互助关系。即便甲长拥有一些职权，但多数也是迫于形势，一年甲长当过之后，大家还是村民，日常生产中该互助的互助、该合作的合作。但对于一些较为"可恶"的甲长，当然没有这层关系。第四，来往关系。与互助关系类似，长工与多数甲长之间依然保存了来往关系，如拜年、串门、红白事往来等等。

长工与长工关系。第一，竞争关系。长工与长工之间，首先表现为竞争关系。传统时期的宁王村，大户人家毕竟有限，需要的长工数量相应有限，在一个长工供过于求的环境中，长工之间只有通过竞争才能谋得受雇机会，获取自身利益。第二，合作关系。在竞争关系基础之上，长工与长工之间还有一层合作的关系。主要表现在关系好的长工之间。其一，信息共享。传统时期信息较为闭塞，不及今日般通达，因此优先的信息获取便能赢得先机。对于一些长期做工的长工来说，他们在信息获取方面便具有天然的优势。其二，生产合作。服务于同一雇主家的长工在生产上存在一种合作的关系，共同完成雇主交代的任务。其三，经验传授。同样，关系好的长工之间闲时也会聊天，分担彼此忧愁，分享彼此经验。

长工与家人关系。由于长工基本常年在雇主家里，因此与家人的关系变化较大，逐步由原来的亲人关系衍生出了其他一些亲人关系之外的关系。第一，生产关系。长工正式开始在雇主家工作之后，基本无法照顾家里的生产，只能由家里其他成员从事生产活动。第二，疾病关系。长工在工作期间，一般不能回家，但遇到家人生病等特殊情况时，长工可以向雇主请假，在经得雇主同意之后方可回家探看，一般视长工离家路程远近，请假3—5日，安排妥当之后需立即返回。如果雇佣关系比较和谐，首先，雇主有时甚至会给长工一些钱币，一则作为往返路费，二则便于长工为家人看病使用。其次，如果家人看病需要钱较多，那么雇主也会提前支付长工的报酬，以便救济长工家属。原则上，长工的报酬是在年终支付的。再次，传统时期，也有雇主看望长工生病家属的情况，一般会携带一些礼品，以表关切之意。应该注意的是，传统时期，并非所有的雇佣关系都如此和谐，一些雇佣关系较为紧张的，一般很少让长工请假，更谈不上登门看望。第三，亡故关系。当长工家里有人亡故时，长工接到消息之后便需要回家办丧事。其一，向雇主说明情况，同时请其允许回家安葬亲人。其二，提前支付报酬，以便丧事之用。其三，几日后，雇主登门吊唁逝者，以示对长工的关怀。第四，年节关系。传统时期，如果没有特殊情况，长工只有在过年时才可以回家与家人团聚，其他时间吃住均在雇主家里。一则获取一年劳动报酬。传统时期，一个长工一年的报酬大约为15石麦子左右，于一个普通家庭，这是一笔不小的收入，有些长工几乎全家指望这些粮食生活，除去税收、摊派、欠债，最终能剩下的并不多。二则置办年货，团聚过年。分得劳动报酬之后，长工便在集市上置办年货，买一些布匹，好为家人做件新衣。三则携礼登门到雇主家拜年。有些长工在正月里会带着自己的子女，买些礼品，登门给雇主拜年，当然关系不好的长工不会去拜年。四则正月十五元宵节过后必须返回雇主家，开始新一年的劳动。传统时期"十五过罢才算过完年"，因此，很多长工都在十五过后返回雇主家里，正式开始劳动。

长工与短工关系。长工与短工的工作性质较为相似，仅在时间上差别较大。长工与短工的关系较为特殊，一些大户人家即便请了长工，但到了抢种抢收的关键时期，还不得不临时找一些短工前来帮忙，才能抢到农时。第一，合作关系。上述情况下，长工与短工之间便是一种暂时的合作关系，共同劳作，完成雇主交代的任务。第二，暂时管理关系。由于长工长期在雇主家做工，对雇主家的情况较为熟悉，如种植面积、土地位置、所需人工等都有大致了解，因此，农忙时节，新找的短工大多在长工的指导下从事劳动，当天去哪块地里、每块地里分配多少人力、大致需要多少天完工等等。第三，信息共享关系。农忙时节，一些招工信息大多源于长工，因此长工与短工之间形成了一种信息共享的关系，一些有意愿做短工者也会不时地与长工联系，以便获取招工的信息。第四，走访关系。短工基于自身利益的考量，一般会主动与长工拉近关系，如年节的走访、拜年、红白事及时参与、疾病时看望等。

（三）短工及其关系

传统时期，宁王村一带将做短工称为"卖天天"，即按天出卖自己的劳动，报酬当天支付，生动、形象。

1. 短工来源

宁王村短工市场短工来源较为丰富，大致可将其分为四类：第一，本村。传统时期，本村有一些无地或者少地的农民，到了农忙时节，自家无农活可干，或者很快就干完了，这一部分人群往往成为宁王短工市场的成员。第二，邻村。由于地域邻近，邻村村民具有信息获取方面的优势，所谓"近水楼台先得月"，邻村无地或者少地农民也回来宁王村寻找做短工的营生，以便获取报酬，养家糊口。第三，本省。关中平原周边多为山地，耕地较少，人均占有量更是有限，因此到了农忙时节，周边县的少地农民均会来到关中一带，寻找出路，时间主要集中在5—7月份，因为这正好是关中小麦自东向西大面积成熟的时间。每年伴随着小麦自东向西的成熟，一股"麦客大军"也候鸟般踩着麦穗成熟的节拍自东向西，横扫关中平原。第四，外省。宁王村一带，外省的短工也集中在夏季麦黄时节远道而来，他们以西部甘肃、宁夏的麦客为主。他们也紧跟季节的节拍，在广阔的关中平原上用镰刀和汗水自东向西挥舞出一道坚实的弧线。

2. 短工待遇

传统时期，在短工待遇方面，主要有三点。第一，约定报酬。传统时期，宁王村一带短工的报酬较为固定，一般每天为2—3斗麦子；报酬在完工当日一并结算。第二，言明待遇。传统时期，短工的其他待遇也相对固定：其一，一日三餐。短工做工期间，干粮、午餐一般都有专人送到田间，不用回家，以便节约时间。其二，做工。早上一般天还不亮就往地里走，到了地里天正好刚亮，开始干活；中午可以稍作休息，但地点是在田间；晚上有时干活到很晚，"星星都能看见了才往回走呢"。其三，住宿。如果在一个雇主家干活超过一日，那么一般会提供住宿；如果只工作一日，那么便不会提供住宿。第三，后续合作。晚饭过后，如果雇主家农活已经干完，那么便支付报酬，然后分别回家；离家较远的外地短工可以暂住一宿，次日再作打算；一些干活卖力的短工临行之前雇主会有所叮嘱，希望其下年继续来干活。

3. 短工交往

传统时期，短工的交往主要由日常交往与特殊时间节点的交往两部分构成。第一，做工期间交往。短工不同于长工，与雇主打交道时间有限，甚至是"一面之缘"，多则半月有余，仅此而已。第二，年节走访。由于接触时间有限，短工在年节基本不会走访雇主。第三，红白事交往。如果短工为本村大户做工，那么在红白事时会与雇主有所联系，甚至互相走访。第四，雇主生日。短工在雇主生日时很少送礼，甚至多数不知道雇主何时过生日。

4. 短工纠纷

短工为一位雇主做工时间有限，但其总共的做工时间可能较长，因此也面临一些纠纷。第一，劳务纠纷。劳务纠纷是短工经常遇到的，如雇主拖欠劳务，或者有意减少约定数额等。发生上述劳务纠纷，一般是短工召集其他短工，一起向雇主施压，最终多以雇主的妥协宣告结束。第二，管理纠纷。短工的管理纠纷主要表现为短工不服从雇主管理，偷懒等，遇到这样的短工，雇主多会将其辞退，不再雇用。第三，争抢短工。争抢短工主要是在夏收时节，小麦大面积成熟而短工匮乏，此时大户之间因为争抢短工会引发一些纠纷；类似纠纷多以弱势雇主一方退出而告终。第四，其他纠纷。如短工与短工之间因获取做工资格而引发的纠纷，短工之间因私人恩怨而导致的纠纷等等。

5. 短工关系

短工做工时间有限，但其与雇主、保长、甲长等各方也形成了一些特定的关系，主要如下：

短工与雇主关系。第一，管理关系。短工做工，少则一日，多则半月，其间与雇主的关系主要表现为管理与被管理的关系。传统时期，在宁王村一带，短工一般很少直接由雇主管理，而是雇主将管理短工之权交给长工，因此这里的管理与被管理关系实则表现为长工对短工暂时的管理。第二，互利关系。相对于长工与雇主的关系，短工与雇主的关系更为"单纯"，较少掺杂人情的因素，更多地表现为互利的关系。第三，来往关系。传统时期，多数短工与雇主的合作是一次性的，短工做一天工，雇主便支付一天的报酬，如不续用，短工当晚便可离开，寻找下一雇主，较少有其他往来关系。第四，合作关系。传统时期，也有部分短工，常年与一位雇主保持联系，每到农忙时节，短工便按照往年约定前来做工。根据老人回忆，此种短工雇佣关系在宁王村仅有 3 例。

短工与保长关系。第一，管理关系。短工属于一种暂时性的工作，其多数时间依然从事自家的农业生产活动，因此，短工更多受到的是保长的管理，如税收、摊派、壮丁等。此外，保长对于短工没有专门的管理，也不会干涉其做短工。在一定程度上，保长对于做短工是较为认可的，一方面，短工有事做，便不会生乱而影响社会治安；另一方面，通过做工，短工获得报酬，可以缴纳部分摊派，使得收缴摊派等各项费用更为容易。第二，纠纷调解关系。短工与雇主等发生纠纷，首先自行协商解决，解决不了时向同伴即其他短工寻求帮助；若纠纷依然无法解决，才会选择找保长解决。第三，来往关系。传统时期，关中一带的保长握有一定的权力，尤其是平时的摊派，保长的自主权相对较大，甚至可以决定家户摊派的数量。基于此，许多短工在年节会走访保长，以此来争取较少的摊派。

短工与甲长关系。第一，村民关系。在一年当中，短工做工时间极为有限，多数短工一年做工的时间不足一月，其大部分时间依然在家从事农事活动，因此，短工与每年轮流替换的甲长之间更多地表现为一种村民关系。第二，管理关系。传统时期，税收、摊派等均由甲长具体落实，此时，甲长与短工之间变为一种暂时的管理与被管理的关系。第三，互助关系。在平时的生产、生活当中，甲长与短工也存在互相帮助的情况，而一些行为较为恶劣的甲长则不包括在内。第四，来往关系。短工与甲长基于前述的村民关系，平日也会有一些来往，如红白事、春节等时间节点。

短工与短工关系。第一，竞争关系。短工与短工之间，首先表现为竞争关系，尤其是庄稼歉收的年份，一些大户会较少雇用短工，此时往往加剧这种同行之间的竞争。第二，合作关系。在关系较好的短工之间，则表现为一种合作关系，如干农活时互相帮助、信息的共享等。

短工与家人关系。相对于长工，一年当中，由于短工在外做工时间有限，多数时间与家人在一起，因此，其与家人的关系较为单一。短工基本可以全程参与自家的生产劳动，家人生病时也可以及时照顾，较为灵活。

（四）放牛娃及其关系

传统时期，一些贫苦家庭无力送孩子上学，从事农活体力又暂时跟不上，此时，便形成了放牛娃、放羊娃等这么一个特殊的群体。现以放牛娃为例对这一群体做一介绍。

1. 放牛娃来源

放牛娃在宁王村一带还是较为普遍的，其来源有二，一是本村，二是外村，以本村居多。由于放牛娃的年龄一般较小,大多集中在5—12岁之间,因此,很少有家长愿意将自己的孩子送往距离较远的其他村庄。

2. 放牛娃待遇

限于较小的年龄,放牛娃的待遇一般由其父亲代之与雇主协商决定。第一,约定报酬。据老人回忆,传统时期放牛娃的报酬主要根据其放养牛的头数决定,头数越多,报酬相应也越高,一般一个放牛娃一年放养一头牛大约能得到2—3担不等的麦子作为报酬,如果放养较多,那么可以得到5石麦子。第二,放牛娃待遇。除了麦子作为报酬,一日能吃两餐,早餐一般在家里吃,或者自己带干粮在山里吃。第三,放牛娃与雇主之间没有签订契约,只是其父亲或其监护人与雇主之间口头约定,双方一般均会遵守,"小娃娃不容易,就那么大点人"。

3. 放牛娃交往

第一,日常交往。放牛娃的生活较为单调,多数时间与牛打交道,唯一的消遣便是将牛赶进山里之后与同行小伙伴们的嬉戏、打闹。但其间也会发生很多童年乐事。一位小时当过放牛娃的老人至今谈起依然开心不已,难掩激动,"那时候小,只要把人家的牛喂好,就没啥事"。但同时要提防牛趁机逃跑,否则要受到雇主的惩罚。第二,年节走访。过年时,放牛娃一般会在父亲的陪同下去雇主家里拜年。

4. 放牛娃与雇主关系

第一,监护关系。鉴于放牛娃的年龄,雇主负有监护的责任,承担着部分家长的职能。第二,教育关系。一些有心的雇主会将放牛娃当自己的孩子一样,并在日常生活中进行潜移默化的教育,告知一些做事的方法等。第三,照顾关系。对于外村的放牛娃,雇主一家可能要格外费心一些,如不定期地为放牛娃洗衣服等。

5. 放牛娃与家人关系

与其他同龄人相比,放牛娃与家人接触的时间相对少了一些。如果是给本村人放牛,那么白天出去,晚上还住自己家里。而对于吃住在雇主家里的放牛娃来说,小小年纪,便不能与家人在一起,确实是难以想象的。

(五)人集及其关系

关中宁王村一带,每当小麦即将成熟时,大量"麦客"云集,形成特殊的"人集"。"麦客"是关中人对以割麦打工挣钱者的称谓,打工人将自身所从事的工作称为"卖天天",亦即干一天活,当天发工资。一般麦客自带镰刀,大清早便集聚在村头固定处,等待雇主到来。麦客除了固定的工资,雇主需管饭,一日三餐,除了晚饭,其余二餐均在地里,以此节约时间,抢割抢收;每天干活到日落,然后回到雇主家,饭毕结算当日工资，之后离开。如有续用，也有雇主安排住宿的情况；如果不再续用或此家雇主小麦已收割完毕，麦客需自行离开，一般露宿庙宇、废弃窑洞等处，第二天继续到人集场寻找新的雇主。关中一带，小麦成熟遵循自东向西的自然规律，麦客就像候鸟，追随着麦子成熟的步伐，自东向西迁徙。传统时期，许多成年男子均是麦客潜在的成员，一般以甘肃、宁夏以及本地小麦晚熟地区的人为主，关中平原东部麦收完毕，早熟区的人们又赶往西部，成为新一轮的麦客。

1. 合作关系

在人集当中，关系较好的村民之间存在着信息共享、互助帮忙等合作关系，如哪里最近有招工、哪里的工价好等。此外，关系好的雇工之间在生产、生活当中还存在一定的互助关系，如帮忙做农活、红白事的互相帮忙等。

2. 竞争关系

人集中，既有合作，又有竞争，尤其是在麦子歉收的年份，需要招工的家户少，人集市场出现供过于求的局面，此时村民之间的关系更多地表现为一种竞争关系。

3. 交往关系

在共同做工的过程当中，村民之间形成良好的合作关系，以至于延续到雇工之外的日常生活当中，如此形成一种交往关系，如年节的走访、互送礼品，以此加强联系、增进关系。

4. 性别关系

传统时期人集上全为男性，没有女性外出做工的情况。一方面女性力气小，难以胜任高强度的抢收工作；另一方面，传统时期女性多缠足，小脚行动多有不便，大多在家中从事家务劳动，极少外出，更谈不上外出做工。

5. 贫富关系

人集中做工者以家庭贫困、土地较少者居多。如果自家拥有土地，那么首先肯定是完成自家农活之后才会外出做工。因此，人集市场上的贫富关系还是较为清晰的，一般富户、土地占有较多的家户基本不会到人集上寻求生计。

6. 流动关系

受农作物生物属性的影响，农作物成熟的时间上大致存在一定的时间差。一般而言，越往南，作物成熟越早，越往东，作物成熟越早，这也规制了麦客等务工人员流动的方向以及次序。

7. 季节关系

人集的出现具有季节属性，关中一带大多集中在夏季，以抢收麦子为主，其他时间段人集不甚明显。

8. 地域关系

人集当中，存在一种地域关系，这种地域关系又可以分为两个不同的时间节点：其一，在平日的人集当中，以本地人为主；其二，在特殊的时期，如抢种、抢收时节，除了本地人还有从周边邻近省份过来的务工人员，如甘肃、宁夏等。

五、共有产权的经营关系

前文已有述及，传统时期，宁王村的共有产权主要包括庙地、族山以及村公所地三种形式。传统时期，上述共有产权的经营方式有所不同。

庙地的经营主要由当年的会长负责，如自行耕种还是租种他人等。如果是自行耕种，那么庙地所得的一半归会长所有，另一半用于家庙一年的用度；如果是租与他人耕种，那么所获租金用于家庙当年的用度，如有剩余，一般交由下一任会长接手，用于下一年家庙的开支。

族山一般多由族人自行经营，其主要的收益在于柴草的收获。在传统社会，冬季取暖需要相当数量的柴草，这就需要一定的林木。此外族山还是族人们修建房屋的木材来源，一般需要经过族长、会长的同意，方可砍伐。

村公所地的经营权在于保长，大多租给村中少地农户使用，所获收益由保长、甲长支配，如用来填补村公所花费的缺口等。

第四节 交换与交换关系

传统时期，交换在宁王村中一直存在且从未中断。在农耕底色的村落，家户不能满足家户成员全部的生产、生活需要，这就需要通过交换加以弥补，从而满足家庭成员不同层次的需求。本节主要围绕市场概况、村内商业活动、村外商业活动以及交换关系四个方面展开，考察宁王村传统时期的交换状况以及交换中的关系。

一、市场概况

传统时期，宁王村人赶集首选5里外的阳平街，即现在宁王村南边的东风村；其次是宁王村西约13里的虢镇，即现陈仓区政府驻地；再次之是宁王村东约15里左右的蔡家坡；复次之是宁王村北约30里的凤翔县；最远的市场是宁王村西约60里的宝鸡市。宁王村人赶集讲究一天能够往返，一般不住店，而超出60里一天之内很难返回，所以当地人的市场半径基本为60里。

（一）阳平街

传统时期，阳平街相当繁华。据老人们回忆，阳平街呈东西走向，长约 2 里，东、西两端各设东、西城门。阳平街属于单日逢集，逢集期间，天麻麻亮，市场便逐渐苏醒，并热闹起来。阳平街市场发育比较完全，有各种小吃和日常生产生活用品，有茶馆、酒坊、山货、木材等，甚至还有妓院，昔日繁华程度可见一斑。

（二）虢镇

虢镇历史悠久，在宁王村西 20 里，宁王村人除了去阳平街赶集，其次的选择便是虢镇。一方面是距离较近，方便往返；另一方面是虢镇单双日均逢集，所以赶集没有限制。虢镇集市与阳平街贩卖物品大同小异，但虢镇买木材不及阳平街方便，一定程度上，阳平街集市甚至超越虢镇集市。

（三）蔡家坡

蔡家坡，在宁王村东约 20 里，宁王村正好处于虢镇与蔡家坡的中间地带。蔡家坡集市与虢镇市场较为相似，集市不分单双日，较为便利，此外无其他优势，售卖物品与阳平街无异，不再赘述。

（四）凤翔县

1957 年以前，宁王村一直归凤翔县管辖，因此，宁王村人与凤翔县的联系还是较其他地方紧密，如缴纳公粮、平时摊派任务上缴等，顺带着也会到凤翔县买一些生活用品。不过宁王村人很少专门去凤翔县赶集。

二、村内商业活动

（一）货郎担

货郎，关中宁王村一带又称之为"货郎担"，指以贩卖针线、顶针、梳子、颜料、玩具等生活日常用品为主、小本经营、走街串巷的流动商贩。做货郎担一般是农民的副业，很少有以其为主业者。当地人将做货郎担生意这一活动称为"跑货郎担"。

1. 货郎担的来源

传统时期，关于宁王村一带货郎担来源主要分三个方面展开。第一，货郎担的地域来源。传统时期，游走于宁王村的货郎担主要来源有二，其一是来自本省山区地带的货郎担；其二，来自外省如甘肃、宁夏等地的货郎担。由于上述地区多为山区，人均耕地相对有限，为了维持生计、补贴家用，上述山区的农民便外出做货郎担。第二，货郎担货物的来源。货郎担货物的来源主要有两个方面：其一，在家乡的批发市场上批发。基于熟人、地域及长期的合作关系，多数货郎担都能够以较为便宜的价格在批发商那里取到需要的货物。其二，如果中途缺货，货郎担之间可以互通有无，调剂余缺，以补足所缺货物。第三，货郎担货物的补给。如果中途缺货，货郎担还可以在就近的集市上临时批发一些所缺的货物，以便及时补充货物，避免耽误后期的行程。

2. 货郎担的移动

货郎担的移动主要包括两个层面。第一，空间移动。从大的范围来讲，货郎担的空间移动主要有两条线路：其一，从关中平原南北两侧的山区向关中宁王村一带移动；其二，从关中平原西部的甘肃、宁夏等省向关中宁王村一带移动。一定时期内，来自外省的货郎担数量一度超过了来自本省关中平原南北方向的。第二，时间移动。时间移动主要分为大时间段内的季节性移动及短时间内一天的移动。其一，季节性移动。传统时期，货郎担在时间上的移动主要表现为季节性的移动，一般以秋末以及整个冬季为主，春季、夏季很少有货郎担的身影。其二，一天内的移动。货郎担十分辛苦，一般天还未亮便要收拾行装，准备出发，中午没有固定的休息地点，大多是"走到哪里休息到哪里"，晚上需要重新寻找投宿的人家，第二日如是重复。

3. 货郎担的生活

传统时期，货郎担的生活较为艰苦，主要分交通、住宿、饮食三个方面阐释。第一，货郎担的交通。传统时期，货郎担主要以步行的方式解决交通问题，"（货郎担）那就是全靠两片脚，没有其他办法"。第二，货郎担的住宿。一般而言，远道而来的货郎担会合伙在当地租下民房，给予其适当的补偿作为回报，然后货郎担以此为据点，向周边发散；多余的货物也会暂存在农户家里，白天货郎担们携带适量的货物出门，分片区走街串巷，以此贩卖自己的货物。当天能返回则返回；如果走得较远，天黑之前无法返回，那么货郎担一般会重新找投宿的人家，以便第二日继续赶路。一般经过几天之后，携带的货物也贩卖得差不多了，此时，货郎担便需要返回起初投宿的据点，补充不足的货物，然后再次出发；如此往复两三次，其携带的全部货物基本售罄，那么也到了货郎担该回家的时候。第三，货郎担的饮食。货郎担的饮食极不规律，不一定能够吃到热乎的饭食。货郎担在临行前，家人一般会为其备好干粮，多为锅盔，一则便于携带，二则久藏不坏。一次携带的干粮至少需要维持货郎担一个月的食用之需。货郎担如果能于当天返回租赁的据点，那么便可以在那里生火做饭，吃口热乎的汤饭；如果其不能于当晚返回，那么就需要投靠住宿的人家，有些人家会为其提供一定的汤饭、热水等，如果投宿人家不给其饭食，那么货郎担只能啃锅盔。此外，货郎担如果路过集镇，便可在集镇投宿、吃饭等，补充之后重新上路。但在当时来说，住店对于货郎担是极为奢侈的事，一般很少有货郎担选择去住店。

4. 货郎担的关系

（1）货郎担的地缘关系

关于货郎担的地缘关系主要分两部分阐释：其一，出发地的地缘关系。对于货郎担而言，多数会结对相伴出行，一方面出远门之后在生活上可以多个照应，另一方面在生意上可以互相帮助，如货物的调剂等。其二，生意地的地缘关系。货郎担到了目的地之后便需要分头行动，临行之前需要划定片区，以免重叠交叉，做无用功。

（2）货郎担的管理关系

对于货郎担的管理，主要分家长、族长、保长三个主体展开。

其一，家长对货郎担的管理。货郎担临行之前，家长多要一番叮咛，多是注意安全、诸事小心、不与人争执、及时返回等。家人如果是第一次出去做货郎担，必须由同村人或者熟识的老货郎担相带，否则，不得独自前往；带3—5次后，新手货郎担便可不用专人相带，不过依然需要结伴出行，渐渐亦可以带新人出行。

其二，族长对货郎担的管理。传统时期一族之内族长具有较大的权威，货郎担临行前需要拜别族长，同时需要说明大致返回的时间，以免耽误家中农活；货郎担返回之后需要首先拜见族长，并将所得交予族长统一管理，以便后期统筹分配使用。原则上货郎担自己不得私自截留；交割清楚钱款之后，便可以与族长聊天，陈述途中见闻等。

其三，保长对货郎担的管理。传统时期政府没有明确规定保长对货郎担的管理职责，一般只要不惹乱生事，保长便不对货郎担进行特别的约束或者管理。一定程度上，保长是默许的，因为货郎担外出挣到钱物之后，其缴纳税收、摊派的能力有所增强，无疑，这对于其税赋、摊派的收缴是有利的，因此，保长大多情况下不会对货郎担做出限制性的要求。

（3）货郎担的买卖关系

货郎担的买卖关系可主要从买方和卖方这两个方面来说明。

从卖方，即货郎担一方来讲：其一，货郎担并非专职的生意人，对于大多数货郎担而言，其主业依然是务农，跑货郎担是其副业，多在农闲时节外出挣钱，以补贴家用。其二，由于货郎担运输的工具只有一条扁担，因此，一次能够携带的货物极为有限，无形中这就要求货郎担所出售的物品具有体积小、质量轻等特点。其三，传统时期货郎担除了收钱币之外，还有一种以物易物的交易方式，主要是用物换取头发，基于此种交易方式，女性便有天然的交易优势，即用平日积攒下的头发换取一些针线等日常生活用品。一般，货郎担会将头发积攒到一定重量，然后再一次性卖出以便获取利益。

从买方来讲：在货郎担的买卖关系中，买方主要是传统时期农村地区的妇女、儿童。之所以如此，主要有如下几点原因：其一，传统时期，儿童、妇女一般不让外出赶集，因此，其购买物品的愿望远远不能够实现，而货郎担的到来，真好填补了这一空白。其二，货郎担限于运输工具，其职能贩卖小件的物品，如针线、颜料、梳子、玩具等，这样无形中也就规制了货郎担生意的购买主体，即以妇女、儿童为主。

（4）货郎担的交往关系

货郎担的交往关系比较多样，具体而言，主要包括如下几个方面：

其一，货郎担与家人的交往。前文已经提及，多数货郎担其本业是农民，因此，一年中的多数时间货郎担与家人在一起，共同种地务农，与家人交流、沟通的机会较多，关系也较为密切；一年之中，货郎担与家人分别的时间最多不会超过4个月。

其二，货郎担与族长的交往。货郎担在平日农业生产中需要服从族长的安排；遇到祭祀祖宗、维修祠堂、续修家谱等重大活动需要出面参与；每次外出做生意之前需要向族长说明，返回之后需要上交其跑货郎担所得等。

其三，货郎担与保长的交往。货郎担与保长之间除了管理与被管理的关系之外，还有走访等交往关系。如一些货郎担为了减少摊派，在跑货郎担归来时会在路上买一些外地的土特产品，待其返乡之后送给保长，以求得其庇护等。但值得说明的是，上述情况仅为个案，货郎担如果与保长关系不好，那么便没有走访这层交往关系。

其四，货郎担与同村人的交往。货郎担与同村关系较好的人交往主要包括生产互助、生活互帮、在外相扶、年节走访等。在农忙时节，货郎担与同村人之间互助合作，甚至共同使用耕牛、农具、劳力等，以便按时下种，不违农时。在生活中，一方有困难，另一方便会伸出援手，如借粮、借物、办红白事等。在外做货郎担生意，大多会与同村人一同前往，以便照应；新的货郎担出行，必须有老货郎担相带，以便熟悉路程、取货地点、如何与人交流、售卖等等。关系好的货郎担与同村人在年节会有一定的互动，如春节拜年、端午节送粽子、重阳节送茱萸等等。

其五，货郎担与亲友的交往。货郎担与亲友的交往主要包括如下几个方面：生产上的互助、生意上的帮扶、年节时的走访等。另外，外出回来，一些货郎担会向亲友赠送礼品，如妇女用的针线、梳子、顶针等，再如各种儿童玩具等。

其六，货郎担与批发商的交往。货郎担与批发商的交往主要包括长期合作关系、赊欠关系及年节走访关系等。一般一个货郎担的取货地点较为固定，长此以往，双方之间形成了一种长期合作的关系，一些实在"卖不动"的货物还可以返回给批发商。

一些时候如果货郎担手头较紧，那么熟识的批发商便可以以赊账的方式为货郎担先行取货，待其归来赚钱之后再还清。对于一些关系特别好的货郎担与批发商，他们之间还有一层年节期间互相走访、互赠礼品的关系。

其七，货郎担与货郎担的交往。货郎担与货郎担之间的关系较为多样，于同村的货郎担而言，主要表现为生产上的互助、生活中的互帮、生意上的互惠、新人的相带等；而于异村货郎担而言，更多的是一种竞争关系，"一个地方你去跑了，我就去不了了，就这么个事情"。

（5）货郎担的贫富关系

传统时期，外出跑货郎担的人以少地的农民为主。一般而言，其家庭经济条件较差，只靠种地不能谋求生存，所以才外出跑货郎担，小本经营、薄利多销，以此挣得一些钱币，以便补贴家用。这种农忙时种田、农闲时跑货郎担的模式构成了农业为主，商业为辅的家户生产经营模式，具体而言，这种家户生产经营模式可概括为地尽其用、人尽其力、不违农时、农商互补。

（6）货郎担的官民关系

在官民关系之中，传统时期，官方对货郎担没有设置统一的管理，其完成交税、摊派、摊工、拉壮丁之后，对于外出做货郎担者没有统一的管理。另外政府底层"官员"如乡长、保长等基本不会到货郎担处购买物品；同样，货郎担也不会将货物挑到其门口，因为长期的经验已经表明那里是没有生意可做的。

（7）货郎担的性别关系

传统时期，货郎担一直是男士的专属代名词，没有女性做货郎担的情况。而购买货郎担物品的人群主要是妇女与儿童，这主要是由货郎担贩卖的物品所决定的；同时，传统时期妇女和儿童很少有机会外出赶集购物，货郎担正好满足了这两大群体的购物需求。

5. 货郎担的几点特性

货郎担作为特殊历史背景下的一种商业活动主体，具有如下特性：其一，兼职性。货郎担一般以少地农民构成，农忙时间种地务农，农闲时节外出经商，农商互补，维持生计。其本业依然是农业，跑货郎担只能算是一种兼职行为。其二，流动性。传统时期，货郎担具有较强的流动性，从大的地域上看，可以跨越数省；从货郎担一天的行动范围来看，少则20里，多则30—50里。其三，季节性。一定程度上，货郎担的兼职性便决定了其季节性。受农作物生长周期的影响，一般在春季播种，夏季田间管理、麦收，秋季秋收、种植冬小麦等；相对而言，冬季是较为闲暇的时间，这也正是货郎担外出挣钱的季节。其四，分工性。对于一些子嗣较多的大家庭，如果家中土地有限，劳动力过剩，那么在族长的统一协调之下，众兄弟之间便会出现分工的情况，善于种地者务农，长于商业者外出跑货郎担。其五，互助性。同村的货郎担之间更多地表现为一种合作的关系，包括生产中的互助、生活中的互帮、生意上的互惠、新人的互带等等。其六，竞争性。对于不同村庄之间的货郎担，他们之间更多地表现为一种竞争关系，由于市场有限、妇女儿童的购买力有限等诸多因素限制，货郎担之间的竞争较为激烈。其七，反季节性。前文已经提及货郎担具有季节性，但是迫于货郎担之间激烈的竞争形势，一些货郎担退而求其次，打破生物季节性的限制，于农忙时节跑一趟货郎担，此段时间多数货郎担在家操持农务，竞争压力骤减，一般如果能抓住机会，便可获得数倍于平常的收益，暂且将之称为反季节性。

6. 货郎担的纠纷及其处理

货郎担一面需要从事农业生产，另一方面要空出时间外出经商，这样一种特殊的农商经营模式下尤其容易产生纠纷。

第一，货郎担与家人的纠纷。其一，生产。在农业生产方面，货郎担一旦在农忙时节不能及时赶回，那么家里便面临劳动力缺失，庄稼不能及时播种或者收割的矛盾。其二，教育。传统时期家中妇女多为文盲，家中男丁外出跑货郎担，孩子的教育便无人管理，缺失家庭教育重要的一环。其三，赡养老人。男丁外出之后，不能尽赡养老人的义务，容易引发家庭纠纷。

第二，货郎担与管理者的纠纷。其一，与族长的纠纷。货郎担与族长的纠纷主要表现为不能照顾生产、不能赡养老人、不及时上交财物等。其二，与保长的纠纷。货郎担与保长的纠纷主要指在摊工或者拉壮丁之时，如果多数男丁外出，那么其摊工、拉壮丁等任务便无法按期完成，此时会引发一定的矛盾纠纷。

第三，货郎担与购买者的纠纷。其一，价格纠纷。买卖双方在商品价格上不能达成一致而引发的纠纷。其二，质量纠纷。如货郎担出售的物品存在质量问题或者买者存在故意损坏情况等。

第四，货郎担与货郎担之间的纠纷。货郎担与货郎担之间的纠纷主要表现为"地盘纠纷"，即为了抢占货郎担市场而引发的纠纷。

货郎担遇到的矛盾纠纷多样，催生了多样的解决方式，主要包括：第一，协商解决。多数情况下，货郎担与他人发生纠纷时都能通过协商的方式得到解决。第二，请管事人解决。协商解决失败之后，便需要请管事人出面协调；如果在做生意的村庄发生纠纷，便邀请该村的管事人出面。第三，货郎担联合抗争。货郎担一般会避免与当地人发生纠纷，一旦纠纷不可避免，那么同行的货郎担们会联合起来，共同应对，以谋求化解之策。第四，请保长解决。如果管事人不能调解，则请当地保长出面，以免出现管事人偏袒当地人的情况。

（二）卖油的

卖油的，即以出售食用油为主的商贩。传统时期，卖油的用担子挑油，手敲一种特制的工具，边走边敲，村民在听到这种特有的敲击声之后，便闻声而来。

1. 卖油的来源

传统时期，宁王村人的食用油主要有三种来源：第一种是自家种植一些油料作物，如菜籽、胡麻等；第二种是在集市上购买食用油，宁王村人更多选择在阳平街上购买；第三种是从走街串巷的卖油的那儿购买。值得说明的是，传统时期一般家庭的主要食用油源于自家的种植，买油属于较为特殊的情况。而宁王村一带买油的有两种来源：第一，本地卖油的。本地卖油的多出售一些"杂油"，分不清是菜籽油还是胡麻油，其价格相对便宜。第二，外地卖油的。游走于宁王村一带外地卖油的多属于汉中一带，因为那边更适合菜籽的种植，且种植面积相对较大，多数农户在菜籽收获之后将其压榨，然后几经周折，运输到关中一带出售，以此获利。外地卖油的大多以菜籽油为主，相对于本地人出售的杂油，其价格相对较高，但其质量也更好，一些经济条件较好的家户更加倾向于从外地卖油的那里购买菜籽油食用。

2. 卖油的生活

传统时期，对于本地卖油的而言，其生活较为方便，食宿基本在家中，仅在白天外出，走街串巷，天黑之前赶回家中。而对于外地卖油的，其生活有诸多不便，现主要从卖油的交通、吃饭以及住宿三个方面展开。

第一，卖油的交通。传统时期，卖油的交通方式主要靠步行，一般挑一扁担，两头各有一桶油，手持特制的小鼓，边走边摇，以此吸引村民们前来买油。卖油的一天的行程大约在50里左右，有时如果时间紧急，为了赶到下一村落，可能要走更多的路程。

第二，卖油的吃饭。卖油的吃饭是一个很大的问题，一般卖油的都会携带干粮，以便在早餐时食用或者在找不到投靠点时充饥；多数情况下，卖油的能够找到一些好心肠的农家，适当给予一定的报酬，然后吃顿热乎的饭；此外，卖油的可以在经过一些集镇时饱食一顿，以便继续赶路。

第三，卖油的住宿。外地卖油的住宿也是一个很大的问题，多数情况下，只能通过投靠民宿的方式解决，给予一定的报酬，但也有一些农户免费让其居住的情况；如果处于战乱时期,卖油的将很难在民宿中借宿;另外,卖油的在经过一些较大的集市时,可以找到旅店住宿,但对于多数卖油的来说,这是极为奢侈的事,是属于非常态的。

3. 卖油的流动

关于卖油的流动,主要从空间流动及时间流动两个维度展开。

第一,空间流动。传统时期,卖油的流动表现为大范围内的流动。如汉中到达关中,至少有几百里的路程。卖油的除了在大范围内的流动,亦有小范围内的流动,如本村及邻近地区的卖油的,其一天的行程大多在50里左右。

第二,时间流动。卖油的在时间维度上的流动主要分三个层面。其一,丰收之年流动。传统时期,卖油的在丰收之年的流动更为频繁,一方面,丰收之年,许多家户收获较多的菜籽等油料作物,剩余出来的便可榨油外卖,获取利润。另一方面,丰收之年,对于普通村民而言,其粮食收获较多,可以用其交换一些其他物品。其二,和平年代的流动。相对于战乱之年,和平年代卖油的流动更为频繁:一则,和平年代如果遇上风调雨顺,农民的农产品有所剩余;二则,和平年代卖油的外出赚钱相对更加安全,更容易找到投宿的人家;三则,普通百姓得以休养,其购买能力较战乱年代要强一些。其三,季节性的流动。卖油的一年四季都有,但主要集中在秋冬两季。一方面,秋季夏收已经结束,农民有相对较多的闲暇时间外出卖油;另一方面,冬季临近过年,农民除了有闲之外,其购买的欲望也是相对强烈的,因为抵近年关,许多家户均要储备一些物资准备过年,于大户人家尤其如此。

4. 卖油的关系

卖油的四处奔走,走街串巷,自然与较多的人发生联系,由此形成了多样的关系:

第一,卖油的地缘关系。地缘关系主要表现为本地卖油的与外地卖油的。本地卖油的主要出售杂油,外地卖油的以菜籽油为主;本地卖油的价格更为便宜,但油的质量不及菜籽油;外地卖油的油价相对要高一些,但其质量较好。

第二,卖油的管理关系。卖油的管理关系主要从族长管理和保长管理两个层面展开。其一,族长管理。如果是出远门卖油,那么在卖油的临行前族长都要交代一番,在战乱年代甚至会阻止族人长途卖油。其二,保长管理。保长对于卖油的没有统一的管理,但如果是战乱年代,需要抓丁,那么保长便会阻止本保青壮年的外出,以免不能够完成抓壮丁的任务。

第三,卖油的交往关系。卖油的交往关系主要围绕其主要接触的人群展开。其一,卖油的与家人的交往。卖油的在农忙时节基本在家,帮助照料农业生产,因此与家人交往的时间相对较多。其二，卖油的与族长的交往。卖油的与族长的交往包括农业生产、宗族内部管理以及外出卖油做生意等方面。其三，卖油的与保长的交往。卖油的与保长的交往包括田赋、摊派的收缴、壮丁的分派等。其四，卖油的与同村人的交往。卖油的与同村人之间除了日常生产、生活中的互助，亦存在一些生意上的往来，同村人的买油的售价要低于外面的售价。其五，卖油的与亲友的交往。除了年节的走访、生产中的互助之外，如果亲友需要买油，那么便可以提前打声招呼，以便在有好的菜籽油时为其留下一份，基本按照成本价出售。其六，卖油的与卖油的交往。对于同一村庄的卖油的，更多的是一种合作、帮助的关系；尤其对于首次出远门卖油的人来说，需由有经验的卖油的带领，这与货郎担较为相似；然而，在其他卖油的之间，更多地表现为一种竞争性的关系。

第四，卖油的师徒关系。卖油的这一行业没有明显的师徒关系，一般是以地缘关系为纽带，有经验的卖油的带领新手外出卖油谋生，待到新一代的卖油的成长起来，那么便可以带领下一代，如此循环往复。

第五，卖油的年龄关系。传统时期，卖油的大都在 20—50 岁。一方面，如果年龄太小，外出卖油家人多有挂念，况且力气又相对有限；另一方面，卖油其实是一件苦差事，与货郎担相差无几，基本靠一条扁担两片脚板，走街串巷，借宿民宅，每天不一定能吃到热乎的饭，因此年龄太大，身体方面也吃不消。

第六，卖油的贫富关系。传统时期，卖油的多出自经济条件不好的家庭。前面已经提到，卖油是件苦差事，非常人所能坚持，一般经济条件稍微可以的家庭均不愿自己的孩子出去做卖油的受罪。

5. 卖油的纠纷

卖油的纠纷较多，主要包括如下四个方面：

第一，卖油的与家人的纠纷。卖油的与家人的纠纷主要发端于卖油的挣不到钱，同时又耽误了家中农作物的照料，此种情况下，卖油的与家人的纠纷容易激化。

第二，卖油的与管理者的纠纷。卖油的与管理者的纠纷主要表现为卖油的与族长的纠纷以及卖油的与保长的纠纷。其一，卖油的与族长的纠纷。如遇到战乱年代，族长多不愿族人外出，但卖油的又迫于生计不得不外出，此时容易引发卖油的与族长之间的矛盾；再如卖油的生意不好，同时未能照料家中农业生产，此时也容易引发纠纷。其二，卖油的与保长的纠纷。卖油的与保长的纠纷主要发生在抓壮丁、田赋的缴纳等方面。尤其是抓壮丁时期，一旦保中的青壮年大面积借故出走，那么壮丁任务便无法完成，此种情况下，保长多会限制青年卖油的外出，以免给自己的工作带来麻烦。

第三,卖油的与买油的纠纷。买卖双方的纠纷主要包括两个方面:其一,价格纠纷。价格纠纷,一般是买方嫌油的价格太高而引发的纠纷。其二,质量纠纷。质量纠纷主要是卖油的以次充好而引发的纠纷。

第四,卖油的与地痞的纠纷。对于外来的卖油的,很重要的一方面便是会遇到当地一些地痞的骚扰,如有意不让卖油的通过、多处刁难,以便勒索财物等情况。

6. 卖油的纠纷的处理

不同的纠纷,其解决办法也各异,具体而言,有如下几种解决办法:

第一,协商解决。如遇到价格纠纷,买卖双方可以经过协商,找到双方都能接受的水平以此化解矛盾,或者在实在不能达成协议的情况下终止交易,以免事态恶化、升级。

第二,同行联合解决。外出卖油,尤其对于出远门卖油的,其个人的力量相对有限,在遇到一些纠纷时,可以内部团结起来,扩大声势,以此增强己方力量,向对方施加压力,逼迫对方妥协。如在遇到地痞时卖油的多会采取此种做法化解纠纷。

第三,管事人出面解决。同行并不经常在一起,因此,当单个卖油的在外地遇到纠纷,可以邀请当地"管闲事人"出面协调,以求公正处理,化解纠纷。

第四,保长解决。管闲事人调解失败时,便可以请当地保长出面主持公道、化解矛盾,避免事态扩大。

7. 卖油的几点特性

第一,流动性。传统时期,卖油的与货郎担较为相似,具有较强的流动性。一方面表现在卖油的来源方面,如汉中等地;另一方面,表现在卖油的日行程距离,多数卖油的一天的步行距离可达60—70里。

第二,季节性。从总体来看,卖油的一年四季都有,但一般秋冬二季卖油的出动更为频繁,参与卖油的人群也更为广大。

第三,兼职性。传统时期,对于多数卖油的人而言,卖油仅为其兼职性的职业,其主业依然是务农,之所以卖油,是因为有剩余劳动产品的出现。

(三)村内商业活动的关系

1. 赶集关系

集市中的赶集关系,即村民在赶集时,一般会邀同村熟人一同前往而形成的关系,此种关系仅在关系要好的邻里之间才会发生。"关系不好的叫人家干啥?叫了人家也不去","多数(赶集人)之前并没有约定好,赶集的路上边走边叫,谁去就一起走"。传统时期,小孩子一般是不让去赶集的,主要是考虑安全因素;而对于老人,只要腿脚方便，便可以去集市赶集，或者闲游。赶集人以中青年人为主。宁王村一带赶集以男性为主，主要是因为女性小脚出行多有不便，但女性亦可以赶集。

2. 熟人关系

赶集中的熟人关系主要包括下面两种情况：其一，赶集人之间的熟人关系。赶集人之所以搭伴前行，是因为熟人之间可以有个照应，如在购买物品时帮忙砍价、对物品质量进行把关、帮忙携带物品等，同时还有安全方面的考量，尤其是在出远门赶集的情况下。其二，买卖双方的熟人关系。多数村民都有相对固定的卖家，一方面关系熟络之后价格相对要低一些；其次，可以赊欠，赊欠额度主要取决于买卖双方的关系以及买方的偿还能力。

三、村外商业活动

（一）赶场

关中宁王村一带的赶场主要借助庙会展开。庙会历史由来已久，属于一种民间信仰，赶场随之发展起来，地址在庙宇附近，参加人数比平日集市多出几倍，售卖物件也更加丰富，赶场人可能不限于本地，外县、外市甚至外省的客商也会赶来。传统时期的庙会在开展商贸活动之前一般先要祭祀神灵，如凤翔县的灵神老母会、扶风县的周公庙等，祭祀完毕，盛大的商贸活动由此展开。

1. 不同的场

第一，农具场。农具场，类似于一年一度的"权把会"，以出售农具为主。如犁、扁担、镰刀、木锨、锄头等。

第二，骡马场。骡马场，类似于骡马市。贩卖骡马、驴、牛羊等，此外还有一些小型的家禽家畜如鸡、犬等。

第三，小吃场。关中一带的小吃品类繁多，每场庙会，成为必不可少的部分。如岐山臊子面、陕北饸饹面、岐山擀面皮、乾县豆腐脑、醪糟、油茶等等。

2. 赶场中的关系

赶场关系即村民们在赶场过程中形成的一种相对固定的关系。赶场关系的主体主要包括同村人、关系较好的客商等。赶场关系可以细分为赶场中的熟人关系、买卖关系以及娱乐关系。

第一，熟人关系。赶场关系中存在一种熟人关系，包括赶场人之间的熟人关系、赶场买卖双方的关系等。前者主要包括同村邻里之间的共同赶场、捎带购买等；后者主要是在长期的赶集关系中买卖双方之间形成的较为固定的熟人关系，"（商人）把你认下了，以后买东西他就给你便宜，还能买到真货"。

第二，买卖关系。买卖关系，赶场中最为核心的关系，有熟人之间的，但更多地表现为陌生人之间的。赶场时节，村民们也会将自家的一些剩余物品拿出去到集市上售卖，如草编、芦席等，村里人的物品大多卖给外地前来赶场的人，很少有同村的人购买这些物品，一则同村之间差异较小，"你家有的我家也有"，没必要买，二则可以挣外地人的钱，利润相对更好。

第三，娱乐关系。在赶场关系当中，除了上述熟人关系、买卖关系之外，还有一层特殊的娱乐关系。尤其是在农闲时节，购买物品的同时，赶场也是一个放松、娱乐的机会，在为家里添置物品的同时也娱乐了身心。

第四，投宿关系。对于一些远道而来的赶场人，其多数投宿于邻近的亲友家中，如此，在赶场中形成了一种相对特殊的投宿关系。对于没有亲友可以投靠的赶场商贩，有的住宿在临时搭建的帐篷当中，这样方便看护货物；有的则与邻近的村民协商，投宿于村民家中，随后支付一定的费用报酬，这样在解决商贩自身住宿问题的同时，客商的货物也有了寄存之处。

（二）固定市场场所

1. 茶馆

传统时期，阳平街上有茶馆，茶叶品种较为单一，以陕南、秦岭一带的茶叶为主。普通老百姓很少去喝茶，除非有事要谈。茶馆一般有茶童1—2名，负责添茶送水。陌生茶客进店，茶童需要马上上前招呼、询问，不得怠慢；对于常客，一般有其固定的位子，其饮茶也比较固定。陌生茶客之间会有交流，以拉家常、讨论集市、交换信息为主。茶馆一般没有赊欠之说，无钱之人也不会跑进来喝茶。

茶馆中的关系较为多样：

第一，熟人关系。传统时期，人们在喝茶的过程中形成了一种熟人关系，此种熟人关系主要表现在茶馆的熟客之间、喝茶人与老板之间等。熟客之间在喝茶的同时会有较多的互动交流；而在茶客与老板之间，更多地表现为特定的位置、特定的茶水等。

第二，座次关系。在茶馆中，一般有较为严格的座次惯习，以正对着上茶一方的位置为尊，左侧次之，右侧再次之。

第三，信息交换关系。根据老人介绍，普通百姓一般很少上茶馆喝茶，除非有事要谈，才会上茶馆坐一会儿，借此商讨问题，进行信息的交换等。

第四，管理关系。传统时期，阳平街上的茶馆官府没有统一的管理，一般由老板自主经营，逢集日开门迎客，不逢集时则依然以务农为主，属于一种半农半商的运作模式。

第五，贫富关系。对于茶客而言，多以相对较富裕的人为主，"平头百姓哪有功夫上茶馆喝茶？除非有事，才会上茶馆边喝茶便商讨"。

第六，官民关系。传统时期，茶客当中相对更多的是官员，一则官员有闲，二则有钱，"老百姓都在家自己泡茶喝"。

第七，性别关系。传统时期，上茶馆喝茶的茶客几乎全为男性，基本没有女性去茶馆喝茶。

2. 酒坊

传统时期，阳平街上有八九家酒坊，以酿造高粱酒为主，度数较高，主要销往西安一带，然后转销其他省份。除了批量外销，也有散称的，以满足部分顾客的需求。由于阳平街仅有2里长，因此并非每家酒坊都有面对主街的门面，大多隐于普通民房之中。

酒坊中的关系包括：

第一，地域关系。关中阳平街一带的酒主要有两条销路，一条是向西，销往虢镇、宝鸡一带；另一路则主要向东，销往西安甚至经西安远销其他东部省份等。除此之外，当地人也喜欢喝当地的粮食酒，因此在本地也有一定的销路。

第二，熟人关系。在酒坊中，无论是批量贩卖还是散卖，在酒的买卖过程中形成了一定的熟人关系。对于外地酒贩子而言，多有经常联系的酒坊，如此，一则酒水品质有保证，二则基于长期的买卖合作关系，酒水的价格相对较低。而对于邻近地区的散称客户而言，大多与相对固定的酒坊保有一定的联系，基于邻近的地缘关系，散称酒水的价格也是相对较低的。

第三，贩卖关系。当地酒坊酒水的贩卖主要包括两种方式，一种是基于长途贩运的大量出售，另一种则是少量的散称售卖，前者居于核心地位，后者居于从属地位。

第四，传承关系。传统时期，在酒坊内部存在一种酿酒手艺的传承关系，基于酿酒手艺及配方的保密考虑，各大酒坊以家族传承为主，较少雇族外的人员从事酿酒工作。这种酿酒工艺的传承常仅限于家族甚至家庭的内部，代代延续，秘而不宣。

第五，祭拜关系。传统时期，各酒坊中均有祭拜杜康的传统，多在每年开始酿酒之前，在家长或者族长的带领下，在神案前焚香烧纸、虔诚祭拜，以祈求神灵保佑当年酿酒成功。

3. 面馆

关中以面食为主，因此阳平街上面馆较多，一般面馆经营多种面食，如臊子面、饸饹面、裤带面、油泼面、旗花面、刀削面等等。关中面食均为现场制作，店铺门前支一口大锅，用硬柴烧火，食客点面之后，先上一碗面汤，旋即烧水煮面，面煮好后捞出加入佐料，食客或坐或蹲，就蒜饱食而去。据老人回忆，关中一带面的分量均较大，用大碗盛面，讲究量大、分足、实惠，正体现了关中人质朴、厚道、粗犷的性格。

面馆中的关系主要包括：

第一，地缘关系。关中作为主要的麦作区域，以面食为主，基于此种地缘关系，集市上面馆较多，赶集人大多喜欢在面馆里吃面，一则顶饱，二则面食深受民众喜爱。

第二，尊卑关系。对于多数食客，面馆里基本不分尊卑关系，大多或坐或蹲，饱食之后付款而去，不甚讲究；而官员等有身份的食客，一般会坐在桌前就餐，较少有蹲食者。

第三，贫富关系。传统时期，面馆里不分贫富关系，由于面的价格较低，多数赶集人都能够支付得起，因此面馆里的贫富关系不甚明显。

4. 当铺

当铺，主要以收取抵押物品，支付部分钱币，以此从中获利的店铺。传统时期，农民以典当衣物、首饰的居多。典当时需要填写当票，当票中需注明所典当物品的名称、典当价格、典当日期、典当时间等必要信息，一般以一年为期。据老人回忆，一般而言，典当金额最高只有物品价值的一半。典当物品的人称作"当户"，当户过期不赎，典当物品即归当铺所有。

当铺中的关系有：

第一，典当关系。多数典当关系发生在家户内部有较大变故的时间节点，此时急需用钱，但又舍不得"卖死"，或者是物品对于家户有一定的象征、传承意义，此种情况下的典当关系较为微妙。

第二，契约关系。典当关系的本质属于一种契约关系，即出典一方与当铺签订契约，典当物品在规定的时间内暂时归当铺所有，出典人获得一部分钱币，在到期之后，出典人可以根据约定的价格赎回物品，如果不能按时赎回，那么所典当的物品则完全归当铺所有。

第三，赎回关系。在到期之前，出典人可以选择赎回；如果在约定的时间之内出典人不能交清钱币，那么到期之后，典当物品归当铺所有。

（三）不同的"市"

1. 粮油市

（1）粮油市概况

粮油市，主要经营小麦、玉米、大米、面粉、食用油等。粮油市多以零售为主，但也带有批发的性质。涉及大宗买卖，需由经纪人出面说合。一般而言，为了买卖公平，秤一般由经纪人掌管，因此也将经纪人称为"提秤的"。买卖达成，经纪人也能从中获取利益，一般无须请其吃饭。

（2）粮油市中的关系

第一，地缘关系。在粮油市中，首先是由共同的买卖关系形成的地缘关系，多数粮油店铺有自己相对固定的顾客，此外逢集才开市。逢集之日，周边地区的村民纷纷前来赶集，粮油市的生意也格外红火；而在不逢集的日子，粮油市则显得萧条许多。

第二，熟人关系。共同的地缘关系，衍生出了粮油店与顾客之间的熟人关系、顾客之间的熟人关系以及粮油店与供货商之间的熟人关系等。首先，相对而言，熟人之间进行粮油交易，其价格要相对便宜一些，秤也是足斤足两的。其次，熟人关系还表现在顾客之间，有些赶集人会邀三五个与自己关系好的人一同前往购买粮油，这样有助于协助看秤、说合价格、帮助运输等。最后，基于长期的合作关系，粮油店与供货商之间亦形成一种相对固定的熟人关系，之间保持定期的联系，粮油店缺何种粮油，一般会事先告知供货一方，以便提前准备。

第三，赊欠关系。粮油市中的赊欠关系主要表现在两个方面，一是顾客与粮油店铺老板之间的赊欠关系，二是店铺老板与供货商之间的赊欠关系。前一种赊欠关系下，其赊欠金额相对较小，赊欠的时间一般相对较长，一般是在农民收获之后偿还，大多会在当年还清，如果当年不能还清，那么会收3分不等的利息。后一种赊欠涉及金额相对较大，赊欠时间相对较短，大多在粮油店赚取利息之后偿还，这种赊欠是一种常态的赊欠，"没了借，有了还，主要是倒手"。

2. 柴草市

（1）柴草市概况

阳平街位于渭河北岸，渭河以南便是巍巍秦岭，树木繁多，植被茂盛，当地民众为谋生计，会上山砍柴、烧炭、伐木，然后通过船只运到阳平街贩卖。当地称烧火的柴草为"硬柴"，除了取暖的硬柴，还有修建房屋用的木料，大多也在该集市出售。据老人回忆，关中平原兴平、武功、扶风、岐山、凤翔一带盖房的木料大多在阳平街上购买，然后通过马车、手推车、人工肩扛等方式运往上述各地。

（2）柴草市中的关系

第一，地缘关系。关中宁王村一带的柴草主要源于渭河南岸，因为那里靠近秦岭，有较多可供砍伐的木材、柴草等。当地的木材、柴草除了供当地人使用之外，还会运送到渭河的北岸,供北岸关中平原的人消费,从中赚取差价,获得利润。

第二,水陆关系。木材、柴草的运输主要通过水路、陆路两种运输方式。尤其是大型木材的运输,大多依靠渭河支流的运力,木材砍伐之后随着水流漂流而下,再用船只运送到对岸集市。关中人在选购好木材之后,一般是就地加工成较小的木材,然后再经过人力或者车马运送回家。

第三,季节关系。木材、柴草的买卖主要集中在秋冬二季,此时秋收已过,农民大多处于农闲时节,盖房子、修院落的人家逐渐增多。此外,关中冬天较为寒冷,需要消费大量硬柴,所以需要提前储备,那些自家储备不足的家户就需要通过购买的方式解决。

第四,熟人关系。在长期的柴草交易过程当中,买卖双方逐渐形成了一种熟人关系,尤其是木匠与木材商之间。传统时期,农户购买木材,一般会带木匠一同前往,以便其协助购买合适的木材,长此以往,木匠与木材商之间的关系得以形成、巩固、加强。一方面,木匠可以带农户前往熟识的木材商处购买木材,同时,基于其熟人关系,木材的价格、质量相对来说是有保障的,如此就形成了一种木材商、木匠、农户三方共赢的局面。

3. 禽蛋市

(1) 禽蛋市概况

传统时期,大多数农家有养鸡的传统,用来换取一些零用钱。关中宁王村一带,鸡蛋的买卖不论斤,而论个卖。除了蛋类,还有一些禽类,如鸡、鸭等,一般都是附近的村民自家养的,为了换钱以补贴家用。值得一提的是,公鸡一般也不是按斤数卖的,如果公鸡是用来祭祀的,那么主要根据毛色、品相出价,只有用来自家食用的才按照斤数买卖。

(2) 禽蛋市中的关系

第一,自产自销关系。传统时期,禽蛋市中更多的是为一种自产自销的关系。一些农户将自家剩余的禽蛋拿到集市上贩卖,如此渐渐形成了一种禽蛋市场。禽蛋市场属于小本经营,无赊欠关系。

第二,补贴家用关系。传统时期,禽蛋市交易的主要目的并非盈利,而是以补贴家用为主,要想通过禽蛋来维持生计还是较为困难的。"主要是女人娃娃攒点鸡蛋,拿到市场上卖了,换点油、盐。"

第三,熟人关系。在传统的禽蛋市中,如果遇到熟人购买,其价格相对要低一些,但大体不差。

4. 骡马市

（1）骡马市概况

骡马市，主要买卖大牲口，如马、骡子、牛、驴等。由于骡马市交易涉及金额较大，所以亦需经纪从中说合，一般买卖双方不会直接进行交易。交易一旦达成，经纪一般可以从中获利，获利多少一般根据交易金额而定，交易额越大，经纪获利也越多，获利多少一般协商决定。经纪一般都是相关领域的"行家"，经验丰富，除了熟知牲口老幼、脾气、能否长大等，还深谙交易行情，来回周旋于买家和卖家之间，以此获利。

（2）骡马市中的关系

第一，经纪关系。由于骡马的交易属于大金额的交易，因此在交易的过程当中必须请经纪出面把关。一方面经纪把关牲口情况，如牙口、老幼、脾性等；另一方面，经纪说合交易价格，使交易交割趋于合理。

第二，待客关系。在骡马市交易达成之后，一般还存在一种待客关系，主要是买牲口一方邀请卖方、中人、经纪等在自家吃饭或者直接在集市上吃饭，以庆祝交易的达成，酬谢中人、经纪的协助、帮忙等。

第三，贫富关系。传统时期，一般经济条件较差的家户很少买得起骡马等大牲口，只有一些大户、经济条件较好的人家才有财力买得起，因此，在骡马市中，贫富关系还是较为明显的。另外，如果家户经济出现危机，则以卖出牲口的居多，反之则以买进牲口为主，因此牲口的买进卖出、牲口的有无等，均体现着农民内部的贫富关系以及贫富的演变。

5. 猪羊市

（1）猪羊市概况

猪羊市，主要是交易猪、羊等小型家畜的市场。相对于骡马市，猪羊市所涉及金额较小，一般由买卖双方直接交涉，无须经纪中间周旋。

（2）猪羊市中的关系

第一，地缘关系。猪羊市的地缘关系较为清晰，其大多以周边邻近地区的村民为主，其地域范围大约方圆 30 里左右，超出这一范围，村民们便会选择其他的猪羊市交易。

第二，熟人关系。一般而言，猪羊等的交易多以邻近地区的熟人为主，一方面知根知底，另一方面价格也相对公正合理。

第三，性别关系。在猪羊市的交易过程当中，主要是家中男性出面，女性一般没有权利处置家中的猪羊等。

第四,贫富关系。一般而言,村民们养猪羊等是供自家消费的,很少有家户是为了纯粹的获取差价、赚取利益。家户在不得已的情况下,一般不会卖出猪羊等,因此,在猪羊交易市场当中可以大致看出村民之间的贫富关系以及贫富演变的痕迹。

6. 棉布市

(1) 棉布市概况

棉布市,主要交易棉花、布匹、衣物等。传统时期,棉布市一般无店面,而是摆在街道两侧,以供售卖。当时的阳平街卖成衣的地方较少,以出售棉花、布匹为主,买回家后再由妇女加工成衣。一般的老百姓一年能换一身新衣已经算得上"好生活"了,稍贫苦的家庭几年才能换一套新衣,尤其是小孩的衣服,都是哥哥穿完弟弟穿、姐姐穿完妹妹穿。

(2) 棉布市中的关系

第一,季节关系。在棉布交易市场中,比较常见的是一种季节关系。棉布的交易主要存在于秋冬二季。一方面,秋季棉花收获,市场上有大量新棉花上市,促生了棉布交易市场;另一方面,秋冬季,尤其是冬季,经济条件较好的家户需要为家人缝制过冬的棉衣以及春节穿的新衣,因此棉布市的季节性明显。

第二,长幼关系。前文已有所述及,对于普通家户而言,在棉布、衣物的占有和使用上,表现出了较为严格的长幼关系。如一般是年龄较大的哥哥先穿,之后是弟弟穿,最后是年龄更小的弟弟,此种长幼关系是较为明显的,尤其是较为贫困的家户。

第三,贫富关系。传统时期,家庭经济条件相对较好的家户,一年或者两年当中便可以为家人置办一件新衣,这些家户,其棉布的消费量是相对较大的;而贫困的家户,一般很少有经济能力置办新的衣服,其解决办法是家人之间的共济以及自家织布和缝制衣物,较少到棉布市购买棉花、布匹、成衣等。

第四,熟人关系。在长期的棉布交易过程当中,买卖双方也形成了一定的熟人关系,由于其往来较为频繁,彼此相对熟识,因此,交易的价格相对较低,棉布的质量也更有保证。

第五,性别关系。棉布市场上,交易主体以女性为主,男性较少介入棉布交易市场。

7. 画市

(1) 画市概况

画市,主要出售年画、门神、对联、灶爷等。画市并非常年有之,主要集中在农历腊月。传统时期的对联印刷的较少,一般以摊主自己书写为主,为了招徕生意,有时摊主会当场挥毫泼墨。根据坊间传统，腊月二十三晚上送灶爷，送灶爷时需要将旧的灶爷像连带黄表纸一起焚烧，所以腊月二十三之前需"请回"新的灶爷像，农村买神像时一般不说"买"，而要说"请"，以示尊敬。

(2) 画市中的关系

第一，地域关系。宁王村一带的画市具有其特色，传统时期，大多出售极具当地特色的年画、楹联、中堂等。

第二，崇拜关系。画市当中，对于特殊的灶爷画像、门神像等不能说买，而需要说"请"，以示对神灵的尊敬；此外，在悬挂灶爷、门神等画像时，需要净手、焚香、烧纸、鸣炮，以示敬重。

第三，时间关系。由于灶爷、门神等画像具有特殊的象征意义，因此购买的时间较为集中；而对于中堂、楹联等，平日亦可购买，时间属性不甚明显。

(四) 村落间的生意人

1. 卖药的

卖药的，即以售卖一些外用药为主的商贩。一般他们号称祖传秘方，能医百病，以此招徕生意。但一些情况下，有些药确实能够见效。卖药的一般背一个箱子，行走于乡间，走街串巷，吆喝售卖。

(1) 卖药的来源

传统时期，宁王村卖药的来源有两种：一种是本村卖药的；另一种是外地前来宁王村卖药的。第一，本地卖药的。传统时期，宁王村以卖药为生的只有2人。第二，外地卖药的。外地卖药的主要来源于周边一些地方，甚至有来自河南、山西一带的卖药的。

(2) 卖药的流动

第一，空间流动。传统社会中，卖药的流动范围较大，小到县域范围之内，大到跨越省份，如有从山西、河南等省来的。

第二，时间流动。在不同的时间，卖药的流动亦呈现出不同的特点：其一，大灾之年的流动。越是灾害频发，从事卖药的人越多，一般一旦遇到灾荒之年、战乱之年，疾病也多了起来，于是催生了大批以卖药为生者；相反，在丰收之年、和平年代，卖药的相对较少。与货郎担、麦客等职业较为相似，卖药的在一年的流动当中亦呈现一定的季节属性。一般而言，冬春二季各种疾病多发，因此卖药的流动更为频繁；相对地，在夏秋二季，关中一带气候适宜、温度较高，各种疾病较为少见，如此，卖药的也较少。

（3）卖药的生活

关于卖药的生活，主要围绕交通、住宿、饮食三个方面展开。

第一，交通。传统时期，卖药的主要的出行方式与货郎担类似，主要依靠步行，其一天大约可以走 50—60 里。

第二，住宿。对于本地即周边卖药的，其可以从容地返回家住宿，这个问题不大；而对于外地甚至是外省的卖药的，住宿相对困难，其首选是投靠亲友，如果在当地没有好友，那么就需要投靠普通的农户家里。在和平年代，后种投靠相对来说还是可行的，十家总有一家会收留；但一旦遇到战乱、灾荒之年，人们往往朝不保夕，届时要找到能够投靠的家庭就比较困难了。卖药的一旦投靠失败，便有可能流落到寺庙、窑洞等处勉强度过一日。

第三，饮食。卖药的饮食多数时间没有保障，主要依靠自带的干馍，在好心的人家要一些热水，然后食用；在路过集市的时候，可以在兜售自己药品的同时买一些面食等食用。

（4）卖药的关系

卖药的长时间在外奔走，售卖药物，其关系网络较为复杂，由此也形成了一些特别的关系，下面逐一进行梳理。

第一，卖药的地缘关系。卖药的地缘关系，主要分为本地卖药的、外省卖药的两类。本地卖药的从业人员较少，外省的卖药的以河南人居多。

第二，卖药的管理关系。传统时期，除非兜售假药的人特别多，官府才会做出一些限制性的禁令；在多数时间，官府对于卖药的没有有效的监管，处于一种"放任自流"的状态。

第三，卖药的交往关系。卖药的交往圈子较大、结识人群广泛，因此，卖药的交往关系相对较为复杂，现着重进行梳理。其一，卖药的与家人的交往。农忙时节，卖药的多数情况下在家与家人共同劳动；而在农闲时节，卖药的会外出卖药，赚取钱币，以补贴家用，此时与家人的交往较少。其二，卖药的与族长的交往。一般而言，族长对于族人外出卖药不会做出限制性的要求，除非所卖药物为假药，坑骗群众，此种情况下，族长如果知情，一般会限制其外出，以免坠入深渊，无可挽回；对于售卖真药的卖药的，族长会鼓励其外出谋生。其三，卖药的与保长的交往。卖药的与保长的交往更多停留于缴纳税赋的层面，如果卖药的家中没有土地，那么这层联系也是较为脆弱的。其四，卖药的与同村人的交往。卖药的与同村人的交往除了生产、生活中的互助，还有一层售卖药物的关系；卖药给同村人，卖药的一般不敢掺假，否则，一旦被发现，其后果是非常严重的。其五，卖药的与亲友的交往。卖药的如果拿到好药或者不容易买到的药，那么若亲友有需要，一般会首先卖给亲友；亲友如果需要什么药，也可以提前告知卖药的，以便帮其留意。除了上述买卖药物层面的联系，卖药的与亲友之间还有生产中的互助以及生活中的互相帮忙，如红白事、寿辰、重要节庆等等。其六，卖药的与卖药的交往。关系好的卖药的之间会保持经常性的联系，一方面可以获取一些市场信息，如哪种药卖得快、哪个地方哪种药比较紧俏等等，双方甚至多方可以互通有无，调剂余缺，共同获利；当然关系不好的卖药的之间属于一种竞争关系，上述信息被视为机密，往来较少，甚至不会往来。

第四，卖药的师徒关系。传统时期，卖药的之间没有严格意义上的师徒关系，多数以家户为单位，家户内部代际之间有一定的传承性，一方面可以保持配方的唯一性，另一方面可以扩大家族势力，使得族人得益。

第五，卖药的年龄关系。卖药的年龄大多在30—50岁不等，一般新卖药的首次出行，需要有一定经验的卖药的相带，以便传授其售卖经验。新人一旦带出来，那么老一代的卖药的便可逐步退出。

第六，卖药的贫富关系。传统时期，卖药的以穷人居多，一般拥有较少的土地，只能通过卖药这种副业来补贴家用；一旦成功，将这一行做大，那么其家族的命运也随之改变。

第七，卖药的官民关系。卖药的以普通百姓为主，而买药的除了普通百姓，在一些疑难杂症面前，即便是官员阶层，也很难通过正常途径医治，在万不得已的时候也会购买一些坊间流传的药物甚至偏方等。

(5) 卖药的纠纷

第一，卖药的与家人的纠纷。卖药的与家人的纠纷主要表现在两个方面。其一，卖药的常年外出，不能从事家中农业生产，由此引发卖药的与家人之间的纠纷。其二，卖药的如果"不学好"，兜售假药，家人一般是反对的，如果卖药的执意外出兜售，那么容易引发与家人的矛盾纠纷。

第二，卖药的与管理者的纠纷。卖药的与管理者的纠纷主要包括与家长、族长、保长三者的纠纷，下面分别做一梳理。其一，卖药的与家长的纠纷。卖药的与家长的纠纷与家人的纠纷较为相似，多为卖药的"不学好"而引发的纠纷。其二，卖药的与族长的纠纷。传统时期，族长拥有较大的权力，卖药的在出行之前需要向族长说明，在归来之后第一时间将所得上交族长，以便统一分配使用，一旦这两个环节出了问题，那么很容易引发族长与卖药的之间的矛盾纠纷。其三，卖药的与保长的纠纷。一般而言，如果一定时期内卖药的大面积出现，且出现许多假药、引发社会动荡等，官府要出面加以制止。

第三，卖药的与买方的纠纷。卖药的与买方之间的纠纷主要表现为价格纠纷、质量纠纷以及其他纠纷。其一，价格纠纷。如卖药的出价太高，引发买方的不满等。其二，质量纠纷。主要是药品质量问题而引发的纠纷，而此种纠纷在卖药的纠纷中占据主要地位。值得一提的是，在传统时期，多数药品没有经过严格的把关，其质量很难保证，发生质量纠纷的可能性较高。其三，其他纠纷。如引发人命官司等。

（6）卖药的纠纷的处理

卖药的与他人发生纠纷，一般可以通过如下三种方式解决：第一，协商解决。双方共同协商，表达诉求，或者赔钱，或者赔物，或者赔礼道歉等。第二，管事人解决。卖药的如果在外地与他人发生纠纷，那么可以请当地的"管闲事人"出面协调，多数情况下会避免与外村人发生直接正面的冲突。第三，官府解决。如果因为卖药的兜售假药或者拖延病情等致人死亡，那么便需要通过打官司的方式解决，维持公平正义。

（7）卖药的特性

综上所述，可以发现卖药的具有一些共同的特性，现做一梳理。

第一，流动性。卖药的与货郎担极为相似，具有极强的流动性：从地域上看，可以跨越省份，如山西、河南等；从流动速度来看，卖药的一天可以走50里不等的路程；从流动频率来看，卖药的流动极为频繁，其以卖药为主业，而非兼职。

第二，欺骗性。传统时期，卖药的具有一定的欺骗性，其所售卖的药品质量大多没有保证，于病无益，于身无害，但往往拖延时间，耽误了治疗的最佳时间。

第三，合作性。卖药的与卖药的之间具有极强的合作意识，一般是基于共同的地域，卖药的之间保持有极其紧密的联系，消息互通、药物互通，及时交流，以此达到共同获益的目的。

（五）村落借贷

借贷，传统时期农民日常生产、生活中难以避免的一种经济往来关系。人有生老病死，外有雷雨霜雪。在人的生命周期之中，难免遭遇疾病、战争、赋税、劳役等等，而农作物生长受自然条件影响较大，天干则旱，多雨则涝，生活没有基本保障，由此便产生了农民之间的借贷行为，互相接济，以便渡过难关。

1. 借贷原则

第一，先借后贷。传统时期借贷，遵循先借后贷的原则，能借则不贷，借不到再贷。第二，以借实物为主，钱币为辅。传统时期的借贷以借实物为主，直接借钱币的较少,"那时候的人都穷,有钱的没几家,就是有你也借不上"。第三,借贷次序由亲及疏。如先向舅舅、姑姑方借贷,其次为同村人,再次为外村人,最后为高利贷者。第四,借贷地域上大致由近及远。"熟人社会,熟人之间好说话",而碍于交通条件,农民之间的联系紧密程度随距离的增长相应递减,因而在借贷上大致呈现出由近及远的形态。

2. 找谁借债

借贷有其次序性,并非人人可借。首先,基于共同的血缘关系,舅舅、姑姑方是最为亲近之人,"没吃的了,就去姑姑、舅舅家借点,等粮食下来了再还"。其次,向乡邻们借贷,左邻右舍、同村人之间,基于共同的地域环境,往往成为借贷的主要目标。再次,向外村人借贷。如果前两种方式下依然不能借到粮食或者钱币,那么农民不得不将借贷对象再次向外拓展。最后,在迫不得已的时候只能选择高利贷,"高利贷收利息高,驴打滚,一斗麦一年下来还两斗呢"。

3. 是否书写字据

传统时期借贷,是否写字据主要取决于借贷双方关系的亲疏远近。第一,亲戚、好友之间借贷不写字据。"亲戚之间随便借点麦子、玉米,写啥字据呢?有几个识字的?"第二,同村人之间基本不写字据。同村人之间,基于共同的地缘关系,世世代代共同居住、生产生活,关系较为亲密,并由此产生相互信任。第三,借粮不写字据,借钱多需写字据。传统时期,借粮食等实物一般无须写字据,当面说清楚,等新粮食收获之后及时偿还即可。第四,高利贷必须立字据。传统时期高利贷较为特别,它已超越农民基于熟人社会基础之上的人情关系而建立在赤裸裸的金钱利益基础之上,主要是为了取得利息,而非互助求存。因此,借高利贷时必须写字据,对于不熟悉的外村人还需要有中间人做担保,否则也是不予借贷的。签订借贷契约时,需由放贷方、借贷人、中间人同时在场,首先由中间人起草契约,写明借贷双方和中间人姓名、借贷数目、借贷利息、还款期限等基本信息,之后中间人当面朗读契约,双方无异议后签字生效,如果不能书写,则以按手印为准。

4. 借贷的偿还

第一,对于高利贷,一般默认以一年为期,一年之后需要还本付息;如果不能按期偿还,那么,当年利息与本金相加,作为新一年度的本金。第二,对于农民之间的普通借贷,一般是当年粮食收获之后还清,如果不能还清,年底时借方需登门向其说明情况,一般人家都会通融、理解。

5. 借贷纠纷处理

借贷难免发生一些纠纷,处理方式也根据具体情况而有所差异。第一,发生借贷纠纷，先由借贷双方友好协商解决，以便提出双方均能接受的处理方式。第二，邀请同族人、亲戚前来协调解决。第三，以上方式还不能解决时，就需要请村里德高望重的"管闲事人"出面协调，拿出解决方案。第四，利用社会势力。对于高利贷的放贷者，其手下一般有自己的势力，如果借贷方不能按时偿还，那么便利用势力向借贷方施压，以此催款，重压之下，一些借贷者不得不屈服，或卖地或卖房，还贷了事。第五，打官司解决。最后，如果上述方式均失败，那么就必须通过打官司的方式寻求官府的解决之道。

（六）村外商业活动中的关系

1. 借贷关系

村民们赶集中借贷关系也是较为常见的，尤其是购买大件物品如耕牛、木材、农具等时，传统时期以借为主，贷为辅；关系好的村民之间基本靠借，很少贷；一般是"能还得起的时候还"，如果当年无法偿还，需要在年底向另一方说清情况；涉及金额较小、关系较好时即便当年无法偿还，也不会收取利息。

2. 赊欠关系

赶集中的赊欠关系主要发生在关系好且经常有买卖往来的人之间，赊欠的金额大小主要取决于买卖双方的关系以及买方的偿还能力。赶集中的赊欠多在当年粮食收获之后偿还，如果当年不能偿还，也需要向卖方说明情况。

3. 捎带关系

捎带关系仅发生在关系好的邻里之间，且限于价值较低、重量较小的物品。贵重物品一般很少有捎带的情况，大件物品亦是如此，多数需要买方亲自前往集市购买。在传统时期的捎带物品中，煤油的捎带是较为普遍的，一般家户会将装煤油的瓶子以及买煤油的钱一并给赶集人让其捎带；一些关系好的家户只给瓶子，买煤油的钱在回来之后按照价格再行支付。

第五节 分配与分配关系

传统时期，家户内经营成果有限，因此，在成果分配上需要足够的智慧，以此满足家户内成员的需求，同时维持家户的有效运转。本节围绕上述核心问题，具体由分配单元、分配权、分配内容以及分配关系四个方面展开，考察传统时期宁王村分配及其关系。

一、分配单元

传统时期，根据分配内容的差异，分配单元各有不同。宁王村对于国家赋税、劳役等的分配，是以村庄为单元进行的；对于庙田、宗亲祭祀等活动及其收益的分配，以宗亲为单元进行；家户内的收入以及财产的分配则主要以家户为基本单元进行。

（一）以村庄为单元的分配

传统时期，国家的各项赋税、徭役、壮丁等均以村庄为单元进行分配，由保长、甲长进行落实。各户根据田亩的数量，缴纳数量不等的粮食，具体办法是保长、甲长负责分摊，亦即每家应该征收多少，之后由甲长负责通知到每户掌柜的，随后掌柜的需要根据要缴纳粮食的数量，按照指定日期交到村里，收齐之后再由甲长统一交到乡上，并做登记。再如壮丁分配，先是根据村中总体人口数，按照一定的比例征丁，之后根据村中具体情况，落实到户，待到征齐后再由保长统一送到县里登记，方才完毕。

（二）以宗亲为单元的分配

传统时期，那些大姓大族一般都有族田，其面积大小不一，视各宗族的大小及实力而定，少的三五亩，多则10亩上下。其一，族田的占有。族田的所有权为一族所共有，属于家族内全体成年男丁所有。传统时期，一般男子18岁便视为成年。其二，族田的使用。族田的使用权在于全体族人，一般由族人代为耕种，亦可出租给他人获利。其三，族田的收益。族田所获得的收益原则上归全族人共同使用，如修建祠堂、维修祠堂、续修家谱、清明祭祖、正月祭祖等等。其四，族田的分配。一般而言，族田的分配之权在于族长，如决定让谁耕种、耕种年限等等。再如族田的租佃，亦由族长决定，如租给何人、收租多少、出租年限等。其五，族田的买卖。族田的买卖极为严格，一般需要召集族人共同协商决定，族长一人不得将族田变卖。其六，族田的管理。族田的主要管理权在于族长，如上述出租、买卖等权力的落实，最终在于族长。其七，出租族田的税收。传统时期，租田亦需要收税，一般遵循"谁耕种，谁交税"的原则，族田在出租之后，田税需由租种一方缴纳。

（三）以家户为单元的分配

传统时期，家户是最基本的分配单元，这主要是基于生产单元决定的。主要涉及生产资料、生活资料以及劳动成果等多方面的分配。在分家以前，家户内分配主要由老父亲主持；在分为小家庭之后，家户分配则由新掌柜的负责，统一调度。

二、分配权

传统时期，根据分配单元的不同，宁王村存在着不同的分配权。在以村落为基本单元的分配中，保长、甲长无疑是分配的权力主体，主要负责征兵以及赋税、劳役的分配。同时也应看到，保长、甲长在具体行使权力时需要照顾到大户的关系及其反应。

在以宗亲为单元的分配格局中，会长、会首是主要的权力行使者。传统时期，宁王村基于宗亲关系，形成了以家庙、先人案为核心的祖先崇拜关系，每年由一个家户担任会长之职，负责当年宗亲祭祀、庙地经营等具体事宜，一年为期，轮流进行。村中一位老人说："族有族规，说的就是这个道理，就像一家人一样，一族没有一个管事人是不行的。以前我们除了有族长，每年还有会长，会长由家族内的家户轮流担任，协助族长负责族中大小事务。"

在以家户为分配单元的分配格局中，掌柜的是主要的权力行使者。如涉及劳动产品、劳动成果的分配，均由家户内掌柜的负责具体的落实及协调。"在一家子中，分配权肯定是掌握在掌柜的手中，谁负责干什么农活、干多久休息、去哪块土地劳动，这些都是由掌柜的说了算的。"老人讲。

三、分配内容

在分配内容方面，主要在口粮分配、摊派分配两个方面展开，考察传统时期宁王村分配内容及其关系。

（一）口粮分配

传统时期，宁王村家户中所收获的农产品主要用于家户内的用度，极少的家户会将粮食用于集市交易。在温饱经济下，不饿肚子就已经算得上"好生活了"。村中老人讲述："以前一般的家户吃白面的机会很少，仅有在逢年过节的时候才能见到白面，平时都是五谷杂粮，能吃饱肚子就是好生活。"

由此可见，在家户内口粮的分配是一项极不起眼但又至关重要的分配内容。作为家中掌柜的，需要统筹考虑，统一调度，既满足不同家庭成员的需求，又能维护家户的长期发展、延续。老人说道："以前的家不好当，你需要考虑方方面面的事情，不但要考虑眼下的事，还要考虑长久，不能只顾眼下而忘了长远的打算。"

（二）摊派

传统时期，宁王村一带农民的摊派任务还是较重的，尤其是民国后期，用一位老人的话说："有时候（甲长）天天来（收粮食），要两三斗。"而每次摊派均有名堂，"有时说凤翔修飞机场呢，要交粮食；有时又说剿匪呢，要交粮食，那理由多得很"。每年的公粮也不一定，一般坡地一亩半斗左右，川地则交的多一些，一亩约为2斗左右，据老人讲，北边的坡地浇不上水，产量较南边的川地低很多，三四亩坡地才能顶得上一亩川地。每年的公粮、摊派均由甲长来收，一般摊派较少，所以每次都由甲长自己带走；而公粮较多，甲长只需上门告知当年需要交多少公粮，限农民于半月内自行交齐。收到交公粮的单子后农民需筹粮，择期运送到凤翔县，或人担或驴驮，不一而足。当时公粮不算太重，一般都能交齐，农民的主要负担在于应对名目繁多的临时摊派，一时交不齐，难免一顿毒打，打人者一般是保长，也有个别甲长打人的情况。

四、分配关系

传统时期，各种分配中关系交织，如公私关系、先后关系、长幼关系等，这些关系共同构成了传统时期宁王村分配关系的格局。

(一) 多重关系

1. 公私关系

公私关系，在村庄分配中体现得更为明显。公粮的上交就是一个典型的例子。根据村中老人的讲述，传统时期，每年麦子收下来，首先要做的事便是交公粮，根据规定的数量、按照特定的时间，公粮必须如数上交，否则，保长、甲长便要前来催促。可见，传统时期村民在处理家户与国家的关系时，需要优先考虑满足国家的需求，其次才是家户的用度，这种分配关系上的"先公后私"尤其明显，且得以长期延续。

2. 先后关系

上文提及，农民在分配方面需要"先公后私"，而在满足国家公粮需求之后，在劳动成果的分配上还存在一定的先后关系：第一，优先留种。在每年收获之后，农民会选择长势最好、颗粒饱满的粮食作为种子而加以留存，留存的数量根据自家土地面积的大小而定，土地多的家户留种的数量相对更多。第二，优先储藏。麦子收获之后，农民需要将之晒干储藏，此外还需要特别留出一部分麦子以备不时之需，如在逢年过节、婚丧嫁娶等特殊的时间节点使用。

3. 长幼关系

在劳动成果的分配上，长幼关系也是重要的一个方面。如为长者过寿时，需要提前准备，否则会被视为不孝；同样，小孩的健康成长对于家户而言是非常重要的，因此在满月、周岁等重要的时间节点，需要特别的待遇以及倾向性的分配。除了上述长幼方面的倾斜，在日常生活中，家中主要劳动力的分配必须得到满足。"下地都是苦力活，吃不饱的话农活也没法干。"老人讲。基于此，即便是不怎么富有的家户，在农忙时节家户内妇女也会想法设法、变换花样，为家人提供尽量丰盛的三餐，以此度过农忙之日。

(二) 共有产权的分配关系

传统时期，宁王村的共有产权分配关系较为单一。主要包括庙地的分配、族山的分配以及村公所地的分配三个方面。

庙地的分配权主要在于族长或当年的会长。在庙地的分配方面，既可以选择族人耕种，亦可以出租给族外人耕种，但是，族人享有优先租种庙地的权利；同时族人租种租金相对要少一些，有时甚至免费给族中贫苦的家户租种。

传统时期，在族山的分配上，分配权主要在于族长，如族山上柴草的分配、木材的砍伐等，均需要向族长说明，族长根据各家户的实际需求，合理进行分配，以便满足家族成员最为紧迫的需求。村中一位老人说道："以前族山的面积也不大，大一些的树木也不多，大家都想要，那么族长只能分配给最为迫切的人，比方说一家子分家了，分出去的人没木头盖房子，那么肯定是需要给予照顾的。"

前文已有提及，传统时期，村公所地的分配权在于保长、甲长，或者由其商量做出决定。在多数情况下，保长将其租给村中少地的农户，然后从中收取一定的利息，租金用于支付村公所的日常花费。

第六节　消费与消费关系

1949 年以前，对于宁王村而言，家户是最为基本的消费单元。由于务农收入的不稳定性，农民习惯于精打细算、量入为出。温饱问题是最基本的问题，也是最不讲究的，而在家户重大事项上是不得马虎的，如婚丧嫁娶等重要时间节点，该消费的决不能含糊。

一、消费主题与决策

传统时期，消费单元不同，相应的消费主体也各不相同，主要包括村庄消费、宗亲消费以及家户消费。但也应看到无论是村庄消费还是宗亲消费，最终需要通过家户消费这一环节方可实现，因此，家户消费是传统时期宁王村消费的基本单元。

（一）村庄、宗亲消费与决策

村庄和宗亲是传统社会宁王村消费的主体之一。在宁王村，村庄消费主要包括年节时期唱戏、庙会的举办，宗亲消费主要包括家庙的祭祀、唱戏等。

传统时期，宁王村人对唱戏的态度较为微妙，一方面，村民们喜欢听戏、看戏，甚至自己偶尔也唱戏，但在另一方面，对职业的唱戏人又有些许偏见，认为该行当"不是正道"。虽如此，对于请来的戏班，宁王村人还是给其应有的待遇。主要包括工资待遇和食宿待遇。第一，唱戏的工资待遇。一般来说，宁王村一带请戏班唱戏要唱三天三夜，请一场戏的价格大约在 15 石麦子左右，不同的时间段，请戏的花费略有起伏，另外与戏班的质量也有较大关系。第二，唱戏的食宿待遇。唱戏期间，唱戏的食宿由请戏村庄负责，一般由会首负责安排其食宿。一般一日四餐，除了白天的三餐，夜场结束后另加一餐。唱戏的住宿一般安排在普通村民家中，具体由会首负责协调，不得怠慢。

(二)家户消费与决策

与上述村庄消费、宗亲消费相比,在传统时期,家户消费才是主要的消费方式。家户消费的决策权在于家长,亦即掌柜的。家庭消费包括生产、生活的方方面面,重大的消费主要是婚丧嫁娶、修建房屋、大型农具的置办等。家户内其他成员如有消费需求,需要向掌柜的提出,掌柜的根据用途、金额等多重因素做出判断,最后决定是否满足其消费需要。对于大宗的家户消费,很多时候需要家户成员共同商议决定,如修建房屋、置办大型农具等,家户成员可以根据自己的判断提出意见建议,以供掌柜的参考,如果其说的在理,掌柜的也会采纳其意见。

二、消费内容

传统时期,宁王村消费的内容较为多样,以下主要从村庄、宗亲消费内容和家户消费内容两个方面考察村庄的消费内容。

(一)村庄、宗族消费内容

1. 唱戏

传统时期,戏班的聘请有一定的程序:其一,会首牵头。一般唱戏是以寺庙为核心而展开的,如风调雨顺、五谷丰登之年,农民为了感谢神灵的庇护,以邀请戏班唱戏的方式表示感谢,同时庆祝丰收之喜,由寺庙会首牵头,聘请戏班前来唱戏。其二,戏班分类。传统时期,宁王村邀请戏班,大多有两方面的来源,一是本村的自乐班,二是邀请外地的专业戏班,大多处于邻里的范围之内。除了戏班的分类之外,戏也分不同的种类,主要包括皮影戏和秦腔戏两种。皮影戏规模较小、道具简单、花费较低,因此称之为"小戏";而秦腔戏的场面宏大、参演人员较多、花费较大,因此称之为"大戏"。其三,戏班待遇。"小戏"戏班的待遇较低,一般不到1石小麦;而大戏的花费往往较高,"没有15石麦子下不来"。其四,戏班食宿。一般邀请来之后,唱戏期间的食宿由会首统一安排,大多住在普通农民家中,吃饭亦有会首安排,费用从唱戏募捐到的款项中直接划出。其五,戏班的往返。由于戏班的道具、服饰等相对较多,仅凭戏班自身无法完成运送,因此需要在戏班上门之前以及戏毕之后由专人负责接送。专人多由会首指定,能够得到少量的报酬,报酬费用从唱戏总费用中划拨。

2. 耍社火

传统时期,耍社火是每年必备的活动。以村落为单位的社火邀请指以村庄的名义邀请其他村落的社火队伍前来自己村庄,同样,邀请一方的社火队伍也会去对方村庄,旧时称之为"邀社火",其中有一种比赛、竞技的意味。每耍完一场,村民们便为自认为要得好的一方送上被面、大红花等，以示肯定，最后哪一方得到的被面、红花多，哪一方便获胜。耍社火的费用由社火头、会长等筹集，一般从村民家中募集，耍社火的费用远不及唱戏的费用，且容易组织。

表3-9 传统时期宁王村村庄、宗族消费统计表

消费内容	所需小麦（石）	牵头人	频次（次/年）	备 注
唱戏	3—5	会首、会长	2—3	举办与否、举办频次根据当年收成等具体情况而定
耍社火	0.3—0.5	会首、社火头	1	同上

（二）家户消费内容

传统时期，宁王村家户消费的内容较为多样，涉及生产、生活、发展的方方面面，具体而言，包括日常生活消费、生产投入消费、医疗教育消费以及人情消费四个方面。以下逐一进行考察，以期较为全面地反映传统时期宁王村家户消费状况。

1. 日常生活消费

传统时期，宁王村家户日常消费在家户消费中所占的比重较小，但却对村民而言具有重要的意义。在家庭日常消费方式的选择上，一般有村内购买、村外赶集以及县城购买三个方面。传统时期村内购买的群体以妇女、孩童为主，由于其有较少外出、赶集的机会，货郎担的存在满足了消费的需求，如针线、颜料、纽扣、耳环、玩具等等。村外赶集主要由成年男子完成，一些妇女偶尔也有外出的机会，但相对较少；置办年货是传统时期村内难得的消费机会，主要购置一些棉布、吃食、对联、门神等，增添了不少节日的氛围。传统时期，村民们上县城购买东西的机会较少，一般是"有事的时候才去"，对于普通的家户，很少有专门去县城购物消费的情况。

此外，在生活消费方面，还包括一些匠人的邀请的花费，如画匠、炉匠、骟匠等。具体内容在职业分化章节有详尽的阐释，不再赘述。

2. 生产投入消费

传统时期，对普通家户而言，生产投入消费占据家户消费的较大比重。主要包括农具的购买、农具的制作以及一些匠人的邀请。传统时期，对于一些小的农具，如扁担、绳索等，家户多以自行制作、打制为主，除非自己无法制作，才会到集市购买，如镰刀、锄头、犁、耙、耧等。传统时期，邀请匠人主要包括木匠、石匠、铁匠等。

3. 医疗、教育消费

传统时期，家中如有人生病，就需要"叫医生"。以前村里有一名老中医，基本能够满足村中看病的需求，但仅限于小病。传统时期，对于普通家户而言，一旦遇到大

病，大多只能放弃治疗。"谁会花那钱？况且，一般的人哪有闲钱看病？遇到没见过的病一般就不管了。"

4. 人情消费

（1）结婚消费

① 婚前消费

自古以来，婚姻于一家人，无疑是至关重要的，历来受到人们的重视。尤其在传统时期，婚姻礼俗更为丰富，从媒婆开始从中说合一直到最后完婚，两家结成亲家的过程中，形成了一套体例完备、系统有序的婚姻礼俗。下面大致按照议婚、订婚、迎娶等重要节点为序，对于娶媳妇过程中的花费情况做一梳理。

传统时期结婚之前，男女双方很少有直接见面的机会，主要靠媒婆居中周旋、说合。包括初步掌握两家的家庭情况、男女双方的生辰八字和属相等等，之后，如果达成初步的意向，那么会适时地安排男方与女方见面。第一，"见人"。即安排男女双方见面，亦称"看媳妇"。见面当日，男方在父母及媒人的陪同下，携带酒、肉等礼品，直接登门拜访；当日女方不会直接出面，而会在暗中看一眼男方，其余由女方父母负责接待。见面后如果双方均有意，那么会当场交换手绢，男方送给女方的手绢包有钱币若干，其数额体视家庭经济情况而定，女方送男方的手绢则由女方亲手缝制，图案以荷花为主。一旦双方交换了手绢，那么便意味着两家婚姻关系初步达成。如果有一方不同意，则不会交换手绢，以示婚姻意愿没有达成，也再没有了下文。第二，"发脚酒"。婚姻关系确立之后，男女双方需要交换帖子，宁王村称之为"照帖"，其间依然由媒人周旋，媒人为女方送庚帖时，男方需要款待媒人，当地称之为"发脚酒"；庚帖送到女方家之后，便要商议订婚日期及彩礼数目。第三，送彩礼。传统时期，订婚日期一般已经由男方选好，只是在当日征求女方及其家人的意见，看是否同意。彩礼的商议过程颇费周折，其最终的敲定多半是媒人往返奔走、多次说合的结果。传统时期的礼单主要包括彩礼钱、衣柜、衣物、首饰及化妆用品等，除了女方开出的礼单，男方还需要备齐喜酒、喜肉、喜糖、喜馍四样礼品，之后择日挑选专人送至女方家中。传统时期，宁王村的彩礼较重，大约在15—20石麦子之间。第四，"纳彩"。"纳彩"，即收纳彩礼。女方在收到彩礼之后，需要设宴招待送礼人一行，当地称为"下货"；同时女方需将喜糖、喜馍等分发给亲友，即表明自家女儿已经订婚。第五，"拜礼钱"。传统时期订婚要举办宴席，在开席之前，女方在父亲的引见下，需向公公行礼，公公则给媳妇一定的钱币，称作"拜礼钱"，"拜礼钱"有多有少，具体视男方家庭经济条件而定，一般为100元不等。女方收到礼物之后需回赠鞋袜、手帕或者帽子等。订婚宴席结束之后，女方将帖子装入盒中交给媒人，再由媒人转交给男方父亲。第六，"追节"。在两家互换庚帖之后，便意味着婚约的正式达成，此后无论男女双方哪家退出，均被视为是不道德的，从此两家以亲戚之礼往来，尤其是重大节日、双方长辈生日等，均需互相走访，共同庆祝。走访时男方在送其他礼品时还必须特意为未婚媳妇准备一份礼物，当地人称之为"追节"。第七，准备嫁妆。在订婚之后，男方需要准备嫁妆，主要包括女方一年四季的衣服、家具、被褥等，衣服一般准备6—12套，且必须为双数，经济条件差的则要少一些。女方则需要亲自动手，做一些布鞋、鞋垫、手帕等，以备过门后送给自己的公婆、兄嫂、弟妹等。第八，"请期"。"请期"，即请求女方统一举行婚礼的日期。传统时期，婚期的选择也是颇费周折，既要考虑男女双方的生辰八字，又要考虑男女方的属相。婚期确定之后，需最迟于婚前一个月送至女方家中，称之为"请期"。第九，"下聘"。于请期的同一日，还需与女方协商婚礼中的诸多细节，如迎亲、送亲的人数、规格、婚后女方回门的日期等等，均需一并商定。下聘当日未婚女婿不用亲临，主要由男方父母出面，在媒人的陪同下前往，需要携带酒、肉、糕点、衣物、馒头等。女方则请同族人出场设宴招待，席间主要洽谈结婚具体事宜。女方之所以邀请同族人在场，一则作陪，二则为己方争取更多的好处。第十，"散糕子"。下聘之后，男女双方分头准备结婚事宜，此外女方还需将男方下聘送来的糕点（当地称之为"喜馍"）分送给己方的亲友，称为"散糕子"。收到"喜馍"的亲友需向女方回礼，多为床单、被罩、脸盆、衣物等生活用品及大枣、核桃、糖果等食品。回礼的轻重主要取决于与女方关系的亲疏远近，越亲则礼越重。一些关系较疏远的亲友多会共同凑钱，一起购买礼品，既大方而又不失礼数。第十一，在迎娶新娘的前一日，男方需要给女方家中送去花馍，该花馍用上等面粉做成，一般为24个，以表达近20年来父母对女儿的养育之恩。

② 婚时消费

结婚前期准备工作妥当之后，结婚之时亦有许多礼节，需要重视。第一，送"礼吊"。送"礼吊"，即在结婚时，男方要为女方家中送2—8斤大肉，并附猪前蹄一对。女方收到礼吊之后，将大肉留下，将猪前蹄退回；婚后第二日，新婚夫妇需携带挂面（双份）及猪的后蹄一对，一同回到女方家中，此次女方依然留下挂面，退回猪蹄，寓意"蹄蹄来，蹄蹄去，多往来"。第二，陪嫁品。新娘的陪嫁品主要有箱子、衣服、被褥等，一般贵重的物品均锁在箱子里，其他的则放在箱子上面，外面用红布包裹。传统时期陪嫁品越多，娘家脸上越有光，说明其富有，可以说陪嫁品的多少在很大程度上也决定着婚后新娘在婆家的地位。第三，"撞亲"。所谓"撞亲"，即在迎亲的路上两家新娘的花轿相遇,传统时期认为这是"不好"的,甚至是"晦气"的,此时,双方的花轿必须停止前进,各自的新娘拿出手帕或者其他物品交换,以示禳解之意,互不干扰。若遇到丧轿,则需要用红毡遮掩,鸣放鞭炮,改道前行。第四,送礼包。结婚当日,拜过天地、招待完亲友之后,娘家人还要来"扯炕门",即撕去贴在炕门上的红纸,之后新郎需要给其礼包,作为酬谢。类似的活动还有开镜面、钉门帘等。第五,"装烟钱"。婚后第一日早饭毕,新郎便要带着新娘拜见本族长辈及亲友,当地称之为"认门"。每到一家,有新娘姑嫂为其介绍,如果是长辈,新娘需要向其行礼,并为其点烟,以示尊敬,之后长辈便要送其"装烟钱"作为回报,以示对晚辈的关照及认可。

③ 婚后消费

结婚礼既成,男女双方正式结为夫妻,两家正式成为亲家。婚后还有一些礼节。第一,"回门"。"回门",即在婚后第二天,新郎在新娘的带领下回娘家,当地称之为"认亲"。认亲场面较为热闹,丈人一家老小围坐一处,由新娘一一介绍自己的亲人,然后新郎一一行礼,先认长辈,再认平辈,最后认晚辈。认亲结束之后,由老丈人推荐一人带领女婿拜见本族的其他长辈,临行前需要携带礼品,遇见长辈要按辈分称呼并行礼;之后长辈便要请女婿吃饭,称之为"吃新饭"。第二,"记门酒"。认亲结束后,新郎新娘即将返回,此时岳父岳母大人将其送至村口,并为女婿敬酒,当地称之为"记门酒",取其记下亲戚,常来往之意。

(2) 嫁女儿的消费

传统时期,嫁女儿的消费主要包括置办嫁妆、置办酒席、宴请媒人等,相对于娶亲一方消费要少很多,并且礼节也不及娶亲一方烦琐。第一,嫁妆。传统时期女儿出嫁,娘家需为女儿准备嫁妆,嫁妆以生活用品为主,大件有衣柜、木箱、被褥、衣服、首饰等,小件包括鞋袜、水壶、脸盆等。第二,置办酒席。传统时期女儿出嫁,家人需邀请亲朋好友前来,组织聚会,以坐桌吃酒为主。受到邀请的亲友们纷纷携带礼品而来,主要包括床单、被罩、衣料、脸盆等生活用品,此外还有大枣、花生、核桃、糖果等吃食。其一,所送礼物均要贴上红纸,纸上书写祝福的话语,如"白头偕老""喜结连理""龙凤呈祥"等。值得一提的是,送礼忌送缎子及钟,其谐音"断子""送终",被认为是不吉利的。其二,所送礼品多为双数、双份,寓意"成双成对""喜结连理",切忌送单份礼品,否则将被视为有失礼数,或者是对本门亲事有看法。第三,宴请媒人。前文已经提及,在传统婚姻中,媒人扮演着至关重要的角色,如联系男女两方家人,询问男方及女方的生辰,协调彩礼、聘礼等等,均需其往复奔走、从中说合,最后婚姻才可达成。而在整个过程中,媒人获益不少,"媒婆子能说会道的,吃完男方吃女方，吃完女方吃男方"。

三、消费关系

传统时期，消费关系主要包括生产消费与生活消费两个方面，主要围绕家户的发展、延续而进行：生产消费的最终目的是扩大再生产；生活消费的目的则在于提高家庭成员的生活水平。

（一）村庄、宗族消费关系

1. 村庄、宗族消费关系概况

传统时期，宁王村村庄、宗族消费以村庄娱乐为主，如唱戏、耍社火等。值得说明的是，上述消费抑或活动仅在收成好、无战乱的年份才会进行。除此之外，村庄、宗族集体性的消费较少。

2. 共有产权的消费关系

1949年以前，宁王村公共产权的消费主要包括庙地和族山的使用。庙地的使用主要由族内人掌握，但需要为家庙缴纳一定的粮食作为回报。族山的使用主要表现为柴草、林木的使用，而这需要经得族长、会长的同意，不能乱砍乱伐、任意消费，否则将会受到一定的惩罚。

（二）家户消费关系

1949年以前，宁王村家户消费关系主要由生产消费关系与生活消费关系两个方面构成。

1. 生产消费及其关系

传统时期，宁王村家户内生产性消费占据家户消费的较大比重，主要用于生产投入，如生产工具的投入、耕牛的购买以及相关农具的打造等。这些生产性的投入看似不起眼，却对家户的维持与发展起着至关重要的影响。"一旦生产跟不上，你这个家就很难维持，不久你就要走下坡路，这也是掌柜的最不愿意看到的，也是掌柜的尽力避免发生的。"一位老人这样说道。

2. 生活消费及其关系

生活消费与生产消费共同构成家户消费。与生产消费不同的是生活消费旨在改善或提高家庭成员的生活水平与质量，并非简单意义上的投入性消费。生活消费主要包括婚嫁消费、年节消费等。

进入腊月之后，年味渐渐浓厚起来，集市上的物品也愈发多了，灯笼窗花、门神对联、花炮烟花、烟酒糖茶、油盐酱醋、鸡鸭鱼肉、糕点点心、衣物布料、玩具杂耍应有尽有。阳平街是离宁王村最近的集市，传统时期人们多赶往此处置办年货。置办年货时，一般三五成群，相邀而往，一路边走边邀，关系好者多一同前往，一图热闹喜庆，二则可以互相帮忙杀价。传统时期赶集，男人们多置办门神灶爷、花炮蜡烛、各色纸张、烟酒糖茶等物。请灶爷，主要是在除夕晚上"请灶爷"的仪式上用，红纸主要用来书写春联，花炮多为家中小子的专属礼品，蜡烛、黄纸、香等多为祭祀先祖之用。妇女们多采购棉花、鞋帽衣袜、油盐酱醋、花生瓜子、糖果、灶糖等。传统时期过年，讲究做身新衣裳，手巧的妇女多购买布料、棉花，自行缝制；做不起新衣的，多会做新鞋代之，以便正月里走亲戚时穿带；灶糖主要是在腊月二十三晚上"送灶"仪式上使用，糖果瓜子则主要用来招待正月里前来走亲戚的亲友。而对于未出嫁的女子，一般不能上集置办年货。对于7—8岁的小子，传统时期可以在大人的带领下前往置办年货，不得单独前往；其间需紧随大人，不得乱跑；置办年货结束，需随大人一起返回。传统时期一些贫苦人家多会将自家的鸡鸭等运到集市贩卖，得到钱币之后再置办年货。农民出售自家的鸡鸭，一般价高者得之，其次才考虑亲疏关系。腊月置办年货，多无赊欠，需一次给清。此外，对于一年以来的赊欠亦需顺便还清，"一年说一年，一码归一码"，即便当年不能还清，亦需登门说清缘由，不可拖而不理。赶集过程中，形成了较为特殊的互助关系。一则在前往途中，如果一方需要出卖自家物品，同行者多帮其挑运或者推运；同样在返回时也会互相帮忙，携带年货等。二则在购买物品过程之中可以相互提醒、帮忙杀价等等。对于一些腿脚不便，不能自行上集市置办年货者，可以委托关系较近的亲友帮其置办年货，所需物品多会当面叮嘱，所需钱物亦会提前给捎带者，返回之后多退少补，并且说明每一样的价格。

第七节 继承与继承关系

传统时期，继承与分家对于一个家庭而言都是至关重要的活动，继承事件一般发生在家中长者去世之后。在继承关系当中，宁王村一带形成了较为丰富的惯行细节，现主要从继承参与者、继承内容、继承程序、继承规则、继承纠纷等几个方面展开阐释。

一、继承权

传统时期，宁王村一带在继承关系当中遵循一定的规则，如诸子均分、长子继承等，下面分别展开进行阐释。

1. 诸子均分

一般而言，在老人去世之后，老人生前所拥有的养老田、养老房等财产由诸子均分继承，如果儿子较多，养老房不好分，那么可以对房屋进行估价，然后哪个儿子想占有房屋，支付其他兄弟一些费用便可。估价多根据当时的市场行情，大家协商而定。养老田的继承方法亦是如此。但一般长子会比其他儿子多分得 3—5 分"长子田"，作为对长子的一种奖励，而对于经济条件较差的家户而言，没有长子田的说法。老人去世，仅有儿子具有继承权，女儿无论出嫁与否，均不享有对财产、土地、房屋等继承的权利。

2. 长子继承

对于家中的传家宝，其继承遵循"长子继承"的原则，其他儿子不享有继承的权利。如先人案、族谱、家谱等。

3. 遵从老人意愿继承

按照老人生前养老送终的贡献享受相应的继承权利。此种继承方式较为少见，但确实是一种较为公平、公正的继承之法。对于较好地尽养老义务，照顾老人、提供住宿和一日三餐者，多分与其田产、房产等。此种继承方式容易引发其他兄弟的不满，一般需要族人势力较为强大，方可实行。

4. 由堂兄弟的子嗣继承

如果老人生前没有留下子女，则找老人的兄长或兄弟之子继承；或者在老人生前哪方尽到了主要的养老送终义务，便由相应的后代继承。

二、继承物

传统时期，宁王村一带可供继承的东西主要包括耕地、房产、耕牛以及大型农具等，以下分别详细加以考察。

（一）土地的继承

传统时期，土地是农民赖以生存的物质载体，因此，家户内土地的继承对于新家庭而言显得至关重要。在分家继承中，土地的继承是最为核心的环节。需要考虑如下因素：

第一，土地的面积。在土地面积方面，土地继承需要做到大致的均分，但这里的"均分"并非传统意义上严格的面积上的相等，同时还需要考虑土地的质量、土地的方位等因素。

第二，土地的质量。土地的质量在继承时也是需要优先考虑的。决定土地质量的因素包括土地的阴阳向背、土地的灌溉便利情况、土壤的肥沃程度等。在分家继承时，需要结合土地面积，同时考虑上述多重因素。

第三，土地的方位。土地的方位主要指土地的地理位置，其背后的两个因素不可忽视。一方面是土地的可达程度，如距离村庄的远近、道路平坦或陡峭等。而相对于第一个因素，第二个因素的比重或许更大，即风水；如果一地的风水较好，那么极易引发继承的纠纷，此时便需要家户内协商处理，多数的解决办法是"谁养老谁继承风水之地"。

（二）房屋的继承

房屋是农民的安身之所，因此，房屋的继承至关重要，原则上采取平分的原则。但同时需要考虑房屋的主次、朝向、用途等多重因素。

第一，主屋的继承。主屋一般是坐北朝南位于院落中间的房屋。传统时期，主屋主要用于祭祀祖先。主屋的继承原则是：如果老父亲辈健在，那么哪个儿子负责老人的养老，主屋便由哪个儿子继承；如果是老人单独养老，那么主屋直接由老人暂管。

第二，堂屋的继承。堂屋主要位于正屋的两侧，一般以卧室为主。堂屋的继承相对简单，大多采取均分的原则继承，多出不便均分的房间由众子共同使用。

第三，其他房屋的继承。对于除了正屋、堂屋的其他房屋，如柴房、茅厕、猪圈等一般不做特别的说明，老人健在时依然由整个家庭使用；老人去世后大多需要重新分家，一般以其他儿子的搬出而结束。上述柴房等一般由继承老宅的儿子一并继承，搬出的儿子可以得到其他方面的补偿，如土地、金钱等。

（三）牲口、农具的继承

传统时期，牲口、农具等的继承基本遵循均分的原则，分为几家，相应地农具、牲口就分为几份。但对于不便均分的，一般做法是作价处理，如长子想要继承耕牛，那么就需要用金钱补偿其他兄弟，或者可以通过少分土地、分得较差质量的土地等方式进行补偿。

三、分家继承及其关系

传统时期，分家一般以儿子结婚为导火索，各方的矛盾日益加剧而难以调和，最终导致分家。

（一）分家程序

1. 分家参与者

分家的参与者主要包括以下诸方：其一，参与分家的父母、子女、儿媳等。其二，家族族长或者村中管事人，其主要作用是作为分家的见证者、亲历者，一旦后期产生分家纠纷，族长、管事人便可站出来做证。其三，写约人。写约人的主要作用是书写分家契约。其四，为了分家公平，有些家户还将舅舅一方请来，一同参与分家。

2. 分家内容

分家的内容主要包括如下几个方面：其一，家中房产、田产、家具、钱财、粮食、牲口、家禽等的分配。其二，商讨家中老人的养老问题。其三，商讨未嫁女儿的暂时归属问题。其四，商讨未婚儿子的抚养问题。

3. 分家程序

其一，界定家产。主要涉及房产、田产、家具、农具、牲口、家禽等，都需要一一界定清楚。

其二，协商讨论，分别发表意见。家产界定清楚之后，参与分家各方发表自己的看法，如希望种哪一块地、希望分到何种农具等；而对于一些家户，为了避免分家过程中的扯皮、争吵现象，采取抓阄分配的办法，首先将土地按照川地与山地、肥沃与贫瘠、向阳与向阴、有无水井等诸多因素进行相对公平、合理的划分，之后由抓阄最终决定土地的归属。对于便于分割的家具，基本遵循平均分配的原则；对于不便分割的农具，一般可以采取作价处理的方法进行分配。

其三，拟定分家契约。待主要的分家问题协商清楚之后，便由写约人书写分家契约，一般是分几家，就相应写几份分家契约，以保证分家各方人手一份。

其四，家长或者族长总结发言。待做出初步的分家决定之后，一般由家长亦即父亲或者族长发话。发言主要围绕以下几点展开：首先回顾未分家时的生活状况。其次，对于分家中存在的分歧、公平性等做一说明，并讲清分家后老人的赡养关系。最后，主讲大家庭在一起的不易，以及分家之后兄弟之间互相帮助、互相照顾等，"分家不能分心，分了家还是一家人"。

其五，在各方无异议之后，在中间人的见证下，分家各方、见证人、写约人等按手印，分家契约生效。

4. 分家规则

传统时期，宁王村一带分家，大多遵循如下规则：

其一，基本遵循"诸子均分"的原则。一些土地较多的家户，会为长子多分出一份土地，称作长子田，一般长子年龄最长，其对家庭的贡献相应也越大，分长子田便是对其付出的一种肯定。

其二，关于老人的养老问题。在宁王村一带，老人的养老主要分为以下几种情况：

老人由某一子直接负责养老送终。此种养老方式对于老人而言是最为稳妥的养老之法，一般情况下，需要为养老之子多分一份土地、房屋等，待老人去世之后，该子享有该份土地、房屋的所有权。

老人分得土地，自行耕种、出租养老。对于较年轻的老人，此种养老方式似乎是可行的；但一旦老人上了年纪，体力不支、无法耕种土地了，仅仅依靠土地出租获得的粮食基本很难维持养老。

老人分得土地，土地由某一子耕种，该子提供主要的养老义务。这种养老方式相对于直接分配土地的方法是更为科学的，即便老人无法从事农业生产活动，老人养老送终有所保障。值得说明的是，此种养老方式下，该子提供主要的养老义务，并不意味着其他儿子没有养老送终的义务，而是各有侧重。

老人不分得土地，在各子之间轮食。此种养老方式在传统时期还是较为常见的。除了分家时给老人分一处住处，不再单独分其土地，土地在诸子之间平均分配，诸子分期尽养老义务。此种方式看似可行，但在实际操作过程当中问题也不少，主要体现在诸子不按约定尽养老义务，或者降低标准等，存在一定的道德风险。

5. 分家纠纷

分家中的纠纷是较为常见的，主要表现在如下几个方面：其一，老人的养老问题。尤其是涉及土地较少、房屋有限的情况下，老人养老问题尤其突出。其二，未婚儿子的抚养问题。主要涉及老人去世，各方均不愿抚养未成婚的儿子的问题。其三，未嫁之女的抚养问题。与未婚之子的抚养问题较为相似，众兄弟将其视为一种负担，尤其是女儿较多的情况。其四，妾室的养老问题。尤其是妾室没有生育儿子的情况，其养老问题很难解决。其五，分家不公的问题。除了上述具体的纠纷之外，分家纠纷当中最突出的矛盾便是由分家不均而引发的矛盾纠纷。

(二) 分家中的关系

1. 分家与老人养老的关系

养老田，即专门留出一部分田地，由老者占有，供其养老使用。传统时期，并非每个老人都拥有养老田，多数情况下，只有一些大户、财主家才会留有专门的养老田。

其一，养老田的占有。养老田的所有权归老人所有，一般在分家时协商决定；养老田的多少主要取决于家户内部田产的多少，少则2—5亩、多则10亩不等。

其二，养老田的使用。养老田的使用方式主要有四种情况：一则，由老人自行耕种。如果老人身体条件尚可，那么分家之后，养老田由老人自行耕种。二则，由其中一子耕种。如果老人无力自行耕种，可交给愿意耕种的儿子耕种，然后由此子承担主要的养老费用。三则，由族人耕种。如果儿子中无人愿意耕种，那么可以租与同族之人耕种，老人收取一定的利息作为养老的费用。四则，由外人耕种。如果族人中无人愿意耕种养老田，那么可以出租给其他人耕种，老人收取利息。

其三，养老田的收益。结合前文所述，养老田的主要收益包括两个方面：其一，如果是老人自行耕种，那么其收益便是粮食、蔬菜、水果等实物；其二，如果老人将养老田出租，那么其收益便是租金的形式。

其四，养老田的处置。养老田的处置方式主要包括三种：首先，如果在老人生前养老田由老人自行耕种，那么养老田的分配遵循老人的遗愿，多数情况下分给后代。其次，如果老人生前养老田由某一子耕种，那么多数情况下，养老田便由该子继承。再次，如果老人去世之后无钱安葬，那么可以将养老田变卖，折成钱款，以此作为安葬费用。

其五，养老田的管理。养老田的管理之权主要在于老人，无论是其自行耕种，还是租给他人耕种。

其六，养老田的税收。养老田亦需要缴纳田税，如果老人自行耕种，那么由老人承担田税费用；如果出租给他人耕种，那么遵循"谁租地，谁交粮"的原则。

2. 分家与未成家儿子的关系

传统时期，如果在分家时还有未成婚的儿子，那么该子也要参与分家。多数情况下，成年之前该子由老人抚养长大，成婚之后，该子为老人养老送终，老人去世之后，老人的田产、房产等由该子继承，不再重新分配。

3. 分家与未嫁女的关系

传统时期，如果在分家时有未出嫁之女，该女子不参与分家。多数情况下，女儿由父母一方抚养，直至其婚嫁成家；如果未嫁之女与某位哥哥嫂子比较亲近，相处比较融洽，那么，未嫁之女可以跟随哥哥，暂时一起生活。上述两种情况，无论是跟父母一方还是跟哥哥一方，都需要为其多分出一份土地或者钱财，作为女儿嫁妆之用。

4. 分家与妾室安置的关系

妾室的养老分为不同的情况：如果妾室生育有儿子，那么，则由其儿子提供养老；如果妾室没有生育儿子，只育有女儿，那么便由正妻的儿子为其养老；如果妾室没有生育子女，那么其被驱逐的可能性较大。

四、遗产继承及其关系

传统时期，遗产继承参与者主要包括逝者的儿子、中间人、执笔人等，一些家户为了继承的公平性与公正性，还会邀请儿子舅舅一方参与，以便监督继承过程。一般中人由舅舅担当，负责协调各方利益。家中如有人能够书写继承契约，那么不再专门请执笔人，而是由会写的家人代为书写继承契约。参与继承的各方必须亲自到场，否则，继承事件很难开展。

传统时期，宁王村一带的遗产继承程序如下：其一，核定家产。核定家产时需要邀请专门的人负责，清点继承的所有项目，如房屋间数、土地亩数、财产数目、家具数量、农具数量、耕牛头数、水井等等。其二，遗嘱继承优先适用。老人生前如留有遗嘱，那么遵从老人遗嘱，按照遗嘱继承；如果老人没有留下遗嘱，那么原则上遵从"诸子均分"的原则，未成家的儿子也有相应的继承权，但一般交由其年长的兄弟代为保管；女儿没有继承权利，无论出嫁与否。上门女婿拥有同样的继承权利，但前提条件是改姓，否则上门女婿不享有继承权。其三，根据各方的商定，由执笔人书写继承契约，写成之后需当众大声宣读。其四，宣读完毕，各方无异议后在签字处签名并按手印。其五，继承契约各继承人人手一份，各自分别留存。第六，继承完成之后，需要酬谢中人、执笔人。一般继承达成，全家在老宅设宴，一起吃饭，之后各自返回。

对于继承契约的签订，前文已述及，在继承契约书写完成后，执笔人需要当众宣读继承契约，在各方无异议后，由各方代表按手印后生效。如此，继承契约达成，并开始生效。如果任何一方对分家契约持有异议，那么可以拒绝按手印，并当场提出问题，以供大家讨论，中人、见证人等居中调停、说合，以促成继承契约的最终达成。

五、继承关系

传统时期，尤其是一些大户人家，其继承纠纷往往较多，主要体现在以下几个方面：其一，财产纠纷。传统时期，一家经济大权一般在于父亲，众子所赚得的财物需如数上缴，以便统筹使用，但各个儿子能力有大小，赚的财物有多有少，继承时如果过分强调"诸子均分"，那么难免引发一些继承纠纷。其二，债务纠纷。老人生前如欠有债务，那么"父债子还"，原则上债务遵循"诸子均摊"，但如果有未成家的儿子，则不必承担此份债务。问题是，这份债务可能是某一儿子主要引起的，如娶媳妇等，此时其他儿子肯定不满"均摊"，造成债务纠纷。其三，土地纠纷。土地有好有坏、有川地有山地、有阴有阳，因此，在土地继承时需充分考虑上述因素，做到尽可能的公平。其四，宅基地权纠纷。老宅一般仅有一处，如果诸子均想占有显然不现实，此时需要有人做出妥协，其让出的宅基地估价处理，然后由占有宅基地的儿子补偿给其他兄弟。

继承纠纷的协调方式主要包括：其一，各方友好协商解决。如涉及继承顺序问题、继承公平问题等，可以通过各方友好协商的方式解决。其二，族长、管事人、舅舅等出面协调解决。如涉及继承公平性问题，主要由上述人群出面，居中调解，以促成继承契约的达成。其三，通过打官司的方式解决。如果在继承过程中各方矛盾突出，上述方法均无法解决，那么可以通过打官司的方式调解，但一般家户很少通过此种方式调解继承纠纷，打官司的费用下来往往是得不偿失。

第八节 村落经济变迁

1949年以前,宁王村经济还不够发达,"家户经营、自给自足"一度成为经济主流模式。1949年以来,伴随着土地改革、合作化运动以及家庭联产承包责任制的推行,宁王村的经济形态发生了较为深刻的变化。

一、1949年前传统经济形态状况

(一)收入构成

传统时期,宁王村的收入以农业收入为主,兼有一些副业收入,如市场交易、外出经商等。根据村中老人的讲述,传统时期宁王村从事市场交易的人不超过10人;从事外出经商者约有50人左右。市场交易的收入不定,主要与市场行情、出售产品有关,根据老人估计,出摊一次的收入约为三升麦子;同样,外出经商的收入也具有不确定性,根据有过外出经商经验老人的回忆,平常年份外出一趟的收入在一石麦子左右。

表3-10 传统时期宁王村收入构成

种　类	人数(人)	收　入	备　注
市场交易	10	三升麦子	出摊一次的收入
外出经商	50	一石麦子	外出一趟的收入

(二)商业经营

传统时期宁王村还存在农产品交换、外出经商等商业形式。农产品的交换在村内村外同时进行,其范围相对有限,主要在熟人之间展开;外出经商主要经营药材、烟叶等,其范围要略大于村民普通交换的范围,如向西可达宝鸡、天水,向东可以到达西安甚至更远。在从业人数方面,由于农产品的交换相对较为频繁,每个村民都有可能成为潜在的人员,因此,其人数不定;而在传统时期,宁王村外出经商者有50人左右,这一数据经村中多位老人回忆而得,与实际情况或有出入,但大体不差。

表3-11 宁王村商业经营范围

种　类	范围(里)	涉及人数(人)	备　注
农产品交换	20—30	不定	
外出经商	200—300	50	

二、1949年之后传统经济形态的变迁

传统农耕底色影响下,宁王村经济发展水平较低。除了农业生产,宁王村较少有

其他的经济来源,因此处于普遍贫困的状态。根据老人的讲述,土地改革时期宁王村仅有2户被划为地主,占有土地160余亩;富农4户,占有土地160亩左右;中农80户,占有土地1 200亩左右;贫农、雇农占多数,占有土地700余亩。

表3-12　土改时期宁王村成分统计表

序　号	成　分	户数（户）	占有土地亩数	备　注
1	地主	2	160	
2	富农	4	160	
3	中农	80	1 200	
4	贫农	240	720	
5	雇农	80	40	
总计		406	2 280	

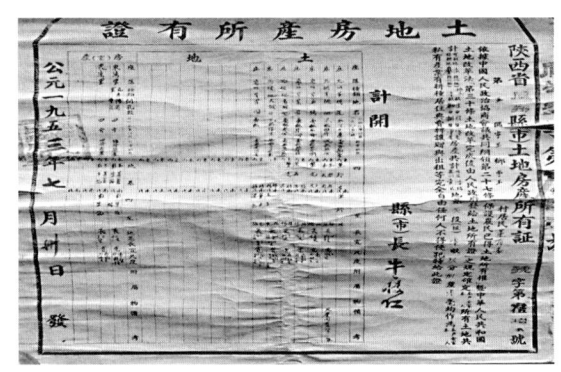

图3-1　宁王村现存土地房产所有证（1953年）

第九节　宁王村经济实态

改革开放以来,尤其是伴随着包产到户政策的实施,宁王村经济开始朝着"分"的方向演进,但宁王村大姓主导的村庄经济格局依然得以延续。

一、产权

就目前来看,宁王村产权的形式主要包括集体产权、村民个体产权以及各姓氏公共产权三种形式。集体所有的包括林地、耕地、村委会、水塔、戏楼等;村民个体所有的包括宅基地、水井、私人沟渠等;各姓氏公共所有的则主要是庙宇,庙宇所用土地本身为私人所有,后经购买、置换等不同方式转为各姓氏公共所有,有一定的特殊性。

表 3-13　现阶段宁王村土地面积统计

序　号	类　型	亩　数	备　注
1	川地	1 500	
2	山地	1 400	
3	林地	500	
总计		3 400	

表 3-14　现阶段宁王村农业种植面积统计

序　号	作　物	亩　数	备　注
1	小麦	2 700	
2	玉米	1 000	
3	土豆	200	
4	其他	400	
总计		4 300	

二、经营

（一）庙宇经营

改革开放以来，庙宇的经营主要由村中热心公共事务的老人承担，一般会从中选出会首，轮流担任。会首主要负责庙宇的日常管理、组织唱戏等。

近年来，老爷庙日常事务的管理如清扫、上香等事务由一位信徒负责，其住在庙宇东侧的厢房内，平时开支主要由庙宇布施中支取，此外，会首也会给予其一些帮助，共同打点庙中事宜。值得一提的是，在宁王村其他几个庙宇、道观中均没有这样的情况，主要以热心人负责管理。

图 3-2　宁王村老爷庙

图 3-3　宁王村老爷庙公示栏

图 3-4　宁王村戏楼

（二）集体资产经营

值得注意的是，当下如何盘活集体资产，并使之服务于广大村民，是急需探索的。而在这方面，宁王村也正在积极探索，如将古戏楼辟为老年人棋牌室，如此古老的戏楼重新发挥作用并服务于广大村民。

此外，宁王村还有近500亩的果林，但目前为止还未发挥经济林应有的作用，下一步如何盘活这一部分集体资产，是需要宁王村人及早谋划的。

三、交换

20世纪80年代以来，伴随着我国市场经济的发展，宁王村中的商品交换也变得更加频繁，主要表现为小卖部的崛起。如今宁王村有9家从事批发、零售业务，几乎都是在最近30年的时间发展起来的。此外，村中还有2家面馆，2家理发店。伴随着这些商铺的发展，村民们的生活也变得更加便捷。

表3-15 宁王村村内商铺统计表

种 类	数量（家）	开业年份	备 注
商店	9	1990	于1990年以后逐渐开始营业
面馆	2	2002	提供各种面食及早餐
理发店	2	2008	

除此之外，伴随着交通的发展，村民可以向西前往阳平镇、虢镇、宝鸡，向东前往蔡家坡、咸阳、西安等地购物，以此满足不同的消费需求。

第四章 宁王村的社会形态与实态

村落因人相聚而成为村落。在传统宁王村落，王姓族人首先入住宁王村一带，在这一带繁衍生息数千年；明清时期，梁姓、沈姓族人逐渐加入，壮大了宁王村人口数量；民国时期，陆续有移民从河南、山西等地流入宁王村一带，进一步充实了宁王村的人口。但这并未动摇王、梁、沈三大姓氏主导宁王村的格局。

第一节 宁王村社会形态概况

传统时期，宁王村主要由王、梁、沈三大姓氏构成。本节主要从三大姓氏、人口概况两个方面简要介绍传统时期宁王村社会形态概况，以便后续章节的展开。

一、三大姓氏

在梁姓、沈姓村民入住宁王村之前，宁王村王姓占据主导地位；明清时期，梁姓、沈姓族人先后进入宁王村一带，并在此地定居；民国时期陆续又有其他姓氏由于战乱、饥荒等不同的原因迁居此地。逐渐地，宁王村由早前的单姓村落向多姓村落演变，尽管后期有小姓村民的加入，但宁王村依然以王、梁、沈三大姓氏为主，户数占比近80%，其他小姓仅占二成。

表 4-1 传统时期宁王村主要姓氏统计表

序 号	姓 氏	户 数	百分比	备 注
1	王	150	35.71	
2	梁	110	26.19	
3	沈	60	14.29	
4	其他	100	23.81	
总计		420	100	

说明：数据根据村中多位老人回忆而得，或略有出入。

根据梁姓族人回忆，在清朝时期，梁姓祖上曾出过官员，据传当时梁家堡城墙外围是用青砖包裹的，这也从侧面反映出了梁姓族人在宁王村的地位，尽管是后期才来的。

图 4-1 宁王村现存"恩赐寿官"石刻

二、人口概况

传统时期，宁王村人口相对较多，且以三大姓氏为主。其中王姓约占 39%，梁姓占比逾 29%，沈姓占比达 20%，其他小姓加起来占比刚过 11%。

表 4-2 传统时期宁王村各姓氏人口统计表

姓　氏	数　量	百分比	备　注
王	690	38.43	
梁	510	29.14	
沈	350	20.00	
其他	200	11.43	
总计	1750	100	

说明：数据根据村中多位老人回忆而得，或略有出入。

传统时期，一个姓氏人口的多少直接决定了其在村中的地位以及话语权，因此，各姓氏都希望自己族人能够不断壮大，为自己族人争取更多的利益以及话语权。

在人口性别方面，男性要远远多于女性，这一点在今天看来似乎是极不寻常的。男性占比约53%，女性仅占47%。

表 4-3 传统时期宁王村人口统计表

性　别	数　量	百分比	备　注
男	927	52.97	
女	813	47.03	
总计	1750	100	

说明：数据根据村中多位老人回忆而得，或略有出入。

人口的繁衍是家族兴旺的标志，男丁的增添尤其领族人振奋。传统意义上，男丁方可"传宗接代，延续香火"，这也在一定程度上造成了男女性别比的失衡。但从长远发展来看，将造成一系列的问题，但族人们似乎不为所动。

第二节　血缘与血缘关系

血缘关系以血缘为纽带，将人们普遍联结。伴随着血缘网络的扩大，血缘中的亲疏、远近关系得以显现。下文主要从家庭关系、嫡亲关系、姻亲关系以及拟血缘关系四个基本层面考察传统时期宁王村的血缘与血缘关系。

一、家庭关系

家庭是构成社会的基本单位，而家庭的实质是基于血缘纽带的联结与延续。本部分主要围绕家庭概况和家庭关系两个层面考察传统时期宁王村家庭关系状况。

(一)家庭概况

1. 家庭规模

传统时期，在宁王村衡量一个家庭是大家庭还是小家庭的重要依据就是家户人口的多少。一般而言 3—5 人的家庭称之为小家庭，超过 10 人便可称为大家庭。此外，家中男丁的多少也影响着家户能否称得上大家庭。根据老人的讲述，村中一户人家有 12 人，但是其中有 6 个女儿，类似这样的家户，即便人口数量较多，亦称不上大家庭。因为在当地传统的观念中，女儿是要外嫁出去的，因此不记于本家的人口之中。

2. 家庭成员及其资格

在家庭成员资格方面，一般而言"在一个灶上吃饭"，便称得上是一家人。在分家之前，家户内一般由老人、儿子、儿媳、孙子、孙女、未嫁女等共同构成扩大的家庭，此时上述所有人在一口灶上吃饭，一家人共同劳动，维持家户的生计。在分家后，如果老人单过，儿子分成相应的小家户，此时"一家人"的概念虽然存在，但其实质已发生变化。未嫁女可以跟父母过，也可以跟关系好的哥哥暂过，待到结婚的年龄便外嫁。

此外，传统时期，在宁王村还可以通过其他的方式加入家户之内，获取家庭成员的资格，如童养媳、入赘、买卖孩子等。

(1)童养媳

童养媳，即在女孩子很小的时候将之抱到婆家抚养，一般长到十三四岁时便草草结婚，让之作为儿媳的特殊现象。现将有关童养媳的问题做如下梳理：

抱童养媳的家庭一般有两个特征：其一，家庭较为贫困；其二，家中男婴较多，娶媳妇压力较大，很难支付得起所有儿子娶妻的费用。此种情况下，一般家庭多会选择抱童养媳，以此缓解家中婚姻压力。

一般而言，只要经济条件稍微可以的家庭，很少愿意让自家的女儿去当别人家的童养媳。将女儿作为童养媳的家庭一般有如下特征：其一，家庭大多较为贫困；其二，家中生育女儿较多，自家无力抚养，这样才会将女儿送出去当童养媳。传统时期宁王村约 20% 的人家抱有童养媳，由此可见，当时抱童养媳的比重还是较高的。一般而言，女孩能走路后会被抱走当童养媳，大约在 2—6 岁之间，此时孩子已经脱离母乳，能够自行进食，"容易养活"。抱童养媳之前，男方家长一般会索要女孩的生辰八字，然后拿到阴阳先生那儿合算，如果八字不合，则不会抱养。抱童养媳一般是较为隐蔽的行为，只需抱养双方达成协议便可，一般无须第三方插手。

传统时期抱养童养媳无须书写证明，亦没有其他凭证。童养媳在抱来之后一般不能回家,必须一直待在男方家里,但其亲生父母可以前来探看。童养媳与未来婆婆的关系分两种情况:一方面,由于从小在婆家长大,因此童养媳与婆婆之间建立起了母女般的情感,在长大正式结婚之后婆媳关系较为和谐。另一方面,有些童养媳与婆婆的关系则比较紧张,童养媳干活不好或者未能完成婆婆交代的任务时,便会面临责罚、打骂的危险,而童养媳除了忍耐,亦无他法。

童养媳到了结婚年龄,一般家庭不会为其举办婚礼,只是简单地邀请其亲生父母、族人、关系好的亲友前来一起吃饭,之后便算是成婚了。由于童养媳很小就被领到婆婆家抚养,所以从小就是婆婆家的一口人,因此多数童养媳没有嫁妆。而对于经济条件好转的家庭来说,生身父母也会为其准备嫁妆,借以缓解内心之愧疚之情。童养媳在婆家地位较低,活干得不好时,婆婆打骂的情况也较多,而且在当时是较为普遍的。一般童养媳在六七岁时便要承担繁重的体力劳动,如做家务、喂猪等。男方家庭如果对童养媳不满意,在未结婚之前可以将其遣回,程序较为简单,一般也不会对其家庭及个人进行补偿。童养媳结婚后,丈夫或者家长如果对妻子不满意,丈夫可以提出休妻。童养媳未婚死亡一般得查证死亡原因:如果是因病死亡,那娘家人也没有其他说法;如果是男方家里虐待致死,那么可能会引发一场官司纠纷,但多以协商解决,抱养方出一些钱,便可草草了事。

(2) 入赘

入赘,当地称之为"招人",即在丈夫早逝的情况下,经过本家及同族之人的同意,另招一名男子为夫,以便照顾妻幼,为一双老人养老送终。宁王村在入赘之时,有其特殊的礼俗,现做一梳理。

第一,入赘前提条件。传统时期入赘,有其前提条件:其一,丈夫早逝,留有子女,且年龄较小。如果亡夫生前没有生育子女,那么,女子基本不愿留下"守活寡"。其二,妻子不忍改嫁他人,亦不愿守寡。丈夫早亡,顾及子女幼小,老人无人照料,多入赘。其三,入赘需经得公婆及同族管事人的同意,如果公婆一方或者族内管事人不同意,那么入赘也便无法实现。其四,入赘之家以仅有一名男子居多,如有其他儿子为老人养老,则无须入赘。上述条件缺一不可,否则,入赘便很有可能夭折。

第二,新招男子的权利与义务。新招男子在权利义务关系上,与正常结婚男子有所不同:首先,新招男子可保留其姓氏,如果男子愿意改亡夫之姓,那么主家也是非常乐意的,但多数男子不愿改姓。其次,新招男子享有继承权,在正式结成入赘关系之后,男子享有房屋、土地、财产之继承权。再次,妻子原有子女依然从亡夫姓,传统时期入赘新夫,亡夫遗留子女不改姓,以示对亡人的尊重。复次,新生育子女随新夫姓，新夫招进门之后，如生有子女，则从新夫姓，而不从亡夫姓。最后，新招男子需在老人年迈时负起养老送终之责任，权利与义务具有对等性，新夫享受继承之权利，必然尽养老送终之义务，不可偏废。

第三，诸禁忌。入赘新夫进门，当地有许多禁忌。首先，生辰八字不合不入赘，因此，入赘之前，家长需要严格把关，要到男子的生辰八字，请专人合算，看是否相合。其次，属相相冲不入赘。再次，生在犯月不入赘。复次，染有疾病不入赘。传统时期比较忌讳生病之人，认为会为家人带来疾病，故不入赘。另外，入赘之夫不请媒人，不宴请宾客，不举行仪式。最后，新近亡妇男子一般不入赘，传统时期认为此种情况下入赘不吉利，日后会为家人带来灾难。

(3) 买卖孩子

传统时期宁王村存在买卖孩子的情况，一般较为隐蔽，但在买卖孩童的过程中亦形成了一些惯习。

第一，买卖原因。孩童买卖，有其原因：一则，一些家庭生育较多的女孩，但又没有足够的养育能力；二则，一些家庭没有生育孩子或者无生育能力。此种情况下，供需双方各取所需，便达成买卖交易。

第二，买卖惯习。在宁王村，买卖孩童有如下习俗：其一，买卖孩童选择较远的地区，一般不选择邻村或者本村。其二，亲友推荐。传统时期仅凭一家人脉关系，很少能找到合适的孩童。其三，传统时期买卖女童的较多，较少有买卖男童的事例。其四，穷人多买女童，一则所需钱比较少，二则长大出嫁可以收取彩礼；而富人多买男童，以便抚养长大之后接续香火、传宗接代。其五，双方基于自愿原则，不可"强买强卖"。其六，孩童年龄。孩童买卖，一般在2—3岁。一则，此时孩童已经断奶，方便喂养；二则孩童记忆力尚弱，对新家抵触情绪较小，"容易养家"。

第三，买卖程序。其一，中间人。孩童买卖需有中间人牵线搭桥，一旦双方达成买卖关系，那么中间人便可得到半石到一石麦子的报酬。其二，一次交清。传统时期买卖孩童，粮食或者钱币大多一次交清，一般不拖欠，"买不起的就不买，买得起了才买"。其三，买方出钱吃饭。买卖达成之后，买方一般请客吃饭，但多数卖方会借故不参与。

第四，买卖价格。孩童买卖价格不一，一般在中间人的斡旋下经由双方自主决定，视孩子年龄大小、健康状况等2—15石麦子不等。

(二) 家庭关系

1. 家庭关系概况

传统时期，家庭关系是家户成员最基本的关系之一。而家庭关系是否和睦，不仅影响到一个家庭,甚至会影响到整个社会的稳定与发展。

传统时期,一些俗语、故事等,可以很好地反映出家户成员对美好家庭关系的期冀与向往,如"父慈子孝""妯娌和睦""和能生财"等等。

2. 家庭关系

家庭关系,主要是家庭成员之间的关系,如夫妻关系、父子关系、兄弟关系、婆媳关系、妯娌关系、姐妹关系、叔嫂关系等,以下结合老人的讲述择其要者加以考察。

(1) 夫妻关系

传统时期,父亲关系是家庭关系的首要关系。婚后遵循"男主外、女主内"的原则,丈夫主要负责农业生产,下地劳作,妻子主要负责料理家务、照看孩子等。在重要的节庆日等,丈夫会给妻子买一些礼物,以衣服、布料为主,经济条件好一些的家户大多会给妻子打制银饰。在日常生活中,夫妻俩之间表现得相对保守、含蓄。

(2) 父子关系

"父慈子孝",反映了传统时期宁王村人对理想父子关系的期望;与此同时,当地也有"棍棒之下出孝子"的说法。目前较难界定哪种思想更能反映传统时期宁王村的父子关系,只能说因人而异、因户而异。一位老人讲道:"'父慈子孝'肯定是最好的了,但那又是极少见的,庄稼下人粗,有时候也会动手,但此时往往爷爷奶奶会出面加以协调。"

(3) 兄弟关系

传统时期,宁王村"传宗接代"的思想较重,家中无论如何是需要有儿子的。加之农耕社会需要大量的劳动力,因此,对于男丁表现出更多的青睐。基于此,在传统的家庭关系中,兄弟关系是一对极为重要的家庭关系。一般而言,待到年龄稍大一些(3—5岁),哥哥便需要承担起照顾弟弟的任务;此外,弟弟的衣服一般源于哥哥,待弟弟长大一些之后,衣服再传给更小一些的弟弟,直至破旧难以穿着为止。基于这样一层关系,传统时期,兄弟关系表现得较为和睦;待到兄弟长大之后,兄长在日常生产、生活中也会相应地照应弟弟。值得一提的是,伴随着婚姻、分家等人生重大事宜的到来,兄弟之间的情谊开始发生微妙的变化。

(4) 婆媳关系

婆媳关系是家庭关系的重要一环。在传统时期的婆媳关系中,婆婆似乎占据绝对的优势地位。在日常生活中,媳妇需要听从婆婆的安排行事,如每天主要干什么家务、先做什么后做什么、做什么饭菜等,都需要征求婆婆的意见。有一些较为厉害的婆婆有时会有意刁难媳妇,以至于使得婆媳关系不和,这往往构成传统社会分家的导火索。

在婆媳关系恶化的情况下，丈夫需要出面调停，但往往两头不讨好。当然有些家户中婆媳关系还是极为和睦的。"那主要看家庭，有些婆婆就想占上风，处处为难媳妇的情况也有，但毕竟是少数。"一位老人讲。

（5）妯娌关系

传统时期，在大家户（即扩大家庭）中，妯娌关系也是极为重要的一对关系，需要谨慎处理，否则极易引发家庭矛盾，以至于矛盾的升级，甚至是家户的"解体"。根据村中一位女性老人的讲述，传统时期，有些家户的妯娌关系甚至比婆媳关系更为复杂。"以前的妇女读书少，一家子在一起久了，难免碟子碰到碗，日子一天一天过，矛盾也逐渐积累，如果处理不好，就会引起较大的家庭矛盾。"

二、嫡亲关系

传统时期，宁王村嫡亲关系表现为不同的形式。以下结合具体事件加以考察，如婚姻关系、丧葬关系等。

（一）婚姻及其关系

1. 明媒正娶及其关系

需要何人参与？第一，娘家人。传统时期结婚，娘家人是最为尊贵的客人，需要提前下请帖，发出郑重邀请。第二，舅舅一方。在结婚现场，舅舅一方是仅次于娘家人的重要亲戚，亦需要下请帖，郑重相邀。第三，伯伯。伯伯也是至关重要的客人，但传统时期伯伯往往协助当事家庭办婚礼、打下手，很少有闲坐的，其主要任务便是迎接、作陪、礼送娘家人和舅舅一方等，不得有丝毫闪失。第四，其他亲戚。男女双方的其他亲戚不一定要下请帖邀请，但必须携礼登门拜访，说明事由、举办时间等，不然会被视为失礼。第五，村里人。传统时期结婚，村里人不用下请帖，但必须由专人前去说明，并发一支烟，以此告知。

有何仪式？第一，祭拜先祖。结婚之前，必须祭拜祖宗，告慰先灵。第二，迎接娘家人。前文已经提及，在结婚的典礼之上，娘家人是重头戏，是最为尊贵的客人，不能有丝毫的怠慢。娘家人的队伍越庞大，意味着礼越重、娘家越有人等。结婚当日，其他客人必须等到娘家人抵达之后再陆续抵达，切忌先于娘家人抵达。娘家来人的数量一般为双数，切忌单数，否则视为不吉利。第三，迎接舅舅一方。娘家人抵达之后，接下来抵达的是舅舅一方。其人数一般也是双数，寓意"好事成双"，携带礼品多为成对的，如暖水瓶、脸盆、点心等。第四，举行仪式。是为结婚仪式，即拜天地，之后便意味着正式结为夫妻。第五，坐席敬酒。拜天地之后，众亲友纷纷落座，上菜、上酒、上烟。席间，由一对新人为坐席人敬酒，新娘斟酒、新郎敬酒，先敬双方父母，其次是舅舅一方，再次是其他亲友。敬酒需为双数，要么不喝，要么必须喝双数。如果不能喝酒，可以找同席人代酒，但新人的喜酒必须接住，不得推辞。第六，记礼。婚礼现场设有专门的记礼席，有专人负责记礼，由两人组成，一人收礼金，一人负责登记，以免差漏。记礼处放有烟酒、茶水，方便照应前来记礼之人，记礼之前，一般需要为前来记礼的亲友发一支烟，以示尊敬。记礼必须记清楚，谁家多少礼金、多少礼品，之后要统一核算，汇总后交给新郎父亲一方。第七，"抹黑"。所谓"抹黑"，亦称作"打花脸"，即"折腾"新郎的父母，在其脸上涂颜料、耳朵上挂辣椒、佩戴纸制"管帽"等将其"丑化"，以达到娱乐的目的。第八，礼送娘家人离开。敬酒毕，吃完席之后，娘家人需先走，礼送完娘家人之后，其次是舅舅一方，最后其他亲友方可陆续离开。对于不能于当天返回家中的亲友必须予以妥善安置，落实到位，不能怠慢。第九，闹洞房。闹洞房多以村里其他青年人为主。

送礼有何讲究？传统时期宁王村一带结婚，随礼的物品较为多样，多以日常生活用品为主，如被面、床单、暖水壶、脸盆等。送何种礼品、送多少，主要取决于亲戚关系的远近亲疏，关系越近，礼越重，关系越亲，礼越多。比如娘家人随礼，以被子、柜子等较大件为主，而对于同村关系较远之人，则以被面居多。

参加婚礼有何注意事项？第一，服丧期间之人不能参与婚礼。服丧期间，处于戴孝阶段，一般不参与红事。第二，送礼需送双数。双数寓意好，成双成对、好事成双，送单数则被视为不吉利。第三，各亲戚赴婚宴讲究先后顺序。结婚当日，娘家人需最先抵达，其次是舅舅一方，而不是相反，以示对娘家人的尊敬。第四，敬酒需敬双数杯。席间新郎新娘敬酒，必须是双数，忌敬单杯酒。第五，新近结婚的两对新人最好避免见面。新近结婚的两对新人不能见面，见面意味着"冲喜"，认为会将彼此的喜气冲散；如果已经撞见，那么需互换一件随身携带的物件，以便破解此谶。

2. 纳妾及其关系

纳妾，当地称之为"讨小老婆"或者"讨小"。传统时期，在男尊女卑的传统观念下，男子可以一夫多妻，而女子只能从一而终。传统时期纳妾者多为富户、财主、显贵等，一般老百姓很难有能力纳妾。现就传统时期宁王村关于纳妾的惯习做一概括。

第一，原因。纳妾的原因较为多样，一般主要在于妻子不能生育，或者未能生育男婴，此种情况下，男子会提出纳妾要求；此外，一些富户、财主等为了显示自己的身份或地位，亦会选择纳妾；还有一种恶霸势力，抢占民女作为妾室的亦有之。

第二，仪式。娶妾不同于娶妻，无须明媒正娶，不办婚宴，不待亲友。

第三，贫富。传统时期贫者基本没有能力娶妾，即便妻子不能生育，也只能通过过继、抱养等形式获得子嗣，以便老来养老送终；只有富户、权贵家庭才有能力、财力娶得起妾，少则1人，多则3—5人。

第四，尊卑。传统时期，有"父母在，不娶妾"的说法，即家中父母等长辈健在时，儿子不得娶妾，否则视为不敬。

第五，大小。其一，出席重要场合。在有妻妾的家庭，妻与妾之间有严格的大小差别，在祭祖等一些重要仪式上，只能由妻出席，而妾室没有相应资格。其二，在葬礼上，妻子葬于与丈夫平等的位置，妾则葬于从属位置，不得等同为一。其三，在日常生活中，妻妾也具有不平等的关系，妻大于妾，妾处于从属地位。

（二）葬礼及其关系

传统时期，在宁王村葬礼中形成了一系列的人情往来关系。亡人故去，丧家向亲友们报丧，在得知消息后亲友陆续赶来吊唁。吊丧一般携带香、蜡烛、白纸、挽联等祭品。值得注意的是，吊唁中的礼俗各有不同：

第一，吊唁中的亲疏差异。首先，舅舅一方前来吊唁，全体孝子必须出门跪拜迎接。其次，如果是未婚女婿或者未婚儿媳前来吊唁，孝子需要前往村外迎接，此外还需要为其送一条红布。再次，其他主要亲戚如同族人、姑姑等供献礼品时，孝子亦需要出门迎接。最后，除上述亲友之外者前来吊唁，孝子无须出门迎接，只需守在灵前，俟其前来吊唁即可。

第二，吊唁中的男女差别。死者近亲中的女客前来吊唁，入村后需号啕大哭，一直哭到灵前祭拜结束，此时众孝子需要陪哭，直至祭拜结束。如此，每有亲友前来祭拜，孝子均需陪哭，以示沉重悼念。

第三，吊唁中的礼品差异。一方面，普通亲友参加吊唁，主要携带蒸馍、白蜡烛、冥币等；另一方面，如果是关系较亲的女婿、外甥等，礼品相应较重，如金斗、银斗、童男童女、马匹、花圈等纸扎。

第四，吊唁中特殊时间节点的人情差异。首先，下葬前一日。在逝者安葬的前一天晚上，要举行较大规模的家祭活动。当日晚上，所有的亲戚、本家族人以及关系好的朋友均需要携带礼品前来祭奠，以白面做成的献糕为主，根据与逝者关系的亲疏远近，分为24献、12献、6献等，前者称之为全献，后两种称为半献，以此表达对亡魂的送别之意。在祭献时还需注意不同亲戚之间上献的次序性：先上舅家（逝者为男性）或者娘家（逝者为女性）的祭品，摆放妥当、祭拜仪式结束之后再由其他亲友依次上献。其次，下葬之时。在宁王村一带，下葬填土时需要特别注意填土的次序性。如果去世的是男性，那么前三锨土必须由舅舅家来填；如果逝者为女性，那么前三锨土则由娘家人来填。接着由孝子填土，最后再由乡邻填土。此外，在填土换人之际不能将铁锨手传于上来接替者，而需要将铁锨放在地上，再由接替者自行拿起填土，否则视为不吉利。再次，下葬返回。埋葬逝者结束之后，众亲友、乡邻、孝子等返回家中，以酒菜招待亲友及同村人，当地称之为"谢孝"。经济条件好一些的家庭会提供炒菜、酒水等，如八碗席、十三碟子席等；而经济条件有限的家户大多以烩菜为主，辅之以蒸馍。最后，"三七"及"末七"。传统时期，从逝者去世之日算起，每七日祭奠一次，如此形成"头七""二七""三七""末七"等。在宁王村，以一、三、五等"单七"祭拜更为隆重，众亲友需要前来祭奠；二、四、六等"双七"则相对简单，只有家人烧纸祭拜，亲友则无须参加，故称之为"空七"。而在"单七"中，又以"三七"和"末七"最为隆重。"三七"及"末七"时，众亲友都要赶来到逝者坟前烧纸祭拜，一般携带金斗、银斗、冥币、蜡烛、香等物品。

三、姻亲关系

结合宁王村调查，主要从婚嫁关系、亲家关系两方面展开叙述。

（一）婚嫁关系

出嫁，亦称为"嫁女儿"，相对于娶亲，出嫁女儿要简单一些，其参与人数少，送礼相对较轻，讲究也要少一些。

需要何人参与？嫁女儿时参与的人以女方为主，主要包括：第一，女方的姑姑、舅舅。第二，女方的姨姨一方。第三，同村人。有何仪式？嫁女儿的主要仪式有：第一，在先祖牌位前磕头。第二，招待亲戚朋友。女方家里举办宴席，招待姑姑、舅舅、姨姨及其他亲友，感谢其多年来的关照。第三，与母亲话别。母亲会叮咛女儿，讲授在婆家的为人之道等。

（二）亲家关系

结婚礼既成，男女双方正式结为夫妻，两家正式成为亲家。对于新郎，婚后还有一些礼节。第一，"回门"。"回门"，即在婚后第二天，新郎在新娘的带领下回娘家，认亲结束之后，由老丈人推荐一人带领女婿拜见本族的其他长辈，临行前需要携带礼品，遇见长辈要按辈分称呼并行礼；之后长辈便要请女婿吃饭。第二，"记门酒"。认亲结束后，新郎新娘即将返回，此时岳父岳母大人将其送至村口，并为女婿敬酒，当地称之为"记门酒"，寓记下亲戚、常来往之意。

对于新郎新娘，婚后有一些习俗需要遵循，主要包括：

第一，"认门"。新婚第二日吃过早饭，新娘在姑嫂的带领下分别登门拜访族人及邻里，当地称之为"认门"。每到一处，先由姑嫂引荐，之后新媳妇按照相应的辈分称呼，遇见长辈还需行礼，并且亲手点烟以示尊敬，长辈在接到烟之后需向新娘发红包，传统时期称之为"装烟钱"，遇见平辈则无须行礼。

第二，"考媳妇"。新婚次日，新娘认门归来，便面临着一次重大的考验，即考验新媳妇的厨艺，俗称"考媳妇"。而作为关中平原麦作区域，能否擀得一手好面被视为判断厨艺高低的标准。新娘净手后进厨房擀面，众亲友便在一旁观看，灵巧的媳妇能将面擀得薄、切得细、下在锅里煮不烂，如此则能得到婆家的赏识与赞许。

第三，"回门"。"回门"，即在婚后的第二天或者第三天，新郎在新娘的陪伴下到老丈人门下去"认门"，当地称之为"认亲"。此日老丈人家设宴以待，边吃酒席边认亲人。认亲场面较为热闹，老丈人一家老小围坐一处，由新娘一一介绍自己的亲人，然后新郎一一行礼，先认长辈，再认平辈，最后认晚辈。一般先由新娘引荐，然后新郎跟着称呼。宴席结束，由老丈人推荐新娘一方同辈人，带领女婿根据关系亲疏远近依次去拜见本族的其他长辈，临行前需要携带礼品。每到一处，新郎首先行礼问安，并按辈分称呼。之后各家便要留其吃饭，不得推辞，称之为"吃新饭"。如此一天认亲下来，新郎往往吃十顿不止。

第四，吃"记门酒"。认亲结束，新郎便要返回，临行前岳父岳母要为女婿敬酒，称之为"记门酒"，即记住亲友，以后多来往之意。

第五，"拜百亲"。新郎新娘回门返回之后，新娘便要拜同村人，称之为"拜百亲"。传统时期人们认为能够得到新娘子的下拜，便能沾得新娘子的喜气，因此多数人希望能得到新娘子的拜礼。

四、拟血缘关系

传统时期，宁王村一带的拟血缘关系包括结干亲、抱养、过继等不同的形式，上述拟血缘关系是血缘关系的延续与补充。

（一）结干亲及其关系

结干亲，传统时期宁王村称之为"认干大"或"拜干大"，即传统时期医疗卫生水平有限，加之营养无法保障，因此婴幼儿夭折的居多，当地认为拜干大能够庇佑孩子，从而能让孩子健康成长；尤其是幼儿爱哭闹者，多会为其拜干大。在拜干大的时候也有许多礼俗讲究、禁忌事项等，应予以重视。其一，以邻村人为主。关中人拜干大讲究地域相近，以邻村及周边村落为主，以方便来往。其二，一般要求姓氏相同。姓氏相同，亲上加亲；但传统时期也有异姓之间结干亲的情况，无硬性规定。其三，讲求门户相当，不"高攀"。就是结干亲以门户相当的人家为主，不行攀比，否则会被人们视为"攀高枝""不务实"等。其四，与孩童属相相合。一般而言，干亲与孩童的属相、八字等需相合，否则，认为不吉利。其五，传统时期为男孩拜干大的居多，少有为女孩拜干大的情况。其六，穷人拜干大的居多，富人拜干大的较少，但亦有之。穷人拜干大多为保佑孩子成长；富户拜干大多为拉拢关系，相互攀附。

结干亲仪式。传统时期拜干大要祭祀先祖，一般要举办一定的仪式，主要是在祖宗灵前拜干亲，以便得到祖宗的认可。祭拜礼结束后，家长便要设宴招待干大，以示尊敬；"干大"需备红包送给干儿子，以表关爱。

干亲之间的来往。过年期间，儿子需在父亲带领之下，携礼登门给干大拜年，拜年之后，干大需为干儿子发红包，名为"压岁"。再如元宵节互赠元宵、端午节互送礼品、中秋节互送水果、腊月小年互赠灶糖等等。此外，孩童抓周、过生日等时间节点，干大需携礼前来，并赠予干儿子红包。一方如果遇有红白事，另一方需携礼前来，表示慰问，并提供必要的帮助。

干亲之间的互助、帮忙。如果赶在农忙时节的忙口，一方的作物收拾妥当，便主动上门，提供帮助。此外，一方如果修建新屋，必然缺少人手，如此干大便上门提供帮助，或者借以钱币，方便周转。

（二）抱养及其关系

传统时期，基于生活的压力，农民之间发生抱养的情况还是较为常见的，现就传统时期宁王村关于抱养的惯行做如下梳理。

第一，抱养原因。传统时期发生抱养关系，主要基于两方面的原因：其一，经济条件有限，己方无法抚养。其二，收养方具有抚养能力，且自己不能生育。

第二，抱养惯习。抱养惯习如下：其一，以亲戚之间的抱养为主，陌生人之间很少发生抱养关系。其二，愿意往外抱养的以女孩居多，而往内抱养的以男孩居多，体现了一种重男轻女的传统。

第三，抱养责任。其一，抱养关系达成之后，抱养方负有将孩子养大成人的责任，并视情况给予相应教育，中途不得抛弃或者进行二次抱养。其二，如果抱养的是男孩，那么男孩成年之后不再对生身父母负有养老送终的义务。

第四，抱养禁忌。抱养也有诸多禁忌：其一，长子不抱养。一般认为长子是延续家庭的主力，也是家庭的主要劳动力，因此，抱养时不会抱养长子。其二，幼子不抱养。幼子限于年龄因素，一般不会抱养。其三，独子不抱养。家中如果仅有一子，那么不会将之抱养。其四，八字不合不抱养。抱养之前，抱养方一般会要到孩子的生辰八字，找人推算，如果孩子与己方家人的八字相合，则抱养，否则，认为不吉利。其五，属相相冲不抱养。其六，孩子出生在犯月不抱养。如属蛇的出生在正月、属鼠的出生在二月、属牛的出生在三月、属猪的出生在四月、属马的出生在八月、属羊的出生在九月、属鸡的出生在十月、属虎的出生在十二月等等，均被视为是不吉利的，因此，出生在如上犯月之中的孩子很难抱养得出去。其七，患有疾病不抱养。如果孩童患有疾病，那么抱养方会认为是麻烦，因此不会发生抱养关系。

（三）过继及其关系

过继，即一方将儿子过继给另一方养育的现象。

第一，过继原因。过继的原因主要有二：其一，为延续香火而过继。兄弟之中，有一方未生育男婴，而其他兄弟生育有多个子嗣，此种情况下，便可能发生过继关系。其二，多子过继。即家户内生育有多个子嗣，但自家抚养压力较大，此种情况下，便将其中一个过继给富裕之家，以谋求更好的发展机遇以及获取更多的生存资源。

第二，过继程序。宁王村一带，过继无特定的程序，仅需双方家长同意便可实现过继，"生得多了养不活，过继给富户，人家还能供孩子识点字，孩子去了也少受点罪"。

第三，过继仪式。在宁王村，传统时期过继，一般需要请过继双方家长在场，一起吃饭，饭后即将孩子由抚养方领回家。

第四，过继养老。在宁王村，过继后的孩子不再承担生父生母的养老责任，而对养父养母负有养老送终的义务。如果过继出去的孩子发展得好，也会为生父母提供一些帮助，但这仅限于道德层面，而不涉及权利义务层面。

第五，过继禁忌。传统时期，过继不是任意的，在宁王村一带过继子嗣有一些禁忌：其一，长子不过继。一般认为长子是延续家中香火的主力，也是家庭的主要劳动力，因此过继时一般不会过继长子。其二，幼子不过继。幼子一般年龄较小，父母大多对其疼爱有加，多有不舍，因此一般不会过继。其三，独子不过继。家中如果仅有一子，那么不会过继，"独苗过继出去，老了谁给你养老？"其四，八字不合不过继。过继之前，接收方一般会要到孩子的生辰八字，找专人推算，如果孩子与己方家人的八字相合，则过继，否则，认为不吉利。其五，属相相冲不过继。如果孩子的属相与家人属相相冲，那么不过继。其六，生在犯月不过继。传统时期人们认为每个属相均有其犯月，孩子生在犯月被认为是不好的，因此不会过继。

第三节 地缘与地缘关系

传统时期，宁王村一带地缘关系尤其显著。本节主要围绕邻居、熟人、乡亲三大地缘主体展开，考察传统时期宁王村地缘形态。

一、地缘主体

（一）邻居

传统时期，宁王村人将"紧急时喊一嗓子，能来帮助"的人称为邻居，并非仅仅是房屋院落的相邻，可以理解为周围一定的圈层。在宁王村，少则一户，多则十余户，均可称之为邻居，并不需要地理上的直接相邻。基于此，邻居之间的关系与邻里之间的关系既有相同之处，又有不同之处，一定程度上，可以说邻里关系无非是扩大了的邻居关系。

对于一般农户，邻居之间的心理距离是相对较小的，主要表现在以下几个方面：其一，日常的串门。如在农闲时节，邻居之间的串门往来是相对较为频繁的。特别是农闲的冬季，尤以妇女们的串门为盛，一般聚集一处，围炕而坐，纳鞋底、织毛衣、纳鞋垫等，一边做针线活，一边聊天说笑，邻居之间的关系由此得以拉近、加深、密切化。其二，吃饭时端着碗串门。宁王村人吃饭大多喜欢蹲着，而且喜欢聚集一处，边吃边谝[1]，亦可以互相加饭，品尝味道等。其三，牲口的帮忙喂养。如果邻居临时有事外出，那么邻居之间还有一层帮忙喂养牲口、家禽等的关系，这层关系是较为难得的。其四，钥匙的留存。钥匙的留存主要是在一些特殊的情况下，如邻居有事举家外出，家中无人照料，此时便需要将钥匙留给非常信任的邻居代为保管，以便其定期或者不定期地查看房屋漏水、雨水排放、家具存放等诸多情况，以免房屋因长期无人居住而荒废、坍塌等。值得一提的是，邻居之间这种钥匙的留存关系是极为少见的，没有十足的信任，一般不会轻易将家中钥匙交予他人。

（二）熟人

熟人，亦即熟识之人。传统时期，宁王村一带对"熟人"的理解可谓因人而异，一个人有多少熟人，甚至连他自己也难以断定。在宁王村一带，与邻居相比，熟人的范围要更大一些，既可以是同村人，也可以是外村人，甚至是外乡人。"熟人的多少因人而异，你交际广，外出的时间多，熟人自然就多。集市上、生意上认识的人，都可以成为熟人，但必须是在共同经历过一些事之后才能看出一个人能不能成为熟人。"一位老人如是说。

（三）乡亲

传统时期，宁王村人对于乡亲的概念理解不一，甚至于方圆50里的人均可称之为乡亲。但伴随着空间距离的拉大，乡亲之间交往、处事等方式有所不同，明显地存在同村人与外村人的认同。第一，同村人。主要以宁王为中心，加上西边的梁家门前人

---

[1] 谝，方言，聊天。

以及东边的沈家堡人,共同构成了宁王村人"同村人"的概念。第二,外村人。除了宁王村(包括沈家堡及梁家门前)以外的其他村庄人便全是"外村人"的范围。外村人又可分为邻村人与其他外村人。总体而言,宁王村人与邻村人的心理距离大于与本村人的心理距离,生活中的互助及生产中的帮忙关系较少,但亦有之。于宁王村人而言,与邻村之外的外村人的心理距离是较大的,尤其是不认识的陌生人,一般具有较强的防范意识与警觉意识。除非有亲戚关系,否则往来较少。

二、村落地缘关系

传统时期,宁王村村落地缘关系较为多样,主要包括生产、生活的诸多方面。具体而言,包括互助、走访、买卖、信缘等。

(一)互助及其关系

1. 借粮食

在传统时期,借粮食于普通农民而言是日常生活中较为常见的一种现象,而在借粮与还粮的过程中形成了一套做法。

第一,向谁借粮食?借粮食是农民的无可奈何之举,其借粮有一定的次序性:其一,向亲友借粮食。其二,向左邻右舍借粮食。其三,向财主借粮食。第二,借粮食是否需要利息?传统时期,亲朋好友之间互相借粮食不需要收取利息;但如果是向财主借粮,那么可能需要收取利息。第三,借粮食时是否需要书写借条?传统时期借粮一般无须书写借条,向财主借粮食时,财主会记账,以免遗忘。第四,借粮食时是否需要请中人?借粮一般无须邀请中人,只要双方同意便可借粮。第五,一般可以借多长时间?传统时期借粮食,多以一年为期,等到新粮食下来便归还。第六,到期不能偿还如何处理?于亲友来说,如果一年还不上,那么要向其说明原因,并致以歉意,争取下年偿还;于财主来说,如果当年不换,那么下年一般会收取利息。宁王村就曾发生过借财主一斗玉米,而在第二年还了一斗麦子的事件。第七,有了粮食先交国家的,还是先还借粮?对农民来说,一年收下新粮食,首先需要交国家的税赋,之后再偿还其他债务。

2. 赶集互助

一般每到闲暇时节,邻里之间便互邀前往集市赶集,大多以阳平街为主。其一,赶集结伴而行,欢快热闹;其二,邻里一起赶集时可以互相提醒、质量把关、帮助砍价等。其三,邻人结伴而行,如果购买较多东西,可以相互帮助携带等。农忙时节,邻里赶集,还有一层捎带关系,即某村民忙于农活或者其他事项,不能前往赶集,此时,便可以委托邻人帮其购买所需物品,所需钱物可以提前给捎带邻人,亦可以在买回来之后再行支付。

（二）走访及其关系

第一，平日走访。邻里之间平日走访是较为常见的，尤其是本村人、邻居之间，无事可以走访、串门、闲谈等，以此娱乐，共度农闲时间。

第二，节庆走访。邻里之间节庆期间的走访也相对较多，如正月里的拜年走访、正月十五送灯走访、端午节送艾草、中秋节送月饼水果、腊月小年送灶糖等等。

第三，重要时间节点走访。邻里之间重要时间节点走访主要包括婚丧、嫁娶、老人寿辰、孩童过百天、孩童过周岁、青年人考取功名等等。

第四，遇事走访。邻里之间除了上述平日走访、节庆走访、重要时间节点的走访之外，还有遇事时的走访，如共同的祭祀、求神、家人疾病、妇女生育、遭遇盗贼、遭遇火灾等等，此种遇事交往并非常态，但在农民的日常生活中亦是不可避免的走访方式。

（三）买卖及其关系

传统时期，邻里之间存在着一定的买卖关系。主要包括农产品、家禽等的买卖，土地的买卖，房屋、院落的买卖等三个方面。

第一，农产品、家禽等的买卖。农民在物品有所剩余之后便倾向于将之进行交换，以换取自己所缺之物。其一，交换方式。传统时期，邻里之间就存在上述农产品、家禽等的交换，有物物交换，亦有买卖形式的交换。其二，交换价格。邻里之间的买卖价格一般要低一些；如果在集市上遇到，那么邻里如果有购买意向，那么往往是优先的。

第二，土地的买卖。邻里之间存在土地买卖的关系。其一，买卖价格相对较低。一般邻里之间的土地买卖其价格相对要低于其他人群之间的土地买卖价格。其二，较少签订买卖契约。邻里之间的土地买卖一般不签订买卖契约。其三，一般无须聘请中人。基于邻里之间相互熟识的关系，邻里之间的土地买卖无须聘请中间人。

第三，房屋、院落的买卖。邻里之间的院落、房屋的买卖情况较多：其一，基于邻近的地缘关系，购买邻居的房屋、院落可以便捷地利用起来，无论是居住还是以获得房屋材料为目的，于邻居而言都是极为便利的。其二，邻居之间彼此较为熟识，进行房屋院落的交易可以大大降低纠纷、矛盾的风险。

（四）信缘及其关系

传统时期，邻里之间的信缘关系主要表现在如下三个方面：拜神关系、祭祖关系、公共信缘关系，下面具体展开阐释。

第一,拜神关系。邻里之间的拜神关系包括如下几个方面:求平安符关系、求药引关系、求子关系、求姻缘关系等。在上述拜神关系当中,邻里并非一同前往或者同时祭拜,但邻里之间可以信息共享、相互推荐,如哪座寺庙香火旺盛、较为灵验等等。

第二,祭祖关系。邻里之间的祭祀关系主要围绕祭祀先祖展开,同一家族的邻居共同祭拜、同日祭拜、同仪式祭拜等,而非同族的邻居之间以分别祭拜为主,但可以互相帮助,如帮忙购买香烛、纸钱、寒衣等。主要祭祖活动包括正月祭祀先祖、清明上坟、七月半烧纸、十月一寄送寒衣以及其他特殊时间节点的祭拜等。

第三,公共信缘关系。传统时期,宁王村一带邻里之间主要的公共信缘关系包括求雨关系、祭庄关系、还愿关系等。其一,求雨关系。邻里之间,基于共同的地缘关系,求雨活动大多是同步进行的,主要包括提供供品、出钱请戏、组织仪式等。其二,祭庄关系。祭庄,在传统社会中需由同村人集体参与,每家每户需要出资,聘请道士、参与仪式、提供协助、遵守禁忌等。其三,还愿关系。若求神、求雨之后得偿所愿,那么邻里之间便有基于共同利益基础之上的还愿关系。如通过共同筹资请戏、购买供品祭拜等多种形式还愿,以示感谢之意。

第四节 业缘与业缘关系

传统时期,宁王村的业缘关系较为多样。本节主要围绕市场业缘及其关系、行帮业缘及其关系、互助业缘及其关系三个方面展开,以此考察宁王村传统社会中的业缘形态。

一、市场业缘及其关系

传统时期,宁王村市场业缘主体包括担保人、中人、经纪等不同的人员。以下主要围绕市场业缘主体以及市场业缘关系两个方面展开。

(一)市场业缘主体

1. 担保人

在传统社会的借贷关系中,为了规避借贷双方的道德风险,会邀请双方较为熟识的人作为担保人。借贷一方如果不能按时还本付息,那么债主可以找担保人质询,甚至找其还账。传统时期,除非关系十分亲近且对借贷一方有十足的信任才会为其担保,否则,一般不愿轻易担保。

(1)产生

担保人一般是由借贷关系当中的借贷一方邀请产生,同时与债主一方较为熟悉,具备一定的经济偿还能力等。

(2) 作用

担保人的作用在于沟通借贷双方，促成借贷关系等的达成。一旦借贷一方不能按期还本付息，那么担保人有责任督促借贷人还本付息，甚至暂时替借贷人还本付息等。

(3) 待遇

借贷一方对于担保人是较为尊敬的，在借贷关系达成之后，借贷一方大多会请担保人吃饭，甚至在逢年过节时走动，以示感谢。

(4) 关系

担保人的关系主要表现在以下几个方面：第一，担保关系。担保人的核心关系是担保关系，即保证借款一方按期还本付息。第二，督促关系。督促借款人、承典人等按时还本付息、按期赎回等。第三，代为偿还关系。如果借贷人不能按时还款，在极端情况下，担保人甚至要代为还本付息。第四，见证关系。特殊情况下，担保人可以以见证人的身份出现，还原真相，化解纠纷。

2. 执笔人

执笔人主要负责书写契约，以村中的私塾先生为主。村民们有写约的需求时便登门邀请，一般还需要设宴款待，请执笔人坐在上席的位置等。

(1) 产生

执笔人大多由村中能书写的教书先生担任。还有一种情况，如果家中有能够书写契约之人，那么一般无须邀请专门的执笔人。

(2) 作用

执笔人的主要作用在于书写买卖契约、租佃契约、置换契约、借贷契约、典当契约、分家契约、继承契约等，亦有写状纸的情况。写状纸一般要求较高，并非每个能书写者都有能力书写。

(3) 待遇

传统时期，执笔人没有专门的待遇，大多在事后请其吃饭，作为酬谢；此外为了表示尊重，如果坐席，会将执笔人安排在相对尊贵的位置，和中人等一起吃饭。

(4) 关系

执笔人的关系相对较为简单，主要是书写契约；但在一些特殊情况下，执笔人也会充当部分见证人的角色。

3. 中间人

中间人，亦称为"中人"，主要是在涉及土地买卖、租佃、典当、借贷等诸多关系中，邀请双方均熟识的人作为中间人，以便沟通买卖、租佃、借贷等的双方。如果交易后期双方发生纠纷，便可以请中间人出面做证、协调纠纷。

(1) 产生

传统时期，一村当中，一般无特定的中间人。一般是买卖双方或者借贷双方均较为熟悉的人方可成为中间人。但中间人这一群体存在一定的共性，如说话算数、为人正直、善于言辞等。

(2) 作用

中间人的主要作用在于见证双方的交易、置换、契约的签订等，一旦双方发生纠纷，便可以请其出面调解，甚至在对簿公堂之时中间人可以以证人的身份出席，协调纠纷、化解恩怨。

(3) 待遇

对于中间人，双方均较为尊敬，如达成交易之后请中人吃饭、安排其坐上席等。传统时期一般无其他报酬待遇。

(4) 关系

见证关系。中间人一般是作为见证人的角色出现，如见证交易的达成、见证契约的签订等。

做证关系。涉事双方一旦发生纠纷，便可请中间人出面做证协调，还原真相，维护公正。

4. 经纪

经纪，有些地方称作"牙人"，即说合买卖双方达成交易，以此从中谋利之人。经纪一般在骡马市、牛羊市上较多。一方面经纪对牲口比较了解；另一方面，由于其长期从事贸易活动，所以深谙交易行情，可谓左右逢源，从中获利，以求生计。

(1) 经纪的职能

经纪的主要职能是联系买卖双方，在其斡旋之下，促成买卖交易，在促成交易的过程之中获取自身利益。第一，联系买方。传统时期一些需要买牛马的农户一般会将信息提前告知集市上一些较为熟识的经纪，以便其帮忙留意。第二，联系卖方。对于卖方，在其拿不定主意时，亦会联系经纪，以便在其帮助下尽量提高牛羊马匹的出售价格。如此，作为经纪，在一个信息闭塞的时代，其同时掌握较大数量买方与卖方的信息，架起了买卖双方之间的沟通桥梁。第三，促成交易。多数情况下，买卖双方没有前期的预约，在逢集之日，卖方直接牵着自家牲口赶往集市，此时经纪主动上前询问情况，然后帮其寻找合适的买家。第四，负责"提秤"。传统时期，经纪的另外一项重要职能便是提秤，比如大宗物品如粮食等的交易，一般需要请经纪提秤，以确保交易的公平。第五，充当中间人角色。传统时期交易双方如果请了经纪，那么大多不会另请他人作为中间人，经纪同时充当了联络人、见证人、中间人等多重角色，一旦交易后期发生纠纷，那么经纪可以作为交易的见证人出面协调，以便化解交易双方的矛盾。

（2）经纪的来源

传统时期经纪的来源主要有二：第一，本村经纪。本村的经纪一般以村中德高望重、说话算数的长者为主。同村人交易时，将其请来，查看交易货物或者牲口、协调价格、提秤称重等等，以便保证交易的公平公正。后期交易双方一旦发生纠纷，便可请本村经纪出面做证协调。第二，集市经纪。传统时期，集市上有较多的经纪，特别是骡马市、牛羊市、木料市、粮食市等活物、大宗交易市场，经纪尤其多。"（经纪）就是些闲来无事的老头儿，闲了就蹲在那里（集市上），看到有人牵头驴过来就上去问'老乡，要卖？'然后就开始了解其想法，看想卖多少钱，再帮其寻买驴的人。"老人如是讲解道。

（3）经纪的流动

传统时期经纪的流动相对有限，但亦存在一些流动的情况。第一，流动路线。其一，村与村之间的流动。其二，村与集市之间的流动。村与村之间的流动主要是本村的经纪前往周边村落，斡旋其中，促成交易，获取利益。第二，流动频率。传统时期经纪的流动频率主要与下列因素相关：其一，作物收成情况。一般而言，当年作物收成情况越好，那么经纪的"生意"越好做，因为一旦有了较好的收成，那么农户手里就有了余粮，而有了余粮之后就要发生交换关系、买卖关系等，如此，经纪也就忙起来了；相反，如果农民当年收成不好，那么其手里的粮食（钱币）有限，农民就没有可以拿出来以供交换、买卖的物品，相应地，经纪的日子较为"难过"。其二，战乱情况。在战乱之年，农民迫于生计以及基于战乱大背景的考量，一般较少购买牲畜、修建房屋，发生在农民之间的交易情况有限，此时，用到经纪的频率较低；相反，如果是和平时期，农民更加倾向于更换耕牛、买进家具、修建新屋等，交易关系越多，需要经纪出面的频率也就相应越高。"（社会）乱的时候都急着保命呢，谁还买东西呢？"但也并非一概如是，有时在战乱时期，迫于生存的压力，如逃荒、逃兵等，反而促生了一些交易，如买卖房屋、买卖土地等等，如此，需要经纪出面的频率反而增高。

（4）经纪的待遇

传统时期，宁王村一带经纪报酬的获取主要分两种情况：第一，提取分成。经纪报酬主要的获取方式是提取分成，按照传统时期的标准，促成一桩买卖，经纪一般可以得到2%—5%的分成。第二，协商而定。还有一些经纪，其报酬的多少主要取决于三方的协商，如果经纪较为强势，且其在促成交易时贡献较大，那么便可获得较多的报酬；如果买卖双方比较强势，那么经纪获得的报酬就少一些。除了上述物质方面的待遇，一般在买卖双方达成交易之后还需要酬谢经纪。酬谢经纪一般由买方负责，如果交易额较小，那么请经纪在就近的集市上吃饭便可（大多以面食为主）；如果涉及交易额较大，那么买方需要在家中设宴款待经纪，并将其安排在上席的位置，以示尊重。

（5）经纪的关系

经纪的地缘性关系。经纪在协调买卖双方、促成交易达成方面，一般倾向于保护本地域以内的一方，更多地为"自己人"争取利益，如此就体现了一种地缘性的关系，亦即对内保护的特性。"（经纪）肯定向着自己人，一个地方的人，今日不见明日见呢，你把关系弄坏了以后咋办呢？"

经纪的年龄关系。经纪一般以年长的老者为主，尤其是村内的经纪，没有一定的威望，一般很难胜任。经纪的主要职能并非仅仅促成交易，更为重要的是充当一种见证人、中间人的角色，交易达成之后一旦出现矛盾纠纷，必须请经纪前来协调、做证、处理。

经纪的贫富关系。经纪以穷人为主，尤其是集市上的经纪，其最终的目的还是促成交易，以便从中获取利益，以此作为一种谋生的手段；而对于富人而言，其拥有其他收入来源，大多不愿上街担任经纪的角色。

经纪的官民关系。传统时期政府对经纪没有专门的管理，经纪依靠自己的能力，如言辞、对牲口的掌握等，斡旋于买卖双方之间，以便促成交易，最终收获属于自己的报酬。而对于村民眼中的官员如保长等，在交易关系中基本不会用到经纪，以其保长的身份，便足以保证交易的达成，而请专门的经纪显得有些多余。保长对经纪的管理仅限于缴纳税赋、摊工摊物、摊派壮丁等，此外不做其他干涉。

经纪的性别关系。传统时期，宁王村一带经纪全部为男性，没有女性充当经纪。一则受"男尊女卑"思想的影响，女性一般"主内"，很少涉及大宗物品、牲畜的买卖；二则女性对于牲口、木料等缺乏较为全面的认识，很难胜任经纪的角色。

经纪的走访关系。其一，经纪与经纪之间的走访。关系好的经纪之间会保持一定的联系，以保证其信息的通达性、及时性。关系一般的经纪之间则以竞争关系为主，一般不会走访、往来。其二，经纪与买方、卖方的交往。经纪在促成一单较大的生意之后，如果使某一方得利较大，那么这一方除了在当时酬谢经纪之外，逢年过节亦会携礼登门酬谢,以示感激。"以前村里一家人盖房子买木头,请了阳平街上的经纪帮着买了木头,那买得便宜呀,买上之后第二年木头价就高了,那些木头确实好。人都记着好呢,村里那人过年就提上酒看那经纪去了,看了好些年。"

经纪的纠纷关系。经纪的纠纷主要在两个方面:第一,经纪与经纪之间的纠纷。经纪与经纪之间的纠纷主要在于对经纪市场的争夺,如新来了卖驴子的人,几个经纪都想自己来促成交易,如此容易发生一些纠纷。第二,经纪与买卖双方的纠纷。经纪与买卖双方的纠纷主要包括牲口的疾病、牲口的死亡、交易物品质量问题等等。

经纪纠纷的处理。经纪在遇到纠纷之后,一般有三种解决途径:第一,经纪、买方、卖方三方协商解决。三方协商解决是最为常见的纠纷调解方式,其成本较低,简单容易操作。第二,同行出面规劝解决。如果三方调解失败,那么在场的其他经纪也会出面说和,以便断明是非、主持公道,一般以赔礼、赔钱、赔物等而告终。第三,官府解决。如果上述协调方式均不能化解交易双方及经纪三者之间的纠纷,那么便需要告官府解决。告官的费用由原告一方先行垫付,一旦告官成功,那么将由被告一方支付所有的诉讼费用。

2. 市场业缘关系

(1) 债务关系

传统时期,邻里之间的债务关系主要涉及借贷关系以及赊欠关系两个方面。

第一,借贷关系。传统时期,邻里之间的借贷关系更多地遵循"借多于贷、能借则不贷"的原则。一则,基于熟人社会的关系,邻里之间的关系较为亲近,多数人认为涉及利息将损害彼此之间的乡邻情感;二则,邻里之间的借贷往往涉及款项较小,即便收利息也极为有限;三则,邻里之间以借实物居多,一般较难计算利息。当然,如果是专门以放贷为主的大户,一般都要收取利息,从中获利,对于乡邻,如果关系较好,则适当降低利率;如果关系不好,则与其他外地人等同视之。

第二,赊欠关系。赊欠关系主要表现在市场交易的过程当中。宁王村在阳平街做生意者,对于本村人或者熟悉的乡邻,可以赊欠,赊欠时间主要取决于彼此之间的关系,关系越近,赊欠时间越长,赊欠金额相应也越大。

(2) 买卖关系

传统时期,邻里之间的土地买卖较为常见。其一,买卖原因。土地买卖的原因较为多样,如搬迁、修建新屋、疾病、丧葬、赌博等,均会导致邻里之间土地买卖关系的发生。其二,买卖价格。一般而言,基于地缘以及熟人社会的关系,邻里之间土地买卖价格是相对较低的。其三,买卖契约。多数情况下,邻里之间的土地买卖较少书写契约，大多按照传统惯例进行，遇到纠纷，也是按照惯例请"管闲事人"出面协调，一般不会告到官府层面。

二、行帮业缘及其关系

(一)行帮业缘主体

1. 粮食帮

解放以前，关中平原一带农民常常以村为单位，结成商队，收购陕西关中平原的小麦，运往西部甘陇一带换取当地的谷物、食用盐等，坊间将此种商队称作粮食帮。粮食帮仅在收成好的年份才会出现，年馑时粮食帮基本绝迹。粮食帮用牲口作为运输工具，也有使用手推车的情况。加入粮食帮有硬性的要求，即身强力壮，一则在发生不测时可互相照应，二则也是为了适应粮食帮长途贩运的现实要求。

2. 盐帮

盐帮，长途贩运食盐的帮会。据老人讲，解放前的盐路主要有三条：第一条从陕北定边县起运，一路南下到关中平原一带；第二条依然从定边县起运，西去宁夏、甘肃一带；第三条线路是在第一条线路的基础之上继续南下入川。根据沿线路况，三条线路分别采用不同的运输方式，平原地带以手推车为主，山地以毛驴运输为主，到了蜀地，则不得不采用人工背运的方式。盐帮每到一处，便用食盐换取当地土特产品，返回家乡后售卖，以此获利。

3. 酒帮

酒帮，顾名思义，是以贩运粮食酒为主的帮会。传统时期，陕西酒帮与甘肃酒帮往来比较密切，一般大量采购异地白酒，再销往陕西各地，甚至转手销往其他省份，赚取其中差价。

4. 单帮客

单帮客，即从事长途货物贩运而未加入帮会的单独商人。由于单帮客是单独贩运，缺乏帮会团体的庇护，因此其风险极高，但与之相对应，单帮客可谓"船小好调头"，一般能够抓住商机，果断抉择，往往能获取较大利益。正是因为单帮客行业的高风险，人们更加倾向于加入帮会，以便彼此之间有个照应。

(二)行帮业缘关系

1. 粮食帮中的关系

第一，结伴关系。粮食帮，其最为突出的特征便是结伴关系，大量贩粮商贩集体行动，结伴而行。其结伴的主要目的在于相互帮助，以确保运粮的安全。

第二，营利关系。除了上述结伴关系，本质上粮食帮属于营利性的组织，大多是将关中的粮食运往甘肃、宁夏等地贩卖，从中赚取差价。

第三，依附关系。在粮食帮之间，并非单纯的对等关系，大多是较小的粮食帮依附于较大的粮食帮，其依附与被依附的关系是较为明显的。一般而言，较小的粮食帮需要给较大的粮食帮送交一定数量的礼物，以此得到其庇护，战乱时期尤其如此。

2. 盐帮中的关系

第一，间断性。在不同的历史时期，官府对盐铁市场控制的松紧程度有所不同，各地执行官府政策的严格程度也有差异，如此便导致了盐帮间断性的特点。在官府管控弱的时期、地域，便会间断性地出现盐帮这种组织，一旦官府政策收紧，盐帮便暂时匿迹，如此周而复始。

第二，获利性。盐帮的本质特性在于其获利性，一般将盐从一地运送到另一地贩卖，其利润相对较高，这也是历史上盐帮屡遭镇压但依然不能彻底断绝的原因。

第三，危险性。盐帮是极具危险性的，一方面，盐帮游走于官府政策的边缘，多数时间不被官府所认可；另一方面，由于利益牵扯，盐帮之间的利益冲突也是相对激烈的。

第四，武装性。盐帮上述危险性决定了盐帮的武装性，几乎所有盐帮都配备有刀剑、矛戟等武器，以便在发生冲突时奋起反抗。

3. 酒帮中的关系

第一，获利关系。与粮食帮、盐帮等相似，酒帮的主要特性在于其获利性，如果没有丰厚的利润，酒帮很难生存下去。

第二，运输关系。传统时期，酒帮的运输主要包括水路运输与陆路运输两种方式，水路主要沿渭河向东，运往山西、河南等地，而陆路主要向北、向西，运往宁夏、甘肃等地。

第三，贫富关系。传统时期，从事酒帮生意者一般是较为富有的人家，贫者很少有机会加入其中，即便加入，也是以打杂为主，基本难以接触酿酒的核心工序。

4. 单帮客中的关系

第一，灵活性。单帮客以单独行动为主要特点，小本经营、利润单薄，如此也促成了其灵活性。

第二，多样性。多样性主要指单帮客所经营商品的特性，这也是由单帮客的灵活性所决定的，一般是"啥挣钱就卖啥，小本经营，容易转行"。

第三，危险性。由于单帮客通常单独行动，不像粮食帮、盐帮、酒帮等集体行动，失去同行之间的相互照应，单帮客的危险性相对更高。

第四，营利性。与粮食帮、盐帮、酒帮等相似，单帮客的主要目的依然在于营利，往返于不同的地域之间，调剂各地余缺，以此从中获利，求得生存。

三、互助业缘及其关系

（一）互助业缘组织

1. 农忙会

农忙会，宁王村一带又称为"权把会"，主要是为夏收做准备逐渐演变而来的农具交易集市，以农具为主，如镰刀、木锨、石磨、扫把等。农忙会一般在农历二月到三月之间。会址一般各个集市均有。会期可长可短，短则一个月，多则两月。

2. 骡马会

骡马会以交易耕牛、骡子、马、驴等牲畜为主。由于骡马等活物属于大件，因此要请经纪，作为担保，促成交易的达成。买卖达成，一般会给经纪一定的报酬。当地在骡马交易过程中有使用暗语——"摸手指"的习惯，即将手指盖在帽子、衣物下，双方以摸手指互相交流，沟通买卖价格，其本质是造成一种交易过程中信息上的不对称，以此为己方在交易中赢得主动。

3. 青苗会

青苗会，旨在保护农田庄稼的临时组织。青苗会一般在庄稼长出后成立，庄稼生长期间生效，此会一般定下规约，对损坏农田、破坏庄稼者给予一定的惩罚。庄稼收获后，此会自然解散，第二年重新组建。

4. 夏忙会

夏忙会，旨在为夏收做准备而举办的会。夏忙会的主要目的在于购买农具、骡马，为即将到来的麦收做好准备。夏忙会一般在清明节前后举行，为了扩大影响，一些村庄往往将夏忙会和就近的庙会结合起来，同时举办，参与人数更多，涉及农具品种更全。夏忙会如与庙会合办，则必须唱戏，戏以秦腔为主，喜闻乐见，一些大村还会邀请一些戏曲名家，以此造势，扩大影响。夏忙会一般持续3—5天，村子越大，夏忙会影响也就越大，一般方圆30多里的群众也会不辞长路，赶来看戏、置办农具，因此还形成了一些特殊的交易市场，如骡马市、粮食市、农具市、特色小吃市等。

5. 忙罢会

忙罢会，一种民间庆祝丰收的节会。一般在农历六七月间，各村都约定日期庆祝小麦顺利入仓。有些大村子在忙罢会上还会集资唱戏，一则欢闹庆祝，一则经过忙碌的抢收，农民得以短暂地休整。此外，忙罢会期间，女婿需携礼看望丈母娘家，外甥同样需携礼看望舅舅。传统时期，也有一些小村会联合过会，共同集资，邀请戏班，搭台唱戏，一道庆祝。

6. 乞巧会

乞巧会，传统时期由未出嫁女孩子自愿成立的互助组织。运行方式如下：先由会员集体捐款，然后借贷出去以获得利息。每年农历七月初七会员齐聚一堂，用利钱购买水果，共同祭拜巧姑娘，以求巧姑娘赐予精湛的针线手艺。约会地点在会员的家中，每年轮流进行。乞巧会钱财管理也是轮流进行，一年一换。新会员纳入采用"推荐制"，一般以村里的熟人为主。乞巧会以村落为单位，很少有跨村的情况。

（二）互助业缘关系

1. 农忙会中的关系

第一，买卖关系。农忙会，其核心是一种买卖关系，售卖物品以农具为主，这期间各家各户纷纷前往，采购自家农业生产中所缺农具，为农忙做好准备。

第二，走访关系。农忙会，除了核心的买卖关系之外，一般外嫁的女儿需要回娘家看望，并携带一定的礼品，以示孝敬。

第三，季节关系。农忙会受作物生长周期影响较大，因此具有一定的季节属性。

2. 骡马会中的关系

第一，经纪关系。在骡马会上，经纪的身影可以说是无处不在，由于涉及较大金额的交易，一般如果没有经纪，交易很难达成。

第二，待客关系。在交易达成之后，一般买方需要设宴招待经纪、中人、卖方等。待客的地点多在买方家中，也有就近在集市吃饭的情况。

第三，尊卑关系。在待客的过程当中，一般对经纪较为尊敬，多数需要安排在上席就座，以示尊敬，有时还需要邀请族人一同作陪。

3. 青苗会中的关系

第一，地域关系。传统时期，宁王村一带青苗会的建立具有一定的地域性特点，一般以一村或者邻近几村为单位组建，共同立下约定，相关各方不得违背约定，否则将受到一定的惩罚。

第二，义务关系。凡同意参加青苗会者，都有义务履行约定，管好各家牲口，防止破坏庄稼等。

第三，惩罚关系。一旦有家户违背青苗会约定，造成损失的，查实之后便视损失大小情况施以惩罚，多以罚粮罚物、赔偿损失等为主。

第四，解散关系。青苗会一般当年作物青苗时建立，作物成熟收获之后自行解散；如果第二年村民们认为还有成立的必要，那么重新约定，重新组建青苗会。

4. 夏忙会中的关系

第一,走访关系。夏忙会,其核心关系为走访慰问关系,如外嫁女回娘家看望慰问,女婿到丈人家走访慰问,徒弟到师傅家走访看望等等,一切都为了为即将到来的农忙做好准备。

第二,买卖关系。在一些农忙会中,将农忙会与权把会一起举办,如此,又形成了一种农具、牲口等的买卖关系。

第三,娱乐关系。有些年份夏忙会之前还会邀请戏班搭台唱戏,供村民们娱乐,欢庆过后为即将到来的夏忙做好准备,如此形成了娱乐关系。

5. 忙罢会中的关系

第一,祭祀关系。忙罢会以祭祀神灵为主,甚至为了感谢神灵的保佑,村里还会邀请戏班搭台唱戏,而在唱戏之前,一般都要进行较为盛大的祭祀神灵仪式。

第二,娱乐关系。经过长时间的辛勤劳作,作物收割过后,农民们趋于闲暇,可以自带小板凳,约三五好友,前往戏场,看戏娱乐。

第三,走访关系。劳作期间,村民们较少有时间走亲戚、看友人,农忙过后,可以携带新鲜时令蔬菜、水果等,登门拜访亲戚朋友,联络感情。

6. 乞巧会中的关系

第一,帮扶关系。乞巧会本质上属于一种青年女子之间的针线手艺帮扶组织,放贷营利并非乞巧会的本质。在乞巧会下,女孩子们一展才华,相互借鉴、相互学习,增进手艺、加强交流。

第二,娱乐关系。乞巧会除了上述帮扶关系之外,还带有娱乐的性质,每年农历七月初七相邀而聚,围坐在巧姑娘跟前,相互交流、聊天娱乐。

第三,崇拜关系。在乞巧会内部,更多的是一种对巧姑娘的崇拜关系,即认为虔心祭拜巧姑娘,便可以得到巧姑娘的手艺真传,提升自身的针线技艺。

第五节 信缘与信缘关系

传统时期,宁王村信缘关系方面庙会影响最为突出。本节主要围绕庙会组织概况、庙会过程、庙会关系三个方面,综合考察传统时期宁王村信缘形态。

一、庙会组织概况

传统庙会是民间集祭祀、娱乐、交易为一体的综合性"盛会",受到农民群众的极大关注及喜爱。小型庙会大多以村落为单位,大型的庙会则大多以几个乡甚至整个县为单位进行组织、筹划。

庙会视其大小、灵验程度等吸引不同的人群参与。一般寺庙越灵验，信众相应越多，庙会的规模更大，影响更加广泛。庙会的活动以祭祀神灵为核心，祭祀完毕，往往有戏曲、社火等娱乐性的演出，以供参与者观赏。在上述基础之上，一些商贩也闻讯赶来，逐步形成了祭祀、娱乐、交易"三位一体"的庙会模式，经久不衰。对于以村落为单位的小型庙会而言，其参与群众相对有限，地域范围上多以本村及周边邻近村庄为主，庙会的规格相应较低，参与商贩较为有限，所售卖货物也较为单一，一般没有牛羊市等。而对于几村甚至几乡联合举办的大型庙会而言，其参与人群更为广泛、涉及地域更为广阔、庙会规格较高、参与商贩更多、售卖货物更为丰富，可谓"应有尽有，无所不有"。

传统时期的庙会，主要有三个层面的意义：一是满足了部分信众拜神祭祀、许愿还愿的信仰需求；二是祭祀过后，设有戏曲、社火等大型表演活动，满足了村民欣赏、娱乐的需求；三是庙会还吸引了大量各地商贩，"权把扫帚牛羊会"，牛羊市、骡马市、农具市、吃食市一应俱全，应有尽有，满足了村民购物、交易的需求。

二、庙会过程

（一）划旱船

传统时期宁王村一带不会单独划旱船，一般是伴随着正月十五耍灯、端午节吃粽子、平时社火等活动而展开的。

1. 划旱船概况

划旱船的形式较为多样。传统时期宁王村划旱船主要的时间节点有：正月初三至正月十五、端午节、庙会等庆祝活动。旱船由竹条编制，外面裹有不同颜色拼成的布料。一般村落旱船有 2—10 个不等，不会只有一个；村庄规模越大，人口越多，旱船数量相应越多。划旱船时由一人穿戴，伴随着锣鼓的节拍或前进或后退，以演绎船在水上行进时的场景。

2. 划旱船中的关系

第一，划旱船中的亲疏关系。一般划旱船到各家户巡演时旱船队伍也会跟随龙、狮等表演队伍一同前往，如果到了关系较亲的家户，那么便在其院子里多划一会儿，以示隆重，相应地人家也会格外开心，在事后"打点"时也会大方一些，如送上烟酒等，以示感谢。

第二，划旱船中的性别关系。传统时期从旱船的扎制到后期的划船，全由男性完成，女性不得参与。而在逢年过节划旱船娱乐时，女性可以全程观看，此时即便是家长，也不会阻拦。

第三，划旱船中的长幼关系。由于划旱船跑动较大，加之旱船本身有一定的重量，几场跑下来，较为辛苦，因此，划旱船者多以年轻力壮的青年小伙子为主，基本没有中老年人参与其中。

3. 划旱船的特性

第一，伴生性。传统时期宁王村不单独划旱船，一般是伴随着正月十五的花灯、年节社火及其他庙会活动而开展，旱船并非主力，只是其中的一个组成部分。

第二，民间性。传统时期划旱船，完全是一种村民自发组织的自娱自乐活动，而不具备官方的性质，具有民间性。

第三，娱乐性。划旱船的主要目的是欢闹、娱乐，一般所说的祭祖、拜神等仅为由头，社火"敬的是神，乐的是人"。

（二）踩高跷

踩高跷在宁王村一带的社火表演中也是较为常见的。根据水平的不同，高跷有高有低，一般而言，高跷越高，则意味着其水平越高；甚至一些演员在踩上高跷之后还能完成一系列的动作，如跳跃、翻转等，叹为观止。而对于一般的高跷来说，其高度要低很多，踩上去之后以行走为主，也不会有太多的动作。踩高跷与划旱船较为相似，也属于配角，主要在年节、庙会等的娱乐场合与其他活动相伴出现，不会仅仅踩高跷而已，因此，踩高跷也具有伴生性、民间性、娱乐性等特性。

三、庙会关系

传统时期，宁王村庙会关系较为丰富。以下主要围绕庙会中的祭祀关系、娱乐关系、经济关系以及社会关系四个方面考察村庄庙会形态及其关系。

（一）庙会中的祭祀关系

传统时期，在庙会活动当中，最为直接的关系便是农民基于共同信仰基础之上的祭祀关系。祭祀仪式一般由会首及其他管理人员主持，主办村、周围邻近村落的信众等纷纷参与其中，大多携带香、纸、鞭炮等祭祀用品；对于一些需要许愿、还愿的信众，还需要携带菜肴、果蔬等祭品。普通群众的祭祀一般在大型的庙会祭祀仪式之后依次展开，除了普通的祭拜，还有许愿、还愿、求签、问卦、求平安锁、求药引、布施等诸多活动。布施的多少主要取决于祭拜人的家庭经济情况，经济情况好的可以多一些，经济条件不好的可以少一些，主要遵循"量力而行，心诚则灵"的原则。而那些特别贫困的祭拜者，其主要是以焚香烧纸，较少参与其他祭祀活动。

（二）庙会中的娱乐关系

庙会祭祀仪式结束之后，一般都设有盛大的娱乐活动，如唱大戏、耍社火等。其一，看戏。庙会的戏场极为热闹，尤其是几个村落合办的庙会，一般参与人数多、涉及范围广、规模更为宏大，同时也更加热闹、好看。对于台下的戏迷来说，其位置一般是"谁来得早，谁就在前面"，老人和小孩可以一起看戏。来得早的戏迷可以自带小板凳，坐在戏场前面观看；来得晚的戏迷即便自备了小板凳，也不能坐下观看，只能站立观看。其二，看社火。如果说看戏时戏迷们的位置是相对静止的，那么看社火则需要跟着社火队伍，一边前行一边观看，每到一处重要场地，社火停下来耍一会儿，然后继续游进。

（三）庙会中的经济关系

1. 买卖关系

伴随着庙会中大量人群的聚集，一些商贩从中嗅到了市场的气息，纷纷赶来，售卖自己的商品，由此逐渐形成了小吃、衣服、农具、牲口等众多的集市。由此，人们的庙会活动，除了上述的诸多祭祀和娱乐活动外，还增加了买卖活动。一般遇到大型的庙会，众商云集，经过充分的市场竞争，庙会场的商品价格相对较低，因此，农民在祭祀、娱乐的同时，还能够购买自家所缺的商品。在邻里之间，大家可以一同逛庙会，购买物品、捎带购买、帮忙砍价、质量把关等。

值得说明的是，上述庙会中的祭祀关系、娱乐关系、买卖关系并非依次发生，可以是同时进行的，其时间方面没有严格的先后顺序。如远道而来的群众如果没有携带祭祀用的香、纸，那么可以在祭祀之前从商贩处买得祭祀用品，然后再去参与祭祀活动。

2. 贫富关系

庙会中亦有一定的贫富关系，具体而言，主要包括：

其一，出行方式的不同。传统时期，对于大户人家，其赶社火、逛庙会一般乘坐马车甚至轿子；而对于普通农民而言，其多以步行为主。

其二，祭祀的时间节点有所不同。庙会期间，由于前来祭祀的人较多，庙宇内相对较为杂乱，一些大户一般会避开上述人流高峰期，选择在人较少的时候单独祭拜。

其三，看戏方式的不同。对于普通百姓而言，其大多自带小板凳或者直接站立看戏；而对于大户人家，其多坐在马车、轿子中看戏，马车、轿子大多停在戏场的两侧。

其四，购买物品的不同。对于富裕家户而言，其较少在庙会场购买物品；而对于普通家户，由于价格相对便宜，往往选择在庙会场购物。

（四）庙会中的社会关系

1. 亲疏关系

庙会中的亲疏关系表现得是极为明显的。

其一，同村人在逛庙会过程当中的互助关系。在逛庙会的过程当中，一个村落关系好的人大多喜欢结伴而行，一方面可以保证安全，另一方面在购物时可以帮忙砍价、把关质量、携带物品等。此外，传统时期，如果出远门逛庙会，一般不能举家外出，家中必须有人留守看家，此种情况下，邻里之间还存在一种特殊的帮忙看门的关系，一般可以相互接替，"今天你帮我家看门，明天我就帮你"。看家的过程中一方面主要是防止盗贼趁虚而入，另一方面则是帮忙喂养家中的牲口、家禽等。邻里之间此种相互看家的关系仅在关系好的邻里之间才会发生，如果关系不好，即便是邻里，亦不会将钥匙交出。

其二，逛庙会中的亲戚关系。传统时期，农民在逛庙会过程中还存在一种邀请与被邀请的关系，如一村举办庙会，那么该村人可以邀请其亲友前来赶庙会，在赶庙会的同时可以转亲戚，待到另一方的村落举办庙会时，亲友之间又可以反过来邀请。在这种基于庙会的你来我往、相互邀请当中，亲友之间的关系得以加强，感情得以凝聚。一般的庙会需要持续好几日，亲戚可以为其提供住宿、饮食等，无须来回奔波。

2. 长幼关系

传统时期，庙会关系中存在一种长幼关系，主要体现在如下几个方面：其一，7—8岁的孩童在家人的陪同下可以去逛庙会，但不得单独前往，在戏场、社火场需要听从家人的安排，不得乱跑乱撞。其二，在戏场当中看戏，长者、青年人及小孩之间没有严格的界限，可以同站一处看戏，"戏场里没大小"。其三，对于家中的幼儿，如果在社火过程中需要禳解，那么多由其母亲或者祖母抱着，然后设法从龙、狮子等身下钻过，以达到禳解的目的。

3. 性别关系

传统时期，在逛庙会方面，男女具有平等的权利，家中的妇女亦可前往逛庙会，进行祭祀、娱乐、购买物品等活动。其一，神灵祭拜方面。在庙会神灵祭拜方面，男女具有平等的祭拜权利，祭拜仪式亦没有差别，女性亦可以许愿、还愿、求签、问卦、求平安锁、求平安符等。其二，戏场看戏方面。在戏场看戏方面，男性与女性一般不会站在一起看戏，多数情况下，男士在戏场的中间位置，女性在戏场的两侧及周围区域。其三，留守看家方面。传统时期，每逢庙会，家人大多希望能够出去逛庙会、看戏、看社火娱乐，但家中必须有人留守，一般而言，家中多是女性留守。一方面，女性留守家中，便于照看家中的牲畜、家禽等；另一方面，传统时期，妇女多缠小脚，行动不便，一般较少外出。同时，多数情况下，外出逛庙会的家人需要为家中留守人员捎带购买物品或者购买一些零食带回，以表示对其留守的一种补偿。

4. 官民关系

庙会中的官民关系主要从以下几个方面展开论述：其一，官民祭拜时间的差别。一般而言，官员如果前来祭拜，其时间节点一般是较为靠前的，以此错开祭拜的人流高峰期。其二，官民看戏时的差别。在戏场内部，如果事先确定有官员要前来看戏，那么需要为之搭建专门的"看台"，看台一般在戏台的正对面，观看效果相对较好。其三，官员对于庙会场秩序的维持。在一些特别重大的庙会场，官员会对会场秩序采取一定的维护措施，以防止生乱，但主要目的在于维护自身的安全。

5. 纠纷关系

庙会主要包括祭祀、娱乐、市场交易三个方面。其一，祭祀中的纠纷主要体现在一些祭祀礼节细节之上，如祭祀的顺序、祭祀供品的摆放、祭祀现场的禁忌等。其二，庙会中的娱乐方面，主要表现为戏场、社火场的纠纷，前文已有述及，不再赘述。其三，庙会中市场交易的纠纷是较为常见的，如买卖双方的价格纠纷、贩卖商品的质量纠纷、场地的占用纠纷、商贩之间的竞争纠纷等。

第六节 交往与交往关系

在传统社会中，交往在村民的生产、生活中扮演着重要的角色。本节主要从家庭内部交往及其关系、亲戚交往及其关系、村落内部交往及其关系、村外交往及其关系四个方面考察传统时期宁王村的交往形态。

一、家户内部交往及其关系

（一）父母子女交往

传统时期，对于一个家庭而言，父母与子女的交往是家户内部交往的重要一环，也是影响家户发展、延续的关键。

对于父母而言，子女始终是长不大的。因此，在日常的生活中难免说得多、管教得多，而这又容易引起子女的不解。尤其是在涉及分配、安排任务时需要做到相对的公平，否则可能引发父母与子女之间的误会，以致埋下祸根。"父母在做，做儿女的在看，尤其是在大家庭里边，人一多，矛盾也就多，在处理家庭事务上，做父母的不能偏心，不然会给家庭留下隐患。""以前的子女还是比较听话的，一般都会听从父母的安排，但在涉及切身利益时，比如分家等重要事件，有时还是会发生一些争执。"

（二）兄弟交往

兄弟交往是家户交往的重要组成部分。兄弟之间交往，讲求和睦，患难与共。在传统社会中，弟弟一般是穿着哥哥的衣服长大的，年长的哥哥从小就需要照顾年龄较小的弟弟，这种兄弟情义具有较为深厚的积淀。伴随着时间的推移，兄弟逐渐成长起来，成为家中的主要劳动力，此时依然需要兄弟合作，共同为家庭的发展而努力。老人讲道："兄弟交往有处得好的，也有处得不好的，主要还是看家庭。记得村上有一户梁姓的人家，家中老两口，生了两个儿子，老大和老二都很有能力，都是庄稼地里的一把好手，平时相处得非常和睦，共同劳作、收获。直到到了结婚的年龄，出乎意料的是老二的婚事先于老大谈成，如此一来，老大心中渐渐失去了平衡，认为父母偏心老二，最终没过几年，老大分家另过了。"

（三）夫妻交往

传统时期，夫妻的结合主要遵从"父母之命、媒妁之言"，而这种婚姻的结果是夫妻双方并没有感情可言，更多的是为了完成自身使命，延续一脉香火。在日常的生活中，夫妻之间的交往相对保守、含蓄，没有过多的互动。

在分工方面，丈夫大多负责田间的劳作，如播种、运肥、管理、收获等，而妻子主要负责家务、照看小孩等。同时，在涉及与外界的交往中，如买卖、赶集等事宜，大多由丈夫完成。在家庭决策方面，妻子大多没有过多的发言权，但是有些时候妻子的建议能够影响丈夫的决定；如果一家之中妻子当家，那么丈夫会被其他人瞧不起，认为"没本事"。待孩子稍大一些，孩子的管教大多是由丈夫负责的，如果孩子犯了错误，丈夫动手教育，妻子一般会出面调停，以此缓解纠纷。

（四）婆媳、妯娌交往

传统时期，婆媳关系、妯娌关系是家户交往中极难处理的一组关系，看似不起眼，但对家户整体的发展具有重要的影响。根据村中老人的讲述，婆婆、媳妇都是外来人，彼此之间缺乏血缘纽带的联结，一旦发生纠纷，很难通过如兄弟之间的包容、忍让而化解矛盾。婆媳之间发生矛盾，儿子夹在中间，处理不好容易导致两头不讨好，甚至导致母子纠纷或者夫妻矛盾。同样，妯娌大多来自不同的家庭，在不同的家户之中成长起来，难免对一些事的看法存在差异，这就极易导致妯娌关系的恶化；进一步，妯娌矛盾可能升级，从而影响兄弟之间的感情。粗略看之，婆媳、妯娌关系事小；仔细究之，婆媳、妯娌交往无小事。

二、亲戚交往及其关系

(一)亲戚间的人情交往

1. 过满月中的人情交往

过满月,宁王村一带也称之为"过初月",主要是为庆祝孩子茁壮成长,会邀请亲戚前来共同庆祝。

(1) 参与人员

孩童过满月,主要参与者有:第一,伯伯一方。伯伯,即父亲的哥哥或弟弟,关中一带也称作"大"或"大大",对于刚出生的孩童来说,伯伯是除了家人之外最为亲近的人。第二,姑姑一方。传统时期,亲戚里边最为亲近的,要算姑姑一方,一般孩子过满月姑姑必须来。第三,舅舅一方。除了姑姑一方,接下来是舅舅较为亲近,满月当日,舅舅舅妈一般携礼而来,以表庆贺。姑姑、舅舅方需要邀请,一般是口头邀请,"娃娃快满月了,到时候来喝酒!"而不用下请帖。第四,"干大"。孩子出生后如果爱哭闹,传统时期会为孩子找一个"干大",即"认干大","干大"的属相、生辰必须与孩子合得来,否则不能"认干大";满月当日,需要请"干大"前来,一同庆祝。孩子过满月,"干大"是必须要请的,不能怠慢,且要安排其坐上席。第五,保长。与保长关系好,则保长也会参与,一同庆祝;如果关系不好,则保长不参加。第六,同村人。亲戚之外,参与人员便是基于共同地域的同村人,村里人主要是关系好的来,关系不好的来往也较少。同村关系好的人需要邀请,"下地路上碰到了,说一声就对了",不用专门去请。

(2) 过满月的仪式

第一,坐席。过满月,一般都要摆酒席,当地亦称作"吃席",席上菜品一般不少于八种。第二,送礼。孩子过满月,前来的亲戚必然不能空手而来,稍后对于礼品有专门阐释。第三,看孩子。吃过酒席,一些亲近的亲戚便可进屋看孩子,并说几句祝福的话:"大胖小子,结实!""有福相,长大肯定做官!"等等,不一而足。

(3) 携带礼品

第一,幼儿衣帽鞋袜。孩子过满月,幼儿衣帽鞋袜当然是最受欢迎的,也是送礼之首选。值得一提的是,这些衣物均由妇女们亲手缝制,样式多、品种全、针脚细,较为常见的有虎头鞋、虎头枕等,寓意虎虎生威,庇佑孩子茁壮成长。第二,床单被面。传统时期,床单被面是较为常见的礼品,如果来不及亲手缝制,或者家里妇女针线活不好,那么送被面是不二之选,既美观,又大方。第三,点心鸡蛋。对于同村人,一般携带鸡蛋、点心等小礼品,意在为孩子及母亲补充营养。

（4）注意事项

原则。过满月需要遵循一些原则：第一，祭告先祖。一般要书写祖宗牌位，供于桌前，以便亲友祭拜。第二，记礼。祭拜过牌位之后，开始记礼，即某某送被面一条、衣服一件、钱若干等等。酒席设有专门的记礼处，由专人负责记礼。第三，老大过满月。传统时期，宁王村一带只为老大过满月，以后出生的孩子一般不再过满月。

禁忌。第一，戴孝之人不得参与。对于过满月这种喜庆的活动，守孝期间的人不得参与。第二，月经期间妇女不能参与。传统时期，妇女来月经被认为是"不洁"的，一般要避免出门。

2. 过百天中的人情交往

传统时期医疗水平有限、营养补充较差等，导致孩童的死亡率较高，孩童能过百日，便值得庆祝。

（1）参与人员

孩童过百天需要邀请的人与过初月时相差无几，依然主要是姑姑舅舅、"干大"、保长、同村人等等。过百天参与人数可多可少，一些大户人家亲戚多、朋友广，参与的人自然多，而对于一些小家小户，参与的人就少很多。

（2）过百天仪式

第一，祭祀祖宗。第二，为孩子戴"百命锁"。百命锁一般由黄色丝线编织，上面挂有麻钱，戴上之后据说能驱邪避灾，保证孩子健康成长。

（3）携带礼品

过百天携带的礼品与过初月相差不大，以孩童衣物、被面为主。携带礼品没有特别的要求，关系近的，礼品较为贵重；关系疏的，礼品相应简单一些。过百天时的注意事项与遵循原则与过初月相差不多，不再赘述。

3. 抓周中的人情交往

抓周，传统时期在关中宁王村一带还是较为流行的。此即在孩子满一周岁的时候在地上摆放算盘、书本、镜子、玩具等物品，让孩童自由爬行抓取，以便观察其喜好。传统时期大多只让男孩抓周，很少为女孩办抓周。抓周不及过初月、过百天般排场，不会请太多的人前来，无须坐席，更多的是自家人参与，更多带有娱乐的性质。但有些家户还是较为重视。如男孩子抓取镜子、梳子等，则暗含"不好"的倾向，需要日后加以引导；如果男孩子抓取书本，则意味着孩子有可能考取功名，日后光耀门楣；如果男孩赚取算盘，则意味着长大后能精打细算，过好日子等。抓周中的差序性：第一，男女有别。传统时期多为男孩子举办抓周，很少有家户为女孩举办抓周。第二，贫富差异。传统时期大户、富户办抓周的多，经济条件较差的家户则一般不会为孩子办抓周。

4. 乔迁新居中的人情交往

传统时期关中宁王村一带将乔迁新居称为"搬家"，乔迁意味着居住条件的改善、生活质量的提升，村民们向来较为看重，视为喜事，无论是新建房屋还是买进新的院落，都要邀请亲朋好友庆贺一番。传统时期乔迁新居的家户较少，但依然形成了较为丰富的惯行。

乔迁新居，主要邀请亲朋好友，一起庆祝乔迁之喜。需要注意的是，在搬家的过程中需要注意一些细节：第一，择良时而迁。这就需要邀请阴阳师傅根据主人的生辰、房屋位置与走向等一系列因素综合考察，择出乔迁之吉时。第二，早晨或中午正式搬迁。按照惯例，搬迁时间一般不能选在下午。第三，乔迁中的秩序。首先要迁神堂和祖堂，在安好家神之后方可搬家具等其他物品。其次，由家长手持长梯进入新院，其他人则鸣炮庆贺，寓意"步步高升"。再次，家庭其他成员携锅碗瓢盆、火钳等进入院落，寓意"吉祥红火"。然后，众亲友携带礼品，如蒸馍、米糕等进入，寓意"蒸蒸日上""发家致富"。搬家完毕，亲友们送祝福、赠礼品，主人设宴款待，宁王村一带将其称为"暖房"。

"暖房"。暖房一般在晚上进行，众亲友携带礼品较为多样，而不同的礼品具有不同的含义。第一，携带糕点、粽子等食品，寓意"发家致富"。第二，携带锅碗瓢盆等生活用具，寓意"生活圆满"。第三，鸣放鞭炮。当众亲友基本到齐时，暖房正式开始，首先由主人点燃火把，举着火把绕宅院一周，意在驱邪扶正；之后众亲友点燃鞭炮，顿时鞭炮绕着房屋四周响起，意在驱邪匡正。仪式既成，亲友们纷纷为主人敬酒，说几句祝贺、吉祥的话。有何注意事项？值得一提的是，如果新宅院在修建过程中有人受伤、流血等事件发生，被视为不吉，因此，在暖房的时候仪式要相对隆重一些，规模更大、参与人数更多，主人意在通过此种方式趋吉避害，住进新宅后心里有一份慰藉。

5. 婚嫁中的人情交往

此外，传统时期，婚嫁之事，多要告知关系较近的邻里前来。一则喜结良缘，共同庆祝。二则一家的人力、物力相对有限，邻里可以提供一些人力、物力上的帮助，如人力上礼仪的把握、厨房的帮忙、组建迎亲（送亲）队伍等，物力方面家具、厨具等的借用，酒器桌椅的互通等。通过上述人力、物力方面的协助，共同将婚嫁之事办好，以免有失礼节，反被娘家或者另一方"说闲话"。

(二)亲戚间的节日交往

1.春节拜年中的交往

(1) 拜年

第一,儿子为父母拜年,以感恩父母养育之恩。第二,徒弟为师傅拜年。传统时期木匠、泥匠一般带徒弟,正月里徒弟需携带礼物登门向师傅、师娘拜年,以谢师傅栽培之恩。第三,女婿为丈人拜年,以表达孝敬之意。第四,外甥为舅舅拜年。正月初一过后,外甥便可以走亲戚,向舅舅、舅妈拜年问好。第五,侄儿为姑姑拜年。侄儿为姑姑拜年也是在大年初一以后,需要携带礼品,亲自登门拜年,礼品不限,也不必过于贵重,主要心意要在。第六,长工为雇主拜年。长工全年基本都在雇主家里,一年到头唯有正月里能回家与家人团聚,但过年期间,长工需择日登门为雇主拜年,以表谢意。第七,小孩为"干大"拜年。传统时期有些小孩认有"干大",过年时小孩要在父亲的带领下去为"干大"拜年,联络感情,拉近彼此关系。

(2) 拜年仪式

传统时期,过年期间一般人家里都供有先人案,拜年人在登门后首先需要给主人家先人焚香磕头,完毕之后按照尊卑长幼次序一一拜年,在拜的同时需要说明"侄儿给姑父拜年了!""徒弟给师傅拜年了!"等等。

(3) 拜年礼品

传统时期登门拜年,携带的礼品不一,主要看是谁给谁拜年:第一,为年纪较大的老者(如爷爷、外爷、太爷等)拜年,多携带茶叶,且以陕南茶为贵,陕南多处大巴山深处,盛产茶叶。徒弟为师傅拜年,多带一块肉,或者一坛老酒。第二,新女婿为丈人拜年。新女婿为丈人拜年极为讲究,携带礼品至少为四色,即酒、肉、馍、糕点4件,多则8件、12件等等,一般经济条件较为一般的新女婿以"四色礼"为主。第三,侄儿为姑姑拜年,一般携带自家烹制的食物,如油饼、干馍等。第四,外甥为舅舅拜年,一般携带鸡肉、猪肉,或者老酒。第五,其他人拜年,一般以点心为主。

(4) 注意事项

第一,拜年携带何种礼品,上文已有提及,只涉及一个大概,具体送礼,还是会根据拜年主体的不同喜好而各有不同。第二,正月里拜年,返回时不能空手,宁王村一带讲究在拜年人袋子里装一份自家的东西,如油饼、干馍等,以示礼尚往来之意。第三,同辈人之间拜年不用下跪,只需拱拱手,说几句祝福的话便可,亦无须送礼。

拜年中的差序性。第一,拜年分先后。传统时期,宁王村一带正月初一正式开始拜年,但初一拜年一般限于村庄之内,早起祭拜完自家先祖之后,首先为家里长者拜年，随后走出家门为本家户族拜年，之后再为左邻右舍拜年。大年初二开始，便可走出村落，向舅舅、姑姑、丈人等拜年了。第二，拜年分尊卑。拜年主要是晚辈向长辈拜年，但拜年对象区分先后顺序，如先男后女、先"大大"后"二大"等。第三，礼品分轻重。如前文所提，新女婿为丈人拜年时需携带"四色礼"、徒弟为师傅拜年需要携带茶叶；但对于普通的关系的友人则以糕点为主。第四，拜年见亲疏。传统时期在拜年活动中便可看出人与人之间关系的亲疏远近。如初二拜年，对于已婚男子，一般首选丈人家，这是维系姻亲关系的关键；其次，向舅舅、姑姑、姨姨等拜年；之后才是其他亲友。

2. 灯节中的人情交往

元宵节，闹花灯。正月十五元宵节，主要因为吃元宵而得名，之后衍生出了送灯、打灯、放天灯、观灯、猜灯谜、挂坟灯、送元宵等一系列民俗活动。

传统时期，宁王村一带的送灯活动始于正月初五，主要分舅舅给外甥送灯和干大给干女儿送灯两种情况。一般送一对灯，包括10根蜡烛、10根麻花，需要连续送12年。

外甥在收到舅舅送的花灯之后，于正月十四、十五、十六三日尽情打灯玩耍，"外甥打灯笼——照旧（'旧'谐音'舅'）"的俗语便源于此。正月十四日晚上打灯叫作"玩灯"，"玩"，即尽情地玩耍之意。正月十五晚上则是"闹灯"，"闹"，则体现出元宵节最大的特色，各式各样的灯笼纷纷登场，呈现出"百灯竞演"的热闹场景，看谁的灯好看、看谁耍灯水平高，谁便赢得头彩。正月十六晚上是"完灯"，"完"，即完结、结束，亦即十六耍灯是最后一晚，耍完之后需将花灯打碎、烧掉，因为按照民间的习俗，来年不能打旧灯笼，认为打旧灯笼舅舅会得红眼病。由此可见，"玩""闹""完"，充分概括了闹花灯的过程以及包含其中的丰富惯习及人情关系。

传统时期，放天灯是关中宁王村一带元宵节当晚的另一项重要的娱乐活动。放灯之前家人围灯而立，双目紧闭，默默许愿，以求愿望成真。据老人回忆，传统时期许愿主要包括：第一，祈求风调雨顺，五谷丰登。第二，祈求多子多福、阖家团圆。第三，祈求考取功名，光耀门楣。第四，祈求姻缘早顾，情缘早到等。放灯许愿之中，人情之远近，关系之亲疏得以显现。

传统时期，平日女孩子是不得轻易出门的，而在元宵节这一天，她们可以大大方方地出门观灯、猜灯谜等，这也是难得的男女青年交流的机会。但在传统时期，依然以遵从"父母之命、媒妁之言"为主，自由婚姻寥寥。

传统时期，在正月十五之前，已经出嫁的女儿需为娘家送去元宵，以此来表达对父母养育的感恩。此外，其他亲友之间也可互送元宵，以此联系情感，增进关系。

"挂坟灯"，即在元宵节当晚，各孝子孝孙纷纷在自家的祖坟上悬挂红灯的活动。在挂灯之前还需要焚香烧纸、供奉祭品，以此寄托对逝者的追思之情。

3. "登高"中的人情交往

九月九日，登高远眺。九为阳，双九即为重阳，自古重阳之日便有登高、赏花、饮酒的习俗。宁王村一带也流传着特有的风俗，如送花糕、插茱萸、饮花酒等。送花糕，主要指在重阳节当日娘家为出嫁之女送花糕的习俗。花糕由上等的麦面制作而成，呈圆形或者椭圆形，层层叠出，寓意"步步高升"，每层绘有花朵，故称之为"花糕"。花糕越到、越精致，说明娘家对女儿越重视、越关心，送花糕对于增进两家感情、缓解婆媳矛盾具有一定的积极意义。端午当日除了送花糕，民间还有互赠茱萸的传统，左邻右舍互相馈赠，加强联系，增进感情。登高也是重阳佳节的重要活动，邀三五好友，登高远眺，开阔视野，陶冶情操。由于菊花性凉，有祛风降火之功效，节日期间，宁王村一带还有为长者送菊花酒的习俗。

4. 送寒衣中的人情交往

十月一，送寒衣。农历十月初一，关中天气逐渐转寒，自古有为逝者送寒衣的习俗。此日家家户户买纸制衣，于下午在逝者坟前同纸钱一起烧掉，以表孝心、寄托哀思。此外，不能赶回家送寒衣的游子需要想法托家人买纸衣焚烧；外嫁女也许捎回寒衣，以便在娘家坟前一并烧掉。

5. 祭灶中的人情交往

腊月二十三，祭灶爷。腊月二十三，是北方的小年，按照北方传统，此日为灶爷返回天庭，向玉帝汇报人间情况之日，因此此日需要特别的祭拜，之后将其送走，一般是在大年初一再将灶爷迎回。按照坊间的说法，灶爷的主要职能便是监视人间一家一户的生产生活情况，并在年末统一向玉帝汇报，根据其汇报，玉帝定下对该户来年之奖惩。人们担心灶爷"乱说话"，遂在临行前为其献上灶糖，由于灶糖含糖量较高，粘性极大，因此在玉帝询问情况时，灶爷只能抿嘴点头称是，而不至于将不好的情况（如铺张浪费、不节约粮食等）反映上去。如此，形成了人们之间互相馈赠灶糖的习俗。外嫁的妇女大多会赶在节前为娘家送去灶糖，这样，在祭祀神灵的同时也加强了农户之间的联系，增进了感情。献灶完毕，灶糖实则由家人共同食用。除了灶糖，宁王村人还会烙献饼。献饼，即呈圆形的白饼，至少需要12个，代表一年的12个月，一些已经嫁出的妇女也会在当日烙献饼送给娘家，以供其献灶之用。

6. 二月二中的人情交往

据传，农历二月初二沉睡一冬的龙要开始苏醒抬头了，所以亦称之为"青龙节"。二月二这一天主要的赶人情活动有爆米花、送豆子、送野菜等。当天家家户户炒豆子、爆米花，豆子的爆裂声如同鞭炮，家家噼噼啪啪，热闹非凡。妇女一般要留出一部分炒的豆子，稍后送给娘家；爷爷奶奶也要留下一份豆子，给远在外地的孙儿、女婿等。另外，二月二，关中天气回温，各种野菜已经生长，此日多数妇女相约出行，拾取野菜，以便补充家中食材，荠菜等往往是做浆水的首选。在留够自家使用之后，女儿们还会留出一部分野菜，择时送给娘家，以表孝心。

7. 端午节的人情交往

端者，始也。在端午节这一日宁王村一带主要的人情往来有送香包、送彩绳、送裹肚等。

送香包。香包，在关中宁王村一带较为流行，一般用绸缎缝制，内包艾草、丁香、白芷等药草而成，一些手巧的女子更是缝制出桃、老虎、狮子、猫、狗、花鸟等多种样式。早早缝就之后，于端阳之日馈赠亲友，以及自己的心上人。小小的香包既是针线手艺的体现，同时也是传情达意的纽带。哪个女子绣出的荷包好看，便会受到大家的赞赏，心灵手巧在香包上得以体现。

送彩绳。端午节有佩戴五色彩绳的传统。由于端午节是五月初五，所以要选择漂亮的五色彩线编成饰物，系在手腕、脚腕处，据说这样能够躲避蛇的侵扰及伤害。一些手巧的女子便会编制许多五色彩绳，送给亲友，以此联络感情。

送裹肚。裹肚，类似于小儿的睡衣，五月之后，天气渐热，小孩子开始踢被子，这样容易凉着孩子的肚子，因此奶奶、外婆大多会在端午节之前缝制出裹肚，以便送给自己的孙子、外孙。一些手巧的老人还会在裹肚上绣出蟾蜍、蛇、虎等形象，意在驱邪避害，让自己的孙子健康成长。

8. 中秋节的人情交往

中秋节，月圆人亦圆。时逢农历八月十五，宁王村也称"八月半"，中国传统佳节，此日月明星稀，万家团圆。在外漂泊的游子大多会于当日返还家乡，外嫁女子也会于当日回家团聚，而在这团聚的过程中逐渐形成了特殊的人情关系，送月饼便是一例。传统时期的月饼多由妇女自做，除了满足家里的需求之外，还需留出一些，作为礼品相送。外嫁妇女回家一般携带月饼，与家人赏月团聚，共话家常。

拜月。十五当晚，月亮升空之后家家户户一张方桌摆于庭院，上面摆放月饼等一些时令水果，焚香祭拜过后，一家人围桌而坐，共话家常、共续情谊，天上月圆，人间团圆，别是一番风景。

（三）亲戚间的生产生活互助

1. 生产互助、交往

（1）天灾

传统时期，一旦遇到天灾，农民一般很难通过自救的方式抵御灾害，而在官府救济缺位的情况下，村民们只能通过合作互救的方式抵御天灾，共渡灾难。传统时期，宁王村一带的天灾主要包括如下几个方面：其一，水灾。水灾大多由渭河改道而引发，同时亦有连降大雨而引发的农田积水、窑洞坍塌等灾害。其二，旱灾。相对于水灾，宁王村一带遭遇旱灾的风险更高，一旦数月不下雨，又没有充足的井水用来灌溉，那么减产将不可避免，严重者甚至导致绝收。其三，雹灾。雹灾的发生概率较小，但一旦发生，农民抵御雹灾的方法有限，往往猝不及防，造成较大的损失。上述灾害发生之后，传统时期，官府层面的救济多数时间是需要时间甚至是遥不可期的，主要的救济依然以村民之间、邻里之间的自救为主——可以通过借用、买卖、置换、做工等方式获取口粮救济。

（2）税收

传统时期，尤其是在战乱之年，农民的税赋往往加重，小户农民无力缴纳田亩税收，实无他法之时，可以通过邻里之间粮食的借用来暂时缴纳税收。

（3）摊工

在摊派较多的年月，一家的摊工不能按时完成，那么将影响整体的进度，此时就需要邻里之间的互助，共同完成摊工任务。

2. 生活互助、交往

（1）丧葬

"死生为大"，涉及生死之事，必然需要格外的重视。家中有长者去世之后，必须由其子嗣等家人出面，与乡邻取得联系。其一，通告邻里。老人去世，除了向族人、亲友通告之外，同村之人，亦需通晓，尤其是关系较好之乡邻。其二，请人帮忙。通告的目的一方面是礼节上的需要，另一方面亦是邀请乡邻前来提供一定的帮助。对于一家一户而言，葬礼自然是办不成的，一则礼节上说不过去，二则没有充足的壮劳力，很难将棺椁送往坟地。其三，置办丧事。主要涉及葬礼中的礼节，包括主要仪式、细节的把握等。其四，抬送棺椁。葬礼当天，抬送棺椁是非常重要的一个方面，古语说"盖棺定论"，那么葬礼便是对一个人一生为人、功过评价的检验：如果其维护的人较多，那么为其扶灵送终之人相应较多；反之，如果葬礼上人少，甚至不足以抬棺椁，那么此人的一生无疑是失败的。

（2）祭扫

清明节，一般是在农历三月，故也称为三月节。传统时期，在关中宁王村一带，三月节这一日存在一些特别的人情往来习俗，如扫墓、祭祖、插柳、戴柳等等。

祭祖。在宁王村一带，在清明节前2—3日，孝子孝孙们便来到先祖坟前培土清扫。清明当日，在家长的带领下众子孙来到先祖坟前，摆放供品，焚香烧纸，祭祀先祖，寄托哀思。

插柳。清明节当日处理祭祖之外，宁王村一带还有插柳之俗，家家户户门前插柳，意在为已故人招魂。

扫墓。传统时期，清明节当日多数外出人均需返回家乡，为先祖扫墓，实在不能返回的，也要托人捎一些钱币，以便家人代为焚烧，以此表达孝义、寄托哀思。此外，已经出嫁的女儿也可以捎纸钱回家，表达对先祖的敬意。

（3）盗匪

传统时期，匪盗还是较多的，一般主要包括两个方面：其一，是来自北方南下关中的匪盗；其二，是来自关中周边地区本地的匪盗。一旦遭遇匪盗，村民们便需要合力抵御，抵御匪盗的方式也较为多样：一是可以躲进堡子抵御；二是可以修筑高窑抵御；三是可以联合起来，共同抵御。总之，在抵御匪盗的过程当中，更多地体现出的是村民之间互助合作、共同抵御的特点，小家小户、独家独户根本无法抵御。

三、村落内部交往及其关系

（一）邻居间的生活交往及其关系

1. 走访关系

传统时期，基于邻近的地缘关系，邻居之间的走访关系是较为密切的，主要包括日常走访、串门走访、借用农具家具等的走访，互送果蔬、饭食的走访，生产方面的走访等生活的方方面面。

第一，婚嫁。婚嫁之事，对于一个家庭无疑是非常重要的，只要邻里之间没有太大的纠纷，一般都会邀请邻居前来。其一，共同庆祝。邀请邻居参加婚宴，共同娱乐、庆祝，以示亲近之意。其二，提供人力帮助。如后厨的帮助、端盘子、记账等。其三，提供物力支持。物力的支持一方面是家具、餐具、厨具等的借用；另一方面，如果亲友众多，不能于当天返回，那么邻居家还要提供必要的住宿条件，以为邻居分忧。邻居的人力支持、物力支持是极为重要的，一些时候甚至是不可或缺的。

第二，生育。生育时期，如果邻居中间有人能够接生，那么必然是优先请其帮忙的，如果邻居中无人能够接生，那么关系好的邻居也会主动前来，提供一定的帮助，以表关系。孩子过初月、过百天、过周岁等重要的时间节点一般也会请关系好的邻居前来一同庆贺。

第三，丧葬。丧葬事件，对于一个家庭，其重要程度不亚于结婚。此时需请邻居前来提供帮助。其一，帮助邻居通知同村人、亲友等。其二，料理丧葬礼仪事宜。其三，参与坟墓的开挖。其四，抬棺椁下葬等。上述事项不一定全由邻居负责，主要是根据邻居所擅长的职务相机安排任务。当然，最主要的任务还是主要由家人、后人完成，如请阴阳先生、请族人、请娘家人等。

第四，天灾。遇到灾荒之年，如干旱、洪涝、冰雹等自然灾害，邻里之间存在一定的互助关系，如粮食的互相接济、结伴外出逃荒等。

第五，税收。传统时期，农业税收也是农民支出的一个重要方面，如果农户一时难以缴清，那么可以向邻居寻求帮助，暂时填补空缺，待下一年粮食收获之后再行还清。值得一提的是，邻居之间这种借粮缴税的形式是在暗中进行的，否则，借粮的农户将会"被盯上"，如此下次摊派时的钱款是相对较重的，因为官府觉得"借粮人家中有粮可征"。

第六，摊工。摊工时，邻居之间的工地一般安排得较近，这样方便官府监督、管理。如果一方劳动力不足，难以完成摊工任务，那么不得已之下会向邻居寻求帮助，以便按期完成摊工任务。邻居之间这种形式的帮忙一般只能通过其他形式作为偿还。

2. 亲家关系

传统时期，邻里之间存在着诸种亲戚关系，主要包括婚姻关系、过继关系、抱养关系、干亲关系、结拜关系等。

第一，婚姻关系。邻里之间的婚姻关系除了正常途径下"明媒正娶"的关系之外，还有改嫁关系以及其他一些较为特殊的婚姻关系。其一，常规的婚姻关系。此即通过"明媒正娶"，遵从"父母之命、媒妁之言"而结成的婚姻关系。其二，改嫁关系。传统时期，女子改嫁的情况较少但亦存在。其三，其他特殊的婚姻关系。主要包括童养媳、娃娃亲、上门女婿、换婚、转房婚、冥婚等等，具体细节在后文有详尽阐释，此处不再赘述。

第二，过继关系。过继，即将己方子嗣过继给无子嗣一方为其传宗接代的现象。其一，过继原则。过继有其原则，如优先过继同族之人、长子不过继、独子不过继、八字不合不过继、幼子不过继等等。其二，过继仪式。一般过继时都要祭祀祖宗，告知过继事宜，沉痛忏悔自身过失等——一般认为"不孝有三，无后为大"，因此如果不能传宗接代,将是不孝的体现。其三,过继范围。传统时期,过继一般是同族人优先,在此基础之上,大多在邻里之间选择合适的过继人员。

第三,抱养关系。传统时期,通过抱养,亦可在邻里之间结成亲戚关系。所谓抱养,即一家生育有较多的孩子,而限于经济水平,无力抚养,此时如有人家愿意,可以将之抱走抚养。一般抱养之后孩子基本归抱养一方所有,但两家之间由此形成一种微妙的亲戚关系,在年节等有一定的往来关系。

第四,干亲关系。干亲关系,即邻里之间通过"拜干爸"(关中人亦称之为"拜干大")的方式结成的亲戚关系。值得注意的是拜干亲需要注意一些细节:其一,干亲以邻近村庄人为主;其二,多以相同姓氏的人家为首选;其三,注重属相、生辰八字等信息;其四,拜干亲的主要目的依然是庇佑孩子健康成长。

第五,结拜关系。传统时期,亦有通过结拜的形式结成亲友关系的情况,一般以志向相近、脾性相投者之间的结拜居多。结拜关系达成之后,双方在生活上互相照顾、在生产上互相帮助、在困难面前共同应对、在安全上合作防卫等等。

(二)邻居间的生产交往及其关系

1. 生产互助

一般而言,传统时期邻里之间搭伙务农的情况还是较为常见的。其一,邻里之间信息互通。其二,邻居之间地缘相近。其三,邻居之间利益相向。基于上述三点,邻居之间的合作具有更为广阔的空间以及便利的条件。

第一,劳力之间的合作。尤其到了抢种、抢收的阶段,邻居之间劳动力的合作尤其显得重要。

第二,耕牛等牲畜的共用。传统时期,一家能够养得起两头牲口的家户不多,大多只能喂养一头牲口甚至于没有牲口,此种情况下,邻居之间的互助合作便是理性的选择:邻居之间相互合作,两头牲口加在一起,可以提高生产效率,也可以降低牲口的使用强度,延长其使用寿命等。

第三,生产工具的借用。邻居之间农具的借用不仅仅是大农具的借用,小农具也可以互通有无,共同使用,如耕犁、耙子、镐、铁锹、碌碡、石磨等等。

第四,水井的挖掘、使用与维护。由于打井的成本较高,传统时期,一般家户很难打得起水井,一方面没有足够的资金,另一方面是缺乏充足的劳动力,而邻里之间基于相近的地缘关系,可以共同挖井、共同使用、共同维护。

2. 生产关系

传统时期,邻里之间的生产关系主要包括生产中的互助关系、帮忙关系以及牲口、农具的借用关系等三个主要方面。

第一，生产中的互助关系。生产中的互助关系在农忙时节尤其明显。由于农作物生物学的属性，从事农业生产必须做到"不违农时"，否则将影响农业生产的正常进行，如抢墒、抢种、抢灌、抢收等等。

第二，生产中的帮忙关系。传统时期，宁王村一带人帮忙是无须偿还的，与上述互助有所不同，因此单独说明。如一家庄稼已抢收完毕，关系好的邻人还未完成，此时一般会主动前往，提供帮助。

第三，生产工具的借用关系。邻里的生产关系中，除了上述人力的合作，还包括生产工具的借用，如耕犁、耱、碌碡等等，此外还有耕牛、驴子、骡马等畜力的借用。

第四，井水的借用关系。传统时期，并非所有家户都能够有人力、财力打井浇灌田土，因此，遇到干旱时节，农户之间还存在井水的借用关系。虽说是借用，但偿还方式却有所不同，主要以帮忙、出人工的方式进行偿还。

四、村外交往及其关系

1. 耍社火

其一，社火形式。传统时期，耍社火包含诸多项目，如舞龙、舞狮、划旱船、踩高跷等等。

其二，社火范围。传统时期，宁王村一带社火的范围多与邻里的范围较为吻合，主要以本村为主，然后向周边村落延伸。一般而言，村庄越大，社火的影响范围就越大，能够吸引的村庄即村民也就相应越多。

其三，社火的牵头。一般每个村庄都有自己的"社火头"，亦即社火的发起者与组织者。社火头的主要任务便是召集村中青年小伙子，募捐社火所需费用，置办耍社火所需的道具、耗材等。

其四，"邀社火"。所谓"邀社火"，即邀请对方村庄组织自己的社火队伍，然后一起"闹社火"，名为"邀"，实则具有"挑衅""挑战"的意味。如果对方村庄一时没有"应邀"，那么，社火头便会带着自己村庄的社火队伍到相应的村庄耍社火，直到对方村庄"应邀"，如此逐次展开，社火便红红火火地闹将起来。

2. 唱戏

其一，唱戏的缘由。唱戏的缘由较为多样，如还愿唱戏、求雨唱戏、庆祝丰收唱戏、庙会特定日期唱戏等等。

其二，唱戏的规模。传统时期，唱戏的规模可大可小，一般一个村庄可以自行组织唱戏，也可以几个村庄联合唱戏——联合的村庄越多，唱戏的"份子钱"也相应较多，如此便可邀请有名的戏班前来唱戏，这样又会导致看戏人的大大增加。

其三，戏班的邀请。戏班的邀请一般由寺庙的会首组织。邀请哪一层级的戏班，主要取决于筹集"戏钱"的多少，"戏钱"较多，那么可以邀请更好的戏班前来，反之则只能邀请自乐班或者相对一般的戏班。

其四，看戏人。看戏人的来源不限于举办村庄，其他村庄的人也可以前来看戏，并不会受到排挤，反而是受到欢迎的：一般意义上，看戏的人越多，意味着自己村庄举办的戏越好、越受欢迎，举办方也更加高兴；反而是看席人较少的戏场，主办方脸上往往"不好看"，需要做出反省。

3. 赶庙会

传统庙会是民间集祭祀、娱乐、交易为一体的综合性"盛会"，受到农民的极大关注及喜爱。

其一，庙会范围。庙会视其大小、灵验程度等吸引不同人群的参与，一般寺庙越灵验，信众相应越多，庙会的规模更大、影响更加广泛。

其二，庙会的主要活动。庙会的活动主要以祭祀神灵为核心，祭祀完毕，往往有戏曲、社火等娱乐性的活动演出，以供参与者观赏；在上述基础之上，一些商贩也闻讯赶来，逐步形成了祭祀、娱乐、交易"三位一体"的庙会模式，经久不息。

其三，庙会的意义。传统时期的庙会，主要有三个层面的意义：一是满足了部分信众拜神祭祀、许愿还愿的信仰需求；二是祭祀过后，设有戏曲、社火等大型表演活动，满足了群众欣赏、娱乐的需求；三是庙会还吸引了大量各地商贩，"权把扫帚牛羊会"，牛羊市、骡马市、农具市、吃食市一应俱全，应有尽有，满足了群众购物、交易的需求。

4. 求雨

求雨，即遇到干旱之年，久旱不雨，此时一村或者几村的农民联合起来，祭祀龙王，祈求下雨。

其一，求雨的范围。传统时期求雨，多以村为单位，各村分别设坛求雨亦有几村联合求雨的事例。唯有在旱情特别严重的情况下，数村才会联合求雨，以示旱情之重、受灾之广、求雨之诚。

其二，求雨仪式。求雨仪式主要包括摆放供品、上香、朗读祈雨文书、跪拜、唱戏、鸣放鞭炮等。值得一提的是，祈雨文书多由当地私塾先生书写，并非每次都会朗读祈雨文书。

其三，求雨结果。求雨之后，如果降下甘霖，那么便认为是求雨成功了，当年在粮食收获之后便需要还愿，一般是邀请戏班搭台唱戏，至少需要连唱三天三夜，以此显示隆重与虔诚之意。如果求雨后没有下雨,那么一般会不了了之,亦没有还愿之说。

其四,求雨中的关系。求雨当中形成了一系列的关系,如地缘关系、信缘关系、长幼关系、尊卑关系、贫富关系、官民关系、性别关系等等,由于前文已有述及,此处不再赘述。

5. 拜神

拜神是围绕共同的信缘关系而展开的,传统时期的拜神活动主要包括求子、求姻缘、求平安符、求药引、许愿、还愿等。其一,求子。求子以妇女居多,一般多祭拜观世音菩萨——传统意义上,观音菩萨便是"送子娘娘"。其二,求姻缘。求姻缘多以男女青年为主,多祭拜月老、花神等。其三,求平安符(锁)。求平安符(锁)的主体多为中年妇女,一般为小儿(刚出生不久或者百天)求平安锁以便庇佑其健康成长,为出远门者求平安符以戴在身上保平安等。其四,求药引。传统时期,求得的药引多以纸灰、香灰等为主,亦有把一些供品当作药引的。其五,许愿。祈求平安、健康、多子、多福、考取功名、风调雨顺、五谷丰登等等,无所不有。其六,还愿。许愿之后,一旦"灵验",许愿人便要按照当时的约定携带供品前去还愿,以示感谢。

第七节 流动与流动关系

传统时期,宁王村一带流动情况较少,但迫于生计,所谓"穷则思变",流动也随之产生。本节主要从灾害流动、赋税流动两个方面介绍传统时期宁王村的流动形态。

一、灾害与流动

1949年以前,为了躲避自然灾害,一些宁王人选择通过流动的方式寻求生机。传统时期,水旱灾、蝗灾等自然灾害较为频繁,加之没有行之有效的防护应急措施,一旦发生上述灾害,部分村民只能通过逃荒的方式加以应对。一位老人讲:"逃荒是实在没有办法的办法,是一种村民自救的行为。如果还有其他办法,农民肯定是不愿意逃荒的。"

在逃荒路线上,一般没有固定的路线,相对而言,更多的向南边逃,根据老人的讲述,主要是因为南边属于陕南山区,可以采食一些野果等充饥。村中老人讲道:"逃荒都是逃到哪里算哪里,哪里有活路就往哪里逃,一般去山里的多,那里植被多,实在不行还可以摘一些野果充饥。"

逃荒时间方面,同样具有不确定性。一般而言,逃荒时间的长短取决于两个因素:一方面,取决于灾害的严重程度,如果灾害较轻,那么相应地逃荒者在灾害减缓或者过去之后会返回家乡。另一方面则取决于逃荒者是否找到较为合适的落户点,如果逃荒者在逃荒过程中找到了合适的落脚点，并且适宜长期生存、发展，那么这部分人不会返回家乡。一位老人讲道："村中曾有一户王姓的村民逃荒至陕南，之后逐渐在那边站稳脚跟，最后一直没再回来。"

二、赋税与流动

传统时期，有些年份国家的赋税较重，苛捐杂税名目繁多，尤其是抗日战争时期，一些村民不堪重负，随之出逃故乡，以此求得生机。老人讲道："抗日战争的那段时间国家比较乱，三天两头地收税，一批刚走，另一批又来收粮。村中一户人家本占有极少的土地，面对这种情况，只能选择举家出逃。其实说实在的，老百姓都不想逃，但有时候逼得没办法，只能做出这样的选择。"

第八节 分化与群体关系

一、职业分化及其关系

宁王村地处平原，占据较好的土地，但人多地狭的矛盾依然突出。"穷则思变"，宁王村人在务农的基础上，为了维持生计，还兼有其他一些职业，如石匠、厨子、医生、教书匠等，在长期兼职的丰富实践中，形成了一系列的关系、习俗。

（一）职业分化概况

传统时期，宁王村职业分化较为成熟，包括木匠、石匠、唱戏的、教书先生、医生等。（详见表4-4）根据老人的回忆，传统时期宁王村有木匠3人，石匠1人，唱戏的9人，教书先生2人，医生2人，媒婆9人。值得说明的是，传统时期，宁王村唱戏的与媒婆的数量相对较多，前者主要受当地秦腔文化的影响，不少农民也能"吼两嗓子"；而媒婆的数量较难统计。一位老人讲道："以前很多人都可以当媒婆子，只要能说会道，热心于这些事就可以了，一个村中到底有多少个媒婆，那就很难说得清了。"

表4-4　1949年之前宁王村农户职业统计表

职　业	从业人数（人）	备　注
木匠	3	
石匠	1	
唱戏的	9	
教书先生	2	
医生	2	
媒婆	9	

（二）职业分化关系

传统时期，宁王村职业分化以上已有说明，值得一提的是职业分化带来的最为明显的表现是对不同职业人的尊重。在交往偏好上，村民们更加倾向于与一些手艺人交往，如木匠、石匠、医生等；此外，与教书先生的交往也更加密切。一位老人说道："农民除了从事农时活动，还需要与各种不同的人往来，你盖房子就要请木匠，生病了需要看医生，这些关系都是需要在平时维护的，不然有事的时候你就请不动人家。"

职业分化所带来的最为直观的影响主要表现在坐席时的座次上。一般而言，木匠、医生、教书先生等属于极受尊重的职业，在坐席时座次的安排上需要将其安排在上席的位置，否则会被认为是有失礼数。如果一席中多个职业人同时在场而又不得不安排在一桌时，此时便采取按照辈分的大小落座。老人讲到："一般情况下很少有同时请木匠、医生的情况，即便同时在场，如果实在不好安排，可以将其安排在不同的桌上，免得出现一些差错而被人笑话。"

（三）职业分化案例

传统时期，宁王村职业分化较为细腻，以下主要介绍具有宁王特色的职业，如唱戏的、阴阳师、媒人等，分别从其来源、流动、关系、纠纷等方面加以考察。

1. 唱戏的及其关系

关中宁王村一带，人人喜听秦腔，不但自己听，多数人还能够自己吼两嗓子，可以说秦腔已深深地融入到了关中人的生活当中。而作为秦腔的传承人，唱戏的又扮演着重要的角色。在关中，如果能唱两嗓子，那么瞬间能够拉近彼此之间的距离。传统时期，宁王村人大多能吼几嗓子，但相对专业的唱戏的还是要少一些。下面将从唱戏的之来源、分类、流动、待遇、关系、纠纷等方面分别做一梳理。

（1）唱戏的来源

传统时期，宁王村唱戏的主要包括本村唱戏的和外地唱戏的两种，下面分别做一介绍。第一，本村唱戏的。传统时期，宁王村会唱戏的人较多，但以唱戏为职业者有限，约有10人左右。第二，外地唱戏的。除了本村唱戏的，在一些较为重要的节庆日，有时会邀请外地（如凤翔、宝鸡等地）专业的唱戏的前来。

（2）唱戏的分类

传统时期，宁王村唱戏，一般就两种，一种是唱秦腔的，称之为"大戏"；另一种是唱灯影戏的，当地称之为"小戏"。第一，唱秦腔的。唱秦腔之所以称之为"大戏"，主要是因为其参演人员较多、舞台更大、场面更为宏大、花费更多、演员需要化妆与穿戏服等。一般在较为隆重的庙会、祈雨、还愿、重要节庆等时间节点才会组织唱

"大戏"。第二，唱灯影戏的。相对于秦腔戏，灯影戏规模要小得多，仅仅在一张幕布上做文章，有所需演员较少、无须化妆、花费较少等特点。

（3）唱戏的流动

此处主要从空间流动和时间流动两个层面展开，分别阐释其在不同空间、不同时间节点上的流动所呈现出的不同特点。

第一，空间流动。传统时期，宁王村一带唱戏的流动范围较大，小到在自己村庄搭台出演，大到跨县域之间的流动。其空间流动可主要从"请进来"与"走出去"两个方面展开。其一，"请进来"。所谓"请进来"，即邀请外地的戏班到宁王村唱戏。传统时期，宁王村请戏主要是从虢镇、凤翔甚至宝鸡等地请，空间跨度可达100里，甚至更远。其二，"走出去"。宁王村也有会唱戏的，外地周边一些地方的村庄有时也会请其唱戏，其活动半径大约在50里左右。

第二，时间流动。关于唱戏的在时间维度上的流动，主要从短时间内（一年）的流动与长时间内的流动加以阐释。其一，季节性流动。传统时期，唱戏的流动呈现一定的季节性特征，具体而言，主要是冬春二季流动更为频繁、夏秋二季流动较少，这主要体现了农耕社会以作物种植、管理、收获为核心的传统——在作物生长时期忙于农务，而在作物收获后开展娱乐活动，一切以农作物为核心。其二，丰收之年的流动。相对而言，丰收之年村落更倾向于唱"大戏"，一方面庆祝丰收；另一方面是对神灵庇佑、五谷丰登的感恩；此外，也寄予了农民对来年丰收的美好愿景。

（4）唱戏的关系

唱戏的一般闯南走北，阅历较为丰富，其在各处奔走唱戏的过程中结成了多样的关系，如地缘关系、戏班的管理关系、交往关系、师徒关系等等。

第一，唱戏的地缘关系。传统时期，唱戏的有较为强烈的地域意识，如"西安戏""宝鸡戏"等等。在宁王村，本村戏与外来戏之间也存在地缘关系，如：自己村庄的戏相对外请的戏价格要低很多，但往往看戏人也少，也不够隆重；一般每逢重大节庆，必须从外地请戏，方显得隆重，才受村民们的关注及青睐。

第二，唱戏的管理关系。传统时期，唱戏的管理主要由会首及戏班班长负责。其一，会首的管理。每个村唱戏，都需要有人牵头，一般而言，宁王村唱戏的牵头人由各庙的会首组成，其主要职责便是筹集钱粮、搭建戏台、联系戏班、邀请戏班、戏班的管理、各项费用的结算等等。会首对戏班的管理主要体现在提供设备、人力、食宿等方面的支持与保障。其二，戏班班长的管理。每个戏班均有班长，戏班长统筹管理整个戏班，其主要职责包括：日常的排练、人员的调配、道具的维修与采购、服装的购买、戏班报酬的分配等等。

第三，唱戏的交往关系。唱戏的交往较为丰富，因此，也形成了多样化的关系，如唱戏的与家人的交往关系、与族长的交往关系、与同村人的交往关系等等。其一，唱戏的与家人的交往。唱戏的主要的唱戏时间集中在农闲时节，但也有一些特殊情况，即在农忙时节有时也需要外出唱戏，这样的话，唱戏的就很难两头都照顾得过来，与家人的交往减少。其二，唱戏的与族长的交往。传统时期，唱戏被视为是"下流"的行业，非正业，因此多数族长不愿自己的族人去当戏子，这使得唱戏的与族长的关系较为微妙，其联系也相对较少。其三，唱戏的与保长的交往。唱戏的与保长的关系是单向度的缴纳赋税的联系，此外，唱戏的与保长联系较少。其四，唱戏的与同村人的交往。唱戏的与同村人的关系一般较好，尤其是一些戏曲爱好者，每有闲暇，便会登门拜访，听其演奏或者唱戏，以此娱乐。其五，唱戏的与亲友的交往。唱戏的与亲友的交往主要集中在农业生产中的互助以及逢年过节的相互走访；也有经过亲友推荐去自己村庄或者其他村庄唱戏的事例，但非常态。其六，唱戏的与唱戏的之交往。基于共同的业缘关系，唱戏的与唱戏的之间交往较为频繁，一方面可以讨论唱戏的技法，相互交流，共同进步；另一方面，基于良好的业缘关系，其在农业生产中也有一定互助形式的往来以及逢年过节彼此之间的互相走访等。

第四，唱戏的师徒关系。传统时期，唱戏的老师傅一般都会带徒弟，一般情况下带1—3名。其一，教学与关系。按照传统，徒弟需要学艺三年，方能出师；三年学艺期间需要视情况给师父送礼，以示孝敬；学艺期间，徒弟需要跟师傅外出唱戏，一边游走一边学习，无人请戏时徒弟便在师傅家中，这期间如有农活如播种、收割等，徒弟需要尽全力帮忙完成；学艺期间，徒弟接受师傅的管理，如果徒弟犯错，师傅有采取惩罚措施的权利，情节特别严重者甚至可以逐出师门，以示惩戒。三年学艺既成，徒弟可以选择继续跟着师傅唱戏，也可以离开师傅，自由闯荡。其二，年节的走访。每逢重要节庆、师傅寿辰等特殊时间节点，徒弟需携带礼品，登门拜访师傅；每年大年初二，徒弟需要主动登门，给师傅拜年，以示尊敬。其三，生产生活中的帮忙。在日常生活中，师傅家有红事，徒弟需要上门庆贺并提供一定的帮助；如遇白事，则需登门表示哀悼，并提供帮助。在生产中，师傅家如果不能够及时地播种、收割等，那么徒弟需要主动上门提供帮助，助力生产。

第五，唱戏的年龄关系。传统时期，唱戏的年龄小到5—6岁，长者可以达到50—60岁，年龄跨度较大。

第六，唱戏的贫富关系。一般来说，贫穷人家的孩子小时候被送去学艺的更多，而大户人家的孩子一般会上私塾读书。传统时期对唱戏的存在一定的偏见，因此，家庭条件较好的家庭多数不愿将自己的孩子送去学唱戏。因此，戏班中贫苦人家出身的孩子居多。

第七，唱戏的官民关系。传统时期，唱戏的除了正常的缴纳赋税、完成摊派等，与官员的联系较少。除了一些大官员，在其寿辰或者家中长者寿辰之日会请戏班前去唱戏祝寿，一些小官员一般很少自家请戏。

第八，唱戏的性别关系。传统时期宁王村一带唱戏的以男性为主，但亦有女性参与，主要是基于一些角色的需要。

第九，戏班中的权利关系。传统社会的戏班管理，遵循师傅（或者说班长）负责制，即戏班中的其他成员必须服从师傅的培养、管理、分配等。在三年学艺期间徒弟接受师傅教育，学习技艺，不得触犯师规，否则将会受到师傅的惩罚。在唱戏期间，谁负责哪一角色、谁上场等，均由师傅统一调度；戏毕，在报酬分配中，师傅具有绝对的话语权，一般会根据对整场戏的贡献分发报酬，多劳多得、少劳少得。即便在出师后自行闯荡，徒弟也不得做有悖师命之事，否则，师傅依然有权断绝师徒关系，以示惩戒。

（5）唱戏的纠纷

唱戏的常年在外奔走，其间难免与接触各方发生矛盾纠纷，现做一详细梳理。

第一，唱戏的与家人的纠纷。唱戏的与家人的纠纷主要表现在由于唱戏的长时间在外唱戏，很少照顾家中生产、子女的养育、老人的赡养等，容易引发矛盾。

第二，唱戏的与管理者的纠纷。其一，与族长的纠纷。唱戏的与族长的纠纷主要表现在对唱戏人这一职业的看法上——在传统看来，戏子属于"下流"职业，族长不愿族人从事这一职业，从而容易引发矛盾纠纷。其二，与保长的纠纷。唱戏的与保长的纠纷主要表现在唱戏的不能按时缴纳赋税、不能按时完成摊工、不能出壮丁等等方面。其三，与会首的纠纷。唱戏的与会首的纠纷主要表现在唱戏的不服从会首的安排或者戏没有唱好、戏班对报酬待遇不满等。

第三，唱戏的与看戏人的纠纷。其主要表现为因唱戏的表现欠佳，看戏人对戏的质量不满而引发的矛盾。

第四，戏班内部的纠纷。戏班内部的纠纷多数是因为报酬分配不均而引发的唱戏的之间的矛盾，如师傅或者班长袒护一方，分配不均，多劳者少得，此种情况往往引发戏班内部的纠纷。

第五，戏班与戏班之间的纠纷。戏班与戏班之间的纠纷主要表现为对"戏班市场"

的争夺。如以往某村的戏全由某一戏班来唱，突然换了其他戏班，这种情况容易引发戏班之间的矛盾；戏班之间恶性竞争，互相挖人等情况，亦会产生纠纷。

（6）唱戏的纠纷的处理

第一，协商解决。一般情况下，唱戏的与他人发生纠纷以协商解决为主。如，唱戏的与会首发生纠纷，那么就需要有戏班班长出面，与会首协商解决。再如，如果在报酬分配中出现矛盾，则由师傅出面协调，以做到公平。[1]

第二，同行解决。如果发生戏班与看戏人、会首等之间的矛盾，亦可请同行出面，对戏的质量做出公平的裁判等。

第三，管事人解决。如果戏班与看戏人发生纠纷，那么多数情况下需要请该村的管事人出面主持公道，调解纠纷。

第四，官府解决。如果上述方式均不能解决唱戏的与其他方面所发生的纠纷，那么最后的选择便是打官司。如果到了打官司的程度，一般问题较为严重，除非涉及重大钱财甚至人命，否则，一般矛盾纠纷均可经过协商、同行协调、管事人协调等方式解决。

2. 阴阳师及其关系

阴阳师，一个较为特殊的职业，主要从事看风水的工作。在传统社会，阴阳师在农民的日常生产、生活中扮演着较为重要的角色。在其交往的过程中形成了一系列丰富的惯行关系，下面就其来源、主要工作、流动、待遇、关系、纠纷等方面展开论述。

（1）阴阳师的来源

宁王村一带，人们请阴阳师一般遵循"大事外面请，小事内部请"的原则。所谓"大事"主要指坟址的选择、宅院的择址、破土动工等；所谓"小事"主要指平日家里"不好"、判断凶吉等。第一，本地阴阳师。传统时期，宁王村能称得上阴阳师的有两位，村民们遇到一些"小事"会请其出面解决。第二，外地阴阳师。宁王村外请的阴阳师一般在方圆50里的范围之内，即便没有马车等其他代步工具，亦可当天往返，方便联络。

（2）阴阳师的工作

传统社会，阴阳师的工作内容较为多样，一些场合，甚至可以说没有阴阳师，工作便无法开展。其主要的工作包括坟址的勘定、院落的选址、葬礼上逝者的安葬等等，下面逐一进行梳理。

第一，勘定坟址。当地流传一句"坟里出下着呢"，意思是这家人坟址选得好，子

---

[1] 分配不均，极易导致戏班个别成员的出走，以至于整个戏班的解散。

孙后代受到了祖宗的庇佑,所以才有出息;一旦家中"多事",如经常有人生病、丢失东西等,此时人们便有可能归咎于"坟里不好",需要"安顿"等。由此可以看出,传统时期人们对坟址的选择极为看重,因此也格外谨慎。此外,如果要迁坟,那么必须请阴阳先生,包括新坟址的选定、迁坟日期的择定、迁坟仪式的主持、新坟的朝向、棺木方位的"拨正"等等,没有阴阳师在场,上述事项根本无法开展。

第二,择定院址。传统时期,村民们在选择新的院落地址时,均要请阴阳师前来帮助其选择,以便择定"旺宅",避开"不好"的地方,一般讲究"靠山面水,藏风聚气"等。

第三,逝者安葬。传统时期,逝者的葬礼极为重要,而扮演重要角色的便是阴阳师,其主要任务是拨正棺木的方位。其方位极为精准,一般都要用到罗盘,上面有精确的刻度,以便详细勘定,不得有丝毫的偏颇,否则认为会为家中带来"不好的事",甚至是灾难。

第四,"退方"。所谓"退方",即在翻修新屋需要动土时,首先需要邀请阴阳师前来做法事,请家中诸方神灵暂时离开,以免惊扰。相应地,在修建完毕之后,需要再次请阴阳师前来,请回诸方神灵,庇佑一家。

(3) 阴阳师的流动

传统社会,村民们用到阴阳师的情况较多,因此,阴阳师的流动范围较广、流动频率较快。以下主要从空间流动和时间流动两个层面展开描述。

第一,空间流动。前文述及,一般家庭请阴阳师一般在方圆50里以内的地方,这样便于一天的往返,对于接送阴阳师也相对更为便利。值得说明的是,阴阳师的活动范围远大于此;一般其活动范围的大小与其受认可的程度呈正相关,村民对其认可程度越高,其活动的范围越大,反之亦然。

第二,时间流动。阴阳师的时间流动在一年之内没有明显的规律可循,但如果从长时间来看,其流动呈现"大小年"的变化,具体而言,即呈现丰年与灾年流动的差异:丰收之年,村民们有足够的钱物择定院址、修建新屋,家中逝者的葬礼也更为隆重,需要专门聘请阴阳先生仔细勘定。而在战乱、大灾之年,人们多挣扎于温饱的边缘,少有修建新屋者,逝者的葬礼也更为简单,对阴阳师需求较小。

(4) 阴阳师的待遇

传统时期,村民们对于择定院址、安葬逝者等极为看重,因此,对阴阳师也有极高的待遇标准,以下主要从报酬待遇、席间待遇、食宿待遇三个方面展开。

第一,阴阳师的报酬待遇。传统时期,阴阳师的报酬待遇没有统一的标准可言,其收费多少主要取决于三点：其一，主家的家庭经济情况。一般经济情况好的家庭，阴阳师的收费相应要高一些，即便多收，多数人家也都会给。其二，与邀请方的关系。如果阴阳师与邀请方有交情，那么，其收费要低一些；或者邀请方如果有熟人推荐而登门邀请，那么这时其收费也是较低的。其三，所做法事的重要程度。邀请阴阳师做何种法事，与后期的收费也有较大关系，如前文提及的退方、葬礼拨向等收费相应较高，其他事项如调整大门的朝向、方位、安顿屋里等情况收费就会低很多。退方的收费一般在2—3石麦子，葬礼拨向的收费一般在3—5石麦子。

第二，阴阳师的席间待遇。传统社会，阴阳师具有较高的待遇，主要是因为其作用便是沟通人与神灵，扮演着重要角色。在第一日请其上门之后便需要设宴款待，一般需要家长及族人中的亲近者相陪，请其坐在上席；之后吃饭不再设宴，但一般需要炒菜；在整场法事完成之后，阴阳师临行前需要再次设宴款待，其报酬也是在席间约定并支付的。

第三，阴阳师的食宿待遇。如果法事持续时间较长，阴阳师无法当日返回，那么邀请方需要为阴阳师安排住宿，一般需要安排在正屋，以示尊敬；如果家中有其他长者，则可以在同族人家中安排住宿。

（5）阴阳师的关系

传统社会，村民在日常生产、生活中用到阴阳师的场合较多，因此，阴阳师在与村民的交往中形成了较为多样的关系，如地缘关系、管理关系、交往关系、走访关系、纠纷关系等等。

第一，阴阳师的地缘关系。传统时期，宁王村一带多数情况下邀请本地的阴阳师，一方面，知根知底，做事放心；另一方面，基于共同的地缘关系，邀请、送回等更为便捷，花费相对较低。

第二，阴阳师的管理关系。阴阳师的管理关系主要从族长管理、保长管理、师傅管理三个方面展开。其一，族长管理。由于阴阳师在传统社会较为受人尊重，因此族长不会对其做出限制性的规定。其二，保长管理。保长对阴阳师的管理基于阴阳师的农民身份，如果阴阳师家中有地，那么就需要按照标准，缴纳田赋、接受平日摊派等；除此之外，保长不会直接对阴阳师做出干预。其三，师傅管理。阴阳师一般都需要拜师，跟随师傅学习风水的知识，接受师傅的管教。

第三，阴阳师的交往关系。阴阳师的交际范围较广、接触人群较多，因此，其交往关系较为复杂。其一，阴阳师与家人的交往。传统时期，阴阳师多数时间在外奔走，与家人接触的时间相对较少；阴阳师一般较少从事农业生产活动，如果家中拥有土地，大多由家中其他成员代为耕种。其二，阴阳师与族长的交往。阴阳师与族长表现为一种管理与被管理的关系，但多数情况下，族长不对阴阳师做出限制性的要求。其三，阴阳师与保长的交往。阴阳师与保长的交往包含两种情况：其一，税收层面。对于家中占有土地的阴阳师，其必须接受保长的管理，按时交纳赋税、参与摊派等。其二，私人层面。传统时期，保长家中办丧事、修建新屋等亦需要邀请阴阳师前来，否则仪式很难开始。其四，阴阳师与同村人的交往。阴阳师与同村人的交往主要表现在三个方面：一是平日生产、生活中的互助。作为邻里，生活中的互相帮助、生产中农具的借用等较为频繁。二是遇有重大事项的联系。如果同村人家人去世，那么多数情况下首先邀请本村的阴阳师出面主持。三是年节的走访。对于一些关系好的同村人，年节会有一些互动、走访等，如正月里拜年、八月十五送月饼、小年送灶糖等等。其五，阴阳师与亲友的交往。阴阳师与亲友的交往也较多，如红白事的往来、重要节庆的走访、生产中的互助等等。其六，阴阳师与阴阳师的交往。关系好的阴阳师之间保持有一定的联系，如讨论风水事宜、互通消息等；关系不好的阴阳师之间则较少有往来。

第四，阴阳师的师徒关系。传统时期，要成为一名阴阳师，一般都需要拜在师傅名下，一般名气越大的师傅其徒弟也更容易被村民所认可。阴阳师拜师学艺没有年限要求，徒弟的学费主要以送礼的方式交纳。相对于木匠等其他职业，阴阳师收徒弟更加看重缘分或者是一个人的天赋。

第五，阴阳师的年龄关系。传统时期，阴阳师多以40—50岁的人为主，一则有一定的经验积累，二则腿脚尚灵便，便于外出走访。

第六，阴阳师的贫富关系。阴阳师中没有严格的贫富关系，贫者中有当阴阳师者，富者中亦有之。

（6）阴阳师的纠纷

阴阳师四处奔走，"拿人钱财，替人消灾"，但由于其职业特性，行艺期间也容易引发一些纠纷。

第一，阴阳师与家人的纠纷。阴阳师与家人的纠纷主要表现在阴阳师经常性外出，不能照顾家中生产等而引发的矛盾纠纷。

第二，阴阳师与管理者的纠纷。阴阳师与管理者的纠纷主要表现为阴阳师不能按时缴纳田赋时与保长、甲长之间的矛盾纠纷，一些家族族长不希望族人从事阴阳师行业而引发的冲突等。

第三，阴阳师与邀请人的纠纷。阴阳师与邀请人的纠纷主要包括择址纠纷、债务纠纷等。前者如邀请方在阴阳师选定坟址后家中不安，多出异事等；债务纠纷则主要表现在阴阳师收费过高或者邀请方不能及时交清阴阳师的报酬等而引发的纠纷。

第四，阴阳师与阴阳师的纠纷。阴阳师与阴阳师的纠纷主要表现在对"地盘"的争夺、对同一院址或者坟址的不同看法等等。

(7) 阴阳师纠纷的处理

传统时期，阴阳师遇到纠纷，解决途径有三：第一，协商解决。涉事双方协商解决，包括赔钱赔物、赔礼道歉等。第二，同行解决。如果双方争执不下，那么可以邀请同行出面，通过重新测量、勘定等来调解纠纷。第三，管事人解决。如果阴阳师在外村遇到纠纷而协商未果，那么为了保险起见，可以请当地的管闲事人出面说和，以此协调各方矛盾纠纷。

3. 媒人及其关系

传统时期，婚姻大事，讲究"父母之命、媒妁之言"，因此，媒人在传统社会中属于一种不可或缺的职业。于男方"子无良媒"，便视作失礼；于女方未经"明媒正娶"，视为不敬。故在传统社会，无论于男方还是女方，媒人都是至关重要的。

(1) 媒人的来源

在传统社会，相对于其他职业，媒人的来源较为广泛，俗话说"千里姻缘一线牵"，媒人正是发挥着其中牵线搭桥的作用。具体而言，媒人的来源有二：第一，本地媒人。宁王村人请媒人，以本地媒人为主。一方面，本地媒人具有地域上的优势，对当地风俗习惯、婚姻传统有较为细致的把握。另一方面，本地媒人基于共同的地缘因素，对双方家庭情况较为了解，知晓其重大关切，更容易促成婚姻的达成。第二，外地媒人。除了本地邻近地区的媒人，还有一种外地的媒人，与本地媒人相比，其具有结交面广、认识人多等诸多优势，可以促成更大范围内男女两家的结合。如传统时期宁王村一带就有不少来自甘肃等地的女子，嫁到了宁王村及其周边地区，无不得益于外地媒人的撮合。

(2) 媒人的工作

传统时期，婚姻讲究严格的程序性，必须一步一步推进，方为礼数，否则，一旦失了礼数，双方达成婚姻的关系的可能性将大大降低。宁王村人形容媒人是"腿勤嘴快"，这四字很生动地描述了媒人的主要工作。"腿勤"，即多次奔走于男方与女方家庭，了解其意向、动态、诉求等；"嘴快"，即能说会道，善于表达自己的观点，动之以情、晓之以理，直至说服对方。经过多方调查，基本得出了宁王村媒人工作的流程，现主要以时间为线索，做一系统的阐释。

第一，打听双方意愿。传统时期，信息较为闭塞，这也在很大程度上促成了媒人这一角色的出现。媒人一开始的工作主要是多方打听，看谁家儿子要娶媳妇、谁家女儿要出嫁，掌握初步信息之后便需要到具体家户之内，向其家长询问具体的情况、对另一方的要求等，以便做到心中有数。

第二，要得双方生辰八字。经过初步的了解，可以进一步缩小范围，有针对性地突破。如果双方确有意愿，那么便可以经过媒人，男方得到女方的生辰八字，女方同样得到男方的生辰八字；双方家庭经过合八字之后，如果均无异议认为此门婚事可行，那么便会有进一步的接触。

第三，陪同双方"看屋里"。两家在合完八字之后如果认为可行，那么需在媒人的带领下男方登门拜访女方家里，一些地方亦称之为"验女婿"，当日，男子需要在父亲及媒人的陪同下一同前往；男方登门拜访之后不久，女方亦需要在媒人的陪同下登门拜访男方家里，一些地方称之为"看屋里"，而女子不会亲自前来，一般是女方父亲及其族人前往。

第四，协商彩礼。男方和女方在互看"屋里"之后，如果依然有意向，那么就需要择期协商彩礼事宜。协商彩礼需要男子本人、男子父亲、媒人等携带礼品，登门到女方家中商讨。此日女方家中设宴款待，由女方父亲主持，一般还会邀请其同族说上话者一同作陪，席间一边吃菜喝酒，一边协商彩礼事宜，媒人则从中斡旋，尽力促成彩礼谈判的成功，以最终促成婚姻。多数情况下，彩礼的协定不是一次性的，大多需要经过多次的协调才能最终确定。

第五，商定婚期。彩礼协商妥当之后，基本进入正式婚姻流程，接下来双方便要谈具体的结婚日期。一般男方会根据双方的生辰八字等，择定良辰吉日，避开不好的时间；然后男方在媒人的陪同下，一起登门拜访女方，看女方是否同意，如果同意，则婚期约定，双方可以筹备各自事宜，如下聘、婚房、婚庆宴席等等。

第六，参与婚礼。婚庆当日，媒人是至关重要的客人，需要优先款待，以示谢意。婚礼之后，媒人的整个婚礼流程便宣告完成，才算得上正式促成了一桩婚事。

二、财富分化及其关系

（一）财富分化

传统时期，宁王村的财富分化还是较为严重的，富者可以盖起砖木结构的房屋，而贫者只能挖窑洞居住。

根据村中老人的回忆，大致还原了宁王村1949年以前各姓氏大农具、大牲口的占有情况。总体而言，大农具、大牲口的占有基本与各姓氏的人口相称，王姓、梁姓、沈姓依然占据大半的生产资料。拿主要的生产工具犁、耙来说，王姓占有34%，梁姓占有 27%，沈姓占有 15%，其他小姓占比不足四成。骡马、耕牛的占比也较为类似，详见下表。

表 4-5 传统时期宁王村大农具、大牲口统计表

姓 氏	种 类	数 量	百分比	备 注
王	犁、耙	100	34.48	
	马	10	34.49	
	骡	15	44.12	
	牛	10	28.57	
梁	犁、耙	80	27.59	
	马	8	27.59	
	骡	7	20.59	
	牛	10	28.57	
沈	犁、耙	45	15.52	
	马	6	20.69	
	骡	5	14.71	
	牛	6	17.14	
其他	犁、耙	65	22.41	
	马	5	17.24	
	骡	7	20.59	
	牛	9	25.71	

说明：数据根据村中多位老人回忆而得，或略有出入。

传统农耕社会，生产工具、生产资料占有的多少很大程度上决定了家族乃至于村庄的发展，从这方面来看，三大姓氏主导的村庄格局依然稳固。

(二) 财富分化关系

在传统时期的宁王村，财富分化最为直接的表现便是贫富差距，然而财富分化只是表象，实则最终影响村落关系。具体而言，基于财富的分化，影响了村庄不同家户、人群之间的交往。首先，作为财主、大户人家，更加倾向于与相应的大户交往，甚至于向村外、县城拓展关系网络，在生产、生活方面一般均可以实现自给自足（值得说明的是，雇工关系除外）。其次，对于中等家庭而言，其多与特定部分相对贫苦的农户交往，如雇工、帮忙等，在分工合作上，中等家户一般可以通过自家劳力、工具满足生产的需求，而不是诉诸合作。最后，对于贫困家户而言，其多与自家情况相近的家户交往，在生产中也倾向于与其互助、帮忙，共同生产、生活。一位老人说道："以前

村里三六九等分得清楚，长期生活在一个村庄，村里的情况大家都是知根知底，谁家处于什么位置，大家彼此心中都能掂量得来，没有特殊的事情，穷人也不会去主动与大户发生联系。"

三、血缘分化及其关系

（一）血缘分化

血缘分化最为直观的表现是在姓氏的区分上。传统时期，宁王村最大的姓氏是王姓，其次是梁姓、沈姓，最后还有一些小姓，如李姓、杨姓、张姓等。伴随着人口的增多，各大姓氏逐步形成诸多分支，多以五服为核心，出了五服，即便同姓，其关系也不再亲密，联系也相应减少。

表4-6 传统时期宁王村三大姓氏分化情况统计表

姓 氏	分 支	居住单元	备 注
王	一分支	宁王中部	
	二分支	宁王西部	
	三分支	宁王西部	
	四分支	宁王东部	
	五分支	宁王东部	
梁	东支	梁家门前东部	
	西支	梁家门前西部	
	北支	梁家门前北部	
沈	西支	沈家堡西部	
	东支	沈家堡东部	

结合上表可以看出，各姓氏虽有分支，但从地理位置看，同一姓氏依然呈现集中居住的形态。血缘分化的结果表现在年节祖先的祭拜上。在未分出各支之前，同姓人口较少，其祭拜仪式相应更为集中；伴随着人口的繁衍，分支渐次出现，并形成全新的五服观念，年节祭祀上集中统一的祭拜逐渐为各分支的分别祭拜所取代。村民在日常生活、生产互助等方面，并未受到分支观念的影响。如在生产互助方面，各家户并不一定首选同支的家户，而主要根据合作双方土地、劳动力、生产工具等的占有与数量而定；在日常交往方面，村民也不会刻意选择与同支家户密切交往或者有意疏远哪一分支。

（二）血缘分化关系

传统时期，之所以存在血缘的分化，其中一个非常重要的因素便是家族人口的繁衍壮大——"家族—分支—家户"依次展开。以王姓五个分支为例，各支分别设有会长，会长由该支中家户轮流担任，负责家支祭祀事宜；在家族重大事务的决定上，族长需要召集各家支的会长协商讨论，以便提出各方都能接受的方案，如家庙的维修、族谱的续写等等。

相对于家族到家支的分化，家支到家户的分化则更为精细。从家支分化出来的成员组建起新的家庭，独立从事农业生产活动，维持基本的日常生活所需。新成立的家庭需要有新的掌柜的，主要由丈夫担任。新的家庭一旦组建，最为突出的表现便是独立灶台的使用以及经济权力的独立，原则上原有家户不得进行干预。但在新家庭遇到困难时，其父母、其他兄弟也会进行相应的接济，以便渡过难关，但主要还需自力更生。

第九节 冲突与冲突关系

一、家庭冲突及其关系

传统社会，家庭冲突是较为常见的，无论在大家庭还是小家庭，家庭冲突均会存在。家庭冲突的产生与家庭成员之间的交往密切相关，父母不公、婆媳矛盾、妯娌不和等，均会成为家庭纠纷的诱发因素。

（一）父母不公引发冲突

传统时期，父母在处理与子女的关系方面，尤其要注意"一碗水端平"，否则极易引发家庭冲突。首先，在劳动分工上，需要注重任务分配的相对公平。其次，在劳动成果的分配上，需要照顾各方的利益。最后，在分家继承上，需要做到基本的公正。"以前村里一户人家分家，家里有两头牛，一大一小，父亲的想法是兄长年长一些，能力更为突出，就想把小牛分给老大，把老牛分给能力较小的老二，没想到老大心里有了疙瘩，家当时是分了，同时老大与父亲以及老二的关系不再亲密，以至于后来越走越远。"

（二）婆媳、妯娌不和引发冲突

传统时期，宁王村遵循"男主外、女主内"的格局，但几个女性在家久了，难免"碟子碰到碗"，产生一些矛盾、纠纷。婆媳矛盾主要涉及家庭任务的分配以及完成，有一些婆婆有时会有意刁难媳妇。"村里沈姓人家娶了一个新媳妇，她正好遇上了一个厉害的婆婆。以前吃的面都是用石磨磨出来的，新进门的媳妇需要起很早推磨，那个婆婆看不惯新媳妇的一些做法，就想难为她，就给她准备了很多的粮食让她推（磨），干不完时就数落媳妇。媳妇没办法，就告诉了丈夫，丈夫也不好跟自己的妈妈直接冲突，没过几年，儿子就分家单过了。"

（三）家庭冲突的化解

针对不同的家庭冲突，其解决方法不尽相同，如各方出面协调解决，或者直接分家单过，以此避免冲突的进一步升级。

1. 各方出面协调解决

"有事大家商量"是传统社会解决家庭矛盾的主要方法。如涉及父母与儿子的冲突，家中的媳妇会及时出面调和，或者可以及时通知其他叔伯出面，避免冲突的升级。在涉及婆媳矛盾时，首先是丈夫从中周旋，如果调解失败，媳妇多以回娘家作为反抗，最终需要娘舅、父母共同出面协调解决；但值得注意的是，这种劝说多以"劝和不劝分"为原则，这也就导致一些问题未从根本上得到解决。

2. 分家单过

在重大家庭冲突下，一般的协调很难从根本上解决问题，此时家庭便面临分化的危机。要知道，在传统宁王村人的观念中是以大家户为荣的，认为"合"是好事，"分"终究是不好的兆头。但当家庭冲突严重到无从调解时，分家事宜随之提上日程。

二、邻里冲突及其关系

传统时期，邻里冲突较为频繁，主要包括生活冲突、生产冲突以及其他冲突。以下结合老人的讲述，分别加以考察。

（一）生活冲突

1. 水井边界纠纷

（1）水井边界纠纷原因

水井的边界纠纷多分为两个阶段：第一，干旱、缺水的年份。此时的纠纷多围绕井水的分配、使用、优先权利展开。第二，平常年份。平常年份水井的边界纠纷较少，主要表现在水井的维护、洗井、保持干净等方面。

（2）水井边界纠纷处理

水井边界纠纷的处理应该遵从一些约定俗成的原则：第一，主家优先使用的权利不容质疑。第二，其他家户可以在第一条的前提之下申请使用。第三，任何一方使用井水都不得弄脏水井，有义务保持水井的干净。

2. 宅基地边界纠纷

（1）宅基地边界纠纷原因

宅基地的边界纠纷较为多样，但多源于分家、宅基地的买卖或者修建新屋。第一，分家。分家之后，面临宅基地的重新分配问题，而在分配的过程中，一旦发生分配不公的问题，那么宅基地的边界纠纷便日益凸显。第二，宅基地的买卖。宅基地买卖之后，新的邻里关系便面临边界纠纷的危机，如果买卖契约上未注明或者没有写清楚，那么因宅基地的买卖而引发的矛盾纠纷将显现。第三，修建新屋。修建新屋时需要严格遵守宅基地边界，滴水不得落入对方区域、不得私自拆除共同使用的墙壁等。

（2）宅基地边界纠纷处理

宅基地边界纠纷的处理主要遵循契约的约定，尽量在不违背契约的前提之下调解纠纷。第一，严格按照分家契约、宅基地买卖契约等办事。第二，没有书写契约的，及时补充契约；契约未写清楚的，需要再次明确。此时就需要将当时的中人、见证人等重新请到场，经多方协调、商议，最终制定双方均能接受的调解方案。

3. 房屋边界纠纷

（1）因相邻而产生的边界纠纷

传统时期，邻居之间，因相邻产生的房屋边界纠纷根据房屋的位置、朝向等主要包括三种情况：

第一种，两家房屋交界处均无滴水。此种情况边界较为固定，纠纷较少，但如果涉及一方拆屋或重建，则会影响另一方的正常使用或危及另一方的安全，此种情况下便会面临一些纠纷，需要双方协商解决。

第二种，两家房屋相邻处均有滴水。此时房屋边界较为清晰，以"滴水为界"，但问题在于滴水有可能滴入另一方房屋，由此存在一些潜在的矛盾，所以一般建房时需留出一定的过渡地带。

第三种，一方有滴水而另一方无滴水。此种情况下，唯一的问题是有滴水的一方可能危及另一方房屋的"后背"，此时就需要有滴水一方主动作为，采取措施防止滴水损毁另一方房屋墙壁，以此避免纠纷。

（2）因分家而产生的边界纠纷

因分家产生的房屋边界纠纷主要围绕"官墙"而展开，如两间房，分家时两兄弟每人一间，如此，中间的一堵墙便称为"官墙"。官墙属于两家共有，因此，一方在使用的过程当中不得损害另一方的利益，比如要新开门洞、打桩钉钉时需经得另一方的同意，从而避免不必要的纠纷。

（3）因买卖而产生的边界纠纷

房屋或者院落的买卖，均有可能引发房屋的边界纠纷，主要分两种情况：

第一，房屋买卖中只买地面建筑，不涉及宅基地。传统时期，宁王村的房屋买卖以购买房屋为主,大多在购买之后选择拆除院落当中的房屋,以此获取木材等建筑材料。此种情况下,边界纠纷主要存在于拆除房屋的过程之中,如共同使用的官墙、门楼、通道、走廊等等。哪些能拆、哪些不能拆、哪些可以自主拆除、哪些需要双方协商后拆除等诸多情况均需要考虑。

第二,房屋买卖中不但涉及建筑,还夹带宅基地。如果房屋连同宅基地一并买卖,那么此种情况下的边界纠纷便不涉及两家公共区域的拆除问题,而主要存在于房屋易主之后双方利益的重新分配、磨合、协调等,如脏水的处理、公共区域的利用与重新分配等等。

4. 娱乐纠纷

邻里之间娱乐时的纠纷主要包括如下三个方面:

第一,社火纠纷。耍社火时的纠纷主要包括耍社火成员的管理纠纷、财物分配纠纷、耍社火过程当中的礼节性纠纷、耍社火中的禳解纠纷等。

第二,唱戏纠纷。唱戏纠纷主要包括戏班的邀请纠纷(如请哪个戏班,请名家还是请本村戏班,唱"大戏"还是唱"小戏"等)、会首与戏班的交接纠纷、戏班报酬支付的纠纷、戏班演出质量的纠纷、戏班唱戏过程中的礼节性纠纷等。

第三,庙会纠纷。庙会主要包括祭祀、娱乐、市场交易等三个方面。其一,祭祀中的纠纷主要体现在一些祭祀礼节细节上,如祭祀的顺序、祭祀供品的摆放、祭祀现场的禁忌等。其二,庙会纠纷中的娱乐方面,主要表现在戏场、社火场的纠纷,前文已有述及,不再赘述。其三,庙会中市场交易的纠纷是较为常见的,如买卖双方的价格纠纷、贩卖商品的质量纠纷、场地的占用纠纷、商贩之间的竞争纠纷等。

5. 祭祀纠纷

传统时期,邻里之间祭祀关系中的纠纷主要体现在如下三个方面。其一,祭庄纠纷。其二,求雨纠纷。其三,拜神纠纷。上述三种纠纷有一定的共性,即更多地表现为礼节性纠纷、禁忌性纠纷、灵验性纠纷等。所谓礼节性纠纷,一般在祭庄、祈雨、拜神等仪式当中,具有严格的礼仪性、程序性、秩序性,如祭拜次序、供品摆放次序、祭拜仪式、祭拜程序等均有严格讲究,不得失于礼节。所谓禁忌性纠纷,即上述祭庄、求雨、拜神等仪式当中有一些禁忌性的规定或者说是传统,如女性可否参与、外村人能否参加、何种条件人能够参与、不同人群参与有何秩序等,均需要注意,否则将引起纠纷。

6. 帮忙纠纷

邻居之间生活帮助纠纷主要包括特殊时间节点的帮忙纠纷和特殊事件的帮忙纠纷

两种。前者如丧葬、生育、疾病、天灾等特殊事件节点上的一些礼节、秩序、次序等方面的纠纷，再如水井的挖掘、使用、维护等；后者如祭祖、拜神、求雨、唱戏、耍社火、祭庄等特殊事件中的纠纷。

（二）生产冲突

传统时期，邻里之间的关系较为微妙，既有共同的合作，同时又存在着一些矛盾纠纷。具体而言，邻里之间生产上的互助纠纷主要表现在如下几个方面：其一，耕牛共养纠纷。传统时期，一些农户不具备单独购买、喂养耕牛的财力、能力等，因此会选择共养耕牛等牲畜，共养的过程当中，在购买、喂养、使用、小牛的喂养、小牛的处理、老牛的处理等诸多方面，均会产生一些纠纷。其二，耕牛等畜力的借用纠纷。邻里之间，除了上述共养耕牛的关系，还有耕牛等畜力的借用关系，这种借用原则上无须偿还，但大多选择在其他时间节点、其他事由下偿还畜力的借用，如帮忙播种作物、收割小麦等。其三，农具借用纠纷。农具的借用纠纷主要包括借用农具不能按时归还、借用农具的损坏、借用农具的偿还等。其四，换工的纠纷。对于大多数邻居而言，彼此之间的换工较少，而以互相帮助为主；但邻居之间也存在一些换工的情况，而换工的纠纷大多出现在还工环节，涉及换工时间长短、还工质量等。总体而言，邻居之间基于共同的地缘相邻关系，接触的机会较多，因此生产互助方面的纠纷相应较多，但多数均能够通过自我协商的方式加以解决，不至于异化或者恶化。

（三）其他冲突

相对于上述邻里之间的边界纠纷、生产互助纠纷、生活帮助纠纷、债务纠纷等非常态的纠纷，邻里之间的琐事纠纷更为常见，属于一种常态纠纷，具体而言，主要包括如下几个方面：其一，孩童打闹纠纷。如因孩童的打闹而引发双方家长之间的隔阂、矛盾等。其二，牲畜等的互扰纠纷。如牲畜踩踏青苗、吃掉庄稼、越过边界等。其三，吵架纠纷。吵架纠纷多发生在邻居妇女之间，其原因也是多样的，不一而足。

总的来讲，邻里之间的纠纷较为多样，其化解方式因不同的事由而有所不同。第一，双方家长出面，共同协商解决。邻里之间的多数纠纷如生产纠纷、生活纠纷、琐事纠纷等，均可以通过双方家长出面解决。第二，请族长出面，协调解决。如果双方家长不能很好地解决矛盾纠纷，那么可以请族长或者各自的族长出面说话，协调解决。第三，请相应的中间人、见证人、担保人等出面协调解决。对于邻里之间的债务纠纷，如借贷纠纷、赊欠纠纷、买卖纠纷等可以请当时的中间人、见证人、担保人、执笔人等出面，澄清事由，化解矛盾；值得说明的是此种纠纷调解机制较为少见，以家长、族长协调为主。

三、村落冲突及其关系

（一）生活中的冲突

1. 村落边界纠纷

（1）村落边界纠纷的起因

传统时期，村落之间的边界纠纷主要因土地纠纷或者柴草纠纷而起。第一，因土地。如两户农户之间在村庄边界地带因土地的所有权而发生冲突，最后直接引发两个村庄之间的矛盾。第二，因柴草。传统时期，村民们主要收割柴草来煮饭、取暖等，一旦在边界地带收割柴草，极容易因柴草纠纷而演变为边界纠纷。

（2）村落边界纠纷的调解

村落边界纠纷极为敏感，一旦处理不当，及有可能导致两个村庄之间的矛盾以至于两村人之间的对立、冲突等。一般的处置方式有三种：请"管事人"出面协调、请保长解决、打官司解决。

第一，请涉事村庄的"管闲事人"出面协调。传统时期，每个村庄都有自己的"管事人"。"管事人"一般拥有一定的威信，说话有一定的份量，且热心公共事务。请双方村庄的"管事人"、涉事农户共同出面协商解决对策，或赔偿、或道歉。邀请"管事人"协调之后一般需要请双方的"管事人"吃饭，以示谢意。

第二，请保长解决。如果管事人协调失败，那么就需要请保长出面协调，保长协调的方式与"管事人"无异，但其代表的是官府的人员，因此，涉事双方均会有所顾忌，多数情况下都会做出妥协让步，最终接受调解的意见。

第三，打官司解决。打官司是在上述"管事人"保长均无力协调或者协调失败的情况下农民的无奈选择，值得说明的是许多农民都不希望闹到打官司的地步，一方面，打官司的费用较高；另一方面，打官司耗时较长，许多农民忙于农业上产，耗不起时间。如果一旦涉及人命案，那么必然是要通过打官司的方式来寻求公平、正义的。

（二）生产中的冲突

1. 土地边界纠纷

（1）土地边界纠纷原因

传统时期，农民土地边界纠纷较为常见，一般而言，主要表现在如下三个方面：

第一，擅自越过边界。一方面，在耕种时一方有意侵占另一方的土地，尤其对于一些大户人家，由于其粪土较多，因此其田面往往高出相邻的土地，如此，在耕作的过程中，稍高处的田土等很容易侵入较低的田地；另一方面，大户人家占有大牲口、大农具，其在耕作的过程中有意无意的侵占一些。通过上述方式，小户人家的土地遭到逐步的蚕食，到了一定程度，大户便向小户提出买卖土地的想法，小户迫于压力，加之土地遭到蚕食，不得已只能将土地卖给大户，传统时期，大户通过此种方式收购土地的方式还是较为常见的，基于此，多数小户不愿与大户的土地相邻，主要是迫于被蚕食的压力。

第二，私自挪动界石。传统时期，私自挪动界石的情况较少，但亦有之。多由大户所为，小户基本不敢通过此种方式获取土地。

第三，种植高大作物。种植高大作物，无疑将影响邻家作物的生长，因此，一方如果执意种植高大作物，那么将引发双方的土地边界纠纷。

（2）土地边界纠纷处理

土地边界纠纷的处理方式多以小户人家的妥协而告终。第一，面对大户的不断蚕食，小户人家的土地逐步减少，而向官府缴纳的税款依然按照原来的田亩数缴纳，此种情况下，多数小户只能迫于压力将土地卖给大户，然后用所得的钱重新购买土地。第二，对于私自挪动界石的情况，小户可以找保长出面，帮助其主持公道。第三，对于种植高大作物的情况双方可以通过协商的方式加以解决，或者改种其他小型作物，或者另一方亦跟随种植高大作物，以此达到一种平衡的状态。

2. 过水、排水冲突

（1）水边界纠纷原因

水边界纠纷，多由水的流动性而引发。主要包括过水的边界纠纷、排水的边界纠纷以及雨水的使用纠纷三个方面。

第一，过水的边界纠纷。一些田地没有固定的灌溉沟渠，如遇到天旱之年，就需要挖掘临时的沟渠以便灌溉，但是一些农户考虑到自家农作物的生长等状况，不愿让其过水，此种情况下，容易引发一些过水纠纷。

第二，排水的边界纠纷。排水的边界纠纷主要指在多雨的年份，一些田地或者院落的水需要排出，如果事先没有挖好沟渠，排水损害他人的房屋或者农田，由此将引发涉事双方的矛盾纠纷。

第三，雨水的使用纠纷。在天旱之年，雨水的使用便至关重要，对于私有区域内雨水的使用基本不存在纠纷；但在涉及公共区域内雨水的利用方面，往往存在一些争议，如村民们都希望将雨水导入自家的田地，但雨水又相对有限，此种情况下，容易引发一些纠纷。

（2）水边界纠纷处理

对于公共区域内雨水使用的纠纷，其调解主要遵循两个原则，就近使用与调剂使用相结合的方式。

第一，就近使用。所谓就近使用，指哪家的土地便于灌溉，便首先灌溉，此原则看似不合理，实则在具体操作的过程当中有一定合理性，这是因为雨水的利用具有时效性，一旦在争吵中浪费时间，那么哪一家都无法浇灌。

第二，调剂使用。在就近使用的原则之下，还需要注意各家户调剂使用，不能只灌溉某几家而全然不顾其他家户的作物。

第十节 保护与保护关系

传统时期，对于个人而言，其力量相对有限，尤其是在遇到灾害、冲突时，个人的力量显得更为薄弱，这就需要来自家庭、家族、村落以至于国家的保护。本节围绕家庭保护及其关系、村落保护及其关系、组织保护及其关系展开，全面考察传统时期宁王村的保护形态。

一、家庭保护及其关系

传统时期，于宁王村人而言，家庭为个人的生活、成长提供了重要的空间，当家庭成员遇到困难、冲突危机时，首要的保护便来自家庭。传统时期，家庭的保护包括生活、生产的方方面面。以下主要从生活接济和生产救助两个方面进行考察。

（一）生活接济

无论是对于个人还是新组建的家庭而言，物质条件是其生存、发展的基础，但由于经营不善或者自然灾害等因素，这些基本的生活条件有时是难以满足的，此时就需要来自大家庭的接济。"以前分家以后，大家是各过各的，但在遇到特殊情况时，家的观念依然存在，各支户也会给予及时的帮助，以便渡过难关。记得有一年大旱，大半年没有下雨，一些小家庭就支撑不下去了，父母看到这种情形，马上给予支持，才勉强度过了艰难的时期。"

（二）生产救助

除了生活接济，家庭救济还表现在生产的救助上。主要表现在生产资料的借用、给予等方面，比如农具的借用、耕牛的借用、粮种的借用等等。与上述生活接济不同，生产救助主要满足家庭成员或者新组建家庭的发展的需要而非生存的需要。"以前家分了，但家还在。以前村里有一户人家分家了，但儿子经营不善，未留够当年的粮种，没有种子来年便没有收获，最终他的哥哥在得知这一情况后主动送去了种子，解决了当年播种的问题，从此兄弟之间的关系更加紧密。"

二、村落保护及其关系

(一) 筑堡而御

平原地带，往往是易攻难守的。传统时期，关中一带土匪较多，为了提防土匪，防止其突入，关中宁王村一带的人们充分借助渭北高原，筑堡而御。具体做法是：借助渭北塬地高处，修筑城堡，堡墙用土夯筑，有些还会用砖在外侧包裹，以加固堡墙。筑堡一般是由大户人家牵头摊钱、穷人出力修建，堡修筑初期主要居住的是村里的大户，后大多伴随着大户的分家、衰败，堡的管理也趋于松散。解放前宁王村有三座堡，现分别做一介绍。

1. 宁王堡

宁王堡，地处宁王村东渭北塬上，全堡占地20余亩，堡墙高2丈，堡墙厚度达7尺，有一座城门，开于堡东南角，城门设两道铁门，平日并无专人看守。堡内设有三条街道，呈东西走向，分别是北街、中街、南街，街道两侧建有民房，约有50余家在堡内居住。房屋以坐北朝南为主，便于采光。当时堡内几乎每家都挖有水井，即便被困，也可坚守数日。宁王堡里居住的农户以杨、王、李、张等姓氏为主。宁王堡的修建主要由杨、王等大姓大家牵头出资，同村其余小姓出力修建而成，"大户摊钱，穷汉出力"便是堡子修建当时的真实写照。由于堡面积有限，不可能住下村里所有的人家，另一方面穷人已穷无所失，故不会遭土匪劫掠，所以一些穷人住在堡外，窑洞为主，稍微好一些的家庭会搬出窑洞，修建土木结构的房屋，再好的就是砖木结构。堡兴起于一家或几家的崛起，而衰败于大户的分家，宁王堡也不外如是。伴随着杨家、王家的分家，宁王堡趋于衰败，逐渐无人管理，后期伴随着大户的分家单过，一些房产先后变卖，一些崛起的中层也开始在堡内居住。

2. 沈家堡

沈家堡，地处宁王村西渭北塬上，全堡占地10余亩，堡墙近2丈，厚度可达5尺，该堡共有一座城门，位于堡的东侧，城门亦设有两道铁门。由于沈家堡占地面积较小，所以堡内仅有一条街道，该街道呈东西走向，两侧建有民宅，约有20户人家在堡内居住，且以沈家人为主。沈家堡内也有若干口水井，可满足堡内居民生活所需。由于沈家堡面积有限，所以传统时期一些穷人居住在堡外的窑洞里。沈家堡兴起于沈家的崛起，同样也衰败于沈家的分家，一分则散，沈家堡也逐渐无人管理，后相继有其他姓氏的人家在堡内居住。

3. 梁家门前堡

梁家门前堡，位于宁王堡与沈家堡的中间地带，渭北塬上，现宁王村中部。该堡占地 15 亩有余，堡墙高约 2 丈，厚约 6 尺。与宁王堡、沈家堡所不同的是，该堡先由土筑就，后用青砖包裹，青砖上有特殊的榫卯结构，嵌套于土墙内，以增加堡的强度。堡内居住 40 余户人家，以梁家人为主。据传，梁家人在清光绪、宣统年间任有官职，称梁公大人，故才有财力修筑砖城。梁家门前堡共有一座城门，设在堡的东面。传统时期堡内几乎每户人家都挖有水井，即便封闭城门，也可坚守一段时日。后伴随着梁家的败落，梁家门前堡也失去往日的繁荣景象，后毁于农业合作社时期。

（二）理性防御

1. 大户自卫

除了上述筑堡而御的方式，一些大户人家还会自卫，如宁王村的一些财东有枪支，一旦遭遇土匪，便可以枪防卫。但同时也应看到，一般土匪都是成群结对的，一般财东没有力量与之硬碰硬，所以即便有枪支，也不能每次都奏效。

2. 财东躲藏

为了防止财产损失，一些财东选择躲藏，比如在土匪来之前财东藏在穷人亲戚家中，或将钱物、大烟暂交穷亲戚朋友代为保藏，以避劫难。大烟，即鸦片，传统时期一些大户会种植一些，供自家享用，由于较为稀有，价值较高，往往成为土匪抢劫的重点。一旦被土匪抓住，就得交钱交烟，否则就吊起来打，甚至用火烧，直至说出钱物的存放之处。因此，唱戏时财东一般不坐看台，一则没有官职，便没有资格，二则害怕暴露身份，被土匪盯上，得不偿失。

3. 穷人忍耐

遇到土匪过门，一般穷人是没有任何办法的，只能关门躲藏在家，一旦破门，只能任土匪搜寻，毫无反抗之力，搜不到钱物，土匪也只能离开。

三、组织保护及其关系

传统时期，一旦遭遇小规模的匪盗，那么邻里之间更多地表现为一种合作抵御的形式，共同应对匪盗；如果遇到规模较大的匪盗，那么即便通知邻居也是于事无补的，只能各自为战，或者无力反抗。而对于居住在堡子里的村民而言，其防卫能力是较强的，只要守好堡门，便可躲过一劫。对于生活在堡子以外的村民，除了邻居之间的互助，还可以通过修筑高窑的方式躲避匪盗的侵袭。

（一）大刀会

大刀会，传统时期盛行于关中一带的保护组织，因其成员出行携带一种产于关山的刀子，故称大刀会。大刀会的首领一般称为某某哥，入会人都以兄弟相称，类似于南方的兄弟会，但与兄弟会不同的是大刀会属于一种侠义组织，好打抱不平，讲义气，极具反抗精神，关中一带就曾有大刀会为受冤之人出头的事例。一般受到帮助的农民不用给酬金，只是请他们吃顿饭。

大刀会中的关系有：

第一，保护关系。传统时期，大刀会本质上是一种农民自发的保护性组织，当官府治理不善、管事人调解失败，民怨难以化解，此时大刀会倾向于"出手相救"。

第二，引荐关系。加入大刀会较为隐蔽，一般需要内部人员的引荐，得到会长的认可方可加入；没有十足的信任，一般很难加入。

第三，正义关系。大刀会志在"匡扶正义"，带有浓厚的侠义色彩，好打抱不平，替民出力之后也不图回报，一般仅吃一顿饭便可，不收取金银钱币。

第四，退出关系。大刀会一旦加入，很少有退出的情况，除非破坏规矩、不遵守内部约定等被逐出会。

（二）义仓会

义仓会，一种民间救济组织。一般由会员捐钱捐粮，以此作为经济基础，成立义仓，再将义仓收集的钱粮借贷出去，以扩大积蓄。积蓄扩大后便可接济穷人，同时也会参与一些公共事业如修路、架桥等。会员如需接济，可向义仓会会长提出申请，会长同意后借出，会员不收利息。会长一般由德高望重之人担任，一年一换，如果确有能力可以选择连任，但需经过义仓会会员集体讨论来决定去留。

义仓会中的关系包括：

第一，管理关系。义仓会的管理方式主要属于会首负责制，会首由会员集体选出，一般任期一年，一年期满，重新选出会长；会长可以连任，但需要得到其他会员的认可。平日会内大小事务，基本由会首负责处理协调。

第二，运作关系。首先由有意向成立义仓会者牵头，组织其他愿意加入者成立义仓会；其次由会员捐钱捐粮，成立义仓；再次，将义仓钱粮借贷出去，救济有需要者，借贷的利息收入则用于村落公共事务。

第三，申请关系。一般而言，有借贷需求者可以向当年会长提出申请，由会长登记在册，然后发给钱粮，以此接济。借贷期限一般为一年，到期不能偿还者，利息不会增加。

第四，偿还关系。借贷义仓会的钱粮，一般偿还时间为农作物收获之后，连本带息一次还清。

第五，救济关系。义仓会并非营利性的，而是以救济性为主，其利息相对要低一些，且利息所得亦作为公共事务之用。

第十一节 宁王村社会变迁及其实态

一、社会构成

经过多年的发展,宁王村人口有了较大的变化,总户数达到957户,总人口更是突破了4 000人大关,成为阳平镇人口最多的村庄之一。

表4-7 2016年宁王村各户从事行业统计表

序 号	户口类别	户数(户)	百分比	备 注
1	纯农户	880	91.95	
2	非农户	77	8.05	
合计		957	100	

在人口性别方面,男性2180人,女性2120人。相较于传统时期,宁王村性别比正在有序回归正常的水平,但也应看到问题依然存在,需要引起一定的重视。

当下,农业人口依然是宁王村人口的主力,占比高达90%以上,非农人口不足10%。伴随着我国经济、社会的发展,相信农业人口占比将进一步缩小,非农人口的比重或将进一步增加。

表4-8 宁王村人口统计表

序 号	类 别	资产内容	数量(人)	百分比
1	性别	男 女	2 180 2 120	50.698 49.302
2	来源	农业人口 非农人口	3 900 400	90.70 9.30

在非农就业人口中,从事工业的人数占整个劳动力群体的20%;从事建筑行业的村民占比为35%,以外出务工为主;从事批发、零售行业的占比为5%;从事运输行业的占4%。此外,建筑业、运输业等行业多为兼职,即在农闲时节外出从事上述行业。

表4-9 2016年宁王村劳动力从业情况统计表

序 号	从业类别	从业人数(人)	百分比	备 注
1	农业	1 800	90	
2	工业	400	10	
3	建筑业(兼)	700	35	

续表

序 号	从业类别	从业人数（人）	百分比	备 注
4	交运、仓储（兼）	80	4	
5	批发、零售（兼）	100	5	
6	住宿、餐饮（兼）	80	4	
7	信息、计算机（兼）	30	1.5	
8	其他	50	2.5	

二、社会交往

与传统时期相比，伴随着交通的便利化，村民之间的交往变得更加便捷、频繁，村民交往的范围也得以极大拓展。在30公里的范围内，宁王村向西可以到达宝鸡市、陈仓区，向北可以到达凤翔县，向南可以到达天王镇，向东可以前往岐山县、眉县等地。而在30——100公里的范围内，宁王村向北可达麟游县、千阳县等地，向南可达佛坪县、留坝县，向西可达甘肃部分地区，向东可以到达西安、咸阳、杨陵等地。值得一提的是，2013年西宝高铁正式通车，将宁王村带入高铁时代，最近的高铁站岐山站离宁王村仅20公里左右，极大地缩短了出行消耗的时间。

表4-10 宁王村村民社会交往半径统计

交往半径	可到达地区	备 注
30公里以内	宝鸡、陈仓区、凤翔县、岐山县、眉县等地	
30—100公里	西安、咸阳、杨陵、麟游县、千阳县、太白县等地	

根据村中老人的讲述，与以往相比，当下社会交往便捷了很多，村中通有向西、向东两个方向的班车，每天路过的车辆较多；除此之外，从宁王村向南不出一公里便是西宝中线，在那里乘车是极为便捷的。

三、社会保障

传统时期村民社会保障主要基于亲友之间的互助、帮扶，除非有较大的灾害发生，国家才有可能介入。改革开放以来，我国社会保障制度逐步完善，惠及越来越多的村民。

2011年，宁王村低保户达到91户，近些年来，伴随着国家扶贫、脱贫政策的实施，宁王村低保户人数逐年减少，到2017年仅有23户，这对于一个950多户的大村而言是一个较小的数据。

表 4-11　2011—2017 年宁王村低保户统计表

年　份	户数（户）	百分比	备　注
2011	91	9.5	
2012	80	8.4	
2013	75	7.8	
2014	70	7.3	
2015	59	6.2	
2016	22	2.3	
2017	23	2.4	

在五保户方面，2015 年之前宁王村没有五保人员，2016 年、2017 年均有一户五保户。

表 4-10　2011—2016 年宁王村结"五保户"统计表

年　份	人数（人）	百分比	备　注
2011	0		
2012	0		
2013	0		
2014	0		
2015	0		
2016	1	0.1	
2017	1	0.1	

除此之外，2016 年以来，伴随着国家《养老保险法》的颁布实施，宁王村大部分老人被纳入了养老保险体系，这为老人养老提供了全新的保障。

总的来看，相对于传统时期，宁王村的实践反映出这样一个事实：国家的社会保障体系正在逐步完善，并惠及广大村民。在与老人谈及社会保障时，85 岁高龄的老人说道："以前想都不敢想，现在国家给我们老年人发钱了（高龄补贴），生活是越来越好了。"

第五章　宁王村的文化形态与实态

祖先崇拜、信仰、习俗、规训、文娱等活动共同构成了宁王村的文化形态，同时在上述活动基础上形成的思维、态度进一步丰富了村庄的文化。而在上述丰富的文化背后，家庭、宗族、村落共同构成了上述文化的载体，彼此相互勾连、相互影响。

第一节　祖先崇拜及其关系

传统时期，宁王村三大家族均建有家庙，农民在日常的生产、生活中有着极为浓厚的祖先崇拜思想。本节主要围绕家谱及其关系、家庙及其关系、祖坟及其关系这三方面来考察传统时期宁王村的祖先崇拜及其关系。

一、家谱及其关系

传统时期，家谱对于家族而言不仅仅是家族历史的记录，更是族人对祖先崇拜的一种体现。下面主要围绕家谱概况、家谱管护及其关系这两个方面来考察传统时期宁王村的家谱及其关系。

（一）家谱概况

族谱，宁王村也称之为宗谱或者先人案（见图5-1），有的装订成册，有的绘成图表，而在宁王村大族的族谱多装订成册，小族的多以图表形式呈现。族谱一般包含如下几个部分：第一，序言。序言主要记叙修谱情况、修谱的不易等。第二，祖宗来历。记叙先祖最早源于何处、最早先祖为谁等。第三，先人中考取功名者。族人之中如有功名者，一般需要大书特书，占用较大篇幅，着重介绍。第四，族人迁徙路线。记叙族人何年何月从何地前往何处等迁徙信息。第五，族人支系图。第六，庄宅、坟茔等信息。第七，家规家训。第八，族人的个人信息。这包括个人信息：姓名、生卒年、葬地、主要经历；配偶信息：生卒年、葬地、慈孝事迹等；子嗣情况：生子数及其姓名，按照长幼顺序书写，生女数及其姓名，并按照长幼顺序记录嫁某姓。第九，后代命名辈分。一般在修谱之前事先标定15至20个字，以便后代起名之用，规定之字多用于名字中第一个字，不至紊乱。族人相见，以某字辈分相认，区分尊卑长幼。传统时期族谱多为手抄本，多保存于宗祠之内，由族长看管。有的大族会誊抄若干份，分与各房支分别保管。

(二) 家谱管护及其关系

1. 修谱及其关系

修谱的主要工作。一般来说，"三世不修谱，即为不孝"。修谱的主要工作有二，其一，更正旧谱谬误之处。其二，为新近出生的男丁上谱。每次修谱之前，需要根据修谱预算，结合族中男丁数量均摊修谱费用。一般而言，一次修谱的花费大约需要10石麦子，具体视宗族大小而定，不能一概而论。

修谱差异。一是官民差异。族谱上官民的等级差异较大，最直观的表现便是介绍信息的详略程度，一般考取功名、有职务者会相当详细，并附上长达几页的个人传记、个人肖像、插图等信息；而无功名者仅记载姓名、生卒年、配偶、子女情况等基本信息。二是老少差异。在族谱上，老少的差异也是较为明显的，老人由于其经历较多、所做的事也较多，因此，记载更为详细；而对于刚上谱的孩童，仅记其姓名、生辰等。三是男女差异。传统时期，家族内女孩不上谱。在修谱时男女差异表现得也是较为明显的，传统时期本家族修谱时女孩不上谱，女孩只有在结婚后上夫家的谱。妻子一方在谱上的内容也较为简单，只写"××妻"，如果其对家族做出了重大贡献，可在慈孝事迹一栏说明。而对于男丁，会有一个简短的个人介绍。四是特殊情况。在熊家湾一带，上门女婿能否上谱取决于其是否改姓，如果上门时改姓，那么可以上谱；如果上门时没有改姓，则不能上谱。

此外，续修家谱也是族人祖先崇拜的一种体现。一方面，可以记录族人的演进历史；另一方面在于祷告先祖，族人后继有人、香火绵延。续修家谱大多没有固定的年限，大多家族30年修谱一次便视为孝敬；否则便视为不孝。续修家谱一则需要筹集修谱资金；二则需要族人中有能人脱颖而出。缺乏二者之一，修谱大计很难提上日程。此外，能够进入家谱属于一种身份的认同，且在传统时期，所有族人均以能够进入家谱为荣，对于家谱的认同度较高。

2. 拜谱及其关系

传统时期的拜谱有两种形式。

第一，家户祭拜。一是书写牌位。家户拜谱需要书写祖宗牌位，呈"××神主之位"字样，供于正屋。二是摆放祭品。神位之前摆放菜肴、果蔬等供品。三是祭拜时间。祭拜时间多为春节、清明、七月半、十月一、祖父母生辰、父母生辰、忌辰、丧葬之时、婚庆之时等。家户祭拜，视为常礼。四是祭拜方式。一般由家长排头，家庭其他成员按照长幼顺序依次站定，家长焚香烧纸，然后叩首祭拜，其他成员跟随行礼，悼念先祖。

第二，族人共同祭拜。相对于家户祭拜，共同祭拜在规模上更为宏大、参与人数更多、祭品更为丰盛、仪式更为隆重。一是准备工作。集体祭拜之前，需要对祠堂进行装饰，如摆放巨型蜡烛、悬挂灯笼、贴对联、悬挂宗谱等。二是祭拜之礼。各家户分别携带祭品，按照尊卑长幼的顺序上前供奉祭品；摆放完毕，族内男丁序齿排班，在祠堂内站定；接下来由族长主祭，祭祀之礼既成，众男丁叩首祭拜，缅怀先祖，歌颂功德。三是祭拜秩序。祭祀现场不得大声喧哗，不得衣衫不整，否则将遭到驱逐，驱逐之人不得再踏入祠堂，被视为奇耻大辱伴随其一生。四是祭拜时间。集体祭拜的频率不及家户祭拜那般频繁，一般仅在正月初一、清明时节举行大规模的祭祀活动。五是吃公饭。祭奠仪式结束，全族男丁于祠堂内聚餐，传统时期称之为"吃公饭"。六是商议族中大事。当日一般还需要商议族内大事，如修谱、修葺祠堂、惩戒族中触犯族规之人等。

图 5-1 宁王村梁姓先人案

3. 上谱及其关系

传统时期，族人以能够上族谱为荣，一旦不能上谱，便意味着不受族人认可，也不能享受宗族的庇护及其他福利待遇。

上谱。传统时期上谱需要成立专门的修谱团队，一般由族长牵头，并由族内其他有声望、有才能、能书写者组成。为自家孩童上谱者，需由其家长出面提出上谱请求，经核实无误之后为其上谱。上谱需额外缴纳粮食，一般为 2 斗。

特殊情况。第一，过继外族之人不上谱。第二，倒插门女婿在改姓之后可上谱，不改姓则不上谱等。

二、家庙及其关系

（一）家庙概况

传统时期，宁王村三大姓氏均建有家庙，其他小姓则没有专门的家庙。起初三大姓氏各拥有一座家庙，伴随着家族人口的繁衍，家庙逐渐演变为以"五服"为单位的家支，支庙或者支祠的数量相对较多。根据村中老人的回忆，传统时期，王姓有 1 座家庙，5 处支庙；梁姓有 1 座家庙，3 处支庙；沈姓则有 1 座家庙，2 处支庙。

由于缺乏确凿的历史文献记载，家庙的修建时间无从考证。家庙的面积大小不一，王家的家庙最大，约有 1 亩地；梁姓的家庙面积次之，约占 7 分地；沈姓的家庙面积最小，约占 5 分地。与家庙不同的是支庙（支祠）没有专门的房屋，一般是选用民居的正屋作为供奉先祖之地。支庙占地较小，多为一间房。鉴于支庙的特殊性，这间房屋一般不作其他用途。

家庙的修建需要举全族人之力，共同出资、出力筹建。修建家庙非一日之功，需要做长久的谋划，大多于和平少战乱、风调雨顺之年才有可能修建祠堂。一般只有大家族具有祠堂，小家族大多修不起祠堂，只能将祖宗牌位供于老宅之内，多称之为"老院"或者"祖屋"，每逢祭拜之日，族人纷纷赶往"老院"祭拜。如宁王村主要有王、梁、沈三大家族修建有祠堂，其他小家族多以"祖屋"供奉为主。

（二）家庙管护及其关系

修建家庙需在集体祭拜先祖的大会上集体讨论决定。修建家庙的费用由族内男丁均摊。一是管理。修祠堂期间，大小事务由族长统筹协调，包括祠堂选址、木料、石料的采购，雇工、人员管理等。二是费用。修建祠堂的费用较高，"没有 30 至 50 石麦子修不出来"。

修家庙中的关系有共建关系、共用关系以及共修关系等。第一，共建关系。祠堂的修建可以说是举全族之力，族内各家各户均需要按照男丁数量出资、出力，共同修建祠堂。第二，共用关系。祠堂修建完成之后，供全族之人集会、祭祖之用，体现出一种共用关系。第三，共修关系。祠堂经过一段时间之后需要定期或者不定期的维修，维修的费用由族内各户均摊，一些大户有时会主动多分摊一些，以便及时维修祠堂。祠堂年久不修，便视为对祖宗的不敬，按照当地的说法，祖宗会降罪于族人。

（三）家庙祭拜及其关系

祖先崇拜是基于血缘关系基础之上的一种认同与崇拜，主要包括家户祭拜和家族祭拜两种形式。

1. 家庙祭拜

祖先崇拜主要表现在重要节日的祭拜、特殊日期的祭拜、新亡人的祭拜、遇事祭拜等几个方面。

重要节日的祭拜。对于祖先的崇拜，重要节日的祭拜主要包括春节期间大规模的祭祀活动，如献供品、焚香、烧纸、祭拜等；清明节培土、焚香烧纸、上坟祭祀等；七月半以焚香、烧纸为主；十月一送寒衣，农历十月，关中天气渐凉，传统上要为逝去的先祖送去寒衣，以便保暖。其一，春节期间族人集体祭拜先祖。传统时期，宁王村春节期间对族人的祭奠仪式较为盛大，或者说是最为盛大的，首先表现在祭祀人数上，由于春节，外出族人大多返还家中团圆，因此族人容易召集，祭祀人数自然大大增加。其次，祭祀的规格较高，如需要族长亲自出面，主持祭奠仪式，各家户分别按照长幼顺序参与祭拜。最后，祭祀供品较为丰盛，传统时期，一些大的家族祭祀讲究"三牲"，即牛头、羊头、猪头，以示最高祭礼；较小的家族则以鸡肉等其他供品代替。其二，清明族人集体祭祖。清明时节是族人共同祭祀先祖的日期，这是除了春节祭拜之外最为隆重的祭拜仪式，此日在族长的带领下，各房支携带祭品到祖坟祭奠，主要仪式包括焚烧、烧纸、培土、聚餐、踏青等。由于一些族人从远处赶来，相聚实为不易，因此借助清明祭祖的契机，族人一同协商家族事务、调解族内矛盾纠纷、增进感情等。

特殊日期的祭拜。特殊日期的祭拜，其一，逝者忌日的祭拜。传统时期，讲究守孝3年，3年期满之后方可解除服丧。其二，婚嫁之日的祭拜。婚嫁之日大多需要祷告先祖，并进行祭拜活动，婚礼举行仪式之前便需要请祖宗牌位，并进行祷告祭拜，以示虔诚、纪念。其三，添丁之日的祭拜。尤其是新添了男孩子，需要向先祖说明，以示后继有人。此外，对上谱之时的祭拜尤其重视。

新亡人的祭拜。关中宁王村一带对新亡人的祭拜较为重视，主要包括隆重的葬礼仪式、"烧七""百日祭""周年祭"等，孝子孝孙需要服丧3年，3年期满方可解除重孝，一切恢复如常。在葬礼仪式方面，家庭经济条件较好的家户一般会"大办"，如请庞大的阴阳团队前来念经，以此超度逝者亡魂；邀请乐人，吹奏哀乐，以烘托气氛；置办上等的棺木，以示对逝者的尊敬；大规模邀请亲友一同前来祭奠，以示尊重；置办厚重的祭祀礼品，如花圈、纸马、金童玉女、金斗、银斗、纸制院落、房屋等。

遇事祭拜。对于祖先的崇拜，除了上述重要节日的祭拜、特殊日期的祭拜、新亡人的祭拜之外，还有一种非常态的、无固定时间的、较为隐性的祭拜，即遇事的祷告，如家中多事、诸事不顺、家人疾病、牲畜丢失或死亡等。在此种情况下，一些家户便会深刻反省，家人言行是否有过失、"坟里"是否不好等，需要及时祷告、焚香、烧纸等，甚至聘请阴阳先生前来查看，以便提出应对之策及破解之法。

2. 家庙祭拜中的关系

在族人的祖先崇拜中形成了丰富的关系细节，如信仰关系、管理关系、交往关系、尊卑关系、长幼关系、贫富关系、官民关系、性别关系等。下面逐一进行阐释。

第一，信仰关系。在所有的祖先崇拜关系中，信仰关系是第一位的，是族人基于共同血缘基础之上的一种共同的崇拜关系，只有在信仰关系的前提下，才有可能衍生出后续的管理关系、交往关系、尊卑关系、长幼关系、贫富关系、官民关系等其他关系。

第二，管理关系。祖先崇拜体系中存在一定的管理关系，主要以族长为权威的核心，各房支有主要的负责人，各家户有家户内部的管理主体，如家长。家族内部形成上述层级性质的管理关系，如此，即便遇到纠纷也可以经过层层的协调，实现"小事不出户，一般事不出族，较大事件不出村"的纠纷调解机制。此外，对于宗族内部的管理，还得提到族规、族约，族规、族约是一种对族人言行的约束机制，一旦违反族规，违反族规的人便需要受到族规的惩戒，以此种明文规定的族规、族约形式捍卫宗族的权威性。

第三，交往关系。在祖先信仰的内部以及不同祖先信仰族群之间均存在互动、交往的关系。首先，在祖先信仰的内部，存在着族长与各房支负责人的交往、族长与各家户负责人的交往、族长与族人的直接交往、各房支负责人与家长的交往、各房支负责人与族人的交往，以及家长与族人的交往等多层交往关系。其次，需要说明的是，不同祖先信仰族群之间的交往，如两族族长之间的交往、族长与另一族房支负责人的交往、族长与另一族家长的交往、族长与另一族族人的交往、房支负责人与另一族房支负责人的交往、房支负责人与另一族家长的交往、房支负责人与另一族族人的交往、两族族人之间的交往等。基于不同的身份，其交往的内容不尽相同，如族长与房支负责人的交往主要涉及修祠堂、维修祖屋、修谱等重大事宜；族长与族人之间的交往主要涉及族人的外出、做生意、务农等诸多小事，或者因族人违反族规而引发的联系等。两族族长之间的交往主要涉及村庄的管理、两族族人之间纠纷的协调（如坟山、公山、无主地的协调等）、村落的共同防卫、村落内部的共同娱乐，如唱戏、耍社火、办庙会、举办村落的教育以及其他村落公共事务等。

第四，尊卑关系。传统时期，在祖先崇拜关系中，有较为严格的尊卑关系，如一族当中，越老的先祖其位越尊，关系越近越尊；祖先中有为官者，其位越尊。相应地，一些能力较差、建树较少、对宗族贡献较少的先祖，一般容易让人遗忘。但值得一提的是，在两族或者多族之间，无论其为大族或者小族，其先祖的地位平等，不具有差异性，同等接受族人信仰、祭拜、敬重等。

第五，长幼关系。在祖先崇拜关系中，遵循严格的长幼次序，最明显的是在先祖牌位的摆放、老人去世之后坟地的排位上。同一辈人，长子居中，其妻并排埋葬；其他兄弟在两侧，不得僭越；两辈人不得同排埋葬，牌位也不可同排摆放。在祭拜仪式上，也是遵循严格的长幼秩序，如春节期间的大型祭祀先祖活动，一般由族长主祭，其他各房支负责人代表各自房支首先祭拜：摆放供品、焚香烧纸、跪拜等；之后才是各家家长代表各自家户祭拜。一家之中，此种大型祭拜需由家长亲自参与，不得由儿子或者晚辈充任；一般小孩子不参与大型祭拜活动，但平日的初一、十五等，家长可以带领小孩前去祭拜。

第六，贫富关系。在祖先崇拜关系中，存在一定的贫富关系，主要表现在：其一，富者多为大族。传统时期，既为大族，便有较多的人口，因此，其祭拜仪式更为隆重，参与人数更广，祭祀供品更为丰盛。其二，富族请戏。还有一些大族在春节或者其他节庆期间有唱戏的先例，而对于小族、穷族，一般无财力请戏，以祭拜为主。其三，大族、富族的祠堂更为高大、气派，且占有较好的地形、地势；小族的祠堂则相应较小甚至没有祠堂，而以"祖屋"代之。

第七，官民关系。祖先崇拜中的官民关系更多地体现在祭拜仪式上，如果族内出了或者出过官员，即有人考取了功名，那么，家族的威望、声誉一般是较高的，该家族说话的分量相应也更重，其他村民有事也倾向于找上述大族商议，寻求帮助、庇护等。

第八，性别关系。祖先崇拜关系中存在严格的性别关系，如春节、清明等重大的祭祀活动，一般女性不得参与其中，祭祀主要由家中男丁完成，女性则以置办供品等为主。在平日小型的祭祀活动中，女性也可参与，可以自行前往祭拜，也可携带小孩一同祭拜等。

三、祖坟及其关系

除了家谱、家庙之外，祖坟是传统时期宁王村祭祀先祖、寄托哀思的另一重要场所。下面将主要从祖坟概况、祖坟管护及其关系这两个方面来进行梳理，以考察传统时期宁王村的祖坟及其关系。

（一）祖坟概况

传统时期，宁王村三大姓氏共有10处祖坟，其中王姓占有5处、梁姓占有3处、沈姓占有2处。此外，其他小姓大多没有相对集中的祖坟空间。宁王村的祖坟均位于北塬坡地上，这主要是基于风水的考量。祖坟的面积大小不一，其中王姓、梁姓的祖坟面积相对较大，可达3亩；沈姓祖坟的面积相对较小，约占1亩；其他小姓人家的坟墓则散居于村落各处，未能形成集中分布的状态。

（二）祖坟管护及其关系

修祖坟，一般是在清明节前期进行，主要包括培土、清扫等活动，如损坏较为严重，那么需要向族人集资维修，维修费用依然由族内男丁共同摊派，有钱出钱、有力出力。

修祖坟中的关系包括两个方面，第一，时间关系。祖坟的维修一般有周期性，如无特殊情况，祖坟的维修主要在清明节之前或者清明节当天；还有一些特殊情况，如迁坟、拨向等事件下的维修，这种属于非常态的维修。第二，亲缘关系。祖坟的修建、维修一般由其最亲的后代负责，如儿子为父亲、孙子为爷爷等，一般隔代越远，维修祖坟的可能性越小。

第二节 信仰及其关系

传统时期，宁王村的信仰关系较为丰富，主要包括神庙信仰及其关系、鬼怪信仰及其关系这两个方面。

一、神庙信仰及其关系

传统时期，关中宁王村除了上述祖先崇拜之外，便是对神灵的崇拜，大致可以分为道教、佛教；按照庙宇来划分，主要包括老爷庙、净水庙、福善寺、罐罐沟道观等。各个寺庙的祭拜方式有所不同，主要取决于教派的类别、信众的多寡、香火的情况等。

（一）老爷庙及其关系

1. 老爷庙的祭拜

其一，祭拜时间。老爷庙（见图5-2）的祭拜主要集中在每年的正月，从大年初一到正月十五，每天可以前去祭拜；每月农历的初一、十五也可以前去祭拜；每年农历九月二十三是老爷庙的庙会之日，因此，需要隆重祭拜，风调雨顺之年多会邀请戏班、搭台唱戏，以感谢神灵庇佑。其二，祭拜人群。祭拜人群除了本村人之外，周边

图5-2 老爷庙

一些村庄的人有时也会前来祭拜;在祭拜人群的性别方面,不分男性或者女性,只要愿意均可前往祭拜;祭拜人群的年龄方面,老幼皆可参与祭拜,没有规定性的限制。其三,祭拜供品。传统时期祭拜神灵,主要携带香、黄表纸、纸钱、鞭炮、菜肴、果蔬等。其四,祭拜事由。传统时期,村民们祭拜神灵,大多数都是在"有事的时候才拜",如家中多事、家人不安时多会祭拜神灵,祈求神灵庇佑、风调雨顺、家人康健、早生贵子等,祭拜的缘由大体在上述情况当中。

2. 老爷庙的庙会

第一,庙会时间。老爷庙的庙会时间是每年农历九月二十三,庙会选择大办还是小办,主要取决于当年的年景及战乱情况,如果当年风调雨顺且无战乱,那么一般需要大办,所谓大办,即邀请戏班搭台唱戏,一般连唱三天三夜,以示隆重。

第二,邀请戏班。戏班的邀请有两种方式,一种是请本村的自乐班出面,这种场面相对较小,花费也较少,简便易行;另一种则是邀请外地专业戏班前来,这种场面更为宏大,花费更多,参与人群更广,吸引的看戏人也相应更多。

第三,"戏钱"的筹集。庙会请戏的花费不在小数,仅仅凭借庙里的布施收入,一般很难支付整场戏的花费,因此每年唱戏都需要向同村人筹集"戏钱",这种筹集不具有强制性,多数情况下是"有(钱)的就多出一些,没(钱)的就少出一些",以此种方式筹集请戏班的费用。看戏时大家都是平等的,不会因为出钱的多少而差别对待。

第四,搭建戏台。传统时期,戏台的搭建主要由会首负责协调,在其他村民的协助之下完成,搭戏台所用木料多从农户家筹集,庙里也有少量木材及其他搭建戏台的材料。

第五,看戏人的构成。看戏的人以本村人为主,还有一些邻近地区村落的村民也会赶来看戏,演员的名气越大,看戏的人就越多。看戏的人不分男女,男子与女子均可前往戏场看戏,但男子一般在戏场中间,女子在戏场的两侧。看戏也不分老幼,长者和少年均可前往看戏,看戏遵循"谁先到谁在前面"的原则。大户人家一般乘坐马车或者轿子前来,可以将车轿停在戏场的两边,然后坐在车轿内部观看,富户人家一般不会坐在戏场上,主要担心被匪盗盯上,以免造成麻烦;如果有重要官员前来看戏,那么需要为其搭建专门的"看台",以示尊重,"看台"可以说是官员的"专享";对于普通百姓而言，一般自己携带板凳或者直接站立观看。

（二）净水庙（净水古洞）及其关系

其一，正月里的祭拜。正月春节期间，静水古洞的祭拜活动相对较为隆重，一方面，农民有较多的闲暇时间前来祭拜；另一方面，一年复始，多数村民前来祈祷神灵庇佑，在新的一年里风调雨顺、家人康健等。春节期间的祭拜较为隆重，主要表现在供品的丰盛程度上，少则携带馍馍、馒头；多则携带菜品、果蔬。其二，每月农历初一、十五的小型祭拜。每月农历初一、十五大多为小型的祭拜，以焚香、烧纸为主，较少携带祭品或者祭品相对简单。其三，农历六月十五的隆重祭拜。六月十五是静水古洞的庙会日期，由于正处于农忙时节，因此静水古洞的庙会与老爷庙相比要简单得多，以焚香、烧纸为主，也会携带一些供品，与春节期间的祭拜仪式较为相似。

（三）神庙崇拜中的关系

传统时期，宁王村人在神灵崇拜关系中还形成了其他一些丰富的关系，如信缘关系、交往关系、走访关系、许愿关系、还愿关系、求雨关系等等，下面简要进行梳理。

1. 信缘关系

信缘关系是神灵崇拜中村民之间结成的一种全新的关系，坊间讲求"信则有，不信则无"，既然选择了共同的信缘主体，那么在此共同的信缘基础上，可以衍生出其他一系列的关系。但信缘关系可谓这种神灵崇拜中的本源性的关系，需要提前说明。

2. 交往关系

信众之间基于上述共同的信缘关系衍生出的第一层关系便是交往关系，如相邀共同祭祀神灵、一同许愿、共同祈福等；在此层与信缘相关的交往关系的基础上，如果再往前进一步，便会逐步形成日常生产、生活中互助合作的关系，如农业生产中的搭伙关系，生活中的互相帮忙、借钱、借物等。"在一起干活有话说，干起活来更得劲。"村中老人如是说。

3. 走访关系

信众之间除了上述交往关系，也有走访关系，主要包括重要节日的走访、特殊时间节点的走访、特殊事件下的走访等诸多方面。重要节日的走访主要有春节、元宵节、中秋节等；特殊时间节点的走访主要包括农忙抢种、抢收时节的互相走访、帮忙等。特殊事件下的走访主要包括丧葬、嫁娶、生育、老人寿辰等。

4. 许愿关系

许愿关系即信众基于自身力量有限的现实，很难通过自身力量改变一些现状，于是将希望寄托于神灵，求得神灵庇佑，从而达成自己心愿的活动。许愿的内容无非祈求老人身体康健、幼儿健康成长、子女找到好的姻缘归宿、青年考取功名、生意人生意兴隆、外出人平安归来等。许愿之后一般需有所许诺，如愿望实现便携带供品前来还愿。

5. 还愿关系

多数情况下，如果许愿灵验便需要按照许愿时的许诺，携带相应的供品前去还愿。传统时期，宁王村一带还愿的方式主要有焚香、烧纸还愿；施布施还愿；携带祭祀礼品前来还愿，如公鸡、果蔬、菜肴、"献饼"等；如果是求子愿望得偿所愿，那么待到孩童1周岁以后便可带孩童一同前来还愿。总之，还愿的方式可以多样，具体按照许愿时的许诺进行还愿。此外，还有另一种情况是，如果所许之愿未能实现，那么便无须还愿；许愿人大多较少抱怨神灵，而是反省自己是否虔诚、是否做了什么不恰当的事、是否因罪过得罪神灵等，然后继续请罪、继续许愿。

6. 求雨关系

求雨关系是在家户许愿关系的基础上衍生出来的一种扩大版本，即以一村落甚至数村落联合许愿，希望上天降雨，救民于水火的过程。求雨的仪式相对于以家户为单位的许愿更为隆重，参与人数更广，祭品更为丰盛，持续时间更为长久。求雨之后，如果降雨，那么需要在当年或者来年进行还愿。求雨关系中的还愿也不同于家户还愿，更多的以唱戏还愿为主，一般连唱三天三夜，以示隆重以及对神灵的感激之意。

（四）神庙信仰中的关系

传统时期，宁王村神庙信仰中的关系包括求子关系、求药关系、求姻缘关系，以及村内村外的关系等，下面分别进行阐述。

1. 求子关系

传统时期，神灵崇拜中的求子关系是较为常见的，一方面，传统时期养儿防老、传宗接代的观念较为深入人心，因此对男孩有更多的偏向；另一方面，传统时期基于有限的医疗卫生条件，婴儿的死亡率较高，无奈之下，农民只能将生儿子的希望寄托于神灵。一般求子主要是祭拜观音菩萨，坊间称其为"送子娘娘"；而求子的主体大多以中青年妇女为主，一旦生育男婴，妇女在家中的家庭地位就能够得到相应的提升。

2. 求药关系

传统时期，在神灵崇拜中存在一种较为特殊的求药关系，主要是祈求神灵，求得药引以便救济家人、亲友等。其一，祈求药引的方法。求药引之法多以虔心祷告、祈求神灵赐予药引之法为主。其二，药引的分类。药引多以纸符、香灰等为主，也有其他一些供品、祭品、甘霖、雨露等。求得药引之后，一般需要伴着其他的药物一起服下。其三,还愿的方法。如果药引发挥了作用,病人病痛减轻或者解除,那么需要带领病人一同前去还愿,还愿的方式不尽相同,一般按照求药引时的许诺还愿,多以焚香、烧纸;施布施;提供丰盛供品,如公鸡、菜肴、果蔬等方式去还愿。其四,求药引关系中的信缘传播。如果一方神灵的药引较为灵验,那么,信众之间会相互传递信息,以便共同前往或者推荐前往求得药引。其五,求药引关系的范围。求药引关系的范围较广,一般10至50里不等,甚至更远,主要取决于神灵的灵验程度,神灵越灵验信众越多,涉及的范围就越广,寺庙的香火也就越旺盛。其六,药引无效。如果求得的药引效果不好或者没有起到应有的效果,那么一些信众便会再次前去,深刻反省、虔心祷告;而一些信众会做出其他选择,如向亲友打听、询问其他的神灵,以便求得药引。其七,求药引关系中的纠纷。在求药引关系中,其纠纷相对较少,所求得的药引即使效果不佳或者无效,信众大多也不会因此而反目或者抱怨,大多会反省自身的祈求是否虔诚、是否做了错事等,一般不会将药引效果不佳归咎于神灵或者寺庙。

3. 求姻缘关系

传统时期,由于信息通达度的影响,通过正常途径无法找到合适的姻缘,此种情况下,一些村民便将希望寄托于神灵,焚香烧纸、虔心祈祷,希望神灵给予提示或者暗示,以便尽快找到合适的姻缘,喜结连理枝枝。

第一,求姻缘的方式。求姻缘的方式较为多样,如求签、问卦、询问方位等一些相关的具体信息等。求签之前一般需要侍奉供品、焚香烧纸、诚心祭拜等。

第二,求姻缘的人群分类。具体而言,求姻缘的人群主要分为两类,一类是青年女子,其大多问自身的姻缘问题;另一类则以中年妇女为主,这一群体大多为自家儿子等询问姻缘。

第三,还愿的方式。在求姻缘关系中,还愿的方式多以特殊的祭品、捐赠布施、每年定期前来祭拜等方式为主,以示对神灵的感激之意。

第四,求姻缘关系中信缘的传播。与求药引关系类似,求姻缘关系中也存在信缘的传播关系,如果求姻缘的人所求姻缘灵验,那么其在其他信众或者农民之间会讲述、介绍,在一定程度上起到了宣传、扩大信众以及旺盛寺庙香火的作用。

第五,求姻缘关系中信缘的范围。传统时期,基于求姻缘关系中的信缘范围极为广泛,一般可以到达50至100里的距离不等,影响范围较广。

第六,求姻缘失败。在求姻缘关系中也存在失败的情况,多数情况下,信众会以更加虔诚的姿态前去继续祈求、询问,以便获取姻缘的暗示或者信息;此外,也会在其他亲友的推荐下寻找其他的神灵,多方询问,四处打听,以便尽快找到姻缘所在,实现愿望。

第七，求姻缘关系中的纠纷。求姻缘关系中的纠纷较少，一般即便祈求姻缘失败，信众也较少抱怨抑或心存不满，而是选择以更加虔诚、谦卑、反省的姿态继续反省、继续祈祷、继续寻找。

4. 村内村外的关系

在神灵崇拜关系中，存在一定的村内村外的关系。

第一，庙宇的修建多以村落为单位。庙宇的修建大多以村落为单位，在风调雨顺、少战乱的年代，农民家中有了一定的积累，便可以收集钱粮、木料等，筹划修建庙宇事宜，一般是按照村内每户人家的人数多少，平均摊派修建庙宇的费用。此外，还可以向周围村落的信众募捐钱粮，以便充实钱粮。对庙宇修建有重大贡献者，如捐款捐物较多的信众，一般会在庙宇落成之后建造相应的功德碑，以表彰其在庙宇修建中的巨大贡献；而对于无力筹集钱粮的信众，其可以通过提供体力劳动的方式加以弥补。

第二，神灵的祭拜没有严格的村落界限。与庙宇修建不同，庙宇落成之后，接受四方信众的祭拜，并不会排斥其他村落的信众前来祭拜，而无论其在庙宇的修建过程中是否有相应的贡献。传统时期，人们认为能够吸引外村的信众前来祭拜，本村人脸上也是有光的，一方面，说明本村的神灵较为灵验，深受信众的认同；另一方面，信众越多，庙宇的香火就越旺盛，庙宇收到的布施也就越多，如此，庙宇便可进一步扩大规模，修建更多的庙宇，请来更多的神灵。上述种种，都是村民们愿意看到的。

第三，寺庙请戏、社火等娱乐活动多以村落为单位。庙宇请戏、唱戏等大多以村落为单位，如唱戏费用的摊派、戏台的搭建、戏班的邀请等多以村落为单位，在一村之内召集、筹集等。

第四，寺庙相关娱乐活动的参与方面没有严格的村落界限。如果一村请戏，邻近地区的村民既没有出钱也没有出力，一旦开戏，邻近村庄的人也可以前来看戏，并不会受到排斥或者拒绝；相反地，如果能够吸引其他村庄的人群前来本村看戏，本村人是非常欢迎的，一方面，更多的人参与其中可以扩大本村庙宇以及本村人的影响；另一方面，有人参与说明该村办得好，受到大家的认可。

第五，神灵崇拜关系中的许愿、还愿关系较少有村落的边界。在涉及许愿、还愿关系中，传统时期没有严格的村落边界限制，也没有本村人与外村人的区别，许愿、还愿完全属于一种个人自愿选择的结果。相应地，如果外村人能够到本村的神灵处许愿，那么寺庙的会首、管事人、本村人等均会欢迎其前来，而不在乎其是否在庙宇的修建中有贡献或者贡献的大小。

第六，不同村落之间的联合祭拜、祈祷等活动。在一些特殊的时间节点，如在久旱未雨等情况下，存在一个甚至数个村庄之间的联合行动、共同祭拜、祷告求雨等仪式。一方面，在一定程度上联合求雨的规模更为宏大；另一方面，可以减轻参与村庄人群的求雨费用支出。基于上述两个方面，多个村庄的联合求雨也是一种理性选择的结果。

二、鬼怪信仰及其关系

（一）鬼怪信仰概况

鬼怪崇拜是除了上述祖先崇拜、神灵崇拜之后的第三种崇拜。祖先崇拜、神灵崇拜、鬼怪崇拜三者之间没有严格的界限、次序，而是具有交叉性、融合性、共生性等特征。下面主要从鬼怪崇拜的信缘关系、地缘关系、交往关系、走访关系、尊卑关系、官民关系、性别关系等八个方面来展开论述，以期较为详尽地展现宁王村村民在鬼怪崇拜中的关系和行为。

（二）鬼怪信仰的形式

在鬼怪崇拜中存在着一些较为特殊的形式，主要包括叫魂、算命、相面、测字、解梦、禳解、作解等，下面分别进行阐释。

1. 叫魂

传统时期，人们认为人的魂魄会由于惊吓、疾病等种种因素而"丢失"，此时便需要携带当事人的衣服等物，在受到惊吓处"找寻"，以便让魂魄回归身体，这种活动称为叫魂。有些人也称之为"招魂"。关中宁王村的招魂分为两种情况，下面进行详细梳理。

叫魂分为不同的情况，一种是为刚去世者叫魂，另一种是为受到惊吓的小孩叫魂。

传统时期，人们普遍认为在人刚刚去世时，死者的魂魄还没有走远，在其弥留之际，由其家属拿着逝者的衣服登高呼喊其名字，希望死者的魂魄在听到呼唤之后能够回来，以此让死者复活的传统仪式。一般而言，招魂者需为逝者的亲近之人，多为晚辈为长辈叫魂，此举也是表达孝心、不愿让亲人离去的情感表达。

传统时期，人们认为小孩在受到惊吓之后便会失去其魂魄，精神萎靡不振、茶饭不思，此种情况下，便需要由其家长出面，带领小孩到受到惊吓处，然后一起往回家的方向走，家长走在前，小孩随其后，边走边呼唤小孩的名字："×××，回来吧！"如此，一直到家，认为通过这种方式可以将小孩的魂魄找回来，从而让其精神恢复正常。在叫魂途中，路遇他人搭话，一概不理，否则，认为魂魄会游离他处，从而影响叫魂的效果，甚至导致叫魂的失败。

值得一提的是，传统时期宁王村一带的人普遍认为小孩尤其是婴幼儿由于其年龄尚小，其魂魄极易失散，因此在带小孩外出时要格外小心，如尽量避免夜晚外出，行夜路时若听见有人叫自己的名字时不可轻易答应等。因为在传统时期，人们认为夜晚是恶鬼游荡、出没的时期，婴幼儿及其容易让恶鬼缠上，从而被勾走魂魄。为此，关中宁王村人普遍有为婴幼儿求"百命锁"的传统，即在孩童尚小时，在庙里为孩子求一副"百命锁"戴在脖子上，以此"拴住"孩童，避免受到鬼怪的侵害。即便是成年人，夜行时听见陌生人呼唤也不得答应。如果是在白天，则不必担心，人们认为太阳一出，鬼怪们便不得不隐藏行迹，不敢出来造次。基于此种认知，在举办一些重要的活动或者仪式时，一般都选在太阳升起之后，以避免与鬼怪发生交集、冲撞。如在新娘出嫁当日，迎亲的队伍一般是在太阳东升之后才出发；在路上新娘子的轿子如果与丧葬的队伍相遇，此时便需要用红布遮盖新娘一方的轿子，以免受到"冲撞"；再如，修建新屋时，上梁之日需选定专门的黄道吉日，也是在太阳出来之后才举行上梁仪式。即便是丧葬事宜，下葬之日也是经阴阳先生算定的，以避开鬼怪出没的日子，以免惊扰逝者，一旦惊扰，传统时期的人们认为在逝者下葬之后必然会为家人带来不安定的因素。另外，在上述重要活动期间，大多会以鸣放鞭炮、张贴红色对联、红纸等方式驱邪避害，以免重大活动受到鬼怪的侵扰。

叫魂中的关系主要有如下几种：

第一，叫魂中的地域关系。一般而言，传统时期的叫魂事件具有一定的地域性。邻近地区的叫魂仪式具有相似性，如叫魂方式、叫魂时间、叫魂话语等。

第二，叫魂中的信仰关系。凡是有叫魂事件的村落，基本都相信鬼神之说，坚守灵魂信仰，认为灵魂不灭、永久长存。在这一信仰体系中，人们大多达成如下共识：人死为鬼、鬼可投胎为人、深刻的祖灵崇拜等。

第三，叫魂中的亲疏关系。就叫魂双方的关系来看，一般关系极为亲近时才会帮助其叫魂，如儿子为刚去世的亲人（多为父母）叫魂、父母为受到惊吓的小孩叫魂等，可以看出，双方的关系极为亲近，否则，将不会为其叫魂。

第四，叫魂中的长幼关系。叫魂主体一般以年迈的亲人或年幼的子嗣为主，中青年人一般不为其叫魂，究其原因主要是，传统时期人们认为小孩子的魂魄较为"分散"，容易在受到惊吓、疾病等之后"失散"其魂魄，因此需要为其叫魂，以保孩童健康成长。再者，传统时期人们认为老人在刚咽气之后，其魂魄会有一定的弥留时间，因此，如果叫魂及时，便能够让其魂魄回归身体，让死者重新"活过来"。

第五，叫魂中的贫富关系。传统时期，叫魂不分贫富，贫穷人家叫魂，富裕的人家也会叫魂。贫者和富者在叫魂方式上没有太大的差别，均采用先祖沿袭下来的传统，大同小异。

第六，叫魂中的官民关系。传统时期的叫魂属于一种民众自发的自救行为，官府一般不会干涉此事。保长、甲长等可以以普通民众的身份参与叫魂，但一般都比较隐蔽，以免引起不必要的麻烦。

第七，叫魂中的性别关系。叫魂事件中，以女性参与更为平常。一般是母亲为受到惊吓的孩子叫魂，父亲较少参与。孩童的叫魂不分男孩、女孩，如果女孩受到惊吓、疾病等困扰，家人也会为其组织叫魂活动，以便让孩子健康地成长，不会因为是女孩子的缘故而不为其叫魂，究其主要原因是，叫魂的费用较低，基本没有过多的花费、简便易行。

2. 算命

算命是根据一个人的生辰，即年、月、日、时，推测凶吉的方法。

算命主要是根据当事人的出生年、月、日、时，换算成天干地支纪法，每个人对应"四时八字"，再将八字与五行相生相克的原理对应，从而推得凶吉、相生或者相克、贫富、贵贱等的一种方法。五行相生相克的原理为：木生火，火生土，土生金，金生水，水生木；水克火，火克木，木克土，土克水。算命者多以年老的长者为主，且多半为瞎子，以此增加算命神秘的色彩。传统时期人们一般不会去算命，除非遇到不顺、灾祸、疾病等变故时才会去算命。算命的费用较少，一般低于1斗麦子。算命无须邀请算命先生前来，多以登门拜访或者在算命先生的摊上当场测算为主。

算命中的关系主要表现在以下几个方面：

第一，算命中的地域关系。传统时期宁王村一带算命具有较为明显的地域性，如推算方式较为相近、所请算命先生也相对固定，大多在阳平街上或者邻近村庄寻找算命先生等。

第二，算命中的亲疏关系。对于算命先生来说，如果前来算命者是邻村附近的人，那么其收费相应是较低的；如果是过路的陌生人或者外地人，那么其收费相对高一些。此外，过于熟识的人一般不会前来算命，这也是一个很有意思的现象。

第三，算命中的实用关系。传统时期，没有特殊的事件发生，人们一般不去算命。算命的事件主要有疾病缠身久治不愈、生意潦倒、仕途不顺、新婚嫁娶等。比如，在家人疾病久治不愈的情况下，多数人家都会找到算命先生，为其卜上一卦，以测凶吉；再如，有的人生意潦倒便会卜卦询问财运，是否可以继续经商等。此外，还有占卜前程、婚姻凶吉等诸多情况，总之，只有在自身或者家人遇到不顺时才会卜卦询问凶吉前景，无事时多数人不会前去算命，讲究一种实用主义原则。"有事了，信着呢；没事了，淡着呢。"老人如是说。

第四，算命中的年龄关系。算命者多以青年人为主，年长者、年幼者较少有去算命的。对于年长者，到了不惑之年，诸事都已看开，因此，基本不去算命；对于年幼者，往往还没有到成家立业、扛起家中重担的年龄，因此，也不去卜卦算命。而与上述两个群体形成鲜明对比的是中青年人，一方面，对上，其要肩负起养老的义务，对下，其需要抚养子嗣，教育其成才，压力相对较大；另一方面，中青年人会遇到更多的选择，面对选择，当自己的能力有限时容易萌发对生活的无力感，此时，其更加倾向于将问题抛诸于神灵，以求得神灵的提示以及心灵的慰藉。

第五，算命中的贫富关系。传统时期算命不分贫富，"穷人、富人都算命，富人有富人的算法，穷人有穷人的算法"。其一，富人多问凶吉，穷人多问前程。其二，富人收费较高，穷人收费相对较低。综上，无论贫者还是富者，其算命涉及的内容多与自身当前遇到的主要矛盾直接相关，贫者与富者不同的家庭背景、面临的选择、直面的问题等，决定了其占卜的内容。对于贫者，可供其选择的余地往往较小，因此"穷人多问前程"，想看看自己的出路在何方；而对于富者，其选择的余地较大，面临更多的机会，因此"富人多问凶吉"。在收费方面，算命先生可谓"独具慧眼"，可以根据算命者的衣着、谈吐、交谈内容等等信息分辨出其家庭经济状况，从而"按人收费"。

第六，算命中的官民关系。其一，传统时期算命属于百姓的自愿活动，官府一般不会专门禁止；其二，传统时期官府人员也有算命的情况，如占卜自己的仕途等，只是相对隐蔽，一般是将有名气的算命先生请到自己家里为其占卜；其三，保长、甲长主管收粮收税，一般不会涉及农民算命占卜之事，甚至在其遇到问题时也会前去卜卦，以解困惑。

第七，算命中的性别关系。其一，算命者以算命先生为主，基本没有女性算命人。其二，前去算命者以男性居多，但也有女性。其三，男性多问前程，女性多问凶吉。传统时期"算命先生"一词广为流传，但少有"算命婆婆"等称谓，之所以如此，在算命这一特殊的行业中，也沿袭了"男尊女卑"的传统思想，因此，算命者以"算命先生"为主，而少有"算命婆婆"。再者，传统时期讲求"男主外，女主内"，男人在外闯荡，面临风险，选择较多，因此，多问前程；而女性主要在家操持家务、浆洗缝补，面临选择较少，生活作息较为固定，在家只求家人平安，因此女性多问凶吉。

3. 相面

相面主要是指通过看一个人的面相来判断其个人信息、预测凶吉等的方法。传统时期，宁王村一带有专门以相面为生者，除了看面相，还可以通过手相、痣等方式判断对方的前程、预测未来等。

相面中的关系有以下几个方面：

第一，相面中的地缘关系。传统时期，在相面这一行业中，大多遵循"外来的和尚好念经"的原则，即村民们大多倾向于寻找或者经朋友推荐，找一些新来的或者外来的相面者来看面相、看手相等。但如果某地的相面师傅相得比较准确，那么，大家也会相互推荐、介绍，一传十、十传百，相面师傅的生意相应地也更为好做。

第二，相面中的亲疏关系。相面中的亲疏关系主要表现在以下三个方面：其一，亲友之间可以互相推荐、介绍相面比较准确的相面师傅，甚至亲自上门引荐。其二，对于相面师傅而言，对于同村人、邻近地区的人、有熟人推荐的人等，其收费相应较低；而对于陌生人、交集较少之人、来往较少之人等，其收费相对要高一些。其三，对于相面师傅，如果亲友中有人要相面，一般多为免费相面，不收取报酬。

第三，相面中的相机抉择关系。相面中的相机抉择关系也是较为普遍的，主要表现在如下三个方面：其一，不同的人说不同的话。不同职业的人其相面的侧重点有所不同，做生意的人大多更为关注如何赚钱，如东出还是西进、北上还是南下等；而对于将要成婚的男女双方，则更为关注手相是否相合、是否旺夫，结合之后是否吵架，如何有效规避，等等。其二，抓住相面人的心理，顺着其心意说。相面师傅更为擅长的便是能够较好地抓住相面人的心理，顺其心意分析面相。其三，"多说好的，少说不好的"。可以说"多说好的，少说不好的"是相面师傅工作经验的一种总结，可以较为完整地概括相面师傅的相面原则，"只要把你说高兴了，钱自然就有了"。

第四，相面中的年龄关系。相面中有一定的年龄关系，具体而言，其一，对于青年人，多以问前程、问仕途、问婚姻者居多，如根据面相适合向哪一方面发展，根据面相男女结合是否吉利、是否发生争吵影响家庭幸福等诸多方面。其二，对于中老年人，多以问健康、问长寿、问疾病者居多，或者替家人询问，以便趋利避害，维护家庭和谐、幸福等。

第五，相面中的贫富关系。传统时期，相面关系中无论穷人还是富人，都会有相面的需求。其一，穷人的问题多为生存性问题，而富人的问题多为发展性问题，如穷人多问如何赚取金钱、如何躲避灾祸等；而富人则多问仕途是否顺利、婚姻是否美满、家庭是否和睦等。其二，对于前来相面者，相面师傅大多可以根据其穿着、打扮、谈吐、举止等诸多方面，综合考察、判断来者的家庭经济情况，从而较为准确地收取较为合理的报酬。如果对穷人要得太多，穷人无法支付；如果对富人收得太少，那么则有不认真、不重视的嫌疑，因此，需要较为准确地定位，收取各自都能够接受的费用，从而维持自身生计。

第六，相面中的官民关系。相面中的官民关系主要表现在两个方面，一方面，官员及其家属可以以私人身份参与相面活动，但其形式相对较为隐蔽，以免造成不良影响以及不好的引领示范作用；另一方面，在特定的历史条件下，如果相面等活动大面积崛起，对社会治安等造成了一定的冲击及影响，那么官员可以做出一些禁止性的规定，适当控制相面等活动。

第七，相面中的性别关系。传统时期，相面活动中既有男性参与，也有女性参与。其一，男性主要以问仕途、问前程、问生意者居多；而女性多以问姻缘、问婚嫁、问幸福者居多。其二，青年女性与中年女性相面的目的有所不同。青年女性多问姻缘；而对于中年甚至老年女性而言，多替家人、亲友问平安、问幸福等。

4. 测字

测字即通过书写特定的汉字，再通过拆解、增减笔画、摘字等多种方式来对汉字进行解读，然后根据测字人的实际情况加以对应，以便测定凶吉、趋利避害的方法。测字的核心思想源于衍生与古代"天人合一"的思想，即便是测字人随便写出的汉字，偶然性中也存在一定必然性的成分。

测字中的关系包括以下几个方面：

第一，测字中的地缘关系。传统时期，宁王村人在测字关系中存在一定地缘关系的因素。其一，在测字方面，本村人、邻村人与陌生人之间有相对明晰的界限，伴随着测字人与测字先生地域远近关系的变化，其收费的标准有所不同。其二，宁王村人大多选择在阳平街等集市测字，一方面，阳平街人员流动较为密集，可以询问一些不愿为本村人所知晓的信息；另一方面，阳平街测字先生的流动也更为频繁，较大的人员流动性可以冲散一些消息的传播，使信息的真实性变得扑朔迷离，在一定程度上可以规避测字人一些不必要的风险，如信息的泄露、所测事件的败露等。

第二，测字中的亲疏关系。测字关系中，无可避免地存在着一定的亲疏关系，如对于前来测字的本村人、邻村人以及陌生人，其收费标准有所差异；同样地，如果亲友中有人前来测字，大多免费为其提供服务，较少收费，以免因此破坏亲友之间的关系。而对于测字人一方，其选择分为两种情况，其一，如果测字人所测之事较为普通，不具备一定的秘密性，那么测字人可以就近地寻找测字先生进行测字；其二，如果测字人所测之事具有一定的秘密性，不愿为熟识之人所知，那么，在此种情况下，便可以寻找集市上或者远方的陌生测字先生测字，以免所测之事泄露或者被熟人所知晓。

第三，测字中的相机抉择关系。在测字关系中，尤其考验测字先生察言观色的能力，需要在极短的时间内对测字人的身份、职业、家境、意图等做出一个起码的判断，然后根据测字人所书写的字进行一定的解读；如果缺乏这种短时间内获取信息的能力，那么一般很难在测字这一行业中立足，这也在一定程度上规制了测字人必须拥有丰富的经验与人生经历，如此，才能在测字的过程中做出或讲出一些符合实际且能让测字人信服的判断或者语言。基于上述潜在的要求，测字先生多以年老者为主，较少有年轻的测字先生。

第四，测字中的年龄关系。测字关系中，无论是测字一方还是测字先生一方，均有一定的年龄关系。其一，上文已有述及，测字先生需要一定的人生阅历以及丰富的人生经验，因此，测字先生多以年长者甚至年老者为主。其二，对于测字人一方而言，不同的测字人群，其所测内容大致可以划分为以下阶段：第一个阶段，青年时期。青年人正处于创立事业阶段，其测字主要涉及生意、前途、姻缘等方面。第二个阶段，中年时期。人到中年，其看待事物已趋于理性、坦然，其测字大多为亲友、晚辈而测，如测康健、问姻缘、问家庭命运等。第三个阶段，老年时期。对于长者，其较少测字，如果涉及测字，大多以测阳寿、"问归期"等为主。由此可以看出，不同的年龄阶段，人们所关注的事件的侧重点等均有所差异；有经验的测字先生便可以充分地抓住测字者的这一心路历程，大致向这一方向解读，多数情况下，可以测得"八九不离十"。

第五，测字中的贫富关系。在测字关系中，存在较为明晰的贫富关系。其一，首先要说明的是，无论是贫者还是富者，在传统时期，均有测字的需求，或真心问事，或仅以此为乐，但终究都有测字的需求，在这一点上，贫富关系不甚明显。其二，贫者测字与富者测字，其最大的不同在于测字的事由或者方向问题。具体而言，贫者更多的是测现状，以预计未来；而对于富者，其测字的侧重点往往在于未来。

第六，测字中的官民关系。与相面有所不同，测字中的官民关系不够明显。其一，测字以民测字居多，官测字较少。其二，民测字多为求生存、趋利益、避风险；官测字多在卜仕途、问进退、定去留等。其三，官员测字多以普通人的身份进行，其测字行为相对更为谨慎，以免造成不良影响，反而影响其仕途、升迁等。

第七，测字中的性别关系。在测字关系中，无论是测字人一方还是测字先生一方，其性别关系是极为明晰的。其一，所谓测字先生，从字面意思便可以看出，测字先生主要是男性，传统时期的宁王村一带，该职业没有女性。其二，对于测字人一方，男性、女性均有，其比例也不好统计，仅能从所测事由方面加以区分，对于男性测字人，其多问生意、前途、仕途、出路等；而对于女性测字人，其多测姻缘、健康、平安等。

5. 解梦

解梦是指根据经验，对人的梦境进行解析的过程。传统时期，宁王村一带的解梦多为基于经验基础上的解梦，大致可以分为自我解梦以及请专门的先生解梦两种形式。长此以往，在梦的解析方面形成了较为丰富的关系，如地缘关系、贫富关系、相机解析关系、对号入座关系、反向解析关系、善意解析关系等几个方面。下面就以宁王村的情况分别进行阐释。

解梦中的关系有以下几个方面：

第一，解梦中的地缘关系。解梦的方式存在一定的地缘关系，其一，不同的地域，对于同一种梦境的解析具有一定的差异性，如有些地方认为，梦到兔子是不好的征兆；而在其他一些地方则解析为好事的象征。其二，传统时期，解梦的方式分为自我解梦和请专人解梦两种方式，而对于宁王村人，大多数人更加倾向于通过自我解析的方式解梦。

第二，解梦中的贫富关系。解梦中的贫富关系主要体现在解梦方式的选择上，对于贫者，其大多选择按照自身的经验以及长辈们的讲述，选择自我解梦的方式；而对于富裕人家而言，为了使梦境得到更为准确的解析，一般选择请专门的解梦先生进行解梦的方式，以求得心灵的慰藉与平衡。

第三，解梦中的相机解析关系。对于专门的解梦先生而言，其解梦大多遵循"相机解析"的方式，即根据自身对做梦人的了解或者经过一些交谈之后掌握其一定的基本情况，然后有预判地对梦进行解析，以期达到做梦人所期望听到的解析方向。在一定程度上，解梦先生为了获取报酬，存在"讨好"做梦人而相机解梦的嫌疑。

第四，解梦中的对号入座关系。在解梦过程中，除了上述相机解析关系外，还存在一定的对号入座的成分，尤其是在自我解析或者聘请较为熟识的解梦先生进行解梦时，尤其如此，其大多将梦境与做梦者的近遇相结合，对梦境加以演绎、阐释。而对于陌生的解梦人，便可以在一定程度上规避上述对号入座的风险。

第五，解梦中的反向解析关系。在梦的解析过程中，宁王村一带存在着一种反向解析的方法，如做梦梦到不好的事情，为了安慰做梦者，不至于让其过于伤心、难过，便可采取反向解析的方式对梦境进行解析，如传统时期，人们认为如果梦到老人去世，是老人长寿的象征，并非预示着老人真的即将去世。

第六，解梦中的善意解析关系。在梦境的解析过程中，宁王村一带存在着善意解析的关系，如小孩子做了噩梦或者其他不好的梦，为了避免梦境对孩子的心理造成不必要的创伤，家长便可以通过善意解析的方式对孩童的梦境进行解析。同样在请专人解梦时，多数时候均会遵循"报喜不报忧"以及善意解析的原则，以免对做梦者造成心理的创伤与伤害。

6. 禳解

禳解即通过一定的仪式，祈求神灵庇护，免除家人、亲友灾难的一种方法。对于宁王村一带的主要禳解之法，主要从幼儿生育方面、婚礼仪式上、葬礼仪式上三个方面展开论述。

第一，在幼儿生育方面。传统时期，鉴于较低的医疗卫生水平，婴幼儿的死亡率往往较高，因此，坊间针对婴幼儿的禳解也较为丰富，主要从以下几个方面展开：其一，祈求平安锁禳解。一般在孩子出生后过百日前后，在较为灵验的寺庙中为孩童求得平安锁，上面有铜钱等物，寓意驱邪避害，护佑孩童健康成长。其二，起贱名禳解。坊间有一种为孩子起贱名的禳解之法，如"二毛"等。其三，耍社火时从狮子、龙的肚子底下钻过禳解。此种禳解之法在传统时期是较为普遍的，一般社火到了自家院落之后，主人家如果提出要求，多数社火团队都会同意，但需要主人家为社火团队送一些烟酒等礼品作为酬谢。其四，从菩萨轿子下钻过禳解。传统时期，在抬菩萨的过程中，一些家长将孩子抱在怀中，跪在场地内，让菩萨的轿子从家长及孩童的身上跨过，以此达到禳解的目的。其五，拜干亲禳解。除了上述禳解之法外，当地还有一种通过认干亲禳解的方法，认干亲看似结识亲家，实则也有禳解之意，以此庇佑孩童健康成长。

第二，在婚礼上。婚礼，对于一个家庭无疑是至关重要的仪式，因此不容有失。为了避免鬼怪等对婚礼、新郎、新娘等造成不必要的冲撞而冲了喜气，因此在婚礼上需要采取一定的措施进行禳解。传统时期，婚礼上的禳解之法主要包括：其一，"燎轿"禳解。即在新娘上轿出发之前，娘家人用火把绕着花轿一圈，当地称之为"燎轿"，意在祛除鬼魅，以免冲了喜气对婚礼造成不好的影响。同样，在新娘抵达新郎家后，新郎一方也要进行"燎轿"，以防花轿在途中沾染不洁之物。其二，压红纸禳解。新娘花轿在行进过程中，沿途如果遇到水井、石磨、碌碡等，需要压红纸以"镇压"，也是一种禳解之法。其三，红布遮花轿禳解。花轿在行进过程中，如果与丧轿相遇，那么需要改道而行，并在第一时间用红布遮盖花轿，以示禳解。其四，鸣放鞭炮禳解。在花轿行进过程中，需要沿途鸣放鞭炮以祛除鬼怪。其五，脚不粘土禳解。一般新娘从上花轿一直到到达新郎家中，脚上不得粘土。其六，跨火盆禳解。在抵达新郎家门口之后，需要首先跨过火盆，以祛除不洁之物，之后方可进入家中。其七，项带明镜禳解。婚礼仪式上，当地还有为新娘佩戴明镜禳解的方法。

第三，在葬礼上。在葬礼仪式上，宁王村一带有较为丰富的禳解之法，主要包括如下四个方面：其一，系红腰带禳解。首先，对于生前杀生者，如屠夫、刽子手等，其在死后一般需要在腰间佩戴红色腰带，以消除罪孽。其次，对于葬礼中的外姓帮忙人，需要为其佩戴红色丝带，以示禳解。最后，对于前来参与葬礼的未婚女婿、未过门的儿媳等人，需要披红色披风或者配红色丝带，以示禳解。其二，点燃火堆禳解。丧葬队伍沿途经过普通家户时，这些人家大多在自家门口点燃火堆，以防止鬼怪侵入家中。其三，跨火堆禳解。参加葬礼的人在返回家中之前，需要跨过火堆才能进入家中，以此来禳解。其四，通过暴晒、风吹雨淋禳解。葬礼上使用过的圆木、铁锨等用具，在使用完毕之后不得立即带回家中，需要暴晒几日之后再拿回家中，以示禳解之意。

第四，日常生活当中的禳解。除了上述婴幼儿养育以及婚礼、葬礼上的禳解之外，在农民日常生活中也存在一些禳解之法：

其一，悬挂、佩戴辟邪器具。如悬挂钟馗画像、悬挂铜镜、悬挂桃木剑等，以此驱邪避害。此外，还有通过佩戴指定物品禳解的，如为小孩求"百命锁"；新婚妻子结婚当日胸前佩戴铜镜；家人久病不愈时便求得符咒，用布缝成荷包状将符咒放入其中，然后缝合让家人佩戴；给幼儿枕老虎枕、穿虎头鞋等。传统时期，宁王村一带普遍流传的可用于辟邪的物品有铜镜、桃木、鞭炮、红纸、红布、朱砂等，如在大门口悬挂铜镜、道士用桃木剑"打鬼"、逢年过节燃放鞭炮、用红纸书写对联及包裹礼品等。传统时期，宁王村一带认为可以驱邪的鸟兽有老虎、狮子（见图5-3）、麒麟、仙鹤、凤凰、龙等。

其二，遵守禁忌。传统时期人们在动土修建新屋、上梁、婚丧嫁娶等重要时间节点都需要"看日子"，以避开所谓的"凶时"，如此，人们认为遵守禁忌便可有效地辟邪趋利。

其三，驱鬼。如果认为鬼怪已经沾身，那么便需要通过驱鬼的方式方可作解，以求得家人康健。驱鬼的方式又有多种，具体而言，有以下几种形式：

"打鬼"。所谓的"打鬼"，一般是在家人久病而不得痊愈的情况下，请专门的巫师上门来"打鬼"。其具体做法是首先在大门口悬挂一口宝剑，以免恶鬼趁乱逃跑，然后让一10岁左右的男孩蒙住双眼，巫师念念有词，随后解开布条，让男孩视察鬼在何处，待其指定方位之后，巫师用桃木剑一顿猛打，这便是所谓的"打鬼"。传统时期"打鬼"，家长需要携带礼品前去邀请巫师，男孩为其专门带来"视鬼"的。在"打鬼"之前，需要设宴招待巫师；同样在"打鬼"之后还需大吃一顿，并且收取价格不等的钱财。巫师收费没有统一的标准，大多视邀请人的家庭经济情况而定，少则 3 至 5 斗麦子，多则 1 石左右麦子。

"炸鬼"。所谓的"炸鬼"，是一种与"打鬼"方法类似的驱邪方式，即请巫师上门，在家中备一盆清水、一个小空盒，然后拿一张黄表纸在病人身上来回摇动，口中同样念念有词，之后将黄表纸点燃放入空盒之内，再将盒子开口朝下，倒扣入水中，此时水中发出"噼啪"声响，巫师称其正在"炸鬼"，如此驱除缠在病人身上的恶鬼，以便让病者好起来。"炸鬼"之前需家长携礼上门请巫师前来，请来之后也需好酒好菜招待，其收费标准与"打鬼"相当，此处不再赘述。

"送鬼"。"送鬼"即如果家中长期有人生病，或者诸事不顺，此时便会认为"家中进了鬼"，因此要请巫师"驱鬼"，并将之"送走"。其具体做法是请巫师上门，然后点燃黄表纸在屋内、院内四处游走，再将黄表纸化在盛有食物的碗碟中，随后将之倒在十字路口处，称之为"送鬼"，据说恶鬼在饱食之后便会离开，不再纠缠，以此达到"送鬼"的目的，以保家人平安。"送鬼"的收费略高于"打鬼""炸鬼"的费用。

"跳神"。"跳神"同样是在家里出现不好的情况时邀请道士前来作法驱鬼的一种方式。其具体做法如下：首先道士祭拜神灵，以便得到其助力，不久，道士便"打哈欠"佯装睡去，过一会儿之后，道士"突然发作"，对着某处用桃木剑一顿乱打，意在"打鬼"，随后道士"醒来"，宣称恶鬼已被驱离，附在自己身上的神明已离去，这便是"跳神"。"跳神"的费用大约为半石到 1 石麦子之间。家长需要主动上门邀请、设宴款待、以礼相送。

"安顿院子"。"安顿院子"，有些宁王村人也称之为"安顿屋里"，即如果一个家庭接连发生不好的事，如亲人去世、物品接连丢失等事件，便会认为自家触犯了某方神灵，需要"安顿"，或者让其回归本位，于是便要请巫师前来作法，以"安顿院子"。"安顿院子"的主要做法与"打鬼""炸鬼"不同，与之相比，"安顿院子"更为隆重。首先要焚香烧纸，其次念经祷告，之后张贴咒符，最后鸣炮等。"安顿院子"之后半月之内外人不得进入院落，以免带入"不洁之物"影响"安顿"效果。此外还需在大门口悬挂铜镜，以阻挡前来再犯的鬼怪。"安顿院子"的花费较高，"一般没有 2 至 3 石麦子不行"。

祭庄。祭庄即祭祀村庄，实为"安顿屋里"的扩大版。一般是在村里接连发生去世老人、房屋倒塌、大面积牲口死亡等情况时，人们便认为是本村触怒了某方的神灵，因此降罪于本村。此种情况下，便需要邀请巫师前来查看，弄清楚所触犯的神灵之后，由道士选定祭庄的日期。祭庄的具体做法为先用稻草扎一草人，再用红纸剪裁出一串人,附着于草人上,然后在所触犯的神灵方位焚香祭拜,最后将草人置于村内十字路口处燃尽,上述便是祭庄。还有一些祭庄仪式更为隆重,需要挨家挨户地去转一遍,届时敲锣打鼓、燃放鞭炮,并且在每家每户的大门口书写"龍""虎"字样,写法遵从"左青龙右白虎"的原则,如此,以示镇压。祭庄仪式更为隆重,其花费也更为高昂,一般视村庄大小及人口多少收取10石不等的麦子作为报酬。周边村落的人听说某村在祭庄之后,便会避免前来,甚至绕道前行,以免沾染"不洁之气",为自己的家庭或村落带来灾难。

图5-3 位于村民大门口两侧的石狮

禳解中的关系主要有以下几个方面:

第一,禳解中的地缘关系。传统时期,在宁王村一带,禳解具有一定的地缘关系,此种地缘关系表现在以下几个方面:其一,不同的村落其禳解之法有所差异。其二,一些禳解之法以村落为单位,集体进行禳解,如祭庄活动等。其三,宁王村一带还存在以家户为单位的禳解之法,如"安顿屋里"等。其四,宁王村一带的禳解,小事一般请本村或者邻近村落的道士,如画符、驱鬼等;而涉及较大的事情,则需要请外村有名气的道士、阴阳先生前来,如祭庄、谢神、"安顿屋里"、主持葬礼等。

第二,禳解中的庇佑关系。禳解之法实为农民在无力应对一些生活中的困难时,通过寄希望于神灵的庇佑,以此免除家人、亲友等的灾难的方法,因此,在一定程度上,禳解关系含有庇佑关系的成分。其一,为幼儿求平安锁,目的在于祈求神灵,庇佑幼儿健康成长。其二,贴门神,意在以秦琼、尉迟敬德二将守护大门,庇佑家人,以免鬼怪侵入。其三,立"泰山石敢当"石碑,意在阻挡不洁之物的入侵,庇佑家人。

其四，悬挂铜镜、张贴咒符等，意在庇佑家人，免除鬼怪入侵等。

第三，禳解中的庇护关系。在禳解关系中，除了上述神灵的庇佑关系之外，还有一种对亲友的庇护关系。其一，在葬礼上，为外姓的帮忙人系上红色的丝带，是对友人庇护关系的体现。其二，在葬礼上，未过门的儿媳、未结婚的女婿等前来参加葬礼，女方需要系红色丝带，男方需要披红色披风，以示对新人的庇护。其三，同样在葬礼上，所有参加下葬仪式的人在返还家中之前需要从火盆上跨过，祛除不洁之物，以示庇护。其四，在婚礼上，花轿在行进过程中如果与丧轿相遇，那么需要用红布遮盖花轿，以此庇护新娘，免受侵扰。其五，为外出者求平安符，随身携带，以此庇护远行人的平安。

第四，禳解中的年龄关系。在禳解中存在一定的年龄关系。其一，在道士、阴阳先生一方，多为年龄较长者，甚至有一种"年龄越大，越受村民信任"的趋向。其二，在家户一方，多为家长、家中长者负责邀请道士、阴阳先生等，家中未成年的人大多不涉及上述禳解事宜。其三，对于家中幼儿、未成年人等，属于家中的受庇护者，如在幼儿阶段，家人多为其求平安锁，以此庇护其健康成长；到了上学出远门的阶段，家人则为其求平安符，制成荷包状，随身携带，以保其外出一路平安。

第五，禳解中的贫富关系。在禳解仪式中，贫者与富者之间基本没有差异，但在规格、隆重程度上，贫者与富者有所差别。其一，一般家庭的平安锁多配麻钱，而富裕一些的家庭则佩戴银饰物品等。其二，在禳解规格上，一般家庭较为简单，甚至自行求得符咒张贴，以此禳解；而对于相对富裕的家户，大多邀请有名的道士前来作法，以示禳解。

第六，禳解中的官民关系。禳解中的官民关系主要表现在如下几个方面：其一，官员可以以普通百姓的身份求平安锁、平安符等，以此为家人祈福、保平安。其二，民间的禳解行为较为普遍，一般在不危及社会治安的情况下，官员不会对之进行管理或者做出限制性的规定。其三，如果在禳解中涉及人命官司，涉事方告到官府，那么官员需出面进行判决处理。

第七，禳解中的性别关系。禳解中的性别关系主要表现在以下几个方面：其一，家中小事禳解，多以女性为主，如为幼儿求平安锁、为家人求平安符等事宜。其二，家中大事禳解，多由家中男性，尤其是家长为主，如出面请道士、请阴阳先生等。其三，在禳解一方，传统时期均由男性参与、主持。

（三）鬼怪信仰关系

1. 信缘关系

传统时期，鬼怪崇拜是一种较为特殊的信仰方式，主要基于"生死轮回""人死为鬼""转世投胎"等多方面的生死循环、往复的认知。基于上述的共同认知便产生了共同的鬼怪崇拜，以达到趋利避害、化险为夷、转危为安、明哲保身等诸多目的，求得家人康健、亲友吉利、诸事顺利等。

2. 地缘关系

基于长期的演进、变化，在鬼怪崇拜关系中形成了一定的地缘关系，如遇事请道士还是请阴阳先生，请本村阴阳先生还是请外村阴阳先生，家中派谁去请，请村内阴阳先生与请外村的阴阳先生有何区别，是否需要携带礼品，邀请过程中有何讲究、有何礼节、有何注意事项、有何禁忌、收费如何，哪些因素影响道士、阴阳先生收费等，在不同的村庄或者在不同的地域范围内有所不同，但主要表现得"大同小异"。下面主要对宁王村在鬼神崇拜中的关系做一简要的梳理。其一，小事请道士，大事请阴阳先生。其二，在邀请道士、阴阳先生方面，能力因素大于地域因素。其三，邀请道士、阴阳先生是否携带礼品主要取决于关系。其四，多数情况下，邀请方对道士、阴阳先生等较为尊重，一般坐席时需要安顿其坐上席，并需由家长或者族人中的长者作陪，以示重视。其五，阴阳先生的收费标准不一，主要取决于与邀请方的关系、熟悉程度、家庭经济状况、是否有熟人推荐等诸多关系。

3. 交往关系

在村民与道士、阴阳先生等长期交往、互动的过程中，逐步形成了双方基于共同利益的交往关系，而这种交往关系主要表现在以下四个层面：其一，遇事时的交往。在邀请双方的交往关系中，遇事时的交往是最为主要的方面，主要包括家中"不好"、家人生病、丢失东西、丢失耕牛等牲畜、需要动土、需要破土等重大事项，此时多数需要请阴阳先生或者道士前来作法，以便驱除鬼怪等不良影响。其二，重要节庆时的交往。如果道士、阴阳先生作法有效，帮助家中避灾、避害等，此种情况下，多数农民对道士、阴阳先生感恩戴德，遇到春节、正月十五、八月十五等特殊的节庆时间，便会携带礼品登门拜访以此表达感激、感恩之意。其三，重要事件时的交往。重要事件时的交往，如遇到红白事、寿辰等特殊的事件，双方也有一些往来，但此种往来仅限于关系好的邀请双方；对于关系不好的邀请双方，则无此层交往关系。其四，农忙时节的交往。如遇到抢种、抢收时节，受到过道士、阴阳先生帮助的农户在忙完自家的农活之后便会主动上门为道士、阴阳先生家提供力所能及的帮助，以此表达感恩之情。值得说明的是，只有在道士或者阴阳先生对家户有过重大帮助时，才有此层关系，并非每个与道士、阴阳先生发生过交往关系的家户都会在农忙时节帮助道士、阴阳先生家抢种、抢收。

4. 走访关系

鬼怪崇拜中的走访关系主要是在特殊的时间节点，如春节、元宵节、中秋节等节日期间的一种走访关系；此外还包括婚丧嫁娶、生育、寿辰等特殊事件节点的走访、互相帮助等活动。上述两种情况下，道士、阴阳先生与邀请家户之间的走访关系还是较为常见的。

5. 尊卑关系

鬼怪崇拜中的尊卑关系主要包含三个方面。其一，邀请家户对道士、阴阳先生的尊敬、器重关系。邀请家户的家庭成员对道士、阴阳先生是较为尊敬的，主要包括亲自登门邀请、坐席待遇、给予报酬、礼送回家等诸多环节。其二，邀请家户对道士、阴阳先生的尊敬超出了长幼年龄因素。如家中老者对邀请来的道士、阴阳等也要给予应有的尊敬，即使道士、阴阳先生的年龄小于家长长辈，长辈也会给予其应有的尊敬。其三，道士、阴阳先生之间的尊卑有别关系。传统时期，道士、阴阳先生之间也有相应的尊卑关系，具体而言，道士、阴阳先生师傅的名气越大、威望越高，其徒弟就越受尊敬。

6. 官民关系

传统时期，鬼怪崇拜中存在官民关系，主要表现在以下几个方面：其一，官员与道士、阴阳先生之间的邀请与被邀请的关系。如官员家中看风水、选择坟址、修建新屋时的"谢神"等诸多活动，需要邀请道士或者风水先生前来，提供必要的帮助。值得一提的是，官员与道士、阴阳先生之间的这种邀请与被邀请的关系是建立在官员私人身份之上的，有时还是较为隐蔽的，以免"授人以柄"，影响自身仕途。其二，官员与道士、阴阳先生之间的管理与被管理的关系。传统时期，除非在一定时期之内，道士、阴阳先生大面积出现，引发一定的人命官司、造成社会动荡等，此时，官员会对道士、阴阳先生等做出一些限制性的要求，采取一些惩戒等措施，以安定社会；除此之外，在平常年份，道士、阴阳先生等可以自由行事，不受官员的约束与管理。

7. 性别关系

鬼怪崇拜中的性别关系主要表现在如下几个方面：其一，传统时期，道士、阴阳先生、巫医等从事上述活动者多为男性，较少有女性参与其中。其二，一些小的事项，如叫魂、"驱鬼倒饭"等活动主要由女性来完成；而一些较为重大的活动，如"安顿屋里""动土谢神"、请阴阳先生看风水等均需要家中男性甚至当家人出面配合道士、阴阳先生完成。其三，在鬼怪崇拜活动中，多以男性为主，女性为辅；但在家中男性不在场的情况下，一些女性也能够发挥较大的作用，如为受到惊吓的孩子叫魂、为生病的孩子组织"驱鬼倒饭"等,这些活动大多由家中女性完成,男性较少参与其中。

三、其他信仰及其关系

(一)"三光"信仰

"三光"即日光、月光、星光。传统时期,人们对"三光"有着天然的崇拜。

第一,对太阳的崇拜。人们的生产、生活自古离不开太阳光芒的照耀,因此人们对太阳有着天然的崇拜。当地称太阳为"太阳爷",民间忌讳用手指太阳、忌讳早晨朝着东方小便等,一旦发生日蚀,农民便敲锣打鼓、鸣放鞭炮,以便吓走天狗。此外,民间认为太阳有驱除鬼怪的力量,太阳一出来,所有的鬼怪便不得不隐藏起来,不敢再猖狂作祟;太阳一落山,鬼怪便开始四处游荡。基于此,迎亲的队伍大多需要在日出之后出发,以保新娘一路安全;而下葬仪式大多需要在太阳升起之前完成,一旦棺材见了太阳,便视为不吉利等。

第二,对月亮的崇拜。民间关于月亮的崇拜主要体现在以下三个方面:其一,美丽的传说。即人们将月亮想象成美丽的女子嫦娥,民间的许多爱情故事由此衍生而来。其二,八月十五拜月。八月十五月圆之夜,寄托了人们对亲人的挂念,因此,此日除了拜月,更是家人、亲友团圆与共话情谊的时刻。其三,月食。传统时期,发生月食,人们认为是天狗要吃掉月亮,因此需要敲锣打鼓、鸣放鞭炮,以此驱赶天狗,保护月亮等。

第三,对星星的崇拜。天上的星星浩如烟海,容易引发人们无穷的遐想,人们往往将天上的星星与地上的人相对应,关中一带甚至流传"天上一颗星,地上一口丁"的说法,认为地上每出生一口人,天上便会多一颗星。相应地,如果有人去世,那么天上就会少一颗星,每当有流星陨落,就认为地上会有人死去。此外,民间还有在农历七月初七祭拜牛郎星、织女星的习惯。而对于彗星,人们是比较忌讳的,民间称之为"扫帚星",对于那些不勤俭持家从而使得家庭日趋贫困的儿媳妇,当地人称其为"扫帚星"。

(二)风雨雷电信仰

第一,对风的崇拜。关中宁王村一带对风的崇拜主要体现在龙卷风上,由于龙卷风的形状像龙并且在当地极为少见,一旦发生龙卷风,常被农民认为是龙。此外,人们遇到小型的旋风,认为是鬼行走时带起的,所以遇到旋风是不吉利的,因此需要啐一口吐沫并尽快离开。

第二,对雨的崇拜。雨水对于农民而言,无论是生活还是生产都是至关重要的,少雨则旱,多雨则涝,对农民影响较大,因此,对雨自古便有天然的崇拜。每逢干旱,人们纷纷以村落为单位或几村联合，到龙王庙求雨，希望天降甘霖，救民于水火。

第三，对雷的崇拜。在宁王村一带，人们将司雷之神称为雷公。民间对雷具有天然的崇拜与敬畏，传统时期，人们认为雷公能够代天执法行刑，击杀有罪之人；雷公行刑时，先由电母执镜分辨好歹，待确定目标之后再由雷公行刑。村民在赌咒发誓时也愿意说"如不守信，愿遭电打雷击"等。由此可见，雷在人们心中是公平、正义的象征。

（三）土地信仰

土地，对于农民而言无疑是至关重要的，没有土地便没有五谷，没有五谷，农民便无以为生，因此，农民对于土地有天然的崇拜。在宁王村一带，每家每户都设有土地神龛，大多在春分、秋分前后祭拜。除了上述家户祭拜之外，每个村一般还建有土地庙，多建于大路之旁，方便村民祭拜。此外，农民对于土地的崇拜还体现在动土方面，如果要置办院落、修建新屋等需要动土的事项，一般不得随意动土，需要请专门的阴阳先生前来"谢神"、祭拜土地神等，之后才能够破土动工。

（四）山石水火信仰

第一，对山的崇拜。"山不在高，有仙则名。"传统时期，人们认为每一座山均有神灵居住，尤其是高大巍峨之山，更是视为登天之路，因此，人们对于山有着一定的崇拜。宁王村一带崇拜的主要大山有宝鸡的太白山、西岳华山等。除了上述名山、大山之外，每一座山各有其神，因此，传统时期，山上多建有山神庙，接受行人及村民的祭拜，保一方平安。

第二，对石的崇拜。关中一带对石头的崇拜是较为显著的，主要包括：其一，对巨石、怪石的崇拜。其二，对好看的灵石的崇拜。这主要体现在对玉石的崇拜上，认为玉具有灵性，可以对人的性情等产生一定的影响等。其三，立"石敢当"辟邪。如在院落周围的路口等处立石碑，上书"泰山石敢当"五个大字，以避妖邪。其四，对石磨、石碌碡的崇拜。在关中宁王村一带，石磨被视为"青龙"，石碌碡被视为"白虎"，因此将石磨、石碌碡视为神灵，每逢春节都要对其进行祭拜，一些地方甚至有向石磨求雨的习俗。

第三，对水的崇拜。传统时期，人们对于水的信仰主要体现在对"神水"的崇拜上，认为一些神水可以医治百病，因此，一些信众不辞辛劳前去求取神水，以便医治患病的家人、亲友等。此外，宁王村人对水的敬畏，最为直观的感受便是渭河之水的泛滥，历史上，渭河曾数次改道，对农民的生产、生活造成了极大影响，因此，对渭水产生了由衷的敬畏。

第四，对火的崇拜。传统时期，火与人们的日常生活息息相关，由此产生了对火的崇拜。其一，对于一些特殊的职业人，对火更是崇拜之至，如铁匠、瓷匠、砖瓦匠等，上述职业的人一般需要祭祀火神。其二，在日常生活中，人们认为火具有驱邪逐魔、消灾去污的能力，如在婚礼、葬礼上，需要跨过火堆，以此祛除邪气；在新娘出发之前，娘家人用火"燎轿"，花轿到达新郎家之后，新郎一方也会"燎轿"，以此驱邪避害。此外，各地农历正月十五均有点灯、打灯、"照四角"等习俗，无不体现了农民对火的崇拜。

（五）灵物信仰

第一，老虎。老虎由于其高大、威猛，民间视其为神兽，称其为"百兽之王"。在宁王村一带，民间对老虎的崇拜主要表现在以下几个方面：其一，在堂中悬挂"猛虎长啸图"。其二，妇女为小儿制作虎头鞋、虎头枕等。其三，一些地方的新娘子出嫁时需要在胸前佩戴面制的老虎，以此辟邪禳灾。其四，民间在搭建戏台时忌戏台口朝西，否则被认为是"白虎台"，不吉利。其五，民间忌在房屋的西侧立巨石，认为是"白虎星"，不吉利。

第二，喜鹊。喜鹊在关中一带是较受欢迎的，被视为一种灵物，认为喜鹊可以报喜。其一，谁家门前树上有喜鹊建窝，人们便认为谁家将有喜事临门。其二，如果早上听到喜鹊叫声，那么便可能有亲戚、贵人登门。其三，民间在剪纸、绘画、刺绣等物品中，多选用喜鹊的形象，寓意"双喜临门""喜鹊闹梅"等。

第三，燕子。燕子在古代称之为"玄鸟"，是古代大秦的图腾。传说秦的始祖便是女脩勿吞燕卵受孕而生，因此关中一带对于燕子更是敬畏、喜爱有加。基于此，形成了一些特定的习俗、约定，如不得打燕子，认为打死燕子是"罪过"；燕子在谁家建窝，便视为吉祥的征兆。在其他一些剪纸、绘画、雕刻等艺术品中，多选用燕子的形象。

第四，龙、蛇。龙属于一种人们幻想中的图腾，可以行云布雨，在民间绘画中常有"二龙戏珠""龙凤呈祥"等造型。蛇自古便是华夏民族的图腾之物，传说伏羲、女娲便是人首蛇身，在关中一带，甚至将蛇视为"小龙"。传统时期，人们更是不敢打蛇，认为打蛇会遭到报应。如果有蛇进入院落，主人需要焚香烧纸，祷告其离开，而不能肆意驱赶；在野外遇到蛇，也需要注意避让等。

第五，蟢子。蟢子即蜘蛛，当地人称之为"喜蛛"，人们对蜘蛛的信仰、喜爱由来已久。传统时期，人们遇到蜘蛛，便认为有喜事到来，将之看作一种喜庆的动物之一，平日遇见时不能伤害，而是将其放生。

第六,桃木。关中宁王村一带,人们普遍认为桃木具有避邪的功效,因此,成为人们崇拜的灵物之一。其一,在民间,桃木往往成为术士跳神、驱鬼时使用的道具。其二,对于普通家户而言,一般在小孩独自外出时,一些家长为其准备一枝桃木枝随身携带,以防止鬼怪侵袭;妇女在抱孩童外出时,也有带桃枝的习俗;更有一些家长在幼儿的枕头下放置一截桃木枝,以此辟邪驱秽,护佑孩童健康成长。

第七,鞭炮。鞭炮,传统时期称之为"爆竹"。人们认为鞭炮声音清脆,其声可以震慑鬼怪,因此,凡遇到重要的节庆活动,都要鸣放鞭炮,如破土动工、修屋上梁、乔迁新居、婚丧嫁娶、祭祀神灵、祭祀先祖等。

第八,镜子。传统时期,关中宁王村一带多将镜子视为灵物之一,一则,据传镜子可以让鬼怪现原形,从而无处遁形;二则,镜子可以将所照见的鬼怪反射出去,从而阻挡其侵入等。如果大门正对着路口,那么就需要在大门口悬挂明镜,以此阻挡鬼怪的侵入;也有一些人家在新婚当日为新娘佩戴铜镜,以此辟邪驱秽,护佑新郎新娘新婚之喜,以免鬼怪冲撞。

第三节　习俗及其关系

传统时期,宁王村的习俗较为丰富。本节择其要者,从婚丧习俗及其关系、节庆习俗及其关系和日常习俗及其关系这三个方面来考察传统时期宁王村的习俗及其关系。

一、婚丧习俗及其关系

在一系列的习俗中,婚嫁、丧葬无论是对于个人还是一个家庭均有着重要的影响。婚丧嫁娶占据重要的位置,也更能体现习俗中人与人、人与家、人与村落以及家户与村落的关系。

(一)婚嫁习俗及其关系

婚姻,无论是对于个人还是对于家庭,无疑是至关重要的。而在传统时期,婚姻讲究"父母之命,媒妁之言",讲究"明媒正娶",在上述指导原则下,形成了一套极为复杂却又相当规范的礼俗传统,为了便于梳理,对于婚姻这一板块的介绍主要以时间为主线遵循动态的过程性,围绕婚前、婚时、婚后这三个主要阶段展开阐释。

1. 婚前

传统时期结婚之前,男女双方很少有"直接"见面的机会,以媒婆为主,居中周旋、说合,包括初步掌握两家的家庭情况以及男女双方的生辰八字、属相等,之后,如果达成初步的意向，那么会适时地安排男方与女方见面。

第一，"见人"。即安排男女双方见面，也称为"看媳妇"。见面当日，男方在父母及媒人的陪同下，携带酒、肉等礼品直接登门拜访；当日女方不会直接出面，而会在暗中看一眼男方，其余由女方父母负责接待。见面后如果双方均有意，那么会当场交换手绢，男方送给女方的手绢包有钱币若干，具体视家庭经济情况而定；女方送男方的手绢则由女方亲手缝制，多为鸳鸯、连理枝。一旦双方交换了手绢，那么意味着两家婚姻关系的初步达成。如果有一方不同意，那么则不会交换手绢，以示婚姻没有达成，也再没有了下文。

第二，"发脚酒"。婚姻关系确立之后，男女双方需要交换庚帖，宁王村称之为"照帖"，其间依然由媒人周旋，媒人为女方送照帖时，男方需要款待媒人，当地称之为"发脚酒"；照帖送到女方家之后，便要商议订婚日期及彩礼数目。

第三，送彩礼。传统时期，订婚日期一般已经由男方选好，只是在当日征求女方及其家人的意见，看是否同意。彩礼的商议过程颇费周折，其最终的敲定多半是媒人往返奔走、多次说合的结果。传统时期的礼单主要包括彩礼、衣柜、衣物、首饰及化妆用品等，除了女方开出的礼单，男方还需要备齐喜酒、喜肉、喜糖、喜馍四样礼品，之后择日挑选专人送至女方家中。传统时期，宁王村的彩礼较重，大约在15至20石麦子之间。

第四，"纳彩"。"纳彩"即收纳彩礼。女方在收到彩礼之后，需要设宴招待送礼人一行，当地称为"下货"，同时女方需将喜糖、喜馍等分发给亲友，即表明自家女儿已经订婚。

第五，"拜礼钱"。传统时期订婚要举办宴席，在开席之前，女方在父亲的引荐下，需向公公行礼，公公则给媳妇一定的钱币，称作"拜礼钱"，"拜礼钱"有多有少，具体视男方家庭经济条件而定，一般为100元不等。女方收到礼钱之后需回赠鞋袜、手帕或者帽子等。订婚宴席结束之后，女方将帖子装入盒中交给媒人，再由媒人转交给男方父亲。

第六，"追节"。在两家互换庚帖之后，便意味着婚约的正式达成，此后无论男女双方哪家退出，均被视为不道德，从此两家以亲戚之礼往来，尤其是重大节日、双方长辈生日等，均需互相走访，共同庆祝。走访时男方在送其他礼品时还必须特意为未婚媳妇准备一份礼物，当地人称之为"追节"。

第七，准备嫁妆。在订婚之后，女方需要准备嫁妆，主要包括女方一年四季的衣服、家具、被褥等，衣服一般准备6至12套，且必须为双数，经济条件差的则要少一些。女方则需要亲自动手做一些布鞋、鞋垫、手帕等,以备过门后送给自己的公婆、兄嫂、弟妹等。

第八,"请期"。"请期"即请求女方同意举行婚礼的日期。传统时期,婚期的选择也是颇费周折,既要考虑男女双方的生辰八字,又要考虑男女方的属相。婚期确定之后,需最迟于婚前一个月送至女方家中,称之为"请期"。

第九,"下聘"。在"请期"的同一日,还需与女方协商婚礼中的诸多细节,如迎亲、送亲的人数、规格,婚后女方回门的日期等均需一并商定。"下聘"当日未婚女婿不用亲临,主要由男方父母出面,在媒人的陪同下前往。当日需要携带酒、肉、糕点、衣物、馒头等前往女方家。女方则请同族人出场设宴招待,席间主要洽谈结婚具体事宜。女方之所以邀请同族人在场,一则作陪,二则为己方争取更多的"好处"。

第十,"散糕子"。"下聘"之后,男女双方分头准备结婚事宜,此外女方还需将男方"下聘"送来的糕点(当地称之为"喜馍")分送给己方的亲友,称为"散糕子"。收到"喜馍"的亲友需向女方回礼,多为床单被罩、脸盆、衣物等生活用品,以及大枣、核桃、糖果等食品。回礼的轻重主要取决于与女方的亲疏远近关系,越亲则礼越重;其他一些关系较疏远的亲友多会共同凑钱,一起购买礼品,既大方又不失礼数。

第十一,在迎娶新娘的前一日,男方需要给女方家中送去花馍,该花馍用上等面粉做成,一般为24个,以表达近20年来父母对女儿的养育之恩。

传统时期,宁王村一带在婚前需要遵循一些习俗。

第一,基本条件。其一,以"一夫一妻"型为主。传统时期,宁王村婚姻以一夫一妻为主,一些大户也有娶2至3个老婆的情况,但占少数。其二,门当户对。就是婚姻讲究门当户对。即双方经济情况、家户地位等均需相当。其三,同宗氏不婚。其四,近亲不婚。即姑姑、舅舅两支亲戚之间不再嫁娶。其五,兼顾长相。传统时期结婚看长相,尤以男方为甚;女方则更看重男方的门第、财产等。其六,年龄。传统时期婚姻在年龄方面多以"男大女小"型为主,一般男子长女子2至3岁为宜,但也有大10岁左右的情况;而女方年龄大于男方的较少,当地流传着"宁教男大十,不教女大一"的说法。传统时期,男女结婚一般都较早,男方大多15至16岁;女方多13至14岁。当地甚至有"庄稼长到寒露,女儿养到十六"的谚语。其七,同村不同宗氏之间可以结婚。

第二,明媒正娶。传统时期宁王村结婚讲究明媒正娶,基本没有自由婚姻,而明媒正娶的核心是"父母之命,媒妁之言",因此,婚姻要想达成,首先需要请媒婆。传统时期多以男方请媒婆的居多,但也有一些女方请媒婆的事例,当地称之为"倒托媒"。

第三，算生辰八字。一般是男方经过媒人要到女方的生辰八字，称之为庚帖，男方在得到女方庚帖之后将其压在堂屋神龛之下，3天之内如果家中进财、家人和睦、无打碎碟碗、无人生病、牲畜无事，则意味着"八字相合"，可以合婚。同时，女方也会要到男方的生辰八字，以同样的方式或者将其拿到算命先生前"合婚"，此举被称为"合倒婚"，之所以如此，主要是因为传统时期女子"嫁鸡随鸡，嫁狗随狗"，一旦结婚，只能从一而终，因此女方极为重视。所谓的"合婚"，主要是指根据阴阳五行之相生相克原理，结合双方生辰八字，以此推断两人的命相是"相生"还是"相克"。

第四，看属相。除了上述看生辰八字外，传统时期还讲究看属相，即依据男女双方的属相，判断是否"相冲"，如当地人认为"鸡冲猴、马冲牛、虎冲蛇、羊冲鼠"等，不一而足。再次，看犯月。传统时期当地人认为，每个属相都有犯月，所谓犯月，便是某个属相生在某个月份便不吉利，如属蛇的犯正月、属牛的犯四月、属兔的犯五月、属羊的犯九月等。此外坊间还有"男犯妻家，女犯婆家"的说法，即男方如果出生在犯月，那么将来对丈人家不利；女方如果出生在犯月，则对婆婆家不利。

第五，"看媳妇"。一般是男方直接到女方家中去，俗称"看媳妇"。其一，携带礼品。男方登门时需要携带礼品，一般以酒、肉等为主。其二，媒人陪同。男方不得自行前往，当日需由媒人陪同男方父子一同前往。其三，交换手帕。经过初步了解，双方如果均有意向，则彼此交换手帕，男方给女方的手帕里一般包有钱币，钱币可多可少，一般是100元不等；而女方给男方的手帕一般为女方亲手缝制，且以鸳鸯、连理枝枝图案为主。其四，"见面钱"。无论相中与否，按照惯例，男方需要送给女方红包，钱币多少主要取决于男方的经济状况。

第六，"看家"。男方"看媳妇"毕，在临行前双方会约定女方"回访"时间，女方去男方家中探看，称之为"看家"，也称为"看屋里"，意在核实媒人所说是否属实等，以便进一步考察。首先，设宴招待。女方登门，男方需设宴招待，女方如果不吃饭直接离开，那么说明"没有看上"。其次，赠送礼品。如果女方留下吃饭，说明"看上了"，可以进一步谈，此时，男方临行前还需要送女方礼物，大多以衣服为主。

第七，交换庚帖。男方经过"看媳妇"、女方经过"看家"之后，婚事就算基本定下来了。下一流程便是交换庚帖。其一，书写庚帖。庚帖一般选用红纸书写，男方的庚帖称之为"龙贴"，基本格式为"乾生×年×月×日×时"，另外还需写一份柬帖，上书"久仰名望，愿结秦晋"。下方落款为"眷姻弟×××暨子×××现年××岁顿首"。女方的庚帖则称之为"凤贴"，上书"坤造×年×月×日×时"，另一柬帖上书写

"德愧比凤，愿切乘龙"。下方落款为"眷姻弟×××暨女×××现年××岁顿首"。其二，交换庚帖。写好之后，交换庚帖之事由媒人完成。媒人在为女方送庚帖之前，男方需要设宴招待媒人，当地称之为"发脚酒"，即喝了男方的酒，就需要替男方说话，因为在媒人送庚帖当日，男女两家需要商定结婚日期及彩礼数目。婚期一般由男方择定，只需女方同意即可，较为简单，但彩礼的商定可谓颇费周折，需要媒人奔波多次，斡旋其中，最后才能敲定。

第八，送彩礼（订婚）。其一，择吉时而送，送彩礼需要选定吉时良辰，不可随意，一般由男女双方家长协商，共同决定。其二，媒人相陪，专人相送。送彩礼的人一般要选本族熟知礼仪、善于说话者，以便随机应对各种情况。此外，男方父母在媒人的陪同下一同前往。传统时期，送彩礼的过程实为订婚的过程，因此，双方均比较重视，被视为仅次于举办婚礼的仪式。其三，礼金及礼品。传统时期的礼金大约在15至20石麦子之间；在当地，礼金一次交清称为"一盘端"，分几次交清称为"小送"，但第一次交的礼金至少为总礼金的一半。礼品主要包括女方指定的物品，如衣服、化妆品等，除此之外，男方还需要另备喜酒、喜肉、喜糖、喜馍等物品，以便一并送去。其四，散发喜糖、喜馍等。女方在收到彩礼之后，会将男方送来的喜糖、喜馍等分发给己方的族人、亲友等，意指自家的女儿已有主，无须亲友们帮其提亲了；而收到喜糖后，族人亲友们需要回礼，以示庆贺。其五，拜公公。订婚宴会开始前，女方父母要引见女儿拜见公公，拜见之后公公要给未来的儿媳"拜礼钱"，以示对晚辈的关怀。其六，女方回礼。订婚宴席毕，临行前女方需要回送礼品，多以手帕、腰带为主，手帕上一般绣有鸳鸯、连理枝等图案，以表达对婚姻的美好祝愿。订婚之后，男女双方家庭便以亲戚之礼往来，每逢年节、老人寿辰等均需走访庆祝。

第九，准备工作。其一，女方准备嫁妆。订婚既成，女方便要为女儿准备嫁妆。嫁妆主要包括衣柜、衣服、首饰等；此外，女子还需要亲手缝制一些手帕、鞋袜、鞋垫等小礼品，以便在过门之后送给公公婆婆、哥哥嫂子、弟弟弟媳及其他亲友。其二，男方准备婚房、家具等。男方则需要置办新房、准备女方出嫁时的衣服、置办酒席等。其三，婚期的选定。传统时期婚期的选定较为复杂，婚期需在婚前两个月选定，主要根据男女双方生辰八字，由算命先生以此推算而得。

第十，送婚单。婚单主要书写婚期、迎送男女客人属相、上下轿的方位、坐炕的方位等。婚单由男方负责书写，写好之后需至少在婚前一个月送达女方，以便早做准备。送婚单也称为"请期"，"请期"较为讲究。其一，"请期"时间。何日送婚单也有说法，一般选在双月双日，如二月初二、四月初四、六月初六等。其二，媒人陪同男方父母前往。送婚单男方不用出面，由其父母、媒人前往。其三，女方设宴招待。此日男方父母及媒人登门，女方家人设宴款待，另请同族亲近之人一同出席，因为在席间还要协商婚礼的一些具体细节，如送亲、迎亲人数，婚礼规模，等等。

第十，准备婚礼。伴随着婚期的临近，男女双方均开始筹办婚礼事宜，主要包括聘请族人当婚礼"执事人"，负责统筹协调婚礼的大小事宜，如祭祖、礼仪、账目、酒席、厨子、茶酒、打杂等。

2. 婚时

结婚前期准备工作妥当之后，结婚之时也有许多礼节需要重视。第一，送"礼吊"。送"礼吊"即在结婚时，男方要为女方家中送2至8斤大肉，并附猪前蹄一对；女方收到"礼吊"之后，将大肉留下，将猪前蹄退回；婚后第二日，新婚夫妇需携带挂面（双份）及猪的后蹄一对，一同回到女方家中，此次女方依然留下挂面，退回猪蹄，寓意"蹄蹄来，蹄蹄去，多往来"。第二，陪嫁品。新娘的陪嫁品主要有箱子、衣服、被褥等，一般贵重的物品均锁在箱子里，其他的则放在箱子上面，外面用红布包裹。传统时期陪嫁品越多，一则娘家脸上越有光，说明其富有；二则陪嫁品的多少在很大程度上也决定着婚后新娘在婆家的地位。第三，"撞亲"。所谓"撞亲"，即在迎亲的路上两家新娘的花轿相遇，传统时期认为这是"不好"的，甚至是"晦气"的，此时，双方的花轿必须停止前进，各自新娘拿出手帕或者其他物品交换，以示禳解之意，互不干扰。若遇到丧轿，则需要用红毡遮掩，鸣放鞭炮，改道前行。第四，送礼包。结婚当日，拜过天地、招待完亲友之后，娘家人还要来"扯炕门"，即撕去贴在炕门上的红纸，之后新郎需要给其礼包作为酬谢。类似的活动还有开镜面、钉门帘等。第五，"装烟钱"。婚后第一日早饭毕，新郎便要带着新娘拜见本族长辈及亲友，当地称之为"认门"。每到一家，由新娘姑嫂为其介绍，如果是长辈，新娘需要向其行礼，并为其点烟，以示尊敬，之后长辈便要送其"装烟钱"作为回报，以示对晚辈的关照及认可。

婚时需要遵循的习俗有以下几个方面：

前期准备工作就绪，只需按照约定的婚期迎亲、拜堂，招待双方族人、亲友等。但在具体实践中，宁王村又有其独特的做法，形成了一系列的礼俗，别有一番趣味。

第一，祭祖。祭祖也称之为"祀先"，即在结婚当日清晨，由家长主持，在祖宗牌位前焚香烧纸祭奠，以告慰先灵。还有些人家要求新郎于婚前一日傍晚前去祖坟祭拜，去时着新衣。祭祖还需要摆放肉、酒、果蔬、菜肴等。男方除了在己方祭祖之外，还需派人去女方家祭祀，以示尊敬。

第二，迎亲。其一，人员组成及相应职责。迎亲队伍由"下书人"1人、迎亲娘子妇女 2 至 3 人、"报子" 1 人、乐手若干人、搬运嫁妆的若干人组成。"下书人"负责礼仪协调,任务最为艰巨,一般由新郎一方同辈中懂礼仪者任之。迎亲娘子妇女需才貌俱佳、通晓礼仪、子嗣双全且无身孕之妇女担任,主要负责为新娘梳妆、礼仪引导、陪伴新娘等;"报子"即骑马走在迎亲队伍最前列者,主要负责探路、及时通报信息等。其二,注意事项。值得注意的是,迎亲队伍总人数应为单数,接到新娘之后返回时便是双数,否则被视为不吉;迎亲队伍中所有人的属相不能与新郎新娘任何一方相冲,否则视为不利。其三,择吉时出发。迎亲者的出发时间是根据新郎新娘生辰八字、属相等综合推算而出的,一般是在太阳升起之后才出发,传统时期人们认为太阳升起,各种鬼怪也将消散,以保平安。

第三,吃"离娘馍"。"离娘馍",顾名思义,即新娘离开家门之前食用的花馍,一般由新郎一方于迎亲前一日送达,多为 24 个,寓意父母养育女儿的 20 多个春秋,以表谢意。临出门前,新娘需要在门槛内外各吐一口"离娘馍",据说门槛内吐得多,则娘家富;门槛外吐得多,则婆家富。

第四,"辞灶"。新娘临上轿之前,需要在灶神前叩头,称为"辞灶",还需要在厨房撒下一双筷子,寓意不再吃娘家饭。"辞灶"之后,新娘由己方兄弟或者舅舅抱上花轿,而不能沾娘家的土,否则认为新娘会带走娘家的财运。

第五,"燎轿"。"燎轿"即在迎亲队伍出发前,男方的家长点燃一把柴草,绕花轿一周,以此驱邪避害。同理,在新娘上轿之前,新娘家长也会"燎轿",以图平安。

第六,"哭轿"。"哭轿"即新娘在上花轿之时,放声大哭,以表达对父母的眷恋、对家人的不舍。

第七,送亲。其一,送亲人员构成及相应职责。送亲娘子 2 至 3 人。送亲娘子一般由新娘姑姑或者嫂嫂担任,主要负责礼仪协调、陪伴新娘等。新娘弟弟 2 人,主要负责看管包袱、箱包钥匙等。其二,人数。送亲人数一般需为迎亲人数的 1 倍,且必须为双数。其三,新娘父母一般不参与送亲,只送到村口即可。

第八,迎亲队伍行进及注意事项。首先,走在迎亲队伍最前列的是"报子",其次是乐队,然后是迎亲队伍,中间是新娘花轿,花轿之后是搬嫁妆的队伍及送亲的队伍,伴娘一般与新娘同车而行,如果是坐花轿,伴娘则跟在花轿左右并行。值得注意的是,在队伍行进过程中,如果遇到十字路口、分路口、桥梁、庙宇、水井时,需要鸣放鞭炮,并押红纸一块,以祛除鬼怪,确保平安。花轿在进村之后,如遇石磨、碾盘、水井等时,也需用红纸遮盖,以示镇压。

第九,"撞亲"。"撞亲"即在迎亲队伍行进过程中两家迎亲队伍相遇的情况。传统时期认为这是不吉利的，此时双方迎亲队伍需要停止前进，双方新娘分别下轿并拿出随身携带的手帕等物件作为交换，以此禳解，以达到互不干扰、各自平安的目的。此外，如果遇到丧葬队伍，则需用红毡遮盖花轿，鸣放鞭炮，绕道前行，以免"冲了喜气"。

第十，"传席"。花轿到达新郎家门口时，需要按照事先选定的方位落脚，之后进行"燎轿"，以驱逐在路上沾染的不净之物。新娘下轿之后脚上不能沾土，需在伴娘的搀扶下，走红毯或者草席而入，称之为"传席"。当地流传着一句俗语，"新娘离娘不粘土，来到婆家席上走"，说的便是此事。新娘行走在前，其后安排专人抛撒红枣、核桃等物，以供小孩抢食，以沾喜气。

第十一，拜天地。其一，仪式。燃烛焚香，鸣放鞭炮，乐队奏响。其二，站位。传统时期新郎新娘站位遵循"男左女右"的原则。其三，三拜。在司仪的主持下，首先向天地三拜；其次，向祖宗牌位三拜；再次，向父母三拜；最后，夫妻对拜，礼成。

第十二，点长明灯。宁王村在新婚之夜有点长明灯的习俗，即当日蜡烛点燃后不熄灭，直到自行燃尽为止。因"长明"与"长命"同音，故取长相厮守、白头偕老之意。

3. 婚后

第一，是否邀请的每个人都要下帖？传统时期，举行婚礼需要下帖邀请的人主要有：其一，本族之内的长辈；其二，舅舅一方；其三，姑姑一方；其四，姨姨一方。此外，其他亲友如村里的亲朋等通知到便可，不一定需要下帖。

第二，一般谁去下帖？传统时期，对于下帖的人有要求，对于关系亲近的长辈必须由男方亲自登门下帖，同时携带酒、肉、馍等礼品，不得马虎。对于关系较疏远的亲戚，由新郎的弟弟或者其他同辈人前往下帖，但必须知晓礼仪，将信息准确传达。

第三，一般提前几天下帖？传统时期由于交通不便，一般下帖时间多为提前半月左右，少则7日。之所以如此安排，一则以示尊重；二则以便让亲友有充分的准备时间，而不至于慌乱。

第四，下帖有无先后顺序？下帖有一定的顺序，主要围绕亲疏远近关系而依次下帖，多为本族长辈、舅舅一方、姑姑一方、姨姨一方；之后便不再讲究，通知到便可。

第五，下帖不来的会不会送礼？对于下了贴而不能参加婚礼的，一般需要托人携带礼品前来，或者可以捎带一些金钱，同时还要说明原因，致以歉意。

第六，托人带了礼用不用回礼？如果是托人带礼，那么也需要适当回礼，多由同村其他亲友相带便可，一般不会亲自前往回礼。

结婚过程中的其他事项包括以下几个方面：

记礼即在婚礼现场设专门的记礼处，负责登记诸亲友的随礼情况。一般安排本族内得力者二人负责记礼，一人负责登记，另一人负责收礼金、礼物等。记礼处放有烟酒、茶水等，以便记礼人招待前来随礼的亲友。宴席结束，记礼人将礼金、礼品汇总、清点之后当面交予主家。记礼的作用有二，一则谁家送礼金多少、送何礼物一目了然；二则便于亲友家举办婚礼送礼时有所依凭，而不至于失了礼数、没了人情。

传统时期，举办婚礼对于一户人家来说无疑是件大事，仅凭一家人之力必然不能完成，因此就需要族人及左邻右舍的协助。传统时期关系好的族人、邻人等无须邀请，在得知有事之后便会主动上门提供帮助；而对于其他一些邻里，则需"言传"一声，不需要送礼，也会赶来帮忙。传统时期，邻里之间的帮忙是互惠性的，"今天你有事，我帮你；明天我有事，你能不来吗？"

传统时期举办婚礼，一家一户之内，不但在人力上匮乏，而且在物力上往往也不及，此时，大多需要在全村范围内借用桌椅板凳、锅碗瓢盆、盘子杯子等。为了防止混淆，一般每家在借出物件之前，均会在自家的物件上印上标记，以此作为区分。一是归还。在宴席结束之后，一般是在当日或者第二日，主家便需要将借来的东西归还，归还之前需要清点、检查、核对清楚，以免出现差错；一般在归还时还会附带一些礼品，如菜肴、蒸馍等，以示谢意。二是赔偿。对于一些席间损坏的物件一般需要赔偿，以赔偿相应实物为主，如果一时不能买到，经过协商也可赔偿相应的钱币。

传统时期举办婚礼，本村内很少有妇女能拿得下掌勺的大任，一般多会在外地聘请大厨掌勺。宁王村大多在阳平街或者虢镇邀请大厨前来。请大厨的费用大多需要半石麦子。婚礼期间所有的荤菜、素菜、凉菜、汤菜均由其负责烹制，这样主家只需请几位村里的妇女打下手便可，如洗菜摘菜、添柴烧水、洗刷碟碗等。

传统时期举办婚礼，需要安排宴席以款待亲友，而每一席，即每一个桌前必需安排专人负责上菜、看酒、维护席上礼仪等，当地称之为"看席人"。"看席人"主要由本族内关系亲近、通晓礼仪、善于言辞者担任。如果席设置在炕上，那么炕边对应的一侧为上席，靠近炕边的一侧为席口，即下席；此外正席的左侧次之、右侧再次之。"看席人"则站立在席口的位置，以便招呼客人、上酒上菜等。"看席人"不与客人坐桌，主要负责招待客人；等宴席结束之后，所有"看席人"另坐一桌，由主人亲自作陪，并一一敬酒，以表谢意。

另外，在传统婚宴上，还活跃着这么一个专门负责端盘子的主体，当地称其为"端盘子的"。而这一群体主要由同村的青年小伙子们构成，他们的主要任务便是将厨房做好的菜肴、蒸馍等端到客人桌前,再由每桌的"看席人"负责转放在方桌之上。"端盘子的"也不能与其他客人一桌就餐,一般是在宴席结束之后,统一安排端盘子的小伙子们坐席,席间主人需出面为之敬酒,以表谢意。

关中宁王村一带,酒席上有其特殊的礼仪。当席以东西向摆放时,则以南方为上席,西方次之,东方再次之,北方为下席(即席口);当席以南北向摆放时,以西方为上席,北方次之,南方再次之,东方为下席(即席口)。上席一般由长辈或者有职位者居之,不得轻易坐上席。一是席间禁忌。其一,不大声喧哗。其二,不分腿而坐。其三,不翻捡食物。其四,男女不杂坐。其五,长辈未动筷,不先动筷。其六,众人未离席,不得先行离席,如确有急事需离开,那么得向同席之人说清缘由,表示歉意,方可离席。二是敬酒。席间一般由"看席人"负责敬酒,如果宾客确实不能饮酒,则需说明,"看席人"也不再劝酒;婚礼席间一般新郎新娘均要前来敬酒,此时便不得推辞,需首先接住酒盅,确实不能饮时便请同席人代酒,新郎新娘敬酒"喝双不喝单,有一必有二"寓意好事成双。

宁王村有闹新房的传统。一般于婚礼当晚闹新房,多以同村年轻人为主。一是闹新房的原则。一般来说,闹新房以娱乐、快乐为原则,新郎新娘不得恼怒。二是禁忌。其一,闹新房者不能是寡妇、孕妇、未婚女子等。其二,闹新房期间不得打碎、毁坏房间内物品,否则视为不吉利,也会受到大家的指责。传统时期也有一些人闹新房闹过了头,以至于出现一些不文明的行为。

婚庆当日的"抹黑"习俗。"抹黑"也称为"打花脸",即在婚庆当日,将公公婆婆的脸涂黑或者涂上其他颜色、为其戴上纸制"高帽"、在其耳朵上插大红辣椒等进行"打扮"、丑化,之后带其倒骑毛驴、"游街"等,以达到娱乐的目的,原则上公公婆婆不得恼怒,但往往拿捏不好尺度,对公公婆婆、新郎新娘心理造成伤害。

传统时期婚前男方毁约的居多,男方一般是因有更好的人选而毁约。其一,女方毁约。传统时期女方婚前毁约的情况较少,但也有之。女方毁约大多是了解了男方更多的信息,如通过多方打听,或者通过亲自上门"看屋里"等,之后发现与媒人所述相去甚远,此时女方才会毁约。其二,送彩礼前毁约。如果是送彩礼之前有一方毁约,那么双方基本均无损失,所以即便毁约,也不至于造成太大的影响。其三,送彩礼后毁约。如果是男方在送彩礼之后毁约,那么分两种情况,第一种,男方毁约。此种情况下,一般男方的彩礼很难拿得回来,一般男方在做出决定之前已考虑好了相应的后果。第二种,女方毁约。此种情况下,按照传统,女方需退还男方彩礼。

婚前死亡,实属意外,发生此种情况,双方均不愿看到。如果是男方婚前死亡,那么女方需要前来吊唁，以示哀悼；如已收下彩礼，那么应择期退回，并表遗憾之意。如果是女方婚前死亡，男方在得知消息之后赶赴吊唁以及对其家人表示慰问，女方会部分或全部地退回彩礼，对于两家不能结秦晋之好表示遗憾。

4. 婚姻中的特殊形式

(1) 离婚

传统时期，在传统"男尊女卑"观念的指导下，夫妻离婚大多表现为男子"休妻"的形式，而女子一旦进门，很难对婚姻提出异议，更不用说离婚了。传统时期男子"休妻"大多起因于女子不能生育子女。休妻时以男子书写休书为准，书写之后，女子便需在指定时间内自行离开。而对于女子来说，休妻被认为是"不光彩"的，回娘家之后很难再嫁得出去，对女子身心造成极大伤害，由此引发的自杀事件也有之。

(2) 改嫁

传统时期，女子有改嫁的情况，但是较少。在传统观念下，女子改嫁相当困难，常常受到婆家和娘家的共同反对。第一，改嫁条件。新婚不久，丈夫便因故早亡，此种情况下，女子才有改嫁的可能；否则，只有丈夫休妻，女子才有可能与丈夫解除夫妻关系。第二，改嫁程序。女子改嫁之前，需要为亡夫书写"离门纸"，出门之前，需要脱掉旧鞋，寓意重新开始。第三，改嫁礼俗。寡妇改嫁只能在夜晚进行，且到男方家门后不得从前门进入，只能从后门悄悄进入。第四，改嫁女婿多由婆家择定。虽说是改嫁，但有许多限制，女子并不能自主选择夫婿，而只能听从婆家的安排。第五，再嫁所得归婆家所有。女子再嫁之后，所得钱财均由婆家占有，女子本人及娘家不能从中得利。

(3) 出嫁

传统时期女子出嫁，其礼俗相对于结婚要简单很多。第一，"合倒婚"。所谓"合倒婚"，即女方要到男方的生辰八字，然后结合女方的生成八字，请人看是否相合。传统时期讲究"嫁鸡随鸡，嫁狗随狗"，因此女方不得不重视。第二，"看屋里"。传统时期结婚，男女双方很难有直接见面的机会，在男方"看媳妇"之后，女方便择期去男方家中探看，以便确认媒人所言是否属实。第三，协商彩礼、婚礼规格等事宜。女儿出嫁的彩礼、婚礼的规格等均是较为实际的，不可能不谈，必须"有言在先""有话放在桌面上"。因此，在男方父母前来换庚帖之日，也是双方共同协商彩礼事宜的时机。此日，女方家长还会邀请同族管事的人前来助阵，以便为己方争得利益。第四，宴请族人、亲朋好友。女子婚期既定，在出嫁前一日宴请族人、亲友等，以表达多年来众人对女子的抚养与照顾之情。第五，款待媒人。媒人奔走于男女两家之间，婚事一旦达成,那么女方也会适当地宴请媒人,以表达谢意,时间上一般与宴请亲友在同一日。

(4)"冥婚"

"冥婚"即一种为离人办理婚事的仪式。如果男子生前未婚即死亡,此种情形下,其父母为了求得圆满,便会为死去的儿子筹划"冥婚"事宜。其主要做法是托人寻找新近亡故的未婚女子,同自己的儿子结为"鬼亲",合葬于坟墓之内。"冥婚"的仪式与正常婚礼无异,男方需要聘请媒人,称之为"鬼媒人";男方需要向女方送去彩礼,然后择时将女子的尸体抬回,"冥婚"一般多在墓地举办,礼成之后将之合葬。

(5)换婚

换婚即一些娶不起媳妇的贫苦人家,在两家均有未嫁之女及未娶妻之子的家庭内部,经过双方家长协商,将双方女儿互换,互为儿子成婚的婚俗。此种婚姻不讲求彩礼嫁妆,仅举办简单的仪式便草草完婚,往往因为各种原因,如双方年龄因素、疾病等,造成悲剧婚姻。

(6)"转房婚"

"转房婚"即夫妻结婚之后丈夫死亡,丈夫的弟弟迫于种种原因不能娶到媳妇,此时经过妻子、娘家、婆家、族内管事人等多方协商,叔嫂相配成婚的特殊婚姻形式。相对于"换婚","转房婚"是基于男女双方自愿的结果,因此,相对于女子一方更为公平。"转房婚"有如下一些特点值得说明:第一,双方基于自愿原则。如果女子不同意,则不能达成"转房婚",女子有一定自主选择的权利。第二,男方无须再行聘请媒人。由于女子嫁过来时已经聘请过媒人,便算得上是"明媒正娶",因此,转房时无须聘请媒人。第三,女方不再要彩礼。鉴于娘家头婚之时已收过彩礼,故不再二次收取彩礼,这也是男方同意转房的最为重要的原因,一旦收取彩礼,那么则与头婚无异,便不费此周折。第四,拜堂仪式相对于正式婚姻较为简单。相对于正式的结婚,"转房婚"只是将两家人请来,简单拜堂,然后一起吃饭便可达成转房仪式。

(7)娃娃亲

娃娃亲即在两家关系要好的农户之间,在彼此儿女年幼之时,家长便为其定亲,待长到婚育年龄之时为其举办仪式,结成夫妻的婚姻形式。传统时期,娃娃亲与童养媳又有所不同,关中宁王村一带的娃娃亲呈现一些特殊的形式,现进行梳理。

第一,"亲上加亲"。传统时期,之所以要结成娃娃亲,两方家庭多为世交,关系较好,为了继续维持关系,或者"亲上加亲",在双方家长的协商下达成娃娃亲协议。

第二,婚前孩子各自抚养。这一点正是娃娃亲与童养媳之间最大的差别,童养媳是在女孩很小的时候便将其带到婆婆家抚养,到了一定年龄之后再结婚;而娃娃亲则不同，婚前孩子依然由各自父母抚养，一直到了结婚的年龄才将女方娶进门。

第三，无须聘请媒人。由于娃娃亲父母双方的早前约定，娃娃亲在正式婚嫁之时不另请媒人，只遵"父母之命"便可，省去了"媒妁之言"。

第四，其他仪式与正常婚礼无异。一则，男方依然需要出彩礼。与童养媳相比，娃娃亲在婚前男方要备彩礼，择期送至女方家中。二则，女方依然需要准备嫁妆。婚期临近，女方也要为女儿准备嫁妆。三则，需要拜天地、办婚宴、宴请双方亲友等。婚礼仪式、婚期、婚庆规格等均由双方家长共同协商决定。

第五，男女双方无法自行解除婚姻。于娃娃亲的男女双方而言，他们并没有决定自己婚姻的权利，全凭各自父母安排，即便不愿意也无他法。娃娃亲也并非一无是处，由于早早地确定了婚姻关系，年幼之时，孩童之间有一些接触，对彼此也更为了解，如此也形成了一定的情感基础，在一定程度上有利于婚后情感的建立。

第六，特殊情况。一是婚前一方毁约。在婚前，如果娃娃亲的一方提出毁约，那么也是可行的，但不能是男方或者女方自行提出，而是由其家长提出，方能解除娃娃亲之约，一般婚前毁约对双方家庭均未造成损失，因此，婚前毁约无须赔偿，也无其他后果，只是"两家关系就没了"。二是婚前一方死亡。如果婚前娃娃亲一方意外死亡，那么娃娃亲也就断了，在得知消息之后，另一方需赶去吊唁、慰问，以示关怀、惋惜之意。

（8）"冲喜"

所谓"冲喜"，即已经订婚的男子如突发重病，久治不愈，便提早婚期，将女方接过来拜堂，用喜气冲走病魔的特殊形式。相对于正常的婚礼，"冲喜"婚礼极为草率，甚至有些男子不等拜堂便已昏迷或死亡，此后，所谓的"新娘"便要戴孝守寡，且不能再嫁，对于女性而言极为不公，这也是传统时期"重男轻女""男尊女卑"等主导思想下的产物。

（二）丧葬习俗及其关系

传统时期，在宁王村葬礼中形成了一系列的人情往来关系。亡人故去，丧家向亲友们报丧，在得知信息后亲友们陆续赶来吊唁。吊丧一般携带香、蜡烛、白纸、挽联等祭品。值得注意的是，吊唁中的礼俗各有不同。

第一，吊唁中的亲疏差异。首先，舅舅一方前来吊唁，全体孝子必须出门跪拜迎接。其次，如果是未婚女婿或者未婚儿媳前来吊唁，孝子需要前往村外迎接，此外还需要为其送一条红布。再次，其他主要亲戚如同族人、姑姑等在供献礼品时，孝子也需要出门迎接。最后，除上述亲友之外者前来吊唁，孝子无须出门迎接，只需守在灵前，俟其前来吊唁即可。

第二，吊唁中的男女差别。死者近亲中的女客前来吊唁，入村后需嚎啕大哭，一直哭到灵前祭拜结束，此时众孝子需要陪哭，直至祭拜结束。如此，每有亲友前来祭拜，孝子均需陪哭，以示沉重悼念。

第三，吊唁中的礼品差异。一方面，普通亲友参加吊唁，主要携带蒸馍、白蜡烛、冥币等；另一方面，如果是关系较亲的女婿、外甥等，礼品相应较重，如金斗、银斗、童男童女、马匹、花圈等纸扎。

第四，吊唁中特殊时间节点的人情差异。首先，下葬前一日。在逝者安葬的前一天晚上，要举行较大规模的家祭活动。当日晚上，所有的亲戚、本家族人以及关系好的朋友均需要携带礼品前来祭奠，以白面做成的献糕为主，根据与逝者的亲疏远近关系，分为24献、12献、6献等，前者称为全献，后两种称为半献，依次表达对亡魂的送别之意。在祭献时还需注意不同亲戚之间上献的次序性，先上舅家（逝者为男性）或者娘家（逝者为女性）的祭品，摆放妥当，祭拜仪式结束之后再由其他亲友依次上献。其次，下葬之时。在宁王村一带，下葬填土时需要特别注意填土的次序性。如果去世的是男性，那么前三锹土必须由舅舅家来填；如果逝者为女性，那么前三锹土则由娘家人来填。接着由孝子填土，最后由乡邻填土。此外，在填土换人之际不能将铁锹手传于上来接替者，而需要将铁锹放在地上，再由接替者自行拿起填土，否则，视为不吉利。再次，下葬返回。埋葬逝者结束之后，众亲友、乡邻、孝子等返回家中，以酒菜招待亲友及同村人，当地称之为"谢孝"。经济条件好一些的家庭会提供炒菜、酒水等，如八碗席、十三碟子席等；而经济条件有限的家户大多以烩菜为主，辅之以蒸馍。最后，"三七"及"末七"。传统时期，以逝者去世之日算起，每七日祭奠一次，如此形成"头七""二七""三七""末七"等。在宁王村一带，以一、三、五"单七"祭拜更为隆重，众亲友需要前来祭奠；二、四、六"双七"则相对简单，只有家人烧纸祭拜，亲友则无须参加，故称之为"空七"。而在"单七"中，又以"三七"和"末七"最为隆重。"三七"及"末七"时，众亲友都要赶到逝者坟前烧纸祭拜，一般携带金斗、银斗、冥币、蜡烛、香等物品。

1. 丧葬之前

（1）报丧

传统时期，宁王村在有人去世之后，需要在第一时间报丧。报丧需要遵循如下原则：其一，男性去世，向同族人报丧；女性去世，向娘家人报丧；其二，报丧顺序由亲到疏依次展开，不得失序；其三，报丧人选需由家人或同族中亲近之人担任，以示重视，尤其是为娘家人报丧，需要尤其重视，多由逝者长子亲自登门报丧，以示重视。

报丧的目的有二，其一，告知亲近之人，以便知晓、前来探看、查看死因等。其二，协助完成葬礼仪式，为葬礼提供人力、财力等方面的支持。

传统时期报丧讲究一定的关系，概括而言，主要包含亲疏关系、远近关系、性别关系、尊卑关系、官民关系等，下面分别进行阐释。其一，报丧中的亲疏关系。所谓亲疏关系，即在报丧过程中，需要优先为关系亲近的人报丧，然后依次进行。其二，报丧中的远近关系。在报丧的过程中，优先适用第一条亲疏关系，其次报丧还有一定的地缘因素，如本村人一般是需要较早报丧的群体。其三，报丧中的性别关系。传统时期，报丧人的选择不是任意的，需由家族中或者家庭中关系亲近之人担任，且须为男性，没有女性报丧的情况。其四，报丧中的尊卑关系。报丧还讲究严格的尊卑关系，如为同族之人报丧，需要首先到尊者、长者家中报丧，依次展开。其五，报丧中的官民关系。传统时期，如果与官员没有直接的血缘、亲缘关系，那么无须为其报丧；反之，则要报丧。

报丧中的纠纷主要有死因纠纷、礼节纠纷、报丧人选纠纷等。其一，死因纠纷，即在报丧人报丧后，对亲人的死因存在质疑而引发的纠纷。其二，礼节纠纷，指在报丧的先后顺序、报丧时间的把握等方面的纠纷。其三，在报丧人选取方面的纠纷主要有未能选择族内亲近之人作为报丧人、报丧人不能较好地表达信息、报丧人报丧时失礼等几个方面，均会引发报丧中的纠纷事件。

传统时期，报丧有诸多禁忌，如不能说"死"字，一般称为"老了""走了""殁了"等；逝者的娘家、同族之人的报丧必须由长子完成，忌差遣其他人前往。

（2）请阴阳先生

请阴阳先生主要包括以下几个方面：其一，阴阳先生的邀请。阴阳先生的邀请大多在死者去世后的当天或者第二日，需由家中亲近之人专程登门去请，一般无须携带礼物；如果阴阳先生有闲且同意前来，那么邀请人需要陪同前来，以示尊敬。其二，阴阳先生的职责。家中有人去世之后，除了上述报丧，还需要尽快请阴阳先生前来主持丧葬中的诸事宜，如坟址的选择、下葬日期的选定、丧葬仪式中的礼节等。其三，阴阳先生的报酬。传统时期，阴阳先生的报酬没有统一的标准，一般取决于当事家庭与阴阳先生的关系、当事家庭的经济条件、是否有熟人推荐等；主持一场葬礼，收费少则半石麦子，多则3至5石麦子不等。

（3）请木匠

家人去世之后，如果未能提前打造棺木，那么需要尽快请木匠前来打造棺木；如果提前已经准备好，那么无须请木匠。请木匠多由族中亲近之人前去邀请，由于时间紧迫，多选择就近邀请；多数情况下，在邀请到木匠之后，需要带木匠到就近的集市上购买木头，以便木匠把关。

（4）挂纸幡

报丧完成之后，需要在大门外悬挂纸幡，纸幡呈筒状，纸制、中空，高丈许。纸幡的作用便是告知众人家中有人去世，有重孝。同时在门口还需要树立一块"丧葬牌"，上书逝者姓名、属相、生卒年月日及子孙姓名等。其作用有二，一则告知众人家中有重孝，二则属相相冲的人需要回避。

（5）入殓

逝者入棺，称之为"入殓"。其一，入殓时间。一般而言，宁王村一带在逝者去世三日后入殓。其二，众子的分工。逝者入殓，仪式极为讲究，一般由长子捧头、次子提腰、幼子抬脚，将尸体平稳地放入棺木中，逝者仰面而躺，不可倾斜；此外，在入殓的过程中众孝子的眼泪不能够滴在棺木以及逝者的身体之上，否则认为会引起亡魂的不安。

（6）闭殓

"闭殓"即在入殓仪式完成之后钉上棺材盖的仪式。其一，盖棺仪式。由于盖棺之后，亲友便不能再瞻仰逝者遗容，因此，在盖棺之前，众孝子、孝女瞻仰遗容，放声痛哭，以示不舍之意。其二，盖棺仪式的主持。盖棺仪式由阴阳先生主持，其手持铜镜、口中念念有词。其三，钉棺。在宁王村一带，如果是男子去世，棺盖由逝者的舅家钉；如果逝者是女子，那么棺盖由娘家人来钉，钉棺过程中孝子头顶工具盘，跪于棺材旁全程参与，直至钉棺结束。

（7）升棺

在钉棺完成之后，需要将棺材稍稍抬高一些，称之为"升棺"。升棺之后，棺材与铺在地上的草便分开，称之为"斩草"，此时孝子逐一哭拜逝者，之后和亲友一起烧纸举哀，以示沉痛哀悼。

（8）成服

入殓仪式完成之后，逝者子女以及亲近户族中的晚辈在灵前着孝服，当地称之为"成服"。其一，丧服等级。按照与逝者亲疏远近的关系，孝子等晚辈着不同等级的丧服，丧服由重到轻依次是斩衰、齐衰、大功、小功、缌麻五个等级。其二，戴孝中的亲疏关系。一是儿子。穿对襟白孝褂、白裤、头戴白色孝帽，脚穿白鞋。二是媳妇和女儿。媳妇和女儿需要摘掉佩戴的金银首饰，着白色长衫，头戴白色孝巾，脚穿白鞋。三是侄儿。侄儿需要披5尺左右长的白布，腰间用麻辫扎束。四是女婿。女婿所穿孝服与儿子无异，但需要在腰间束红头绳，以别亲疏。外甥、侄儿、孙的孝服较短。其余亲戚只戴孝帽；娘舅家的人无论辈分均着最轻的孝服，以戴孝巾为主。其三，戴孝中的诸事项。死者的长辈不戴孝；妻子去世，丈夫不戴孝；丈夫去世，妻子需要戴孝；儿子、媳妇是重孝，需要守孝3年，3年期满，重孝解除；出嫁之女戴孝2年；侄儿、侄媳、侄女等孝期1年；孙子戴孝百日，但如果长孙之父已经去世，那么应该按照儿子的等级戴孝；女婿于殡葬之后即除孝；孝子百日内不脱孝服。

(9) 丧葬中的"下话"

一般在开吊的前一日晚上，烧完夜纸，逝者的儿女需要将舅舅家请到席前，孝子跪地陈述丧事准备情况，征询舅舅一方的意见，当地称之为"下话"。如果逝者生前子女们对其孝敬，供吃喝以免挨饥渴，供衣物以免冻馁，那么舅家对丧礼容易通过，也不会提出一些苛刻的要求；如果逝者生前子女们未能尽养老之义务，对老人不敬、不孝，那么舅家便借机发难，数落子女过失、大加指责，并对丧礼百般挑剔，甚至提出一些苛刻的条件，如棺木的材质、厚度，葬礼的规格，等等。如果子女无法满足舅家的要求只得长跪不起，此时，只有请族中管事人或其他关系亲近的亲友出面协调、斡旋，在得到舅家的谅解之后，孝子才能起身，否则，舅家有惩罚不孝子孙的权利，俗称"规矩娘舅"或"娘舅争礼"。

2. 丧葬期间

(1) 吊唁

吊唁中的惯例。丧家向众亲友报丧之后，亲友便可陆续前来哀悼，关中一带称之为"吊唁"。在"吊唁"的过程中形成了一系列的"吊唁"惯例，现分别进行阐述。其一，聘请总管。丧葬期间，因为孝子要坐草守灵，无暇顾及其他事物，因此需要聘请专门的人员——总管，来主持、协调丧葬中的花费用度、礼仪主持、阴阳先生的招待、招待前来吊唁的宾客、全权处理丧葬其他事务等。丧葬事务总管一般由族中长者或村中德高望重而又有办丧经验的长者担任。其二，众孝子"坐草"。传统时期，丧葬期间，孝子在7日之内不坐椅凳，按照男左女右的次序，分坐于灵柩前面两侧的麦草之上，日夜轮换守灵，关中一带称之为"坐草"，每有亲友前来祭奠，孝子要一起行礼。前来吊唁者关系不同，众孝子随礼的礼节也有轻重之分；如舅舅家人前来吊唁，全体孝子需要出门跪迎，直至迎接到灵前，以示尊敬。其三，众亲友吊唁。众亲友前来吊唁，大多携带香、纸、挽联、挽幛、纸制车马、童男童女、金山银山、摇钱树、聚宝盆、花圈等祭奠物品，一则祭奠死者，二则慰问孝子，节哀保重；亲友与逝者关系不同，携带的祭品也有所差异。

吊唁中的关系。其一，亲疏关系。一是携带祭品不同。对于普通关系的吊唁者，大多携带香、纸等便可；对于关系较亲的吊唁者，则需携带金斗、银斗、金童玉女、花圈等祭品，关系越亲，祭品越重。二是孝子迎接礼仪不同。对于普通的吊唁者，如同村人等，孝子只需要随之行礼便可，但如果是舅舅家来人，则全体孝子需要出门跪迎，一直迎接到灵前为止；若是未婚女婿、未婚儿媳前来吊丧，孝子需要跟随乐人前往村外迎接，并赐红批一条，以示区别。三是吊唁者的吊唁方式不同。对于普通的吊唁者，只需携带祭品径直前来便可，没有其他的仪式；而对于死者亲近的女客，一进村便需要嚎啕大哭；与死者亲近的男客到了灵前才哭，此时，守灵的孝子需要陪哭，乐队同时奏响哀乐。其二，长幼关系。传统时期，吊唁中的长幼关系如下：吊唁多以同辈、晚辈居多；长辈不参与晚辈的吊唁。其三，贫富关系。吊唁中的贫富关系不甚明显，一般多基于血缘、亲缘、地缘等。其四，官民关系。传统时期，吊唁中也有官民的区分，如官员的吊唁仪式更为隆重、场面更为宏大、参与人群更为广泛等，其间也有一些讨好、借机拉拢关系的情况。

吊唁中的禁忌。在丧葬过程中，如果请外姓人帮忙，那么需要在腰间系一条红色的布带，意在避祟；如果未婚女婿、未婚儿媳前来吊丧，则需要为其赐红批，以示规避。

（2）做法事

葬礼期间，多数人家都要邀请阴阳先生念经，以此超度逝者亡魂，为逝者消除灾难，当地称之为"做法事"。做法事期间，乐器不停、哭声不停，早晚烧香均有奏乐。在阴阳先生念经时，孝子在一旁沉寂哀悼，遇有前来吊丧之人，如果是同辈，便需要随之一起叩头；如果是晚辈，则只作揖，不叩头。一日三餐均要献饭，并需要将每餐的饭食拿出一部分，集中放置于一个小瓦罐中，称之为"祭食罐"，待到出殡时与棺材一起埋掉。

（3）守灵

守灵的细则包括：其一，守灵时间。传统时期，守灵一般需要7日，如果涉及气温、天气等其他特殊的原因，可以适当减少停柩的时间。其二，守灵期间的"举哀"。所谓"举哀"，即在守灵期间，孝子必须每天早晚两次痛哭一场。此种"举哀"有哭有诉，所诉内容不定，可以即兴诉来，如"你死得好苦啊""你这么早就去了，留下我和娃娃，咋办呀""大呀，你死得好苦啊""妈呀，你这么早就走了"等，不一而足。

（4）出殡

关中宁王村一带，死者从去世到埋葬大多5至7日，如遇到三伏天气等特殊情况，也可以选择提前埋葬，然后举行吊唁、祭奠仪式等，坊间称之为"偷葬"。

出殡中的惯例。其一，坟址的选择。坟址的选择一般包括两种情况，一种是符合进入祖坟条件的，便可葬入祖坟。能否葬入祖坟，主要取决于逝者是否属于正常死亡，如果是正常的生老病死，那么可以葬入祖坟，如果是意外、自杀、灾祸、死于他乡等非正常死亡，那么便不能葬入祖坟。另一种是不具备进入祖坟条件的，便需要在祖坟之外另行寻找合适的坟址安葬，此时就涉及请阴阳先生看风水、定坟址的情况。其二，祖坟中的排位。祖坟，关中一带多称之为"老坟"，老坟墓穴的位置有讲究，按照辈分及长幼次序排列，长辈埋葬在上方，晚辈埋葬在下方；每辈人中，长子居中；如果逝者的叔伯辈还健在，那么需要为其留出一块墓地。其三，坟头的朝向。坟头多向东或东南，具体按照地形有背山、面山、面水源之分，坊间极为讲究。一般认为，得水之地为上等，藏风之地为次等，墓前如有平坦的大路，则称之为"玉带"，此乃子孙富贵的征兆。其四，坟地的风水。一般在坊间流传，坟址的风水可以决定后代子嗣的兴衰。如果逝者葬入风水宝地，那么后辈人便人丁兴旺、家给人足；一旦葬入煞地，将殃及后代子孙，因此对于坟址的选择，坊间极为重视。其五，"八仙"打墓。传统时期，打墓人请8人，称之为"八仙"。打墓之前，孝子需要焚香、烧纸，祭奠土地神；祭祀完毕，孝子首先挖三下，之后由"八仙"继续挖掘；孝子需要轮流为"八仙"送饭，以示尊敬，饭食送达之后还需要为"八仙"叩首，以示尊敬；所送饭食只送干饭，不送汤饭，也不能剩余带回，否则视为不吉利；墓需要在1至2日内挖掘完成。其六，"请灵"。安葬前一日傍晚，家中要对逝者进行规模较大的家祭活动，祭祀之前，孝子需要将祖宗灵魂请回一同享祭。具体做法如下：由长子抱逝者灵牌，由族长头人引路，其他孝男孝女紧随其后，伴随着乐人的吹奏，去祖坟焚香、烧纸，将祖灵请回。请回的祖灵按照列祖列宗的辈分摆放牌位，辈分高者在上，辈分低者在下，摆放完毕之后，进行大型的祭祀活动，当地称之为"请灵"。其七，"礼祭"。"请灵"自家祭拜完毕之后，其他亲友、本家等也需携带祭品前来祭拜，多以白面献糕为主，24个为全献，12个为半献；祭品还有其他一些菜肴，或6碗，或9碗，以此表达对逝者亡魂的饯行，当地称之为"礼祭"。其八，"家祭"。"家祭"也称为"三献礼"，即众孝子按照辈分、长幼次序，依次捧祭品到逝者灵前，俗称"献饭"。"三献礼"具体而言，第一献为逝者的子女献玉帛等，称之为"初献"；第二献为逝者的侄儿献三牲，称之为"亚献"；第三献为逝者的孙辈献香茗、水果等，称之为"终献"。其九，"暖丧"。"三献礼"过后，孝子及众亲友围灵而坐，通宵守灵，称之为"暖丧"。守灵期间需要将灵柩抬升三次，称之为"升棺"，意即恭送逝者亡灵步步升入天堂。

出殡中的关系。其一，亲疏关系。在丧礼出殡过程中有严格的亲疏关系，如吊唁时的礼节、吊唁的仪式、吊唁的次序、吊唁人的迎接、祭品的摆放、祭品的轻重、丧服的穿着、丧服的等级、"礼祭"时的次序、"礼祭"时的仪式、"礼祭"时的祭品等，均遵从严格的亲疏关系。其二，长幼关系。出殡中的长幼关系是明显的，如长辈不参与晚辈的吊唁、葬礼，长辈与晚辈的丧服有所差异，一些场合孙辈无须参与等。其三，贫富关系。出殡中的贫富关系是较为明显的，如丧葬的规模、参与人员的多少、祭品的多寡、棺木的质量、丧葬的规格、丧葬的花费、坟墓的规格、坟墓的材质等。其四，官民关系。出殡中的官民关系主要表现在外在形式上的差异性，如参与人员的多寡、丧葬队伍的人数、丧葬的规格等。此外，如果与官员家有一定的血缘、地缘等关系，那么可以前往参加官员的丧葬出殡；反之，则不会参加。

出殡中的禁忌。传统时期，出殡中有极为严苛的讲究，如不同关系的人群着不同等级的丧服，未婚女婿、未婚儿媳需要佩戴红色披风、布带，邀请的外姓帮忙人需要在腰间系红布带以示区别之意等。

（5）下葬

下葬，关中一带也称之为"埋人"，在葬礼演变的过程中，宁王村一带形成了较为特殊的下葬习俗，其间也包含着不同人群之间的关系以及基于此关系基础之上的行动逻辑。

下葬中的惯例。其一，下葬时间。关中宁王村多于选定的下葬日凌晨起灵，在东方微亮到太阳升起这段时间下葬，一般认为，棺材忌见太阳。其二，孝子"门祭"。门外设香案，众孝子跪于两旁，亲友焚香、烧纸于案前，称之为"门祭"。其三，八仙抬灵。棺木多以木为架，前有龙头，后有龙尾，意即乘龙升飞。其四，孝男孝女扶灵。起灵之后，孝男扶丧轿左侧，孝女扶丧轿右侧，按照长幼顺序排列，丧葬队伍缓慢前行。其五，邻人点燃柴火。灵柩出家门之后所过之处，邻居们多点燃柴火，意在防止鬼魂进入自家家门。其六，丧葬队伍次序。走在丧葬队伍最前面的是打着引魂幡的幼子或者长孙，其边走边撒纸钱，意在买通所过之处的鬼神；之后是响器桌子，上面安放着逝者的遗像或者牌位；之后紧跟着的是乐人以及丧轿；丧轿的后面是扛着祭器、彩旗的仪仗队；最后便是送葬的人群，按照亲疏远近关系列队前行。其七，注意事项。丧葬途中，棺木不得落地，如需停柩，则需停在备好的两条长凳之上；长子手持哭丧棒，头顶纸灰盒，于出村后的第一个十字路口将纸灰盆摔碎，一般头顶纸灰盒者为家中的主要继承人，其他人不能随意充任；孝子一路恸哭，将灵柩送入墓地，卸去棺罩，孝男孝女跪在墓穴两侧，在阴阳先生的指导之下，灵柩缓慢吊入墓穴，再用罗盘调整方位，当地称之为"分吉"；之后由长子进入墓穴，擦净棺椁、摆放陪葬品等；一切准备妥当，孝子需要倒退着走出墓穴，边走边用麦草将脚印擦净。其八，填土。填土时，如果逝者是男性，则首先由舅舅家填土三锨；如果逝者是女性，则首先由娘家人填土三锨；接着由孝子填土，然后由乡邻填土；填土期间若换人，需将锨放置在地上，再由接替者捡起填土，不能把工具直接传给接替者，也忌从别人手中接过工具。其九，返回。返回时，孝子需要向同村人叩头"谢纸"，感谢乡邻们的帮助；孝女在进村之后需要七步一叩首，哭回家去，以示不舍之意；丧葬期间所用工具、抬棺椁的木架等均需要在门外暴晒几日之后方可拿回家中；参与丧葬的人员在回到逝者家中之后，需要从门口的火堆跨过，以祛除邪气。其十，招待亲友乡邻。葬后从坟墓返回，主家需要以酒席招待亲友、乡邻，当地称之为"谢孝"，意即对亲友、乡邻在丧葬期间的帮助表示感谢；席上一般设有"八碗一品"或"十三花碟子"等，以示尊敬、感谢之意。

下葬中的关系。传统时期，下葬仪式中的关系较为复杂，如亲疏关系、长幼关系、贫富关系等，下面围绕主要的几个方面进行阐释。其一，亲疏关系。一是丧葬人群的走位。下葬仪式中的亲疏关系主要包括丧葬人群的走位，一般关系越亲，离丧轿距离越近；关系越疏，离丧轿越远，如子女扶灵而行、亲友紧随其后，同村人最后。二是送葬人群携带的祭品。下葬仪式中与死者的关系越亲，携带的祭品越多、礼越重，如亲友需要携带金童玉女、花圈等；而同村人多携带香、纸等祭品。三是送葬人群的填土。填土时极为讲究，首先由孝子填土，之后是众亲友填土，最后才是同村人填土。其二，长幼关系。下葬仪式中的长幼关系是较为明显的，长辈不参与晚辈的葬礼；葬礼仪式中同辈与晚辈所着丧服不同；幼儿的孝较轻，丧服也较轻，不必服重孝。其三，贫富关系。葬礼仪式中的贫富关系是较为明显的。就丧葬仪式中的规模而言，大户人家的丧葬规模更为宏大、参与人数更多、祭品更加丰富、墓穴更为讲究、棺木更为厚重等；相对而言，小户人家的丧葬规模较小、参与人群有限、祭品较少、棺木轻薄、以坑葬为主等。其四，官民关系。下葬仪式中的官民关系主要表现在官员一般不会参与普通农民的葬礼，除非具有血缘、亲缘等关系。此外，官员的葬礼一般要隆重许多，与大户无异甚至比大户人家的葬礼更为隆重；普通农民较少参与官员的葬礼，但多数大户为了维护关系多会参与其中，以示关系友好之意。其五，性别关系。下葬仪式中性别关系也是较为突出的，如扶灵，遵循"男左女右"的原则，不得违背；孝子与孝女的丧服有所不同、哭丧要求不一等。

下葬中的禁忌。传统时期，宁王村一带在下葬仪式中有诸多禁忌，现择其要者进行梳理。其一，丧葬队伍遵循严格的走位次序，不得紊乱。其二，走在丧葬队伍最前面顶纸灰盒者必须是家中财产的主要继承人，不得随意选任。其三，孝男孝女有不同的职责，丧葬过程中应各司其职，不得失序。其四，灵柩在行进过程中不得落地，如果实在需要停下，那么需要将灵柩停在事先备好的两条长凳之上，不得直接停灵柩于地面上。其五，棺椁的方位必须经过阴阳先生使用罗盘拨正，坟头的朝向不得偏离等。其六，进入墓穴擦净棺椁者需由长子亲自完成，其离开时需倒退而出，并用麦草擦除脚印。其七，填土时必须由长子首先填土三锨，之后才由其他人填土。其八，在下葬的时间方面，多由阴阳先生根据逝者的生辰等信息推演而出；下葬当日，一般需要在日出之前完成下葬，以灵柩不见太阳为益，否则视为不吉利。其九，对于灵柩所过之处的家户，一般需要在自家门前点燃火堆，以免鬼怪乱入家中，为家人带来灾难等。

3. 丧葬之后

丧葬之后，逝者家中孝子设灵位，守孝三载。多数情况下，阴阳先生会为孝子列出祭祀活动的清单，这一清单在当地称之为"期单"。期单张贴于灵堂之前，孝子必须按照期单的约定行相应等级的祭祀之礼。一般而言，期单上主要包括"烧七""百日祭"等重要的祭祀日期。

（1）烧七

所谓的"烧七"，即从逝者去世之日算起，每七日进行一次祭奠，依次称之为"头七""二七""三七""四七""五七""六七""末七"，共计七七四十九日。

烧七中的惯例。其一，头七尤其重要，孝子需要在家设灵牌，众亲友一道前来焚香、烧纸，孝子哭灵祭拜。其二，一、三、五等单七祭祀之礼较为隆重，亲友需要一同前来与孝子一道祭拜，孝子需要行哭灵之礼，家中需要设灵牌祭祀，以示隆重；二、四、六等双七祭祀仪式相对较为简单，亲友无须前来，仅由众孝子参与祭祀，孝子也无须哭灵，家中不设灵牌，主要在坟上烧纸祭祀，当地称之为"空七"。其三，除头七之外，按照传统丧俗，三七及末七也是较为重要的祭祀之日，亲友需要携带冥币、香、纸等主动前来，参与祭祀，家庭经济条件好的家庭还会请阴阳先生前来诵经，超度逝者亡魂。其四，"冲七"。所谓"冲七"，即烧七之日与每月农历的初七、十七、二十七等相逢的情况。传统时期，人们认为"冲七有灾"，因此要避免在冲七时烧七，一般的解决办法是提前或者推后一日烧七，以避开冲七之日。

烧七中的关系。其一，亲疏关系。烧七中有严格的亲疏关系，如请谁参与烧七、烧七时携带何种祭品等均有所差异。其二，远近关系。一般而言，在烧七中，亲缘关系、血缘关系远大于地缘关系，无论远近，大多亲友均需要赶来，除非特别遥远，无法赶来。其三，长幼关系。传统时期，烧七主要由晚辈、同辈人操办，孙辈等小辈较少参与。其四,贫富关系。烧七中的贫富关系主要表现在参与人员的多少、携带祭品的数量、祭品的种类等几个方面。其五,性别关系。传统时期,烧七时男性、女性均可参与,没有特殊的限制性要求。

（2）百日祭

所谓"百日祭",即在从逝者去世算起第一百天的日子进行的祭祀。在传统社会,百日祭是较为隆重的。

百日祭中的关系。百日祭当日,一般亲友无须前来,主要由逝者的亲属、侄儿、外甥、已出嫁之女等组成,此日的祭拜以坟地焚香、烧纸祭拜为主。

百日祭中的禁忌。传统时期,百日之前,孝子不得在家设宴招待宾客,不能饮酒,不能出门游玩,不剃头等,以示对逝者的沉痛哀悼。百日之后,上述禁忌便可逐渐解除,除了重要时间节点的祭拜外,孝子无须着丧服,男子仅在鞋子前部缝白布以示有孝;女子则扎白头绳以示有孝。

（3）周年祭

所谓"周年祭",即在逝者去世满1周年时进行的祭祀。按照传统,周年祭需要持续3年,3年之后方为期满。其一,"头周年"。逝者去世满1周年称之为"头周年",此日也称之为"忌日",此日的祭奠仪式比烧七等更为隆重,孝子需要着重孝与亲友一同祭祀,首先在家中设灵牌祭祀,之后在坟地祭祀,需要哭祭。其二,"哑周年"。逝者去世第二个周年祭时,孝子只烧纸,不哭祭,因此称之为"哑周年"。其三,"除服"。逝者的第三个周年祭称为"除服",这是因为第三个周年祭之后,孝子守孝期满,之后便无须着丧服,"除服"即除去丧服之意。除服之日祭祀更为隆重,众亲友全部赶来参与祭祀,家庭经济条件好的家户还会邀请吹鼓手前来,以示隆重。一是除去孝服。"除服"当日,除了在家中设灵祭拜之外,还需要在坟上祭拜,坟地祭拜结束之后,众孝子当场脱掉孝服,换上普通的衣服,并将换下的孝服在火上烧燎,返回家门口时将孝服从院墙外扔到院内,以示"服去福来"之寓意。二是设宴款待亲友。祭祀仪式结束,除服完毕之后,众孝子返回家中开始款待亲友,一般需要设宴招待,沉寂3年的家中又变得热闹起来。对于一些富裕的家庭,还会于当晚邀请自乐班或者戏班搭台唱戏,以示守孝期满。三是更换对联。除服当日下午,家人便可将白纸对联换成红色的对联,以示守孝期满,一切如常之意。除服之后,逝者家中一切恢复正常,可以行嫁娶之事,可以登门拜访亲友、可以饮酒等;而对于逝者的祭祀,除了年节、清明节、十月一等时间节点的祭拜之外,不再享受特殊的祭祀仪式,其他的悼念活动也不再延续。

周年祭中的关系。周年祭中的关系较为多样，如亲疏关系、远近关系、长幼关系、贫富关系等。其一，亲疏关系。周年祭中的亲疏关系极为明显，一般亲友无须邀请，需主动携带祭品前来参与周年祭；关系较远的亲戚则可以不用参加。其二，远近关系。一般而言，周年祭是极为重要的祭祀活动，关系亲近的亲友无论空间距离的远近，均需要赶来参与祭祀，以示对逝者的感怀之意。其三，贫富关系。周年祭中的贫富关系是较为清晰的，主要表现在祭品的多寡、参与人数的多少、祭祀仪式的规格等诸多方面。

周年祭中的诸禁忌。传统时期，守孝需3年方可期满。3年之内家中不得婚娶、不得着华服、不得贴红色对联、众孝子不得饮酒作乐等。

二、节庆习俗及其关系

传统时期，除了婚丧嫁娶之外，各个节庆的习俗也极为丰富。下面结合一年四季中不同的节日分别加以考察。

（一）春节

春节是中华民族的传统佳节，历来受到人们的重视，在关中宁王村一带，大多将春节称为"过年"，一般从腊月二十三"送灶"开始便正式开启了"过年"模式，一直持续到正月十五元宵节过后，"过年"才算结束，坊间流传着"到了正月里，十五以前都是年"的俗语。辛勤劳动一年的农民，一年到头，唯有正月里可以暂时休息，进行一系列的庆祝活动，关于"过年"的习俗，可谓代代相传、经久不息。而在宁王村，过年有其特殊的形式、礼俗及其欢庆、往来关系，主要包括祭祀神灵、祭祀先祖、欢庆仪式、亲友往来等，为了更为清晰地展现关中宁王村"过年"的礼俗，以及基于"过年"在人们之间往来基础之上所形成的丰富惯习，下面进行主要几个方面的梳理。

1. 吃五豆

进入腊月，年的脚步近了，年味也渐渐浓厚起来。腊月初五，宁王村人有"吃五豆"的习俗。所谓"吃五豆"，即于腊月初五清晨用五种豆子熬粥，分给家人食用的传统。一般需要于前一日晚上去取自家收藏的五种豆子，即黄豆、大豆、绿豆、豌豆、豇豆在清水中泡好，以备第二日之用；不能凑齐五豆的家庭则以小米代之。第二日一早，妇女们便早早熬好"五豆粥"，以供家人食用。当地流传"喝了五豆粥，糊涂就糊涂"的俗语，即认为喝了"五豆粥"之后人会变得"糊涂"，辛勤劳作一年，勤俭持家，在进入闲冬腊月之后便可适当放松，实为一种"舍得"情怀，如"舍得花钱""舍得过年""睁一只眼闭一只眼，大办年货"等。

2. 送灶

送灶，即在农历腊月二十三日当晚，将挂在厨房的灶爷神像连同黄表纸一并烧掉，将其"送走"的仪式。传统时期，人们认为灶爷是主管一家勤俭、收成之神，是玉帝派遣下凡监督农户行为之神，家户勤俭如何、是否铺张浪费等情况灶爷均需向玉帝禀报，以便决定对家户的赏罚。而灶爷上天汇报之日便是腊月二十三，此日，农户纷纷以礼相送，一般需要献祭"献饼"、灶糖、水果等物，以便其上路。送灶仪式中，不可或缺的便是灶糖，实为一种含糖量极高、吃起来粘牙的糖。之所以如此，坊间还有一种说法：为了防止灶爷上天之后汇报一些不好的事情，灶爷临行前需以灶糖相送，届时玉帝问话，灶爷只能抿嘴点头而不能答话。因此在腊月置办年货期间，人们一般都会备好灶糖，以便送灶之用；同时还需请一副新的灶爷画像，以便在正月初一晚上将灶爷"请回"厨房。送灶仪式结束后，灶糖多给家人分食，尤其是家中小孩，边吃边乐，其乐融融。值得注意的是，买灶爷的画像不能说"买"，坊间多以"请灶爷"代之。还有一些人家则不"请"专门的灶爷画像，而是用红纸和黄表纸自行粘贴，上书"灶君之神位"等字样，两边多贴一副小对联，如"上天言好事，下地降吉祥"等，横批多为"五谷丰登"，写好之后，于农历正月初一重新张贴，象征着将灶爷"请回"，请回仪式上需要供奉祭品，焚香烧纸、虔心跪拜，以示尊敬。

3. 写（送、贴）春联

（1）写春联

腊月二十三之后，即"送灶"之后，各家各户开始着手准备书写春联。传统时期，书写春联主要分为两种，自家有能书写者，则由家人自行书写。如果家人不能书写，则邀请同族或者同村人书写，一般需要自备红纸，登门求字；而对于被邀请书写春联的一方，也是乐于献宝，挥毫泼墨，喜笑颜开。传统时期受人邀请书写春联既是一种关系的体现，同时也是对对方才华的一种肯定，受请者自然乐于献宝赐字。书写春联一般是当场书写，请字人为书者研墨扶纸，赐字者即兴发挥，春联既成，请字者报以谢意而归。其一，春联的分类。春联一般分为门联和春语两种。门联即贴在大门两边的春联；春语则是贴在床头、家具等之上的，呈条状，多以一句话为主。其二，春联的内容。春联内容多因张贴的地方不同而有所差异。如果是大门，则以迎春接福为主；春语，多为自勉、祝福之语，如"开门见喜""招财进宝""寿比南山""五谷丰登"等，总之，因不同的张贴地点而各不相同。其三，注意事项。对于服丧期间的家户，多以白色或者黄色纸张书写春联，切忌使用红色。另外，在春联内容上也应有所区分，多以悼念逝者为主题，不可张贴欢庆之春联，以示家有重孝，以作区别。

(2)送春联

传统时期，宁王村一带有送春联的习俗，主要是为一些鳏寡独居、行动不便的老者送上春联，以示尊敬。此外，还有一些晚辈在送春联的同时，会附带送上礼品，如肉酒、馍馍甚至米面等，以示慰问。送春联以晚辈送长辈、徒弟送师傅的形式为主，也有同辈之间互送的情况。

(3)贴春联

传统时期宁王村一带贴春联的时间大多在年三十下午，各家各户在供奉好先人之位后便开始张贴对联，一般先贴大门（院门），之后是房屋正门，其次是厨房、卧室，最后张贴粮仓、马厩等处，依次进行，不可颠倒。一般在贴春联的同时，还需贴门神，门神以"秦琼""敬德"二将为主，意在驱邪避害，守家护院，以求家人康健。门神、春联张贴完毕，一般需要鸣放鞭炮，以示礼成。

4. 辞年

辞年，即告别旧岁的仪式。辞年是在年三十的晚上。一般在年三十晚饭前，晚辈需登门向长辈辞年，并说几句感谢的话、预祝新年新气象等。辞年主要在关系好的同村人之间进行，关系不好的便不会登门辞年。当日夜晚，各家各户备好花生、瓜子、糖果、烟酒等物，以便招待前来辞年的晚辈。

5. 守岁

腊月三十日夜晚（小月则为二十九），人们有守岁的习俗，家人团坐，一起吃饭聊天，惜时守岁，不愿早早睡去；五更时分，小孩们还会点燃鞭炮、烟花等，迎接新年的到来，顿时炮声四起、火光冲天，大人们则在一旁观看，一起庆祝。

6. 祭祀神灵

传统时期，春节期间特别重视对诸方神灵的祭祀。其一，开大门。传统时期，正月初一是新年的第一天，各家各户均会早早起床，举行开大门仪式，在大门之前备好香案，焚香烧纸、奠撒茶酒，同时点燃一把稻草燃尽，之后将大门打开，并鸣放鞭炮。开大门的仪式主要是祭拜门神，求得其庇佑，以保家人平安。坊间认为正月初一谁家大门开得早，便意味着此家人勤快，能够为来年赢得好兆头。因此，一些家户守夜到凌晨，便早早地将大门打开，以求好彩头。其二，烧"头香"。开大门之后，村民们直接赶往附近的庙里祭祀神灵，且以争得头香为荣。所谓烧"头香"，即庙里的第一位祭拜者，坊间认为如果谁能烧到"头香"，便可得到神灵特殊的庇佑。而判断"头香"的标准是烧香人前去祭拜时香炉前是否燃有香烛，如果没有，则视为"头香"，否则意味着没有抢到"头香"。为此，各家户在开完大门之后便携带香、黄表纸、鞭炮等物赶往寺庙，以求得"头香"，争得好彩头。祭祀的神灵主要有土地爷、龙王爷、关帝等。春节期间除了祭祀村内神灵外，还需要祭拜家神，如土地公、灶神、天爷等；除了上述神灵外，过年期间还需祭拜灵物，如水井、石碾、石磨等。其三，祭拜仪式。祭祀仪式基本相同，区别只在于祭献供品的等级差别。一般的祭祀主要是焚香、烧黄表纸、奠洒茶水、酒水、磕头、鸣放鞭炮等。如果是祭祀重要的神灵，则需要事先摆放供品，如菜肴、果蔬、馍馍、糕点等，一些人家还会做一锅底，里面盛有汤菜，上面铺盖肉片，锅底中空，加入木炭后可以自行加热。

7. 祭祀祖先

宁王村人极重孝道，因此逢年过节的家祭也极为隆重。首先，将家中正屋收拾干净，之后在墙壁上悬挂先人案，先人案前设方桌，上面摆放各种供品，准备完毕。过年期间除了家人一日多次的祭拜，凡是登门者，无论是族人还是亲友，必须首先向先人案焚香、烧纸、奠洒、叩头，以示缅怀、悼念之礼；登门者在祭拜之时，家中同辈男丁需陪同祭拜，否则视为失礼以及对自家先人的不敬。祭祀所用供品视家庭经济情况而有所不同。富裕家庭家祭时讲究三牲，即牛、羊、猪；此外还有其他菜肴，少则9碗、多则12碗、24碗不等。而对于普通之家，家祭多以"一锅四碗"为主，"一锅"即一个锅底；"四碗"即其他四种菜肴，或以油饼、糕点、蒸馍代之，不一而足。

8. 拜年

大年初一，洗漱完毕，第一件事便是为家中长辈拜年，当然在拜年之前需要祭拜先祖。其一，家户内的拜年。为长辈拜年需要下跪，以示尊敬，在拜之前，需要说一声"××，给您拜年了！"，声音需要洪亮有力，以便长者能够听到。拜年讲究尊卑有序，如家长先为自己父母拜年，如果祖父母辈依然健在，则先为祖父母拜年，其次为父母拜年；家长拜年结束，孙子辈开始拜年，依次进行，不可失序。拜年次序基本遵循"先长辈，后同辈；先男方，后女方"的次序。前去拜年一方则遵循"先大辈，后小辈"的次序，如兄弟二人拜年，兄长一方应先向长辈拜年，之后才由弟弟一方为长辈拜年，不可颠倒，否则视为无礼。其二，同村人的拜年。同样在大年初一，家户内的拜年结束，早饭过后便开始为同村的长辈、同辈拜年。为同村的长辈拜年需专程登门拜年，以示尊敬；同辈之间则不必专程登门拜年，只是在路上相遇之后拱手拜年，并说几句吉祥、祝福的话语。在登门拜年时，需先到对方家的先人案前焚香、烧纸，祭拜完毕之后才开始按照长幼尊卑的次序一一拜年，拜完之后，主人以纸烟、茶水招待；如果前来拜年的是孙子及以下的小辈，那么一般需要为其发红包，或者分发糖果、瓜子等，以示关爱。村内互相拜年也讲究长幼尊卑的次序性，一般是先拜族长，其次是村内管事的长者、然后是保长等，但传统时期并非人人都会向保长拜年，具体视其关系而定。其三，亲友间的互相拜年。大年初二开始，人们纷纷走出村落，赶赴亲友家为其拜年，主要有女婿为丈人拜年、外甥为舅舅拜年、侄儿为姑姑拜年、徒弟为师傅拜年、干儿子为"干大"拜年等。其四，送礼。新女婿第一年为丈人拜年格外隆重，需要至少携带4种颜色的礼物，当地称之为"四色礼"，如酒、肉、花馍、糕点等，以示尊敬，少则4件，多则8件、16件不等，以双数为吉。其他亲友之间拜年，以自家制作的糕点、点心、馍馍、油饼等为主，礼的轻重主要取决于关系的亲疏远近以及自家经济实力的好坏，没有一定的标准，传统时期讲究量力而行、"礼轻情意重"等，不行攀比。其五，"回礼"。传统时期拜年，携礼而去，不能空手而回，当地讲究"回礼"，即待客人返回时必须在亲友的袋子里装上自家的东西，如馍馍、油饼、点心等，如此方才成礼，否则视为失礼，或者会让亲友觉得不受欢迎。"回礼"主要是"礼尚往来"的延续，有去有来，情感接续，经久不衰。

传统时期拜年极为讲究，且有诸多细节、礼俗，否则容易失礼，容易受到责备，或者被认为是"没有礼数"，因此，不可大意。

第一，拜年有先后。传统时期，"先祭祖，再拜年"。大年初一，各家各户聚族而祭，祭拜过先人之后便开始拜年。其一，大年初一为自己的家人拜年。为家人拜年讲究长幼尊卑的先后次序，如果祖父母健在，则先为其拜年，之后是父母；家人拜年毕，再前往族内长辈家拜年；最后是村里其他长辈。其二，从大年初二开始一直到正月十五，在此期间，各家各户纷纷按照亲疏远近，为舅舅、姑姑等亲友拜年，拜年需携带礼品，传统时期多以礼馍、点心等为主。

第二，礼仪有区分。晚辈为长辈拜年需行下跪之礼，同时说一声"××给您拜年了"，尤其是对长者，声音要洪亮，以便其能听见；平辈之间拜年不下跪，只作揖，说句"过年好"及其他祝福的话语。晚辈拜年毕，长辈需为小辈（孙子辈及以下）送上红包，作为"压岁钱"。

第三，礼品有轻重。关系越亲，礼越重。其一，新女婿第一个春节为老丈人拜年，必须携带不少于4种颜色的礼品，即"四色礼"，主要包括酒、肉、礼馍、糕点等，少则4件，多则8件、12件不等，总归为双数，以图吉利。其二，徒弟为师傅拜年。就是木匠、泥匠等一般招有徒弟，过年期间，一般在大年初二，徒弟需要携带酒、肉、花馍等礼品，登门为师傅、师娘拜年，以示尊敬。拜年毕，师傅与徒弟聊天，师娘则准备酒菜，以便招待。其三，干儿子为"干大"拜年。在结成干亲关系之后，在正月里，干儿子需要在父亲的带领下，携带礼品为"干大"拜年，"干大"则为干儿子送红包，以示关怀。其四，新出嫁女为娘家送礼。新嫁出的女儿一般不在娘家过年，因此，在正月里，女儿需要准备油饼、干馍、糕点等礼品，让丈夫捎带回娘家，以示孝敬。正月十五之后，女儿便可择期回娘家看望亲友。其五，传统时期普通亲友、邻里之间拜年则以赠送点心为主，分为"精制"与"自制"两种，"精制"糕点，即集市购买的包装精制的糕点；"自制"则是以自家制作为主，包装不及购买的点心精致。富户多以赠送"精制"点心为主，经济条件有限的家庭则以馈赠自制糕点为主，传统时期人们多不计较，"礼轻人不怪"。其六，"回礼"。传统时期，过年有亲友前来拜年，其离开时不能空手而归，必须让其带一些自家的东西离开，方为礼数周全，以示"礼尚往来""期盼再来、多走访"之意。

9. 耍社火

耍社火，在关中一带极为流行，且具有较为悠久的历史。每年社火的规模主要取决于当年的收成，一般如果是风调雨顺之年，那么社火的规模一般较大，参与人数较多、活动范围也更大。

第一，时间。宁王村的社火大多从大年初二便开始筹备，一直可以持续到正月十五。

第二，社火头。即举办社火的牵头人，多由当年庙里案首担任，或者可以选择新人作为当年的社火头。每个村庄基本上都有自己的社火头，社火头的主要职责便是将村里的青壮年组织起来热热闹闹地闹社火。

第三，社火形式。宁王村一带的社火形式较为多样，主要有方桌社火、芯子[1]社火、山社火等，一些地方甚至有马社火、血社火等，场面悲壮、肃杀，给人以强烈震撼。其一，方桌社火。方桌社火即在一张方桌上做文章，杂耍时由4人便可抬行，较为小巧、方便，深受群众喜爱。其二，芯子社火。相对于方桌社火，其难度要大一些，把4至5岁的儿童装扮成各种人物，固定在铁芯上呈现惊险优美的造型。一般一个芯子表现一个剧情或寓意，属于一种静态惊险造型艺术。其三，山社火。山社火一般较为高大，达2丈有余，参演人数达40至60人，上面呈现不同景致，别有一番情趣。其四，马社火。马社火即用马匹拉动社火平台边走边耍，蔚为壮观。其五，血社火。所谓血社火，即场面比较惊险，表演一些打斗场面，舞枪弄棒、杀气腾腾，给观众以强烈的视觉震撼。

第四，竞演。传统时期，除了以村为单位自行组织的社火外，人们还喜欢邀社火，即两个甚至多个村庄之间竞演、比赛，分别到对方的村子游走、杂耍等。其一，"试

---

[1] 又称垛子、平垛，一种古老的中国民间传统杂耍技艺。——编者注

耍"。准备耍社火的村庄在本村社火头的组织下，先行在自己村庄耍，以观其效，称之为"试耍"。如果能够组织起来且耍得好，那么便会进行下一步，即邀社火。其二，邀社火。所谓邀社火，即组织本村社火队伍前往某一村庄去耍，其意在向对方提出挑战。所到村庄无论最后是否接受挑战，均需要以礼相待，所到之处均需鸣放鞭炮、备好糖果、茶水，以示欢迎。如果对方村庄一时没有接受邀请，那么便会多次前往对方村落耍社火，直到对方村庄接受"邀请"，这样，一场场面更为宏大的社火就闹开了。其三，闹社火。传统时期，闹社火主要包括舞龙、舞狮、踩高跷、划旱船等多种形式。社火每到一处，当地人必然鸣放鞭炮、夹道欢迎。一些家户更是愿意将社火请到自家院落杂耍一番，以图吉利。另外，当地还有一种禳解的风俗，即在耍社火的过程中，将孩童从狮子身下钻过，认为这样可以驱邪避害，以保孩童健康成长。

第五，会演。所谓会演，一般以就近的数十个村落为单位，经过各方社火头的协商，决定会演日期及地点。会演当日，各村社火纷纷赶来，举行规模宏大的社火会演，各村各显其能纷纷登场表演，周围数村村民前来观看，并为自认为耍得好的社火送上被面等礼品。

（二）元宵节

正月十五闹元宵。元宵节的传统由来已久。传统时期，宁王村人对元宵节也极为重视，当日的主要活动便是围绕观灯、吃元宵而展开的仪式、人情往来、风俗习惯。现将宁王村元宵节的一些风俗，及其在风俗基础之上衍生出来的惯习进行详细梳理。

1. 送灯

传统时期，送灯是一项重要的交际仪式，主要是舅舅为外甥送灯，或者"干大"为干儿子送灯。灯的样式较为多样，如碌碡灯、莲花灯等，这些灯多为长辈亲手制作，并需要于正月十四之前送达，以便孩子们在十四晚上开始打灯玩耍。传统时期送灯，多送一对，一般不单只相送，另附蜡烛10支；传统时期送灯讲求连续性，即连送12年，一直伴随着孩子长大。

2. 打灯

在收到舅舅、"干大"送来的花灯之后，伴随着夜幕的降临，孩子们纷纷点燃自己的花灯，跑到院内院外与其他小朋友一起尽情地嬉闹、玩耍。传统时期宁王村一带耍灯连耍三晚，正月十四称之为"玩灯"、正月十五称之为"闹灯"、正月十六最后一晚称之为"完灯"。"玩"即尽情玩耍，鸣放鞭炮，房前院后点燃蜡烛；"闹"即在正月十五当晚，伴随着耍狮子、舞龙、高跷，耍灯达到高潮；"完"即完结，也即正月十六是最后一日耍灯，当晚耍灯结束时需将灯笼拆掉或者烧掉，因为按照传统时期习俗，新年不打旧灯，否则舅舅便要得眼疾。

3. 追灯

追灯，即在新媳妇过门第一年的元宵节，娘家需要为尚未生育的女儿送去灯笼，当地将这一活动称之为"追灯"。"追灯"的意义在于祝愿新郎新娘早生贵子。灯的质量取决于娘家的经济实力，一方面，经济条件越好，娘家人送的灯也就越大、越昂贵、越气派；而对于家庭经济条件有限的家庭来说，送一盏较为普通的灯即可，但是心意要到。另一方面，送的灯越华丽，说明娘家对女儿的重视程度越高；而对于没有收到花灯的女子来说，则是一种否定，或者是不认可的表现，此时，女儿就需要反思自己的言行并及时改正，以求得娘家人的原谅。

4. 躲灯

在收到娘家人送来的花灯之后，按照传统，新媳妇忌看娘家灯，因此需要回到娘家躲避，当地称之为"躲灯"。娘家人送来花灯一般是正月十四，收到花灯之后，新媳妇一般直接跟随娘家人回家躲灯，到了正月十五元宵节过后才返回婆家。至于为何躲灯，老人说得不甚分明。

5. 灯展

传统时期正月十五期间，乡间很少有灯展。传统时期，宁王村人看灯展一般要去凤翔县，据老人回忆，凤翔县的灯展较为出彩，油灯、漆灯、蜡烛灯应有尽有，还有其他各种样式，如宫灯、莲花灯、花鸟灯等无奇不有。灯展期间，还有一些猜灯谜等活动，伴随着四起的烟花，别有一番趣味。但值得注意的是，灯展并非每年都办，一般只有在风调雨顺、国泰民安、无战事之年才办花灯、放烟花，与民同乐。

6. 吃元宵

元宵节另一项重要的活动便是吃元宵。传统时期的元宵多为家中妇女亲手制作，一来供自家人食用；二来可以馈赠族人、亲友。尤其对于出嫁女，在元宵节前夕必须送娘家人元宵，以示孝敬。此外，当日如有客人来访，正式饭后，主人多以元宵待客，以尽地主之谊。

7. 照屋里

在宁王村，于正月十五当晚还流行一种"照屋里"的习俗。所谓"照屋里"，即在房屋的四角、院落的四角分别点亮蜡烛，以达到驱邪避害的目的。传统时期照屋里的任务主要由家中男孩子完成，一边打着舅舅送的花灯，一边将屋内、屋外四角点亮，奔走期间，乐此不疲。

8. 挂坟灯

"挂坟灯"是一种在正月十五当晚祭祀先人的活动,一般由家长带领家中男丁,于晚饭后赶赴坟地,在自家祖坟上挂起一盏红灯,以表达对逝者的哀思。按照习俗,在挂灯之前还要举行祭拜活动,即摆放供品,焚香、烧纸,祭洒茶水、酒水等,之后行跪拜礼,其他孝子跟随家长或者族长一起磕头祭拜,以示尊敬。

9. 点灯

点灯是指在农历正月十五当晚,回娘家躲灯的新媳妇从娘家赶回,要在天黑之后第一时间点亮婆婆房间的灯,称之为"点灯"。据说这样做能让婆婆的眼睛更加明亮,因此深受婆婆的喜爱。此举实则是新媳妇为讨得婆婆欢心,以便在新的一年里双方更加和睦地相处。

(三)二月二

二月二,龙抬头。农历二月初二,时令已到了惊蛰,此时的关中平原草木萌芽、万物复苏。传说沉睡了一冬的龙将于二月初二苏醒,开始行云布雨。为此,宁王村一带还形成了形式多样的活动。

1. 炒豆子

"二月二,家家锅里响吱吱",这是流传于当地的一句话,描述了农历二月初二这一天家家户户炒豆子、爆爆米花的场景,人们以此种方式迎接龙的苏醒,保佑一方、风调雨顺。豆子、爆米花除了自家使用之外,还需赠送亲友,以便互相庆贺,增进感情。

2. 拜龙王

因为传说此日是龙抬头的日子,而在传统思想看来,龙主管行云布雨之事,因此各地均有拜龙王的习俗。当日一早,村民纷纷携带果蔬供品、香、黄表纸、鞭炮等物,前往当地龙王庙祭拜,以求新的一年风调雨顺、五谷丰登。

3. 拾野菜

进入二月,关中平原一片万物复苏的场景,气温回升,草木发芽。此日,农村妇女们三三两两、呼朋唤友,走向田间地头去采集野菜,以补充家里的食材。另外,野菜也是关中人喜食的主要食材,因此,对于春日的野菜采集,当地人还是非常重视的。

(四)清明节

清明节,宁王村一带又称之为"鬼节",按照传统,此日的主要活动便是上坟祭祖。

1. 培土

一般在清明前2至3日,孝子孝孙们需要前往祖坟,并为之培土,如有重大损坏情况，则需要提前修葺。

2. 烧纸

于清明节当日，在家长或者族长的带领下，众孝子孝孙携带果蔬菜肴、蜡烛香纸、酒水等前往祖坟祭拜。其一，祭拜有先后。传统时期，祭拜需要按照尊卑老幼的次序依次进行，不得失序。其二，新坟老坟有差异。传统时期，上坟祭拜多以烧纸钱为主，一般由于新亡人与祭拜者关系更近，或者新亡人生前与祭拜者有直接的来往关系，因此，人们在新坟面前会多烧一些纸，依次表达对逝者的追思；而对于很早的老坟，烧纸要少一些。

3. 插柳

插柳，即在清明当日，各家各户纷纷在自家门前插柳，以为先祖招魂。

4. 远方游子的祭拜

一般而言，外出的游子或者生意人需要在清明时节赶回上坟祭祖，但由于种种原因，一些游子总不能及时赶回，此种情况下，就需要托人捎回钱币，让家人代为上坟，以此寄托哀思，免去牵挂。

5. 外嫁女的祭拜

清明节到来之前，外嫁之女需要捎带纸钱回娘家，以便娘家人代为焚烧，以此缅怀先人。

6. 上坟禁忌

其一，女子不上坟祭拜。传统时期，上坟仅由男丁前往，女子不得参与。其二，受族规惩戒，削去族籍者不得上坟祭拜。

(五) 端午节

农历五月初五是端午节，宁王村一带也称之为"端阳节"。在宁王村一带，当日自古有插艾草、吃粽子、饮雄黄酒、划旱船、带五色绳、亲友间互赠礼品的习俗，以下仅择其要者记之。

1. 插艾草

艾草是一种具有奇特香味的草本植物，具有一定的药用价值，坊间认为艾草可驱邪避害，故在端午节当日采集艾草置于门扇顶部，以求家人康健、平安。另外，坊间认为用干艾草所泡之水洗澡，可以祛病止痒，因此受到人们的喜爱。

2. 吃粽子（绿豆糕）

端午节的重头戏便是吃粽子。粽子由糯米制作而成，一般粽子里包有大枣、葡萄干等物，也有一些家户不吃粽子，而以绿豆糕代之，以达到清热解暑的功效。

3. 跑旱船

南方多水，因此在端午节当日多划龙船，以悼念屈子；关中少水，因此，多以旱船代之，以表演、比赛等形式庆祝节日。

4. 带五色绳

端午节在农历五月初五，双五相逢。此日，关中宁王村一带的妇女多会挑出五色花线，拧搓成绳系在家人的手腕甚至脚腕之上，认为此举能祛除五毒，让家人在未来的一年中免去五毒的侵害。

5. 互赠物品

端午当日还形成了较为丰富的礼品馈赠活动，具有别样的寓意。第一，送香包。香包在关中宁王村一带较为流行，一般用绸缎缝制，内包艾草、丁香、白芷等药草，一些手巧的女子更是缝制出桃形、老虎、狮子、猫、狗、花鸟等多种样式，早早缝就之后，于端阳之日馈赠亲友，以及自己的心上人。小小的香包既是针线手艺的体现，同时也是传情达意的纽带。哪个女子绣出的荷包好看便会受到大家的赞赏，女子的心灵手巧在香包上得以体现。第二，送裹肚。裹肚类似于小儿的睡衣，五月之后，天气渐热，小孩子开始踢被子，这样容易凉着孩子的肚子，因此奶奶、外婆大多会在端午节之前缝制出裹肚，以便送给自己的孙子、外孙。一些手巧的老人还会在裹肚上绣出蟾蜍、蛇、虎等形象，意在驱邪避害，让自己的孙子、外孙健康成长。

（六）中秋节

中秋节，月圆夜。中秋节是中国的传统佳节，远在他乡的游子均需返回家乡，与家人团聚；外嫁的女儿也需回到娘家与父母亲友团聚。中秋佳节，在人员走动的过程中形成了特定的礼俗，如拜月亮、送月饼、赏月等。

1. 拜月亮

拜月亮，即在农历八月十五的夜晚，待到月亮升起，在院子中间安置方桌，上面摆放月饼、瓜果等作为供品，然后焚香拜月。中秋拜月亮寄托着人们对幸福、圆满生活的向往，同时也表达了对远方亲人的思念，"月是故乡明"。

2. 送月饼

中秋送月饼是关中宁王村一带的传统礼俗，一般由晚辈送给长辈，以表孝敬之意。尤其是新结婚的新郎，在中秋节前夕，需为丈人送至少四色的礼品，其中就包含月饼。新女婿登门，丈人家设宴待之。其他普通亲友凡在中秋节前后送礼的，月饼必然是首选。

3. 赏月

是日夜，全家人拜完月亮之后面圆月而团坐，一边品尝月饼、瓜果，一边赏月。

外出归来的游子为家人讲述自己在外的见闻；女孩子们则交流针线手艺的心得，小孩子们则听长辈们讲故事，其乐融融，分外有趣。

（七）重阳节

"遥知兄弟登高处，遍插茱萸少一人。"自古在重阳日，古人便有登高远眺、插茱萸、互赠礼品的传统，而在宁王村，重阳日有其特殊的仪式。

1. 互赠礼品

传统时期，在重阳之日，宁王村人多有相互赠礼品的传统。第一，送花糕。如娘家需要为出嫁的女子送去花糕，一般送双不送单，女儿生育孩童越多，那么娘家赠送的花糕也就越多，送花糕体现了娘家人对女儿的关怀与牵挂。第二，送茱萸。送茱萸主要是在左邻右舍之间相互馈赠，以拉近彼此感情，如果关系不好，那么将不会送其茱萸。

2. 插茱萸

重阳节插茱萸的习俗由来已久，而在传统时期，宁王村更是极为盛行。一般做法是，在重阳节当日，亲友、乡邻之间互相馈赠茱萸，一般将其直接插在对方的门口，以示庆贺。一般谁家的人缘好，谁家与众人关系处得好，便可以从其门口茱萸的数量做出判断，而茱萸少的人家人们会记在心里，引以为戒。此外，茱萸还有药用作用，所以深受人们的喜爱。

3. 登高

登高是重阳日一项重要的活动。是日清晨，老人们自带干粮、菊花酒等物，相约登上北塬高地，登高远眺，遥望秦岭，俯瞰渭水，饥时则食干粮，渴时则饮菊花酒，怡然自得。值得一提的是，在战乱年代或者收成不好的时节，坊间便没有类似的活动，届时只能为解决温饱而疲于奔波，根本没有闲情逸致登高远眺，除非一些大户人家才可做到。

（八）十月一

农历十月初一，关中天气逐渐转寒，自古便有为逝者送寒衣的习俗。此日家家户户买纸制衣，于当日下午在逝者坟前与纸钱一起烧掉，以表孝心、寄托哀思。此外，不能赶回家送寒衣的游子需要想办法托家人买纸衣焚烧；外嫁女也需捎回寒衣，以便在娘家坟前一并烧掉，以此寄托思念之情。

（九）冬至节

冬至，至者，极也。冬至一般在12月22日前后，此日太阳直射南回归线，之后便开始向北移动，此日也是一年当中白昼最短、黑夜最长的一天。在关中一带，自古有吃饺子消寒的习俗。家人围炉而坐，共同合作包成饺子，然后一起食用，以此消寒，共同度过白昼最短的一日。此外，老人们还会教小辈们"九九歌"，宁王村流传的版本是"头九温，二九暖，三九四九冻破脸，五九六九，沿河看柳，七九河开，八九燕来，九九加一九，耕牛遍地走"。在耳濡目染、口口相传中，许多孩童学会了"九九歌"。

（十）腊八节

传统以来，腊月初八是喝粥的日子。此日，家家户户锅里都要熬一锅"腊八粥"，然后由家人分食，借以祈求风调雨顺、五谷丰登。此外，一些人家还会在粪堆上放置一块冰，称作"堆冰狗"，相传这样可以消灭一些庄稼害虫，对于这样的"趣事"，小孩子们更是乐此不疲，但其科学性有待进一步考证。

（十一）送灶爷

送灶爷，前文已有提及，主要是在腊月二十三日傍晚，将灶爷的神像请下，连同黄表纸一并烧掉，意在将其送走的仪式。在送灶爷的当晚，还需献上献饼、灶糖以及其他的菜肴，以示敬重。一般需要在正月初一傍晚将其请回，即请一副新的灶爷神像，重新悬挂在厨房之内。请灶爷也需焚香、烧纸，叩头祭拜。按照坊间的说法，灶爷是玉皇大帝派下凡间监督人们生产生活的神，因此要格外重视，为了避免其回天庭汇报家户内不好的情况，临行前需要为其献上灶糖，由于灶糖极度粘牙，因此，当灶爷上天后玉帝询问情况时，灶爷只能抿嘴点头，如此，免去了玉帝为人间降罪。基于献灶的活动仪式，坊间还形成了特殊的灶糖馈赠礼仪。第一，送灶糖。一般在腊月二十三之前，亲友之间如有往来，必然少不了送灶糖；外嫁女为了表达孝心，也需要在献灶之前为娘家捎去灶糖。第二，烙献饼。在献灶当日，家中妇女多要烙出献饼，一般为12个，代表一年的12个月，以便在送灶爷仪式上使用。送灶之时，需要在每个献饼、灶糖上掐取一块，连同黄表纸一同烧掉，作为灶爷前往天庭的干粮。祭献完毕，灶糖、献饼分给家人食用。

三、日常习俗及其关系

日常习俗是习俗关系中的重要一环，虽然没有特定的形式，但对村民的生产、生活具有重要的意义。

（一）过寿及其关系

1. 过寿

过寿，即为年长者庆祝生辰，是一种孝道的表现。经过长期演化，宁王村一带形成了一套较为固定的过寿礼俗，代代相传。

（1）过寿原则

传统时期并非人人有"资格"过寿，关中宁王村一带便有相应规定。其一，60岁始称"寿"。年龄没有达到 60 岁，便称不上"寿"，因此，过寿更是无从谈起。其二，长辈健在，不过寿。一家之内，如果长辈在世，那么晚辈不能过寿，所谓"父母在，不言老"；如果长辈健在而晚辈开始过寿，那么，被认为要付出"折寿"的代价。其三，戴孝期间不过寿。3 年守孝期未满，则依然是戴孝之人，而戴孝之人不能过寿，否则视为不孝。其四，兄长不过寿，兄弟不过寿。传统时期兄弟之间过寿也讲究先后秩序，如果哥哥没有开始过寿，那么弟弟便不得过寿，否则视为对哥哥的不尊。其五，家里有黑发人先逝的，老人不再过寿。家中如果有白发人送黑发人的事件发生，那么老人不再过寿，以表哀悼。其六，10 年一大庆，5 年一小庆。长者 60 岁开始过寿，此后遵循"十年一大庆，五年一小庆"的原则过寿，晚辈们按照年份以相应的规格为老人办寿宴。其七，73 岁、84 岁生辰大庆。传统时期认为对于老者而言，73 岁、84 岁分别是老人的两道"劫坎"，一旦过了这两道坎便意味着还能长寿，所以需要大庆。其八，年龄越大，寿宴越隆重。从 60 岁起，老人的年龄越大，寿宴的规格越高，仪式也更加隆重。其九，经济条件越好，寿宴仪式越隆重。对于经济条件较好的家户，老人过寿更加隆重，如设寿堂、赠"百寿图"、发请帖等；而对于普通家户，老人过寿则较为简单，只是家人内部团聚，吃长寿面，为老人祝寿祈福等。其十，过寿男女平等。传统时期，在过寿方面男女平等，符合过寿条件的奶奶也会过寿，习俗礼节与男性过寿无异。

（2）过寿仪式

过寿仪式分两种情况来进行阐释，即经济条件较好的大户人家与普通小户人家。

富裕大户人家过寿。基于其厚实的家底及名望，大户人家过寿礼俗较多、流程较烦琐、环节较复杂，具体而言，其一，下请帖。家中长者过寿，切忌以长者本人名义下请帖，而是由其长子出面，组织宴席，并以其名义下请帖，邀请亲友前来为长者贺寿。按照习俗，过寿只能下帖邀请寿星的同辈或者晚辈参加，辈分高于寿星者不能请，否则被认为要折寿，并且对于受邀者也是不尊敬的表现。请帖需在 7 至 8 日前发出，以便亲友有充足的时间准备。其二，设寿堂。临近寿辰，家中便要设寿堂，即将堂屋收拾出来，打扫干净，摆放桌椅，以备后用。其三，挂寿幛。寿幛，即书写有"壽"字的画作，或是绘有寿星的图画。其四，点寿烛。寿烛长一尺有余，红色，上书"壽"字，寿礼开始时点燃。其五，摆寿桃。寿桃为白面制作而成，呈桃形，尖上涂有红色颜料，一般 9 个一盘，共摆 3 盘，取"福寿长久"之意。其六，敬寿酒。寿酒多为关中一带的地方酒，如西凤大曲、黄桂稠酒等，因"酒"与"久"谐音，因此，以酒贺寿增福增寿。其七，赠寿联。寿联多由亲友书写好带来，也有当场挥毫书写寿联者。

其八，吃寿面。吃长寿面是过寿的必备环节，认为吃了长寿面能够增福增寿。其九，请戏班。过寿请戏班主要是增添欢乐的气氛，除了常见的曲目，戏班还会为寿星唱"庆寿歌"，多以"福如东海长流水，寿比南山不老松"为主。

普通小户人家过寿。传统时期普通人家经济条件有限，自然不能大操大办，一般不设寿堂、不下请帖、不请戏班，但过寿基本的元素依然存在。其一，送祝福。一般远在他乡的子女们均会赶回家为寿星过寿，并送上祝福，如"康乐长寿""增福增寿"等。其二，献寿礼。传统时期，寿礼主要包括寿鞋、寿字、寿联等。寿鞋多为女儿、媳妇亲手缝制，鞋面上还要秀一个"寿"字，老人收到的寿鞋越多，则意味着子女们越孝顺，老人也就越开心。"寿"字一般请人代书，也有亲手所书献给寿星的，据说"寿"字的写法多达300多种。寿联主要也是为老人祝寿之用，可以请大家书写赠与老人收藏，也可自行书写以表敬意。其三，吃寿面。吃长寿面是过寿的关键环节，自然不可少。

2. 过寿的特殊形式

传统时期，过寿还有其他一些特殊的形式，主要有：其一，"冥寿"。所谓"冥寿"，即为了寄托哀思以及表达孝心，在老人去世之后子女们依然按照老人的寿期，为之追行寿礼，称之为"冥寿"。特别是逢80、90、100岁等，追庆场面更为宏大，礼仪更为隆重。其二，"借寿"。"借寿"，即在传统看来，人的寿命具有一定的"天数"，尤其是在父母久病不愈或久治不愈时，有的子女为了表达孝心便自行斋戒、虔诚祷告，希望借自己之寿于父母若干，以求得父母的痊愈，称之为"借寿"。可见，借寿是一种坊间子女表达孝心的活动，一旦（赶巧）父母痊愈，便要在神灵之前焚香烧纸、祭献供品，以此还愿。其三，"避寿"。所谓"避寿"，即老者在其生辰之日离家隐匿，以此躲避烦琐的祝寿活动的行为。一般避寿者不喜喧闹、不嗜铺张、不收礼品。传统时期避寿者多以官员为主，也是风清气正、清正廉洁的表率。

（二）过百日及其关系

过百日是婴儿继过满月后的第二个重要节日。传统时期，由于医疗水平有限，婴幼儿的存活率是较低的，一般而言，民众认为过了百天，孩子便可健康成长。第一，仪式。百日当天，首先，需要祭拜祖先以告知家族血脉后继有人，孩童健康成长。其次，家人需要设席摆宴，邀请亲朋好友前来一同庆贺，如孩子的姑姑、舅舅、"干大"等；此外同村关系好的人也会赶来庆贺。第二，礼品。传统时期，孩子过百日，众亲友需携带礼品前来庆贺，一般以小孩的衣服、鞋帽为主，如极具当地特色的"虎头鞋""虎头枕"等极受欢迎，一般由家里妇女亲手缝制，手巧的媳妇们缝制的虎头鞋栩栩如生、生动可爱，惹得众亲友夸赞一番；也有一些人携带衣服、鞋袜或者糕点食品等。第三，见生。过百日当天，孩子可以与众亲戚朋友见面，传统时期，人们普遍认为百日当天孩子见生面孔后视野会变得开阔、胆子会变大，因此，祖父祖母、父亲母亲也很欢喜大家见见自己的孙子（女）、孩子，说一些祝福吉祥的话语。

第四节 规训及其关系

"国有国法，家有家规。"传统时期，宁王村的规训关系分为不同的层级。本节主要围绕家庭教育及其关系、家族教育及其关系、私塾教育及其关系、新式学堂及其关系这四个方面来考察传统时期宁王村的规训形态及其关系。

一、家庭教育及其关系

传统时期，家庭教育主要遵循"言传身教""潜移默化"的原则，具体表现为家规、家教等。下面围绕上述两个方面分别进行阐述。

（一）家规及其关系

1. 家规

家规，即传统时期族长、家长训诫、制裁家族成员的规则与律例，当地也称之为家法或者家约。家规一旦形成，家族成员必须无条件遵守、服从，传统时期宁王村的家规多以不成文的规则为主。家规相对于家教更为严格，家教重在"教"；家规则重在"管"。家教、家规并举便可实现教管结合、双管齐下的目的。家规在一定程度上弥补了家教的缺陷不与不足，使得家庭教育趋于完整、有序、有效。传统时期宁王村的家规较为零散，概括而言主要包含为人与处事两个方面。如为人要以诚，待人要以信；对长辈要孝，对他人要礼；在生活中要勤俭持家，在生产中要互帮互助等。

违反家规的惩戒。传统时期，如果违反家规，便要受到相应的惩戒，而惩戒的方式主要包括三个层次，第一，轻则罚跪，赔礼道歉，以求谅解。第二，重则捆绑吊打，遭受皮肉之苦，以示惩戒。第三，再重则逐出家门，不再享受族人待遇。此外，还有诸如软禁、限制其活动范围等惩戒方式。

2. 家规中的关系

第一，强制关系。相对于家风、家教等，家规之所以能够代代传承，主要在于其强制性，在其他规制方式失效的情况下，强制性的家规便能够发挥最后的兜底、保障作用。

第二，通用关系。家规一旦制定，对家族所有成员一概适用，正因为如此，家规才具有广泛的认可性与良好的传承性；而家规一旦失去通用性，那么其威信也将大大降低。

（二）家教及其关系

1. 家教

家教，即长辈在对晚辈子女进行教育的过程中所形成的习惯，好的家教有助于好的家风的形成，没有好的家教，家风便无从谈起。坊间评价一个小孩，一般用"有家教""无家教"等。"有家教"不但是对小孩的肯定，也是对其家庭乃至家族教育的肯定；"无家教"则说明这家对孩子疏于管教，不仅是对孩子的批评，更是对一个家庭的否定。传统时期普通人家的家教多以言传身教的方式进行，从小教育子女如何待人接物、处事做人等。同时，在教育的过程中也形成了一些通俗易懂却又不失教育意义的寓言、故事、歌谣等，在老一辈人的讲述、吟唱中，晚辈们从中接受熏陶，体悟做事待人的道理。

2. 家教中的关系

第一，潜移默化关系。家教、教养的传承是潜移默化的，"人常说家教，但啥是家教，你说不清楚"。之所以如此，是因为家教寓教于无形，但又确实是存在的。

第二，言传身教关系。传统时期，关中宁王村一带的家教主要通过一些小故事、传说、歌谣等形式传承；此外长辈们的一言一行、一举一动无不影响着晚辈。

第三，代际传递关系。家教的传承直接表现为代际之间的传承，长辈对晚辈的引导、规劝等。

传统时期，对于普通家户而言，家庭教育这一环节是较为缺失的，一则父母自身没有意识、能力教育孩子；二则对于家庭贫困的家户，主要停留于求生存的阶段，要达到更高层次发展的需求还需要假以时日。而对于大户人家，孩子的家庭教育相对要好很多，有些甚至会请教书先生上门为孩子提供教育。

二、家族教育及其关系

（一）族规及其关系

族人遵守族规、族约也是祖先崇拜的一种侧面反映。遵守族规是对先祖集体智慧结晶的一种体认与遵从。族长为族规的宣传者、执行者以及监督者，要能服众，族长必须首先体认、遵守、执行族规。在恰当的时候，族长经过与族内其他头人的协商可以适时地修改族规，以便适应不断变化的实际，使族规具有切实的可操作性、可执行性；而对于一些比较守旧的族长，则不会轻易同意修改族规，否则，视为对先祖的不敬甚至是亵渎。

（二）惩罚及其关系

对于违反族规者，族长享有依规实施惩戒的权力。概括而言，族规主要包括以下几个方面：其一，罚物罚款。如损坏东西、物品者，以罚款、罚物对其进行警示。其二，罚劳役。罚劳役即罚违反族规的人服劳役、干完指定的农活等。其三，罚捆绑。即将违反族规的人捆绑、询问等。其四，罚鞭笞。即用藤条鞭打违反族规的人。其五，罚削籍。即革除违反族规的人族籍的惩罚措施，使之不再享有族人的待遇，如族田的使用、族人的庇护等。其六，罚剜眼。其七，罚剁手等。前三种惩罚措施较轻，以警示为主；后四种惩戒方式则趋于严厉，使违反族规者受到皮肉之苦，甚至对其动用刑具。这些惩罚措施对规范族人行为、扼杀潜在的苗头具有极大的震慑作用。族规惩戒方式层层递进，由松到紧、由宽到严，起到了较好的警示、教育意义。

三、私塾教育及其关系

私塾教育是传统时期宁王村的人接受教育的一种重要方式。在这层教学关系中，仅有村中经济条件较好的大户人家才能上私塾接受教育。下面主要从私塾教育概况、私塾教育关系这两个方面来考察传统时期宁王村的私塾教育及其关系。

（一）私塾教育概况

传统时期，在教育方面，宁王村一带有私塾教育、官办教育。对于私塾里的教书先生，主要自行开馆教学，多由村中有一定学识的人担任；还有一些有能力的人可以进入官办学校任职，传道解惑。根据老人的回忆，1949年以前，宁王村有2处私塾，均为本村贤达开办，每年招收学生的人数不等，多的时候有20人，少的时候仅数人。

1. 教书先生的来源

传统时期，宁王村有3位教书先生，均为本地人。除了教授本村学生之外，也有周边一些村庄的学生前来求学，范围多以能够当天返回为主，超出这一范围便会另择他处。

2. 教书先生的工作

传统时期，教书先生的工作较为多样，除了教书育人，一般还担任一些契约书写、祭文书写等其他文化事宜，下面分别进行介绍。

第一，教授国文。国文以四书五经为主，主要教学方法是诵读、背诵，老师读一遍，然后学生跟着读，一些文章还需要背诵，隔几堂课老师会做出抽查，一旦背不出来，学生便面临打手心的惩罚。

第二，教授书法。除了国文的背诵，先生还需要教学生写字，一般以临摹为主，写得不好时先生会个别指导,如果屡教不改,先生也会以打手心的方式惩戒,较为严格。

第三,书写契约。传统社会,教书先生是村里为数不多的能够书写之人,因此,同村人在涉及土地买卖、房屋交易等重大事宜需要书写契约时,一般会请教书先生出面,在担任写约人的同时,教书先生也担任了见证人的角色,写契约只是同村人之间的帮忙,不收取费用。

第四,书写祭文。对于一些大户人家,在家中至亲去世之后,多要书写祭文以示沉痛哀悼;家中如有亲友能够书写祭文,那么则不必外请他人;如果家中无人能堪此任,那么多会请当地教书先生出面书写祭文,书写祭文不收取费用,但在平日生产、生活中,如果教书先生需要帮助,那么上述写契约、写祭文的人便会主动上门帮忙以示谢意。

第五,书写对联。每年春节临近,家家户户都需要书写对联,以备过年张贴;传统时期很少有卖对联的,多以手写为主,对于一些自己不能书写的人,便要登门向教书先生求对联。一般来时需要携带红纸若干张,不带笔墨;书写之后便可带回;教书先生书写对联不收取费用;传统时期人们认为有人上门求对联,便是对此人书法的认可,教书先生一般也乐于赐字。每当春节临近,教书先生的门前总是熙熙攘攘,一派生气。另外有一个传统,前来求对联之人会多携带一些红纸,书写剩余的纸张便是教书先生的小小"福利",不会带回。

第六,续修家谱。传统时期,续修家谱也是一项较为重大的工程,每到修谱时间,族长需要召集族内能书写者一起协商续修家谱事宜,其中就包括教书先生在内,且往往成为续修家谱的主力。

3. 教书先生的流动

传统时期,教书先生是有一定身份的人,其一般不下地干活,所以除了教书之外较为闲暇,其可以利用这段时间四处走访,丰富阅历。第一,空间流动。教书先生的空间流动范围较大,在少战乱的年月可以去往周边各地,体验不同的风土人情。第二,时间流动。在时间上,大多以春夏两季为主,冬季较为寒冷,一般居家教书、涉猎书籍等。

4. 教书先生的待遇

传统时期,与普通农民相比,教书先生有其特殊的待遇。下面主要从收入待遇、礼仪待遇、席间待遇、生产待遇这四个层面展开阐述。

第一,教书先生的收入待遇。传统时期,宁王村一带一个学生一年需要向教书先生支付3至5石小麦作为报酬。如果带的学生较多,那么读书先生的收入相对还是较高的。

第二，教书先生的礼仪待遇。每逢年节，学生需要向教书先生送礼，以此表达对先生的敬意。此外，在礼仪方面，教书先生一般穿长袍，这也是普通百姓不曾有的待遇。

第三，教书先生的席间待遇。在坐席期间，如果有教书先生在场，除去长辈外，需要将教书先生放在正席的位置，以示对文化人的尊敬。另外，在遇到一些困惑时，村民们也都愿意听教书先生解惑。

第四，教书先生的生产待遇。传统时期，教书先生一般不会下地干活，多数时间以教书为主，因此，是一份较为体面的工作。

5. 教书先生的纠纷

教书先生的纠纷也是多方面的，如与家人、管理者、学生等多个主体之间的矛盾纠纷。

第一，教书先生与家人的纠纷。教书先生与家人的纠纷主要表现在教书先生多数不会下地干活，尤其是在农忙时节，这一矛盾更为激烈。

第二，教书先生与管理者的纠纷。教书先生与管理者的纠纷主要包括与校长、族长等人的纠纷。其一，与校长的纠纷。教书先生如果在官办学校任职，那么就需要服从校长的统一管理，教授指定的课程与内容，一旦其不听从安排或者不能按时上课，那么将引发与校长的冲突。其二，与族长的纠纷。对于自己开设私塾教学的教书先生而言，在一些学生较少的年份，其收入相对是有限的，而教书先生又不肯轻易下地，此时便容易引发教书先生与族长的矛盾；或者教书先生在不积极参与族内事务等的时候也会加剧其与族长的矛盾。

第三，教书先生与学生的纠纷。传统时期，教书先生与学生的纠纷主要表现为学生不努力学习、不按时到校、不认真诵读等，从而引发师生之间的矛盾。

6. 教书先生纠纷的处理

教书先生遇到的矛盾纠纷不同，其解决方法也随之而异，一般主要有如下三种纠纷调节机制。第一，协商解决。如师生纠纷、与家人的纠纷等，可以通过协商的方式解决。第二，族长解决。关于族内之事，如教书先生不热心宗族事务、不积极协助修谱等情况，可由族长出面协调。第三，管事人解决。如果涉及教书先生与同村人的矛盾纠纷，那么需要请本村管事人出面协调。第四，校长解决。如果是官办学校的教书先生与学生或者家长发生纠纷，那么可由校长出面协调解决。

(二) 私塾教育关系

教书先生在教书育人、书写契约、书写祭文、书写对联、答疑解惑等一系列过程中形成了特殊的较为丰富的关系。下面就不同的关系分别进行阐释。

第一，教书先生的地缘关系。传统时期，教书先生除了在自己村庄开馆教书之外，还可以去一些政府举办的学校任职教书，但一般限于县域范围之内，很少有超出县域范围的情况。

第二，教书先生的管理关系。对于在官办学校任职的教书先生，其受校长的统一管理。而对于私塾教书先生，一般没有太多的人干涉，只要其有才能便可开馆教学，但在教授内容上，要以国学、国文为主，不能偏离这一大的方向。

第三，教书先生的交往关系。其一，教书先生与家人的交往。对于在官办学校任职的教书先生而言，除了放假，其多数时间在学校度过，因此与家人交往的时间相对有限。而对于私塾先生，由于其在家开馆教学，因此，与家人交往的机会较多。其二，教书先生与族长的交往。家中如有人当教书先生，那么族长一般是很高兴的，因为相对于厨师、剃头匠等行业来说，教书先生是一份"有面子"的职业，说明"家中出人""家里有人"，广受村民们的认可。其三，教书先生与保长的交往。保长对于教书先生还是比较尊敬的，因为一些时候保长需要向教书先生请教一些材料的写作等。其四，教书先生与同村人的交往。教书先生与同村人的交往主要涉及自家孩子的教育、写契约、写对联等。其五，教书先生与亲友的交往。教书先生与亲友的交往主要表现在年节的走访、对联、契约的书写等。其六，教书先生与教书先生的交往。基于共同的业缘关系，教书先生与教书先生之间往来还是较为频繁的，一方面有共同的兴趣；另一方面可以互相请教一些问题，答疑解惑。

第四，教书先生的年龄关系。传统时期，教书先生的年龄大多在30岁以上，一般很少有年轻的教书先生，尤其是在一些私塾，更是以40—50岁的教书先生为主。

第五，教书先生的贫富关系。传统时期，教书先生是相对富有的，多数年月，其不用下地参与劳动，通过教书便可以养家糊口。之所以如此，主要是因为在传统时期只有一些相对较为富裕的人家才能将孩子送去读书，若干年之后，学有所成才可以成为教书先生；如家庭贫困的孩子则没有上学接受教育的机会，因此其长大之后也不可能成为教书先生。

第六，教书先生的官民关系。与普通农民相比，教书先生与保长、甲长等来往更为密切，比如，保长需要书写一些材料时，就需要请教书先生出面，或者其儿子读书，便要与教书先生联系等。

第七，教书先生的性别关系。传统时期没有女性的教书人员；私塾以教书先生为主；官办的学校也是清一色的男性教师。一方面，传统时期，女性很少有读书的机会，因此，多数女性没有教书的能力；另一方面，传统时期讲究"男尊女卑"，基本不会让女性去教书。

四、新式学堂及其关系

新式学堂大多兴起于民国时期，其教育模式与传统私塾教育有所差别，其更加注重学生全面的发展。下面主要从新式学堂概况、新式学堂的关系这两个方面来对传统时期宁王村的新式学堂及其关系进行阐述。

（一）新式学堂概况

下面主要从校长、教师的聘任，新式学堂的组织架构，学堂的管理，学堂的纠纷及其处理等几个层面展开阐述。

1. 校长、教师的聘任

传统时期，新式学堂的校长采用聘任制，由县教育局聘请，并发放聘任证书，一般聘期为 5 年，5 年到期之后重新考核，以便决定是否继续聘任。校长的工资待遇由县教育局负责发放，以铜板、银元等为主。

传统时期，新式学堂的教师由校长负责聘请，一般聘期为 3—5 年不等，聘期界满，校长重新对其进行考核，考核合格者才可以继续聘用。教师的工资由县教育局负责发放。

2. 新式学堂的组织架构

新式学堂的组织架构主要包括校长、教导主任、会计、教师等组成部分。校长全权负责学校的各项事务，并具有最终的决定权；教导主任主要负责学生的管理、教学的管理、教学的考核等；会计主要负责学校的账务；教师主要负责教学、上课等。传统时期，新式学堂小学设 6 个年级，每学年设有两个假期，即暑假与寒假，但假期时间一般较短，多为 1 个月左右。传统时期，新式学堂教授的课程主要包括国文、算术、公民（政治）、体育、唱歌等。

3. 学堂的管理

学堂的管理主要按人员进行划分，包括校长的管理、教师的管理以及学生的管理三个层面，下面具体展开阐述。

第一，校长的管理。传统时期，新式学堂的校长由县教育局管理，包括聘任、颁发聘任证书、工资的发放、年终的考核、续聘、解聘等诸多事项。

第二，教师的管理。教师的人事管理在于校长，学校教师多由校长选聘，聘期内的管理、考核、续聘、解聘等诸多事项由校长负责。而教师薪酬的管理权限则在县教育局，负责每年教师薪金的发放。

第三，学生的管理。新式学堂中，学生的管理主要分为三个层级，其一，校长的全权管理。校长的全权管理涉及招生、奖惩、留级、转学、升学等诸多方面，校长对其均有最终的决定权。其二，教导主任的约束。教导主任对学生的管理主要体现在课程的安排、日常教学、考试等。其三，教师的直接管理。教师对学生的管理主要表现为教育与被教育、传授与接受的关系。

4. 学堂的纠纷及其处理

第一，学堂中的管理纠纷。学堂中的管理纠纷主要包括如下三个方面：其一，校长与教师的纠纷。校长与教师的纠纷主要包括教师不服从管理、不能按照规定教课程、迟到早退等多种情况。其二，校长与学生的纠纷。校长与学生的纠纷主要表现为学生不能遵守学校规章制度、无故旷课、打架斗殴等诸多情况。其三，教师与学生的纠纷。教师与学生的纠纷主要体现在学生不能按时完成、上交作业，不遵守课堂秩序等。

第二，学堂中的教学纠纷。教学纠纷主要包括教导主任与教师的纠纷以及教师与学生的纠纷两个层面。教导主任与教师的教学纠纷主要包括教授内容、授课方式等。教师与学生的教学纠纷主要包括授课的方式、学生接受的程度、教学任务的完成情况、作业的上交情况、考试的合格情况等几个方面。

第三，学堂中的财务纠纷。学堂中的财务纠纷主要包括学费的收缴、教师工资的发放、教学用品的采购、教室的修建与维修等。

学堂纠纷较为多样，其处理方式基本遵循层级处理的方式，首先协调解决，其次校长出面协调，最后由上级教育部门出面协调。下面分别进行阐释。

第一，涉事双方协调解决。如涉及学堂管理纠纷、教学纠纷、财务纠纷等，均可通过双方甚至多方的协调，以此找到涉事各方都能够接受的解决方法，从而化解矛盾。

第二，校长协调解决。如涉及教学管理、学校财务、师生待遇纠纷、教师之间的纠纷、师生之间的纠纷等，可以请校长出面协调解决以免事态扩大，影响正常的教学秩序。

第三，上级教育部门协调解决。对于较为严重的矛盾纠纷，在校长出面也不能解决的情况下，可以上报上级教育主管部门，由主管部门出面协调利益、化解纠纷。

(二) 新式学堂的关系

新式学堂中的关系较为复杂，主要包括校长与他人的关系、教师与他人的关系、学生与他人的关系等几个方面。下面逐一进行阐释。

第一，校长与县教育局的关系。县教育局与校长的关系表现为一种管理与被管理、考核与被考核、聘任与被聘任的关系。

第二，校长与教导主任的关系。校长与教导主任的关系表现为一种管理与被管理、聘任与被聘任的关系，教导主任的考核权在于校长，校长有权对其进行考核、问责、解聘等。

第三，校长与会计的关系。校长与会计的关系属于一种上下级之间管理与被管理的关系，会计对校长负责，统筹安排学校的日常开支，并按期向校长汇报学校的开支情况。

第四，校长与教师的关系。校长与教师的关系属于一种聘任与被聘任、考核与被考核、监督与被监督的关系。教师的教学情况如何，其考核权在于校长，对于考核不合格的教师，校长在综合考虑之后有权解聘。与此同时，教师具有对教育、教学提出建议、发表观点的权利，但其建议和观点是否被采纳主要取决于建议是否中肯，是否有利于学校的教育、教学以及整体的发展。

第五，校长与家人的关系。新式学堂中，校长多数时间在校工作，较少有时间照顾家中生产。但在寒假与暑假期间，校长可以适当在家照顾家中生产活动，提供力所能及的帮助，以便减轻家人的劳动负担。而对于家中不再从事农业生产的校长则无此层关系。

第六，教师与教师的关系。传统时期，在新式学堂中，教师与教师的关系主要包括：互相学习、共同为学生授课的关系，帮忙代课的关系，帮忙指导学生作业的关系，以及生活中互相帮助的关系等几个方面。

第七，教师与学生的关系。在新式学堂中，教师与学生的关系首先是教与学的关系；其次，还存在辅导与被辅导的关系。此外，对于一些家庭经济条件较差的学生，在日常的生活中还存在一定的帮助与被帮助的关系等。

第八，教师与家人的关系。与校长和家人的关系较为类似，教师多数时间在学校从事教学工作，平日里较少有时间能够帮助家人从事一些生产劳动，除了暑假能够提供一定的帮助外，寒假基本处于农闲时间，即便放假在家，也较少能够帮助家中农业生产。

第九，学生与学生的关系。在新式学堂中，学生与学生之间的关系较为多样，主要包括互相学习的关系，一起上学、下学的关系，路上互相照应的关系，课间一起玩耍的关系等。

第十，学生与家长的关系。家长与学生的关系是一种供给与被供给、管理与被管理的关系。值得说明的是，一些家庭迫于经济压力，不能将孩童送入学校上学，以至于存在放牛娃、放羊娃等特殊的社会群体。

第五节 文娱及其关系

传统时期,在农闲时节,宁王村的文娱活动相对较为单一。本节主要围绕节庆娱乐及其关系、日常生活娱乐及其关系这两个方面来考察传统时期宁王村的文娱形态及其关系。

一、节庆娱乐及其关系

节庆娱乐主要围绕几个特殊的节日展开,如春节、元宵节、中秋节等。下面择其要者,分别加以考察。

(一)灯会及其关系

1. 灯会概况

传统时期,宁王村没有专门的灯会,元宵节期间耍灯主要以家户为单位,基本没有专门集体性的灯会。如果要去逛灯会,则需要去凤翔县城。据老人讲,如果赶上好收成、没有打仗,那么凤翔县便会举办灯会。"那时候人们见得少,稀罕得很,那灯也多,样子还不一样。"老人如是说。对于一些有条件的人家,有时会去县城逛灯会,在看灯的同时还能猜谜语。此外,灯会现场还会聚集较多的小商小贩,叫卖各种吃食,如冰糖葫芦、糖人等。一般赶灯会回来,家长们还要为没有去的孩子带上几串冰糖葫芦作为礼物。传统时期,并非每个家庭都有条件去逛县里的灯会,要么在县城里有亲戚,要么自家有马车,这样的话便可以前去,否则,当天往返路程太远,基本上就不会前往。

传统时期,宁王村一带的打灯主要是以家户为单位的一项娱乐活动。打灯主要是在正月十四、十五、十六这3日进行,其主体以家中孩童为主。在送灯、打灯、躲灯、点灯、观灯、猜灯谜、照四角、放天灯、挂坟灯等一系列民俗活动中形成了特殊的惯习细节,下面进行详细梳理。

(1)送灯

传统时期,宁王村一带的送灯活动始于正月初五,主要分为舅舅为外甥送灯、"干大"给干儿子送灯、娘家为新婚的女儿送灯等多种情况。传统时期送灯多以成对相送,舅舅为外甥送灯时主要包括10根蜡烛、10根麻花,需要连续送12年。而在娘家为新婚女儿送去花灯之后,按照习俗,新娘需回到娘家躲灯,传统习俗认为"女儿不能照娘家的灯"。

（2）打灯

外甥在收到舅舅送的花灯之后，于正月十四、十五、十六3日尽情"打灯"玩耍。"外甥打灯笼——照旧"（"旧"谐音"舅"）的俗语便是源于此。传统时期，宁王村一带将正月十四晚上的"打灯"叫作"玩灯"，"玩"即尽情地玩耍的意思；正月十五晚上叫作"闹灯"，"闹"体现出元宵节最大的特色，各式各样的灯笼纷纷登场，呈现出"百灯竞演"的热闹场景，看谁的灯好看、看谁的耍灯水平高、看谁能赢得头彩；正月十六晚上则叫作"完灯"，"完"即完结、结束的意思，也即十六耍灯为最后一晚，耍完之后需将花灯打碎并烧掉，因为按照民间的说法，新的一年不能打旧灯笼，认为打旧灯笼舅舅会得红眼病。由此可见，"玩""闹""完"，充分概括了闹花灯的过程以及包含于其中的丰富惯习及人情关系。

（3）"躲灯"

所谓"躲灯"，即新婚媳妇在收到娘家人送来的花灯之后，按照传统，其需要随着前来送灯的娘家人一起返回娘家躲避的习俗。因为传统时期在人们看来，"已经出嫁的女儿不能再照娘家的灯"。

（4）点灯

点灯即回娘家躲灯的新媳妇需要在正月十五元宵节当晚从娘家赶回，在天黑之后为婆婆点燃屋里的灯，传统习俗认为这样可以治疗婆婆的眼睛，使婆婆的眼睛更为明亮；此举实则是新媳妇讨好婆婆，以求得婆媳关系稳定，以便在新的一年里双方更加和睦地相处。

（5）观灯

传统时期，平日里女孩子是不得轻易出门的，而在元宵节这一天，她们可以大大方方地出门参与观灯、猜灯谜等活动，同时也是难得的男女青年交流的机会，但在传统时期，依然以遵从"父母之命，媒妁之言"为主，自由婚姻寥寥。

（6）猜灯谜

传统时期，猜灯谜也是元宵节当晚极具特色的一项活动，一般由家中长辈出题，晚辈们猜答，猜中的便会得到长辈们的奖励，如糖果、瓜子甚至红包等。

（7）照四角

所谓"照四角"，即在正月十五当晚，将房间、院落的四角点上蜡烛，以照亮房屋院落的四角的活动。传统时期认为此举能够消灭蟑螂等害虫，确保家人平安健康。传统时期，照四角主要由家中小孩完成，一边打灯玩耍，一边照亮四角，不亦乐乎。

(8) 放天灯

传统时期，放天灯是关中宁王村一带元宵节当晚的另一项重要的娱乐活动。放灯之前家人围灯而立，双目紧闭，默默许愿，以求愿望成真。据老人回忆，传统时期许愿主要包括：第一，祈求风调雨顺、五谷丰登；第二，祈求多子多福，阖家团圆；第三，祈求考取功名、光耀门楣；第四，祈求姻缘早顾，情缘早结；等等。放天灯许愿中，人情的远近、关系的亲疏等得以显现。

(9) 挂坟灯

"挂坟灯"即在正月十五元宵节当晚，各孝子孝孙纷纷到自家的祖坟上悬挂红灯的活动。在挂灯之前还需要焚香烧纸、供奉祭品，如菜肴、果蔬、点心、馍馍等，以此寄托对逝者的追思之情。

2. 灯会的关系

第一，打灯中的亲疏关系。元宵节打灯活动由来已久，在这一民俗活动不断发展的过程中，表现最为明显的便是亲友之间的亲疏关系，如在传统时期，主要是舅舅为外甥送灯、"干大"为干儿子送灯、新婚第一年娘家为女儿送灯等。如此看来，只有关系亲近到一定程度才会送灯；否则，不送灯。

第二，打灯中的长幼关系。传统时期宁王村一带送灯，除了晚辈们为逝去的亲人挂坟灯之外，主要是长辈为晚辈们送灯，而不是相反，这也是为数不多的几种长辈为晚辈送礼的情况，多数情况下，都是晚辈为长辈送礼。

第三，打灯中的贫富关系。打灯、送灯的过程中，可以明显地看出贫富关系，比如，娘家为新婚的女儿送灯，如果家庭经济条件较好，那么一般会送较为贵重的灯；相反地，则只能送较为一般的灯。娘家送灯的贵重程度一方面体现了娘家人的经济实力；另一方面，也是娘家是否关心女儿的表现。婆家一旦收到贵重的彩灯，那么在处理婆媳关系、夫妻关系时就得更加用心，以免引起婆媳两家之间的矛盾；相反，如果收到的灯较为一般，那么婆婆一方便会不以为然，在处理婆媳关系方面不够用心等。

第四，打灯中的性别关系。传统时期，宁王村一带正月十五的花灯一般与女性联系更为紧密，如前面提及的娘家为新婚女儿送灯、"干大"为干女儿送灯等，在一定程度上，体现了对女性的关注及关爱。

第五，打灯中的官民关系。正月十五打灯主要是以家户为单位的，同村人之间很少有送灯的情况。比如，保长也是以自家为单位为外甥送灯、为新婚的女儿送灯等；其送灯的质量往往要高于普通百姓之间所送的灯。官民之间没有明显的送灯往来。

（二）划旱船及其关系

1. 划旱船概况

传统时期宁王村一带不会单独划旱船，一般是伴随着正月十五耍灯、端午节吃粽子、平时社火等活动而展开的。

划旱船的形式较为多样。传统时期，宁王村划旱船主要的时间节点有正月初三至正月十五、端午节、其他庙会等庆祝活动。旱船由竹条编制，外面裹有不同颜色拼成的布料。一般村落有旱船2至10个不等，不会单独一条旱船滑动；村庄规模越大，人口越多，旱船数量相应地就越多。划旱船时由一人穿戴，伴随着锣鼓的节拍或前进或后退，以演绎船在水上行进时的场景。

2. 划旱船的关系

第一，划旱船中的亲疏关系。一般划旱船到各家户巡演时，旱船队伍也会跟随龙、狮等一同前往，如果到了关系较亲的家户，那么便在其院子里多划一会儿，以示隆重，相应地人家也会格外开心，在事后打点时也会大方一些，如送上烟酒等，以示感谢。第二，划旱船中的性别关系。传统时期从旱船的扎制到后期的划船，全由男性完成，女性不得参与。而在逢年过节划旱船以此娱乐时，女性可以全程观看，此时即便是家长也不会阻拦。第三，划旱船中的长幼关系。由于划旱船跑动较大，加之旱船本身有一定的重量，几场跑下来较为辛苦，因此，划旱船者多以年轻力壮的青年小伙子为主，基本没有中老年人参与其中。

划旱船的特性包括：第一，伴生性。传统时期宁王村不单独划旱船，一般是伴随着正月十五的花灯、年节社火舞龙舞狮以及其他庙会活动而开展的，旱船并非主力，只是社火、庙会等的一个组成队伍。第二，民间性。传统时期，划旱船完全是一种村民自发组织的自娱自乐活动，具有民间性，而不具备官方的性质。第三，娱乐性。划旱船的主要目的是欢闹、娱乐，一般所说的祭祖、拜神等仅为由头，社火"敬的是神，乐的是人"。

（三）戏班会及其关系

关中人好吼秦腔，一般人都能来几嗓子。基于深厚的群众基础，村里成立了许多自乐班。所谓自乐班，便是基于共同的兴趣爱好，好友之间自发组织的自娱自乐活动。每有闲暇，三五好友相邀而聚，"你拉二胡，我打快板，他拉板弦"，组织起来较为方便。其一，聚会时间不定。甚至有人在饭后来了兴致也可以在门口扎下，或坐或蹲，唱将起来。其二，自乐班的分类。传统时期的自乐班也分种类，基本可以分为两类，一种以秦腔为主，当地称之为"大戏"；另一种则以灯影戏为主，当地称之为"小戏"。

但其目的只有一个，便是娱乐。其三，自乐班的牵头人。自乐班一般没有牵头人，"几个人能说得来话，你会这个，我会那个，三言两语，就说到一块儿去了"。

（四）耍社火及其关系

1. 耍社火概况

传统时期，社火在关中一带极为盛行。举办社火活动需要社火头出面组织。

（1）社火头的主要职责

要举办一场社火，社火头无疑是至关重要的，在一定程度上，其号召能力决定了社火的规模、范围以及热闹程度。社火头的主要职责如下：

第一，疏通与大户家族的关系，如族长，以便得到族长的协助。传统时期，一些村落依族而聚，甚至一个村庄便是一族；或者几个大族共居一村，其他小族依附。如此，要想办好社火活动，必须说动村中大族，在得到其首肯之后，后期的工作便可顺利地开展。

第二，号召、动员村民、社民积极捐款，以备社火期间使用。举办社火，没有足够的物质基础作为支撑必然不能成气候，此时就需要社火头出面，动用其个人关系，游说一些大户捐款集资；此外还需号召小户人家也参与进来，多方筹资以备后用。

第三，多方奔走，积极协调，尽量办好本村、本社的社火活动，让村民、社民们满意。一般在社火组织起来之后，首先需要在本村或者本社之内"试耍"，以观其效，如果效果不好，那么一般很难继续扩大规模与影响。如此，则需要挨家挨户、走街串巷、进户入院，以达到广泛动员的目的。传统时期社火每到一家，该户人家便需要出门迎接，并在院内备好菜肴、果蔬、茶酒等物，以便招待前来耍社火的一行人。另外，一些经济条件好的家户还会送上钱币，以示慰问。这样，试耍的过程其实就是集资的过程，也是扩大影响的过程，更是深入动员的过程。

第四，游说周边其他村落一起举办社火活动，也即邀社火。所谓邀社火，即组织本村社火队伍前往某一村庄去耍，其意在向对方提出挑战。所到村庄无论最后是否接受挑战均需要以礼相待，所到之处均需鸣放鞭炮，备好糖果、茶水，以示欢迎。如果对方村庄一时没有接受邀请，那么本村社火队伍便会多次前往对方村落耍社火，一开始，有些村落可能并没有耍社火的打算，但在对方一而再、再而三的"挑衅"之下，便不得不有人站出来组建自己村落的社火队伍，以便"应战"，作为回应。对方村落一旦接受"邀请"，那么，一场场面更为宏大的社火就闹开了。

第五，闹社火。传统时期，闹社火主要包括舞龙、舞狮、踩高跷、划旱船等多种形式。社火每到一处，当地人必然鸣放鞭炮，夹道欢迎。一些家户更是愿意将社火请到自家院落耍一番，以图吉利。另外，当地还有一种禳解的风俗，即在耍社火的过程中，将孩童从狮子身下钻过，认为这样可以驱邪避害，以保孩童健康成长。

第六，会演。所谓会演，一般以就近的数十个甚至几十个村落为单位，经过各方"社火头"的协商，决定会演日期及地点。会演当日，各村社火纷纷赶来，举行规模宏大的社火会演，各村各显其能，纷纷登场表演，周围数村村民前来观看，并为自认为耍得好的社火送上被面等礼品，最后，看哪个村落的社火"披红"最多，便被视为当年最好的社火，这对于一个村庄或者一个社来说是一种极大的鼓舞与肯定，下年如果要继续耍社火，其他村落必然上门"邀请"（实为"挑战"），如果能够赢了上一年的"头家"，那么对于新的"头家"来说也是一种荣誉。村民们乐此不疲，在一年又一年的社火表演中也加强了村落之间横向的联系，拉近了彼此的关系。

（2）社火团队中的内部管理及其分工

传统时期，要组建一支社火队伍，尤其对于大村，社火团队内部分工必不可少，否则很难运行。下面就社火团队中的主要分工进行梳理。

第一，社火头牵头。一村如要举办社火活动，那么必须有人出面，组织牵头，否则，社火团队的组建便无从谈起。一般社火头由村内"好管闲事的人"来担任，以便号召村民、出资出物、联系外村等，其主要职责便是统筹协调社火期间内外大小事务，保证耍社火活动正常进行。

第二，主要人员的选择。社火头选定之后，便需要确定团队中的关键人物，如鼓手、芯子、舞龙（狮）者等。鼓手需要具备老道的经验，以便传递信号，做到整齐划一、行止有序。芯子一般是以村内的男童为主，由于社火游进时间较长，芯子需要长时间保持一定的动作，因此，孩童的身体条件一定要过硬，否则很难胜任。舞狮者必须具备一定的武术功底，尤其是后面的一名舞者，如在完成跳跃、攀爬等运作的过程中，需要极其默契的配合，后面舞者需要完成托举、深蹲等一系列动作，没有一定的武术功底则很难耍好一些动作，同时也容易受伤。

第三，账务的统筹。在一场社火活动中，账务的管理也是至关重要的，在团队组建初期，便需要邀请专人负责账务，尤其是后期钱物的分配，一旦分配不均，极容易引发团队内部矛盾甚至直接导致社火队伍的解散。

2. 耍社火的关系

第一，社火中的年龄关系。传统时期在社火活动中，老、中、幼三代人的职责各有侧重，具体而言：其一，组织者以村里中年人为主。作为社火头，首先必须具备较强的号召能力，以便将大家组织起来；其次，社火头必须具备较强的社交能力，协调各个家族出钱出物筹备社火;社火头必须具备一定的经济能力,如在关键时刻所收钱币不足以支撑社火时,就需要社火头暂行垫付,之后再做定夺。其二,表演者以青年人为主,幼儿为辅。之所以如此,首先社火表演有时需要较大的体力,如芯子社火、车社火等,需要搬动较大的器具,这对于年长者或者年幼者是不可能办到的,因此需要青壮年的参与。其次,社火表演需要一定的技巧或者武术功底。如在芯子社火中,多将小孩化妆打扮为不同造型的芯子;舞狮则需要一定的武术功底,否则一些难度较大的动作便无法完成,甚至有可能伤及舞狮者。再次,社火表演需要一定的参与经验。组建一支社火队伍需要不同能力的人员,如鼓手,庞大的社火队伍如何统一调度,如何做到行止有序,如何做到整齐划一,这就需要极具经验的长者领头敲鼓,其余参与人员根据鼓点的不同节拍施展相应的动作,如此才能保证社火队伍的统一调度、行止有序、整齐划一。其三,观看者遍及村里所有年龄段的村民,小到3至5岁的孩童,长者甚至有80岁老叟,在关中宁王村一带每年耍社火具有扎实的群众基础。"看戏场上不分大小,谁去得早谁就站前面,老小可以挤在一起,共同观看。"

第二,社火中的贫富关系。社火中的贫富关系主要围绕组织者、表演者、参观者三个主要群体展开。其一,组织者。对于社火的组织者,除了具备号召能力、社交能力等之外,还需要具备一定的经济能力,以便在耍社火的过程中提供必要的财力保证,否则很难将大家组织起来。其二,表演者。传统时期,耍社火以经济能力一般的普通青年为主,一是这些人在参与社火活动的过程中能够得到一定的物质补偿,如各家各户供应的菜肴、烟酒、糖茶等;再如,在一些大户人家耍社火时还会得到一些钱币打赏,这些额外所得便可在事后由参与耍社火者按照贡献进行分配;二是一些大户人家的子弟很少加入表演者的行列。其三,参观者。传统时期,耍社火时观看者不分贫富,即便出资较少甚至没有出资,只要社火耍起来,便可前往观看,也不会受到其他人的责难或者异样的对待。社火游进的过程是一个动态的过程,故在社火游进时的观看方式方面,穷人、富人看客没有特殊的区别;但在社火会演时,则设有固定的表演场所,此时穷人一般站立观看,而对于一些有条件的大户,便可坐在轿内或者马车上观看。

第三,社火中的官民关系。社火本是民间自发的一种自娱自乐活动,但在演进过程中,逐渐参进了一些官与民的联系或者官与民之间的关系。下面主要围绕筹划、表演、参观三个阶段具体阐释。其一,筹划阶段。在社火活动的筹划阶段,社火头一般需要与保长有所沟通,以便得到保长的支持或者认可;如果社火头"能力极强,便可不用与保长等商量,自行筹划、举办社火事宜。其二,表演阶段。在社火活动的表演阶段,保长及其子嗣一般不会参与其中,以便区分与"民"的身份;同样,保长、乡长等的子嗣也不会当芯子、鼓手等。其三，参观阶段。在社火活动的表演过程中，尤其是在有相对固定的表演场所时，便需要为保长、乡长等搭建专门的看台，以便其落座观看；其他普通民众则站立在会场周围观看，或可以自带小板凳坐着观看，尤其是老年人。

第四，社火中的性别关系。传统时期，在社火表演活动中，形成了较为特殊的性别关系，主要表现在：其一，社火参与主体中的性别关系。传统时期，村里耍社火以男性为主，无论是"芯子"扮演中男童的选用，还是舞龙舞狮、踩高跷、划旱船的操作以及鼓手的挑选等，均以男性为主，女性基本上被排除在社火表演的群体之外。其二，社火观看中的性别关系。传统时期，观看社火不分男女，男性、女性均可观看；在社火游进的过程中，女性也可跟随队伍沿途观看，没有特别的限制；而在社火会演的固定场所，男性、女性参观者则有一定的区分。一是男性大多在看场的中间区域，妇女则在两侧、周围的区域。二是大户人家的妇女在轿内或者马车上观看，普通家户的妇女则站立观看，或者可以自行携带板凳坐着观看。三是观看社火期间的家庭留守。传统时期，如果去外村看社火，那么家中必须有人留守，且多以女性为主。其三，观看社火中的特殊行为。每年耍社火，一般先在自己村落之内耍，耍完之后才去其他村落游进、会演等；在自己村落耍社火时，大多会挨家挨户上门去耍，每到一家，家中男性鸣炮欢迎，并在院中设案，摆好菜肴、烟酒、茶水等物，以便招待耍社火的人员。此外，一些家庭经济条件好的家户一般还会以钱币作为打赏，或者为狮子"披红"，即披挂被面等；对于家中有小孩，尤其是小孩爱哭闹、有疾病的家户，在狮子游走期间，其母亲多会将小孩抱出，并设法从狮子的身下穿过，以示禳解，传统时期认为此举能够驱邪避害，以便让小孩健康成长。对于有禳解需求的家户，一般其家长会加大"打点"的力度，多给予社火一行钱币、被面、红花甚至烟酒等，以表达感激之情。

（五）舞狮及其关系

传统时期，舞狮在关中宁王村一带极为流行，一般在春节、端午、社火表演等节庆或者重要场合都有狮子的身影。关中一带称之为"耍狮子"。舞狮者一般是在村民中选取的，很少有专业的舞狮团队。

1. 舞狮人的来源

一般多数舞狮者来源于自己村庄，很少有请专门的舞狮人前来舞狮的情况，一方面，一场表演，狮子的数量较为有限，主要以娱乐为目的，请了舞狮人，自己村庄的人便无法娱乐，有悖舞狮的初衷；另一方面，邀请专门的舞狮人需要花费开支，而这非村民所愿。

2. 舞狮的流程

第一，社火头牵头。每年村里要耍狮子，首先需要社火头出来牵头组织。社火头的主要任务是挑选年轻力壮的小伙子，同时还需要一定的武术功底，耍狮子的人员召集是第一步，如果村中没有合适的人选，那么耍狮子便耍不起来，即便强行组织起来，也不具观赏性。

第二，组织排练。人员组织到位之后需要在社火头的带领下组织排练。尤其是一些难度较大的动作，需要不断地练习，以便让前后两人有充分的默契。值得一提的是，如果舞狮人具有武术功底，那么排练起来相对简单，队伍也很容易磨合；如果其没有武术功底，那么排练所需的时间较长、不容易磨合且观赏性不强，所以说舞狮人的素质决定了一村耍狮子的观赏性。

第三，"试耍"。经过一段时间的排练之后，耍狮子便进入了"试耍"的阶段。所谓"试耍"，就是首先在自己村庄内部耍起来，以便观察效果，如果效果较好，那么可以前往其他相邻的村庄去耍；如果试耍的效果不好，那么便不再安排去其他村庄的表演。

第四，耍狮子。如果能够前往其他村庄耍狮子，说明该村对自己村庄的耍狮子水平较为自信，在到达另一村庄时，该村人需要放炮迎接，一般而言，前往的村庄也有自己的耍狮子队伍，在双方社火头进行交流之后，两村的狮子便开始舞起来，这种前往其他村庄耍狮子的活动带有一定比赛的性质。"来而不往非礼也"，一般是在第二日，前往村庄的狮子队伍也会来到本村。这种狮子队伍的互相往来是一种民间互动、交流、加强联系的过程。

3. 舞狮人的流动

第一，空间流动。在空间上，舞狮人的流动体现在上述村与村之间"耍狮子"的比赛互动过程中，其流动范围相对有限，小型舞狮的互动仅限于周边村落，其范围一般不超过10里。

第二，时间流动。与唱戏等较为类似，在时间维度上，舞狮活动也呈现灾年、丰年的特性，即在丰收之年，舞狮活动更为频繁；而在灾荒之年，基本没有舞狮活动。季节流动的表现在于，除了上述灾年、丰年的特性外，舞狮活动同样具有季节属性，一般来说，舞狮活动主要集中在冬春季节，很少在其他季节舞狮。

4. 舞狮人的待遇

按照传统来说，耍狮子是一种农民自愿组织的娱乐活动，不应该有报酬一说，但是基于舞狮人十分辛苦，一般具有潜在的报酬，如在挨家挨户进门入院耍狮子的过程中，几乎每户人家都要"接狮子"，除了鸣放鞭炮、披红（指批被面或者挂大红花）等之外，还会为舞狮人提供烟酒、菜肴等，以示犒劳。这些东西由专人负责收集，并做好记录；在当晚的舞狮活动结束之后，这些物品会按照当晚舞狮人贡献的大小进行分配，这也是对舞狮人劳动成果的一种肯定与褒扬。

5. 舞狮人的关系

传统时期，由于舞狮人是临时召集，且以本村人为主，因此舞狮人的关系较为简单，具体如下：其一，舞狮人的地缘关系。各村的舞狮人以本村人为主，一般不会邀请其他村庄的人参与，如果自己村庄召集不到舞狮人，那么该村便不会耍狮子，因此，舞狮人具有极强的地域性特征。其二，舞狮人的管理关系。舞狮人一般由社火头统一管理，包括前期召集、中期排练以及后期的物品分配等。其三，舞狮人的年龄关系。舞狮是一项极其耗费体力的事，因此大多以招募年轻力壮的小伙子为主，但也有个别中年人参与其中，主要起引领作用。其四，舞狮人的贫富关系。舞狮人没有严格的贫富区分，一般以有能力且愿意参与者为主。

6. 舞狮人的纠纷

由于舞狮活动只在特定的时间节点才进行，是一种非常态的娱乐活动，且活动时间较短，因此舞狮人的纠纷较少，主要包括两个方面：其一，舞狮人与管理者的纠纷。舞狮人与管理者的纠纷主要表现在舞狮人没能按照社火头的规定来出演、表演中配合失调等方面，由此而引发纠纷。其二，舞狮人与舞狮人的纠纷。舞狮人与舞狮人之间矛盾的主要体现是，耍狮子期间配合上失误、耍狮子结束后分配物品不公等，上述情况均有可能引发舞狮人之间的矛盾。

7. 舞狮人纠纷的处理

舞狮时发生矛盾纠纷一般可以通过三种方式进行解决。其一，协商解决。通过双方友好的协商，多数耍狮子期间的纠纷均可解决，因为耍狮子的初衷是为了娱乐，大家都不愿"伤了和气"。其二，社火头解决。双方协商失败时可以请社火头出面解决。其三，会首出面协调。如果社火头协商调解失败，则可以请会首出面主持公道、调解纠纷。

二、日常生活娱乐及其关系

宁王村人日常娱乐有限，现以打牌为例对其进行简要展示。

1. 打牌概况

宁王村一带人打牌主要有三个时间节点。其一，农闲时节。农忙时节，农民大多在田间劳动，基本没有打牌的时间，即便是休息时间也极为有限，因此打牌的时间主要集中在冬季农闲时节。其二，逢年过节。除了农闲时节，每到逢年过节尤其是从过年开始到正月十五这段时间,往往是打牌的主要时间,小到孩童,长到10至80岁老者,当地人称之为"掀牛",深受老年人的喜爱。其三,不分时间。而对于一些不务正业者,打牌基本不分时间,"有一点(钱)就想着挥霍掉"。对于这部分人,其打牌没有相对固定的时间,也不分农忙农闲。

传统时期,不同人打牌有其相对固定的地点,主要有三个场所。其一,亲友家中。逢年过节打牌主要是在亲友家中,三五好友集聚在一处,打牌取乐。其二,村中戏楼。传统时期村中戏楼往往成为村民们饭后的集散之地,尤其在冬月农闲时节,在面向太阳的一侧,往往成为老人们打牌娱乐之地。其三,固定在某一打牌人的家中。而对于经常打牌的人来说,其打牌地点相对比较固定,如固定在某一方的家中,经过一段时间之后再去其他一方的家中,长此以往。

对于戏楼前的打牌人而言,一般都在自家吃饭,饭后出门,打牌取乐。而对于经常打牌的人来说,一般是"在谁家打牌就在谁家吃饭",吃饭费用多从打牌的费用中提留,如果输钱,则记在其账下,日后一并还清。

传统时期,普通百姓打牌多以娱乐为主,很少玩钱;即便玩钱,也是极小的赌注;而对于专门打牌的人来说,其赌注相应要大一些,一旦输了,就会有较大的空缺,难免欠债、借债,传统时期欠账一般需要一年还清,如果长时间不能还清,甚至会导致反目,以至于败坏家产、卖房卖地、妻离子散。

传统时期打牌导致的纠纷也不在少数,轻则关系破裂;再则欠下赌债,甚至大打出手;重则败光家产,也有妻离子散的。

2. 打牌的关系

第一,打牌关系的演进。一是娱乐关系。传统时期,打牌的初衷是为了娱乐,以此消磨时间。而在打牌的过程中,双方甚至多方会形成交往关系。一旦涉及赌债,那么双方甚至多方又会形成债务关系。如果按期不能偿还,有些人家就不得不卖掉土地甚至房产以此抵债,这样还会形成买卖关系。赌博一旦欠债且长期不能偿还,双方极易结下仇恨,又将形成记仇关系。如此,本以娱乐为目的的打牌,逐渐失去了原本该有的样子,也造成了不少悲剧。

第二,打牌中的亲疏关系。对于以打牌为娱乐的人而言,牌友之间讲究亲疏关系,一般关系好的人之间才会打牌,关系不好则不与之打牌。

第三,打牌中的长幼关系。传统时期,打牌一般发生在同龄人之间。比如,同村人之间,一般老人不会与小孩打牌。值得一提的是,如果是家庭内部,则不受此限制,一般长辈与晚辈之间也可打牌取乐。

第四，打牌中的性别关系。传统时期，男女不一起打牌，尤其是在公共场所，如戏楼前，主要是男人们打牌娱乐的地方，女人们则不会来，更不会参与。女人们打牌一般是在家里，几个熟识的关系好的妇女凑在一处打牌娱乐。

第五，打牌中的尊卑关系。一般而言，打牌中有严格的尊卑关系，具体而言，比如，族长便不会在公共场合参与打牌活动，除非是在自家之内，也仅与长辈或者同辈人之间打牌，一般不与小辈打牌，以此来维护其权威性；否则，族长的话语权或者今后的管理将大大折扣，而这种情况在传统社会是要坚决避免发生的。

第六，打牌中的贫富关系。传统时期，人们多与经济条件相当的人打牌，富人一般不会参与到穷人的场子里来；穷人也不会"高攀"去富人的桌上打牌。当然如果涉及赌博，那么只要其输得起，即便没钱也可以参与进去，一旦输掉，那么便面临着卖地甚至卖房子的风险。

第六，打牌中的官民关系。传统时期，保长、乡长等一般不与老百姓一起打牌，除非农民之间产生官司纠纷，才会与官员发生联系；否则，不与之发生联系。

3. 打牌的纠纷及其调解

传统时期，村民在打牌娱乐的过程中难免发生一些冲突，甚至赌钱。一旦涉及赌钱，纠纷便不止于口头的纠缠。

打牌纠纷的调解方式较为多样，具体视冲突的严重程度而定。

第一，协商调解。一般在打牌过程中发生纠纷之后，首先是双方自我协商解决，一同打牌的其他人也会出面相劝，如果涉及的金额不大，那么也不会导致太大的纠纷，在众人的劝说下，基本能够达成和解。

第二，管事人调解。如果当事人双方自行协商调解失败，那么便需要请村里的管事人调解。所谓"管事人"，不一定是保长或者族长，而是在村里有一定威望、说话算数、大家都认可的长者。一般在乡邻之间发生矛盾纠纷时，都可请其出面协商调解。请其调解时需要一方或者双方亲自登门邀请，将其请到涉事一方的家中，一般需要拿出好的纸烟招待。然后一方先说明自己的理由及观点，之后再由另一方陈述；双方陈述完毕，管事人便会根据乡规民约做出裁定，如果纠纷不是特别严重，管事人一般都会协调成功，"得给管事的一个面子，今天人家说话你不听，以后有啥事人家也不再替你说话"。

第三，官府调解。如果管事人调解失败，那么，双方只能通过官府的途径解决矛盾纠纷。但是对于普通人家来说，一般都打不起官司，大多会选择自行协调或者请管事人协调。

第六节 态度及其关系

态度源于农民日常生产、生活之中,一些态度在实践中得以坚定,一些则得以改变。态度对农民生产、生活具有较大的影响作用。态度的形成受到自然、经济、社会、文化等诸多方面的影响,由此,形成了宁王村村落独特的生育态度、生产态度以及生活态度。

一、生育态度

传统时期,生育对于家户、家族而言是至关重要的。生育关乎家族香火的延续以及血脉的延续。1949 年以前,宁王村"重男轻女"的观念极为浓厚。下面将从生育观念和生育关系这两个方面来考察传统时期宁王村人的生育态度。

(一) 生育观念

1949 年以前,对于宁王村而言,生育对一个家庭具有非常重要的意义,一方面,家户内人口的增加意味着劳动力的增加;另一方面,更重要的是,家中的香火得以延续、血脉得以传承。

在生育观念中,宁王村人性别观念也是极为强烈的,"重男轻女"的观念一直未曾中断。一个家户内部如果没有生育男孩,那么其在村中肯定会引起相当多的议论,该家户在村中的地位相应也是较低的。老人讲道:"家里没有男娃是不行的,相当于这家子的香火就断了。以前村中就有这样的情况,后来来了个倒插门的女婿,但这家人在村里的地位一直不高。"

生育观念中男女性别的差异直接反映在孩童的待遇上。一般而言,村中给男童过满月、办周岁的情况要比女童多得多,很少有为女童过满月、办周岁的情况。一位老人讲道:"女娃娃迟早是人家的一口人,长到 10 多岁给说门亲事,早早地就定下来了。"

(二) 生育关系

1. 过满月及其关系

"过满月",即孩子出生满一个月时,妇女正好坐月子结束,可以见外人时,家人召集亲友,庆祝孩子健康成长的仪式。过满月一般需要邀请亲朋好友一道前来,置办宴席,共同庆祝。亲友们一般携带礼品前来,如小儿衣物、鞋帽、袜子等;关系一般的亲友则携带点心、糕子等自制食品。值得说明的是,传统时期并非每户人家都会为小孩子过满月,尤其是家庭经济条件不好的家庭,主要是基于传统时期低下的医疗卫生水平,孩子即便能够满月,依然不能保证其健康地长大,所以一些人家便不过满月,而是待到孩童出生 100 天时庆祝。

2. 过百天及其关系

"过百天",即孩子出生满 100 天时,家人庆祝孩童健康成长的仪式。第一,设宴款待亲友。众亲友受邀后纷纷携礼前来庆祝,一览新人模样。第二,为孩子求百命锁。求百命锁是为了保佑孩子健康成长——将孩子抱到附近寺庙,为其求得百命锁,寓意"长命百岁"。"百命锁"实为一个项圈,意在"圈住"孩子,以免受到鬼怪的侵扰,庇佑其健康成长,寄托了家长们在较低医疗卫生条件下对孩子的厚爱与关怀。

3. 办周岁及其关系

办周岁,即为孩童举办 1 周岁的生日,当地称之"办周岁"。办周岁是小孩出生之后继"过满月""过百日"之后的第三次重要庆祝活动,家中一般需要置办酒席、邀请亲友前来,共同庆祝。办周岁当天的主要庆祝活动有见亲友、抓周等。见亲友主要是为了开阔孩子的眼界,传统时期人们认为,办周岁当天孩子见的生人越多,那么其长大后的眼界越开阔、胆子也会起大等。一般亲友都会抱一抱孩子,说几句祝福的话语,并为其赠送衣物、鞋帽等礼品,以示关爱。

(1) 抓周

"抓周"主要是测验孩子的天赋。当日在炕上摆放算盘、毛笔、玩具、糕点、针线等物,围成圈,再将孩子放入圈内,任其自由爬行抓取,众亲友则在一旁观看。当地流传"从小看大,三岁看老"的俗语。如果男孩子首先抓取了算盘,便认为其能精打细算、能够做生意;如果男孩子首先抓取毛笔,便认为其聪明好学,"是读书的料";如果男孩子首先抓取糕点,则意味着长大后吃喝不愁;如果首先抓到玩具,那么便认为其贪玩,在培养过程中需要及时加以引导。凡此种种,不一而足。如果是女孩子,则多摆针线、荷包、胭脂水粉等。不管孩子首先抓取何物,亲友们都说笑、品评一番,以此取乐。传统时期周岁过后,每逢生日,一般不再为孩子举办类似大型的庆祝活动,主要是在生日当天做一些孩子喜欢吃的食物、免去其劳动、让其尽情玩耍,以此来表达对孩子的关爱。

(2) 禁忌

孩子生日当天切忌打骂孩子,否则认为会影响孩子个头的生长,实则是关爱孩童的一种表现。此后,直到孩子长到 12 周岁,要为其大办一次生日,主要是基于传统时期较为落后的医疗水平,孩子极容易夭折,如果能过 12 岁,那么便意味着孩子能够健康地成长了,因此大办以示庆贺。此日除了一般的设宴庆祝、赠送礼品等之外,还有一个特殊的环节——斩断百命锁，宁王村称之为"打枷"。打枷需在当年求得百命锁的寺庙里进行，打枷过程中需要邀请和尚念经，孩童则焚香跪拜，以示还愿，对神灵的庇佑表达谢意。

(三) 接生婆及其关系

产婆，关中宁王村一带又称之为接生婆。传统时期，几乎每个村庄都会有3至5名接生婆。传统时期所谓的产婆其实并没有经过接生的专门训练，其卫生知识、产育知识等极为匮乏，之所以能够成为接生婆，主要是基于其接生的经验。如果是顺产则一切顺利，一旦发生大出血等特殊情况，传统的"接生婆"很难应对，因此也引发过不少悲剧事件，轻则胎死腹中，重则母子双亡，教训深刻。

1. 接生婆的来源

传统时期，宁王村接生以邀请本地接生婆为主，很少有人家赶往其他村庄或地方请接生婆。一则接生时间不定，如果距离较远，时间上不允许；二则如果本村有接生婆而未请，那么幼儿后期出了什么问题，本村的接生婆便不再出面协调解决。由于上述两点原因，一般家户都会邀请本村的接生婆前来负责接生。

2. 接生婆的邀请

传统时期，接生婆的邀请没有特别的仪式，一般时间紧急，由家中有闲的妇女去邀请；邀请时也无须携带礼品，上门告知其事由，将其领来即可，酬谢等乃是后话。

3. 接生婆的流动

接生婆的流动将从空间流动与时间流动两个层面来展开阐述。第一，接生婆的空间流动。传统时期，接生婆的流动空间极为有限，基本上以本村为主，最多衍生至相邻村庄，属于一种小范围内的流动。第二，接生婆的时间流动。从短时间内来看，接生婆的时间流动具有不固定性，这是基于孩童的出生时间具有相对的不确定性因素而决定的。拉开时间维度可以发现，接生婆流动的频率也有一定的规律性，其一，"破月"的规避。传统观点认为，每个生肖均有其"不好"的月份，如属蛇的忌出生在正月、属鼠的忌出生在二月、属牛的忌生在三月等，一般稍有常识的家户会设法尽力避开上述月份。其二，丰收、和平之年接生婆的流动更为频繁。如果连续几年丰收且少战乱，那么民生得以休养，这国泰民安的年份出生的小孩要相应的多一些。

4. 接生婆的待遇

一般而言，接生婆没有特定的报酬，接生更多的带有一种帮忙的性质，但是于一个家庭，新人的出生无疑是至关重要的，一旦小孩出生、母子平安，接生婆便会得到一部分报酬作为酬谢，与此同时，两家的关系也会进一步拉近。第一，接生婆的报酬待遇。接生婆的待遇没有特定的标准，一般视其家庭经济情况、与接生婆的关系而定。如果其家庭经济条件好，又与接生婆关系较近，那么给接生婆的报酬就多一些；如果其家庭经济条件有限，那么，给接生婆的报酬就相应少一些，但心意要在，不能不送。第二，接生婆的走访待遇。除了金钱或者物品的回报之外，到了重要的年节，如春节、端午节、中秋节等，小孩一方家人需要携带礼品上门拜访，以示感谢；等到孩子长大之后，需要亲自登门拜谢，以表达感激之情。第三，接生婆的邀请待遇。如遇到孩童白天、周岁等重要时间节点，需要邀请接生婆前来一同庆贺。第四，接生婆的帮忙待遇。到了农忙时节，接生婆家如果忙不过来，那么小孩家长需要主动上门提供帮助，以示感恩之意。

5. 接生婆的关系

接生婆在接生、走访、帮忙等一系列交流来往中，形成了较为丰富但又相对特殊的关系，如地缘关系、管理关系、交往关系、纠纷关系等。

第一，接生婆的地缘关系。前文已述及，接生婆的活动范围较小，仅限于本村，最多延伸至邻村，因此，其地缘关系较为单一，不及木匠、医生等广泛。

第二，接生婆的管理关系。传统社会中，对于接生婆没有统一的管理，接生婆也没有准入的门槛，仅在村民内部认可便可。基于此，在传统社会，几乎稍有一定的生育经验便可称得上是接生婆，甚至对于一些来不及邀请接生婆的家户，便由婆婆负责接生，由此可见其准入门槛之低。

第三，接生婆的交往关系。接生婆的交往关系还是相对复杂的，主要涉及如下几个方面：其一，接生婆与家人的交往。对于接生婆而言，其接生婆的头衔只不过是其暂时性的职业称谓，因此其大部分时间依然以居家务农为主，与家人的交往较为频繁，或者说接生的工作并不会影响其与家人交流、交往。其二，接生婆与族长的交往。传统时期，族长不会过问接生婆接生之事，在族长看来，如果有人来请，那便是女人之间的事，一般不会过问，再者能够帮助乡邻也算是一件功德，因此，族长一般不会限制接生婆接生事宜。其三，接生婆与保长的交往。保长与接生婆没有直接的关系，更不会干涉其接生之事。甚至一些无条件在医院生育婴儿的保长之家，也会求助于村内的接生婆。其四，接生婆与同村人的交往。接生婆与同村人的交往较为频繁，一则基于同村的地缘关系，日常生产生活中多有联系、帮忙、互助等；二则基于接生婆的身份，村中许多孩童均由其接生，如此，无疑进一步拉近了接生婆与同村人的关系。其五，接生婆与亲友的交往。接生婆与亲友的交往大多停留于亲戚之间的互相走访及生产互助，限于距离因素，在接生事宜上接生婆很难帮到亲戚。

第四，接生婆的年龄关系。传统时期，宁王村一带的接生婆多以40岁以上的中老年妇女为主，传统时期人们认为年龄越长，接生婆经见的就越多，接生经验也就越丰富，因此，人们在请接生婆时，一般倾向于选择年龄较长者，以求得心理的安慰。

第五，接生婆的贫富关系。传统时期，接生婆这一群体没有严格的贫富分化关系，主要取决于妇女的生育经验以及接生经验，或贫或富，没有直接的关联。但值得一提的是，对于村里的大户人家，其有能力请到相对较为专业的医生来接生，以此降低风险，提高婴儿的存活率。

第六，接生婆的官民关系。传统时期，即便是官员家庭，由于时间因素，有时也很难请到专业的接生人员，关键时刻会就近邀请同村的接生婆负责接生。除此之外，接生婆与官员之间的联系较少。

6. 接生婆的纠纷

接生婆的纠纷主要表现为接生婆与接生人家的纠纷。一般而言，接生婆接生顺利则已，一旦发生意外，接生婆与接生人家的关系也是极其微妙的，基于此，一般只有平日关系处得好的人家邀请，接生婆才会前来；如果平日里关系处得不好，或者对于一些"难缠"的家庭，接生婆不会接受邀请。

7. 接生婆纠纷的处理

传统时期，接生婆遇到的纠纷还是较多的，一方面，限于接生婆的接生水平；另一方面，限于传统时期接生的医疗条件，婴儿的死亡率还是比较高的，因此接生婆这一行业的风险还是较大的。一旦遇到纠纷，调解的手段较为单一。一般而言，几乎很难通过自我协商的方式解决，这样就不得不请村中的管事人来协调，大多以邀请一方的妥协而告终；很少有接生婆赔偿或者受到惩罚的事例。

二、生产态度

关中平原，以小麦种植为主。农民在长期的麦作生产实践中形成了特定的生产态度。下面将从家户为主、合作经营这两个方面来考察传统时期宁王村一带的生产态度。

（一）家户为主

传统时期，家户为主的生产态度在宁王村一带极为普遍。首先，在生产工具的占有上表现出以家户为主的特点。老人说道："要成立一个家庭，基本的生产工具肯定要有，一来分家的时候肯定要分给你一些，二来自己还要置办一些，没有农具你不可能天天去借别人家的，去多了你也不好意思。"其次，在农业生产上，基本都以家户为主，尤其是在农事活动的决定上，由掌柜的说了算。"一家有一家的掌柜的，掌柜的要做的事就是做出适宜的决定：种哪种作物、种多少、先种哪块，这些都需要听掌柜的安排。"最后，在劳动成果的分配上，同样表现为以家户为主的特点，在农忙时节，最主要的是首先满足主要劳动力的体力需要，同时照顾到家中的老幼。在日常的生活中，一家人吃一锅饭。

（二）合作经营

在农业生产态度上除了上述以家户为主外，还表现出合作经营的特点。值得注意的是，这种生产决策上的"家户为主"与实际劳动中的"合作经营"并不冲突。合作经营主要表现在几个特定的时间节点，如播种、收割等。传统时期，一些地方灌溉条件较差，这就需要抢墒、抢种，一旦错过特定的时间，即便种下去也是没有效果的。在抢种时，需要不同的家户资源合作，共同分配劳力、共同使用工具，以此提高播种的效率。此外，收获时节的抢收也是至关重要的，需要不同家户的合作，甚至请麦客前来抢收。可见宁王村的这种抢墒、抢种、抢收等合作经营理念的初衷均是为了提高生产效率，弥补家户经营的不足。

三、生活态度

生活态度的形成与当地自然、经济、人文等诸多因素相关。在传统的农耕社会，基本未能脱离"靠天吃饭"的制约，农业生产受自然环境影响较大，这就需要家户"勤俭持家""量入为出"，否则，长期"朝不保夕"的日子会被同村人所不齿，也是对相应家户掌柜的能力的否认。

（一）勤俭持家

勤俭持家既是对掌柜的要求，同时也是对其他家庭成员的要求。在宁王村，勤俭持家的生活态度表现在两个方面，一方面，农民从长期的农耕实践中总结出了"勤劳致富"之道。老人说道："庄稼人靠的就是勤劳，地里有活的时候忙地里的，地里没活了忙家里的，农闲时还可以到外面做点小生意，贴补家用。"另一方面，持家需要做到"节俭有度"，这也是农民代代相传的经验。一位梁姓的老人讲道："在庄稼地里出过力，你才能真正知道粮食的来之不易，以前孩子还小的时候，父亲就要给他安排相应的农事活动，从小让他知道种地的不容易、粮食来得不容易。我5—6岁的时候父亲就带我去地里，拔草、拾麦穗这些活都干过，长大一些后，耕地、播种、收割，样样你得学会。"

可以看出，正是农民这种从小潜移默化、实地劳作的影响，"勤俭持家"不再是一句口号，而是融入农民生活、生产实践的记忆。

（二）量入为出

除了上述勤俭持家的生活态度，量入为出也是非常重要的一个方面。量入为出表现在日常生活中便是计算,如劳动成果如何分配、留多少种子、人情支出多少、回礼回多少等,都需要根据家庭实际情况做出相应的安排。但值得注意的是,量入为出并不一定是"小气","该花的还得花"。一位老人如是说:"以前人情关系的维护是农民生活中非常重要的一面,尤其是涉及婚嫁事宜,决不能马虎。那时候随礼主要根据亲疏关系决定随礼多少,比如外甥结婚,舅舅一方随礼就多,关系越近,随礼相应越多,这个时候掌柜的就不能含糊。"另外,量入为出还体现在农民日常生活的记账上,无论是日常生活中的支出,还是礼金的支出,每家大概都有一个账目,不一定需要白纸黑字,心里的账本一定不能含糊。沈姓老人说道:"以前父亲就有记账的习惯,买油花了多少、赶集花了多少、随礼花了多少,这些都要清清楚楚地记着。受父亲的影响,我当家之后也继承了父亲记账的习惯,虽然现在生活好过了,但账一定要清楚,容不得马虎。"

第七节 思维及其关系

在长期的农耕实践中,宁王村人形成了特定的思维模式与思维关系。如经验思维、务实思维、循环思维等。上述思维对农民日常的生产、生活有着深刻的影响。本节着重考察上述思维的形成以及由此形成的思维关系。

一、经验思维及其关系

经验思维源于农民日复一日,年复一年的重复性劳动,加之新经验、新技术的匮乏,农民经验思维浓厚,无论是生活决策还是生产决定,大多以经验思维为导向,据此作出相应的判断、决定。以下围绕生产经验、生活经验两个方面考察传统时期宁王村农民的经验思维及其关系。

(一)生活经验

传统时期,宁王村人的生活经验较为丰富,如"南风雨,北风晴""春打六九头,遍地走耕牛""九尽桃花开,蜜蜂出巢来""有钱难买五月旱,六月连阴吃饱饭""人发迷,天气炎,疮疤发痒把雨见""榆钱饱,麦必好""黑云把日接,明日把工歇""早上立了秋,后响凉嗖嗖""人黄有病,天黄有雨""夜晴没好天,等不到鸡叫唤"等。

这些生活经验的习得主要有两个方面,一方面,农民可以从长辈的教导中领悟生活经验;另一方面,农民可以在日常的生产、生活中主动的学习、积累经验。当然,这些经验并不一定完全正确或者科学,但其对农民具有重要的影响。

（二）生产经验

相对于生活经验，生产经验对于从事麦作生产的宁王村人更为重要。如，"麦浇小，谷浇老""枣发芽，种棉花""谷雨前后，点瓜种豆""头伏萝卜，二伏菜，三伏种出大白菜""七月不收场，八月心发慌""秋种五月土，白露高山麦""麦深谷浅，糜子苦脸""冬耕深一寸，顶上一层粪""庄稼一枝花，全靠粪当家"等。

在科学技术相对落后、新技术难以普及的情况下，上述生产经验对农民合理安排农事活动具有重要的意义。人们根据外界的变化，感知时令的更替，从事相应的农事活动、合理安排农业生产。

二、务实思维及其关系

（一）勤劳思维

"人勤地不懒"是宁王村勤劳思维的一个侧面，告诫人们要通过勤劳、诚实的劳动获取所需；"地不收懒汉"，人们对于偷懒、耍滑之人表现出了相当的厌恶。如在搭伙经营中，如果遇到懒汉家庭，一般合作一年便到了头，第二年没有家户继续愿意与之合作。同样，在外出揽活中，也需要足够的勤劳，不然名声一旦传出去，没有主家愿意招揽懒汉。此外，从事农业活动，必须遵循一定的时令，因时而动，否则一年到头也是白忙活。村里一位老人讲道："农民主要靠的就是勤劳，这是祖祖辈辈、一代一代传下来的经验，也与庄稼生长有关系，比方说下种，你过了相应的时间那就错过了，今年不可能再有机会，这样的话如果农民不勤劳，你怎么吃饭？"

（二）计划思维

传统时期，务实思维的另一个重要方面是计划思维。计划思维体现在农民日常生活、生产的方方面面。一方面，在农业生产中，由于受外界因素影响较大，农业生产具有相当的不确定因素，因此，在生产过程中需要处理好长远与当下的关系，或者说农民在从事生产过程中需要有一定的计划思维。一位老人说道："以前庄稼人主要就是'靠天吃饭'，没有点准备不行。比方说你种庄稼，种多少、留多少（作为口粮）需要提前做出判断；再比方说，今年的天干，到了下种的时候，你种还是不种？这些都需要有一个提前的判断。"另一方面，在日常的生活中，同样需要有计划思维。一位老人讲道："比方说在随礼方面，随多少合适？既不丢面子又不会影响家庭的基本生活？这些都需要掌柜的提前计划，不然你这个掌柜的就不称职，当不好家就要被人笑话。"

三、循环思维及其关系

传统时期，宁王村人除了上述经验思维、务实思维外，还有一个非常重要的思维——循环思维。循环思维之所以会形成，与日夜的轮换、四季的轮转、生老病死等密切相关。下面将主要结合季节循环与生产、生命周期与生活这两个方面来考察传统时期宁王村人的循环思维及其关系。

(一) 季节循环与生产

"一年四季,春夏秋冬。"传统时期的宁王村人正是基于这种四季的轮转来感知时令的变迁、季节的变化。而在这种长期的日月交替、四季轮转中,农民的循环思维得以形成。"春种夏长,秋收冬藏",是人们对季节的把握以及时令的敬畏。村里的一位老人讲道:"以前,科技还没有这么发达,人们只能通过肉眼看到的来理解作物的生长、一年四季的变化。作为庄稼人要做的就是该干啥的时候干啥,如果你不知道,那就随大流,渐渐地,时间久了,你也就学会该怎么种庄稼了。"

(二) 生命周期与生活

"生老病死,相继轮回。"这是传统时期宁王村人对生命周期的理解与把握。在人们的观念中,人生是有轮回的,因此必须少做恶事,不然因果报应终将轮回。对此,村中一位老人有如下的表述:"一个人从出生、长大,又逐渐变老,最后死去,这是每一个人都必须经历的轮回,谁都无法逃避。在我还小的时候我的爷爷就去世了,那时候只记得奶奶、家人很难过,披麻戴孝好久,那也是我第一次经历人的生死。这些事每个人都要经历的。"

第八节 宁王村的文化变迁及实态

一、搭台唱戏

关中人看戏,有看大戏与看小戏之分,大戏,即秦腔;小戏,即灯影戏。大戏规模宏大,持续时间长,一般会唱三天四晚;参与人数广,一般几个村甚至外乡人也会前来看戏;戏场存在大量买卖交易市场,如吃食、玩具、农具甚至骡马等市场;大戏花费多,需要邀请戏班,传统时期,一场大戏一般在10石麦左右,约3 000斤小麦;请戏,即联系戏班准备唱戏,一般是会首负责请戏。会首并非由村民选出,而是由村内"好管闲事"的人构成,一般而言,这些人热心于公共事务,富有奉献精神。会首只负责村内的民间事务,一般不问村庄政治。会首无报酬,属于义务性劳动。前辈会首老去,新的会首依然由热心于公共事务的新人接续,代代延续。小戏则以一村为单位,规模较小,持续时间一般与大戏相同;参与人数较少,以本村村民为主;戏场无交易市场;小戏花费较少,如果本村人有会要灯影的,一般花费不多,需20至50斗麦子不等;小戏虽小,也由会首牵头组织与协调办理(见图5-4、图5-5)。

图 5-4 开戏前的大鼓表演

图 5-5 宁王村戏楼

一是戏场惯习。"谁先到，谁坐前面。"一般看戏的人会自带小板凳，去得早即可坐在戏场前面，离戏台较近。二是"男女有别"。传统时期，戏场中间一般是男性戏迷的地盘，女性也可以到戏场看戏，但是一般在戏场的两侧，不会站在中间。三是"不分老小"。戏场里看戏不分老小，不乏老人与小孩"挤仗"的情况，一旦到精彩处，一般都想在前面看，所以戏场里不分老小。四是"不分贫富"。戏场里没有穷人、富人，一般都是或站或坐一起看戏，不过一些有马车的大户人家会将马车停在戏场两侧，大户家的妇女一般坐在马车内看戏。五是"官民有别"。如果有官员前来看戏，如乡长、保长等，便要在戏台正对面搭建"看台"，方便官员看戏，如果没有官员要来，则无须搭建"看台"。六是"大户不坐看台"。"看台"仅供官员使用，即便是大户财东也没有资格坐"看台"，同时大户也不愿意坐"看台"，因为怕被土匪盯上，万一露富是得不偿失的。七是费用共摊。传统时期，办一场戏一般需要10石麦子，而这些费用是由办戏村庄的村民共同筹集的，筹集的办法一般根据每家的土地多少、土地质量出粮食，实在交不出粮食的便可不交，一般村里唱戏收粮食"照地亩摊，南面川地1亩1斗多，北面坡地1亩半斗左右"。不交粮食者也享有平等看戏的权利，并不会因为没有交粮食而失去看戏的资格或受到大家的歧视；大户人家一般会多出一些。

二、闹社火

社火在关中宁王村一带广为流传，延续至今。农家以户为单位设"堂"，又以村、堡为单位设"社"。"社"即以村、堡为单位，以群众自发组织为原则建立起来的民间组织，如社火会、自乐班等。社火，即每逢年节，群众自发组织起来，扮演各种杂耍，以此娱乐庆祝、求神祈福、庆贺丰收等的娱乐性活动。在关中宁王村一带，社火有诸多表现形式，如舞龙、舞狮、踩高跷、划旱船、芯子等；根据不同的表现形式，社火大致可分为芯子社火、马社火、牛社火、车社火、血社火等。每逢重要节庆，如春节、元宵节、端午节等；或者祭祀其他神灵，如"二月二，龙抬头"，需要耍社火，祭祀龙王；再如丰收之年，感谢上苍恩赐、庆祝五谷丰登等，均会举办规模或大或小、参演人员或多或少、参与村落或众或寡的社火活动，以示庆贺、祭祀或者祝福，以求国泰民安、风调雨顺、五谷丰登等。产生办社火的想法之后，便需要在一村或者一社之内推选出组织协调能力、口语表达能力、社交能力极佳者出来作为"社火头"，以便组织村社之人一起办社火。

三、打牌

图 5-6　村中老人打牌娱乐

在文化娱乐方面，除了上述集体性的唱戏、闹社火活动之外，在日常生活中，村中老人多以打牌来娱乐，共度闲暇时光。打牌的地点位于村中古戏楼内，打牌的时间多为下午 2 点到晚上 6 点，这一阶段是老人最为集中的时间（见图 5-6）。

第六章 宁王村治理形态与实态

村庄治理对村庄发展、稳定有着极为重要影响。本章主要围绕政权治理及其关系、村落治理及其关系、亲族治理及关系、家户治理及其关系、信缘治理及其关系、业缘治理及其关系几个方面展开,以此考察传统时期宁王村治理形态及其关系。

第一节 政权治理及其关系

政权治理是国家政权深入乡村的结果,对传统时期村庄治理产生了极为重要的影响。本节主要围绕政权建设概况、政权治理主体、政权治理内容、政权治理方式、政权治理关系五个方面展开,以此考察传统时期宁王村政权治理形态及其关系。

一、政权建设概况

明至清末,县以下基层组织为里甲制,里设里长,为行政管理长官。

清雍正年间(1723—1735年),全县划分为39里、402甲。

民国二十三年(1934年)前,沿用清制。

民国二十四年(1935年),全县划为东、西、南、北、中五区,管辖36乡、1镇、120保。

民国二十六年(1937年),成立联保组织,将36乡改称36联区,下辖保甲。

民国二十七年(1938年),将36联区并为18乡,设1个城市镇。每乡辖4—9保,保辖甲若干，甲辖花户10余家。乡设有乡长、副乡长、乡队副、文书、户籍主任各1人，乡丁若干人。保设有保长、副保长、保队副、文书、户籍员各1人。全县共有121保。

民国三十三年（1944年），户口普查之前，整编保甲组织，每乡4—9保，每保不得超过20甲，每甲不得超过20户。全县仍为18乡及1个城市镇，直至解放。[1]

二、政权建设主体

民国时期，国家政权深入乡村社会。在宁王村设有保长、甲长、乡丁等，共同治理乡村社会。

（一）保长

保长，一保之长，传统时期主要负责税收的收缴、其他税费的摊派、地方治安的维持、民事纠纷的处理等。保长没有规定的工作年限，"当得好，就可以一直当，当得不好，就会被罢免"。保长的任免之权一般在乡长，保长在任期之内如无过失，一般可以获得连任；一旦有人检举保长过失，后者将面临被免职的危险；保长的罢免一般由乡长进行，一般是办事不力，不能完成交办的任务等。保长的报酬是从每年收缴的摊派里截留的，截留多少由乡长决定。保长没有平日的摊派，出壮丁也不会摊给保长。

（二）甲长

甲长，负责一甲之内的税收的收缴、平日摊派的收缴、监督做工、抓丁等。甲长没有报酬，但甲长当年不用摊派，且当年如有壮丁费也不会摊给甲长。甲长往往吃力不讨好，对上，收不齐税款便遭到保长的呵斥甚至打骂；对下，得罪乡里乡亲。

甲长一般是由一甲之内的家户轮流担任的，由于一些人不愿意当甲长，而有些人则愿意谋这份差事，此种情况下，就存在一甲之内的某几个人垄断甲长职务的现象。即便甲长两头受气，亦没有报酬，但是每年的摊派、人丁不用摊在甲长身上，因此，在一定程度上也是有利可图的。甲长主要负责通知各家户摊派费用、上缴截止时间；此外还需要催粮、催款、催草、催料，如果不能按时收齐，那么便会受到惩罚，轻则呵斥，重则打骂等。甲长的任免之权在保长。只要甲长听从保长安排，较好完成征粮、抓壮丁等任务，一般均可以获得连任。

（三）乡丁

乡丁，乡长的从属人员，主要负责维护秩序，协助收取税费、抓捕不能按时交税和缴纳摊派费用等的人员。乡丁有一定的报酬，但不同的时间其报酬不一，具体数目未能查实。乡丁一般由乡长任命，直接对乡长负责。一般一乡有2名乡丁。乡丁的罢

---

[1] 陕西省凤翔县志编纂委员会：《凤翔县志》，陕西人民出版社1991年版，第203页。

免之权亦在乡长，一般乡长不会轻易罢免乡丁。一般情况下，乡丁只要没有重大过失，能够较好完成乡长交办的任务，大多可以获得连任。

三、政权治理内容

政权治理对村庄发展具有重要影响，同时也是国家从基层汲取税收、兵力的重要一环。以下主要围绕摊派、抽丁展开加以考察。

（一）摊派及其关系

传统时期，宁王村一带农民的摊派任务还是较重的，尤其是民国后期，用一位老人的话说，"有时候（甲长）天天来（收粮食），要2—3斗"。而每次摊派均有名堂，"有时说凤翔修飞机场呢，要交粮食；有时又说剿匪呢，要交粮食。那理由多得很。"每年的公粮也不一定，一般坡地一亩半斗左右，川地则交的多一些，一亩约为2斗左右。据老人讲，北边的坡地浇不上水，产量较南边的川地低很多，3—4亩坡地才能顶得上一亩川地。每年的公粮、摊派均由甲长来收，一般摊派较少，所以每次都由甲长自己带走；而公粮较多，甲长只需上门告知今年需要交多少公粮，限农民于半月内自行交齐。收到交公粮的单子后农民需筹粮，择期运送到凤翔县，或人担或驴驮，不一而足。当时公粮不算太重，一般都能交齐，农民的主要负担在于应对名目繁多的临时摊派，一时交不齐，难免一顿毒打，打人者一般是保长，也有个别甲长打人的情况。

（二）抽丁及其关系

抽丁，关中一带称为抓兵。抓兵的频率不定，一般战乱时期抓兵的多。传统时期，宁王村一带抓兵主要以甲为单位，按照该甲成年男子的数量进行摊派，男子以满18岁为基本条件，身体无残疾。一般抓兵甲长直接通知到户，告知其今年出丁。普通百姓一般很难与之抗衡，唯一能够采取的自保方式便是躲避，藏在外地，等此轮抓兵结束了，便可悄悄回来，这样就算逃过了一轮抓兵。还有一些大户人家，摊派到自己时不想将自家的人送出去当兵，所以会出钱雇兵顶替，传统时期雇一个兵大约需要10石麦子。此外就是比大户更大的财东，不但有钱，而且还有势力，所以保长、甲长不敢向其摊派壮丁。据老人回忆，当时这样的家户约有10家，此外的人家一般都要摊派壮丁，或出钱，或逃走，否则只能出人。抓去的壮丁一般一辈子当兵，除非中途逃跑回来，所以农民都不希望自家人去充当壮丁。

民国二十二年（1933年）《陕西关中调查》载：凤翔县旱地亩产平均不到1斗，值1元1角（银圆），田赋及其他临时摊派每亩达2元。贫苦农民无力交税款被差人、团丁拘押为常事，农民十之八九为应付派款而拆卖房屋。小渭村的田赋1933年预征到1938年。农民交纳税款要经过粮头、庄头、甲长、村长、里长、区绅、粮赋长等才可到达县政府，经手人层层加码，从中渔利。王堡村派"水利奖券"，全村56元，一甲不到6元，村长派给每甲8元。邱村里长派"富户款"2 000元，上交仅1 000元。另据载：民国三十七年（1948年），政府以"戡乱建国"名义搞"捐献戡建小麦运动"，全县19个乡，每石粮硬性摊派小麦6升7合3勺，共配赋3万石，其中商负15%，民担85%。为加紧摧收，县政府抽调大批公务人员组成"督导团"，分东西南北四区出动，强行逼索，时称"民国万税"。当时凤翔县除国家正赋外，另有苛派杂捐33种，如河水费、庙捐、借粮、指粮借款、剿匪、公债等等。

抗日战争开始，民国政府开始征兵。本县从民国二十六年（1937年）起，每月壮丁征配额规定为220人，至三十二年（1943年），征兵总次数累计109次。其中民国三十年（1941年）为25次，征现役总额3 712人。日本侵略者投降国民党反动派挑起内战继续征兵，直至解放。其间，频繁征兵，弱肉强食，征兵变为抓兵，各级要员借机大发横财，致不少人家倾家荡产，家破人亡，人民闻兵色变。[1]

凤翔的兵役制度，清代以前无资料记载。清代，康熙九年（1662年）凤翔设城守营，有主管官守备1人，募养马步兵178名。民国初，实行募兵，随割据本地军阀的需要任意征募。也有地方豪绅霸头为投靠大小军阀，按兵多者官大的奢望私自募兵的。募兵者在招兵点树"招募新兵"旗，受招募者报名后接受目测口试，被认为符合条件的准入军籍，发给供养，编入军伍。群众称当兵为"吃粮"，称士兵为"粮子"。当兵者多为：生活逼迫，为求生计者；家庭怄气，寻求解脱者；违法犯禁，逃避惩处者；往复"吃粮"以军为业者等。其时，军阀在凤翔征战频繁，头目更迭无常，募兵次数极多。民国二十五年（1937年）3月，南京政府颁布了《兵役法》，始变长期以来的募兵为征兵。规定：男子年满18至45岁，均有服兵役的义务，不服常备兵役的服国民兵役，平时受训，战时征集。年满25至40岁，经检查合格者服常备役。常备役分现役（在营为期三年准予提前归休）、正役（现役退伍者服之，为期六年）、续役（以正役期满者服之至年满40岁止）。战时，18至35岁经检查合格者服现役，年满35至45岁服备补兵役。其征调之先后以抽签而定。凤翔征兵时，规定的抽签办法是：1. 抽签以乡（镇）、联保为单位；2. 各保长率适征对象按时到达县政府规定地点，准备抽签；3. 由县统一划编9个抽签领导小组，县党部、县府要员为组长，分赴划包地区主持抽签；4. 抽签先由主持人员查签，再投签入筒，将签搅乱，按壮丁名册次序呼名抽签，当众唱签，逐人登记；5. 按征兵名额依次取前面号，中签者随即服役，称"签号"。并规定应征壮丁不许雇替、强拉勒派，如发现，由征兵部队行文调查。入伍后逃脱者，由原

---

[1] 陕西省凤翔县志编纂委员会：《凤翔县志》，陕西人民出版社1991年版，第201页。

籍乡保补征，不抵正额。当时凤翔人口14.5万，每月壮丁征额规定220人。9月实施征兵。至民国三十年（1941年）征兵总计81次，其中民国三十年（1941）25次，征兵3712名；至民国三十三年（1943年）征兵累计109次，其中三十二年（1943年）9次，征兵1490名，如此直至民国三十八年（1949年）。民国三十四年（1945年）1月，以"10万知识青年从军"名义，在凤翔师范、凤翔中学、竞存中学、战地失学青年就业辅导处的职工、学生中征招知识青年350名。国民政府反复征兵，使大多数家庭人财几竭，加之克扣虐待士兵，致人民闻征兵而色变，出现白天青年不敢进城、夜半乡绅入户抓兵的现象。民国二十七年（1938年），郑家堡郑才荣被抓当兵，留下了妻子和襁褓之中的孩子，再无音讯。后因生活无着，妻子改嫁，儿子十多岁为苦工。民国三十三年（1944年）夏季某晚，铎铃乡各保出动抓兵，全乡共抓青年90多人。城乡稍有田产的劳苦群众，宁可倾家荡产也不愿当兵。加之向城镇商号也摊派壮丁等故，遂出现买卖壮丁，冒名顶替。国民政府各级要员则借此敲诈勒索，徇私舞弊，中饱私囊，主要手段是：分派虚额，从中捞钱；旧兵抵新，顶名占钱；贱买贵卖，收丁赚钱；任意指派，敲诈勒索；抓张代李，徇私受贿。一个壮丁费折6000—9000斤小麦。壮丁费多为派丁户独家拿出，人称"刷锅费"；也有保雇保摊、甲雇甲摊的。民国三十四年（1945年），兵役科长严玉峰（永寿人）给铎铃乡分配壮丁20名，按丁要款2800元（"法币"，下同），计5.6万元。乡保借机增额加钱，硬摊强收12万元，5.6万元上交兵役科长，其余分赃私吞。[1]

四、政权治理方式

传统时期，政权治理与国家政权紧密相关。国法是政权治理的首要环节，此外乡村规范的制定能够有效弥补政权治理的不足。以下主要从国法和乡规两个方面加以考察。

（一）国法

传统时期，宁王村村民对于国法内容没有完整的认知，仅限于"欠债还钱""杀人偿命"等模糊的认知；此外，与村民联系较为紧密的便是缴纳公粮、上交摊派、抽丁等一些具体的国家事务。一位老人讲道："给国家的粮食肯定要交。以前有些人确实交不上了，会被保长、乡丁抓走，关上一段时间，直到把粮食交清才会被放出来。以前也有因为不交公粮而挨打的情况。"

可以看出，传统时期村民虽然对于国法的具体内容不知，但对于什么事能做、什么事不能做有着清晰的判断，而这"能与不能"之间，便是国家与乡村社会的界限所在。

---

[1] 陕西省凤翔县志编纂委员会：《凤翔县志》，陕西人民出版社1991年版，第242页。

（二）乡约

传统时期在国家政权治理方面，除了国法，村民的言行还受到乡约的制约。对于乡约的具体内容老人们已无法还原，大致包括及时缴纳粮款、不得妨害公共事务、不得妨害他人生命财产等。老人讲道："以前保长在开会的时候讲过几次乡约的内容，但没有引起足够的重视，最后真正记住的人不多，但对于啥事不能做，村民心里还是明了的。"

可以看出，传统时期的乡约是国家政权深入乡村的重要体现，但因实施时间较短，加之战乱等因素，乡约未能很好地实行，但无疑对乡村秩序的整合、村民行为的规范起到了一定的作用。

五、政权治理关系

传统时期，国家政权进入乡村，对传统村落造成了相当的影响。以下主要从政权评价与认同、宗亲与政权两层关系加以考察。

（一）政权评价及认同

传统时期，国家政权对村庄的治理大多局限于劳役、赋税、抽丁等具体的事宜，无论是国法还是乡约的具体内容很少有村民说得清，但对于哪些事可为、哪些事不可为村民有着自己的判断与把握。

可以看出，传统时期，国家政权虽然延伸至乡村，但仅限于单向度的税收、劳力、兵丁等的汲取，对于村落治理方面影响相对有限。

（二）宗亲与政权治理

传统时期，宁王村三大宗亲对国家政权治理有着较大的影响。传统时期的宁王村由三大姓氏主导，每个宗亲都建有自家的家庙，各家庙之下又分出数量不等的支庙，其势力对村落政权有着较大的影响。如在涉及摊派、抽丁事宜中，保长需要与三大宗亲首先接洽，否则摊派、抽丁任务是很难完成的。一位老人讲道："那三家子的人口在那里，人家族长、管事人不点头，保长也没有办法。"

可以看出，传统时期国家政权虽然进入乡村，但在其立足未稳之际，还需要借助宗亲力量来完成国家政权对于基层的控制与整合，否则，政权事务很难深入、落实。

第二节 村落治理及其关系

村落治理是国家政权进入乡村的表现，同时也是最为基层的政权体现。本节主要围绕村落治理主体、村落治理内容、村落治理方式、村落治理关系等方面考察传统时期宁王村村落治理形态。

一、村落治理主体

传统时期，宁王村村落治理主体历经变迁，民国时期以保长、乡丁、甲长、管事人的治理为主，以下分别加以考察。

（一）管事人

管事人一般是村中德高望重、具有一定权威、说话有一定分量之人。管事人的产生一般没有特定的仪式，在长期的生产生活中，村民们逐渐达成一种默契的共识，遇事时倾向于找管事人商量，遇到纠纷时找管事人出面协调、化解矛盾纠纷等。管事人职能主要包括调解村民之间的矛盾、化解纠纷、主持公道、维护村落秩序等。

（二）经纪

经纪，有些地方称作牙人，即说合买卖双方达成交易，以此从中谋利之人。经纪一般在骡马市、牛羊市上较多。经纪一方面对牲口比较了解，另一方面，因其长期从事贸易活动，所以深谙交易行情，可谓左右逢源，从中获利，以求生计。

1. 经纪的职能

经纪的主要职能是联系买卖双方，在其斡旋之下促成交易。第一，联系买方。传统时期一些需要买牛马的农户一般会将信息提前告知集市上一些较为熟识的经纪，以便其帮忙留意。第二，联系卖方。对于卖方，其拿不定主意时亦会联系经纪，以便在其帮助下尽量提高牛羊马匹的出售价格。如此，在一个信息闭塞的时代，经纪同时掌握较大数量买方及卖方的信息，架构起了买卖双方的桥梁。第三，促成交易。多数情况下，买卖双方没有前期的预约，在逢集之日，卖方直接牵着自家牲口赶往集市，此时经纪主动上前询问情况，然后帮其寻找合适的买家。第四，负责"提秤"。传统时期，经纪的另外一项重要职能便是"提秤"，比如粮食等大宗物品的交易，一般需要请经纪"提秤"，以确保交易的公平。第五，充当中间人角色。传统时期交易双方如果请了经纪，那么大多不会另请他人作为中间人，经纪同时充当了联络人、见证人等多重角色，一旦交易后期发生纠纷，那么经纪可以作为交易的见证人出面协调，以便化解交易双方的矛盾。

2. 经纪的来源

传统时期经纪的来源主要有二：第一，本村经纪。本村的经纪一般以村中德高望重、说话算数的长者为主。同村人交易时，将其请来，查看交易货物或者牲口、协调价格、提秤称重等等，以便保证交易的公平公正。后期交易双方一旦发生纠纷，便可请本村经纪出面做证协调。第二，集市经纪。传统时期，集市上有较多的经纪，特别是骡马市、牛羊市、木料市、粮食市等活物、大宗交易市场，经纪尤其多。"（经纪）

就是些闲来无事的老头儿，闲了就蹲在那里（集市上），看到有人牵头驴过来就上去问'老乡，要卖？'然后就开始了解其想法，看想卖多少钱；再帮其寻买驴的人。"

3. 经纪的流动

传统时期经纪的流动相对有限，但亦存在一些流动的情况，主要谈两个方面。第一，流动路线。其一，村与村之间的流动。村与村之间的流动主要是本村的经纪前往周边村落，斡旋其中，促成交易，获取利益。其二，村与集市之间的流动。第二，流动频率。传统时期经纪的流动频率主要与下列因素相关：其一，作物收成情况。一般而言，当年作物收成情况越好，那么经纪的"生意"越好做，因为一旦有了较好的收成，那么农户手里就有了余粮，而有了余粮之后就要发生交换关系、买卖关系等，如此，经纪也就忙起来了；相反，如果农民当年收成不好，那么其手里的粮食（钱币）有限，农民就没有可以拿出来以供交换、买卖的物品，相应地，经纪的日子较为"难过"。其二，战乱情况。在战乱之年，农民迫于生计以及基于战乱大背景的考量，一般较少购买牲畜、修建房屋，发生在农民之间的交易、买卖情况有限，此时，用到经纪的频率较低；相反，如果是和平时期，农民更加倾向于更换耕牛、买进家具、修建新屋等，买卖关系较多，需要经纪出面的频率也就相应较高。"（社会）乱的时候都急着保命呢，谁还买东西呢？"但情况又不是一概如是的，有时在战乱时期，迫于生存的压力，如逃荒、逃兵等，反而促生了一些交易，如买卖房屋、买卖土地等等，如此，需要经纪出面的频率反而增高。

4. 经纪的待遇

传统时期，宁王村一带经纪报酬的获取主要分两种情况。第一，提取分成。经纪报酬主要的获取方式是提取分成，按照传统时期的标准，促成一桩买卖，经纪一般可以得到2%—5%的分成。第二，协商而定。还有一些经纪，其报酬的多少主要取决于三方的协商：如果经纪较为强势，且其在促成交易时贡献较大，那么便可获得较多的报酬；如果买卖双方比较强势，那么经纪获得的报酬就较少一些。除了上述物质方面的待遇，一般在买卖双方达成交易之后还需要酬谢经纪。酬谢经纪一般由买方负责，如果交易额较小，那么请经纪在就近的集市上吃饭便可（大多以面食为主）；如果涉及交易额较大，那么买方需要在家中设宴款待经纪，并将其安顿在上席的位置，以示尊重。

5. 经纪的关系

地缘性关系。经纪在协调买卖双方、促成交易达成方面，一般倾向于保护本地域的一方，更多地为"自己人"争取利益，如此，体现了一种地缘性的关系，亦即，对内保护的特性。"（经纪）肯定向着自己人，一个地方的人，今日不见明日见呢，你把关系弄坏了以后咋办呢？"

年龄关系。经纪一般以年长的老者为主，尤其是村内的经纪，没有一定的威望，一般很难胜任。经纪的主要职能并非仅仅促成交易，更为重要的是充当一种中间人角色，交易达成之后一旦出现矛盾纠纷，必须请经纪前来协调、做证、处理。

贫富关系。经纪一般以穷人为主，尤其是集市上的经纪，其最终的目的还是促成交易，以便从中获取利益，以此作为一种谋生的手段；而对于富人而言，其拥有其他收入来源，大多不愿上街担任经纪的角色。

官民关系。传统时期政府对经纪没有专门的管理，经纪依靠自己的能力，如言辞、对牲口的掌握等，斡旋于买卖双方，以便促成交易，最终收获属于自己的报酬。而对于官员如保长（保长在村民眼里是"官"）等，在交易关系中基本不会用到经纪，以其保长的身份，便足以保证交易的达成，而请专门的经纪显得有些多余。保长对经纪的管理仅限于缴纳税赋、摊工摊物、摊派壮丁等，此外不做其他干涉。

性别关系。传统时期，宁王村一带经纪全部为男性，没有女性充当经纪者。一则受"男尊女卑"思想的影响，女性一般"主内"，很少涉及大宗物品、牲畜的买卖；二则女性对于牲口、木料等缺乏较为全面的认识，很难胜任经纪的角色。

走访关系。其一，经纪与经纪之间的走访。关系好的经纪之间会保持一定的联系，以保证其信息的通达性、及时性。关系一般的经纪之间则以竞争关系为主，一般不会走访、往来。其二，经纪与买方、卖方的交往。经纪在促成一单较大的生意之后，如果使得某一方得利较大，那么这一方除了在当时酬谢经纪之外，逢年过节亦会携礼登门酬谢，以示感激。"以前村里一家人盖房子买木头，请了阳平街上的经纪帮着买了木头，那买得便宜呀，买上之后第二年木头价就高了，那些木头确实好。人都记着好呢，村里那人过年就提上酒看那经纪去了，看了好些年。"

纠纷关系。经纪的纠纷主要在两个方面：第一，经纪与经纪之间的纠纷。经纪与经纪之间的纠纷主要在于对经纪市场的争夺，如新来了卖驴子的人，几个经纪都想自己来促成交易，如此容易发生一些纠纷。第二，经纪与买卖双方的纠纷。经纪与买卖双方的纠纷主要包括牲口的疾病、牲口的死亡、交易物品质量问题等等。

经纪在遇到纠纷之后，一般有三种解决途径：第一，经纪、买方、卖方三方协商解决。三方协商解决是最为常见的纠纷调解方式，其成本较低，简单容易操作。第二，同行出面规劝解决。如果三方调解失败，那么在场的其他经纪也会出面说和，以便断明是非、主持公道，一般以赔礼、赔钱、赔物等而告终。第三，官府解决。如果上述协调方式均不能化解交易双方及经纪三者之间的纠纷,那么便需要告官府解决。告官的费用由原告一方先行垫付,一旦告官成功,那么将由被告一方支付所有的诉讼费用。

(三)中人

中间人,亦称为"中人",主要是在土地买卖、租佃、典当、借贷等诸多关系中,邀请双方均熟识的人作为中间人,以便沟通买卖、租佃、借贷等的双方。如果交易后期双方发生纠纷,便可以请中间人出面做证、协调纠纷。传统时期,一村当中一般无特定的中间人,但中间人这一群体存在一定的共性,如说话算数、为人正直、善于言辞等。

中间人的主要作用在于见证双方的交易、置换、契约的签订等,一旦双方事后发生纠纷,便可以请中间人出面调解,甚至在对簿公堂之时可以以证人的身份出席,协调纠纷、化解恩怨。对于中间人,双方均较为尊敬,如达成交易之后请其吃饭并安排其坐上席等,此外一般无其他报酬。

二、村落治理内容

传统时期,宁王村村落治理事务较为多样,如纠纷的调解、国家事务的应对、农民生产生活的保障等。由于前几个方面在文中其他部分已有详述,本部分主要围绕农民水井社会展开。

(一)打井

1. 打井概况

传统时期,宁王村村民打井,一般遵循"富人打井,穷人帮忙,一起吃水"的原则。具体而言,打井时由富人牵头,邻近几家自己没有能力打井的农户便会前来帮忙,等井打好后便可一起用水;其他没有参与打井的人一般也可以用水,但用水之前需要向主人"说一声",为了邻里和睦,一般会参与淘井、更换新的井绳等。一般自家有劳力的人家都会自家打井,方便使用。此外宁王村一带井分为两种,一种是生活用井,即用来饮用的;还有一种是专门供浇地用的井。前者一般打在自家院落附近,后者则直接打在田地里,方便浇地。

前面已经提到,宁王村一带有专门供浇地的井。浇地的原则是,水井所有者优先浇地,浇地时其他邻近农户会前来帮忙;待主家浇完,这些邻近农户可用此井浇自家的田地,一般需事先向井所有者说明。如果井水较少,不够邻近区域所有农户浇地,那么也不会发生纠纷,"都干着,没啥说的"。

2. 打井中的关系

第一,合作关系。传统时期,在打井的过程中存在较为普遍的合作关系,一般而言,单门独户是无法打井的,无论是人力还是财力,均不足以支撑打井,因此,需要村民之间的合作。

第二，雇佣关系。传统时期，在打井中还存在一种雇佣关系，主要是一些大户自己不愿打井，于是出钱雇专门的打井人员打井，雇佣期间为打井人员提供食宿。

第三，先后关系。在井水的使用当中存在先后关系，一般是主家先用，帮忙打井者后用，且需要经得主家同意。

第四，丰水与枯水的关系。在丰水期，一般不存在矛盾；但在枯水期，一般是主家先用，主家用过之后如果有剩余才轮到其他人家使用。

（二）洗井

（1）洗井概况

洗井依然由井所有者牵头，但各相关利益方也会参与其中，此外没有参与打井而中途想加入进来的农户也会出力洗井，之后便可享受吃水的权利。据老人讲，传统时期这边地下水较多，井打不深便可出水，且打好后基本常年有水，基本没有因为吃水而发生纠纷。

（2）洗井中的关系

第一，帮忙关系。洗井时，一般家户内部很难完成，因此需要邻居等的帮助，此种帮忙关系并非纯粹的帮忙，帮忙之后，帮忙人便有井水的使用权，但需要遵循先后顺序。

第二，雇佣关系。在洗井中亦存在一定的雇佣关系，由于洗井存在一定的风险性，一些人家不愿自家人下井洗井，会雇人洗井。

3. 修建沟渠

传统时期，宁王村一带的公共沟渠多为大户人家所有。一方面，大户人家占有更多的土地，挖掘公共沟渠，方便灌溉，对于大户人家是有利可图的，而对于小户人家，其土地极为有限，挖掘沟渠是不经济的；另一方面，大户人家拥有一定的人力与财力，能够挖掘沟渠，小户人家则无此能力。

第一，公共沟渠的占有。传统时期，公共沟渠以大户占有为主，一般是大户出钱、小户出力，以此种合作方式挖掘公共沟渠。这样，在大户用过之后，小户人家亦可使用，但须经过大户人家的同意，否则容易引发一些纠纷。

第二，公共沟渠的使用。公共沟渠的使用遵循"大户优先，小户申请"的原则。一方面，在公共沟渠的挖掘过程中大户人家出资，所以，沟渠的优先使用权自然归大户人家；另一方面，小户人家一般没有属于自家的灌溉水井，在水井的使用上也是依附于大户人家的，如此就导致了即便小户人家想提前灌溉，也是缺乏水源的，基于此，小户只能等待大户人家灌溉完之后再行申请使用井水以及灌溉沟渠。

第三,公共沟渠的管理。公共沟渠的管理权主要在于主家一方,但依附于大户吃水的小户亦有保持水井干净、不定期洗井的义务。而陌生人或者未经许可的用水都是不被允许的。

第四,公共沟渠的买卖。严格意义上讲,公共沟渠不涉及买卖的问题,一般是附带着进行的。一般而言,在土地买卖过程中,如果附带有公共沟渠,灌溉便利,那么此块土地的价格相应要高一些,以此补偿卖方挖渠的损耗。

三、村落治理方式

传统时期,村落治理未能形成一整套的治理方式,主要以村规民约以及相对单一的奖惩措施维护村落的治理。

(一)村规民约

传统时期,宁王村典型的村规民约可从青苗会中窥得一斑。青苗会,是旨在保护农田庄稼的临时组织。青苗会中的关系包括:第一,地域关系。传统时期,宁王村一带青苗会的建立具有一定的地域性,一般以一村或者邻近几村为单位组建,共同立下约定,相关各方不得违背约定。第二,义务关系。凡同意参加青苗会者,都有义务履行约定,管好各家牲口,防止破坏庄稼等。第三,惩罚关系。一旦有家户违背青苗会约定,造成损失的,查实之后便视损失情况施以惩罚,多以罚粮罚物、赔偿损失等为主。第四,解散关系。青苗会一般于当年作物青苗时建立,作物成熟收获之后自行解散;如果第二年村民们认为还有成立的必要,那么重新约定,重新组建青苗会。

(二)惩罚与奖励

传统时期,宁王村对于违反村落治理的行为有相应的惩戒措施,如孤立、不与之搭伙、赔偿损失、赔礼道歉等;同样,对于为村庄治理做出贡献的,也有相应的奖励措施,多以口头奖励为主,虽无实质的物质奖励,但"好名声比金子还贵"。"以前村里发生过一件事,财主家的牛不知道怎么走丢了,找了几天没找到,后来村上杨家的小孩在一条沟里找到了耕牛,原来由于下大雨,牛腿陷在水潭里了。后来耕牛得到了及时的解救,财主也非常开心,还给小孩家一些粮食作为酬谢,这件事在村里流传了很久。"一位老人讲。

四、村落治理关系

传统时期,村落治理主要基于公序良俗展开,虽未形诸文字,但在长期的生产生活中并未缺位。

（一）大姓主导村落决策

对于传统时期的宁王村而言，无论是生产还是生活中，三大姓氏对整个村庄有着极为重要的影响，村落治理也不例外。很多村落事务，脱离大姓的参与，均无法正常开展。

（二）国家治理与村落治理的关系

国家政权是通过一种渐进的方式深入乡村的，在进入初期，国家政权要在乡村立足，需要沿袭村落传统，因势利导，否则政权治理很难推进。在宁王村,，国家事务的应对上尤其如此，摊派、赋税、抽丁都需要与村落管事人、村落大姓首先接洽，后续的工作才能有序开展。

第三节 亲族治理及其关系

传统时期，亲族治理对村庄整体治理有着极为重要的影响。本节围绕亲族治理主体与内容、亲族治理方式、亲族治理关系等展开，以此考察传统时期宁王村的亲族治理及其关系。

一、亲族治理主体与内容

亲族治理的主要主体为族长。族长一般由族人共同推举产生，族人谁有能力，大家都看在眼里，一般在老族长退出之后便推选新任族长。传统时期，族长的职能较为多样，概括而言，主要包括以下几个方面：

第一，掌管族内事务。一族之内，尤其对于大族，事务繁杂，多由族长协调统筹。其一，管理祖祠。如祖祠的修建、维修、平日看管、开门、关门等。其二，负责祭祖事宜。祭祖，于一族来说，是至关重要的，其礼节、仪式极为讲究，不可疏忽。其三，负责修谱事宜。修谱也是一项重要的工作，一般认为"三世不修谱即为不孝"。其四，管理族产。有些大族内有公共族产，如祖祠、族山、族田等。

第二，出席族人重大活动。其一，出席族人婚庆活动。一族之内有婚嫁之事，必须请族长出面，并安排在上席，以示尊敬。其二，出席族人丧葬活动。一族之内有人去世，亦需请族长出面，协调丧葬事宜。其三，参与分家事宜。族人分家，需请族长出面，组织各方公平分家、安排老人养老事宜等。其四，参与买卖房屋、土地事宜。族人涉及房屋、土地买卖的事项，一般请族长出面作为见证人，以免事后发生矛盾。

第三，调解族内、族与族之间的矛盾纠纷。对于大族而言，族人内部矛盾较多，千头万绪，多数族人发生矛盾纠纷，均会邀请族长出面协调解决，如打架斗殴、邻里不和、债务纠纷、买卖纠纷、边界纠纷、男女关系问题等。

第四，惩戒违反族规之族人。家有家法，族有族规。如果族内没有相应的惩戒措施，那么族长的权威性便大打折扣。

第五，为本族人争取利益。其一，如同族人受到欺负，则由族长带领族人前去声援，甚至不惜械斗。其二，组织族人联合抵制盗匪。传统时期宁王村一带匪患相对较多，一些势力小的匪盗前来侵扰之时，族长便需要召集族人，共同抵御；而对于一些势力大的匪盗，一般是无能为力的。

族人遵守族规、族约，也是祖先崇拜的一种侧面反映。遵守族规，是对先祖集体智慧结晶的一种体认与遵从。族长为族规的宣传者、执行者以及监督者，要能服众，族长必须首先体认、遵守族规。在恰当的时候，经过与族内其他头人的协商，族长可以适时地修改族规，以便适应不断变化了的实际，使族规具有切实的可执行性；而对于一些比较守旧的族长，则不会轻易同意修改族规，否则便视为对先祖的不敬甚至是亵渎。

三、亲族治理方式

国有国法，族有族规。每个家族都有其族规，传统时期，族规大多以忠君爱国、孝敬父母、尊老爱幼、尊师重道、和睦乡邻、勤俭持家等为主要内容。在个人层面，讲求修身齐家、侍奉父母、教授子孙、和睦乡邻、循序施教、为人谋事、公心公断、吊有丧、贺有喜、慰有疾、交友谨慎、动止有仪、临危不乱、用度有节、礼尚往来等。此外，亦有其他一些禁令，如女子不进祖堂、赘婿不进祖坟、过继不出本族、手艺不传女（婿）、寡妇不二嫁、"下九流"职业（如鼓吹手、厨师、抬轿的、理发匠等）不进祖坟和不参与宗族祭祀等。

传统时期，族长有权根据族规行使惩戒之权，概括而言，主要包括以下几个方面：其一，罚物罚款。其二，罚劳役。其三，罚捆绑。其四，罚鞭笞。其五，罚削籍。其六，罚剜眼。其七，罚刹手等。前三种惩罚较轻，以警示为主。后四种惩戒方式则趋于严厉，使违反族规者受到皮肉之苦，甚至动用刑具，对规范族人行为、扼杀潜在的苗头具有极大的震慑作用。族规惩戒方式层层递进，由松到紧，由宽到严，有着较好的警示、教育意义。

四、亲族治理关系

亲族治理是村落治理的重要一环，对于传统大村而言，失去亲族治理，村落治理将举步维艰。

（一）亲族成员之间的关系

亲族治理中的关系较为多样，具体包括：第一，崇拜关系。家族祭拜，更多地体现为一种血缘崇拜关系、祖宗崇拜关系等。传统社会尤其重视血脉的延续,没有祖先,也就没有后辈人,因此,对于祖先的崇拜可以说是与生俱来的。第二,教育关系。家族祭拜的过程对家族晚辈存在一种潜移默化的教育、规劝作用,如长幼、尊卑、次序、先后、上下等。第三,管理关系。家族祭拜中还存在一层管理关系,主要是族长对族人的管理、长辈对晚辈的管理、兄长对兄弟的管理、丈夫对妻子的管理等。第四,惩罚关系。家族崇拜当中的惩罚关系也是较为明晰的,如对不遵守祖训、违反族规者的惩罚。

(二)亲族治理与国家治理关系

传统时期,在宁王村的村落治理中,既离不开亲族对于族人的治理,同时也离不开国家政权对于村落的治理。亲族治理与国家治理相互影响、相互促进,共同构成了村落治理的全新格局,国家治理因此而得以在宁王村立足并站稳脚跟。

第四节 家户治理及其关系

传统时期,家户是构成村落的基本单位,而家户治理是村庄治理的基础。本节围绕家户治理主体及内容内容、家户治理方式、家户治理关系展开,以此考察宁王村的家户治理形态。

一、家户治理主体及内容

传统时期,家户治理是村落治理的重要组成部分,脱离家户治理谈村落治理是不现实的。以下主要从当家人、亲属两个层面探讨传统时期宁王村的家户治理主体。

(一)当家人

当家人,关中宁王村一带称之为掌柜的、拿事的,即一家的主人。传统社会中,宁王村一带的当家人一般具有如下几个方面的权力。其一,重大问题的最终决定权。在涉及家中重大问题的决策上,当家人具有最终决定权,如婚丧嫁娶、修屋打井、种收作物、礼仪交往、买卖租佃等。其二,经济权。一家的经济收入在分家之前需由当家人保管,统一协调、使用;当家人一般掌握家中经济权,如在涉及土地、房屋、农具、耕牛、牲畜等的购买方面,具有最终的决定权。其三,国家税收的主要承担人。一般涉及国家税收、摊派、摊工、摊物、壮丁等事项,甲长、保长必须通知到当家人,如果只通知到家中其他人,一般是不算数的。其四,家族事务的主要负责人。涉及家族内部事务,如修谱、修建祠堂、维修祠堂、家人上谱、祭祀祖先、上坟祭拜等诸项事宜,家中当家人出面方为礼仪。其五,在分家、继承等家庭重大事务方面,当家人具有绝对的发言权，如财产的分割、田产的划分等。

（二）亲属

关中宁王村人对于亲属的理解主要包括当家人一方的亲人，再加上姑姑、舅舅两方，以及由此衍生出来的亲戚关系人。亲属关系主要体现在如下几个方面：其一，日常生活中的往来、走访。具体包括重要节庆的走访，如春节、元宵节、端午节、中秋节、寒食节、小年等；再如平日小孩过初月、过百天、过周岁等，亲属之间亦有走访。其二，日常生产中的互助。如涉及抢种、抢收、碾场等农忙关口，亲属之间可以互相帮助，共渡难关。其三，家庭重大事项上的帮忙。如丧葬、婚礼中的互相帮忙，老人寿辰中的道贺，天灾、战乱时的互相接济等。其四，基于看戏、看社火、耍灯、耍狮子等重要节庆活动的互相邀请、共同娱乐关系等。

二、家户治理方式

传统时期，宁王村家户治理包括家世、家风等，对家庭成员的言行具有相当的规范作用。以下具体展开，考察传统时期宁王村家户治理方式与原则。

（一）家世

家世，即以家族世系的主要职业特征为标志的社会地位的总称。如日常所说的官宦世家、书香门第、耕读之家、名门之后等。传统时期男女婚嫁所谈及的门当户对主要指的是家世，如果两家家世相去甚远，那么便不能结为亲家。而在传统时期的宁王村，便有两家算得上是官宦世家，其他则以耕读之家为主。按照"重农抑末"的传统，农业被视为"本业"，而商业被视为"末业"，因此自古便有"劝科农桑""耕读传家"的古训。一些家户的大门上便书写"耕读第"三字，以示其为耕读之世家；商人则为人所不齿，亦不愿与其联姻。关中一带除了重视门第之外还有起堂号之传统，尤其是一些大家，如"永宁堂""和合堂""耕读堂"等，依然以世家职业作为主要区分原则，宁王村则以"耕读堂"居多。

（二）家风

家风，即一个家族在一代代宗族接续中自然而然、潜移默化地形成的传统习惯及生活作风。这种风习一旦形成，便会世代相传，承前启后。在宁王村一带，主要传承的家风有尊老爱幼、勤俭持家、团结邻里，戒赌博、戒挥霍、戒私斗等。一定程度上，家风影响民风，民风影响世风，环环相扣，一旦家风不正，那么必然影响民风、世风。

传统时期，家风的传承没有特定的仪式，也没有专门的活动或者仪式来宣扬家风，主要靠代与代之间在共同生产、生活之中潜移默化的熏陶与影响。好的家风对于家庭关系、邻里关系以至于社会风气均具有优化、改良、净化的作用。由于家风缺乏规范的传承程序，亦没有相应的惩戒措施作为保障，因此，家风能否接续、传承，与一代人的秉性高度相关，如果遇到不肖子孙，或者长辈失职，疏于教导，那么家风可能面临"移风"或者无从传承的风险，这也是家风的限度所在。

家风中的关系包括：第一，规劝关系。家风，对家庭成员甚至家族成员有一种潜移默化的影响，规制着家人的言行，属于一种软性的规劝。第二，警示关系。家风同时还有一种警示后人的作用，如通过讲述家史，铭记教训，以免误入歧途等。第三，传承关系。家风需要传承、接续，每位家庭成员乃至于家族成员均有传承家风的义务。良好家风的传承与家长、家庭成员息息相关，相互影响。

三、家户治理关系

家户治理与国家治理紧密相关，且相互影响。以下主要分析家户治理与家户成员关系、家户治理与国家治理关系两个方面。

（一）家户治理与家户成员关系

在传统时期的宁王村，家户治理表现为当家人对于家户成员的管理与约束关系。具体而言，包括日常生活、生产的方方面面。在生活方面，劳动成果的分配、家庭支出的掌控以及家户交往关系等最终决定之权主要由当家人掌握；在生产方面，如农事的安排、农活的分工等，其权力主要由当家人行使。可以看出，家户治理的实质是当家人的治理，但同时也应注意到，其他家庭成员具有建议、提出意见的权利，从而影响当家人的决策。

（二）家户治理与国家治理关系

传统时期，家户治理是国家治理的根基所在。"家庭是社会的细胞"，那么也可以说"家户治理是国家治理的最基本的单位"。家户治理一旦缺失，国家治理将失去稳定的基础，这种家国关系，治理同构，不可分割。

第五节 信缘治理及其关系

传统时期，信缘治理是村庄治理的重要方面。本节从信缘治理主体与组织架构、信缘治理内容、信缘治理方式、信缘治理关系等维度考察传统时期宁王村的信缘治理形态。

一、信缘治理主体与组织架构

传统时期，宁王村信缘治理主体较为多样，具体而言，包括会首、社火头等，以下分别加以考察。

（一）会首

会首，即管理庙宇内部事务之人。会首一般没有年限的限制，多数是"终身制"，在其身体状况不好时便渐渐退出，同时亦会提前物色新的接班人，及早加以培养，以便接替自己的工作，保证寺庙内部工作的正常进行。

传统时期，会首的产生方式有两种：其一，继承产生。其二，由上任会首任命产生。会首的主要职责在于：第一，主持祭祀。包括日常的祭拜、特殊时间节点的祭拜、祈雨等。第二，庙宇的修建、维修。包括筹集资金、原料采购、聘请工匠、监工等。第三，搭台唱戏。包括筹集资金、邀请戏班、搭建戏台等。第四，庙宇内日常事务的管理。

传统时期，会首没有专门的工资，更多地表现为一种身份的尊重与认可。一般而言，会首交际能力较强、具有一定的执行能力、说话有一定的分量，基于此，在遇到一些纠纷时，有时也会找会首出面说和，调解纠纷。会首的关系主要体现在如下几个方面：第一，管理关系。主要涉及庙宇的日常管理、布施账目的管理、唱戏的管理等。第二，信誉关系。会首需要有一定的信誉，如说好唱戏就必须唱戏，不得轻易改变。第三，对外关系。会首需要与邻村等周边村庄会首联系、交往。

（二）社火头

社火头，即每年春节期间组织本村社火的牵头人。社火头的产生一般由大家协商决定，多以年轻力壮、热心公共事务、有一定号召力的人担任。社火头的主要职责包括如下几个方面：第一，组织本村社火。如经费的筹集、人员的动员、社火队伍的排练等。第二，到邻村等周边村落"邀社火"，即邀请其他村落一起耍社火。第三，对各家户赠送的钱物进行分配，如烟、酒、被面、金钱等。

社火头没有专门的工资，其主要的收益在于社火期间各家户的赠送，包括烟酒、菜肴、金钱等。社火头的关系主要包括：第一，组织关系。即组织自己村庄的社火队伍、进行人员的排练和分工的协调等。第二，分配关系。主要是对于社火期间"战利品"的分配关系，社火头在此方面具有充分的话语权。第三，牵头关系。如代表自己村落前往其他村落交涉、协商共耍社火事宜等。

二、信缘治理内容

老爷庙对宁王村具有象征意义，在涉及重大的信缘活动上均离不开老爷庙。以下从祭庄、求雨两项活动展开，以此考察老爷庙与村庄治理的关系。

（一）祭庄

祭庄，大多以一个村庄为单位进行。其一，祭庄原因。一般是在村里接连发生老人去世、房屋倒塌、大面积牲口死亡等情况时，人们认为是触怒了某方的神灵，因此降罪于本村。其二，邀请道士。在上述情况下，便需要邀请巫师前来查看，弄清楚所触犯的神灵之后，由道士选定祭庄的日期。其三，注意事项。祭庄期间，外村人一般会绕村而行，以免沾染"不洁之物"，从而为自己带去灾难。

（二）求雨

求雨，即遇到干旱之年，久旱不雨，此时一村或者几村的农民联合起来，祭祀龙王，祈求下雨。其一，求雨的范围。传统时期求雨，多以村为单位，各村分别设坛求雨，亦有几村联合求雨的事例。唯有在旱情特别严重的情况下，数村才会联合求雨，以示旱情之重、受灾之广、求雨之诚。其二，求雨仪式。求雨仪式主要包括摆放供品、上香、朗读祈雨文书、跪拜、唱戏、鸣放鞭炮等。值得一提的是，祈雨文书多由当地私塾先生书写，并非每次都会朗读祈雨文书。其三，求雨结果。求雨之后，如果降下甘霖，那么便认为是求雨成功了，当年在粮食收获之后便需要还愿，一般是邀请戏班搭台唱戏，至少需要连唱三天三夜，以此显示隆重与虔诚之意。如果求雨后没有下雨，那么一般会不了了之，亦没有还愿之说。其四，求雨中的关系。求雨当中形成了一系列的关系，如地缘关系、信缘关系、长幼关系、尊卑关系、贫富关系、官民关系、性别关系等等，由于前文已有述及，此处不再赘述。

三、信缘治理方式

拜神是围绕共同的信缘关系而展开的，传统时期的拜神活动主要包括求子、求姻缘、求平安符（锁）、求药引、许愿、还愿等诸多形式。其一，求子。求子以妇女居多，一般祭拜观世音菩萨，传统意义上，观音菩萨便是"送子娘娘"。其二，求姻缘。求姻缘以男女青年为主，多祭拜月老、花神等。其三，求平安符（锁）。求平安符（锁）的主体多为中年妇女，一般为小儿（刚出生不久或者百天）求平安锁，以便庇佑其健康成长；为出远门者求平安符，戴在身上保平安等。其四，求药引。传统时期，求得的药引以纸灰、香灰等为主，亦有一些供品，也可当作药引。其五，许愿。如祈求平安、健康、多子、多福、考取功名、风调雨顺、五谷丰登等，无所不有。其六，还愿。许愿之后，一旦"灵验"，许愿人便要按照当时的约定携带供品前去还愿，以示感谢。

四、信缘治理关系

传统时期，信缘治理对于村落治理有着较大的影响。以下主要从信缘治理与信缘主体之间的关系、信缘治理与国家治理的关系两个层面加以探究。

（一）信缘治理与信缘主体之间的关系

传统时期，宁王村信缘活动较为丰富，包括神庙信仰、鬼怪信仰、灵物信仰等多个方面,因此,信缘治理不容忽视。对宁王村而言,通过会首、社火头等治理主体,有效组织村落信缘活动,如祭庄、求雨等,对于维护村庄的稳定具有相当的意义与价值。

(二)信缘治理与国家治理的关系

在国家政权进入乡村社会时,如何看待村落信缘关系的问题摆在了执政者的面前。根据宁王村的实践,可行的做法是因势利导,将信缘关系置于可控的范围之内,引导信缘主体有序参与到国家治理中来。

第六节 村庄治理变迁及实态

一、村委会治理

1999年,宁王村村民委员会正式运转,宁王村的村庄治理进入了全新的时期。根据笔者与村干部的访谈了解到,村民委员会在村民自治中发挥了极为重要的作用,如承接乡级政府的相关工作、调解村民纠纷、促进村庄发展等。

与此同时,也应看到村委会在村庄治理中存在一些问题,如机械地承接乡级政府的工作、自治的空间较小等,这些问题需要引起足够的重视,并及时纠正。

图6-1 宁王村村委会

2015年,宁王村村委会迎来了第一个大学生村官,这为村庄的发展注入了新鲜的血液。村中一位老人讲:"以前村干部年龄偏大,思想较为保守,有时候不利于村庄的发展;现在来了个大学生村官,这在我们宁王还是头一回。"

从现任村干部的年龄来看,普遍在50岁上下,总的来说,其年龄偏大;而从村干部的文化水平来看,以初中文化水平为主,仅有村支部书记具有高中文化水平;此外,新近上任的村会计具有中专学历,在专业性上是一极大的突破。

表6-1 当下宁王村村两委成员基本情况统计表

姓 名	性 别	职 务	文化程度	年 龄	备 注
赵锁勤	男	书记	高中	58	
李宗周	男	村主任	初中	48	

续表

姓　名	性　别	职　务	文化程度	年　龄	备　注
王炳魁	男	副书记	初中	61	
梁善怀	男	副主任	初中	65	
陈善	女	会计	中专	35	
薛芳	女	大学生村官	大专	28	
梁玉梅	女	计生专干	初中	44	

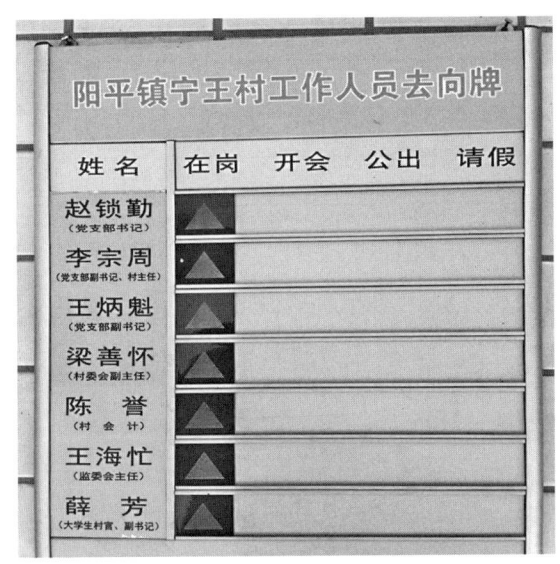

图 6-2　宁王村现任工作人员去向牌

在村庄的发展中，党员的模范带头作用至关重要。宁王村在党员发展方面取得了不俗的成绩。目前，宁王村有 126 名党员，其中男性为主，人数达 107 人，占总数的 84.92%，女性党员相对较少；在党员文化程度方面，52 名党员具有初中及以上学历，占总数的 41.27%；此外，绝大多数党员均在村，仅有 2 名党员外出。

表 6-2　2017 年宁王村党员情况统计表

类　别		数量（人）	百分比	备　注
性别	男	107	84.92	
	女	19	15.08	
文化程度	初中以下	74	58.73	
	初中以上	52	41.27	
是否在村	在村	124	98.41	
	不在村	2	1.59	

二、大姓主导

大姓主导村庄治理格局得到延续。根据笔者的调查，宁王村村干部中，王姓、梁姓占据重要席位，同时其他小姓成员亦有当选。根据统计，王姓出现了 6 次，梁姓出现 4 次，沈姓出现 2 次，其他小姓出现 9 次。从这一频次统计可以看出，总体呈现“大姓主导，小姓参与”的治理格局。

表 6－3　1999—2017 宁王村村干部姓氏统计

姓　氏	频　次	主要职务	备　注
王	6	村主任、村书记（及其副职）	
梁	4	村主任、村书记（及其副职）	
沈	2	村主任、村书记（及其副职）	
其他	9	村主任、村书记、村会计、计生专干	

在担任职务方面，小姓亦有担任村主任、村书记的机会，如现任村书记、村主任均为小姓，而其副职由大姓王、梁等担任，这也从侧面反映出了小姓村民在村庄治理事务中的崛起。

三、共同参与

村民自治是村民委员会治理的题中之意。村民自治最终实现的是村民的“自我管理、自我监督”，这就需要广大村民普遍地参与到村庄治理中来。经过多年的实践，宁王村村民受到了较好的自治实践的熏陶，在村庄重大事务的决策上都能够积极地参与进来，共同协商决定。

在笔者补充调查期间，宁王村村民委员会换届工作正在进行，下图为换届结果的公示。可以看出，新一届村委会中出现了不少小姓成员，如赵、陈、李、杨、彭等。

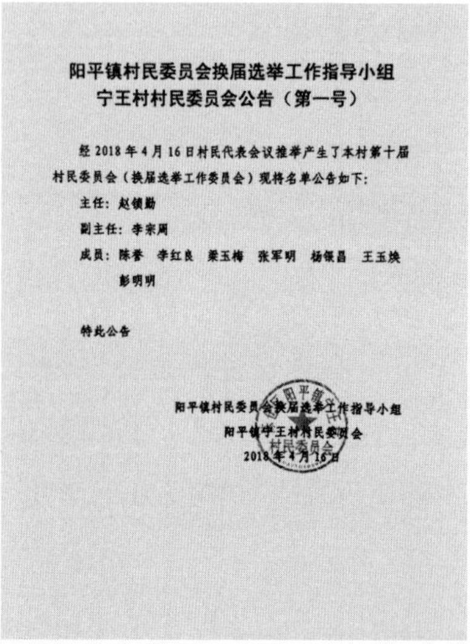
阳平镇村民委员会换届选举工作指导小组
宁王村村民委员会公告（第一号）

经 2018 年 4 月 16 日村民代表会议推举产生了本村第十届村民委员会（换届选举工作委员会）现将名单公告如下：

主任：赵领勋

副主任：李宗周

成员：陈番　李红良　梁玉梅　张军明　杨银昌　王玉焕　彭明明

特此公告

阳平镇村民委员会换届选举工作指导小组

阳平镇宁王村村民委员会

2018 年 4 月 16 日

图 6－3　宁王村村委会换届公告

附录一

宁王村调查小记

自 2015 年 9 月进入华中师范大学中国农村研究院以来，一方面参加课堂理论知识的学习，另一方面深入基层、田野调查。自 2015 年 9 月至 2016 年 6 月，我先后参加了中国农村研究院组织的多项调查，如百村观察调研、土改口述史调查、地方经验调查等，调查能力得到初步的锻炼，但对于长期的、深度的、驻村的村庄调查自感能力有限，未曾过多考虑。承蒙老师不弃，有幸参与了 2016 年 6 月的长江流域村庄调查。第一次村调于 2016 年 6 月到 9 月在鄱阳湖畔的一个小村落展开，适逢长江流域大水、高温持续，对于一个生长于黄土高原的小伙子而言，确有许多难关需要克服。第一关是语言关；第二关是饮食关；第三关是调查关；最后一关是写作关。即便如此，经过两个多月的驻村调研，与农民同吃同住，最终率先整理出长江流域专题报告 16 万余字，当时确乎有股子初生牛犊不怕虎的勇气，这也为后期村庄调查报告的撰写打下了坚实的基础，最终，在老师的指导下长江流域村庄调查报告《多族共治：地缘型宗族村落的治村之道——赣北熊家湾村的调查》写成，初稿 30 余万字，目前正在同步修改中。

2016 年 9 月，结束长江流域村庄调查不足一月，我再次踏上了村调之旅。作为黄河流域的村庄调查，我选择了关中大地，那也是我高等教育启蒙之地。经过多方走访，最终调研地点定在了宝鸡市陈仓区宁王村。相对于长江流的调查，此次调查点与故乡天水地域相近、文化相连、语言相通、饮食相仿，因此，调查要显得从容许多，此次调查持续到 2016 年年底。返校后便投入到专题的整理与报告的写作中来。初步统计，黄河流域村庄调查专题报告大大超越长江流域报告，达到33.8万余字；村庄调查报告《大姓共治：多姓农耕村落的延续密码——关中宁王村调查》初稿35万余字，目前已进入出版程序。回首村调之路，从选村、定村、驻村、调查、整理、写作，一路走来，感慨颇多：所谓村庄调查，是一趟集体验、调查、学习、体悟以及成长的学术之旅。

体验之旅

"感性认识需要上升为理性认识"。对于我而言，四年本科的学习更多是一种知识的积累与学习能力习取的阶段，而这一阶段的学习主要在校园、课堂展开，较少涉足校外，尽管在此期间也参与过一些问卷调查、也曾担任为期一年的村主任助理，助力乡村的发展、也亲自组队参加过一些社团活动，但上述种种均不能与深度的、大规模的、长期的、驻村的村庄调查相比：村庄调查需仅凭一纸到市一级的介绍信，通过与地方政府衔接，打通进县、下乡、入村的通道，而在这一过程中，需要与不同的人接洽、沟通；在定村之后，需要与农民同吃同住，在体验、观察中调研。纵观村庄调查，既是一场别样的乡村生活体验之旅，又是一场锻炼调查能力的体验之旅，同时还是一场提升写作能力的体验之旅，更是一场实证研究方法的体验之旅。

调查之旅

"没有调查就没有发言权"。在村庄调查中，尤其需要较好把握"关系—行为"范式，掌握"关系调查法"，亦即特定的关系如何影响个体抑或群体的行为、特定的行为又反应何种关系；通过层层递进、由浅入深、由表及里的调查路径，逐步还原村落传统形态。在调查的初级阶段，由于未能较好掌握这一调查方法，调查效果不甚理想。之后通过学习徐老师、邓老师的相关文章，深刻体悟"关系—行为"这一范式，辅以实地的调查实践，逐步摆脱了提纲依赖、问不深、问不透、问不全的问题，调查能力得到了一定的提升，调查效果也得以显著提高。经过两次村庄调查的历练，对于"关系调查法"有了自己的体悟，在全面掌握"是什么"的基础上，还需要更进一步，即"为什么"的问题，而对于后者，往往是较难通过问卷等其他形式的调研所能掌握的。回顾两次村庄调查，最大的收获莫过于对"关系调查法"的习得与掌握以及在调查方法上的自觉与思考。

实践之旅

"实践是检验真理的唯一标准"。个人认为中国农村研究院"两个课堂"（即校园课堂与田园课堂)、"两个导师"(即课堂导师与农民导师)的培养模式较好地打通了理论与实践之间的通道：运用既有理论指导调查实践，同时运用调查实践丰富、完善既有理论，更进一步地，通过大规模、深度的、长期的本土调研，可以建构新的理论，破除既有理论对中国事实的遮蔽，从而更好地讲好中国故事。"中国幅员辽阔，地大物博"、"五里不同音，十里不同俗"等类似的表述有很多，其反应的本质是个体与整体关系的问题，而"个体如何反应整体、个体能否代表整体"的争论在学界一直存在。如何均衡个体与整体这一关系，涉及实证研究抑或个案研究的根本性问题。为此，中国农村研究院开创性地将全国划分为"七大区域"，分区域、分类别地分别进行调查，这对于弥补个案研究的不足、深度认识中国、理解中国具有重要意义。故此，村庄调查是一次村庄历史形态的发掘之旅、是一次实证调查之旅、是一次实践检验真理之旅，更是一次重新认识中国之旅。

体悟之旅

"问渠那得清如许，为有源头活水来。"经过阶段性的村庄调查之后，静坐案前，反观这一经历，若有所思。首先，调查是研究的基础，研究需要深度的调查作为支撑。调查与研究是什么关系？是先后关系，主次关系，从属关系抑或是其他关系？对于这一问题需要有充足的认识，经过实地的调查，个人粗浅地认为调查与研究应该是相辅相成、互为进退的关系，越是深层次、大规模的调查，更趋向于产生深度性、深刻性的研究；越是深层次的研究，越离不开深度性、基础性的调查作为支撑。其次，调查需要有足够的方法论自觉。以中国农村研究院的"七大区域"调查为例，在调查设计初期就旗帜鲜明地指出，其采用"关系调查法"，这也为后期相关研究的开展打下了坚实基础；作为调查者，亦需要方法论的自觉，主动学习相关理论知识，同时在实地调研中加深对这一方法的认识。次之，深度的基础性的调查是理解中国农耕文明延续的一把钥匙。对此，徐勇教授在《历史延续性视角下的中国道路》一文已有专门论述，农耕文明的延续离不开"自主性的家户农民、内生性的政府能力和调适性的国家治理。"之所以有如此论断，恐怕离不开深度的、区域的、大规模的调查作为基础。再次，学术研究需要打破学科间的界限，互通有无、取长补短。"他山之石，可以攻玉。"学科之间的隔阂从来不能产生学术上大的增量，当此之时，唯有打破学科间的界限、打破学派之间的壁垒、打破学院之间的藩篱、打破学人之间的隔阂，才有可能产生有较大影响力、有较强解释力、有较深积淀力的中国学术增量。最后，基于深度调查基础之上的研究是破除既有理论遮蔽、讲好中国故事的关键环节。由于历史的原因，西方国家优先取得了学术上的"定义权",这就导致了多年来我们处在既有的、西方的话语体系之下做研究,大量中国事实在这一背景下得以遮蔽,而要破除这一困境,出路恐怕在于深度性的、基础性的、大规模的本土调查、研究,即"在中国认识中国"。

成长之旅

"蓦然回首,那人却在灯火阑珊处。"通过参与村庄调查,我深刻地认识到了大规模、基础性、本土性调查的重要意义及其紧迫性,由此也激发了我调查方法上的自觉。一个人的成长离不开特定的环境,而这一环境又是相对"既定的"环境,终究不能脱离环境谈成长。初入农门,涉世未深,所见显浅,所思未深,加之个人性格因素,自感还需历练;事后反思,或有他途。经过两次村庄调查,从华中鄱阳湖畔到西北关中平原,体悟到了地域的差异、感知到了村落的变迁、亲历了村落的当下,亦曾展望过村落之未来。当下农村正在处于脱贫攻坚之战与乡村振兴的历史交汇期,乡村振兴战略需深刻把握地域性、民族性、差异性的特点,因地制宜、分类指导、阶梯推进。

回首向来,已然走过了一段路,读了几本书,写了一些文字;展望未来,望基于坚实、厚重、规模基础上的调查能够产生与之相匹配的研究成果,构建本土理论,有效对话西方,讲好中国故事。

附录二

宁王村调查日记（节选）

2016 年 10 月 4 日　星期二　多云

回归原点，开启新征程

　　安排好学校事宜，整理好情绪，终于踏上了黄河区域村调的新征程。不由得，思绪回到了今夏 6 月份第一次参加村庄调查时的情景。回想距上一轮村调结束，其间间隔也不过一月，长江区域村调的种种仍历历在目：有大水阻路，困不能前时的焦虑；有高温持续，汗湿衣衫时的艰辛；亦有人生音异，调查维艰时的失意……

　　如今，已然坐在候车大厅，即将踏上黄河区域村调的新征程，思绪万千。想想这片即将踏上的黄土地，也是我高等教育的启蒙之地，母校秉承"民为国本，食为民天；树德务滋，树基务坚"的宗旨，将一篇篇的论文写在大地上，写在田野上，如今离开母校已一年有余，但母校"诚朴勇毅"的校训始终未敢忘怀。如今即将进行的黄河区域村庄调查或许能够让我更加了解曾经生活四载的这片土地以及生活于这"八百里秦川"沃野之上的人们——触摸村落的当下，感知村落的变迁。

　　今日正处十一黄金周期间，大厅里比平日更为热闹，但热闹是他们的，与我又有什么关系呢？列车终于驶出了武汉站，一路北上，经过中原地带，之后转而向西，驶入关中平原。伴随着高铁的开通，10 余小时的车程被压缩至 4 小时左右，这也使得人

图 1 杨陵南站

们可以在短时间内穿梭于中华大地,体验空间的转换,感知南北的差异。

到了古城西安,容不得停留,经过站内换乘,继续接力向西而去,而那里正是我此次调研开始的地方。不然怎么说村庄调查是一项综合性的调查呢?你得仅凭一纸到市一级的公函,然后依次打开进县、下乡、入村的通道,其间的各项衔接、层级落实都需要自己去协商、洽谈。这一系列的流程都是必经环节,唯有亲身经历,方能领悟个中门道,这也是村庄调查之外的一种别样锻炼与体验吧,而我即将亲历这一过程。但愿此行一切顺利,尽早定村,以便展开调查。天依然灰蒙蒙一片,看不了很远的地方,但我深知这便是我熟悉的关中平原了。

2016 年 10 月 5 日　星期三　　多云转晴

回访母校,查阅资料

十一黄金周期间,政府部门处于休假状态,因此即便到了市一级的老龄办,必然难以接洽,好在认识母校图书馆的熟人,借此机会,查阅一些关中的方志等资料,为接下来的调研打好基础。所谓"近乡情更怯",这种情感,恐怕只有此时才能得以最好地诠释吧。杨陵小镇依然生机盎然,西农路依然干净整洁,五台山依然挺拔肃穆,三号楼依然古朴厚重,八号楼依然人头攒动,图书馆依然宁静典雅……只是如今我已不能刷卡进入了。说明来意,做了登记,便顺利进入了图书馆,与方志室的老师接洽。他本人也是关中人,对我的调查颇感兴趣,话很投机,不知不觉就聊起了很多,之后他还说起自己在写一篇文章,还分享了自己的观点,只是更多地偏向于哲学。所谓"隔行如隔山",只能提一些基本的建议,说完之后,老师觉着在理,频频点头。

之后在老师的带领下我们来到了方志阅览室,这里的方志不算特别多,但

图 2 秋日的西北农林科技大学

西北地区的县志还基本齐全,尤其是陕西省的方志,基本都在这里了。只是方志类书籍只能阅读而不能借阅,因此,我只能暂时挑选了几本,坐在一旁的阅览区有针对性地阅读了起来,并对重点部分做了笔记。

十一的校园,显得格外安静,图书馆尤其如此。偌大的阅览区只有我一人,阅读之余不由心生感慨:还是需要坐得住"冷板凳"的。即便是"非热门"区域的管理员老师,也未因"热门"或者"冷门"的思维而自我限制,依然坚守自己的专业,力图发出自己的声音,表明自己的观点,尽管他已不再从事教学工作,甚至不再从事自己专业相关的工作。或许这些都不重要,重要的是你坚守什么、坚持什么。思绪回到眼前,眼下这个"冷板凳"怕是要坐几天了,正好趁着十一假期,做好调研前期的功课,为后期正式调研打好基础。不觉间,一个下午已然度过,笔记本上记的东西不多,但今天的收获远比几页笔记来得更有意义。

图3　与母校三号楼合影

晚上与二三老友相聚,聊起往日的故事,仿佛就在昨日,只是往事只能回味,更多的还需向前看,走好下一步路,但这一步又是建立在上一步的基础之上的,这或是一种循环,更是一种接力,铭记前行的方向,不忘昨日之来处。故友相聚,小酌几杯,难免思绪万千,感慨未免多了些,收拾妥当,夜宿母校附近,以便明日继续相约图书馆。

2016年10月6日　星期四　小雨

翻阅方志,查漏补缺

一早醒来,收拾妥当,在母校食堂选了一份早餐。五号餐厅的豆花、七号餐厅的油条,还是熟悉的味道,只是少了昔日一起就餐的小伙伴,更多的是一张张稚嫩的新面孔,步履匆匆,像极了当年赶着上课的自己。从餐厅出来一路向图书馆方向前进,路边的银杏已然有泛黄的迹象,记得每到这个季节,母校黄灿灿的银杏路总能刷爆各个社交媒体,不足半月,相信它能再度刷新纪录。

图书馆的大门已然打开，做完登记，径直走向方志室。昨天接待我的老师已经坐在电脑前开始了新一天的工作。打过招呼，继续坐在昨天的桌前，阅读资料，查漏补缺，整理笔记。约一个小时后，老师走了过来，跟我攀谈起来，说起还有一部分民国时期的资料，兴冲冲前往查看。大多是农业方面的资料，其中一本关于保甲制度的书籍映入眼帘，随后拿起细读，此书是竖版繁体，起初阅读颇不习惯，读了一部分之后感觉好多了。书本详细介绍了保甲制设立的始末、保甲的设置标准、管理办法等，信息还是颇为翔实的，这对于更好理解民国时期的保甲制度具有重要的指导价值。

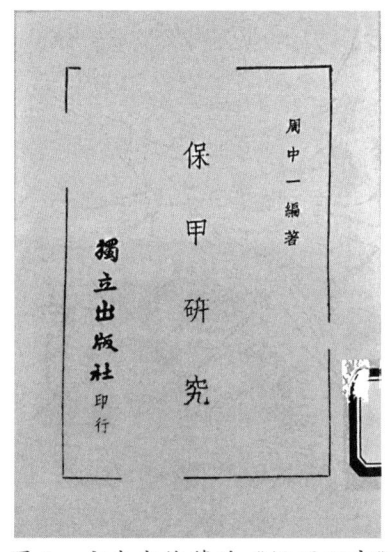 

图 4　方志室收藏的《保甲研究》　　图 5　方志室收藏的《凤翔府志》

中午方志室需要闭馆，我不得不暂时离开，下午必然是要继续阅读的。离开图书馆，漫步于熟悉的校园，一种久违的莫名情感袭来。具体是什么呢？我也说不清楚，恐怕不是一句简单的"物是人非"所能包含得了的吧。最终，午饭选择在了东门，那里曾是和室友经常光顾的地方，次数多了，餐馆的姐姐看我们过来，甚至不用点餐，便能吃到可口的饭菜……只是如今，恐怕没有了往日的这份默契，毕竟时过境迁，已有一年多没有光顾了。

下午继续在图书馆度过，方志室的老师依然健谈，看我一个人阅读，在阅读间隙，他主动与我聊天，聊起自己的家乡，聊起自己的求学、工作经历。聊起我的调研，更是饶有兴趣，并认为调研很有意义，希望我把调查做好，这也是一份莫大的支持与肯定吧。

2016 年 10 月 7 日　　星期五　　小雨

理解"黄河",反思"长江"

今天是国庆假期的最后一日,这也意味着是我查阅资料的最后一天了,明天将开启此次调研的"寻村"之旅。但愿一切顺利,能够尽早寻得理想的村落,以便尽快展开正式调研。

基于前两天的阅读、记录,资料的大致情况已然清楚,翻阅起来也是更加得心应手,根据已有资料以及自己的判断,调研点应该在宝鸡以东寻找,因为按照此次调研选点的要求,结合宝鸡市的地形、地势等实际情况,东边似乎更加符合要求:麦作区域、平原、集中居住、纯农业地区、离市场较近、社会关系复杂等。但具体的地点还得跟老龄办协商而定,这只是一个初步的想法。

总的来说,此次黄河区域村庄调查压力要小一些,毕竟自己曾在这片土地生活过四年,而且离故乡较近,在语言、习俗、饮食等方面没有太大的差异,这些看似微小的因素,对调研结果均会有相当的影响,不得不加入考虑的范围,这也是经过上一轮长江区域村庄调查之后的一些感悟与收获吧。现在想来,当时还真是"无知者无畏",在那么一个方言不通、饮食不同、文化相异的村落待了 2 个多月,还完成了调查,还真是颇有"初生牛犊不怕虎"的气概了。

关于调查,或者说学习,先知先觉肯定是比较好的一种状态,但这种状态又是较难获取或者较难习得的,更多的时候,我们并不是总能够做到"先知先觉"。那么,应该怎么办?一种可能的方案恐怕是实践,唯有亲身实践了,才能更好理解"是什么"以至于"为什么"的问题。反之,如果一味地空想,往往会被一些"莫须有"的困难喝退,从而阻碍了实践的步伐,所谓的村庄调查,也不外如是吧。

图 6　查阅陕西省地方志资料

图 7　陕西省地方志

又一天的阅读结束，与接待我的老师做了辞别，老师希望今后有问题尽管可以来找他。短暂的三天的相处，见证了老师恪尽职守而又不拘一格的品质，也算是一种学习、一种历练、一种成长了吧。明天，即将继续西行，追寻黄河区域村庄调查的理想村落，以期更好地理解这黄河边的村落。

2016年10月8日　星期六　晴

走访市老龄办，落实选点事宜

今天继续搭乘西去的列车，向宝鸡进发，这也算是此行的"最后几公里"了。今天是国庆假期后的第一个工作日，我需要赶在这个时间点与宝鸡市老龄办接洽：一方面打通陕西省老龄办到宝鸡市老龄办这一环节，便于宝鸡市其他区县调研员顺利进县；另一方面，也为我个人的调研打好基础。当下的调研，你首先得进入现场，而如何进入现场则是调研的第一步，尤其是长时间的、驻村的调研更是如此，一旦没有正规的进村途径，后期的调研也将极难展开。目前来看，通过官方老龄办介绍是一条有效的路径。

图8　金秋的宝鸡站

对于宝鸡市，我还是相对较为熟悉的，本科求学期间，曾与友人不止一次到访，是一座极具活力的城市。此次到访，不容我太多停留，下了火车，一路打的来到市老龄委。还好有公函助力，一切基本较为顺利，但还是遇到了一些麻烦——十一假期之前，学院老师已与陕西省老龄办接洽好了调研事宜，可能是十一假期的缘故，市一级的老龄委还未收到上一级老龄委的通知。后经核实无误之后，宝鸡市老龄委同意将文件向下一级老龄委传达。如此一来，学院其他在宝鸡市辖区内调研的老师、同学可以不用每人都跑一趟宝鸡市老龄委了，他们可以直接拿着公函与县一级老龄委对接，这样也省去了很多麻烦。

经过与老龄办工作人员的攀谈，对于我的调研还是极为支持的，这一点还不得不感谢老龄办叔叔的热情接待以及及时的方案供给。完成了最主要的任务，我还走访了市老年人活动中心、宝鸡市图书馆等地。明天的行程将主要围绕陈仓区展开，这下不用继续西行，而是要转而向东了，确实，如果再向西就要出陕西省了。

2016年10月9日　星期日　小雨

由市入区，由区进镇

昨天疏通了由省到市的通道，今天主要打通由市到县（区）的通道。

我的调研点初步决定在陈仓区选定，因此今天一早我便搭乘公交，一路向东，向陈仓区进发。奈何天公不作美，淅淅沥沥下起了小雨，北国的秋意渐渐袭来，夹杂着些许凉意。但顾不得这许多，一边走，一边在手机上查询区老龄办的地址，以便亲自拜访。地图显示目的地距离公交站不远，于是决定下车后步行前往，这里不得不说，虽有各种导航软件，但到了关键时刻，始终不及张口一问，勉强算是一种"过时的"建议吧。

与区老龄委接洽还是比较顺利的。经过洽谈，我详细介绍了此次调研的目的及意义，之后介绍了初步选点的要求，如平原、麦作区、集中居住、纯农业区等。听完介绍，主任认为此次调研很有意义，并且将点初步定在了阳平镇，因为在他看来经过我的描述阳平镇是较为理想的点，至于具体的村庄，到了镇一级再具体确定。如此，区县一级的进村通道已然打开，离定点更近了一步。

从陈仓区老龄办出来，已是中午时分，午饭就在附近解决吧。来到关中平原，面食必然是首选，不用细选，任意选一家，做面肯定是擅长的。步行没多远看到一家"大刀铡面"，走了进去，要了一份铡面，果然量大而且味道也很不错。桌上小篮里的蒜头，加上大份的面食，无时不在提醒你——这里是关中！

中午在陈仓区稍作停留，便搭乘东去的班车向阳平镇驶去，好在都在东西一个方向上，大约15公里左右，因此，不用花太多的时间便能抵达。到了镇里，首先必然要拜访镇政府，好在负责分管民政一块的人大主任热情地接待了我。其间聊起很多，在听完我的选点要求之后，初步定在了窑底村，也就是阳平镇

图9　阳平镇镇政府

镇政府所在地的村庄，并留下了老龄专干的电话，表示有什么问题尽管可以与她联系。

出了镇政府大院，向窑底村村委会进发，但心里始终不踏实，选择一个镇政府驻地的村落，不免让人担心，在强大行政与市场冲击之下，还能调查到多少传统形态？

最后在村干部的带领下在村庄里大致走了一下，还对一位近80岁的老人做了一些访谈，但初步来看，效果不是很佳。

经过一番折腾，下午的时间已经过去，村委会暂时把我安顿在了村委会一楼的一间办公室内。门口不远处有一张床，村委会的另一位工作人员从二楼找来了床铺，暂时也就这样了。根据村书记的意思，吃饭问题可以在街边的一家面馆解决。

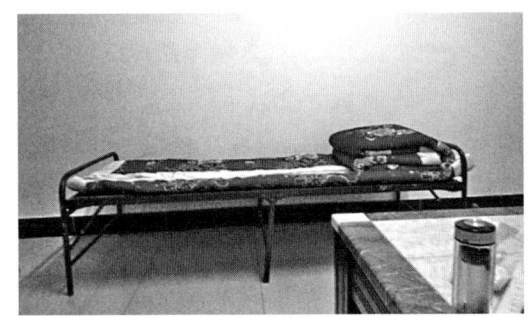
图10　窑底村临时床铺

图11　街边面馆的油泼面

经过一天的奔波，还真有点累了，只是这个点真的合适吗？心里难免犯嘀咕，只有等明天具体再看了。一夜间，似乎回到了今夏长江选点的场景，周围全是陌生的人，而你要做的就是尽快熟悉周围这陌生的一切，找到合适的调研点并顺利展开调研。

2016年10月10日　星期一　阴

实地走访，寻访村落

今天一早起来，收拾妥当，自行在街边吃了简单的早餐，然后在村里走走，实地考察是否符合调研点的选点要求。关中初秋的早晨，已显凉意，街上的行人稀稀拉拉，伴随着阵阵秋风，路边摇曳的树叶飘落下来。不远处，看到一位老爷爷在门口，便上前攀谈，自报家门，说明来意，老爷爷很快同意了我的访谈，主要问了村庄的来源、姓氏的分布、家族的变迁等几个问题，老人也能说出一部分，但昨天的顾虑依然没有消除。

在村子里走了半圈之后，我决定到其他村子去看看，但如果步行前往，既浪费时间，而且效率较低，于是我只能再次来到镇政府寻求政协主席的帮助。我首先说明了在窑底村试调查的情况，之后表明了自己的顾虑，并提出了自己想在周边村落走走的想法。他听完我的汇报之后也没有太多考虑，对我的要求表示赞同，并手写了一份至村委会的介绍信，以便于与下辖的各村委会对接调研事宜。关于交通工具的问题，他还为我配备了陈仓区公务自行车,表示我可以暂时使用。这样有了介绍信以及自行车,走访周边村落,寻找更为理想的调研点的想法变得切实可行。

图 12　陈仓区公务自行车 0096

由于时间关系,不容我过多停留,从镇政府出来之后,一路沿着西宝中线向东骑行,因为在这一线有较多的村落分布。只是天公不作美,淅淅沥沥下起了小雨,但下得不是很大,我坚持向前。第一站,我骑行来到了宁王村,进村后经询问,很快找到了村委会,村主任接待我,我一边说明来意,一边递上介绍信。其间我说明了此次调研选点的要求,并逐一核对;之后对村主任做了一个简短的访谈,如村庄姓氏、人口情况、80岁以上老人情况、村庄社会关系、市场关系等。有了大致了解并征得主任的同意之后,我们一同在村内走了一圈。在村委会的对面有一座保存完好的戏楼,据介绍,戏楼建于20世纪60年代。戏楼前面被开辟出来,形成了一个小广场,供村民们锻炼、娱乐,在戏楼内聚集了许多打牌、聊天的老人,而这正是我期望看到的场景。顺便地,我与其中一位老人攀谈了起来,主要询问了村庄的由来以及传统时期村庄的一些情况。在谈及市场关系时,老人提到了阳平街,我问起是不是现在的阳平镇,老人回答说不是的,他所说的阳平街是现在东风村所在的位置,老一辈人以前赶集都去那里。

图 13　宁王村戏楼　　　　图 14　老戏楼内打牌娱乐的老人

之后,已是中午时分,午饭简单地在宁王村街边一家面馆解决。从宁王村出来,继续东行,然后向南,一路询问,终于来到了东风村。经过与村干部交流,东风村确实是以前阳平街所在地,但后来由于渭河一场大水,淹去了阳平街一半的店铺,从此之后,阳平街逐渐衰落,它的市场功能逐渐向阳平镇,即现窑底村一带转移,此后,阳平街逐渐衰败下来。此外,在村干部的陪同下,我们还一起参观了东风村村史馆,本想着在村史馆应该会有所收获,未曾想只是几块简单的宣传板,还有一些老农具,除此之外,没有其他文字性的资料。

图 15　东风村村委会

由于时间关系,加之雨有下大的趋势,已不容我有太多的停留。冒着小雨,一路向西,骑行返回镇里。后来镇政府工作人员出行需要用自行车,不得不将之归还。

经过一天的奔波,走访的村庄虽不多,但实地走访的收获还是挺大的,综合来看,至少目前看来,宁王村似乎是更理想的选择。今晚只能暂且在窑底村村委会度过了,其他的事还得看明天的天气以及交通工具等因素再做决定。

2016 年 10 月 11 日　星期二　晴

寻村受阻,暂定宁王

今天一早起来,在街边简单地吃过早餐,便来到镇政府,继续商洽寻村事宜。奈何由于太早,镇政府大门还未开启,于是决定在村里走走,以期寻找到合适的访谈对象。走了没多远便遇到了一位老爷爷,上前说明来意,递上纸烟,便聊了起来。但由于老人未达到 80 岁以上的要求,对于传统时期的村落事务所知不多,因此只能聊一些比较新近的话题,对于调研的帮助似乎不大,不久便结束了对话。

之后,再次来到镇政府,想着能不能碰碰运气借到交通工具,以便我继续在周边村落实地走访,寻找更为理想的调研点。跟老龄专干接洽得知,公务自行车严格意义上是不容许外借的,而且政府工作人员下乡还要用到自行车,如此一来,继续寻村的机会便十分渺茫,如果靠步行的话一天走一个村恐怕都来不及。经过慎重权衡,我决定暂时先定宁王村为此次黄河区域村庄调查的调研点，后期如有可能再换更为合适的村落。

随后，我返回窑底村村委会，跟村主任说明情况后便辞别窑底村，带上行李向宁王村进发。好在天公作美，定点的日子天气格外的好，这也是此次来关中第一次见到如此的好天气，前几日寻村的迷茫与艰辛便一扫而空了，也不枉我这几日的连续奔波。

由于在昨日走访宁王村时便与书记有约，"如果最后决定在我们宁王村调研，你跟我联系就行"，因此，后期的接洽较为顺利。经过讨论，我的住处被安排在了村委会隔壁的宁王村幸福院。其本质上属于敬老院，但是由于没有老人入住而一直闲置，房间里有三张床铺，我选择了靠近窗户的一张。吃饭安排在

图 16　晴日的宁王村村委会

了当地的中心小学，步行大约 15 分钟左右，当然我也可以选择自己做饭，细心的主任叔叔还给我找了一个热水器，方便烧水喝。对于这样的安排，内心充满感激，感谢这群陌生而又热情的人，为我的调研提供了如此多的便利。一切安排妥当，调研随时可以展开，而且重要的一点是我可以去村委会对面的戏楼找到许多老爷爷，这一点对于我的调研也是至关重要的，这也是我选择宁王村的一个重要原因。

图 17　笔者在宁王村的宿舍

2016年10月12日　星期三　多云转晴

四处走访，初识宁王

调研点暂定宁王村，寻村时的迷茫与焦躁情绪得以适当缓解。与寻村时初访宁王村时的匆匆而过不同，如今得以细细走访，详细了解。

闲暇之余，出了村委会，向北出发。这是个上坡的道路，路边是鳞次栉比的农家院落，大约有600—700米的路程，便来到北塬高地的山脚。伴随着坡度的增大，拾级而上，来到了一处高地，此处向南望去，宁王村尽收眼底，近处是密集分布的房屋院落，稍远处是整齐排列的田地，当地人称之为"川地"，再向南极目远眺，甚至可以隐约看到巍巍秦岭；将视线拉回，转向北方，北塬高地近在眼前，即便是山地，也已被人们开辟为平坦的田地，由于地势较高，这些土地难以人工灌溉，因此当地人称之为"山地"。可能今年雨水较好，田地里的麦苗绿油油的，长势并不逊色于川地的麦苗。

图18　宁王村山地

图19　宁王村川地

往北看的同时，如果你看得足够仔细，可以发现山脚下的窑洞。据当地人介绍，那些窑洞以前是用来居住的，但目前村民们已经住上了砖瓦房甚至是楼房，不用在窑洞里居住，顶多放置一些麦草等杂物。

宁王村的通达性也是较好的。村子位于阳平镇与蔡家坡的中间位置，西宝中线在村子的南部穿村而过，这也为村民的出行提供了便利。左下图为宁王村村口，图片中的道路即为西宝中线；右下图则是宁王村的通村公路，道路两边是川地，地里的麦苗长势很好，远处的山脉是北塬高地，那里也是山地所在地，正隐于晨雾当中，山脚下的农家院落亦是清晰可见。而这便是宁王村了。

图 20　宁王村村口

图 21　宁王村的通村公路

2016 年 10 月 13 日　　星期四　　晴

定点宁王村，调查方法之思

调研点暂定，调查也随之展开。通常的做法还是按部就班，以调查提纲为主线，依次展开，同时在问到值得深挖的地方、极具当地特色的情况时再多花时间、多下功夫进行更为详尽的访谈，此时就需要用到一些调查技巧。个人认为需要做到问全、问透、问细，或可称之为"穷尽调查法"，所谓一问到底、一问到边，当然，其中贯穿的理念依然以"关系—行为"为主，这条主线是不能偏离的，亦即：特定的关系如何影响行为的发生？特定的行为背后又体现何种关系？这体现的是一种相辅相成、互为依托的关系。当然，在追问的过程中需要考虑到受访者的感受，更重要的一点是我们所涉及的访谈者多以 80 岁以上的高龄老人为主，这样，就更加需要照顾到老人的身体条件；具体地，可以挑选老人状态较好的时间访谈，在保持既有访谈节奏的同时，注意适当休息，如适当递支烟、倒杯茶水等。

图 22　不同场合的访谈

在访谈地点的选择上，依据个人的经验，最好选择受访者的家中。如果在公共场合,尤其是有其他人在场的情况下,老人的回答多少会受到其他人的影响,或者是迫于无形的公共压力而隐藏自己真实的想法或感受,从而得到"似是而非"甚至是"貌合神离"的回答,这一点看似微渺,实则对于访谈结果造成极大损害,有时甚至是不为察觉的。针对此类情况,尤其是调研新手,需要引起足够的重视与警觉。

对于我个人的调研而言,戏楼是个看似不错的选择,因为这里可以遇见村里许多老人;但这绝非访谈的最佳地点,我个人仅将此地视为结识老人朋友的一个场所,如可以适当地做一些基本的试调查,如果访谈有效,可以留下老人的联系方式,以便下一步登门拜访,再做专门的访谈。戏楼看似热闹,但对于访谈而言,又显得过于"纷扰",深度的访谈尤其需要适宜的、安静的环境。

除此之外,与受访者建立足够的信任对于调研也是至关重要的。要做到这一点就需要与老人建立十足的互信,要做到坦诚相待,具体地,在访谈初期就明确告知受访者访谈的目的、访谈的大致内容、访谈的意义等详细信息。而建立这种互信机制非朝夕之功,需要时间的磨合,但前提是作为调查者需要敞开心扉、心无旁骛、开诚布公,而不是相反。一个有效的做法是熟人介绍,如通过一位老人介绍其他熟识的老人的方式,这种看似传统的方式在实际调研中往往能够发挥极大的作用。

以今天的访谈为例,在老戏楼做访谈,当我问一位老人一个问题,其他老人也会做出相应的回应,而这种回应往往对老人的回答造成一种潜在的或者说是一种无形的压力,从而干扰老人的真实想法,进一步的将会影响到调研的效果。当然,如果是两位非常熟识、关系要好的老人在一起做访谈就另当别论了,那样两位老人可以互相启发、提示,或可达到意外的访谈效果。总之,作为调查者,在具体的访谈中我们既需要做到"提纲挈领",把握访谈的总体趋向,同时又需要做到"明察秋毫",敏锐地发现访谈过程中一些微妙的细节与关系,并善于恰当地应用这些细节、关系,从而推动调查走向深入。

不知不觉,秋已至,秋收的季节已然到来。老戏楼亦如一位老人,见证着岁月的轮回,亲历着时代的变迁,戏楼两侧的标语(左侧上方为"指导我们思想的理论基础是马克思列宁主义",左下为"团结紧张";右侧上方为"领导我们事业的核心力量是中国共产党",右下为"严肃活泼")更是带着深深的时代烙印。如今赶上晴好的日子,戏楼前的广场上便晒起了玉米等秋收作物;等到周末或者放学,广场上小学生的身影总能让戏楼热闹一会儿;而等到夜晚晚饭毕,这里又成了妇女们跳广场舞的天地。由于我的住处离戏楼不远,我又成了戏楼这段时光的倾听者与见证者,而戏楼终将巍巍屹立,变换的只是一波波如我般的亲历者与见证者,只是还缺少如我这般的记录者吧，否则，我们传统形态的调查也没有必要了。思绪有点远了，就此打住吧。

图 23　戏楼两侧的宣传语

2016 年 10 月 14 日　星期五　阴

厘清产权关系，理解传统村落

昨天天晴了一天，今天又转阴了。早上起来，感觉湿气有点重，但不容停留，毕竟与老人有约。调研按部就班，总体按照提纲顺序推进，今天需要厘清传统村落的产权关系，吃过简单的早餐，心里一边这样想着，一边向爷爷家走去。

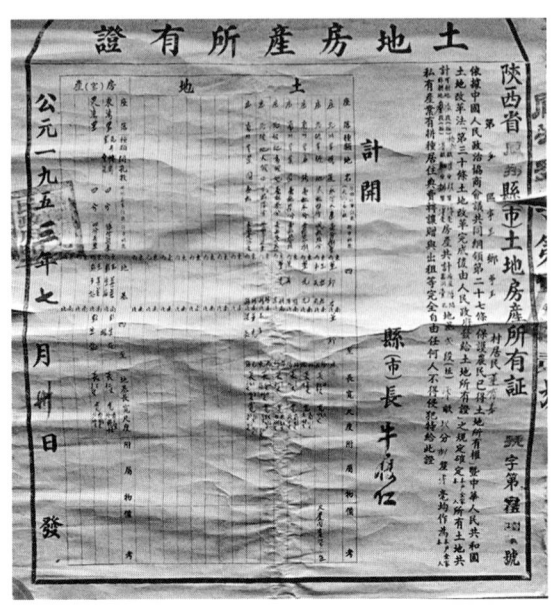

图 24　老人保存的土地房产所有证（1953 年）

总的来看，今天主要访谈了族田、族山、坟山等的产权关系、使用规则、管理关系等，但对于其中的细节，还需进一步梳理，没问清楚的地方还需要进一步追问。对于产权关系的理解，很大程度上影响着对传统村落的认识，这一块还是马虎不得的。一天的阴天，收获不少，但心情却较为沉重，还需要尽快调节。

2016 年 10 月 15 日　星期六　小雨

见水悟水，寻水而去

经过昨天阴天的酝酿，今天竟然下起了雨，仿佛一夜回到初来关中寻村的日子。在长江区域村庄调查时，徐勇老师教导我们要"见水悟水"，而在相对干旱的关中地区，无论是灌溉用水还是饮用水，无疑对人们是至为关键的。说来也巧，我现在的住处便在宁王村地标（水塔）之下，宁王水塔就在眼前的院落之内。其实，经过一轮关中寻村经历，要如何找到一个村落，或者说如何区分一个村落，有一个简便的方法，那就是寻塔（水塔）找村。当然这一方法或仅限于关中平原地区，山区并

图 25　宁王村水塔

不一定管用。这是因为在平原地区，若要供给自来水，必须将水提高，以此获取足够的压力，而提高的方法便是修建水塔，如此一来，关中平原形成了"一村一塔"的独特景观，下次若有机会乘车穿越关中平原，或许值得关注一下。吃过早餐，我便寻水而去。

图26　宁王村现存水井

宁王村水塔便位于村委会隔壁的院落之内，而我的住处正好位于水塔之下的宁王村幸福院内。此外，今天在访谈之余我还找到了一处水井，根据老人的讲述，目前这口水井还在使用，即便村里已经通了自来水。

2016年10月16日　星期日　阴

"顺水索渠"，水到渠成

之前提起过关于访谈方法的一些思考，对于访谈顺序的选择，主要是根据访谈提纲依次推进，但同时也应做到具体问题具体分析。昨天"问水"时老人谈起沟渠，所谓"水到渠成"，水与渠自然是不可分割的，访谈也是如此，需要做到随机应变，灵活应对。于是我决定今天"顺水索渠"，一探究竟。

2016年10月17日　星期一　多云

访寻村落庙宇，探究乡村信仰（一）

昨天结识了一位"会首"老爷爷，他主要负责庙里的大小事宜。其间谈及庙宇，之前有"南方多祠堂，北方多庙宇"的论断，颇为感兴趣，于是决定一探究竟。

老爷庙，位于宁王村中部北塬山坡上，东部沈家堡以及西部梁家门前的人亦可前来祭拜，较为便捷。老爷庙的产权属于宁王村人所有，修建时以宁王村人为主，捐钱捐物，修建而成。庙宇所在地原为一家农户，后经会首协调搬迁，获补一定的安家费用，并在会首的帮助下选择了新的院址。

图27 老爷庙大门

图28 老爷庙布施公布

2016年10月23日　星期日　阴

连续的访谈难免让人有些许疲惫。但回头想想老人不顾高龄为自己讲述，还有什么理由不坚持下去呢？今天主要访谈土地抵押。

今天下午，老爷爷要出门一趟，因此不能继续访谈，只能暂时中断，正好我也回去稍作调整，捋一下思路，以便进一步明确访谈的方法以及思路，为接下来的调研奠定坚实的基础。返回的路上经过一处院落，历经岁月变迁，老宅已显得极为破败。当然，这样的院落早已无人居住，或可窥见传统时期房屋的布局与建筑的样式，这也是极好的。

图29　宁王村现存的老屋大门

2016年10月24日　星期一　小雨

由于我独自调研，调研期间极少拍到与老人的合影。今天访谈结束，时间相对宽裕，正好有一位叔叔在场，在我的要求下，叔叔为我和老爷爷拍了一张合影，实属难得。

2016年10月25日　星期二　阴

经过一段时间的调研,似乎已经度过了厌倦期,重新找回了调查的状态。今天与村里另一位老人有约,因此在时间上不敢怠慢,匆匆吃过早餐,直接去找老人。

图30　与老人访谈后的合影

传统时期,由于一家人的经济实力有限或者一家草料有限,独家独户不能独自喂养耕牛,于是存在伙养耕牛的情况。在伙养的过程中,在耕牛购买、喂养、使用、借出、小牛的处理、老牛的处理等方面产生了丰富的惯行。

图31　宁王村老人

图32　放羊归来

图33　老人在自家窑洞前的留影

今天的访谈极为顺利,收获颇丰,内心也极为愉悦。访谈之余,老人还带我去找他的另一位好友,走在乡间的路上,正好拍下了上面的图片,这或将成为难得的镜头吧。

2016年10月26日　星期三　小雨

前几日的访谈中提及农具,但为了保持访谈的节奏,当时我未过多提问。而在今天,这一块可以专门拿出来进行完整的访谈了。

今日访谈的老人自家保留有窑洞,访谈结束,老人还带我参观了他家的窑洞。说来也很特别,老人家的院落至今保存着后窑前院的布局风格。老人说家人都劝他不要住窑洞,怕不安全,但老人还是会在夏季住一段时

图 34 宁王村现存的窑洞

间,因为窑洞里夏天凉快。访谈结束,经得老人同意,我为老人拍了一张站在窑洞门口的照片。当下窑洞已越来越少,政府也在积极推动旧危房改造,这或许是宁王村现存不多的还能够住人的窑洞了,而这些如今已然被淘汰的窑洞在历史上又为多少人提供了安身之所。岁月变迁,时代更替,但有些东西需要被定格,也需要被记录,而我愿意成为记录者。

2016 年 10 月 29 日　星期六　多云

今天访谈结束,吃过晚饭,天已渐渐黑了下来,突然听到门外锣鼓阵阵,于是走出门来一探究竟。原来是饭后村里的妇女们组织的跳舞队伍,询问得知是要参加一个比赛,目前正在排练,而排练的地点正好是戏楼前的广场。这也算是村庄文化娱乐的一部分吧。

图 35 参加排练的宁王村妇女们

2016 年 10 月 30 日　星期日　多云

赶人情：宁王村的人情消费

赶人情在传统时期已有之,但与之相较,当下已发生较大变化。前日与老人聊起婚嫁之事,还谈论了各地彩礼的话题,正好今日详细了解下传统社会的人情消费。

赶人情是关中人日常生活中人与人交往中至关重要的活动,从个人生命跨度上看,包括人的出生到死亡；从时间跨度上来看，纵贯正月到腊月；在每一个特殊的时间节点，形成了一系列的惯行。

传统时期关中宁王村一带将乔迁新居称为"搬家"，乔迁意味着居住条件的改善、生活质量的提升，村民们向来较为看重，视之为喜事，无论是新建房屋还是买进新的院落，都要邀请亲朋好友庆贺一番。传统时期乔迁新居的家户较少，但依然形成了较为丰富的惯行。

乔迁新居，主要邀请亲朋好友，一起庆祝乔迁之喜。需要注意的是，在搬家的过程中需要注意一些细节：第一，择良时而迁。这就需要邀请阴阳师傅根据主人的生辰、房屋位置和走向等一系列因素综合考察，择出乔迁之吉时。第二，早晨或中午正式搬迁。按照惯例，搬迁时间一般不能选在下午。第三，乔迁中的秩序。首先要迁神堂和祖堂，在安好家神之后方可搬家具等其他物品。其次，由家长手持长梯进入新院，其他人则鸣炮庆贺，寓意"步步高升"。再次，家庭其他成员携带锅碗瓢盆、火钳等进入院落，寓意"生活圆满""吉祥红火"。随后，众亲友携带礼品如蒸馍、米糕等进入（亲友当然可以携带锅碗瓢盆等生活用品），寓意"蒸蒸日上""发家致富"。搬家完毕，亲友们送祝福，赠礼品，主人设宴款待，宁王村一带将其称为"暖房"。

暖房一般在晚上进行。当众亲友基本到齐时，暖房正式开始。首先由主人点燃火把，举着火把围绕宅院一周，意在驱邪扶正；之后众亲友点燃鞭炮，顿时鞭炮绕着房屋四周响起，意在驱邪匡正；仪式既成，亲友们纷纷为主人敬酒，说几句祝贺、吉祥的话。

值得一提的是，如果新宅院在修建过程中有人受伤、流血等，被视为不吉，因此，在暖房的时候仪式要相对隆重一些，规模更大、参与人数更多，主人意在通过此种方式趋吉避害，只图在住进新宅后心里的一份慰藉。

2016年10月31日　星期一　多云

与当下银行借贷不同，传统社会的借贷关系更多包含一种人情关系。经过今天的访谈，对于传统时期借贷形态有了一些基本的认识与判断，吾心甚喜。

走在村里的道路上，发现路边多了许多的小摊贩，而且一眼望过去都在卖纸、香等，询问得知原来已经到了送寒衣的日子（农历十月初一），家家户户都需要买纸、香等物到特定的地点焚烧，以此寄托对逝者的哀思。

2016年11月1日　星期二　多云转晴

二访阳平街，探寻传统村落市场

图36　如今的阳平街

今天带我在阳平街访谈的老人兴趣极为广泛。他曾在当地小学任教，会演奏多种乐器，访谈结束之余，老人还为我演奏了一段，昔日阳平街已衰败，但老人兴致不减当年。此外，老人还带我拜访了他的一位好友，其擅长书画，醉心纸墨，能够保持一份兴趣，实属难得。

图37　阳平街老人的演奏　　　　图38　老人挚友的画作《秋山图》

2016 年 11 月 5 日　　星期六　　晴

社会组织，各有章法

说实话，今天出门时还是比较忐忑的，由于与老人初步接触，也不知道老人在哪一块比较感兴趣，或者说比较了解哪一块。到了爷爷家里，便闲聊了起来，后来就聊到了农忙会，顺着这一线索，社会组织这一块的大致思路算是理出来了。

图 39　宁王村妇女们在清扫街道

2016 年 11 月 6 日　　　星期日　　　多云转晴

宜农则农，宜商则商

今天一天下来，访谈的主要内容集中在了各种手艺人。传统的农耕社会并非只有农业，农民为了维持生计，逐渐形成了一种"宜农则农，宜商则商"的共识，农商互补，维持家户经济的发展与家族整体的延续。但其中的惯行过于丰富，仅凭一天的调研难以完成，还需要后期细心访谈，深入挖掘。

厨师，宁王村一带称之为"厨子"。在传统社会中，其重要程度虽不及木匠、石匠等，但在农民的日常生活中亦占有一席之地。需要邀请厨师的场合主要包括新人结婚、孩童过周岁、老人过寿甚至一些丧葬场合等。值得说明的是，传统时期，并非每户人家都能在举办上述活动时请得起厨师：普通人家在举办上述活动时，一般是从家中或者亲友中选出厨艺尚佳的人来掌勺；而对于一些大户人家，由于其参加节庆的人员较多、对菜肴数量需求较大、对菜肴质量要求较高，需要邀请专门的厨子前来掌勺。

图 40　厨师准备婚宴现场

图 41　摆放在大门两侧的石刻

石匠，传统社会一个较为重要的职业，主要打造农具、建筑材料、墓碑、工艺品等。农具主要包括碌碡、石磨、猪槽、马槽、拴马桩等，建筑材料有门墩、顶柱石、板石、下马石等，工艺品主要有石狮、石马、石羊、石猪等。

提及手艺，今天在路过一处人家时，其正好在制作挂面。上前询问得知，这是从上一辈人传下来的手艺，目前虽不能挣大钱，但靠这门手艺基本可以维持生计。对于农民而言，一技之长可能成就关键时期的生存之道。

2016 年 11 月 7 日　星期一　小雨

就当下来说，宁王村的邻里关系还是较为和谐的，这也算是通过多日的观察得出的一个初步判断。

此外，经过这一段时间的观察，午饭期间，宁王村人喜欢端着饭坐在自家门口吃，而此时，邻里家的饭菜大多也做好了，场景极为有趣。

图 42　午饭间坐在自家门口吃饭的老人们

2016 年 11 月 12 日　星期六　多云

步行数十里，拜访教书先生

今天走了数十里路程，赶到新秦村拜访一位老教师，这也是经村里一位老人介绍而得之的。当下已是农历十月十三，深秋的关中已有些许寒意，清晨走在通村的公路上，路边的田野似乎蒙上了一层薄薄的霜，偶尔哈出的气已若隐若现。经过一个多小时的行走，终于赶到了新秦村，在村里的小卖部买了一些水果，然后经询问路边下棋的老爷爷，寻得了老师家所在的位置，还好一切顺利。

传统时期，教书先生的工作较为多样，除了教书育人，一般还担任一些契约书写、祭文书写等其他文化事宜。

国文，以四书五经为主，主要教学方法是诵读、背诵，老师读一遍，然后学生跟着读，一些文章还需要背诵，隔几堂课老师会抽查，一旦背不下去，学生便面临打手心的危险。除了国文的背诵，先生还需要教学生写字，一般以临摹为主，写得不好时先生会个别指导，如果屡教不改，先生也会以打手心的方式惩戒，较为严格。

 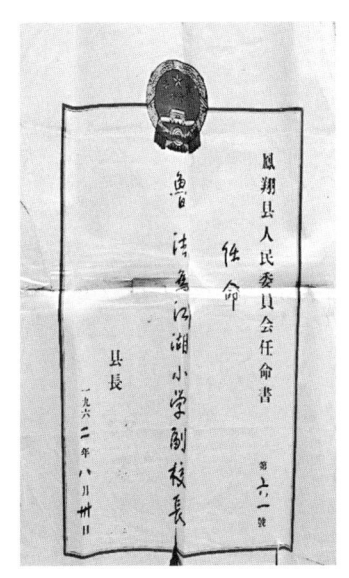

图 43　与鲁法老师合影　　图 44　老人保存的校长任命状

传统社会，教书先生是村里为数不多的能够书写之人，因此，同村人在涉及土地买卖、房屋交易等重大事宜需要书写契约时，一般会请教书先生出面，在担任写约人的同时，教书先生亦担任了见证人的角色。写约只是同村人之间的帮忙，不收取费用。

对于一些大户人家，在家中至亲去世之后，多要书写祭文，以示沉痛哀悼。家中如有亲友能够书写祭文，那么不必外请他人；如果家中无人能堪此任，那么多会请当地教书先生出面，书写祭文。书写祭文亦不收取费用，但在平日生产、生活中，教书先生如果需要帮助，那么上述需写契约、写祭文之人便会主动上门帮忙，以示谢意。

每年春节临近，家家户户都需要书写对联，以备过年张贴。传统时期很少有卖对联之处，多以手写为主，那些自己不能书写之人，便要登门向教书先生求对联。一般来时需要携带红纸若干张，不带笔墨，书写之后，便可带回。教书先生书写对联不收取费用，传统时期人们认为有人上门求对联，便是对此人书法的认可，教书先生一般也乐于赐字。每当春节临近，教书先生的门前总是熙熙攘攘，一派生气。另外有一个传统，前来求对联之人会多携带一些红纸，书写剩余的纸张便是教书先生的小小福利，不必带回。

传统时期，续修家谱也是一项较为重大的工程，每到修谱时间，族长需要召集族内能书写者一起协商续修家谱事宜，其中就包括教书先生，且其往往成为续修家谱的主力。

还在新秦村访谈时收到信息，徐老师巡调一行即将西来陈仓，不胜惶恐，希望明天能讲好宁王故事，不枉老人们悉心的讲述以及这多日的调查。下午5时左右辞别了鲁老师，一路步行返回宁王，只是这下没有早上那么冷了。

2016年11月13日　星期日　晴

徐老师来陕巡调，现场指导调研

图45　徐勇教授（左一）与老人交流

图46　徐勇教授与受访老人合影

图47　徐老师现场指导教学（一）

图48　徐老师现场指导教学（二）

2016年11月14日　星期一　多云

今天是农历十月十五，也是村上老爷庙唱戏的日子。只可惜徐老师巡调一行来早了一天，错过了关中的秦腔。其实戏的筹备已从昨天开始，昨天庙里的喇叭唱了一整天的秦腔，算是为今天开戏暖场、营造气氛吧。

图49　开戏前的准备

伴随着信息化的发展，人们在家便可享受秦腔的视听盛宴。如今的戏场，早已成为老年人的专场，由于看戏的人越来越少，戏场里更是没有"挤仗"的情况。往日戏场的繁荣不再,但仍有一部分人在坚守,或许真正看的不是戏,而是体验那种氛围吧。

图 50　村民在看戏

2016 年 11 月 23 日　　星期三　　多云

纠纷调解,因事而异

今天主要访谈传统时期村民之间的纠纷调解,访谈资料整理得不多,但访谈细节还是较为丰富的。

传统时期,宁王村一带邻里之间发生矛盾纠纷,处理方式如下:首先由邻近的几家出面说和,讲一讲道理,邻里之间要和气。其次,如果邻里说和不了,就需要请村里德高望重的长者出面协调,这类人一般说话算数,能力较强,村民们都信服他,传统时期宁王村这样的长者约有 10 多人。再次,说和人,也就是长者,依然协调不了的,就得请保长出面了,在农民的心里,保长是政府派来"管"他们的,有纠纷了,自然要找其出面协调。最后,如果保长亦协调不了,就要打官司解决了,一旦保长解决不了,则一般是涉及人命的案子,需到凤翔县官府寻求公正裁决。

经过今天的访谈,对于传统时期村落的治理形态有如下不成熟的思考。一是以家户为单元,家长、姑舅为内核的"家户庇护共同体"。本调查报告主要围绕生产、生活、对外、纠纷、税费等五个方面,阐释传统时期家户何以形成一种对内的"庇护共同体"。二是以村落为单位,"管事人"、会首等为核心的"村落惯习自治共同体"。传统村落,于农民可谓是"生于斯,长于斯,老于斯,死于斯"的地方,其活动范围极其有限,基本上被牢牢地束缚在土地上,久而久之,逐步形成一种以村落为单位,"管事人"、会首等为核心的"村落自治共同体"。三是以乡保为区划,乡长、保长为中心的"官府延伸治理共同体"。"官府延伸治理共同体"是一种自上而下的县区管理层级的延伸治理,经考察,传统时期的这种延伸治理主要负责税收的收缴、钱粮、兵丁的摊派等，在诉讼方面则是"不告不理"，官府享受农民提供税收的权利而较少尽提供庇护、救济、保障的义务。

2016 年 12 月 31 日　　星期五　　多云

地分南北：比较视野下的调查思考

经过近三个月的调查，黄河区域的村庄调查走向尾声。前几日收到学院的通知，黄河区域村庄调查的总结会议即将召开，返校的时候到了。而在这结尾处，有必要进行适当的总结。在此次调研中，思考最多的莫过于南北差异问题。这或与我本人前不久参与过长江区域调查有关：回想起来，本人出生于黄土高原，本科求学于关中平原，在此阶段，对南北差异未有切身体会，不敢多言其他；经过两个多月鄱阳湖畔的调查，对于南方有了初步的认识，同时对于南北差异的问题也有了自己的思考；加之此次在北方家门口的深入调查，基本上实现了"在北方认识北方"的设想。现将这一不成熟的思考附于下文，以便讨论。

地分南北，因地而异。以下"北方"，仅以黄河区域关中宁王村为例；"南方"仅以长江区域赣北熊家湾村为例，非传统地理学之南北，特此说明。现结合本人今夏赣北俩月及今冬近仨月关中的实地驻村调研，将观察到的一些现象做一陈述，纰漏甚至错误之处在所难免，欢迎师友批评指正。

北方趋集聚，南方趋分散。行走于关中八百里秦川宁王村一带，均是相似的村落布局形态——集姓而居。以宁王村为例，北靠北塬，南临渭水，位于其间的是广阔的渭河冲积平原；房屋全部建于山脚之下，一则阻挡北方寒冷空气的侵袭，二则一旦渭水改道，便于向北塬高地搬迁，三则北靠北塬高地，便于筑城而居。宁王村主要由三大子块构成：以宁王（王姓为主）为主，兼有沈家堡（沈姓为主）及梁家门前（梁姓为主）。结合前期寻点及中间实地走访周边村落的情况，村落布局大多如是，如新秦村、三联村、晁阳村等。而根据赣北的调查，村落以熊、叶、周、胡四大家族为主，呈现聚族而居的特点，居住相对分散，不及宁王村齐整。究其原因，第一，受地形因素的影响。关中宁王村地处八百里秦川地带，地形平坦，北靠北塬，南临渭水，北塬及渭水均呈东西走向，从而规制了村落的布局；熊家湾村则处于丘陵地带，南临鄱阳湖，水网纵横，村落难以大面积统一延展，故呈现散居的形态。第二，共同发展的需要。前文提及，宁王村主要由宁王、沈家堡、梁家门前三块组成，而在传统时期，三个子块村落均建有自己的防御系统——堡。平原地带，往往是易攻难守的。传统时期，关中一带匪患较为严重，为了提防土匪，防止其突入，关中宁王村一带的人们充分借助渭北高原，筑堡而御。具体做法是：借助渭北塬地高处，修筑城堡，堡墙用土夯筑，有些还会用砖在外侧包裹，以加固堡墙；筑堡一般是由大户人家牵头摊钱、穷人出力。堡修筑初期主要居住的是村里的大户，后大多伴随着大户的分家、衰败，堡的管理也趋于松散。而熊家湾村，传统时期村落较小，仅有30户左右人家，村小力薄，没有建立起统一的防护设施，一般遭遇土匪，只能以家族为单位，分别抵抗。

北方重集体（"合"），南方重个体（"分"）。一般而言，普遍认为北方重集体，而南方重个体，现就关中、赣北两地的调研来看，关中有偏向集体的基因。具体而言，宁王村地处平原地带，且主要种植小麦，这就决定了"合起来"集体耕种是有利可图的——对于大块的平原沃土，大农具、大牲口、大劳力是最优的组合。于是在传统时期，呈现以大的家族为单位，集体耕作的特点，这在很大程度上影响或规制着生活于平原之上农民对集体的崇拜与偏好。而于赣北熊家湾而言，南临鄱阳湖，沟壑纵横，将整块田土分割成一块块较小的田土，加之以种植水稻为主，更加需要精耕细作，一旦集体生产，其生产过程中监督的成本更高，于是趋向于"分开来"，以家户为单位的耕作，这也在很大程度上影响了南方人的个体性、独立性。

图51 关中宁王村的小麦　　　　图52 赣北熊家湾村的水稻

北方重关系，南方重利益。这是一个很有意思的现象，在村调选村定点的过程中，许多调研员大概都有类似的经历：今夏长江区域的村调大军大多住在了相应村落的农户家中，当然，这也是学院的要求使然，但是在黄河村调中许多调研员却吃了闭门羹，何以如此？这与多数人预期的北方人似乎相去甚远，结合本人长江区域及此次黄河区域的调研，理解如下：考察宁王村的历史，最早可以追溯到先秦时期，可以说，宁王村的居民以"土著居民"为主。第一，熟人社会的关系网络表现得更加明显，遇事，村民的逻辑是"熟人"还是"生人"，熟人好说，生人被拒则自在情理之中；第二，宁王村村民由于其向来居住于此，流动性相对较弱，因此趋向于保守，表现在外，便是对生人的提防以至于排斥。而熊家湾村的情况不同，追溯其历史，可以到明朝永乐年间，算来不过600多年，四大家族先祖均由周边迁移至此，故其流动性较强，而且在流动过程中趋向于更加机动、灵活和善于谈判、利益交换等，只要是有利可图的，便可以接受。综上，北方关系大于利益，南方利益大于关系。当然对于住农户还是住村委会一事，还有一个很重要的因素，即村干部与村民的关系，如果村内村民与村干部关系较为紧张，那么住在村委会也是情理之中的事。

北方重家族，南方重宗族。传统时期，北方更加注重家族，且以五服之内为主，每家均有先人案，上书五服以内已故先人名字，悬挂于正屋之内，年节祭拜，如王家案、沈家案、梁家案等。而在熊家湾村，村民们聚族而居，村内主要有熊、叶、周、胡等，每族均有自己的祠堂，每月初一十五、春节等祭拜；每族均有族谱，悬置于祠堂之内。就目前的观察，很难说明何以北方重家族而南方重宗族，但有几点是明确的：家族与宗族较为相似，均以血缘为牵绊，宗族无疑是扩大了的家族。对内均具有保护性，对外则具有排他性。于宁王村，其历史悠久，代际接续久远，如按宗族管理，则必然过于庞大，利益更难协调，"合久必分"，于是演化为以五服之内为主的家族传统。于熊家湾村，熊、叶、周、胡每族不过数家，由于族较小，所以利益是可以协调的，族长权威是可以一以贯之的，各家基于自卫、互助的需求，便依赖于宗族势力，因此形成了对宗族的偏好。北方并非无宗族，只是基于过于庞大的人口，宗族已分化为更小的家族，只是转换了一种存在形式。

图 53　北方的庙宇　　　　图 54　南方的祠堂

北方多庙宇，南方多祠堂。就关中宁王村的情况，村内有囊括道教、佛教的老爷庙、娘娘庙、静水古洞、净水庙、福善寺、罐罐沟道观等，并且每个寺庙、道观均有其固定的唱戏日期，每年1—2场戏，或唱大戏（秦腔），或唱小戏（灯影戏），且在年节、初一十五均有人前去祭拜，较为隆重。而在赣北熊家湾村，除了陶家社八村十二姓建立的天福寺、村头的一座社公庙（即土地庙）外，再无其他寺庙；与之形成鲜明对比的是，熊家湾四姓均有自己的祖堂（即祠堂，但熊家湾人认为规模达到一定程度才称得上祠堂），每逢年节、初一十五，均需祭拜，春节最为隆重，且每隔一段时间（大约20年）需要修谱一次，否则视为不孝。北方多庙宇，但属神灵崇拜；南方多祠堂，属祖先崇拜。但这并不能说明北方没有祖先崇拜、南方没有神灵崇拜。北方每个家族均有自己的先人案，春节祭拜尤其隆重，南方亦有神灵崇拜，如天福寺、观音庙等，只是各有侧重，表达方式各异。

北方多雇工，南方多租佃。传统时期，关中多雇工，赣北多租佃。根据关中与赣北的调查，可以发现：第一，因南北种植不同作物而异。关中以种植小麦著称，其种植过程相对简单，种植方式也相对粗放，这就导致了在种植过程中对人工监督的成本较低，于北方，雇工是更为理性的选择；相应地，赣北以种植水稻为主，而水稻属于典型的精耕细作型作物，如果雇工耕种，所需的对劳动力监督的成本极大，因此，将土地租出去，直接收租取息是更为理性的选择。第二，因地形地貌而异。于关中平原，土地平坦，田块较大，适合大农具、大牲口、多劳力集中耕种、收获，如此成本较低，生产效率较高；而赣北沟壑纵横、水网密布、田块支离，不适宜大农具、多劳力的集体耕种。因此北方多雇工，南方多租佃，均有其必然性。

补充调查日记

2018年4月18日　星期三　晴

二访宁王，补充调查

为了更好完成村庄调查报告的撰写，我决定二赴宁王，展开补充调查。其实这也是在我调研计划之内的，作为一项基础性的调查，一次性调查的弊病在此无须赘言，持续性的观察、调研可以弥补纰漏。

图 55　宁王村山地的麦田

图 56　宁王村川地的麦田

回想初次来宁王调查时的忐忑，二访宁王时要从容许多，毕竟目前已有 30 余万字的专题整理资料以及逾 35 万字的村庄调查报告初稿在手。

时隔一年有余，村庄的变化不大，可能是季节的原因，村庄有了更多鲜亮的元素，街道两侧绿树成荫、路边田野麦穗摇曳，与前年冬季初次调查时灰蒙蒙的情景形成鲜明的对比，顿时让人心情大好。

来村的第一站还是与村委会接洽，主任一眼认出了我："这不是前年来咱村调查的小伙？"说明来意，主任表示欢迎，之后，我查阅了村庄的一些档案，了解了村落一些实态的东西，这主要是弥补初次调查时重形态而轻实态的不足。

之后，我来到熟悉的村落，一路拜访曾经访谈过的老人。褪去厚重的棉衣，老人们也显得精神了许多，对我的到来无不惊讶："这小伙子有心！"行走之余，来到了一处麦地，当年初次调查时冬小麦还不能没过脚面，如今到了 4 月，麦苗已然抽穗，不出两月，宁王村将迎来小麦丰收的季节。要是在以前，那将是关中麦客们大显身手的季节；而此时，大型联合收割机早已取代了他们的位置。

图 57　补充调查时与老人们访谈

图 58　查阅村庄档案资料

由于正处在毕业论文的撰写阶段，不久将迎来毕业答辩，所以时间上也不容许我长时间地停留。最终，坚守了一周，便返回学校投身一系列的毕业程序当中，而宁王的故事还在继续。

本卷后记

经过精细的筹划、调查、写作与编排，《中国农村调查》（总第56卷·村庄类第25卷·黄河区域第6卷），终于与读者见面了。2015年初，在徐勇教授、邓大才教授的统筹规划之下，华中师范大学中国农村研究院正式启动了村庄调查、家户调查和口述史调查等三大"世纪工程"。在徐勇教授和邓大才教授的亲自主持下，三大工程同时启动，而村庄调查是三大调查中最复杂、最庞大、最深入的调查。新版中国村庄调查以"村"为调查单位，主要围绕"村庄形态与实态"展开，以1949年之前的村庄形态为调查起点和主要内容，同时调查1949年之后到当下60多年的村庄变迁与实态，涵盖村庄由来、自然、经济、社会、文化、治理等六个方面。通过2—3个月的驻村调查，与农民同吃、同住、同劳动，在田野调查中搜集了大量翔实的第一手文献资料、访谈资料、视频资料、录音资料与图片资料，并在此基础上撰写了村庄形态与实态调查报告。本卷就是在众多调查报告中，选录了两本质量较高的调查报告，合体编辑而成的。

2016年9月正式启动"黄河区域村庄调查"项目以来，中国农村研究院有70多位老师、博士生走进陕西、山西、河南、河北、山东、安徽、江苏等省的多个地级市的村庄，访谈村庄明白人、与老人们聊天交谈、走进乡镇与县政府档案部门查询资料，撰写调查日志，然后进一步撰写调查报告。正是调查员们深入扎实的调查、中期不厌其烦的整理、后期认真仔细的写作，使得本卷能收录到较为完美的调查报告。在后期，调查员们已经返校，还通过电话与村民们反复核实，使得本卷的文本表述更加准确。在此，感谢各位调查员认真负责的态度以及为学术执着求索的品质。

本卷的问世，首先要感谢为调查员们提供调查支持与帮助的渭南市、宝鸡市政府以及所属职能部门的各位领导。同时，更要感谢接受调查员们访谈并为调查员们提供资料的农民朋友，你们耐心地为调查员们详细讲解1949年之前的小农形态，你们热心地为调查员们"翻箱倒柜"找资料，你们将调查员们视为自己的家人，使调查员在调查中感受到了家的温暖。有的调查员与村庄融为一体，成为村庄一分子；有的调查员成为你们的干儿子、干女儿；有的调查员则成为你们的知心人……正是你们的热心、好客、慷慨、无私，鼓舞了我们的调查员，使调查员每每在调查低谷中有所发现、有所收获，最终完成驻村调查与报告写作。如果说田野是我们调查员的第二课堂，那么村庄的农民朋友则是我们调查员的老师。以农为师，方能深入田间地头，深耕、深挖与扎根，而这离不开你们的帮助与关怀。

调查员李加斌在渭南市富平县的调查，首先要感谢渭南市老龄办刘西民、杨映、韩克强，富平县老龄办党红妮、徐瑛，富平县文化馆李问圃，宫里镇民政办葛战营等对调查工作的支持和帮助；感谢渭南市老龄办、富平县民政局、富平县档案馆、宫里镇人民政府、南陵村委会提供的文字资料和数据资料。其次要感谢南陵村的刘兴汉、刘守斌、赵俊喜、刘文京，大樊村的郑生林以及文化馆的李问圃等老人热情地接受访谈并提供丰富而宝贵的文献资料。最后要感谢宫里镇人民镇府在调查期间提供住宿和帮助解决用餐问题，感谢刘兴汉老人及其家人在调查和生活上给予的关怀与照顾。

调查员张旭亮在宝鸡市的调查，首先要感谢宝鸡市老龄委、陈仓区老龄办、阳平镇政府等相关工作人员的热情接洽与悉心帮助，感谢阳平镇文化站站长龙春生给予的大力支持，感谢宁王村村委会提供的调查及住宿帮助，感谢阳平镇中心小学提供调查期间的一日二餐。其次要感谢宁王村董根录、彭仓贤、梁六儿、梁拉善、董根善、王文奎、梁长扣、董丙申、彭斌、杨丙会、梁善善、李丙权、王乖虎、李焕焕、王银剑、李得贤、王同权、王丙堂、梁朱善、王录才、梁治等老人热情地接受访谈并无私地提供丰富而宝贵的文献资料；最后要感谢西北农林科技大学图书馆方志室老师提供宝贵的方志资料与选村帮助。

要特别指出的是，徐勇教授和邓大才教授为本卷的写作、审稿、编排等倾注了极大的心血。从调查的筹划布局到提纲的设计修改，从调查培训到调查开展，从调查指导到调查汇报，从材料使用到报告写作，两位老师都全程参与，并悉心指导调查员们写作、修订、完善报告。酷暑当头，两位老师深入村庄，开展"现场教学"，指导调查员们调查；在百忙之中认真阅读各位调查员的调查汇报，并及时予以指导；在报告写作阶段认真审阅报告并及时纠正错误，有时在车上"微信"指导调查员，有时直到凌晨还在审阅……正是两位老师的辛勤付出与孜孜不倦地教诲，本卷才得以迅速地、高质量地完成。

本卷收录了两份村庄调查报告，一是李加斌的《民联官助：干旱区村庄的社会联结与治理——黄河区域南陵村调查》，共计35.5万字；二是张旭亮的《大姓共治：多姓农耕村落的延续密码——黄河区域宁王村调查》，共计35万字。

最后，非常感谢凤凰出版传媒集团的总编辑徐海，江苏人民出版社的社长王保顶、副总编杨建平对黄河区域卷书稿出版工作的支持，感谢陈俊阳编辑在文稿的校对、编辑、排版与出版等方面所付出的细心工作。本卷的审稿、统稿、编辑与校对等工作由李华胤负责，内容核实与修改等工作由各位调查员负责，在此一并表示感谢。

由于编者的水平有限，错漏之处难以避免，敬请专家、学者及读者批评指正，我们将在今后的编辑中不断改进和完善。

编者谨记